東淮子文集

蓝济仲◎著

黑龍江大學出版社
HEILONGJIANG UNIVERSITY PRESS

图书在版编目（CIP）数据

东淮子文集 / 蓝济仲著. -- 哈尔滨 : 黑龙江大学出版社, 2014.8（2021.8 重印）
ISBN 978-7-81129-755-3

Ⅰ. ①东… Ⅱ. ①蓝… Ⅲ. ①教育管理－文集 Ⅳ. ① G40-058

中国版本图书馆 CIP 数据核字（2014）第 121311 号

东淮子文集
DONGHUAIZI WENJI
蓝济仲　著

责任编辑　张怀宇　韩　健
出版发行　黑龙江大学出版社
地　　址　哈尔滨市南岗区学府三道街 36 号
印　　刷　三河市春园印刷有限公司
开　　本　787 毫米 ×1092 毫米　1/16
印　　张　48.5
字　　数　947 千
版　　次　2014 年 8 月第 1 版
印　　次　2022 年 1 月第 2 次印刷
书　　号　ISBN 978-7-81129-755-3
定　　价　125.00 元

序一

情系教育，躬耕不已

——为蓝济仲《东淮子文集》序

刘玉泽

望着办公桌上这摞厚厚的书稿，我的眼前又浮现出早年蓝济仲同志在市教育局忙碌的身影。这位毕生热爱教育的杏坛宿将，虽已耄耋之年，仍心系教育，躬耕不已，“兀兀穷年，皓首穷经”。这部《东淮子文集》记录的何止是蓝公个人的教育足迹，简直就是“文革”以来蚌埠教育历经艰辛，艰难跋涉，浴火新生，不断发展的缩影。《东淮子文集》字里行间浸透着一颗忠诚教育的炽热之心，闪耀着一种迎难而上勇于开拓的可贵精神，喷涌着一股“人生天地间”做“大事”的生命豪情。这种躬耕终生老而弥坚的生命境界，当激励吾辈，为教育理想、为蚌埠人民子孙教育大计，勤奋工作，开拓创新，做一个无愧于时代的蚌埠教育人。

蓝公《东淮子文集》即将付梓之际，嘱我作序，钦佩之余，让我们走进《东淮子文集》，一同感受蓝公的教育足迹和博大的教育情怀。

一、献身教育，矢志不渝

俗话说，“人做好事不难，难的是一辈子做好事”，这教育就是人一辈子难以坚持做的大好事。“17 年的执教生涯”“20 多年的教海弄潮”“70 年的教育情结”，蓝公在《自序》中如是说。从中我们仿佛能够看到当年年轻的蓝老师在三尺讲台挥洒激情、循循善诱、博古通今的身影；能够看到睿思的蓝局长深入学校调研，在“文革”以后推动我市教育工作中心向教学转移以及开展教学改革的足迹；能够看到一位痴心不改的老教育工作者在退休后依然活跃在教育前线，关注着教育改革和教育发展，并亲自组织老同志搞调研、写报告、提建议，继续为教育事业贡献才智的感人举动。

改革开放以来，我们每个人的命运都在随着时代的脉搏而跳动，社会经济的快速发展，让每个人对自己的人生有了更多的选择，下海经商者有之，弃教改行者有之，厌教无为者有之，得过且过者有之，然而大浪淘沙，时代的潮流总会过滤掉一些人，而让另一些人在经历过风浪的洗礼后更加熠熠闪光。蓝公在时代的大潮中，在一波又一波教育改革的激流中，坚定地站稳了脚跟，他在教学第一线冲浪，在推动我市教学中心转移和提高教学质量上狠抓不懈，在推进我市教育全面发展与素质教育方面深入探究，在推动我市建立科学的教学管理机制和净化教育环境方面做了大量富有成效的工作。对此，蓝公以为己任，勤勉工作，矢志不渝。

二、探索不止，知行相随

古人云："知与行，故常相随也。"可见一个人的思想，只有在实践中运用才能发挥作用。有了思想，却缺少实践的勇气，便成了纸上谈兵。蓝公的教育生涯，经历了一个时代的沉浮巨变，其中不乏"形而上"泛滥的时代，然而蓝公却始终行走在地面上。无论是学校工作中心转移时期，还是推进素质教育时期，抑或是狠抓教学管理提高教学质量时期，蓝公始终战斗在教学第一线，深入学校课堂听课调研，召开校长、教师等各级座谈会，研讨并制定管理办法，为蚌埠市教育教学的不断发展做出了实实在在的贡献，也正因为如此，成就了蓝公一生的教育理想。

20 世纪八九十年代，随着我国改革开放的不断发展，社会主义现代化建设不断取得新的成就，我国的教育事业也呈现出前所未有的蓬勃发展的势头。新的教学改革思想不断涌现，"填鸭式""满堂灌"的教学思维被彻底否定，"让学生成为课堂的主人""推动素质教育，大力发展第二课堂，让学生在实践中成长"，成为转变教育观念的主流。

对此，蓝公深入研究了中外教育名家的教育思想，尤其是通过对我国伟大教育家陶行知的研究，写出了《伟大的人民教育家陶行知先生》系列文章，向蚌埠市广大教师介绍了陶行知的生平、教育思想和教育实践活动，为我市教师树立了一个忠诚党的教育事业，执着追求教育理想以及在实践中不断践行的光辉榜样，推动了我市教育教学改革向大力发展教学实践活动和教学创造活动领域的深入发展。

三、以为己任，拳拳之心

纵览《东淮子文集》，感佩良久。书稿所展示的，不仅是蓝公教育生涯的回顾，更是他的丰富的教育思想和教育实践活动的体现，令人肃然起敬的，是浸透于字里行间、贯穿于篇章文墨之中的使命感和对教育事业的拳拳之心。

一个教育工作者的情怀，常能看出一个人对教育事业的热爱和使命感，而这种使命感，又常常体现在他所关注的问题上。蓝公热衷于从古代教育经典中发掘传统教育思想对现代教育思想的启发并将之融合，专注于从陶行知等我国伟大的教育先驱身上发掘教育思想的精华，并将之运用到现代教学思想的改革与发展上，运用到我市教师队伍的培养与建设上，这都充分体现了蓝公对蚌埠市教育发展的思考高度和历史使命感。

“文革”中，蚌埠教育经历了剧痛，老牌省重点一、三中下迁办学，“严重摧毁了蚌埠市的基础教育，极大地伤害了知识分子，造成优质教育资源的严重流失”（《蚌埠教育“文革”期间的“大乱”“大治”》），蓝公痛心疾首，多次著文剖析历史教训，并在《蚌埠教育五十年》（蚌埠市教委主编）和《蚌埠市志·教育卷》中予以沉痛总结和深入反思。

蓝公对教育的使命感体现在诸多方面的工作中。在市教委工作期间，他不仅对教学工作、教育管理和教育评估倾注了全力和心血，就是对家庭教育和家长学校也倾力推动，拓展并丰富了我市教育管理和教育发展空间，为我市中小学生成长成才环境的优化，做出了积极的贡献。

“捧着一颗心来，不带半根草去。”这是一颗无私奉献毫无索取之心，更是一位老教育工作者以教育为自己的毕生使命，倾力倾情无怨无悔的真实写照。

四、情系杏坛，甘为人梯

一位执教十七载，情系杏坛，将青春和才华奉献给了自己所钟爱的讲台的教师，是令人尊敬的；一位走上领导岗位后，仍然将全部的热情和才智喷涌到教学一线，进而关注年轻教师成长的教育管理者，是令人敬佩的；一位卸任后仍然情系教育、老骥伏枥、笔耕不辍的老教育工作者，更是令人肃然起敬的。集上述特点于一身，赫然耀目者，蓝公之谓也。

民族的希望在教育，教育的希望在教师，教师的希望系于年轻一代教师的成长。作为市教委主管教学工作的领导，蓝公深知，只有青年教师快速成长了，蚌埠的教育才不会落后于时代的发展。为此，蚌埠市教委在20世纪八九十年代，配合教学改革，多次举办青年教师教学大奖赛、教学邀请赛活动，为青年教师的迅速成长提供了良好的平台。

蓝公在推动青年教师成长工程的工作中，难能可贵的是，他一头扎进蚌埠市实验中学（原三实小），和青年教师一道，听课、看教案、座谈研讨、参与班级活动，总结教学规律，提升青年教师教学理论修养，为实验课程的成功和青年教师的成长做了大量的富有成效的工作。

五、笔耕不辍，硕果累累

我们常常要求老师，不能满足于当好一个教书匠，还要当一个教育家。教育家和教书匠的根本区别在于教育家不仅是一个扛着锄头的耕耘者，更是一个拿着笔头的耕耘者。勤于笔耕，才能及时总结教育教学经验，才能在实践中提升自己的教育理论修养，才能将自己为之奋斗的教育事业，凝结成精华，更好地启迪他人。

蓝公做到了。这本厚厚的《东淮子文集》，收录了蓝公“50 年焚膏继晷的心血”，书中一百多篇文章，涵盖了“文革”及“文革”以后蚌埠教育发展的方方面面，也折射出蓝公几十年教育追求的足迹。当然，这还只是蓝公笔耕的一部分，在由他主编和参编的著述中，尚有许多闪烁智慧的教育篇章。

六、老而弥坚，续写华章

岁月如梭，光阴荏苒，皱纹早已爬满了蓝公的额头，但蓝公的可贵之处在于他没有享受退休后安逸的晚年生活，而是继续在田间耕耘着，实践着他的教育梦想。他南下广州，为《广东教育》贡献才华，挥师蚌埠，为蚌埠地方志编纂（教育篇）捉刀执笔，忙得不亦乐乎！

蓝公酷爱古典诗词楹联，常常受邀为市诗词楹联学会的会员开展专题诗词讲座，和市教育界以及诗词界的朋友们吟诗作赋，感受时代变迁，体味美好生活。

蓝公的知与行，形象而深刻地诠释了什么叫老骥伏枥，壮心不已。愿蓝公永葆活力，健康长寿！

2013 年 8 月

序二

江淮沃土上的一棵老杏树

孙志祥

匆匆韶华过眼云，东阳西雨有阴晴。蹚过十七年教书育人的淮河，迎来1977年的金秋十月。在这阳光灿烂普天同庆的大喜之日，英姿勃发，已逾不惑之年的蓝济仲同志，迈着坚实的步伐，由蚌埠二中校门跨入市教育局机关大门，这是时代的选择。1994年，蓝济仲从教委领导岗位上退下来，1998年市政协换届后退休。他乘骐骥驰骋于江淮杏坛40多个春秋，华丽转身，进入新时代，欢度夕阳红。任职期间，他思想解放，作风踏实，与时俱进，驾轻就熟地主管全市教育、教学、教研工作。无论是在教育的拨乱反正，普教、职教、成教的改革、普及与提高方面，还是在教育科研、教育评估、教师校长队伍建设方面，都作出了较为突出的贡献，在省市教育界都享有较高的声誉。1994年被评为全国优秀教育工作者，他的《实施九年制义务教育的起点、重点和难点》在1989年获全国教育论文二等奖（安徽省两篇获奖，另一篇为三等奖）。像一场足球赛，他在踢完上半场获得观众喝彩后，正在进行的下半场也很精彩，并将持续下去。

一、愿让雏凤栖息的一根老梧桐枝

蓝济仲一直以来都关注年轻一代的成长，还在担任市中学高级教师评委会主任时，在他的倡议下，破格评了一批年轻教师，后来他们都成为各校的擎天柱。他甘做“人梯”，让年轻人踩着他的肩膀攀登高峰。他自比是一根老梧桐枝，愿让雏凤栖息，给他们自信、智能和力量。蚌埠市实验学校是在三实小基础上改建的一所九年一贯制学校，初中部教师基本上是年轻人。为提高他们的教学业务水平，校长陶占东特聘蓝济仲当顾问，在对教师进行传帮带的过程中，从起始年级抓起。他采取“读、听、看、议、评”五部曲：深读除英语外的各科教本，做到心中有底；听每位教师的课，全面衡量；看教师教案、学生作业，考查备课态度与教学效果；单兵教练，分别与每位教师议教；分学科开会总评，引导教师学习现代教育教学理论。参加班级活动，帮助班主任开好主题班会与家长会。还把学生作文中的错别字汇集起来进行分析，找出产生错别字的原因并提出纠正的措施，写成《规范语言，消灭错别字》的论文，供语文教师参考。对于全校性的工作有时也向校长提出一些建设性意见。

作为广东省教育厅主办的《广东教育》，与《北京教育》《上海教育》被誉为全国省级教育期刊的排头兵。它拥有一批学历高、思想新颖、文笔流畅的中青年编辑，但缺乏教育实践经验，语言文字的规范性尚待提高。为此，广东省教育厅慧眼识珠，在全国百余名佼佼者中选聘了蓝济仲担任广东教育杂志社审编，负责三审（编辑一审，主任二审）《广东教育》和《第二课堂》（中小学两册）三份杂志。他以极端负责的态度和一丝不苟的精神，从方针政策、教育法规、基本观点、基础知识、语法、修辞、逻辑、文字、数字、公式、图表、标点符号、计量单位等方面，审查每篇拟发稿，并经常与编辑们亲切对话，相互切磋。他勤于探究，根据切身体验，撰写《编辑的责任在把好质量关》，从“明确重要性、把握导向性、确保科学性、增强可读性”四个侧面论述编辑质量。他收集稿件中的病句和错用的近义词，写出《如何消灭病句》《意义相近词的比较》等语法论文。他曾九次剖析《羊城晚报》《广州日报》某一版面或某一篇文章中的硬伤，写了诸如《一篇差错率高得惊人的千字文》《一个版面的报纸竟有 18 个病句》等文。他将这些研究成果在业务学习会上进行交流，让大家共享他的观点，以共同提高。审编之余，还给三个刊物写点文章，论文有《高瞻远瞩，脚踏实地》（学习邓小平教育思想体会），散文有《黄山归来不看岳》等。他不计名利，由他重写的重点文章《百花竞放春满园——广东中小学校等级评估效果显著》（教育厅长点题）发表时，他坚持署初稿人的名字，坚决不要稿费，以后被收集到由省长写序言的《建设教育强省》的论文集中，也只署《广东教育》记者，这也是全书不署名的唯一一篇。他心系安徽教育，将广东省学校等级评估的全套资料带给安徽省教委，并向有关处室的同志介绍广东的先进经验，被他们采纳，在全省推广。他善于动脑筋，就“如何把广东建成教育强省”提出建议方案，厅长许任之在全省重点中学校长会上赞扬他说：“多少年来，我接到的人民来信不下几百封，还没有见过这样一封信。写信人对教育是那样熟悉，所提建议是那样的有水平，态度又是那样的诚恳。”副厅长刘达中（原杂志社总编）亲口对他说：“我们之所以百里挑一地聘请你，不是因为你当过局长，而是你既熟悉教育，实践经验又丰富，还有坚实的语言文字功底。”三年后，蓝济仲因病返蚌，在治病期间，广东省教育厅又聘请他在家里担任三个刊物的审读员，又是三年。那批中青年编辑的思想和业务水平提高得很快，后来，其中有四位分别当了总编、副总编、社长、副社长，三位是党政部门的县处级干部，其余也都是编辑室主任。这主要得益于他们自己的努力和组织的培养，当然，蓝济仲也尽了一点绵薄之力。

二、教育园里一位不知疲倦的老圃

蓝济仲出生于教育世家，祖父（秀才）、父亲、叔父都教过乡村私塾，爱人是全国优秀政治教师，儿子是大学教授，本人系统地接受过七年正统的师范教育，又终生从教，与教育结下不解之缘。退休后，教育情结一直不能释怀，他把主要精力投放到教育理论研究与教育实践活动中，并取得可喜成果。实践活动给理论研究提供了丰富生动的材料；研究成果又翻转过来指导实践活动：形成良性互动。他在总结过去运用邓小平教育思想指导自己工作的经验基础上，写了《马克思主义教育原理与中国实际相结合的光辉思想》的长篇论文（第一部分发表于《广东教育》）。他把当年开创与领导蚌埠市教育督导的体会与《广东教育》等级评估的经验融合为一，写了《南粤校园竞朝晖》的报告文学，并为深圳市罗湖区编辑一本教育评估论文集，把自己的观点渗透到经他修改的论文中。他以顾问的身份先后深入到深圳笋岗中学和蚌埠实验学校的初一年级师生中，进行实地考察，写出了《夯实初一基础是迈出全面推进素质教育的最关键一步——初中素质教育实验方略》，从理论和实践的结合上，不仅深入阐述了素质教育以及实施中应处理好的几对关系，而且具体分析了各科教材内容及其教法特点，既提出了许多新颖的观点、观念，体现了素质教育的内涵，又开列了实施中的具体方法与措施。因而，既有一定的理论高度，又符合初中教育的实际，具有很强的可操作性。许多同志称赞，蓝济仲果真宝刀不老。2011 年，市教委组织一次由区教育局长、中小学校长参加的学术报告会，由蓝济仲同志主讲，会后，将此文转发到各中小学，组织教师学习。

2010 年，教育局机关退休党支部请蓝济仲同志写一篇关于学习沈浩同志的文章。他对沈浩同志在小岗村亲民、爱民的公仆情怀、务实作风、创新精神、清廉品质作了高度概括后提出：教育系统学习沈浩，最主要的就是学习他改革创新的精神，推进教育的新一轮改革。在分析全市教育工作现状，肯定近年来教育取得成绩的同时，他一连提出了诸如“当前，提教育方针的人少了，素质教育这本经念的人少了，爱国主义教育活动开展得少了”等二十多个问题。他深切感到，受教育者的全面协调可持续发展的科学理念受到挑战，新一轮改革已经刻不容缓了。他提出“当前教育要念好全面发展和素质教育这两部经，合理配置教育资源，扶持弱势学校，加强‘五育’（德、智、体、美、劳）”等多项建议。他说：“为改革计，退耕者献出些许余智，为在耕者参考。”2010 年，《国家中长期教育改革和发展规划纲要（2010—2020 年）》公诸媒体，蓝济仲又和一些退下来的“老园丁”、老校长、老科长、老教研人员相聚热议，并亲自执笔，提出了包括“加强民族传统与革命传统教育，贯彻教育方针，实施公平教育，进行课程改革，减轻课业负担，专家办教育”等 32 条修改意见，寄给教育部袁贵仁部长，供修改时参考。

随着时代的发展和社会的进步，特别是进入 21 世纪，家庭教育已成为一项全新的事业，与学校教育、社会教育构成教育三大板块，理所当然地引起了蓝济仲同志的关注。其实，他在职时就提出要将三类教育架起一座相互沟通、相互补充、相互促进的立交桥，但那时无暇细问。2001 年，教委党委任命他为关工委名誉主任，但他一贯是不图虚名、专做实事的，于是主动与局关工委的同志联系，同他们一道参加区校家长学校活动，在他们帮助下，亲自操笔编写了一套包括《全面发展，学会做人》《整体提高，学会学习》《积极休闲，学会生活》《纵横沟通，协调一致》等七讲内容的家长学校教材，并在五中家长学校开系列讲座（区校负责关工委工作的同志参加）。他亲自讲了四讲，最后还作了总结，139 位家长通过“信息反馈卡”，反映“收获很大”“非常满意”的有 84 人，约占 60%，反映“增强了”“提高了”认识的有 42 人，约占 30%。通过系列讲座，不仅填补了我市家长学校无教材的空白，而且掀起了家庭教育的热潮，推动了全市家庭教育的蓬勃发展。此后，蓝济仲又在蚌埠九中、十一中、三十一中、回民小学、秦集小学等校举办的家长学校讲课。所有这些，为以后编写全省家长学校教材作了充分准备。蓝济仲在任时，省教委领导就十分器重他，多次委派他代表省教委带队到各地市督导检查教育工作，编写《现代家庭教育教材》（共四卷）时又想到了他，聘请他担任编委会副主任、《中学生家长卷》执行主编和主撰。蓝济仲欣然从命，披挂上阵，参与了该丛书的策划与编写的全过程，撰写了《学习的金三角》《勉励深造，指导择业》两课，并在全省家庭教育培训会上，作了解读《现代家庭教育教材》的专题报告。该教材是迄今为止较为全面、系统的家庭教育新教材，受到教育部关工委的肯定，由人民日报出版社出版，全省发行和使用。

在家庭方面，蓝济仲没有放松对子孙们的教育，他不仅指导三个儿女如何科学地教育子女，还直接辅导两个孙子、一个孙女，并与学校老师沟通，有时还参加家长会。为了更好地与老师配合，他在六中大孙子所在的班级听了一周课。总之，退下来后，蓝济仲念叨最多的就是两个字：教育。一位年逾古稀的老人，用他的教学实践和研究成果，让学校与家庭两只大手紧握起来，共育新人，他感到无限欣慰。用他本人的话说：“因为我的心永远紧贴在我终生为之耕耘的这块园地，做一位不知疲倦的老圃，继续燃烧‘剩余价值’。”

三、修史时一支不秃的老狼毫

盛世修史是历史赋予当代人的重任，是民族复兴大业之必需，方志与国史、族谱构成史学的三大支柱。1998 年，蓝济仲向时任市教委主任的陈神州提出写一部新中国成立后蚌埠教育史的建议，得到领导班子的一致赞同。

新中国成立50周年前夕，市教委就将编写《蚌埠教育五十年》一书重担交给了蓝济仲。养病期间的他不负重托，和孙志祥、蒋家环两位主笔一道，从撰写提纲、搜集资料、组织座谈到框架结构、提炼加工、修改审定，呕心沥血，并提供了一些鲜为人知的资料，增加了可读性。如：1956年底，蚌埠一中教导主任杨素冰出席全国妇代会，和毛主席握手，与周总理在宴会上碰杯等。在成书过程中，蓝济仲以邓小平理论和蚌埠教育实践结合，全国半个世纪的历史进程与全市50年的教育变革结合，史论结合，大刀阔斧，高屋建瓴地总结了蚌埠市教育正反两个方面的经验教训，抨击了“文革”十年对蚌埠教育的摧残和伤害，剖析了市属高校三次撤并等种种折腾。新中国成立50周年前夕，这部40多万字、汇集许多重要史料的书稿正式出版，为后来者留下了一笔可观的财富。

2004年，市地方志续编工作开始，市教育局再次请蓝济仲出山，由蓝济仲和另外两位同志组成《蚌埠市志·教育卷(1986—2005)》编写组。孙志祥任主笔，蓝济仲列提纲、查资料、搞调研，拟定《教育卷》纲目，并对市志办印发的篇目中关于教育部分的提纲提出修改意见。仅用一年时间，在全市较早完成了《教育卷》的编写任务。送审后，结构无大动，内容无变化，基本全盘采用，受到市志办的好评。

2007年，市党史办举办蚌埠市社会主义时期党史专题研究，确定的教育专题是：蚌埠市“文革”时期的基础教育。教育局党委把任务交给蓝、孙二人。他们不惧严寒酷暑，翻遍了市档案局“文革”时期所有关于教育的存档文件、资料，和蚌埠一中、三中下迁人员座谈，多次召开有关领导、老教育工作者会议，多方搜集相关资料。蓝济仲亲自操刀，笔走龙蛇，接连写出了《蚌埠市“文革”时期的基础教育》《蚌埠教育的“斗、批、改”和“教育革命”》《“文革”时期蚌埠一中、三中的下迁》《“文革”时期的三次全市教育工作会议与两次较量》四篇重量级文章，共5万余字。送审后，市党史办的评价是“专题内容丰富、容量大、史料多”，“脉络清晰，史料翔实，语言兼‘史学’、‘文学’二者特点，观点把握准确，是好的专题”。以上四篇文章全部载入2009年出版的《足迹深深》一书。

蓝济仲同志也很重视史学的第三支柱——族谱。他先后担任《安徽蓝氏族谱》总编、总顾问，全国《中华蓝氏总谱》总顾问。在续修家谱过程中，他去其糟粕，保留精华，多方考证，撰写了多篇文章，使续修族谱工作健康发展。蓝济仲是明朝开国元勋蓝玉的二十四世孙。他查阅了《明史》《明史纪事》《朱元璋传》(吴晗著)等诸多历史文献，实地考察蓝玉故里。在《蓝玉评传》中，以历史唯物主义与辩证唯物主义观点，对蓝玉一生功过作了全面评析，对明洪武年间两大冤案之一的“蓝党”案的评述，是继著名历史学家吴晗、翦伯赞之后对此问题的又一次平反。该文后还附一首悼念蓝玉的诗：“擎天玉柱龙盘折，血洗蓝岗蔡水红。万五冤灵冥国聚，状告洪武磔凉公。”该文被分别收进全国和省蓝氏族谱中，他的《质疑〈蓝玉·沐英考辩〉》是一篇万余字的驳论，对湖南城步文史办刘先生在《蓝玉·沐英考辩》(约五万字)中编造的十大谎言逐一予以批驳,否定了该文的中心论点——蓝玉是湖南人,廓清了谱牒研究中的唯心主义迷雾。他主编的《安徽蓝氏族谱》被中国国家博物馆收藏,全国蓝氏宗谱总编蓝文君赞誉其为各省最好的一部族谱。

四、文道诗径中一匹昂首驾辕的老马

蓝济仲上初中前,只读过一年小学,其余读的都是私塾,大学学的又是语言文学系,因而酷爱古典文学。工作以来,由于工作性质与内容等因素,这方面的才能未能得到很好的施展。但事有巧合,一个偶然的因素,2006 年让他走上了市老年大学诗词研究班的讲台。他重操旧业,如鱼得水,三尺讲台,旁征博引,雨露挥洒,风云际会,和学员们一起在诗词的海洋里遨游。课前精心备课,写出详案;课堂上,既和学员们一起欣赏屈原、曹操、李白、杜甫、白居易、苏轼、岳飞、毛泽东等名家的名篇,又系统地教授诗、词、赋的基础知识、基本理论,从它们的产生、演化、发展到声韵节奏、句式章法、语法修辞,都是条分缕析,深入浅出。对学员创作的诗词,从平仄到词语,从构思到意境,逐一点评,不厌其烦,诲人不倦,受到学员的欢迎和尊重。更难能可贵的是,他将德智体全面发展的教育方针渗透到教学活动的全过程。讲课时,有机结合学员的思想,时而热情鼓励,时而诚恳劝慰。他在《课堂偶成》律绝中写道:"皓首穷经满座银,双挥手脑目眸明;葱茏雅兴逢春雨,再铸华章老更成。"在不到两年的时间里,利用寒暑假家访了十位学员,约占全班人数的四分之一。家访时,与学员促膝谈心,针对不同思想,循循善诱,娓娓道来。例如,一位名牌大学毕业的学员,对班长替他写两首诗收进《涂山拾风》诗集一事大为光火。蓝济仲登门拜访,原来这位学员 1957 年被错划成右派,吃了许多苦头。他到老年大学听听老师讲课,读读诗文,倒也开心,就是不愿动笔。因为只要动笔就会触及记忆中的伤痕,引起长时间的不愉快,替他写诗既刺痛他的伤处,又损害他的自尊心。蓝老师以亲身经历与他共忆了那场运动,列举了钱伟长、朱镕基等许多名人遭劫以及劫后逢春的事例,并说明班长的用意是好的,是想让班上每人的作品都出现在诗集中。长达 3 个小时的交流,打开了他心灵的闭锁。为了纠正一位高龄学员"不讲平仄不是诗"的观念,蓝老师两次登门,用大量事例指出这句话的片面性,说明只要在"诗"前加个"律"字就正确了。这位学员心悦诚服,对蓝老师更加爱戴了。蓝老师还关心学员的身心健康,为预防老年痴呆症,他要求学员背诵诗文,并以身作则。讲《离骚》时,一边在黑板上默写原诗,一边讲解;讲完《长恨歌》时,他一字不差地背完全诗。为了提高学员们的创作水平,蓝老师还参加他们的课外创作小组(至今未断),与他们同活动、同创作、同评析。为了让学员在取得自己创作成果前获得更大的愉悦,他鼓励学员出诗集,已为三位学员诗集进行审编，并为之写序言、写赞诗。

2009 年，蓝济仲受聘于市诗词楹联学会为顾问，给会员开了《屈原与〈离骚〉》《赋的演化与发展》等专题讲座。为提高蚌埠知名度，扩大其影响，蓝济仲应会长胡争之邀，对曹丕、王粲、秦观、柳宗元关于淮河、涂山的四篇赋与一篇铭分别作了评析，陆续刊登于《涂山集韵》。近年来，蓝济仲关注中国诗歌发展的道路与方向，2007 年，他在《读〈开创诗词新纪元〉——与孙铁青先生商榷》一文中，对中华诗词学会原会长孙铁青的某些观点提出不同看法，并以翔实的新文学史料作论据进行批驳，受到杨其昌（原市委宣传部长、市诗词学会会长）等同志的赞赏。

2008 年，蓝济仲又和二十余位诗词界、教育界志趣相投的诗友在蚌埠二中李新义校长的热情帮助下，成立了“双龙文苑”。在这里，他们以文会友，以诗会友。他把文苑概括成：“友谊凝情，情感暖心，心气养身，身健智益。”这个带有研究性质的文友之家，彼此之间，无领导与被领导之分，无老师与学生之别，无内行与外行之异。大家每月相聚一次，每次一个主题，一人主讲，众议兼听。已经讨论了近二十个专题，如中国诗歌发展的走向、文艺的“双百”方针、诗的形象思维与逻辑思维、诗的语言等。“家”中文人相亲，提升志趣，其乐融融。他们之中，既有教育界退下来的特级教师（鲍弘用）、高级教师（傅晓爱），中学校长（方先进、邢宗善）、师范校长（王同），教科所所长（王汉斌）；又有其他部门退下来的领导干部（原市卫生局局长冯克杰、市外办主任王伟、市农委主任周仲元、市防疫站书记张登远等），都是市诗词学会的成员，有的还是学会的领导人。从广东教育杂志社到市诗词学会，大家都喜欢称呼他为“蓝老师”，而不称他过去的官衔，其中真意不言自明。但他不以“老师”自居，只把自己说成是文道诗径中尚能识途的驾辕老马。

五、甘为人民埋头拉犁的老牛

蓝济仲同志少儿时代就受到儒家“重民”“亲民”“爱民”“为民”思想的熏陶，青年时代又接受了系统的马克思主义教育，还在入党前，党的宗旨——为人民服务的思想就在他心中扎下了根。退休后，他一直关注着老百姓的疾苦和党的建设。他在一次局机关退休党员会议上，作了题为《坚持党的宗旨——为人民服务》的长篇发言，从尧舜到孙中山，从孔夫子到陶夫子，从马克思到邓小平，淋漓尽致地阐发了一个“民”字。长期以来，他反复思考一个问题：20 世纪 80 年代末 90 年代初，东欧剧变，苏联解体，不是马克思主义失灵了，而是那里的共产党变质了，背叛了人民，背离了马克思主义；不是外部因素使之“和平演变”，而是“物必先腐而后虫生”。他把苏共比成黑海巨舰，把中共比成南湖小船，在参观一大会场后，赋七绝一首：“南湖赤舫扬瀛海，苏舸沉沦震五洲。泰否从来非命定，水能载舰也翻舟。”

蓝济仲同志经常赞扬为人民服务的党的第四代领导人，并对他们寄予厚望。在2010年教育系统春节团拜会，他献上《虎兔联》：“虎岁雄寅幽谷扬威动地飞瀛海，兔年玉卯桂庭捣药悬壶济宇球。”其中深意令人回味。

且不说蓝济仲同志在职时，为人民教育事业宵衣旰食，殚精竭虑，仅就退休后的十余年而言，他脑海中依然装着广大学生。他几次调研，发现中小学课业负担过重，有碍中小学生身心和谐健康发展。他为此焦急万分，写成书面材料，分别寄给中央和地方教育主管部门的领导，呼吁“救救孩子”，建议念好素质教育与教育方针两部圣经。他到肥东探亲，听说当地一所九年一贯制寄宿的民办学校对农民工留守子女的就学问题（一直悬在他心里）解决得较好，就应邀欣然前往，参加该校一日活动，与师生同吃同上课同活动，并赋一首八韵十六句的排律，赞扬这所学校“大道同归强国路，一株教树绿农庄”。

蓝济仲同志有位志同道合、相敬相爱的老伴——蚌埠二中高级教师陆翠英（全国优秀政治教师），他俩经常在孩子居住的三地玩起“二人转”，轮流留蚌埠，下广州，去合肥。闲暇之余，两人游走于全国各地，到过张家界、黄果树、凤凰古城，去过港澳、塞外大漠、西夏王陵……还到新马泰旅游。既欣赏壮丽河山，又访幽探古，弥补了工作时的缺憾。

纵观蓝济仲十几年来的退休生活，可谓丰富多彩，著书立说可谓成绩斐然。据估计，退休后他撰写了二十余万字的文章，编审了三百多万字的书刊。十几年来，他笔耕不辍，不断释放光和热，真正做到了老有所为。从一个乡间读书郎到手执教鞭，当领导干部，再到退而不休，继续描绘精彩人生，不得不让人刮目相看，不得不让人仰慕敬佩。蓝济仲是一位老共产党员、老教育工作者，在任时，正直无私，两袖清风；退下来，继续保持共产党员的先进性，坚定理想信念，为教育事业添砖加瓦。岁月如歌，虽然今年他已经年逾古稀，但仍有新的追求。学习是他生活之必需，从有字之书到无字之书，从文史哲到政经医，从学术专著到大中学校教材，从高雅作品到通俗读物，只要他需要，就爱不释手。他喜欢交友，善待老朋友，诚交新朋友。他说：“我在老年大学诗研班结识一批老年朋友，无不以同怀视之，实乃人生一大快事。”正如陈独秀所说：“除却读书无嗜好，世无朋友更凄凉。”现在他正在研读《独秀文存》《独秀诗存》，并将写点东西。之后，可能研究孔孟的教育思想，同时，整理出版自己的论文集也已排上日程。

蓝济仲，退休老人晚年生活的一面镜子，是江淮沃土培养出来的一棵老杏树。

序三

百花园中观花

——读《文史篇》感悟

张济渠

“一花独放不算春，万紫千红春满园。”蓝济仲先生的《东淮子文集》问世是一件颇具意义的好事，委实可颂可贺可喜！我重点地拜读了其中的《文史篇》，感到犹如斑斓多姿的百花园。其内容之丰富，风格之质朴，文笔之流畅，视野之广阔，胸怀之豁达，给人留下难忘的印象，让我为之震撼、感奋，诚然受益匪浅。此非客套之言，实乃读后真诚心声的吐露。作为优秀教师和曾担任蚌埠教育局领导职务的蓝济仲，笔耕不辍，勤奋不殆，以如此众多的佳作释放着时代气息，阐发人生哲理，既有对古典文学作品的评析，亦有对现代教育的陈述。纵横捭阖，或解析古诗词，或论及当今生活热点，或评价古代人物，或简论当代诗词，都有独到之见解，新颖之观点，显示了他丰富的文学语言底蕴，显露了他的豪气、睿智、文采。从《熟读唐人〈封建论〉》到《台湾之行》，相隔几十年，其文笔依然驾轻就熟，始终如一，语言如高山流水，令人叹服钦佩。

勤于钻研

如此众多的作品，是蓝公勤于钻研的结果。他深谙“业精于勤，荒于嬉”“书山有路勤为径”“勤奋即天才，功到茅塞开”的道理。他酷爱古典文学，早在少年时代，塾师先教之以“三百千千”等蒙童读本，然后授之以《诗经》《论语》《左传》等“五经”“四书”“三传”。1955年就读于安徽师范学院（现安徽师范大学）中文系时，坚持早晨背诵古典诗文，晚自习沉浸在图书馆，埋头勤读，摘抄笔记。他能背诵许多古典优秀诗文，直到古稀之年为老年大学诗词研究班讲课时，还能面对学生熟背《离骚》《长恨歌》《滕王阁序》等名篇。他把“读、研、讲、写”紧密结合起来：不厌其烦地苦读，反复琢磨地探究，耐心细致地讲解，不辞辛苦地写作。据我所知，蓝公绝大部分作品都做到了这四个字的有机融合。因而，他的文章具有实实在在的内容，一点都不浮泛，可读性自不必说。

他勤于钻研，还表现在为文友诗友写的五篇诗序与两则诗评。写序是要付出心血的，切莫小视“序”，写之前要通读书稿，熟悉书中内容，了解作者生平概况，在此基础上经过精心提炼，反复遴选修饰等，最后才能形成文字。这七篇诗论，是他站在古典文论、马克思主义文论、现代美学相交融的高度，对七部诗集做了有血有肉而又比较深刻的剖析，亮点多多，深受好评，富有真知灼见，值得玩味。

总而言之，没有勤奋的精神和毅力是写不出如此多的佳作的。蓝公的“勤”是值得赞赏的。正因为他的勤劳，百花园里花开不衰。

下面我选蓝公部分呕心沥血之作逐一概评，倘存浅陋之见，祈望指正。

《熟读唐人〈封建论〉》，详尽地解读《封建论》，文字干净利落，称颂了柳宗元的功业，肯定了“郡县制”的历史地位和作用，赞扬了柳河东历史唯物主义的发展观。

《千古绝唱〈长恨歌〉》，是蓝公20世纪70年代末在全市中学语文教师会上的一次专题讲座，30多年后又给老年大学诗词研究班学员讲了一次。《长恨歌》的主题，学术界一直存在三种不同观点的争论，蓝公以典型化的原则，从文学塑造典型形象的视角，饱含深情，赞颂李、杨“在天愿作比翼鸟，在地愿为连理枝”的坚贞爱情，具有学术价值。这是一篇观点明朗的美文。

《屈原的爱国主义思想永照千古》，高度评价爱国诗人屈原的爱国主义精神是符合历史发展规律的，也是进步的，字里行间充溢着对屈原的崇敬之情，情真意切。

在《〈卖柑者言〉试析》一文中，作者对刘基《卖柑者言》的结构解析得非常突出、得体，层次分明，鞭辟入里，剖析透彻，让读者更深层地体会“金玉其外，败絮其中”的内涵。

《立志做大事》，短小精悍，文辞精美，无矫揉造作之痕迹，行文自然，芳菲四溢。人们深信“有志者事竟成”。

《四个月的转变》《编辑应是治疗病句的良医》等五篇，系办好报刊经验之总结，把语言学与实际工作结合起来，具有很强的现实指导意义，应该是年轻编辑的“良师益友”和工作指南。

《意义相近词的比较》，选择30对有代表性的常用易错的近义词作系统全面的比较，让读者耳目一新。俗话说得好，不怕不识货，就怕货比货。“工夫”与“功夫”的差别在何处，读读该文就明白了。

《试论中国共产党的宗旨——全心全意为人民服务》具有理论深度，详细地阐释党的宗旨的来龙去脉、深邃内涵，言之成理，持之有故，颇具折服力。

《朝纾公雕像园志》句式严谨，言简意赅，热情称道朝纾公的业绩和雕像园的建成。

《读〈开创诗词新纪元〉——与孙轶青先生商榷》，有创新观点，对《开创诗词新纪元》一书中的错误论点批驳得有理有据。中华传统诗词、五四新文化运动的成果，都应薪火相传,发扬光大,不能以此非彼。

《一幅生机盎然的涡河春景图——读曹丕〈涡河赋〉》,对曹丕的《涡河赋》进行深入浅出的分析,令人难以忘怀。读后似乎闻到了乡土气息,看到了优美的风光,领略了大自然的魅力。

勇于探索

“路漫漫其修远兮,吾将上下而求索。”几十年来,无论是在学校任教期间,还是担任教育局领导工作期间,他始终探索学问、探索学术、探索教育管理等诸多课题,甚至对一些难的内容也勇于涉猎、探索。他的力作《蓝玉评传》及其相关作品就是明证。他不辞辛劳、广泛搜集蓝氏家族史料,奔走多地调查访问,以无可辩驳的论据论证了蓝玉的身世,客观地评价了蓝玉的功业,廓清了族谱撰写中的迷雾。他表示:“作为蓝玉公的后裔要发扬光大玉公为新政权建立、国家统一、民族团结、社会安定而终身征战沙场,不畏艰险,不辞辛劳的献身精神。”

蓝公的探索精神不为名不为利,低调为人处世,从不张扬,乐于助人,他的人格魅力也感动了许多文友。孙志祥同志在一篇文章中这样写道:“蓝济仲是明朝开国元勋蓝玉的二十四世孙。他查阅了《明史》《明史纪事》《朱元璋传》(吴晗著)等诸多历史文献,实地考察蓝玉故里。在《蓝玉评传》中,以历史唯物主义与辩证唯物主义观点,对蓝玉一生功过作了全面评析。”我赞同孙志祥的观点。他的《蓝玉评传》被收入全国和省《蓝氏族谱》中,所取得的成果得到了有关部门的好评,从而载入史册。

1993年春天,在市政协九届常委会上,我在发言中呼吁减轻中小学生过重课业负担,蓝济仲鼎力支持,认为切中时弊,引起时任政协主席王佩的高度重视。会后由市政协成立了专题调查组,我起草的调查报告,经政协副主席马广爰与蓝济仲逐字逐句修改,最后定稿。市政协召开了新闻发布会,《蚌埠日报》《安徽日报》《人民政协报》《中国教育报》等十五家报纸发表了这篇调查报告;市政府专门发了减轻中小学生课业负担过重的文件。此举引起社会广泛关注,但没有彻底解决问题。以后蓝济仲又以书面形式多次向中央和地方教育主管部门反映,直到今天才真正引起教育部的重视,看来离彻底解决的时间也不会太遥远了。

《台湾之行》是蓝公近期的力作之一,以乐观心绪赴台旅游后尽情表述观感,用诗赋结合体裁抒发真实情感,内容丰实,形式生动活泼。他这样赞美日月潭:“潭中有岛,薄雾如纱;名曰珠仔,分潭为二:南似弓月,故称月潭;北如轮日,是谓日潭。”多为“四六”句式,耐人寻味。全诗让我们领略了阿里山、太鲁阁等处的旖旎风光。

乐于读书

“书籍是人类进步的阶梯。”蓝公能够撰写如此多的诗词、散论、政论，得益于“读书破万卷”，广泛涉猎文史哲诸多书籍；得益于学生时代的名师言传身教：私塾的方轼古（前清拔贡）、葛艺南，中学的方江水、郑启洲，大学的宛敏灏（诗词家）、张涤华（语言学家）、祖葆泉（文艺理论家）、卫仲藩（《楚辞》研究专家）、宗志黄（元明戏曲研究专家）。为了积累知识，他博闻强识，焚膏继晷，阅读和背诵众多古典名篇，奠定了丰厚扎实的文化功底，为他后来撰写文章提供了得天独厚的条件和丰富的营养，做到了厚积薄发而运用自如，值得我效法。

据我所知，目前蓝公家中书房放满了书柜，藏书很多，有各类书籍近万册。几十年来，蓝公以书为伴，读书、教书、写书，乐于读书，更乐于教书。

蓝公为我正宗学长，1955 年、1957 年他与我先后考取安徽师范学院中文系，同在一个党支部的领导下开展各种活动，我目睹了他刻苦学习、勤于钻研的精神。毕业后，他与我又分别于 1959 年、1961 年被省教育厅直接分配到省重点中学蚌埠一中，他先教语文，后教政治，我一直教语文，我们又同在一个学校共事五年，我看到了他热爱教育事业、兢兢业业、一心扑在教学上、乐于教书育人的表现。后来，我们都是市九届政协常委，我又看到了他勤勉奋进创新的工作态度。他的一支笔，因为书读得多、读得好、读得深，增添了光彩。无论在什么地方，无论做什么工作，他的一支笔始终都不曾停息。苏步青说：“书是为了有目的地研究和写作，在写作中带着问题读书，这样长期坚持下去，相互促进。”蓝公做到了，他把“读”与“写”紧密糅汇在一体，其文亮点比比皆是。

蓝公的文章不囿于一种形式，或议论，或抒情，或诗词歌赋，皆随机而成、应时而变，诚如“文章合为时而著，歌诗合为事而作”。发自肺腑自然怡乐形成的文章离不开一个“真”字，真真切切，实实在在，不说假话，不说空话，而说真话，我认为这就是蓝公文章的独有风格。我与蓝公历经“三同”（同读于师大、同教于一中、同任常委于市政协），读了他的文集，写点感悟乃情理之中的情理，从中悟出了许多哲理，引我想起“世事洞明皆学问，人情练达即文章”“江山代有才人出，各领风骚数百年”“浓绿万枝红一点，动人春色不须多”，令我陶醉在书籍的海洋里。冯克杰先生曾在诗中赞道：“蓝公学富贯西中，似海胸襟广纳容。结社揽贤扬国粹，双龙戏水日升东。”妥帖得当。我愿继续再读《东淮子文集》。我期待百花园中再添更多更美新枝。

贺联一副

欣悉蓝济仲先生的《东淮子文集》出版，谨表恭贺。喜读佳作后，激起了我的热情，荡起了心中的涟漪，勾起了往昔的回忆，情不自禁，偶成一联：

教育篇文史篇篇篇闪亮亮丽多彩；
美文章好文章章章生辉辉煌灿烂。

2013年8月于青竹书斋

自 序

人生天地间，各人有禀赋；为一大事来，做一大事去。我为之兀兀穷年的大事是什么呢？就是“教育”。总角之丱，受学塾师，窃喜《论语》“四教”篇，常吟《孟子》“三乐”章。某日，散学归途，面对一片荒地突发奇想：大成之后，于此建校，“得天下英才而教育之”，不亦悦乎？7年师范黉门的孕育，使这个朦胧意识化为胚珠，破土生出一株稚嫩的小杏树。17年的执教生涯，这株杏树在春华秋实与烈日暴雪的两种境遇中奋力成长，由小到大，生机勃勃。20多年的教海弄潮，虽然偶有两股小小恶浪袭来，但在改革开放的艳阳高照的大气候里，它尽情地吸吮着天地精气，枝繁叶茂，更加郁郁葱葱。退休15年后的今天，在满目夕照里，它显得更加苍劲挺拔。

70年的教育情结，50年焚膏继晷的心血，凝结在《东淮子文集》的字里行间。《文集》从100多万字的文稿中选出117篇，概括为九方面。

1. 十年浩劫与拨乱反正。十年“文革”，蚌埠教育分为3个阶段：1966年5月16日至1968年8月31日工人毛泽东思想宣传队进驻学校为“大乱”阶段，由“乱”学校到“乱”社会，由“乱”教育到“乱”各级党政部门，由“乱”城市到“乱”农村；从1968年8月到1970年11月为由“乱”到“治”的过渡阶段，各校实现“大联合”、“三结合”，知识青年上山下乡；从1970年11月到1976年10月为“大治”阶段，各校有领导、有组织地开展“斗、批、改”，同时，实施普及10年教育。十年中，全国有两次较量：1973年的“回潮”与“反回潮”；1975年的“翻案风”与“反击翻案风”。蚌埠教育“回潮”得比较严重，“反击”得比较积极。十年中，蚌埠市委、市革委会召开3次教育工作会议，每次虽各有重点，但都把普及教育列为议程。

后期的“大治”实则是前期“大乱”的横向扩大与纵向深化，所以更加“大乱”，“文革”后的拨乱反正任务也就因此更加艰巨。世纪伟人邓小平牵住了恢复高考这个“牛鼻子”，牵动全国教育的拨乱反正。蚌埠教育用了4年多时间，从受破坏最严重、影响最大的几个方面进行全面的拨乱反正，成绩斐然，为教育的全面改革与事业的稳步发展夯实了基础。《蚌埠教育“文革”后的拨乱反正》《肃清“四人帮”破坏文化考试的流毒》《拨乱反正，努力提高语文教学质量》等篇，从不同角度反映了广大教育工作者挽狂澜于既倒的气魄。

2. 中心转移与教育质量。十年“文革”，青少年遭劫为最。他们读书的黄金岁月被极“左”狂潮所吞噬，他们成为有文凭少文化的一代。这既是他们个人的悲哀，更是国家与民族的不幸。通过拨乱反正，学校工作重心由“政治运动可以冲击一切”转移到“以教学为中心”的轨道上来，恢复了正常的教学秩序。市教育局成立了由教学精英组成的业务班子，加强了师训力度，建立三级教研网与三级质量评估机制，制定了两套评估方案。从1984年到1995年的11年中，市财政每年拨款20万元作为教学质量奖，市教委分管领导每年率领教研室、普教科、招生办人员视导7所省市重点中学（小学、初中由县、区负责），每年分别召开一次中小学教学工作会议和一次毕业班工作会议，对各校教育质量进行量化评估，与奖金挂钩。《以“三个面向”为指导，大面积提高我市中学教育质量》等8篇在教学工作会议上的工作报告与《正确处理毕业班工作的七个关系》等4篇在毕业班工作会议上的讲话，总结了我市提高教育质量的基本经验。视导，总结部署；再视导，再总结部署；年复一年，周而复始，十年不辍，形成了我领导教育教学工作的基本套路。

建立一支数量足、质量高、学科配套的教师队伍是提高教学质量的根本保证。我市师资培养、培训工作大致分为教材过关、学历达标、岗位培训、培养学科带头人4个阶段。《我们是怎样组织教师进行教材教法考试的》一文，是我受教育局局长委托，分别在全省、全国师训会议上的典型发言。我市青年教师大奖赛活动，也是蜚声江淮，一批青年俊彦脱颖而出，成为世纪之交的教学栋梁。

3. 普及教育与办学资源。我市普及教育分为3个阶段："文革"中后期实施普及10年教育（粗放式），20世纪80年代初期实施普及小学教育，20世纪80年代中期实施普及九年义务教育（以后与扫除青壮年文盲并称"两基"）成为教育的"重中之重"。我市普及教育工作走在全省前列，省教委、省政府曾分别在郊区、固镇县召开全省现场会。《办好初中，为提高全民族素质奠定基础》一文，总结了我市普及初中教育的主要经验。《实施九年制义务教育的起点、重点和难点》的长篇论文，从总结几个主要国家普及教育的经验与我省、我市的实情出发，提出了"三点"论，并作了较为深刻的论证，成为我抓"普九"工作的理论基础。

师资与经费是普及教育的两大支柱，钱是保证，人是关键。钱从何处而来？国家在保证教育经费"两个增长"的同时，出台了农村教育费附加、城市建设维护税的10%、群众集资三项政策。固镇县跃马扬鞭，一马当先，仅1984年就集资150万元，超过三县一郊年均集资数的36.8万元；1985年翻一番，集资300万元，超过平均数的64.5万元，在全市、全省率先实现"一无两有"（校校无危房，班班有教室，人人有课桌凳）。1987年，全省教育工作会议在蚌埠召开，我三上固镇，与副县长张玉琳、教育局长周林巡察了30余所中小学，选定十余所学校作为现场观摩点。《安徽日报》头版报道会议情况，并配以社论。《总结经验，端正方向，坚持改革，设计"七五"》《迎接教育的春天》等篇，反映了蚌埠市以及固镇县普及教育的好势头。

4. 全面发展与素质教育。培养什么样的人是教育的根本问题。孔子要把他的三千弟子培养成"文行忠信"的德智双馨、言行并重的"仁人"。陶行知要把他创办的晓庄师范、山海工学团、重庆育才学校的学生培养成"康健体魄，农人身手，科学头脑，艺术兴趣，改造社会精神"的"真人"。毛泽东要把全国青少年培养成"在德育、智育、体育几方面都得到发展，成为有社会主义觉悟的有文化的劳动者"。古今哲人的教育观何其相似乃尔！1995年公布的《中华人民共和国教育法》（教育母法），把"培养德、智、体等方面全面发展的社会主义事业的建设者和接班人"定为国家的教育方针。《"三育"的辩证关系》《贯彻方针，坚持方向》等专论以及本文集多处都论述了全面发展的教育方针。

国务院1993年颁布《中国教育改革和发展纲要》，其中对于素质教育作出如下规定："中小学要由'应试教育'转向全面提高国民素质的轨道，面向全体学生，全面提高学生的思想道德、文化科学、劳动技能和身体心理素质。"世纪之交，我曾致力于素质教育的研究，《夯实初一基础是迈出全面推进素质教育的最关键一步——初中素质教育实验方略》就是这一研究系统化、理论化、实践化的成果。《方略》形成前，在深圳笋岗中学校长汪继威的热情支持下，我在该校调研3个月，研读了初中各学科课程计划与教材（除英语）；形成后，又在蚌埠第三实验小学（今蚌埠实验学校）校长陶占东的大力帮助下，与该校初中一年级师生广泛接触：听课，参加班会、家长会以及教研活动，使《方略》思想渗透其间。《主体精神与素质教育》《学校环境教育与素质教育的互动性》等篇，又从其他层面探讨素质教育。

5. 教育管理与教育评估。管理是现代文明三鼎足之一。学校管理学是从教育学与管理学的母体中产生的一门新型学科。教学管理又是学校管理的四大支柱中的主轴。《学习教育理论，实现学校管理科学化》《加强学校管理，当好"乐队指挥"》《谈校长》等篇，论述了我国学校管理的历史沿革、管理与质量关系、教学管理的内容与方法、管理者的素质以及对其要求等。马克思把管理工作比成指挥一个乐队，必须要有一个好指挥。列宁认为，"任何管理工作都需要有特殊的本领"，"要管理就要懂行"。教育局长、校长都应该是教育内行，但是，从无一劳永逸的内行。昨为内行，今成外行；今是外行，明乃内行：内外互动，辩证不悖。要做永恒内行，只有学习，学习，再学习；实践，实践，再实践。我在职时，曾要求校长念好"读、教、听、参、研"的五字经，把这两句话落到实处。

一直以来，严重干扰学校教学管理与教学改革的，是来自各种渠道，通过不同关系塞进学生书包的大量教学辅助材料，我对此深恶痛绝。《继续整顿教学秩序，进一步优化教育环境》《中小学生"书包过重"情况的调查报告》两篇，反映了我在任时利用行政权力与政协常委的影响，不顾个人安危得失，希图扼制其泛滥所采取的措施，虽小有成效，但未根除。退休后，教育良知又驱动我就此问题作了两次调查，并书呈有关领导。教育机体上这个顽症何时得以治愈？

教育评估是教育行政部门对学校教育教学管理的特殊形式。我市在全省率先成立视导室（即今督导室），聘任一批有威望的教育专家（多数退休）为督导员，制定了幼儿园、小学、中学、职业学校等4套评估方案，对学校开展有计划的评估。"普九"期间，由督学到督政。《百花竞放春满园》《罗湖春潮涌，花香满校园》两篇通讯，是分别对广东省、深圳罗湖区教育等级评估的经验总结，渗透了我在领导我市督导工作期间的思想精髓。

6. 家庭教育与家长学校。构建一座学校教育、家庭教育、社会教育之间互通、互融、互促的教育立交桥，一直是我的夙愿。直到退休后，我才从繁忙的政务中解脱出来，才有时间研读古今中外一些家教书籍，编写了《全面发展，学会做人》《学习的金三角》等9讲家庭教育教材。在蚌埠五中、九中、十一中、回民小学、秦集小学所办家长学校讲课8次，为省、市关工委举办的教师培训班开讲座。应省教育厅关工委之聘，担任《家长学校系列教材》（中学生家长卷）的执行主编，并撰稿。通过编写教材与授课实践，填补了我市家校无系统教材的空白，推动了家长学校的建设，促进了校教与家教的联手，为组成“三教”合力奠定了基础。

7. 方针政策与法律法规。长期以来，我国是以党治教，依政施教。中共中央关于教育的一系列决定就是“法律”，各级政府及其教育主管部门制定的关于教育的各项规定、决定、条例就是法规，都必须不折不扣地执行。1985 年 5 月公布的《中共中央关于教育体制改革的决定》是指导我国教育改革的纲领性文件。我受市教委、党委的委托，给全市教育系统的共产党员上了题为《认真学习〈决定〉，带头贯彻〈决定〉》的党课，要求全体党员通过学习必须明确：改革的目的——提高民族素质，多出人才，快出人才；改革的两个体系——普教与职教；改革的三项任务——教育体制，教育结构，教育思想与方法；改革的四个条件——领导，师资，经费，立法；改革的五个观点——两个“必须”，两个“尊重”，重点转移，提高效益，重质重基。1986 年 2 月，我为市委代拟的《贯彻〈中共中央关于改革学校思想品德和政治理论课程教学的通知〉的意见》，对今天中小学思想品德与思想政治课的教学不无借鉴意义。

我国教育 60 年之所以走了一个“之”字路，是因为执政党及其领导人物在不同历史时期对教育持有不同认识，采取不同政策。从 1977 年 7 月邓小平亲自抓教育到党的十二大把教育定为社会主义现代化三大战略之一，再到党的十八大，教育的战略地位都在不断地被强化，这是改革开放以来我国教育取得辉煌成绩的根本原因。

我国以法治教始于 20 世纪 80 年代末实施《中华人民共和国义务教育法》；以后，《未成年人保护法》《教师法》《教育法》《职业教育法》《高等教育法》等相继诞生，与国务院、省级人民政府制定的贯彻各类教育法的配套文件，构成了我国比较完备的教育法规体系。《关于贯彻实施〈教师法〉的提案》《实施〈教师法〉亟待解决的问题》《全面实施，重点突出》（指《教育法》）3 篇，真实地反映了当时学习、贯彻两法的情况。

如何将“以党治教”“以法治教”“依政施教”三者关系处理好，从而建设中国特色社会主义教育体系，尚须作长期的探索。

8. 教育改革与教育思想。改革开放以来，蚌埠市教育事业蓬勃发展，在教育思想、教育体制、教育结构、教育管理、教育评估、教学内容与教学方法等方面的改革都取得了举世瞩目的成就，集中反映在《蚌埠教育五十年》《蚌埠市志 · 教育卷》与有关文献中，也从不同侧面反映在本文集的多篇文章中。为纪念改革开放 10 周年，市委、市政府组织专人编辑了论文专集。《转变观念，改革教育》一文就被收录于该专集。文章从 3 个方面论述了我市教育改革的成就：变旧两个“必须”的观念为新两个“必须”的观念，端正教育改革的指导思想；变“小教育”观念为“大教育”观念，改革教育体制；变传统教育观念为现代教育观念，改革教学思想与教学方法。

我在长期分管教育教学中，始终把教育观念的转变放在各项改革之首。优秀传统教育思想与现代教育思想的融合，成为统率这本文集的灵魂。《〈学记〉：现代教育的宝鉴》一文立足于当代我国教育现实，对战国之儒的教育思想，钩其玄，阐其精，揭其永照今古之谜。《伟大的人民教育家陶行知先生》等3篇专论，介绍陶先生的生平、教育实践、教育思想及其后期的民主活动。陶行知教育思想的光辉集中到一点就是他把现代教育的代表人物杜威（陶师）的教育思想翻了半个跟头，翻落在半殖民地、半封建社会的中国土壤上，开出创造教育之花，结出中国本色教育之果，堪称“万世师表”（宋庆龄语）。当然，陶先生也是当代一切教育工作者（包括“海归”派）的师表。《高瞻远瞩，脚踏实地》等3篇，是我学习邓小平教育思想的体会。邓小平教育思想是其特色社会主义理论体系的组成部分，是构建中国特色社会主义教育体系的核心。毛泽东教育思想是我国社会主义革命与建设时期，党与国家制定教育方针政策的理论依据，在这个方针的指导下，培养了朱镕基、胡锦涛等党和国家的领导人。这是历史事实。辩证唯物观与历史唯物观是贯串本文集始终的一条主线。

9. 老年教育与文论史评。新世纪之初，我由于一个偶然原因登上市老年大学诗词研究班的讲台，由此与市诗词学会结缘。《文史篇》中，《屈原与〈离骚〉》等篇是在课堂上或在诗词学会学习会上的讲稿。5篇诗序，2则诗评，是应诗友之邀而作。在写作过程中，既分享诗友的成功与喜悦，又亲啖创作的甘甜，还搅动了脑细胞，可谓一举三得：悦心，启智，健脑。在这些诗论（如《千古绝唱〈长恨歌〉》）、赋论（如《赋的演化与发展》）、文论（如《熟读唐人〈封建论〉》）中，体现了古典文论观与现代美学观较完美地结合，也给蚌埠诗坛增添一束光圈。在老年教育中，我坚持德智并重的原则，通过教学、家访、参加学员创作小组活动等形式，与他们交朋友，话家常，品诗词，论古今，以达到使他们身心俱佳，共享桑榆之乐的目的。

定远古称东城，其东南蜿蜒葱翠的东山，是安徽蓝氏开基立业之地，也是生出我这棵杏树的热土，她赐我以生命之绿树，我吮泉饮露。千里浩渺的淮水滋养着我这棵杏树成材，赠我以生命之善水，润桃泽李。我是东山之子，淮水之子。我将永远头枕东山之巅，脚踩淮水之滨，与东山常青，与淮水长流。

蓝济仲

2013年6月20日

目　录

教育篇

文史篇

教育篇

蚌埠教育“文革”后的拨乱反正

（2013 年 5 月）

“文革”十年，在毛泽东推演的“天下大乱，达到天下大治”的狂潮中，蚌埠教育像全国教育一样被“乱”“治”得遍体鳞伤。1977 年 5 月 6 日，邓小平出来工作后，自告奋勇抓教育。7 月，他在同教育部主要负责人谈话时指出：“拨乱反正，语言要明确，含糊其辞不行，解决不了问题。”我市根据“七月谈话”精神，集中 4 年多的时间，在教育受破坏最严重而又很关键的问题上，较好地完成了拨乱反正任务，为我市以后教育事业的健康发展和教育质量的稳步提高打下了良好基础。

拨“白卷英雄”之乱，返“文化考试”之正

1971 年，全国恢复高校招生，取消文化考试，取消招收应届高中毕业生，实行推荐与保送“有实践经验，具有相当于初中以上实际文化程度的工农兵”的政策。1974 年，“四人帮”又炮制了“白卷英雄”假典型，鼓吹“宁要一个没有文化的劳动者”的文盲论，我市广大青少年天赋的升学权利被不同程度地剥夺了：小学停招 2 年，初中停招 3 年，高中停招 5 年，大学停招应届高中毕业生达 10 年之久。

邓小平在 1977 年 8 月 4 日至 8 日召开的全国科学与教育座谈会上果断地提出，“高校今年就要下决心从高中毕业生（中）直接招考学生，不要再搞什么推荐了”。10

月12日,国务院批准教育部《关于1977年高校招生工作的意见》,本季度招生,1978年2月新生入学。在百废待兴、百业待举的重大历史转折关头,邓小平高瞻远瞩,雷厉风行,打破秋季招生的常规,空前地实行冬季招生。这充分反映心系国运的一代伟人,尽快将十年损失夺回来的急切心情。11月,我市成立以市革委会副主任沈立中为主任,驻蚌高校与市直有关部门的代表参加的招生委员会,办公室设在教育局。教育局革委会副主任余子迅、钱步银负责市招办工作。市招办下设考务、政审、宣传三个组,考务组由李康民负责,抽调陈神州、黄长春、王汉斌等精干人员组成,负责考生报名、考场设置,组织统考、阅卷评分、登分造册、建档抽档等考务全程工作。这次高考考务工作对于蚌埠市来说有三个"第一":第一次独立组织全市高招考试,第一次独立组织高考阅卷,第一次组织高考查分。任务重、责任大、要求高、保密性特强,在组长率领下,全组人员同心协力,进行缜密的、审慎的、高效的、创造性的工作。为查清一位考生表格,奋战一夜,从数千份材料的大海中捞出了这根"针",受到招委会的赞扬。政审组由朱振羽负责,抽调人秘干部组成,负责审查考生政审材料("文革"前,高考考生都要政审),不合格的由考生单位补充或纠正;对人民来信反映的问题,组织专人调查,为省招办录取时提供客观真实的材料。宣传组由薛丽华负责,我为成员,负责招生工作计划总结、宣传报道等文字工作。考前,我写了《肃清"四人帮"破坏招生文化考试的流毒》《一颗红心,两种准备》,先后发表于《蚌埠通讯》(原《蚌埠报》)。

这次高考由省统一命题,统一录取。全国报名人数为570万人,录取27.3万人,录取率约为4.8%。我市报名人数为4425人,录取331人,录取率约为7.48%,高出全国2.68个百分点。高校招生实行文化考试产生很大正面效应。

堵住上大学走后门之风,吹活了高招这片绿洲。1975年,郊区分配到3名全国统招推荐名额,被党委书记、革委会副主任、贫协主席3人"瓜分"了。工人愤愤地说:"这哪里是推荐,后门开得太大了,墙都推倒了。"这次高考,贫农段广文两个孩子都考取了,他高兴地到酒店喝得醉醺醺的,在回家路上遇到招办一位工作人员,激动地说:"不是靠考试分数录取,猴年马月也推荐不到我的孩子,就算老天爷长眼,有朝一日我的孩子被推荐,也只能是1个。今年两个都考上了,我做梦也未梦到,感谢党中央!感谢华主席!"

广开才路,为一切优秀青年敞开大学之门。推荐保送期间,没有政治背景的真正"有实践经验的工农兵"都难被保送上大学,家庭出身成分高的青年就连想也不敢想。恢复文化考试后,只要本人优秀,符合录取条件,即使是所谓的"黑五类"子女也能跨进高等学府的殿堂。平板玻璃厂青年工人俞鲁,共青团员,生产能手,技术骨干,1974年被工厂推荐上大学,因为家庭出身问题,没有通过政审关,没有被批准。这次参加高考,成绩优秀,英语单科102分(满分120分),录取到合肥工业大学外语系。下放知青王浩、王义两兄弟，一贯表现好，哥哥在中学时还是校团委干部，就因父亲刑事劳改3年，一直无缘被推荐。这次，两人都被录取了，她母亲流下热泪，逢人就说："感谢党中央！感谢华主席！'四人帮'不打倒，招生制度不改革，我的两个孩子一辈子也妄想跨进大学门。"

激发师生教与学的积极性，驱散了"读书无用论"的阴风。教师摆脱了过去那种"欲教不能，欲罢不忍"的尴尬境地，以前所未有的热情进入教书育人角色。1977年寒假，30名中老年教师发挥集体智慧，不顾与家人欢度春节之乐，编写了政治、语文、数学、化学、物理、地理、历史等7科高考复习资料，约50万字。1978年3月开学伊始，在局党委副书记金云飞题为《以优异成绩迎接"文革"后第一次全国统考》的动员报告鼓舞下，各校党支部书记挂帅，校长全面负责，分管副校长坐镇高中毕业班办公室。毕业班教师争分夺秒，全力以赴上好复习课，抓差补缺，强化课外辅导。毕业班学生在叶帅"攻城不畏艰，攻书不怕难。科学有险阻，苦战能过关"诗句的激励下，奋力拼搏，努力攻关。一分耕耘，一分收获。1978年高考，我市又获得好成绩，录取427人（本科309人，专科118人），约占报名4977人的8.6%，比1977年提高1.1个百分点（因无全国、全省数据，不能比较）。

推动了干群学习文化热潮，一扫昔日"以阶级斗争为纲"的"左"风。中共蚌埠市直机关党委成立了夜校，聘请本人担任中国文学教学，来自各系统的干群在灯火通明的教室内，济济一堂，神情专注。就连30余人的教育局机关也办了夜校，开了英语、文学两门课，分别由魏传江、蓝济仲、王汉斌3人主讲。在教育局配合下，市总工会组织全市厂矿企业的职工开展"双补"（补文化、补技术）活动，红红火火。郊区扫盲运动如火如荼，区委书记张全云在全省扫盲工作会议上介绍经验。昔日"年年讲，月月讲，日日讲"的阶级斗争，把人们"讲"得神经紧绷，关系紧张。这时"三讲"的是科学文化，把人们讲得境界高尚，关系和谐，整个社会之风为之一变。

还知青以高考权，为其完备人格的铸造又添一座熔炉。抛开知青上山下乡这场运动的消极面，我市5万多名知青在农村这座大熔炉中，磨炼了意志，增长了才干。邓小平手握恢复高考这根指挥棒，一扫"白卷英雄"的雾霾，为他们步入高校殿堂铺设了一条黄金道。在这座熔炉中，他们探索当代最新科学与理论。通过两个熔炉的冶炼，铸就了一代具有完备人格的栋梁之材。习近平、李克强、王岐山就是这样人才的典型。市教科所中学音乐特级教师张新民，音乐专业基础雄厚，尤精弦乐和指挥，是市知名艺术家，省优秀教研员。他是蚌埠一中1966届高中毕业生，"文革"前夕参加高校艺术专业考试，成绩优秀，已接到专业录取通知，就因后来全国高校停止招生，11年后才被录取到安徽师范大学艺术系，圆了上大学的梦，获得第二炉锤炼的机会。

在一片赞扬声中，也有几声杂音："排斥工农子弟"呀，"干部与知识分子子女招多了”呀,“剥削阶级出身倒成了优越条件”呀,一句话,就是没有贯彻党的阶级路线。市招办对我市录取情况进行了全面分析,我于7月份写了一篇题为《招生制度的改革是没有贯彻党的阶级路线吗?》的文章,在总结招生制度改革所产生的积极意义的同时,用数据与事实阐明了党的阶级路线的实质以及录取原则的辩证内涵,指出这些言论都是“左”风的遗毒。

拨“两个估计”之乱,返“路线政策”之正

1971年8月13日发至全国的《全国教育工作会议纪要》,对解放后17年的教育进行全盘否定:教育部门的领导“执行的是一条反革命修正主义路”;教师队伍的大多数和解放后培养的大学生“是资产阶级知识分子”。这就是臭名昭著的“两个估计”。它是强加在教育部门广大干部与教师身上的两具精神枷锁。教育局党委一面组织少数人员撰写有一定分量的批判文章;一面组织全系统干部与教师通过对17年的回忆,摆事实,讲道理,掀起批判热潮,从思想路线上拨乱反正。1977年2月15日下午,局党委召开了由市委副书记杨杰参加的百名教师春节座谈会。会上,老教师们说,解放前,教师被称为“教书匠”,所谓“家有三斗粮,不做猢狲王”。每年春节有两关:一是经济关,薪俸微薄,加之常拖欠,难以养家糊口;二是工作关,接不到聘书就要失业。解放后,我们被敬称为“人类灵魂的工程师”,不愁被解聘,家庭经济收入稳定。我们一心扑在教学上,送走了一批又一批的毕业生,为各条战线输送了那么多人才,到头来被扣上“牛鬼蛇神”等一大堆莫须有的帽子,身心还遭到非人性的摧残,说什么17年执行的是反革命路线,我们怎么也想不通。中青年教师说,我们出身工农家庭,为什么读了四年共产党办的大学倒成了资产阶级知识分子呢?这怎么能自圆其说?“四人帮”开了两个工厂,帽子满天飞,棍子到处打,你抓文化课教学,他说这是“智育第一”;你要发挥教师主导作用,他说这是“师道尊严”;你要加强纪律教育,他说这是“管卡压”。总之,他怎么说都正确,我们教师怎么做都不对。我受局机关大批判组的推选,写了《揭批“两个估计”,全面落实知识分子政策》一文,发表于《安徽通讯》(原《安徽教育》)。文中引用邓小平给占全国知识分子45%的教师平反的话语,他说:“17年的教育战线执行的是无产阶级革命路线,广大教职员热爱党,热爱社会主义,勤勤恳恳为社会主义服务,为国家、为民族立下了很大功劳。”“知识分子是工人阶级一部分”,“为人民服务的教育工作者是崇高的革命的劳动者”。他的语言非常明确,一举推倒了“两个估计”,充分肯定了17年,肯定了教师的功劳,肯定了教师的阶级属性,肯定了教师劳动的崇高,拨正了教育战线的思想路线。

1978年初,市委根据中央精神废除了军代表、地方干部、群众代表“三结合”的教育

局革委会的体制，将办事、政工、教革三大组改为办公室、政工科、计财科、普教科、业教科（以后改为工农教育科）、教研室，并对教育系统的领导干部进行大范围的调整。1月3日，任命原市委办公室副主任崔承兰为教育局局长、党委书记；12月19日，任命曾任市文教部副部长的金云飞、曾任黄山农垦学校校长的孔昭良为副局长、副书记，任命钱步银为副局长、党委委员。1979年，市委对教育局领导班子又进行调整，任命具有领导全市教育工作经验的马建华为教育局长、副书记，提拔业务能力强、思想敏锐、工作干练的李康民为副局长、党委委员，分管教育教学。为加强教育局业务班子，市委组织部任命蓝济仲、黄长春为普教科正、副科长，戚国骏、何厚仁为教研室副主任（分别管中小教），局党委抽调一批业务精英担任中小学各学科教研员，政治王文元，语文王汉斌、张朝清，数学殷嘉言、陈神州，外语魏传江，物理黄长春（兼），化学李文政（以上中学）；小学数学何厚仁（兼），语文孙志祥，地理、生物两科分别聘请二中王焕彬、四中严文华为兼职教研员。普教科与教研室合署办公，教管与教研二为一体。这个业务班子成员学历高，大部分是大学本科毕业；教学经验丰富，绝大部分具有10年以上教学实践；专业知识与基础理论坚实，多是中小学把关教师或教导主任；组织能力、活动能力强，都能独当一面，把教学管理与各科研究活动开展得扎扎实实，虎虎有生气。这个强势业务班子在分管局长领导下成为局党委指挥全市教育教学的总参谋部，在教育教学领域的拨乱反正中发挥了中流砥柱作用。以后，从这个班子走出去的成员中，经过不同岗位的历练，造就了3位副市级、5位正县级、3位副县级的领导干部，他们都创造了不同凡响的业绩。

随着中小学驻校工宣队、贫宣队的撤出，原来“三结合”的校革委会领导结构被党支部领导下校长负责制的体制所代替，改教革组、后勤组为教导处、总务处，学生的连营组织为班级、年级的组织形式所代替，改教师年级组办公为教研组办公。为加强对重点学校的领导，市委任命王天熹为蚌埠二中校长、书记，黄义昌为蚌埠三中校长、书记，局党委任命蒋从武为蚌埠一实小校长，吴月樵为蚌埠二实小校长；提拔了一批青年才俊如桑三华、张淑珍、王正新分别为二中、三中、二十三中副校长；恢复晋升一批民主党派知名人物的职务，前者如王国琪、黄捷凌分别为蚌埠一中、蚌埠五中副校长，后者如杨立桂、黄颖分别为蚌埠一中校长、蚌埠六中副校长；恢复了被错划为右派的张梓民、姜学的职务，前者为蚌埠六中校长，后者为蚌埠二中副教导主任；妥善安排了年老体弱、德高望重的唐賾谿、解希之、朱皓为教育局顾问。经过再次调整的局校领导班子显示了三个结合的优势：老、中、青结合；共产党员与民主党派成员结合；优秀的党政干部与教学精英结合。区属学校由各区委按市委统一部署都作了类似的调整。调整后的局校领导班子，标志着回归到党的“德才兼备”的组织路线上来了。

“文革”中，教师受到最大伤害的有两次。一次是运动初期的“横扫一切牛鬼蛇神”，许多优秀的教师都被当作“牛鬼蛇神”惨遭横扫。一位中专学校的语文教师，名牌大学毕业，就因为业余喜爱研究《红楼梦》，被打成资产阶级反动权威，“三扫”“两扫”被“扫进”了龙子湖，成为龙王爷的阶下囚。第二次是运动中期的清理阶级队伍，相当一部分教师成为被冠以不同名称的阶级敌人，被七斗八斗斗进了牛棚，与牛大哥为伴。一位中学语文教师，1966 届大学毕业生，堪称“生在旧中国，长在红旗下”的解放牌，由于如厕时戏言一句“我在吐故纳新”，就被打成现行反革命分子，被批得千疮百孔，虽然最终获得“组织处理从宽”的优待，未予戴帽子，但因身心憔悴，重创难以愈合，郁郁寡欢，英年早逝。1978 年开始，局党委组织专案人员，对历次政治运动受到冲击的人员进行全面清理，对 271 人(占局属学校应清理人员的 97.8%)的冤假错案进行了彻底平反，还他们一个堂堂正正的中华人民共和国公民的自由之身。这是一次彰显党性、人性的伟大善举，岂能仅从调动人的积极性这一层面上去理解呢?

各校党组织在教师中积极发展党员，仅 1979 年一年，局属学校就发展了 36 名党员，其中包括家庭成分高、社会关系复杂的优秀教师，解决了长期存在的教师入党难的问题。本人感触最深，我在中学时代就被作为建党对象，1955 年 6 月，在滁县师范毕业前夕，校长辛艰在办公室召见我，与我谈入党问题，而且愿做我的入党介绍人，并拿出一份“入党志愿书”让我填写。另一位介绍人吴平(总务处干部)也找我谈了话。他们两人都说我品学兼优，符合入党条件，但因家庭政审未过关而被搁置下来，一搁置就是 23 年。长期以来，不管在大学读书，还是工作以后;不管是顺境，还是逆境，我追求成为共产党员的信心始终未曾动摇。1978 年，以曹德诚为书记的中共蚌埠市教育局机关支部吸纳了我。从此，我的生命之火越烧越旺，意志越烧越坚韧，步子越烧越硬实。我对教育事业的执着，对坚持真理的“倔强”，对不正之风的疾恶如仇，对讽刺者的坦荡，对善意误解的宽容，以至晚年傻劲似的燃烧余热，固然与孩提之童受到孔子“发愤忘食，乐以忘忧，不知老之将至”的人生哲学的熏陶不无关系，但主要是受中国共产党“为人民服务”的宗旨的感染。

党的政策是党的生命线，是党的正确路线的具体体现，随着任人唯贤、重在表现、有错必纠等干部政策与知识分子政策的落实，被“四人帮”搅乱的党的思想、政治、组织路线又回到正确轨道。

拨“专政工具论”之乱，返“教学为中心”之正

1974 年末至 1975 年初，“四人帮”在全国相继推出朝阳农学院、大寨学校两个“把学校办成无产阶级专政工具”的典型，用行政手段层层开会强行贯彻执行。蚌埠深受其害，市委个别领导在市教学工作会议上要求，“要把各级各类学校都办成无产阶级专

政工具，都办成无产阶级政治学校”。学生更加不读书，教师更加不敢抓教学。粉碎“四人帮”初期，教育系统广大干群重新学习毛主席的“五七指示”，全面地、完整地、准确地理解“以学为主”中的“主”的深刻含义及其与“兼学别样”中“兼”的辩证关系；揭批“四人帮”篡改“五七指示”的三个步骤：在实践中，颠倒“主兼”关系，“兼学”时间越长越革命，“主学”时间越长“智育第一”越严重；取消“主学”，突出“兼学”；用“专政工具论”取代“主学”。邓小平早在1975年主持中央工作后就说得很清楚：“现在相当多的学校学生不读书，这也不符合毛泽东思想。毛泽东同志反对的是教育脱离实际、脱离群众、脱离劳动，并不是不要读书，而是要读得更好。”为的是营造浓厚的读书氛围，冲破校长不敢抓教学、教师不敢严格要求学生读书的沉闷空气，用实际行动批判“专政工具论”。1977年4、5月份，普教科、教研室相继在蚌埠二中、蚌埠三中召开语文教学现场会，具体活动有优秀教师观摩课、教学经验交流、学生作业展览、学习基本功表演，参加的有中学校长、教导主任、语文教师、各学科教研组长，达300余人。为提高广大干群抓教学的自觉性与科学性，1978年，教育局翻印了《教育学广播讲座》5000册，教职员人手一册；翻印《赞可夫教育论的思想》500册，校干人手一册。教育局统一学习计划，统一组织考试、阅卷评分，学校组织员工每周周三下午学习（原为雷打不动的政治学习）、辅导、备考。通过学习与教学实践，逐步实现学校工作的指导思想由长期以来“政治运动压倒一切”转移到“以教学为中心”的轨道上来。

为贯彻《全日制中学暂行工作条例（草案）》，根据局长指示，普教科、教研室从蚌埠实际情况出发，制订了各学科的具体计划。为便于对三类水平学生进行因材施教，外语、数学、物理、化学四科还制订了三类教学计划，这是在特殊历史阶段大胆的创举。建立并完善了学校、区、市三级教研组织，有计划地开展校际教研与观摩活动，聘请市内外专家名师作专题讲座，如请安徽师范大学教育系柳之榘教授作题为《在教学中发展学生能力》的学术报告。恢复并加强教学常规检查考核制度与正常教学秩序。要求教师辩证处理备课、讲课、布置批改作业、课后个别辅导、适当考试考核、实践实验等教学环节的关系，每个教学环节都要规范化。要求学生认真预习，静心听讲，独立完成作业，正确对待考试，理科实验要过关，文科实践要重视。这就改变了过去教学无计划、上课无教案、课后无作业、期终无考试的混乱状态。1977年暑假，全市中小学教师集中备课10天。中学13个学科教师分别集中在9所学校，由召集学校校长组织领导。小学市区按区、郊区按公社集中，分别由区文教科长、公社教办负责。在个人钻研基础上集体讨论，约有400人次发言，每人写2周教案，各学科分工编写教学参考资料，由牵头学校打印成册，开学时发到教师手中。这种集中备课形式延续到1978年寒假，共3期。这种形式在十七年中屡见不鲜，1960年暑假，省教育厅将全省中学教师集中到合肥开展学习活动，理科在安大，文科在合师院，政治在省委党校。这是一次全省教学大交流、教师大提高的学习会，至今还给人们留下深刻印象。在教师队伍遭受严重破坏、教师水平差距较大、教参缺乏的年代，集中备课，发挥集体智慧，尤为重要。今后也不妨在适当的时候实行，只不过内容与要求要做相应调整。

“教学为中心”的思想体现在学校行管人员的学校管理全程中。为提高他们的管理水平，从1977年到1981年的4年多时间里，教育局多次举办中小学校长、区教育科科长、教导主任讲习班与研讨班，对他们提出“一读、二讲、三听、四参、五抓”的要求：扎扎实实地读两本教育学、教育管理学方面的书，占领当代教育管理思想的制高点；有条件的校长适当兼课；每位校长定期听课；校长、分管校长、教导主任每人要联系一个班或一个教研组，参与教研活动或班级活动；要沉得下、上得来，把学校工作重心放在抓教育方针的全面贯彻、教育质量的提高上。一实小教导主任刘超然带录音机听课，课后边与教师交谈边放录音，连一个教学细节都不放过。四中校长王阳春为全面了解一位教师的教学全程，连听数节，然后比较客观而全面地肯定成绩，提出改进意见。

教师在落实“教学为中心”思想中要发挥主导作用。我市教师队伍在“文革”中破坏得最为严重，为重新建立一支质量高、数量足、学科配套、结构合理的新型教师队伍，在4年多拨乱反正期间，教育局主要抓了以下3件事。

第一，组织教材教法考试。针对五分之二教师常在课堂上出差错，不能胜任教学的情况，有计划、有步骤、分期分批地对全市部分中小学教师进行教材教法过关考试。截至1981年上半年，参加考试的共有3批1774人，占中小学教师总数的35%，其余两批1983年考完。这项举措既是急就章，保障当时教学质量的基本条件，又是培训新教师的长远之策。为帮助教师过关，各科教研员举办业余迎考班，请老教师讲教材。截至1978年8月，中学数学教师学完初中5册、高中2册教材，物理教师学完力学、电学、热学知识，语文教师学完语音、语法、修辞知识，政治教师学完哲学、政治经济学知识，外语教师学完初中6册教材。考后又办补考班，直至过关为止。迎考、补考的过程就是他们学习教材、吃透教材的过程，为其提高课堂教学质量提供了可靠的保证。这项基本建设工程开全省、全国的先河，受到安徽省厅、教育部的赞赏。本人受局长的委托，分别在全省、全国师训工作会议上介绍经验，并且得到与会代表的良好评价。

第二，加强基地建设。1977年秋季，蚌埠师范恢复师范专业招生。1978年初，成立蚌埠中小学教师进修学校。这两块阵地主要培养培训小学、幼儿园教师，同时，培训小学、幼儿园管理人员。1978年初，创办安徽师范大学蚌埠专科学校（后改为蚌埠教育学院），开设了中文、数学、史地等专业。1978年底，成立了安徽广播电视大学蚌埠分校，首届招收了1204人（其中3科的77人，双科的99人，单科的1028人）。1979年，市教育局与安师大采取“市办校助”形式，首届招收了中文、数学、物理、化学4个专科班。安师大负责教学计划制订、教材供应、学籍管理、统一考试、统一录取、统一发放毕业证书等工作。教育局负责教学常规管理,定期组织面授以及平时考核。这三块阵地主要培养初中教师,同时,培训初中校长、区文教科管理干部。这些阵地是蚌埠中小学教师的摇篮,今天,虽然其中多数停办了,但它们对蚌埠基础教育事业的发展和教育质量的提高都作出了历史性的贡献,应载入蚌埠教育史册而永垂后世!

第三,多渠道开辟师源。十年“文革”,高等、中等师范院校停招,堵住了师源;计划生育失控,学龄儿童增多:造成十年“文革”后教师奇缺。蚌埠市多渠道地吸纳教师,人事部门将分配到我市老五届(1966 届至 1970 届)大学毕业生的大部分调到中学任教,一中、二中、三中都分配了若干名北京大学、中国科学技术大学毕业生,十三中还分配了一名复旦大学研究生。教育局将停办的 3 所农林中专学校的 100 多名教师分配到中学,又向社会招录(市编办给指标)了一批闲置科教人员,其中不乏高水平者,如招录一名 1960 届北大名教授王力的研究生。四个区招聘大量民师,郊区小学民师占 45%,市区街道办的小学全是民师。民师是我市教育工作者中的特殊群体,他们待遇低,工作条件差,但对基础教育却做出了重大贡献。今天,这个群体虽然消失了,但他们在教育史上应占一席之地。

拨“盲目普及”之乱,返“协调发展”之正

蚌埠市 1975 年制订的 10 年教育事业发展规划中提出:“市争取 1980 年普及 10 年教育(小学 5 年,初中 3 年,高中 2 年),郊区 1985 年普及 10 年教育。”这个普及年限是不顾客观条件的“大跃进”指标,是“极左”狂风刮来的指标,它使受到重创的中小学机体上又生出严重的“浮肿”病。中学学生暴增,一中至六中的 6 所学校,每校在校人数都达 3000 人左右,蚌埠七中、九中、十中、十二中等 4 所学校,每校人数也达 2000 人左右。班级人数平均 60 人以上,个别班级达 80 人。学校仪器实验室、图书阅览室、办公室,甚至十二中落成的新宿舍都改作教室。即便如此,也不能满足小学毕业生全部进初中、初中毕业生全部进高中的要求。于是小学“戴帽子”,实行二部制与两段制:条件较好的小学附设初中班,招收本校毕业生;以班级为单位,学生一分为二,上下午轮流到校上课,轮流在家自学;一、二年级在街道办的小学,三年级转入公办小学。据 1975 年 5 月统计,市区 14 所小学(其中 4 所厂办)“戴帽子”,在校生 11516 人,占在校初中生的 54%。市区 32 所小学开二部制,247 个班,占全市小学总数的 78%、小学班级总数(617 个)的 40.4%。3 个市区 15 个街道办了 13 所小学,在校生 1730 人。“戴帽子”既影响了小学质量,又影响了中学质量,可谓“两败俱伤”;二部制与两段制严重影响了小学质量,可谓“得不偿失”,而伤势最重的还是小学。

拨乱反正的硬任务就是“消肿”。蚌埠市对此主要采取了三项措施。第一,增加投

入。从1977年至1981年,市财政对于教育的投入占财政总支出的比例大体上逐年增加:1976年为0.6%,1977年为1.3%,1978年为7.5%,1979年为13%,1980年为10.2%,1981年猛增至20.7%。在市财政很困难的情况下,在5年中平均每年以8.5%的速度增长,反映市委、市政府对教育的重视以及拨乱反正的决心。第二,增加中学。新建二十八中、三十中;改建9所小学为初中(如二十六中、二十七中、三十一中等校都是小学改的);扩建一部分中小学;蚌埠师范搬迁至涂山新建,改原校址为初中。第三,调整速度。将原规定的普及年限改为:市区普及初中、郊区普及小学。据1981年统计,3年多时间新建、扩建、改建了17所中小学,基本上"消"了"肿"。

"文革"前,我市的普教、职教、成教三教结合的雏形已经基本形成,但经过十年的折腾,又成为单一的普教模式。1978年,省教育厅在安庆召开中等教育结构改革会议后,我市积极贯彻会议精神,先后将二十三中、七中、六中改为职业学校,创办了2所中技学校(一所为劳动局办),恢复与新办了6所中等专业学校。据1980年统计,三类中等职业学校在校生2790人,与普通中学在校生之比由1978年的1:7.5下降到1:4.53。厂矿企业又办了一批初等、中等业余成人学校。经过4年调整,三教协调发展的态势很好,为进一步改革教育内部结构奠定了良好基础。

(应市委党史办的约稿,孙志祥提供许多材料。)

共抒胜利豪情，同心扬鞭跃马

——春节教师座谈会散记

（1977年2月）

阳光灿烂，春风送暖。喜看教育百花园里，群芳吐艳，万紫千红。这是勤劳的园丁，在经历一场狂风暴雨洗劫之后，又重新播种、精心浇灌、细心修剪的结果。2月15日下午，市教育局党委召开春节教育座谈会。会上，80余名先进教师代表、20余名特邀代表，心情激荡，喜泪盈眶，共聚一堂，揭批“四人帮”破坏教育的滔天罪行，抒发夺取新胜利的战斗豪情。头发斑白的老园丁，心花怒放，气宇轩昂；神采奕奕的年轻教师，精神焕发，摩拳擦掌。老模范重逢话更长，新伙伴相遇情尤笃。会场上笑语回荡，老师们心潮沸腾。他们你一言我一语：这样的会议十多年没有开了，今天市委领导与我们这些过去被称为“臭老九”的一道欢度传统佳节，充分体现了以华主席为核心的党中央对教师的关怀。我们一定加倍努力，把“四人帮”破坏所造成的损失尽快夺回来。

饱尝旧社会辛酸的老教师，回忆他们在旧中国的遭遇。那时，教师被称为“教书匠”，没有社会地位，遭人白眼，受人歧视，动辄得咎，即被解雇。每年春节有两关：经济关，因为薪水微薄，难以养家糊口，过年更是捉襟见肘；工作关，寒假一到，接不到聘书，下年就要失业。解放后，教师在社会上有地位，被称作“人类灵魂工程师”；工作上有保障，任何时候也不担心被解聘；生活上有提高，家庭收入稳定。然而，祸国殃民的“四人帮”，把黑手伸向教育战线，挥舞起八根假典型大棒，劈头盖脸地向我们打下来，打得我们人人自危，欲教不能，欲罢不忍。这也不是，那也不是；进退维谷，左右为难。一位中年教师愤慨地说："'四人帮'把魔爪伸向教育领域，棍子帽子满天飞，你要抓文化课学习，他说，这是'智育第一'；你要抓规章制度的贯彻，他说，这是管卡压；你要强调教师的主导作用，他说这是师道尊严；你要批评破坏公共财物的现象，他说，学生砸玻璃这是革命行为……总之，'四人帮'怎么说都有理，广大教师怎么干都不对。"一位语文老师用诗声讨"四人帮"："你看呀！70年代的女妖，裹着翻滚的乌云，隐藏着嶙嶙白骨，尾随着幢幢魔影，是吸血的臭虫、蚊子、苍蝇，扑来了，扑来了！'四人帮'扑来了！狼烟遮天，瘟疫蔓延，绿树成炭，一片腥膻。"大家同声赞扬华主席及老一辈无产阶级革命家一举粉碎"四人帮"的历史功绩，使得人民大解放，教师大解放。在欢庆胜利、欢度佳节之际，大家又深深怀念领袖毛主席与敬爱的周总理。

战风雷，斗严寒。在"四害"横行的日子里，广大教师本着一颗人民教师良知良能的心，顶着巨大的政治压力，坚持又红又专道路，坚守本职岗位，依然涌现出一些优秀教师。走在时间前面，做完1977年工作的市劳动模范、蚌埠四中化学教师肖忠圣说："几年来，我刻苦钻研电机，反复实践，掌握了电机的全部技术，现在我校校办工厂可以年产700台、年修1000台电机，为农村培训了100多名农电人员。1976年我做了600个工作日，办了两个半工半读班。我决心在新的一年，更要大干。"在农村分校战斗三年的蚌埠九中老教师张连仪深有体会地说："我是语文教师，原来对农业一窍不通，由于我坚持走与工农相结合的道路，坚持理论联系实际的原则，勤学苦钻，不断实验，培育和引进了50余种良种，创亩产水稻千斤的纪录，为学农提供了很好的基地，让学生边劳动边学习农业知识，培养吃苦耐劳精神。"名扬全市的蚌埠三中中年教师李树深感受最深，他说："多年来，我憋着一股气，在多少个晚上，我走访了学生家长；在多少个深夜，我在灯下反复学习毛主席关于教育革命的一系列指示，更加坚定为革命钻研业务、把知识传授给学生的信念。""誓学大鹏展翅飞，九重天上揽月归"的年轻教师周兴海把上好一堂课看作批判"四人帮"的一次实际行动。

度佳节干劲倍增，看未来豪情满怀。座谈会上，大家纷纷表示，在新的一年里，认真学习毛主席著作，深揭"四人帮"，发扬"身有十分劲，不用九分九"的大庆人精神，以及"大干社会主义有理，大干了还要大干"的大寨人气魄，甩开膀子大干一场，夺取教育革命的新胜利。双目接近失明的中区向阳路小学优秀辅导员房建华表示："我要把毕生精力献给教育事业，坚持到底，决不下火线。"蚌埠师范学校丁少中老师愿把"自己的躯体当作蜡烛点燃"。

深受"文革"之害，被造反派打残腰脊的市委副书记杨杰同志，对今天的座谈会非常满意，他代表市委向大家问好，致敬！他要求各级党委要全面落实知识分子政策，千方百计地调动广大教师的积极性，各校一定要加强对青少年的教育。会议在热烈的掌声中结束。

一颗红心，两种准备

（1977 年 11 月）

今年大学、专科、中专院校招生，是粉碎“四人帮”以后的第一次。“四人帮”出于篡党夺权的罪恶目的，疯狂破坏大学招生制度，他们炮制“两个估计”，全盘否定十七年教育成绩，全盘否定知识分子在革命和建设中的积极作用，竭力鼓吹“宁要一个没有文化的劳动者”，反对学文化，反对招生文化考试，叫嚷“学校只有一个专业，就是同走资派作斗争的专业；只培养一种人，就是同走资派作斗争的先锋战士”。妄图把高等学校变成他们复辟资本主义的前哨阵地。他们把张铁生这类“文盲加流氓”的小丑塞进大学，而把广大工农子女、社会各类优秀青年排斥在大学门外。“四人帮”的种种倒行逆施，使高等教育质量大大下降，中小学教育受到严重破坏，科技战线后继乏人，教育战线青黄不接，拖了四个现代化的后腿。今年考试制度的重大改革，就是对“四人帮”的有力批判，它充分表达了亿万人民的心愿。

作为上层建筑的教育，必须与经济基础相适应，根据目前我国社会主义事业发展的状况，只能普及小学教育，不能普及高等教育，大专院校以及中专学校只能采取德、智、体全面衡量，择优录取的原则。因而，广大符合条件的青年不可能都进大学深造，这就要求每个考生必须做到：“一颗红心，两种准备。”

“一颗红心”，就是要有一颗无限忠于党，忠于革命事业的红心，识大体，顾大局，一切听从党中央指挥，无条件地服从组织分配，党叫干啥就干啥，一切交给党安排。“两种准备”，就是做好考取、考不取的两种思想准备。如果考取，要不挑学校，不拣专业，不论地点，愉快地走上新的学习岗位，胸怀凌云壮志，苦战三五年，炼红思想，学好过硬本领，打好坚实基础，当一名攀登科学高峰的尖兵；如果考不取，也不要消极悲观，不怨天尤人，不计较得失，愉快地回到原来的劳动或工作岗位，在三大革命运动的实践中努力学习，积极劳动，钻研技术，精通业务，努力做到又红又专，为实现四个现代化做出较大贡献。“一颗红心”是基础，“两种准备”是结果。只有对党对人民赤胆忠心，毫无自私自利之心，才能做好充分准备；而准备得充分与否，又是衡量有无“一颗红心”的标志。各单位要像东区、郊区、邮电系统等那样，发动群众，做过细的思想工作，自始至终抓紧抓好“一颗红心，两种准备”的教育工作，不仅做考生的工作，还要做家长的工作。广大家长，要像商校沈明德同志那样，既帮助子女复习功课，注意劳逸结合；又教育子女端正态度，做好两种准备。

广大革命青年在党的长期教育与毛泽东思想的哺育下，特别是其中大部分下乡和回乡的知识青年，几年来，经过贫下中农的再教育，社会主义觉悟都有显著提高。他们对以华主席为核心的党中央的号召闻风而动，踊跃报名，参加考试，接受祖国挑选，就是生动的说明。我们完全相信，在伟大的承前启后、继往开来的历史转折关头，我们一代有志气的革命青年，一定能以大局为重，服从组织分配，听从党的召唤，在不同的岗位上发挥青年突击队的作用，使青春发出灿烂的光辉，为共产主义大厦添砖加瓦，为党建功立业。

（1977年7月，中共中央十届三中全会决定恢复邓小平同志党内外职务，两三个月后，邓小平向党中央提出建议并得到同意：恢复高考制度，是年冬季招生。本文与《肃清“四人帮”破坏招生文化考试的流毒》《招生制度的改革是没有贯彻党的阶级路线吗?》三篇均刊登于《蚌埠通讯》。）

肃清“四人帮”破坏招生文化考试的流毒

（1977 年 12 月）

“四人帮”破坏高等学校招生工作，罪行累累，后果严重，影响极坏。他们一笔抹杀新中国成立以来招生工作取得的巨大成绩，否定毛主席革命路线的主导地位，他们鼓吹“宁要没有文化的劳动者”，反对学生学习理论和文化科学知识。他们炮制“交白卷”的假典型，反对招生进行文化考试，这给教育事业带来了一场灾难性的破坏，严重地妨碍了工人阶级知识分子队伍的建设，造成了各条战线科技人员青黄不接的严重状况，拖了四个现代化的后腿。

1973 年 4 月，国务院遵照毛主席指示，下达了招生文件，明确指出：在政治条件合格的同时，重视文化程度，进行文化考核，了解考生掌握基础知识的情况和分析问题、解决问题的能力。这种考试制度的改革，对于全面贯彻党的教育方针，提高各级各类学校的教育质量，迅速实现四个现代化快出人才，对于加快社会主义革命和社会主义建设的步伐，都有极为重要的意义。它与“四人帮”的极“左”路线有着本质的不同。这种从德智体几个方面进行全面衡量、择优录取的办法，受到广大工农兵、师生的热烈拥护，符合全国人民心愿。然而，“四人帮”却把这种招生办法污蔑为“智育第一”、“文化至上”、“复辟回潮”等等。“四人帮”迫不及待地炮制了“一份发人深省的答卷”，捡起了张铁生这块“有角有棱的石头”，向无产阶级打将过来。无独有偶，“四人帮”在上海的一小撮死党——马天水之流，沆瀣一气，紧接着又在报上抛出了一份“值得重视”的“谈话记录”,也捡起了一块“石头”,向毛主席的教育革命路线打将过来。一时北呼南应,紧锣密鼓,黑风阵阵,恶浪滚滚,大有黑云压城城欲摧之势。

文化考试是考查学生政治理论和文化水平的重要方法之一。在毛主席关于考试改革的一系列指示中,从来也没有讲过取消文化考试的话。毛主席关于考试改革指示总的精神是要让学生主动地、生动活泼地掌握好政治理论和文化科学知识,更好地培养出德智体全面发展的人才,这本来是尽人皆知的。然而,“四人帮”却不顾铁的事实,肆意歪曲、疯狂篡改毛主席的指示,利用他们篡夺的一部分权力,公然取消高等学校招生中的文化考试。这是一个大阴谋,是他们篡党夺权的重要部分。

“四人帮”是由一伙新老反革命分子结成的反革命集团,刻骨仇视社会主义新中国,处心积虑地颠覆人民民主政权,妄图把社会主义新中国拉到半殖民地半封建的旧中国道路上,以便恢复地主资产阶级的反动统治。他们深知觉悟了的亿万工农兵,用毛泽东思想武装起来的广大人民群众,是实现他们狼子野心的巨大障碍。因此,他们效法历代反动统治阶级捡起了“愚民政策”,竭力鼓吹“文盲论”,妄图剥夺劳动人民学习马列主义、毛泽东思想的权利,妄图剥夺工农兵学习科学文化知识的权利,妄图使广大人民群众处于浑噩无能的状态,以便任他们愚弄,任他们驱使、奴役和宰割。大学招生进行文化考试,对他们宣扬的“文盲论”、执行的文化专制主义正是一个有力的打击,这就必然地要受到他们的反对。

“四人帮”为了把高等学校变成他们复辟资本主义的桥头堡:一方面要把绝大部分青年训练成既不懂无产阶级政治,又不懂业务技术的愚昧无知的所谓的“劳动者”,成为既不会惊扰他们的安宁,又能为他们一小撮人创造物质财富的恭顺奴仆,以便他们骑在劳动人民头上作威作福,称王称霸;另一方面,要把少数“头上长角,身上长刺”的青年训练成具有“武士道精神”的打手,组成大小反革命舰队,拼凑帮派体系,成为他们向无产阶级“动大手术”的打手,保护他们这伙反革命集团的“御林军”。大学招生进行文化考试,就堵住了那些不学无术的流氓、文盲进大学的路,对“四人帮”妄图把高等学校变成他们统治人民工具的反动目的,给予沉重的打击。

“四人帮”在1973年刮起这股反“复辟”的黑风,更为险恶的目的,就是把矛头指向敬爱的周总理、邓副主席以及老一辈无产阶级革命家,为他们组阁上台、篡党夺权,大造舆论。1972年前后,敬爱的周总理遵照毛主席的教导,对教育革命作了许多重要指示,如招收部分应届高中毕业生,进行文化课考试,加强基础理论的学习和研究。1973年4月,又由当时主持国务院工作的邓副总理批准,下达了大学招生文件,这个文件完整地准确地体现了毛主席的教育思想。“四人帮”拼命地攻击这个文件,就是为了反对周总理、邓副主席以及其他领导同志。

“四人帮”在我省的代理人紧跟“四人帮”行事,不仅在政治、思想、组织上配合“四人帮”篡党夺权,干了大量坏事,而且在教育战线忠实地执行了“四人帮”的路线,肆意篡改党的教育方针,兜售朝农黑经验,树立黑样板,反对新的招生办法。“四人帮”接过“社来社去”口号,炮制“三来三去”的黑货。“四人帮”在我省的代理人对此如获至宝,立即在我省推广。“三来三去”的要害是破坏又红又专人才的培养,搅乱了教育革命。大学招生如果按照“三来三去”搞下去,不仅不能限制资产阶级法权,而且还会扩大三大差别,造成当农民的永远当农民,当工人的永远当工人,当干部的永远当干部,这岂不是回到奴隶制时代的“世袭制”吗?这明明是保持和扩大工人与农民之间、体力劳动与脑力劳动之间的差别,哪里是缩小差别呢?按照“三来三去”搞下去,国家就不能根据日益发展的社会主义建设的需要,有计划地培养人才,这明明是在破坏社会主义革命和建设,哪里是他们所说的“巩固无产阶级专政的需要”呢?“四人帮”在我省的代理人在推销“三来三去”黑货时,跟得最紧,干得最凶,行动最快,推开的面最广,这就又一次充分暴露了他们投靠“四人帮”,为“四人帮”篡党夺权卖力的真面目。

大学采取什么办法招生,不仅直接影响着高等学校教育质量的提高,也间接影响着中小学教育质量的提高。这几年,大学招收的学生,文化水平低,个人素质参差不齐,教师难教,学生难学,教学质量大大下降。中小学教育质量也大大下降,教师不敢教,学生不愿学。教师抛弃专业,学生荒废学业,教学放任自流,学校无章可循,严重地破坏了社会主义革命和社会主义建设,造成教育与社会主义事业严重不适应的状况。重视文化考试,是今年招生制度改革的重要内容,是对“四人帮”及其在我省代理人的有力批判,是以华主席为核心的党中央整顿教育,提高各级各类学校教育质量,早出人才,快出人才,适应四个现代化需要的强有力措施,完全符合全国人民的心愿。我们坚决拥护,坚决贯彻这一政策,各系统各单位要理直气壮地抓好这次文化考试,广大考生要抓紧时间复习,争取以优异成绩向党交红卷。

以优异成绩迎接“文革”后第一次全国统考

（1978 年 3 月）

我市中学广大干部与教师，以高度负责的精神，狠抓高二复课迎考工作。寒假中，各校都举办了毕业生复习班，教育工作抓得很紧。教育局组织 30 余名教师编写了政治、语文、数学、物理、化学、历史、地理等七门学科的复习提纲，共约 50 万字。不少教师担任了复课与编写提纲两项任务，连春节都未休息。开学以来，各校又采取许多措施，加强领导，有的学校成立毕业班领导小组，书记挂帅，有的学校领导亲自担任高二教学工作，大部分学校都有一名领导干部坐镇指挥。在兼顾普通班的同时，充实了高二教师，把有复课经验的老教师与新教师搭配，以老带新，有的学校把退休老教师请回学校指导复课。加强思想教育：有的学校召开家长会，将学生学习情况向家长通报，互相配合；有的学校对毕业班进行纪律教育，加强组织性；有的学校进行反腐蚀教育，整顿校园校门口的环境；有的学校定期召开主题班会，学生自己教育自己。各校都制订了复课计划，现在多数学校已上完新课，开始系统复习，采取有效方法提高复课质量。有的学校开辟学习园地，举办专题广播；有的学校自编复习资料，分别对成绩好与差的两类学生进行拔优补差的辅导；郊区有的学校为家远的学生提供食宿条件。许多学校坚持晚自习，教师轮班辅导；坚持体育锻炼，开展课外活动，组织球赛，课间操很正常，有的班主任还带领学生跑步。通过批判“四人帮”强加在广大教师头上的“两个估计”，砸烂精神上的沉重枷锁，老教师焕发青春，老当益壮；青年教师虚心好学，干劲倍增。有些身患多种慢性疾病的教师，仍然坚持在复课第一线。为了进一步抓好复课工作，以优异成绩迎接“文革”后第一次全国统考，我代表局党委提出三点意见。

1. 提高对复课迎考的认识

华主席在五届人大一次会议上的《政府工作报告》中指出：“打倒了‘四人帮’，这是我国革命历史上又一个伟大的转折。我国人民在社会主义革命和社会主义建设的新的发展时期的总任务，就是要……在本世纪内把我国建设成为农业、工业、国防和科学技术现代化的伟大的社会主义强国。”要实现这个宏伟目标，必须极大地提高整个中华民族的科学文化水平，使广大劳动群众掌握现代生产技术和科学知识，同时造就一支宏大的工人阶级知识分子队伍。我们抓紧时间搞好复课，让学生在毕业前多学点科学文化知识，一方面为高等学校多输送一些合格新生，为造就一支宏大的工人阶级知识分子队伍多做贡献；另一方面为一部分毕业后直接参加工农业生产的学生掌握现代化生产技能和科学知识打下良好基础。这就是我们为实现四个现代化这个总任务而作出的贡献。

华主席在《政府工作报告》中还指出：“我国人民当前和今后一个时期的头等大事，仍然是把揭批‘四人帮’这场伟大斗争进行到底。”本届高二学生小学与初中都在“文革”中度过，思想道德的成长与文化知识的学习都受到“四人帮”极大的干扰与破坏。有一所学校高二 600 多名学生中，有 20 多人不会背乘法口诀表，有的学生只知三七二十一，不知四七二十八，有的学生 26 个英语字母写不全，个别人只能写“a、b、c”三个字母。这个学校历史上的教育质量还比较高，其他学校就可想而知了。痛定思痛，广大学生愤慨地说：“我们是‘四人帮’推行的反革命路线最大的牺牲品。”现在，我们辛苦一些，争分夺秒帮他们补缺补差，尽快地把“四人帮”破坏所造成的损失夺回来，这就是深入揭批“四人帮”的实际行动。

2. 采取有效措施

现在，学生想法比较多，由于上大学心切，加之复习内容多，家长压力大，成绩好的学生易产生急躁情绪，忽视基础知识，从过去的《升学指导》中找难题做。有的到校外找辅导老师，对校内复习不重视，作业不能完成。成绩差的一部分同学不愿继续学习，要求提前毕业，甚至旷课。部分学生虽然想学，但由于基础太差，课堂坐晕车，失去信心。理科班轻视文科学习，文科班轻视理科学习。班主任、共青团、授课老师都要了解学生思想动态，有的放矢地做好不同类型学生的思想教育，还要和家长密切配合，尽最大力量把他们的学习积极性调动起来，引导他们为四化建设而勤奋学习，做到“一颗红心，两种准备”。

教师要认真学习教育部颁发的《全日制十年制中小学教学计划试行草案》和各学科教学大纲，领会精神，把握方向，总结前一阶段复习情况，明确哪些符合大纲精神，需要坚持;哪些不符合大纲精神,需要及时补救。各校在以高二教师为主的同时,适当请其他年级教师讲专题。在以课堂复习为主的同时,采取诸如开专题讲座、办专题广播、辟学习园地、个别辅导等课外补缺补差活动。文理分科后,进行全面而重点的复习。所谓全面复习有两层意思:一是文理班都需复习外语、数学、物理、化学,文班不复习理化不行,因为一部分学生毕业后参加工农业生产,需要理化知识,假如今年高考分理工、医农、文史三类,而医农是要考理化的。考不考外语?不知道,如果要考,现在放弃外语岂不是很危险吗?二是各学科对大纲规定要掌握的基础知识、基本概念、基础理论要全面复习,反复练习,不能遗漏。所谓重点复习也有两层意思:一是文班要把主要精力放在文史政上,理班要把主要精力放在数理化上;二是各学科要把握住本学科的重点内容,在看准的重点内容上花大力气。

各学科教师要使用好本学科的《复习提纲》。这次市局组织人员编写的《复习提纲》,4月份印发到各校,各学科一定要按提纲顺序从头到尾复习一遍。当然,也可以参考外地提纲,吸收其长处。这次编的提纲,虽然考虑到突出重点,但对知识的系统性、全面性也兼顾得较多,有其一定特点,在运用时要发挥创造性。

要发扬协作精神。同校同学科老师要协作,校与校之间要协作。市区中学与郊区中学结成姐妹对:十四中与十二中、十五中与师范、二十中与九中、二十一中与三中、八中与五中、二十四中与四中、十九中与一中、十七中与二中、二十五中与七中、十一中与六中、五十七中与十中要结成对子。结对的学校,互相听课,互相交流复习材料,互相交流经验。

复课工作是一项非常细致的工作,各校要周密考虑,细心安排,定期检查,不断总结。市局打算在5月底进行一次普遍摸底,分析研究,然后分学科召开会议,进行部署。

3. 划清两个界限,处理好三个关系

在复习指导思想上,要划清为四化建设多出人才与为个人名誉片面追求升学率的界限。前者是正确的,全面的,应该肯定与鼓励;后者是错误的,片面的,应该否定与反对。

在复课态度上,划清真正的谦虚与弄虚作假的界限。对于学校自编的复习资料以及复课中的经验,虽然感到不成熟,但能毫无保留地贡献给他校,且能真心实意地吸取兄弟学校的经验的这种真诚虚心学习的态度,应当鼓励与提倡。对于那种不愿把自己的材料拿出来与大家交流,又不愿介绍本校的复课经验,怕别人超过自己,以谦虚的口吻推托,或者拿出次品来应付局面,或说些无关痛痒的话的弄虚作假的态度应予否定。

要摆正复课与思想教育、体育锻炼的关系。每周的班会、团日活动、班主任的家访等常规教育,不能因复课紧张而停顿。早锻炼、课间操、体育课都不能停。不能削弱思想教育,不能让学生负担过重,影响其身心健康,要劳逸结合。

摆正毕业班与普通班的关系。加强毕业班领导，充实毕业班教师，是必要的；但不能让骨干教师都集中到毕业班，各年级都要配备一定的把关教师。

摆正快班与慢班的关系。为了便于抓差补缺与因材施教，各校从学生实际出发，编成快、中、慢班，在特殊时期是必要的。把较好的教师集中于快班，也是无可非议的，但千万不能放松慢班的复课工作。

今年复习迎考工作任务重、困难大、时间短、经验少。抓差补缺的任务特别重，不仅要补高中阶段的差缺，还要补初中阶段的差缺，慢班还要补小学的差缺。毕业班的老师大部分是新教师，这样大规模地、全面地、系统地复习，已经中断十年了。现在既要总结与运用十七年的高考经验，又要从当前学生实际出发，创造新鲜经验。各校必须清醒地认识到严峻的形势，书记挂帅，依靠教师，群策群力，下大决心，花大力气，采取有效措施，千方百计提高复课质量，以优异成绩迎接“文革”后全国第一次统考。

（蓝济仲时任市教育局普教科长，会同副科长黄长春、市教研室副主任戚国俊，在局长马建华、副局长李康民的领导下，负责高中毕业班复课迎考工作。为使各校党支部重视，特请局党委副书记金云飞同志在高中毕业班工作会议上作动员报告。这是为他代拟的讲话稿。）

贯彻两条腿走路的办学方针

——企事业、街道办学的情况调查

(1978年3月)

最近,市教育局组织3个调查组,对全市企事业、街道、机关办学情况进行了全面调查。

1972年以来,许多企事业单位和街道、机关积极贯彻毛主席关于“工厂办学校”、“除了国家办学以外,必须大力提倡群众集体办学”的指示,发扬自力更生、艰苦奋斗精神,先后创办了72所小学(其中4所初中“戴帽子”)。在校班级391个,在校学生2430人,占全市小学校数的60.5%、班级数的44.7%、学生数的36.7%。它们在普及小学教育方面作了应有的贡献,应予充分肯定。肉联厂、烤烟厂、江淮化工厂、蚌埠化工厂、化肥厂、纺织厂、水泥制品厂、机床厂、造纸厂、钢厂、风动工具厂等所办学校比较好。它们的共同特点是,厂领导重视,学校有专人负责,认真选拔教师,校舍及其他教学设备齐全,教学秩序正常,教学质量得到保证。郊北的化工厂、化肥厂等四个厂联办的小学,共有5个年级、5个班,在校生282名。四个厂负责同志组成学校领导小组,从车间抽调2名支部书记分别担任学校书记和校长,2名一般干部分别负责教导处、总务处工作,13名政治思想表现比较好、文化水平比较高的职工担任教师。他们中5名中师(或高中)毕业,8名初中毕业。工厂还拨了一万元建校费,课桌椅和教学用具比较齐全,教师精神面貌好,学校各项教育教学活动开展得井井有条。江淮化工厂所办小学共3个班,教室和办公室都很好,还有800平方米的操场,体育设施比较好,有水泥乒乓球台、双杠、篮球架。工人对学校满意,不愿意将孩子转往公办学校。纺织厂所办小学,规模比较大,共15个班、817名学生(其中2个初中“戴帽班”,共96人)。学校单独成立党支部,有专任书记,盖了三层崭新的教学楼,采取本人申请、党委研究批准的办法选拔教师,确保教师质量。烤烟厂和肉联厂所办学校已经初具规模,可与公办学校媲美。街道办的学校主要特点是教师素质比较高,教师主要来源有三个方面:老三届留城的高、初中毕业生,这类最多;“文革”前的代课教师,多数是落榜的高、初中毕业生;街道工厂抽调来的文化水平较高的长期临时工。胜利路街道所办小学,10名教师全部是高、初中毕业生,其中7名是留城知青,2名是代课教师,1名是街道工厂调来的工人。

实践证明,在现实情况下,两条腿走路的办学方针是正确的,必须坚持下去。但是,由于主客观方面的种种原因,当前这类学校还存在许多亟待解决的严重问题。

1. 办学单位不重视,把学校当成包袱。全市86个办学单位中近一半不同程度地存在着这种思想。第一麻纺厂有位负责同志说:“我们是织麻袋的,不是办学的。”医学院有位领导说:“我们是大学,办不好小学。”胜利街道一位会计对民办教师说:“你们民办教师拿的工资是吸工人的血。”据悉,有不少单位打算写报告停办学校。在这种思想影响下,学校的负责人也不安心,323地质队小学负责人对调查组的同志说:“你们是来办交接手续的吧!”东海烟厂小学负责人以文化水平低为借口,拒不到校任职,他发牢骚说:“我不识字,怎么当校长?”不重视的主要原因有三:一是对毛主席关于“工厂办学校”的意义认识不足,对两条腿走路的方针理解不深;二是认为从职工中抽调教师,减少了生产人员,影响生产;三是有的办学单位职工子弟少,认为办学是为别人培养人才。

2. 教师数量缺,质量低。教师数量不足的原因有三:一是不少学校班级少、规模小、占编大;二是留城的知青按政策纷纷被安排其他工作;三是办学单位怕影响生产,不愿意抽调职工当教师。锅厂学校7名教师中有4名已经体检合格,即将被正式安排其他工作。有相当一部分办学单位在抽调教师时不注意教师的政治思想、科学文化素质,把年老体弱,甚至个别道德品质有重大缺陷的职工抽调到学校任教。一麻小学14名教师,其中2名高中毕业,9名小学毕业,3名小学肄业(只有二、三年级水平)。其中一位连两位数乘法都不会计算,在课堂上遇到难题就对学生说“下次再讲”。实际上,下次不讲了。这个学校还有3名教师患有严重慢性疾病,1名家务活重,每天带2个孩子上班。衡器厂和制钉厂联办的小学从社会上招2名教师,轮换到校上课,一人集中上半周上语文,另一人集中下半周上数学,学校无人管理。街道办的小学,民办教师待遇不落实,教师思想不稳定,究其原因有三:一是工资调整和工龄计算与街道工厂的临时工不能同工同酬。这次工调,临时工参加了,而且计算工龄,民师没有参加,而且教龄不计入工龄。二是生活福利差,临时工有医疗费和生活补助费,但民师没有。三是政治待遇差,临时工被划入工人阶级队伍,民师被划入“老九”队伍。

3. 校舍不足,设备简陋。因校舍缺乏而开二部制的学校约占40%,多数学校教师没有办公室,教室窗户小,采光极差,校园极小,下课后拥挤不堪,学生无法活动。胜利路小学10名教师共用一张办公桌,桌子放在一位邻居老大娘家里,教室破烂不堪,桌椅坏了教师自己修。鞋厂小学在工厂门口搭了一个小棚子作教室,教师集中在车间的角落办公。偌大的东海烟厂办的小学共有4个班级,其中3个班挤在一个教室上课。平板玻璃厂小学设在宿舍楼下的一排平房,还被职工抢占了3间作宿舍,两头教室门口积水很深,到处是泥巴。323地质队小学利用礼堂舞台后面化妆室作教室和办公室,两个班学生和几名老师都挤在这间阴暗的斗室内,用4条宽而长的板凳作课桌,学生自带小凳子。

4. 教学秩序乱,教学质量低。这类学校的教育教学活动属于两不管,厂里不愿管,教育行政部门管不着,对它们缺乏行政约束力量。区教育科举办的各种业务活动,虽然也通知它们参加,但它们比较自由,高兴参加就参加,不高兴参加就不参加。有的学校随意停课,厂里有紧急劳动任务就拉教师,教师干一天休息一天,学生就要放假2天。汽车公司小学一个班共有两名教师,一位回家生孩子,一位闹情绪,不愿教书,吵着要回公司当售票员,想来就来,想走就走。二建小学经常在上午10点前就把学生放掉看电影,公司负责人也不干预。东海烟厂小学一个初中"戴帽子"班参加全区统考,全班数学平均每人只考了20分。

事实证明,企业和街道办的学校已到非整顿不可的地步,否则,将继续误人子弟,严重影响基础教育的质量。为此,要采取如下果断措施,从思想认识、学校布局、教师队伍、管理体制、教学秩序等方面进行全面整顿。

1. 建议市委、市政府今年上半年召开厂办学校工作会议,办学单位及其主管部门的主要负责人参加会议。深入学习毛主席指示,交流经验,参观学习,提高认识,明确责任,限期办好。

2. 贯彻"调整、充实、巩固、提高"的方针。对72所学校进行全面排队,对确无办学条件而职工居住又很分散的企事业,已办的学校可以停办,教师回原单位分配工作,学生并入附近的公办学校。对于具备办学条件而职工居住又比较集中的企事业,已办的学校一定要办好,要充实领导班子,充实师资,充实教学设施;未办学校的还要积极兴办。对于初具规模办得比较好的学校,要在总结经验、巩固已有成绩的基础上进一步提高。

3. 整顿教师队伍,提高教师质量。教育行政部门对厂办学校教师进行全面考核,凡不能胜任教学的教师,一律调回工厂,另行安排工作。所缺教师来源有三:一是由工厂抽调素质好的技术人员改行当教师;二是教育行政部门从社会上招聘一部分教师;三是抓紧教师培训工作,帮助一部分有培养前途的教师迅速提高教学业务水平。

4. 加强学校领导，建立正常的教学秩序。办学单位的党委要给学校配好三位领导：党支部书记、管教学的校长和管后勤的副校长。党委还要有一名负责人分管学校工作，把学校工作列入党委议事日程，每学期集中研究两次。区教育科要像管理公办学校一样管理好厂办学校的教学业务工作，加强教学指导、检查、评估和督促。学校要遵循教育规律和学生身心发展规律开展教育教学活动，开齐课目，开足课时，建立健全教学常规制度，保证正常的教学秩序，不断提高教学质量。

5. 提高民师地位，改善民师待遇。民师工资要保证按月兑现，医疗费和生活困难补助费应与合同工享受同样待遇。他们的教龄应该计入工龄。建议市计划、劳动、人事部门每年给民师一部分转正指标。企事业办学的大方向正确，两条腿走路的办学方针决不能动摇，现在要坚持，将来经济情况好转了也要坚持。它是多快好省发展我国教育事业不可或缺的一个方面。

（这是为教育局起草的《情况调查》，经市局领导审核报告市委后，所提五项建议都得到较好的落实。蚌埠市企事业单位与街道农村集体办学成绩较大，为全市完成“两基”作出历史性的贡献，应在蚌埠教育史上占有一席之地。两条腿办学是指政府办学与集体私人办学同时并举，犹如人的两条腿，缺一不可。古代公学与私学长期并存。现在，企事业单位与街道村民不办学了，但这条腿不能断。今后，除义务教育应由国家包下来，其他类型的教育仍然鼓励并支持集体与私人办，只不过这条腿的具体含义不同罢了。）

关于蚌埠市一九七八年中小学招生工作的请示报告

（1978 年 5 月）

粉碎“四人帮”以来，在以华国锋为核心的党中央抓纲治国战略决策指引与市委直接领导下，我市教育战线深入揭批“两个估计”，全面拨乱反正，党的教育路线与方针得到贯彻执行，党的知识分子政策得到较好的落实，被“四人帮”搅乱的教学秩序和规章制度正在恢复，学校教育教学工作初步走上正轨，师生教与学的积极性有所提高。但是，由于“四人帮”的干扰与破坏，我市中小学教育事业受到很大损失，砍掉和强迫下迁的中等以上学校达十余所，造成与社会主义事业严重不适应的状况。当前存在的主要问题是：第一，“一大三多”。即学校规模大，蚌埠一中、二中、三中、四中、五中、六中等中学，每校都达 40 个班，学生 3000 人左右；班级人数多，每班达 70 人以上，不少班级还在 80 人以上，教室十分拥挤；二部制多，市区小学约占 50%；小学附设初中班多，市区占 86%。第二，教师奇缺，质量不高。今秋以后，如初中毕业生按 90% 升入高中，将净增 15000 余人，教师缺额近 40 人。第三，教室严重不足。今秋开学后将缺 380 多口，绝大多数学校都无仪器室、阅览室、实验室。

根据华主席关于“到 1985 年，在农村基本普及 8 年教育，在城市基本普及 10 年教育”的指示和邓副主席的有关指示，以及省教育局关于 1978 年中小学招生工作精神，结合我市实际情况，提出我市今年中小学招生工作意见。

1. 高举毛泽东思想伟大旗帜，以党的十一大路线为指针，深入贯彻全国五届人大和全国教育工作会议精神。继续揭批“四人帮”在招生问题上的罪行，肃清流毒，解放思想，切实做好招生工作。

2. 今年小学共招收新生 20394 人，以年满 7 周岁为入学年龄（即 1971 年 8 月 31 日以前出生）。以区为单位，由区参照以往规定的招生范围，按街道和学校布局划片包干。

3. 今年初中共招收 13750 人，具体办法是：第一，为了保证中学有一个新的起点，以适应今秋以后新的教学大纲和全国统编教材的试行，所有中学都招收一年级新生（每校招 4—6 个班）。实行统一考试，分校办理，择优录取。所余应届小学毕业生均到小学附设初中班就读，极少数成绩过差的学生，在原小学留级。第二，原小学附设初中班，除初三毕业班考入高中外，其余各年级不转入中学，仍留在原小学。为了保证教育质量，各区可将小学初中班相对集中于条件好的学校，也可改小学为初中。

4. 今年高中招生实行统一考试，德智体全面衡量，择优录取。市区学校分校办理；郊区学校分片办理，由每片所属中学组成招生组，分片集中阅卷，办理录取工作。高中招生一定要挖掘潜力，采取有效措施，尽最大努力多招一些。起点应在高于应届高中毕业生 4400 余人的基础上，招收 9000 人。对于不能升入高中的学生，根据省教育局（原教育厅）的意见，应由家长所在企事业、街道等单位组织补习，明年再参加高考。如果此方案不能落实，高中可实行二部制，或请市委采取强有力措施，集中人力物力突击基建，在最短时间内新建 4 所中学，抽调缺额教师。

5. 重点中学招收初一新生，由市教育局主持，从所在区的各小学择优挑选；招收高一新生原则上从本校初中毕业生中择优挑选。

6. 企事业、街道所办学校，必须大力巩固与努力办好，今年原则上只招不转。

今年是“抓纲治国”三年大见成效的重要一年。搞好中小学招生工作，是抓纲治国的需要，也是提高教育质量的需要。因此，必须切实加强领导，周密计划，妥善安排，严格纪律，坚持原则，防止或抵制一切不正之风，确保今年招生任务的胜利完成。

（这是受市教育局党委委托的代拟稿。局党委副书记金云飞于 1977 年 5 月 25 日批示：“同意，打印十份，迅速上报。”）

招生制度的改革是没有贯彻党的阶级路线吗?

(1978年7月)

去年对招生制度进行重大改革,成绩很大,广大工农兵、革命干部与革命知识分子无不拍手称赞:“好得很!”然而,至今还坚持“四人帮”思想体系的人,对招生制度改革有抵触情绪,诬蔑去年招生“没有贯彻党的阶级路线”。理由是:工农成分降低了,排斥工农子弟,干部与知识分子的子女招多了,招收不少剥削阶级家庭出身的青年。去年招生是不是贯彻党的阶级路线呢?在这个重大原则问题上的争论,我们的回答完全是肯定的。

一

什么是党的阶级路线呢?党的阶级路线就是在不同历史时期,革命依靠什么力量,团结什么力量,争取什么力量,打击什么对象。华主席在党的十一大的《政治报告》中明确指出:“工人阶级要紧密团结和依靠它的最可靠的同盟军——贫下中农,团结和依靠革命知识分子,同时还要争取和团结上层小资产阶级的多数、资产阶级知识分子的多数和民族资产阶级中愿意接受社会主义改造的人们,以及其他爱国的民主人士,向着反动阶级、反动派和反抗社会主义改造和社会主义建设的分子实行专政。”这就是党在新时期的阶级路线。在贯彻这条阶级路线时，既不能丢掉最可靠的同盟军，也不能丢掉团结和争取的力量，丢掉任何一方都不是全面正确地贯彻党的阶级路线。工人阶级是革命领导阶级，贫下中农是革命最可靠的同盟军。因此，工农及其子女有享受教育的优先权。去年招生，在德智体等条件基本相同的情况下，优先录取工人、贫下中农及其子女，注意录取上山下乡与回乡知识青年，对他们都有适当分数线的照顾。我市去年录取这方面的人员占录取总数的96.2%，占绝对优势。录取的工人、农民、战士（不包括子女）就占总录取数的39.2%。郊区回乡知青和上山下乡知青的录取数超过1975年全市的录取数。去年，被录取的剥削阶级子女仅占0.4%。郊区有个大队，前几年只推荐3人上大学，其中一人是书记的未来儿媳妇，一人是另一个大队干部的儿子。去年，这个大队录取了5名，而且都是贫下中农的子女。如果要像过去那样推荐，第一步推荐的是公社干部及其亲戚的子女，第二步是大队干部及其亲戚的子女，第三步是小队干部及其亲戚的子女，第四步才轮到普通社员的子女，而且恐怕一名也轮不上。1975年，郊区分配了3个全国统招的大学生名额，被郊区党委书记、革委会副主任、贫协主任三个头头“瓜分”掉了，连公社以下的干部都无份，更谈不上普通社员的子女了。今年，郊区某队贫农段广文一家就考取了两个孩子。接到通知的那天，他跑到市里喝得醉醺醺的，遇到市招办一位同志激动地说：“感谢华主席，感谢党中央！要不是今年这样靠考试分数录取，三四年以后也不一定能推荐到我的孩子，就是幸运地被推荐上去，也只能是一人。今年两个都考上了，我做梦也没有想到。”1974年，拖附厂推荐了两名政治表现好、文化水平比较高的工人上大学，但到了上级机关核审时，却被换成某局长的儿子和某医院院长的孩子。工人愤愤不平地说：“这哪里叫推荐！后门开得太大了，连墙都推倒了。”去年，这个厂考取的人数虽然不多，但工人们很高兴。他们说：“这样考大学，小孩有奔头，读书有用处，考不取也甘心。”有位老红军的孩子，在1974年招兵中没有被录用。他到市委门口贴了一张大字报，表达了对参军中走后门的不正之风的义愤，去年，他的小孩参加高考，虽未被录取，但他毫无怨言，还编了顺口溜：“开才路，堵后门，儿不取，不尤人；华主席，真英明，招生好，我赞成。”类似事例不胜枚举。说什么去年招生，“工农成分降低了”“得罪了几千万！”完全是睁眼说瞎话。

革命干部是毛主席革命路线、方针政策的执行者，是人民群众参加社会主义革命和建设的组织者和领导者，是党和国家的宝贵财富。革命知识分子是社会主义社会三大重要社会成员之一（此外，还包括工人与农民），是脑力劳动者，是革命与建设依靠的中坚力量。按照“德智体全面衡量，择优录取”的原则，招收他们的子女入大学深造，正是贯彻阶级路线的具体体现，这与“工农及其子女享受教育的优先权”完全一致，哪里谈得上“排斥工农子弟”呢！如果像“四人帮”横行时期那样，把条件具备的干部与知识分子子女长期拒于大学门外，那就不利于多出人才、快出人才、早出人才，不利于实现四个现代化，不利于广大工农兵群众的根本利益，这恰恰是背离了党的阶级路线；不把他们的子女当成劳动人民的子女，这完全继承了"四人帮"把老干部打成"走资派"、把知识分子打成"臭老九"的思想体系。

其他爱国人士、民主党派、上层小资产阶级及其知识分子，愿意改造的民族资产阶级，都是革命统一战线的组成部分。华主席在五届人大政府工作报告中指出，发展革命的统一战线，是毛主席无产阶级革命路线的重要组成部分，按照招生原则与条件，招收他们符合条件的子女入学，也是贯彻党的阶级路线。

二

去年招生工作贯彻了党的"有成分论，不唯成分论，重在政治表现"的政策。路线决定政策，政策是路线的具体体现。落实无产阶级政策就是贯彻阶级路线。"有成分论"是唯物的，因为在阶级社会里，每人无不打上阶级烙印，受到家庭与社会环境的影响。"不唯成分论"是辩证的，因为一个人的立场、观点、思想、感情的形成，是个多元的结果，影响因素有很多，不仅有家庭，还有学校、社会、亲友、党团组织，特别是解放后20余年，马列主义、毛泽东思想成为社会主流意识，对青少年世界观的形成有着极为重要的作用。出身成分与本人表现是一对矛盾，政治表现是矛盾的主要方面，它决定事物的性质，标志着一个人是否是革命者，因此，关键是"重在政治表现"。不承认这一点，就不是彻底的马克思主义者，就不是辩证唯物主义者，从而陷入形而上学的唯心论。当代青年都是生在新中国，长在红旗下，出身剥削阶级家庭的青年，坚持原阶级立场的那是极个别的，或者说他们都是可以教育好的。还有一部分青年已经是第三代了，他们是依靠自己父母辛勤劳动扶养成人的，与其祖辈已经没有任何联系了，这就不能说他们出身剥削阶级。去年招生，我市录取了少数本人表现好、学业优秀的剥削阶级出身的青年，这有利于调动各方面的积极因素，有利于四化建设。平板玻璃厂工人俞鲁，出身于剥削阶级家庭，社会关系也不单纯，但本人表现好，刻苦钻研业务技术，是工厂的骨干、生产能手，还是共青团员。1974年被本厂工人们推荐上大学，文化考试成绩也很好，本打算录取，但张铁生一张"白卷"一交，"四人帮"对招生工作横加干扰，取消文化课考试成绩，于是俞鲁的入学资格就被张铁生式的人物所取代了。他去年参加高考，总分优秀，外语单科成绩102分(满分120分)，被录取到合肥工业大学外语系。下放知青王浩、王义两兄弟，一贯表现都很好，哥哥在上学期间还是团委干部，他们的父亲虽然刑事劳改三年，但根据两人的表现与考试成绩，都被录取上大学了。他们的母亲感动得流下热泪，逢人就说："感谢共产党，感谢华主席。'四人帮'不打倒，招生制度不改革，我的两个孩子一辈子也考不上大学。"考生刘某在批林批孔期间，到处放王洪文的录音讲话，大反周总理，直到参加高考时还不愿检查错误，虽然文化考试成绩达线，但未予录取。小学教师花某，因与有妇之夫通奸，分数也达线，且是女的，也未被录取。

把去年录取少数剥削阶级家庭出身的青年说成是“剥削阶级家庭出身倒成了优越条件”，这是恶意中伤，是对招生制度改革的攻击，是“左”病的遗毒，是背离党的阶级路线。

三

去年招生认真贯彻党的十一大路线，符合新时期总任务的要求。党的十一大制定的新时期总任务，要求在本世纪末把我国建设成四个现代化的强国，这是关系国家民族的根本利益。要实现这个任务，关键是科学技术现代化，因此，要采取一切有效措施，大力选拔和培养人才，极大地提高整个中华民族的科学技术水平。去年招生，因为进行了根本改革，突出了文化成绩，所以为高校和中专招收了一批德智体全面发展的学生。我市共被录取 710 人，党团员占 81.1%，考试成绩优异的也很多。这不仅保证了大学、中专的教育质量，也极大地推动了中小学的教育革命，改变了整个社会和各级各类学校的风气。一个努力学习科学文化知识、刻苦钻研科学技术的良好社会风尚和校风正在形成，广大青少年以刻苦学习为荣，以交白卷不学无术为耻。去年招生严格执行纪律，堵住了“走后门”的不正之风，使党的优良传统和作风得到继承与发扬。市委副书记的亲属、市宣传部部长的儿子、市招办副主任的女儿、教育局党委副书记的孩子、省财经学校（原商学院）三个主任与三个组长的 8 个子女，都因考试成绩未过关而没有被录取，但他们都毫无怨言。那些“平时不学数理化，到时全靠好爸爸”的青年学生也都能发愤读书了，那些过去因没有“好爸爸”而消极悲观的人，现在感到有奔头了。这就激发了各种不同家庭背景的青少年学习科学文化知识的积极性，一扫“读书无用论”。实现四个现代化是八亿人民的根本利益，去年的招生办法完全符合八亿人民这个根本利益，受到广大人民的拥护，这恰恰不是“招了十几万，得罪几千万”，而是“招了十几万，为了八万万”。这才是最全面最正确地贯彻党的阶级路线。

去年招生改革，断了那些“头上长角，身上长刺”的张铁生式人物上大学的路，这是大好事。而那些持所谓“没有执行党的阶级路线”说法的人，正是站在“四人帮”的立场上，为张铁生式的人物鸣冤叫屈，为“四人帮”极“左”路线扬幡招魂。说到底，他们所要贯彻的不是党的阶级路线，而是“四人帮”的反动路线，只不过打着为工人、贫下中农的幌子。

就培训师资，提高教师教学水平答安徽人民广播电台记者问

（1978年8月）

问：请谈谈当前你市培训师资以提高教师教学水平的迫切性和重要性。

答：社会主义四个现代化的关键是科学技术现代化，科学技术现代化的基础是教育，因此，必须大力提高教育质量，迅速发展教育事业。列宁指出："学校的真正的性质和方向并不由地方组织的良好愿望决定，不由学生'委员会'的决议决定，也不由'教学大纲'等决定，而是由教学人员决定的。"毛主席指出："教改的问题，主要是教员问题。"教师是党的教育方针、政策的直接贯彻执行者，教师政治思想水平和业务水平的高低，直接决定着教育质量的高低。因此，建设一支又红又专的教师队伍，对于实现四个现代化有着非常重要的意义。

28年来，我市广大中小学教师认真学习马列主义、毛泽东思想，积极参加社会实践，忠诚党的教育事业，为培养下一代而呕心沥血，为工农业生产战线和高一级学校输送了大批合格人才，为社会主义革命和建设作出了应有的贡献。但是，在十年动乱期间，由于"四人帮"挥舞"两个估计"的大棒，宣扬"知识越多越反动"的谬论，破坏师范教育，砍掉各级教研组织和教师进修学校，取消教学研究活动，造成了当前教师数量不足、质量下降、教学业务水平与新时期的任务不相适应的状况。我市两千多名中小学教师中能够愉快地胜任教学工作的占五分之一，能一般性完成教学任务的占五分之一，勉强

完成教学任务的占五分之一，不能胜任教学任务而且在教学中经常出差错的却占五分之二。小学教师中民师比例较大，约占20%，招工上来的高中毕业生约占40%，有的高中毕业生教高中生，初中毕业生教初中生，小学毕业生教小学生，这就严重影响了教育质量的提高。

为了适应四化需要，教材内容要不断更新，教学手段也要不断更新，不仅原来不能够胜任教学工作的教师要学习，就是原来能够胜任教学工作的教师也要再学习、再提高。因此，加强师资培训既是当前提高教育质量的迫切需要，也是教育工作一项带有根本性的长远战略措施，绝不是权宜之计。

问：你市在粉碎“四人帮”以后的一年多来，在培训教师方面采取了哪些措施？

答：我市在培训教师方面主要采取了如下几项措施：

1. 联系实际揭批“四人帮”，造革命舆论。打倒“四人帮”以后，有些同志在抓教师业务进修、提高教育质量方面心有余悸，胆子不壮，步子不大，措施不力。局党委一方面组织广大干部和教师批判“知识越多越反动”“业务进修，越进越修”的谬论，划清路线是非；另一方面，组织大型教学现场会，造成抓教学的声势。去年初，教研室在蚌埠二中、蚌埠三中举行了两次语文教学现场会，参加教学现场会的有300多人。现场会的内容丰富：有教师观摩课，有学生作业展览，有教学经验介绍，有学生基本功表演。通过现场会，不仅提高了教师的教学业务水平，而且更重要的是冲破了“四人帮”横行时期教学领域里“万马齐喑”的沉闷空气，鼓舞了广大干部和教师抓“双基”教学、抓教师进修的勇气。

2. 建立三级进修网，举办业余进修班。市教育局普教科、教研室举办了中学政治、语文、数学、外语、物理、音乐等六个业余进修班。参加学习的主要是专业文化知识比较薄弱，教学经验不足，未达到大专毕业水平的初中教师，约750人，聘请业务水平较高的中老年教师和高校教师讲课，进修内容就是中学教学大纲和教材。各区文教局主要组织小学教师进修。东区把教师进修、教学活动、集体备课三者有机结合，效果很好。中区成立业余教研室，组织本区小学教师进修。各校本着自学为主、校内为主、业余为主的原则，能者为师，每周半天，有计划地组织各科教师开展进修。

3. 举行观摩教学，加强教研活动。在市教研室的统一指导下，中学各学科都成立了校际中心教研组和校际年级备课组。小学以区为单位成立了语文、数学中心教研组。一年多来，有计划、有目的地开展了以“如何正确处理思想教育与基础知识教学的关系”“如何加强双基教学”“如何因材施教，抓差补缺”“如何精讲多练”“如何进行作文教学”等为主题的教学研究，解决了当前影响教学质量提高的几个重要问题。

4. 举办短期脱产培训班。为适应中学电机教学的需要，市教育局在条件比较好的四中校办工厂举办了为时一周的脱产培训班。参加学习的是初三、高一物理教师，在电机车间上课,边学理论边实际操作:看得见,摸得着,记得住,学得牢。通过培训,这两个年级的物理教师都比较熟练地掌握了电机原理、性能,并且能够操作。

5. 假期集中备课。去年暑假,市教育局组织全市中小学教师集中备课10天。中学教师按学科集中在9个点,小学教师按区、公社集中。备课中抓住个人钻研教材、重点发言(或专题讲座)、集体讨论、编写教参、撰写教案等五个环节。在这次备课中,有400余名教师作了专题发言,对教材的重点难点进行了比较深刻的分析,同时,也交流了教学体会。各学科各年级都编写了教学参考资料,每人写了两周教案。这次集中备课,对青年教师来说,是一次全面的业务进修。

6. 加强师范教育,创办师范专科学校。为了有计划地培养初中教师,我市创办了师范专科学校。从师范学校和普通中学抽调了一批曾在高校任过教的和专业知识基础坚实的中老年教师到师专任教,还聘请了高校退休教师。

问:在培训师资,提高教育质量方面,你市已经初步取得哪些成绩?

答:广大教师通过刻苦学习,业务进修已初见成效。数学培训班教师系统地学完初中5册教材、高中2册教材,物理培训班教师学完了力学、电学、热学知识,语文培训班教师学完语音、文字、语法、修辞、逻辑等内容,政治培训班教师学完哲学、政治经济学知识,外语培训班教师学完了初中6册教材。广大青年教师对如何写教案,如何运用启发式教学方法讲好一节课,如何批改作业,如何辅导差生等各个教学环节,已经初步掌握。少数教师经过努力,现在能比较愉快地胜任教学工作。

问:在培训师资,提高教学质量方面有待进一步解决的问题是什么?

答:根据我市情况有待解决的主要问题是:1. 教学参考资料缺乏;2. 培训班的教师,如何对他们进行业务考核;3. 培训班的师资都是学校教师兼任的,他们负担很重,如何建立一支专兼职结合的培训师资队伍;4. 师资培训工作暂由教研室和普教科来抓,如何建立专门的培训机构等。这些问题都急需要进一步解决。

教学管理要管在“正本”上，理在“清源”中

（1978年10月）

为贯彻全国教育工作会议精神，当前，我市教育战线的迫切任务，是高举毛泽东思想伟大旗帜，把揭批“四人帮”的斗争进行到底，认真落实党的干部政策和知识分子政策，调动一切积极因素，团结一切可以团结的力量，充分发挥现有人力、物力和财力作用，改变领导作风，深入教学第一线，加强常规管理，千方百计地提高教学质量，为实现周总理生前关于把我国建设成为社会主义现代化强国的意愿，培养大批又红又专的人才。为此，召开这次教学讨论会。受市局领导的委托，我在讨论前抛5块砖，企望引出多块玉。

一、拨教学指导思想之乱

通过揭批“四人帮”，批倒了“两个估计”，教育战线上的路线是非和理论是非得到了澄清。在“主学”与“兼学”的关系上，学生要以学习文化课为主，学工、学农、学军为辅；在书本知识和实际知识的关系上，学生要以学习书本知识为主，学习实际知识为辅；在课堂与课外关系上，学生要以课堂教学为主，其他形式教学为辅；在教与学的关系上，要充分发挥教师的主导性，努力调动学生的主体作用；在思想政治工作与教学工作关系上，思想政治工作是统帅，教学工作是中心，学校思想政治工作要渗透到教学业务中去，

并且对学校教育工作的完成起保证作用,学校一切工作都要围绕教学这个中心。

由于教学指导思想明确了,长期以来那种教学无计划、无要求、无考核以及上课无教案、无课本、无作业的无政府状态得到纠正。现在,各校根据教育部颁发的《全日制中学暂行工作条例(草案)》(以下简称《条例》)和市教育局对各年级的教学要求制订的具体教学计划,恢复了教研组和市级备课制度,开展了校内校际教研活动。学校领导深入课堂听课,深入备课组研究教学,建立教学检查制度,正常的教学秩序已经恢复。广大教师在课堂上紧扣教材,狠抓"双基"教学。语文教师正确处理了"文""道"关系,着重在字、词、句、段、篇章结构上下功夫,在讲练上下功夫。外语教师重视口语教学,教单词时,把音标、词义、词素以及用法有机结合起来,务使学生读得准,记得牢,用得活。政治教师联系实际,加强哲学、政治经济学、科学社会主义三门学科的基本概念、基本原理的教学,改变了过去忽视基础理论教学的倾向。数理化教师普遍重视基本公式、基本定理的讲解,精选例题反复练。最难能可贵的是,教师重视实验教学,在实验仪器遭受破坏的情况下,能克服困难自制教具。

二、返"双基"教学之正

所谓"双基",就是指基础知识和基本技能。基础知识是学习专业知识与高深理论的基础,它是对社会现象和自然现象规律性的概括。犹如树根,根深才能树大,树大才能枝繁叶茂。为学亦若是,只有把基础知识学得全,记得牢,用得活,才能为学习高深的专业知识打下坚实基础,从而在吸收前人科学研究成果的基础上有所发明创造。有人把基础知识理解为简单的知识,这是不全面的,应该说它既简单又不简单。基本技能就是运用基础知识分析问题和解决问题的能力,这种能力要反复练习,才能达到熟练的程度。人们认识过程是有反复的,基本知识的掌握和基本技能的训练也要反复地练习。中学教育是基础教育,它的任务就是要切实加强基础知识的教学和基本技能的训练,培养学生分析问题和解决问题的能力。

备、讲、练、导、考、实是"双基"教学六个密不可分的环节。备课是基础,讲练是关键,导考是手段,实践是目的。备课就像打仗前的练兵,在指挥正确的前提下,胜败与否在很大程度上取决于练兵的好坏。要做到"七备""三结合"。"七备"就是备教学目的,备教材的重点难点,备板书计划,备课堂语言,备教学设计,备实验教具,备学生实际。"三结合"包括:全盘通备和分课备相结合,以分课详备为主。教师拿到教科书后,应从头至尾通览一遍,明确哪些要详讲,哪些要略讲,哪些要补充例题,哪些要增加内容,各章节之间、各课之间的联系怎样。这样才能做到胸中有全局,教学有计划,不至于像流水一样淌到哪里是哪里,这就是通备。个人备和集体备相结合,以个人备为主。集体备要做到统一教学目的，统一重点难点，统一作业量，统一进度，不能各自为政。但教学方法可以百花齐放，各显神通。书面备与课前默讲相结合。书面备要求写成详细教案，教学过程要写得清清楚楚，课堂用语和复习提问的内容要写得详详细细。讲稿是教案的重要部分，是讲课的内容，但不能代替教案。有经验的教师在熟悉教案后离开教案，像过电影一样从头至尾默讲一遍，对重难点反复推敲，反复琢磨，找出化难为易的方法，然后才信心百倍地走上讲台。

讲练是关键，教师向学生"传道、授业、解惑"，主要通过课堂讲授来完成；学生把教师传的道、授的业接受下来，而且能够熟练地运用于实践，就要通过反复练习。教师讲好课必先备好课，但是备好课不一定就能讲好课。这有点像剧作家和演员的关系，一位优秀的剧作家写好一部优秀剧本，但一位演员不一定就能演好。剧作家写剧本是创造性劳动，演员登台演出也是创造性劳动，不是简单的背台词。写教案是创造性劳动，课堂教学也是创造性劳动，教师也不能拿着写好的教案在课堂上照本宣讲；否则，与蹩脚的演员在舞台上念台词有何区别呢？当然，教师毕竟不是演员，不能在课堂上装腔作势地表演。当前课堂教学的主要问题是讲得不深不透，练得不多不活，满堂灌的现象严重，灌得学生晕头转向，不知所云。这其中的原因是多方面的，有的是因为教师没有吃透教材，驾驭不了教材；有的是因为教师轻视教学方法的研究，不讲究课堂艺术；有的是因为教师不了解自己的教育对象，不能帮助学生改进学习方法。如何解决这个矛盾呢？上海育才中学的经验可以借鉴，他们的经验是十六个字：紧扣教材，精讲多练，新旧联系，因材施教。当前，我们要结合我市实际，创造性地学习育才经验。所谓"紧扣教材"，第一，要紧扣全国统编教材，不能离开教材选难题，选偏题；省编教材中凡属部颁大纲中规定的内容就一定要完成，大纲没有规定的内容可以不讲，大纲规定的内容，省编教材中没有的要补充。第二，课堂上要紧紧围绕教材，不能架空分析，添枝加叶，哗众取宠。所谓精讲，就是要在吃透教材的基础上，抓住重难点，集中精力讲清讲透，重点好比知识的大门，难点好比大门前的石头，教师把知识的大门打开，把挡在大门口的石头搬掉，学生就可以进入知识的大门，然后登堂入室。孔子说："举一隅不以三隅反，则不复也。"教师的责任在于"举一隅"，能引导学生"三隅反"。教师的语言要精练、形象，有逻辑性，有分量，要给学生留下深刻的印象。有人语言啰唆，没有轻重缓急和抑扬顿挫，不是连珠炮地放下去，学生无思考余地，就是语言乏味，抓不住要领，言不及义。板书要少而精，板书与讲述都是教学的重要手段和方法，二者要互相渗透，互相补充，融为有机整体。板书不是讲述内容的简单重复，而是画龙点睛的启示。讲课是通过听觉在学生脑中留下印象，板书是通过视觉在学生脑中留下印象。板书要少"书"，精"书"，"书"在点子上。精讲不是少讲，而是在学生易悟处少讲，不懂处相对地多讲。

所谓"多练"，就是教师在不影响学生身体健康的状况下，各学科协调一致，尽可能多地精选一些题目让学生练。课堂练,课外练;口头练,书面练;要边讲边练,讲后也要练。练的过程就是提高学生运用已学的基础知识去分析问题、解决问题的能力的过程。对于课堂教学来说,精讲才能腾出时间多练,多练才能巩固精讲的内容。

辅导和考试是手段。考试可以检查学生对基础知识和基本技能的掌握与熟练程度,也是督促学生勤学的手段。考试也是练习,不过比平时练习更集中,题目更具典型性。分析考试试卷是检查教师教学中薄弱环节和学生知识差缺的有效办法,要重视试卷分析。辅导是因材施教,抓差补缺,弥补课堂教学不足的一种好形式。除共性的问题需要集体辅导外,一般应以个别辅导为主。

实践既是学生检验新学"双基"是否正确的标准,又是使所学知识得到验证成为完全知识的必要环节。教师要根据教材内容的需要,组织学生到工厂、农村参观,参加必要的生产劳动,开展社会调查,使教育与生产劳动更好地结合。

这六个环节是教师进行"双基"教学的一般常规,它们是互相联系、互相作用的有机体,既不能割裂,又不能缺某一个环节,要环环紧扣。

教学是教师与学生的双边活动,学生要把"双基"打扎实,也需要掌握相应的六个学习环节,即预、听、习、练、记、用。

预习的作用在于:一是温习旧知识,因为新课中包含许多已学知识。二是启发积极思考,因为对未学的知识要设问求解,设问求解的过程就是开动脑筋、积极思维的过程。三是调动听课的主动性,对于所设之问,或通过已知推断而解之,或借助工具书而解之,或同学之间切磋而解之,有不得而解者留待课堂上老师解之。带着疑难问题听讲,是主动向老师索取知识,神情必然专注,可收到事半功倍之效。学生如能长期坚持预习,就能培养浓厚的学习兴趣,增强学习主动性。

课堂是学生获得知识的主要渠道,学生听课一定要专心致志,做到"泰山崩于前而色不变,麋鹿兴于左而目不瞬"。要手脑双挥,眼耳并用。对老师新传授的知识要当堂消化,彻底领悟所讲内容的精神实质,不仅知其然而且知其所以然。一个公式或一条定理是如何推导而来的,一个词语的构词方法是什么,本义是什么,引申义是什么,都要一一弄个明白。

复习的目的在于巩固旧知,学好新知,所谓"温故而知新"。每一堂课后,每一个单元结束都要进行复习,所谓"学而时习之,不亦说乎"。那种不看书就做作业的做法,其结果必然是事倍功半。单元复习和总复习都要理线穿点,知识归类,使平时所学知识系统化,在脑中形成每门课的完整体系。

学生在复习的基础上要完成适量适度的作业,才能使所学的基础知识和基本技能成为熟练技巧。练习要求做到"准、全、活"。所谓准,就是准确性和科学性。对老师所讲的每个公式、每条原理,首先要理解,然后演算。演算中数字要精确,符号要正确,不能囫囵吞枣，似是而非，所谓“差之毫厘，谬之千里”。所谓全，就是运算过程要完整，解题步骤要合理，不能挂一漏十。回答问题的论点要全面，论据要确凿。所谓活，就是能够运用所学知识分析和解决实际问题，正如陶行知先生所说，要活读书、读活书、读书活，不要死读书、读死书、读书死。

记忆应该伴随着理解贯穿于预习、听讲、复习、练习的全过程，对重要的定理、定义、原理、公式，典范性的作品，重大历史事件和年代，外语单词和句型等都要熟背牢记。青少年记忆力强，精力旺盛，现在花时间记点东西，将来受用一生。

应用是目的，学生学了知识和技能就要应用于实际，为四个现代化服务。要会用、多用、活用，教师应通过实践活动，引导学生初步应用所学知识去解决实际问题。

学生学习的六个环节要和教师教学的六个环节密切配合，才能圆满地完成教学任务。缺少任何一个方面或一个环节，都会影响教学质量的提高。我们要把教法和学法有机结合起来，两个轮子协调飞快地向前转动。

三、通各学科教学之旨

《条例》规定初中开设十四门课程，高中开设十门课程。特别指出：“语文和数学是学习和从事工作的基本工具，必须用最大的努力保证提高这两门课程的教学质量。”并且强调，应该大力加强物理、化学、生物学科的教学工作。政治思想课是对青少年进行思想政治教育的主要课程，当然需要加强。

政治教师要准确系统地掌握哲学、政治经济学、科学社会主义这三门学科的基本原理、基本观点。讲课时要有机地联系重大的历史事件、国内外时事、本地新闻以及学生的思想实际。课堂教学必须观点正确，语言简练，通俗易懂。名词概念解释要准确，原理的阐述要清楚，引证材料要核实，分析要实事求是。要从具有深刻哲理的成语、典故中吸收有用的东西，丰富讲课内容，活跃课堂气氛。政治教师要与班主任、共青团、少先队、教导处取得密切联系，参加学校研究学生思想政治工作的会议，阅读有关文件。要努力改变政治教师不稳定的状态，科班出身的在继续提高理论修养的同时，要多向实际学习；改行的要在较短时间内掌握马列主义的三门科学；不能胜任教学的要改行；能胜任教学的要稳定。

语文是每个人学习和从事工作的基本工具，不仅是学习社会科学的基础课，也是学习自然科学的基础课。学校必须采取有效措施克服轻视语文学习的倾向，用最大努力提高这门功课的教学质量。当前要正确处理好语文教学中的三个关系：一是思想政治教育与语文双基教学的关系。文以载道，文道结合，早有定论，毋庸赘述。当前，要纠正忽视语文双基教学的倾向，教师必须把主要精力放在培养学生阅读能力和写作能力上，基础知识要过关，基本训练要过硬。二是讲读课与写作课的关系。讲读教学要与作文教学紧密结合，讲读课要联系学生作文实际，作文指导和讲评课要用已学的课文作范文进行指导，每个学期作文命题的类型要与教材内容相吻合。三是讲与练的关系。课堂上要精讲多练，讲中有练，练中有讲，边讲边练。既要加强朗读、背诵、讲演的口头练习，还要加强大小作文的写作和双基练习。学好语文只有多读多写多练，除此，别无任何捷径。要加大力度背诵课文，补充范文，适当增加作文篇数，破除程式化教学，大力改进课堂教学。既不能把语文课教成政治课，也不能把语文课教成文学课，而应该教成语言文学课。语文教学要特别重视第二课堂，开辟阅览室，举办读书报告会、故事会、电影座谈会、朗诵会以及演讲比赛会、书法比赛、作文比赛；办小报，出特刊，从多方面培养学生阅读和写作的能力。

要进一步批判"四人帮"破坏外语教学的罪行，纠正"不学 ABC 一样干革命"的错误思想，真正重视外语教学。入门阶段要切实打好语音基础，抓好音标教学，让学生用音标辨明和区分不同音素的发音，进行准确的拼音练习。要把"听说领先"的原则贯串在外语教学的始终。这条原则是符合语言发展规律和青少年年龄特征的。要创造学外语的环境，教师在课堂上尽量用外语指导教学。词汇教学要注意单词的拼读、词义辨析、同义词与反义词的区别、词的配搭和习惯用法等，这些要求学生都要熟练地掌握。通过语言现象和大量的语言实践进行语法教学，多举例子，反复练习。

数学也是每个人学习和从事工作的工具，要花大力气学好。要让每个学生都能正确理解数学概念，牢固掌握并熟记数学定理、公式，特别要加强运算能力的培养。运算过程要细心，数字和符号要准确，解题方法要灵活，解题步骤要完整，解题结果要验证。课堂上要贯彻精讲多练的原则。讲课例题、学生习题都要精选，要有典型性，适量适度，不能贪多求全。要正确处理好单项训练和综合运算的关系，前者是后者的基础，后者是前者的深入；单项训练到一定时候必须进行综合练习；否则，学生的学习质量就难以保证。教师一方面要督促学生认真阅读课文，理解教材，要克服不看书就做练习的不良倾向；另一方面指导学生阅读课外书籍，培养学生热爱数学的兴趣和自学能力；还要鼓励学生在学有余力的情况下做些综合提高的题目，训练解题速度，培养解题能力。

加强实验教学和直观教学，努力提高物理、化学、生物三门学科的教学质量。在当前各校实验仪器和直观教具遭到破坏的情况下，要积极创造条件。一方面增加仪器的投资，尽快把实验室恢复起来；另一方面提倡自制教具，因陋就简。要克服一切困难，保证大纲规定的演示实验，逐步做到学生分组实验。实验要充分准备，实验后学生要写实验报告。教学要有实验，考试内容要有一定分量的实验题，还要充分利用现有的实物、模型、标本、图表、幻灯等直观教具。要重视理化生三科基本概念的教学，讲解概念时要通过观察、实验或对物质变化规律的分析，由具体分析到抽象概括，最后形成概念。要加强理化学科的计算教学，使学生从量的方面去理解物质变化的规律，并获得理化计算的基本技能。生物课还要和农业课以及学农紧密联系，有机结合。

历史教学中要贯彻史论结合的原则，通过教学，让学生在掌握基本历史知识、了解中国历史和世界历史的重要历史事件与历史人物的同时，树立人民群众创造历史的历史唯物主义观点，以及经济基础和上层建筑的辩证唯物主义观点。培养学生热爱祖国、热爱人民、热爱社会主义、热爱共产党的思想感情，学会用辩证唯物主义和历史唯物主义的观点去观察问题和分析问题。地理学科教学，要求学生掌握中国以及世界各大洲、各大洋和主要国家的地理基础知识，学会运用地图的初步本领，从而逐步树立辩证唯物主义观点，培养爱国主义和国际主义精神。

体育、美术、音乐三科是向学生进行德育、智育、体育、美育教育的重要学科，是全面贯彻教育方针，全面提高教育质量，培养全面发展人才的重要组成部分。按“三育”而言，占三分之一，按四育而言，占二分之一，按五育而言，占五分之二，怎么能叫作小三门呢？一点也不小。当前要确保这三门学科的教学质量，必须做到五落实：思想认识落实、教学时间落实、教师落实、教学内容落实、场地器材落实。

四、明三个关系之义

1. 快班与中班、慢班的关系

按成绩将同年级的学生编成快、中、慢三种类型的班级，在现阶段是必要的。众所周知，在“四人帮”横行的日子里，教师欲教不能，学生欲学不行，文化课教学质量一落千丈，学生差缺面过大，同年级学生之间的成绩相差悬殊。只有按成绩编班，从实际出发，使成绩好的学生能学到更多的知识，尽快成才；使差生从基础知识补起，积极创造条件，逐步赶上平均水平；使中等生在原有的基础上，有所提高，逐步赶上优等生。按成绩编班决不等于把学生分成上智下愚，而是为了使各类学生都能在原有基础上得到提高，逐步让慢班赶上中班，中班赶上快班。退是为了进，今天按成绩分班正是为了明天不按成绩分班。按成绩分班是手段，是在特殊历史条件下采取的特殊手段。但是，当前有些同志由于受片面追求升学率的思想影响，把教学能力强的教师全部集中到快班，领导工作的重点也放在快班。对于慢班不大过问，任其自由发展，结果慢班师生自卑感很严重。教师教学无压力，学生学习无信心，成绩显著下降，社会反映强烈，应采取果断措施予以纠正。首先，要明确中学教育任务是使全体学生的科学文化水平都得到提高，要调动全体学生的学习积极性，不能把学校精力只放在快班上，放在少数尖子学生身上。这关系到提高整个中华民族的科学文化水平的问题，关系到执行社会主义建设基本方针的问题。学校要把部分教学经验丰富而又善于做学生思想转化工作的教师分配到慢班当班主任。对慢班学生要动之以情，晓之以理，善于发现和发挥他们的积极因素，利用他们的优点去克服他们的缺点，多鼓励少批评。还要从他们现有的学习基础出发，补缺补差，循序渐进，严格要求，帮助他们改进学习方法。抓快班好比抓提高，抓慢班好比抓普及，要把普及与提高有机结合起来，在普及基础上提高，在提高指导下普及。

2. 文化课学习与文体活动的关系

能否正确处理好两者的关系，实际上是关系到能否全面贯彻党的教育方针，青少年一代能否在德育、智育、体育几个方面都得到发展的大问题。三者是学校培养目标的三个有机组成部分，它们互相渗透，互相影响，互相促进，你中有我，我中有你。只有对学生进行共产主义理想教育、学习目的教育，学生才能产生学习动力，克服学习道路上的重重困难，取得优异成绩。同时，也只有加强体育锻炼，大力开展文娱活动，才能使学生身心得到健康发展，精力充沛，担负起繁重的学习任务，思维敏捷，思想开朗，促进学生智力发展。衡量一个学校教育质量的高低，不能只看升学率的高低，而是要看能否全面贯彻教育方针，能否面向全体学生。一个学校既要有教室里的琅琅读书声，又要有充满校园的嘹亮歌声，还要有运动场上的欢呼声。当前，课外文体活动普遍没有开展起来，课外活动时操场冷冷清清，教室内挤得满满当当，就连有的小学也把下午第四节活动课排成文化课。学生负担过重，睡眠时间不足，近视率上升。毛主席要求学生做到身体好、学习好、工作好。现在第一好就未做到，怎么能行呢？各校要充分利用现有场地，首先要保证体育课、课间操、眼保健操的质量。其次要把丰富多彩的课外活动开展起来，让每个学生都能参加他们喜爱的活动，还要对学生的视力进行一次普查，采取预防和治疗措施。星期天和寒暑假都不能集中补课，要让学生充分休息，张中有弛，张弛交替，劳中有逸，劳逸结合。

3. 毕业班与普通班的关系

抓毕业班是必要的，但要兼顾普通班，特别要抓好起始年级，从初一、高一开始抓。毕业班突击复课，短时间内有效果，但从长远看无后劲。要从根本上改变这种突击复课的怪现象，就要从起始年级抓起，将教学骨干分散在各个年级，让他们去带动一批青年教师，使之迅速成长。万不能再把教学骨干都集中在毕业班，否则，年年要突击，年年要打疲劳战，恶性循环何时结束？

五、抓教学管理之实

学校的根本任务是培养有社会主义觉悟的有文化的劳动者。中学要完成这一任务，主要通过教师的教和学生的学来实现。工厂的中心任务是生产工业产品，如果不抓生产就不称其为工厂。学校的中心任务是培养人才，如果不抓教学就不能称其为学校了。为了贯彻以教学为主的原则，学校领导干部要做到一学，二讲，三听，四参，五抓。

一学，就是学习现代教育思想和教育理论，学习教育学、心理学，学习一两门专业知识。在新形势下，如果不加强学习，不学习一两门专业知识，长期当外行，长期当教盲，就不能取得领导教学工作的主动权，就无法贯彻以教学为主的原则。学习一两门专业知识是为了掌握教学的特殊规律，以便自觉有效地指导教学实践。河北师范大学党委副书记周学鳌同志已近七旬，患有多种疾病，还认真自学英语与物理两门学科，决心到1980年用英语攻读《资本论》原版。学校有些工农出身的领导干部，一年两年当外行还是情有可原的，但是，如果三年五年还是当外行那就不行了。即使原来专业基础知识坚实的领导干部，也不能故步自封，还要再学习，再提高。

二讲，就是登台讲课。不入虎穴焉得虎子，领导干部不登台讲课怎能理解教师工作的甘苦呢？怎能掌握教学工作规律呢？怎能在那里发号施令呢？山西省宁循县文教部和教育局提出，领导干部不代课不能当领导，领导干部代不好课不是好领导。这个县的学校领导干部共109名都代了课，其中代语文、数学课的就有79名。我市许多领导干部长期代课受到教师欢迎，教学工作开展得生气勃勃。但是，也有少数能够代课的不代课，不能代课的不去积极创造条件代课，这就不好了。据说，有位师范院校毕业的教师，教了几年书，后来当上学校中层干部，在教师缺乏的情况下，让他代点课，他就是不代。难道一当上干部就不能教课吗？如果再这样下去，恐怕无资格当干部了。

三听，就是听课。课堂教学是学校教育的主要渠道，是双基教学六个环节中的关键环节，领导干部深入课堂听课，就是抓双基教学的关键。它不仅可以推动和促进教师改进教学，而且可以全面了解教师的教学和学生的学习情况，从而有效地指导教学。我市有几位老校长每学期都有计划、有目的地听一部分教师的课；听过之后，一个教师一个教师地谈；谈过之后，一个问题一个问题地解决。这就叫作取得领导教学的主动权，这就叫作扎扎实实地抓教学。那些虽然偶尔听了两节课，人在教室心在外，没有听课记录，听过之后又不了了之的少数干部，永远也取得不了领导教学的主动权。

四参，就是参加活动。中层以上的干部都要参加教研组活动和班级活动，每人蹲一个教研组、一个班，与教师共同备课，共同开展研究活动；与学生共同听课，共同开展文体活动，共同劳动。这要形成制度，不能一曝十寒，徒有其表。

五抓，就是抓方针政策。校长要抓教育方针的全面贯彻和教育质量的全面提高。既要能沉下去讲课，听课，参加师生教学活动；又要能钻出来，综观全局，总览全局，用党的方针政策去指导全校教学工作。否则，埋头于一门学科的教学，放弃对全校教学的领导，也不能算个称职的校长。

（这是在中学校长、教导主任教学座谈会上的专题发言稿。）

拨乱反正，努力提高语文教学质量

（1978 年 10 月）

邓小平同志去年七月就“教育战线的拨乱反正问题”，同教育部主要负责同志谈话时指出：“拨乱反正，语言要明确，含糊其词不行，解决不了问题。”由于“四人帮”的破坏，教育成了重灾区，中学语文教学也深受其害。从教育指导思想、教学内容、教学方法到教师队伍建设等方面都被搞乱了，教育质量一落千丈。当前，摆在广大语文教学工作者面前的主要任务就是拨乱反正，理顺关系，改进教学，努力提高质量。

一、正确认识语文教学在学校教育中的地位与任务，从教学指导思想上拨乱反正

中学语文教学在学校教育中处于什么样的地位呢？《全日制中学暂行工作条例（草案）》（简称《条例》）明确指出：“语文和数学是学习和从事工作的基本工具，必须用最大的努力，保证提高这两门课程的教学质量。”语文不仅是每个学生当前学好各门功课的工具，也是将来从事工作的工具。它和数学一样，在中小学教学中都占有极为重要的地位，任何轻视语文教学的思想和做法都是错误的。重视理科教学是对的，但是轻视语文教学就不对了。有些学校编班考试不考语文；有的学校即使考语文，其成绩也不计入总分。有的学校一到数理化学科会考时，就要语文让路，甚至停课。学生课外时间绝

大部分用于做数理化作业,很少接触语文。这些做法都是重理轻文思想的集中表现,是违背《条例》精神的。我们不仅要努力提高语文教学质量,而且要"用最大的努力,保证提高"语文教学质量。一般努力不行,不努力更不行。这个道理要向广大师生宣传,要向各位领导宣传,务必使他们都能深刻理解语文教学的重要地位,并且在学校整个教学中确保它的地位。有人说,专家发表意见了,今后语文课在小学解决问题,中学集中力量攻数理化。专家意见固然重要,应该尊重,但毕竟是属于没有经过试验的个人意见,有无普遍意义,可以搞点试验,但不能照此办理。

《条例》又明确指出:"语文课应该培养学生具有现代语文的阅读、写作能力和阅读浅近的文言文的能力。"这就明确规定了语文教学的任务、目的和要求。语文教学的根本任务就是在结合课文有机地向学生进行思想政治教育的同时,着重提高两个"能力"。长期以来,有一种理论干扰了这个任务的完成,那就是把"传道"作为语文教学的主要任务。"文"与"道"是语文教学中的一对矛盾,能否正确认识并正确处理这对矛盾,关系到语文教学的方向和任务问题。两者相分离,还是相结合呢? 多年来,大家的认识还是一致的,就是文以载道,文道结合。但是,哪个是矛盾的主要方面呢? 不同时期由于受政治气候的影响就会出现不同的解释。正确的解释应该"文"是主要方面。矛盾的主要方面决定事物的性质,正因为"文"是主要方面,也就是语文基础知识教学和基本技能训练是主要方面,才决定了它是语文课教学,而不是政治课教学。假如"道"是矛盾主要方面,也就是把思想政治教育作为语文教学的主要任务,那岂不是改变了语文课的性质吗? 那不就是把语文课变成政治课吗? 难怪"文革"期间,有人说,把语文课教成政治课就很成功了。此外,还有人把语文课解释为语言文学课,这种解释也不全面。中学生通过语文课学习,在基本掌握祖国语言文字规律,并正确使用祖国语言文字的同时,还应该掌握一定的文学知识,熟读甚至背诵一批优秀的作品,从中受到思想和文学艺术的熏陶,这样才能完成语文教学的任务。语文课是语言文学课,而不是语言文字课。

二、加强双基教学,从教学内容上拨乱反正

长期以来,语文学科同其他学科一样,没有统一计划、统一大纲、统一要求和考查。虽然有省编统一教材,但存在许多问题。课文篇目不是按照语文学科自身规律,由浅入深,循序渐进编排的,而是适应"四人帮"的政治需要,按照政治思想教育的类型编排的。范文不典范,"帮文"充塞课本,传统的名篇被大量砍掉,必要的语文基础知识也不见了。为了改变这种状况,1976 年寒假,我们邀请了几位老教师就语文教学问题进行了研究,起草了《关于改进语文教学的意见》,并以市教育局正式文件形式下发各校,在

当时起到大纲的作用。去年上半年,我与语文界的几位老教师,听了6所学校、30多名语文教师的课,又同十几所学校的语文教研组长进行座谈。接着市教育局又在蚌埠二中、蚌埠三中相继召开了两次规模较大的语文教学现场会,开得很成功,对于解放思想、引导教师大胆抓"双基"教学起到积极作用。去年暑假期间,市教育局组织全市语文教师集体备课,编写了各年级的教学参考资料,制定了各年级的教学要求,明确了"双基"教学任务。各校在保证上好新课的前提下,本着"缺什么补什么"的原则,利用一切可以利用的时间补"双基"差缺。各校除选讲一些优秀传统篇目外,还普遍补上了标点符号、汉语拼音、文字、语法、修辞、逻辑、古汉语等语文基础知识。练的形式就更多了,书面练习有大作文、小作文、小练习。小作文形式多样,或写一个场面,或一事一议,或描摹一种状态,或说明一种产品,或缩写、改写、扩写一段文章,或翻译一篇短小的文言文,针对性强,见效快。小练习的形式更多,或改错别字,或点标点符号,或造句,或组词,或听写,或改病句,或注音,或分析句子结构,或组词成段,或辨析词义。口头练习的形式也不少,或有表情朗读,或背书,或口答问题,或登台讲演,等等。就像演员练功一样,一个动作一个动作地分别练,一次又一次地反复练,最后综合练。各校都很重视常用词语和成语的教学,有的采取会战方式,一周内规定每生掌握60个成语,然后统一考试检查;有的采取日积月累的方法,让学生每天结合课文掌握五六个成语,定期考试检查;有的让学生系统学习《汉语成语辞典》。教师重视词语教学的主动性和积极性应该予肯定,但是,词语教学还应与阅读教学结合起来,词不离句,句不离文,段不离篇。

许多学校为了加强"双基"教学,课外开展了丰富多彩的活动:举办作业展览,举行书法比赛和作文比赛,在校橱窗和班级黑板上开辟语文专栏,编辑语文小报,剪贴报纸,召开故事会和读书报告会。蚌埠二中毕业班语文"双基"教学的基本经验有两条:一是抓住作文和文言文教学这两个重点,兼顾词语、语法、修辞、逻辑等基础知识的学习;二是在不增加学生过重负担的前提下多读多写多记,把学生主要精力放到基本功的训练上。一年来,他们给学生精讲了200多篇文言短文,学生写了100多篇大小作文。人们的认识往往不是一次实践能够完成的,基本功的掌握更是如此。为了让学生掌握某种文体的写作方法,一个题目能写二三遍。如金平老师让学生写《谈只争朝夕》,以后又让写《再谈只争朝夕》;写《谈招生制度改革好得很》以后,又让写《再谈招生制度改革好得很》,再让写《三谈招生制度改革好得很》。当然,这种重复练不是机械的简单重复,而是在前次作文讲评基础上进行指导,是螺旋式的提升。这种多练也不是次数越多越好,而要适可而止。

三、改革课堂教学，从教学方法上拨乱反正

当前，中学语文课堂教学中存在着两个比较突出的问题：①程式化的教学，一解题，二作者介绍，三时代背景，四泛读课文，五正音正字，六词语解释，七分析课文，八归纳段意，九中心思想，十写作特点。在分析文章时往往离开字词句段架空课文，引经据典，大发宏论。②满堂灌。由于教师在课堂上一讲到底，像倾盆大雨，淋得学生喘不过气，课后又得不到及时的复习和练习，即使教师分析得再透，讲得再好，学生也难把所学知识消化后转化为熟练技巧，怎么能提高阅读能力和表达能力呢？满堂灌的原因很多，有的是因为教师没有吃透教材，抓不住重点和难点，眉毛胡子一把抓；有的是因为教师片面追求所谓讲深讲透，片面强调深挖教材思想性，把本来浅显的课文讲得玄而又玄；有的是因为教师对启发式缺乏正确理解，在课堂上提些没有意义的问题，追求表面一问一答的热闹，殊不知宝贵的 45 分钟就在这种热闹中溜走了；有的是因为教师思想混乱，语言啰唆，缺乏准备好的课堂语言；有的是因为教师不认真备课，练的内容没有做好准备，讲时随心所欲地放野马。

为了纠正语文教学中这两种不良倾向，必须狠抓备课，大力改进课堂教学，正确处理讲与练的关系。教师要从课文和学生的实际出发，不同类型的课文可以采取不同的教学方法，同类型的课文可以综合归纳。10 个程式是广大语文教学工作者长期在教学实践中总结出来的经验，不能简单否定。关键在于不要机械到“化”的程度，不能什么课文都按 10 个程式进行教学，更不能把 10 个程式简单地割裂。总之，要从教学效果出发。讲解是课堂教学全过程的关键环节，要贯彻精讲多练的原则。所谓精讲，就是抓住关键性的字、词、句、段，围绕课文重点难点讲透讲悟；分析要深入浅出，条理清晰，语言要准确简洁，明白流畅；例子要生动典型，恰到好处。所谓多练，就是围绕“双基”反复练，多种形式练，直至过关为止。精讲是多练的前提，多练是精讲的结果，只有教师讲得精，学生才能听得懂，才能有充足时间进行多练；学生多练了，教师精讲的内容才能被学生牢固地掌握，熟练地运用。精讲不是少讲，更不是重难点打马过桥，一带而过，而是在要害处详细讲，反复讲，讲透讲活，直至学生开窍。要精而不疏，精而有格。只讲不练，或者少练，讲得再好也枉然，教学目的也不能完成。当然多练也不是愈多愈好，而是要多而不杂，多而有度。几千年来的教学经验告诉我们，学好中国语文只有多读多写多背。部分通用教材中的所有课文要讲完，不要删，省编教材要根据新大纲的要求进行增删。在完成教学大纲规定的课文教学任务基础上，可根据不同年龄、不同班级的实际水平补充一些课文。现在学生读到的好作品太少了，要尽量让他们多读一些好作品。多写就是要以大小作文和小练习为主，辅之以其他形式的练习。作文评改的方法要改进，

大作文要求全收、全改，篇篇讲评。小作文可以部分详改，大部分略改，只写眉评和总评。错别字和病句画个记号，让学生自己订正，但要严格检查，直到全部订正为止。多背，要求除大纲规定的背诵课文外，还要适当增加一些背诵课文，不仅文言文要背诵，好的语体文也要背诵。要把默写列入考试内容，凡是传统名篇要求学生倒背如流，烂熟于心。现在学生的词汇太贫乏，这与读书少有很大关系。多读、多写、多背三种练习形式，不仅要在课堂上采用，而且在课外也要采用。一节课可以有讲有练，讲练结合，也可以一节课讲一节课练；或者以讲为主，辅之以练；或者以练为主，辅之以讲；或者讲讲练练，练练讲讲。总之，从实效出发，不统一规定。

四、抓紧业务进修，在教师队伍建设上拨乱反正

由于"四人帮"的破坏，现有的语文教师，质量不高，数量又缺。据不完全统计，全市中学语文教师共346人（不包括小学"戴帽"初中班和厂办学校中学教师）。从学历看，大专以上毕业的166人，占总数的48%；工农兵大学生19人，其他专业改行的12人，师训班、中师、高中毕业的149人，学历不达标的教师共180人，占总数的52%。从实际教学经验看，20年教龄以上的114人，仅占总数的33%，10年教龄以上的91人，占总数的26.3%，10年教龄以下的141人，却占总数的40.8%。这就是说，约有半数以上的教师，教学业务水平不高，教学经验缺乏。教师负担比较重，绝大部分语文教师任两个班课，兼一个班班主任，少数任三个班课。当前，要解决教育质量这个主要矛盾，就必须抓住教师业务进修这个既具有长远意义又具有现实意义的根本问题。我们的办法是：一帮一，两结合，三为主，三级进修网。从全市看，有经验的老教师接近一半，平均可以一个带一个，也可以一个带两个，或者两个带一个。各校一帮一的人员要落实，双方要主动，要求要明确。要把系统提高教师的教学业务水平和解决当前教学急需处理的问题结合起来。要坚持"三为主"：以个人自学为主，业余进修为主，学校组织教师进修为主。要健全市、区、校三级教师业务进修网，市级进修部门主要抓系统提高，面向局属学校；区级进修班主要抓适应教学需要的专题讲座，面向区属小学附设初中班的教师；校级进修主要抓教材教法研究，以教研组为基础，要在教学实践中提高教师的教学业务水平。校与校之间、教师之间互相听课制度要加强，各年级的观摩教学要按计划进行。校际观摩教学、校内观摩教学都要既轰轰烈烈又扎扎实实地开展起来。让老教师登台献艺，帮带新教师，让年轻教师登台锻炼，迅速成长为教学带头人。要广泛开展教学研究，交流经验，不要闭关自守，不要夜郎自大；要互相切磋，共同提高。

"四人帮"长期以来推行的极"左"路线，给语文教学带来很重的灾难，因此，拨乱反正的任务相当艰巨。可喜的是，新的大纲已经颁发，指导思想已经明确，新教材也将逐

步发行。只要我们吃透大纲,深钻教材,改进教法,不断提高自身的业务水平,语文教学战线上的拨乱反正任务就可以较快地完成。

(打倒"四人帮"后的两三年内,教育这个"文革"中的重灾区,在招生制度、学校管理、教育教学等方面的拨乱反正任务繁重。这是在全市中学语文教师会议上的专题讲话。)

在蚌埠市中小学校长、教师培训班开学典礼上的讲话

（1978年10月）

老师们、同志们：

经过前一段时间的准备，我市中小学校长、教师培训班相继开学了，今天隆重举行开学典礼。参加今天开学典礼的有1个幼儿教养员班，4个小学语文班，4个小学数学班，1个中学数学班，1个中小学体育班，1个中小学美术班，2个中小学校长班，共14个班，700多人。市政府柳东副市长还将给我们做指示。这是一次动员会、誓师会，它标志着我市师训工作进入了一个新阶段。下面讲五个问题。

一、提高学习的自觉性和积极性

从这次培训班报名情况看，广大干部和教师要求学习的积极性很高，许多同志争着报名，但也有少数同志存在着这样或那样的一些想法。因此，我们要进一步明确举办培训班的目的，从而提高学习的自觉性和积极性。

四化要求我们提高。四个现代化，科技是关键，教育是基础，中小学教育是基础的基础。发展中小学教育事业，提高中小学教育质量，对于提高全民族的科学文化水平，加速四个现代化的步伐有着极为重要的意义。教育上不去，四化就落空。办好中小学

教育需要解决的问题很多,当务之急就是要迅速提高学校领导干部的管理水平和教师的教学业务水平。这是办好学校的关键,是四化向我们提出的迫切要求。

现状要求我们提高。教育部要求在1985年前后,全国高中教师达到师范院校本科毕业水平,初中教师达到师范专科毕业水平,小学教师达到中师毕业水平,幼儿园教养员达到幼师毕业水平。从我市教师队伍现状看,与中央的要求还有一个较大的距离。就学历说,在664名高中教师中,大学本科毕业的占53%,尚有47%没有达标。在1012名初中教师中,大学本科毕业的占16%,大学专科毕业的占18%,尚有66%没有达标。在2433名小学教师中,大专毕业和肄业的占1.8%,中师、高中毕业的占82%,尚有16.2%没有达标。全市幼儿园教师真正达到幼师毕业水平的只有十几人。就实际教学能力来说,中学教师合格率为40%,基本合格率为37%,不合格率为23%;小学教师中高中毕业的比例虽然比较大,但其中相当一部分是"文革"期间毕业的,有文凭无水平,不合格或不甚合格的约占小学教师数的35%。从中小学干部队伍来看,三四十年代参加革命的老同志占极少数,他们有丰富的办学经验,如何总结提高,使之理论化、系统化、科学化,这就需要学习;五六十年代参加教育工作的占大多数,他们对教育科学比较熟悉,也积累了二三十年的办学经验,但如何适应新情况,研究新问题,在原有基础上提高,还需要学习。"文革"以来参加教育工作的同志,对学校教育虽然也在逐渐熟悉,但他们没有系统学习和研究过教育科学,这就迫切需要学习。至于从其他部门转到教育部门工作的同志,对学校教育比较生疏,这就更需要学习。

教师社会地位不断提高要求教师本身要不断提高。中共中央书记处提出:学生要尊师,家长要尊师,各级党政领导要尊师,整个社会都要尊师。尊师有两个方面的含义:整个社会要尊敬教师;教师本身要在思想品德、教学业务方面真正为人师表,值得人们尊敬。中央书记处对教师又提出三条要求:要有比较渊博的知识;要认真研究掌握教育科学,懂得教育规律;要有高尚的道德品质和崇高的精神境界。这三条都具备才能算是一个合格的教师。要做合格的教师,就要不断学习,不断提高。

科学技术日新月异地发展要求我们提高。当今世界科学技术飞速发展,知识的废旧率不断增加,教材不断更新,教育科学也在不断发展。因此,不仅年轻教育工作者要学习专业知识,学习教育科学,中老年干部和教师也要学习专业知识,学习教育科学。不这样,教师就不能适应新教材,不能用最新的科学成果去武装学生头脑,干部在学校管理上就不能有新的突破。

二、建立和健全各项规章制度

各种培训班都要建立考核、考勤制度。参加任何形式的系统进修的学员,都要实行严格的入学文化、专业知识考核。每一门必修课程学习完毕，要进行单科结业考试，考试不合格的，允许补考一次。学完规定的课程，经过考核全部及格，在所教学科方面分别达到师范学院、师范专科学校、中等师范学校毕业程度的，函授班由安徽师范大学发给毕业证书；中学数学、体育班由蚌埠教师进修学院发给毕业证书；小学语、数班由蚌埠师范学校发给毕业证书。对于这部分合格同志，承认其学历。参加电大单科学习的教师，经考试合格，由安徽省电视大学发给结业证书。参加短期进修的，由教育局将其学业成绩通知所在学校，归入业务档案，作为将来业务考核的依据之一。

三、加强对师训工作的领导

市教育局成立师训工作领导小组，由 2 名负责同志挂帅，具体业务由普教科、教研室负责，人员调配由政工科负责，经费筹划、教学设备由计财科负责，另抽 4 名教师负责具体管理。各培训班设班主任，负责全面工作，设正、副班长，分别负责学习和后勤。长期脱产的培训班还要成立临时党团组织，严格组织生活。各区教育科，各校都要有一名负责人分管师训工作。8 个小学语、数班，采取区办市助办法，以区为主，以局为辅。区负责组织发动，行政领导，教学管理；市局负责教学计划制订，教材供应，聘请教员。我们举办培训班，只是教师进修工作的一部分，教师进修的大量工作还要靠学校去做。各校教导处要制订全面规划，具体抓好培训工作。各种培训班是蚌埠教师进修学院和蚌埠师范学校的有机组成部分，这两个学校要有一名负责人统管教师培训工作。

四、把培训工作和整顿工作结合起来

对于从小学调至中学任教的一批教师，经过培训，达到大专毕业程度并能胜任所任学科教学工作的，可不予调动；对不能胜任教学的，经过做工作，可将他们调回小学；对于教学业务水平过低，不具备教师素质的，应调离教学岗位，分配他们做其他工作。调整工作是一项政策性很强、关系教师切身利益的工作，要慎重对待。

五、妥善解决培训班教师和经费问题

这次培训班，我们从蚌埠教师进修学院、市教育局教研室、各中小学聘请了 60 多名兼职教师。他们都是业务骨干，本职工作很重，非常辛苦，希望有关单位关心他们，在可能的范围内给予一定的照顾。本月 20 日，我们将邀请安师大教育系教授柳之榘来给你们作《在教学中发展学生能力》的学术报告，并将介绍美国布鲁纳、苏联赞可夫的教育思想，以此丰富培训班的内容。

培训班的经费由主办单位从业务经费中解决。学员的课本费和交通费回原单位报销，从工会会费中支出。兼职教师的酬金以及参考资料由市教育局统一解决。

师训工作是艰巨的，我们一定要采取多种形式，调动各方面力量，把这一工作抓紧抓好，为提高我市中小学教育质量，为四化培养更多的合格教师做出应有的贡献。

（这是为市教育局副局长钱步银同志起草的讲话稿。）

市办校助,发展高等师范函授教育

(1979 年 11 月)

解放 30 年来,安徽师范大学不仅为全省各中学输送了大批合格教师,而且通过函授,在帮助在职教师提高专业知识与教学业务水平方面也做了大量工作。今年函授部又采取“市(地)办校助”的形式,在 8 个地市(包括蚌埠市)试行。对招生办法、学籍管理、面授辅导等方面作了较大的改革,把校市(地)两个办学积极性结合起来。只要不折不扣地执行教学计划,持之以恒,学员经过四年学习,一定能达到专科毕业水平。

要认清形势,提高学习的自觉性和积极性。在全党工作重点转移的新形势下,教育战线如何适应这个转变,还有许多问题要解决。当前首要任务就是贯彻新“八字”方针,改变教育与四个现代化不相适应的状况,改革教育结构,大力提高教学质量,两条腿走路,多快好省地为国家培养各类人才。要完成这个任务,当务之急就是要迅速提高学校领导干部的管理水平和教学人员的教学业务水平。从我市教师队伍来看,数量不足(特别是高中教师)的问题仍然存在,但质量问题更为突出。中学毕业生教中学,在郊区中学比比皆是,在市区中学也是屡见不鲜。以这次函授考试为例,全省最低录取分数:中文专业原定 60 分,后降到 50 分,最后又放宽到 40 分;数学专业原定 40 分,后降为 30 分,再降到 28 分,最后降为 27 分;物理专业 30 分。我市报考中文的共 143 人,录取 60 名,最高 73 分,最低 9 分,及格的仅 16 人,70 分以上的才 3 人。报考数学的 50 人,只录取 23 人,最高 69 分,最低 10 分,及格的只有 4 人,20 分以下 11 人。报考物理专业的39人，最高93分，最低25分，及格的20人。当然，这次函授考试不能全面反映我市教师专业水平，但起码也可以看出一些问题。如何解决教师的质量与教育事业发展不适应的现状呢？除国家分配的大学生外（这是很有限的），最主要的是靠自力更生加强在职教师进修，采取长期在职学习与短期离职相结合、系统学习与教什么学什么相结合的办法。参加函授学习就是在职教师系统提高的重要途径。今后，高中教师一定要是大学本科毕业，初中教师专科毕业，小学教师中师毕业。

要坚持自学为主的原则，这是业余学习的特点。自学贵在坚持，因为学员在学校担任了大量的教学工作和班主任工作，任务较重。如果没有坚强的毅力，很容易半途而废。从学校来说，在安排他们工作时，在可能的条件下应给予一定的照顾。从学员本人来说，在工作中要加强计划性，提高单位时间的工作效率，避免那些不必要的重复劳动。要学习雷锋的钉子精神，挤时间，钻空子，化零为整，更要很好地利用节假日。不这样，四年的学习任务很难完成。

要积极参加集体的教学活动，严格遵守函授教学的各项规章制度。面授、辅导、考试等集体活动，对巩固与检查自学成果、督促自学都是很有必要的。加强集体教学活动，要有一定的规章制度加以保证。师大函授部制定了学员管理暂行规定，市函授领导小组又制定了奖惩制度。这些规定虽然还需要在今后的实践中不断完善，但还是行之有效的。不管是谁，只要是函授生，都要严格遵守。

（这是在安徽师范大学蚌埠函授班开学典礼上的讲话。）

“三育”的辩证关系

（1980年10月）

新的历史时期，德育在学校教育中仍然处于统帅地位，切不可忽视。当前学生思想主流是好的，但也存在一些问题，在一部分学生中学习目的不明确，纪律松弛。从最近市局对10所中小学的1157名学生的思想情况调查来看，80%左右的学生有理想、有抱负、有明确的奋斗目标，对人生有比较正确的认识，对马克思列宁主义、毛泽东思想，对社会主义制度有坚定的信念；有15%的学生为着将来有个美好的家庭和舒适的工作而生活；还有5%的学生认为活着没有意义，吃喝玩乐得过且过。在这20%左右的学生中间，还有少数人向往资产阶级的民主自由，少数人打算信仰宗教，信仰三民主义。当然，也有不少人说，自己没有任何信仰。产生上述问题的原因是多方面的，除了“四人帮”的流毒没有肃清和社会上某些错误思潮与不良风气影响外，前一阶段我们对思想工作有所忽视，工作跟不上，也是原因之一。

青少年思想没有定型，世界观正在形成，可塑性很大。教育工作者是人类灵魂工程师，要担负起塑造灵魂的崇高使命，抓紧学生的思想教育，对他们自始至终进行“四个坚持”的教育和“五爱”教育，坚持革命人生观和共产主义品质教育；持之以恒地开展“学雷锋，创三好，树新风”活动，把青少年一代塑造成既有伟大的共产主义理想和抱负，又有勤学苦练的务实精神和实事求是的科学态度，既有坚定正确的政治立场和信仰，又有高尚道德品质的人。学生在校的大部分时间是在课堂上活动，因此，把思想政治教育渗透到各科教学中去，就显得特别重要。各科教学重视“双基”教学是对的，应予充分肯定；但在某种程度上忽视教学中的思想教育就不对了。过去，每节课都重视教学和教养两个目的，现在似乎只有一个，这就不全面，要讲两个。各科教学要对学生进行学习目的教育，教育学生为了四化要热爱所学学科。教师在讲课、作业、实验、考试的每个教学环节上要培养学生严格要求、一丝不苟的学风，还要根据各学科的不同特点把教学和教养任务有机地结合起来。政治课既要讲清基本知识、基础理论，又要密切联系学生实际，有的放矢地对学生进行思想教育，做到理论联系实际。政治课要增加共产主义道德品质教育的内容。语文课教学在加强语言基本功训练方面很有成效，现在也很有必要；但在文章思想内容分析方面似乎有所减弱。现在有些学生看一部电影或一部小说，好坏分不清，甚至把糟粕当成精华。原因固然是复杂的，但是与削弱文章思想内容的分析多少是有关系的。语文课教学仍然要坚持“文”“道”结合的原则。理科教学要注意学生科学性、逻辑性与辩证法观点的培养。史地课教学要注意对学生进行爱祖国、爱人民以及历史唯物主义的教育。体育课要注意对学生进行团结友爱、组织纪律、勇敢果断、革命意志的教育。各科教学在对学生进行思想教育时，有的可以直接一些，有的要潜移默化；有的可能会对学生当时面临的思想问题及时发生作用，有的则对学生世界观的形成产生长远的影响。我们坚决反对课堂上那种游离于教学内容之外的任何形式主义的东西。

学校思想教育除大量在课堂教学中进行外，还有它自己独立的时间、阵地和形式，比如班会、团队活动、课外文体活动和科技活动等。我们应充分利用这些阵地，根据青少年的年龄特征，开展丰富多彩的活动。这些活动，在内容上要有很强的思想性、知识性和趣味性；在形式上要生动活泼，为青少年所喜闻乐见，不要公式化、成人化。

对青少年教育应坚持正面教育为主的原则。用革命先辈、英雄人物的模范事例去感染他们。还要在学生中树立榜样，使他们在学先进时看得见、摸得着。对青少年的思想问题要因势利导、循循善诱，采用启发式、讨论式，不要板着面孔说教，动辄指斥。对待缺点严重的学生，要用一把钥匙开一把锁的办法，多做深入细致的思想工作；对于犯有严重错误而又屡教不改的学生，应绳之以校纪。但这都是为了教育，切不可因此歧视、厌恶他们而将其推出校门。那种动辄把调皮学生撵出课堂，把差学生推出校门，体罚或变相体罚学生的做法，都是不对的。学生的人身自由应该受到法律的保护，在社会主义学校里绝不允许打骂学生。

建立一支在校党支部领导下的思想教育工作骨干队伍，是做好学校思想教育工作的关键。为了把各方面力量统一起来，学校可成立思想政治工作领导小组，由一个分管此项工作的学校负责人挂帅，由教导主任、团队干部、人保干部、政治教研组长和班主任代表组成，把多方面力量组织起来、发动起来，领导全校学生思想教育工作。还要充分发挥专门机构的作用，教导处不仅要管教，也要管导，要管学生的思想工作。那种至今还没有一个教导主任分抓此项工作的现象必须迅速改变。共青团、少先队要团结在党组织周围，与教导处密切配合，除抓好本身业务工作外，还要抓好全校性大的活动和培训学生骨干。班主任是与学生直接接触的，班主任工作做得好坏，直接影响着学生思想品德的成长。学校要特别重视这项工作，要选拔思想品德好，工作认真负责，热爱学生，有一定经验的教师当班主任。对不适合当班主任的教师要调整。要明确班主任的责任，建立和健全工作制度，恢复过去许多好的做法。班主任要对学生德、智、体几方面全面负责，那种只抓学习，甚至只抓所任学科学习的做法要坚决克服。班主任要密切配合任课教师、学生家长、社会等多方面力量，切实做好学生思想工作，使学生的身心都能得到健康发展。政治教师是学校思想工作一支不可忽视的力量，要发挥他们的作用。学校全体教师和一切工作人员都负有教育学生的责任，不仅要把思想教育渗透到本职工作中去，而且要以自己的模范行为去影响学生，做到言传身教。要坚决克服那种只教书不教人的现象，严格地说，这样的教师是不称职的教师。

青少年世界观的形成和道德品质的成长，不仅学校教育起着重要作用，社会各行各业、学生家长对青少年教育也都负有义不容辞的责任。教育下一代是全党的战略任务，只有全党全民动手，把学校教育与社会教育、家庭教育紧密地结合起来，形成一个强大的教育网，才能使青少年沿着又红又专的道路健康地成长。文化部门放一部电影，演一场戏，出版一种书刊，出售一张画，广播一支歌曲，不仅要作经济核算，还要考虑社会效益，考虑对青少年的影响。

智育在学校教育中始终是中心环节，占大部分时间，那种学生不读书的局面再也不能出现了。当前抓智育必须正确处理好 10 个关系，搞好 3 项基本建设。

1. 教学与“三育”的关系。有人认为，以教学为中心就是以智育为中心，就是只抓智育，它和“三育”一齐抓是矛盾的。这种看法有片面性，从教学过程看，教学是教师传道、授业，学生受道、习业的同一过程的两个方面。任何学科的教学，不管教师自觉或不自觉，他都不是单纯地传授知识，都是在对学生进行某种思想教育，都是在用自己的世界观去影响学生的世界观，因为凡是教学都具有教育性。学校开设的课程，不仅有文化课，还有主要对学生进行思想教育的政治课和主要提高学生体质的体育课。因此，以教学为中心与“三育”一齐抓的提法是一致的。所不同的只是教学是进行“三育”的主要形式，“三育”是教学的主要内容。我们决不能因强调以教学为中心，就忽视了德育和体育，也决不能因强调“三育”一齐抓就放松了教学，甚至不敢提“以教学为中心”。这都是必须克服或防止的形而上学倾向。

2. 教师与学生的关系。教师与学生是构成学校的两大要素，他们的关系主要表现为“教”与“学”的关系。在一般的情况下，教师的教是矛盾的主要方面，对提高教学质量起着决定性作用;但是对学生的学来说,教师的教又只是外因,在教师教得比较好的情况下,学生能否学得好,学生本身就是关键了。因此,要经常不断地调动学生的学习积极性,把学生的积极性引向正确的方向。巨大的动力产生于伟大理想,伟大理想产生于对社会主义社会的无限热爱和对共产主义的坚定信念。因此,要对学生进行共产主义教育,使他们逐步树立革命理想,这样才能产生巨大的学习动力,才能把文化课真正学好。现在好学生积极性高,但有些人缺乏伟大理想,不愿意参加社会活动,不愿意参加劳动,不愿意帮助别人,不愿意当干部,甚至不愿入团。这种积极性是不能持久的,一旦考不取大学,或者遇到某种挫折,可能会一落千丈。因此,要积极引导,对他们进行理想教育,学习目的教育,红专关系教育,社会主义教育。不少差生自卑感严重,对学习失去信心,编进慢班以后就认为是"处理品"。要特别做好这部分学生的工作,不能任其自暴自弃。

3. 夺取大面积丰收和培养尖子的关系。面向全体学生,在教学上夺取大面积丰收,是社会主义教育的基本要求,是教育工作的方向。中小学的教育任务是一方面为高一级学校输送合格的新生,另一方面为各条战线输送合格的劳动者。从相当一段时间来看,高中毕业升大学的只是少数,就业或待业是绝大部分。对于每一个教育工作者来说,难道能够置大部分人于不顾,而只顾少数人吗?当然不能。培养尖子是适应四化早出人才,快出人才的要求。尖子不是从天上掉下来的,是从群众中产生出来的,我们的教学只有立足于全体学生,才能从中发现尖子,培养尖子。各校为了尽快夺回"四人帮"破坏所造成的损失,按成绩编班,进行因材施教,取得了显著成绩;但这只是在特殊情况下采取的暂时性的急救措施,不是长远性的战略措施。随着时间的推移,学校正常教学秩序的恢复和建立,学生之间的差距逐渐缩短,就不应该再按成绩编班了。经研究,今年小学招收的新生,重点中学招收的初一、高一新生,一律不再按成绩编班。普通中学招收的初一新生视情况而定,招收的高一新生,也只能把好些的学生另编班,其余混合编班,要把难点分散,不要过分集中。蚌埠三中在这方面做得比较好,他们对差班坚持三项基本要求,做到三个兼顾和三个一视同仁。三项基本要求是:配齐教师,开齐课程;安排好计划,开足课时;思想重视,负责到底。三个兼顾是:配教师兼顾;开展学科竞赛兼顾,慢班与慢班比,中班与中班比,快班与快班比;发展团员、评先进单位兼顾。三个一视同仁是:学习和劳动时间的安排;总结工作,表彰先进;教学设施的备置。中等和差等生只是在基础知识上比较差,在智力上大部分是不差的,而且是愿意学的。实践证明,只要做好思想工作,充分调动他们的学习积极性,妥善处理好教材,从实际出发,循序渐进,经过一段时间的努力,他们是可以接近或赶上中等以上水平的。

4. 抓好"双基"教学与培养学生能力的关系。知识与能力是既有区别又有联系,既对立又统一的两个方面。知识是能力的基础,但是知识不等于能力,知识多的人能力并不一定很强。因此，不能认为“双基”教学抓好了，能力也就自然而然地培养出来了，仍要注意培养能力。近几年，在重视“双基”教学时，对培养学生智力有所忽视，如同类型的双基练习题过多，死记硬背的知识过多，小学生抄生字同一个词要抄10遍，小孩抄烦了，手也抄酸了，只得不由自主地乱画一通。这哪里是在培养学生的智力，简直是在摧残学生的智力。教育方针要求学生做到德智体全面发展，而不是德知体全面发展，一字之差，大有文章。在抓“双基”教学时，要注意防止课堂拼命灌，课后拼命练，章章节节拼命考的做法。要做到：讲要启发，练要有度，考要适当。使学生在获得知识的同时，很好地发展智力，在发展智力的基础上，更好地掌握和运用知识。

5. 毕业班与起始班的关系。许多学校把有教学经验的中老年教师集中到毕业班，这是完全可以理解的；因为这几届毕业班的学生在“四人帮”时期受害最深，现在抓紧时间给他们补缺是必要的。但从长远看，这种突击式的复习将会造成恶性循环。要改变这种状况，必须从头抓起，从现在抓起，从小一、初一、高一抓起，毋临渴而挖井。不然的话，年年突击战，年年疲劳战，何时才能了结！我们要从长计议，中学在抓高中毕业班的同时，要兼顾初中毕业班，重点中学的高中班和初中班都是重点，都要办好。

6. 教学大纲的要求与学生实际水平的关系。当前，部颁教学大纲与大部分学生的实际水平存在着突出矛盾，如果按大纲进行教学，中差生确有困难。但是，大纲对教学来说具有法律性的约束力，不能不遵循。解决这个矛盾的办法就是以大纲为指导，从实际出发，从学生原有基础出发，因材施教，使学生学有兴趣，学有所得。快班要达纲，中班要靠纲，慢班要赶纲。这里需要解决一个关键问题，就是教材问题。二十六中初一(1)班进校时，数学教师自编教材，从四则运算讲起，经过一年努力，与比较好的班进度只差一个多学期；英语从26个字母学起，与比较好的班进度只差一个学期；语文、政治基本上赶上了其他班。去年蚌埠二实小田迈先教的五(3)班，原来基础比较差，经过一年的努力，学生成绩提高，全部考入中学。

7. 教学内容与教学方法的关系。内容决定方法，方法服务于内容。要提高课堂教学质量，教师首先要吃透教材，其次是选择最好的方法，把知识传授给学生。方法不解决，也收不到良好的教学效果。当前一部分学生负担过重，除了学生基础差，部编教材分量重、难度大、学制短、片面追求升学率等原因外，相当一部分教师水平不高，教不得法也是一个重要原因。他们“课内损失课外补”“白天损失晚上补”“平时损失节日补”，搞得学生穷于应付，疲于奔命。因此，教师除掉提高业务水平外，必须学习教育学、心理学，研究教学方法，掌握教学规律和学生心理、生理发展规律。

8. 文科与理科的关系。当前普遍存在着重理轻文的现象，中学快班大都是理科班，文科班很少，所谓文科班实际是慢班。有的重点班为了加强理科教学，大大缩减文科课程的教时，甚至干脆把史地课砍掉，把数理化当成“硬头课”，把语文史地当成“橡皮课”，把政治当成“突击课”，甚至有个别人要求取消政治课。中小学是基础教育，是为今后学生升学或就业打下基础的，还不是培养专门人才的专业教育。各科知识都是相互联系的，“专”建立在“博”的基础上，过早地让学生“专”到一门学科上，将来必然专得不深。据美国有关方面对1311名科学家在5年之间发明创造的统计，发现出成果的多数还是“博才”，即知识比较广阔的人，而不是“专才”，即在某一点上专得比较深的人。目前，我国大学理工科的比例太大，超过其他任何国家，这是畸形发展。国家正在采取积极措施，加强文科教学，准备大大增加文法、商科。如果我们中小学还在重理轻文，就将不能适应学校内部结构改革的要求，就会影响管理人才的培养，就会影响社会科学的发展。

9. 重点学校和一般学校的关系。在特定历史条件下集中有限的人力、物力、财力办好一批重点学校，是提高教学质量，早出人才的有效措施。重点学校一是要多出人才，为“四化”多做贡献；二是要多出经验，为普通学校多做贡献。原来我市重点学校集中，重点过多，重点不重。经研究决定，两年内先办好蚌埠二中、一实小，五年内再办好蚌埠一中、三中、二实小、凤一小、蚌山一小、朝一小和正街小学等重点学校。二中、一实小要在近二三年内全面贯彻党的教育方针，大力提高教育质量等方面，特别是在学校管理方面做出显著成绩，为其他学校提供经验，起到示范作用。重点和一般是相对而言的，各有所长，俗话说：“寸有所长，尺有所短。”不仅一般学校要向重点学校学习，重点学校也要向一般学校学习，大家相互学习，取长补短。一般学校要从大局出发，给重点学校以必要支持；同时，又要在条件较差的情况下，做出应有的贡献。

10. 教材与参考书的关系。教材是教学的根本依据，参考书是从教材派生出来的，是为教材服务的，是帮助教师和学生理解教材的。可是，现在各种参考书和复习题泛滥成灾，质量又不高，大都是抄、抄、抄。小学五年级的学生手头有十几种复习提纲，中学复习提纲就更多了，弄得学生眼花缭乱，莫衷一是，钱还花了许多。毕业班在复习时，为了把已学知识理线串点，归纳综合，让学生系统地掌握，编个提纲是可以的，但不能滥，更不能代替教材。

三项基本建设是：教师队伍建设、教材建设和教学设备建设。搞教育和打仗一样，要有战略方针。我们实现教育工作的战略方针，教师是基本队伍，教材、设备是武器。严格地说，一个合格的中小学教师要全面掌握六个年级的教材，了解六个年级的教学内容和要求及其相互之间的内在联系。这样才能确定自己应该讲哪些，不应该讲哪些。在教材建设上，我们提倡自编慢班教材。在教学设备的建设方面，明年市里打算较大幅度地增加地方政府教育经费，从中拿出一部分解决教学仪器问题。

毛主席曾经指出，德智皆寓于体。我们强调学校体育工作重要性的基本出发点，就是增强学生的体质，促进德智体全面发展。从全市中小学看，两操（课间操、眼保健操)、两课(每周两节体育课)是基本上能保证的,但课外活动开展较差。这里有客观原因,如场地、器材不足,但也有主观原因,就是领导不够重视。有个学校午收时,其他课不能停,唯独停体育课,把体育老师调去劳动。按道理说,一个班级体育活动开展得好坏应该是衡量班主任班级工作好坏的条件之一,也是调资评议时的重要依据之一。可是,有的学校在调资期间不让体育教师公布班级达标情况,据说是怕影响调资。还有的学校在调资和评优秀教师时,不考虑体育教师,这都反映了有些同志对体育的轻视。有的同志对体育的态度是:讲起来重要,做起来次要,抓起升学率就不要。现在的学生(特别是好班学生)体质显著下降,近视眼日益增多,这次全市参加飞行员体检的学生近视率达79.46%。有一个班级70人,全部合格没有任何疾病的只有5人。有个学校一个高一快班,戴眼镜的就有14人,视力达1.5的只有6人。体质也很弱,平时只要有一个人感冒,马上附近的就有六七人传染上。为此,这个班班主任非常忧虑,他忧虑的是长此下去,能否坚持到高三毕业,还是一个很大的问题。这些触目惊心的事实向我们提出一个严肃的问题:是面向全体,全面贯彻党的教育方针,使学生德智体几个方面都得到生动活泼的发展呢,还是违背教育规律,不顾学生身心健康,单纯抓智育,片面追求升学率呢? 回答只能是前者,而不是后者。中小学生体育应以普及为主,提高为辅,切实抓好"两课两操一活动",普遍开展达标活动。不达标的学生,学习成绩再好,也不能当"三好"学生。市教育局每年要适当给学校添置一些体育器材,各校也要发扬自力更生精神,因陋就简,自制简易器材。还要加强体育教师队伍建设,提高体育课的质量,彻底改变"一个哨子两个球,体育场上小自由"式的体育课教学。要从提高学生思想素质、增强学生体质、增进学生体育知识等三个方面去组织体育教学,有目的有计划地上好每节体育课。这是学校体育工作的中心环节,必须紧紧抓住抓好。班主任、共青团组织要配合体育教师把课外活动抓起来。

总之,德育、智育、体育是一个不可分割的有机整体,就像人的头脑和身躯一样不可分割。它们互相联系,互相影响,互相渗透,互相作用。党的教育方针规定了学校培养目标是又红又专的劳动者,这既是学校一切工作的出发点,又是学校一切工作的归宿。我们必须全面贯彻,不能偏废。粉碎"四人帮"以来,我市在贯彻党的教育方针,抓"双基"教学,提高教学质量方面是卓有成效的,应予充分肯定。现在,我们强调"三育"一齐抓,全面贯彻党的教学方针,只是纠正忽视德育、轻视体育的倾向,决不意味着抓智育抓错了,抓过头了。相反地,对大部分中等生和差生抓得还很不够,对成绩好的学生抓得还很不得法。要从实际出发肯定应该肯定的东西,否定应该否定的东西,一概肯定或一概否定都是不对的。

(在中小学校长培训班上的专题讲话。)

蚌埠市中小学教师五年培训规划

（1980 年 9 月）

一、基本情况

我市中小学教师队伍，总的情况是好的。粉碎“四人帮”以来，他们积极性空前高涨，为我市教育事业的发展和教育质量的提高，作出了积极的贡献。但从新的历史时期经济文化建设对教育的要求来看，还有许多教师在思想水平和教学业务水平方面不能适应，亟待提高。

全市中小学教师 4569 人，其中中学教师 2136 人（包括职员和师范教师），小学教师 2433 人，高中教师 664 人，初中教师 1012 人。从学历看，高中教师中，大学本科毕业的 352 人，占高中教师总数的 53%，大学专科毕业的 160 人，占高中教师总数的 24%，其他（包括工农兵大学生）152 人，占高中教师总数的 23%。初中教师中大学本科毕业的 167 人，占初中教师总数的 16.5%，大学专科毕业的 189 人，占初中教师总数的 18.7%，其他（包括工农兵大学生）656 人，占初中教师总数的 64.8%。从实际教学水平看，合格的占 40%，基本合格的占 37%，不合格的占 23%。从教师来源看，可以分为 7 类：解放前学校培养出来的，大学本科毕业的少，多数是大学肄业或高中毕业，但是经过 30 多年的教学实践和刻苦自学，教学经验丰富，教学水平比较高，完全能胜任教学。中华人民共和国成立后到“文革”前的大学本专科毕业生,受过系统的专门训练,基础知识比较扎实,又有一定的教学经验,他们中间绝大多数是能够胜任教学的,是教师队伍中的骨干力量。老三届的高中毕业生,大多数经过师范短期培训,在中学阶段基础打得比较牢,他们中间的多数,经过培训提高,可以胜任初中教学。工农兵大学生少数人,基础比较好,经过专业培训可做初中教师,个别人比较优秀可做高中教师。“文革”期间的中师、高中毕业生,极少数人基础比较好,大多数比较差,即使经过培训也难胜任中学教学。“文革”前上了一两年课的大学毕业生,经过培训能够胜任中学教学。招生制度改革后的大学毕业生,基础知识比较好,经过一定时间教学实践锻炼,可以胜任中学教学。

我市小学教师,从学历看,大学专科毕业和大专肄业的 44 人,占小学教师总数的 1.8%,中师、高中毕业的 1999 人,占小学教师总数的 82%,其他 374 人,占小学教师总数的 15.4%。从实际教学水平看,合格的占 61.1%,基本合格的占 30.1%,不合格的占 8.7%。“文革”时期的高中毕业生,有许多只有高中毕业的文凭,没有高中毕业的水平,至于教学能力就更差了。郊区还有 70 多名民办教师,他们中间多数是不能胜任小学教学的。

二、五年设想

高中教师有 310 名需要提高到大学本科毕业水平,打算每年选送 60 名到省教师进修学院培训,1985 年基本上可以完成。初中教师有 650 名需要提高到大学专科毕业水平,现在参加师大函授、电大学习的约 300 人,尚有 350 人需要系统提高。打算每年选送 100 人到师大函授班、电大学习,三年可以完成。

小学教师约有 500 名需要提高到中师毕业水平,打算每年选送 60 名左右到蚌埠师范培训,5 年共选送 300 名。其余 200 名由四个区举办各种培训班进行培训。从今年开始,中小学教师普遍学习教育学、心理学,每周 2 个小时,两三年内学完。各科教师结合教学开展教学法研究。

三、主要措施

1. 坚持“一个原则,两个结合,三个为主,三级进修网”

一个原则,就是教师教什么学科进修什么学科,适当学些与本学科有关的邻近学科的基础知识(如数学教师可以学点理化知识,语文教师可以学点政治和史地知识)。

两个结合,就是教师在职进修与脱产半脱产进修相结合,系统提高与急用急学相结合。在职进修的形式主要有:以老带新,老教师教超前课,帮助新教师备课。组织青年教师听观摩课,并结合观摩课开展教学研究。中老年教师也可帮助青年教师举行观摩课,让青年教师在实践中提高。校、区、市三级举办定期或不定期的专题讲座。今年中学政治课、化学课、物理课和小学外语课都采取这种形式。举办两种形式的业余培训班:一是区办市助,今年区办8个小学语、数在职培训班,市教育局制订培训计划,提供教材,组织讲课教师;各区教育科负责组织动员、行政管理,每周半天,系统学习,时间一年。二是市教育局直接办,从今年开始,办体育教师培训班,每周三个半天,每期一年。办保教员培训班,每周一次,半年时间。办好函授班和电大班。在师大的大力帮助下,我市去年办了语文、数学、物理3个函授专业班。成立市函授教学领导小组,由两名副局长负责,每周集中面授半天,效果很好。函授以系统学习为主,适当结合中学教材。今年打算招收语文、数学、物理、化学4个专业班。现在参加电大学习的有外语、数学、化学3个班。脱产进修的主要形式有:短期脱产培训班,中学理论实验员培训班,脱产10天;图书管理员培训班,脱产半个月。较长期的进修班,今年上半年办了小学数学教师进修班,时间半年。今年下半年开始,举办中学数学脱产进修班,主要培训初中教师,以初中教材为主,适当讲些系统知识,时间一年,每班40名左右。选送教师到教师进修院校脱产学习,今年送10名化学教师到教师进修学院学习。

三个为主,就是教师进修以自学为主,业余为主,学校为主。

三级进修网,就是学校、区、市三级,互相配合,互相补充。

2. 妥善解决讲课教员问题

市局目前还未配专职教师,主要依靠市教研室的教研员并从教师进修学院和中学聘请兼职教师。少数教学经验丰富的老教师,在学校少教点超前课,带两个徒弟,为市办的进修班讲课,写点文章,总结教学经验。

3. 加强领导

市教育局成立教师进修领导小组,由两名负责同志挂帅,业务工作由普教科、教研室负责,人事调配、经费筹措分别由政工科、计财科负责。抽调三名教师作为专职管理人员。每个学科的教学计划暂由教研室各科教研员制订,并加以实施。各区教育科、各校都要有负责人分管教师进修工作,各校教导处具体抓。

4. 建立和健全各项规章制度

今年,我市对中小学教师的业务情况进行了全面摸底,各校都排了队,确定了在职和脱产进修的名单。采取自愿报名和组织指定相结合的方式。长期的进修班,不论是脱产、半脱产还是在职的,都建立考试、考核、奖惩、考勤等制度。期满经考试合格,函授的由师大发给毕业证,电大学习的由省电大发给单科结业证,市办的由市教育局发给结业证或业务鉴定,业务鉴定归个人业务档案。对于成绩优秀的学员给予一定的物质奖和精神奖。

5. 把教师培训和教师队伍整顿结合起来

据初步调查，我市中学教师中即使经过培训也不能任教的有3.3%，小学教师有4.8%，还有些很合格的小学教师提拔到中学来，就不那么合格了。我们打算在抓教师培训的同时，用三年的时间将教师队伍整顿好。不能当高中教师的就当初中教师，不能当初中教师的就当小学教师，不适宜当教师的就调离教育系统或改做教学行政工作。

（这是为教育局代拟稿。）

首届告捷，三年完成

（1980年12月）

市教育局举办的以学习教育理论为主要内容的中小学校长业务培训班，经过两个多月脱产学习，现在结业。参加这次学习的共有中学正副校长14人，小学正副校长24人。他们有的是具有丰富的学校工作经验的老同志，虽然过去也学过教育学，但是教育科学在发展，教育实践涌现出许多新问题，对于这些新问题，他们还不能很快适应。有的是刚走上学校领导岗位不久的青年同志，从未学过教育科学。有的是从其他部门调到学校工作不久的中年同志，对学校工作更为生疏。培训班就是为了提高他们按教育规律办学的自觉性，逐步实现学校管理科学化，以提高教育质量，适应四化需要而举办的。市、局领导都很重视，柳东副市长深入课堂听课，市局几位负责同志多次到培训班听课，参加小组讨论，共同研讨当前教育领域中的理论与实践问题。一名副局长分管，一名年过70岁的顾问（原蚌埠师范校长）兼任班主任，坐镇指挥。

参加学习的同志态度认真，精力集中，遵守纪律。有的同志认真阅读了几十万字的资料，写了十几万字的笔记。有的同志家住远郊，每天早晨4点多钟就得起床，冒着严霜寒风，骑一个多小时的自行车，从不迟到。有的同志带病学习，在医院吊完水就到班上听课，一边吃药一边做笔记。

学习班采取自学与专题辅导相结合的方法，以自学为主；学习理论与总结工作相结合，以学习理论为主；讨论与交流经验相结合，以讨论为主。学员在自学《教育学广播讲座》《赞可夫的教育论思想》的基础上，从安徽师范大学教育系、蚌埠教师进修学校、市教研室等单位聘请了14名同志担任兼职教师，作专题辅导。安师大教授柳之榘于本月20日作的题为《在教学中发展学生能力》的学术报告，对学员启发很大。他从当代飞速发展的科学技术、儿童与青少年的心理特征，以及当前教育实践存在的问题，论述发展学生能力的重大意义，阐明了“双基”教学与发展能力的辩证关系，介绍了美国布鲁纳和苏联赞可夫的教育思想。培训班组织学员听了蚌埠二中金平和郑澄两位特级教师的语文、数学课，以及一实小两位优秀教师的课。小学组的同志还到郊区山南小学和西区聋哑学校参观。学习结束前，每人写一份总结，以教育理论为指导，系统总结过去的教育实践，找出哪些符合教育规律，哪些不符合教育规律，今后如何按教育规律办学。在个人总结基础上，开了两天交流会，不仅交流了本次学习教育理论的心得体会，还交流了过去的办学经验。大家普遍感到开阔了眼界，提高了认识，明确了任务，学到了理论，受到了鼓舞，坚定了搞好教育工作的信心。有的同志表示回校后继续学习教育理论，在不太长的时间内做个内行的教育工作者。有的同志决心回去教一门主科，深入教学第一线，取得领导教学的主动权。有的同志决心做个合格的校长。

这仅仅是首批，市局打算在3年内分批分期将全市中小学校长、主任培训一遍。

（本文刊登于市教育局主办的《教育简报》。）

探索教育规律，提高小学教育质量

（1981年9月）

这次小学教育工作研讨会的基本任务是运用辩证唯物主义和历史唯物主义观点，坚持实事求是的科学态度，密切联系我市教育实际，探索小学教育规律，提高按教育规律办学的自觉性，认认真真地做好几项工作，扎扎实实地打好基础，办好每所小学，以适应四化建设的需要。为此，我结合我市小学教育现状讲几条意见，作为引玉之砖。

一、德智体全面发展的规律

人的全面发展的教育是人类社会发展的客观规律，古今中外不同阶级的教育家都提倡德智体全面发展，只不过有不同的内涵罢了。德育、智育、体育三个方面既互相区别又互相联系，它们在学校教育中各有其独立性，不能互相代替；但它们又互相促进，互相依赖，不能截然分开。在教育实践中，既不能把它们割裂开来，又不能片面强调某一方面而忽视其他方面。全面发展既是学校的基本规律，又是教育方针的核心。大多数小学都能遵循这条基本规律，重视对少年儿童进行思想品德教育，认真开设思想品德课，各学科渗透思想教育，加强少先队和班主任工作。当全国总工会、团中央、教育部等十三个单位关于开展“五讲四美”活动的倡议书在报上发表后，我市行动最快的是教育系统，而小学又是一马当先，闻风而动。数以万计的小学生涌向街头、车站、码头、广场开展为民服务活动,社会风气为之一新。现在又把这项活动与坚持四项基本原则教育、爱国主义教育、理想教育结合起来,同贯彻《小学生守则》、开展“学雷锋、创三好”活动结合起来。朝阳路第一小学学雷锋活动已经形成传统,被团中央命名为全国少年红花集体。红旗路第四小学学雷锋活动已坚持18年之久,与部队建立密切联系,聘请解放军为校外辅导员。第一实验小学学生关心灾区人民疾苦,募捐人民币和粮票支援灾区,受到《兰州日报》的表扬。第二实验小学一学期以来,学生做了1162件好事。一名儿童拾到一块手表,想方设法找到失主,归还失主。各校对教学工作都很重视,学习成绩稳步提高。即以小学升学考试为例,1969年语文、数学两科总分40分(200分为满分)录取,升学率90%;1980年总分90分录取,升学率75%;今年总分120分录取,升学率76%。前两年考的是省编教材,今年考的是难度大于省编教材的全国统编教材。特别是一批厂矿企事业办的小学,教育质量提高得很快。纺织厂职工子弟学校今年参加考试的157人,录取重点中学的36人,录取一般中学的118人,录取率为98%,仅3人落榜。这所学校的主办单位党委非常重视教育,选派了年富力强、懂业务、会管理的同志当校长和教导主任,不合格教师一律回原车间。工厂还成立学生家长代表委员会,厂部和车间都有人分工抓教育。事实雄辩地证明:厂办小学只要办学单位重视,教育质量也可以赶上公办学校,党中央和国务院关于“两条腿走路”的办学方针是正确的。许多学校体育活动开展得比较好,两课两操两活动比较正常,一年一度的小学生体育运动会已形成制度,体育“达标”活动很有成效。全省体育“达标”先进学校59所,我市就占14所,在16个地市中名列前茅;在14所学校中,小学就占12所(其中郊区11所)。郊区教育科很重视学生的全面发展,在体育器材缺乏、场地和教师不足的情况下,修旧利废,因陋就简,改善办学条件,培训师资,小学生体育“达标”在全省遥遥领先。蚌埠一实小、二实小的乒乓球和体操在全省比赛中也获得很好成绩,受到嘉奖。

但是,当前也存在一些违背教育规律的做法:思想品德课教育质量不高,任课教师不稳定,课堂要求不严格。留级面过大,据了解,有8所小学留级率达30%,一所学校达50%。学生负担过重,节假日上课,挤占学生休息时间,作业量加大,远远超过规定的时间。少数学校按成绩编班,人为地制造两极分化。不按部颁教学计划开课,对升学考试不考的科目(自然常识、音乐、美术、体育)随意停开或减少课时。多数学校未开劳动课,忽视劳动教育。近视眼发病率逐年增高,去年全国22个省、市对25万小学生进行调查,城市小学生患近视眼的全国平均为19.68%,最高的城市达24.5%。对这些不良倾向如果不重视,不采取措施加以纠正,必然影响全面发展人才的培养,动摇基础教育。今年《人民教育》第一期指出:“保护学生的健康,增强学生的体质,是学校教育工作的一项基本任务。那种对学生健康不加过问,漠不关心,忽视体育卫生工作,单纯追求升学率，一味加重学生负担，实际上是对青少年儿童的摧残。如不下决心，坚决加以纠正，任其发展下去，不仅对国家没有尽到责任，而且也将是对人民的犯罪。”我们每个小学教育工作者要引以为戒，端正办学指导思想，充分认识到小学教育的基础性质，要从德智体美劳等方面全面打好基础，打好每个学生的基础。凡是留级率超过5%的学校要坚决纠正过来；否则，要通报全市批评。明年升学考试科目增加常识，开外语的学校增考外语，重点中学加试体育。

二、以课堂教学为主、课本为主，发挥教师主导作用的规律

学校是培养人才的地方，而学校人才的培养主要是通过教师的教和学生的学，即教与学的双边活动来实现的。“以教学为中心”和“三为主”是学校工作区别于其他战线工作的本质特点，是一条不以人们意愿为转移的基本规律。学校工作千头万绪，有思想工作，总务工作，保卫工作，团队工作，妇女工作，工会工作，统战工作，等等。但这些都不是中心工作，都要树立为教学服务的观点，紧紧围绕教学做好各项工作。如果脱离中心，不为中心服务就会走上歧路。中心不是全部，教学也不能代替或脱离其他工作，要紧紧依靠其他工作；否则，中心任务也难完成。有人把“教学为中心”同“智育为中心”混为一谈，以为强调教学中心就是否定德育和体育的重要地位。其实，“教学”和“智育”是两个不同的概念，既有联系又有区别。教学过程中始终贯穿着德智体美劳五育的内容，这是学校进行教育的主要渠道，但不是唯一渠道。因此，教学既不能同五育画等号，也不能同智育画等号，更不能把“教学为中心”同“智育为中心”画等号。由于认识模糊，有的学校在实际工作中，把中心搞偏了，整天在外边抓钱，把经济创收作为中心。这些学校的领导不仅不教课，连听课、参加教研活动都很少，教学质量逐年下降，社会反响很大。在当前教育经费短缺的情况下，学校安排一定力量办好工厂，提高经济效益，这是非常必要的，但这不是目的。学校搞创收的根本目的是改善办学条件和师生生活条件，为教学服务，为提高教育质量服务，为培养人才服务。

“为主”不是唯一，有为主就有为次，没有为次，为主也就不存在。所以，学校教学在切实改进和加强课堂教学的同时，必须开展丰富多彩的课外活动，把书本知识尽可能地和实践知识结合起来。所谓教师主导作用，是指教师在充分调动学生这个主体积极性的前提下，对学生进行全面指导，耐心教导，正面疏导，严格督导，认真辅导。主导是就教学中的作用而言，主体是就教学中的对象而言，是统一于教学过程中不可分割的两个方面。教师必须树立一切依托主体，一切为了主体，一切服务主体的观念；和主体打成一片，研究主体的生理心理特点，把握主体的思想脉搏，了解主体的智能状况，启动主体的内在活力，熔主导与主体于一炉；循循善诱，因材施教。教师工资低，小学教师更

低；教师住房难，小学教师更难；教师劳动很艰苦，小学教师更艰苦；教师历史责任重大，小学教师更重大。但是，他们的精神状态很好。党的十一届三中全会以来，由于推倒了强加在教师头上的“两个估计”，平反了一批冤假错案，落实了知识分子政策，广大小学教师心情舒畅，思想稳定，工作积极，发挥了教师的主导作用。教师中，有刻苦钻研业务，教学精益求精，既教书又育人，取得突出成绩的优秀教师；有诲人不倦，耐心教育，言传身教，努力做好学生思想工作的优秀班主任；有懂业务，会管理的优秀校长；有为教学服务，埋头苦干，任劳任怨，甘当无名英雄的后勤兵；有退而不休，老当益壮，带病工作的老教师；有虚心好学，积极上进，进步显著的青年教师。然而，也有极少数教师没有发挥好主导作用。他们中，有的对工作敷衍塞责，不教不导；有的单纯传授知识，只教不导；有的动辄训斥学生，不细不喻；有的体罚或变相体罚学生，不教而诛；有的课堂上倾盆大雨似的满堂灌，不顾对象的接受能力……凡此种种，都是阻碍主导作用发挥的消极现象，应予克服。

三、加强“双基”，培养能力，发展智力的规律

教学过程以传授知识（包括技能技巧）为主，还是以培养能力、发展智力为主，或者两者并重？这是现代教育史上具有争议的一个重要问题。知识（包括理论知识、实际知识）是能力的基础，无知必然无能；要发展人的能力，就要掌握一定的知识，缺乏必要的知识，能力发展必然受到很大制约。但知识掌握的难易程度又依赖于一定的能力，能力强的人就能较快地顺利地掌握有关知识。因此，在加强基础知识和基本理论教学的同时，一定要注意培养学生的能力，发展学生的智力，使它们更好地统一起来。现在有些教师很重视“双基”教学，但不注意学生能力的培养、智力的开发，知识老化，教法陈旧，教材不熟，课堂上唱独角戏，缺乏启发性，或者表面上问问答答，轰轰烈烈，实际上形式主义，言不及义。有的不能精选作业题，同类型的题目重复太多，让学生整段整段地抄书、抄词、抄字，一个词抄六七遍，最高的达八遍。学生的学习兴趣被抄掉了，学生的积极思维被抄掉了，学生的创造性被抄掉了。从这次小学毕业考试语文试卷来看，学生的分析能力、审题能力、综合能力都比较差，许多学生的作文走题，这与教师猜题，让学生死记硬背范文有关。作文题是《发生在夏天夜里的一件事》，有的学生只写一件事，没有写夏天夜晚的背景；有的描写夏天夜晚的景色，没有写一件完整的事。要学生写五个表示刻苦学习的词那一题，是考查学生的综合能力，因为这类词学生在课文中学过很多，现在要他综合。许多学生综合不好，写不全五个。阅读分析那一题是选自小学二年级教材，早已学过的。许多学生分析不好段意，总结不好主题思想，这与教师形式主义的教学有很大关系。教师平时讲课，将段意和主题思想写在黑板上，让学生抄下来熟

记,然后应考。这怎么能开发学生的智力呢?当代教育家都提倡把开发学生智力作为教育过程的重点,这是有一定道理的。

四、面向全体,因材施教的规律

中小学教育是基础教育,小学教育尤为重要,它是基础的基础。每个学校,每个班级,每位教师都要对每个学生负责,要千方百计使每位学生在德智体方面都能得到发展。禁止小学编尖子班,还要逐步取消重点小学,初中也不应按成绩编班。高中学生之间的差距太大,为了使不同类型的学生都能学有所用,都能在原有基础上各有提高,暂时可以按成绩编班,这只是权宜之计。今天按成绩编班,正是为了明天不按成绩编班。现在高中学生存在这么大的差异,完全是“四人帮”造成的,是不正常的。要采取措施逐步缩小这个差异,不能人为地扩大这个差异。

然而,在任何时候,即使在正常状态下,人们由于先天素质和后天的环境、教育不同,每个人在成长过程中所表现出来的才能和品质必然有所不同,也必然有差异。但这种差异是正常的差异,不是人为的差异。俗话说,人之不同,犹如其面。这种差异表现在道德品质、思想感情、性格意志、兴趣爱好、聪明才智、心理生理等许多方面。教育工作者的任务就是要研究这些差异、了解这些差异,从每个学生的个性特征出发,因材施教。特别是当前要对性格孤僻的“双差”生和娇生惯养的独生子女、“老疙瘩”等类型的学生的特点进行研究,有的放矢地进行耐心教育。有些老师厌恶“双差”生,不仅疏远他们,而且寻找种种借口将他们撵出教室,这是严重错误的。中共中央于去年作出在全国普及小学的决定,每位适龄儿童少年都有接受初等教育的权利,任何人都无权剥夺他们的权利。凡是被撵出学校的学生,不管离校有多长时间,教师都要主动地到学生家将他们找回校跟班上课,还要耐心地帮助他们抓差补缺,不能歧视。从教育的价值观来说,转化一个差生比培养一个优秀生更有意义。在这方面也有许多教师做得很好。一实小五(3)班有名学生原来有偷窃行为,一次摸进面条店,撬开箱子,偷了40元。该班班主任杜劲秋老师发现后,先是一顿批评,这个学生表面上接受,实际上不改。后来杜老师从多方面观察这个学生的种种表现,研究他的心理活动,发现他身上也还存在不少优点,如喜爱雕刻和书法,就组织他参加课外书法绘画小组,让他当组长,用他身上的积极因素去克服消极因素,所谓“长善救失”。经过一段时间的教育,这个学生不仅改正了偷窃行为,而且学习成绩显著提高,每次数学考试成绩都在90分以上。小学生可塑性很大,只要功夫深,教育得法,“双差”生是可以转变的。

五、教育内容和教育方法受教育对象身心发展的年龄特征制约的规律

从教育与教育对象身心发展的内在关系来看，教育在开发学生智力上无疑起着决定作用，但又受教育对象身心发展的年龄特征所制约。不论是进行思想教育，还是传授科学知识，都要遵循教育对象身心发展的规律，才能收到预期效果。如果教育内容的难度超越学生身心发展的限度，教育方法成人化，必然事与愿违，因此，小学教育工作者要进一步学习教育学、心理学、生理学，研究儿童少年不同阶段的身心特征，把遵循教育规律和遵循教育对象身心发展规律科学地结合起来，把小学教育工作建立在现代科学基础上，这是这次研讨会的总要求。

（在区教育科长、小学校长会议上的讲话。）

普教战线的拨乱反正

(1981 年 10 月)

十年浩劫,蚌埠市普教事业受到毁灭性摧残,虚肿现象严重,教育质量急剧下降。粉碎"四人帮"以后,特别是中共十一届三中全会以后,经过 3 年的拨乱反正,重大创伤得到疗治,元气开始恢复,正常教学秩序已经建立,教育事业有了一定的发展。

一、知识分子政策得到落实

市委、各区区委调整了中小学领导班子,加强了党对学校的领导。深入批判"两个估计",砸烂了套在广大教育工作者身上的两个精神枷锁,强加在知识分子头上的"臭老九"帽子被扔进垃圾堆。知识分子作为劳动人民的一员,战斗在四化建设的最前线,教师的社会声誉得到了恢复。经过"实践是检验真理的唯一标准"的讨论,广大干部思想进一步解放,教育系统平反冤假错案(包括改正右派)271 人,占应复查人数 277 人的 97.8%,现正在积极做好案件复查的扫尾工作。各级党组织认真贯彻德才兼备的干部政策,提拔了一批优秀教师担任学校领导工作,发展了一批优秀教师入党,仅去年一年就在教师中发展 36 名党员。今年 4 月 8 日,市政府召开了"为人民教育事业服务 30 年"教龄庆祝大会,全市 460 名 30 年以上教龄的老教育工作者,深感党与政府的关怀,决心把有生之年全部贡献给党的教育事业。广大中青年教师也深受鼓舞,纷纷表示向老教师学习,把毕生精力献给光荣的人民教育事业。

二、教学秩序迅速建立

近年来,我市中小学认真贯彻教育部颁发的中小学教育工作条例、教学计划以及小学生、中学生守则,恢复和加强了各级教学研究组织,建立了各项规章制度。随着高考制度的恢复,中小学招生办法也进行了改革。尽管这些改革还不完善,但它对树立良好的学风,稳定教学秩序,保证高校新生质量都起到积极作用。现在,以教学为中心的正常教学秩序已经建立,良好的校纪校风正在形成,被"四人帮"批判的"三为主"——教学为主,课堂为主,教师主导——已经恢复,教学领域中的拨乱反正取得显著成果。

三、办学条件有所改善

自从邓小平同志自告奋勇抓教育以后,我市注意人才开发,重视智力投资,地方财政用于教育事业的比例逐年增长。1976 年,地方财政用于教育的支出占财政总支出的 0.6%,1977 年占 1.3%,1978 年为 7.5%,1979 年为 13%,1980 年为 10.2%,平均每年约为 6.6%。今年,市委、市政府根据中发(1980)84 号文件精神,市财政用于教育事业的比例猛增到 20.7%,比去年增长了 30%。在国家经济困难,地方财力用于其他战线的比例大大缩减的情况下,大幅度增加对教育的投资,这充分说明市委、市政府对教育,对开发智力的高度重视。教育部门发扬"自力更生,勤俭办学"的精神,努力挖潜。中小学 22 个校办工厂和商店,1980 年产值达 206 万元,纯利润 40 万元,用于改善办学条件的为 12 万元,占纯利润的 30%。被"四人帮"糟蹋得破烂不堪的校舍,得到复修。新建、扩建、改建了 17 所中小学,建筑面积达 2.3 万平方米。校园进行了绿化,校容初步改观。市区中小学与郊区中学的课桌凳已经配齐,并正在按学生年龄进行调整。为了减少郊区小学的土台子、泥凳子,去年,市政府拨专款 8 万元,郊区财政拨 3 万元,用于购置课桌凳。现已将 2000 套分到学校。去年,市财政追加 10 万元,用于购置理化仪器,加上教育厅配发的仪器,大部分中学理化演示实验都能做了,少数学校还能分组实验。现有 11 所中学配齐了体育器材。今年,又从教育经费中拨出 15 万元专款,购置外语学科的教具,又拨出 1 万元购置小学体育器材。

四、教育内部调整工作初见成效

为了改变极不合理的中等教育结构,以适应经济建设的需要,去年,我市认真贯彻省厅在安庆市召开的中等教育结构改革会议精神，在3所中学试办纺织、财会、电子等9个职业班，招收536名学生。近年来，又恢复与新办了6所中等专业学校，在校生1944人。创办了2所中等技术学校，在校生300人。三类中等职业学校共计2780人。普通高中在校生与职业教育在校生之比，由1978年的7.5∶1下降到1980年的4.53∶1。试点实践证明，中等教育结构改革，尽管困难很多，但只要方向明确，坚定信念，领导重视，部门配合，就一定能够成功。纺织系统与二十三中联合办纺织职业班的经验，就是一个成功的例证。

学制改革，中学由5年制改为6年制的试点，由去年的10所学校增加到今年的13所。小学由5年制改为6年制，今年开始在蚌埠二实小、蚌山小学进行试点。

五、教育质量逐步提高

近年来，教育系统开展教育科学知识普及活动，组织广大干部与教师学习教育学、心理学、管理学，对教育领域中出现的新情况进行探索。开展了各种教育实验，从而提高了按教育规律办学的自觉性。加强师范学校建设，成立中小学教师进修学校，先后开办了25个班。各校加强了思想政治工作，深入贯彻中小学生守则，开展"学雷锋、争三好"活动，并与"五讲四美"教育活动相结合。改进中学政治课教学，小学增设思想品德课，对学生进行党的四项基本原则教育、前途理想教育、劳动教育、遵纪守法教育以及文明礼貌教育。朝阳路第一小学卓有成效地开展了文明礼貌教育，培养少年儿童共产主义道德品质和良好习惯，带动了学校各项工作。学校面貌发生较大变化，荣获"全国少年红花集体"的光荣称号。蚌埠三中党支部从青少年特点出发，进行生动活泼的思想教育，使学生在德智体等方面都得到较好的发展，受到省教育厅的表扬。凤阳路第一小学对一至五年级学生进行以"自我服务性劳动、家务劳动、公益劳动"为主的教育，使孩子不仅懂得"少小不勤学，老大难成才"的道理，而且养成了热爱劳动的良好习惯。由于各校狠抓"双基"教学，重视培养智能，因而学生学业成绩不断提高。以升学考试为例，1979年小学升初中考试，语数两科总分40分就录取；1980年两科总分90分录取，考的是省编教材；今年两科120分才录取，考的是比省编教材难度大的全国统编教材。初中升高中的录取分数线（按四科总分计算）：1979年是95分，1980年是130分，今年是160分。恢复高考以来的3年中，我市高中升学率在全省都名列前茅；今年略低一些，但录取重点大学的比例，在全省仍遥遥领先。教育局与体委、卫生局密切配合，开展体育"达标"活动，坚持一年一次中小学体育运动会（分开），"两课、两操、两活动"的质量也有明显提高。去年以来，认真贯彻全国扬州会议和全省淮南会议精神，先后在郊区后场小学、蚌埠四中、蚌埠十二中等校召开学校体育卫生工作现场会上更推动了学校体育卫生工作。省教育厅、省体委在我市召开的全省学校体育卫生工作座谈会上，对我市体卫工作给予充分肯定。市教育局抽调一名专职业务人员，与市防疫站通力协作，举办了学校医务保健人员培训班，对学生视力进行普查，对中小学生的近视和各种传染病进行有效防治。蚌埠二实小把保护学生视力提高到为四化培养合格人才的高度来认识，采取多种措施，培养学生良好的用眼习惯。

由于全面贯彻教育方针，一代新人健康成长，在校的69137名小学生和36568名中学生，是在"文革"末期入小学的，受"四人帮"的毒害较少，经过几年的学校教育，思想认识纯正，精神饱满，积极向上。从今年小学升初中的13000余份和初中升高中的12000余份作文试卷看，观点都很正确，没有发现一份试卷有观点错误。现在，学生中出现了"五多五少"：关心集体、助人为乐的多了，损人利己、占小便宜的少了；爱护公物、拾金不昧的多了，损坏公物、攀折花木的少了；遵守纪律、努力学习的多了，违反纪律、不愿学习的少了；讲文明、懂礼貌的多了，说脏话、行为粗鲁的少了；要求上进的多了，甘居下游的少了。据四区文教科的统计，区属小学学生，今年三、四两个月共做11269件好事。暑假前，蚌埠一实小学生把长期储存的零花钱，凑集了150元和100斤粮票，寄到灾区，受到《兰州日报》的表扬。

六、优秀教师不断涌现

全市小学教职员工3476人，中学教职员工3042人，在经济地位比较低下，工作与生活条件都比较艰苦的情况下，坚守教育阵地，忠诚教育事业，像辛勤的园丁，用自己的心血和汗水灌溉着祖国的花朵，谱写了一曲又一曲园丁之歌，受到党和政府的重视与全社会的尊敬。通过学习《中国共产党中央委员会关于建国以来党的若干历史问题的决议》，广大教育工作者对四化更加坚定了信心，振奋了精神，出现"四多四少"：谈论国家大事、向前看的多了，议论生活享受、向钱看的少了；顾全大局、团结奋进的多了，搬弄是非、纠缠昔日派性账的少了；热爱教育、决心献身教育事业的多了，要求调出、不安心学校工作的少了；刻苦钻研业务、全面关心学生的多了，甘当外行、饱食终日、对学生若即若离的少了。他们中，有像张连仪、邵金耀这样一些几十年如一日，鞠躬尽瘁，老当益壮，建立功业的老年教师；有像康怀斌、颛孙元宗这样一些刻苦钻研业务，教学精益求精，既教书又教人，年富力强，取得显著成绩的中年教师；有像沈斌这样诲人不倦，言传身教，全面关心学生，使青少年身心都得到生动活泼发展的班主任；有像陈高红、俞士泽这样一些虚心好学，积极进取，成长很快的年轻教师；还有正确执行党的路线、方针、政策，作风正派，谦虚谨慎，身先士卒，刻苦学习教育科学，按教育规律办学的校长、主任以及为教学服务，埋头苦干，任劳任怨，甘当无名英雄的后勤人员。由上可见，他们对教育工作兢兢业业，不计报酬，不怕辛勤，不为名、不为利，把全部心血倾注在教育事业上，具有蚕吐丝、蜂酿蜜的献身精神，真不愧为人民教师的光荣称号。

当前，我市教育还存在许多问题，比较突出的是两个比例失调、两个片面性。两个比例失调，指的是教育与经济的比例失调，教育内部若干因素的比例失调。前者，由于市委、市政府的重视，正在进行有效的调整，后者还严重地存在着，集中表现为 7 对矛盾。①学生大幅度增加与办学条件改善缓慢之间的矛盾。“文革”前，我市中小学生最多时 70000 余人，现在已达 10 万余人，应增加 800 多间教室，实际上只增加 400 多间教室。缺的教室只得改仪器室、实验室、图书室、阅览室。郊区小学至今还有 4500 套土坯桌凳。②普通高中与中等职业技术教育、学前教育与初等教育之间的矛盾。“文革”前，普通高中与中等职业技术教育的在校生之比为 1.5∶1，较为合理；现在是 4.5∶1，很不合理。市区已普及小学教育，幼儿入园率才达到 40%。社会反映小孩上幼儿园比上清华园还难。③国家办学与多种形式办学之间的矛盾。我市中小学 80% 是国家办的，厂矿企事业办的仅占 20%，郊区中小学全是公办。这不利于调动集体办学积极性，不利于贯彻“两条腿走路”的办学方针，不利于“三结合”建校。④教师“三低”现状与培养合格人才对教师要求之间的矛盾。当前，教师的突出问题是生活待遇低，社会地位低，业务水平低。全市约有 25% 教师不合格，其中小学教师有 16% 未达中师水平，初中教师有 64% 未达大专水平，高中教师有 47% 未达大学本科水平。高中生教高中，初中生教初中的现象依然存在。教师总数超编，但缺高中与幼儿园教师。现有 40 所幼儿园，幼师毕业的只有 62 人。600 多名民师中，近半数不合格。⑤学生文化基础差与全国统编教材内容较深之间的矛盾。“文革”前，学生文化知识状况是两头小，中间大；现在是学习好的与中间的少，差的多。中学生只有 20% 左右能适应统编教材。⑥人民群众对学校教育要求愈来愈高与学校领导水平偏低之间的矛盾。在 30 多所中学的领导班子中，属偏低水平的约占 20%，一把手中只有 4 人大学本科毕业。⑦重点学校与一般学校之间的矛盾。由于历史原因，重点学校师资条件虽然比较好，但全市骨干教师也不可能都集中在重点学校，而成绩好的学生都高度集中在重点学校，这就出现了部分好学生得不到好老师教的现象。一般学校也有一部分优秀教师，但学生基础都比较差，又形成了部分好教师教不到好学生的状况。重点学校或多或少存在着坐吃“现成饭”的思想，认为反正是全市择优录取，放松了本校初中教学。一般学校认为，抓好初中，也是为人做嫁衣，所以放松了本校初中教学，结果是“两败俱伤”。

两个片面性，一是指有些党政领导同志，对于教育在四化建设中的地位与作用认识有片面性，对于实现四化、科学是关键、教育是基础、中小学教育是基础的基础，认识不清。他们脑中的摆位是：一工交、二财贸、三政法、四农林、五群团，腾出空闲过问一下教育。他们只重视物质生产，不重视人才培养；只重视对物质生产的投资，忽视对精神生产的投资。另一个片面性是指教育系统某些同志对教育方针理解不深,贯彻中有片面性,存在片面追求升学率的倾向。集中表现在:重视智育,忽视德育,轻视体育;加班加点,学生负担过重;嫌恶差生,大面积留级;面向少数尖子生,放弃大多数;重主要学科,轻一般学科;重理科,轻文科;重高中,轻初中;重毕业班,轻非毕业班。

上述两个比例失调与两个片面性,如不认真解决,将会严重影响我市教育事业的发展和教育质量的提高。因此,当前我市普教战线的主要任务是:以党的十一届六中全会精神为指导,加强和改善党对学校的领导,加强和改善学校的思想政治工作,克服涣散软弱状况,统一思想,振奋精神,有计划有步骤地积极地调整教育内外部比例关系,全面贯彻党的教育方针,努力提高教育教学质量,为四化建设培养更多的有理想、有道德、有知识、有体力的合格人才。

伟大的人民教育家陶行知先生

（1981年10月）

今年10月18日是著名的民族民主革命者、伟大的人民教育家陶行知先生诞辰90周年纪念日。全国政协在北京隆重举行了纪念会，全国人大常委会副委员长邓颖超同志主持了大会，并讲了话，胡愈之介绍了陶行知生平。安徽、江苏、上海、重庆、武汉等地举行了纪念活动，召开纪念大会，成立陶行知研究会，举办学术报告会和展览会，江苏人民出版社出版了《陶行知文集》。我到合肥参加了纪念活动。省纪念会的规格很高，省人大常委会副主任李光涛同志主持会议，副省长魏心一代读省委书记张劲夫（陶的学生）的书面讲话，省长周子建同志以及省各界负责人出席纪念会，从上海、南京、苏州特邀来皖参加纪念活动的陶先生故旧、学生也参加了纪念会。省举办了两场报告会，在省博物馆展出了陶先生的生平事迹。与此同时，陶先生的故乡——歙县也开展了一系列活动。

为什么这样隆重纪念呢？我想至少有两个原因：一是陶先生的教育思想受到长时间的不公正的冷遇，特别是1951年批判《武训传》和十年浩劫时期，陶先生的教育思想受到错误批判，陶先生高大形象受到损害。今天要通过各种纪念活动来正确评价他的教育思想，恢复他的名誉。二是当前建设精神文明，建立符合中国国情的具有民族特色的教育体制的需要。

一、陶行知的生平及其思想发展

1891年10月18日,陶先生生于安徽省歙县城西8华里的黄潭源村的一个贫苦农民家庭,祖父时家里只有8亩地,在休宁万安开了一个酱油店。父亲时家境更加衰落,酱园破产出卖,家里仅1亩土地,生活主要靠其父陶槐卿卖柴卖菜和其母在县城帮工洗衣勉强维持。

1. **前期**(1897—1914):23 **岁以前**

陶行知原名文睿,小名和尚,童年爱读书,天资聪慧,过目不忘,6岁时3刻钟内能熟读《左传》43行。数年修完四书五经,回黄潭源,协助父亲做家务,也常去县城崇一学堂(教会学校)看望其母。该校校长唐俊贤喜其聪明勤劳,允其免费入学,这时他刚15岁。该校是一所不分高、初中的中等学校,修业时间3年,课程开设除英文,尚有国文、数学、理化、医药常识等。3年课程他2年修完。陶先生出身贫寒,在贫民生活环境中成长,他的亲民、爱民、为民、救民的思想在幼小的心灵就萌芽了。他蔑视权势,在崇一期间,歙县西干十寺的两个当家和尚勾结官府,鱼肉人民,利用宗教,作威作福,强奸妇女,民怨难申。青少年时期的陶行知激于义愤,与朱家治等同窗面斥两个和尚,大快人心。

陶先生青少年时代,帝国主义列强瓜分中国日益加剧,封建统治日趋腐朽,人民处于水深火热之中,中华民族处于风雨飘摇之时,许多有志之士都在寻求救国救民之道。陶先生目睹中国贫穷落后,文化科学不发达,庸医误人,自己的兄姐早年夭折,死于非命;于是,他选择了学医道路,于1908年考入杭州广济医学堂。半年后,因对该校歧视不信教学生的做法不满,不愿俯首帖耳任洋人摆布,愤而退学。不久去上海,巧遇唐俊贤,得其帮助,于1910年考入南京金陵大学文学系。他提前一年修完文科全部课程,以全校总分第一的成绩毕业,时年23岁。金陵期间,时值辛亥革命前后,民族民主革命思潮蓬勃发展,冲击着那一代青年人。陶先生接受民主思想特别快,主编《金陵光》,组织爱国讲演,热心宣传民主革命思想。在此期间,因受明代哲学家、教育家王阳明"知是行之始,行是知之成"的思想影响,改名为陶知行,意思是先知而后行。

这个时期陶行知是一位勤奋好学,品学兼优,具有反封建意识的热爱祖国的有正义感的青年。

2. **中期**(1914—1935):23 **岁至** 44 **岁**

陶先生在金大时得到该校校长包文(美国人)器重,毕业后,又得到他的资助,并靠亲友捐资,好不容易筹足赴美旅费。正如他当时描写的那样:"十叩柴门一扇开。"先入美国伊利诺大学攻读市政,获政治硕士学位。因该校培养的学生只能做官,不能救国,又看不起同一宿舍的花花公子孙科，于是又转入哥伦比亚大学，研究教育，成为美国实用主义教育家杜威最赏识的中国学生之一（另一个是胡适）。陶与胡迥然不同，陶先生回国后曾说过，最看不起的同学有两个：一个是胡适，靠洋人吃饭；一个是孙科，靠老子吃饭。陶行知在政治态度上是一心为民，一意救民。他在给他妹妹文渼的信中说："我本是中国的平民，无奈十几年的学校生活渐渐地把我向外国的贵族方向转移……好在我的中国性、平民性是很丰富的……经过一番觉悟，我就像黄河决了堤，向那中国的平民路上奔流回来了。"这也是陶先生一生的写照。陶先生身在异国，心在祖国，志在振兴中华。1917 年大学毕业后，于是年秋回国。回国后即被聘为南京高等学校（即东南大学）教务主任，后任教育科主任、教授。这时他除了做好本职工作，还积极参加社会活动。初到南高，由于年轻，加之一到职就提出许多改革教育的建议，遭到保守势力的反对，满校风雨，议论纷纷。陶先生沉着应战，抓住当时从未解决好的难题——排总课表进行突破。他制了一块木板，用统计学的原理，很快解决了，既无一人重复，又无科目冲突，教室、实验室的使用都各得其所，所有的老师为之惊服。在校务会议上提出用"教学法"代替"教授法"时，又遭到保守势力的反对，说他是标新立异。陶先生在《新教育》、《新教育评论》和《教育新思潮》等刊物上发表许多批判传统教育、提倡教育改革的文章。1919 年五四运动爆发，陶先生倡议成立南京教育界联合会，自己任会长。召集南京各校师生在小营演武厅开会，慷慨陈词，痛斥卖国贼，要求取消"二十一条"卖国条约。

当时，陶先生任南京学生联合会顾问，北洋军阀给南京政府下令，制止学生罢课。该校负责人既害怕学生运动，不敢制止，又害怕北洋政府，不敢不执行命令。于是，他耍了一个花招，在校务委员会议上做出决定，要陶先生劝导学生停止罢课，自己借口出国，溜之大吉。代理校长的学监主任陈庸也怕，就向江苏省政府打个辞职报告，委托陶先生代理校长。陶先生挺身而出，巧妙地做出一个决定，让学生停课实习：这既支持了学生运动，又维持了学校。1921 年至 1928 年期间，陶先生在南京办暑期学校。除组织学生复习功课、开展活动外，还发动学生每晚到民间教市民识字。他天天晚间到学校检查，与学生亲切交谈。这些学生多是车夫、小贩，为达官贵人名流学者所不齿。

陶先生为了实践他的"教育救国"理想，拒绝一切做官的邀请，舍弃优裕的教授生活，脱下西装革履，穿上草鞋和农民服装，戴上三轮车夫的帽子，来到南京城郊的劳山脚下，办起了乡村师范。他办师范的目的正如他自己所说："乡村教育关系三万万四千万人民的幸福。……我们的新使命是要征集一百万个同志，创造一百万所学校，改造一百万个乡村。"这句话的核心是：创立乡村师范学校，发展乡村师范教育，从而改造乡村。这种理论在当时，既有其进步意义，又有其局限性。晓庄师范是一所革命的学校，接纳了许多像刘季平、董纯才、戴伯韬、张劲夫、方与严等革命青年。陶先生积极支持学生运动,1930 年英国资本家压迫工人,下关工人罢工,晓庄师范学生参加了南京学生游行。蒋介石写信给陶先生,要他把参加游行的进步学生名单交给他,否则封闭学校。陶先生置之不理,学校被封闭,14 名学生在雨花台英勇牺牲,陶先生被通缉,教育救国的理想受到重创。

陶先生被国民党通缉以后,由上海到日本避难。1931 年九一八事变以后,他满怀爱国热情回到上海,创办了“自然学园”“儿童科学通讯学校”,提倡儿童从幼年就开始培养科学兴趣,从事科普工作。接着又办了几个工学团,主要是在工人区、郊区农村中招收农民和工人子弟,还有一些城市贫民子弟。学生一边劳动、一边学习。其中较大的一个是上海市与宝山县之间的大场,叫作“山海工学团”;另一个是在上海的北新泾,叫作“晨耕工学团”。办学的同志不少是晓庄师范学生,张劲夫就在山海工学团当过团长、教师,方明是团员,张健是学生。

这个时期,陶先生的政治态度很鲜明,反对军阀,与蒋介石持不合作态度,反对帝国主义侵略,始终站在工人农民一边,积极支持与参加爱国民主运动。他在《军阀的镜子》中写道:“压倒主人自作主,挥霍军饷如粪土。强盗进门不抵抗,主人赶贼他不许。”又在《假军阀》中写道:“忍看山河碎,他自有本事,会杀亲姐妹;嘴上有主义,要吃百姓饭,要剥百姓皮。”

晓庄师范被封,14 位革命烈士的鲜血教育了他。他不再相信王阳明的“知是行之始,行是知之成”了,而是认为“行是知之始,知是行之成”。因而把自己的名字由“知行”改为“行知”。这不是两个字的简单颠倒,而是说明他在思想认识上发生了一个质的飞跃,把“行”看成是第一性了。在政治上他开始认识到工人的力量,他说:“光棍的锄头不中用,联合机器来革命。”(《锄头舞歌》)

3. 后期(1935—1946):**44 岁至 55 岁**

1935 年“一二·九”运动以后,共产党的《八一宣言》传到上海,陶先生很快地接受了党的主张。加上他的学生中有不少是地下党员,不断向他做工作,促使了他直接参加抗日救亡运动。1936 年 6 月之前,他在国内参加了上海文化教育界救国联合会。又与宋庆龄、鲁迅、沈钧儒等爱国领袖发起成立了全国各界救国联合会,发表宣言,向全国各党派建议:①立即停止军事冲突;②立即释放政治犯;③各党派立即派遣正式代表进行谈判,以便共同制定救国纲领,建立统一的抗战政权。蒋介石提出“攘外必先安内”的反动方针时,遭到全国人民和各民主党派、民主人士的反对。1936 年 7 月,陶先生受救国会的委托,以国民外交使节的身份出国,准备参加世界新教育会议和世界和平大会。途经香港,与胡愈之等人起草了一份团结御侮文件,陶先生与邹韬奋先生首先签字,并进行了修改。这个文件精神就是反对蒋介石这个反动方针。1936 年 3 月 10 日,毛泽东发表了《致章、陶、邹、沈四先生公开信》,代表中国共产党、苏维埃政府和红军向他们表示“诚恳的致意”。为此，陶先生写了一首《团结御侮文件》：“大祸已临头，萁豆忍相煎，摩登万言书，我名最先签。”

从1936年7月至1938年9月，陶先生经历了三个年头，往返行程两万里，奔走于欧、美、亚、非四大洲，28个国家，进行抗战救国宣传。他利用各种场合（如：会议、大学讲坛、公园、码头、轮船、火车、作坊、茶舍、旅馆、饭店等），根据不同对象（国际友人、华侨、上层人士、基本群众等），采取多种形式（讲演、诵诗、唱歌、写信、发传单、提意见书等），进行广泛而深入的宣传。他宣传的内容，有的是揭露日本帝国主义的侵华罪行，有的是揭露国民党的反动政策，有的介绍中国抗日救亡运动的斗争事迹，有的是阐明抗日救国纲领和具体政策。他既向杜威等上层人士开展营救爱国领袖“七君子”的工作，又发动码头工人反对从美国向日本运军火的罢工斗争。1938年2月，陶先生与吴玉章到英国伦敦参加世界反侵略大会，一道瞻仰马克思墓；同年又与李信慧拜谒马克思墓，并献花献诗。诗云：“光明照万世，宏论醒天下，二四七四八，小坟葬伟大。”（《瞻仰马克思墓》）在国外期间，陶先生又遭到蒋介石的通缉，如果当时他在国内，那就不是“七君子”，而成为“八君子”了。

1938年至1939年初，陶先生回国后在重庆创办育才学校和社会大学，参加了国民参政会，将许多难童收入育才学校。周恩来、邓颖超同志非常关心育才，常来校视察，一次捐助四万元，为学生购买运动器材。陶先生初回国时，陈果夫和陈诚两人要他当三青团中央总干事，或国民党教育部长，受到他一一拒绝后，国民党恼羞成怒，对育才施加政治压力和经济制裁，造成学校极度困难，师生一天两顿饭都吃不上。好心人对他说：“不必背石头游泳了。”他说：“不，我是背着爱人在游泳呢！”就在这时，周恩来、董必武派人送去毛泽东在延安动员开荒生产自给的一套照片和一件延安织制的灰色毛线衣。陶先生受到鼓舞，增强了战胜困难的信心。1944年，陶先生参加中国民主同盟会，任常委，主办《民主教育》，在这个基础上创办社会大学，培养民主战士。

抗战胜利，蒋介石邀请毛泽东到重庆谈判，召开政治协商会议，陶先生参加了会谈。毛泽东返延安，陶先生代表民盟到飞机场送行，合影留念。1946年2月，重庆各界在较场口集会庆祝政协成功，国民党特务殴打了大会主席郭沫若、李公朴等60余人，陶极为愤慨。1946年4月回上海，立即投入反独裁、争民主，反内战、争和平的斗争。上海北站十万群众欢迎人民代表马叙伦等组成的和平请愿代表团去南京请愿，陶先生出席大会，发表演说：“……八天的和平太短了，我们需要永久和平，假装的民主太丑了，我们要真正的民主！我们要用人民的力量制止内战，争取永久和平；我们要用人民的力量，反对独裁，争取真正的民主。”1946年7月，国民党特务在昆明暗杀民盟领导人李公朴和民主教授闻一多，陶先生极为愤慨。他在《大闹沧白堂有感》中说：“主人要说话，公仆摔石头，纵被石打死，死也争自由。”陶先生被列入黑名单的第3名。陶先生一面做好

“我等着第三枪”的牺牲准备，一面继续坚持斗争，始终站在民主运动的最前列。7月10日，他给育才学校全体师生的信中说：“……公朴去了，昨今两天有两方朋友向我报告不好消息，如果消息确实，我会很快结束生命。我提议为民主死了一个，就要加紧号召一万个人来顶补……”陶先生在3个月内向各界演讲100多次，并积极筹组中国国际人权保障会。终因“劳累过度，健康过亏，刺激过深”，于1946年7月25日患脑溢血逝世，享年56岁。

陶先生逝世后，周恩来向党中央发出电报，指出：“十年来，陶先生一直跟着毛泽东同志为代表的党的正确路线走，是一个无保留追随党的党外布尔什维克。”并与邓颖超同往陶的住处，紧握着余温尚存的手，向遗体告别。8月11日，延安各界举行追悼大会，毛泽东同志亲自写下了“痛悼伟大的人民教育家陶行知先生千古”的悼词。朱德同志写下了“学习陶行知先生全心全意为人民服务，不屈不挠的为独立、和平、民主而斗争的精神”的悼词。在上海举行公祭，沈钧儒主祭，郭沫若读祭文，董必武送殡，棺盖上是“人民导师”四字。宋庆龄题写了“万世师表”的悼词。遵照陶先生生前嘱咐，同年12月1日，由全国53个人民团体将先生葬于南京晓庄劳山之麓，墓前树一纪念碑，横联为“爱满天下”，旁联为“千教万教教人求真，千学万学学做真人”（郭沫若书），沈钧儒题“陶先生之墓”。

陶先生的主要著作有《中国教育改造》《教学做合一讨论集》《普及教育》《普及教育续编》《普及教育三编》《怎样做小先生》《老少通千字课》《中国大众教育问题》《普及现代生活教育之路及其方案》《育才学校手册》《斋夫自由谈》《古庙敲钟录》《知行书信》《行知诗歌集》等。

陶先生的后期已从伟大的民族民主革命者成为一个党外布尔什维克，他的世界观已是辩证唯物主义，他最后把自己的名字改为行知行（衠）。1943年，他在《创造年献诗》中说：“‘武断’‘以为’靠不住，存在由来定意识。矛盾相克复相生，数量满盈能变质。源头之上搜证据，观察发展觅定律。”

陶先生的一生是按照这样的逻辑发展的：爱国主义者—民族民主革命战士—党外布尔什维克。他的世界观发展的逻辑是：唯心主义—机械唯物主义—辩证唯物主义。他的一生是不断追求真理做真人的典范，是知识分子成长为无产阶级革命战士的光辉典范。

二、陶行知的教育理论和教育实践

陶行知先生教育理论的核心是“生活教育”。什么是“生活教育”呢？他在《谈生活教育》一文中有个简要回答：“从定义上说，生活教育是给生活以教育，用生活来教育，为生活的向前向上的需要而教育。”从效力上说，“教育要通过生活才能发出力量而成为真正的教育”；“教育是民族解放，大众解放，人类解放之武器”。

“生活教育”的主要内容是三句话：①生活即教育（杜威：教育即生活），实际生活的本身就是教育，过什么生活便受什么教育，过好的生活便是受好的教育，过坏的生活便是受坏的教育。所以，教育必须和实际生活相联系。②社会即学校（杜威：学校即社会），整个社会是生活场所，也是教育场所。所以，学校教育应和社会、自然界相联系。③教学做合一（杜威：从做中学）。生活教育的中心是实际生活，也就是事，事怎样做就怎样学，怎样学也就怎样教，教的法子根据学的法子，学的法子根据做的法子。“教学做”三者以“做”为中心，在“做”上教，在“做”上学，“在劳力上劳心”。“生活教育”的理论有三句名言：“行动是老子，知识是儿子，创造是孙子。”它形象地表达了人的认识过程：实践，认识，再实践。“生活教育”理论的合理性在于：它指出教育不是孤立的，超现实的，而是与社会密不可分的；教与学相比，以学为主，教服从学，从学的实际情况出发；学与做相比，又以做为主，学的内容是为了做。这就解决了教育中的理论与实践的关系。但这个理论的弱点在于：没有从当时具体社会经济结构和阶级结构进行具体分析，不免带有超阶级色彩。所以，在上海期间，当他的学生张劲夫等人问他“生活”的内容是什么时，他一言不发。在这个核心理论指导下，陶先生的教育思想与实践，具体分以下几个方面。

1. 乡村师范教育。陶先生于 1927 年 3 月 15 日，在南京劳山脚下办起了晓庄师范，开始他的乡村师范教育的实践。他办乡村师范的目的是：“第一步谋中国三万万四千万农民的解放；第二步助东亚各国农民之解放；第三步助全世界农民之解放。”

2. 平民教育。就是平民读书运动，“用最短的时间，最少的金钱去争取一般人读好书，做好人”。它是中国普及教育的先声。陶行知亲自编平民识字课本，亲自组织农民、工人、城市平民学习。他推行“小先生制”，主张“以教人者教己”、“即知即传”。张健就是山海工学团的小先生，他说：“读了书，不教人，什么人，不是人。”后将“不是人”改为“木头人”。陶先生说，“为学而学”，不如“为教而学”亲切。当时，墨西哥、加拿大、印度等国邀请陶先生去讲学。直到现在，这几个国家还推行“小先生制”。“小先生制”的理论基础是“教学相长”，思想基础是“知识公有”，它是培养拔尖人才和普及教育的好形式。抗战时期，新安旅行团发挥很大作用，7 个小孩步行到上海宣传抗日，教人识字。陶先生赞道：“一群小光棍，数数是 7 根。小的 12 岁，大的未结婚。没有父母带，先生也不在。谁说孩子小，划分新时代。”接着，淮安小学 14 名学生在指导教师带领下，开始长途旅行。

3. 抗战教育。1936 年到 1944 年是中国人民抗日战争的艰难岁月。陶先生主张教育为抗战服务，应该罢平时教育之课，学习抗战教育之课。凡是抗战所需要的，不论军事、政治、生产、文化、艺术、救护等知识和技能,都应该学,学了就用,以增强抗战力量。抗战教育运动,用陶先生自己的话来说,就是要办民族解放大学。“学校虽大,功课只有一门,这门功课叫‘民族解放教学做’。简单一点,它叫作‘救国教学做’。”1939 年 7 月,陶先生在重庆嘉陵江边办了一所新型的学校——育才学校,这所学校在抗战期间发挥了相当大的作用;在全国解放后,向各方面输送了不少人才。

4. 民主教育。抗战胜利后,陶先生大声疾呼,号召展开民主教育运动。他指出,把教育运用到民主方面,有双重意义:民族的教育是民有、民治、民享的教育;民主教育必须办到各尽所能,各学所需,各教所知,就是使老百姓的能力都能发挥。民主教育运动就是要使四万万五千万的老百姓都能做个合格的“大老板”。在民主教育运动中,陶先生和朋友们一起组织和创立起社会大学。“农场、工场、会场、商场、广场、战场、娱乐场,都是我们数不尽的课堂。”

此外,陶先生在教学论方面有很高的见解,他提出改“教授法”为“教学法”,提倡解放儿童。这对今天的教育教学改革,发展学生智能,培养创造性人才都有现实意义。陶先生提出从六个方面解放儿童的创造力:解放儿童的头脑,使他们能想;解放儿童的双手,使他们能干;解放儿童的眼睛,使他们能看;解放儿童的嘴,使他们能谈;解放儿童的空间,不要把儿童关在笼中,使他们能到大自然大社会中去扩大认识的眼界,取得丰富的学问;解放儿童的时间,不能把他们的功课表填满,不逼他们赶考,不和家长联合起来在功课上夹攻。他主张儿童在学习中要手脑并用。

“人生两个宝,双手和大脑。用脑不用手,快要被打倒。用手不用脑,饭也吃不饱。手脑都会用,才算是开天辟地的大好佬!”(《手脑相长歌》)他反对“死读书、读死书、读书死”,提倡“活读书、读活书、读书活”。晓庄师范的图书馆就叫“书呆子莫来馆”。

三、陶行知教育思想的特点

人民性。陶行知的教育思想和实践,是为劳动人民的,按他的话就是“平民教育”“农民教育”。他到上海以后,看到工人的重要,便主张“联合机器来革命”,把农民、工人、贫民统称为劳苦大众。他在重庆、武汉时,看到街头流落许多难童无家可归,又提倡“国难教育”,收集难童到学校。总之,他办教育的目的是为劳苦大众,他的教育对象是工农及其子女,他经常与工人、农民谈心,和“牛大哥”同铺。他真正做到“捧出一颗心来,不带半根草去”,真正解决了毛主席在 1942 年提出的“为什么人的问题”,无怪乎他后来读毛主席《在延安文艺座谈会上的讲话》,当读到“我们的文艺是为什么人”的时候,惊呼拍案,认为讲到要害处。他的办学目的很明确,他说:“大学之道在明民德,在亲民,在止于人民之幸福。”他又说:“民之所好好之,民之所恶恶之;为人民代表者,不许天下为私;教人民进步者,拜人民为师。”

革命性。陶先生的教育思想与杜威的教育思想截然不同,照他自己说是“翻了半个筋斗”。他借用杜威的提法,并把它颠倒过来,这是富于革命性的。这个筋斗翻得好,它是翻落在半殖民地半封建的中国土地上,翻落在人民大众行列之内,翻落在人民革命斗争的激流之中。

创造性。陶行知受过系统的中国传统教育和美国的高等教育,但他能够吸取中外教育精华,抛弃其糟粕;既不崇洋也不复古,而是从我国实际情况出发,提出许多正确的创新主张。旧中国是以农立国,农民占大多数,所以农民教育很重要,要办乡村师范,要普及农民教育。中国人口多,办正规化学校不能很快普及教育,他就提倡“小先生制”,提倡“工学团”。他还提倡科学下嫁,实际上是科学普及。他摆脱了几千年来教育脱离生产、脱离实际的影响,提出教育与工农业生产结合,提倡学生关心政治。他说:“人生三大事,做工、读书、学政治。”所有这些,都具有创造性,与党的教育方针是不谋而合的。

实验性。陶先生勇于实践,他着重于“干”字。1939 年 1 月,陶先生在重庆办育才学校,并为之作校歌:“没有难,只怕懒。计划好了,马上干。真干,实干,苦干,铁棒磨成针,针尖滴水成大海,没有什么难不难,只要肯干,干!”他引用法国雕塑家、画家罗丹的话:“汗干了,血干了,热情干了,僵了,死了,死人才无意于创造。只要有一滴汗,一滴血,一滴热情,便是创造之神所爱住的行宫,就能开创造之花,结创造之果,繁殖创造之森林。”陶先生用自己的亲身实践去贯彻他的教育思想,困难再大,他都要干。他具有高度的事业精神,一心扑在教育事业上,言行一致,说干就干,讲到做到。他卖文、卖字、卖讲演;他募捐,得来的钱办学校。他自编《平民千字课本》,亲自授课。

陶先生的精神境界很高,教育思想丰富,我们要继承和发扬陶先生的精神。

学习陶行知热爱真理,追求真理,不断改造自己的精神。陶先生一生充满着真善美,他常说:“千教万教教人求真,千学万学学做真人。”他用自己的笔“只写是非不转弯”,他自觉地接受党的领导,由改良主义者到革命者,由旧民主主义革命者到新民主主义革命者,由民主主义者到共产主义者,终于成为一名无保留追随党的党外布尔什维克。他参观过古希腊哲学家柏拉图老师苏格拉底坐过的石牢后写道:“这位老人家,为何也坐牢?欢喜说真话,假人都烦恼。”——《坐苏格拉底石牢》。他孩子陶晓光想弄晓庄师范毕业证书,被他发现后加以制止。

学习陶行知从实际出发,普及教育,一心扑在教育事业上,“捧着一颗心来,不带半根草去”的精神。

学习他反对党八股,力求在教育实践中不断创新的精神,勇于实践的精神,改革教育思想、教育方法,使我们的教育改革有个新突破。

学习他走与工农相结合的道路，为劳苦大众办教育，从当时当地实际情况出发、多种形式办学的实事求是精神。

学习他热爱孩子、尊重孩子、提倡教学相长、尊师爱生的“爱满天下”的精神，像他那样对学生有颗赤诚之心。学习他为人师表的楷模精神，真正做到“诲人不倦”。

（在蚌埠市陶行知教育思想研究会成立会上的专题报告。会上，蓝济仲被选为会长。）

教学常规管理要常抓不懈

（1982年2月）

管理是现代文明的三大支柱之一，学校管理学是从教育学与管理学的母体中产生的一门比较新型的学科。如何运用这门科学来指导学校教育实践，从而提高教育质量，这是摆在广大教育工作者面前的一项长期任务。我市中小学管理总的情况是：自觉地进行科学管理，或者管理非常混乱的是极少数；多数凭过去经验管理；主要管理人员（书记、校长）的主要精力多用于处理具体问题上，没有更多时间学习科学管理理论，研究新问题，解决新情况；多数是开放式的管理，反馈不及时，控制不力，没有很好地贯彻责任制；部分管理人员思想不安定。因此，把狠抓教学常规作为本学期工作重点之一。

一、教师的教学业务管理

教师既是管理者，又是被管理者。作为被管理者，对他们要进行思想政治管理与教学业务管理，并且将前者渗透于后者之中。中共十一届六中全会以来，许多学校开始重视把两种管理结合起来并与岗位责任制挂钩。当前，要通过开展“教师应有哪些修养”的讨论，进行教师修养教育。教师应该具有崇高理想和高尚道德品质的修养，精通所任学科专业知识的修养，广阔的视野与广博的文化素养，科学的教育理论修养，有效的教育方法修养，正确使用祖国语言的修养，端庄大方的仪表和风度的修养，一丝不苟、端正美观的书写修养。总之,教师要在思想、道德、专业、文化、语言、行为、仪表等方面成为学生的表率。所谓"德高为师,身正为范"、"经师易遇,人师难得"。要建立与完善教学业务档案,这是一项推动教师钻研业务、提高教学水平的重要举措,必须常抓不懈。教师教学业务情况登记表与档案袋都发到校了,登记表也基本上填好了。但是,多数学校未写评语,档案内容未充实。业务档案应包括教学总结、学期或学年考勤考绩验收记录、教研成果、进修内容及考核成绩、奖惩记载等方面的内容。学校评语包括对教师学历的认定、专业知识状况、教学效果(包括课堂教学与所任学科的学生成绩)、教学态度(备课、批改作业、课外抓差提优)、教学专长等方面的内容。业务档案由教导处派专人管理,注意保密。查阅教师业务档案,必须经分管校长批准。要建立与完善教师业务考核制度,考核内容包括专业文化、教材教法、教育理论(教育学、心理学)等3个方面。今年3月份,对小学数学教师、中学数理化3科教师进行教材教法考试。暑假,由省命题,对教师进行文化考试。下半年,对中小学文科教师进行教材教法考试。考核方式有笔试、听课、教学成绩3种。市局普教科、教研室每学期集中到两所或三所学校全面听课。学校校长、分管教学的副校长、教导处正副主任要有目的有计划地听课,全面考核教师。而不是像有一所学校的领导们,一学期无人上一节课,也无人听一节课。要加强市、区、校三级教研活动的管理。多数教师都能参加市际各学科的教研活动,只有五中的初一地理教师,六中初一、初二地理教师,一个学期未参加一次活动。十中、十二中的个别数学教师参加教研活动不认真。本学期,市际各学科教研活动实行考勤制度,每月将各学科出勤情况通报各校。学校备课组集体备课制度不能很好坚持,同一学科的教学进度不同,制度成为一张空纸,束之高阁。当前的问题,不是无章可循,而是有章不循;或者是循章者无奖,违章者不罚。对同年级同学科的教学要求:统一进度,因材施教,适当调整;统一目的,讲授方法,百花齐放;统一内容,教学风格,鼓励独创。加强教学的教育性,把思想政治教育渗透到各学科教学中去,各校选择文、理各一科,举行一次以"如何加强教学的教育性"为研究课题的观摩教学。组织教师学习教育学与教育管理学。本学期,市局举办3次辅导:3月份,配合精神文明月活动,以思想政治教育的管理为主题;4月份,配合学校卫生工作检查,以学校体育卫生管理为主题;5月份,以人民教师为主题。各学科都要像语文学科那样,有计划地学习教学法,把每周2课时的业务学习时间落到实处。

为使教职工的管理逐步走向科学化的道路,市局拟定了《蚌埠市中小学工作责任制(试行)》,柳东副市长已经同意试行。各校在试行中,要把思想教育贯穿始终。工作量问题,目前确实存在劳逸不均,不仅表现在校与校之间,同一个学校不同学科之间,而且表现在同一所学校不同人之间。有的人每周5节课,有的人每周15节课,这就不合理了。但是,平衡是相对的,不是绝对的。由于有的学科不配套,教师能力有差异,只能做到大致平衡。这就需要做思想工作。各校要因校制宜,制定如下细则:教务员、实验员、图书管理员、保健员、保管员等各部门管理人员的职责范围;班级“五育”的具体指标;各年级、各学科“双基”训练和能力培养的具体要求;对班级、教研组、个人的考核标准。二十一中已经制定了4个实施细则,各校可以参考。学校要加强对这项工作的领导,派专人负责,及时反馈,公正公平,不断总结经验,日臻完善。

二、学生的学籍管理

现在,学籍管理基本步入正轨,90%的学校都有专人管理,学生的休学、复学、转学、退学都有健全的手续,建立了学籍卡与健康卡。管理情况大致分7类:①严格执行学籍管理条例,没发现私招不合格学生,转学按规定办理手续。蚌埠一中、二中、三中等校,管理资料齐全,入退复转休,手续严格。②基本上执行学籍管理条例,无私招学生,但在市内转学问题上没有严格履行手续。市内转学,首先要与转入学校联系,同意转入后,由转入学校向转出学校开出接收证明;转出学校凭接收证开转学证,转入学校凭转学证接收学生。有的学校就凭学生一张登记表就接收了,结果造成学生猛增,班级人数膨胀,正常转学学生却被拒之于校门外。③少数学校私招一些录取分数线以下的学生。这些私招生,据说,有的是照顾所谓“关系户”,有的是个别人搞的私下交易。有的学校在接到局发《关于学籍管理的情况通报》后进行了清退。如二十八中认真查出了11名私招生,立即采取措施,进行了妥善处理。但有的学校清查出来的私招生还没有处理。④少数郊区中学,不仅私招了少数不合条件的学生,还收回已录取高中的原初三学生回校重读。这就打乱了国家招生计划,影响学校之间关系,破坏了常规学籍管理。有的学校回收应届初三毕业生达30人之多(其中有已录取高中的新生)。根据去年规定,已录取高中的学生,下年一律不准报考中专。⑤个别学校至今没有建立学生学籍档案,更别说专人管理了。有2所学校高中、4所学校初中的花名册至今未报普教科。少数学校学籍卡至今未填写。⑥郊区初中生,特别是差生流失现象严重。有所学校应届初中毕业生在初一时70多人,现在只剩30余人,半数流失。他们不要肄业证,回家种“责任田”。⑦市区转学弄虚作假。本市初一、高一新生到外地学校寻个转学证,伪造一份成绩报告单,在市局普教科审批时,被发现多起。现决定,复休退转均由市局普教科印发证明书,外地生转入本市,除需要真实的转学证、成绩报告单,还要迁入本市的户口证明。凡修业期满,经考试合格者,发毕业证;考试成绩不合格者,发结业证;经批准退学者,发肄业证。小学从一、二、三年级开始,中学从1981年秋季入学的初中、高中新生开始,一律发放由普教科统一印制的《学生手册》。凡未经主管的教育行政部门批准的私招学生均不发《学生手册》,均无学籍。有关学校对这部分学生要立即处理;否则,即使到毕业,无《学生手册》,也不能发毕业证。没有教务员的学校要尽快配齐,暂时无适当人选的,应有人兼管,抓紧时间把学籍卡、健康卡建立起来。4 月份,小学由区教育科检查,局属中小学由市局普教科检查。学籍管理科学化是教学常规管理科学化的重要组成部分,它直接影响着正常教学秩序的建立与巩固,间接影响着教育质量的提高,也牵动着领导许多精力,不可不重视。

三、教学设备设施的管理

学校教学设备设施包括 4 大类:图书资料,理化生史地等学科实验、演示仪器,体育、美育器材,电化教学器材。图书资料是教师的无形导师,是教学的拐杖。蚌埠三中、五中、九中、十中、十二中、二十一中、二十四中等学校图书资料管理得比较好(小学尚未检查)。他们共同的特点是:图书分类上架,有条不紊;报纸杂志按期装订,保存比较齐全;规章制度健全,损失较少;学校重视,定期增购。有的学校领导错误地认为,没有教师与教材,上不了课,而少两册图书,无关大雅,天不会塌下来。因此,他们只重视教职工生活条件的改善,这是必要的;但长期不拨款给图书室购置图书就不妥当了。图书经费是包括在教育经费之中的,每个财政年度都拨到局管学校和区,由他们统一安排,不得截留他用。实验仪器、演示教具、电化教学与体美器材,是贯彻理论联系实际、直观性教学原则的重要手段,是提高教学质量的主要条件,不可忽视。蚌埠一中、二中、九中、十七中等校管理得比较好。他们共同的特点是:仪器分类上架,实验室干净整洁;配备专人管理,制度严明。一中仪器管理员还为教师准备实验。

教师要克服怕麻烦的思想,充分发挥现有教学设备的利用率。做实验,查资料,使用教具,都要花时间准备,费精力设计,这是教学过程中必不可少的环节,也是应尽的职责。我在一所学校听一堂物理课,如果伴以演示实验,教学效果一定会更好;然而,这位老师没有发挥学校已有的设备的作用。又有一次,在一所学校听一堂古典文学课,如果查清作品的时代背景,把作品内容放在彼时彼地的大背景下讲解,那会让学生更易理解。这些都属于“为长者折技”之类的事,“非不能也,而不为也”。要加强管理,把各类教学设备管理得有条不紊,给教师使用提供方便条件,给他们节省时间。有些学校图书放得杂乱无章,要查个资料很费周折。有所学校,教育局发的仪器,连包装都未打开,据说,睡在墙角已有月余。现在,全市图书管理员 43 人,仪器管理员 34 人。有些学校无专职管理人员,要尽快配备,眼下要有人兼管。专职人员要树立专业思想,认真钻研业务,尽职尽责。有所学校仪器室的钥匙挂在门旁,谁用谁开门。有些学校,上过体育课后,体育器材就扔在操场上。学校教导处要经常检查这些部门的工作,发现问题,立即纠正。学校领导要重视这些部门的管理人员,提高他们的地位。有条件的学校,理化仪器分开，储藏室与实验室分开。没有条件的学校，在一室之内也要将理、化、生、数、地等教具隔开，不要混放在一起。图书要按《中图法》分类上架。报纸杂志要定期装订成册。有条件的学校，图书馆、阅览室要向师生开放，至少要向教师开放。

四、教学计划管理

教学计划管理通常是由计划制订、实施、检查、处理 4 个程序构成的封闭式管理。分解为每学年、每阶段、每单项的计划管理，也是由这 4 个既相衔接，又相推动的程序构成的有机整体。缺了一个或几个环节，就是开放式的管理，也就失去计划管理的真谛。

制订计划是计划管理的起始环节，是指导工作的指令性信息，也是检查工作的蓝本。制订计划要依据上级教育行政部门的指令、本校工作基础、当前实际、未来预测。总的要求是：目标明确，针对性强；全面运筹，丝丝入扣；措施妥当，切实可行；展示重点，突出特色；要求具体，便于检查；层层分解，周周安排。行文时，可按德智体几个方面，也可根据本学年特点，抓几件大事，最后要附行事历。局属学校于 2 月份上报市局。

计划实施是计划管理的主线，贯穿于始终。在组织人力、物力、财力全面实施中，要对各部门、各组室进行指导。在指导中协调各方面积极因素，排除消极因素，对不符合实际的内容进行必要的修改。这个程序是计划管理的灵魂，离开它，就没有计划管理。不能把好的教学计划放在抽屉里睡大觉，使之变成“鬼话”。

检查是计划实施一段时间后的督查催化环节，各校要把经常性平时检查与阶段性检查结合，单项检查与全面检查结合。班级与教研组重在平时，教导处重在期中，校长重在期末。检查要与分析实情、总结经验相结合。市局要求各校结合期中考试全面检查一次教学，各学科进行一次试卷分析。期中，市局对局属小学进行一次检查。期末，市局抽查两三所中学。

对预定的教学计划，经过实施、检查之后，分析总结，肯定成绩，纠正偏差，把某些遗留问题转入下一个计划管理程序。处理可分随机处理与总结处理。管理程序的周期长短不一，以一周、一月、一节课、一次活动为一个管理周期的，就要随机处理。以一学期、一学年为一个管理周期的，就要总结处理。总结处理一般表现为总结成绩，传播经验；找出问题，吸取教训。4 月份，分别召开中学管理经验交流会、小学班主任少先队辅导员经验交流会。3 月中旬，将交流材料报普教科。

五、教学质量管理

教学质量管理是学校管理的出发点与归宿。它是学校一切管理的核心，也包括 4

个程序。

质量指标。质量指标可分为两大类:①赶超先进学校的指标。追赶最好的学校,超越较好的学校。②德智体三者的质量指标。德育,增加优生,减少差生,严控犯错生。智育,扩大优秀率,缩小及格率,严控不及格率。体育,提高体育达标率,降低学生患病率,严控学生近视率。

质量检查。教学质量检查,教师抓单元自查,教研组抓期中互查,学校抓期末总查。

质量分析。通过对学生各科作业、考试试卷、学习态度、学习方法、学习纪律、学习环境等诸因素的分析,对教师教学态度、教学方法、教学效率、教学成果、教研能力等方面的考查,对学生优秀率、及格率、不及格率的对比,对学生的"双基"理解与掌握及其在实际中运用的分析能力、综合能力、创造能力的考核,从而掌握教学质量的全貌。

质量控制。首先,要明确目标,将"三率"控制在可能达到的范围内,严格控制已出现的不正常现象。比如:平行班级之间的差距拉大,优秀率的急剧下降,不及格率的大幅上升,厌学学生比例的增大等。其次,要从主要原因上控制,比如依靠校长科学化管理、教师主导性的发挥、学生主体性的调动,并将这三股力量拧成一股绳,从而达到控制的目的。

(在中小学教导主任会议上的讲话。)

在安徽省轻工业学校开学典礼上的讲话

（1982 年 9 月）

同学们，同志们：

今天是你们学校建校后首批新生入学开学典礼，我代表蚌埠 12 万名中小学师生向大会致以热烈的祝贺！向来自四面八方的新同学、新老师、新伙伴致以崇高的敬礼！

在省委、省政府、省轻工业厅的领导下，在市轻工业局的关怀与支持下，特别是经过学校党委以及全体教职员工的一致努力，在短短的时间内，一所崭新的学校，在蚌埠市西南郊的一片平地上兴建起来了，真所谓平地起高楼啊！你们用智慧之笔，饱蘸着辛勤的劳动汗水，在祖国的大地上又描绘出一幅绚丽的图画。这种白手起家、艰苦奋斗的创业精神，是实现社会主义现代化的巨大力量，是一笔最可宝贵的精神财富。我市 6000 名中小学教育工作者，将以你们为榜样，发扬你们的精神。

蚌埠市是中等工业城市，今后工业发展的方向是轻纺工业。省轻工业学校建在我市，不仅将为全省轻工业战线输送大量合格的中等专业技术人才，而且也必将推动我市轻工业的发展。

蚌埠市的基础教育比较好；但是，十年浩劫，教育首当其冲，遭到严重破坏，教育质量急剧下降，教育结构极不合理，不仅教育与经济之间的比例严重失调，教育内部各方面之间的比例也严重失调。由于盲目发展高中，使得中等专业技术教育与普通高中教育之间不成比例。粉碎“四人帮”后，我市积极贯彻了国民经济调整方针和普教调整计划，充实小学，提高初中，整顿高中，发展职业教育，拨乱反正，恢复正常教学秩序，教育质量逐步提高，教育结构发生显著变化。今年，我市中专、技工、职业三类学校在校生与普高在校生之比已经达到1∶1.39。省轻工学校的诞生，必将拉动我市中等专业技术教育与中等职业教育的发展，使职高与普高两者之比更加合理。

基础教育是整个教育的基础，基础教育办好了，必然为中等专业教育与高等教育输送大批合格的新生。中等专业教育与高等教育办好了，又必将给基础教育以有力的支持和帮助。老师们，同志们，让我们从事基础教育的同志与你们从事专业教育的同志并肩携手，为开创我市教育新局面而努力奋斗！

同学们，你们从今天起开始走向新的学习岗位，艰巨而繁重的学习任务摆在你们面前，人民在殷切地期盼你们，祖国在等待你们学好本领去建设。中共十二大向全党、全国人民提出了社会主义建设的战略任务，你们将是第一个十年建设的参加者，更是后十年经济振兴时期的中流砥柱。责无旁贷，任重道远。海阔凭鱼跃，天高任鸟飞，社会主义的广阔天空任你们飞翔，知识的海洋任你们跳跃。衷心希望你们肩负起振兴中华的重任，坚持又红又专的道路，发扬建校的艰苦创业精神，为开创社会主义现代化建设的新天地而攀登理论山，攻克科学技术关。

学习陶行知的教育思想

（1982 年 10 月）

伟大的人民教育家陶行知的教育思想，以其鲜明的人民性、坚定的革命性、大胆的创新性、丰富的实践性的特点而载入我国现代教育史册。它像一颗璀璨的珍珠，在中华民族的文化宝库中闪闪发光。今天，我们学习它，研究它，继承它，对于深刻理解和全面贯彻党的教育方针，逐步建立一个适合中国国情的、适应四化建设需要的新的教育体制，具有重要意义。

亲民、爱民、为民、救民的思想像一根红线贯穿于陶行知教育思想之中。为了“三万万五千万人民之幸福”，“为乡村创造一个新生命”，他提出了乡村教育的理论，并毅然决然地抛弃了大学教授的优越生活，脱下西装革履，戴上三轮车工人的帽子，穿上农民的草鞋，步行到农村，创办晓庄师范。当他认识到“光棍的锄头不中用”，必须“联合机器来革命”的时候，就提出“工学团”的理论，不顾蒋介石对他通缉的危险，到上海办起以招收工人、农民、贫民为主的多种形式的工学团。抗战爆发，他在武汉、重庆等地看到大批流落街头的难童，在十分困难的条件下，创办育才学校，招收难童。他办社会大学的目的是“在明民德，在亲民，在止于人民之幸福”。为了“劳苦大众”，他办教育是“捧出一颗心来，不带半根草去”，同“牛大哥”同铺，给工人夜校讲课，编写夜校课本，与工人、农民谈心时又说又笑。1942 年以后，当他读到《在延安文艺座谈会上的讲话》一文中关于“文艺是为什么人的问题”一节时，情不自禁地拍案赞好，这决非偶然。

陶行知是美国实用主义教育家杜威的学生，他虽然接受了杜威一些教育思想，但是在接受时却进行了一番改造。正如他自己所说，是“翻了半个筋斗”。杜威提倡“教育即生活”，用教育代替整个社会生活，这里所说的“生活”就是资本主义社会生活。陶行知提倡“生活即教育”，生活本身就是教育，这里所说的“生活”就是半殖民地半封建社会的中国人民“生活”，就是全面抗战的斗争生活。他把教育与现实社会生活密切地联系起来。杜威提倡“学校即社会”，用学校代替社会，把学生禁锢在学校这个狭小的天地里，不让学生去触动那个资本主义社会生长出来的腐朽面。陶行知提倡“社会即学校”，引导学生走向社会，走向抗日救亡的前线。杜威提倡“在做中学”，反对向学生系统地传授间接经验。陶行知提倡“教学做合一”，教与学相比，以学为主，从学的实际情况出发进行教；学与做相比，以做为主。学是为了做，这就比较正确地解决了理论与实践的关系。陶行知既扬其师之精华，又弃其师之糟粕。杜威另一个中国得意门生，就是陶行知的同乡同学胡适。胡适在中国高等教育方面做出了较大贡献。

陶行知从他启蒙教育开始到留学美国，受到系统的中国传统文化教育和完整的美欧资产阶级教育。但他是中国贫苦农民的乳汁喂养大的，他与人民的命运始终是息息相关的。他在给他妹妹的信中说：“我本来是一个中国的平民。无奈十几年的学校生活，渐渐地把我向外国的贵族的方向转移……好在我的中国性、平民性是很丰富的……经过一番觉悟，我就像黄河决了堤，向那中国的平民的路上奔流回来了。”这也是他教育思想的写照。他从彼时彼地的现实情况出发，从中国人口众多，尤其农民众多，经济文化落后的国情出发，提出了“乡村教育”、“平民教育”、“普及教育”、“抗战教育”等一系列主张。把教育与抗日战争联系起来，与广大的工人农民联系起来，与做工、种田联系起来。这既不是不加扬弃地沿袭旧的中国传统教育，又不是全盘抄袭资本主义国家的教育，而是具有独创性。这些主张与党的教育方针是相通的，与今天要大力提倡职业教育的思想是不谋而合的，仍然具有很大的生命力。

陶行知的教育思想产生于半殖民地、半封建社会的旧中国，又被教育实践证明了是正确的。我们广大教育工作者要学习陶行知勇于教育实践，困难再大也不怕的精神，办好社会主义学校，为四化培养更好的合格人才。

（在蚌埠市陶行知教育思想研究会纪念陶行知诞辰91周年大会上讲话。）

加强学校管理，当好“乐队指挥”

（1983 年 4 月）

近几年，教育部门和学校广大干部日益重视教育科学和管理科学的学习，并以此指导教育实践，取得了初步成绩，积累了一些经验。会上 10 所学校介绍的经验概括起来就是：以中共十一届六中全会精神为指导，遵循教育规律，提高管理人员思想政治水平和科学管理水平，把思想政治教育和实行责任制结合起来，把总结我国教育管理经验和吸收国外先进的管理理论结合起来，从大处着眼，实处着手，坚持不懈，持之以恒，从而实现办学的高效率和教育的高质量。各校要结合本校实际认真推广，并不断总结出新经验。

当前，工业战线提出“向管理要财富”的口号，教育战线提出“向管理要人才”的口号，可见科学管理对于开发物质资源和人力资源是何等重要啊！

一、科学管理学校是教育发展的客观必然性

学校是有目的、有计划、有组织地对受教育者进行系统教育的机构。我国早在奴隶社会就出现了施教机构：据传说，夏代的学校叫校；据文字记载，殷代设立了贵族学校叫“序”和“学”，这是中国最早官学的雏形。西周官学有“国学”与“乡学”之分。“国学”分“小学”和“大学”，设立在王城和诸侯国都。“乡学”实行“六乡”“六遂”制度，分别设

立在近郊和远郊。西周末年开始出现私学,打破原来"学在官府"的格局。长期的封建社会设立官学和私学,官学分中央官学(太学和国子监)和地方官学(省、郡、州、县),私学分高等教育的书院和启蒙教育的书馆。现代学校的产生则始于清朝光绪年间北洋中西学堂的创立,这时主要是抄袭日本。民国年间公布了两个学制:1912年公布了"壬子学制",正式把学堂改为学校,中学改为四年毕业;1922年公布了"新学制",这是模仿美国的学制,中学学制有很大改变,即"六、三、三、四制"(小学六年、初中三年、高中三年、大学四年)。"新学制"对我国学校教育的影响较大,长期沿用。这个学制对办学宗旨、学校职能、学校机构、人员编制、管理制度、课程设置等方面都作了较详尽的规定。解放前,中华苏维埃政府适应战争需要,建立了各种类型的学校,如普通中小学、延安鲁迅艺术学院、抗大等,是我国社会主义学校的雏形。解放后,党和政府一方面总结苏区教育经验,另一方面对国民政府遗留下来的学校进行整顿和调整,完成了对旧中国学校教育的社会主义改造,初步确定了社会主义教育制度。

随着学校的产生,学校管理也就应运而生。学校的规模和作用是受社会生产水平制约的,学校管理水平也是随着生产水平不断发展和学校规模不断扩大而不断提高的。古代学校由于受当时的生产水平所制约,所以具有规模小、人数少、课程简单、管理水平低下的特点。我国最早的一篇教育专著《学记》,虽然对学校的管理作了一些论述,但还没有形成较系统的管理理论。17世纪,捷克教育家夸美纽斯的《大教学论》,也只是把学校管理作为教育学的一部分,没有形成系统的管理理论。把学校管理当作一门科学来研究,则是近现代教育事业和教育科学发展的结果。19世纪末,学校管理才从教育学和管理学中分离出来而成为一门独立的科学。它既是教育学的分支,又是管理学的分支,是介于两者之间的边缘科学。当代学校教育内容复杂,教育任务繁重,学校规模庞大,人数众多,培养出来的人才规格要求越来越高。所有这些,向学校管理者提出越来越高的要求。马克思把管理工作比成指挥一个乐队,要指挥好一个乐队,必定要有一个好的指挥。没有指挥,各吹各的号,各拉各的调,不能成为乐队;没有好的指挥也不能演奏出和谐统一悦耳的交响曲。美国20世纪60年代制造上月球的"阿波罗"号宇宙飞船,有30万个零件,3万多家工厂生产,四五十万位科学工作者参加,花了300多亿美元。管理在其中发挥了巨大作用,没有高明的管理,"阿波罗"是上不了月球的。总设计师和总工程师就是好的乐队总指挥。日本在二战以前,主要工业产品质量和教育质量都很差。二战以后,他们提出用质量打开国际市场的口号,把质量提高到国家生死存亡的高度。在经济方面,他们吸取美国全面质量管理的经验,建立一整套管理体系来保证产品质量。在教育方面,他们特别重视教育管理科学的研究,向管理要质量。他们从三个方面把好教育质量关:(1)搞清学生致命缺点是什么,他们把培养学生人生观和事业心作为教育的致命点,犹如汽车的方向盘和制动器。(2)搞清学生的重要缺点是什么，他们把训练学生掌握基本知识、基本理论、基本技能作为教育的重要点，犹如汽车的发动机。(3)搞清微小的缺点是什么，他们把养成学生具有良好的卫生习惯、正确的写字姿势等作为教育的细微小节，犹如汽车的喷漆。但是，教育没有小事，学生致命的缺点要高度重视，微小的缺点也要高度重视。像工厂生产出的产品，要根据社会需要和征求用户意见一样，学校培养出的人才也要根据社会的需求，征求用人单位的意见。这样，就把学校管理这个子系统置于整个社会管理的大系统之中，而且又自成系统。

二、科学管理学校是提高教育质量的重要保证

四化建设需要各级各类学校培养大批多规格、多层次、多方面的高质量人才和高素质的普通劳动者。在学校的人才培养中，师资、教学设施、学生来源固然很重要，这是提高教育质量的必备条件；但这些还不是关键，关键是学校领导的思想政治水平和管理水平。有了优良的师资队伍，如果没有伯乐式的校长及其一班人，就不能很好地贯彻教育方针，落实知识分子政策，充分调动他们的积极性；就不能科学地组织他们在各自的教学岗位上各尽其责，各展所长。他们“食不饱，力不足，才美不外现”，才华被遏抑，虽有像千里马一样的良师，到头来也只能像韩愈所说的那样：“骈死于槽枥之间，不以千里称也。”学校有了现代化的教学设施，如果没有善管理的领导，不去充分利用这些精良的设备为教学服务，或则束之高阁，长期不用，任其自然消耗；或则管理无章，任其损坏丢失。到头来教师上堂授课依然是一根粉笔，一本书，一块黑板，一张嘴。物不能尽其用，人不能尽其才，根本原因在于学校管理者思想政治水平和管理能力的低下。有怎样的领导就有怎样的学校，领导是学校的灵魂。什么叫管理呢？简言之，管理就是领导，管理就是决策，管理就是行动。实践证明，在师资条件、财力、物力基本相同的许多学校中，只是由于管理得善不善，办学效益与教育质量就出现明显的差异。有些学校，师资、设备、生源等基本条件都比较好，但是班子不善于管理，学校面貌年年依旧，岁岁如故，教育质量不高，社会声誉不好。反之，有些学校虽然基本条件不太好，但是班子事业心强，善于管理，教师认真教，学生认真学，教育质量稳步上升，社会声誉好。由此可见，管理出质量，管理出效益，管理出人才。

三、科学管理学校是现实向管理者提出的迫切要求

列宁说过：“任何管理工作都需要有特殊的本领。有的人可以当一个最有能力的革命家和鼓动家，但是完全不适合作一个管理人员。凡是熟悉实际生活、阅历丰富的人都知道：要管理就要懂行，就要精通生产的全部情况，就要懂得现代水平的生产技术，就

要受过一定的科学教育。这就是我们无论如何都应当具备的条件。”

“要管理就要懂行”,这句话说得何等好啊!这是对每个管理者提出的最基本的要求,否则就不适合做一个管理人员。具备怎样的条件才称得是懂行呢?列宁在这里就生产管理者提出具备懂行的三个条件:一是精通生产条件;二是懂得生产技术;三是具有科学教育。学校管理者具备懂行的条件是什么呢?我认为也应该有三条:一是精通学校教育教学的一切条件。教师、学生、教材是学校教育教学的三要素,是办好学校的基本条件。学校领导要熟悉教师的劳动特点、心理状态、工作方式以及学生身心成长和敬德修业的规律,要精通一两门学科的教材。二是懂得教育教学艺术。三是具有现代教育理论和管理科学的教育。内行是相对于外行而言的动态概念,他昨天是外行,如果勤学苦练,今天可能变成内行;他今天是内行,如果不继续钻研,长期吃老本,明天可能就变成外行。现在我市中等学校的管理者是否都是内行呢?要作具体分析。第一种情况是少数同志长期从事学校管理工作,既具有丰富的管理经验,又具有扎实的教育和管理的基础理论,还具有一定的教学经验,这是专家型的。第二种情况是相当一部分同志长期从事学校管理工作,有丰富的管理经验,也熟悉教学,但长期习惯于凭过去的老经验管理学校,这是经验型的。第三种情况是一部分同志长期从事教学工作,对某一学科的教学有丰富的经验和坚实的理论知识,担任领导工作时间短,缺乏现代管理的理论修养和实际经验,这是教学型的。第四种情况是一部分同志既缺乏学校管理的实践经验,又缺乏学校管理的科学理论,他们中间部分同志勤于学习,善于思考,勇于实践,正在成为内行,这是进取型的。有的同志饱食终日,敷衍塞责,甘当外行,这是惰性型的。此外,还有个别同志惯于用过去领导运动的办法来管理学校,叫运动型。至于个别同志惯于用小生产者的家长式方法管理学校,那叫家长型的。

当前,普教战线面临三大任务:一是普及初等教育;二是改革旧的教育思想、教育内容和教育方法;三是提高教育质量和办学效益。这就需要大批专家型的局长、校长、主任,率领千军万马的教育大军去完成以上任务。不仅运动型的、家长型的管理工作者不能适应这个需要,而且经验型的、教学型的管理工作者也不能适应这个需要。因此,不论是教育行政部门,还是学校的领导同志,都要认真学习教育和管理科学,认真总结实践经验,使之上升为理论,再去指导实践。要从理论和实践结合上去研究我市的教育现状,切实解决教育上一些带有方向性的问题。

(在中学管理经验交流会上的讲话。)

我们是怎样组织教师进行教材教法考试的

（1983年5月）

中共十二大把教育和科学作为经济发展的三个战略重点之一，充分肯定了教育在“两个文明”建设中的重要地位和作用。但是，当前教育的状况、教师队伍的状况，很不适应这个战略重点的要求。因此，我市在全面调整、整顿教育的同时，狠抓了教师队伍建设，从教材教法、教学实际能力、文化专业知识、教育理论等四个方面考核入手，推动教师全面进修，全面提高。1980年我省开展师范教育工作会议以来，市教育局与区、校密切配合，对14所局属中小学各科教师进行了实际教学能力考核，共听了1582节课，召开了90余次座谈会，查看了9000余份教师备课笔记、学生作业和教学总结。同时，组织全市中小学教师和行政干部系统学习《教育学》和《心理学》，并进行全市统一考试。从1981年下半年至1982年上半年，分5批对全市中小学教师进行教材教法考试，参加考试的1774人，占我市中小学教师总数的35%。从今年下半年开始，我们将组织中小学教师进行文化专业知识考试。考试、考核的成绩均存入教师业务档案。对于四个方面成绩考核合格，能为人师表的，方承认其为合格教师。

下面着重汇报我们是怎样组织教师进行教材教法考试的。

一、为什么要考试？

在对教师进行实际教学能力考核和每学期教学质量检查中，我们深感许多教师业务水平与统编教材很不适应。统编教材与“文革”前教材相比,分量增多,难度加深,有些内容是当代最新科学成果。我市中小学专任教师5116人,其中小学教师2912人,初中教师1683人,高中教师521人。从学历上看,是符合国家规定标准的(即小学教师中师毕业,初中教师高师专科毕业,高中教师高师本科毕业),小学教师占73.1%,初中教师占54.5%,高中教师占60.8%。从实际教学能力上看,中小学均有20%不合格,30%基本合格。从教师来源看,新中国成立前和新中国成立初期参加教育工作的约占15%;新中国成立后到“文革”前,高师本科、高师专科、中师(以下简称“三师”)毕业生占45%;老三届高中、初中毕业生和大学肄业的占5%;恢复考试制度后的“三师”毕业生占8%。从教龄看,25年以上的占14%,25年以下的占7%,15年以上的占35%,15年以下的占25%,5年以上的占34%,5年以下的占18%。15年以上的中老年教师,大部分是能够驾驭教材的,但也有少数人对教材中的部分内容还要认真学习,才能就轻驾熟。在15年教龄以下的教师中,工农兵大学生和老三届高初中毕业生大部分不能很好地掌握教材和正确地运用教法,在课堂中出现科学性错误,甚至闹笑话的也往往是他们。近年“三师”毕业生也有一个学习、熟悉、吃透教材和熟练地运用教法的过程。历史、地理、生物等学科的教师奇缺,改行的较多,尤其是小学史地课多年未开,大多数是兼职教师,他们就更难适应统编教材了。这就出现了教师业务水平与使用统编教材之间的矛盾。教本是教学之本。这个矛盾能否得到解决,教师能否熟练地驾驭教材,直接关系着教育质量能否提高的重大问题。因此,加强教师业务进修是势在必行,而教材教法的进修则是刻不容缓。考试是推动教材教法进修的重要一环。我们抓住这个重要环节,促进教师努力熟悉教材,钻研教法,从而不断提高教学质量。

二、什么人参加考试?

对于这个问题,开始时,我们没有明确规定,只在1981年下半年工作计划中写道:“本学期对部分学科教师试行教材教法考试。”这一句话在教师中引起了很大反响:中老年教师担心自己记忆力衰退,脑子不够灵活,考不过青年教师;青年教师认为反正大家都要考,抱着无所谓态度。

经过近一个学期的酝酿,我们认为老教师参加考试确有困难,同时也不能发挥其所长,弄得不好还会挫伤他们的积极性,况且他们对教材教法也比较熟悉,大多数人都有一定教学经验。对他们应该采取恰当的考核办法:如组织他们撰写教学论文,总结教学经验等,不采取简单的考试办法。经过认真的研究,决定中学教龄在12年以下(即1970年元月以后参加中学教育工作),小学教龄在14年以下(即1968年元月以后参加小学教育工作)的教师参加考试。为什么这样确定呢?因为这样确定正好把下面几个方面需要考试的教师包括进去，就是：①工农兵大学生。他们中间大多数人虽有文凭，但无水平，虽有学历，但无学问，而且有些人还很不谦虚，认为自己有牌子，不想坐下来钻研教材教法。②老三届高中、中师毕业生。在中学阶段，虽然基础打得比较好，但对统编教材中所增加的内容从未学过。他们中间有些人只忙于文化专业知识的进修，无暇坐下来钻研教材教法。③新师专和中师毕业生。虽然系统的专业知识学得比较好，但对中小学教材还是比较生疏，对教材的科学体系还没有掌握。他们中间有些人眼高手低，不愿坐下来钻研教材教法。④转正的代课教师和从工人中招收的教师，他们对中小学教材教法很不熟悉。这四个方面来源的教师是考试的对象。

三、考什么？

一个合格的教师，除了具有远大理想、高尚的道德情操、渊博的专业知识、较高的文化素质和一定的教育理论修养外，很重要的就是要熟练地驾驭教材，正确地运用和不断地改进教法。而对于当前教师来说，教材的掌握又显得更为重要。因此，我们确定：教什么，考什么，以考教材为主，考教法为辅。

在教材考试方面，我们既考虑到中小学教师应该分别熟悉各年级教材，又考虑到许多小学低年级教师长期教低年级，许多初中教师长期教初中的现状。因此，我们又规定，小学分低、高年级两段，中学分初中、高中两段。小学低年级教师考所任学科的教学大纲和一、二、三年级的教材教法；小学高年级教师考所任学科的教学大纲和小学各年级教材教法（其中四、五年级占70%，一、二、三年级占30%）。初中教师考所任学科的教学大纲和初中各年级的教材教法，高中教师考所任学科的教学大纲和高、初中各年级教材教法（其中高中占70%，初中占30%）。

教法考试，我们考虑到绝大多数教师没有系统地学习教学法通论部分，许多学科至今还没有统一的教学法专书。因此，我们确定，只考如何处理教材和选择教法，不考教学法通论。

四、考前准备些什么？

组织教师考试是一项既繁重又艰巨的工作，要做好充分的准备。我们主要抓了三项准备工作。

1. 思想发动。参加考试的教师存在一怕二怨三担心的心理，既怕考不好丢面子，又怕考不好今后在学生中无威信；既埋怨教育局出“馊点子”，又埋怨学校不为他们讲情；既担心考不好影响工调（第一期考试正是工调前期），又担心考不好被调整掉（当时我市正在调整教师）。有的教师说：“看我们穷教师加两块钱心难受了，又想点子对付我们。”有的说：“要考，我们出题，让教育局的人先考。”老三届的高中毕业生说：“我们真倒霉，什么坏事都轮到我们头上，十年动乱期间，没有机会考大学就够伤心的了，现在又来考我们。”新师专和中师毕业生说：“国家教委承认我们合格，发了毕业证书，你们还不放心。”工农兵大学生说：“又搞‘四人帮’那一套来整我们教师了。”学校多数领导是支持的，但也有少数同志怕出乱子，怕影响正常教学秩序。教育局有的业务干部也有顾虑，怕教师考不好要挨骂，今后工作难做，迟迟不出试题。考试的“雷”打了将近一个学期，考试的“雨”却一滴也未下。

对此，市教育局党组多次研究，认为教材教法考试是促进教师钻研教材、掌握教法、提高教育质量的一项根本措施，很有必要，非下决心不可。我们的考试在目的、方法、内容与形式等方面与“四人帮”存心整教师的考试是两种性质的根本不同的考试，不能相提并论。新师专毕业生虽然在专业知识方面合格，但未能熟练地驾驭教材，更不熟悉教法。为了帮助他们尽快地掌握教材教法，成为教学骨干，让其参加考试也很必要。我们的考试是在正常教学秩序下进行的，只要妥善安排，不仅不会打乱正常教学秩序，而且还会巩固正常教学秩序。局党组下定决心以后，做了大量的思想工作。首先，召开普教科、教研室全体人员会议，指出了多数教师的态度是正确的，少数有顾虑的教师，通过思想工作，也是可以转变的，并对大家说：“这是局党组的决定，一切问题由局党组承担。”这给搞业务的同志以很大鼓舞，原来的顾虑打消了，不仅承担了命题任务，而且同市中小学教师进修学校一道承担了整个考务工作。其次，召开了各区教育科长和局属中小学负责人会议，反复讲清考试的积极意义。第一期考试前，教育局就考试的目的、意义、要求、考试内容、注意事项等方面，先后发了四次书面通知。紧接着学校召开教师会议，宣读教育局文件，传达局党组精神，并有针对性地做好个别教师的思想工作。

2. 宣布“安民告示”。针对教师存在的思想问题，局党组明确地宣布 5 条规定：①考得好坏不影响工资调整；②考试成绩保密，只通知学校领导和本人；③考得不好可以重考；④考试成绩不作为教师工作调整的唯一依据；⑤凡无故不参加教材教法考试的教师，不得脱产系统进修。这些规定宣布之后，打消了不少人的顾虑，减少了教材教法考试的阻力。

3. 帮助复课。考试本身不是目的，考试的目的是促进教师钻研教材，掌握教法，保证备好课，提高教育质量。考试不是要把教师考倒，而是要把教师钻研教材教法的积极性调动起来，把教师考好。因此，我们在思想发动的同时，采取三种形式帮助教师复课，把考试与进修紧密地结合起来。一是编写考试提要和复习提纲。局教研室编写了中学体育、音乐、美术和小学语文、数学复习提要，有的区教育科根据复习提要编写了复习提纲。二是由学校举办专题讲座。三是由市中小学教师进修学校举办教材教法进修班。

1981 年暑假,举办了小学史地进修班和中学政治进修班,短期脱产,时间集中。1982 年以来,又举办了中学语文、地理、历史、体育和小学音乐业余进修班,时间半年,每周集中讲课半天。由蚌埠教育学院、市中小学教师进修学校、市教研室的同志系统讲授教材,学完后参加考试。

由于我们一面进行思想发动,一面组织力量帮助他们复课,同时又做了 5 条规定,这就使得教师不再认为我们是用考试整他们,而认为我们是诚心实意地帮助他们提高业务水平,帮助他们尽快地成为合格的人民教师。

五、如何组织考试?

命题、试卷印刷、考场安排、监考人员、阅卷评分都由局普教科、教研室、中小学教师进修学校三位一体的业务班子统一组织。各区教育科、各中小学负责报名,并为参加考试的教师创造复习条件,组织中老年教师辅导。

我们深深感到,考教师,命题是关键一环。命好题能稳定教师情绪,使教师真正认识到教育局不是要教师出洋相,不是要把教师考倒,从而巩固和扩大思想工作的成果。如果试题偏难偏怪,将会使教师感到,教育局是在有意地对付教师,这就容易造成对立情绪。所以,我们很重视命题这一环。为了命好题,教研室讨论了多次,确定了命题原则:扣紧大纲,依据教材,基础为主,教法为辅,照顾多数,难易适度。例如:中学数学试题,基础题占 40%,重要定理和习题计算占 30%,教材分析占 15%,难度较大的综合题占 15%。平时教材掌握较好的教师都能考 80 分左右。由于各学科坚持了这个命题原则,考后教师比较服气。有的中学教师说:“这次考不好,天不怪,地不怪,只怪自己没有认真钻教材。”少数教师不相信只考教材,复习时走了弯路,因而考得不好。有的小学教师在考前说:“如果真考教材,我闭着眼睛也能及格。”结果正是这些教师,睁着眼睛也未考及格。这对那些轻视教材的教师是一个很生动的实际教育。

在考试方法上,不同学科要区别对待,数理化等学科完全采取闭卷,政治学科采取闭卷与开卷结合,体育、音乐、美术等学科,既笔试理论部分,又面试实际能力。采取这种切合实际的考试方法,受到教师欢迎。

教师考试是一项严肃的工作,必须有严格的要求。不然的话,不仅不能达到预期效果,还会起坏的作用,会给学生以不良影响。因此,我们狠抓了考场纪律。考试时,单人单行单座位,由局机关同志监考,各区教育科和各校校长、教导主任送考。考场纪律严明,第一期考试中,发现一名小学教师作弊,监考教师当场没收了夹带,在试卷上做了记号,考试结束后,对其进行批评教育,直到那名教师写了书面检查,承认错误为止。有一名中学教师把试卷带走,监考教师发现后立即追查,对其进行严肃批评教育,责令其补考。由于第一期考试要求严格，以后几期考试纪律都比较好。

六、考试的成绩和效果怎样?

考试成绩表明：高中教师比初中教师考得好，小学高年级教师比低年级教师考得好。从已考的 7 个学科平均成绩来看，初中教师及格率是 64.8%，最高 95.8 分，最低 11 分；高中教师及格率是 69.5%，最高 92 分，最低 21 分。从小学语文、数学两科来看，低年级教师及格率是 64%，最高 83 分，最低 28 分；高年级教师及格率是 71%，最高 82 分，最低 33 分。从中学数学、化学、物理三科考试情况看，新师专毕业生考得最好，及格率达到 72.99%，老三届高中毕业生差一些，及格率是 48%，工农兵大学生考得最差，及格率才达到 38%（对考 60 分算及格，尚有争议）。考试成绩虽然不够理想，但起到了积极作用。主要表现在三个方面。

1. 有力地推动了教师钻研教材和教学大纲。原来有些数学、物理、化学教师讲课前只看书上例题，讲课时再把书上例题搬到黑板上，然后圈几道课后练习题就算完成了教学任务。对教材各章节之间的逻辑联系不理解，或者不甚理解，对习题的类型不选择，对学生实际水平不了解。教师既不钻研教材，学生也不看课本，把布置的几道习题做好就算完成了学习任务。教育局虽然在每学期开学初都向教师提出先通读教材，后逐章逐节深钻教材的要求，但是，真正按要求去做的是少数。这次为了参加考试，数理化教师在系统钻研教材的基础上，把书后的练习题都做了一遍。原来有许多教师只钻研所任年级的教材，这次为了迎接考试，他们把各年级的教材都钻研了一遍，对各年级教材之间的内在联系，对所任年级教材在各年级教材中的地位和作用都有了进一步的了解。原来有许多教师对教材的编辑意图及其重点、难点不十分明确，虽然教育局要求每个教师每学期要三学教学大纲（开学初制订教学计划时学，期中教学检查时学，期末教学总结时学），但很少有教师去钻研大纲。在教学中不是根据规定的重点去进行教学，而是凭自己的兴趣爱好和对教材的理解程度进行教学。凡是自己理解得比较深，又合自己口味的地方就大讲特讲；对于大纲规定的重点处，如果不合自己口味，或者不甚理解，就打马过桥。其结果，模糊了重点，越过了难点，大大影响了教学任务的完成。这次为了参加考试，他们系统地学习了大纲，认真阅读了参考资料，不仅明确而且基本上搞懂了教材的重点和难点。

2. 活跃了教学研究气氛，增进了中老年教师与青年教师之间的团结。原来青年教师，特别是十年动乱期间推荐上大学的毕业生，他们中间有些人认为自己有牌子，根子又正，有一种莫名其妙的“自尊心”，或者说是虚荣心。自己不懂的问题也不愿问别人，问了别人就像脸上无光，失去了大学生身份似的，不懂装懂。中老年教师看到这种傲然的状态,也就敬而远之,怕别人说他“好为人师”,明知不对也不指出。听了青年教师课以后,违心地赞扬一番。教师之间关系不正常,教学研究气氛不浓。这次为了迎接考试,许多青年教师打破了情面,有疑就问。中老年教师也深受感动,热情回答。有许多中老年教师为了给参加考试的教师开讲座,也认真地把教材钻研一遍,甚至比参加考试的教师钻研得还深。新老教师相互质疑,互相研讨,关系融洽,气氛和谐。这样的结果,不仅推动了青年教师熟悉教材,而且也推动了中老年教师钻研教材;不仅活跃了教学研究气氛,而且加强了老、中、青教师之间的团结。

3. 既扭转了部分教师忽视教材教法进修的倾向,又促进了广大教师进行文化专业知识的进修。1980 年前,有些青年教师很重视文化专业知识的进修,这是对的;但放松了教材教法的钻研,这就不对了。这次考试把青年教师业务进修的积极性首先引向钻研教材方面来,扭转了这种倾向。教材教法考试合格的教师,进修文化专业知识的信心更足了,要求也更迫切了。不及格的教师正在积极准备,争取重考合格,尽快参加文化专业知识考试。

七、考后怎么办?

考后,我们着重做了四件事。

1. 抓紧补考。对于缺考教师,我们作了一条规定:凡因故或无故缺考的教师,一律补考。无故缺考而又不参加补考者,除通报批评外,年终评奖,评先进,一律不予考虑。第一期考试是 1982 年 3 月份进行的,6 月份就抓紧补考工作,除个别改行和病假的教师外,其他缺考教师都参加了补考。有位女教师婚假未满就赶来补考。

2. 组织复习。对于成绩不及格的教师采取积极措施,帮助他们进行业余补习。我们把其中大多数经过培养能胜任教学的教师组织起来,举办业余补习班(如:中学数学班、小学数学班),时间半年至一年,系统讲授教材,讲完教材后进行考试。不参加补习班的不及格教师,经过自己复习,也可以重考。对于成绩过差的教师,调整出去或让其改做其他工作。

3. 分析试卷。考试后,局教研室分析了各科试卷,找出教学薄弱环节,把考试与改进教学结合起来。从分析试卷看,数理化教师普遍忽视教学中的思想性。如大多数化学教师对“通过中学化学的教学,培养学生__________观点”这一填充题,没有回答准确。针对这种倾向,我们强调各学科要把思想教育有机地渗透到教学中去,结合观摩教学,进行专题研究。局教研室以此为主题,分别举行了政治、历史、数学等学科的经验交流会,效果较好。从分析试卷看,理化教师实验能力比较差,不少物理教师组装实验做不好。针对这个问题,我们强调了理化实验。上学期,局教研室分别在蚌埠一中、二中举办了化学实验竞赛和自制物理教具展览。从分析试卷看，许多教师基础知识差，基本运算能力未过关，解答应用题的能力弱。针对这个问题，我们向教材教法进修班的授课教师提出“双基入手，逐步提高”的要求，努力提高教师的业务能力。

4. 准备文化专业知识考试。对于考试合格者，我们采取多种形式（如：脱产的、半脱产的、业余的，广播、函授、电视），帮助他们系统学习文化专业知识。我市成立中小学在职教师文化考核委员会，今年下半年开始，对小学教师进行文化考试。考试合格者，发给中师毕业证书，承认其学历。

教师进修、教材教法考试是一项细致而复杂的工作，我们虽然做了一点工作，但与兄弟省市相比，还有很大差距。我们的认识还不高，做法还不细，还存在不少需要进一步解决的问题。例如：如何做好个别教学能力尚可但书面考试成绩较差的教师的工作；对中老年教师如何考核；在教材教法考试的基础上，如何进行文化考核；等等。我们打算学习兄弟地区的经验，逐步解决这些问题，为开创我市师训工作新局面做出新贡献！

[“文革”中，教师队伍被破坏得最严重，拨乱反正的任务也最艰巨。蚌埠市一面从长计议，抓新教师培养；一面立足现阶段，在调整队伍基础上抓在职教师培训。“教材教法过关”考试是最实际、最基础、最重要的一环。局党组做决策，局长马建华、副局长李康民亲自领导，普教科长蓝济仲负责制订计划及其安排，并会同副科长黄长春、教研室副主任王文元组织各学科教研员认真实施。蓝济仲受马局长的委托，代表蚌埠市在合肥召开的师训会上发言，并与省厅师范处处长柏守训、安庆教育局局长宫政出席在烟台召开的全国师训工作会议。合肥会议发言后，即被参加会议的教育部师范司孟司长定为全国会议的典型发言。蓝济仲又受省厅委托，代表安徽省在烟台会议上介绍经验（共6人，地市代表2人）。会后，该材料收进安徽省教育厅编印的《教师培训材料选编》一书。]

学习教育理论，实现学校管理科学化

（1984 年 3 月）

这期中学校长读书班的指导思想是，以邓小平“三个面向”的指示为指导，通过对中央和省关于教育方面的文件与教育管理科学的学习，进一步提高科学管理水平，不断增强按教育规律办学的自觉性，实现学校管理科学化，从而开创我市中等教育的新局面。文件中规定的关于教育方面的一系列方针、政策、措施，充分反映了教育本身的客观规律，是教育理论和教育实践相结合的产物，是教育工作者施教的依据和法规。我们常说，在工作中要吃透两头：一头是实际情况，一头是党的方针政策。如果对党的教育方针、政策和教育行政部门制定的一切文件都不了解，或者不甚了解，那么在工作中就容易偏离方向。如果不结合本地、本校实际，党的教育方针、政策也不能有效地贯彻。读书班要求大家一面系统学习文件，领会文件精神实质，一面总结教育工作的实践经验，把两者有机结合起来。

这期读书班的重点是学习教育管理科学。学校管理是一门重要的教育科学，它是教育学的分支，它是教育学与管理学的边缘科学，是实用性科学。学校是有目的、有计划、有组织地进行系统教育的专门机构，实行学校管理科学化是历史发展的必然，是时代的需要。我国早在奴隶社会就出现了独立的教育机构。孟子说：“夏曰校，殷曰序，周曰庠；学则三代共之，皆所以明人伦也。”“谨庠序之教，申之以孝悌之义。”《学记》说：“古之教者，家有塾，党有庠，遂有序，国有学。”我国西周时期的行政区划实行乡遂制度，王城的近郊曰乡,实行六乡制度。25户设的施教机构叫"塾",500户设的施教机构叫"庠",12500户设的施教机构叫"序",王城设的施教机构叫"学"。产生了施教机构便产生了教育管理。古代教育管理水平因受当时生产发展水平制约,很低下。教育管理水平是随着生产发展和社会发展而不断提高的。把学校管理作为一门专门科学来研究,则是近代教育事业和教育科学发展的结果。我国创设新式学校是从清同治年间开设的广州同文馆、上海广方言馆开始的。清光绪二十一年(1895年)由津海关道盛宣怀正式创办北洋西学学堂。但办学事务都是抄袭外国,清朝时期抄袭日本、德国和法国,民国年间抄袭美国,对教育管理学的研究也极肤浅。我国20世纪30年代以后,特别是新中国成立后,广大教育工作者在教育实践中积累了丰富的管理经验,也做了些研究,但与世界发达国家相比还是落后的。世界上发达的国家把教育管理作为一门专门科学进行研究,大约始于19世纪后半期,我国始于20世纪30年代,晚了半个多世纪。从管理水平来说,他们经历了由科学管理理论到现代管理理论的过程,今天已发展到最新管理理论阶段。而我国当前还处在科学管理理论阶段。如果不加快科学管理的进程,怎么能贯彻"三个面向"的精神呢?

实现学校管理科学化是办好学校、提高教育质量的需要。对于一位校长来说,在具备献身教育事业精神,熟悉教育规律和党的教育方针、政策,拥有一定的专业知识的前提下,能不能把学校办成中国特色社会主义学校,能不能把教师的积极性充分调动起来,能不能合理地使用财力、物力,全面地、持续地提高教育质量,关键在于其管理能力和管理水平如何。影响提高教育质量的因素是多方面的,其中校长的管理水平是重要方面。现实情况告诉我们,在人力、财力、物力、生源等客观条件基本相同的许多学校中,只是由于管理水平不同,办学效益和教育质量就出现了明显的差异。管理得很好,即使客观条件差一些,办学效益和教育质量也会在原有基础上稳步提高。反之,有些学校客观条件虽然不差,甚至比同类学校还好些,但由于管理不善,办学效益很低,教育质量每况愈下。就某一个学校来说,在师资、生源、设备等客观条件没有变动的情况下,只是把领导班子调整一下,加强了科学管理,调动了教职员工的积极性,在不长的时间内,教育质量上去了。对于一位校长来说,在他的政治素质、业务素质、政策水平、工作能力等方面都没有多大变化的情况下,只是加强了对教育管理科学的研究,实行了科学化管理,学校就办得生机勃勃,这就是科学管理的效应。学校的教学与管理犹如两个车轮子,两个轮子都均匀地快速地转动,车才能跑得快。美国人把他们从第二次世界大战以后的经济发展归功于两个因素,其中之一就是管理科学的成熟。管理科学成为现代文明之鼎的三足之一。

中等教育作为一个特定的教育阶段,具有承前启后的作用。中等教育质量的水平,不仅直接影响高等教育质量,而且还直接影响着社会主义现代化建设的劳动者素质。我市中等教育情况比较复杂,有历史原因,也有现实原因;有学校管理问题,也有教育行政部门管理问题;有主观因素,也有社会影响和干扰因素。但其中一个重要因素就是长期以来，教育管理科学的研究和实践没有被普遍重视。在社会主义现代化建设中，教育的战略地位没有很好落实，在教育事业中，教育科学研究是个短板，而管理科学研究则是短板中的短板。

我市市区教育系统办的中等学校校级领导共102人，知识结构比较合理，大学本专科毕业的占71.56%（其中本科占41.17%），中专毕业的占25.49%，其他占2.95%。年龄结构也基本合理，36岁至50岁的占76.45%，51岁以上的占20.58%，35岁以下的少，只占2.97%，中年占大部分。从管理情况看，可以分为四个类型：一是专家型。他们具有坚实的教育理论基础和一门至两门的专业理论基础，有丰富的教育教学经验和学校管理经验，近年来又勤于钻研现代教育管理科学，学校管理基本上实现科学化。他们约占中学领导干部总数的20%。二是经验型。他们长期从事学校管理工作，有丰富的管理经验，具有一定的教育理论和一门专业知识，他们不同程度地存在着重经验、轻理论的倾向，只凭老经验管理学校，思想上对新形势下出现的新问题准备不够，解决得不理想，教育质量上不去，反而责怪客观条件差。他们约占中学领导班子总数的30%。三是教学型。他们既缺乏学校管理经验，又缺乏科学的管理理论，过去学的教育学、心理学早已淡忘了，但他们具有坚实的专业理论和丰富的教学经验。他们大部分是从教师岗位提拔上来的，约占40%。他们的优势是熟悉教学，熟悉教师，熟悉学生，熟悉专业知识，一旦掌握了科学管理理论，又勤于实践，就能把教学和管理——学校这辆车的两个轮子协调得很自然，如虎添翼般地飞腾起来。四是运动型。他们既缺乏科学管理理论，又缺乏某一门坚实的专业理论基础，有一定管理经验，但这些经验多半是过去领导学校开展政治运动的经验。他们虽然有一定的事业心和工作热情，可在管理过程中往往用过去抓政治运动的办法来管理教师，和教师之间在思想上总是不那么贴近。这类型大约占10%。

专家型的校长有个再学习、再提高的问题。经验型的校长要认真学习教育理论和管理理论，对长期积累的经验进行一番分析比较：哪些是带有普通意义的，可以上升为理论；哪些只是局部性的经验，没有普通意义；哪些是过时的经验，没有现实意义。这样可以避免犯经验主义错误，逐步使自己成为专家型的校长。教学型的校长应发挥自己的优势，加强现代管理科学的学习，尽快成为专家型的校长。运动型的校长则要从根本上改变观念，不仅要学习教育理论，还要尽快熟悉一门专业课知识，迅速从外行变为内行，以便取得领导学校的资格和主动权。

（在中学校长读书班开学典礼上讲话的节录。）

以"三个面向"为指导，大面积提高我市中学教育质量

（1984 年 10 月）

一、深入理解"三个面向"的精神实质

1983 年 9 月，邓小平同志为北京景山学校题词："教育要面向现代化、面向世界、面向未来。"这一题词发表以来，报刊上陆续刊登了关于教育工作者学习和领会题词的文章，并以"三个面向"为指导，展开了教育改革的讨论。

"三个面向"是邓小平同志关于科学、教育一系列重要论述的发展，是他对新的历史时期教育的指导思想更精辟的概括。小平同志早在"文化大革命"前就对教育建设十分关心，并进行了出色的领导。粉碎"四人帮"以后，他又自告奋勇抓科学、教育。1977 年以来，他对教育问题做了一系列的重要论述，提出了教育在社会主义现代化建设中的战略地位和基础作用，着力阐明无产阶级在从事伟大的共产主义事业中，必须尊重知识、尊重人才。这就为党的十二大把教育确定为国民经济的战略重点，做了思想上和理论上的重要准备，这是具有远见卓识的战略决策。而"三个面向"的题词，正是把教育工作提高到一个新的战略高度，进一步指明了新的历史时期教育工作的战略方向，指出了新的历史时期整个教育工作的总目标、总方向，体现了党对教育工作的总要求，是教育工作总的指导方针。不论哪一类哪一级的学校，不论是教育领域内的哪一个方

面,不论是教学领域内哪一门学科的教学,都要贯彻“三个面向”,体现“三个面向”。否则,教育就要迷失方向,背离总的要求。

最近,邓小平同志在庆祝新中国成立35周年阅兵式上的讲话中又提到:“要大大加强科学技术研究工作,大大加强各级教育工作,以及全体职工和干部的教育工作。全党和全社会都要真正尊重知识,真正发挥知识分子的作用。”邓小平同志会见前来参加庆祝新中国成立35周年大会的60多位华人科学家时说:“我们搞建设,还缺乏知识……中国的知识分子问题是一个特殊的问题,我们至今还没有解决好。解决这个问题非常迫切和重要。”中共十二届三中全会指出:“中央已经多次指出,进行社会主义现代化建设必须尊重知识,尊重人才,同一切轻视科学技术、轻视智力开发、轻视知识分子的思想和行为作斗争,坚决纠正许多地方仍然存在的歧视知识分子的状况,采取有力措施提高知识分子的社会地位,改善他们的工作条件和生活待遇。”可以确信,在中共十二届三中全会指引下,在“三个面向”的指导下,在城乡经济体制变革的推动下,教育也必将迎来一场伟大的变革,教育春天的到来为期不远了!

“教育要面向现代化。”在指导思想上要明确教育是为现代化建设服务,为社会主义民主和法制服务的。这是教育为谁服务的问题,是方向问题。过去说教育是为无产阶级政治服务的,没有涉及经济。面向现代化,既提出了教育与政治的关系(适应并服务于社会主义的民主与法制),又提示了教育与经济的关系(适应并服务于社会主义建设),这就很全面,从根本上解决了教育的本质问题。从教育内容来说,不仅教材要反映现代科学文化的最新成就,使我们的劳动后备军掌握现代化知识,而且我们的教育还要满足社会化大生产、社会主义大经济的要求。学生的科学基础要更扎实,知识面要更广阔,思想要更活跃,学生要富于想象力和创造精神。从教育方式上说,不仅要发展电化教育之类的现代化教育技术和手段,而且要运用现代化科学技术成果,不断改革教育方法和管理方法,逐步使教育管理科学化。从根本上来说,要有掌握现代化知识的教师。

“教育要面向世界。”这是为适应对外开放政策的需要,适应国际交往发展和我国国际地位提高的需要。各种知识成果是属于全人类的,要发展对外文化交流,吸收世界上一切先进科学文化成就和管理经验,与我国国情结合起来,发展和壮大我们自己。走向世界,立于世界现代化教育之林,使我们中华民族对人类、对世界做出应有的贡献。加强思想政治工作,抵制外来的资产阶级腐朽没落的思想。

“教育要面向未来。”现在教育要为20世纪90年代的经济振兴和21世纪前期的更大发展做好人才准备,现在做好人才预测,才能使现代化建设有“后劲”。要用战略发展观点来规划今天的教育,立足于未来社会对教育的要求。学生要为最终实现共产主义的美好未来而努力奋斗,这是面向未来的核心。

“三个面向”是统一体，不可分割。贯穿于“三个面向”的统一思想是教育要根据当代国内和国际的客观实际以及未来发展趋势，进行改革，持续发展，为实现共产主义服务。“面向现代化”是“三个面向”的核心，或者说是“三个面向”的基础，脱离了这个立足点，“面向世界”、“面向未来”便成为一句空话。反之，“面向现代化”如不与“面向世界”联系起来，便可能造成新的闭关自守，断绝国外信息和经验，大走弯路而导致落后。“面向现代化”如不与“面向未来”联系起来，就会变得鼠目寸光，迷失方向，背离社会主义、共产主义道路，导致战略性的失败。

二、把学校工作真正转移到“以教学为中心”的轨道上来

从系统论角度来说，教学是一个系统，是由教师、学生、教学手段（教材和设备）三个要素构成的。教学工作的任务是：教师通过各种教学手段向学生传授知识和技能，发展学生的智力和体力，提高学生的思想觉悟，促使他们在德、智、体几方面生动、活泼、主动地发展。以教学为中心，面向全体学生，贯彻德、智、体全面发展的方针，这是学校工作应该遵循的一条根本规律。

1953年11月26日，中央人民政府政务院《关于整顿和改进小学教育的指示》说：“学生的主要任务是学习。”1954年4月8日，中央人民政府政务院《关于改进和发展中学教育的指示》说：“校长对学校工作应全面负责，但必须以领导教学为中心，使教学工作成为学校的中心任务。”《全日制中学暂行工作条例（试行草案）》说：“教师的根本任务是把学生教好。”“职工要树立为教学服务，为师生生活服务的思想。”学校工作“以教学为主”，正如工厂应以工业生产为主、农村应以农业生产为主一样，是不言而喻的。如果学校不以教学为主，就像工厂不以工业生产为主，农村不以农业生产为主一样，就是不务正业，就是失职。35年来的正反经验证明，什么时候违背了这条规律，什么时候教育质量就低，就要受到客观规律的惩罚；什么时候坚持了这条规律，什么时候的教育质量就高。20世纪50年代初，学生参加政治活动多了一些，政务院及时做出了指示，教育质量逐步上升，蚌埠市在全省名列前茅。1958年劳动多了，教学时间显著减少，教学质量就明显下降。1963年，中共中央批准试行的《全日制中学暂行工作条例（草案）》（中学五十条），调整了教学与劳动时间，教育质量又有所提高。“文化大革命”期间，由于“四人帮”的破坏，极“左”路线的干扰，“以教学为中心”的原则被当成修正主义进行批判，正常的教育秩序被破坏，产生大量有文凭无水平的学生，造成的损失至今还没有弥补上，现在职工教育抓“双补”就是补这些人。党的十一届三中全会以来，随着全党工作重点的转移，学校工作也明确地提出了以教学工作为中心，而且在时间安排上

保证了教学时间,体现了以教学为主的原则。但是由于主客观的种种原因,有的教育行政部门、有的学校、有的领导同志并没有真正从思想上实现工作重点的转移。这主要表现在这些部门、这些学校、这些同志的主要精力没有放在教学上,为教学第一线服务的思想不明确,作风不实,教风不浓,学风不正。当前,摆在我们面前的重要任务就是从思想上到行动上真正地、彻底地实现工作重点的转移。这个转移的标志是什么呢?

第一,各级教育行政部门和各级各类学校主要负责人把主要精力用于抓教学。教育行政部门领导实行"三一制"、"二三制"。"三一制",即市、县(区)教育局主要负责人负责全面工作,其他负责人每人一线、一点、一片;"二三制",即两个"三",每学期集中研究分析教学不少于三次,区、县正副局长每学期听课人均不少于30节。教研室实行"一二三制",即每周一天听课(每学期不少于60节),两天钻研教材,三天教研活动。学校领导要建立五项制度:①兼课制度。学校领导班子除个别情况经所属教育行政部门批准外都要兼课,校长每周兼课2—4节,分管校长可略多一些,教导主任全部兼课,每周4—6节。领导兼课要做到"三坚持":坚持参加备课组活动,坚持批改作业、试卷,坚持抓差拔尖。②听课制度。校级领导每学期听课不少于45节,教导主任不少于65节。听课要做到三有:有目的、有记录、有交代。③参加"两活动"制度。学校中层以上干部都要分头到教研组、班级参加教学活动,每人每学期不得少于15次。学校主要负责人和分管教学的校长都要抓教改试点。④学习部颁教育计划和各学科教学大纲制度。当前要学习数、理、化的两种教学要求,从而取得教学领导权。⑤检查、分析、研究教学质量的制度。每学期每校要结合期中、期末考试情况,对各科教学质量进行分析研究,采取措施。平时的办公会,每月至少有一次集中研究教学。市委书记冯骏同志去年在固镇农民教育会议上说,不抓教育的不能当一把手。我们可不可以说,不抓教学的不能当学校的一把手呢?我看完全可以。现在主要担心的不是外行领导内行,而是内行变成了外行。当然,同志们是有许多苦衷的,但可不可以下点决心呢?可不可以把全校教职员工的注意力都集中到教学上来呢?做到了这一点,其他事情可能就迎刃而解。我看经过努力也是可以的。校长负责制,当然要负教学质量的责任,教学质量应作为责任制的主要内容。

第二,教育行政部门牢固树立为基层学校服务、为教学第一线服务的思想。学校的行政管理人员、勤杂人员都要树立为教学第一线服务、为师生服务的思想。学校后勤工作除了要保证教学第一线的物资需要外,还要经常了解教师的困难,并研究在力所能及的范围内帮助教师解决困难的办法。

第三,教师树立为学生服务的思想,把主要精力用于提高本校所任学科的教学质量上。粉碎"四人帮"以后,学校要解决的一个重要问题就是保证教师每周有六分之五的时间抓业务。现在这个问题已经解决,问题是这六分之五的时间是真正用在业务上呢,还是用在其他方面呢？是真正用在本校的教学上呢，还是用在校外兼课上呢？据了解，现在有相当一部分教师没有把这六分之五的时间用于抓在本校所任学科的教学上。有的城市教师在校外兼课太多，有的农村教师种承包田花的时间太多。这两个问题是导致教师精力分散的重要原因。要采取有效办法加以控制，要理直气壮地做思想工作，向教师反复讲清这样的道理：教师首先要把所任班级的学生教好，这是教师的本职工作，这是教师的起码师德。在真正搞好本职工作的前提下，经过领导批准还是可以兼课的。在校外兼课过多，必然会降低教学质量，这是不容辩解的。知识分子的经济地位、政治地位是比较低的，是要提高的。但是靠什么办法去提高呢？能靠削弱本职工作的职责，甚至丢掉本职工作去外面兼职兼课来提高吗？决不能这样，这是舍本求末的做法。当然，业余教育也要发展，这是发展我国教育事业的另一条腿。但我国业余教育还没有形成独立的、完整的体系，尤其师资力量比较弱。全日制学校在可能的范围内给予支持也是必要的。因此，我们的态度是：教师在搞好本职工作的前提下，经过领导批准，到校外兼适量的课，还是允许的。这里关键有两条：一是一定要经过领导批准，二是一定要在兼课时数和金额上加以限制。另外，高、初中毕业班教师不得在外兼课，但学校要采取变通办法给予适当补助。

第四，学生把主要精力用在学习上。要对学生进行学习目的教育，教育学生为四化而勤奋学习。要把助学金改为奖学金，不仅要对“三好”生进行奖励，还要设单项质量奖，对刻苦学习、成绩优异的学生进行奖励。学校要用各种办法把学生注意力吸引到学习上来。学习抓得紧，学生精力不易分散，违纪的事就会大大减少。

教育行政部门和学校行政管理人员、教师、学生都把主要精力放在教学上，那么，学校工作就能真正转移到以教学为中心的轨道上来了。

思想转移后，我们从何入手抓呢？我们认为：要从初中突破，狠抓毕业班，德、智、体一起抓，各年级一起抓，好、中、差一起抓，大面积提高教学质量。

三、实现教育管理科学化

学校管理科学化的含义是什么呢？简言之，就是遵循教育客观规律来管理学校，它包括四个方面的内容：管理思想科学化、管理组织和制度科学化、管理方法科学化、管理手段科学化。外国学者把科学、技术、管理视为现代文明社会的三大支柱。美国人把他们从二次大战以后所取得的经济发展归功于两个因素，其中之一就是管理科学的成熟；日本人则把先进的科学技术和先进的管理方法称为经济发展的两个车轮，缺一不可；还有人说，三分生产，七分管理，向管理要质量；等等。这些都说明加强科学管理是办好学校的重要途径。学校管理问题很多，如学校规模问题，学校组织机构问题，学校人员结构问题，学校人力、物力、财力的合理使用问题，各种规章制度的建立问题，政治思想工作的管理问题，等等。但是，教学管理是学校管理的核心。现在就此着重讲几个问题。

1. 加强质量管理，建立层层质量把关制度

质量管理是教学管理的中心环节，是教学管理的灵魂，是教学管理的根本。失去质量管理的教学管理是苍白无力的，是无意义的。质量管理主要包括五个方面：质量指标、质量检查、质量分析、质量总结、质量控制。

质量指标。现代管理讲求目标管理，质量指标就是目标管理在质量管理中的具体体现。质量指标共有四个。第一，赶超先进单位的指标。从蚌埠市看，我们 1985 年的指标是学安庆，赶合肥，超芜湖。1986—1987 年的指标是学安庆，赶徽州，超合肥。各县（区）、校都在充分调查和分析的基础上，制定学、赶、超的对象，以此激发师生向上的精神。省、市重点学校要成为模范贯彻教育方针的学校，要出人才、出经验，成为本地区的典范。要制定具有先进性、可行性的质量指标。其他学校也要从自己的实际出发，制定出质量指标。第二，学生学习质量指标。如何确定德、智、体的具体指标，这是一个比较困难的问题，特别是很难做数量规定。大家都在探索这个问题。1982 年我们提出了五率：学生品行的奖惩率、学习成绩的及格率和提高率、体育达标率和视力的正常率。今年，我们在智育方面提出了"五率一总"（报考率、优秀率、及格率、提高率、升学率、总平均），并对市局属中学的高考、中考成绩进行了统计。优秀率是看拔尖人才，升学率是看为高一级学校输送学生的成绩，报考率是看"两为"任务完成情况，总平均和及格率是看大面积成绩，提高率是看发展变化。单就用考试成绩来衡量智育而言，我们认为"五率一总"还是比较符合辩证法的，还是体现了发展的、全面的观点的。各校都要分初、高中制定在校三届生"五率一总"的智育指标，还要制定奖惩率、体育达标率、视力正常率的指标。第三，教研员教学研究、教师教学水平和教学研究指标。教师的教学水平可以分五类：很好、较好、一般、较差、很差。记录现在各占多少，三年以后，很好、较好提高多少，较差、很差减少多少。各级教研员和教师本学年度要实验一些什么项目，研究一些什么问题，撰写什么文章，都要有指标。市、县（区）教育局教研室的教研员，本学年度每人亲自抓一项教改实验，研究一个教法，写一篇文章。定项目、定课题、定时间、定学校。学校教师质量指标如何制定？应根据各校实际情况，制定出先进而又切实可行的指标。第四，教学设备水平指标。即现有仪器、图书、电教的情况如何？保管、维修情况如何？利用率如何？根据实际财力、物力，逐年增加多少？利用率提高多少？

质量检查。检查分两种：集中检查、随机检查。两者都要有目的、有计划。比较集中的检查就是升学、毕业、期中、期末考试。市教育局主要抓全市高中升学考试、市区初中升学考试，抽查期中、期末考试。县教育局主要抓县高中期末考试、初中升学考试，抽查县区初中期末考试。区文教局抓初中期末考试，期中考试一律由各校自己抓。各校期末考试应由教研室或学校领导组织命题,或与其他学校交换试题。要检查真实情况。市、县(区)、乡三级教育行政部门每学期要对所属学校进行一次有计划、有目的的检查或视导。学校每学期要有计划、有目的地进行两次检查。期中考试以后,市、县(区)教育行政部门要对所属中学进行一次全面检查,主要检查这次会议的落实情况。

质量分析。在检查的基础上,要对教育质量进行全面的分析。市教育局每学年要对全市高中升学考试和市区初中升学考试的质量进行全面分析,每学期对抽考的学科进行分析。县(区)教育局每学期对本县(区)初中升学考试进行一次全面分析,每学期对抽考的学科进行分析。各校每学期要对全校各年级的期末考试进行全面分析,对期中抽查的学科进行分析。对于升学考试的分析要写出书面材料,打印下发。这要成为制度。

质量总结。市、县(区)每年都要召开一次质量分析会、质量总结会,奖励成绩突出的学校。鼓励同类性质、同类水平学校之间开展竞争,没有竞争就不能前进。学校每学期可以召开一次质量总结大会,奖励成绩突出的教研组、班级、教师。这也要成为制度。

质量控制。质量控制很重要,质量管理,最后要落实在质量控制上。控制什么呢?一要控制不及格现象,使及格率不断提高;二要控制优秀生人数的最低线,使优秀生人数不断增加,优秀率不断提高;三要控制各学科高低分之间的差距,不让差距拉大,而要逐步缩小到相对平衡。工作上如何控制呢?在教学上要控制四个关键环节:教材研究、课堂教学设计、作业批改、个别辅导。要做到质量控制还要给教师提供三个方面的信息:明确本校学生的质量到底怎样,有哪些进步,哪些问题,如何解决;别的地方、别的学校质量与本校质量的对比;学生和家长的反映。

质量管理由以上五个环节组成封闭式的统一整体,一环扣一环,既相互依存,又发挥其各自的独立作用。如果缺少一个环节,那就开了个口,成为开放式管理,就像电路被切断一样,出现“断路”现象,这就不是科学管理了。

2. 加强计划管理、分类指导教学

计划管理是学校管理的重要方面,它由计划制订、计划实施、计划检查、计划总结四个环节组成。这里着重讲部颁教学计划的实施问题。部颁教学计划是经国务院批准的,它规定了各科教学的目的、任务和实施方法,是学校教学工作的依据,是教学的法规,是指令性的,是一定要执行的。所有学校要按部颁教学计划开齐科目、开足课时。坚决杜绝赶进度,乱加课时的现象。要从实际出发,分学校类型、分年级、分学科提出不同教学要求,分类指导。高中可分三类:重点中学一律实行较高要求的教学计划;改制中学一部分班级实行基本要求的教学计划,一部分班级实行较高要求的教学计划;农职业班的文化课一律实行基本要求的教学计划。初中统一使用部颁教学计划,但在教学具体要求上可分两类:六所省市重点中学、其他中学。

分年级提出不同要求。整个初中阶段，在全面抓好各科教学的同时，着重打好语文、数学、外语三科的基础。初一要在教学内容和教学方法上，切实做好与小学的衔接工作，用三周左右时间复习小学内容。数学已经编写补充教材，而且小学教研员为初一数学教师介绍了小学的教学内容。其他学科（语文、历史、地理、生物）也要在本学年度做好这一工作。要组织初一教师到小学听课，或者请小学教师给初一教师介绍小学的教学情况，以便对小学教学方法有所了解，从而在教学方法上逐步过渡。初二课程较重，而且学生在心理上、生理上都处于多变时期，又增加一门物理，稍微忽视，就要严重分化。在做好物理学科与小学自然常识衔接的同时，要抓紧其他学科，严防分化。初三要在上好新课的同时，重视复习迎考工作，五月中、下旬结束新课。毕业考试后，用一个月复习；同时，要重视化学。高一数学、物理、化学、外语四科要用四周左右时间复习初三内容，认真做好初、高中的衔接。高一期中会考时，初中内容要占一定比例。各学科都要严格按部颁教学大纲规定的进度进行教学，不得开快车，赶进度，要按部就班，稳扎稳打地前进。要做到堂堂清、章章清、段段清，千万不能再吃夹生饭。部分学校高二数、理、化三科进度已经快了一个学期，现在要急刹车，要坚决退，按市教研室所规定的教学进度进行调整。高三出现两个偏向：数、理、化、外四科进度太快，各校已经或即将结束新课，语、政、史、地四科由于课程设置和教材内容等原因，进度较慢，特别是史、地学科时间很紧。为此，数、理、化、外四科要在 12 月下旬复课，仍然三个循环。第一循环到四月初，用一百天时间，从初三内容开始，以课本为主，基础为主，适当提高，决不能为今年高考个别学科试题所干扰。11 月份召开高三教育工作会议，市教研室制订高三复课计划，统一进度、统一要求、统一内容。语、政要适当加快步伐，史、地要适当增加课时。要分学科提出不同要求。

政治学科是我市薄弱学科。主要存在两个问题：一是认识问题，认为平时不需要下功夫，到时候花点时间背背就行了；二是教学问题，教得不活，理论脱离实际，死记硬背现象严重。为此，一要提高认识，二要理论联系实际，改革课堂教学，三要保证每周一节时事政策课（分散或集中）。

语文学科要真正贯彻“文道结合”原则，加强初中阶段教学，使大部分基础较好的学生能在初中阶段基本过关。当前要克服偏重文言文、忽视现代文教学的倾向，加强现代文的教学。加强作文教学的计划性，把作文教学纳入单元教学之中。每学期大小作文不少于 17 篇，其中大作文 6—8 篇，要认真批改和讲评。

数学学科要以“加强双基、培养能力、发展智力、改进教法、减轻负担、提高效率”为指导思想，高中掌握好两种教学要求的界限，初中做好缩小分化和衔接的试验。精选习题，练好基本功。

外语学科是一门实践性很强的工具学科，也是学生感到难学的一门学科。当前，要采取各种手段，让学生得到充分的听、说、读、写的基本训练，坚决纠正学生动笔不动口、用耳不用嘴的坏习惯。初中要特别重视语音教学和严格的单词拼读训练，增加课堂语言训练密度，学生操练时间不得少于每节课的四分之三。高中要严格执行部颁外语教学意见中提出的两类计划，重点中学两类计划的“双基”质量检查如能达到优秀，方可执行一类计划。高中毕业班要举行一次以初中内容为主的统考。

物理、化学、生物三科，除按部颁教学大纲进行教学外，要特别重视实验教学，有条件的学校要严格进行分组实验。学生要人人过实验关，条件较差的学校也要因陋就简，在做好演示实验的基础上，使毕业班的学生能够过实验关。

历史、地理学科是不被人们重视的学科，要克服“重理轻文”、“重文轻史”的倾向，要按部颁教学计划开足这两科的课时。初中教学要克服今年中考不考历史、地理而忽视这两科教学的倾向。要增添并充分利用挂图、地球仪、地图册、示意图等直观教具，培养学生看图、识图、填图的能力。要适当增加史、地乡土教材，重视对学生进行爱国主义教育。

音乐、美术两科是对学生进行美育、思想教育的重要课程，它对陶冶学生的思想感情、活跃学生生活都有着重要意义，不能忽视，不能借口停开或少开。有条件的学校还可在高中开一节音乐课，以调剂紧张的学习生活。音乐教学包括唱歌、音乐技能和技巧的训练、欣赏三部分，要安排好三部分的教学，克服随意性。

体育课已经基本上克服了“一个哨子，一个球，老师学生都自由”的倾向。当前要认认真真、扎扎实实地提高体育课的教学质量，使之规范化、科学化。有条件的学校都要实行男女分班教学。要加强体育课中的安全教育，杜绝事故发生。

各级领导要严格执行教学计划，深入到各个学科、各个年级的教学中去，分年级分学科去指导、去领导。

3. 树立良好的校风，把学校办成有特色的学校

校风是陶冶心灵的无形力量，好的校风就是正气，有很大的同化力，对学生的教育，对学校工作的开展都具有十分重要的作用。师生到了这个环境里学习和工作，不知不觉就会受到教育和感化。我们每个学校都要根据自己的优势，提出能够反映本校传统特点的校训，并使之蔚然成风。校风是由领导干部的工作作风、教师的教风、学生的学风构成的。我们提倡的是“作风实、教风严、学风浓、考风正”。当前有一股不正之风影响着良好校风的形成，那就是考风。考风不正，有的来自领导，有的来自教师，有的来自学生。上个学期期末初一语文统考，有个学校考前一天把密封的试卷拆开，这是公开的泄密，助长师生弄虚作假。还有个别学校以往届生充当应届生参加数学竞赛和体育运动会。还有的教师考试前出20道题，向学生说明就考这些。还有的教师监考不严，甚至故意让学生作弊，当然，学生作弊就更为严重了。今年期中考试各校要整顿一下考风，蚌埠一中、九中在整顿考风方面做出了一定成绩，要推广他们的经验。中教科要拿出整顿考风的办法。领导作风实，教师教风严，学生学风浓，才能使考风正。反之，考风正了，又促使教风严、学风浓。我们要花一定的气力整顿校风。

4. 严格学籍管理，坚持毕业标准

几年来，我们印制了《学生手册》，统一编学号，统一印刷复、退、转、休证件，严格控制重点学校的班级名额。1981 年，对私招学生的不正之风进行了整顿，现在学籍管理已走上轨道，刹住了私招学生的不正之风。但是，今年出现了几个不正常的现象：集资办学和重点学校招生人数增加，致使蚌埠一、二、三中高中班级学额突破了 50 人；郊区中学"达线"学生复读生增加。最近郊区有两所学校学籍管理混乱，一个学校办补习班，学生达 60 人，其中 40 多人都是中考"达线"学生（其中 300 分以上的有 20 多人）。另一个学校招收了往届插班生，其中"达线"的有 29 人，200 分以上的 23 人，300 分以上的 11 人。这是一个严重问题，它直接影响着高中质量的提高。中教科的处理意见是：凡今年被录取在高中、职业高中而未上的学生，明年不准参加初中升学考试。从 1985 年暑假起，各校均不准招收"达线"的初中毕业生复读。三县一中班级学额普遍较市区三所重点学校班级学额高。固镇一中初三一个班达到 80 人。为此市局决定：省、市重点学校实行两种学籍管理办法，凡符合本校录取线的属省管理学籍，由省发毕业证书。凡不符合本校录取线的属市管学籍，将来由市发毕业证书。严格控制借读生，初、高中毕业生都不准借读。

要严格执行升、留级制度，坚持毕业标准。许多学校多年来未坚持留级制度。近两年，我们虽然强调要坚持毕业标准，但是没有严格执行。今年对毕业进行了把关，市区有 316 名初中毕业生未拿到毕业证书，高中有 19 人未拿到毕业证书。蚌埠九中今年做得比较好，初一留级 56 人，毕业班 116 人未发毕业证。多数学校对极少数人进行了控制，但还有 8 所学校全部发放毕业证书。这是影响质量提高的一个重要因素，因为"我们的毕业证不值钱，反正到时候都发毕业证"这样的思想导致领导无压力，教师无压力，学生无压力，认为教好教坏一个样，学好学坏也是一个样。本届毕业生（初、高中）要严格执行会考制度，严格审查毕业资格（中教科起草一个补充办法）。各校在发放毕业证书时一定要加以控制，不合格的不发毕业证，一年后回原校补考及格，再发毕业证。从现在开始就要向学生宣传争取做一个合格毕业生的思想，"文化大革命"期间那种有文凭无水平的极不正常的年代再也不能重复了。

四、积极有序地改革教育

改革教育势在必行，改革的内容很多，如管理体制、教育结构、学制、招生制度、课程设置、教学内容、教材教法、教学手段等等。这里仅就与提高教学质量有直接关系的教学和招生办法两方面的改革讲点意见。

1. 改革教学

传统教学在世界上已经存在了300年之久，在我国从清末“废科举、兴学堂”开始，也已存在了近百年，而且在不断地演变，创造了人类历史上灿烂的文化，培养了优秀人才。诸如分科教学制、教师主导作用等等，至今仍然发挥作用，不能全盘否定。但是，传统教学是封闭式的，把人脑当成一座一座的仓库，教学任务就是往这些“仓库”里存入知识——即传授知识。这种教学方法不能满足现代社会发展的需要。现代世界上科学技术飞速发展，据有关资料记载：“世界知识总量每隔七至十年就翻一番”，“人类的知识量以几何级数增长着，若把1750年时人类的知识量计算作2倍的话，1900年时增长到4倍，1950年时增长到8倍，1960年时增长到16倍。这就是说人类的知识量由2倍上升到4倍时需要150年，由4倍上升到8倍时需要50年，由8倍上升到16倍时则只需要10年”。一个学生即使十分刻苦，也读不完、记不尽他将来工作时所必需的知识，而且他工作一段时间以后，新知识又层出不穷。因此，单纯地以传授知识为目的，把人当成知识“仓库”的传统教学就不适用了。现在传统教学出现三个矛盾：课堂教学内容的局限性与知识量扩展的无限性的矛盾；相对稳定的教材与不断更新的知识的矛盾；个人爱好、特长的发挥与集体授课的矛盾。要解决这些矛盾，非改革不行。如何改呢？根据张承先同志最近的讲话精神、景山学校以及省兄弟学校改革的经验，结合我市实际情况，我们提出：正确处理四个关系，抓好四个结合。

正确处理“双基”与智力的关系，把掌握“双基”与发展智力、培养能力结合起来。技能就是通过反复训练而获得的一种动作。智力即认识能力，包括观察力、注意力、记忆力、想象力、思维力等。能力的范围较广，除智力外，还包括一定的知识、技能、技巧，带有综合性、创造性的特点。教学大纲中提到的培养学生的观察、想象、思维等能力，属智力范畴；教学大纲中所提到的识字、写字、朗读或运算能力，属技能范畴。知识是能力发展的基础，能力是开发知识的钥匙，认识能力的发展又是掌握知识的重要条件。一个知识贫乏的人，他的能力发展也必然受到很大的限制，没有丰富的知识做基础，分析问题、解决问题的能力也必然受到限制。孔子说：“吾尝终日不食，终夜不寝，以思，无益，不如学也。”大教育家孔子都感到不学知识，思考问题会受到很大限制，他直觉地体验到思考有赖于知识的掌握。我们平时也有这个体验，有时候久久思考一个问题而一筹莫展，打开书本，豁然开朗。反之，认识能力发展了，又能促使自身很快地掌握知识，所以能力又是开启知识宝库的钥匙。有人把知识比作黄金，把对学生智慧与能力的培养比作点石成金的指头。因此，我们要在传授知识的过程中，特别注意开发学生的智力，从“传授”向“开发”转变。课堂教学要从“传授型”向“开发型”转变。德国教育家第斯多惠认为科学知识是不应当传授给学生的,而应当引导学生去发现它们,独立地掌握它们。他说:“一个坏的教师奉送真理,一个好的教师则教人发现真理。”对于学习基础差的学生是以传授知识为主呢,还是以开发智力为主呢?答案是越是基础差的学生,越要开发他的智力。最近看到一个资料,在国外有所学校发现一个儿童智力迟钝,功课很差。经过调查,得知这孩子的大脑皮层和皮层细胞处于被抑制状态。学校为这个儿童设计了一套教学方案,经常拿些色彩鲜艳、印刷精美的图片给他看,并且领他到野外去观察各种有趣的事物和现象,借以刺激他的脑细胞,使他对新鲜事物感到惊奇、赞叹和欢乐,从而加速脑细胞内部的生化过程,使它们逐步从被抑制状态下挣脱出来。经过三年的努力,这个孩子成了一个会观察、好提问的学生,有了强烈的求知欲。再经过一些补课工作,他竟赶上了他原来所在班级的教学进度,和别的儿童一样学习了。

正确处理课内课外关系,把提高“第一课堂”质量与抓好第二课堂结合起来。正确处理教学与生产劳动的关系,把提高教学质量与培养学生劳动观念、生产技能结合起来。正确处理教与学的关系,把发挥教师的主导作用与发挥学生的主体作用结合起来。要大胆地、全面地、广泛地改革课堂教学,坚决废除“满堂灌”。改革的原则和目的是:“贯彻少精活,向45分钟要质量。”各学科都要有一个着重点,如语文把单元教学作为课堂教学改革的突破点,并在蚌埠一中、二中、三中各组织一次实验课,全面培养学生的读、写、听、说能力和自学能力。历史拟将蚌埠四中、二十七中高一年级作为进行“综合程序教学法”的教改试点,在蚌埠一中初一年级进行“讲讲、谈谈、议议、论论”的试验,在蚌埠三中一年级进行以“形象化”教学为主要方法的教改试验。其他学科都准备在一两个学校进行教改试验。每个县、每个区的教育局长,每校校长都要抓教改点,并抓出成效来。明年春天召开交流会。改革第一课堂的目的,不是削弱它,而是加强它,这个问题要花大力气,非改不可。

要大力加强对课外活动的领导与管理。我国古代教育就很重视课外教育,《学记》说:“大学之教也,时教必有正业,退息必有居学。”这里所说的“居学”就是我们现在所说的课外教育。北京景山学校的经验是:课内全面发展打基础,课外发挥特长育人才。我们对课外活动的概念要有新的理解,其不只是指体育、文娱活动,而且还包括各种科技活动、各种竞赛活动等。各校要成立各种兴趣小组,把有不同爱好的学生吸引到不同的小组中去。如成立生物小组,把学生带到自然界去观察、考察、采集标本,指导学生撰写生物科学小论文。语文可成立习作小组(如二中的“小草”社),出小刊物。物理成立无线电修理小组、航模小组等等。要开展各种科技讲座和文学、时事讲座,开阔学生视野,培养学生兴趣。开辟地理园、生物园(如四中)。开展各种竞赛活动,如语文方面打算举办“读书报、学语文”知识竞赛;开展“三小”活动,即小论文、小实验、小创作的活动。有条件的学校要开放图书室与实验室,没有条件的也要积极创造条件,适当时候召开交流会。适当增开选修课。芜湖一中高二有志于学文的班级开中国古代文学、中国通史课,有志于学理的班级开电子计算机、物理实验课;高三有志于学文的班级开英语口语、阅读,地理课;有志于学理的班级开理、化、生实验课。我们要求改制中学(包括省市重点中学)高二要开选修课,有志于学文的班级开历史选修课,地理增加一节,数、理、化各减少一节;有志于学理的班级开生物选修课。个别学校开电子计算机选修课。现在有条件的学校,期中考试后就开。如有困难,寒假中调整班级,寒假后开。意见已定,不能动摇。

城市中学开设劳动技术课,农村中学开设农业知识课。市局已下文,最近要检查。劳动技术课,初中每学期一周,每天 4 课时,计 24 课时。高中每学期 2 周,每天 6 课时,计 72 课时。没有条件开劳动技术课的就开劳动建校课。

总结推广教改试点经验。蚌埠三中初中作文教学序列化的试点初步取得成果,这个班今年升学考试的语文成绩水平高于同年级平行班 5 分,要广泛推广。省厅在蚌埠三中开展的新教材试点已进行两年,要继续下去,教研室要加强领导,帮助总结经验。省厅在蚌埠二中开展初中外语试点已经三年,蚌埠二中的外语成绩显著提高,1985 年,这一经验要在 5 所市重点中学推广。蚌埠二中、一中在初一(下)开平面几何的经验在 1985 年暑假后推广。为总结推广教育、教学改革经验,明年春天全市召开经验交流大会,希望大家报项目。

发展电化教学,充分发挥幻灯教学作用。尽快地把市电教中心建立起来,有计划地录放优秀教师的课堂教学。省电化教学试点单位(蚌埠二中、一实小、蚌山幼儿园)要积极总结经验,逐步推广。各校的幻灯要很好地保管和维修,克服怕麻烦思想,充分发挥幻灯教学的作用。学校还要因陋就简,发动师生自制各种教具,加强直观教学。

2. 改革招生办法

改革招生办法要体现"保证重点,兼顾一般,调动两个积极性"的原则。如何改革?现在有几点意见,请大家讨论。①减少重点学校,其他学校拉开,开展竞赛。②保持原来重点,初中不择优,按地段分配。初中开展竞赛,高中择优。③重点中学初中按区择优,高中在初级中学、职业中学的初中毕业生中择优。④重点中学招生,语、数、外三科要规定单科控制线,总分达到,单科分数达不到,不得进重点中学。⑤重点中学单独招生。⑥按一定比例保送。

提高教学质量关键在于调动教师积极性。如何调动教师积极性呢?有的说,现在情况不同了,现在是 80 年代,都讲实惠,光靠嘴皮子不行;有的说,知识分子重名胜于重利,光靠奖金不行,还是要靠思想工作。党委对此也讨论过,认为一靠政策,二靠管理。进一步落实知识分子政策。知识分子政策是什么呢?以往所说的"团结、教育、改造",已经过时。现在人们一般常说的是:政治上信任,工作上支持,思想上帮助,生活上关心。政治上信任，当然要进一步解决教师入党难的问题，把条件成熟的教师及时吸收到党内，对尚未成熟的但积极要求入党的要培养。但是入党的总是少数，政治上信任更重要的是对他们要平等相待，赤诚相见，思想相通，肝胆相照。还要能够扬其所长，容其所短。工作上支持就是要帮助他们解决工作中的困难，给他们的工作开辟道路，对他们的工作成绩，即使是微小的成绩都要看在眼里、记在心里，给予鼓励和肯定。思想上帮助，还是要组织他们学习马列主义和毛泽东思想，这个打开知识分子思想大门的金钥匙不能丢。要与他们推心置腹地谈思想，对他们的缺点要诚恳地批评。生活上关心，要在力所能及的范围内帮助他们解决一些实际困难。今冬明春，以工会为主开展为教师做十件好事的活动。如给教师买煤、买粮，解决教师吃水难问题，为路远的教师中午设午休室，办好食堂、幼儿园，等等。

贯彻部颁《中小学教师师德规范》，普遍进行教师职业道德教育。这次师德教育的重点是：尊师爱生，严禁体罚和变相体罚，并与教育部文件精神相结合。忠于职守，树立为学生服务的思想。热爱中小学教育，安心于现岗位工作。做好事，解决教师后顾之忧。培养青年教师，迅速过好“教材教法关”。对学历不达标的教师要继续组织各种形式的选修，对于1981年以来分配的大专毕业生进行业务考核，采取以老带新、自学教材、试教等办法。对青年教师进行四个方面的考核：中学各年级教材内容；教学基本常识；基本教法；教学效果。要求他们在1985年过好教材教法关。市局教研室将制定出考核办法。要大力开展教学研究活动、集体备课活动。市、县恢复或建立中心教研组，聘请业余教研员，帮助专职教研员组织全市、县的教研活动。请各校领导回去下决心把本校集体备课问题抓起来。恢复假期教研会制度。从1985年暑假开始恢复暑假教研会制度。明年暑假拟办初中生物、化学教师实验过关进修班，把部颁教学大纲要求做的实验全部完成。以后还要办物理教师实验过关进修班，以及其他短期教材进修班。

（1984年至1995年，市财政局每年拨专款20万元给市教委，作为教育质量成果奖金。市教委每年召开一次教学工作会议，总结教学工作，颁发教育质量成果奖金。蓝济仲分管教育教学工作，长期坚持“检调视导，累积资料，析材成章，全面部署，检调视导，累积资料”的实践与理论的辩证关系，他在每年教学工作会议上的报告，都体现这一思路。这是他在1984年10月召开的全市教学工作上的报告。）

良好的祝愿　殷切的希望

（1985 年 7 月）

同学们，老师们：

首先我代表市教育局，并以校长的名义向 79 名首届毕业生致以热烈的祝贺！祝贺你们胜利完成了中专阶段的学习任务！祝贺你们即将奔向“四化”征途！祝贺你们即将开始新的生活，新的旅程，新的战斗！希望你们用聪明才智，赤胆忠心，顽强意志，奔放热情，为建设蚌埠，建设安徽，建设祖国做贡献！两年来，在党的亲切教导下，在老师的辛勤培育下，在艰苦环境的磨炼中，你们的思想逐渐成熟，体质不断增强，学完了教学大纲所规定的中专全部课程，经过考试和实习，成绩合格，学校将发给你们中专毕业文凭。这张文凭凝结着老师们的心血，同学们的汗珠。它标志着一个学习阶段的结束，更标志着另一个学习阶段——终身教育的开始。新的工作岗位在等待着你们。新的岗位既是你们大显身手、献身四化建设的用武之地，也是你们再学习、再提高的社会学校。当前，在世界上正掀起一个以电子计算机为中心的情报、通信、机械三位一体的新技术革命浪潮，国外有人称其为“第四次产业革命”。在技术革命的时代，社会劳动者主要不是靠体力，而是以知识和智力为基础，靠的是脑力劳动和体力劳动的结合。因此，每个人不仅要有一定的生产经验和技能，更要具备相应的科学知识和能力。当今世界知识更新的周期越来越短，据英国技术预测专家詹姆斯・马丁预测，人类知识在 19 世纪每 50 年增加一倍，在 20 世纪初每 10 年增加一倍，20 世纪 70 年代每 5 年增加一倍，而

20世纪后期每3年增加一倍。美国广播教学专家希列德说,如果知识以现有速度发展的话,那么,今天出生的孩子,当他50岁时,他所学的知识将有97%是在他出生后发现的。对于科学预测的结果不能全信,但新知识量增加的速度是可观的。你们两年中所学的知识太少太少,远不能满足今后工作的需要。这些知识对于前人来说是实践过的,但对于你们来说还没有或者很少实践过,也可以说是"纸上谈兵"。这就给你们提出一个新的学习任务,工作后仍要虚心学习,刻苦钻研,到实践中学,在书本上学,向同行学,向工人农民学,向周围的一切人学,树立终身受教育的观点。你们还面临着一个如何正确对待和处理政治与业务的关系的问题。在政治思想素质方面,要具有建立在科学基础上的社会主义信念,全心全意为人民服务的观点,崇高的共产主义道德情操,辨别是与非、美与丑及抵制精神污染的能力,高度的社会责任感。在科学素质方面,要有扎实的知识基础,广泛的兴趣爱好,敢于攻坚、不畏艰险、锲而不舍、勇于献身、准确严谨的治学态度,特别要有创造精神、开拓精神和探索精神。既不夜郎自大,又不妄自菲薄。在身体素质方面,应当具有健康的体魄,能从事艰苦而繁重的脑力劳动和体力劳动。总之,我殷切地希望你们到新的工作岗位以后,不断提高自身素质,沿着又红又专的大道前进!

同学们!当前,你们还面临着一个严峻的考验,那就是能否服从祖国的分配,能否听从党的召唤,能否做到党指向哪里就奔向哪里。80年代的青年,是善于思考的一代,富有探索精神的一代,开拓前进的一代,一定能经受考验,一定能服从分配。这次分配一不出市,二不出省,全在市区范围内。希望你们不要计较单位的好坏,离家路程的远近。好儿女志在四方,80年代有为的青年怎么能计较这些小事呢?

同学们!你们是我校首届毕业生,也是蚌埠市用自己的力量为自己培养的中等专业技术人才。你们今后工作的好坏,不仅关系到学校的荣誉,也将关系到蚌埠市是否能用自己的力量培养各行各业所需的中等专业技术人才。我想,你们的行动一定能给予肯定的回答。

你们快要离别母校了,此刻的心情一定很激动,像出征前的战士离别母亲一样激动。两年来,母校用她那不太丰腴的乳房哺育你们成长,这是多么艰难啊!现在你们就要离开了,母校对你们怎能不依依不舍呢?母校现在还很年轻,但是这里凝结着市委、市政府以及市教育、经济、计划、财政等部门领导的心血,凝结着广大师生员工艰苦创业的心血。现在困难仍然很多,专业教师不足,生活用房不足,教育经费短缺,学校规模太小,与省内其他中专学校相比,真乃天壤之别。借此机会向市委、市政府提几点建议:1.对我市各级各类教育进行全面规划,既要办好普通教育,又要办好职业教育,既要办好基础教育,又要办好高等教育和中等专业教育,使它们之间的比例趋于合理,特别是职教与普教、高等教育与中等专业教育的比例要合理,以满足我市社会主义现代化建设各方面的需要。2. 充分发挥学校管理委员会统筹协调、指导监督的作用,健全学校领导班子。3. 确定拳头专业,并使之相对稳定。4. 迅速建立一支以专职为主,专兼职结合,专业课和文化课相结合的教师队伍,这是办好学校的肯綮。

同学们! 学校虽然还在创业阶段,但从发展的角度看,从蚌埠对中等专业技术人才的需求看,我们这所市办的唯一的一所工业中等专业学校的生命力还是很强的,前途还是光明的。只要我们全校师生员工上下一条心,同心同德,埋头苦干,干他三年五载,干他十年八年,办成全省第一流的中专学校,甚至办成工业专科学校都是指日可待的。

(这是蓝济仲兼任蚌埠市工业技术学校校长时,在该校首届毕业生毕业典礼上的讲话。)

认真学习《决定》，带头贯彻《决定》

（1985年9月）

今年5月15日到20日，由中共中央、国务院在北京召开的全国教育工作会议对《中共中央关于教育体制改革的决定》（以下简称《决定》）进行了讨论，修改后，于5月27日由中共中央发布。

这个文件是党的十二届三中全会关于经济体制改革决定中宣布要起草的两个配套文件中的一个（另一个是《中共中央关于科学技术体制改革的决定》）。这个文件，正如邓小平同志说的那样，是一个好文件，纲领性文件，是我们社会主义教育事业发展的蓝图。它指明了教育体制改革的方向，它不仅仅是为了满足当前社会主义现代化建设的迫切需要，而且是为本世纪末和下世纪初我国经济及社会发展做准备。因此，贯彻好这个文件，对实现十二大提出的宏伟目标和我国下一步的发展具有极大的意义。

《决定》既凝结了中央领导同志的心血，又闪烁着群众集体智慧，它是领导智慧与群众智慧相结合的产物。

《决定》的起草，是在中央领导同志亲自主持下进行的。党的十二届三中全会通过的《中共中央关于经济体制改革的决定》指出："随着经济体制的改革，科技体制和教育体制的改革越来越成为迫切需要解决的战略性任务。中央将专门讨论这方面的问题，并作出相应的决定。"根据这个精神，去年10月以后，中央成立了以胡耀邦、赵紫阳同志为首的科技、教育体制改革文件起草领导小组。从去年11月14日领导小组第一次听取了教育部关于文件起草的汇报，到今年正式公布历时半年，十易其稿。胡耀邦、赵紫阳同志亲自主持召开了三次领导小组会议，就文件起草的指导思想、基本构思、修改意见都发表了重要讲话。经常抓这项工作的是万里和胡启立同志。启立同志于去年11月底到12月中旬，风尘仆仆到安徽、江苏等四省对教育进行专题调查，对教育体制改革中的一些重大方针政策性问题提出了意见，得到了政治局常委们的原则肯定。小平同志批示："很赞成。"根据启立同志的意见，对文件的初稿进行修改，修改后的第二稿，又请中央书记处研究室参加《中共中央关于经济体制改革的决定》起草工作的同志进行了两次重大修改，形成了第五稿发到许多省、市、自治区和中央各部门广泛征求意见。4月中旬，原国家教育部又改成了第六稿，中央书记处研究室的同志对第六稿进行了两次修改，形成了第八稿，交中央书记处讨论后，修改成第九稿。之后，中央书记处又对第九稿进行了逐句逐段的讨论，原则上通过，同意修改后提交全国教育大会讨论。交全国教育大会讨论的第十稿，经讨论后又修改成第十一稿，于5月27日提交中央政治局讨论，原则通过。文件产生的过程，充分说明了中央是十分重视教育工作的，是真正把教育工作摆在战略地位上的。起草《决定》的过程，也是不断征求意见、集思广益、集中群众智慧的过程。半年来，先后召开了无数次座谈会，征求了中央有关部门，部分省、市、自治区负责教育工作的领导同志，部分高等院校负责人，教育专家，以及民主党派的意见。今年全国人民代表大会期间，又征求了部分人大代表和政协委员的意见。全国教育大会开幕的前几天，教育部还专门派人到美国，征求美籍华裔学者的意见。据粗略统计，全国参加讨论的约在一万人次，先后收到意见书300份以上。所以说，《决定》又是集体智慧的结晶，领导智慧和群众智慧相结合的产物。

《决定》以马克思主义、毛泽东思想为指导，总结了我国教育发展的历史经验，特别是总结了党的十一届三中全会以来我国教育改革的新鲜经验。《决定》处处从我国国情出发，强调因地因时制宜，承认差别，不搞"一刀切"，给地方创造性地执行留下了充分的余地。《决定》是一个既贯彻了改革精神，又坚持了实事求是的比较稳妥的文件，是一个马列主义教育理论与中国教育实际相结合的文件。我受局党委的委托，向教育系统全体党员汇报学习《决定》的体会，不妥之处请大家指正。

一、着重理解几个观点

《决定》突出地强调了教育的战略地位和作用，我们在学习中要着重理解以下几个观点。

教育必须为社会主义建设服务，社会主义建设必须依靠教育。两个"必须"，是教育体制改革的指导思想，它体现了教育与社会主义建设的辩证关系。教育和经济发展是互相联系、互相制约、互相促进的。经济是基础,它对教育发展起着决定作用,主要表现在两个方面:(1)教育发展取决于经济发展所能提供的物质条件,如:为教育提供校舍、教学设备、人员工资等;教育发展的水平不能超越经济发展的水平,不能企求在我国经济发展还比较落后的情况下给教育投出更多的资金,两者的发展要相适应。(2)教育发展取决于经济发展对教育普及和提高程度的客观要求。蒸汽机时代,要求全体社会成员有小学毕业的水平,教育就要担负普及小学教育的任务;机械化阶段,要求全体社会成员有初中毕业的水平,教育就要担负起普及初中教育的任务;电气化阶段,要求社会全体成员有高中毕业的文化程度,教育就要担负起普及高中教育的任务。当前,我国社会主义建设需要社会全体成员都有初中文化水平,教育为社会主义建设服务,就要担负起普及九年制义务教育的重任。教育工作者必须了解、熟悉、研究经济,才能更好地为社会主义经济建设服务。因此,要树立大教育观点。陶行知创办乡村师范的目的,就是改造旧中国的农村。他说:“征集一百万个同志,创设一百万个学校,改造一百万个乡村。”“第一步要谋中国三万万四千万农民之解放,第二步要助东亚各国农民之解放,第三步要助全世界农民之解放。”今天办教育与旧中国办教育的情况不同了,今天就是要为四化服务。这是一个方面。另一个方面,教育对经济发展又起着巨大的影响和反作用,这主要表现在社会主义建设要依靠教育为它提供各级各类、多层次、多规格的人才。搞四化建设,教育要先行,搞不好教育,四化建设就没有希望。现代经济发展的实践证明,国与国、省与省、县与县之间经济上的差距,实际上是科学技术和管理上的差距,说到底是教育上的差距。只有把教育搞上去,国家才能兴旺发达。据有关学者测算,美国国民总收入增长部分的33%是教育的收益,苏联国民收入增加部分有30%是提高劳动者的教育水平带来的,日本国民收入增加部分中约占25%是由于增加教育投资而达到的。因此,从事经济工作的同志要牢牢地树立起依靠教育的观点,要从实际行动上支持教育。小平同志说:“我们国家,国力的强弱,经济发展后劲的大小,越来越取决于劳动者的素质,取决于知识分子的数量和质量。一个十亿人口的大国,教育搞上去了,人才资源的巨大优势是任何国家比不了的。有了人才优势,再加上先进的社会主义制度,我们的目标就有把握达到。”尊重知识,尊重人才,首先要尊重教育,尊重教师。万里说:“人才,包括有一定的政治、技术和文化准备的劳动者,主要依靠教育来培养。重视知识和人才,就必然重视教育。”教师是培养人才的,本身就是人才,尊重人才,更要重视培养人才的人才。全党全国工作重点的转移应当包括教育这个重点。小平同志说:“我们不是已经实现了全党全国工作重点的转移吗?这个重点,本来就应当包括教育。一个地区,一个部门,如果只抓经济,不抓教育,那里的工作重点就是没有转移好,或者说转移得不完全。”教育投资是效益最大的一种投资。教育部门不是消费部门,而是开发智力资源的一个重要投资部门,舍得花本钱和精力来办教育,是有远见卓识的。

《决定》严厉批评了一些党政领导:“各级都有一些领导干部,宁肯把钱花在并非必要的方面,对于各种严重浪费也不感到痛心,唯独不肯为发展教育而花一点钱,这种状况必须改变。”抓教育,首先要从基础教育抓起。《决定》:“义务教育……为现代生产发展和现代社会生活所必需,是现代文明的一个标志……现在,我们完全有必要也有可能把实行九年制义务教育当作关系民族素质提高和国家兴旺发达的一件大事,突出地提出来。”当前世界教育改革的总趋势是重质量,重基础,重普教。小平同志说:“现在小学一年级的娃娃,经过十几年的学校教育,将成为开创二十一世纪大业的生力军。中央提出要以极大的努力抓教育,并且从中小学抓起,这是有战略眼光的一着。”由于有些人对基础教育的重要性认识不足,或者存在着“急功近利”的思想,只注意高等教育,忽视基础教育,这是很危险的。

二、教育改革的目的

教育改革的根本目的是提高民族素质,多出人才、出好人才。《决定》:“在整个教育体制改革的过程中,必须牢牢记住改革的根本目的是提高民族素质,多出人才,出好人才。衡量任何学校工作的根本标准不是经济收益的多少,而是培养人才的数量和质量。紧紧掌握这一条,改革就不会迷失方向。”

好人才的标准是什么呢?就是要具备“四有”“两个热爱”“两个精神”。“四有”:有理想、有道德、有文化、有纪律。“两个热爱”:热爱社会主义祖国,热爱社会主义事业。“两个精神”:为国家富强和人民富裕而艰苦奋斗的献身精神,不断追求新知,具有实事求是、独立思考、勇于创造的科学精神。当前,在学校教育中存在着三个“很不够”:培养学生从小独立生活和思考的能力很不够,发扬立志为祖国富强而献身的精神很不够,生动活泼地用马克思主义思想教育学生很不够。如何理解“多出人才”的“多”呢?《决定》指出:“要造就数以亿计的工业、农业、商业等各行各业有文化、懂技术、业务熟练的劳动者。”要造就数以千万计的具备“四有”“两个热爱”“两个精神”的各类专家和党政工作者。这是一个浩大的系统工程,是给全党全民,特别是给全体教育工作者提出的一个极其艰巨的任务,我们应该感到光荣和自豪。

三、教育改革的任务

1. 改革教育体制,既放又统。这是当前教育改革的关键,抓住关键,就可以带动其他改革。现在教育管理体制上的主要弊端是:一方面,政府有关部门对学校,主要是对高等院校统得过死,影响了地方、群众、学校办学的积极性,使学校缺乏应有的活力;另一方面，政府有关部门应该加以管理的事情，又没有很好地管理起来。如：私人、团体、部门不经批准自行办学，乱收学费，滥发毕业证书，等等，这些都没有统一管理起来。因此，要加以改革。针对以上弊端，体制改革既要放，又要统。所谓放就是放权，如何放权呢？从中央的角度来说，就是把实施九年制义务教育的权放给地方，即地方负责，分级管理。所谓地方负责，就是地方各级党委、政府负责；所谓分级管理，就是省、市（地）、县、乡四级管理。普及基础教育是现代文明的基础和标志，高等职业技术教育和普通高等教育的发展，有赖于基础教育的普及与提高。当今世界上一些发达国家正在重新强调和提高、改进基础教育。联合国教科文组织的一份材料介绍，已宣布实行义务教育的168个国家和地区，其义务教育的年限为7年至9年的有73个，10至12年的有45个，两类共占实行义务教育的国家和地区的总数的70.2%。我国工业技术装备，目前大体上处于机械化阶段。从世界历史发展进程来看，一些国家相当于这种技术装备水平的时候，美国25岁以上成年人平均学历为8.4年；日本义务教育为9年，于1948年就普及了初中教育；英国早于1921年就将义务教育延长到9年；法国从1936年开始实行8年义务教育，1959年又进一步实行10年义务教育。新中国成立36年了，现在连小学义务教育还未普及。这种状态，与一个10亿人口的社会主义大国怎么能相称呢？今天，党中央把它作为一个重大战略决策突出地提出来了，这是《决定》中的重要内容，是关系到民族素质的提高和国家兴旺发达的一件大事。中央决心很大，要动员全党、全社会和全国各族人民，用最大的努力，积极地、有步骤地予以实施。如何完成这个艰巨任务呢？鉴于我国土地辽阔，人口众多，各地经济、文化发展水平极不平衡，内地与沿海、城市与乡村、平原与山区差别很大，普及教育不能一刀切，不能搞一个模式。况且国家底子薄，摊子大，财力有限，如果单靠国家投资，在10亿人口中普及九年制义务教育，那将很难实现。因此，只有把基础教育的权放给地方，实行“地方负责，分级管理”，才能多快好省地完成这个重大的历史任务。我市普及教育的规划是：两个阶段，四类地区。两个阶段即1987年普及小学教育，1997年普及初中教育。四类地区是：（1）约占全地区总人口25%的经济教育基础好的市区、郊区和三县城关镇，1990年普及（其中市区1988年普及）初中教育。（2）约占全地区总人口35%的经济、文化基础较好的区、乡（镇），1993年普及初中教育。（3）约占全地区总人口30%的经济、教育基础较差的区、乡（镇），1995年普及初中教育。（4）约占全地区总人口10%的少数经济、教育落后的重灾区，边远农村，1997年普及初中教育。放权表现在高等学校招生计划和毕业生分配制度等方面，扩大高等学校办学自主权。招生三种办法：指令性计划，委托代培（计划外），自费生。放权表现在学校逐步实行校长负责制，给校长以更多的权利。同时，要建立和健全以教师为主体的教职工代表大会制度，加强民主管理与民主监督，防止校长独断专权，把个人负责和民主管理结合起来。特别是要正确处理党政关系，发挥党的保证和监督作用。实行校长负责制,关键在选好校长。

在放权的同时,政府有关部门对教育要加强统一管理,设立一个机构把整个教育统起来,所以各级都要成立教育委员会。教育委员会是主管教育的综合部门,国家教育委员会就是国务院主管教育的综合部门,是与国家经济委员会、国家计划委员会相平行的委员会。它的主要任务是掌握教育工作的方针、政策,统筹整个教育事业的发展规划,指导、组织和协调有关教育方面的工作,统一部署教育体制的改革,并且加强教育的立法工作。它与原教育部有三点不同:(1)工作范围扩大了。现在的国家教育委员会,除军事系统的学校外,对全国各地、各部门所有的教育工作都要管,特别对教育工作要加强宏观指导。(2)职权大了。国家教育委员会要领导和指导各省、自治区、直辖市及各部委的教育工作。(3)领导力量比过去更强。

2. 改革中等教育结构,发展职业技术教育。中专学校、技工学校、职业学校的教育都称职业技术教育。《决定》指出,职业技术教育是当前我国整个教育事业最薄弱的环节。原因是:鄙视技术教育的传统观点,认为其不正规;劳动人事制度方面的某些弊端,导致人们不愿上这类学校——特别是职业学校。一定要采取切实措施改变这种状况,力争职业技术教育有一个大的发展。要求在五年左右,使大多数地区的各类高中阶段的职业技术学校招生数相当于普通高中招生数。

如何发展技术教育呢?从中学阶段开始实行三次分流培养,即小学毕业后的学生,一部分升入初中,一部分接受初中阶段的职业技术教育,初等职业技术学校的学生毕业后,既可就业,也可升中等职业技术学校;初中毕业生,一部分升入普通高中,一部分接受高中阶段的职业技术教育;高中毕业生,一部分升入普通大学,一部分接受高等职业技术教育。这样,就能逐步形成一个与普通教育并行而又相互沟通的职业技术教育体系。从总体来看,我国将实行普通教育(小学、初中、高中、大学)与职业技术教育(初等、中等、高等)两个既相平行又相沟通的教育体系。所谓相互平行,是指它们的独立性。它们各自的任务不同,职业教育将自成一个独立体系,不能互相代替。所谓相互沟通,是指它们相互渗透,相互作用。普通中小学要开设职业技术课(因为中学有"两为"任务),职业技术教育要开设文化课。相应改革劳动人事制度,实行"先培训,后就业"的原则。对于专业性、技术性较强行业的从业人员,必须经过考试取得合格证书,才能上岗。今后没有经过职业技术培训的,不能参加招工。各部门招工,首先从职业学校毕业生中招收,今后逐步做到中专、技工、职业班的毕业生都不包分配,都实行择优录用。职业技术教育,在办学方针上,强调了与经济和社会发展的需要密切结合;在办学形式上,强调了全民、集体、个人一齐上;在管理体制上,强调了主要由地方负责。

3. 改革不适应现代化建设的教育思想、教学方法,培养大量新型人才。万里说:"改革教育思想和教学方法,也是教育改革的一项重要内容,《决定》没有多讲,但不等于这个问题就不重要，恰恰相反，这是今后教育改革中必须进一步探讨的一个重大问题。”为什么要改革传统的教育思想、教学方法呢？首先，要搞清传统教育的概念，它是一个相对的概念，没有确定的时间界限。传统有远有近，古代有古代的传统，现代有现代的传统。从时间上讲，传统总是过去流传下来的东西；从内容来讲，传统有好有坏，有适应现在情况的，有不适应现在情况的；从国家来讲，有外国的传统，有中国的传统；从社会发展阶段来讲，有封建主义教育的传统，有资本主义教育的传统，有社会主义教育的传统。现在人们所说的传统教育就是指于17世纪兴起的，以后捷克教育家夸美纽斯从理论上给以论证，德国教育家赫尔巴特加以发展，并以他为代表的，苏联教育家凯洛夫加以完备的教育理论。如果从刚兴起算起，至今已有300多年的历史，如果从赫尔巴特算起，也有100多年的历史。对传统教育要认真地加以具体分析，明确哪些要继承和发扬，哪些要否定和革新。传统教育在指导思想上，重课本，重课堂，重教师的权威作用，这是正确的，今天仍然要重视课本、课堂和教师的作用，不能削弱。但它轻视实践，轻视课外，忽视学生的主体作用，这是封闭型的，是错误的，特别是其不能适应今天对外开放、对内搞活政策的需要，不能适应培养开拓型、创造性人才的需要。它在教学内容上是固定化的，教材中有一部分内容要相对稳定，这是正确的，但是陈旧了、僵化了的部分，不能适应当代日新月异的科学发展。在教学方法上，它按照逻辑顺序组织教材，分析教材，系统讲授各种基础的文化知识，这是正确的，今天仍然需要，但它忽视对学生能力的培养，忽视学生智力的发展，而且采取灌输式、填鸭式教育方法，这就更不对了。在教育管理上，它强调强制性纪律和道德规范，这是需要的，但忽视对学生自主、自治、自理能力的培养，是保姆式的，其结果只能是培养出听话型的、书生型的人。在教学形式上，它实行班级授课制，这相较于古代书院式的教育是个很大的进步，但它忽视课外活动，忽视对尖子学生的培养和对后进生的个别教育，这就不对了。

当前，要满足为新时代培养新型人才的需要，要提高教育质量，就必须改革传统教育。首先，要实现教育思想的转变，从传统教育思想转变到现代教育思想的轨道上来。现代教育最基本的特征是教育与现代生产和现代科学技术紧密结合，教育与整个社会生活紧密联系，并为一定的社会政治经济服务。具体表现在五个方面：现代教育是顺应现代生产的需要而发展起来的，是现代生产的产物；现代教育必须与生产劳动相结合；实现普及教育，并逐步提高普及教育的程度是现代教育发展的必经之路；班级授课制是现代学校教育模式和体系的基础；教学内容、方式和教学理论现代化，是现代学校教育发展到当代的突出标志。教学内容现代化就是改革陈旧落后的学科内容，把最新的科学成就反映到教材中来。教育方式现代化，主要是改革传统的教学方法，着重培养学生的自学能力和创造精神，教会学生独立地去获取更多的知识；同时，广泛采用电化教学、电子计算机等先进的教学手段，突破学校的围墙，扩大教学的范围和对象，提高教学效果。

近年来，我市有小部分教改志愿军在领导支持下，从教材内容、学制、课程设置、教学方法、教学手段等方面进行了改革，而且取得初步成效。但从总体上看，还是没有全面推开，没有造成声势，许多学校没有采取行动。主要存在的问题：(1)“满堂灌”“填鸭式”的教学方法普遍存在。少数人连灌都灌不好，不认真备课，不批改作业，不个别辅导，更甚者，借改革之名，行“放羊”之实。(2)教学指导思想不端正，随意增加课时，轻视升学不考试的科目，甚至擅自砍去；眼睛盯着尖子学生，尖子班，偏爱听话型的、学习成绩好的学生；嫌弃好讲话，小错误不断，学习成绩差的学生。(3)忽视劳动教育和劳动习惯的培养。(4)教和学相比，重视教法研究，忽视学法研究，忽视对学生动手能力、自学能力、自治自理能力的培养。教育教学严重脱离社会生活，脱离工农业实际。

今后，我们要树立大教育观点，每个教育工作者都要关心当代最新科学成就，关心并熟悉社会生活，把自己的教育与教学紧密结合起来，要一面抓常规教学，一面抓改革。要“传授知识，培养能力，发展智力”一齐抓。要着力培养学生自学、自治、自理能力。要坚持四个结合：第一课堂与第二课堂结合，书本和实际结合，教师主导作用和学生主体作用结合，教育与生产劳动、社会生活结合。要积极推行陶行知先生主张的六大解放：解放学生的头脑，使他们能想；解放学生的双手，使他们能干；解放学生的眼睛，使他们能看；解放学生的嘴，使他们能说；解放学生的空间，不要把学生关在笼中，使他们能到大自然大社会中扩大眼界，取得丰富的学问；解放学生的时间，不要把他们的功课表填满。要提倡学生手脑双挥。

四、保证教育体制改革顺利进行的有利条件

小平同志说：“对我国教育的发展，我是乐观的。困难是有，但要看到有利条件。”有利条件是什么呢？

1.《决定》着重强调各级党委和各级政府对教育的领导，这是教改顺利进行的保证。《决定》：“各级党委和政府都要按照党的十二大的决策，把教育摆到战略重点的地位，把发展教育事业作为自己的主要任务之一，上级考查下级都要以此作为考绩的主要内容之一。”“党的农村基层组织应该把更多的精力放到党员和群众的思想政治教育和文化技术教育上来，放到办好本村本乡的教育事业上来。”中央由万里主管教育，李鹏任国家教育委员会主任，各级都要成立教委会。中央派讲师团到各地。我市农村普及九年制义务教育实行“三长负责制”：乡长保证本乡有足够数量的学校、教室和教师，要立下“军令状”；校长要保证把学生招进来，管理好学校，培养好学生；家长要保证把适龄子女送到学校。郊区有的乡考核干部采取打分的方式，满分100，其中教育工作占20分。

2.《决定》特别重视建立一支数量足够的稳定合格的教师队伍，这是教改顺利进行的关键。小平同志说："现在，纲领有了，蓝图有了，关键是要真正重视，扎扎实实地抓，组织好施工。"教师队伍是施工大军中的生力军。蓝图能不能付诸实施，关键在于这支队伍的数量和质量。这支队伍的政治质量如何呢？中央给予极高的评价："长时间来，他们中的绝大多数人，无论生活如何清苦，无论经历什么政治风雨，都始终不渝地坚信党、热爱社会主义祖国、忠于人民的教育事业，不愧为人师表。"在党中央的正式文件上这样充分地肯定教师，不仅是在中共党史上，就是在国际共运史上也是罕见的。它体现了党中央对广大教师的高度信任、高度关怀，说明了党中央非常了解教师的经济地位和政治地位，是十分了解教师的高尚品德和对教育事业无限忠诚的品质的。《决定》特别强调要充分发挥教师在学校教育教学工作中的主人翁作用，要依靠他们，认真听取他们的意见。政治上的关心是最大的关心。党中央还采取特别措施提高教师的社会地位和生活待遇。特别措施是教师节、工改。国外中小学教师工资待遇可分为三种类型：(1)高于型。高于类似的或同等资格的其他职业的工资，如日本中小学教师工资高于同学历同工龄的其他职业人员的15%，朝鲜高于20%。(2)相等型。如波兰。(3)低于型。最典型的是美国。据调查，1981年到1982年度，美国有学士学位的教师起点工资年平均为12368美元，在纽约市，教师的起点年工资是13000美元，而司机则是20000美元。又据1985年的调查显示，教师薪金普遍低于律师、会计师、工程师、化学从业人员、电脑分析员、邮政人员，并低于政府人员。美国中小学教师社会地位和经济待遇低，导致了两个后果：第一是不合格的教师大量存在。第二是教育质量每况愈下。近年来，官方的民间调查报告都惊呼教育质量下降已形成危机。我国原属"低于型"，小学教师平均工资居全国倒数第一，中学教师平均工资倒数第二。这次工改采取特别措施，使之逐步向"高于型"转变。这个转变要从我国国情出发，不能转得太快，要考虑到实际状况。工改以后，教师工资至少高于同等资格的政府工作人员。党中央对提高教师业务也很关心，把发展师范教育和培训在职教师作为发展教育事业的战略措施，并选派优秀干部到全国各地帮助培训教师。对教师要从两个方面考核：学历，教学水平。教师取得合格证后才能任教。在时间上，要求5年内大多数教师能胜任教学工作。我市在10年内缺中学教师5000名、小学教师2400名，中小学教师有5800人要参加培训。

教师职业是世界上最古老的永恒的职业之一，它是联结过去、现在与未来的不可或缺的重要环节。教师的职业是永远年轻的职业之一，它是面向未来的，面向社会明天的。教师的职业又是最光荣的职业之一，国家的未来在很大程度上取决于学校的未来，而学校的未来则在极大程度上取决于未来的教师。苏霍姆林斯基说，世界上是没有比医生和教师更仁慈的职业的。同志们，我们每个教育工作者，每个教师要充分认识到我们的历史责任，认识到我们所从事的职业的伟大和光荣。我们要自尊、自重、自强，永远忠于党的教育事业,全心全意为人民服务,努力钻研业务。特别是党员教师要带头,做教改的志愿兵,站在教改的前列。我们要为建立一支数量足够的、合格稳定的教师队伍而共同努力。

3.《决定》十分注重教育经费的增长,这是改革顺利进行的主要条件。解决教育经费的办法是开五个口,所谓五路进财:中央和地方的教育拨款的增长要高于财政经常性收入的增长,并使在校学生人均教育费用逐步增长;地方机动财力中应有适当比例用于教育;乡财政收入应主要用于教育;地方征收教育费附加;鼓励单位、集体和个人捐资助学。我市十年内普及九年制义务教育,要增加1.5亿元投入,每年增加1500万元。解决途径:市、县政府教育拨款增长比例按10%高于财政增长比例,约250万元;城市建设维护税中提取10%,约250万元;城镇教育费附加300万元;农村人口200万,按人均收入370元的1%比例捐资,约740万元;勤工俭学纯收入中提取40%,约70万;省市正常拨款。以上五项共1650万元。

4.《决定》规定教育立法,这是教育改革顺利进行的法律保障。在未立法之前,各地教育事业的发展状况在很大程度上取决于各地领导对教育的认识程度,但这是靠不住的。如果有了教育法,不管领导人重视与否,都要依法办事。所以说,这是改革顺利进行的法律保证。国家教委正在考虑普教法、教师法的相关法条,将来还要立考试法,等等。教育也要法制化,要把法制和人治结合起来。

有了以上四条有利条件,正如《决定》最后所说:“教育体制改革必将获得成功,具有中国特色的社会主义教育事业必将空前繁荣,从而强有力地推动我国的社会主义现代化建设,把全民族的文化科学素质和精神境界提高到一个崭新的水平。”总结以上,学习《决定》,要了解一个目的、两个体系,明确三项任务、四个条件,把握五个重要观点。

(为贯彻好《决定》,市教育局党委决定,先在党内动员,推动全员学好《决定》。这是蓝济仲同志受教育局党委的委托向全市教育系统党员讲党课的讲稿。)

总结经验，再找差距，努力提高中小学教育质量

（1985 年 10 月）

自去年中小学教育教学工作会议以来，由于各县（区）教育局以及各中小学领导认真学习贯彻《中共中央关于教育体制改革的决定》（以下简称《决定》）和省市教育工作会议精神，端正了办学指导思想，调动了广大师生员工的积极性，使我市教育教学工作出现了欣欣向荣、蒸蒸日上的新气象。

一、教育形势

我市教育事业有了较快的发展。1978 年，全地区各级各类（不含高校）学校共有 1757 所，在校生 43 万余人，1985 年增加到 1781 所，在校生 50 万余人。七年增加 24 所学校，7 万余在校生。中专、技工、职业高中（职业教育）在校生与普通高中在校生之比为 1∶1.24，根本上改变了中等教育结构单一化的状况，普教与职教这两个既相平行又相沟通的教育体制已经形成。办学经费逐年增加，仅就市区（不含县）而言，1983 年、1984 年、1985 年，教育总投资分别为 844.4 万元、998.2 万元、1200 万元。办学条件逐年改善，1978 年，市区中小学校总面积是 223900 m^2，生均面积为 1.73 m^2；现在是 921035 m^2，生均 2.51 m^2。仪器设备有了较好的改善，根据省厅“无自筹经费不予配

备”的精神，采取省、市“双拼盘”的方式，市局教学仪器站为市区中学购置了价值205978.41元的教学仪器。现有4所中学配齐仪器，可以进行分组实验；6所中学学生分组实验率达到90%，演示实验率达到100%；7所中学学生实验率达50%，演示实验率为90%。为小学购置了3万余元的仪器。采取省、市、县“三拼盘”，为三县购置了价值177187.9元的仪器，其中省市共补贴120187.9元，占总价值的68%。电化教学设备有了初步发展。1984年、1985年，市局电教馆共购置了价值10万余元的电教器材。蚌埠一中、二中、三中、十二中、二十三中、八中，蚌埠一实小、二实小，蚌山幼儿园，五河一中等校建立了电教机构，配有专职或兼职人员。市局电教馆用9000余元，为市区51所开设外语课的小学购买了录音机与教学录音带。市区中学30%、小学13%，开展了电化教学。体育器材正在逐步配备，两年购置了价值4万余元的体育器材。按原部颁体育课教学大纲的要求，市郊已有10所中学配齐了体育器材，7所中学配备一半，11所中学配备三分之一，其余中学基本未配备。

学生在德、智、体诸方面得到了较好的发展。1985年，676名学生和113个先进集体受到表彰，涌现了固镇赵现红、怀远常晓珊两位模范人物，分别被省、县授予“舍己救人的小英雄”、“淮河岸边小英雄”的光荣称号。我市中学生在1984—1985年度全国体育比赛中，获3枚金牌、1枚银牌、2枚铜牌；在省体育竞赛中，获69枚金牌、32枚银牌、36枚铜牌。小学生在全国“创造杯”竞赛中，夺得1个“最佳创造杯”、29个“创造杯”，名列全省第一。初考、中考、高考成绩全面提高。今年，市区小学升学率为95.1%，比1984年的90.2%增加了4.9个百分点，最低录取分数线由1984年的120分（语数两科满分为210分）提高到130分。小学毕业生100%升学的学校由1984年的16所增加到今年的20所。迎河桥小学、物探小学、龙湖小学（新建）分别获得市区校平均分第一、二、三名。治淮路小学升学考试校平均分连续两年以20%的速度提高。龙湖小学汪素君以总分226分（满分为230分）的成绩名列全市第一，其中语文97分、数学110分（满分110分）、外语19分（满分20分）。初中升学率由去年的46%提高到52%，增加了6个百分点；最低录取线由1984年的190分提高到300分，增加了110分；及格率由去年的18.7%提高到27.4%，增加了8.7个百分点。蚌埠二十二中以70.2%的报考率、61.8%的达线率名列全市初中第一名。蚌埠二十五中的达线率由1984年的32%提高到今年的56.4%。市区中考360分以上的有1999人，占报考人数的27.4%，比去年提高了8.7个百分点；优秀率为51.9%，比1984年的24.7%，提高了27.2个百分点。达线率比去年增加了9.4个百分点。今年，高考成绩高分段人数的比例比去年大，优秀率比去年高。我市理科考生总分在500分以上的有125人，占报考人数的14%，高于全省这个分数段占全省报考人数的比例。蚌埠二中陈莹以总分627分夺得全省理科第一名，成为我市高考第一位女状元；怀远一中孙乃建以总分605分名列全省理科第六名；

五河一中蔡舒年以外语100分的成绩,名列全省该学科的第一名;蚌埠二中田春燕以数学120分的成绩,名列全省文史类该学科第一名,袁虹以文化课总分503分,名列全省体育类文化课总分第一名;蚌埠三中周振平获全省体育类身体素质考试总分第一名。我市语文、政治、外语、数学、物理、化学、生物等七科,每科总平均成绩都高于全省这七科的每科总平均成绩,其中语文高出9.1分。各学科竞赛在全省也夺得好成绩,高中数学获团体总分第一名,高中地理获团体总分第二名,蚌埠一实小学生的书法美术作品被选为出国展品,在日本等国巡回展出。

当前,在教学工作中尚待进一步解决的问题还很多。教学思想上,重视普通教育质量的提高,忽视职业教育质量的提高;重视理科,忽视文科;重视第一课堂,忽视第二课堂;重视知识传授,忽视智能培养;重视传统教育的继承,忽视对其进行改革。在教学管理上,只着眼于教师工作量的计算,对其教学质量缺乏严格要求与科学考核,对教师校外兼课控制不严,教学研究气氛不浓。在改革方面,注意“教”的改革,忽视“学”的改革。在教学设施设备上,“一无两有”还未完全实现,全地区有危房:中学47600 m^2,小学43600 m^2。中学生平均每生0.8桌位,0.5凳位;小学生平均每生0.6桌位,0.2凳位。

二、基本经验

《决定》指出:“改革的根本目的是提高民族素质,多出人才、出好人才。衡量任何学校工作的根本标准不是经济收益的多少,而是培养人才的数量和质量。”根据《决定》的精神,高质量人才就是具备“四有”(有理想、有道德、有文化、有纪律)、“两热爱”(热爱社会主义祖国、热爱社会主义事业)、“两个精神”(献身精神、科学精神)的人才。数量与质量是辩证统一的,其中质量是核心。因此,学校最经常、最根本、最核心的任务就是全方位提高教育质量。几年来,我市在这方面积累了许多经验,可从六个方面进行概括。

1. 牢固确立学校以教学为中心的观念,划清思想界限,放开手脚抓质量

学校工作千头万绪,教学是中心。去年,我在教学工作会议上提出要把工作重点转移到以教学为中心的轨道上来。转得如何呢?大部分中小学转移得比较好。转移的标志有以下几点:一是学校领导把主要精力用于抓教学,作风实在;二是教师把主要精力用于抓本校教学,教风很严;三是学生把主要精力用于学习,学风很浓,考风很正;四是行政管理人员把主要精力用于为教学服务,为师生服务,态度诚恳。从认识层面来看,学校大多数领导能从思想上划清三个界限:遵循教育规律、全面提高教育质量,与违反教育规律、片面追求升学率的界限;以教学为中心与只抓智育的界限;全面抓智育与单纯抓知识传授的界限。从工作实践来看,大多数同志能把主要精力从应付繁杂的行政事务转移到抓教学上来,把工作阵地由原来以办公室为主转移到以课堂、教研组、操场为主上来,把依靠力量由原来依靠少数积极分子转移到依靠广大教师上来,把每周行政会议由原来的以研究行政事务为主转移到以研究教学为主上来。蚌埠二中、七中等校做出决定,领导班子上午基本上不处理日常行政事务,保证拿出一定时间听课或上课。蚌埠二中、八中、九中、十一中、十二中、十五中、二十二中,固镇一中,五河一中等校校长与教导主任以及分管教学的副校长、副主任都兼课,固镇湖沟中学的总务主任、团委书记、人事秘书也兼课。小学校长中有95%兼课,而且很多同志教的是语文、数学。蚌埠五中等校每两周召开一次研究教学工作会议。蚌埠二中、五中、九中等校由校长、教导主任与教学经验丰富的老教师组成教学研究室,作为校领导抓教学的参谋部。

各级教育行政部门的领导与市县(区)教研室的同志也都能深入学校听课,把调研与考核教师、指导教学、解决实际问题相结合。市局教研室与中小教科的同志建立每周一日听课制度,截至目前的一年时间中,平均每人听60节课,本学期还有两名教研员到学校兼课。

领导深入第一线,不仅拉近了师生关系、干群关系,有助于建设一个领导作风实、教师教风严、学生学风浓的良好校风;而且能让领导对全校教学整体情况做到心明眼亮,施政有方,讲话有力,指挥有权,为大面积提高教学质量提供了可靠的保证。当然,还必须克服两种倾向:少数领导不深入课堂听课,不参加教研组活动,不与师生交谈,还凭老经验指挥教学;个别一把手兼课时数过多,影响全校管理。实践再次证明,哪个时期,哪个学校的工作重点实现了转移,哪个时期,哪个学校的教学秩序就稳定,校风就端正,教育质量就不断提升;否则,就会迅速下降。

2. 以德育为主导,以智育为主体,"五育"协调发展

德育、智育、体育、美育、劳动技术教育是各级各类学校全面教育的五大组成部分,各自具有独立而丰富的内涵,不可或缺,是一个相互依存、相互作用,不可分割、不可孤立的有机整体。打个不太恰当的比喻,它们犹如一个活生生的人体,其中德育好比大脑,主宰全身,指挥全体,起主导作用,保证其他"四育"的发展方向,并为之提供思想动力。智育好比躯干,人体各部分器官都生长在它上面,躯干支撑着各器官,各器官离开躯干将无法存在。学校不抓智育,就像人体离开躯干支撑就不成其为人一样,学校也就不能成为学校了。体育、美育、劳动技术教育好比人体的四肢,失去四肢,固然不致死亡,但已成残废人。学校如果把这三育砍掉,就成了残废学校,"人彘"学校。在处理它们之间的关系时,要引以为戒的是:某些时候片面强调德育,甚至要把学校办成政治学校,随意增加政治学习与政治活动时间,随意停课"闹革命";某些时候又片面强调智育,忽视其他四育,不适当地增加文化课的时间,甚至把所谓"小三门"的音、体、美课砍掉,挤占班会以及正常的文体活动时间。这都是片面的。一堂高质量的文化课或一次精心组织的课外活动，都有机地涵盖着“五育”。近两年来，各校在贯彻教育方针、五育协调发展方面，成绩比较显著。蚌埠二中三年前入学成绩低于省内其他重点中学同届学生的入学成绩。社会各界人士对蚌埠二中期望值很高，二中压力很大。有人建议，采取“留级”“甩掉差生”“劝报技校”等方法，力求减少报考人数，提高升学率。还有人建议，加班加点，节假日补课。有的家长来校要求，不让孩子当干部，不让孩子参加社团活动与文体活动，宁愿出钱给老师做补课加班费。二中学校领导层经过反复研究，最终把思想统一到“五育”一起抓、大面积提高教育质量的节点上，深入教学第一线，调动师生积极性，放开手脚抓质量。经过一年奋斗，取得了优异成绩。196 名学生全部参加毕业考试，全部合格。体育达标率达 88.7%，高考体检全部合格。除 7 名被保送到重点大学，2 名自愿报考技校，其余 187 名全部参加高考。本科达线 88 人，本科录取率占报考人数 47%，占毕业生人数 45%。达本、专、中录取线者 180 人，占毕业人数的 92%。

为加强德育工作，许多中学成立了政教处，尚未成立政教处的学校成立了由党支部书记挂帅，教导主任、团委书记、人保干部、政治教研组长参加的德育领导小组，从组织上保证了德育工作有组织、有计划、经常性地开展。小学德育主要通过四个渠道：党支部-团支部-大队部-少先队；校长室-教导处-班主任-学生；副校长-总务处-员工-学生；学校-联谊单位-校外辅导员-学生。小学思想品德课日臻完善，取得可喜成绩，受到省教育厅初教处的表扬。学校贯彻了教育部提出的“以增强学生体质为主，面向全体学生为主，经常锻炼为主，预防为主”的思想，基本上保证学生每天一小时的课外活动，坚持“两课两操”，开展群众性的乒乓球、篮球、排球、跳绳、拔河、踢毽子等形式多样的活动。小学、初中的音乐、美术课都能开齐科目，开足课时。有的学校还探索从语文、外语教学中挖掘美的因素，美化学生心灵的方法。蚌埠一中、二中、三中、四中、十二中、二十六中、二十四中、二十一中，蚌埠一实小，朝阳五小等中小学开设了电脑、电工、英文打字、花卉、蔬菜种植与栽培、书法基础等课，对学生进行劳动技术教育。

3. 以改革课堂教学为突破口，开辟第二课堂，改革教育思想、教育方法

传统教育有许多优良传统，应该发扬光大，但是，传统教育也是封闭的，有许多不适应现实情况之处。当前，传统教育与培养现代人才的突出矛盾表现为：课堂教学内容的局限性与知识量扩展的无限性之间的矛盾；相对稳定的教材与不断更新的知识之间的矛盾；个人爱好特长的发挥与集体授课之间的矛盾。要为新时期培养创新人才，必须解决这些矛盾，必须进行改革。改革从何着手呢？去年教学工作会议以来，各校结合本校实际，选择以课堂教学改革为突破口，贯彻少、精、活的原则，向 45/40 分钟要质量，同时，开辟第二课堂。总体看，改革还处于实验阶段，目前的状况是小学比中学好，重点中小学比一般学校好，初中比高中好，课外比课内好，城市学校比乡村学校好。在第一课堂方面，中学，继蚌埠二中外语、蚌埠三中语文教改实验后，蚌埠一中、二中又在初一进行语文教改实验，蚌埠一中还进行外语实验。市教研室配合有关学校,在政治、地理教学中引进南京师范大学周靖馨教授创立的综合程序教学法,在历史教学中实验黎世法教授创立的六课型教学法。中小学都开展了青年教师教学观摩大奖赛,受到省教育厅的充分肯定,并将我市经验转发各地市。在第二课堂方面,各中小学都成立了各种课外兴趣小组,吸引不同爱好的学生到小组内施展拳脚。三个市区都已举办了"三小"展览,全市"三小"展览也于昨日剪彩,展品 90 余件。朝阳路第五小学开展的办信息报、讲信息课、建立信息簿的活动富有创造性,它像磁铁一样,把广大少年吸引到知识的海洋,去探求新知,激发了学生的创造欲望,培养了学生的观察能力、思考能力、分析能力、创造能力,锻炼了学生的动手能力。从长远看,提高教育质量的根本出路在于:在正确继承和发扬传统教育的积极因素的同时,大力改革传统教育的消极因素;传承精华,扬弃糟粕。

4. 以目标管理为核心,以质量管理为重点,建立健全学校管理体系

目标管理是学校管理的核心,在目标管理过程中要紧扣计划的制订、实施、反馈、评估四个环节。去年,高中毕业班工作在制订目标计划时,我们建议:学安庆,赶合肥,超芜湖。各校也都围绕这个目标,提出了比学赶帮的目标,毕业班的教师也提出了个人奋斗目标。在实施目标计划时,市局组织了督导室、中教科、小教科、教研室、计财科等同志分片深入到各县(区)、校检查落实情况。有的学校对毕业生进行分户立账,每人一表,逐月排队,分析研究,找出差距,确定帮补对象与内容。实践证明,有个明确而切合实际的赶超目标,可以鼓舞、动员、团结广大教师去为之努力。学校作为专门培养人才的地方,它的根本任务就是培养数量多、质量高的人才。因此,人才的目标管理是其核心,质量管理是其重点。质量管理过程必须扭住五个环节不放松:质量生产扭住教风严、学风浓;质量考核扭住考风正(整顿考风);质量分析扭住信息反馈(三考试卷分析)真;质量总结(各学科都写出书面总结)扭住归因准;质量评比扭住责权利结合好。此外,直接或间接制约教育管理的思想教育工作的管理、课外活动管理、学籍管理、教师队伍管理、班级管理等,正在逐步完善。许多学校建立教师岗位责任制,在克服"干好干坏一个样"的弊端方面做了有益的尝试。蚌埠五中三次修改岗位责任制,使之日趋合理,调动了教职员的积极性,稳定了教学秩序,教学质量有了明显提高。

提高教学质量需要依靠科学管理,不能硬拼,不能蛮干。有位比较年轻的校长,有干劲,有闯劲,但不太熟悉教育规律,不太懂得科学管理。他将初三每周增至 42 节课,初一、初二每周增至 36 节课,砍掉音乐、美术两科,把数理化语外政 6 科作为正科,史地生体 4 科作为副科,自立毕业标准,学籍管理混乱。希望他加强理论学习,提高科学管理水平,改弦更张,按教育规律办学。

5. 抓初中,上促高中,下拉小学;抓起始年级和毕业年级,带动中间

从基础教育的三个阶段来看,初中是中间环节,承上启下,但又是薄弱环节,教师学历达标率低，学生合格率低。初中是学生心理、生理发生巨变的特殊阶段，还是被人们忽视的阶段。因此，要提高基础教育的质量，必须把初中作为突破点。近年来，我们采取 10 项措施抓初中。重点中学每年招收本校初中毕业生不少于招生总数的 75%，既促进重点中学办好本校初中，又调动其他中学办好初中的积极性。加强初中教师队伍建设。1982 年、1983 年、1984 年，将师范专科毕业生“一刀切”到郊区初级中学；1983 年大幅度地调整了三十一中的教师；完全中学把部分骨干教师放到初中把关。三个阶段的毕业班一齐抓，改变过去只抓高中毕业班的做法。仪器配备着眼于初中。市局组织的学科竞赛重点放在初中语文、数学、外语三科。教改实验的重点在初中。坚持毕业标准，克服学好学坏都拿毕业证书的弊端。三县与郊区教育局采取过硬措施，严禁高一新生回校重读初三。市、县(区)分批分期办示范初中。职业中学的初中部抓质量不放松。蚌埠一中重视初中部教学，在学科竞赛中，数学连续三年获得优异成绩，今年中考成绩也有较大的提高，特别是推动了高中教学质量的提高。

我们抓起始年级有三大举措：学段之间的自然衔接；教师任课实行小循环；第一学期期末统考。市教研室编写的小学与初中的数学衔接补充教材，实验 3 年，效果很好。去年开始，各校高一第一学期的数理化外四科，各用 3 至 4 周时间复习初中内容，并规定第一学期期终考试含初中部分内容。蚌埠铁路一中组织初一各学科教师分别到三所铁路小学听课，与小学毕业班教师开座谈会，了解小学生学习方法与已掌握的知识，以及教师管理班级的方法。许多小学也开始重视幼儿园(学前班)与小学一年级的衔接。这是符合传统教育循序渐进的原则的。苏联教育家马卡连柯说过，循序渐进，循序渐进，再循序渐进。许多中小学实行教师任课“小循环”(高初中一至三年级，小学一至三年级、四至六年级)，少数小学实行“大循环”(一至六年级)。这不仅有利于推行教学责任制，更有利于教师掌握一个学段各年级的教材内容和学生的学习心理与方法，也有利于毕业班教师纵观始末，居高临下，科学地安排复习内容，掌握各年级的难点与重点。对起始年级第一学期的期末考试实行统考统改，质量分析，能够及时发现问题，把问题解决在起步，从而控制初二分化。

在抓毕业班工作方面，我们初步积累了 10 条经验。明确指导思想，1985 年高中毕业班工作指导思想是，面向全体，遵循规律，德智体全面抓，赶超先进地区，在全省争上游。加强领导，去年，各校都成立高三毕业班工作领导小组，有的学校高三教师集中办公。市、县(区)、校相继召开各种会议，进行思想发动，不断排除障碍，化消极因素为积极因素。层层制订计划，目标明确，步骤稳妥，措施得力，张弛结合。每个阶段逐班逐科逐人排队摸底，因材施教。不同复课阶段不同要求：第一阶段，立足基础，着眼提高，逐步推进，区别对待；第二阶段，综合提高，兼顾基础，讲练结合，以练为主；第三阶段，学生自学，教师点拨，理线穿点，突出重点，检查指导，分类要求。去年，市教育局检查高中 3

次，高中统考2次，检查小学1次。狠抓薄弱环节。蚌埠一中提出：班级为战，面向中等，区别对待，分类指导，优秀生放手抓，中等生集中抓，中下等生个别抓。对有一两门学科"瘸腿"的学生采取定教师、定学生、定时间、定内容的方法，重点辅导。学习先进，交流经验。去年，教学工作会议前，我带领教研室全体成员到安庆、芜湖学习。从政治思想上、生活上、教学上全面关心教师，为之排忧解难。各县（区）、校对小学毕业班复课工作抓得都很紧，超过往年，还引进外地试卷，学人所长。要纠正两种不良倾向：个别学校加班加点，违反教育规律与少年身心发展规律；个别学校松松垮垮，误认为抓毕业班就是片面追求升学率。

许多学校在抓两头的同时，带动中间年级。初二课程门类多，学生负担重，又处于青春期，稍微放松就会分化。有些学校调整了教学计划，把原在初二开设的几何改在初一，有些学校在高二增开了历史、文学常识、理化实验等选修课，开阔学生视野，扩大知识面。

6. 把思想工作与物质鼓励结合起来，调动教师的积极性

《决定》指出："改革教育体制要调动各方面的积极性，最重要的是调动教师的积极性。"如何调动呢？1957年以后的实践证明，不把教师的物质利益与其教学实绩挂钩，不重视教师经济地位的提高、工作条件的改善，只片面强调思想政治挂帅，是不能真正调动他们的积极性的。如果说积极性高，那也是表面的，暂时的，虚伪的，是出于某种政治形势的压力。1958年与十年"文革"的"教育革命"中教师的"积极性"就是充分的例证。近年，有些学校不对教师进行理想、道德、纪律教育，不敢表彰先进典型，不敢批评落后现象，不敢对个别违法乱纪的丑类执行纪律，把党的政治思想工作的优良传统丢掉，片面强调物质利益，一切向钱看，这更不能调动教师的积极性。只有把两者紧密地结合，才能真正调动教师的积极性。在贯彻知识分子政策中，局党委提出"政治上信任，思想上帮助，工作上支持，生活上关心"的原则，就是两结合的体现。两年来，全市局属学校在教师中发展179名党员，其中专任教师135名，占75.4%。市区批准了740名教师享受讲师待遇，为29名中教6级、小教4级以上的教师家属"农转非"，新建了18420 m^2 教师宿舍，377户教师住上新房。固镇县为10名低工资的骨干教师浮动一级工资，为许多教师盖小厨房，安装自来水管，为教师办公室安电风扇，添置书柜。郊区人民政府为郊区中小学教师每月浮动5元工资。各级人民政府及其教育部门、各中小学都在第一个教师节为教师做了大量实事。许多学校在贯彻教学工作责任制时把责权利结合，教师得到一定实惠。去年，全市在教师中开展职业道德教育，根据部颁教师职业道德六条，编印了六讲材料，供大家学习。全国教育工作会议以后，全市大规模地开展了尊师重教活动。最近，又结合整党、精神文明建设，开展"四有"教育。固镇县在教师中开展"三自"（自尊、自立、自强）教育。市区小学教师约三分之一参加党课学习。近年来涌现一批优秀教师、优秀班主任。他们中有的勤勤恳恳不计报酬，一心扑在教育事业上，在提高教育质量方面成绩突出；有的勇于创新，勇于探索，不怕困难，不怕失败，在教育教学改革中跨出可喜的一步；有的积劳成疾，病卧在床，还惦念学生；有的年逾花甲，依然青春焕发，奋战不已。他们不愧为人师表。正反经验证明，只有坚持马克思主义物质与精神的辩证统一，把思想工作与物质鼓励相结合，才能充分调动教师积极性，从而不断提高教育质量。

三、几项具体工作

对于今后工作的意见，龙念市长在全市教育工作会议上的总结报告中讲得很全面，局长、书记王天熹同志又在开学工作会议上做了详细的部署，我这里只是提纲挈领地强调几个具体问题。

1. 在教学工作中，一手抓教学常规，一手抓教学改革

以严格按教学常规施教，保证教学改革顺利推进；以教学改革的新成果，带动教学常规不断科学化。以上总结的六条，多数属于教学常规，要扭住不放，改革另有专述。

2. 逐步实行校长负责制

中小学实行校长负责制，是教育行政部门下放权力，扩大学校办学自主权，增强学校活力的一项重大改革，也是贯彻中共中央"关于废除干部领导职务上实际存在的终身制"的一项措施。我市在1983、1984两年进行了试验，取得一定成效，市委要求逐步推开。实行校长负责制的核心是选好校长。校长负责，首先要负教育质量的责任，要一级向一级负责，一级支持一级。教师向校长负责，校长向局长负责，局长向市长负责。当选校长具备哪些条件呢？他的权力与职责是什么？他与党支部、教代会的关系怎样？市教育局拟定了《蚌埠市中小学(含中专)校长负责制试行条例》，希望各校发动师生员工认真讨论，提出修改意见。

3. 实行教师责任制

各校都制定了教师岗位责任制，而且在实践中进行了修改。要解决两个实际问题：一是工作量与质的结合，也就是考勤、考德、考绩的结合。一般都侧重于量的考核，而对于质量如何考核？二是责权利结合时，应该如何提倡献身精神？为此，市教育局制定了《蚌埠市中小学岗位责任制试行办法》(讨论稿)，希望大家认真讨论。

4. 开展"做个好教师"的活动

好教师的标准是什么呢？我们参照江苏省大丰县新丰镇教育工会开展此项活动的经验，提出最佳教工形象八条：像园丁一样培养教育青少年；像导演一样指导学生的各项活动；像人梯一样扶持素质优异的学生成材；像向导一样耐心帮助与引导素质缺失的学生健康成长；像海绵一样吸取广博知识，成为具有“一桶水”的人；像慈母一样博爱每个学生；像楷模人物一样在学生中发挥表率作用；像红烛一样用自己全部生命照亮人民教育事业。这项活动由市教育工会拟订计划，组织实施。

5. 增加教学设备

明年从集资款中拿出一部分集中解决中小学教学仪器、体育器材、图书、课桌椅的添置。

6. 抓紧毕业班工作

1984 年中小学毕业班工作虽然取得显著成绩，但兄弟地市潜力很大，我们还有许多薄弱环节，要保持清醒头脑，戒骄戒躁，谦虚谨慎。高中毕业班要学安庆、赶合肥、超芜湖，更上一层楼。小学、初中毕业班如何抓？请各县（区）、各校拿出方案。市局打算 12 月召开高三毕业班工作交流会，请大家做好准备。

（这是在 1985 年教学工作会议上的工作报告。）

改革中小学思想政治课教学，培养“四有”新人

——贯彻《中共中央关于改革学校思想品德和政治理论课程教学的通知》的意见

（1986 年 2 月）

《中共中央关于改革学校思想品德和政治理论课程教学的通知》（以下简称《通知》），从我国四化建设的需要出发，根据现代经济、政治、科技的巨大变化，青少年身心特点以及马克思主义发展的自身规律，高瞻远瞩地论述了小学思想品德课、中学思想政治课和高等学校马克思主义理论课改革的必要性和紧迫性，并对课程设置、教学内容、教学方法、考试方法、教师队伍建设、加强领导等涉及理论课改革的一些重大问题做了深刻的阐述，明确了目标，指明了方向，规定了内容，是各级各类学校改革马克思主义理论课的纲领和蓝图，一定要很好地组织实施。现结合我市思想政治课教学的实际情况，提出贯彻意见。

一

中小学开设的在马克思主义指导下的思想政治课和思想品德课，对于培养德、智、体全面发展的人才，特别对于青少年的人生观、世界观的形成，具有极为重要的作用。新中国成立以来，我市中小学开设思想理论课虽然几经周折，但成绩还是很大的。广大政治教师付出了辛勤劳动，做出了不可磨灭的贡献。然而，由于种种原因，情况在不断发生变化，马克思主义理论本身也在不断丰富和发展；教师队伍变动比较大，数量不足，

思想不稳定;个别同志对开设思想政治课的意义认识不足,把它当成“副科”,可有可无,只考试前让学生突击一下。因而现行的思想理论课的内容存在着四个不适应。第一,同20世纪80年代世界政治、经济、科技的发展以及社会主义国家发展变化的现状不相适应。在教学中没有很好地反映这些方面的新发展、新变化、新成果、新理论。第二,同我国现代化建设的需要不相适应。党的十一届三中全会以来,我国社会主义建设的实践积累了丰富的新鲜经验,提出了许多新问题,邓小平同志把马克思主义基本原理同中国实际相结合,创造性地解决了社会主义现代化中涉及国内外的许多重大问题,而现在的教学内容却没有很好地反映这些方面。第三,同学生思想实际不相适应。现在的中小学生年龄小,不了解旧中国,不了解外国,缺乏新旧社会对比、中国和外国对比的体验。他们在对外开放、对内搞活的条件下,直接或间接地了解一些国内外新出现的情况,往往提出一大堆问题。对于这些问题,往往有些学生真伪不辨,美丑不分。许多政治教师不能结合学生的思想实际,有效地给予解答,帮助他们分清是非。第四,同青少年年龄不相适应。青少年形象思维比较好,社会阅历极为贫乏,对于具体生动的东西较易接受,而对于抽象的理论则较难理解。中学所教的辩证唯物主义常识和政治经济学常识,实际上是大学这两门课程的“压缩饼干”。不少教师吃不透原理,驾驭不了教材,只得照本宣科,导致学生囫囵吞枣。教学和考试方法也存在问题,教师为考试教条条,学生为考试背条条,最后考试考条条,不能用马克思主义生动活泼地教育学生。为了适应四化建设、时代发展,以及青少年身心成长的客观需要,改革思想理论课教学已刻不容缓,迫在眉睫了。

二

学校思想理论课的根本任务是把青少年培养成有理想、有道德、有文化、有纪律的一代新人。单纯为升学考试而教,是不能培养出合格的“四有”人才的,是会把学校思想理论课引向歧途的。因而,一定要端正教学指导思想。马克思主义是来源于实践,并在实践中不断丰富和发展的。改革思想理论课的关键是要坚决贯彻执行理论联系实际的方针。思想理论课要面向现代化,密切联系“四化”建设中大量的新鲜经验和生动的实际问题;要面向世界,密切联系当代世界发生的政治、经济、军事和最新科技成就;要面向未来,密切联系历史事实,对学生进行社会主义和共产主义理想教育;要面对学生,密切联系20世纪80年代青少年不同发展阶段的思想、知识、心理发展的特点;要面对开放搞活的现实,密切联系青少年形形色色的思想认识。《通知》指出:“要改变注入式的教学方法,尽量实行启发式的教学方法。”教师授课时要基本采用综合法,即利用生动而丰富的事实,引导学生进行综合归纳,得出结论,找出规律,形成观点。除复习课外,基本上不用演绎法,不要从概念到概念。小学思想品德课要多采取讲故事,看录像、幻灯等形象化的手段,用各种类型的英雄人物事迹去感染学生。中学思想政治课要联系教材内容,有计划地组织学生到工厂、农村、商店、部队进行社会调查。或请这些部门的干部来校介绍情况,以丰富学生的感性认识,扩大学生视野。小学中、高年级可以成立读报小组,每天读10分钟左右的报纸,中学各年级除建立读报制度外,还可以就国内外发生的重大事件举办专题讲座。高中可在教师指导下进行课堂专题讨论。考试方法可以逐步采取书面考试和实际表现考核相结合,开卷考试与闭卷考试相结合,命题考试与写论文、写调查报告相结合。在新教材使用前,对现行教材进行删旧增新,补充一些具体材料。

三

学校思想理论课要处理好各种关系。学校思想政治教育的渠道很多,而思想理论课教学是其重要渠道。思想理论课教学只有和其他各种渠道密切联系,相互沟通,才能汇成社会主义的教育洪流,从而完成学校教育的根本任务。思想政治课教师只有经常深入班级,参加学生活动,同学生打成一片,并与班主任、团队组织保持密切联系,才能掌握学生的性格、爱好和思想脉搏,从而有的放矢地从理论上解决学生的思想认识问题,达到提高学生社会主义觉悟的目的。思想理论课教师只有经常与其他各学科教师密切联系,才能了解学生的知识水平和接受能力,然后在自己教学中有选择地联系有关社会科学和自然科学的知识,达到感染学生,吸引学生,从而提高教学效果的目的。中小学各科教学,特别是语文、艺术、史地等学科在完成本学科专业知识的教学任务外,都担负着以社会主义思想教育青少年的共同任务。教育行政部门要制定中小学思想品德教育系列化、科学化的方案。学校要在党支部领导下,由校长负责计划、安排、检查、督促全校学生的德育工作,定期召开团队、班主任、政治教师、有关学科教师联席会,把各种渠道的力量协调起来。

四

《通知》指出:“实现马克思主义思想理论课教学改革任务的主要依靠和根本保证,在于建设一支坚持党的路线、有马克思主义觉悟和理论修养、有比较丰富的社会科学文史知识和必要的自然科学知识、热心于青少年思想理论教育工作的师资队伍。”由于历史原因,我市中小学思想理论课教师数量少,负担重,学历低,队伍不稳定。市区34所中学,缺61名(其中高中25名)政治教师,平均每人每周14节课。学政治教育专业的教师少,市区176名政治教师中,学政教专业的仅45人,占25.6%。专任教师少,中学思想政治课兼任的教师占32.4%，小学思想品德课教师全部是兼任的。学校要十分重视这支队伍的建设。要调整，把那些实在不具备条件的教师调任其他工作。要培养，今年蚌埠教育学院与蚌埠市中小学教师进修学校合办的政治专科班的毕业生全部用于政治教学，不得他用。蚌埠教育学院要开设政教专业大专班。要培训，凡改行教政治的教师要坚持以业余为主、脱产为辅的进修方针，力争在三五年内达到政治教育专科或本科毕业水平。已达到政教本科毕业的也要不断学习马列主义，学习社会科学文史知识和必要的自然科学知识。

要提高政治教师的思想觉悟和政治待遇。政治教师不但要有较高的理论修养，还要具有较高的政治觉悟，为人师表，成为学生的楷模。中共党员教师要阅读一些必要的文件。学校要给政治教师每人订阅《红旗》《半月谈》《中学政治教育研究》。要组织政治教师参加社会调查和社会实践。

五

《通知》指出："马克思主义思想理论课教学改革的工作，既迫切又繁重，各级党委和政府部门必须切实加强领导。"建议县（区）党委宣传部门要有专人分管学校思想政治课教学，定期给政治教师做时事报告，传达中央重要文件。各级教育行政部门除有专人分管学生思想政治工作外，政治教研力量也要加强，要配专人。

马克思主义思想理论课在社会主义学校教育中具有特殊地位，它是整个学校教育的灵魂，是党在学校中对学生进行思想政治教育的核心，是社会主义教育区别于资本主义教育的重要标志。它决定了我们学校教育的政治方向，应给予高度重视。重理轻文，重文化课、轻思想理论课的认识是错误的，不能满足培养"四有"人才的需要。各级各类学校党政领导都必须提高对思想理论课的认识，切实加强领导。要充分调动政治教师的积极性，从政治上、思想上、学习上、生活上全面关心他们。具备党员条件的要及时吸收他们入党，职称评定与其他学科教师一视同仁。

以上意见，各校应根据自己的特点创造性地执行。在执行中不断总结经验，不断提高政治教师素质，不断提高政治课教学质量，为培养"四有"新人多做贡献。

（这是为中共蚌埠市委代拟的贯彻意见稿，得到时任中共蚌埠市委副书记卞国福的肯定，但未形成正式文件。后来以中共蚌埠市教育局党委名义口头传达至各校贯彻执行。）

迎接教育的春天

（1986 年 3 月）

同志们：

首先，我代表市教育局向参加大会的全体同志，并通过你们向全县广大教育工作者表示亲切的慰问！致以崇高的敬礼！去年 9 月 24 日，市委、市政府召开了全市教育工作会议，10 月 5 日，市长龙念同志做了总结报告。固镇县 10 月 9 日就召开了全县教育工作会议，不到半年时间，现在又召开全县普教工作会议。仅此一点就足以说明县委、县政府对教育的重视。这种对教育事业高度负责的精神和雷厉风行的作风很值得我们学习，是开创全县教育新局面的基本保证。借此机会讲三点意见，仅供参考。

一、认清形势，乘胜前进

当前，我市教育形势很好，教育事业欣欣向荣。各级党政领导对教育战略地位的认识越来越深入，一、二把手亲自抓教育，为教育办实事。区、乡两级普遍成立了教育委员会，书记或区、乡长任教委会主任，从组织上加强对教育的领导。教育体制改革初见成效。小学由乡、村共管，以乡为主；初中由县、区共管，以县为主；完中、职高、师范由县管。学校布局合理，村有小学，乡有初中，区有高中（包括职高）的格局已经形成。群众集资办学的积极性空前高涨，集资渠道越来越多。1984 年，三县、市郊集资 462.8 万元,1985年集资871万元,比1984年增加408.2万元,增加近一倍。其中,固镇县1984年集资150万元,超过各县(区)平均集资36.8万元;1985年集资300万元,比1984年翻一番,超过各县(区)平均集资64.5万元。办学条件明显改善,新建教室规范化。1978年,市区中小学校舍面积223900 m^2,1985年为331000 m^2,增加了约10000 m^2,生均占有校舍面积数由1978年的1.73 m^2增加到2.61 m^2。固镇县更为突出,中学生均占有校舍面积由1980年的2.2 m^2增加到3.2 m^2,小学由1980年的1.2 m^2增加到2.3 m^2。校舍规格也提高了,由砖瓦结构发展到一律带走廊,水泥地。课桌椅也有明显的增加,"泥台子,泥凳子,中间坐着一群泥孩子"的局面宣告结束。普及初等教育的资料比较齐全。市郊区经市验收、省审核已完成初等教育普及任务。三县有三分之二乡镇基本完成普及小学任务。"四率"中的巩固率、普及率的水分也明显减少。教育质量有一定提高。全市50万中小学生的精神面貌很好,固镇县城北区塘南小学舍己救人的少年英雄赵现红就是突出的代表。1984、1985两年,我市中小学生在全国体育比赛中获3枚金牌,1枚银牌,2枚铜牌,1个最佳创造杯,29个创造杯。蚌埠市朝阳路第三小学是获霍英东基金会奖励的全国10所学校中的一所,获奖金20000元。在全省体育竞赛中,全市获69枚金牌,32枚银牌,36枚铜牌。在学科竞赛中,全市1984、1985两年获全省中学数学竞赛团体总分第一名,1985年获全省中学外语竞赛团体总分第一名,获全省高中地理竞赛第二名。1985年高考达线率比1984年提高了9.4%,在省辖市中名列前茅。上述全市成绩中都涵盖固镇县的成绩。职业技术教育有较快的发展。目前,我市中专、技工、职高在校生与普高在校生之比为1:1.2,单一的普教结构已经改变。尊师重教的社会风气初步形成。教师"入党难"的问题已经解决,教师工资普遍提高,教师报酬基本落实。殴打教师事件减少,而且能及时处理,教师积极性进一步提高。

"春江水暖鸭先知",广大教育工作者已经呼吸到教育春天的气息了。但是,初春天气多变,寒气未尽,普及教育的问题还很多:教师不足,质量不高,设备简陋,管理水平不高,体改还需进一步深化,乡教办一级有待加强。

二、提高认识,重视基础

"义务教育,即依法规定适龄儿童和青少年都必须接受,国家、社会、家庭必须予以保证的国民教育。"义务教育有两个特点:义务性和强制性。

普及教育是现代生产发展和现代社会生活所必需,是现代文明的一个标志。世界大多数国家都把普及义务教育作为一项基本国策。据联合国教科文组织统计,在194个国家和地区中,已宣布实行义务教育的168个国家和地区中,义务教育年限为7至9年的73个,10至12年的45个,两类共占实行义务教育的国家和地区总数的70.3%。

我国工业技术装备,目前大体处于机械化阶段。从世界历史发展进程看,达到这种技术装备水平的时候,美国25岁以上成年人平均学历为8.4年,日本为9年。英国1921年将义务教育延长至9年,法国从1936年开始实行8年义务教育,1959年又进一步实行10年义务教育。我国现在连初等教育都未普及,这种状况与一个十几亿人口的大国怎么能相称呢?与我国当前工业技术装备水平怎么能相称呢?与社会主义物质文明建设和精神文明建设怎么能相称呢?教育与文明,文盲与愚昧是密切相连的。

普及九年义务教育是关系我国民族素质的提高和国家兴旺发达的大事。一个民族的素质包括民族精神、民族性格、民族文化、民族传统、民族观念、民族体魄等等。这些素质的形成有三个条件:先天、环境、教育。其中教育起决定作用。一个民族、一个国家文明程度的高低,往往取决于这个民族、这个国家教育水准的高低以及普及教育的程度。愚昧、落后往往与无知相联系,文明、进步往往与教育相联系。列宁在痛斥沙皇把俄国"弄到了令人难以置信的落后和野蛮的地步"时指出:俄国之所以存在这种状况,根源在于农奴制,俄国农奴制的国家结构注定了在青年一代里有五分之四的人要成为文盲。邓小平同志指出:"国力的强弱,经济发展后劲的大小,越来越取决于劳动者的素质,取决于知识分子的数量和质量。"一国如此,一省也如此。我省经济落后就落后在教育上。全省各类专业技术干部34万多人,占全省职工总数的0.32%,低于0.5%的全国平均水平。其中自然科学技术干部12万人,占全省人口的0.24%,低于0.6%的全国平均水平。社会科学人员也很缺乏,农业科技人员更少,仅1300余人,占全省农业人口的万分之三,低于万分之四的全国平均水平。

实现社会主义现代化,科学是关键,教育是基础,中小学教育是基础的基础。当今世界教育改革的总趋势是重基础教育,重普通教育,重教育质量。社会主义现代化建设不仅需要数以千万计的工程师、教授、经理、厂长、书记等各类高级专业技术人员和管理人员,更需要数以亿计的有文化、懂技术、有觉悟的劳动者。中学教育既担负着为高一级学校输送新生、为培养高级专门人才打好基础的重任,又担负着为社会各行各业培养高素质的劳动者的重任。现在在校的中小学生正是本世纪末、下世纪初四化建设的栋梁。中小学办得如何,将直接关系到国民经济发展战略的第二步目标能否实现。所以,邓小平说:"现在小学一年级的娃娃,经过十几年的学校教育,将成为开创二十一世纪大业的生力军。中央要以极大的努力抓教育,并且从中小学抓起,这是有战略眼光的一着。"

三、处理好四个关系,完成"普九"任务

正确处理好普及初等教育与普及初级中等教育的关系。两三年内要把主要精力放

在普及初等教育上,同时做好普及初级中等教育的准备。普及初级中等教育要从实际出发,要重质量。小学"四率"基本合格的乡、村要进一步巩固,要在合格率上下功夫,普及率的指标要真实,不要弄虚作假。在办学条件方面,一年内实现"一无两有",部分地区实现"一无三有"或"一无多有"。课桌凳要逐步更新,逐步规格化,每个教室要有标准的讲台。图书、仪器、文体器材要按标准要求逐步添置。总之,首先要扎扎实实地普及初等教育,为普及初级中等教育打好坚实基础;同时,在师资、校舍、学校布局调整等方面做好普及初中的准备。普及初中要实事求是,减少盲目性。

正确处理数量和质量的关系。数量与质量是辩证统一的,没有数量就无所谓质量,而没有质量的数量是无意义的。普及小学的"四率"既有数量要求,又有质量要求,不能把"四率"仅仅看作数量要求。当前,在重视入学率与巩固率的同时,特别要在合格率上做文章。为此,要建立健全渠道畅通的强有力的教学业务指挥体系,要加强乡教办的建设。要办好一批中心小学、实验小学、重点中学。毛泽东同志早在1953年就指出:"要办重点中学。"周恩来同志在1959年第二届全国人民代表大会的政府工作报告中指出:"在各级全日制的正规学校中,应当把提高教学质量作为一个经常的基本任务,而且应当首先集中较大力量办好一批重点学校,以便为国家培养更高质量的专门人才,迅速促进我国科学文化水平的提高。"邓小平同志一直主张两条腿走路,一要普及,二要提高,在普及的同时要办好一批重点学校。要保证每周总课时29—33,保证学生每天在校时间6—8小时,提高课堂教学质量,加强课外辅导。要加强教学质量管理和学籍管理。

正确处理人和钱的关系。师资和经费是普及九年义务教育的两大支柱,其中钱是保证,人是关键,缺一不可。在筹集办学资金方面,市委、市政府要求尽力而为,量力而行,千方百计,多路进财:国拨教育经费的"两个增长",农村教育费附加足额征收,城市建设维护税的10%,城乡集资,勤工俭学。广大教育工作者要以愚公移山的精神去感动上帝,这个上帝不是别的,就是广大人民,就是各级党政领导。把他们的办学积极性调动起来了,没有钱可以有钱,没有教室可以有教室,没有教学设备可以有教学设备。

教育质量要想提高,固然要有必要的教学设施,巧妇难为无米之炊。但当前还要解决一个认识问题,在办学条件还没有得到很好改善的情况下能否提高教育质量?我看可以,完全可以。人民教育家陶行知先生说:"有钱办学不算稀奇,我们要把没有钱的学堂办得有精彩,才算真本领。"抗战时期陶先生在重庆办的育才学校、在延安办的抗大、在昆明办的西南联大等学校的条件不都很差吗?但这些学校的教育质量很高,培养了大批人才,为中国革命做出了突出贡献。现在,我市也有些条件不好的学校办得很精彩,教育质量比较高。在基本办学条件具备的情况下,提高教学质量的关键有两条,一条是教师,一条是管理人员。质量是学校的生命线,也是广大人民群众最关切的问题。

农民说："过去集资盖庙，要和尚敲起木鱼念好经；今天集资盖学校，要的是教师打起铃来教好书。"铃能不能打起来，这是有无教师的问题，是教师数量够不够的问题。有了教师，铃打起来之后，书能不能教好，这是教育质量问题。农民集资盖好学校后，就要向学校、向教师、向教育局长、向校长们要质量了。教育质量越高，农民集资办学的积极性就越高；否则，农民集资办学的积极性也就会受到挫折。这个板子应该打在我们教育工作者身上，不能怨天尤人，只能怨我们没有把质量搞上去。有个乡有两所中学。一所是初中，教育质量比较高，而且很有特色，农民踊跃集资，学校办学条件得到很大的改善，教师积极性很高，学校越办越火红，形成了良性循环。另一所是完中，老一些的学校，学校管理混乱，教师积极性不高，教育质量每况愈下，农民集资积极性不高，办学经费困难，教学设施得不到改善，形成了恶性循环。办学的根本目的在于提高教育质量，多出人才，快出人才，出好人才。校长要把管好学校、提高教育质量作为经常性的头等任务来抓，不抓教育质量的校长是不称职的校长。

正确处理党委、政府与教育行政部门的关系。教育行政部门是政府主管教育的机构，要在党委、政府的统一领导下开展工作，同时又要接受上一级教育主管部门的指导，条块要互相配合，密切协作，相得益彰。同级党委、政府要在干部、教师、经费、学校布局、教育发展规划等方面进行领导。上一级教育主管部门要在教育方针政策、教师和干部培养培训、教学业务活动等方面全面指导。当前，教育体制改革要在巩固成绩的基础上总结经验，进一步完善。特别是在教师和经费管理方面还要从实际出发，这样既有利于调动乡、村两级管教育的积极性，又有利于调动教师积极性和合理使用教育经费。

同志们！党中央已经制定了发展我国教育事业的宏伟蓝图，并且采取了一些重大措施，要"把实行九年制义务教育当作关系民族素质提高和国家兴旺发达的一件大事，突出地提出来，动员全党、全社会和全国各族人民，用最大的努力，积极地、有步骤地予以实施"。这标志着中国教育的春天已经降临，初春时节，即使偶有两股寒流袭来，也是正常的。螺旋式上升，曲折地前进，"之"字形发展是事物发展的客观规律。正如邓小平同志所说："对我国教育的发展，我是乐观的。困难是有，但要看到有利条件……只要各级领导认真抓，我看教育的事情好办，悲观是没有根据的。扎扎实实抓它几年，中华民族教育事业空前繁荣的新局面，一定会到来。"让我们用高度的热情、实干的精神去迎接百花齐放、万紫千红的教育春天吧！

阳春召我以烟景，大块假我以文章。让我们在教育的春天里，大显身手，写出一篇又一篇的教育篇章！

（这是在固镇县普及教育工作会议上的讲话。）

正确处理好毕业班工作的七个关系

（1986年元月）

由市毕业班工作领导小组主持，市教研室、中教科参加的高三毕业班工作检查小组，对蚌埠一中、二中、三中、四中、五中、十一中、十二中、铁路一中及怀远一中、固镇一中、湖沟中学等11所学校的高三毕业班工作进行了检查，认真听取了各校领导的汇报，分别召开了师生座谈会，观摩了部分教师的复习课，广泛征求了各方面的意见。回局后，检查小组进行了全面分析，王天熹同志参加了会议，发表了重要意见。大家一致认为，今年毕业班工作有六个特点。

1. 领导重视。市局党委把毕业班工作列入本年度重要工作议事日程，成立了领导小组，做了专题研究，制订了计划，召开了毕业班工作会议，组织了第一次统考与本次的检查。各县教育局也都召开了毕业班工作会议，五河县、怀远县还召开了教师表彰大会，奖励了一批先进学校与教师，套红铅印光荣榜。固镇县分管文教的副县长张玉琳同志带领县教育局领导班子深入到固镇一中、湖沟中学逐班逐科地调查了解情况，研究落实措施。他们提出“学五河，赶怀远，决不拖蚌埠地区后腿”的口号。市区有毕业班的13所改制中学相继成立了毕业班工作领导小组，制订计划，召开教师、学生、家长座谈会，检查复课质量，为师生做实事。各校都成立了毕业班办公室，由分管的教导主任坐镇抓。蚌埠一中、二中、三中、四中、五中的高三教师集中办公，蚌埠三中把校长室腾出来给高三教师集中办公，四位校领导搬到会议室办公。蚌埠十一中、十二中，各县一中以及五河新集中学、固镇湖沟中学的主要负责人亲自抓高三,亲自教课。其他中学的校长都参与研究,出主意,订计划,做思想工作,解决师生后顾之忧。至于分管的校长更是全力以赴,不遗余力。蚌埠二中副校长戚国骏年龄较大,高度近视,家中还有两位病人,但他从早到晚,一心扑在高三工作上,与教师同甘共苦,打成一片,哪里有困难就到哪里去,物理课出现问题,他马上将高二课让给别人,自己顶上去。铁路一中领导班子开学以后深入到高三毕业班课堂,逐科逐人地听课,召开全体教师会议,总结复课经验,找差距,研究措施。

2. 队伍整齐。今年高三教师配备得比较整齐,精神状态好,都有一股力争上游不甘落后的拼搏精神。蚌埠一中外语教师张仰华因患肝脓肿动过手术,不久前犯病,医院开了三个月的休假条子,但他考虑到外语教师紧张,自己又是班主任,别人很难接替,于是照常上班,未缺一天课。固镇一中刘永年老师毕业于南京工学院硅酸盐专业,县水泥厂拟聘请他当厂长,但他热爱教育,不当厂长当教师。他身患痔疮,每天至少三洗下部;又患严重咽炎,每堂课都要端一杯茶,边讲课,边喝茶,否则声音嘶哑,难以为继。但他不缺一堂课,作业批改一丝不苟。固镇湖沟中学张祥现老师自学成才,从小学教到高三,他在授课中积极改进方法,提高效率,开辟第二课堂,每年自己花 50 多元订杂志,并且发动班级学生订 400 多元的杂志,增加学生阅读量,扩大学生视野。蚌埠三中陈少先老师关怀学生无微不至,大年初一就逐户家访。

3. 目标明确。去年 12 月 10 日以前,各校都按“毕业率、合格率、体育达标率、成绩优秀率、达线率(本、专、中)”的管理目标制订计划,做到“校校订,班班订,人人明白,个个清楚”。湖沟中学提出“本科翻一番,还要拐个弯,稳住 70,确保 80,力争 90,寄希望于百关”。今年,我市应届高中毕业生中,入学成绩市区 350 分以上、县区 320 分以上的 693 人,按 50% 的达线人数计算,计 346 人。往届生去年高考成绩在 400 分以上的 566 人,按 30% 的达线人数计算,计 169 人。两类预估达线人数为 515 人。去年达线 480 人,录取 476 人。今年全市达线目标为 500 人,我看,还是可以实现的。

4. 措施得力。各校根据学生实际水平,在总结去年经验的基础上,都采取了一些行之有效的措施。概括为十条:指导思想明确,把握“两纲”、“一本”;领导得力,专人负责;思想发动,调动师生积极性;层层订计划,细心组织实施;排队摸底,因材施教;精心指导复课,科学安排时间;段段检查,分析综合;面向中等,拔尖抓差;重视信息交流,密切注视高考动向;全面关心师生,解除后顾之忧。更为重要的是,从 1984 年开始,市财政每年拨 20 万元专款,设立教育质量奖,将教学责任制落到实处。

5. 方法对头。概括起来是“早、紧、细、实”四个字。今年抓高三比去年至少早一个月。市局业务人员去年是 1984 年 11 月份下去调查研究,12 月 18 日召开高三工作会议的。今年高三会议虽然是 1985 年 12 月 10 日召开的,但真正抓高三却从 10 月份教学工作会议后就开始了。蚌埠二中、蚌埠一中从1985年秋季开学的第二天,高三教师就集中办公了。13所改制中学中至少有11所抓得很紧,从未放松。很多学校领导逐班逐学科逐人地抓,抓教师教态的端正、教法的改进,抓学生学态、学法的教育,抓得很细,把每项措施都落到实处,给人以外松内紧的感觉。

6. 情绪饱满。今年全市应届生3521人(二年制1119人,三年制2402人),往届生2757人。大部分学生思想集中,情绪饱满,学习勤奋,时间抓得紧,但在刻苦学习程度上有五个"不如":二年制学生不如三年制学生;三年制中的一般改制中学学生不如重点中学学生;中差生不如优等生;应届毕业生不如往届生;城市学生不如农村学生。

当前存在的主要问题是:思想教育抓得不够,劳逸结合得不好,复课质量不高,后勤工作薄弱,有放松中下等生的思想倾向。下面就毕业班工作中的七个关系讲点看法。

1. 一般与重点的关系。它包括一般学校与重点学校、一般班级与重点班级、中差生与优等生的关系。在处理这个关系时有忽视一般学生、一般班级、中差生的倾向,把眼睛盯在重点班,盯在几个尖子学生身上。有位重点中学的数学教师,一堂课只有头十个学生能听懂。在学生座谈会上,许多成绩较好的学生都反映,有些老师讲深了,我们似懂非懂。在这里,我重申毕业班工作的指导思想:全面抓,抓全体,区别对待,因材施教,使每个学生都在原有基础上得到提高,争取做合格的毕业生。所谓全面抓,就是德智体全面抓。当然,在时间支配上不是平均使用,而是以复课为主。所谓抓全体,就是好中差一齐抓,不能嫌弃差生,甩掉中等生。如何抓呢?要区别对待,因材施教。从思想教育来说,毕业考试前都要进行"做一个合格毕业生"的教育,但在引导上应各有侧重,重点学校、重点班级要用提高本科达线率来激发师生的积极性,重点学校的一般班级要用提高专科达线率来激发师生的积极性,一般改制中学重点班要用提高专科、中专达线率来激发师生的积极性,一般学校要用提高中专、技工达线率来激发师生的积极性。要做好差班教师的思想工作,使他们能够真正理解:使每个学生都能在原有基础上有所提高,为社会各行各业输送合格的劳动后备力量,也是对社会的贡献。还要向普通班学生反复说明,今年要坚持毕业标准,成绩不合格的拿不到毕业证书。教师要帮助他们过好毕业考试关。

2. 加强思想教育与解决实际问题的关系。马克思主义历来主张精神与物质统一,思想教育与解决实际问题相结合。当前,在高三毕业班工作中,思想教育抓得不紧,该解决而且能解决的实际问题也没有很好地解决,有相当一部分教师有埋怨情绪,认为今年学生基础太差,"糟糕透了"、"孺子不可教也"。事实不是这样的,本届毕业生的思想素质与文化基础都比去年强。入学成绩,市区在350分以上的527人(400分以上的159人),县区在320分以上的166人(380分以上的1人),共计693人。1985年应届高中毕业生入学成绩在300分以上的才569人。2040名应届毕业生中绝大部分人思想稳定,情绪饱满,学习刻苦,时间抓得紧。所以,悲观消极是没有根据的。当然,也有少部分同志认为去年考得比较好,今年的学生基础还可以,思想压力不大,有些麻痹,这是非常危险的,是滋长骄傲自满思想,导致失误的温床。我们要放眼全省,今年全省有高中毕业生的改制中学比去年增加60所,约12000人。但是,今年招生计划不会增加,因而竞争对象增加了,竞争的难度大了。去年,全国计划招生52万人,实际突破了;今年计划招生56万人,略有增加,但与去年相比,实际招生数却没有增加。况且各地市都抓得很紧。巢湖地区的巢湖一中的同志说,从9月1日开学那天起,他们就抓毕业班了。全国、全省招生计划数是定量,各地市录取数是变量,谁的毕业班工作抓得紧、抓得好、抓得得法,谁的高考成绩就能上去,谁就能在全省这块蛋糕中切得一大块;否则,只能落得一小块。这就是竞争。一部分中等生认为今年如果考不好,明年又不让复读,今年是背水一战,拼劲很大。但也有一部分学生感到前途无望,加上复习内容深,听不懂,丧失信心,只想捞个毕业证书。普通班的复课内容要大幅度地降低水准,前提是使95%的学生能听懂。要加强毕业班的思想教育,坚持每周一次班会,两周一次团日活动,组织积极分子上党课,发展党员。农村学生认为,考上大学穿皮鞋当干部,考不上大学回农村穿草鞋种地,女生当农村妇女,生儿育女,因此,思想包袱沉重,有急躁情绪。部分城市学生认为,现在招工、招干、内招、顶替、自谋职业途径多,有依靠,读不读书不重要,要紧的是混一张毕业证。要对学生进行前途理想教育,端正毕业态度。中教科要把好毕业关。

各校领导要牢固树立为师生服务的观点,认认真真地办好几件实事:解决优秀教师入党难问题,近期,蚌埠一中党支部就发展了3名教师入党;办好食堂,固镇一中供应夜餐;管理好学生生活,蚌埠三中把礼堂腾出来,解决十几名郊区学生住宿问题,还在每个教室内放一个炉子;为教师排忧解难,固镇湖沟中学成立护粮队,解决农村教师卖粮难。

3. 劳与逸的关系。一张一弛,文武之道也。脑力劳动更要张弛结合,劳逸有度。道理很浅显,尽人皆知,但在实际中往往结合得不是那么好。据粗略估算,13所改制中学的毕业生约有三分之二过于紧张。重点中学和重点班的学生,大都在早6点半到校上自习(蚌埠二中7时),晚11点就寝,不能保证每天8小时睡眠。少数学生开夜车到1点左右,出现头晕现象。许多学生对老师拖堂最有意见,课间法定的休息时间也被侵占了。每天课外一小时体育活动的规定没有落实,眼保健操的时间也经常被挤掉。为此,重申以下规定:体育课在下午第3节课后上;确保每天8小时睡眠;周六不上晚自习,周日不上课;任何教师不得拖堂(包括考试)。

4. 应届与历届的关系。今年,我市历届生2757人,其中高考400分以上的566人(市区42人,县区524人)。400分以上的学生按录取率50%计算,共有283人录取。这是县区今年高考队伍中的一支劲旅。我们的指导思想是:市区集中主要精力抓应届生,兼顾历届生;县区要应届、历届两手硬,争取双丰收。

5. 课本与资料的关系。复习中,抛开课本、依靠资料的现象比较严重,这是一种不良倾向,特别是在第一轮中,不能舍本求末。据调查,学生手头的数理化三科资料各三四份。我们提倡:以“纲”为纲,把住方向;以“本”为本,拐到边齐;精选资料,为我所用。

6. 讲与练的关系。复课中,当前存在一个突出问题,就是讲练关系没处理好,主要表现为:讲无新意,纯属炒冷饭;讲无系统,支离破碎;讲无重点,平铺直叙;讲多理深,练少改少;偏于综合,忽视基础。这是当前复课质量不高的主要原因。要提高复课质量,单靠增加时间,加大劳动强度,拼消耗,唱独角戏,非失败不可。在第一轮复习中如何处理讲练关系呢?我们认为:讲要适当,练要适度;讲讲练练,练练讲讲;连点穿线,抓“纲”织网,基能结合,区别对待。滁县地区天长中学的经验是:抓双基,保基分;抓全科,保总分;抓单科,保高分。我们可以借鉴。为提高复课质量,近期要做好两件事。第一,市教研室分学科召开高三全体教师会议,传达承德会议精神,交流复课经验,研究薄弱环节的解决办法。我将分别参加。第二,各校领导于3月底、4月初将高三各学科教师的课听一遍,总结经验教训,解决存在问题。

7. 理论与实践的关系。复习中,应以复习书本知识的间接经验和培养智能为主,但也应注意实际知识的直接经验的获取,注意实际操作能力的培养与训练。毕业考试结束后,学校可放两三天假,一则休整,再则有目的地组织学生搞点社会调查,或请专业人士来校做报告,给作文积累感性素材,给政治课的理论提供例证。理化生三科要根据大纲要求,把过去未做过的实验,或者虽做过但已遗忘,或者非常重要的实验认真地做一遍。湖沟中学打算6月中旬向学生开放实验室,让学生根据自己的差缺动手补做。地理学科要让学生熟练地运用地图册、地球仪,重视填图。历史学科要贯彻史论结合的原则,让学生把主要的历史年代、历史事件、历史人物串联起来,帮助学生熟记。各科都要尽可能地使用直观教具,不要怕麻烦。

今年是我市提出三年打翻身仗的最后一年。去年小翻身,今年能不能大翻身,这个问题要靠大家以实际行动来回答。巢湖一中提出:“三年三大步,一步一层楼。”我们要学巢湖一中的精神,今年更上一层楼。

(这是在1986年高中毕业班工作座谈会上的讲话。从1984年至1993年的10年,蓝济仲同志每年都率领教研室、中教科、招生办的同志深入到蚌埠一、二、三中,铁路一中,三县一中检查督导高中毕业班工作;每年召开一次毕业班工作会议,或市区高三教师大会,或校长、教导主任参加的高三工作座谈会。)

培养提高在职教师的几点做法

（1986年3月）

提高教师水平是提高教育质量的关键。在职培养提高，既能解决低水平教师的提高问题，又能帮助全体教师更新知识，还可以使一部分水平较高的教师提高到一个新的高度。多年来，我们采取多种形式，因地制宜，因人制宜，培养提高在职教师，收到一定效果，促进教育质量逐年提高。

一、按照“大纲”要求，过好教材关

1980年，我们对全市中小学教师状况做了一次普查，结论是：教师组成杂，教育指导思想乱，教学水平差。当时，“文革”前参加教育工作的教师占30%左右，其余的教师大多数缺少严格的专业训练，部分持有“文凭”的新教师也不能正确熟练地驾驭教材。因此，对大多数教师来说，当务之急是按照大纲要求，过好教材关。

教材关的重点是《大纲》和教材。要使每位教师都能明确所任学科《大纲》的精神实质，掌握《大纲》的基本内容，熟练地掌握教材，明确教材的编排体系，各部分教材之间的内在联系及其重点、难点，并能根据教材的内容和教学对象，选择适当的教学方法。“过关”的主要办法是考试。考试的原则是教什么考什么。中学分高中、初中两段，小学分高、低年级两段，分别进行考查。

教材过关本身不是目的，而是手段；不是要把教师考倒，而是要把教师考好。首先要做好教师的思想工作，使他们能正确对待这项考试，同时，要组织好学习和辅导，帮助教师“过关”。我们统一编印复习材料，市、区、校分级包干，上下协作，组织教师学习、讨论、听辅导讲座。教材过关的过程，实际是一次广泛深入学习《大纲》、钻研教材、提高教师业务水平的过程。考试不搞一刀切，具有丰富教学经验的中老年教师可以免试，安排他们辅导青年教师。

教材过关考试有力地推动了教师学习大纲、钻研教材，活跃了教研气氛，兴起了教师间质疑问难的学习风气，初步扭转了单纯追求“文凭”、忽视教学水平提高的不良倾向，促进了教学质量的提高。

二、教中学，学中教，抓教研，促教学

教师结构是多学科、多层次的。我们实行基础理论共同学，专业知识分科学，研究提高专题学。教研与教学结合，从教学实践中取得经验，从经验中提取教研成果，再用教研成果指导教学实践，让广大教师在这个不断升华的过程中增长知识，获取才干。

举办专业知识、基础理论学习班，组织广大教师系统学习专业知识和基础理论。先后办过小学语文 6 个班，小学数学 10 个班。业余时间每期学半年，每周辅导一次，有 800 余人结业。还曾组织全市中小学教师和管理干部学习《教育学》《心理学》，教材人手一册，业余学习，一学期结束，结束后全市举行统一考试。

市、区(县)、校教研网分别与教学点、教学班、教师建立联系，教研人员深入课堂进行指导。在点上取得经验后，通过调查观摩在面上推广。对重点、难点教材，市、区(县)、校分别举办超前课，典型引路。

举办报告会，请专家、学者传递新的信息，开阔教师眼界，进行知识更新。近两年来，我们先后邀请了中科大苏淳博士、英国皇家研究院院士陈应天博士、复旦大学胡裕树教授、东北师大刘孟德教授，以及中央教科所、人教社、省教科所等同志做了 50 多场专题报告。

邀请省内外特级教师、专业研究人员开办专题讲座，进行现场示范教学，使教师既学到理论知识又学到专业技能。近两年来，我们先后邀请了省内特级教师黄可久、苏庭举、陈云仙、江铎等，省外特级教师邱学华、王兰等，以及小学语文教学专家张平南、华师大幼儿教育专家潘洁、武汉教育科学研究所主任王蓬等 30 多人。这些同志的报告和示范教学，对我市教师端正教育思想、进行教育改革起了很大的推动作用。

利用假期或业余时间开办短期培训班，解决教学中的燃眉之急。晚上开办小学英语、音乐教师培训班，白天工作，晚上学习，做到学习、教学两不误，文化、业务两提高。

暑期利用医学院的设备，聘请医学院的教授办物理教师实验过关讲习班。1982 年，为了给小学恢复常识课，我们利用假期办了 150 人的培训班。实践证明，这类培训班时间短，收效快，作用大。

加强专题研究，举办骨干教师研究班，加快骨干教师队伍成长。近两年来，先后办了 8 个班，有 500 余人参加。辅导人员分门别类拟定专题，进行巡回讲座。参加的教师带着专题进行教学实践，这样既丰富了教研内容，又促进了课堂教学的改革。

开展教改试验，积累教改经验。我市近年来已有 50 个教学实验班，分布在全市中小学的几个学科。两三年来，在市内交流的论文和经验总结有 300 余篇，在省和全国发表的有 150 余篇。

三、改革教育思想和方法

在改革传统的教育思想和教学方法的过程中，我们鼓励创新，促进教师思想水平和业务水平迅速提高。改革创新必须有一个良好的条件。首先，领导、教研人员、教师要互相支持，密切合作。其次，要有民主的教学研究气氛。再次，要有老年教师、中青年教师之间的协调配合。为了发现、培养、提高教师，推动课堂教学的改革，我们在全市范围内开展了青年教师观摩评奖活动。评奖活动以“三个面向”为指导，分为学习准备、层层评选、总结提高三个阶段。准备阶段历时半年，主要学习邓小平同志“三个面向”指示精神的有关文章，端正教学指导思想，明确教学改革方向。同时采取“走出去”“请进来”的方法，学习各地先进经验。校、区（县）、市层层评选。经校、区（县）相继选拔出来的教师才能参加市级评选，改变了过去观摩教学少数人干，多数人看的局面。每位参加竞赛的老师都配有中老年辅导教师。辅导过程又是中老年教师学习提高的过程。这就可以达到以老带新，以新促老，新老结合，共同提高的目的。各个单位推荐一批素质好的青年教师作为“苗子”进行培养。他们有生气，富于创新精神，接受新生事物快，在教学改革中条条框框少，是教育战线上的第三梯队。评奖活动给他们创造良好的条件，使他们得以充分施展自己的才能。这次评奖活动以课堂教学为主，兼评教材分析、教后小结，使教师不仅会教，而且会评，会总结。总结提高由校、区（县）、市分别进行，肯定成绩，找出差距，制定措施，拟定今后改革课堂教学的意见。这次青年教师教学观摩评奖活动是一次大练兵。省教科所和部分地市的教研员参加了这一活动，并给予指导。中学进行了语文、数学、英语三个学科的评奖，参加活动的有 1000 余人，校、区（县）、市三级评奖课达 1600 余节次。小学进行了语文、数学两个学科的评奖，仅市辖区就有 447 位教师参加，授课 796 节次，听课的近 5000 人次。参加这次观摩教学的教师，年龄最小的，中学 20 岁，小学 18 岁。参加这次评奖的评委，年龄最大的 76 岁，真可谓少长咸集。

这次观摩评奖活动推动了教研,促进了课堂教学改革,使教学指导思想有了一定程度的转变,既注意传授知识,又注意发展学生智力,培养学生能力。教研活动出现了四个转变:过去只是少数人忙公开课,大多数人做观众,现在是人人研究教学,大多数都开公开课;过去担任公开课的教师感到公开课是负担,现在争着上、比着上;过去教师怕教研员听课,现在教师争着请教研员听课,并主动征求意见,逼着教研员钻研大纲、教材、教法;过去光讲以教学为中心,领导就是深入不下去,现在领导主动深入课堂听课,参加教学研究,为教学服务。有的教师说:"搞这样一次评奖,比过去几年的教研活动收获都大。"通过这次活动,我们发现了一批好"苗子"。我们准备打破区、校界限,集中力量对他们进行培养提高,使他们在两三年内成为我市教育战线上的主力军。

(由教研室、中教科、小教科提供材料撰写。)

蚌埠市中小学教学改革意见

（1986年11月20日）

教育目标主要通过教学过程来实现。教育改革如果忽视教学改革，教育目标就不能达到。教育改革涉及面很广，其中主要有教育方针、教育体制、教育结构、教育设施、教育投资、教育立法、学校教育与社会教育的关系等等。教学改革包括在教育改革之中。教学改革应包括教学思想、学制、培养目标、课程设置、教学内容、教法、考试、课内外关系、教学管理、教育科研等等。

一、转变教育思想是教学改革的关键

邓小平同志提出，教育要做到“三个面向”，指明了只有现代教育，才能适应现代科学技术的飞跃发展。因此，实现教育思想的更新，对传统教育进行扬弃，是当前教学改革的关键。为此，要做到“五个转变”“五个突破”。

“五个转变”是：变教育为无产阶级政治服务的观念为教育为社会主义建设服务的观念，变单一重普教的观念为普教、职教并重的观念，变“三中心”的观念为“三结合”的观念，变传统的人才观为科学的人才观，变封闭型的教育观念为开放型的教育观念。“五个突破”是：在教育观念转变方面有个较大的突破，在整体性、综合性的教育改革方面有个较大的突破，在教育理论和实践的研究与探讨方面有个较大的突破，在建立教学、科研、生产经营三结合的职教体系方面有个较大的突破，在改革普通中小学的劳动技术教育方面有个较大的突破。

为了真正实现这五个转变和五个突破，各校要组织教师深入开展教学总结讨论，主要解决以下问题：新时期的人才标准是什么？对人的全面发展应如何理解？如何通过教学和校内外教育达到这一目的？陈腐的传统教育有哪些弊端？"注入式""封闭式"单一模式化的教学方法，如重灌轻导、重知识轻能力、重记忆轻思维、重课内轻课外、重教轻做等等，有哪些危害？传统教育里哪些应予肯定？怎样做到由封闭型到开放型，由求同到求异，由稳定性到多变性，由慢节奏到快节奏的转变？如何正确理解中学的"两为"任务？只抓升学这一"为"，忽视对劳动后备军的培养的另一"为"的具体表现和危害如何？怎样加以纠正？怎样增强学校活力，极大地调动师生的主动性和积极性？怎样增强学生的适应、应变和创造能力，使学校教育和四化建设及世界科技发展联系起来？

教育、教学思想的讨论以校为主，各校应有计划地组织，有中心发言，有辅导讲座，有参观访问，有辩论探讨，有经验总结。一切要从实际出发，从教育理论上加以阐述，提高教师和干部的思想认识水平。

二、教学改革必须做到四个同步

过去，我市各级各类学校曾做过多种教改试验，如学科改革、专题改革和学制改革等等，在课程设置、教材编选、教学方法等方面都取得了明显的成绩，总结出较好的经验。但是，过去的改革较多地限于单项的、局部的试验。有些试验对比说服力不够强。单项改革受益面不广，学生注意力也容易偏向一科或一项。今后努力的方向是：

1. 教学改革与教育改革同步。知识水平和思想水平是相互影响、相互作用的。教改应从单纯的教书转为教书育人。要寓德育于教学。要求教师在教改中了解学生的思想实际，解除思想障碍。学校领导、班主任、各科教师、团队干部和学生家长必须紧密配合，协调一致，培养学生具有的自学、自理、自治能力，充分调动学生的学习主体性。

2. 开展纵横同步的综合整体改革。纵的方面，学制改革，课程设置、教材内容和教法的改革，课内外活动结合的改革等必须一致。改革要有目标和计划，实施要有标准，要求要有规格。今年做好讨论研究的准备，从明年春季起，各校订好三年的教改计划，尽可能做好小学、初中、高中改革上的衔接。学校、班级、各科均应有具体的、切实可行的计划和安排，并在贯彻中逐步完善。横的方面，今后教改要在同一班级做好多科并进或语文、数学、外语三科并进的改革。试点班不应变相选择好班。改革应放在好中差生俱在的同等水平的班级里。各科应通力合作，各科知识尽可能做到相互渗透。教给学生的知识要形成系统，让学生从整体上来把握每个部分的知识，而不是知识的片段。建立第一课堂与第二课堂相结合的教学系统。学校、班级、家庭要密切配合。建立班级教改科研小组，领导参加，给予支持和鼓励。

3. 教学做同步。单有教的改革，无法持久，也难以显效。要引导学生改变学习观，革新学习方法。点拨思路，弥补差缺，使学生在动脑的同时动手、动口，引导学生学习由被动接受型转变为主动探究型。

4. 教学改革与管理改革同步。学校应简政放权，让学科教师、班主任有自主权，加强民主讨论。运用科学的管理方法引导教改，做到管理为教改服务。

三、加强基础学科，建立以第一课堂为主的三课程结构

1. 处理好基础学科与其他学科的关系。要加强语文、数学、外语三门基础学科的主体地位。评选“三好”学生的条件是三科成绩达到优，其他学科为良好以上。小学一年级起，开设启蒙自然常识课，有条件的中小学开设计算机课。初中结合生理卫生课对学生普遍进行青春期教育。适当降低有些学科现行教材的难度，减少知识总量，降低过高的理论要求，适当拓宽知识面，加强能力培养。加强九年制义务教育的音乐、美术、体育、劳动技术教育等课程。自选（有条件的可以自编）学生自学教材，培养学生独立自学能力。自学教材必须紧扣部编课本，系统明确，深入浅出，生动并有启发性。选择自学教材，必须避免繁、乱、重的偏向。

2. 设立选修课，一方面为了开拓学生的知识领域，培养学生的学习兴趣，另一方面为了让学生全面发展，打好基础，同时发挥个性特长，成为人才。选修课尽可能侧重于三门基础学科和理化学科。选修课的开设要根据实际，尽可能发掘校内或校外师资力量。如开设“写作方法”“文学研究”“综合数学”“电脑”“英语会话”“科技英语”“现代生物学”“实用电器入门”“实用化学”等等。选修课要形式多样、长短结合，不要一个模式。小学要增加“谈话课”和“书法课”。选修课可试行学分制。

3. 在第二渠道（或第二课堂）活动中，加强劳动技术教育，这是与中小学教育目标的双重性以及普通教育与职业教育互有交叉相关联的。劳动技术教育课应作为必修课列入教学计划。劳动技术教育课必须适应现实生活需要，适应学生兴趣爱好需要，在实践活动中，让学生学会运用所学的基础知识，发展智能。第二渠道活动可分自然科学类、社会生活类、工艺美术类、体育类等。要划分多种多样的小组，如电工、家用电器、钳工、机械、车辆维修、烹调、裁剪缝纫、刺绣、果树栽培、花卉栽培、中英文打字、编织、雕塑、绘画、书法、管弦乐器、运动竞技等等，培养学生的制作能力、修理能力、装配能力、生

活能力、服务能力、考察剖析能力、搜集总结能力、种植能力、饲养能力以及计算机操作能力。为了落实这一活动,应注意的问题是:第一,学校应有统一的组织,做好跨年级、班级的组织安排工作,使各项活动协调并进,井然有序。第二,尽量让学生独立地研究探讨,自己动手,教师要示范引导,不可包办代替。第三,在校内师资力量不足的情况下,可以聘请有技术专长的家长和社会上的其他人员来校定期指导。第四,防止利用第二渠道来补第一课堂未完的课程。

四、改革传统的教学方法

1. 原则和出发点。即使不是试点的学校和学科,所有教师也都必须发扬传统教育的优点,改革其“注入式”的传统教学方法,否则无法培养学生的自学能力、自治能力、自理能力和创造能力。教师的责任不在于教书,而在于教学生学。改革教法必须体现教师为主导,学生为主体,训练为主线的原则。改革教法必须让“开放式”取代“填鸭式”。教法不可一个模式,要因教材内容、学生实际、阶段程度而异。不论是运用“导读法”“自学讨论法”,还是运用“引导探索法”等等,都是为了使学生掌握学习方法和要领、学得主动,提高课堂效率,减轻繁重的作业负担。

2. 革新学生的学习方法。各科教师除了在教学过程中必须交代学习方法外,中小学都可以专门开设“思维方法和学习方法”课程或讲座,系统讲授独立学习和思考问题的方法,让学生认识到独立思考、爱好探索是创造的前提。

五、改革考试制度

考试的目的是检查教师的教学效果和学生的学习质量。目前中小学的考试是单一的笔试,反映不全,取样不当。今后考试可试行因科因内容而异的模式。除笔试外,还应增加口试、实验操作方面的考试,考试应避免烦琐深难,笔试逐步推行标准化试题,这样可以了解学生对知识的掌握程度、思维能力、灵活运用能力等,具有覆盖面宽的特点,能考察推理、分析、综合、比较、评价等能力。

改革招生考试。市区取消小学升初中考试,试行免试跳级的制度(经过市局审批)。中小学部分学生升学,可以免试保送。

六、改革管理制度

过去考核学生以“分”“率”为主,很有成效,但还不能适应全面育人的教育目的。

今后可以试行“分类推进”的质量管理制度。一是考查学生德智体全面发展的情况，二是考查学生的成绩和学习能力。其内容是：基础、能力、方法、学风等。可以划分档次评分。

七、加强教改科研工作

教改必须以教育科研为先导。各校在不增加编制的情况下，建立领导与群众结合的“教学科研室”，由领导和有研究能力的教研组长及优秀骨干教师参加。制订计划，定期专题探讨问题，议决有效措施，由校长布置，付诸实施。

充实市教研室，建立市教科所，实行两块牌子、一套班子的体制，负责教育、教学科学研究和教学业务管理工作。下设情报资料室，搜集国内外、市内外教育动态。市局除办好《蚌埠教研》外，教科所与教育学会配合，还将定期刊出教育动态信息文摘，促进我市教改。每年评选一次科研论文。市局将设立视导室，负责全面检查贯彻党的教育方针的情况。设立教改科研奖，鼓励教师总结实践经验，学会运用科学理论写好论文，表彰在教改中做出成绩的教育工作者。分期分批以现代教育理论（包括陶行知教育思想）来培训干部和教师。

（由教研室、中教科、小教科提供材料撰写。）

总结经验，端正方向，坚持改革，设计“七五”

（1987年1月）

1983年机构改革以来，我市每年召开一次教学工作会议，已成制度。这次是第三次教学工作会议。这次会议的基本任务是：以《中共中央关于教育体制改革的决定》（简称《决定》）、《中共中央关于社会主义精神文明建设指导方针的决议》（简称《决议》）为指针，总结三年来，主要是近一年来我市教学成绩、经验以及存在的问题，进一步端正办学指导思想，深入开展教育、教学领域的改革，加强和改善学校管理，认真抓好初中，在现有基础上，把我市基础教育质量提高到新水平，为两个文明建设再做新贡献。

第一部分：形势估计

《决定》指出：“衡量任何学校工作的根本标准不是经济收益的多少，而是培养人才的数量和质量。”看教育形势，首先要着眼于培养人才的数量与质量。三年来，我市中等学校全面执行教育方针，坚持“三个面向”，贯彻“以教学为中心”的原则，积极进行改革，使教育质量逐年提高，出现了令人鼓舞的好势头，集中表现在以下七个方面。

一、中等教育事业有了较快的发展

1983年，我市（含三县）各类中等学校共有227所，在校生103724人，1986年增加到241所,在校生115713人。小学升学率,市区由1983年的85%上升到1986年的96%,郊区由1983年的75%上升到1986年的90%。初中升学率,市、郊区由1983年的46.92%上升到1986年的62%。市区从1984年,郊区、三县城关镇从1985年开始,分别实施普及初中战略。三年来,普通高中为高一级学校输送合格新生4156人,职业高中为各行各业输送合格的技术工人、普通技术人员1680人。他们普遍受到欢迎,在改革中发挥作用,有的成为技术骨干。蚌埠六中钟表班分配到手表厂的有7人,成为该厂工艺革新小组成员(这个小组共有8人,会计班的毕业生有1人担任了主管会计,1人在医药系统珠算比赛中获得第一名);33名工民建班的毕业生中有17人被建筑部门录用,其中4人担任处一级的施工员、预算员、材料员,3名留校的也都走上了讲台。

二、中等教育质量稳步提高

1. 三个学段升学考试三年迈出三大步。就市区初考而言,小学毕业的合格率,1984年为91%,1985年为95%,1986年为96%。郊区、三县小学毕业生合格率也有明显提高。就市区、郊区中考而言,初中升学考试的及格率,1984年为18.7%,1985年为27.4%,1986年为42.9%。1985年比1984年提高8.7个百分点,1986年比1985年提高15.5个百分点。500分以上的优秀生人数,1985年为163人,1986年为769人,1986年比1985年净增606人。蚌埠三中今年初中升学考试成绩,总分500分以上的110人,占报考人数的48.45%,平均成绩489.9分。蚌埠二十二、二十六中今年中考及格率也有较明显的提高。

就今年市高考而言,在全省本科招生数减少200余人,报名人数有较大增加的情况下,1986年录取343人,比1985年的228人净增115人,增长率为50.4%,比1984年的201人净增了142人,增长率为70.6%。就今年全市(含三县)高考而言,录取人数也比去年略有增长。1986年录取569人,比1985年的476人净增93人,增长率为19.5%,比1984年的483人净增86人,增长率为17.8%。此外,对口升学录取21人(其中蚌埠六中13人,蚌埠三十三中5人,五河县双庙高级职业中学2人,龙潭湖1人)。今年我市高考的特点是:本科录取率较高,重点大学录取率很高,及格率高。我市市区平均及格率:理科为50.1%,高于全省平均及格率3.8个百分点;文科为57.6%,高于全省平均及格率1.4个百分点;外语为77.8%,高于全省平均及格率2.4个百分点。录取师范院校的比例也比去年有提高。蚌埠二中在26所省属重点中学中的位次由1985年的18名跃为1986年的第11名,居于中上游。在五所市重点中学中,蚌埠一中今年高考成绩提高得比较快。在三县中学中,怀远一中今年高考成绩比较好。

2. 学生精神面貌发生明显变化。由于市委、市政府花大力气抓城市精神文明建设,搞了三个战役,教育系统开展了创建文明学校、文明班组活动,寓思想教育于各科教学、各项课外活动之中,“德、智、体、美、劳”五育一齐抓,对学生进行“四有”“五爱”“四项基本原则”教育,学生中出现了“六多六少”的局面:做好人好事的多了,损人利己的少了;讲文明礼貌的多了,不讲文明的少了;自觉遵守校纪校规的多了,打架闹事的少了;爱护学校关心集体的多了,损坏公物的少了;努力学习、要求进步的多了,学习马虎、迟到旷课的少了;社会上关心学校、关心学生成长的人多了,社会上的闲散人员干扰学校正常秩序的现象少了。三年来共涌现出文明班级、先进集体 247 个,“三好”学生 1067 人,优秀学生干部 491 人,优秀团员 456 人。五河一中鲁怀敏同学跳入井中抢救落水女孩子的高尚行为,就是广大中学生精神面貌的集中体现。

3. 学科竞赛成绩显著。据统计,自 1984 年以来,共有 205 人在省级竞赛中获奖,其中获第一名和一等奖的有 25 人。1984、1985 年,我市在省数学竞赛中成绩一直处于领先地位,高中地理竞赛获团体总分第二名,初中地理竞赛获团体总分第四名。数学、物理学科,全国竞赛中有 3 人获得了一等奖,高二外语获 1985 年全省竞赛团体总分第一名。

4. 课外科技活动成果突出。1985 年,市“三小”展览会上共展出学生科技活动成果 1250 件,其中 139 件送省展出,获得第二名。二中金李同学在全省电脑比赛中获得第一名,二十八中等校美术作品送省展览 20 件,送北京展出 9 件。1986 年,全省中小学生课外科技活动现场会在我市召开,我市介绍了经验。1985 年,我市举办自制教具展览,展出了由师生自制的教具 1260 件。

5. 体育活动硕果累累。“两课、两操、两活动”得到基本保证。蚌埠二中每班每周还增开一节体育课。蚌埠一中、二中、三中、四中、六中、九中等学校体育课采取男女分班教学。蚌埠一中、二中、三中、四中、五中、九中、二十二中等学校把课外活动列入课表,实行场地、器材、人员和时间四固定。固镇一中还扩建了运动场地。体育达标活动正常开展,今年铁路一中的达标率为 85.5%,蚌埠二中达标率为 81.45%,蚌埠九中达标率为 80%,蚌埠十九中达标率为 77.5%,蚌埠十七中达标率为 73%。较好地处理了体育活动的普及与提高的关系,在今年市田径运动会上,有 37 个项目打破了 1965 年我市田径运动会的最高纪录,并有 4 人打破了省、市少年甲、乙组的纪录。

在全省第三届中学生运动会上,我市比赛成绩名列前茅,荣获男子组团体总分第一名,女子组团体总分第五名,共获得 4 块金牌、6 块银牌、3 块铜牌。有 9 项 12 人次创造了我省中学生田径运动会的最高纪录。蚌埠九中、五河三铺中学代表队参加全省传统项目比赛,在合肥赛区分别荣获男、女总分第一名。三铺中学田径队参加了湖南株洲举行的“长江杯”邀请赛,经过艰苦拼搏,荣获女子团体总分第一名。蚌埠五中排球队参加省传统项目邀请赛,女排荣获冠军,男排荣获亚军。我市有 4 名学生代表安徽省中学生参加全国第三届中学生运动会,成绩突出。九中韦友坤同学五项全能创造了全国中学生的最高纪录，获省教委奖金500元。二十九中马君臣同学800米跑也创造了全国中学生的最高纪录，获省教委奖金450元。

6. 学校卫生防治工作制度化。每年对初、高中新生和毕业班学生进行全面体检已形成制度。三年来，市区对28366名新生进行了体检，市区有46所中学建立了学校健康卡。城市中学普遍采取了防近措施，1986年近视率比1984年下降7.14个百分点。农村中学进行了寄生虫防治工作，怀远县教育局共普查了182所学校，学生达43379人，正在对寄生虫患者实施治疗。他们是在一无资金，二无人力的情况下，克服困难做好这项工作的，曾多次得到省教委表扬。今年举办了两期营养教师学习班，共有77人参加培训，现在蚌埠二中、三中等学校已供应课间营养餐，全国在我市召开了现场会。全市已有蚌埠一中、二中、三中、四中、二十九中等5所学校荣获区、市文明单位，卫生先进单位的光荣称号。四中被区评为文明单位和花园学校。蚌埠一中、三中、九中、十二中、十三中、二十九中等6所中学在我市精神文明建设的三个战役中受到嘉奖。今年我市被评为全省学校卫生先进单位。

三、城市中等职业技术教育势头很好

三年来，城市中等职业技术教育发展很快，今年市区出现了一个报考职业学校热。现在，我市城市教育系统办的职业学校有11所，55个班，25个专业，在校生2557人。各类职业技术学校在校生与普通高中在校生之比全市(含三县)为1∶1.98，市区1∶1.1，高于全国1∶2的比例，中等教育结构已经起了根本性的变化。

四、办学条件有了较好的改善

三年来，我市市区国拨教育经费逐年增加，1984年998.2万元，1985年1200万元，1986年1400万元。教学条件有了较大的改善。1984年兴建校舍11622 m^2，加固校舍13300 m^2，1985年兴建校舍16000 m^2，加固校舍9540 m^2，三年合计兴建校舍43237 m^2，加固校舍37675 m^2。三年共拨发办公桌250套，每年拨发课桌凳3500套。

1984—1986年，三年购置教学仪器共用经费58万元，发拨微机80余台，英文打字机55台，仪器柜400个。市区实验室已有93个，面积达4800 m^2，市郊及三县已建成4个实验室中心。怀远一中、蚌埠八中的实验工作受到省教委的表彰。目前市、郊演示实验开设率，化学学科达90%以上，学生分组实验开设率达70%以上。电化教学发展较快，三年共建立11个电教馆、室(怀远、五河、四区，蚌埠一中、二中、三中，五河一中，蚌埠一实小等)，市电教馆设备价值达47万元以上。1986年一年内，为学校录制教学录像70课时，放教学录像84场，观看者达9100人次。各校电教室一年来共播放教学电影达140余场，观看学生达6000余人次。

五、教学改革方兴未艾

我市在进行教育管理体制改革、中等教育结构改革的同时，从以下几方面进行了教育、教学改革：

1. 学制改革。现在我市普通教育学制除“五、三、二”“五、三、三”“六、三、三”3种学制并存外，在蚌埠一实小、蚌埠二中又进行了“五、四、三”学制的实验。这是一项综合性的改革，一项重大的有意义的科研项目。

2. 教材改革。为适应中小学衔接的实验，市教研室编写了数学衔接教材；为培养学生对蚌埠的热爱，教研室编写了地理乡土教材。在教研室的指导下，蚌埠一中初中语文、外语，蚌埠二中语文、外语、数学、政治，蚌埠三中语文、数学，蚌埠四中数学、生物等，或采用外地实验教材，或自编教材，或对统编教材进行删、增、并、调。有的已进行一轮，有的正在进行，有的刚刚开始。

3. 教学方法改革。教学有法，教无定法。市教研室在蚌埠二中、三中、四中等校的数学课中进行“自学辅导教学法”的实验。地理学科从1984年开始，在全市推广“综合程序教学法”，蚌埠七中、十二中、三十二中等校效果较好。物理学科，十六中采用了“问题讨论教学法”，并在全市物理教研会上介绍了经验。化学学科，有“单元结构教学法”“自学辅导法”等。历史学科，四中刘万秀老师坚持运用“六课型单元教学法”，他的课堂教学实录，已在省里获二等奖。生物学科，铁二中采用了“学导式”教学法，五河一中进行“六课型单元结构教学法”实验。

4. 改革第二课堂。为了给学生全面发展打好基础，发挥学生个性特长，培养学生动手动脑能力，近年来，许多学校对第二课堂很重视。据市区不完全统计，学科兴趣小组共有250个，参加的学生有2754人。这些课外活动小组对开拓学生的思维、启迪智慧、培养能力等起了积极作用。

5. 教学手段改革。电影、幻灯等电化教学手段近两年内逐步推开。三年来，市教育学会及其所属的各研究会、市陶行知教育思想研究会、市社联和市科协所属的有关学会、《蚌埠教研》等在配合我市中等教育改革、教学研究方面做了大量工作。据不完全统计，近三年来，发表在市级以上刊物中的论文有361篇，其中获得市级奖励的161篇，省级奖励的200篇。蚌埠十四中副校长徐友舜同志带领本校教师抓教改实验，一年内全校写出20多篇论文，其中5篇在报刊上发表。

六、教学管理逐步制度化、科学化

在1984年教学工作会议上，我们提出“努力探索教育规律，实现学校管理科学化”的口号以来，我市教学工作着重抓了四个方面的管理。

1. 切实落实教学责任制。五年前，市教育局制定了关于中小学教师教学责任制的试行办法，将教育质量量化为“五率”。1983年，许多中学又在学习外地经验的基础上制定了行之有效的责任制，市教育局从中吸取了成功经验，进一步完善了教学责任制，并制定了一套评价教学质量的具体办法，从1984年开始真正贯彻执行。1985年，市财政局又拨20万元专款作为全面落实责任制的奖金。去年教师所得的教育质量奖金就拉开了距离，最少的10元，最多的100元左右，这就克服了平均主义，打破了“大锅饭”。钱虽不多，但真正起到奖勤罚懒的作用，较大程度地调动了教师的积极性。

2. 坚持计划管理的完整性。过去在计划管理中，注意抓计划的制订，忽视对计划执行情况的检查、督促，特别是忽视总结以及在总结基础上对消极因素进行积极控制，出现了“断路”现象，破坏了计划管理的统一性。近年来，市教育局组织了业务科室同志以及退居二线的老同志深入到学校，有计划地进行视导。此外，县、区教育局的领导，学校的领导也经常深入到课堂听课。教研组检查教师备课情况、作业批改情况。特别难能可贵的是，许多学校领导亲自教课，与教师一道分析教育质量，研究改进教学以及控制教学中消极因素的措施。市教育局每年召开一次教学工作会议，全面总结经验，表彰先进，找差距，提出新的管理目标和提高质量的措施。

3. 严格学籍管理办法。多年来，我市学籍管理比较正规，全市实行“四统一”：统一编学号，统一印制复、退、休、转证明书，统一登记造册，统一验印发放毕业证。但是又不统得过死，管理权限适当分散，小学由区管，初中将逐步由区管。因此，教学秩序正常，乱收学生、乱转学的现象基本上被克服了。在坚持毕业标准问题上，以初中为例，我们把原则性与灵活性结合起来。原则性就是坚持毕业标准，但如果过严，每年初中毕业班将有一半学生拿不到毕业证。为此，我们采取了一个逐步过渡的办法，对于不毕业的人数提出一个控制百分比：1984年是不得超过5%，1985年是不得超过10%，1986年是不得超过25%。这就打破了学生在拿毕业证书上的“大锅饭”，改变了学得好、学得差都毕业的做法，较好地调动了学生的积极性，特别是调动了一部分差生的积极性。

4. 抓校风整顿，巩固正常的教学秩序。校风反映一个学校的精神面貌，是提高教育质量的重要条件，它由学校的管理人员与教学人员的工作作风、教风和学生的学风考风等方面组成的。1984年教学工作会议上，我们提出“作风实，教风严，学风浓，考风正”的要求以后，各校都很重视良好校风的培养。为形成良好的校风，我们首先从考风整顿入手,因为只有考风正,才能促进良好教风和学风的形成,从而带动各项常规制度的建立和完善。三年来,市教育局中教科在整顿考风上做了许多工作:在三中召开现场会,总结推广一中的三十二字口诀:统一命题,考前保密,混合编班,一人一桌,密封流水,学校统分,公布成绩,适当奖励。检查期中、期末考场,发通报。许多学校也都能从平时考试抓起,使学生养成良好习惯。近年来,各地都在整顿考风、严格考试制度。上海市两年多来有1043名大学生被取消学籍,其中因学习成绩差的666人,占63.85%。他们大多数4门课不及格,少数5门课不及格,个别9门课不及格。

七、教师素质有了一定的提高

教师素质包括思想道德、精神面貌、业务水平、教学能力、体质状况、性格志趣等。三年来,市、县(区)、校各级领导在落实知识分子政策,提高教师社会、经济地位,为教师做实事,关心教师身体健康,提高教师业务水平等方面做了大量工作。固镇县还开展了“三自”(自尊、自重、自强)教育。仅就市区而言,教师当中有519人入党,744人享受讲师待遇,95户解决了家属的“农转非”问题,对4000名教师进行了体检。通过工改,平均每人提高17.84元工资。市区盖了19296 m^2 宿舍,294户住上了新房或得到调整改善。208名教师受到系统的培训(其中毕业的120人)。为了发现培养青年骨干教师,去年市、县(区)教研室在语、数、外三个学科中开展了青年教师教学大奖赛活动,参加这次活动的市区41所中学及五河县、怀远县的完全中学共计100名教师,举行了1500多节教学观摩课。许多学校每学期开展“我最满意的一堂课”活动。

回顾三年来的历程,我们深深感到,我市中等教育能取得今天这样的好形势,是来自于市委、市政府的领导,来自于教育部门各级领导创造性地对《决定》的贯彻,特别是来自于全市广大教师和各级教研人员的辛勤耕耘。

当前,我市中等教育存在的主要问题是:

1. 在某种程度上还有忽视初中的倾向。今年市区有14所学校初中毕业生合格率只达三分之一,有4所学校合格率刚达二分之一。

2. 城乡中等教育指导思想还不完全端正,片面追求升学率的思想还在束缚着一部分同志的手脚,产生两种偏向:一是采取违背教学规律的手段,追求高指标;二是强调客观条件,教学上撒手不管,放任自流。

3. 教学领域的改革步子不大,表现为多数停留在实验阶段,缺乏总结,更未推广;单项实验多,综合实验少;因袭别人的多,结合本地实际独创的少;重点中学、完全中学改革得比较好,一般中学改革得比较差;初中以及各阶段起始年级改革得比较好,高中、毕业年级改革得比较差。

4. 职业技术教育中尚有许多实际困难(专业教师、经费、实习实验基地、分配等),要花大力气解决。

5. 教师、干部的培训培养基地建设得不够理想,培训工作没有制度化、经常化。

6. 教学设施还比较差。按较高标准要求,重点学校有差距;按基本要求,许多学校未达到。

7. 各校教育质量提高的幅度差距大,劳动技术教育普遍薄弱,学生思想教育的某些环节还不够完善。

第二部分:基本经验

我们在提高教育质量方面的主要体会是:

一、牢固树立学校一切工作以教学为中心的观点,划清思想界限,排除干扰,放开手脚,集中精力抓教育教学质量。

二、以德育为主导,智育为主体,“五育”一齐抓,面向全体学生,“两为”一齐上。

三、以教育理论为指导,着重从教育思想、教育内容、教育方法、教育手段等方面进行改革,正确处理五个关系:加强基础与发展智能的关系,理论与实践的关系,教与学的关系,全面发展与发挥个性特长的关系,面向全体与因材施教的关系。

四、以目标管理为核心,质量管理为重点,建立一个渠道畅通、运转自如、指挥灵活高效的科学管理体系。

五、端正指导思想,抓好钱财、人才、教材建设,创造必要条件,最大限度地发挥主观能动性。

第三部分:“七五”设想

一、“七五”奋斗目标

“七五”期间,我市普通教育总的要求是:以《决定》《决议》为指针,坚持四项基本原则,坚持“三个面向”,坚持教育改革,坚持科学管理,牢固树立教育为社会主义建设服务的观点,按质按量普及初等教育,城镇普及初中教育,发展职业技术教育和农民教育,大面积提高各级各类学校的教育质量,为四化培养更多的具有“五爱”“四有”“两个精神”的人才,具体奋斗目标是:

1. 1986、1987 年全市普及初等教育,市区普及中等初级教育;1990 年以前,城镇普及初中,市区初中升学率为80%,约二分之一的农村乡镇普及初中教育。

2. 职业技术教育,城市在巩固中发展提高,农村在发展中巩固提高。1990年,各类职业技术教育在校生与普高在校生之比为1∶1。

3. 三县一郊于1988年完成扫盲任务,普遍开展农民技术教育,每县办一所农业中专学校(业余)。

4. 大力发展学前教育。1988年,市区入园率达80%,郊区、三县城关镇入园率达60%,广大农村入园率达到40%;1990年各类地区的入园率分别提高15%。

5. 各级各类学校的教育质量都要达到省先进水平,争取一两项或一两科达到国家先进水平。市、县要分别办好一所完中、一所初中、一所城市职业学校、一所农村职业学校、一所师范、一所小学、一所幼儿园,其中半数以上达到全省第一流水平。市辖区和县辖区要各办好一所初中、一所小学、一所幼儿园,达到全市第一流水平。

6. 办学条件要有较大的改善。1987年,全市中小学实现最低要求:校校无危房,班班有教室,人人有课桌凳,校校有体育活动场地和器材,初中有理化演示实验仪器设备。1988年,完全中学、农职业高中、实验小学、示范初中、重点幼儿园和小学实现基本要求:教育用房有图书室、阅览室、实验室;生活用房有开水房、厕所、食堂、适量宿舍;学校藏书小学每生20册,中学每生30册;体育方面有一定的活动场地,按体育教学大纲配齐体育器材;音乐美术方面有音乐教学所需乐器和美术教学器材;实验方面按原教育部颁发的目录配齐实验器材和实验设备,并能进行分组实验。1988年,省市重点中、小学达到花园式学校的要求:除具备基本条件外,有良好的校风,有布局合理、道路整齐、绿化、美化的校园,有充足的电化教学设备,有勤工俭学场所,有校训、校歌等。1990年,有半数的中小学达到基本要求,半数的完全中学(包括有初中的职高),市、县重点小学,幼儿园,农职业高中成为花园式学校。

7. 建设好中、小学培养培训基地。五年内,将不合格的中小学教师轮训一遍,使其中90%的人达到合格标准;同时,将中学中层以上干部、小学校长、各级教育行政部门的主要领导轮训一遍。

二、进一步端正办学指导思想

当前在办学指导思想上要实现观念上的转变:

1. 变教育为无产阶级政治服务的观念为教育为社会主义建设服务的观念。1958年中央提出"教育为无产阶级政治服务,教育与生产劳动相结合",现在看来,这种提法已不适应新时期四化建设的要求了。《决定》提出两个"必须",其中一个"必须"是"教育必须为社会主义建设服务",这就比较全面,不仅包括为政治服务,而且还包括为物质文明建设和精神文明建设服务,包括为民主和法制服务的内容。教育工作者都要树立这种教育观念，了解、熟悉当前两个文明建设的需要，以便更好地为其服务。当前，教育要从单纯追求升学率向为本地区经济建设服务，为农民脱贫致富服务方面转变，为高一级学校输送合格新生。

2. 变注重单一教育体系的观念为两个教育体系并重的观念。《决定》提出普通教育与职业技术教育两个体系互相平行、互相渗透的观点，这是我国教育体制改革的重要内容。普通中小学不仅要加强文化基础课教学，还要开设劳动技术课，进行劳动技术教育；职业技术学校不仅要上好专业基础课、专业课，还要上好文化基础课，特别是在我市许多职业学校都有初中的现状下，要重视初中教育。因此，办普通教育的要树立职业教育观点，办职业教育的要树立普通教育观点。完全中学，不论是重点中学还是一般中学，都有“两为”任务，但从当前的实际情况出发，应有所侧重。一般中学要侧重培养合格的毕业生，为社会输送优良的劳动后备力量，同时兼顾为高一级学校输送合格新生。重点中学要侧重为高一级学校输送合格新生，同时兼顾为社会输送优良的劳动后备力量。

3. 变封闭型的教育观念为开放型的教育观念。封闭型教育是小生产观念的产物，属于封建教育范畴。封建教育在教学过程、教学环节和教学阶段上都是封闭的。它的弊端在于：学校与丰富多彩的现实社会隔离，理论与实际脱节，教育内容与当代最新科学知识脱离，教育方法偏重于“禁”和“防”。其造成了学生“唯本”“唯上”，缺少个性，缺乏创造精神，也造成了人才规格模式化。开放型的教育要求教育工作者放眼世界，面向世界，放眼未来，面向未来。要加强学校、社会、家庭教育的横向联系，打破封闭式教学，发挥学生在学习中的主体作用，注意学生实事求是精神和创造精神的培养，引导学生走向社会，在改革、开放的环境中培养四化建设所需要的人才。

4. 变经验型管理的观念为科学型管理的观念。陶行知说：“我们常见的教育家有三种：一种是政客的教育家，他只会运动，把持，说官话；一种是书生的教育家，他只会读书，教书，做文章；一种是经验的教育家，他只会盲行，盲动，闷起头来，办……办……办。第一种不必说了，第二、第三两种也都不是最高尚的。”经验是有益的，但作用有限，它着眼于过去，轻视现在与未来，是缺乏科学理论指导的。科学管理既要借鉴于过去，又要着眼于未来，更要尊重生动活泼的现实。尊重客观事实的行为，就是在科学理论指导下的有目的、有计划的行为。

三、改革教育思想、教育内容、教育方法

何东昌说：“要把基础教育搞上去，改变基础教育薄弱的现状，争取大面积提高教育的质量。一方面，要重视在经济发展的基础上不断改善办学条件和加强师资队伍建设；另一方面，还要重视教育思想、教育内容、教育方法的改革。”提高教育质量的根本

出路在于改革,不改革就没有出路。改革的突破点是改革不适应于两个文明建设的传统教育思想。对传统教育应采取分析态度,不能一概肯定,更不能一概否定。既然是传统,必然有好的东西,否则不能流传下来,对于这些好的东西要吸取。既然是传统,又必然是过去的东西,过去的东西和变化着的现实又必然有许多不相适应的地方。因此,要改革。市局近期拟开展教育思想大讨论,转变教育观念,端正办学指导思想,振奋精神,总结经验,制订改革规划,组织改革志愿兵,从五个方面进行较大的突破:

1. 在教育观念转变方面有个较大的突破;

2. 在整体性、综合性的教育改革方面有个较大的突破;

3. 在教育理论和教育实践的研究与探讨方面有个较大的突破;

4. 在建立教学、科研、生产、经营相结合的职教体系方面有个较大的突破;

5. 在改革普通中小学的劳动技术教育方面有个较大的突破。

在抓教育改革的同时,还要加强教学常规的管理。要有两手,不能顾此失彼。有的学校首先要抓好常规教学,从而保证教学改革的顺利进行。

四、全面评估学校,建立视导制度

教育评估是门科学,全面、正确地评估学校,使学校管理更加科学化、制度化,这是大面积提高教育质量的重要措施。市局已草拟了一个评估办法,打算成立专门班子,按照学校管理范围,分别由市、县(区)教育行政部门每年对学校进行一次全面评估,在评估的基础上总结奖励,同时向各校提出要求,限期完成。请同志们充分讨论。市、县(包括市辖区)都要成立视导室,抽调一批身体健康、熟悉业务、热心视导工作的退居二线的老同志参加,教育局业务科室负责组织联络。从今年开始试行。

五、加强初中建设,切实打好基础

提高教育质量要从基础抓起,从起始年级抓起,从初中抓起。我市对加强初中建设提得很早,五六年前就提出"从初中抓起,从起始年级抓起"。这两三年内我们又提出"抓初中、促高中、带小学",但一直未被普遍重视。今年上半年,省教委召开了初中教育工作会议,对初中教育的战略地位进行了重新认识。

1. 从初中在基础教育中所处的地位看,初中教育处于中间环节。发展和提高初中教育,不仅能使普及小学教育的成果得到巩固和提高,而且也能使高一级学校(包括普通高中、农职业高中和高等院校)的新生有较高的起点,为社会输送的劳动后备力量有较好的素质。这是整个普通教育中承前启后的重要环节。

2. 从初中阶段学生的生理和心理特点来看，初中学生大都是十二三岁，从一个人的一生讲，其生理和心理都处于变化的关键时期，可塑性很强，是教育学家、心理学家一再论证的"危险时期"。可因受好影响而成才，也可因受坏影响而被毁坏，或者因受不到良好教育而被埋没。这一阶段的教育对青少年的身心发展具有战略意义。

3. 从初中教育内容和教育方法看，其与小学相比发生了巨大变化，课程门类多了，内容深了，管理方法和教学方法变了，刚进初中的学生一时难以适应。如果不注意小学和初中的衔接，学生极易两极分化。

4. 从我市实际情况看，当前，我市初中还是一个薄弱环节，有客观原因，也有主观因素。客观原因主要有：职业中学有初中、有职高、有职专，给管理带来困难；四区教育行政部门有管理小学的丰富经验，但缺乏管理中学的经验，而且人力不足；城市初中多数是小学改的，基础差；农村初中多数是联中，不仅办学条件差，师资条件也很差；三县初中教师2834人，其中大专以上文化水平的603人，只占21.28%。主观因素就是思想上轻视、忽视初中。近三年来，我们要认真贯彻省教委《关于加强和改革初中教育的意见》和市教育局《关于加强初中教育的意见》，抓出成效，抓出成果。

六、采取有效措施，提高教师素质

大面积提高教育质量的关键是提高教师的思想道德素质和教学业务素质。我市中学专任教师5528人，其中初中4543人，达标的36.9%，高中985人，达标的55.6%，业务素质较差。因此，提高教师素质的任务很艰巨，各县（区）都要行动起来。怀远县包集区、固镇县新马桥乡行动比较快。两三年内着重抓四件事：

1. 学习马列主义、毛泽东思想，以及党的路线、方针、政策。开展"三自"教育（自尊、自重、自强），增强光荣感、责任感、自豪感。

2. 学习心理学、各科教学法。

3. 建设好基地，培训教师；办好卫星电视教学，参加卫星电视进修的2178人，市区一个教学点73人，三县31个教学点要尽快建成。

4. 对学历不达标的教师进行教材教法考试和专业文化知识考试，发合格证书。参加教材教法考试的中学教师2129人，元月中旬进行。

5. 评好教师职称，当前要做好职称评定的准备工作，建立健全教师业务档案。

同志们！我们要充分认清当前普教战线的大好形势，振奋精神，端正思想，加强团结，鼓足劲，争上游，为在"七五"期间把我市教育质量提高到新的水平，为给两个文明建设培养数量多、质量高的"四有"人才再做新贡献！

（这是在1987年1月召开的全市教学工作会议上的报告。）

实施九年制义务教育的起点、重点和难点

（1987年5月）

党的十三大再次确立了教育在国民经济中的战略地位。《中共中央关于教育体制改革的决定》从中国社会主义现阶段的实际情况出发，以马克思列宁主义基本原理为指导，遵循经济与教育以及教育本身的客观规律，精心绘制了适应我国社会主义建设需要的教育事业发展的宏伟蓝图。《中华人民共和国义务教育法》（简称《义务教育法》）的颁布，开创了我国教育史上以法治教的新篇章，为普及九年义务教育提供了有力的法律保证。特别是邓小平同志关于教育的一系列论述，极大地丰富和发展了马克思主义的教育理论，确立了有中国特色社会主义的教育体系。现在纲领明确，路线、方针、政策正确，关键是要真正重视，扎扎实实地抓，组织好施工。在“施工”中，如何起好步，怎样确定重点和难点，这些虽属具体战术问题，但如果不明确，或者不正确，其结果必然是事倍功半，中央正确的战略思想不能真正落到实处。

一

实施九年制义务教育，究竟从哪里起步呢？我们认为应该从小学抓起，从一年级抓起，从现在抓起。

普及初等教育是普及九年制义务教育一个阶段。在《义务教育法》颁布之前与之

后，其含义不尽相同：前者作为普通教育的一个层次，有相对的独立性，强制性的色彩比较淡薄，“四率”指数比较低；后者作为九年制义务教育这个整体的一部分，带有浓厚的强制性，“四率”指标要求较高。已经普及初等教育的地区，如以原部颁“四率”指数“基本要求”为起点去实施义务教育的第二阶段——初级中等教育，即使一点折扣不打，初中阶段没有一个流失生（实际是不存在的），16—17 周岁或 17—18 周岁年龄段的普及率，对于“五三”制的义务教育只有 57.3%，对于“五四”制或“六三”制的义务教育只有 55.6%，对于九年一贯制的义务教育只有 65%。仅此普及程度一项指数就与《安徽省实施〈中华人民共和国义务教育法〉办法（草案）》（简称《办法》）所规定的 70% 的指数相差很大，何况这种推算的结果与实际的结果还会有很大的差距，更何况《办法》规定的教育质量和办学条件等方面的指标要求与当前基础教育异常薄弱这个现实还存在着很大的距离。如果不论初等教育是否已普及，统统从现在开始，从小学一年级抓起，把入学率、年巩固率、毕业率、普及率分别提高到 98%、99%、95%、89%，五年后才能逐步把初级中等教育的“四率”分别提高到 95%、97%、90.78% 的水平，那么，九年以后，16—17 周岁或 17—18 周岁年龄段的普及率，九年一贯制的学校才达到 80.6%，“五三制”“五四制”“六三制”的学校仅仅接近 70%。这样做，从当前看，从本质看，确实快了，但不扎扎实实地打好小学基础，不顾客观条件，盲目地攀比速度，结果是适得其反，欲速则不达。当然，各地经济发展状况和教育基础千差万别，即使同一县的乡与乡之间也不平衡。因此，虽然起步相同，但施工进度有快有慢，步伐有大有小，工作侧重面也有所不同。

在速度问题上，既有我国的历史经验值得吸取，又有国外的做法可供借鉴。1949 年颁布的《中国人民政治协商会议共同纲领》指出：“有计划有步骤地实行普及教育。”三年国民经济恢复时期，适龄儿童入学率由新中国成立前夕的 20% 提高到 1951 年的 47%。1951 年召开的第一次全国初等教育会议提出：“从 1952 年开始，争取 10 年内基本普及小学教育。”实行的结果是，1955 年适龄儿童入学率才达到 53.8%。鉴于这个实际速度，1956 年制定的《1956 年到 1967 年全国农业发展纲要（草案）》中又做了微小的调整：“分别在 7 年或者在 12 年内普及小学义务教育。”1958 年 9 月 19 日，中共中央、国务院《关于教育工作的指示》立即纠正为全国应在 3 年到 5 年的时间内，基本上完成普及小学教育的任务，于是出现了 1958 年“虚肿”的 80.3% 的高入学率。随着中央关于国民经济“调整、巩固、充实、提高”方针的贯彻，1962 年适龄儿童入学率又降到 56.1%，接近 1955 年的水平。这一大起大落的教训已经够“发人深省”了！更有甚于此者，则是十年“文革”的破坏，使普及教育这个大政停滞、倒退、瘫痪。但是，“左”倾顽症又是那么难以医治，1978 年竟然有人提出“到 1985 年在农村基本普及 9 年教育，在城市基本普及 10 年教育”的高指标。具有伟大历史转折意义的党的十一届三中全会的胜利召开，全党工作重点的转移，实事求是这一马克思主义思想路线的贯彻，使基础教育得到迅速恢复和健康发展。新中国成立以来，特别是三中全会以来普及初等教育工作的基本经验是：坚持社会主义办学方向，坚持党的领导，坚持实事求是的思想路线，坚持"地方负责、分级管理"的教育体制，坚持两条腿走路、多种形式办学的方针。应该从1957—1977年这20年中吸取的教训是：不能抛开客观条件搞主观的高指标、高速度；不能脱离中国的土壤搞一厢情愿的一刀切、齐步走；不能违背教育规律人为地削弱基础教育。

纵观世界一些国家，尽管经济发展、教育基础、政府重视程度、国内外事变、历史等方面状况不同，时间不一，但义务教育从实施到完成都经历了一个较长的时间。美国用了70年，日本用了35年，德国用了30多年，英国用了25年，苏联用了15年，朝鲜用了12年。这些国家在完成初等义务教育普及后，普及中等教育也都经过了充分准备。例如：日本过了20年，又用了16年；美国过了28年，又用了15年；朝鲜过了2年，又用了17年；苏联过了19年，又用了23年才普及九年制或十年制义务教育。这些国家实施义务教育的共同特点是：1. 教育与经济相比，教育超前；2. 教育内部的高教与普教相比，普教先行；3. 在普及年限上分段推进，逐步提高；4. 立法完备，执法严肃。

我国人口多，底子薄，从1951年正式提出普及初等教育任务开始至现在已36年。速度是时间和行程的结合、客观与主观的统一，只有建立在客观条件所许可的基础上和充分发挥人的主观能动性高度统一起来的高速度，才是真正的高速度。有些地方刚刚低标准地普及初等教育，就无视客观条件，抛开小学不管，急于普及初中。这种急躁冒进的情绪，实质上是主观唯心主义的反映。以这种思想观点去指导工作实践，其结果必然是出现新的大起大落。当然，低估党中央关于教育方面的方针、政策的威力，低估全社会特别是广大农村蕴藏着的社会主义办学积极性，在困难面前互相埋怨，消极等待，不去开拓，拖延时间，这种无所作为的思想，实质上是客观唯心主义的表现。以这种观点去指导工作实践，其结果必然是贻误"四化"大业。

二

实施九年制义务教育就其涉足的范围之广，人数之多，内容之丰富，层次之复杂而言，确系一项庞大的系统工程，必须全面规划，加强领导，统筹兼顾，始终把提高教育质量作为重点。这是由社会主义建设对人才的需求和普及教育的根本目的所决定的。社会主义现代化建设的宏伟任务，要求教育为其提供数以亿计的多层次、多规格、多结构的全面和谐发展的合格人才。这些人才的培养效果不仅取决于各类高等学校与中等专业学校的办学能力和教育质量，更取决于中小学的办学能力和教育质量。万里同志说：

“现代经济、社会和科技的发展，要求有较高水平的基础教育。”又说：“现在，一些发达国家正在重新强调和提高、改进基础教育。”1957 年，苏联第一颗人造卫星上天以后，美国朝野上下惊呼本国基础教育落后于苏联，于是国内兴起“恢复基础（教育）运动”。日本在战后短时间内之所以一跃而为世界第二个经济大国，是因为非常重视基础教育。日本中小学教育质量很高。1964 年，18 个资本主义国家举行了一次中小学的数学竞赛，日本获得第一名。1970 年，这 18 个国家又举行一次物理、化学、生物、地理等学科竞赛，日本又分别获得第一名。日本凭借其高质量的基础教育，直接或间接地为企业输送大批在世界上令人羡慕的高质量的劳动力。日本的产业工人都具有熟练的技术水平，对世界先进的科学技术企业来说都有很强的吸引力。我国基础教育很落后，这同我国人民建设富强、民主、文明的现代化社会主义国家的迫切要求之间，存在着尖锐矛盾。解决这一矛盾的根本途径是按质按量地普及九年制义务教育，尤为重要的是要保证质量。

普及九年制义务教育的根本目的是为提高全民族素质，多出人才，出好人才奠定坚实的基础。一个民族的素质是该民族全体成员，特别是起主导作用的那部分成员的政治观念、道德风貌、思想情操、气质性格、态度作风、文化素养、体质胆识、行为习惯、信仰爱好等诸因素的有机综合，它是由一定的生产力水平、经济基础、社会结构、文化教育、历史传统、思想体系、各民族的影响等诸多因素决定的。这些因素通过各种渠道直接或间接地对每一个社会成员，从他们幼小时就开始发生不同程度的影响，其中基础教育起着特殊的重要作用。心理学家研究结果表明，人在 4 岁时已有 50% 的智力，8 岁时已有 80% 的智力，17 岁之前达到 100% 。因此要从小抓起，切切实实地为提高全民族素质打好基础。

教育的数量与质量也是处于同一体中的一对矛盾，离开一定数量的质量是不存在的，就这个意义说，数量规定着质量，但没有一定质量的数量也是毫无价值的，而且质量的高低又积极或消极地影响着数量的增减，就这个意义讲，最后还是质量决定着数量。在九年制义务教育实践中，既要保证“四率”达到较高的标准，又要把提高基础教育的质量作为重点。质量是学校教育的生命线，有了高质量的教育水平，不仅可以巩固、提高“四率”，而且可以调动社会各方面的办学积极性，从而帮助学校更快地改善办学条件。如果教育质量低劣，即使靠行政手段在短时间内把“四率”突击上去了，把办学条件改善了，不要多久，学生也将大量流失。到头来，初等教育的普及成果将化为乌有。

教育的性质和作用决定了一切形式的教育都必须始终把提高质量作为重点。教育是培养人的社会活动，教育的发展既为一定社会生产方式、经济、政治所制约，又给予一定社会的生产方式、经济、政治以伟大的影响和作用。因此，教育既是人类永恒的、普遍的范畴，又是人类历史阶段的范畴。教育的社会性、阶段性决定其职能是：劳动力再生产的重要条件,把科学技术这个潜在生产力转化为现实生产力的重要手段,为不同阶段培养各自接班人的重要途径。离开质量,教育的职能就无法实现;否认质量,否认教育工作把质量作为重点,实际上就是教育的自我否定。普及九年制义务教育是为社会主义现代化建设提高劳动者素质,培养全面发展人才的奠基工程,这种事关"百年树人"的头等大事,怎能不把质量放在第一位呢?

变恶性循环为良性循环,是提高义务教育质量的重要前提。当前,我国基础教育存在四大恶性循环。其一是经济发展与教育发展比例失调。当今之际,莫若在国民经济发展的10年准备期间让教育这个先行官吃足喝饱,令其快马加鞭,为经济腾飞准备充足的人才和技术力量。只有这样,到第二个10年时,才能形成良性循环,造成一个比翼齐飞的绚丽夺目的局面。其二是教育内部的基础教育与高等教育、成人教育的比例失调。将日本、美国、英国、苏联、西德、法国、意大利等10国普通教育的各级学校平均每生所占有的教育经费的比例与我国比较,小学以每生所占经费为1计算,它与中学的比例,我国为1∶2.6,10国平均数为1∶2.3,基本一致,比较合理。但是中小学与大学的比例却很不合理,我国大学每生平均占有的经费是小学的72倍,超过10国平均数的59倍,是中学的27倍多,超过10国平均数的22倍。这种极不合理的比例早在1963年就受到周总理的严厉批评,他要求当时教育部不能"大大小小",而要"大小,小大",可是在实际工作中没有得到纠正,尤其在那"史无前例"的年代里愈演愈烈,比例更加不合理。以1973年为例,我国大学平均每生占有的经费几乎是小学的200倍,是中学的61.94倍。十一届三中全会以后,中央采取了许多重大措施,但是积重难返,至今仍未恢复到20世纪60年代以前的比例,更谈不到接近世界主要国家的平均水平了。近年来,成人高校发展速度惊人,以1985年全国招生为例,普通高校完成计划的150%,成人高校完成计划的613%,而基础教育的许多指标都没有完成"六五"计划的要求。其三是九年制义务教育两个阶段的恶性循环。初等教育刚刚低标准地普及,就急于普及初级中等教育。初中没有校舍,改小学;没有教师,拨优秀小学教师,截留中师毕业生。小学教室不足,增加班级人数。大的挖中的,中的挖小的,挖的结果是"三败俱伤",伤势最重的当然还是小学。普及教育,教师是关键,经费是保证。基础教育在实行"地方负责、分级管理"以后,已经出现并将继续出现地方办学的热潮,办学条件很快就可以得到根本改善,然而教师的准备却不是一蹴而就的。从我省来看,预计需补充合格小学教师10万名,初中教师12万名;还有41.1%的未达到中师毕业水平的小学教师和68.6%的未达到专科毕业水平的初中教师需要提高。此外,61.5%的小学民师和20.4%的初中民师都要有相应的政策及措施。其四是初等教育本身的恶性循环。由于我国基础教育底子薄,初等教育虽然基本普及,但质量不高。目前,部分干部存在着单纯任务观点,盲目追求速度,只抓入学率,不管合格率,只抓鉴定质量的检查,不抓提高质量的措施。

最为突出的是“五生”（流失生、留级生、毕业后复读生、超龄在校生、读完三年未结业的辍学生）严重膨胀。1986 年全省 12 周岁以上仍在小学就读的学生占全省小学生总额的 27.8%，约 195 万人，全省流失率为 3.6%，约 26.17 万人。有的县留级生达 30%。“五生”恶性膨胀的后果是：给有限的教育投资带来极低的经济效益。仅就我省 12 岁以上仍在小学就读一项来说，约浪费 4 亿元。如果再加上复读生、留级生等重复教育的数字，那就更可观了，这就直接威胁着普及教育成果的巩固和质量的提高。

要变四大恶性循环为四大良性循环，当务之急是要着力解决直接影响教育质量的五个薄弱环节：

1. 经费短缺。解决的办法中央已定，现在要立法定规，保证各种经费渠道的畅通以及专款专用。调整高等教育与基础教育的经费比例，逐步做到大学自费，义务教育免费。高等学校的图书资料、理化生仪器、电教器材等在保证本身教育需要的前提下，适当支持中、小学。

2. 师资数量缺、质量低。没有教师的质量就没有教育的质量。根据我国现状，培养、培训教师，可以采取定向性师范教育体系为主，非定向性师范教育体系为辅的办法。高等、中等师范院校以及教育院校都要明确办学方向，真正面向中小学，为普及义务教育服务。普通高校和各类中专可附设师范班或教师培训班。各级党委和政府要“把发展师范教育和培训在职教师作为发展教育事业的战略措施”，真正抓好。

3. 管理跟不上。当前农村教育行政管理一个突出问题，就是多数地区乡教委及其办事机构——乡教办都是虚体。前者可以是虚体，后者一定要是实体，有专人抓（2—3人）。学校内部管理要重点抓以下几件事：（1）制定中小学教育质量评估办法和验收标准，建立视导制度。（2）办好区、乡中心小学，使之成为本区、本乡精神文明建设中心，教研、教改、教学活动中心，实验实习中心，信息传递中心；发挥示范作用、枢纽作用、辐射作用。（3）建立健全学籍管理办法，严格控制“五生”的膨胀。（4）压缩统编教材中不适合的内容，增加乡土教材。（5）建立一个门类齐全、纵横沟通的教育科学研究网络。地、市、县在教研室基础上成立教科所，高等师范院校和进修院校成立教科所，中等师范学校以及进修学校成立教育科学研究室，迅速建立有中国特色社会主义的教育理论体系。

三

普及九年制义务教学的难点是什么，如何攻难点？有人认为难点在农村，集中攻农村；有人认为难点是经费，有了钱就可以培养出教师，盖好房子；有人认为教师的准备是难点；等等。我们认为，真正的难点是把全党、全民、全社会对教育战略地位的认识统一到新的高度。因此,突破这个难点是当务之急。

《中共中央关于教育体制改革的决定》指出:“现在,我们完全有必要也有可能把实行九年制义务教育当作关系民族素质提高和国家兴旺发达的一件大事,突出地提出来,动员全党、全社会和全国各族人民,用最大的努力,积极地、有步骤地予以实施。”统一思想是统一行动的先导。一切改革,归根到底都是观念的改革。如果全党、全民、全社会都能树立重视教育、重视知识、重视人才的观念,那么,没有钱,可以开辟各种财源筹集办学资金;教师不足,可以通过各种渠道培训培养;教育不熟悉,钻进去干他三两年,就会逐渐摸清规律。反之,如果观念不转变,即使群众集了资,还会被挪作他用,甚至中饱私囊;即使有了合格教师,不能正确执行政策,他们还是材不能尽其用,俸不能养其老幼,住不能避其风雨,虽曰有之,其实无之。“天下事有难易乎?为之,则难者亦易矣;不为,则易者亦难矣。”是“难”还是“易”,关键在于“为”还是“不为”,而决定“为”与“不为”的却是人们的思想认识。实施九年制义务教育的难度很大,但不像“挟泰山以超北海”那样难,当然,更不像“为长者折枝”那样容易,这就更取决于人们的思想认识了。

三中全会以来,党中央关于教育的一系列决策及其战略思想被许多有权之人和有识之士所掌握,并迅速转化为物质力量,涌现出许多好的典型。一位县委书记说:“今天不抓经济,今天没饭吃;今天不抓教育,明天没饭吃。”朴素的语言蕴藏着深刻的哲理。固镇县地处淮北,经济条件差,教育落后,县委、县人大、县政府认识统一,行动一致,奋斗三年,一举消灭了危房,基本实现“一无两有”,普及了初等教育。教育体制改革后,有的人把“地方负责,分级管理”的办法看成是甩包袱。这是不了解世界各国普及教育的行情和中国国情的表现。世界上许多国家实施义务教育所需经费大多是由地方负担的。日本在明治维新时,经费原则上由地方筹措,1952年才规定教职员工资由国库负担一半,教材、教具费用由国库负担一部分。美国教育经费,联邦政府负担不超过3%,州50%,地方47%。法国由国家支付教师和行政人员工资,地方经费主要用于校舍的基建和维修。我国地域辽阔,人口众多,情况复杂,正处于社会主义初级阶段,如果都由国家包下来,必将大大推迟普及的时间,而且也包不下来。中央把资本主义国家的消极甩包袱变成积极的分工负责,这是多快好省地普及教育的一条捷径。由于小生产观念的束缚,有些党政领导急功近利的思想与教育周期长的特点不相适应。他们“口头上承认教育重要,到了解决实际问题时又变得不那么重要了”。他们在任期内热衷于盖高楼、修马路,抓那些时间短、见效显著的工程,以显示其卓著的政绩。当然,这些事也是人民所需要的,非抓不可的。问题不在于抓,而在于用什么指导思想去抓,更在于把他们认为劳而无功的教育当成软任务而置诸脑后。这些地方,即使经济暂时抓上去了,党的工作重点也没有转移。小平同志说得好:“我们不是已经实现了全党全国工作重点的转移吗？这个重点，本来就应当包括教育。一个地区，一个部门，如果只抓经济，不抓教育，那里的工作重点就是没有转移好，或者说转移得不完全。忽视教育的领导者，是缺乏远见的、不成熟的领导者，就领导不了现代化建设。”一般地讲，急功近利的思想并不坏，问题在于你是“急全党之大功，近社会主义之公利”呢，还是“急个人主义之大功，近一己之私利”呢？如若前者，这个“功”，这个“利”，必然包括教育；如若后者，这个“功”，这个“利”，必然排除教育。至于那些宁肯用有限的经费多购买一辆高级小轿车，也不愿在教育上花一分钱的少数同志，更只有“近利”之心，而毫无“急功”之意了。抓教育是造福子孙万代的大事，没有牺牲精神、献身精神和科学精神是不行的。由于长期受轻视教育的“左”的思想影响，在不少部门对《决议》所提的两个“必须”的指导思想认识不全面，只要教育为我“服务”，不愿我为教育办事，甚至不肯拔一毛而利教育。社会上对教育要求的多，理解、谅解、支持的少。由于教育部门有些同志对小平同志关于教育要面向世界、面向未来、面向现代化的指示精神理解不透，教育为社会主义建设服务的思想树立不牢，办学指导思想与社会主义现代化建设某些环节还有不相适应之处，教育脱离实际，脱离社会主义建设实际的现象还比较严重，管理水平不高。

若要解决上述认识问题，一要进一步学习领会十一届三中全会以来，党中央关于教育的一系列决定、决议、指示精神和小平同志关于教育的一系列论述，提高自觉性，加强紧迫感，二要以法治教。我国向来以人治教，一个地区教育抓得好坏，九年制义务教育能不能按质按量地普及，在《义务教育法》公布之前，与其说取决于该地区的经济、文化、教育的基础和现状，倒不如说取决于该地区党政领导对教育战略地位的认识程度和服务程度。然而时至20世纪80年代的今天，以人治教已不能适应九年制义务教育普及的要求，必将为以法治教所代替。今后的任务：一是制订与《义务教育法》相配套的一系列法规，如《教师法》《学校保护法》《教育经费管理使用法》等等，使之逐步完备。二是广泛深入宣传教育法，破除教育无法的传统观念，使广大干部和群众知法、懂法、护法。三是成立教育法庭，加强监督，严格执法。

认识统一了，法制健全了，各级党政领导都能以小平同志为榜样，甘做教育的后勤部长，像抓经济那样抓教育，全社会都能重视教育、支持教育，为教育多做实事，广大教育工作者都能自尊、自重、自强不息，那么，九年制义务教育的普及、有中国特色社会主义教育体制的建立和完备指日可待。

［1987年5月，安徽省教育委员会在省党校举办第一期教育理论研究班，蓝济仲同志任班长，承担《实施九年制义务教育的起点、重点和难点》的撰写。该专题得到省教委副主任沈培新的指导，他组织研讨班人员到肥东县搞了一次社会调查。肥东县实验

小学王校长与淮北市实验小学孟主任参加了该专题的讨论,发表了一些有价值的意见。定稿后,1988 年发表于《安徽教育学院学报》,1989 年获全国教育论文二等奖。省教育学会会长明克诚(原教育厅厅长)在一次教育学会理事会上风趣地说:"蚌埠老蓝放了颗卫星!"因为全省同时获奖的另一篇论文是三等奖。]

发展中等师范教育，培养培训合格的小学、幼儿园教师

（1987年10月）

为建立一支数量足、合格而稳定的教师队伍，经市教委办公会研究决定召开这次座谈会，中心议题是：以《中共中央关于教育体制改革的决定》（以下简称《决定》）为指导，从城市初等教育、学前教育的实际出发，明确师范教育的办学方向，面向小学，面向幼儿园，加强管理，加快中等师范教育的发展步伐，努力培养培训大批合格的小学、幼儿园教师，以适应普及九年制义务教育和发展幼儿教育的需要。先讲六个问题。

一、回顾师资两培工作，扬长补短，加快发展

蚌埠师范学校、怀远师范学校、五河师范学校、固镇师范学校、蚌埠教师进修学校，是蚌埠市小学、幼儿园教师培养培训的摇篮。4所师范学校教职员工共271人，其中专任教师127人，占46.9%；在校学生1620人；已为小学、幼儿园输送了4000余名合格教师。市、县教育行政部门对发展师范教育比较重视，主要做了以下几件事。增加基建投资。蚌埠师范、固镇师范相继迁校，明年6月前后基建任务有望完成；怀远师范、五河师范基建投资也有所增加，教学用房与职工住房得到初步解决。在教育经费切块包干的情况下，市局还从业务经费中挤出53322元，为4所师范学校添置音乐、体育器材，以及

其他教学设备。加强业务指导。1985 年下半年,市局普教科、教研室对 4 所师范学校进行业务视导;1985 年、1986 年对毕业生的毕业考试实行统一命题、统一制卷、统一阅卷;建立各校教导主任碰头会制度。改革招生分配制度,实行定向招生,定向分配。开展学陶师陶活动,向广大师生介绍陶行知教育思想,教育学生发扬“捧出一颗心来,不带半根草去”的献身农村教育事业的精神。教学质量不断提高,1984 年全省师范统考,怀远师范名列全省第三,语文单科成绩全省第一;五河师范政治单科成绩全省第二;固镇师范政治单科成绩全省第八。蚌埠师范“双推”和第二课堂改革成绩显著。怀远师范环境幽美,布局合理,教学秩序井然,师范性强;在落实知识分子政策,加强学生专业思想教育,科学管理,全面提高教学质量等方面比较突出,是 20 世纪 80 年代我省一所较好的乡村师范。

我市对在职教师的培训提高工作起步较早。1983 年,教育部在山东烟台市召开的全国教师培养培训工作会议上,对我市师训工作经验做了重点介绍。1984 年以后,市局重点抓教师业务系统进修,逐步实现学历达标;县局主要抓教师教材过关,同时不放松教师的系统进修。在此期间,蚌埠教师进修学校,县局函授站与电大教学点,市、县教育局普教科(股)、教研室等单位与部门在师训工作方面协同作战,各尽所能。蚌埠市教师进修学校从 1980 年到 1986 年先后办了小学语文、数学、英语、音乐教师以及校长、主任培训班共 30 期,培训 1835 人;同时,组织各学科教师参加系统进修。已获中师毕业文凭的教师 450 人,正在学习的 2853 人(其中卫星电教班 2178 人,函授与业余面授班 675 人)。

当前,我市师资培养培训工作亟待解决的问题是:各级党政领导对师范教育的战略地位的认识还不一致,师训工作的管理体系还未理顺,学校教育教学设备设施还比较差,教改的步伐还比较缓慢,尤其是师资匮乏,专业教师奇缺。

《决定》指出:“建立一支有足够数量的、合格而稳定的师资队伍,是实行义务教育、提高基础教育水平的根本大计。”“必须对现有的教师进行认真的培训和考核,把发展师范教育和培训在职教师作为发展教育事业的战略措施。”为了贯彻落实《决定》精神,必须加速中等师范教育的发展,端正办学指导思想,面向小学,面向幼儿园,加强管理,采取多种形式,努力培养培训大批合格的小学和幼儿园教师,以适应普及九年义务教育的需要。

二、充分认识师范教育的战略地位,重视师资队伍建设

师范教育的好坏关系到社会主义现代化建设的成败和民族的兴衰。四化关键在科

技，基础在教育。小学这个基础打得牢不牢，影响因素固然很多，但最重要的是教师的数量和质量。未来的社会发展取决于教育，未来的教育发展取决于教师。没有高质量的教师就没有高质量的教育，就不能培养出高质量的人才，四化建设就要落空。当今世界发达国家没有不重视教师地位的提高的。综观各国，师范教育体制大致有两种类型：一是定向型，即以师范院校为培养师资的主要阵地，苏联为代表；二是非定向型，即以综合院校为培养师资的主要阵地，美国为代表。苏联十月革命以前，小学教师由师范学校培养，中学教师由综合大学培养；十月革命以后，把综合大学的教育系全部改为师范院校教育系，建立了以师范院校为培养师资的主要阵地的教育体制。第二次世界大战期间，苏联的师范教育曾遭破坏，战后恢复很快，从 1950 年至 1970 年培养的 200 多万教师中，100 多万毕业于师范院校。1957 年苏联人造卫星上天，美国各界人士纷纷议论，指责美国教育，特别是基础教育和师范教育落后于苏联。美国政府派出教育代表团访苏，借鉴苏联经验，在改革师范教育、加强基础教育方面采取了许多重大措施。许多发达国家还很重视在职教师的培训。苏联规定中小学教师 5 年脱产培养 1 年；美国规定中小学教师 7 年脱产培训 1 次，新教师可以用 1/5 时间进修。西德规定教师进修要做到计划化、组织化、体系化、科学化。

我国师范教育体制建立得比较迟，产生于 19 世纪末。1896 年，盛宣怀在上海首创南洋公学，共设四院：师范院，即师范学堂；外院，即日本师范学校附属之小学院；中院，即二等学堂；高院，即头等学堂。这是中国师范教育的开始。1903 年，清政府在《师范馆章程》基础上，又拟定了《初级师范学堂章程》《幼级师范章程》《任用教员章程》，并要求各省城按照章程举办初级师范学堂、优级师范学堂以及简易师范科、师范传习所。从此，我国有了比较完善的正规的师范教育体系。但是，清末中国师范教育基本上是从外国输进来的，不是从自己亲身经验里长出来的。人民教育家陶行知先生对师范教育极为重视，他深刻指出："国家所批审之师范教育"，"可以兴邦，也可以促国灭亡"，它是"关系到国家前途盛衰的大事"。20 世纪 30 年代，他通过师范教育实践，从办学方针到培养目标，从教育内容到教学方法，从普通师范到幼稚师范和职业师范等方面，对旧师范教育进行改革，形成了一整套教育理论。新中国成立后，师范教育发展很快，体系更加完备，基本上做到县设初级师范，地市设中等师范，省设高等师范，而且各级师范还采取速成办法，解决基础教育急需的师资。然而，十年动乱，教育是重灾区，师范教育受到的破坏尤为严重，师范学校有的被砍掉，有的被改为普通学校，长期停止招生，造成了教师数量不足，质量不高的现状。我市今年基本普及初等教育，但这种普及是低标准的，流失生和留级生比较严重，个别乡村留级生达 30%，流失生达 10%。两流（留）间又互为因果，留级面大了，留级次数多了，留级生必然丧失学习信心，最后自动退学。造成留级面大的原因很多，但教师教学业务水平低、教育质量差是其重要原因。当前，普及初等教育的迫切任务就是在巩固“一无两有”成绩的同时，花大力气抓教师队伍的建设和教育质量的提高。否则，初等教育的“四率”就会下降，普及教育的成果就会丧失。教育是四化建设的战略重点，师范教育又是教育的战略重点，抓教育，不抓师资队伍建设，教育就永世不得翻身。

三、明确培养目标，突出师范性

部颁《中等师范学校教学计划(试行草案)》规定，中等师范的培养目标是小学和幼儿园的师资。我国的适龄儿童80%在农村，中等师范学校不仅要面向小学、幼儿园，而且要面向农村，面向社会主义现代化建设，这是不容动摇的方向。中等师范学校的毕业生要到小学和幼儿园任教，不能拔高使用。不然的话，既削弱小学的基础，又影响初中的基础，两败俱伤，得不偿失。合格的农村小学教师应具备6个条件：

1. 有理想，有道德，有文化，有纪律；热爱社会主义教育事业，热爱农村小学教育事业。热爱农村，热爱农民，热爱少年儿童。

2. 具有胜任小学语文、数学及其他任何一科教学所必备的文化专业知识和技能。

3. 具有从事小学教育与幼儿教育所必备的各项基本功。

4. 具有从事小学教育与幼儿教育所必需的教育学、心理学、生理学和管理学等方面的理论修养。

5. 具有高尚的共产主义道德品质和精神风貌，仪表端庄，态度和蔼，语言亲切，言行一致。

6. 具有健康的体魄，开朗的性格，广泛的爱好，充沛的情感，坚强的意志，求实的精神。

师范教育与其他教育有共同点，也有本身的特点。它是以造就合格的教师为出发点和归宿的。合格与否集中体现在一个“范”字上。如果培养出的教师在思想道德、理论修养、文化知识、教育技能等方面堪称典范，就合格；无论哪一个方面有缺陷，都不能视为合格。这就是我们通常所说的师范性的意义所在。经师易遇，人师难得，学高为师，身正为范。师范归根到底集中体现在培养合格的“人师”上。师范教育如何突出师范性呢?

1. 经常地、始终一贯地、生动活泼地对学生进行专业思想教育，教育学生终生从事农村小学教育。这是师范性的核心。

2. 师范学校不仅要教育学生真正认识到人类灵魂工程师的伟大与光荣，而且还要教育他们掌握思想教育工作的规律和方法，掌握打开少年儿童心灵大门的钥匙。师范生要人人愿做学生思想工作，个个会做学生思想工作。

3. 师范学校要重视教育科学的教学以及教育理论、教育思想、教育内容和教育方法的研究，成为本地区小学教育的科研、教改中心。一个地区中等师范教育的水准是这个地区初等教育水准的标志。

4. 师范学校要把实习、见习及其基地的建设放在学校建设的突出地位，它是连接师范教育的教与学、学与做的纽带。陶行知先生说："教的法子要根据学的法子，学的法子要根据做的法子。教法、学法、做法是应当合一的。"轻视实习、见习及其基地建设的师范教育工作者，是不称职的。

5. 师范学校要对学生进行各学科基本功的严格训练，使之成为熟练技巧。

6. 师范学校要培养全面发展、一专多能的人才。全面发展是各类学校培养目标的共同要求，"一专多能"是对师范教育的特殊要求。所谓"一专"有两层含义：具有从事学校教育教学工作的专长；具有某一学科坚实的专业理论。这是提高小学教育质量的要求。所谓"多能"也有两层含义：具备为经济建设（特别是农村）服务的多方面的能力；具备担任小学任何一门学科教学的能力。这是普及农村小学教育的要求，要把"一专"与"多能"、广度与深度统一起来。

四、积极而稳妥地改革师范教育，提高教育质量

提高师范教育质量的根本出路在改革，而改革的突破口在于转变传统的师范教育观念。当前要实现三个观念的转变：

1. 变狭义的师范教育的观念为广义的师范教育的观念。狭义的师范教育观念是指师范学校只为小学培养新教师，而广义的师范教育观念则指：师范学校不仅担负起培养新师资任务，而且还担负起培训在职教师的任务；不仅担负培养培训教师的任务，而且还担负培养培训教育管理干部的任务。

2. 变附属小学的观念为中心小学的观念。小学以师范学校为中心，还是师范学校以小学为中心呢？这是两种师范教育观。把小学作为师范学校的附属物，小学教育围绕师范转，这是陈旧的观念。把小学作为师范学校的中心，师范教育围绕小学转，这是进步的观念。早在20世纪20年代中期，陶行知先生就深刻地指出："中心学校是师范学校之中心"，"不是它的附属物"，"师范学校要跟着中心学校跑"。因此，我主张把师范附小改为师范中心小学。

3. 变"三中心"的教学观念为"三结合"的教学观念。长期以来，以教师、课堂、课本为中心的师范教育越来越显现出它的局限性。要改变这种观念，树立教师主导与学生主体相结合，课内与课外相结合，课本知识传授与实践验证相结合的观念。

在改变观念的同时，师范教育的改革要从四个方面进行突破。

1. 在改革管理体制上有个较大的突破。要把培养新教师与培训在职教师结合起来。师范学校要实行“两个牌子,一套班子,双重任务”的管理体制,成为本地区小学教育的科研中心、资料中心、电化教育中心、教师和管理干部培养培训中心。

2. 在改革教育理论课教学和教育实习方面有较大的突破。要把见习与实习结合起来,把平时分散实习与毕业学年集中实习结合起来,把师范学校教师同附小教师建立固定联系与两校学生之间建立固定联系结合起来。这不仅有助于培养与锻炼师范生的教学实际能力,而且有助于培养学生热爱教育事业、热爱少年儿童的思想感情,对他们进行潜移默化的专业思想教育。

3. 在改革单一的必修课课程设置和单一的教学渠道上有较大的突破。在教学内容上可采取三个教学层次、两课型并举、双渠道同流的办法。第一层次的教学内容是学生将来从事小学教学工作所必备的基础知识。如:语文学科的文选习作课、语言语法课;数学学科的初等数学、小学数学教学法;教育专业学科的教育学、心理学、教育实习等。这些课应在第一渠道中作为必修课,保证足够的教学时间,扎扎实实地打好基础。第二层次的教学内容是学生将来在工作实践中自学深造所必备的基础知识。如:语文学科的儿童文学、文学史;数学学科的微积分;教育专业学科的教育哲学、教育史、比较教育学、教育统计等。这类课通过第一渠道选修,不要求每个师范生都学。第三层次的教学内容在于扩大知识面,如:作品评论、文学创作、现代数学等。这类课主要通过第二渠道,或举办讲座、电视教学,或在教师指导下自学,此类课不考试。

4. 在改革劳动教育和参加社会实践活动方面要有较大的突破。

五、增加教学设备,改善办学条件

我市师范学校教学设备极差。蚌埠师范有三四万册图书,三县师范学校的图书只有四五千册,个别学校仅一千多册。理化生仪器不是陈旧不堪,就是残缺不全,没有实验室,不能进行完整的实验。若以每名学生一架风琴计算,需要 300 余架,可目前四所师范学校仅有 121 架,电化教学设备几乎是空白。因此,充实教学设备已到刻不容缓的地步。要发挥艰苦奋斗、勤俭办学的精神,每学期从业务费中挤出一点用于购买图书资料,长流水不断线。地方投资要把办好师范放在优先地位。“七五”期间,国家将拨师范教育经费 13 亿,事业费 10 亿,基建费 3 亿。市、县对四所师范分工包干,蚌埠市包蚌埠师范,各县师范由各县包下来。我们还要树立钱少也能把学校办好的观点。早在 60 年前,陶行知先生就说过:“现在办学的时髦方法:一是要求经费充足;有钱办学不算稀奇,我们要把没有钱的学堂办得有精彩,才算真本领。”我们要以陶先生的办学精神把师范学校办得“有精彩”。

六、采取特殊措施，解决师范学校师资问题

师资队伍建设重要，师范学校的师资队伍建设尤为重要。当前师范学校教师数量不足，质量不高。四所师范学校的专任教师学历不达标的比例大，专科、中师及以下学校毕业的就有72人，占专任教师总数的55.8%，超过半数。学科不配套，教育学、历史、外语、各科教学法教师缺得较多。

重视教育必先重视基础教育，重视基础教育必先重视师范教育，重视师范教育必先重视师范学校的师资队伍建设。当前，要调整压缩行政管理人员，提高在职专任教师的政治思想和教学业务水平。学历未达标的要参加各种成人学历教育，力争在短时期内达标。对于学历虽达标但缺乏教学经验的年轻教师，要采取以老带新的办法，加强集体备课，加强教学研究。动员优秀高中毕业生报考师范院校。我市已与安师大签合同，委托培养5名教育专业的教师。还可抽调专业知识扎实、小学教育经验丰富、年龄在35岁左右的有培养前途的小学教师进行系统培训后，担任语文、数学等学科的教学法教学。思想政治和道德上有重大缺陷的人不能当师范学校的教师，应当调出，或改做其他工作。培养"人师"的人一定要完全具备"人师"的条件。

要加强对教师的管理。师范学校要不要实行坐班制？可以讨论。但是，教师有课就到校，上完课就回家，同学生接触的机会仅限于课堂45分钟，恐怕是不行的。长此下去，教师岂不是变成脱离教育对象的纯粹的"经师"了吗？日本教师工作量很大，中学教师平均每人每周20节课，学校要求教师坐班，把全部精力用于本职工作，学生作业全收全改。当然，日本教师工资高，社会地位高，对教师要求也高。我国现阶段的教师待遇不能与之相比。但是，对教师的要求不能降低，教师应该把主要精力放在本职工作上，要做学生思想工作，课外要多与学生接触。有的教师可以兼任班主任、生活辅导员、课外活动小组辅导教师。

（这是在怀远师范学校召开的带有现场会性质的市小学、幼儿园师资培养培训工作座谈会上的讲话。）

“片追”是否是当前主要矛盾

（1988年9月24日）

今天会议主要传达国家教委教导字〔88〕001号文件与省教委教中字〔88〕10号文件精神，现就如何贯彻两个文件提出四点意见。

一、明确主要矛盾，准确理解“片追”

在普通中学办学指导思想上，我们要牢固地树立教育必须为社会主义现代化建设服务，社会主义现代化建设必须依靠教育的观点；明确为提高劳动者素质和培养“四有”新人奠定基础的方向；坚持德智体美劳五育全面发展的培养目标；更好地完成“两为”任务。

关于片面追求升学率问题，早在1984年，国家教育部就颁发文件，提出全面贯彻教育方针，纠正片面追求升学率的10项规定。1987年召开的中共十三大的报告中明确指出：“要坚持教育为社会主义现代化建设服务的方针……克服教育脱离实际和片面追求升学率的倾向。”国家教育委员会、全国人大教科文卫委员会印发了《抓住关键、综合治理——论克服片面追求升学率倾向》。该文是由两委“端正教育思想、深化教育改革”研究与对策领导小组主持撰写的，发表于《中国教育报》与《中国青年报》。今天，又传达了国家教委与省教委两个办事部门与上述内容相同的两份文件。将“克服片面追求升学率倾向”写进党代会的报告中，是中共党史上的第一次；国家教委在一个月之内两次发布内容相同的文件，把“克服教育脱离实际和片面追求升学率的倾向”作为重点，也是罕见的。省教委的提法是：“各地各校在贯彻中一定要从实际出发，既要纠正片面追求升学率的倾向，减轻学生课业负担，也要注意防止不读书或不好好读书的倾向；既要把城市和农村一部分学校学生过重的负担减轻下来，又要防止一些学校不布置作业或作业量太少，以致达不到国家规定的教学要求，影响教学质量。”国家教委、全国人大教科文卫委员会引用对114所重点中学的2538名学生的调查，指出“片追”的危害性，从而提出“重点”论。只讲一种类型学校、一种倾向，论据缺乏全面性。省教委从“一部分学校”与“一些学校”谈“片追”，讲了两类学校、两种倾向，比较全面，符合实际。

当前，我市普教战线有无“片追”倾向呢？是不是主要矛盾呢？要不要作为“重点”加以“克服”呢？首先要弄清什么是“片追”，它是“指脱离经济和社会发展的实际需要，违背国家教育方针，单纯为了提高升学率，而采取违背教育和教学规律的错误做法，把基础教育办成单纯的升学教育”。应该肯定地说，这种倾向在我市是存在的，但不是普教的主要矛盾、主要倾向。现阶段，普教战线的主要矛盾是广大人民群众日益增长的文化教育需要以及社会主义现代化建设发展对文化教育的需要与教育落后、不能适应两个“需要”之间的矛盾。简言之，就是两个“需要”与一个“落后”之间的矛盾。第一个“需要”表现为：广大人民群众要求子女都能上学，而且上好学校，由好老师教；要求由小学升中学，再升大学。这是10亿人民在十一届三中全会以后，温饱问题得到基本解决后必然产生的合理要求，是本质，是主流，不能以“片追”视之。当然，也有极少数学生家长由于望子成龙心切，与子女之间矛盾激化，酿成悲剧。但就全国而言，这不是主流，不是本质。第二个“需要”表现为：现代化建设需要数以亿计的高素质的劳动者，需要优秀的各级各类的专门科学技术人才与管理人才。这两个“需要”是矛盾的一个侧面。再从矛盾的另一个侧面来说，现阶段的教育能不能满足这两个“需要”呢？回答是否定的。因为现阶段的教育还很落后，表现在教育普及程度低、教育质量低、教育的社会地位低、教育管理水平低、教育教学设施设备极差。当前，摆在广大教育工作者面前的主要任务就是：抓住这个主要矛盾，努力改变“四低一差”的现状，尽快适应和满足这两个日益增长的“需要”，而不是放弃这个主要矛盾，把主要精力放在克服“片追”上。当然，对于确实存在的“片追”倾向，一定要加以克服。在克服这种倾向时要划清几个界限：把“片追”与正常的教学质量考核区分开来；把“片追”与教师为提高教学质量在教学过程中采取的一系列积极措施区别开来；把“片追”与学生及家长合理的升学要求区别开来；把“片追”与现阶段择业的合理竞争区别开来；把主流与支流、多数与少数、现象与本质区别开来。总之，要实事求是，哪里有“片追”倾向就在哪里克服，有多少就克服多少，没有也不要“刮风”。

二、坚持"四全",控制"四生"

4月份,省教委在安庆市召开了"四全"座谈会,省内外的与会同志一致肯定安庆的"四全"经验。"全体入学",指九年制义务教育实施的地方,小学毕业生全体入初中(个别成绩太差或因病休学的留级);"面向全体",即面向全体学生,好中差一齐抓,使受教育者在原有基础上都能得到提高,不能厌恶差生;"全面发展",即德智体美劳五育一齐抓,不能只重智育,轻视体育,忽视德育,放弃美育与劳动技术教育;"全程负责",即不仅要搞好本校各年级的衔接,还要搞好小学与初中、初中与高中各学段的衔接,一个学段对一个学段负责。"四生"指留级生、流失生、超龄在校生、复读生。要采取有效措施严格控制"四生",留级生城市不超过3%(分散在各年级),农村不超过5%。严格学籍管理,将其列为教育评估的重要项目。

三、结合教学,加强实践

要贯彻国家教委、经委与农牧渔业部、财政部、商业部〔87〕013号文件精神,在普通中学开展社会实践活动。其内容主要包括社会活动和社会生产劳动两个方面。社会活动主要有社会调查、社会服务、参观访问、军训、结合社会调查或学科考察的远足等。社会生产劳动主要有工业生产劳动、农业生产劳动、公益劳动、商业和服务业劳动等。初中每学期三天,高中每学期一周。社会生产劳动应该结合劳动课的部分实践活动,社会活动应与思想政治、语文、历史、地理、生物、化学等学科教学相结合进行。社会实践活动的时间,一部分安排在相关学科的教学时数内,一部分可安排在班会、课外活动中。要搞好考评,认真填写《中学生社会实践活动登记表》,将其作为期末操行评定的一部分。明年开始,高中、初中升学考试增加这方面的内容。

四、开展视导,全面评估

上半年,视导室会同相关科室开展了教育评估活动,在自评、重点评、单项评方面积累了初步经验。下半年,要求幼教、小教、中教、职教等领域进行全面评估。各县(区)要尽快成立视导室。

(这是在中学校长会议上的讲话。)

陶行知与胡适之

（1988 年 10 月）

历史上有些现象带有喜剧性。现代中国教育史上有两个著名人物——陶行知与胡适之。他俩是同乡、同学、同年生，都是安徽徽州人，又同时留学美国，在哥伦比亚大学学教育，成为美国实用主义教育家杜威的得意门生，还同于 1917 年回国从事教育工作。陶行知任南京高等师范学校教育科主任、教授，后来，到农村办师范学校，到工厂办夜校、工学团，到抗日后方办育才学校，向工人、农民、城市贫民普及教育。他把现代教育与中国实际相结合，形成了具有中国特色的陶行知教育思想，堪称现代的陶圣人。胡适之任北京大学教授，以后任北大校长，对我国高等教育的改革、创新与发展做出了突出贡献，与他的前任蔡元培成为北大的“双臂校长”。然而，他们后来走的却是两条截然不同的政治道路。

一

陶行知是一位伟大的人民教育家，由一位爱国主义人士成为革命民主主义战士，最后成为“无保留追随党的党外布尔什维克”。他始终站在人民大众一边，与各种反动力量势不两立。“五四”运动消息传到南京后，他集会讲演，慷慨陈词，痛斥卖国贼。大革命时期，他置蒋介石国民政府的威胁利诱于不顾，支持晓庄师范地下党员学生和进步学生的革命活动,受到通缉。1931年"九一八"事变后,他反对国民党采取"攘外必先安内"的政策,用诗斥责国民党新军阀的不抵抗主义:"压倒主人自作主,挥霍兵饷如粪土,强盗进门不抵抗,主人赶贼他不许。"抗日战争爆发后,他四处奔走,参加各种救亡组织,积极进行救亡活动,并受全国各界救国联合会的委托,出国访问。他历时3年,往返行程20万里,奔走于欧、美、亚、非四大洲28个国家,宣传抗日主张,揭露日本帝国主义的侵华罪行和蒋介石的不抵抗政策,营救抗日爱国战士,再次被国民党通缉。日本投降后,他又站在民主运动的最前列,做好了"我等着第三枪"的牺牲准备,3个月内讲演100余场,投入反独裁、争民主,反内战、争和平的斗争中。终因"劳累过度,健康过亏,刺激过深"而与世长辞。

胡适之与陈独秀是发轫于1917年的新文化运动的领军人物,首倡白话文,是中国文艺界的但丁、薄伽丘。胡适之在先秦哲学与《红楼梦》等研究领域中取得独创性的成就,是与他的前辈梁任公齐名的国学大师。但他后来加入反动的政界,1925年参加段祺瑞策划的善后会议,与孙中山倡导的国民会议对抗。1931年创办《独立评论》,支持蒋介石"攘外必先安内"的反动政策。1938年抗日战争全面爆发后,他离开灾难深重的祖国,飞往美国任国民政府驻美大使,回国后又任国民政府行政院最高政治顾问。抗战胜利后,胡适之被蒋介石委任为国民大会代表,并被指定为国民大会的主席。他亲自把草拟的宪法交给蒋介石说:"这是世界上最民主的宪法。"1948年,正当人民解放军以秋风扫落叶之势直捣蒋家王朝老巢时,胡适之又进行反共宣传,他说:"他们(中国共产党)来了,没有面包,也没有自由。"最后逃往台湾。

二

陶行知与鲁迅一样,虽然在组织上都未加入中国共产党,但他们都笃信马克思主义,经过长期的不断自我完善和与中国共产党人的交往,特别是经过中国革命实践的锻炼,最后都成为伟大的共产主义战士。陶行知在国外期间两次瞻仰马克思墓,献花献诗:"光明照万世,宏论醒天下。二四七四八,小坟葬伟大。"这首诗不仅表达了陶先生对马克思主义创始人无比景仰的心情,而且热情洋溢地歌颂了马克思主义与工人运动结合后所产生的巨大的精神力量和物质力量,以及马克思主义无比强大的生命力。这充分表明陶先生的思想已升华到一个新的境界。

胡适之始终是反对马克思主义的。早在"五四"前后,正当马克思主义在我国开始传播时,他就发表《多研究些问题,少谈些"主义"》一文,用改良主义对抗马克思主义。"五四"以后,他就公开反对马克思主义。在任北大校长期间,大讲其糊涂哲学,要学生不要轻信共产党的主张,要"疑而后信,考而后信,有充分证据而后信"。直到新中国成立前夕，他还在进行反对共产党的宣传。

从哲学观点看，陶行知由信奉明代理学家王阳明"知是行之始，行是知之成"的唯心史观转为信奉"行是知之始，知是行之成"的唯物史观，最后成为"行知行"的辩证唯物主义者。陶先生1943年10月在《创造年献诗》中写道："'武断''以为'靠不住，存在由来定意识。解剖本体寻条理，追踪外缘找联系。矛盾相克复相生，数量满盈能变质。源头之上搜证据，观察发展觅定律。"他以简洁的语言描述了辩证唯物主义的基本观点和唯物辩证法的基本规律及其之间的相互关系。这充分表明陶先生的世界观已完成了一次质的飞跃。

胡适之始终是一位唯心主义哲学家，他在《实验主义》一文写道："实在是我们自己改造过的实在。这个实在里面含有无数人造的分子。实在是一个很服从的女孩子，她百依百顺的由我们替她涂抹起来，装扮起来。"这与他的老师杜威引用詹姆士说的"实在好比一块大理石，到了我们手里，由我们雕成什么像"如出一辙，这是典型的主观唯心论。

三

在对待人民的态度上，两人更是泾渭分明。陶行知出身贫寒，他的亲民、爱民、为民、救民的思想在他贫穷的生活环境中逐渐形成。后来他虽然受过系统的中国传统文化教育和完整的欧美现代资本主义教育，但他既不食古不化，又不"全盘西化"，而是从当时中国的国情出发，吸精吐糟。正如陶先生1923年12月13日给其妹文渼的信中所说："我本来是一个中国的平民。无奈十几年的学校生活渐渐地把我向外国的贵族方向转移……好在我的中国性、平民性是很丰富的，我的同事都说我是一个'最中国的'留学生。经过一番觉悟，我就像黄河决了堤，向那中国的平民的路上奔流回来了。"民之所好他好之，民之所恶他恶之，他从中国国情出发，把杜威的"生活教育"理论翻了半个筋斗，加以改造，提出了符合中国国情、具有中国特色的一整套教育思想、教育内容和教育方法，并且终生加以实践。

胡适之对待洋古，兼收并蓄，提出"全盘西化"(以后改口)、"整理国故"。他不从中国两千多年封建社会和近百年帝国主义入侵使中国沦为半殖民地半封建社会这个基本事实去分析中国落后的原因，而把落后的原因归于贫穷、疾病、愚昧、贪污、扰乱，即他所谓的"五鬼"。把中国的落后归因于贫穷人民，而不去探求贫穷的根源。陶行知在1931年写的《贺胡适先生四十岁》一首诗中尖锐地批评胡适"明于考古，昧于知今。捉着五个小鬼，放走了一个大妖精"。爱憎何等分明，观点何等鲜明，态度何等坚定！

正当抗日战争爆发前夕，美丽富饶的东北、华北大片国土沦于日本帝国主义铁蹄蹂

蹦之下,人民处于水深火热之中,民族矛盾达到尖锐之时,胡适却闲情逸趣游桂林。他在飞机上诗兴大发,写《桂林小赞》一首:

看尽柳州山,
看遍桂林山水,
天上不须半日,
地上五千里。
古人辛苦学神仙,
要受千百戒。
看我不修不炼,
也凌云无碍。

当时,陶行知在上海看到这首诗后,认为:"它是一幅天空行乐图,也可以说是一幅现代仙人逍遥图。它只是一位有闲华人自摄的安享小照。我们的诗人的想象力没有跳出他所整理的国故和他所乘的飞机。"当即和了一首题为《另一看法》的小诗作为答复:

流尽工农汗,
还流泪不息。
天上不须半日,
地上千万滴!
辛辛苦苦造飞机,
无法上天嬉。
让你看山看水,
这事倒稀奇。

时隔不久,陶行知有机会坐飞机,也写了一首题为《飞行有感》的小诗:

天上看人间,
越看越奇怪。
黄的一块块,
绿的一块块。
一块块里,还有许多小块块,
歪歪曲曲,

曲曲歪歪，
这里头的奥妙啊，
怕只有锄头了解。
要想要它解决啊，
还得要机器起来。

次日，陶先生又写了一首题为《飞行有感之二》的诗：

我也"凌云无碍"，
看了一个大概。
一块块的田土是谁种？
一座座的房子是谁盖？
除了山和水，
问是谁造的世界？

两个人同样翱翔在祖国的蓝空，看到的同样是祖国的山河，然而由于立场、观点不同，感情不同，所想的也就迥然不同。陶先生想到的是创造这个世界的伟大力量——工人和农民，而他们现在正"流泪不息"，灾难深重，靠什么力量来解救他们呢？光靠锄头不行，"还得要机器起来"。陶先生的心与四亿五千万同胞的心紧密相连。他在呼唤，他在号召，呼唤亿万炎黄子孙觉醒起来，号召工人农民拿起斧头锄刀，自己解放自己，自己保卫自己，把闯入中国大门的恶狼们一个个赶出去，用双手创造更新的世界。胡适之基于他的唯心史观，根本看不到亿万流离失所的同胞过着悲惨生活的现实，更看不到他们能够自己解放自己的伟大力量，他看到的只是他自己一个人，想到的只是自己的个人享乐，感觉到的只是他个人如何赛神仙。

陶行知和胡适之是中国现代知识分子中两种不同类型的典型，虽然他们的政治态度、人生道路、哲学观点与教育主张截然不同，但他们在教育和文化方面的伟大成就都将与日月同辉，而胡适之在文化方面的贡献尤为突出。

（本文发表于1988年《蚌埠教研》。）

也喜也忧

——就《教育行政管理人员弃政从教是喜是忧?》一文答客问

（1988年11月）

最近,我于省城合肥参加地市教委主任会议,晚间,三五同行来到我居住的宿舍相聚,就《中国教育报》记者张真弼、杨松两同志发表的《教育行政管理人员弃政从教是喜是忧?》一文漫谈开来。

问:教育行政管理人员弃政从教到底是喜是忧?

答:也喜也忧。

问:何喜之有?

答:弃政从教非自今日始,古今中外不乏其事。或则政治失意,怀才不遇,揽天下英才而教之,以明其道;或则孤高自傲,不肯为五斗米折腰,挂冠而去,执教鞭以自愉;或则久沉宦海,倦于政事,退居故里,建立书院,讲学以度晚年;或则与旧政权誓不两立,弃政从教以申其志;或则任期届满,别无他适,由政坛转入讲坛……然而因工资、职称等原因弃政从教者实为罕见。仅此就足以表明,一贯被称为“家有三斗粮,不做猢狲王”的穷教师的经济地位居然与政府官员相比肩,这不能不说是历史性的重大突破,难道不令人欢欣鼓舞吗?其喜一也。中国几千年来“学为官”的思想根深蒂固,“重政轻教”的社会心理由来已久,一部分教育行政干部弃政从教,对这种社会心理是一个有力的冲击,如能再有一部分政府官员弃政从教,那么冲击力就更大了,这无疑将有利于形成一个尊师重教的社会风尚。其喜二也。从张、杨两同志文章中所列举的几位和我省已经以及正在要求弃政从教的地、市、县教委主任来看,他们皆是行伍出身。他们对三尺讲台感情深厚,在教育教学方面既有微观管理经验,又有宏观管理能力,一旦重操旧业,驾轻就熟,居高临下,如虎添翼,且能带领中青年教师开展教学研究,这必将促进教学改革的深入和教育质量的提高。其喜三也。有此三喜,为何不喜呢?

问:既有三喜,何又言忧?

答:省、地、县三级教育行政部门既是中央方针政策的具体执行者,又是地方教育决策的参谋部。在国家教育方针政策决定之后,各类教育法规完备之时,在全党全民都重视教育的前提下,三级教育行政机构组成人员的素质好坏,对地方教育事业的兴衰成败起着十分重要的作用。当前弃政从教者虽系少数,但人心思走者却较普遍。这种状态如不改变,必将从根本上动摇教育行政部门"四化"干部建设的基础,严重影响参谋部的指挥效能,这是作茧自缚。其忧一也。眼下走了几个教委主任事小,但今后很难从优秀教师或优秀校长中选拔各级教委干部,只得从其他系统调进。久而久之,外行领导内行的沉渣又将泛起,后果更加不堪设想。其忧二也。教育事业要发展,教育质量要提高,建设一支稳定合格的教师队伍至关重要,而建立一支热爱教育事业、熟悉教育规律的德才兼备的管理干部队伍则更是关键,所谓七分管理,就是这个意思。弃政从教之风如不制止,优秀人才都不愿做管理工作,轻视管理的社会心理不加以克服,中央的正确路线怎么能得到贯彻呢?没有一大批献身教育的有志之士作为中流砥柱,中国教育怎么能振兴呢?其忧三也。

问:忧者三,喜者三,谁为主呢?

答:从个人角度讲,弃政从教者一能得到经济实惠,二能使所学专业的优势得到充分发挥,三能摆脱"难主任"(大家称教委主任是"难主任",学校校长为"苦校长")的困境,故喜大于忧。从党的教育事业角度讲,一部分人弃政从教,一是削弱了教育管理干部队伍,二是动摇了地方三级教育行政机关的军心,三是影响了国家教委关于教育的一系列指示的贯彻落实,故忧大于喜。

夜已深,明天还要听报告。以上问题虽然统一了认识,但如何解决呢?各人都带着"?"回到各自的房间去了。大家都在等待着明天!

(发表于1988年12月的《中国教育报》。该报记者张、杨两同志给该文作者来函,赞扬该文有深度。)

转变观念　改革教育

（1988 年 11 月）

在党的十一届三中全会路线、方针、政策的指引下，经过拨乱反正和调整、整顿，蚌埠市的教育事业健康地、稳步地向前推进。迄今为止，经历了整整十个春秋，这是奋进的十年、发展的十年，也是探索的十年。回顾十年历程，展望未来，我们的体会是：转变观念，不断深化改革。

一、变旧两个“必须”的观念为新两个“必须”的观念，端正教育改革的指导思想

《中共中央关于教育体制改革的决定》对教育的指导思想明确指出：“教育必须为社会主义建设服务，社会主义建设必须依靠教育。”（简称新两个“必须”）邓小平同志又说：“我们要实现现代化，关键是科学技术要能上去。发展科学技术，不抓教育不行。”他十分强调教育对四化建设所起的巨大作用。赵紫阳同志在十三大报告中进一步阐明：“百年大计，教育为本。必须坚持把发展教育事业放在突出的战略位置，加强智力开发。”这些论述充分说明教育的战略地位及其与经济的密切关系。两个“必须”体现了教育与社会主义建设的辩证关系。教育和经济发展是互相联系、互相制约、互相促进的。经济是基础，它对教育发展起着决定作用，主要表现在两个方面：（1）教育发展决

定于经济发展所能提供的物质条件，如：为教育提供校舍、教学设备、人员工资等；教育发展的水平不能超越经济发展的水平，不能企求在我国经济发展还比较落后的情况下给教育投出更多的资金，两者的发展要相适应。（2）教育发展决定于经济发展对教育普及和提高程度的客观要求。蒸汽机时代要求全体社会成员有小学毕业水平，教育就要担负普及小学教育的任务；机械化阶段要求全体社会成员有初中毕业水平，教育就要担负起普及初中教育的任务；电气化阶段要求社会全体成员有高中毕业水平，教育就要担负起普及高中教育的任务。当前我国社会主义建设需要社会全体成员具有初中文化水平，教育为社会主义建设就要担负起普及九年制义务教育的重任。教育工作者必须了解、熟悉、研究经济，才能更好地为社会主义经济建设服务。因此，要树立大教育的观点。陶行知创办乡村师范的目的就是改造旧中国的农村，他说："征集一百万个同志，创设一百万所学校，改造一百万个乡村。""第一步谋中国三万万四千万农民的解放，第二步助东亚各国农民之解放，第三步助全世界农民之解放。"今天办教育与旧中国办教育的情况不同了，今天就是要为四化服务。这是一个方面，另一方面，教育对经济发展又起着较大的影响和反作用，这主要表现在社会主义建设要依靠教育为它提供各级各类、多层次、多规格的人才。搞四化建设，教育要先行，搞不好教育，四化建设就没有希望。现代经济发展的实践证明，国与国、省与省、县与县之间经济上的差距，实际上是科学技术和管理上的差距，说到底是教育上的差距。只有把教育搞上去，国家才能兴旺发达。据有关学者测算，美国总收入增长部分的30%是教育的收益，苏联国民收入增加部分有30%是提高劳动者的教育水平带来的，日本国民收入增加部分中约有25%是增加教育投资带来的。因此，从事经济工作的同志要牢牢地树立起依靠教育的观点，要从实际行动上支持教育。邓小平同志说："我们国家，国力的强弱，经济发展后劲的大小，越来越取决于劳动者的素质，取决于知识分子的数量和质量。一个十亿人口的大国，教育搞上去了，人才资源的巨大优势是任何国家比不了的。有了人才优势，再加上先进的社会主义制度，我们的目标就有把握达到。"

1958年，党中央提出"教育必须为无产阶级政治服务，教育必须与生产劳动相结合"的教育方针（简称旧两个"必须"），在当时产生了一定的历史作用，但不够全面。它只强调教育为政治服务，忽视教育为经济服务；只强调教育为精神文明建设服务，忽视教育为物质文明建设服务；只强调教育和生产劳动相结合，忽视教育是培养人的，而人是第一生产力；只强调教育服务的一面，忽视社会主义建设依靠教育的一面。在"左"的路线指导下，把旧两个"必须"引向为政治运动服务，为"阶级斗争"服务，实际上取消了教育，否定了知识的作用，致使教育成为"文革"时期的重灾区。

观念的转变是根本的转变。恩格斯在《路德维希·费尔巴哈和德国古典哲学的终结》一文中指出："在黑格尔看来，现实的属性仅仅属于那同时是必然的东西；现实性在其展开过程中表明必然性。”对此，恩格斯在举例分析后又说：“在发展的过程中，以前的一切现实的东西都会成为不现实的，都会丧失自己的必然性、自己存在的权利、自己的合理性；一种新的、富有生命力的现实的东西，就会起来代替正在衰亡的现实的东西。”为帮助学校领导干部用新两个“必须”的观念代替旧两个“必须”的观念，1986 年，我市开办中学校长、书记学习班，请市经委负责同志介绍蚌埠经济发展的历史、现状和前景，参观了东海烟厂、拖附厂、纺织厂、柴油机厂、肉联厂、乳胶厂等，开展了教育如何为社会主义建设服务的大讨论。通过学习，大家较系统地了解了蚌埠的经济状况，教育为经济服务的观点更牢固了。十年来，我市教育围绕社会主义建设这个主战场，经过整顿、调整、发展，现已初步形成一个大、中、小、幼相衔接，普教、职教、成教相配套，与我市经济发展相适应的体制。城市普及了初中教育，郊县普及了小学教育。城市中等教育结构合理，高等教育、成人教育发展迅速。仅就市区而言，十年期间直接为本地区社会主义建设输送了 9608 名大专生，4014 名中专生，在职人员进行“双补”的有 107219 名，同时为全国高等学校输送了 4958 名合格新生，但是，当前在贯彻“依靠”、“服务”的方针过程中必须进一步解决五个矛盾。

1. 单纯的“依靠”观念与单纯的“服务”观念的矛盾。各部门都要树立“服务”、“依靠”并重的观念，但教育部门特别要牢牢地树立为社会主义建设服务的观念，主动熟悉经济，积极为本地经济建设服务。经济部门特别要牢牢树立依靠教育的观念，主动关心教育，积极支持教育。大教育要大家办，社会办，全民办。

2. 全市人民日益增长的文化教育需要与我市教育现状不能满足需要的矛盾。当前人民对教育需求过高与对物质需求过高一样，十年，我市教育虽有很大发展，但仍然满足不了广大人民要求让子女都上学，上好学校，选好教师的强烈愿望。一方面要向人民讲清当前的条件，另一方面要适当增加教育投资，多办学校，多办好学校。

3. 城市改造与发展同学校改造发展的矛盾。要把学校改造和发展的总规划纳入城市建设总体规划中来，把经济建设规划与教育发展规划紧密结合起来。在城市建设总体规划中要反映依靠教育的主导思想，能体现教育的战略位置，而不是把教育作为陪衬。在布局上，要像布局工厂、商店那样，布局好学校这个“人的工厂”。要像抓发展商品经济那样，有计划、有步骤地解决发展教育的一系列问题。

4. 全面贯彻教育方针同学校尚不完全具备贯彻条件的矛盾。全面贯彻教育方针，需要教师、校舍、设备三配套，市区教师数量够，但质量不理想，校舍不足，设备更差。解决矛盾必须广开财源，筹集资金，大力改善办学条件。

5. 教育内部横向、纵向结构之间的矛盾。在横向结构上，成人教育与普通教育、普通教育与职业教育存在矛盾。在纵向结构上，高等教育与基础教育、学龄教育与学前教育之间存在矛盾。

二、变“小教育”的观念为“大教育”的观念，全社会办教育

解决上述五个矛盾，必须变“小教育”的观念为“大教育”的观念，发动全社会办教育。所谓小教育，就是单指学校教育，脱离经济发展和整个社会发展，孤立地就教育论教育的教育。所谓大教育，就其范围而言，包括各级各类各种形式的教育，职前和职后，学前和学龄，业余和脱产，普通和职业，中等和高等，面授和函授，电视和广播。就其性质和职能而言，教育是培养人的社会活动，一定社会教育的发展既为一定社会的生产方式、经济、政治所制约，又给予一定社会的生产方式、经济、政治以伟大的影响和作用。它的社会性决定它的职能是：劳动力再生产的重要条件，把科学技术这个潜在生产力转化为现实生产力的重要手段，为人类的未来培养全面发展人才的重要途径。因此，必须把教育放在总体社会生产方式和人类历史进程中认识、考虑、估价，不能孤立地就教育论教育。

从大教育观念出发，进行教育体制改革必须充分调动地方各级政府和广大群众办学的积极性，把实施九年制义务教育的权利放给地方，即地方负责，分级管理。所谓地方负责，就是地方各级党委、政府负责；所谓分级管理，就是省、市（地）、县、乡四级管理。我国解放超过40年了，初等教育正在普及，这种状态与一个10亿人口的社会主义大国怎么能相称呢？与当前的工业技术水平怎么能相称呢？中央把普及九年制义务教育作为一个重大战略决策突出地提出来，说明这是关系到民族素质的提高和国家兴旺发达的一件大事。中央的决心很大，要“动员全党、全社会和全国各族人民，用最大的努力，积极地有步骤地予以实施”。鉴于我国土地辽阔，人口众多，各地经济、文化、教育发展极不平衡。内地与沿海，城市与乡村，平原与山区差别很大，不能一刀切，搞一个模式。况且我们国家底子薄，摊子大，财力有限，如果单靠国家投资，在10亿人口中普及九年制义务教育，那将很困难。因此，只有放权，实行“地方负责，分级管理”，才能多快好省地完成这个重大的历史任务。我市三县一郊基本普及初等教育的实践有力地证明了中央这一决策的正确性。1984年，市委决定把小学、初中的管理权放给区。市委分管教育的刘萍副书记和市政府分管教育的崔承兰副市长亲自到郊区调查情况，抓体制改革的试点，取得经验后向三县推广。广大农村实行县管高中，区管初中，乡管小学，充分调动了广大群众和各级政府办学的积极性。除市区教育经费连续实现了“两个增长”外，还掀起了集资办学、捐资助学的热潮。1984年至1987年的四年间，市辖三县共集资3203万元，改造了44万㎡的危房校舍。固镇1986年全县实现“一无两有”，被省评为改造危房先进县，获奖金4万元。市辖四区四年共改造危房校舍4.29万㎡，基本

实现“一无两有”。郊区体改经验在全省介绍,《光明日报》报道,集资办学成绩突出,获省教委奖金3万元。与此同时,还抓了教学设备的配套建设,1985年至1987年用于购置教学仪器的经费达91.4万元。

从大教育观念出发,进行中等教育结构改革,必须把职业技术教育的办学权放给社会各行各业、各界人士,充分调动全社会办教育的积极性。职业技术教育是我国教育事业的重要组成部分,我国现正在实行普通教育(小学、初中、高中、大学——包括成人教育)与职业技术教育(初等、中等、高等——包括成人教育)两个既互相平行又互相沟通的教育体系。所谓互相平行,是指它们的独立性,它们的各自任务不同,职业技术教育自成一个独立体制,不能互相代替。所谓互相沟通,是指它们互相渗透,相互作用,普通教育要渗透职业技术教育的因素,职业技术教育要加强文化课和基础理论课教学。同普通教育相比,职业技术教育具有更大的直接性和灵活性。因此,今后职业技术教育应主要由各部门各系统根据自己企业发展的需要,举办脱产的、不脱产的;长期的、短期的;职前的培训、职后的提高。办学形式是全民、集体、个人一齐上,自办、联办都可以。教育部门和劳动部门主要办少量的专业比较稳定的带有示范性的职业学校和技工学校,对本地区职业技术教育进行宏观管理和业务指导。我市十年职业教育的实践证明:职业教育起步早,发展快,解决毕业生的出路比较好的基本经验有两条:一是市委、市政府的重视,二是教育部门与劳动部门密切配合,发动全社会办教育。1985年,市委、市政府制定了《蚌埠市关于加快中等教育结构改革,发展职业技术教育的规定》,对办学任务做了明确规定,提出“先培训,后就业”的原则。1986年,市委、市政府又发了《发动社会力量,挖掘一切潜力,大力发展职业技术教育》的文件,号召各行各业办职教。这年招生出现了“职教热”,职业学校招生数超过普通高中招生数。1988年,市政府召开各区局负责人会议,副市长李福祥、苗长明两位同志做了“调动社会一切积极力量办好职业技术教育”的动员报告,要求“归口办学,系统包干,自我消化”,多渠道解决好办学经费问题和毕业生录用问题。会后,市政府还专门发了文。今年出现了部门、行业办职教的热潮,现在市区职高招生数已超过普高招生数。

从大教育观念出发,调整教育内部、外部关系,变四大恶性循环为四大良性循环。其一,就教育与经济而言,正如小平同志前几年指出的那样,经济发展与教育发展比例失调,从全国而言,近几年国拨教育经费虽有增加,但还未赶上某些发展中国家。教育的落后导致科学技术的落后,科学技术的落后,又必然牵制经济的腾飞,而经济的发展又在很大程度上制约着教育的发展。为今后计,当今莫若让教育这个先行官吃足喝饱,为经济腾飞准备充足的人才和技术力量。只有这样,到第二个十年时才能形成良性循环,造成一个比翼双飞的绚丽夺目的局面。其二,基础教育与高等教育的比例失调。1980年,以日本、美国、英国、苏联、西德、法国、意大利等十国普通教育的各级学校平均每生所占有的教育经费的比例与我国比较，小学以每生所占经费为1计算，与中学的比例，我国为1:2.6，十国平均数为1:2.3，基本一致，比较合理，但是中、小学与大学的比例却很不合理，我国大学每生平均占有的经费是小学的72倍，超过十国平均数(1:13)的59倍，是中学的27倍，超过十国平均数(1:5.3)的22倍。高校(包括成人学校)发展过快必然挤占基础教育的教师和经费，影响基础教育的发展和质量的提高；而基础教育质量不高，高等教育也受影响。目前，我市学校已到了必须调整的时候了。其三，义务教育两个阶段的恶性循环。初等教育刚刚低标准地普及，就急于普及初级中等教育，没有校舍怎么办？改小学，没有教师怎么办？截留中师毕业生，造成小学靠民师，初中靠中师。教室不足靠增加班级人数，结果“两败俱伤”。我国从1951年正式提出普及初等教育开始至今，虽然已37年，但真正抓这项工作是从80年代初开始的。在短短的时间内取得如此巨大成绩，其速度是惊人的。速度是时间和行程的结合、客观与主观的统一。只有把建立在客观条件所许可的基础上和充分发挥人的主观能动性高度统一起来的高速度，才是真正的高速度。当前，我市应用几年时间，巩固农村初等教育的普及成果。不要急于普及初中教育。巩固城市初级中等教育的普及成果，不要急于普及高等教育。其四，初等教育本身的恶性循环。当前，我市三县一郊虽然普及了小学，但普及的质量不高，“四率”有水分，教学设备差，特别是“四生”比较严重(流失生、留级生、超龄在校生、毕业后复读生)，给有限的教育经费带来较低的经济效益，直接威胁着普及教育的成果和教育质量的提高。

三、变传统教育观念为现代教育观念，改革教育思想和教学方法

万里说：“改革教育思想和教学方法，也是教学改革的一项重要内容，《决定》没有多讲，但不等于这个问题就不重要，恰恰相反，这是今后教育改革中必须进一步探讨的一个重大问题。”

当前，要适应为新时代培养新型人才的需要，要提高教育质量，就必须实现教育思想的转变，从传统教育思想转到现代教育思想的轨道上来。现代教育最基本的特征是教育与现代生产和现代科学技术紧密结合，教育与整个社会生产紧密联系，并为一定的社会、政治、经济服务。具体表现在五个方面：(1)现代教育是顺应现代生产的需要而发展起来的，是现代生产的产物。(2)现代教育必须与生产劳动相结合。(3)实现普及教育，并逐步提高普及教育的程度是现代教育发展的必经之路。(4)班级授课制是现代学校教育模式和体系的基础。(5)教学内容、方式和教学理论现代化。这是现代化

学校教育发展到当代的突出标志。教学内容现代化，就是把最新的科学成就反映到教材中来；教育方式主要是改革传统的教学方法，着重培养学生的自学能力和创造精神，教会学生独立地去获取更多的知识。同时，广泛采用电化教学、电子计算机等先进的教学手段。突破学校围墙，扩大教学范围和对象，提高教学效果。

邓小平在1983年提出的“教育要面向现代化，面向世界，面向未来”（简称“三个面向”）是现代教育思想的高度体现，是对新的历史时期教育在指导思想上的精辟概括。多年来，我市教育教学改革在“三个面向”的思想指导下，扬弃传统教育中陈腐的、僵化的部分，吸取其有生命力的、积极的因素，取得了显著成绩：(1)成功地进行了教育管理体制改革，保证了农村普及初等教育任务的完成。(2)城市基本完成了中等教育结构改革，适应了本市经济发展的需要。(3)坚持开展创文明学校、文明班级活动，对学生进行经常的“四有”、“五爱”、四项基本原则和法制教育。制定了《关于加强中小学生思想政治教育的意见》，中学普遍成立了政教处；早于国家教委两年就制定了《中小学生行为规范》，较早地抓养成教育。中学开设了青春期教育课，选准了德育的突破点，举办家长学校，社会、家庭、学校三结合的教育网络初步形成。(4)组织学生到工厂、农村、商店参加社会实践活动。1987年暑假全市就有170所学校，计10200名学生参加社会调查，节假日开展“小民警在行动”、“让团徽在珠城闪光”等活动。(5)改革课程设置和教材内容，全市中小学增设劳动技术课，还为全省编写了整套小学劳动课教材。在中小学普遍增设“三防”教育课，我市被评为全省先进单位，编写了蚌埠市地理乡土教材、小学与初中的数学衔接教材、写作教材、青春期教育教材。(6)制定了小学、中学、师范、职教、幼儿园等配套的教育评估办法，建立了视导室，较早地开展教育评估活动，使学校管理逐步科学化。(7)第一课堂打基础，广泛开展第二课堂育人才。全市中小学积极开展“三小”科学制作活动，被省评为先进集体。1985年，全省在我市召开现场会。学校“两课、两操、两活动”制度化，课外体育活动成绩突出，体育达标率市区中学已达73.4%，市区小学已达90.5%。1983年，全省中学生运动会，我市取得男子组第二名，女子组第五名。朝阳三小体育传统项目获全国霍英东体育基金会奖励（全国共100所）。1988年，大庆二小获全国“贝贝杯”足球赛第一名。(8)开展教改实验。一实小、蚌埠二中进行“五·四·三”学制实验已达7年之久。龙湖幼儿园进行陶行知教育思想实验，蚌山、龙湖两个幼儿园大班进行劳动教育实验。中小学数学、中学语文和外语进行教改教材的实验。(9)三个市辖区开设弱智儿童助读班，探索特殊教育规律。(10)各学科不同程度上进行了教学方法改革，有条件的学校尽量运用现代化的教学手段，6所中小学建立了电脑室，两所中学、一所师范学校建立了语音室，这些学校在不同程度上开展了电化教学。

《中共中央关于教育体制改革的决定》公布才3年，教育改革所涉及的问题很多，任务很艰巨，虽然难改，但势在必改，势在改好。当前教育改革需要集中解决的 4 个问题。

1. 明确改革的目的，坚持正确方向。《中共中央关于教育体制改革的决定》指出：“在整个教育体制改革过程中，必须牢牢记住改革的根本目的是提高民族素质，多出人才、出好人才。衡量任何学校工作的根本标准不是经济收益的多少，而是培养人才的数量和质量。紧紧掌握这一条，改革就不会迷失方向。”

2. 调整教育内外部关系，使教育内部各级各类学校都能均衡地、协调地发展，教育经费在国家财政总支出中有个比较合理的比例，筹集教育资金的各种渠道比较固定，比较通畅，各类学校人均所占有的经费比例比较合理。

3. 改革教育管理部门的机制和学校内部机制，提高管理人员和教师的素质，最大限度地调动他们的积极性。

4. 建立比较完备的教育法和执法机关，把人治和法治有机地结合起来。

中国的振兴靠教育，教育的前途在改革，这就是十年实践所做出的结论。

（为纪念改革开放 10 周年，蚌埠市委、市政府组织人员编辑论文专集，本文应该编委会约稿而撰，并被收于此专集。）

以初中为重点，大面积提高中学教育质量

（1989 年 4 月）

加强基础教育，发展职业教育，为本地区培养初、中级人才是当前教育工作的重点。中学教育是基础教育的重要组成部分。中学教育事业的发展和教育质量的提高，关系到整个民族素质的提高，关系到中等专业教育、中等职业技术教育以及各类高等教育事业的发展和质量的提高。因此，提高中学教育质量很重要。现就如何提高中学教育质量，特别是初中教育质量讲三个问题。

一、1988 年工作回顾

1988 年，在市委、市政府的领导下，坚持以社会主义初级阶段的基本路线为指导，全面贯彻教育方针，按照市教委、党委提出的"深化改革，加强管理，狠抓基础，提高质量"的要求，在教育、教学领域里主要抓了以下工作。

1. 贯彻党的十三大精神，加强学校德育工作。教育系统全体干部和教师通过十三大文件的学习，不断提高对德育在中学教育中地位的认识，开始把德育放在首位。去年，各中学在探索德育"五结合"方面迈出一大步。

思想品德教育与行为习惯训练相结合，突出养成教育。为克服过去德育工作中存在的高、大、空的弊病，许多学校在贯彻《中学生行为规范》（以下简称《规范》）时，既要

求老师通过班会向学生宣讲《规范》,学生熟记《规范》;更要求教师对学生的良好行为习惯进行反复训练,直至养成习惯。市教委中教科翻印《规范》近4万份,中学生人手一册,随时翻阅;还给全市学生家长写了一封信,要求家长配合教师培养孩子的良好习惯。9月份,市教委在三十中召开贯彻《规范》的现场会,该校介绍了抓养成教育的做法,推动了全市对于《规范》的贯彻。学期结束时又召开了贯彻《规范》汇报会。

改善育人环境与创优活动相结合,加强班、校集体建设。环境的熏陶对学生成长十分重要,良好校风的形成是育人环境改善的标志,它对师生具有很大的凝聚力。几年来,许多学校重视抓校风建设,逐步形成各自的特色。二十六中经过数年的艰苦奋斗,已形成了"团结、求实、勤奋、进取"的优良校风。"团结",是师生员工协调一致的人际关系;"求实",是唯物主义的科学态度;"勤奋",是工作和学习中的创造精神;"进取",是力争上游的奋发气概。这八个字集中体现了该校的社会环境。置身于这样环境中的学生,受到耳濡目染、潜移默化的教育,必然心情愉快,勤奋学习。在抓校风建设的同时,各校继续开展讨论创优秀班集体、创"三好"、创文明学校的"三创"活动。去年召开优秀班主任表彰大会,向50名中学班主任颁发了奖状和奖金。每年召开市三好学生、优秀学生干部、先进集体表彰会,已成为制度。

生理卫生教育与心理品质教育相结合,着重对学生进行青春期的性道德教育。本着适时、适量、适度的原则,去年在市区初中三年级普遍开设青春期教育课,对学生进行性生理卫生教育、性心理素质教育、性道德教育,而且以后者为重点。通过教育,同学们掌握了科学的性生理知识,养成了性卫生习惯,打破了对性的神秘感,提高了"自尊、自爱、自重、自控"的能力,懂得了青春期是智力发展的黄金时期,从而珍惜青春年华,把主要精力用于学习,用于有益于身心健康的各种文娱体育和科技活动。我市青春期教育在全省是最早的,1988年曾向各地市介绍过经验,受到省教委的多次表扬。我市所编《青春期教育》教材经省修改、审定后,已正式出版,全省通用。

正常教育与特殊教育相结合,扩大工读学校的影响。学校在对广大学生进行正面教育的同时,对个别有轻微犯罪行为但又不够量刑或不宜劳教的学生,将其转到工读学校,或在工读学校校外附设班进行特殊教育。一年来,工读学校招收新生102名,其中校外生48名,已在四中、七中、十二中、二十八中、张公山中学等学校举办了校外班。

充实德育工作人员,提高人员的管理水平,重视德育工作队伍的建设。1988年,委属中学和部分区属中学成立了政教处,配备了专职工作人员。市教委有计划地对他们进行工作指导和业务培训。为提高这支队伍的素质,1988、1989年的上半年分别召开了德育理论研讨会,两次共收论文63篇,去年精选29篇,付印成册后发给各校;今年正在精选,准备付印。

此外,爱国主义教育贯穿德育始终,法制教育常抓不懈,劳动教育和社会实践教育被提到德育的重要议事日程。大环境影响小环境，但大环境也是由许多小环境组成的，小环境也能影响大环境。经过大家努力工作，1988 年在校生犯错率比 1987 年下降 14%。

2. 建立视导室组织，全面开展教育评估活动。在总结二十六中、二实小教育质量评估经验的基础上，去年 10 月上旬到 12 月下旬，市教委组织了以视导室为骨干，中教科、组干科、教研室和有关中学派员参加的近 30 人的视导组，对 12 所委属中学进行了为期 63 天的视导。共查阅了 3617 份资料，听了 357 节课，开了 54 次座谈会，与 288 名教职工进行了个别谈话。通过视导，对学校起到导向、激励和推进作用，达到了 5 个有利：有利于学校进一步端正办学指导思想，自觉地、全面地贯彻教育方针；有利于学校根据办学目标，正确认识自己工作的优缺点，扬长避短，促进学校综合管理的优化；有利于增强学校领导、教职员工的工作责任感，提高他们按教育规律办学的自觉性；有利于教育行政部门及时获得全面的信息反馈，为教育决策提供了科学依据，为指导基层工作、帮助解决实际问题提供了条件。5 个"有利于"培养和锻炼了干部。

在全面评估的同时，还开展了单项评估活动。去年上半年对市 38 所中学教导处工作进行了视导。通过视导，加强了校际之间的联系和交流，推动了各校学习本地区的管理经验，促进了各校管理工作的科学化和标准化。

3. 以质量管理为重点，优化常规管理。传统的常规管理，是长期以来在教育教学实践中形成的一整套行之有效的管理指导思想、管理内容、管理方式和方法，这些至今在学校的管理中还起着重要作用。

近年来，各校以质量管理为重点，不断优化计划管理、制度管理、资料管理、学籍管理等常规管理，而且持之以恒，常抓不懈。以"三表"（时间表、课程表、课外活动表）统帅全校活动，用周计划指导全校一周行动，定期检查备课，定期检查课堂教学，定期检查作业，定期检查"周课、两操、两活动"，以定期检查教研组活动，定期召开学生家长会、学生座谈会为内容的"六定"活动，已成为常规管理的内容之一。蚌埠四中在教育教学管理中坚持"三个严格"：严格执行教学计划，按要求开设课程；严格学籍管理，按条例规定办事；严格人事安排，合理使用力量。这些措施克服了教学的随意性，增加了管理的科学性。蚌埠三中在常规管理中还十分重视思想管理，针对实际情况分阶段进行教育观念的教育，分析教学形势，统一教学步调。通过教学形势分析，渗透先进的教育思想，激励教师奋进的热情，活跃教学研究气氛，形成良好的教风。蚌埠二中制定了《教研组评估办法》、《蚌埠二中考试规范化条例》、《学生作业规范化条例》，将定量分析与定性分析结合起来，比较科学地制定各项工作的优劣标准，保证了管理目标的实施。1988 年下半年，市教委在该校召开教导主任会议，专门推广了该校优化常规管理的经验。

1984 年以来，市财政设立教育质量专项奖，每年召开一次教学工作会议，这已成为常规管理的一项重要措施，这对提高我市教育教学质量起到了很好的促进作用。在教学质量管理方面，经过几年的实践，已初步形成了以及格率、优秀率、巩固率、提高率等综合指标为主要内容的评价初中教学质量的体系。1988 年，我市对中考进行改革，毕业会考和普高、职高招生考试一起进行，普遍反映这次改革考试方法较好，减少考试层次，减轻学生负担，初中教学质量测评有了统一标准，对纠正偏科起到了一定作用。在改革考试的基础上，今年对初中教学质量评定做了改进，主要为：一是按小学升学考试成绩为依据进行分类评比，改变了过去按学校类型分类的做法。二是鼓励各校在原有基础上提高，对入学成绩较低的学校，在“四率”方面有进步的给予鼓励。三是贯彻了面向全体学生的原则，这集中体现在及格率、报考率和总平均分的综合计算上。

4. 巩固教改成果，紧密结合教学实际，开展教育理论研究和教学活动。去年，对 1984 年以来已实验的教改项目进行了筛选，市教研室对每学科集中力量抓一两项。数学在蚌埠二十中、二十六中、二十七中初一年级进行平面几何提前教学，在蚌埠二中、四中进行自学指导实验。语文在蚌埠一中进行“减轻负担，培养能力”的实验，把思维训练与听说读写训练密切结合。英语在高中进行提高阅读能力，在初中进行大量操练的实验。政治在蚌埠二中初中年级、六中高中年级进行新教材的试验，去年开始推广。物理进行教学手段的改革试验，市电教馆设计的电视录像《初中物理序言》，由国家收藏发行于国内外。地理进行《综合程序教学法》、《纲要信号法》的试验，培养学生自学能力。

1988 年，以加强初中新教学大纲学习和新教材分析为重点内容，青年教师为主要对象，市、县、校三级教研组织都开展了一系列教研活动计 157 次，其中公开课和研究课 24 次，教材分析课 94 次。由于教改的推动，教师研究之风比过去任何时候都浓厚。1988 年在参加省、市交流会和刊物上发表的论文共 248 篇，出版《高中语文课堂练习》第二册、《中外美育故事逸闻》、《高初中化学目标教学与评测》、《初中数学教与学评测试题集》、《初中英语标准化》等 11 本小册子，参与省教科所编写了《英语标准化指南》、《新编初中物理精讲》等 4 本小册子。《公民课教改实验刍议》一文被评为省政治课优秀论文。英语《信度与效度》一文被国家教委摘录进考试论文集，两篇论文获省一等奖。市教研室完成了国家教委研究课题《安徽省初中数学、语文教学现状调查及评述》的任务。市教委一位负责同志撰写的《实施九年制义务教育的起点、重点和难点》一文，发表于《安徽省教育学院学报》，获全国论文二等奖，受到省教委负责同志的表扬。

去年，组织本市教师、学生参加省以上的各种学科竞赛活动，成绩显著。在省初二语文、数学、政治电视教学评比中，参赛的蚌埠二中毕可绣、一中林娇华、六中周卫群均获得名次。已公布的省学科竞赛，我市28名学生获得了初、高中英语竞赛奖，9名学生获高中化学竞赛奖，26名学生获省初、高中数学竞赛奖，4名学生获计算机和程序设计比赛奖。蚌埠三中获高中英语团体奖（全省只一个学校）。为培养和选拔数理化方面的尖子人才，我市创办奥林匹克学校，已招收310名学生。

5. 提高教师文化和教学业务水平，组织青年教师教学基本功评比活动。百年大计，教育为本；教育大计，教师为本。由于十年浩劫和长期轻教的极“左”思潮影响，中年骨干教师匮乏，形成断层，潜伏危机。为使青年教师迅速成长，尽快顶上班，并把教师的兴奋点从物价、职改转移到钻研教学业务上来，市教委从去年10月到今年3月，在市区及郊区的44所中学，开展了40周岁以下、教龄不满10年的青年教师教学基本功评比活动。实际参加评比的有12个学科的780名教师。第一轮四个组共评出121名，第二轮由市评委评出一等奖19名，二等奖59名，三等奖53名，优胜集体一个（蚌埠一中）。这次评比有三个特点：(1)领导层层重视，教师个个参赛。市教委、区文教局以及各校的主要领导亲自过问，分管领导负责抓，业务部门具体抓。蚌埠一中、七中学校校长逐人听课，在校内先评比。参赛教师积极性很高，自己钻研教材，研究教法，向中老年教师请教。(2)评比项目务实，评比方法科学。评比项目围绕教学实际需要，分课前准备、课堂教学设计、课后作业布置与批改三个方面。近800名参赛教师准备和施教的过程就是严格要求自己，使自己的教学向规范化方向靠拢的过程。评估办法比较科学，它帮助教师明确了教学基本功的内容和重点，引导教师重视研究方法的现代化。(3)老教师辛苦指点，年轻人虚心学习。仅市级评委就有50人，都是中老年教师，其中还有如黄捷凌、王治中、韩成钊等一些退休的老同志。他们不辞辛苦，奔波各校，听课评分，并以切身体会帮助青年教师掌握各个教学环节的基本要素，帮助青年教师理解教学重点，循循善诱，启发引导。新教师也比较虚心，求教心切，进步较快，涌现一批可喜的苗子。可以确信，如果各校能把这项活动制度化，每学年（或学期）搞一次，经过三五年努力，一定能培养出一批教学严谨、基本功过硬的骨干教师。那么，蚌埠市的基础教育就有了后劲。

配合教学评比，语、数、外、体、史、地、音乐等学科向年轻教师开系列讲座46次，教委分管负责人、特级教师和教研室负责人均承担一定的专题。

6. 广泛开展体育、文娱活动，重视学校卫生工作。学校体育工作，贯彻面向全体学生，经常锻炼，增进学生健康的原则，在上好体育课、音乐课的前提下，广泛开展课外文体活动。全市共建立61个高初中田径代表队，32个高初中男女篮球队，21个男女排球队，14个足球队。对省属18个传统项目学校、39所市内各类项目网点学校检查、考核，提高了业余训练水平。全市中学生体育达标率为82.47%，比1987年略有提高。去年中学生田径运动会，3人打破省纪录，9人打破8项市中学生纪录，7个接力队破3项市中学生纪录。我市在省二青会上获团体总分第二名,中小学生运动员占参赛运动员总数的94.9%。蚌埠九中被国家教委批准为第一批培育体育运动后备人才试点学校,同时又被国家教委批准为全国传统体育项目先进学校。蚌埠五中女排、男排参加全省传统项目学校比赛,分别获得第一名、第三名。在经费十分困难的情况下,市教委拨款14000余元购置体育器材,改善14所学校体育教学条件。去年,在庆祝我市文化节活动中,教育系统的节目受到市委主要负责同志的嘉奖。学校卫生工作贯彻“预防为主”的原则,进一步强化各项管理制度。怀远县学校卫生工作成绩突出,被定为全国学校卫生试点县。蚌埠十一中获卫生部颁发的学校卫生优良合格证书。全市中学在防治近视眼、防治龋齿、防治寄生虫等方面成绩也比较突出。部分学校开展了眼保健操比赛,大部分学校购置了防近治疗仪。

7.办学条件有了一定改善。我市基本消灭危房,目前市区危房校舍占总数的0.09%,郊区占总数的0.58%。购置了30万元的课桌凳和40余万元的电教仪器。电教仪器工作贯彻为教学服务的原则。怀远县实验中心已经验收合格,受到省站的好评。仪器站制定了一整套规章制度,对部分学校的仪器进行充实、调整。电教馆组织市重点学校、改制中学物理教研组撰写初中物理教材录像稿本的讨论会,完成了地面卫星站设置两个频道的调试工作,拍摄教学录像片和改造危房片。

二、狠抓薄弱环节,在普及基础上努力提高初中教育质量

我市有中学226所,其中单设初中188所,初中在校生107924人。市区中学39所,其中单设初中27所,初中在校生27659人。初中是九年制义务教育的重要组成部分。近几年来,各级领导把普及义务教育工作放在重要位置,在增加投入、改造危房、发展勤工俭学、增加仪器电教设备、加强质量管理、改善教师待遇等方面,采取了一系列行之有效的措施。去年,省、市、县三级人大和政府又对《义务教育法》的执行情况进行了大规模的检查,有效地推动了义务教育工作,提高了基层干部依法治教的自觉性,增强了群众的法制观念。经过努力,我市初中教育已有很大发展,校容校貌发生了变化,教育质量在原有基础上有所提高。市东、中、西三区已普及初中教育,郊区和三县城关镇从1987年起开始普及初中教育。但从总体上讲,初中教育还是很薄弱的,主要表现在以下几个方面。

1.教学基本设施严重不足。我市初中虽然基本实现了“一无两有”,但必要的教学设施依然很缺,一缺教学辅助用房,大部分单设初中没有图书室、实验室和阅览室。二缺图书,市内初中人均册数多的学校人均只有6.8册,郊区中学人均册数多的学校人均

只有3册,县区初中更少。三缺仪器,市区初中只有4所学校的部分学生进行分组实验,14所学校进行部分演示实验。四缺合格的课桌凳。

2. 流失生、留级生、超龄在校生、复读生现象严重。据对市委属11所完中和四区21所单设初中调查,年平均流失率,完中为3.1%,单设初中为5.5%(全省为5.18%,全国为6.9%)。

3. 教师合格率很低,我市初中教师学历达标情况为:市郊区75%,怀远13.5%,固镇19.4%,五河26.4%。

4. 教育质量不高。从1988届市区36所中学毕业会考成绩看,出现三低现象:及格率低、总平均分低、优秀率低。及格率在30%以上的学校仅有7所,而且其中还有两所报考率很低,仅为70%。6所学校的及格率在20%以下,其中3所学校的及格率为个位数。每人各科平均分在70—79分之间的仅有4所学校,占36所学校的11%;还有一所学校仅为28.73分,出现80分以上和60—69分之间两个空挡。优秀率在26%—50%之间的仅有4所学校,其余23所学校的优秀率均为个位数,还有9所学校为“0”。

初中教育质量低是全国性现象,也是在普及初期不可避免的现象。原因也很复杂,有社会教育、家庭教育和学校教育问题,有发展速度问题,有教学设备、教学管理问题,有师资质量问题。面对这些问题,作为教育工作者来说,不能因为是普遍现象而心安理得,不能因为原因复杂而熟视无睹。要本着责己从严的精神,抛开客观因素,各级教育行政部门和各校都应从各自的情况出发,冷静地思索一下,认真地分析研究一番:对初中教育到底重视了没有?究竟把它放在什么位置上?打算采取哪些行之有效的措施?为此,提出几点意见。

1. 统一认识。初中教育是基础教育的中间环节,具有承上启下作用,它的巩固发展和质量提高,关系到《义务教育法》的贯彻实施,关系到初等教育普及成果的巩固,关系到高中阶段教育事业的发展和教育质量的提高。初中学生处于由少年向青年过渡的多变时期,生理上激剧成长;心理上激剧变化。这个时期的教育好坏,小而言之,关系到一个人一生的成长,大而言之,关系到整个民族素质的提高、下个世纪四化建设的昌盛。初中教育是初等教育的继续和发展,不是小学教育的额外负担;是普高和职高的基础,不是它的尾巴。在此重申,鉴于我市职业教育发展的历史状况,除职教中心和二技校从今年开始停招初中生外,其他职业学校在相当长时期内都要办初中,而且要办好,“割尾巴”的思想是不对的。完全中学提高高中质量要立足于提高本校初中质量,要克服或防止依赖思想。单设初中下放区管,已成历史事实,而且有的还管得很好。从体制改革的要求看,今后市辖区不是管不管初中的问题,而是如何改善对初中的领导和加强对初中的管理问题。如果有“额外负担”的想法那是不实际的。

2. 加强领导。区文教局要有一名局长(或副局长)分管中学,三县四区教研室要充实中学教研力量，县教研室要配齐中学各科教研员（个别学科可配兼职的），区教研室要配中学语、数两科教研员（郊区增配外语）。在编制解决之前，关系暂放在学校。完全中学和职业高中要有一名校长（或副校长）、一名教导主任（或副主任）专管初中。区文教局每年对所属初中视导一次，以教育质量为重点，进行全面评估，市教委视导室给予支持和指导。

3. 把德育放在首位。初中教育应以《中共中央关于加强和改革中小学德育工作的决定》和《中学德育大纲》为指导，《中学生行为规范》为重点，“五爱”教育为中心，青春期教育为突破口，把青少年培养成为有理想、有道德、有文化、有纪律的新人。本学期进行《中学生行为规范》系列教育，三、四月份重点贯彻第一、二、三部分，五月份重点放在第四部分，六月份重点放在第五部分。先分后总，再分再总，每学期一次，周而复始，循环往返，螺旋式上升，让学生逐步养成良好的行为习惯。下半年开始，县城初中二年级开设青春期教育课。

4. 办好示范初中。用三年多时间办好首批10所示范初中（省级1所，市级2所，县级7所）和6所省、市重点中学的初中部。在师资队伍、教学设施、教育质量和学校管理等方面都要达到较高水平，限期达到。省示范初中限期3年办好，重点中学初中部和示范初中要发挥辐射作用，带动一批卫星学校。

5. 分级建立稳定的质量验收制度。从去年开始，把初中毕业考试和升学考试结合起来，一并进行。市教委统一命题，统一制卷，统一评分标准。三县一市分别统一组织考试，统一阅卷，用“四率一总”（报考率、及格率、优秀率、提高率和总平均）评估各校教学质量。市辖区和县辖区实行初一年级质量验收制度（与入学分对比），学校实行初二年级质量验收制度。以上制度至少3年不变。

6. 严格学籍管理，严格履行休、复、转、退手续。城市初中年留级率不得超过3%，农村初中年留级率不得超过5%。从今年开始，复读生只准参加一次中专、中师招生考试。

7. 采取有效措施，把流失率控制在最低限度。认真贯彻国家教委[89]教初字003号文件《关于严格控制中小学生流失问题的若干意见》，依法治教，深入宣传《义务教育法》，增强法制观念。初中学生年流失率不得超过2%。提倡尊师爱生，严禁教师歧视差生，驱逐差生；违者轻则批评教育，重则给予行政处分。建立流生情况报告制度，各校于每学期开学后半月内向乡政府和乡教办报告流生情况、原因和动员复学措施，各乡镇于20天内向县报告；各县（区）于25天内向市报告，市于春、秋两季开学后一个月内，向省教委做书面专项报告。学生流失问题是个社会问题，单纯依靠教育是无法完全解决的，必须依靠社会各部门和家庭综合治理。郊区天河乡和李楼乡政府都做了规定，郊区转发了天河乡的文件，这很好。

8. 加强初中教育教学研究和教改实验。近两三年内，要对中小学衔接、防止分化、控制流失生、“五·四”学制、特殊人才培养、青春期教育、素质教育等重要课题进行研究，争取出一批成果。试办艺体班、超常智班，进行初中外语与小学外语衔接的实验。

9. 把蚌埠教育学院建设成面向初中，培训初中教师、初中行政干部，开展初中教育教学研究的中心。争取5年多一点的时间把三县初中教师的合格率提高到70%以上，逐步建立专科毕业生上岗前的培训制度。蚌埠教育学院要采取长短结合、脱产与业余结合等多种形式培训教师。可以办高层次的研究班、读书班，造就一支初中骨干教师队伍；也可办短期的普及班，疏通初中教材，适应急时之需。各校要继续抓青年教师的教学基本功、班主任基本功、教师职业基本功的训练，不断提高他们的素质。教师要为人师表，教书育人，拟制定《教师行为规范》。对工作和思想品德过差的教师要大胆管理，不能迁就。

10. 正确处理好普及与提高的关系。近两三年来，第一类地区主要是巩固“四率”指数，充实办学条件，提高教育质量。第二、三类地区重点是办好现有初中，不要不顾客观条件扩大招生规模，要适当控制发展速度。

三、办好普通高中，更好地完成“两为”任务

我市有普通高中38所，在校生15782人，其中市区12所，在校生5488人。1983年机构改革以来，中等教育事业有较大的发展，中等教育结构有很大的变化，普通高中的教育质量逐年提高。1984年，各类中等职业学校在校生与普通高中在校生之比为0.84∶1，1988年为1.63∶1，彻底改变了中等教育单一的普通高中模式。5年来，为高等学校输送了7385名合格的新生（其中本科2554人，专科和中专4831人）；同时，为社会各行各业输送了大量的劳动后备力量。去年，全国高校、中专招生，在我市录取1789人（其中本科560人，专科879人，中专350人）。蚌埠二中杨晓怡高考总分562分，全省文科第二名，政治单科成绩全省第一名（92分，任课老师陆翠英）。全市数学35人得满分。为了进一步办好普通高中，提出6条意见。

1. 进一步端正办学指导思想，正确处理“两为”关系

普通高中教育应该以“社会主义建设必须依靠教育，教育必须为社会主义建设服务”的精神为指导，坚持德、智、体、美、劳全面发展方针，面向全体学生，把青少年培养成为“四有”新人，完成“两为”任务。普通中学的“两为”任务是一致的，不矛盾的。“高一级学校的合格新生”也罢，“合格的劳动后备力量”也罢，其共同点都要求所培养的人才是德智体全面发展的人才，只不过发展的水平不同罢了。当然，不同类型的学校应该有所侧重。大部分非重点高中应以提高劳动者素质、“为社会输送合格的劳动后

备力量”、为本地区经济和社会发展输送合格的各类初级人才为主，兼顾为高一级学校输送合格新生。如果片面追求升学率，办学的路子就会越走越窄，感到没有奔头。少数重点高中在为高一级学校输送合格新生的同时，也要很好地完成劳动后备力量培养的任务，单纯地把眼睛盯在高考上也是片面的。

2. 渗透职业技术教育，加强社会实践活动

为使普通高中转轨定向，主要为本地区经济建设培养既有扎实的文化，又有从事某项生产的实用人才，完成“两为”任务，必须渗透职业技术教育。渗透的形式有三：普通高中办职高班；办高中毕业后的短期职业培训班；开设职业技术课。各校要从各自的实际出发选择一种形式，今年上半年要落实，并要做好师资、教材的准备，新学年开始执行。要结合各校情况试行省教委中函字(88)11号文件《关于建立和办好中小学教学生产实习基地的通知》，建立和办好中小学教学生产实习基地，农村中学的农场要办好，承包给农民种的地要收回，没有农场的学校要争取乡政府从集体所有制的农场、林场划拨一定面积的土地给学校，城市中学要办好校办工厂，尽可能地与教学结合，组织学生参加劳动，并由工厂的劳动技术课教师讲课，要把经济效益与社会效益结合起来，每年要定期组织高三毕业班学生参加社会实践活动，辅导学生写好社会调查报告，防止形式主义和弄虚作假。

3. 改善育人环境，树立良好的校风和教风

商品经济的发展给国内市场带来了蓬勃的生机，但是经商之风由社会进入学校，由个体户蔓延到教师和学生，干扰了正常的教学秩序，搅乱了人们的思想，新的“读书无用论”应运而生。某个中学校内有4个小商店。有的学校容忍小贩在校内肩挑叫卖，允许社会闲杂人员在校内厮混。有的学校校园杂乱无章，国旗破烂，教室内遍地纸屑，门窗歪斜，桌凳不整，办公室内座位虚设，桌椅布满灰尘。教师有课就到班级，下课教本一夹就回家。这样的环境，怎么能形成优良的校风呢？必须整顿教学秩序，加强保卫工作，禁止校内经商，禁止师生个人经商。净化、绿化、美化、香化学校，严格执行管理制度，加强纪律教育，各校要有自己的校风、校训、校歌、校花、校树，形成自己的风格。市教委将把各校校训、校歌收集成册。

4. 按教育规律办好重点中学，发挥辐射作用

我市6所省市重点中学，师资力量较强，办学设备较好，学生素质较优，在社会上的声誉较高，是我市中等教育的支柱，多年来为国家直接或间接地输送了大批优秀人才，应该给予充分的肯定，但由于我市财力所限和某些历史原因，目前，大多数重点中学没有达到全省第一流的水平，还不能满足广大人民群众日益增长的文化教育的需求。还有3所原省重点中学(蚌埠一中、蚌埠三中、怀远一中)未能恢复。因此，在兼顾一般学校的同时，要坚定不移地相对集中一些人力、财力，争取三五年内使之有较大的变化。

学校要贯彻“自力更生,勤俭办学”的方针,办好校办企业,开源节流,把有限的资金用在刀刃上,用在事业上。领导班子要像陶行知先生那样,“捧出一颗心来,不带半根草去”,发扬奉献精神。在当前艰难的条件下,精诚团结,努力工作,加强学习,增强改革意识,提高决策能力和科学管理水平,提高按教育规律办学的自觉性。不仅出人才,还要出经验,出改革经验,出科学管理经验。重点中学有责任、有义务用自己的优势去影响、带动周围学校。目前有个问题要认真解决,那就是校内办高考补习班的问题。5所市重点学校内部办补习班,这对于减少社会流动青年,维护社会安定团结,增加学校经济收入,改善办学条件和职工生活等方面都有积极意义,但从根本上讲是违背教育规律的,是违背国家教委和省教委有关规定的。特别是个别学校补习班的人数大大超过应届毕业班人数,个别班级人数高达百人以上,分散了教师精力,干扰了学校正常秩序,既影响了补习班质量,又影响应届生质量。从教育事业看,的确是得不偿失。新学年开始后,要坚决加以控制,尽量在校外办。如果非办不行,也要请示市教委,要控制人数,要把社会效益放在首位,适当考虑经济效益。只顾眼前的经济效益而忘掉教育的根本目标的短期行为,不是我们教育工作者应该采取的。蚌埠二中要积极准备,迎接省教委今年上半年对重点中学的视导。

5. 建立普通高中会考合格证书制度,改革普通高校招生考试制度

会考是水平考试,是地区性国家考试,分考试和考查两部分。考试科目为9门必修课,考查科目为3门,学完一科考一科。高中第五学期末完成必修课教学并结束会考。考试、考查科目全部合格,发给《普通高中会考合格证书》(以下简称《合格证书》),它是高中毕业生报考高校和就业的依据。高中第六学期进行定向教育,增设选修课,获得《合格证书》的高中毕业生三年内有资格参加高考。高校招生考试不再分文理类,只考2—4门必考科目和选考科目。必考科目为语文、数学,选考科目为政治、外语、物理、化学、生物、历史、地理。这是一次重大改革,改革的目的是:确定会考标准,减轻学生过重的学习负担,创造德智体各方面和谐发展的条件,保证绝大多数学生的质量,使会考合格证书成为社会公认的就业依据。在此基础上,增设选修课,开展课外活动,发展学生的兴趣、爱好等个性。减少高考科目,突出对能力与个性特长的考核。进一步改革高校录取体制,扩大高校权利,淡化总分作用;参考会考成绩,以及中学提供的必修课、竞赛等多种材料,使高等学校准确地选拔优秀新生。我省从今年开始举行会考(高一历史),各校要向师生广为宣传,领会改革精神,认真贯彻改革措施。

6. 抓紧高中毕业班,兼顾高中普通班

市毕业班工作会议以后,三县以及各校认真贯彻会议精神。五河县、怀远县都召开了全县高三教师会议,县长和分管的副县长到会讲话。春节刚过,在固镇县副县长张玉琳同志深入到固镇一中召开高三教师会议后,各校都召开了教师会,传达会议内容,研究落实措施。固镇、怀远、五河结合期终考试举行高三统考。蚌埠一中、二中、三中、铁一中举行四校联考,分析试卷,排队摸底。市教研室配合中教科到5所重点中学视导,固镇县教研室对所属6所高中逐校检查。各校领导都有人分工抓高三,多数学校成立高三办公室。总的形势是稳定的,师生情绪是好的,但是一部分学生缺乏紧迫感,精力不集中,作业完成不了,少数长期任高三课的老师有疲倦感、厌倦感,教材不研究,题目不精选,作业很少批改。为此,提出几点意见:(1)下个阶段要进一步进行思想发动,克服盲目乐观情绪。要向全体师生讲清,今年应届毕业生,不仅我市基础好,全省都好,只有知己知彼,才能百战百胜。(2)以去年高考为鉴,总结经验,吸取教训,扬长补短。五河一中录取本科的数字与一个县录取本科的数字相等,经验何在?蚌埠二中理科班入学考试高分段92人,只录取本科33人,占35.87%,很差;而中间分数段46人,录取本科40人,占86.96%,很好。蚌埠二中文科高分段14人,录取10人,占71.43%,中间分段14人,录取本科7人,占50%,文科比较符合客观规律。理科不正常,有经验,有教训,经验是什么?教训是什么?蚌埠三中高分段55人,录取本科27人,占49.09%,比较好;中间分段33人,只录取本科7人,占21.21%,比较差,经验何在?教训何在?蚌埠四中高分段8人,全部录取本科,很好;中间分段21人,没有1人录取本科,很差。经验是什么?教训是什么?经验是财富,教训也是财富,都要很好地总结。(3)认真组织第一次质量检查考试。这次考试,市统一命题,统一制卷,市、县分别组织考试、阅卷。阅卷后,市教研室分学科总结,然后召开校长会议全面总结,各校也要分学科全面总结。(4)提高复习课质量。当前复习课质量不高,不少老师像讲新课一样,慢条斯理,嚼得太烂。有的老师抓到题目就讲,不问是否给学生讲过,也不问学生是否理解和掌握。不少老师存在"一多四少";即讲得多,练得少,改得少,讲评得少,留给学生消化的时间少。要加强备课活动,提高备课质量。复习课要综合概括,帮助学生理出脉络,找出规律,讲出新意,温故知新,组织复习课观摩教学,研究复习课的特点。要加强批改和讲课两个环节。在第二轮复课时,市教研室每个学科将精选十套左右的试题,发给教师参考。(5)改变习惯势力,加紧对外语、化学、语文三科标准化考试的训练。坚决按照标准化考试的思路复课,千万不能掉以轻心。(6)理化生三科的重要实验要过关,社会实践活动要落实,调查报告的质量要高。(7)毕业考试之前要面向全体学生,排队摸底,分类指导,提出不同要求,使每个学生在原有基础上都能得到不同的提高,争取做一个合格的高中毕业生。(8)德智体全面关心学生,关心师生生活,加强体育课和课外体育、文娱活动,保证学生有充裕的睡眠时间,不要打疲劳战和消耗战。保证毕业班学生团日活动和班会活动时间。坚持标准,重视在毕业班学生中发展党团员。在抓毕业班的同时,不能放弃普通班,不能年年防汛。

综合以上,近三五年内我市中等教育的思路是:加强初中建设,控制普高规模,发展职业教育,优化教师队伍,充实办学条件,全面提高质量。

今年是教育年,中共中央将召开四中全会,专题讨论教育。各级政府将在第五个教师节,国庆四十周年之际表彰一批优秀的教育工作者。让我们加强团结,互相理解,发扬艰苦奋斗、勤俭办学精神,同舟共济,共渡难关,为大面积提高我市中等教育质量再做贡献!

(这是在1989年4月召开的全市教学工作会议上的报告。)

迎难而上，事在人为

（1989 年 12 月）

在不寻常的20世纪80年代即将过去，历史性的20世纪90年代即将到来的辞旧迎新的时刻，召开了高中毕业班动员大会，邀请诸位老师来教委共商高三教育大计，非常适时，非常必要。我代表市教委、市毕业班工作领导小组向辛苦工作在本届高中毕业班岗位上的各校领导和老师，并通过你们向在上届高中毕业班工作中立下汗马功劳的老师们以及全市教职员工表示衷心的感谢！向光临今天大会的各位领导和到会的全体同志致以节日的祝贺！回顾过去一年高中毕业班工作，我们大家都感到欣慰，大家的汗水没有白流。1989 届全市（含三县）高中毕业生 2655 人，拿到毕业证书的 2419 人，发证率为 91%。在未拿到毕业证书的 236 人当中，没有一位学生是因为政治思想、道德品质有严重问题或犯罪而不能毕业的。在这一届毕业生当中，“三好”学生 117 人（市 43 人），优秀干部 136 人（市 48 人），优秀共青团员 13 人。这充分表明我们学生的政治素质是好的，这是大家辛苦育人的结果。1989 届毕业生体育达标率为 87.1%，没有一位同学因为身体有严重疾病或体育未达标而影响报考大专院校的。在这届毕业生当中，43（市 21）名同学在市级体育运动会上获前三名以上奖。固镇新马桥中学、五河新集中学还为国家输送了飞行员。这充分表明，我们的学生身体素质是好的。从升学情况来看，感到高兴的是，我们预期的目的达到了。今年我市本科录取人数是 505 人（其中市区 297 人，三县 208 人），考取大专学校的 813 人（市 375 人），录取中专学校的 214

人,共录取1532人。蚌埠一中、二中、三中、八中、九中,以及五河县、怀远县的本科录取数都超过了预计数字。特别是蚌埠二中,在全省25所重点中学当中,高考成绩由原来名列第13位一跃而为第5位,取得了历史突破性的成绩。蚌埠三中考生叶晓秋名列全省理科英语单科第一名(98分),怀远三中梅幼松以优异成绩被录取进中国科技大学少年班。

所有这些,充分说明我市普通高中毕业的质量是比较好的,90%以上的学业成绩是合格的。这是全面贯彻教育方针,德智体美劳“五育”一齐抓的结果,是坚持社会主义办学方向,改革教育结构,改革教育管理制度,改革教育内容和教育方法的结果。特别是广大中学教育工作者焚膏继晷,兀兀穷年,夜以继日,呕心耕耘的结果!老师们,你们像鲁迅先生讲的那样,“吃进去的是草,挤出来的是奶”,用你们的乳汁哺育青年一代。你们像陶行知先生讲的那样“捧着一颗心来,不带半根草去”,用你们纯洁而高尚的思想去塑造青年一代的美好灵魂,你们不愧为辛苦的园丁,人民的功臣!你们不知疲倦地年复一年为国家各条战线一批又一批地输送人才。不少老师已两鬓苍苍,不知老之将至,真是“年年岁岁花相似,岁岁年年人不同”。明年又将如何?我们应该怎样正确分析1990届高中毕业班的现状,应该怎样发扬连续作战的精神?拿出什么样的新措施来抓好本届高中毕业班的工作,为完成“两为”任务再做出新的奉献呢?这就是今天召开动员大会的出发点,也是这次大会的主题。下面讲几点意见:

一、统一认识,明确指导思想

从前个时期我们在蚌埠一、二、三中和三县一中召开的领导、教师、学生座谈会上所反映的情况来看,有几个问题还需要统一认识。一是畏难情绪,信心不足。本届毕业生的学习基础确实差一些,不比1989届毕业生学习基础好。这是因为六年前,我市小学将五年制改成六年制,当年各校都挑出优秀的学生提前一年毕业了,剩下的学生改成六年,本届高中毕业生正是六年前入中学的学生。这批学生进入中学后,虽然经过老师们精心培养,他们的学习成绩有了较大的提高,但总是不能尽如人意。这是问题的一个方面。问题的另一个方面,就是我们还要看到有利的因素,事在人为,只要我们加倍努力,情况是会变好的。市、县教委和学校领导都很重视并采取了有力措施。蚌埠一中成立了毕业班工作领导小组,李文政校长亲自任组长,只要是毕业班师生提出的问题,并且是可以办到的,便立即拍板敲定,很快解决问题。蚌埠二中、三中、铁一中及三县一中都早做准备,制订复课工作计划。蚌埠四中、五中、八中、九中、十二中、张公山中学、蚌埠十七中等改制中学,虽然学生基础较差,但他们毫不放松毕业班,加强对学生的思想教育,教育学生“一颗红心,两种准备”。绝大多数高三教师积极肯干,一心放在学生身上；工作不积极、教学不负责任的只是个别的。某校有位青年教师家住肉联厂，为了提前赶到学校辅导早自习，几乎天天不在家吃早饭，晚上也不回去吃晚饭，只在办公室吃点方便面。有些老教师从早到晚都在教室、办公室度过，一心扑在教学上，有时在外面买饭吃也不回家。有的班主任了解到学生晚上复课没有开水喝，每天晚饭前为同学烧开水，并亲自给学生送开水，学生深受感动。有的老师肺出血，依然带3个班的课，任务重，积极肯干。有的老师不仅带两个班的语文课，还带一个班的政治课。有的老师因粉碎性骨折不能上课，其他老师马上顶上岗代课。不少老师带三个班的课，每周要上20—24节课，干劲十足。蚌埠三中还主动组织8位老师到二中去交流复课经验。县区有位老师愉快地接受了一个纪律差、学生成绩也差的文科班。他大胆管理，采取多种措施，耐心细致地做学生思想工作，调动学生积极性。经过一段时间的努力，这个班的情况大有好转，同学们的学习成绩也有一定提高。市区中学有位老师是工会主席，又任高三年级组组长，还任两个班的数学课。尽管这位老师事务繁，教学任务重，但他毫无怨言，工作兢兢业业，任劳任怨。类似以上的事例，不胜枚举。老师们有这样的精神，有这样的干劲，何愁教不出好学生呢？有相当多的学生学习认真、刻苦，特别是三县农村学生更加如此。蚌埠二中高中毕业班学生一直坚持在校内上晚自习，有不少家长每天夜晚到学校接学生回家。

目前，虽然存在着很多困难，有一些不利因素，但是只要大家进一步树立信心，坚持努力抓下去，毕业班的工作一定会搞好，明年高考一定会出新成绩。“山重水复疑无路，柳暗花明又一村”，道路艰难，前途光明。明年还是有希望的一年。还有个别同志认为，我们学校不是重点中学，为高一级学校输送新生的任务小，因而毕业班工作抓得不是那么得力。这是对中学“两为”任务缺乏全面理解，指导思想不明确。今年毕业班工作指导思想是：以党的十三届三中、四中、五中全会的精神为指针，把德育放在首位，面向全体抓全面，使每个学生在原有基础上都得到提高，争做合格的高中毕业生，为实现“两为”任务打好坚实基础。为此，要变单一的复课观念为“五育”一齐抓的全面质量观念；变面向少数尖子的观念为面向全体的观念；变“一为”的观念为“两为”的观念；变硬灌的观念为疏导的观念。

二、遵循教育教学规律，抓好复课迎考工作

多年来，各校积累了许多丰富的复课经验，归纳有10条。

1. 明确复课指导思想：双纲为纲，课本为本，把握方向，联系实际，基础过关，适当提高。

2. 科学地确定管理目标。伟大的动力产生于伟大的目标，任何工作都要有个既积

极又可行的奋斗目标。高中毕业班工作的奋斗目标应包括毕业生的合格率、体育达标率、奖惩率、体检合格率、各类学校升学率。每个学校,每个班级,每个老师都应该围绕“五率”制定自己的管理目标。这不是“片追”,这是全面贯彻教育方针,这是对党对人民负责!

3. 制订好复课计划。实践证明,制订好复课计划,明确教学进度,有板有眼地进行复课,既可以克服猜题押宝的违反教学规律的倾向,也可以避免盲目、混乱的现象,保证复课质量。从全市来说,期终考试后到高考前,复课分三个阶段进行:第一阶段(从现在至4月下旬),全面复习基础知识。立足课本,讲清知识点,覆盖面要宽。复习内容要讲究系统性,边复习,边练习,不留“后遗症”。第二阶段(从5月初至6月初),综合复习。在复习基础知识的同时,突出重点和难点,注重能力的训练,边讲、边练、边评,以练为主。精选习题,不经筛选的不进课堂,重视质量验收,发现问题,随时补救。第三阶段(从6月初至高考前),进行重点指导与训练。做重点题,对准答案;抓总分,打好总体战,做好抓差补缺工作。这一阶段的后期,教师要放开手,让学生以自学为主,教师做好备答和指导工作。市教研室各学科都制订复课计划,提出具体措施。各校根据市教研室的统一安排,进一步修订本校及各学科计划。

4. 抓好课堂45分钟的复课质量。复课要立足于课堂,不能立足于课外。为了提高45分钟的教学质量,市里打算组织一些公开课,相互观摩,相互学习。各校也应该抓住这一环节不放。

5. 改革复课方法。以往,我市教师总结出了不少经验。如:知识归类法,复课第二、第三阶段可以运用,它既加强了知识的系统性,又起到举一反三的作用,对提高学生运用基础知识的能力很有意义。又如:讲、练、评的“三字法”,既能把学生积极性调动起来,与老师组成双边活动,又能把老师的信息输出和信息反馈结合起来,对信息加以验证,应该坚持使用。学生的学法也需要在教师的指导下加以改进。如:有的学科老师指导学生用感觉记忆法、联系记忆法加强基础知识的记忆,很有实用价值。

6. 抓好训练。在复课过程中,贯彻精讲多练的原则,以练为主,特别是在复课的第二、第三阶段更如此。为了抓好训练,我们将组织部分学科教研员及少数教师编印一点少而精的训练题,加强训练,但决不能搞题海战术。各校领导一定要止住学生从外面乱购资料的现象,保证复课不受干扰。教师可以多参阅几种资料,加以对比,去粗取精,以便指导学生。

7. 抓好复课质量验收。教师在复课时,要坚持章章节节过关,理化生的基本实验过关。为了搞好复课质量验收,市毕业班领导小组决定进行三次统考:元月15日、16日、17日三天进行期末考试,4月底进行第一次质量检查考试,6月7、8、9日三天举行第二次质量检查考试。每次考试后,进行成绩统计,上报教研室,同时要进行试卷分析,找出差距，拿出补救办法，做到稳扎稳打。

8. 抓好信息交流。市教研室不定期地举行高考信息交流会，各校也要采用不同方式同外界联系。市内各校之间也要交流信息，把握住复课方向，发现偏差要随时纠正。

9. 定期排队摸底，做到心中有数，及时调整战略部署。要提高入学分在450—480分数段学生的入线率（这批学生市区248人，三县一中154人），保证复课效果。要确保入学分高分段（550分以上）及较高分数段（480—500分）的学生不掉队，在优势学科上突破，薄弱学科跟上平均水平。要帮助入学分较低，但入学后提高较快的学生。

10. 复习中要给学生正确的导向，特别是文科要紧密联系当前实际。为此，各校要组织老师（特别是文科老师）认真学习党的十三届三中、四中、五中全会的有关文件以及中央领导人的主要讲话，对国际的政治形势和国内政治、经济形势有个明确的认识，并把中央的精神渗透到教学中去。文科教师要组织全体学生搞好社会调查，写出像样的调查报告。

三、对学生进行"一颗红心、两种准备"、做一个合格高中毕业生的教育

毕业班工作要把德育放在首位。要结合当前国内外形势对学生进行坚持四项基本原则的教育，艰苦奋斗、自力更生的教育，教育学生对治理、整顿时期出现的重大问题以及资本主义国家对我国经济上搞制裁、政治上搞"和平演变"的策略要有清醒的认识和正确的态度。要抓好《中学生行为规范》的贯彻，继续进行养成教育。要恢复或坚持团课制度，增强团员意识，发挥团员作用。从现在开始到毕业考试前，要对学生进行"做一个合格高中毕业生"的教育。所谓"合格"的标准是：拥护党的领导和社会主义制度，没有违反四项基本原则的言行。遵纪守法，言行符合《中学生行为规范》的要求，杜绝犯罪，把犯罪率降到最低限度。毕业生成绩合格，全市毕业率在90%以上。学生需身体健康，达到体育锻炼标准（除病残者外），否则不准报考大学。毕业考试后要对学生进行前途理想教育、以农业为基础的教育、服从分配的教育。教育学生树立新的就业观念，正确对待升学和就业。鼓励学生回农村走科技致富、科技兴农的道路，鼓励学生多种途径就业，不要都挤独木桥。指导学生填写升学志愿，鼓励学生报考农、医、师、地、矿、油等专业，号召学生到艰苦的地方去。学生的思想工作学校党、团组织应该管，学校的校长、主任、教师更应该管。党支部书记挂帅，各部门配合。教师站在第一线教书育人，管理育人，服务育人，形成人人齐抓共管的新局面。各校都要保证毕业班学生的政治活动时间不要被侵占。

四、正视现实，对往届毕业生负责

对学校办复读班，教育行政部门的态度一贯是不赞成、不同意，而且三令五申，明文规定。道理很简单，因为重复教育浪费了有限的教育经费，干扰了学校的正常教学秩序，分散了教育力量，削弱了在校生的教育，违背了教育规律。有的学校复读生远远超过应届生，结果“两败俱伤”，长期恶性循环下去，确是办教育的失败。对此，今后要下决心逐步加以解决。但现实是许多学校都以不同方式办了补习班，据统计约1000人。其中，去年高考成绩文科400分、理科440分以上的120人左右，这120人是很有希望的。可怜天下父母心，他们节衣缩食，省吃俭用，尤其是农民望子成龙心切，不惜工本，千方百计地把孩子送进补习班。我们要对孩子负责，对家长负责，对人民负责。要承认现实，正视现实，既然办了，就要办好，不能只考虑经济效益。现在突出的问题是复读生绝大部分都集中在重点学校（尤其是三县一中），而且班级人数太多，有的教师（还有个别领导）兼课过重，精力不济，只讲不练，或者只练不改。学生只是听听课，体育活动和政治活动都不参加。要求寒假期间对补习班进行调整整顿，可将重点中学复读生分一部分到条件好的普通中学，或请普通中学教师兼课。高三教师兼课太多的要削减，尤其是领导干部要把主要精力放在学校管理上。要对补习班学生加强管理，组织他们参加学校的集体活动和体育活动，教育他们和应届生一样遵守校规。

五、加强领导，落实毕业班工作的各项措施

认识统一了，方向明确了，措施办法也有了，但能不能落实呢？市教委对这项工作一直很重视，丁主任亲自抓，我负责抓，各位主任都腾出力量协助抓，教研室、中教科具体抓，教委有关科室配合抓。县教委和学校如何加强领导？请你们回去研究。我现在就领导抓什么讲点想法。我想，一抓毕业班级工作的方向，二抓计划和管理目标的制订、执行和检查，三抓调查研究，深入学校，深入课堂，深入办公室，随时掌握师生脉搏，做好思想工作，四抓实际问题的解决，如食堂问题、喝水问题、材料刻印问题等。要严防因生活中的“热点”问题得不到解决而激化矛盾的现象发生。各校要本着以精神鼓励为主的原则，在力所能及的范围内给毕业班老师以必要的、适当的照顾。

今年我市高三学生基础虽然差，但只要加强领导，充分调动师生积极性和主观能动性，采取得力措施，充分发挥我们的优势，我们就一定能够创造出新的成果来，向全市人民汇报，向家长汇报，明年此时召开庆功大会。

祝老师们在新的一年里教育成果辉煌！

祝领导和全体同志在新的一年里身体健康、工作进步、全家幸福、万事如意！

（这是在1989年高中毕业班工作动员大会上的讲话。）

加强教学常规管理，提高教育质量

（1990 年 3 月）

中学教学工作会议已经开了两天，这次会议的中心议题是：坚持社会主义办学方向，总结加强教学常规管理，继续办好初中，提高教学质量，表彰先进。1988 年年初，市教委提出了“深化改革，加强基础，狠抓管理，提高质量”的指导思想。两年多来，各级教育行政部门和各校在贯彻中，特别是在加强教学常规管理方面做了大量工作，对我市基础教育的提高和普及起到积极作用。现就这方面工作讲八个问题。

一、坚持社会主义方向，管理上多渠道地把“德育为首”原则落在实处

（略）

二、正确处理“首位”与“中心”关系，端正教学管理的指导思想

近几年，我市中小学教育较好地处理了“首位”和“中心”的关系，对学校进行了全面质量管理，树立了全面教育质量观，端正了教育教学指导思想。社会主义学校教育的根本任务是培养德、智、体、美、劳五育全面发展的社会主义建设者和接班人。德育是学校全面

发展教育的重要组成部分，它处于全面发展教育这组矛盾统一体中。所谓“首位”，是指德育在这组矛盾统一体中的地位，也就是在“五育”中的地位。教学是学校全部工作的主要方面，它处于学校全部工作这组矛盾统一体中。所谓“中心”，就是指教学在这组矛盾统一体中的地位，也就是在学校工团工作、后勤工作等所有工作中的地位，这是由学校工作的特殊性所决定的，是学校工作基本规律之一。因此，强调把德育放在首位，丝毫不排斥教学为中心的地位，相反，两者还互相促进，互相推动。全面发展的教育任务，必须通过做好学校各项工作（包括教学工作）来完成。从学校教育的总体而言，德育是教育工作的内容，是“五育”的龙头、方向、灵魂。教学是教育工作的主要形式，是“五育”的主要渠道、重要载体。内容决定形式，形式服务内容。学校德育决定学校要通过教学这种特殊形式（或者说渠道、或者说载体）和其他形式来完成。任何教学都有教育性，因此，教学要为实现德育目标而服务。坚持以教学为中心，才能确保德育渠道的畅通，德育任务的实现；真正把德育放在首位，才能确保教学的正确方向和“中心”地位的巩固。

教学不同于智育（教育内容），更不同于知识传授，以教学为中心绝不是以智育为中心，更不是以知识传授为中心，它既然是载体，当然是“五育”的载体。强调教学为中心，既不是削弱德育，也不是单独突出智育。把德育放在首位，要求学校教育把培养社会主义建设者和接班人这一根本任务放在首位，把正确的政治方向教育和共产主义思想品德教育放在首位，把先进的教育思想放在首位。因此，强调首位既不是排斥教学的中心地位，也不是削弱智育。从全国基础教育的总体而言，是不是可以这样说：前几年重视了德育，但占领意识不强，政治方向性教育的效果不理想；重视了教育的普及，但质量的提高抓得不狠；重视了教学，但管理抓得不紧。今后既要防止在强调以教学为中心的时候，忽视德育，忽视社会实践，忽视劳动教育的倾向，又要防止在强调德育首位的时候，忽视课堂教学，忽视智育，忽视体育的倾向。在教学管理中，既要确保德育的“首位”，又要坚持教学的中心地位，二者不可偏废。

三、建立决策体系和执行、监督、研究体系相配套的完整的教学管理体制，使教学工作有效地运转

教学管理工作是个庞大的系列工程，必须有个完整的体制。几年来，我们极力强化教学管理，建立了一个以各级教委和各校领导为龙头的决策、执行、监督、咨询四大管理体系。执行体系由各级业务科（室）、股和学校教导处构成。监督体系由各级视导室和学校视导组构成，咨询体系由多功能的各级教研室和学校教研组构成。这四个体系之间，以及每个体系各个层次之间，形成网络，相互推动、相互促进、相互制约，推动这架教

学管理机器的有效运转，即使在动乱的高潮期间也没有一所中学停课。决策体系从市教委来说，近几年，根据党中央、国务院制定的方针政策，各级人大通过的教育法规以及上级教育行政部门的指示精神，结合我市实际情况，做了许多决策。如：确定16字工作要点；提出加强初中建设10条、高中建设6条；成立政教处，建设班集体；建立劳动基地，编写劳动教材；成立视导室，建立教育质量评估制度；治理整顿教学秩序，中小学教师不搞第二职业；加强师训基地建设，抓教师职后继续教育等，这已被实践证明是正确的。我们不盲目跟“形势”，不刮风，不搞形而上学，一切坚持从实际出发，奉行马列主义的灵魂在于对具体问题做具体分析。执行体系在贯彻决策意图时，行动迅速，态度坚决，在抓常规管理时，要求严格，作风踏实，反馈及时，层次职责明确。市、县（市辖区）主要抓“五个统一”，即统一教育事业计划，统一教学业务基本要求，统一学籍管理制度，统一教师进修规划和要求，统一质量评估标准。区、乡主要研究教学管理的方法和途径，分类制定实施方案。校一级主要执行市、县（市辖区）、乡教学管理细则，及时总结反馈教学管理中的经验教训。教学管理长期以来普遍存在着一个很大的薄弱环节，就是行政布置得多，督导评估得少，领导根据上级指示和自我获得的不系统材料进行决策的多，研究机构提供科学的、系统的决策咨询少。市教委视导室成立以后，一方面对学校进行全面检查评估，发挥督促指导作用；另一方面又向决策机构反馈了许多有益的信息，为决策提供科学依据，与研究机构反馈的信息相得益彰。但是，目前这个体系还很不完备，县（市辖区）的视导室组建工作缓慢，校视导组普遍没有建立。我市各级研究机构一身三任：研究、管理、咨询。在教材教法、教学改革、学制改革、质量评估、教师培训等问题的研究，在教学大纲的贯彻，教科书的使用，教学进度的安排，教师业务考核和提高等方面的管理，做了很多工作，取得显著成绩。与此同时，也给各级领导提供了赖以决策的有关教学上的许多信息。研究体系的作用只能加强，不能削弱。市委已批准成立蚌埠市教育科学研究所，正准备组建。县和区教研室还需要充实和加强。校级教研组集体备课制度不严，研究空气不浓，这些问题要着手解决。

四、抓紧教学管理程序链条上的每个环节，实行闭合式的管理

从空间上讲，我市初步形成了网络型的教学管理体制。从时间上讲，每个管理周期（一学期、一学年、一学段等）是由计划、实施、检查、总结四个环节组成的紧扣的闭合体，如果缺少一个环节就会出现“断路”，达不到预期的管理效益。其中计划是纲领，实施是关键，检查是手段，总结是评估。多年来，我市各级教育行政部门和各校已形成了

学初抓计划、平时抓实施、期中抓检查、期末抓总结的制度。各校都能维护教学计划的严肃性,除少数农村中学、少数学科缺乏教师外,其他学校都能开齐科目,开足课时,按计划要求完成教学任务。在扣紧管理链条的每个环节时,学校领导要以较多的精力组织人力物力去实施,在实施中调查了解,及时指导。各级教育行政部门要用较多的精力深入第一线进行督导和评估。我市已建立了两个评估体系,它们互习其长,互补不足。按这两个体系,每年对各校全面工作及其毕业年级教育质量进行较科学地评估,并且和一定的物质奖励结合,对提高我市教育质量起到积极作用。去年,经过评估,蚌埠二中党支部被评为全省模范党支部,高考成绩在25所省重点中学中由原13名跃为第5名,取得了思想教育和教学业务双丰收。初中以蚌埠三十一中、龙湖中学、蚌埠二十六中、蚌埠三十二中、蚌埠十六中等学校的中考质量比较高。我们把行程性的评估与终结性的评估结合起来,以前者为动力,推动后者,以后者检验前者。1989年视导室对12所委属中学进行的评估就是行程性的评估。每所学校都有文字报告、量化分数、情况介绍以及总结评语,皆已打印成册。毕业年级教育质量评估是德、智、体各方面的综合指标,是终结性的评估。我们还把全面性的评估和单项评估结合起来,前者指导后者,后者补充和丰富前者。1989年上半年以来,我市就教学秩序、贯彻《中学生行为规范》、教导处管理、学校体育卫生工作、六所重点中学高三毕业班工作、委属中学早晚自习、升旗仪式、开学工作、仪器管理工作、保卫工作等近十项工作进行了评估。评估的结果刊登在《情况反映》上,及时传播了经验,发现并纠正了问题,对教学管理是个很大的推动。

当前,教学管理比较薄弱的是:1. 对教师一堂课的管理。一堂课由备课、讲课、布置作业、辅导等四个环节组成,是一个闭合式的管理周期。由于部分学校放松了集体备课,少数教师不备课上堂。同年级教师教学进度不统一,教学要求不统一,作业类型和数量不统一,教学重点不统一等情况时有发生。2. 对学生一堂课的学习管理。学生一堂课应该由预习、听讲、复习、练习、应用五个环节组成一个闭合式的管理周期,但有些教师对学生预习、复习这两个环节抓得不紧,影响了管理效果。学生动手的环节也很薄弱,据实验员教师反映,现在高中学生不会写实验报告,在印好的实验报告上填几个数据就算了。动手能力应该包括实验能力和写实验报告能力。希望各级教研室和学校制定一堂课教和学的评估办法,并组织实施。

五、制定并遵守乡规民约,严格学籍管理,有效地控制流失生,控制班级学额

从去年下半年各级政府对中小学教育工作进行五项督导以后,我市中学流失生基

本得到控制。据1989年12月底统计,我市初中流失率为7.2%(其中市区6.6,怀远7.9,五河5.6,固镇8.8),高中流失率为0.7%(其中市区0.3,怀远0.1,五河1.7,固镇2.6),小学流失率为5.7%(其中市区5.1、怀远8.7,五河1.7,固镇4.2)。除高中比国家要求(2%)低3个百分点外,初中和小学分别比国家要求高5.2个和1.3个百分点。控失工作仍然很艰巨,切不可掉以轻心!从流失生抽样调查看,流失的学生,初中比高中、小学多,女生比男生多,农村比城市多,高年级比低年级多,家庭经济条件差的比经济条件好得多,家庭缺乏劳动力比劳动力富余得多,家长文化水平低比文化水平高得多,成绩差的比成绩好得多,等等。流失生是当前普遍存在的社会现象,是由各种原因造成的。从社会来看,商品经济的冲击,体、脑劳动者待遇的倒挂,新的读书无用论的蔓延,给青年学生心理上带来不平衡感。从学生本身来看,或家庭缺乏劳动力,或家庭经济困难,或家长有重男轻女思想,或本人厌学,或家庭发生突然变故。从乡、村政府来看,执行《义务教育法》不坚决,行政措施和经济措施不得力。从学校来看,工作抓得不紧,学籍管理不严,教育质量不高。因此,控制流失生必须综合治理,那种把流失生的责任一股脑儿推到教育部门头上的论调,不是缺乏了解,就是带有偏见。当然,控制流失生我们也有责任,不能一推了之。从我们教育部门来说,应该像蚌埠十七中、蚌埠十六中、蚌埠天河中学等学校那样尽到最大努力:一是主动争取乡、村两级政府的支持;二是每学期开学前发动教师到学生家动员;三是加强学籍管理;四是加强思想工作,做“双差生”的转化;五是努力提高教育质量,把学校办得具有吸引力;六是给极少数确因困难交不起学费的学生以适当的经济补助。三县一郊今年上半年要集中力量抓一下这项工作,迎接全市农村教育工作会议的召开。

班级学额多是影响教育质量提高的重要因素之一。按国家教委的规定,初中每班50人,高中每班45人。然而,一市、三县中学的班级学额出现两极分化:市区和县城学生,特别是重点中学的班级学额膨胀到惊人程度,高达每班七八十人之多,而且有继续发展的势头。少数学校班级学额不足数。造成学额膨胀的主要原因是:超计划招生,收过多的插班生及借读生。随意撤并班级,腾出教室招补习生。当然,在这个问题上,市、县教委,区教育局和学校领导都有难言之苦。我们都能理解,但我们也要从中吸取教训。共同努力,采取控制措施。市教委在学籍管理方面,近两年来在原来“四统一”的基础上,又采取三项措施。第一,建立了学期学籍会审和年度学籍验收制度。第二,建立流失生报告制度。第三,市内转学先开联系单制度。希望县教委和区教育局也要制定相应措施,并予以认真贯彻。今年上半年,我们将召开专门会议,就6所重点中学的学籍管理和招收补习班问题进行研讨。

六、建立健全各项管理制度，充分发挥现有教学设备利用率

作为教学三大要素之一的教学设备的添置，近几年，市、县都做了很大努力。仅电教仪器（包括实验桌凳柜橱）经费一项，1987 年以来，市教委就投资约 184 万元，其中给怀远投资 20 万元，省、市、县三家拼盘，全县共建立了 11 个实验中心，实现了网络化，但由于原来基础太差，使得有限的教育经费主要用于人员工资和校舍建设，所以设备依然简陋。可以预料在治理整顿期间，中央虽然说要保证教育经费的稳步增长，但增长的幅度不可能太大，用于添置教育设备的经费也不可能太多。这就要求我们一方面发扬艰苦奋斗、勤俭办学的精神，像天河中学那样把钱用在刀刃上，从有限的经费中挤出一点用于教学设备的更新。蚌埠一中、蚌埠六中、蚌埠七中、蚌埠十七中等学校，自筹经费修建运动场地，添置仪器、图书、文体器材。要建立健全各项制度，管好用好现有设备，充分发挥它们的利用率。为此，市教委仪器站和电教馆做了许多有益工作。1. 各校之间调剂余缺。1988 年 5 月，他们摸清仪器情况，从一部分学校调出 4512 台（件）多余仪器，价值 111177.70 元，调剂给其他学校。2. 举办实验员维修培训班，共修复 2819 台（件），价值 86247.20 元。市电教馆对电教器材也进行了检测维修，为国家节省近一万元。3. 制定了仪器保管室和实验室的规章制度和实验员的职责。4. 举行理化生实验竞赛，激发学生动手兴趣。电教事业也得到一定发展，为了更好地为教学服务，电教馆录制了《蚌埠市九年制义务教育纪实》、《龙潭湖职教中心》、《蚌埠市少年儿童文艺节目片断》、《蚌埠市学校危房改造》、《黄色书刊对青少年的危害》等。几年来，学校卫生工作在市、县卫生局，防疫站的大力支持和配合下，取得显著成绩。各校卫生室制度健全，学生体检形成制度，各校认真贯彻预防为主原则，特别是怀远被定为全国学校卫生试点县，5 月份验收。

在教学仪器设备方面突出的问题是：1. 现有的有限设备没有很好地发挥作用。据对 22 所中学仪器管理情况检查的结果看，有 11 所学校没有很好发挥作用，其中有的学校是因为没有房子，把仪器堆放在总务处或走廊上；有的是因为教师怕麻烦，习惯于一支粉笔、一本书；有的是管理人员不负责，管理不善，人为的损坏，经过检查以后，面貌大有改观。2. 由于教育经费实行人头包干，市、县（市辖区）教育经费中没有图书、文体器材专项经费。有的学校很重视，每月都能挤一点经费购买图书资料，有的学校每学期添置一两项体育器材。一次不多，日积月累、细水长流，几年就可观了。有的学校则长期不添置，上体育课的器材都不能保证。长此下去，体育课又将回到“一个哨子、一个球，运动场上小自由”的局面去了。3. 各种渠道汇集来的复习资料、基础练习，不仅加重了学生的经济负担，而且严重干扰了教学，束缚了学生智力发展，影响了学生能力的培养。今年，我市初中毕业考试和升学考试一并进行，本市命题，不管由谁命题，一律依据大纲

和教材。今年秋季课本订单已到，各校教导处要把好关，除教材和补充教材外，其他可订可不订的尽量不订。4. 体育运动场地短缺，又未充分利用。

七、以提高教师素质为出发点，实行精神鼓励和物质利益相结合的原则，健全教师管理制度

作为教学三大要素之一的教师，既是管理者，又是被管理者。全心全意依靠教师，是学校工作基本规律之一。我市中学教师队伍经过1989年动乱的考验，从总体来看，思想是稳定的，精神是饱满的，态度是积极的，工作是认真的，情绪是向上的。教师合格率高于全省平均水平，初中合格率全市为44.2%，其中市区为71.8%，省为41.7%。高中合格率，全市为33.8%，其中市区为69.8%，省为26.5%。1984年以来，仅市区中小学教师受政府行政记功奖的就有1203人次。被评为市级以上的优秀教师计1267人次。当前突出的问题是，骨干教师年龄老化、知识老化、教学能力弱化。委属学校高级教师412人，1964届以前毕业的(50岁左右)占90.2%，其中1960届以前的占52.1%，已退休的占26.9%。近三四年内毕业的年轻教师中有相当一部分政治思想素质和教学业务素质很不理想，令人忧虑。还有极少数教师的师德水准和工作积极性有待提高。因此，适当充实教师数量，改善教师结构，大力提高教师素质是治理整顿期间的突出任务之一。

提高教师政治思想素质的根本途径是组织他们结合本身工作实际和思想实际学习马列主义、毛泽东思想，学习党的方针、政策，组织他们参加社会实践。针对知识分子的特点多做思想工作，多开展谈心活动，对师德很差、工作很不负责而又造成损失，经过教育而又不改正的个别教师要给予一定的处理。要敢于碰硬，对个别无理取闹、胡搅蛮缠的不能迁就。迁就了一个，就得罪了一片。现在对教师管理大致有三种类型：一是科学型。相当一部分学校实行了责任制。经过考核，把精神鼓励和物质奖励有机地结合起来，而且是以精神奖励为主。实践证明，这对提高教师的思想素质、调动教师的积极性是有很大作用的。蚌埠一中、五河一中等学校在教师管理上很有特色，广大教师积极性比较高。蚌埠二十六中在班主任老师的管理上很扎实，他们的经验有五条：1. 定期举行班主任工作研讨会；2. 定期召开班主任交流会；3. 每学期总结；4. 组织业务学习；5. 提倡创新精神。五河二中在教师管理上实行“双向选择”，进行了有益的尝试。二是经济手段型。个别学校单纯地用经济手段去刺激教师的积极性，干什么事都给钱。社会主义国家的性质、学校工作的特点、教师职业的要求等因素，决定了学校不能单用经济手段管理教师，即使是资本主义国家的工厂也不完全用经济手段。单靠经济手段不能最大限度地、持久地调动教师的积极性，相反地，时间长了还会腐蚀我们的教师队伍，腐蚀我

们的健康机体。要开展学雷锋活动,要提倡为人民服务,提倡红烛精神、奉献精神。事实是,我们有相当一部分教师觉悟是高的,对"一切向钱看"是不满的。蚌埠三中高一年级四个班主任,在学校没有要求的情况下,组织学生上晚自习,每天晚上到班上值班,不要报酬。学生到得很整齐,学习气氛很浓,这就是雷锋精神!要学习这种精神!三是放任型。极个别学校思想工作很薄弱,纪律松弛,管理混乱,教育质量很低。其结果受损失的是上千名的孩子,是党的教育事业,实在令人痛心啊!在上班制度上也有三种类型:一是硬坐班。不管有无课,都要按时上班下班,不得迟到早退,固镇县教委和郊区教育局对教师都是这样要求的,市内也有少数学校这样做。从江苏省《中小学管理条例》来看,他们也是这样要求的。其中有一条:"按时上下班"。二是软坐班。每天上下午都到校上班。上下班时间不是严格的要求,有事也可以请个假外出处理,市内大部分中学都这样。三是不坐班。像大学一样,有课就来校,上完课就回家。从中学生的特点来看,特别是初中学生年龄小,自治、自理、自觉程度不高,需要教师多接触、多督促、多教育。小学教师抓得很紧,如果到中学撒手了,与小学教育衔接不上,会出现思想品质和学习"滑坡"现象,这可能是初中教育质量低的原因之一。总结正反两方面的经验,中学教师还是以坐班制为宜,起码应该软坐班,逐步恢复"文革"前的硬坐班。这个问题还需大家讨论,暂不做硬性规定,但是,有课就来,无课就走的做法一定要纠正。

我市历来重视教师素质的提高。从市区来看,1988 年,当学历达标任务基本完成后,我们就把重点转移到岗位培训上来,首先开展青年教师教学基本功大奖赛,举办师德基本功、教学基本功、班主任基本功的系列讲座。学校开展听课活动,校际之间开展教研活动,以老带新,在教学实践中练基本功。今后岗位培训的任务是:市区 1986 年底从事教育工作满 20 年且具有技术职称的,或者 1986 年 12 月 1 日以前任教,1989 年底达 35 周岁以上,取得专业合格证书,且有技术职称的教师,都要脱产到教院轮训。今年下半年拟办语文、数学两个班。县区近几年仍以学历达标教育为主,岗位培训为辅。怀远县包集区很重视师资培训,近几年把全区中小学教师轮训一遍。按省教委规定,学历达标在 65% 以上的地方可把培训的重点转移到岗位培训上来。培训中一定要贯彻师德教育和业务提高结合、在职和脱产结合、系统学习专业理论和在教学实践中练基本功相结合的原则。各校还要建设好教师业务档案。

八、进得去,出得来,取得管理教学的主动权

通过去年动乱的考验。我市基础教育的干部队伍是信得过的,从总体讲,立场是坚定的,为政是清廉的,工作是勤奋的,精神是积极的,业务是熟悉的,作风是踏实的。我们学校书记、校长中有这么多县级干部,没有一个坐小汽车,也没有一个人拿高出教师数倍的

奖金,相反的只拿教师奖金的平均数,也没有比教师多住几平方的房子,孩子就业主要靠升学这条路,升学靠分数。前几年,在资产阶级自由化思潮泛滥的大气候中能够顶住不正之风,洁身自好,实在是难能可贵。应该说教育部门的干部是廉政的,也是勤政的。然而,由于形势在不断发展,我们的马列主义水平,我们的管理水平和业务水平还有一个不断提高的过程。我市一直很重视干部的培训提高,1989 年下半年以来,组织 12 名中学校长到省教院学习,组织 69 名区教育局长、初中书记、校长到市教院学习,组织 50 名行管人员参加省教委组织的《专业证书》学习。我市在蚌埠教院举办的校长培训班在全省各地市中领先,受到省教委的表彰。今后数年内,我市干训的重点是初中,打算用 3 年至 5 年,把县教委、市辖区教育局的书记、局长,初中书记、校长轮训一遍。希望三县四区订好计划,把分批分期的名单排好,除特殊情况外,一般按照计划执行。干部的提高主要靠自学,我们提倡读一两本哲学著作,读一两本教育理论专著,研究一两个专题,造就一批专家型的教育干部。要提高一些书记、校长在全市全省的知名度。

提高干部的水平根本目的是为了加强对学校教育教学工作的领导,更好完成社会主义学校的培养任务。校长对学校的领导,首先是政治思想和教育思想的领导,然后才是教学行政和教学业务的领导。为取得领导权要采用听课、兼课、蹲点等方式掌握情况,占有大量信息,然后加以分析,取得领导权。所谓"不入虎穴,焉得虎子",就是要我们深入实际,尤其当前为贯彻中发(90)05 号文件《中共中央关于加强党同人民群众联系的决定》,更应该密切联系广大师生,而听课、兼课是联系师生的有效途径。从 12 所委属中学 153 名中层以上干部兼课的情况看,兼课的 88 人,占 57.5%,超过半数,其中 47 名校级干部,兼课的 18 人,占 38.3%,蚌埠 23 中几位校级干部全部兼课。蚌埠五中、九中校级干部的兼课率为 75%。从全市看,校干兼课有三种类型:一是兼课目的明确,为取得领导教学的主动权,兼课时数适当,每周 2—4 节,最多不超过 6 节,有利于管理。二是目的不明确,或者不正确,为兼课而兼课,严重影响管理工作。三是拾遗补缺,不定期地为请假教师代课。我们提倡第一种类型的兼课,反对第二种类型的兼课。学校领导的主要职责是管理学校,兼课的目的是为了更好地管理,如果影响了管理就违背了兼课的本义。所以,我们要求有条件的领导首先是分管教学的领导和教导、政教两处的主任要适当兼课,一个是"有条件",一个是"适当",所谓有条件是指身体条件、工作负担条件、教学业务条件。所谓"适当"是指兼课的时数不能过多,所任班级的人数不能过多。

管理是一门实用性很强的科学,许多同志积累了丰富经验。希望大家以马克思主义基本原理为指导,把经验升华到理论,并运用到教育教学实践中去,使学校管理更加科学化,把我市教学管理提到一个新水平。

(这是在 1990 年 3 月召开的全市教学工作会议上的报告。)

中学生军训制度化

（1990 年 3 月 31 日）

这次比赛是在去年下半年市区各校普遍开展军训的基础上进行的，是对去年军训成果的一次检阅。为贯彻中共十三届三中、四中、五中全会精神，市教委决定从 1989 年开始，高一新生集中在每学年度的第一学期进行一周军训，第二学期进行会操比赛。去年，参加军训的共 6982 人，其中高一新生 3215 人，占 58%；高二学生 785 人，初一学生 1857 人，小学高年级学生 1125 人。这次军训，时间集中，内容丰富，形式多样，师生认真，效果很好。通过军训，同学们不仅初步学到了一些在课本上学不到的军事知识，初步了解了一些军事技术，进行了一些基本的军事操练，而且提高了能力，开发了智力。特别是加深了热爱党、热爱祖国、热爱人民解放军的思想感情，增强了国防观念，加强了组织性和纪律性。同学们在总结会上激动地说："通过军训，真正认识到解放军是中华人民共和国的柱石，是人民的钢铁长城，他们用青春和热血捍卫着我们的和平生活，我们打心眼里热爱人民解放军，热爱我们伟大的党。国不可一日无兵，国家要强大，一定要有坚强的国防力量，我们要把学习搞好，为将来献身国防事业随时做好准备。"

这次军训受到蚌埠军分区、驻蚌部队和驻蚌军事院校的高度重视和大力支持，他们先后派出 190 多名指战员担任教员，他们高大的形象，给同学们留下了深刻的印象，为同学们树立了良好的榜样。在这次军训中，各校领导和老师做了大量的思想工作和组织工作，发挥了师表作用。

军训是一件利国、利军、利校、利于青年学生成长的大好事，是加强国防现代化建设，落实学校“德育为首”的原则，造就全面发展的社会主义建设者和接班人的重要途径，具有重要的现实意义和战略意义，一定要坚持下去。

今天参加比赛的同学有2200余名，这是一次比课堂上的考试更有意义、更实际、更全面的德育、智育、体育的综合考试。预祝同学们在这次考试中夺取优异成绩！

（在中学生军训会操比赛上的讲话。）

全面开放，局部封闭

（1990 年 6 月）

改革开放是党的新时期基本路线的重要组成部分，十年改革的巨大成就证明它是强国之路。但是，十年改革的实践也证明，在开放问题上存在着两种对立的观点：一是形而上学的开放观，即片面地、绝对地开放，与四项基本原则相对立的开放；一是辩证的开放观，即全面地、相对地开放，坚持四项基本原则地开放。历史证明，任何国家和民族，在其形成和发展过程中，既要继承和发扬其国家和民族的优良传统，并加以创造，以增强其内在造血机能，又要有所选择地吸取一切外来的养料，以促进造血机能的正常运行。外来的东西有的是有营养价值的，有的是没有营养价值的。前者要“拿来”，但是如果生吞活剥，食“洋”不化，也会消化不良，不仅对民族机体健康发育无益，而且有害；后者如果要“吸收”，必将对民族机体起到腐蚀破坏作用。因此，任何国家的开放政策，总是有开有闭，有放有禁，开中有闭，放中有禁，特别是社会主义国家的学校，更应如此。资产阶级学校把法国资产阶级的《人权宣言》作为他们的福音加以宣扬，而把社会主义当成洪水猛兽加以禁止，社会主义学校难道不应该把无产阶级的《共产党宣言》作为解放人类的启明星加以弘扬，而把资产阶级反动的腐朽的政治观点、意识形态当成腐蚀青少年的精神鸦片来加以禁止吗？资产阶级学校把反对社会主义、共产主义的言行视为天经地义，而且在法律上加以保护；社会主义学校难道不应该禁止一切违背四项基本原则的言论和行为，而且在法律上加以制止吗？资产阶级学校反对宣传无神论、唯物论，而把宣传有神论、唯心论合法化;社会主义学校难道不应该大力宣传无神论、唯物论,而对宣传有神论、唯心论加以禁止吗?至于那些连资产阶级学校都加以禁止的凶杀、淫秽、色情、怪诞、酗酒、赌博等有害青少年身心健康的东西,难道我们社会主义学校还能任其泛滥吗?

近年来,由于国际反动势力亡我之心不死,对我推行“和平演变”策略,国内资产阶级自由化思潮泛滥,学校教育出现了该开放的未能很好开放,该禁止的未能认真禁止的现象。例如:中小学的大门没有很好地面向工厂、农村、部队开放,劳动教育、社会实践教育削弱了,中小学生对工人、农民、解放军的感情淡漠了,爱惜和珍惜劳动果实的感情淡漠了,艰苦奋斗的精神和克服困难的意志淡漠了。同时,不健康的乃至黄色的电影、电视、音乐,资产阶级世界观、腐朽的生活方式和生活情调,否定四项基本原则的一些奇谈怪论(包括马克思主义“过时论”),民族虚无主义和国家虚无主义,等等,通过社会上各种渠道,采取不同的形式流入学校,使广大青少年深受其害。这一教训极为沉痛!痛定思痛,应该深刻反思,吸取教训。

教训之一是,在德育和智育上,没有摆正“中心”和“首位”的关系,放松了社会主义德育。“学校一切工作以教学为中心”,这是学校工作的一条基本规律,所谓“教学为中心”是就组织形式而言。教学是由发挥主导作用的教师的教的活动和发挥主体作用的学生的学的活动构成的以生产人才这个特殊产品为目的的创造性活动,这是学校工作的主要形式,也是区别于工人、农民使用劳动工具,加于劳动对象,以生产物质产品为目的的创造性活动的主要标志。学校不以教学为中心就是不务正业,就是取消了学校自身的存在。“学校教育应该把德育放在首位”,这是就教育内容而言的。既不能用“中心”代替“首位”,也不能以“首位”取消“中心”。在整个教学活动中,德育与智育是互相渗透,互相依存,不可分割的整体,其中德育为主导,智育为主体。这几年学校教育存在的主要问题不在于重视了智育,而在于放松了社会主义德育。正是在这种情况下,“苍蝇蚊子”飞进学校危害着一些少年儿童的身心健康。从总体上来说,智育重视得不够,新的“读书无用论”正在蔓延,辍学生也在增加;但社会主义德育重视尤其不够,许多青少年生在社会主义之中不知福,政治方向模糊,这就是现实做出的结论。

教训之二是,在政治方向教育和思想品德教育上,没有突出政治方向教育。社会主义学校的性质决定:学校教育应该把坚定正确的政治方向放在首位,把坚持四项基本原则的教育作为学校德育工作的灵魂,生动活泼地对学生进行马列主义、毛泽东思想的基本知识、基础理论教育,并把这种教育渗透到各种活动中去,帮助他们初步学会运用马克思主义观点、立场、方法去观察问题、分析问题,逐步形成共产主义世界观。然而,近年来,由于资产阶级自由化思潮的泛滥,政治课在学校的地位被降到一般文化课水平线之下,被作为单纯的“智育课”,甚至连师生欢迎的辩证唯物主义常识也被取消,许多马克思主义的基本观点就不提了，就连资产阶级学者都承认的阶级斗争观点也被当成“左”的产物而束之高阁。有些政治教育员由于受马列主义“过时论”的影响，在宣传四项基本原则时遇到一些思想阻力就理不直气不壮。他们在教育方法上严重脱离实际，教师抄条条、讲条条，学生背条条、考条条，遇到实际问题不对号。与此同时，各种非马克思主义的学说流派却一窝蜂涌进学校，有些学校甚至到了不设防的境地。

教训之三是，在“和平演变”与反“和平演变”的斗争上失去警觉性。国际资产阶级敌对势力颠覆社会主义之心不死，纵然他们不放弃诉诸武力的可能，但较多的是把希望寄托在第三代、第四代“和平演变”的策略上，而国内搞资产阶级自由化的极少数“精英”就成为这一反动策略的积极推行者。在意识形态领域里，他们以专家、学者、改革者的面孔出现，利用他们所在的某些社会科学研究机构、学术团体、新闻出版单位、文学艺术团体、公共娱乐场所、高等学校讲台等为阵地，通过广播、电视、电影、报刊、雕塑、演讲、学术讨论等形式，肆无忌惮地散播资产阶级的政治观、道德观、法律观、新闻观、艺术观、价值观等等，大造反对共产党、反对社会主义的舆论，诋毁马克思主义的基本原理，腐蚀广大青少年，从思想上实现其“和平演变”。在政治领域里，他们一方面重新拣起二十世纪四十年代资产阶级民主个人主义者的破旗，重弹资产阶级民主与自由的老调，兜售资产阶级共和国方案，鼓吹资产阶级物质文明和全盘西化，散布国家虚无主义和民族虚无主义。另一方面从党的最高层寻找庇护人，采取以偏概全的手法，利用党、政府实际存在的某些严重腐败现象和工作中的某些失误，甚至采取污蔑、丑化党和政府领导人的卑劣手段，从而丑化党的集体形象，企图在全国人民心目中动摇党的威信、淡化党的领导、削弱党的领导，最后取消党的领导，以便从政治上实现其“和平演变”。在经济领域里，他们打着“改革开放”的旗号，利用新旧体制交替、多种经济成分并存带来的难以避免的弊端，贬低和削弱公有制经济，妄图从所有制上实现其“和平演变”。在组织上，他们利用青少年的热情、单纯、追求真理、幼稚、偏激、崇拜权威等特点，采取政治欺骗、思想煽动、生活腐蚀、物质引诱等手段，拼命争夺青少年一代，妄图从组织上实现其“和平演变”。面对这一严重的阶级斗争，广大教育工作者虽然有所察觉，有所不满，学校中也采取了一些措施进行抵制，也取得了一些成绩，但由于国际大气候与国内小气候的结合，我们的警觉性还不高，所采取的措施还不得力，所以效果也不明显。去年五六月份，北京的动乱、暴乱、平息暴乱的事实向广大教育工作者敲响了警钟。

这些教训告诉我们，整个社会主义建设新时期，教育工作者肩负着伟大的历史责任，任何一位教师在进行任何学科教学时或开展任何一项活动时，总是自觉或不自觉地流露出自己的政治倾向和世界观，总是自觉或不自觉地对学生进行政治导向，不是导向社会主义道路就是导向资本主义道路，不是鼓励其为实现共产主义理想而勤奋学习，就是鼓励其为人个名利而奋斗。全国优秀班主任任小艾同志是通过她的全部教育教学活动，对学生进行社会主义导向教育的典型。每个教育工作者都要坚定社会主义信念，坚持走改革开放之路，对于古今中外一切有利于社会主义现代化建设的积极部分，都要虚心地学习和借鉴。特别是要下大决心、花大力气把当代世界各国包括发达资本主义国家的先进科学技术、具有普遍现实意义的管理科学和对人类进步有着积极意义的一切文化学到手，而且在社会主义教育的实践中加以检验和发展。但是，切不可无选择地兼收并蓄，无保留地敞开门户，更不能全盘接受资产阶级的人生观、道德观、教育观，而放弃马克思主义观点、立场。广大教育工作者要牢牢地树立占领意识，用社会主义思想去占领课堂、占领操场、占领校内外一切活动场所。学校要严禁传播反对四项基本原则的言行，严禁宣扬有神论、唯心论以及资产阶级人生观，严禁一切形式的宗教活动、迷信活动以及带有帮会色彩的群体活动，严禁一切有损青少年身心健康的行为习惯。

“四项基本原则”是立国之本，也是立教之本，“改革开放”是强国之路，也是兴教之路。学校应该把“坚持四项基本原则”的教育作为总纲，统帅学校全部工作，在坚持全面改革开放的同时，实行局部封闭。

（刊登于1990年《安徽教育通讯》。）

正确处理"首位"与"中心"关系，切实把中小学德育落到实处

（1990年9月）

社会主义学校教育的根本任务是培养全面发展的社会主义建设者和接班人。德育是学校全面发展教育的重要组成部分，它处于全面发展教育这组矛盾统一体中。所谓"首位"是指德育在这组矛盾统一体中的地位，也就是在"五育"中的地位，这是由教育的阶级性所决定的，是社会阶级斗争规律在学校教育中的反映。综观古今中外，任何社会形态、任何国家、任何阶级、任何时候的学校教育都是把德育放在首位的，更何况社会主义国家呢？教学是学校全部工作的主要方面，它处于学校全部工作这组矛盾统一体中。所谓"中心"是指教学在这组矛盾统一体中的地位，也就是在学校党政工团、后勤、工厂、农场、教务等全部工作中的地位，这是由学校工作的特殊性所决定的。工厂的工人通过做工把劳动工具加于劳动对象之上，生产出物质产品，这是工厂的特殊性。学校的教师使用各种教学手段，采用多种教学形式，施教于教育对象，生产出"人才"产品，这是学校的特殊性。教师与工人同样都是付出劳动，但由于劳动对象不同，因而所采取的形式和手段也就不同。学校不以教学为中心，同工厂不以做工为中心一样，都是自我否定。因此，以教学为中心是学校的基本规律。由此可知，把德育放在首位丝毫不排斥以教学为中心，相反，两者还互相渗透、互相影响、互相促进。全面发展的教育（包括德育）任务，必须通过做好学校各项工作（包括教学工作）来完成。从学校教育的总体而

言，德育是教育工作的内容，是“五育”的龙头、方向、灵魂。教学是教育工作的形式，是“五育”的主要渠道、重要载体。内容决定形式，形式服务内容。学校德育必须通过教学这个主要形式（或者说主要渠道、主要载体）以及其他形式来完成。任何教学都有教育性，教学必须为实现德育目标而服务。坚持以教学为中心，才能确保德育渠道的畅通，德育任务的实现；把德育放在首位，才能确保教学的正确方向及其“中心”地位的巩固，两者不可偏废。

教学不同于智育，更不同于知识传授，以教学为中心决不是以智育为中心，更不是以知识传授为中心，它既然是载体，当然是“五育”的载体。把德育放在首位，不是在时间安排上越长越好，而是要求学校把培养目标和任务放在首位，把正确的政治方向教育和共产主义思想品德教育放在首位，把先进的教育思想放在首位，这既不是削弱智育，更不是排斥“中心”。近几年，我市在坚持以教学为中心地位的同时，广开渠道把以德育为首的原则落到实处，基本做法是“十一抓”。

一抓提高认识。我市，每年都举办两至三期委属学校书记、校长读书班，1989 年暑假，开办政治教师培训班，秋季开学后又办了班主任讲习班，组织他们学习中共中央关于加强思想政治工作的文件和教育理论。1987 年我市制定了《关于加强中小学思想政治教育的意见》，强调指出，学校要把坚持四项基本原则，反对资产阶级自由化作为思想政治工作的内容。《中共中央关于改革和加强中小学德育工作的通知》颁布后，我市立即成立了德育研究会，每年召开一次规模较大的专题研讨会，已召开了“如何做好新时期的中小学思想政治工作”、“商品经济的发展与德育工作的改革”、“教育决策”等研讨会。通过学习和理论研讨，不仅明确了中共中央关于学校德育工作的方针、方向、内容、原则和方法，而且提高了广大领导干部和教师抓德育的自觉性。去年动乱期间，各校领导班子，旗帜鲜明，立场坚定，有效地制止了社会动乱分子对学校的干扰，形势很稳定，没有一所学校停课游行，这是长期重视德育的结果。

二抓领导落实。学校德育是一项全社会的系统工程，市委、市政府十分关心和重视把学校德育纳入到全市精神文明建设的总体战略之中，多次研究和部署。市委书记多次强调指出，各级各类学校都要坚持坚定正确的政治方向，把精力集中到搞好德育和提高教育质量方面来。今年五月份，市委常委会、市政府常务会分别听取了市教委的工作汇报，并做了关于教育的 9 条决定。其中第一条就指出，近期召开蚌埠市德育工作会议，同时制定了《中共蚌埠市委关于加强中小学德育工作的决定》。市教委党组一贯重视学校德育工作，做到统一领导，书记挂帅，分管副书记负责抓，其他党组成员就所分管的工作配合抓，宣传科、组干科、中教科、小教科、教研室、保卫科一起抓。1985 年，市区中学成立了校保卫队，1987 年各中学成立了政教处、保卫科，各小学建立了德育工作领导小组。在校党支部领导下，共青团、少先队积极配合，形成了严密的内部管理体系，从组织领导上保证了德育工作的实施。

三抓教育网络。纵观我市,教育内部的德育网络已经形成,而且我市“三结合”的教育网络也已初步形成,我市相继成立了老干部关心下一代协会、少年儿童教育协调会、家庭教育研究会、工读学校管理委员会、青少年科技活动领导小组等五个青少年教育协调组织,建立了青少年宫、科学宫、幼儿活动中心、劳动技术教育中心等四个校外教育基地,把学校教育同社会教育、家庭教育有机地联系起来。市直有关部门与教育部门配合得也比较好,公安部门协同教育部门创办了工读学校,在小学生中开展“小民警”活动;文化宣传部门清理文化市场,净化育人环境;部队帮助学校军训,共建精神文明;卫生防疫部门协助教委对学生进行防疫保健教育和青春期教育;司法部门为中小学师生举办普法知识系列讲座。总之,各行各业关心教育,重视德育的风气和立体化的教育网络正在形成。

四抓理论灌输。政治课是学校向学生灌输马列主义基本原理、党的方针政策的重要阵地。市教委在 1989 年 6 月、8 月分别举办了两次中等学校政治教师培训班,学习党中央关于平暴的一系列文件和中央首长的有关讲话,还组织部分政治教师编写了近 8 万字的讲课资料,分别于 1989 年 6 月、9 月向初三以上学生系统地讲授了春夏之交动乱的起因、性质、国内外背景以及党中央平暴方针的正确性,平暴胜利的深远意义和老一辈无产阶级革命家所起的中流砥柱作用。学生通过学习,弄清了事实真相,澄清了模糊认识,提高了坚持四项基本原则的自觉性。广大政治教师用马克思主义占领课堂,反对和抵制西方资本主义势力推行的“和平演变”策略的意识增强了,讲课时也理直气壮了。小学思想品德课总结出了“五段教学法”:恰当导入,激发兴趣;指导学习,悟明道理;联系对照,自我教育;设计练习,强化意识;布置作业,巩固提高。班会课和周会课是班主任老师向学生系统灌输共产主义道德意识的重要阵地,各校都列入课表。每月一个重点,班主任根据学校统一部署,结合本班情况,认真备课、讲课,学校领导定期检查班会课的教学笔记。为了提高班会课质量,市教委在蚌埠二中举行全市性的升旗仪式与班会课观摩。

五抓思想渗透。落实德育首位的原则,首先要使德育活动的时间得到保证;但学校德育大量渗透在每一项工作的导向中,每一门学科的教学中,每一个活动的过程中。为了探索思想渗透的经验,市教委组织三所中学向县教委主任,区文教局局长,市区中学校长、书记、教导主任 120 多人展示了 26 节观摩课。这些观摩课的特点是:政治课注重理论联系实际,语文课注重文道结合,史地课注重把史地知识与爱国主义教育有机地结合起来,数理化课把“双基”教育与培养学生的初步辩证唯物主义观点有机地结合起来,体育课把提高身体素质与加强组织性、纪律性教育有机地结合起来,艺术课把绘画、视唱技能的训练与审美情操的培养有机地结合起来,青春期教育课把生理卫生知识教育与性道德教育有机地结合起来。这种渗透如春雨润物,细而无声。

六抓实践锻炼。实践第一的观点,有助于青少年正确政治方向的确定,共产主义道德观念的培养,社会主义规范行为的形成,必须通过有目的、有计划、有组织的社会实践锻炼。为此,去年上半年,中小学分别在固镇县湖沟中学和纪郢小学召开了教学生产实习基地的座谈会,推广这两所学校开设的劳动技术课和劳动课,建立基地,开设项目,组织学生参加劳动,学习工农业生产知识,培养劳动感情,树立劳动观点。下半年又决定把蚌埠三十三中作为市内中学的生产劳动基地,已经组织了2000余名学生参加劳动。多年来,蚌埠二中与市环卫处挂钩,组织学生到街道清除垃圾,蚌埠四中与邻县乡村挂钩,组织学生到那里进行社会调查。去年秋季开学伊始,市内各完全中学组织了3215名高一新生(占高一新生总数的98%),部分完全中学组织了785名高二学生,一部分初中组织了1857名初一新生,少数小学组织了700多名高年级学生开展了为时一周的军训。为巩固军训成果,今年三月份,又举办了全市军训会操比赛。学生通过军事生活实践的锻炼,加深了对党和人民解放军的热爱,增强了国防意识,加强了组织纪律性。1987年以来,高中毕业班学生每年都开展社会实践活动,小学生开展“小民警在行动”活动。我市已形成高一学生集中一周军训,高二学生集中一周到劳动技术教育基地劳动(平时劳动除外),高三学生社会调查的制度。

七抓行为规范。俗话说,习惯成自然,少成若天性。青少年的良好习惯和规范行为是从小通过长期的反复训练形成的,中小学必须把养成教育放到重要地位。国家教委颁发的《中小学日常行为规范》(以下简称《规范》),是中小学对青少年进行养成教育的好教材。两年来,我市相继召开了动员会、现场会、交流会、总结表彰会。从全面宣传,抓点带面,以面促点的整个过程看,各校的基本经验是“学、行、恒、带、联”五个字。学,就是组织学生反复学习条文,直到会背诵为止。为此,市教委翻印了《规范》十万余册,市区中小学生人手一册,有的小学把《三字歌》谱曲练唱,便于记忆,有的学校举行考试,督促学习。行,就是身体力行,按《规范》要求,说到做到,蚌埠二实小紧紧抓住“宣讲、读背、遵守、实践”四个环节、八个字,强化行为习惯的养成,利用“文化早餐”的形式,进行系列教育,效果显著。恒,就是持之以恒,常抓不懈,市教委每学期开学有布置,期中有检查,期末有总结,防止“一阵风、一时雨”。带,就是教师以自己的规范行为去带动学生。联,就是与家庭、社会有关部门配合,加强联系。许多学校通过家长会、家长学校、社会教育委员会等形式,组织家长学习《规范》和市教委《致学生家长的一封信》,使家长了解《规范》的内容和要求,从而配合学校贯彻《规范》。蚌埠工读学校,还在部分中学创办校外教育班,招收102名学生,和派出所配合,对有轻微违法行为的在校生进行早期干预,这种教育班很受欢迎。

八抓活动开展。寓德育于丰富多彩的课外活动之中,是学校教育的重要渠道。近年来,我市许多学校开展了“祖国在我心中”的系列活动:举办革命歌曲比赛,“祖国成就知多少”报告会,歌颂祖国的征文比赛,“蚌埠在我心中”演讲比赛,以及展示“四十年英雄谱”。去年动乱期间,街上的游行静坐达到高潮时,我市仍坚持开展传统教育活动,5 月 14 日上午,各校参加雷锋生前连队指导员欧阳同志报告的队伍,冲破街上的游行队伍,按时聚集到工人俱乐部,会场非常安静,效果很好。多年来,我市各中小学把坚持开展创文明城市、创文明学校、创文明班组的活动和学雷锋的活动结合起来。此外,我市非常注意抓常规系列教育中有特色的活动,如:一实小的“二课活动”,二实小的“文化早餐”,朝阳一小的“红领巾小银行”,蚌山小学的“即兴队会”,郑街小学的“创十佳、评十佳”的双学活动,钓鱼台小学坚持 20 多年的拥军优属活动,大庆二小的足球活动(去年和今年“娃娃杯”全国第三,今年“萌芽杯”取得全国冠军),师范附小的雏燕艺术团活动,学生在这些活动中受到生动活泼的教育。

九抓典型引路。为了探索改革开放新形势下中小学德育工作的新路子,有效地对青少年进行教育,近几年,我市抓了一些典型,并以此推动全面德育工作的展开。班组是学校的基层单位,班集体建设是学校建设的基础,班集体建设的好坏,将直接影响学校教育的成败。市教委于 1987 年下半年,在 10 所中学的 10 个班级开展了现代教育班集体建设的试点工作。1988 年初,召开了十个班的经验交流会,他们的主要经验是:(1)进行目标管理,以经过努力可以达到的目标来激励学生为班集体建设做出努力;(2)重视干部队伍建设,培养学生自我管理能力;(3)创造一个健康的娱乐环境,利用舆论的力量来教育学生;(4)把竞争机制引入班集体建设,培养学生的竞争意识,使全体同学都关心班级建设和集体的进步;(5)调动各方面的积极性,形成合力。同年 6 月,市教委对 10 个班进行了验收,并在全市推广他们的经验,目前已经发展到 96 个班组。我们还在蚌埠二实小进行德育整体改革的实验,在蚌埠二十六中、三十一中进行贯彻《中学生日常行为规范》的试点,在一实小进行劳动课教学改革的实验,在蚌埠二中进行军训的试点。这些实验学校的经验都在全市范围内开了花、结了果。

十抓环境优化。大气候影响小气候,小气候也能对大气候有一定的影响。为使学校环境得到改善,形成一个良好的育人小气候,市教委 1989 年 4 月底,发了蚌教中字[89]07 号文件,对整顿教学秩序,优化教学环境提出了 8 条要求,去年下半年以来,就贯彻 8 条要求进行了 3 次检查。仅中学五所学校就清除了校内、校门口违章摊点 20 个。现在广大中小学教学秩序井然,晚间教学大楼灯火通明,百分之八十以上的中学都能安静地上晚自习。良好校风的形成是育人环境改善的标志,它对师生具有很大的凝聚力。许多学校重视校风建设,各校都有自己的校训、校风、校歌、教风、学风、校花、校树,形成了各自的特色。蚌埠二十六中经过 10 年的艰苦奋斗,形成了“团结、求实、勤奋、进取”的校风。“团结”是师生员工协调一致的人际关系;“求实”是唯物主义的科学态度；“勤奋”是工作和学习中的创造精神；“进取”是力争上游的奋发气概。这8个字集中体现了该校的社会环境，置身于这样环境中的学生受到耳濡目染的教育，必然心情愉快，勤奋学习。

十一抓表率作用。学校干部、教师、职工的表率对学生潜移默化的教育作用不可低估，一位德高望重的教师的言行往往对学生志向的确定、职业选择、终身事业都起到举足轻重的作用。1987年以来，我市每年召开一次优秀班主任表彰大会，共表彰了436名优秀班主任。评选优秀班主任的目的就在于培养一批教书育人的典型，以他们高尚的灵魂和高大的形象去塑造学生的灵魂与形象。在国家教委颁发了《规范》后，我市制定了中小学教师、幼儿园教师的日常行为规范，并在少数学校和幼儿园试行，要求学生做到的，教师应首先做到。郊区文教局规定，教师穿着整洁，端庄大方，男教师不留长发，女教师上课不化妆，不戴首饰，用教师的表率作用去影响学生。

我市虽然下力气抓了一些中小学德育工作，但仍有不少薄弱环节。如普通中学的劳动技术教育，目前还停留在体验性的单纯劳动上，没有教材，不少学校还没有自己的生产劳动基地；有些社会教育基地的教育作用还没有充分发挥，政治理论课如何贯彻理论联系实际原则的问题还要进一步探讨，育人的社会环境还有待进一步净化。特别是在改革开放的新形势下，如何坚持共产主义育人方向，针对青少年的年龄特点，有效地进行社会主义思想教育，真正把他们培养成有理想、有道德、有文化、有纪律的社会主义接班人，还有很多工作要抓，而且要抓实、抓细、抓恒、抓活、抓好，岂能仅仅是上述的十一抓呢！

（苏鲁豫皖接壤地区教育研究会第五届年会交流论文，发表于1990年《安徽教育》。）

继续整顿教学秩序，进一步优化教育环境

（1991 年 2 月）

邓小平同志说："经济工作要整顿，使我们国家的经济建设能够取得更好的成效。"教育要不要整顿呢？李铁映做了肯定的回答。他说："在治理整顿期间，教育工作要把更多的精力集中到调整内部结构、提高教育质量方面来。着眼于为下一步的发展打下坚实的基础。"整顿教学秩序，优化育人环境，就是"调整内部结构"、"提高教育质量"的需要，就是整顿的应有之义。1989 年 5 月，市教委发布了蚌教中字〔89〕07 号文件《关于整顿教学秩序的通知》。同年 11 月下旬，市教委会同市卫生局、市防疫站组织委属中学教导主任、政教主任、总务主任、团干，对 20 所学校进行全面检查，分三片排了名次，发了《检查情况通报》。1990 年 10 月，又发布了蚌教学〔90〕39 号文件《关于进一步整顿教学秩序的若干规定》，提出了 9 项措施与规定。同年 11 月，召开了中小学动员大会；12 月，分别召开了区文教局长与委属中小学校长汇报会，并对三县一中进行了视导。今年元月，又对蚌埠三中、八中、二十三中、二十八中、张公山中学、蚌埠一实小、二实小、附小、东风二小、胜利三小、朝阳三小等 11 所学校进行检查，各区、校分层次召开了动员会、汇报会、座谈会，传达文件，逐条对照，边整边改。一年多的整顿，取得阶段性的成效。

1. 德育受到重视。各校都成立了政教处或德育工作领导小组，主要领导亲自抓。蚌埠四中成立了由烟厂、肥皂厂、车管学校、自来水公司、第一人民医院、所在街道及派

出所等9个单位参加的社会教育委员会，在“三结合”教育方面发挥了主导作用。各校的班会、升旗仪式、读报、团队活动以及高一新生的军训等常规教育活动，都按照相关规定执行。蚌埠十一中从严治教，大胆管理，奖罚分明，敢于表彰教育中取得显著成绩的教师，对于极个别无理取闹、无故旷课、无教案上课经教育不改者，或公开批评，或停职检查，或按岗位责任制规定，实行经济处罚。对不称职的班主任做了调整，加强了德育。

2. 注重教学常规管理。绝大部分学校都建立了教案检查、听课、公开教学、教学日志、教学反馈等教学常规制度。学期教学计划、每周活动表、作息时间表都比较齐全。职教中心充实了图书资料室、仪器室、电教室、实习工厂，将各项规章制度编印成册，管理井然有序，在全省职教中心中排名第3，并被定为省重点职教中心。在执行国家教委颁发的教学计划方面，绝大部分中小学都能开齐科目，开足课时；但少数中学劳动技术课的内容、时间、教师没有落实，规定的中学每周一节时事教育课，没有落实，郊区有相当一部分中小学的音乐、美术课上了课表，但无人上课。

3. 乱编印、乱推销、乱购买各种课外辅导资料的问题，各中小学都在认真纠正，已取得初步成果。但从开学工作检查情况看，有些小学每人每科搭配的练习册，平均达到5册之多，中学达到10册之多。有的学校把硬性搭配课外读物与推荐学生购买的课外读物混为一谈，如《社会主义在我心中》一书，要求每生购买，而且高于市场价格。要严格清查，不管是哪个部门、哪个人都要查个水落石出，该清退的清退，该通报的通报。再次重申：除教材以外，任何辅导资料不经过省教委批准，不能向学生硬性摊派，不能进课堂。经省教委审批，每学科可搭配一种有利于教学的练习册。现在，有些人利令智昏，不顾学生的过重负担，不顾教学客观规律，只顾从孩子口袋掏钱，只顾实现自己利益的最大化，不惜牺牲教改的大好形势，不惜干扰正常教学秩序，把学校当成他们推销商品的广阔市场。你要抵制，他就无端诋毁教育部门，反咬你一口，说什么“你不支持教改”。他们的葫芦里明明装的是赚钱药，却唱的是帮你“教改”的济世良方。这是一场发展教改成果，保护学生身心健康，捍卫家长经济利益的斗争，每位有良知、有责任感的教育工作者，都要勇敢地站起来维护我们圣洁的教育阵地。

4. 在教学纪律方面，从去年视导室视导的11所学校和今年开学工作检查的41所学校来看，还是比较好的，只发现两三所学校的教学纪律过差，调课随意性大，不经教导处批准，向年级组长打个招呼，甚至两个教师议定好就互调了，造成调课频繁，学生无所适从。我从一所学校考勤表上发现，有位教师9天之内缺课31节，日均3.4节。我到一所学校听课，上午第3节巡视一下各班级课堂情况，高二有一个班的地理课无教师上课，高一有一个班的语文课无人上课，学生在教室内打闹。高一有一个班的英语课，学生缺12人，有3人离开座位趴在窗台上，遥望南天，其余学生像茶馆里的茶客。至于造成缺课的原因，有人说，教师把“不坐班”看成“不上班”，有课到校，无课在家。另外，请假制度不严格，因事因病不上课，临时让人带个请假条给学校，学校来不及调课。甚至有的缺课，第二天到校补个假条子。有位教师与教研员谈话时说，我课堂上 45 分钟要对得起学生，课外那就对不起了，一分钟也是属于我的。就是这位自诩 45 分钟对得起学生的老师，常常不写教案就上课。问他为什么不写教案，他大言不惭地说："我们学校不写教案，一本书，一支粉笔上堂讲课的人多着呢！"他所说的"多着呢"未做调查，不能肯定，但在教师队伍中确实有些人不写教案，不改作业，不辅导学生，被称为"三不"教师。我们提倡教师既要成为诲人不倦的经师，更要成为率先垂范的人师。10 年前，在全市开展了"教师应具备哪些修养"的讨论，市教育局提出了 8 条：教师应该具有坚定的共产主义理想和高尚道德品质的修养；具有精通所任学科专业知识的修养；具有广阔的视野与广博的文化修养；具有科学的教育教学理论修养；具有教育方法的修养；具有正确使用祖国语言的修养；具有端正大方的仪表和风度的修养；具有一丝不苟、端正美观的书写修养。要以 8 条修养为重点，对教师进行深入持久的师德教育，常抓不懈，常抓常新。

5. 在贯彻国务院关于严禁乱收费、乱罚款、乱摊派的通知方面，各区、校领导比较重视。如西区文教局领导亲自抓，召开会议，发文件，对乱编资料、乱收款、乱发钱等干扰正常教学秩序的不良现象进行了处理，清除了一些校内摊点。中片 5 所中学共清除校内外违章摊点 20 个。蚌埠三中制定了 23 条整改意见，并分三步走：(1) 优化校园环境，较好地解决了 4 个问题，包括劝阻校外居民来校晨练；禁止校内摆摊设点；个别职工占用的图书室归还学校；清理各种费用，该退的退，该补的补，规定今后任何班级、年级都不得乱收学生钱。(2) 加强制度建设，建立健全了房屋使用，财务管理，物品采购、保管、领取，教工请假等多项制度。(3) 检查各项措施的配套情况，表彰先进。(4) 现在，转学、复学、留级收费问题基本解决，但寒暑假补课，早晚自习与第 3 节课后辅导收费仍然存在；因不交作业、旷课、不履行值日生职责而罚款的现象时有发生；社会向学校乱摊派，学校硬性向学生搭配教辅材料的现象也未绝迹。今后，非财务部门，任何个人不得自立收费项目、自行收费、自行管理、自行使用。除损坏公物按价赔偿外，不准以任何名目向学生罚款。学校要抵制社会团体不合法的摊派，要抵制任何团体与个人向学校推销未经省教委批准的学生用的练习册、寒暑假作业、辅导资料。

6. 优化育人环境，消除校内不安定因素。在净化、绿化、美化校园方面，各校都做了大量工作。蚌埠一中、四中、七中、九中清理了校内、校门口的摊点，教学大楼前后、花圃、运动场地都打扫得干干净净，校园布局合理。但是有的学校校内摊点至今仍没有被触动，有的教师家属将面临操场的宿舍墙打洞开店，少数学校管理不善，门窗桌椅损坏严重。有一所学校，教学楼二楼的南边窗户，被打坏 45 块玻璃，墙壁上被乱画得不堪入目；围墙被人扒塌多处，长久不修。大多数学校校内治安状况较好，但西片 5 所中学，由于地处城郊接合部,社会闲散人员经常到校骚扰,各校普遍加强了保卫力量。蚌埠七中组织本校体育教师在校内轮流值班,先后抓获了13名滋事骚扰、破坏公物的不良分子,打击了他们的嚣张气焰,校内治安状况明显好转。

各校要以党的十三届四中、五中全会精神为指导,把德育放在首位,坚持社会主义办学方向,坚持改革开放和治理整顿的方针,按照蚌教中字〔89〕07号文件的8条与蚌教中字〔90〕39号文件的9条精神,进一步整顿教学秩序,为全面贯彻教育方针创造一个良好的育人环境。

(这是在委属中小学校长、区教育局局长会议上讲话的第三部分。)

努力办好初中，不断提高教育质量

（1991 年 4 月）

今年的中学教学工作会议，是在认真学习和贯彻党的十三届七中全会精神，动员全党全民为实现我国经济发展的战略目标和战略部署的第二步任务（即到本世纪末，国民生产总值再增长一倍，人民生活达到小康水平）而奋斗的历史时期召开的。社会主义建设必须依靠教育，教育必须为社会主义建设服务。教育如何为这一历史任务服务呢？国家教委主任李铁映同志在 1991 年全国教育工作会议上所作的题为《努力建设有中国特色的社会主义教育体制》的报告做了回答，他对今后十年教育工作的指导思想、奋斗目标及各级各类学校的任务等问题，做了精辟的分析和全面的部署；省教育工作会议就我省的教育也做了全面安排。王天熹书记已经做了传达。今天会议的主旨是总结表彰 1990 年的教学工作，进一步研究以初中为重点，大面积提高中学教育质量的问题。

1990 年，我市中等教育战线上的广大干部和教职工坚持社会主义办学方向，取得了显著成绩。主要成绩表现在以下几个方面：

一、质量稳步提高

各校推广了我市学校德育工作的“十一抓”经验，初步形成了干部管理育人，教师教书育人，职工服务育人的全员育人的新格局。去年，我市涌现出三好学生 372 名，优秀学生干部372名,优秀共青团员71名,先进集体107个。在校生的犯罪率也由1989年的0.77‰下降到0.6‰。高中毕业生在基础比过去任何届都差的情况下,升学考试仍然取得了与1989年相同的好成绩,全市平均总分为:理工类406.78分,文史类345.08分,在省辖市中居于上游。蚌埠一中、怀远一中等校的高考录取率比较高。初中毕业生升学考试成绩提高得较为显著。市区、郊区及格率由1989年的21.86%提高到33.9%,提高了12.04个百分点;优秀率由1989年的4.08%提高到6.4%,提高了2.32个百分点;报考率由1989年的73.8%,提高到81.73%,提高了7.93个百分点;校平均分由1989年的324.4分提高到340.9分,提高了16.5分。重点中学中蚌埠三中"四率"综合指标比较高,改制中学中蚌埠五中"四率"的综合指标比较高,职业中学中蚌埠六中的"四率"综合指标比较高,单设初中中蚌埠26中的"四率"综合指标比较高(报考率89.43%,及格率57.7%,优秀率10.9%,人均总分421.2分),其次是蚌埠三十一中,蚌埠龙湖中学。蚌埠二十二中在郊区所属中学中"四率"综合指标比较高。基础较差但及格率比较高的学校有蚌埠三十四中、仁和中学、天河中学、蚌埠三十二中,这说明他们抓了大面积提高,方向是正确的。

1990年我市参加省级以上的单科竞赛取得优异成绩。在全国数理化奥林匹克竞赛中,我市数学有13名学生获奖,其中,蚌埠铁中的尹鹏同学获省第一名,化学有10名学生获奖,其中蚌埠三中的王斌同学获省第一名、全国第三名,参加国家集训队,这两位同学已被确定保送到中国科技大学。第七届全国中学生物理竞赛有10名学生获奖,苏海斌同学获省二等奖。省第六届初中数学竞赛,有15名学生获奖,唐劲军等七位同学获省二等奖。蚌埠九中学生刘兽武的论文《蚌埠食品工业现状及设想》获省二等奖和全国三等奖。

过去的一年,各校贯彻学校体育和学校卫生保健两个条例,认真上好体育课,广泛开展体育达标活动,全市组织了高一学生军训会操表演和市中学生田径运动会。中学生体育达标率由1989年的87.1%提高至89.03%。去年参加省青少年运动会,我市共获金牌55块,其中市区获金牌22块。学校卫生保健工作继续贯彻"预防为主"的方针,进一步完善了各项管理制度。中学有医务室,有专职的医务保健人员和必备的医务设施及常备药物。怀远县是全国农村学校卫生试点县,去年十月份经国家教委、卫生部验收,成绩优良,受到了表彰奖励。全市中小学近视眼发病率由1989年的33.9%下降到12%,下降了21.9个百分点;寄生虫的感染率由1989年的1%下降到了0.09%,龋齿由1989年的10.1%下降到7.9%;同时,还完成了"关于降低蛔虫感染率的研究项目"的课题,获市科技进步三等奖。

二、继续深化教学改革，取得了一定的科研成果

我市教学改革起步早，目前正在向整体改革、综合改革的方向发展，各级各类学校都有自己的教改实验点。去年，市、县(区)教研室着力抓了两项研究：一是各学科如何渗透德育。去年教学工作会议期间，蚌埠二中、蚌埠七中、蚌埠三十一中向到会同志全面展示了研究成果。二是教材教法改革。中学政治课从学生思想热点入手，研究知识、能力、觉悟如何同步提高；数理化重点抓了课堂教学的量化评价；英语学科，高中开展目标教学研究，初中从语言、知识和水平层次三个方面做了单科目标控制的实验；地理学科重视野外考察，组织两次地形地貌的考察活动；生物学科组织学生到野外采集昆虫标本，举办小型展览等。《蚌埠教研》1990 年出刊四期，共发表各类教育教学研究和改革经验文章 162 篇，约 28.5 万字，真实地记载了我市教育教学研究的成果。一年内，我们收到了关于德育工作的论文近 50 篇，其中有的已经发表。如丁锦祝同志关于总结我市德育工作经验的文章，发表在《中国教育报》上，在全国、全省均产生一定的影响。王天熹同志关于教育体制改革的文章发表在《安徽教育》上，对我市 1983 年以来的教育体制改革进行了全面总结。此外，蚌埠九中教师杨胜同志自制的地理教具“等高线演示仪”获省一等奖，被推荐参加全国第三届自制教具展览。我市参加华东地区初中物理教学论文评选的教师有 3 名获奖，其中钱玉华老师获二等奖。蚌埠师范教导主任李卓奇同志，这两年来，精力旺盛、思路开阔，在做好教学行政工作的前提下，对中师数学教学进行了卓有成效的研究。他的《关于师范数学教师教学质量评估》一文获全国首届中师青年教师教学论文比赛优秀论文一等奖。《中师计算机教学体现师范性刍议》一文获全国首届中师计算机教育研究会论文评比优秀论文奖，《调整数学内容结构，突出师范教学特点》一文获十一个省市中师数学第六届教研会优秀论文二等奖。

三、完成招生任务，基本上控制了流失生

去年，我市认真执行上级教育行政部门关于各级各类招生工作的政策，认真贯彻市委关于教育工作的 9 条决定，保质保量地完成了招生任务。市区招收初一新生 9103 人，小学升学率为 97.2%，郊区小学升学率为 95%以上。市区普通高中招收新生 2186 人，完成年计划的 109.3%，师范学校及中等专业学校均完成了规定的招生任务。市区平均每万人中，已有初中生 439 人，高中生 89 人，中专、中技生约 61 人。职业中学与普通高中的在校生比例已达到 1.63:1，超过了国家要求指标。三县也都完成了各级各类中等教育的招生任务。

为使招进的学生能留得住，一方面依法治教，积极贯彻国家教委〔1989〕教初字003号文件《关于严格控制中小学生流失问题的若干意见》的精神，普遍开展了“无流失生班、无流失生校、无流失生乡”的“三无”活动。天河中学还采取了“以导控流、以情控流、以责控流、以法控流、以勤控流”的五条措施。怀远县以及郊区对少数确有困难的学生进行“扶贫”，免减学费和书费，基本上控制了流失生。据三月份统计，全市中学生流失率为3.7%，其中市区为2.3%、县镇3.7%、农村4.3%，均低于全国平均水平。

四、教育经费继续增长，教学条件有所改善

1990年，在市财政收入和支出都出现负增长（-3.71%和-0.57%）的情况下，市政府仍保证了教育经费的增长。1990年教育经费为2468万元，比1989年的2265.9万元增长了8.19%，普通中学人均230.33元，增长13.73%。从去年8月1日起，我市执行了李鹏总理签发的《国务院关于修改〈征收教育费附加的暂行规定〉的决定》，城市按2%，农村按1.5%的比例，城市征收教育费附加531万元，郊区征收86.6万元，均比上年有所增长。1990年，全市开展勤工俭学的学校有1472所，占学校总数的87%。全市建勤工俭学基地1195个，其中校办工厂151个，学农基地721个，第三产业网点323个，共创社会经济效益总产值4984万元，比1989年增长19.1%，纯收益798.9万元，比1989年增长15.6%，占国拨教育经费的12%。

由于教育经费增加，校舍配套建设和教学设备得到明显改善。1990年，市区完成校舍建设工程五项，竣工面积为11240 m^2，其中教职工宿舍7300 m^2。又新开工程十一项，建筑面积为15295 m^2，其中教职工宿舍是5960 m^2，正在施工中。为了加速郊区中学的校舍建设，市与区拼盘，新建蚌埠十四中、蚌埠十五中、蚌埠二十一中的教学楼，总面积为2720 m^2。1990年，我们继续加强教学设备的投资，电教仪器购置投入68万元，课桌凳、仪器柜等投资75.7万元。又增加普通初中I类实验设备学校一所，初中II类实验设备学校三所。目前，市区85%的中学有完备的实验设备。1990年，省教委在怀远县召开了全省农村中学实验中心现场会，有力地促进了我市农村实验中心的网络化建设工作。五河县网络化建设已通过省教委的验收合格，固镇县最近也由省教委验收了。全市提前两年实现农村实验中心网络化。电教馆摄制专题片6部，围绕全市教育教学改革摄制了11个报道节目，并积极提供教学改革录像片，为教学服务。为了改善教学环境，在规划学校建筑和危房改造中，尽量合理安排学校教学区、生活区、生产区和运动场地，做到分区合理，节约土地。蚌埠一中、蚌埠九中、蚌埠十二中、蚌埠张公山中学、蚌埠十一中等校留足了田径场地，同时，利用学校边角地段开发教工宿舍，仅蚌埠一中、蚌埠三中、蚌埠四中三校就开发了住宅基地20000 m^2。

此外，去年在加强校长、教师培训，强化教学常规管理，整顿教学秩序，优化育人环境等方面都做了大量工作。下面结合当前我市教育教学领域内的实际，对今后教学工作提出四点意见。

（一）深刻理解和全面贯彻教育方针，坚持社会主义方向

中共中央〔1991〕1号文件对教育方针做了科学的表述：教育必须为社会主义现代化服务，必须同生产劳动相结合，使学生在德育、智育、体育几个方面都得到发展，成为社会主义的建设者和接班人。这个方针是以我国社会主义初级阶段的基本路线为指导，既总结了我国40年来教育的经验，又总结了我国十年来改革开放的经验，因而很科学、很全面。我们要组织教职工反复学习，深入理解、全面贯彻。为此，我们要牢固地树立教育为社会主义现代化服务的观点，教育与生产劳动相结合的观点，全面发展的观点，双重培养任务的观点。并把这四个观点作为学校一切教育教学活动的指导，渗透到每一项教育活动中，每一学科教学中。当前每个教育工作者，特别要强化教育与生产劳动相结合和双重培养任务的意识，特别要加强这两方面的工作。教育产生于生产劳动，并随着生产的发展而发展，生产的发展又向教育提出了各级各类人才的需要，并不断丰富发展教育的内容。这两年，我市在蚌埠三十三中和原黄山农校建立两个基地，组织高二学生参加劳动。固镇县湖沟中学，怀远县唐集中学等农村学校在校内外建立了劳动基地，根据本地区经济发展需要，有计划地开设劳动技术课，并为本地区培养了一批实用人才，这是符合教育方针的。但从总体上看，绝大部分学校的劳动技术课没有按原部颁教学计划开设，或者没有开足课时，或者没有在各年级开设，这是当前学校教育的一个薄弱环节，应该引起高度重视。有基地的学校要充分发挥基地作用，没有基地的学校要与有关部门挂钩，定期组织学生参加劳动，或者参加校内建校劳动。每个县尽可能在县城附近建立一块基地，组织城关镇学生定期劳动。今年将开专门会议研究组织专门人员检查劳动技术课的开设情况。

二十世纪五六十年代，广大教育工作者对培养无产阶级革命事业接班人的意识比较强烈，但对培养社会主义现代化建设者的意识比较薄弱。十年改革期间，广大教育工作者对培养社会主义现代化建设者的意识比较强烈，但培养接班人的意识却又淡薄了。1989年全国动乱、东欧六国巨变、苏联政局的动荡等血和火的事实给我们深刻的教训是：我们不仅面临国际新技术革命的挑战，还面临着国际反对势力推行"和平演变"战略的挑战。这"两个挑战"就决定着学校教育培养目标必须是"建设者"和"接班人"的双重任务。当前要不厌其烦地向广大教育工作者讲清、讲透这个观点，增强培养接班人的意识，这是关系到党和国家生死存亡的百年大计、千年大计、万年大计。

（二）坚持改革开放的方针，进一步改革教育教学

改革开放是党的新时期基本路线的重要组成部分，十年改革的巨大成就证明它是强国之路，学校教育应该坚定不移地执行这个方针。就教育工作者来说，古今中外的各个社会形态的教育思想、教育制度、教育管理、教育内容、教育方法等一切有利于社会主义现代化建设的积极部分，都要虚心地学习和借鉴，特别要下大决心，花大气力把当代世界各国的先进科学技术，具有普遍实用意义的教育管理和对人类进步有着积极意义的一切文化学到手，而且在社会主义教育实践中加以检验和发展，逐步形成具有中国特色社会主义教育体制。就受教育的青少年来说，对于当今世界各种社会形态国家中对今天仍然有积极作用的自然知识、社会知识、文学艺术、道德风尚、行为习惯等，要在可能的条件下加以吸收，经过消化，成为有益于身心健康成长的精神食粮。但是，学校在贯彻改革开放这个方针时，一定要坚持唯物辩证法的开放观，该开放的一定要开放，该禁止的一定要禁止。社会主义的讲台不允许宣扬违背四项基本原则的言论，不允许宣扬唯心论、有神论；不允许宣扬资产阶级的世界观、人生观；不允许宣扬封建主义思想。社会主义学校要禁止学生阅读和宣扬凶杀、淫秽、色情、怪诞的文艺作品，禁止收看这一类的电视、电影，禁止学生抽烟、酗酒、打架斗殴、赌博，禁止学生参加一切封建迷信活动等。最近，蚌埠四中汤建伟校长做了一项很有意义的调查，该校四周开设了 12 家游戏厅，共 69 台游戏机，9 种型号，一下课许多学生就蜂拥而至，争相嬉戏，有的因此上课迟到，有的玩到高兴时忘记上课，有的输钱就偷。四中初二年级一位学生偷父亲 180 元，祖母 260 元，加上平时节省下来的早点钱，约 1000 元都糟蹋在游戏机上。这种游戏活动严重影响青少年的身心健康，要采取措施，迅速制止。但是，消极的禁止还不行，学校要开展丰富多彩的体育文娱活动，把他们的注意力吸引过来，这才是治本之法。最近，为庆祝建党 70 周年，市教委决定在全市中小学生中开展歌唱祖国、歌颂党的活动，推荐优秀歌曲 30 首，并将举行歌唱比赛会。这也是教育方针的重要组成部分，希望各校要把这个很有意义的活动抓起来，坚持下去。

1983 年机构改革以来，我市教育在坚持社会主义方向前提下，对教育思想、教育体制、教育内容、教育方法等方面进行了一系列改革，而且某些方面的改革还取得了显著成效（如体制改革）。对于这些改革要认真总结，凡实践证明是成功的要推广，不完善的要继续完善，凡实践证明是失败的要吸取教训，停止实验。在改革问题上，我们既要解放思想，积极进取，又要谨慎稳步，实事求是。当前，教育改革除抓好原来的试点外，还要继续改革教育思想，转变教育观念，变单一的培养建设者或接班人的观念为培养建设者和接班人的“双重任务”的观念；变片面追求升学率的观念为全面提高教学质量和办学效益的观念；变单一的普通教育或职业教育的观念为两者既相独立又相渗透的观

念;变单一的脱离劳动的教育或劳动代替教育的观念为教育与生产劳动相结合,理论与实践相结合的观念;变单一的课堂教学的观念为以课堂教学为主,课内外结合、校内外结合的观念;变单一的智育观念为德育、智育、体育、美育、劳动技术教育五为一体的观念;变单一的知识传授的观念为打牢双基、培养能力、发展智力的观念。观念的转变是根本的转变,它是决定改革能否深化的关键。

要以国家教委关于《现行普通高中教学计划的调整意见》(简称《意见》)为依据,对现阶段的高中教育进行改革。今年秋季始业的高一新生将执行《意见》,这次改革的特点是:(1)增加选修课,减少必修课。选修课分单科性选修和分科性选修。单科性选修课在高一、高二开设,分科性选修课在高三开设,共分文科、理科、外语、体育、艺术、劳动技术教育等六科,高三选修课的总课时数超过必修课的总课时数。(2)历史、地理、生物三科总课时数分别增加 32、32、56 课时,理化的课时适当减少,使文理科比例以及理科内部各学科比例趋于合理,以利于加强对学生进行爱国主义教育。(3)必修课 9 门,实行会考制度,学完一科考一科,在高二下学期结束。会考是国家水平考试,是学生毕业和教育行政部门对学校教育质量进行评估的依据,是高校招生录取的参考。(4)改革高考,将高考科目减少到四科,科目有四种组合方式,由学生选择一种,这有利于减轻学生高考的负担。这个改革的基本精神是用两年时间完成高中阶段的教学任务,最后一年实行分流,为学生升学或者就业分别打好基础,逐步改变千军万马过独木桥的局面。这次改革还仅仅是过渡性的,本世纪末,将对普通高中进行重大的改革,要向教师、向社会、向家长广泛宣传。当前普通高中确实存在着向何处去的问题,非改不可。改革会有风险,也可能出现失误,但要起步,要尽可能避免失误。最近,有的学校在思考普通高中的出路,打算对应届高中毕业生实行分流:一部分按高考科目开课,为学生升学做准备;一部分按社会需要开设职业技术课,为学生就业做准备。这种思考是积极的,可以进一步研究。蚌埠师范承担改革后的中师教学计划试点任务,市教研室要关心他们,力争试点成功。国家教委对中学教学大纲和教材都进行了修改,这是教育改革的重要内容,各级教研组织要组织广大教师认真学习修订后的教学大纲和新教材,针对新教材的重难点组织专题讲座、专题研讨课、观摩课。

此外,农村教育体制改革中不完善的地方要进一步完善(如教师管理、教育经费管理和使用等)。如何改革中小学招生办法和大学生分配办法?还要进一步探讨和试验。

(三)一手抓普及,一手抓提高,狠抓初中薄弱环节不松劲

1989 年的教学工作会议上,市教委提出了狠抓薄弱初中的 10 条意见。两年来,四区三县和相当一部分学校加强了领导,基本控制了流失生,建立了教育质量验收评估制

度，添置了一批教学设备，开展了初中教育教学研究，探索示范初中的办学路子，增加了初中校长、教师培训基地的投入。现在，大部分单设初中、部分完中和职高所办初中的积极性调动起来了，比学赶帮的气氛初步形成，教育质量也有一定的提高。中区文教局从计划、活动、检查、评比四个方面加强初中的管理，特别重视示范初中的建设和发挥它的辐射作用。东区文教局既重视示范初中的建设，又重视其他初中的建设，他们把对示范初中教育质量检查验收办法推广到全区。近年来，该区所属初中教育质量都有不同程度的提高。郊区文教局建立了初中教育质量检查验收制度，去年下半年组织力量全面检查了11所初中的教学工作，听课94节，查教案726本、学生作业4654本、教学工作计划635份，及时总结，及时召开全区教学工作会议，将检查情况通报全区，震动较大。西区文教局也开始重视初中教育，上学期期末统考后，他们组织所属初中统改，并公布统考成绩，以推动各校教学工作。五河县确定了五所示范初中，怀远和固镇也都采取了一些加强初中教育的措施。蚌埠四中领导班子一致认识到，初中不仅不是高中的"尾巴"，而且是办好高中的基础，是他们的工作重点。上学期期末统考，他们主动邀请蚌埠九中、蚌埠三十一中在一起统改初中三个年级的试卷。这种敢于揭露矛盾，勇于承认矛盾，主动解决矛盾的精神是值得赞扬和提倡的。蚌埠六中虽然以后不再招收初中生了，但他们没有因此放松初中部的工作。两所省市示范初中，近两年内的办学水平显著提高，领导班子事业心强，竞争意识浓，团结务实，敢于领导，勇于负责；教职工集体荣誉感强，常规管理有序，考勤严格，把加强思想政治工作与适当的物质鼓励结合起来，较好地调动了广大教师的积极性。六所省市重点中学也都认识到办好高中必须主要依靠办好本校初中，因而初中部的力量有所加强。然而，从总体上来看，我们所采取的措施还不够，而且面貌改观得还不大，质量提高得还不快，特别是"六配套"还比较差，初中仍然是我市普通教育的薄弱环节，仍然需要花大力气抓住不放，一抓到底。市辖四区三县城关镇和五河县的两个乡镇（第一类地区）要巩固和提高"四率"指数，降低流失率，加快"六配套"的速度，迎接1992年省、市验收。近年，广大农村要控制初中的发展速度，把主要精力放在巩固现有的初中上面。所有的初中都要继续落实市教委提出的10条措施，把精力放在加强师资队伍建设、改善办学条件、提高教育质量和办学效益上面，争取在两三年内有个较大的变化。固镇、怀远、郊区也要办示范初中，抓点带面，辐射一批卫星学校。

（四）强化常规管理，把教学管理纳入到正常化、制度化、科学化、规范化的轨道上

几年来，凡被实践证明是正确的管理制度都应该坚持下去，切实执行，不完善的要进一步完善。各校要把修订后的各项规章制度装订成册，做到人人明白。市教委也正

在做这项工作，刚结束的市区中学教导处资料评比检查活动，受到大家的好评。今年，我们主要抓以下几项常规管理：

1. 坚持开学工作的“三齐、五好、四个第一”的常规管理。

2. 坚持德育工作的常规管理，各校升旗仪式要严格按蚌教中字〔1990〕08 号文件的规定举行，全体师生都要参加，每周推选旗手，齐唱国歌，领导或教师讲话，周末或雨天降旗。班会要月月有活动，周周有布置，每学期每班至少召开两次家长会，班主任每年至少家访本班学生的三分之一。学校领导或政治教师要定期给师生做时事报告，引导师生关心国内外大事。政教处、教导处、团委、政治教研组要定期研究学生的思想状况和解决思想问题的办法。学校中层以上干部每日值班，负责处理问题，要认真填写教室日志、班主任手册和值班记录。

3. 坚持课堂教学的常规管理。教师要吃透教学大纲，深钻教材，改进教法，保质保量地完成每堂课的教学任务。课堂教学要按照备、讲、练、导、考、实六个环节的基本要求进行创新。学校领导要坚持听课制度，坚持检查教师教案（每学期两次）和学生作业制度，坚持期中和期末教学检查、总结制度，坚持教研活动和教学观摩制度。市、县（市辖区）教育行政部门要成立督导室，建立每学期评估制度。

4. 坚持“六室一场”的常规管理。“六室一场”（仪器实验室、图书阅览室、卫生保健室、体育文艺室、电化教学室、语音教学室和操场）要做到管理人员落实，制度上墙，整齐清洁，设备逐步充实，充分发挥现有设备的效益。

5. 坚持教职工的常规管理。教师的管理是学校最重要的管理。当前，最重要的问题是加强教师的政治思想工作，特别是加强青年教师的思想政治工作，切实组织他们学习中共十三届七中全会文件和《关于社会主义若干问题学习纲要》一书，通过学习，进一步坚持四项基本原则，继续反对资产阶级自由化。组织他们参加一定的劳动和社会实践活动（如社会调查），引导他们走与工农相结合的道路，走理论联系实际的道路。提倡献身精神、红烛精神，提高他们的历史责任感和社会责任感。要进一步落实知识分子政策，不断提高他们的经济地位和社会地位，去年我市有 54 位教师被推选为省、市人大代表和政协委员，138 名教师被评为省、市优秀教师，61 名教师受市政府记功，22 名优秀教师光荣入党，为 409 名民师办理转正手续，为 100 名教师家属办理了“农转非”，今后还要为教师排忧，多做实事。但由于经济条件限制，短时间内不可能解决教师的所有问题，这就要向他们讲清我们的困难，多做思想工作，争取他们的谅解，各校要实施市教委颁发的《蚌埠市中学（中专）、小学教职工道德行为规范（试行）》和《关于教职工队伍管理的暂行规定》两个文件，在实施中不断积累经验，逐步形成考核、奖惩、调配、培训等一套教师管理制度。

中学教师培养任务很艰巨，三县中学教师学历达标率很低，全市初中教师学历达标率为49%，其中市区79.3%、怀远28.9%、五河34.5%、固镇36.6%。高中教师达标率为53%，其中市区65.1%、怀远48.2%、五河41.8%、固镇42.5%。今后一个时期内，三县教师培训任务仍然以学历达标为主，市区培训任务以继续教育和上岗前培训为主。打算用三至五年时间将市区以及三县的中级以上职称的初中教师轮训一遍，将初中校长轮训一遍。去年，我市送省教院学习22人，市教院学习76人（办三期校长培训班，一期初中教师培训班）。各级领导要把这项工作抓起来，按计划输送学员。当前还面临一个严重问题，那就是如果现在不采取措施，"九五"计划期间，骨干教师将出现"断层"，这个问题，我们早就意识到了，并已经采取了青年教师大奖赛等措施，让优秀的中青年教师脱颖而出，尽快让他们成长起来，形成一支新的骨干队伍。根据近几年的体会，解决这个问题必须采取"大胆选拔青年教师，积极保护中老年教师，以老带新，岗位练兵"的办法。

此外，学校管理、班级管理、教研组管理、教学资料管理都很重要，都要加强。蚌埠二中常规管理从严、从实、从恒、从细的经验要推广，只有狠抓常规不放松，才能出教育质量、出办学效益。

在狠抓常规管理时，要整顿教学秩序，纠正行业不正之风，要治理教育系统的"四乱"（乱办班、乱发文凭、乱收费、滥发乱印复习资料）。

今年是实施十年规划和"八五"计划的第一年，也是全国人民在前十年取得重大成绩，实现国民生产总值翻一番的基础上，向着本世纪末国民生产总值再翻一番，达到小康水平的第二个目标迈进的第一年。我们广大教育工作者肩负着为实现第二个目标培养人才的重大历史使命。我们从事的工作是关系到国家和民族成败兴衰的伟大事业，是光荣的事业，让我们坚定信心，振奋精神，团结一致，艰苦奋斗，用我们勤劳的双手去谱写蚌埠市教育的新乐章！

（这是在1991年4月召开的全市教学工作会议上的报告。）

在蚌埠师范1991届毕业生毕业典礼上的讲话

（1991年7月2日）

今天，蚌埠师范举行1991届毕业生毕业典礼，我与大家怀着万分高兴的心情参加大会。这次会议是在中国共产党诞辰70周年的时刻召开的，更具喜庆之义。我们的党70年来冲破了国内外无数惊涛骇浪，以巨人的步伐跨越了半个多世纪，成为世界上党员最多、威望最高、影响最大的无产阶级执政党之一。在党的辛勤教育下，你们从幼儿园到小学，从小学到中学，从中学到师范，逐步成长为有理想、有道德、有文化、守纪律的社会主义建设者和接班人。我市15000余名幼儿园和小学教师队伍又增加了你们这批生力军。我代表市教委向胜利完成中师阶段学习任务的324名毕业生，向教育战线的新兵，向你们表示热烈的祝贺！向呕心沥血、焚膏继晷、夜以继日，培育你们健康成长的辛勤园丁们致以亲切的慰问和深切的感谢！

同学们，你们将要怀着激动的心情步入光荣的人民教师行列，这是你们一生中的一个重要转折，作为长期工作在教育战线上的我来说，在表示欢迎的同时，还想提几点殷切的希望。

教师职业是地球上最古老的、最永恒的职业，它是连接过去、现在和未来的重要环节；教师职业又是永远年轻的职业，它是面向未来、面向明天的全权大使；教师职业又是最光荣的职业，国家的未来、民族的希望在很大程度上取决于教育，而教育的未来在很大程度上又取决于未来的教师。苏联教育家克鲁普斯卡娅说:“教师的职业是一种责任最大,最光荣的职业。”社会主义四个现代化建设的关键在于人才,人才培养的关键在于教育,教育的关键又在于教师。学前教育、小学教育都是基础教育,肩负着为本世纪末和下个世纪初培养四化建设人才全面打好基础的光荣任务,这是你们的骄傲,也是你们的幸福。我希望你们充分认识教师职业的光荣,立志把终生献给人民教育事业,像陶行知先生那样,“捧着一颗心来,不带半根草去”,把你们的光与热熔铸在培养建设者和接班人的大熔炉中!

青年人思想敏锐,精力充沛,热情高涨,敢想敢干。古往今来的一些伟大人物在年青时代就立下改革之志。毛泽东在湖南第一师范学校读书时,创办《湘江评论》,组织新民学会,“恰同学少年,指点江山,激扬文字”,以改造中国和世界为己任。周恩来早在南开中学时,就立下“为中华之崛起而读书”的伟大抱负。陶行知 27 岁从美国归来的第一年,在南京高等师范学校任教授时就提出“教学法”代替“教授法”,不久就脱下西装,穿上草鞋到南京郊区晓庄脚下创办晓庄师范,立下教育改造中国的宏愿。我希望你们到工作岗位后,一方面,真心向老教师学习,从零学起,钻研大纲和教材,用三五年时间掌握教育教学基本功;另一方面,和他们密切合作,发扬你们的优势,改革不适应社会主义建设的一切旧的教育思想、教育内容、教育方法,做教改的闯将。

毕业了,这只意味着中师阶段学习任务的基本完成,在人生的征途中,走完一个小小的旅程,而新的学习任务远远没有完成,从一定意义讲,学习仅仅是开始。俗话说,活到老,学到老,还有三件没学好。《礼记·学记》说:“学然后知不足,教然后知困;知不足,然后能自反也;知困,然后能自强也。”在学校,你们学的知识是有限的,而这些有限的知识,都是前人实践经验的结晶,对你们来说,还没有实践,还是不完全的知识。这就有一个如何运用于实践的问题,如何把已学的知识变成自己的真知,所以说“教然后知困”,就是这个道理。希望你们在教学中边学边教,学马列主义、毛泽东思想,学教育教学理论,学专业知识,学教育教学的基本功。向书本学,向社会学,向老师学,特别要向你们的教育对象学。

你们当教师了,这意味着你们的身份发生了质的变化,成为国家干部了。党有党章,国有国法,校有校规。作为刚走上工作岗位的青年教师来说,要做遵纪守法的模范,做端正校风的模范,要敢于同传统的旧观念决裂,敢于同一切不正之风决裂,在两个文明建设中做出表率,不要辜负党对你们的殷切希望,不要辜负各位领导和老师对你们的培养。当前,摆在你们面前的严峻考验,就是能不能无条件地服从组织分配,到党最需要的地方去。我市公办幼儿园的教师素质较高,但厂办、民办幼儿园的教师不合格率却在 57% 以上,农村九年义务教育 1992 年验收,也缺乏合格的小学教师,正需要你们。对于你们来说,愿不愿、能不能到厂办、街道办的幼儿园去,到农村小学去,这是最大的考验。俗话说,烈火炼真金;岁寒,然后知松柏之后凋也。艰难的环境才能锻炼出人才,到艰苦的农村小学去,不仅是当前工作的需要,也是培养青年教师的需要。希望你们勇敢地站出来让祖国挑选,到国家最需要的地方去,积极接受严峻的考验!

同学们,新的生活在向你们招手,祖国在向你们呼唤,教育改革的新局面在等待你们去开创!去吧!有血气的青年朋友们,去创造,创造出灿烂的明天;去建设,建设美丽繁荣的珠城。飞吧,海阔凭鱼跃,天高任鸟飞,像大鹏一样展翅八万里!

认清高考形势，优化高三工作

（1992年1月）

首先，我代表市教委向辛勤的园丁、无私奉献的功臣——高三全体教师致以崇高的敬礼！

今天，市委、市政府的领导和市教委的领导将你们请来，一方面向你们表示慰问和感谢；一方面与你们共商毕业班工作大计。上午，本人做了抛砖引玉的讲话，下午请诸位献计献策。

一、八年高考回顾

八年前，我受教育局新领导班子委托，在市教学工作会议上做了题为《以“三个面向”为指导，加强管理，改革教育，大面积提高我市教育质量》的报告，在高考方面提出了“赶合肥，超芜湖”的口号。回首往事，犹如昨天，心潮澎湃，感慨万端，我高兴地告诉大家，你们的汗水没有白流，你们辛勤的耕耘获得了丰收。8年来，我市为国家输送了专科以上的大学生共15075人，与报考人数之比为1:7.46，其中市区专科以上的录取数为7368人，与报考人数之比为1:5.2。1991年，全市专科以上录取人数为1257人，与报考人数之比1:6.6，高于全省平均水平的1:7.5，其中市区专科以上录取人数为493人，与报考人数之比为1:4.5，又高于全市平均水平。1991年全市本科录取人数为524

人，比 1990 年增加 46 人。

从我市本科录取情况看，有三个特点：(1) 稳步前进。与合肥、芜湖相比，从 1984 年到 1988 年的 5 年以及 1991 年都是第二位，1990 年是第一位，仅 1989 年位居第三。(2) 持续提高。从市区（不含县）看，1979 年（309 人）、1980 年（361 人）是两个高峰，1981 年(225 人）大幅度下滑，1982 年（160 人）、1983 年（180 人）滑到低谷，1984 年（201 人）比 1983 年增加了 21 人，1985 年（228 人）又比 1984 年增加了 27 人，1986 年（343 人）对于 1985 年来说是个飞跃，增加了 115 人，形成了第三个高峰。1987 年(276 人）比 1986 年略有下降，但比 1985 年还是增加了 48 人，1988 年(336 人）又比 1987 年增加了 60 人，形成第四个高峰。1989 年（270 人）虽然下降，但还高于 1984 年、1985 年，1990 年(207 人）滑坡比较显著，但未滑到 1982 年、1983 年以下，没有落入低谷，1991 年开始回升。因此，从总体来看，还是持续提高的。(3) 波浪式前进。从全市（含三县）本科录取人数看，8 年来平均每年 503.2 人，其中 1986 年、1988 年、1991 年都超过平均数(503 人)，出现三个波峰，其余 5 年都在 450 人以上。总体看，是螺旋式上升、波浪式前进，符合事物发展的客观规律。

二、本届高三展望

1992 届普高毕业生 5044 人，其中市区 1706 人。今年高三工作的特点是学校领导思想认识一致，协同配合得好；全面安排，计划制订得好；调整力量，教师配备得好；召开各种会议，全面发动得好；深入第一线，工作作风好；关心教师，积极性调动得好。教师经过调整，形成了以中老年为主，适当配备青年的格局。有一所学校理科班调整了一位数学教师，这个班期中考试平均成绩就提高了 10 分。四中把学生分成普通班与提高班，因材施教，提高班的教学着眼于为学生升学打好基础，普通班教学着眼于为学生学技术或就业打好基础。本学期期中考试前后，许多学校召开了教师鼓励会、学生情况分析会、优秀学生表彰会、情况通报家长会、班主任工作研讨会，全面发动，制造一个浓厚的氛围。各校都成立了高三工作领导小组，以分管校长与教导主任为主要成员。蚌埠一中校长李文政亲自挂帅，统一指挥，集中领导。蚌埠二中四位校领导全部参加领导小组。蚌埠四中汤建伟、五中李树模、九中朱敬东等学校一把手，担任领导小组组长。蚌埠二中校长孙立钧，教导主任肖健、周家根，蚌埠三中教导主任梅岱先、陈少仙，蚌埠十七中教导主任魏志业等同志都兼任高三课。蚌埠二中校长孙立钧、副校长方先进各在班级蹲点，分别与 70 多名学生谈了话。蚌埠三中校长许振洲、副校长汪国祥分别与 40 多名学生交换意见。不少学校根据条件，对高三教师给予适当的生活补助，对于有病的教师给予照顾。

高三年级组组长与班主任的特点是:教学、管理一起抓,双肩任务挑得好;开展谈心活动,思想工作做得好;年级、班级两手抓,班级学科协调得好;组织备课、观摩,复课质量抓得好。年级组长沈维健、江明森、李保全、刘启莲等,班主任杨连学、张仰华、蒋效康、柳发春、王家梓、谈声刚、张开礼、苗庆芳、刘淑华、刘惠娟、王付清等,一面承担繁重的教学任务,一面肩负一个年级或一个班级的管理工作,上班早、下班迟,与学生谈话,协调教学力量,任务很重,很辛苦。蚌埠五中张济渠老师对高三年级组工作抓得很认真,安排得头头是道,教学很出色,1989 年所任班级的语文优秀率超过某个重点中学。蚌埠十七中胡云龙老师年近花甲,有冠心病,所任外语课深受学生欢迎,自己刻印补充材料,对年级组工作一丝不苟。蚌埠十一中应照温老师教两个班的数学,班级工作做得细,全班学生已家访了一次,自己小孩有病住院,也从未缺过一节课。

广大任课老师承担重任,不计报酬,精神风貌好;集体备课,互相观摩,团结互助好;老骥伏枥,志在育人,桑榆夕照无限好;谦虚谨慎,拼搏奋进,后生学习精神好;抱病上课,品德高尚,思想素质好;精雕细刻,智能过关,教学工作磨功好。蚌埠二中数学老师史立莉,完成两个班课程外,每天下午还为参加竞赛的学生辅导,不要补贴费。蚌埠一中物理、化学、政治、外语四个学科坚持集体备课,分工合作,编写材料,共同使用,互相听课,共同研讨。蚌埠三中李培田与杜道文,蚌埠一中薛国与朱世芳将学科配合得很好。铁一中历史教师朱恒山,50 余岁,父亲去世,上午送葬,下午上课。这个学校的马金声老师也是 50 余岁,因住房拆迁,暂住工棚,四面透风,每晚坚持备课与批改作业至深夜。蚌埠十二中马惠庭,蚌埠二中易林、李祥辉,蚌埠四中许乃惠、王力功,蚌埠十一中钱新芳等老教师,经验丰富,教态严肃,兢兢业业,一丝不苟。蚌埠二中陆化昌、蚌埠四中吴岱峰、蚌埠五中朱正虎等年轻教师,都是第一次任高三课。他们虚心向老教师学习,主动听他们的课,刻苦钻研教材,自己刻印材料。蚌埠一中语文教师刘世明,手摔伤,打着石膏上课,不缺一节课。蚌埠二中数学教师谢永萍,教三个班课,工作超负荷,生病了,只休息一天就上课了。蚌埠九中戴瑞田手术后,未很好休息就带两班语文课,政治教师陶永华住院期间还坚持上课。蚌埠二中语文教师朱宏义,蚌埠三中外语教师刘惠娟、化学教师刘淑华提前出院上课。

市教研室(教科所)各学科教研员,在王汉斌副主任(主持工作)的带领下,配合中教科、招生办等有关科室人员,深入到一市三县的完全中学听课,召开师生座谈会,举办复习课观摩教学,组织统考统改,分析试卷,制订复习计划,搜集复习资料,提供高考信息,指导多学科复习,组织高三各种会议,评估高考质量等,为我市高考立下汗马功劳。

现在我市高三复课迎考工作中,存在的主要问题是:拼时间、拼精力、拼资料,未能完全按教学规律系统地上好复习课。

三、优化复课工作

（一）优化指导思想

高三工作的指导思想是：全面贯彻教育方针，面向全体学生，提高三个素质，打好两个基础。我国现阶段的教育方针中“教育为社会主义现代化服务”，揭示了社会主义初级阶段教育的根本职能；教育必须与生产劳动相结合，揭示了教育的本质属性；全面发展的观点，揭示了教育的基本内容；双重任务的规定，揭示了教育的培养目标。四个方面相辅相成，构成教育方针的完整内容，高三工作要始终贯彻这个方针。在毕业会考之前，各校必须面向全体学生，开展“做一个合格毕业生”的教育，使每个学生在政治思想素质、科学文化素质、身体心理素质三个方面，在原有基础上都能有所提高，为他们升入高一级学校或就业打好基础。

复课指导思想是：双纲为纲，教本为本，双基为根，能力为用。尽管每年高考试题都有一两门学科超纲，但所占比例极小，我们不能因小失大，脱纲离本，一定要扣紧纲本。尽管每个学科都有综合性的提高性题目，但它都是建立在基础知识、基本理论之上的，离开“双基”何谈综合呢？

（二）优化教学过程

备课要熟透，讲课要精当，练习要筛选，辅导要分类，考试要调控，理科要实验，文科要实践。所谓“透”就是教材思想内容挖得透，重点难点理解得透，知识纵横联系掌握得透，学生情况吃得透。所谓“熟”，就是大纲精神了解得熟，教材内容掌握得熟，基本概念、定律、定义、原理记得熟。所谓“精当”，是指复习课要不紧不慢，重点突出，全而不繁，精而不疏，深入浅出，条理清楚。所谓“筛选”是指复习资料要以一种为蓝本，不多不乱，习题要精心筛选，不漏不烂，反对资料会战，题海大战。蚌埠一中提出作业四保证：保证质量，保证数量，保证学生交，保证教师改。所谓“分类”，就是辅导时不一锅煮，毕业考试前重点辅导差生，使更多的人拿到毕业证书；考试后，重点抓中上等生，使他们努努力就可以考取，跳一跳就能摘到桃子；还要辅导缺腿学科。蚌埠二中学生王玉在化学竞赛中获全省第一，高考全市第一，但语文、政治两科成绩上不去，结果被师专录取。所谓“调控”，就是减少考试次数，提高考试质量，反馈考试信息，分析考试试卷。所谓“实验”，就是理化生三科的关键性实验要人人过关，一般性实验能到实验室做更好，没有条件做的在黑板上也要做，不能心存侥幸。所谓“实践”，是指文科要搞社会调查，为作文提供素材，为政治综合题提供例证。

（三）优化教学方法

教师要理线穿点，知识归类，讲讲练练，问问答答，坚持“三清”，“全准活新”。

“三清”是指堂堂清、天天清、章章清。这是蚌埠老一中的经验，也是现在沈阳铁五小的经验。所谓“全”，是要求复习时要全面不能遗漏。所谓“准”，是指知识内涵要准确，要有科学性，模棱两可不行。所谓“活”，就是语言要鲜活，内容要实在，联系要恰当，课堂要活跃。所谓“新”，是指复课要有新意，温故知新，不能照搬老教案。

（四）优化劳动组合

学校要把教师的课程安排好，平衡好，劳逸结合好，让每位教师都能精力充沛地抓高三。要严格控制教师校外任课，正确处理跨年级任课问题以及普通班与毕业班的关系，让每位教师都能聚精会神地抓高三。要把握复课方向，帮助师生改进教与学的方法，让每位教师都能按教育规律科学地抓高三。结合春节等节日开展尊师爱生活动，让每人都能充满感情抓高三。要把老中青搭配好，让他们各扬其长，各避其短，团结协作，大家行动一致地抓高三。学校要在可能的条件下，帮助教师解决一些实际问题，让每位教师无后顾之忧地抓高三。

（五）优化教学环境

要加强组织纪律性，让每位教师都能置身于浓厚的学风之中。加强安全保卫工作，排除校内外干扰，让师生都能置身于安全的教学氛围之中。加强卫生保健工作，把室内外打扫得干干净净，课桌凳和教学生活用具摆放得整整齐齐，让师生置身于幽静的环境之中。

老师们：你们的劳动辛苦而伟大，你们的生活艰苦而高尚，吃进去的是草，挤出来的却是哺育青年一代成长的乳汁，你们的奉献精神与日月同辉，同天地共存，我再次向你们致敬！

（这是1992年在全市高三教师大会上的动员报告。）

贯彻方针，坚持方向

（1992 年 3 月）

我国现阶段的教育方针是“教育必须为社会主义现代化服务，必须同生产劳动相结合。使学生在德育、智育、体育几个方面都得到发展，成为社会主义事业的建设者和接班人”。这个方针以我国社会主义初级阶段基本路线为指导，以马克思主义关于经济基础和上层建筑矛盾运动的理论以及关于人的全面发展的学说为依据，从我国国情出发，既总结了我国改革开放前 30 年教育的正反两方面经验，又总结了我国改革开放以来教育的经验，因而很科学。在贯彻中，必须牢固树立四个观点。

1. 树立“服务”的观点。教育必须为现代化工业、现代化农业、现代化国防、现代化科学技术服务，这是教育的社会功能所决定的。1958 年，党中央、国务院提出“教育必须为无产阶级政治服务”，它突出了教育的阶级性和教育的社会功能，应当说是正确的，应该予以肯定。但提法不全面，也不科学，它只讲教育为政治服务，未讲为经济服务；只讲教育为精神文明建设服务，未讲为物质文明建设服务。在实际工作的贯彻中，由于受到极“左”的思潮影响又产生了偏差，教育“为无产阶级政治服务”被扭曲成“为政治运动服务”，特别是在十年动乱期间，教育又被扭曲成为“巩固无产阶级专政的工具”，实际上成为林彪反党集团和“四人帮”篡党夺权的工具，致使教育受到严重破坏，成为“重灾区”。中共十一届三中全会以后，经过拨乱反正，1978 年邓小平同志明确提出教育要“更好地为社会主义建设服务”，1985 年，《中共中央关于教育体制改革的决定》提出教育的指导方针为"教育必须为社会主义建设服务,社会主义建设必须依靠教育"。党中央提出的教育指导方针和工作方针中的"服务"与邓小平同志提出的"服务",其含义和服务的范围是一致的。它既包括为经济服务,也包括为政治服务;既包括为物质文明建设服务,也包括为精神文明建设服务,因而很全面。

教育如何为社会主义现代化服务呢?社会主义现代化建设需要大批多层次、多规格、多类型的人才,既需要数以亿计的高素质的各行各业的普通劳动者,又需要数以万计的各类专业技术人才和各级党政管理人员。这些人才都要从小开始打好基础,万丈高楼靠基础,基础至关重要。中学是基础教育,小学是基础的基础,中小学教育担负着为社会主义现代化建设所需要的各类人才全面打基础的重任,中小学教育为社会主义现代化服务也就集中体现在全面打基础上。因此,中小学教育工作者要牢牢地树立打基础的观点,真正转变教育观念,变单纯的升学教育为全面的素质教育,从学生的思想品德素质、科学文化素质、心理素质、身体素质等方面切实打好基础,更好地为社会主义现代化服务。

2. 树立"结合"的观点。教育产生于劳动,并随着生产的发展而发展,生产的发展又向教育提出了对各级各类人才的需要,并不断丰富教育的内容。因此,教育只有和生产劳动相结合才能培养出全面发展的人才。这是马克思主义关于人的全面发展学说的核心,离开这个核心来谈人的全面发展是舍本逐末。1958 年,在教育必须与生产劳动相结合的方针指导下,全国对五十年代初期和中期在中国盛行一时的凯洛夫教育思想进行了批判,各级各类学校都建立了工厂、农场,加强生产实验、实习基地的建设,引导学生走与工农相结合的道路,对教育进行了改革。所有这些,对建设具有中国特色社会主义教育体制进行了初步尝试,应予以肯定。但是,由于受"左"的路线影响,当时对传统教育的批判过了头,连各级师范院校开设的教育学、心理学和各科教材教法等专业课都被批掉了,特别在贯彻实施中出现了偏差,教育与生产劳动相结合被扭曲成为"劳动多于教育",最后被扭曲成为"劳动代替教育",导致教育质量一落千丈,产生大批有文凭无水平的中小学毕业生。1978 年,邓小平同志提出"提高教育质量,提高科学文化的教学水平""认真研究在新的条件下,如何更好地贯彻教育与生产劳动相结合的方针""在教育与生产劳动相结合的内容上、方法上不断有新的发展"。十年改革期间,教育战线对邓小平同志这一指示精神理解不透,基础教育在解决"文化大革命"期间带来的教学质量低下这一矛盾时,对劳动教育重视不够。尤其前几年,学校大门没有很好向工厂、农村、部队开放,劳动教育和社会实践削弱了,学生珍惜劳动果实的感情淡漠了,艰苦奋斗和克服困难的意志淡漠了。应该吸取的教训是:学校在纠正学生劳动过多或劳动代替教育的倾向时,决不能取消劳动教育,取消社会实践。近几年,我市中小学开始重视劳动教育,高中坚持了高一军训、高二集中劳动、高三社会调查的制度,并在蚌埠三十三中建立了劳动基地，推广固镇县湖沟中学，郊区纪郭小学、天河中学，怀远县唐集中学等农村中小学在校内建立劳动基地的经验。许多中小学开展了采集制作昆虫标本活动，在竞赛中，我市获省一等奖13个，二等奖15个，三等奖18个；获全国一等奖4个，二等奖4个，三等奖4个。小学全部按教学计划开设劳动课，市区小学普遍开展小民警活动、生物百项活动、植树活动、社会服务活动等。所有这些，对于培养学生劳动观点和热爱劳动人民的感情，珍惜劳动果实，增进劳动知识技能都起到积极作用。但必须指出的是，当前，中小学劳动教育还是薄弱环节，思想重视不够，劳动课质量不高，有的学校劳动课只是纸上谈兵，很多学校没有劳动基地，有的学校虽然有基地，但是只讲经济效益，不讲教育效益。劳动多了不行，劳动少了也不行，不劳动不行，单纯的劳动也不行。如何在“结合”上做文章，是今后中小学教育的一项艰巨任务。

3. 树立全面发展的观点。教育方针要求要“使学生在德育、智育、体育几个方面都得到发展”。这是学校教育的主要内容，也是衡量教育质量的主要依据。几年来，在德育方面，我市正确处理了改革开放中的全面开放与局部封闭的关系，正确处理了学校工作中以德育为首与以教学为中心的关系，总结了德育“十一抓”的经验。在智育方面，在坚持社会主义方向前提下，对教育思想、教育体制、教学内容、教学方法等方面进行了一系列改革。在教育观念上实现五个转变：变单一的培养建设者的观念为培养建设者和接班人“双重任务”的观念；变单一的脱离劳动教育的观念为教育与生产劳动相结合、理论与实践相结合的观念；变单一的课堂教学的观念为以课堂教学为主，课内外结合，校内外结合的观念；变单一的智育观念为德育、智育、体育、美育、劳动技术教育五位一体的观念；变单一的知识传授的观念为打牢“双基”，培养能力，发展智力的观念。加强课堂教学常规管理，要求教师做到：教案完整详尽，目的明确，内容充实，富有创造性；讲课概念清晰，分析透彻，“双基”落实，着眼于能力的培养和智力的开发，注重渗透德育，富有教育性；语言精练准确，鲜明生动，使用普通话，富有启发性；提倡自制教具，尽量使用现代化教学手段，富有直观性；精选习题，适量适度，富有科学性；仪表端庄，教态亲切，富有示范性；作业及时批改，定期讲评，按时发到学生手里；课后主动辅导，答疑解难，拔尖抓差；考试严格监考，公平判分；讲评试卷，让学生订正错误，引导学生自我分析；实验要充分准备，分组指导，写好实验报告。坚持领导听课制度，检查教案和作业制度。坚持期中、期末教学检查总结制度，教研活动和观摩教学制度。在体育方面，以贯彻《关于学校体育工作决定》、《关于学校卫生工作决定》为中心，以“两课、两操、两活动”为重要内容，以全面提高青少年身体素质为主要任务，全面开展学校体育卫生工作，并逐步走向规范化。由于我市中小学坚持全面发展的培养目标，教育质量逐步提高。以1991年为例，初中升学考试报考率比1989年提高了10.19个百分点，各科平均提高了35.66分，及格率提高了12.26个百分点，优秀率提高了5.72个百分点。在学科竞赛中,获全国奖的教师31人,获省级奖的教师112人(其中一等奖27人,二等奖25人,三等奖60人)。蚌埠一实小在全国小学数学邀请赛中,获安徽省团体总分第一名。蚌埠三中王斌同学在化学竞赛中获全省第一名,全国第三名,铁一中尹鹏同学在数学竞赛中获全省第一名。我市体育达标率由1990年的90.3%提高到91.1%,西区大庆二小的小足球队获全国“娃娃杯”第二名,“萌芽杯”第一名。蚌埠师范附小丁浩同学在华东电子琴比赛中获特别奖。中小学生的近视眼发病率由1990年的33.9%下降到12%,寄生虫感染率由1989年的1%下降到0.9%。全国农村学校卫生试点县的怀远县经国家教委、卫生部验收合格,成绩优良。

4.树立“双重任务”的观点。教育方针要求,各级各类学校的培养任务必须是培养“社会主义的建设者和接班人”的双重任务。“建设者”和“接班人”两个方面的任务是相互联系、相互渗透不可分割的统一体。但是,在贯彻中,50年代后期和60年代,广大教育工作者对培养无产阶级革命事业接班人的意识比较强烈,对培养建设者的意识比较淡薄。十年改革期间,广大教育工作者对培养社会主义现代化建设者的意识比较强烈,对培养接班人的意识就比较淡漠了。1989年,全国动乱以及东欧和苏联的和平演变的血与火的事实给我们的教训是:我国不仅面临着国际新技术革命的挑战,而且还面临着国际反动势力推行“和平演变”战略的挑战。这两个挑战就决定着社会主义学校教育的培养目标必须是“双重任务”,不能忽略任何一个方面。当前,要不厌其烦地向广大教育工作者讲清、讲透这个观点,增强培养接班人的意识,这是关系到党和国家生死存亡的百年大计、千年大计、万年大计,切不可掉以轻心。

在社会主义初级阶段,“教育为现代化服务”的观点揭示了教育的根本职能,“教育与生产劳动相结合”的观点,揭示了教育的本质属性,“德育、智育、体育全面发展”的观点揭示了教育的基本内容,“双重任务”的观点揭示了教育的根本培养目标。四个方面相辅相成,构成了教育方针的完整内容,必须全面理解,全面贯彻。

(这是蚌埠市中小学德育研究会第五届年会交流论文,发表于1992年的《安徽教育》。)

继续解放思想　深化教育改革

（1992年4月4日）

中国改革的总设计师邓小平同志视察深圳等地的讲话，像春雷响彻长城内外，如春风吹遍大江南北，给前进中的社会主义中国带来了勃勃生机，一个新的改革浪潮将在960万平方公里的土地上以惊人的势头滚滚而来。在这股巨大的改革浪潮前，教育怎么办？这是摆在广大教育工作者面前的亟待解决的课题，下面讲讲几点意见，供大家参考。

一、贯彻教育方针要坚定不移，坚持教育改革的方向

我国的改革是在党中央领导下，在社会主义现阶段基本路线指导下进行的改革，改革的目的是逐步建立一个有中国特色的社会主义制度，使生产关系更加适应生产力的发展，使生产力得到进一步的解放，从而满足广大人民群众日益增长的物质文化需要，这是改革的社会主义大方向。教育改革要确保社会主义方向，就要坚定不移地、全面地贯彻教育方针，把德育真正放在首位。

我国现阶段的教育方针是，“教育必须为社会主义现代化服务，必须同生产劳动相结合，使学生在德育、智育、体育几个方面都得到发展，成为社会主义的建设者和接班人”。这个方针是党中央以马克思主义关于经济基础和上层建筑矛盾运动的理论和关

于人的全面发展的学说为依据,从我国国情出发提出的。这是非常正确的,必须认真学习。在贯彻中,要牢固地树立服务、结合、全面发展、双重任务的四个观点。

二、抓住中心要坚决不放,加快教育改革的步伐

改革前十年,我国成功地进行了教育体制改革。当前,我国基础教育改革的特点是:改革内容上,由进一步完善体制改革向教育教学领域改革深入;改革规模上,由巩固和发展宏观上体制改革的成果向中观、微观的体制改革深入;改革的目的,由进一步调动地方各级政府和社会各方面办学积极性发展教育事业向调动教育内部特别是广大教师的积极性及提高教学质量方面深入。因此,我们要抓住教学这个中心不放,重点抓好以下几项改革。

1. 不断建立健全咨询、决策、执行、监督等教育教学管理体系,保证教育改革的指挥渠道畅通无阻,从而调动各级教育行政部门的积极性。各级教育委员会(教育局)对本地区教育情况要吃透,改革思路要清晰,改革重点要明确,改革过程要抓点,同时当好各级政府和党委的参谋,对重大改革做出决策。农村撤区并乡后,教委已向市委、市政府写报告,要求成立乡教委及其办事实体——乡教办,乡教办编制 5 人左右。市、县(区)督导室,既要对本地区的学校以及下一级的教育行政部门进行检查、监督、指导;又要定期向教育职能部门提出报告和建议,以便做出科学的决策。市、县(区)要按照省教委文件精神配备人员,并给他们创造良好的工作条件。各级教学研究机构,要严格执行教学计划、教学大纲以及教育行政部门制定的带有法规性的教学要求,经常向教委反馈教学领域里的情况,并就重大教学改革提出建议。教育科研是教育改革的先导,应对重大教学科研成果给予奖励,今年进行教育论文评奖。教研机构在教学领域改革中发挥并将继续发挥特殊的作用。市、县(区)教研室人员要配齐,素质要保证,学科要配套,方向要端正,作风要深入,活动要开展,指导教学要及时,研究的内容要紧密围绕教育思想、教材、教法的改革,要抓点带面,要搞教改实验。学校教研组是学校教学的基层单位,在深化教学领域改革、提高教育质量方面起着无可替代的重要作用,只能加强,不能削弱。各校教研组活动要做到领导、计划、活动内容、人员、时间、地点六落实。市、县(区)主管各类教育的业务科(股)室对于教委的一切决策都要不折不扣地、创造性地执行;同时,又要将执行的情况及时反馈给教委。总之,决策、咨询、执行、监督四个方面横向要紧密联系,纵向要市、县(区)、乡(校)三级沟通,形成一个富有权威的教育改革指挥体系,这是教育改革深入的组织保证。

2. 改革学校内部管理体制,逐步建立起有激励作用的新的管理体制和运行体制,从

而调动教职工的积极性。

学校如何砸烂“三铁”（铁交椅、铁工资、铁饭碗）？成为最近同志们议论的中心，在这方面既有外地的经验可以借鉴，又有本地的经验可以总结。北京从 1988 年 6 月开始就实行学校内部管理体制改革。改革过程中，始终着力于通过改革学校内部的人事、劳动、分配制度，建立教师队伍的激励体制。他们的经验是抓住其激励机制的两个环节：一是实行教师岗位聘任制以改革任用制度；二是实行校内结构工资制以改革分配制度，这是启动学校内部活力的又一根杠杆。北京中小学的改革思路是正确的，我们是可以借鉴的。1984 年以来，我市也有许多学校实行岗位责任制，要认真总结。最难能可贵的是五河二中在三年治理整顿期间，思想解放，大胆探索，真抓落实，实施了以“双向选择”为主的四项改革：实行双向改革，改革用人制度，向“铁交椅”开刀；实行岗位津贴，改革分配制度，向“大锅饭”动手；改革行政管理体制，实行分级管理；采取量化管理，改革教学管理方式。五河二中三年改革迈出了三大步，改革给五河二中带来了生机和活力。该校原来以大、乱、差闻名于五河，现在学校发生了较大变化，校内秩序井然，教职工积极性比较高，教育质量稳步提高。如果说北京中小学改革的经验，我们学习有一定的困难，那么，五河二中的经验比较贴近我们的实际。蚌埠九中推行五河二中的经验已经一年了，我们希望有更多的学校，从本校实际出发，学习五河二中的经验。

3. 改革学校办学水平和教育质量的评价体系，建立健全两套三级评估激励机制。多年来，我市对中小学办学水平和教育质量建立了两套评估体系，这对提高我市中小学办学水平和教育质量起到了激励作用。但也有些问题，其一是市级评估制度化了，县（区）、校两级评估还未制度化；其二是第二个评估体系没和奖金挂钩；其三是第一个评估体系还有不完善之处。从今年开始，将做如下改革：将两个评估结果综合起来，再与奖金挂钩，评估结果分等第；学校建立年级验收评估制度，每学年年终对一、二年级各班进行质量验收；改革高中评估办法，由高考成绩为主逐步过渡到以会考、高考成绩结合为主，德、智、体、特全面衡量；由升学人数为主逐步过渡到“三率（及格率、优秀率、提高率）一总”为主，德、智、体、特全面衡量；在升学人数计算上，由应、往届结合逐步过渡到只算应届。

4. 积极坚定地推进升学考试制度的改革，为教育改革“松绑”，使教育从整体上进行实质性改革。初、中、高三考是基础教育的三根指挥棒，恢复高考制度以来，这根指挥棒对恢复教学秩序，提高教学质量起到很大作用；但随着形势的发展，也暴露出一些弊端。国家教委要求三考改革配套进行，逐步推开。1986 年就决定取消初中招生统一考试，取消重点初中，实行划片就近入学。当前，我市小学生学习负担过重，已到非改不可的地步。我们打算分两步走：第一步，在市郊取消初中招生统一考试，保留重点初中，将重点中学招生名额分配到各小学，由各小学按“毕业考试成绩为主，德、智、体、特全面衡量”的原则，从高分到低分择优选送到重点中学，其他以校为单位就近分配到非重点中学。第二步，取消重点初中，这要有两个条件：一是办好所有中小学，特别是办好初中，二是缩小各校之间的差距。近年来，我市确定狠抓初中教育以后，取得了较好的成绩，领导力量加强，办学条件不断改善，涌现出一批质量较高的学校，三所市区重点中学初中部、两所示范初中稳中有升，蚌埠四中、蚌埠五中、蚌埠十七中的初中部逐年进步，特别是办学条件、生源都比较差的中区三十四中，郊区仁和中学提高得更加显著。但是还有一些薄弱初中，这次中考奖励分为“0”的还有七所学校。这些学校有的是认识问题，有的是管理问题，有的是条件问题。我们将分期分批办好初中，为取消重点初中创造条件。取消重点的第二个条件就是严格执行纪律，杜绝招生中的一切不正之风。改革大方向已定，改革的方案待市委、市政府批准。三县城关镇也要积极创造条件改革初中招生办法。高中会考是高考的一项配套改革，今年在我市开始执行。会考成绩是教育质量评估的依据，也是今后招工、招干的依据，要组织好第一次会考。

5. 改革中小学学制、教学计划、教学大纲和教材，以适应少年儿童的年龄特点、身心成长规律和社会经济发展的需要。我市打算在市、郊各搞一所九年一贯制学校。明年开始，各省、市将逐步实行九年义务教育的教学计划和使用新的教科书。今年要做好教材的选定，干部、教师和教研人员培训以及社会宣传等工作。今年，还要收集、总结高一新教学计划执行情况以及新教材使用情况。

6. 改进德育，建立一个多方位、多渠道、多层次的统筹协调的管理体制，以提高德育的实效性。几年来，我市采取一些措施，把加强德育作为提高教育质量的主要矛盾来抓，作为社会主义精神文明建设的奠基工程来抓，积累了许多经验，取得显著成绩；但是，社区教育还是一个薄弱环节。今后一个时期内，我们要建立两条相互配合协作的系统，一条是教育、文化、公安、工会、共青团、厂矿企事业等部门和单位组成的市、县(区)、街道(校)三级中小学社区教育委员会；另一条是教育部门内部的管理系统。两条系统构成纵横交替，协调一致，互相促进，齐抓共管的德育工作管理体制。

7. 以加强备课，提高课堂教学效率为重点，调动教师教、学生学的两个积极性为目的，大胆进行教法和学法的改革。当前，教学领域里出现许多违背规律的做法，归纳起来有“六多六少”：教师备课照抄教参和典型教案的多了，吃透教材，经过消化，写出有个性特色的教案少了；教师课堂上照本宣科，满堂灌的多了，运用教学原则，循循善诱，讲精讲透的少了；教师依靠各种练习册、测试题等课外资料，离开教材讲条条，学生抛开课本抄条条、背条条，最后考条条的现象多了，教师引导学生在消化教材的基础上做作业的现象少了；学校在节假日和课外活动时间里上课的多了，生动活泼的课外、校外文体活动和耐心细致的个别辅导少了；学生作业数量和考试次数多了，独立完成作业，教师及时认真地批改的少了；复读生的人数越来越多了，应届生升学的比例相对越来越少了。上述违背教育规律的做法在全国、全省带有普遍性,各地都在着手解决。我们打算采取以下措施:坚决贯彻国家教委关于坚决制止乱编、滥发各种复习资料的通知。今后,除高中、初中毕业班经教育行政部门批准的少量复习资料外,不管是哪个部门,哪个人编写的复习资料、刊物、书籍一律不准向学生硬性摊派。各个年级不得在下午第三节和晚间集体上课,普通班一律不得在节假日集中补课。从下学期开始,各个年级都不得在节假日和课外活动时间集体补课。各级领导要花大力气抓备课组备课、教研组活动,功在课前,利在课堂。改革课堂教学,当前要围绕提高45分钟教学效率这个主题,回到课本,回到基础,回到常规,回到启发式。课堂教学的内容要充实,教学目的要明确,富有科学性、教育性;课堂语言要精练生动,使用普通话,富有准确性、启发性;课堂板书要工整,突出重点,富有鲜明性、条理性;教学手段尽量使用电化教学,充分利用教学挂图、图片、图表,认真做好各种演示实验,富有直观性;作业精选,适量适度,富有可接受性;教态亲切,仪表端庄,富有示范性。改革学习方法,当前要提高学生课堂听课效率,带动学习方法的整体改革。学生要课前预习,课堂上要"手脑双挥",要引导学生看书、读书、背书(默读、诵读、精读、熟读),重要的定理、定义、原理、原则以及基本公式都要在理解基础上倒背如流、脱口而出,练好基本功。要让学生动手抄题目、绘图表、做实验、写实验报告、采集标本、查字典,从多方面培养动手能力。要重视学法的改进和研究。要逐步采取措施,制止各学段办复读班,制止各学段收复读生。

三、依法治教要坚持不渝,为教育改革创造良好的内部环境

砸烂"旧三铁",要靠铁面孔、铁手腕、铁纪律的"新三铁",以法治校是教育管理的必然趋势。学校依法治校有三个层次:(1)依国家颁发的正式法规,如《中华人民共和国义务教育法》《中华人民共和国未成年人保护法》《中华人民共和国国旗法》。今年4月12日是《中华人民共和国义务教育法》(以下简称《义务教育法》)颁发六周年纪念日,全市将进行一次较大规模的宣传,城市沿主要街道的学校要挂横幅标语,仪仗队上街,敲锣打鼓,农村集镇和中小学门口、村口都要刷大幅标语。各中小学要组织教职工学习一次《义务教育法》,郊区还打算组织考试。有的问题既是端正教育思想问题,又是执行《义务教育法》的问题,如现在少数教师厌弃差学生,将学生赶出或变相赶出教室,这既是片面追求升学率的思想反映,也是缺乏法制观点的表现。蚌埠九中这学期组织教师学习《义务教育法》,教师法律意识增强了,厌弃差生的现象有所好转。今后每年九月份为义务教育宣传月,九月的第一周为宣传周。(2)依教育行政部门颁发的带有法规性的章程。德育方面主要有三个大纲:德育大纲、两史一情教育总体纲要、学科

教育纲要;两个规范:中学生行为规范、教师行为规范;一个教师职业道德、一个中学生守则。智育方面主要有国家教委颁发的一个教育计划,三个大纲:各科教学大纲、高考大纲、高中会考大纲。体育方面,主要有两个"规定":学校体育工作规定、学校卫生工作规定。这些大纲、计划、规定就是教育教学的法规,带有一定的强制性,也是教育教学改革的纲领,必须贯彻。(3)依教育行政部门和学校制定的各种条例和规章制度。学校各个方面都要有章可循,无章要建章,有章要执行,执行要严格,要有铁面孔。现在,在管理上,有三种类型的中学:一是学校规章制度健全,领导按章行政,以身作则,教师遵章施教,为人师表,教学秩序井然有序,推行各种改革都比较顺利;二是少数学校规章制度虽然健全,但领导不按章行事,教师不按章施教,学校管理未上轨道,好的改革方案也难推行;三是个别学校无章可循,管理混乱,正常教学秩序难以维持,何谈质量!何谈改革!任何一项改革都要有严格的制度和纪律做保证,改革愈深入愈要加强常规管理。学校一定要一手抓教育改革,一手抓教学常规管理,两手都不能软。

四、提高教师素质要坚持不懈,为教育改革提供可靠的保证

李鹏总理在全国教育工作会议上强调指出,"要把建设一支又红又专的教师队伍,全面提高教育质量,摆在教育工作的突出位置"。长期以来,我市采取了全方位、多层次的培训措施,从总体来看,教师队伍状况是好的。经过1989年的政治风暴和去年抗灾救灾的两次考验证明,广大教师立场是坚定的,思想是稳定的,情绪是向上的,精神是振奋的,工作是认真的。教师学历合格率也有提高,小学、初中、高中教师分别为79.7%、52.7%、53.3%,其中市区分别为96.3%、81%、66%,超过全省平均水平。今后,我市在教师队伍建设中要继续处理好四个关系,实现四个结合,逐步做到制度化、规范化。

1. 正确处理好红与专的关系,政治思想培训和教学业务培训相结合,提高教师的思想道德水准和教学业务水平。在新的历史条件下,对教师红的要求是:拥护四项基本原则,坚定社会主义办学方向,先进的教育教学指导思想,献身教育事业的革命精神,高尚的教师职业道德,热爱学生的浓厚感情,一丝不苟的教学态度,严谨踏实的治学作风。对教师专的要求是:渊博的专业知识,坚实的教学基本功,良好的教育理论修养,较强的思想工作能力,高效率的工作方法。要把红与专、政治与业务、教书与育人有机地结合起来。今后任何师训形式都要重视政训,不能光搞业务培训。当前,各校要切实组织好教职工学习社会主义理论,学习党的路线、方针、政策,特别要抓紧青年教师政治方向性的教育。要组织教师参加适当的义务劳动和社会实践活动,搞点社会调查。要继续贯

彻教师职业道德和我市制定的《中小学教职工道德行为规范》，结合学习焦裕禄，学习教育战线的模范人物，可以组织师德讲演团，向教师进行为人民服务的教育、红烛精神的教育，不断提高教师的师德水准。要继续贯彻市委组织部、宣传部、市人事局和市教委联合颁发的《关于做好教师调配和管理工作的几点意见》《关于人事调配工作试行条例》《关于教职工队伍管理的暂行规定》，对教职工的考勤、考核、奖惩、调配、培训等方面进行全面管理。要加强劳动纪律，实行坐班或弹性坐班，坚决纠正把不坐班看成没有课就不上班的错误思想，纠正少数教师只教书不育人的错误倾向，纠正少数教师体罚或变相体罚学生的错误做法，纠正少数教师课前不备课，课堂不出力，课后不改作业、不辅导的极不负责的态度。进出教师要严格把关，一定要稳住骨干教师，不让其外流，同时杜绝不合格的教师调进学校。要搞好师范院校毕业生的分配工作，中师一律不能拔高使用，师范生不能改行。要继续落实知识分子政策，提高教师的政治地位和社会地位，今年开始，我们将采取教委、区或学校、个人三结合筹资建宿舍的办法，尽快改善教师的住房条件。要树立教书育人的典型，我市成立了中小学教师奖励基金会，今后每年都表彰奖励一批有贡献的教师，使其成为制度。

2. 正确处理当前与长久的关系，职前培训与职后培训结合，提高教师的岗位合格率和学历达标率。今后一段时间内，市区教师以岗位培训为主，学历达标为辅；三县以学历达标为主，岗位培训为辅。1990 年下半年开始，蚌埠教育学院开办初中语文、数学教师培训班，每期半年，预计三至五年内，将中级职称以上的初中教师培训一遍。市教委成立了师训领导小组及其办事实体——师训办公室，保证培训经费。我市教委几位负责同志和有关科室负责人亲自到培训班兼课。但当前有些学校没有处理好眼前利益和长远利益的关系，至今没有按计划派出培训的教师。我们马上要召开干训、师训工作会议，专门研究和解决这个问题。三县要抓紧学历达标的培养，争取 5 年左右把中小学教师学历达标率提高到国家所规定的标准。为了让师范本科毕业生上岗前能够有良好的教育环境，练习师德基本功(教学基本功和班主任基本功)，去年开始，将分配到市区的本科毕业生集中到三所省市重点中学进行上岗前培训，时间一年。第一阶段培训任务已全部完成，并组织了一次教学大纲和教材的书面测试，平均分为 84. 5 分。他们一致反映说，上岗前的教育是非常必要的，为我们这批刚出校门、走向工作岗位的大学生补上了重要一课。希望有关学校善始善终，抓出更大的成效。这个办法将继续执行，专科毕业生如何进行岗前培训，县、郊的同志应认真研究解决。

3. 正确处理"新"与"老"的关系，"教"与"学"的结合，切实抓好学科带头人和青年教师的培养。从"三个面向"的战略高度来看，我市教师队伍发展不平衡，结构不合理，骨干教师年龄偏大，中青年教师骨干力量不足，潜伏着"断层"危机。因此，抓好学科带头人和新教师的培训已迫在眉睫。前几年，我市采取一系列措施：职评中在青年教师中破格评出了十几名高级教师，现在都成长为市、校学科带头人；市、县（区）、校开展青年教师教学基本功比赛和“上好一堂我最喜爱的课”的活动，举办专题讲座；把青年教师推上毕业班，推上教改实验班；中老年教师传、帮、带，组织他们参加教学科研；等等。一批教学骨干脱颖而出：蚌埠二中的徐友舜，就是一位在青年教师教学基本功大奖赛中涌现出来的一名优秀青年教师。现担任教改班的班主任，接受五年制改革课题的研究。近几年来，他写了20多篇论文，分别在省市刊物上发表，1991年被评为优秀党员和全国优秀教师。每个学校在培养学科带头人和青年教师这个战略问题上都要有历史使命感和紧迫感，抓紧培养，使他们迅速成长起来。

4. 正确处理培养和培训的关系，动员优秀初、高中毕业生报考各级师范院校。我们在抓紧在职教师培训的同时，也要采取措施改革师范院校招生办法，改善师范院校的生源。不久前，国家教委召开了电话会，会上，北京、大连介绍了重点中学办高师预备班，招收优秀初中毕业生的经验，上海、广西介绍选送优秀高中毕业生到师范院校学习的经验。多年来，我市报考师范院校的基本上是中等以下的高中毕业生。今年要动员优秀的初、高中毕业生报考师范院校，这个工作要早做。培训、培养教师的工作最后要落实到基地。师范院校（包括进修院校）是培养教师的摇篮，是教育的嫡系部队。我市有五个基地：蚌埠教育学院、蚌埠师范学校、怀远师范学校和蚌埠、固镇、五河三所教师进修学校。市、县都要高度重视这五块基地的建设。

近十年来，党中央和国务院对教育工作做了一系列重要决策，明确了今后教育发展的方针、任务和目标，现在关键是落实，最重要的是狠抓实干。实干兴教，空谈误教。在这改革的大潮中，我们教育工作者的思想要再解放一些，胆子再大一些，振奋精神，团结一致，认认真真地做几件教育改革的实事，踏踏实实地抓每件实事的落实，一抓到底，抓出成效，抓出经验，使蚌埠市教育事业有较快的发展，使教育质量有较大的提高。

（这是在1992年4月召开的全市教学工作会议上的报告。）

以法治考　依人管考

（1992年5月）

市招生工作会议进行了一天半，学习了文件，听取了市招办三位副主任关于省招办召开的高考、中考工作会议精神的传达，以及市招生办的工作报告，希望大家认真贯彻会议精神，努力做好今年的招生工作。会议结束前，我再强调三个问题。

一、统一认识，增强做好招生工作的自觉性

现阶段，中高两考既是为社会主义现代化选拔人才的国家级、省级选拔性考试，又是对各校教育质量、办学水平进行检查评估的水平考试。因此，招生工作做得好坏，既关系到能否把优秀人才选拔到高一级学校学习，为本世纪末四化建设输送合格人才，又关系到能否公正客观地评估学校的教育质量与办学水平。我们每位招生人员既是伯乐又是督学，肩负双重任务，光荣而艰巨。

招生工作既然是为国家选拔人才，因此，它的每个环节、每个步骤、每项措施都要符合国家的利益与政策，都要对国家负责。每年，我市参加高考的人数都有几千人，今年要增加，可能达到五千人。这些考生都是我们招生人员的服务对象，我们要尽心尽责、公正无私地为他们服务，甘当他们及其家长的勤务员。在一个地区招生指标不变的情况下，如果招生工作的某个环节出现失误，让一个不合格的考生被录取，必然抵掉一个

合格的考生，这既是对被挤掉的考生的不负责任，也是对国家的不负责任。如果我们工作做得万无一失，天衣无缝，让全体考生在优化的环境中进行公平竞争，这既是对全体考生负责，也是对国家负责。我们要求全体招生人员树立全局观点，把对考生负责与对国家负责统一起来。

招生工作是整个教育工作中的一个带有导向性的、极其重要的一根链条，就是我们平常所谈的一根指挥棒。因此，改革教育必先从改革招生制度入手。1977 年 7 月，邓小平恢复工作后，自告奋勇抓教育；同年 9 月 19 日，在与教育部主要负责同志谈话时提出推倒“两个估计”，从思想上“拨乱”；同年年底，又提出恢复高考，从制度上“反正”：对以后教育体制改革与教育事业发展都起到导向作用。二十世纪九十年代，高考制度的导向作用是什么呢？首先，体现在制度本身，由于它是我国现行就业的最佳途径，每年吸引数以百万计的青年跻身于这条羊肠小道上。其次，体现于“德智体全面衡量，择优录取”的原则上，招生工作如能全面贯彻这个原则，就能引导学校去全面贯彻教育方针，引导学生全面发展。如果忽视德育、体育的考核，或者弄虚作假，其结果就会导致学校只重智育，轻视德育、体育。再次，体现在命题上，每年高考各学科试题及其参考答案，对各学科的教改都起着“牵牛鼻”的作用。最后，体现在建档上，两考建档工作要求严格，不能缺项，不能马虎，不能作假，这必然促进学校学籍管理的制度化、规范化。招生考试这根指挥棒，在历史上已经发挥很大作用，进一步改革后定将发挥更大的作用。我们要用好这根指挥棒，去指挥我们的教育、教学工作，促进教育质量的提高，推动学校管理的科学化。正如《普通、成人高等学校本、专科招生全国统一考试工作规则》指出：“全国统一考试的主要目的是为普通、成人高等学校本、专科选拔优秀新生提供考试成绩，同时也要有利于中等学校的教学和职工文化素质的提高。”那种把招生工作与教育教学工作对立起来，把提高招生工作质量与提高教育质量对立起来的观点是错误的。

二、依法治考，端正考风考纪

恢复高考制度已经十多年了，积累了丰富的经验，国家不仅对招生考试的重大方针、政策、原则做了明确规定，而且对招生工作的各项程序及其各个环节的要求都做了具体的规定，便于操作。这些规定都体现在法规性文件中，要严格执行这些文件，使招生考试工作逐步走向法治轨道。如何依法治考呢？要狠抓四个环节。一是学法要透，要组织全体招生人员分三个层次学习与招生有关的法律、法规，包括全国人大常委会通过的《中华人民共和国教育法》《中华人民共和国保守国家秘密法》；国务院发布的《高等教育自学考试暂行条例》，这是行政法规；国家教委发布的《普通高校招生暂行条例》《普通、成人高等学校本、专科招生全国统一考试工作规则》《高等学校招生全国统一考试管理处罚暂行规定》;教育部、卫生部发布的《普通高校招生体检标准》;省教委发布的《1992 年普通高校招生工作通知》《1992 年普通中专学校招生工作实验意见》,这些是政府所属部门的规章、规范性文件,具有行政法规的权威。招生成员既要全面学习、全面理解这些文件,又要重点学习,学习与本人具体工作有密切关系的内容。文件精神要吃透,重要内容要熟记。二是讲法必准。各级招生部门负责人要向招生人员宣讲上述文件的精神,校长要向教师、学生、家长宣讲,还要通过媒体向社会宣传。三是执法必严。考务中,不论大事小事,要事事严。考试工作无小事,学生平时在校考试,一般都用蓝色或黑色笔,但高考就有严格的要求,用错了颜色书写就不能得分。不论哪个程序,要步步严:报名阶段,对户口、年龄、毕业届别(中专)要严格审查;考试阶段,要严格按监考守则,监考教师、主考人员、纪检人员都要各司其职,各尽其责;建档阶段,要项项严,既不能缺项,也不能含糊。不论是哪一级,要人人严。一个考生的材料要经过家长、学生、班主任、教导处,以及县、市、省招办等许多人的手。一人不慎,全部皆错。因此,要人人慎之又慎,一级向一级负责。四是违法必究,招生工作政策性很强,关系到国家选拔人才的大事,关系到千家万户的切身利益,关系到党纪国法的大问题。要永葆这块绿洲常青,就必须严格执法,一旦发现污染源,立即根治,勿使蔓延。我市十余年招生工作未发生过重大失误与违纪案件,今后要保持与发扬。如有不按章法行事,或者违纪违法的,不论哪个单位,不论哪个人,轻则批评教育,重则按党纪政纪处分,直至判刑。当然,在"究"的过程中,一定要实事求是,不能捕风捉影,不能夸大事实,不能无限上纲。当然,对诬陷不实之词要义正词严地予以驳斥,对错误的处理决定要勇于抵制,使我们的优良传统不受玷污。

三、依人管考,建立考生工作责任制

以法治考,最后还要落实到人,还要依人去治、依人去管。十多年来,我市已建立一支坚持原则、遵章守纪、业务熟悉、工作精细、科学管理的招生工作队伍,整体素质比较好。但也有个别人责任心不太强,特别是不断发展的新情况对我们的要求愈来愈高,还有一些不适应之处。因此,建立校、县、市三级招生工作责任制非常必要。每一级招生机构都要由第一把手负总责,一级向一级负责,同级的副职向正职负责。学校的责任:审查报名资料,评定学生品德,组织学生参加县、市统一的体检,对学生进行考前教育,组织本考点考试,协助县、市招办处理考试中的突发事件,按省、市、县招办要求选拔符合条件的阅卷教师,建立学生档案,指导学生填报志愿,对学生进行"一颗红心,两种准备"的教育。县招办责任:复审全县高考报名资格,审查全县高考考生档案;组织全县高校、中专考试,组织本县中考阅卷;向省、市招办提供高考所需的一切材料,分配本县农医师招生定向指标；在省、市招办的指导下，负责本县中专录取工作；宣传国家、省、市招生机构制定的法规、政策、实施意见；完成省、市招办与县招委会布置的一切工作；制订全县招生工作计划，并组织实施，总结两考工作与开展两考科研。市招办的责任：安排全市高考、市区中考的工作计划，并组织实施；审查市区高考报名资格，复查全市高考、中考考生档案；组织市区高校、中专考试，并派人员到县里巡视高考；组织市区中考阅卷，审查推荐高考阅卷人员；在省招办统一安排下，协助省本科录取工作，主持全市大专录取工作和市区中专录取工作，指导县招办中专录取工作；与有关部门配合，制订本市中专、高校招生计划，分配市区本科定向指标与委培指标；完成省招办以及市招委会布置的一切工作；宣传国家、省考试机构制定的招生法规、政策，并制定实施意见；做好全市中考、高考总结，开展考试科研，协助高中会考，协助有关科室开展教育质量评估。

最后，明确几个具体问题。借读生与复读生回原校报名，应届职业高中毕业生不能报考高校，合同民师如果符合条件，可以报普师，不能报民师班，往届生今年可以报考，明年就要限考，动员优秀学生报考中等、高等师范院校。市招委会派出的巡视组由市、县招办抽人组成，监考人员的选派要坚持一定的条件，缺乏责任心与无文化的人不能监考。

（这是在市中考、高考工作会议上的讲话。）

在蚌埠电大普专班开学典礼上的讲话

(1993年9月10日)

首先,向关心电大建设,莅临大会指导的市委、市政府、市政协以及市计委、市人事局的各位领导表示深深的谢意,向150名普专班的新生表示热烈欢迎,向为电大发展做出并将继续做出贡献的全校师生员工致以崇高的敬礼!刚才,方世祥副校长的讲话很好,要认真贯彻。电大的工作应以中共十四大精神与邓小平的中国特色社会主义理论为指导,以《中国教育改革与发展纲要》(以下简称《纲要》)为纲,以教学为中心,坚持社会主义办学方向,深化教育改革,加强学校管理,改善办学条件,全面贯彻教育方针,全面提高教育质量,更好地为蚌埠社会主义现代化培养德、智、体全面发展的建设者和接班人。按照这个总思路,我想强调6个问题。

1. 深入学习、加深理解中国特色社会主义理论

建设中国特色社会主义理论是马克思主义基本原理与当代中国实际相结合的产物,是毛泽东思想的继承与发展,是全党、全国人民集体智慧的结晶,是中国共产党与中国人民最珍贵的精神财富,是指导四化建设的指路明灯。中共十四大对邓小平的中国特色社会主义理论作了系统总结和新的概括,对在这个理论指导下制定的"一个中心,两个基本点"的基本路线做了全面阐述。全校师生员工都必须深入学习,加深理解。各位新同学要用马克思主义的立场、观点、方法认识世界,走与工农相结合、与实践相结合的成长道路,逐步树立科学的世界观与为人民服务的人生观。

2. 学习、实施《纲要》

今年2月13日，中共中央、国务院印发了《纲要》，总结新中国建立40多年来，特别是中共十一届三中全会以来我国教育改革和发展的经验，分析了教育工作面临的新形势，提出二十世纪九十年代至下个世纪初我国教育事业发展的战略目标、指导方针、政策措施，其中关于高等学校体制改革的就有6条，是指导全国教育改革和发展的纲领性文件。我们要结合学校实际，认真学习，深化学校内部管理体制与教育、教学领域里的改革。

3. 坚持以教学为主的原则

学校一切工作都必须遵循教育规律。教学为主，全面发展，依靠教师，就是学校工作的三条基本规律。所谓教学，包括教师的教与学生的学两个方面，既指教师向学生传授科学文化知识、基本技能，发展其智力，又包括学生的德智体美劳五个方面，在教师教育下主动地、生动活泼地得到发展。师生是学校主体，教学是学校主要工作，是“五育”主渠道。因此，要严格按国家教委颁发的教学计划、教学大纲和教材进行教学，要保质保量按时完成各学科的教学任务，切实保证这个渠道畅通无阻。学校校长、各处室负责同志以及其他行政管理人员都必须树立为教学服务、为学生服务、为教师服务的观点。教师要把全部精力用于教书育人上，要像陶行知先生那样“捧出一颗心来，不带半根草去”，要具有俯首甘为学生“牛”的精神。

4. 全面贯彻教育方针

我国现阶段的教育方针是：“教育必须为社会主义现代化服务，必须与生产劳动相结合，培养德、智、体等方面全面发展的社会主义建设者和接班人。”学校一切人员都要进一步学习与领会教育方针的精神实质，牢固地树立“服务”的观点，“结合”的观点，“全面发展”的观点，“双重培养任务”的观点，在各项工作中，特别在教与学的各项活动中具体落实。

5. 坚持社会主义办学方向

蚌埠电大的主要任务是直接为蚌埠市培养社会主义建设者和接班人，坚持社会主义办学方向，就是坚持这个社会主义培养目标。学校与工厂、企业的中心任务不同，学校应该把培养人放在首位，而不是把经济效益放在首位。衡量一个学校工作质量的高低是以培养人才的数量与质量为标准的，是社会效益，而不是经济效益。学校要把党的基本路线教育、爱国主义教育、集体主义教育、社会主义教育作为德育的主旋律；同时，进行近现代史教育、国情教育以及中国优秀文化传统教育。

6. 发扬艰苦创业精神

蚌埠电大开办14年来，办学条件有较大改善，但校舍至今还没有得到很好改善。由于种种原因，电大校舍几经变迁。在此，向同学们简单介绍一下。中国电视大学是邓小平首倡的，创办于 1978 年，总校在北京，各省、市都设分校，蚌埠电大直属于安徽电大，正所谓“全国电大是一家”。1978 年 11 月上旬，时任市教育局副局长的钱步银到合肥参加电大招生会议，我于 12 月初到省城参加录取工作会议，时间非常紧，1 号报到，2 号开会，3 号返蚌，4 号连夜工作，6 号召开区局分管教育的干部会议，发录取通知书，8 号上课。数学第一课的主讲人是华罗庚。考试成绩以 1978 年高考分数为准，数学、物理、化学三科最低录取分数分别为 30 分、40 分、50 分，报外语的一律就读，第二年 5 月份举行入学考试。我市报名 4403 人，录取 1304 人，其中学三科的77 人，学两科的 199 人，学单科的 1028 人。当时，一无专职人员，二无校舍，三无专项经费，可谓“三无学校”。有人开了个善意玩笑，在一张纸上写了“蚌埠电大”四个大字，贴在我的办公桌的一侧。后来，学校迁至工人俱乐部西北角小楼上的两间房子中；不久，迁至蚌埠市干部文化学校；又不久，迁至张公山南麓。再过几年，迁至人民商场的楼上。孟母三迁其家，我们四迁其校。现在这个地方怎么能做学校呢？现在已经到了非解决不可的地步了。这是我校全体人员的殷切期盼，如何解决呢？主要靠政府，学校也要尽力而为。

同学们，电大现在已由招收在岗人员发展到兼招应届高中毕业生，并由国家安排人事指标，你们毕业后由市大学生分配办公室统一分配工作，与普通高等专科学校毕业生享受同等待遇。希望你们发扬学校艰苦创业的精神，珍惜两年的光阴，克服教学条件差、图书仪器缺、吃住不集中等困难，精力专注，勤学苦练，圆满完成各门功课的学习任务，在思想道德上、科学文化上、身心发展上打好坚实的基础。

蚌埠市中小学生“书包过重”情况的调查报告

（1993 年 6 月）

引　言

1993 年 3 月，由蚌埠市政协主席王佩挂帅，政协副主席、社会文教委员会主任马广爱直接领导，政协常委、社会文教委员会副主任蓝济仲组织 20 人，对中小学生学业负担情况进行调查。政协常委、蚌埠五中特级教师张济渠起草了《调查报告》，马、蓝两人定稿。同年 6 月 11 日，市政协九届常委会第 3 次会议通过了《关于解决我市中小学生“书包过重”问题的建议案》。市政府以蚌政〔1993〕73 号文件《关于进一步减轻我市中小学生负担过重问题的通知》，发至各县、区人民政府，市直各有关部门，提出了 6 条解决措施。与此同时，王佩主席亲自主持，市委副书记胡德新、市政府副市长李福祥参加新闻发布会，《人民日报》《安徽日报》《光明日报》《中国教育报》等新闻媒体的记者到会 30 余人。会后，省内外 15 家报刊对我市中小学生“书包过重”的情况、解决办法、领导重视等方面做了报道，《调查报告》被全文或摘要刊登，产生了深远影响。

近年来，我市中小学生书包过重，广大学生和家长反映日益强烈，成为社会普遍关注的问题。按照市政协 1993 年工作要点和主席会议的要求，从 3 月中旬到 5 月上旬，市政协社会文教委员会组织了20名市政协委员，分小学、中学两个组，到部分小学和初中进行了专题调查。通过召开教师、学生、家长以及部分从事中小学教育的政协委员座谈会、问卷调查，了解大量情况，并认真进行了分析研究，现报告如下。

一、书包过重的表现

我市中小学生书包过重的问题，市教育主管部门曾经采取过一些措施，但未能很好解决。从这次调查情况来看，普遍存在“四多”。

1. 课本以外的辅导资料多，这是学生书包过重的直接表现。从小学一年级到初中三年级，每个学校、每个年级、每个学生都随课本购买了成套的各种《基础训练》《单元自测题》《暑假作业》《寒假作业》等辅导资料和试卷。据二十五中教学资料管理小组统计，该校1992学年度至1993学年度搭配的辅导资料，从初一到初三共有150种（平均每学期25种），是课本53种的2.8倍。二十六中统计，1993年春季，从初一到初三，共搭配辅导资料54种，是课本27种的2倍。郊区工农小学统计，1993年春季，一、三、六年级共搭配辅导资料29种，超过课本近一半，每门课搭配的辅导资料少则1本，多则5本。如初中各科大都搭配有《双基训练》《单元自测题》《课堂练习》《暑假作业》《寒假作业》。物理、化学、生物三科还有实验报告，地理、历史均有填图册。这些辅导资料名目繁多，内容重复，错谬较多。例如《初三理化综合练习册》（安徽教育出版社出版）中的第11页第17题，某化合物的化学式为AaBa，应为AaBb；第12页的第26题答案错为（C），应为（C）和（D）；第13页的第32题选择题没有选项；第18页的第34题 $NaCO_3$，应为 Na_3CO_3。诸如此类的错误，在整本书中比比皆是。又如《初中代数基础训练》第二册（安徽教育出版社出版）中第25页选择题的第3小题：$2^m \cdot 3^n$，应为 $2^m \cdot 2^n$；第79页选择题第2小题的ABCD答案中，没有一个答案是正确的，至于这本书中的技术性错误的例子更是举不胜举。

同时，社会有关方面通过多种渠道和关系，向学校、学生推销、摊派书籍与报刊，据二十五中和二十六中反映，书目有《蚌埠风物》（单价3元）、《中学生文化生活》（每年4.80元）、《健康教育》（单价1.50元）、《地震知识讲座》（单价0.20元）。解放一路小学反映，该校购买的书有《小学语文单元辅导测试与期中期末试题》（单价1.60元）、《小学数学单元辅导测试与期中期末试题》（单价1.60元）、《数学自测题》（单价1.08元）、《作文百篇》（单价1.50元）、《数学一日一练10分钟》（单价2.00元）、《小学语文学习》（单价0.58元）、《字、词、句图解手册》（单价3.20元）、《小学数学报》（每年5.04元）、《小学语文报》（每年5.04元）、《中国少年先锋队队员必读》（单价1.50元）等10种。蚌山小学反映，该校购买的书有《课外生活》（半年2.70元）、《百家作文指导》（单价4.20元)、《小主人报》(半年4.00元)、《小学生作文词汇、语段》(单价3.00元)等10种。还有许多家长在家里为孩子购买了一些辅导资料。

在各年级中,毕业班的辅导资料更多。调查的两所中学的初三学生都订购了语文、数学、外语、政治、物理、化学等六个学科的《综合练习册》,二十六中还给初三学生订购了江苏省大丰县白驹镇编写的初三数学、物理、化学总复习资料。辅导资料多,书包自然就重起来了,调查的三所小学,五年级的学生书包一般重3公斤左右,个别达到4~5公斤。

2.学生作业多。由于搭配的各种练习册、测试题多,学生的课外作业增多,占用学生课外时间日益严重。据二十六中反映,初一大约占课外时间1小时,初二1.5小时,初三2小时。在该校学生座谈会上,一位初三学生说:“练习题实在太多了,三年来,我仅看了三场电影。”另一位学生说:“我每天回家,晚上要做一个多小时的作业,白天也没有时间参加体育活动。”学生除做练习册以外,还要用课外时间做各种试卷,尤其是初三毕业班,为了迎接中考,要做数、理、化、语、政、英等六门课的不同类型试卷,不同地方的试卷。寒、暑假还要做《寒假作业》《暑假作业》。

小学生的课外作业时间,一般都超过国家教委所规定的时间,平均低年级约为40分钟,中年级约为1小时,高年级约为1.2小时,有些小学中午也布置家庭作业,在学生作业中存在着机械重复的内容。如《数学口算达标训练》,要求儿童6分钟内完成120道口算题,答错四题以上,就不能算达标,于是学生在家翻来覆去地练、背。解放一路小学的一位四年级学生在座谈会上说,由于作业多,他每天晚上要到十点半以后才能睡觉。

3.占用课外时间上课多。一些中学除了每天上午四节课,下午第一、二两节课以外,第三、四两节课都安排集体辅导课,晚上还上自习课,其实这些都是上新课。二十五中初三班每天第七、八两节课后,接着又上晚自习;二十六中每天第七、八两节课后,基本上都安排上课,尽管也安排一次科技活动,但只有极少数学生参加。此外,初三班星期天全天上课。大部分小学毕业班也都利用下午第三、四两节课(本为学生课外活动时间)上课。还有少部分学生家长给子女聘请家庭教师补课。一位学生说:“早七点晚七点,一天到晚不使闲。”

4.考试多。在一些中小学校,除国家统一举行的中考以外,平时学生要应付多种多样、不同类型的考试。我们调查的四所中小学,从低年级到高年级,都有月考、单元考、期中考、模拟考、毕业考、区统考、校联考、质量考等。这些考试有的是必要的,但多数是不必要的,特别是有的考试统一命题、统一印试卷、统一阅卷,然后按分数排名次就更不必要了。1993年春季的期中考试,有的区组织了统考,统一铅印试卷。以五年级下半学年为例,语文每两单元测验一次,共四次单元测验,期末考试前又有两次综合测验;数学每单元测验一次，共四次单元测验，期末考试前也有两次综合测验；英语每单元测验一次，共有四次单元测验，期末考试前还有四次综合测验，加上每学期语文、数学、英语都举行期中、期末考试各一次，总计每个学生每学期要参加语、数、英大小测验26次，平均每周1.3次，还不包括教师平时随堂考试。此外，一些社会团体和部门也组织以在校生为对象的竞赛性考试。

二、书包过重的主要原因

中小学生书包过重的问题，是长期形成的，原因也是多方面的。我们根据调查情况做了认真分析研究，认为主要有三个方面。

1. 一些部门和个人以牟取经济利益为目的，向中小学摊派或变相摊派课外辅导资料。某些出版发行部门为了追求经济利益，在发行课本时，不论教学是否需要，往往搭配大量辅导资料。教育部门的某些业务机构，每年都编写一些辅导资料，社会上有少数人也编写所谓的“乡土教材”，通过各种关系，向中小学摊派或变相摊派。有的人算了一笔账，向全市每个中小学生多摊派一本辅导资料，以每本1.5元的收入计算，就可从50万中小学生身上获取七八十万元的收入，这是学生书包过重的重要原因。

2. 升学、择业的考试压力，是造成中小学生书包过重的又一原因。在现阶段，从小学升初中，从初中升高中，从高中升大学，以至于青年择业，都是要靠考试。学校有个顺口溜：“考，考，考，教师的法宝；分，分，分，学生的命根。”这反映了中小学生、家长、教师承受的考试压力很大。一些部门和个人利用学生应考或期望考出好成绩的心理，粗制滥造了各种各样的辅导资料，于是推销辅导资料也就变成“理所当然”的事情了。一些学生家长误认为，辅导资料多子女就可以学得多，考得好。由于这些家长“望子成龙”心切，即使多花些钱为子女买辅导资料也在所不惜。

3. 对课外辅导资料的发行缺乏必要的管理制度。在这方面，市教育主管部门和有关教材发行部门，曾经做过研究，也提出过一些要求，但都没有很好落实。因此，向中小学校发行课外辅导资料多头多线，出版发行部门可以搞，教育部门可以搞，其他部门甚至个人通过某种关系也可以搞。这样，必然造成中小学生书包过重。

三、减轻学生书包过重的建议

中小学生书包过重的问题，严重影响了党的教育方针的全面贯彻，影响了教育改革的深入发展，从而影响了中小学教育质量的提高，同时也有害于学生的身心健康，加重了学生家长的经济负担。这个问题必须引起高度重视，认真加以解决。为此，提出如下建议。

1. 市、县(区)政府及教育主管部门要结合本市、县(区)实际情况,制定落实国家教委《减轻学生过重负担,全面提高教育质量》十条指示的细则,结合贯彻《中国教育改革和发展纲要》,采取强有力的措施,切实减轻中小学生书包过重的问题,全面贯彻党的教育方针,全面提高教育质量,使中小学生能在德育、智育、体育几个方面得到和谐的发展,真正使基础教育从应试教育转到素质教育的轨道上来。要全面评估学校、评估教育质量,不应单纯按考试成绩排名次,发奖金。

2. 未经国家教委或省教委审定的书刊,一律不准进课堂,任何部门和个人不准向学生或学校摊派或变相摊派所谓的辅导资料。每个学期,教育行政部门会同出版发行部门将课本和必备的辅导资料目录、价格公布于众,让广大群众监督,学校有权抵制其他辅导资料的摊派发行。

3. 报纸、电台、电视台等新闻单位应加强舆论宣传,对解决中小学生书包过重问题做得好的学校和个人,及时加以报导。同时,披露以学生为赚钱对象的各种乱发行、乱摊派的不良现象。

4. 深化教学改革。中小学教师要按照教学大纲的要求和学生实际,认真备课,精心授课,加强科学研究,探讨教学规律,改进教法,努力提高课堂效益。学校不得在课外时间(包括假日、晚上和下午第三、四节课)给学生集体补课或上新课,未经市教育主管部门批准,社会团体和个人不得举办以在校中小学生为对象的各种讲习班、补习班,以及各种学科竞赛活动。

5. 改革初中招生和考试制度。市区要进一步巩固初中招生制度改革成果,取消招生统一考试,分期、分批办好薄弱初中和小学,逐步取消重点初中,真正做到划片招生。在已经普及九年义务教育的城镇也要积极进行初中招生制度的改革,取消全县的统一考试。市区还要积极进行高中招生制度的改革,要严格控制考试科目和次数。九年义务教育阶段的考试,除初中毕业年级的毕业考试外,废止其他年级任何形式的统一考试。

办好初中,为提高全民族素质奠定基础

(1993年5月31日)

今年教学工作会议的重点是以中共十四大精神以及中共中央、国务院印发的《中国教育改革和发展纲要》为指导,总结部署我市初中教育工作,为提高全民族素质,培养社会主义现代化建设的各级各类人才奠定基础。1986年6月,省教委在潜山县召开了初中教育座谈会,并于7月份印发了教中字(86)第17号文《关于加强和改革初中教育的意见》,对全省发展和改革初中教育提出了具体要求。今年3月份,省教委又在合肥召开了全省初中教育工作会议,着重讨论了《安徽省九年义务教育全日制农职业初级中学课程计划(试行)的通知》和《关于大力发展和深化改革初中教育的意见》两个重要文件,认真研究了实施《九年义务教育全日制小学、初级中学课程计划》的措施。紧接着,国家教委又于3月28日到4月2日在山东诸城市、烟台市召开了全国初中工作会议。我市于1986年召开的教学工作会议,传达了潜山座谈会精神,并结合市情提出贯彻意见。时隔两年,我在1988年中学教学工作会议上所作的题为《以初中为重点,大面积提高中学教育质量》的报告中,又就如何办好初中提出了十条意见。五年来,我市初中教育工作取得了显著成绩。

一、初中教育的形势与任务

1. 对初中教育战略地位有了明确的认识。五年之前,大家对初中在整个教育中所处地位的认识是不统一的，职业高中把所属的初中部当成尾巴，总想有朝一日把它割掉；完全中学把高中部当成重点，顺带抓初中；单设初中对区管、乡管还不适应，而区、乡教育行政部门又把初中当成“额外负担”。认识上不统一，导致办学力量不集中，初中普遍比较薄弱。通过对《中共中央关于教育体制改革的决定》《中华人民共和国义务教育法》的学习，特别最近通过对十四大文件和《中国教育改革和发展纲要》的学习，教育行政部门和学校的领导同志对初中教育的地位和作用有了比较深刻的认识：基础作用，初中教育是打基础。打什么基础呢？一是为提高整个民族素质打基础；二是为社会主义现代化建设培养各级各类人才打基础；三是为提高各类高级中等教育和高等教育的教育质量打基础。纽带作用，初中是基础教育的中间环节，具有承前启后的作用，它的巩固发展和质量提高既关系到初等教育普及成果的巩固发展和义务教育法的贯彻实施，又关系到高中阶段教育事业的发展和质量的提高。重点地位，教育是四化建设的战略重点，包括初中在内的九年义务教育又是教育的重点。这个认识是总结新中国成立后40余年的经验教训得来的。五六十年代由于国家急需各类建设人才，大力发展高等教育，造就了一批人才，但基础教育薄弱。50年代中期，周总理就认识到这个问题的严重性，他明确提出，不能“大大，小小”，而要“小大，大小”。但因总理的指示没有得到很好贯彻，以致基础教育长期营养不足。1980年，中共中央发布了关于在全国普及初等教育的指示后，全党才逐步明确这个问题。由于认识的提高，各区文教局不再把初中当成“额外负担”，而是把办好初中同办好小学放在同等重要的地位，有专人分工负责；职高不再把初中当成“尾巴”来割了，而是把办好初中当成发展高职事业、提高高职质量的奠基工程；完全中学把办好高中的重点放在办好本校初中的基础上；单设初中呈现了你追我赶的生动活泼的局面。

2. 初中教育事业稳步发展。初中校数由1988年的226所（其中单设初中188所）发展到1992年的237所（其中单设初中196所），增加11所（其中单设初中增加8所）。初中在校生数由1988年的107924人增加到1922年的111074人，增加了3150人。小学毕业生升学率由1988年的73.4%（其中城市98.4%，县镇98.9%，农村65.4%）提高到1992年的79%（其中城市99.8%，县镇98.1%，农村71.5%），提高了5.6个百分点。

3. 教育教学质量有了稳步的提高。多年来，我市建立了两个互相补充的初中教育质量验收制度：一是用初中升学考试成绩的“四率一总”（即报考率、及格率、优秀率、提高率和总平均）评估初中毕业班的教学质量，并与奖金挂钩；二是根据《安徽省普通初级中学办学水平评估方案》对初中办学水平（包括办学方向、办学条件、学校管理、普及程度、教育教学等方面）进行综合评估，今年起，这个评估体系也与奖金挂钩。前者侧重于对各校文化课的教学质量进行全面评估，后者侧重于对学校办学的整体水平进行全面评估,后者对前者具有明确的导向性,前者对后者进行必要的补充,这两个体系的建立推动了初中办学水平和教育质量的提高。1992 年,以市区 37 所初中中考成绩为例,与 1988 年相比,及格率提高了 5.63 个百分点,优秀率提高了 3.02 个百分点,报考率提高了 11.2 个百分点。近几年,我市初中在全省、全国学科竞赛中和省体育运动会上也取得显著成绩。

4. 学校布局日趋合理,办学条件不断改善。城市和县镇除因新住宅区建立时,学校配套不足而呈现紧张外,其他地区基本合理,农村做到一个乡设 1—2 所初中,基本做到上小学不出村,上初中不出乡。初中办学条件也有明显改善,人均校舍面积从 1988 年的 3.8m^2(其中市区 4.8m^2,五何 3.6m^2,固镇 3.7m^2)提高到 1992 年的 4.5m^2(市区 6.26m^2,怀远 3.25m^2,五河 6.1m^2,固镇 4.7m^2),提高了 0.7m^2。三县农村已经完成实验中心网络化,城市和县镇的中学均按标准配齐了教学仪器。我市中小学的实验室建设成就突出,受到省教委多次嘉奖。特别是通过"普九"的验收,大大促进了办学条件的改善,一类地区的文体器材和图书均已基本达标。

5. 重视初中校长和教师的培养与培训。"普九"的重点在农村,为加强农村初中教师队伍建设,多年来,市、县的师范专科毕业生"一刀切"到农村;同时,对在职学历合格的初中教师进行岗位培训,举办教学基本功大奖赛,对学历不合格的初中教师采取脱产、半脱产的方式培训。特别是从今年起,将用三年的时间对学历不达标的初中教师进行全员培训。1992 年城市的初中教师学历达标率已由 1988 年的 75.9% 提高到 82.2%,提高了 6.3 个百分点。三县农村提高的幅度比较大,怀远由 23% 提高到 43.3%,提高了 16.4 个百分点,固镇由 21.9% 提高到 50%,提高了 28.1 个百分点。1990 年以来,蚌埠教院举办了 8 期初中校长培训班,共培训县(区)教委(局)主任(局长)、初中校长 262 名。

6. 在办好初中的策略上,抓两头、促中间。几年来,我们一方面不断总结推广省、市重点中学和示范初中以及有特色中学的经验,充分发挥它们的辐射作用,以推动一般初中的建设;另一方面,从充实领导班子和教师、改善办学条件等方面加强薄弱初中,分期分批办好各类初中。目前薄弱初中的加强已初见成效。

总之,初中教育所取得的成绩是实实在在的,总体上还是比较好的,看不到这点就会失去信心。但成绩也是初步的,按照《纲要》的要求,当前初中仍然是薄弱环节:农村初中的入学率比较低,流失率比较高;三县初中教师学历达标率提高得比较快,但与全省兄弟县比较还是比较低的;初中整体办学水平还不高,教育质量还偏低。因此,困难还比较多,看不到这点也不可能作出正确决策。20 世纪 90 年代最后 7 年,是实现经济和社会发展目标的关键时期,也是搞好初中教育的关键时期。今后一段时间内,我市初中工作的目标和任务是:在普及程度方面,1998 年之前全市基本普及九年义务教育。

在培养目标方面,落实义务教育提高民族素质的宗旨,全面贯彻教育方针,全面提高初中教育质量。在办学水平方面,要逐步实现学校管理科学化、教师素质优良化、办学条件标准化。在筹措经费方面,深化改革,解决多渠道筹措经费问题。在工作指导原则方面,要坚持分类指导,分步推进,努力提高办学效益。

二、初中教育的普及与验收

《中华人民共和国义务教育法》颁布后,我市在完成初等教育普及的基础上,于1987年7月省教委在郊区召开全省现场会后普及初中教育。经过5年的努力,今年开始验收。受市政府的委托,市教委组织了由督导室牵头,有关科室和三县四区教委的同志参加的验收小组,从3月9日市验收现场会开始起到5月19日止,历时2个月零10天,对4个区10个乡(镇)220所中小学进行全面验收。验收小组工作非常认真,非常细致,非常深入,他们根据省颁“六项基本要求”和有关规定,分成“普及程度”“办学条件”“师资条件和教育教学”“布局规模和教育经费”4个专题小组,每组又分A、B两组同步验收。他们对每个区、乡(镇)、校都采取听(听汇报自查情况)、查(查看“普九”资料和办学条件)、核(核对教育经费的投入数据)、点(点学生人数)、算(算“六率”达标)、量(丈量校舍占地面积)、访(访问师生和乡村干部、家长)等形式,本着“坚持标准、实事求是、全面衡量、重点突出”的原则,用省颁标准公平、公正、合理地进行评估。通过考核,对每个区、乡(镇)分别认定档次(共分合格、基本合格、不合格三个档次),对“基本合格”和“不合格”的项目条款提出具体意见,要求限期“达标”。验收小组对每个区、乡(镇)都写出认定结论报告,经市“普九”协调小组通过,报市政府批准,然后上报省政府。这次验收工作有五个特点。

1. 各级党委、政府积极加强对“普九”工作的领导,充分体现了“普九”工作的政府行为。“普九”是党的战略决策,是“大政”,是政府行为。五年来,市委、市政府多次研究“普九”工作,而且每年召开一次以“普九”为重点的农村教育工作会议,部署“普九”工作。市县人大、政协每年至少视察一次“普九”工作,并督促政府切实解决实际问题,市政协也多次调查“普九”工作中的热点问题,并且给予指导。今年3月9日至12日,由市委、市政府召开的普及九年义务教育验收现场会就充分体现了市四大班子对“普九”工作的重视,市委副书记胡德新同志主持了开幕式,市政府副市长李福祥同志作了工作报告,市委常委、副市长李迅同志主持了闭幕式,胡德新同志作了总结报告。会议期间,一类地区的县(区)、乡(镇)政府负责同志和市政府有关部门的负责同志参加了验收组。由于西区和郊区长淮镇的大力配合,这次验收现场会开得很好,有力地推动了一类地区的验收工作。三县四区的党委和政府都十分重视,郊区党委书记左英同志召开党委扩大会议，专题研究“普九”的迎查准备工作，李忠荣区长亲自布置迎查任务，听取验收组情况汇报，拨专项经费10万元，购置文体器材和图书，副区长蔡世红同志亲自参加7个乡(镇)的验收工作。验收组在验收中发现秦集乡有的学校出现新的危房，有的学校借民房当教室，有的学校出现二部制等问题后，李区长立即表态再拨10万元给秦集乡，以解决学校燃眉之急，并责令5月份由文教局主办，火速解决危房问题。西区区长刘长泉亲自抓“普九”迎查工作，明确提出“四个到位”：认识到位，人员到位，专项教育经费到位，奖惩到位。1992年、1993年两次分别拨专款6万元、9万元，并单独拨了1万元作为“普九”迎查后的奖励。中区区长卜广秀同志、东区区长邓之麟同志、副区长王文秀同志以及三县分管县长也都亲临本县(区)中学，逐校进行自查复查工作，发现问题现场办公，当时拍板，限期解决。中区拨“普九”验收专项经费6万元，东区拨“普九”验收专项经费15万元，固镇县城关镇近几年新盖了6幢教学楼。各级人大、政协的老同志，也都直接参加了区、乡(镇)的“普九”自查迎查工作。

2. 各部门通力协助，主动配合，充分体现了“普九”工作是政府各职能部门的行政行为。这次验收不是教育部门的单独行为，所验收的区、乡(镇)的财政、税务、土地、农业等部门与教育部门密切配合。郊区长青乡陶店小学为了扩大学生活动场地，新征地6亩，建成了200m环形跑道。李楼乡各小学由乡政府统一拨给1—5亩地作为学校劳动基地，这些都是土地管理部门协助解决的。三个区财政对教育经费的拨付如期到位，中区政府拨了2.4万，东区政府的17.88万元也在验收中及时兑现，怀远县城关镇拨1.5万元，郊区李楼乡教育费附加拨了2万元，秦集乡在5月底前将教育费附加所欠的15917元拨到位。验收的14个单位的公办民办教师工资、福利待遇从不拖欠，是财政局(所)通力合作的结果。

3. 市、县(区)教育主管部门的人事、普教、教研、财务等科室密切配合，辛勤工作，为“普九”验收迎查作了贡献。一类地区的区文教局、乡(镇)教办都能按省颁六项内容要求，布置图文并茂的展板展室，为自查提供了有关数据和典型事迹，为“普九”验收提供了具体化、形象化、规范化的资料。

4. 各中小学校的领导和广大师生积极参加了“普九”验收的迎查工作。这次验收的220所学校，校园生机勃勃，标语醒目，彩旗飘扬，环境幽静整洁，有校树、校花，“普九”验收迎查气氛很浓。即使是规模小、师生人数少的村小，也给大家留下了深刻的印象。

5. “普九”验收和迎查工作，从市区到郊区和三县，从学校到社会，牵动了千家万户。如查“六率”点学生名，无形中进行了“义务教育法”的宣传，要求适龄儿童少年100%入学，引起了全社会和学生家长对辍学生的关注和重视。

通过这次“普九”验收工作，我们认为主要收获有以下五点：进一步提高了对教育战略地位的认识;进一步提高了依法办教育的法制观念;进一步提高了对"人民教育人民办,办好教育为人民"的认识水平;进一步提高了学校办学的总体水平,办学条件有了突破性的进展;进一步提高了"普九"资料建设水平,完善了各项资料,强化了"六率"达标意识。

在验收中,验收组采取了任务到组、责任到人的办法,坚持标准,严格手续,做到"一把尺子量到底",也培训了我们的队伍,让我们学到了许多实践知识。

但是,在市辖区"普九"验收工作中,我们也发现几个共性问题:

1. 初级中等教育在校生的巩固率仍然存在一些问题。造成流失的因素是多方面的,必须采取法律的、经济的、行政的手段;否则,仍有下降的趋势。

2. 由于历史原因,城市部分中小学校生均占地和生均占有校舍面积达不到省颁标准要求。如市区中心地带的学校,学生做操仍要分批进行,有的学校无法解决60m直跑道,只达30m左右。

3. 部分地区如东片、西片人口密度大,少数地段学校布局不合理,规模不适应发展的需求。

4. 厂矿企业办的学校,除铁路、纺织、二空、物探大队办的学校比较好外,其余学校皆存在一些亟待解决的问题。

我市本世纪末能否完成普及九年义务教育的关键是在广大农村能否普及初中。因为1987年以前农村已经普及小学,今后是如何巩固提高的问题。因此,我们要把"普九"重心放在初级中等教育,以此带动初等教育、推动高级中等教育。为此,必须做到"三个坚持"。

1. 坚持分类指导、分步实施的原则。城市和县镇的初中要巩固、充实、提高、发展,发挥其示范作用。巩固,就是要巩固"六率",特别是巩固率和完成率。充实,就是按标准化的要求充实教学设施,特别是要充实薄弱初中的教学设施。提高,就是提高办学水平,提高办学效益,提高教育质量。发展,主要是结合城市改造,按国家规定的办学标准走现有初中内涵改造和发展的道路,城市某些地区因布局不合理也要新建初中,要用三五年的时间把城市和县镇的初中都办成一类初中,以提高整体水平。还要办好一批省、市、县(区)的示范初中,使其发挥骨干作用。农村初中要调整布局,达到普及标准。从我市广大农村的初中布局来看大体合理,但有些乡(镇)尚存在布点多、规模小的问题。目前农村初中每校平均不到8个班,大部分初中不能达到12个班的规模,因此,某些乡(镇)的初中布点要作适当的调整,以提高初中教育的规模效益。各县要根据本县完成普及九年义务教育任务的时限,对各个乡(镇)完成的时限再作一次调整,按照省颁验收标准,积极创造条件,保证按时完成普及任务。根据新颁发的"双基"验收标准来看,农村初中办学条件的改善固然很重要,但最主要的还是小学毕业生的入学率、巩固率、完成率和教师的达标率四个问题,最困难的还是贫困地区教育、女孩教育和特殊教育三个问题。

2. 坚持依法治教的原则。对义务教育评估验收就是对执法成果的验收,也是为了进一步推动政府执法。评估验收全过程必须依法办事,法要求做的必须做好,法不允许做的必须禁止,要维护法律的严肃性。谁来执法呢?各级人民政府执法,各级人民政府的各个职能部门(计划、教育、财政、税务等)执法。谁来监督执法呢?上级政府对下级政府进行监督,同级人大对同级政府监督,上级教育行政部门对下级教育行政部门进行监督。怎么进行监督呢?今后,我市将把评估验收"双基乡(镇)"作为一项经常性的活动开展下去,以便推动乡(镇)实施义务教育。为此,各级要加强督导队伍的建设,完善督导制度。

3. 坚持实事求是的原则。对于普及初中,我们的态度要积极,要做促进派,不做促退派。但是,具体工作要扎实,要实事求是,不要弄虚作假。

三、初中教育的改革与管理

办好初中,一要深化改革,二要加强管理,改革与管理是相辅相成的两个方面。当前,要着重从以下几个方面深化初中教育改革和强化管理。

1. 改革教育思想,转变教育观念。教育现代化首先要教育思想现代化。根据义务教育的宗旨,要切实变应试教育为素质教育,面向全体学生,使每个学生都能在自身原有基础上有所发展。改变只抓尖子、歧视后进生的偏向。要把坚定正确的政治方向放在首位,要遵照德、智、体、美、劳五育并举的原则,克服轻视德育,忽视体育、美育、劳动技术教育的做法。要重视调动学生的积极性和主动性。采用启发式,改变注入式,在加强"双基"的同时,注意培养学生能力。如:外语能力、计算机操作能力、基本读写能力。要贯彻因材施教的原则,克服"一刀切"的现象。

2. 改革初中教育结构,发展农村职业初中。我市现有农职业初中7所(其中独立设置的3所),学生班级数117个,在校生6961名,占全市初中在校生的6.26%。因此,我市农职业初中还很薄弱。发展农职业初中,不但是普及初级中等义务教育的需要,也是发展农村初等职业技术教育、培养初级农职业技术人才和适应农村生产、生活的需要,应适当发展。我市三县一郊即使普及初级中等义务教育,农村高中阶段教育仍不可能同步得到发展,大多数初中毕业生将回到农村参加生产劳动。为使这些毕业生在初中阶段能够打好劳动技术基础,并且能掌握一两项农业生产职业技术,农村要重视发展初级农职业技术教育。可以采取3+1(或0.5)、2+1、将普通初中改为农职业初中等多种形式,也可以在普通初中广泛渗透职业教育。农职业初中(含普高附设)可以按照省颁

《安徽省九年义务教育全日制农职业初级中学课程计划(试行)的通知》开设课程,主要仍是进行初中阶段的基础知识、基本技能的基础教育。教学要求应符合初中的教学计划、大纲和教材,达到基本要求,外语可不作要求。劳技课作为基础课程,必须得到加强,并且因地制宜,选修一两项职业技术课。劳动课、专业课教师、教学基地要逐步落实。对农职业初中学生,要加强热爱农村、建设家乡、科技致富、勤劳致富的思想教育。农职业初中还要力争办成当地初级农职业技术人才的培训中心、农业技术推广服务中心,有条件的要逐步创立经济实体。

3. 改革初中课程结构,严格执行新的课程计划和教学大纲。为了执行《中华人民共和国义务教育法》,国家教委规定了《九年义务教育全日制小学、初级中学课程方案(试行)》(以下简称《课程方案》)。《课程方案》由《九年义务教育全日制小学、初级中学课程计划(试行)》(以下简称《课程计划》)和思想政治、语文、数学、外语等15科教学大纲(试用)组成。新的《课程方案》体现了现代化教育思想,实施新的《课程方案》是一项重要改革。这里着重讲一讲《课程计划》的特点。《课程计划》的指导思想突出了全面发展,在德育方面,《课程计划》的"学科"部分不仅保持了每周2节的政治课时间,还加强了教育性比较强的历史、语文、地理等学科的教学,特别是增加了历史教学时间,还要求各地开设乡土历史和乡土地理的有关课程。在"活动"部分,晨(夕)会、班团队活动和传统教育都列入课表,计入总活动量。在体育方面,不仅每周增加一节体育课,而且要求把课间操、早操、眼保健操和文体活动都列入课表,计入总活动量。

初中教育明确了全面打基础的目标。在教育方针中,"社会主义建设者和接班人"是各级各类学校共同的培养目标。那么,初中的培养目标是什么呢?《课程计划》明确地提出:"为提高全民素质,培养社会主义现代化建设的各级人才奠定基础。"如何"奠定基础"呢?《课程计划》从思想政治、科学文化、劳动技能和身体心理等四个方面的素质对初中阶段的培养目标提出了比较具体的要求。

课程设置坚持统一性与灵活性相结合。课程包括学科与活动两个部分。15门学科的教学内容全国统一,活动课的五大块教学内容各地灵活。在学科课程方面,包括由国家安排的和地方安排的两部分,前者为主,全国统一,后者(如乡土地理、乡土历史等)各地灵活;必修课全国统一,适当设置的选修课(如初三数学、外语),各地灵活;按学年、学期安排的课全国统一,适当设置课时较少的短期课(如职业指导课),各地灵活;文化基础教育全国统一,因地制宜地渗透的职业技术教育,各地灵活;学期、学年和毕业终结性考试的时间可以统一,考查的时间,各校灵活。

从今年秋季入学的初一新生开始实施新的课程计划、教学大纲,使用新的教材。市县(区)乡(镇)教育行政部门和各中学必须有计划地组织和指导广大教师学习计划、大纲和教材,端正指导思想,明确培养目标,掌握大纲精神,熟悉教材内容,充分做好准备。

要维护新的课程计划的严肃性。全日制普通初中不论是实行三年制的还是四年制的，都要按国家教委制订的课程计划，分别地、严格地按三年制或四年制的课程和课时执行，开全课程，开足学时，对教学中的薄弱学科（如劳技、体育、音乐、美术等课程和理化生实验），必须从课时、师资、设备和场地等方面予以加强和落实，以保证教学质量。人口、国防、环境、青春期、交通等教育要渗透在有关学科中进行，均不需要单独设课，也不进行考核。这类教育一般不需要单独编教材，如需单独编教材，必须经省教材编审委员会审批方能进入课堂使用。未经省教材编审委员会批准的任何部门、任何单位、任何个人编写的这类书籍都不准进入课堂，这是一条教学纪律。各校要严格控制周总课时和周总活动量，各科教学内容经过调整，应面向大多数学校和学生实际，要难易适度，不得加深加难。

4. 改革初中招生和考试办法，逐步做到初中学生就近入学。初、中、高三考是基础教育的指挥棒。1978 年恢复高考制度以来，这三根指挥棒对恢复教学秩序、提高教学质量起到了很大作用。但随着形势的发展，也暴露出一些弊端。国家教委要求三考改革配套进行，逐步推开。从 1986 年开始，国家教委多次提出在普及九年义务教育的地方，要取消初中招生统一考试，取消重点初中，小学毕业生就近划片入学。我市从 20 世纪 80 年代初开始，就有计划有步骤地进行初中招生办法的改革，做到既积极又稳妥，大致分四个阶段：(1)1980 年后将小学升学考试和毕业考试合并进行，减少考试次数。(2)1983 年以后缩小重点中学招生择优范围，一般中学就近划片招生。(3)1992 年开始取消全市统一的小学毕业考试，重点中学招生由按统考成绩择优改为由各小学以毕业考试成绩为主，德智体全面衡量，按分配名额择优推荐。(4)今后，在办好薄弱初中、缩小各初中之间差距的基础上，逐步取消重点初中。第三步已经迈出，只能进不能退，今年要进一步完善去年的办法。三县城关镇也要酝酿初中招生办法的改革。初中阶段的学期、学年和毕业的终结性考查、考试，是对学生的合格水平的考试。考核要全面，要通过对学科和活动两类课程的有关知识和能力等方面的考核，促进学生整体素质的提高和特长的发展。考试以每学期进行一次为宜。考查着重在平时进行，除毕业考试外，各级教育部门要严格控制统一考试。初中毕业考试应在国家统一规定的毕业年级文化学科范围内确定考试学科，要严格控制考试学科数。考试方法和评分办法也可适当进行改革，可以采取闭卷、开卷的书面方式，也可采用口试、操作等方式，成绩评定可以采用百分制，也可采用等级制、评估制。

5. 改革初中教学，减轻学生过重学业负担。几年来，我市在初中教学领域里进行了许多改革，也积累了许多经验，但是学生过重的学业负担干扰了各项改革。当前，学生过重的学业负担主要表现为“四多”：(1)课本以外的资料多。每学期，发行部门随课本对每个学校、每个年级、每个学科、每个学生搭配成套的教辅材料，有的一门学科搭配了

5本，再加上社会有关方面通过各种渠道向学生推销的书报和家长为学生购买的参考书，那就更多了。(2)由于搭配的练习册多，学生的作业自然也就多了。据调查，学生完成家庭作业的时间，在2小时左右。这些作业，有的粗改，有的选改，有的课堂上集体订正，有的根本不改。(3)课外时间上课多。现在不少学校把下午3、4两节和早晚自习用来集体上课，毕业班还把节假日用来补课，学生感到很疲劳。他们说："早七点，晚七点，一天到晚不休闲。"(4)考试次数多，难度层层加码，学生疲于应付。学生负担过重危害性很大，一害学生，不利于学生身心的健康发展，不利于学生的个性特长的培养，不利于学生创造性的发挥。二害教师，大量的教辅材料涌来，教师忙于应付，增加精神负担，无暇钻研大纲和教材，影响教师教学独创性的发挥和独特风格的形成。三害事业，学校的德育活动时间和文体活动时间被大量挤占，影响"两全"，影响改革的深化；同时又给学生家长带来过重的经济负担，少数农村学生因无力承担费用而辍学。国家教委已三令五申，最近又发出"减轻学生过重课业负担，全面贯彻教育方针"的十条指示，市教委已转发，并提出七条贯彻意见，各校要认真贯彻，切实把学生从过重负担中解放出来。各级教研组织和广大教师要认真钻研教材，大力开展教学研究，积极进行教改实验，不断总结教改经验。在减轻学生过重负担的同时，也要防止负担过轻的现象出现，学生要有一定的负担，这种负担要适当。

6. 改革初中办学体制，建立以政府办学为主，社会各界共同办学的体制。国家教委副主任柳斌同志在全国初中教育工作会议上，对多种形式办学强调了三点：(1)企业办学应坚持，企业转换经营机制的过程中办学遇到的问题要注意调查研究，妥善解决。(2)对社会团体、个人办学要加强指导管理。私立中小学要贯彻《义务教育法》及其《实施细则》，贯彻国家的教育方针，要遵守国家、地方的有关法律、法规，贯彻国家和省颁的课程计划，使用国家审定的教材。(3)办学过程中，要防止宗教干预教育的问题，收费要经过政府有关部门批准，不能以盈利为目的，不允许办贵族学校，至少是义务教育阶段不允许办贵族学校，要接受政府和教育行政部门的检查、评估、指导和监督。私人办学必须具备必要的办学条件，并经过政府批准。

外国人在我国办学要注意几点：(1)要遵守我国的法律、政策、法规；(2)教育中不允许有危害我国社会主义制度的内容；(3)要尊重我国的教育主权，要使用汉语进行教学，聘请在我国有长期居留权的具备校长资格的人当校长。

7. 改革初中教学内容、教学方法、教学手段。多年来，我市在这方面的改革还是不少的，要在总结经验的基础上有新的发展。各级教育研究机构要充实力量，加强领导，有计划地开展教育教学的专题研究，要重视教改的整体实验。柳斌同志号召全国学习上海市"成功教育"经验。所谓"成功教育"，就是指导思想首先是相信每个学生都能成功，要为他们创造成功的机会，给以成功的希望，帮助学生成功。要运用激励机制，使他们发展特长,使九年义务教育不再产生失败者,使更多的学生带着成功的心态走向社会,走向高一级的学校,使义务教育的宗旨得以实现。薄弱初中的根本出路在于改革,要摒弃悲观失望、怨天尤人、等靠要等错误观点。大面积提高初中教育质量的根本出路在于改革。

8. 改革初中教学管理,优化学校环境和教学秩序。管理是育人的重要条件,对不适应的规章制度要作必要的改革。要建立、完善和坚持各项规章制度,从严治校,从严治教,从严治学。要严格执行教学计划,不得随意增加或减少课程或课时。要加强年级组和教研组的建设,按年级组管理有利于学生管理,按教研组管理有利于教学管理,要把两者很好地结合起来,扬其长而避其短。要加强学籍管理,认真贯彻《安徽省全日制普通中学学籍管理规定》。鉴于初中的留级面过大,冲击了学校的正常教学秩序和学籍管理制度,最近,省教委决定"从今年起取消初中留级制度"。取消留级制度后,各校要重视对学习困难学生的教育,采取积极有效措施,抓差补缺,因材施教,帮助他们健康成长。要严格把好中考报名关,已经考两年的初中毕业生不让再报名,下决心解决重复教育问题。要用经济、行政、督导等手段对跨地段的招生进行管理。各校必须因地制宜,对照标准,经过充分讨论,制定校园建设规划(包括文字和平面规划图),逐校报告市、县教委审批。经批准后,各校制成沙盘模型陈列,在达标建设过程中分步实施,要搞好校容校貌建设,树立良好的校风学风,形成良好的育人环境,把学校建设成精神文明建设的阵地。要坚持流失生汇报制度,已辍学的要动员复学。要坚决制止招收童工,学校要严格按有关规章收费,对家庭经济困难的学生应减免杂费。

9. 加强初中教师队伍建设,提高整体素质。城市和县镇的初中教师培训的重点应放在进一步提高学历层次和岗位培训上,以提高专业理论水平和实际教学能力。特别是要广泛开展教学观摩活动和教学大奖赛,给有才华的青年教师施展才能提供舞台,尽快让他们成为学科带头人。农村初中教师培训的重点应放在学历达标上,近三四年内要花大力气抓好初中教师全员培训,这是多快好省地解决农村教师学历达标的最佳形式。我市参加培训的有1818人(市281人,怀远942人,五河334人,固镇261人)。开展初中教师全员培训,相当于举办一所几万人的没有围墙的大学,况且学员文化基础参差不齐,年龄差异较大,教学负担重。有的农村教师家庭困难,对搞好学习有一定的影响,为使他们"留得住,学得好",真正达到合格水平,必须制定科学的管理办法和严格的规章制度。当前要抓住三个关键:组织好学员定期收看电视教学节目,特别要组织报名人数多的语文、数学、外语、政治四科教师收看;组织好学员自学,各教学点要根据学员分布情况,成立学员自学小组,积极开展自学互教活动,学员应认真自学,并按时完成作业。各进修学校要组织教师检查、批改学员作业。组织好教师辅导,辅导工作要贯穿教学工作的始终,并采取平时信函答疑和寒暑假集中面授相结合的办法。此外,还要建立“教学点管理办法”“学员学籍管理办法”“辅导老师工作条例”等规章制度。三年后，初中教师学历能不能达标，关系到我市本世纪末能不能实现党的十四大提出的“两基”的大问题，因此，对全员培训应给予高度重视。

总之，发展初中教育，提高初中办学水平，要在柳斌同志提出的“三化”（即学校管理科学化、师资素质优良化、办学条件标准化）上多下功夫，经过几年的努力，务必使我市初中面貌有较大的改变，为完成普及九年义务教育这一历史重任再作贡献！

（这是在1993年5月召开的全市教学工作会议上的报告。）

关于贯彻实施《教师法》的提案

（1994 年 2 月 27 日）

《教师法》是加强教师队伍建设，保障教师合法权益的根本大法，必须全面贯彻，重点突出。我们建议：

1. 每年 9 月份为《教师法》宣传月，9 月份第一周为宣传周。

2. 女教师满 25 年、男教师满 30 年以上教龄的退休教师，享受原工资 100% 的退休金。

3. 市、县（区）两级成立教师奖励资金会，每年奖励一批在教育教学、教学改革、教育科研、学校管理、学校建设、后勤保障等方面成绩突出的教师与干部。

4. 市、县（区）、乡三级政府，就教师住房问题在市“525 工程”的基础上，分别制定优先优惠措施。

5. 市、县（区）、乡，每 3 年为城乡教师检查 次身体，医疗费按公医办法报销，不能拖欠。

6. 凡是地方政府出台的政策补贴，应列入财政预算，彻底解决教师工资拖欠问题。

7. 提高民办教师工资，当前，在职称评定、政策性补贴等方面，他们的工资待遇应与公办教师一致，并逐步做到与公办教师同工同酬。

8. 农村教育费附加采取村筹，县教育局管理，乡教办使用的办法。坚决杜绝乡（镇）政府挪作他用。一经发现查实，依法严处。

9. 市、县(区)、乡三级教育行政部门的主要负责人分别参加三级党委,作为各级人大代表、政协委员候选人的教师名额应在现在的基础上适当增加。

10. 市、县(区)两级政府建立教育督导制度,由政府从人大代表、政协委员中特聘督学,并颁发聘书,组成督学团。把人民代表、政协委员视察活动与教育督导相结合,与教委督导室配合,对《教师法》贯彻情况进行检查督促。

11. 教师中的政协委员,可列席所在单位的教代会,参与学校管理。他们在参加政协活动期间,所在单位要妥善安排他们的工作,参加活动的时间计入工作量,同时,予以报销差旅费。

12. 市、县(区)两级政府制定《教师法实施细则》,责成有关部门执行。

(这是任市政协常委、社会文教委员会副主任时为教育组全体委员代拟的提案。)

实施《教师法》亟待解决的问题

——固镇县中小学教师状况调查

（1994年4月15日）

《中华人民共和国教师法》（以下简称《教师法》）是加强教师队伍建设，保障教师合法权益的根本大法。为了更好地实施《教师法》，市政协和固镇县政协组成16名委员参加的联合调查组，在市政协副主席马广爱同志和县政协主席张玉琳同志率领下，于1994年元月8日至10日，对固镇县及其所辖3个乡镇、3所中学、1所教师进修学校、6所小学的教师状况进行了调查。调查组采取点面结合、听汇报与开座谈会结合、问卷与个别谈话结合、重点察看与一般了解结合的方式，听取了县教委、刘集镇、任桥镇、唐南乡政府与教办，以及10所学校负责人的汇报，召开了10次乡镇干部和教职工座谈会，收回问卷863份，察看了学校校园环境，访问了部分教师家庭，对教师的现状进行了全面的调查了解。

一、情况与成绩

全县中小学教职工共5309人（男3791人，女1518人），其中中学1597人（男1366人，女231人），小学3712人（男2425人，女1287人）；公办教师3459人，民办教师1759人，临时聘用的工人91人，民办教师占教职工总数的33%；中学教师35岁以下的151人，36岁至45岁的259人，46岁至55岁的171人，56岁以上的56人，青年教师占

65.5%；小学教师35岁以下的1533人，36岁至45岁的1307人，46岁至55岁的732人，56岁以上的140人，青年教师占42.5%；有职称的3687人，其中初级职称的3080人，占58.01%，中级职称（包括小学高级）557人，占10.49%，中学高级职称50人，占0.94%。

多年来，固镇县委、县政府以及教委和有关部门围绕教师队伍建设做了大量工作。据去年统计，被选为县委委员，市、县人大代表，政协委员的教师就有40名。每年都表彰、奖励优秀教师，1987年以来受到国家、省、市、县表彰的共达971人，占教师总数的15.5%。全县集资新建教师进修学校，有计划培训小学教师和校长，全县小学教师学历达标率由1985年的21.9%提高到91.7%，其中任桥镇达96%，刘集镇达84%。全县初中教师学历达标率由1985年的26.1%提高到54.5%。增加教育投入，全县中小学教师平均工资与全县全民所有制职工的平均工资水平大体相当，元月底，拖欠的工资全部兑现。近年来，为269名教师子女解决就业问题。在教师中开展自尊、自重、自强教育，进一步坚定他们忠诚于人民教育事业的信念，组织优秀教师在全县巡回演讲，宣传奉献精神。加强民师队伍建设，420名民师转为公办教师，118名年老体弱的民师办了退养手续，使其老有所养；同时对不合格的638名民师进行了辞退。教育管理干部培训制度化，完中校长的75%、初中校长的88.3%、小学校长全部进行了一次脱产培训。严格管理，有效地控制了教师外流，近三年教师的调进调出基本平衡。1993年，处理了三起辱骂、殴打教师事件，维护了教师的合法权益。从总体看，多年来，全县教师队伍是稳定的，政治业务水平有明显提高，政治经济待遇有很大改善，尊师重教的社会风气已经形成，广大教育工作者坚守岗位，忠于职守，勤勤恳恳，教书育人，默默奉献，为培养社会主义建设者和接班人、提高全民族素质作出了很大贡献。

二、问题与原因

然而，同《教师法》的要求相比，当前教师队伍建设中还存在许多在全国都带有普遍性的亟待解决的问题。

1.教师工资低。三个乡镇89份教师问卷反映：教师月人均工资为153.84元（中学181.11元，小学121.61元），最高为286元，最低为48元。其中任桥、唐南两乡镇的68份教师问卷反映，教师家庭收支基本平衡的13人，占20%，支出大于收入的31人，占47.7%，未作回答的21人，占32.3%。

2.工资报酬、福利待遇有拖欠现象。该县教师30%的职务奖、满勤奖、交通费以及1993年出台的书报费、洗理费等政策性补贴，大部分学校无力支付，1993年底，靠市县政府拨款补助才解决问题。经济条件好的刘集镇，教师工资能按月兑现，经济条件较差的唐南乡从1993年2月到8月，只发给教师基本工资，11月才补齐拖欠部分。

3. 医疗经费少，公医报销难。固镇县教师公医同国家机关干部一样，均采取承包办法，每人每年70元，县公医办留20元，乡医院留2元，教师每年只能报48元。但就是这48元，有的乡也不能兑现。刘集和任桥两乡的教师，1993年医疗费分文未报销；唐南乡教师医疗费，仅1993年就有1.03万元未报销；刘集中学近两年有3位教师病故，至今尚欠医院1.2万元医疗费，无法报销；任桥中学一名教师患肝炎3年，至今尚有3千余元看病发票无法报销。

4. 教师住房既缺又差。城关镇教师人均住房面积仅为4.1平方米，农村教师住房更差。

5. 民师待遇低。全县民师工资平均每人每月80元左右，而公办教师平均每人每月工资为179.8元。

6. 中学教师学历达标率仍然较低。全县高中教师学历达标率为43.7%，初中教师为54.4%；刘集镇初中教师学历达标率为66.7%，任桥镇初中教师学历达标率仅为32%。以上均未达到普及九年义务教育的合格要求。调查的3个乡镇，中学教师尚有25名中师毕业生和14名中师以下学历的，正在参加初中教师大专学历全员培训。初中毕业生教初中的现象仍然存在。

7. 少数学科教师不配套。全县教师学科结构大体合理，但少数学科不配套，中学体育、音乐、美术教师只占教师总数的1.07%。刘集镇235名中小学教师中只有2名专职体育教师，无一名专职音乐、美术教师。任桥镇275名中小学教师中只有5名艺体学科教师，尚缺25名艺体学科教师。

近年来，国家虽然采取了一系列措施，教师待遇有明显改善，但与其他行业相比依然偏低，究其原因，主要是：

(1)县、乡工业基础薄弱，产值和利润都偏低，财政收入少，经济实力弱，有些乡镇对机关干部和教师的工资很难按时兑现。

(2)校办企业普及面很小，除县城少数规模较大的学校有校办企业外，广大农村中小学一无资金，二无场地和设备，三无办厂人才，哪里有能力办企业呢？因此，没有任何预算外收入，省里规定的用自筹资金发放给教师的资金和午餐费等，也就无钱支付。

(3)教育法制不健全，教育法制体系未形成，已颁布的两部教育专门法律执行也不严格，强有力的监督机制还未建立。当前，教育还未真正走上法治道路，依然靠行政手段管理，靠人治。一个乡镇教育事业的发展和教师地位的提高，在很大程度上取决于这个乡镇主要负责人对教育的重视程度，而不是取决于对法律的执行。有法不依，执法不严，违法不究的现象时有发生。

(4)教育管理体制上还有某些环节不完善。教育体制改革后，基础教育实行分级办学,分级管理,调动了各级政府和广大群众办学的积极性,农村中小学发生了显著变化。但是,撤区并乡后,随着"三权"下放,教育经费和教师也下放到乡管,有的乡财政管理不严,教育经费不能专款专用。

三、意见和建议

百年大计,教育为本,教育大计,教师为本。《教师法》的制定和颁布充分体现了党和国家对教育的重视,对人民教师的关心。为了更好地实施《教师法》,特提出六点意见和建议。

1. 宣传学习好《教师法》。《教师法》的颁布是教育系统的一件大事,也是全党全社会的一件大事,各级人民政府和有关部门的领导要带头学习,提高履行法律职责的自觉性。要通过各种会议和新闻媒介,向广大教师和社会各界广泛宣传《教师法》的基本内容和基本精神,宣传依法治教的观点和教育的战略地位,要做到家喻户晓,深入人心。当前要集中宣传一段时间,近几年,拟把每年九月定为《教师法》宣传月,结合庆祝教师节开展尊师重教活动,形成社会风气。

2. 深化教育体制改革,确保教育经费和教师工资。在总结我市"分级办学,分级管理"经验的基础上进一步完善教育体制,教育经费的管理权应归属市、县(区)教育行政部门。各级财政每年要确保国拨经费的"两个"增长;教育费附加要征足、管紧、用好,要采用乡筹县管乡用的办法,坚决杜绝挪用教育经费,如有贪污或挪用教育经费者应依法从重处理。仍要大力提倡多渠道集资办学、捐资助学。今后,一切政策性的补贴均要列入财政预算。

3. 制定宣传贯彻《教师法》的具体意见。各级政府要制定具体贯彻意见,在贯彻中要突出两个重点:一是改善教师工作条件和生活条件,提高教师政治经济地位;二是加强对教师的思想教育和业务培训,提高教师思想政治水平和教学业务素质。在贯彻意见中,要体现对教师待遇的提高,男教师满 30 年、女教师满 25 年以上教龄的中小学退休教师退休金提高到原工资的 100%。住房优先优惠,享受公费医疗待遇,民办教师与公办教师逐步做到同工同酬。在教师子女就业的照顾、设立教师奖励基金会,以及教师参政议政、培训提高等方面,都要作出同我市经济发展相适应的政策性规定。

4. 建立监督机制。监督是保障《教师法》贯彻实施的重要手段。市、县(区)两级要建立健全包括组织监督、法律监督、社会监督、教师监督、舆论监督等方面的监督体系,对《教师法》的实施进行广泛的监督。建议市、县(区)两级人民政府建立督导制度,成立专兼职结合的督学团。专职督学以教委督导员为基础,适当调整,兼职督学可从上级和本级人大代表、政协委员中挑选政治业务能力强、教育教学管理经验丰富的同志担任，由政府颁发督学证书，对教育法规的贯彻进行定期的督查。

5. 建立健全教师培养培训和科学管理机制。市、县教育行政部门要修订师资培训规划，培训经费要到位。强化培训基地建设，把师范院校放在教育事业发展的突出地位。要改善师范院校生源条件，采取有效措施动员优秀初、高中毕业生报考中、高等师范院校。重视培养中青年教师和干部，发挥老教师和老教育工作者传、帮、带作用。开展师德教育，宣传优秀教师和教育工作者的红烛精神。教师要用《教师法》来规范自己的言行，教书育人，为人师表。按《教师法》的要求管理教师，从长期依靠行政手段管理教师的轨道转移到依法管理的轨道上来，实现教师管理科学化。

6. 完善执法体系。贯彻《教师法》是政府行为，各级政府及其有关部门（司法、教育、监察、审计等）是执法机构，要明确职责，把《教师法》的贯彻纳入政府及其有关部门的工作之中，有法必依，执法从严，违法必究。

（这是为调查组撰写的调查报告，并代表调查组在蚌埠市政协全体委员会上作专题发言，发表于1994年第6期《安徽教育》。）

全面施行，重点突出

——进一步学习宣传贯彻《教育法》

（1995 年 9 月）

人们翘首以待的《教育法》已于 9 月 1 日施行，这标志着我国教育已迈向全面依法治教的新阶段。它将对教育全面落实《中国教育改革和发展纲要》与科教兴国的战略，把我省尽快建成教育强省，力争在 20 年内全省实现现代化具有重大意义。必须把进一步学习、宣传《教育法》作为目前一项重要任务抓紧抓好。

知法是施法的前提，施法是法律的生命，监法是施法的条件，执法是施法的保证。《教育法》是教育的根本大法，它从法律上确立了我国教育的性质、任务、地位、方针、基本原则、基本制度以及教育主体关系的法律地位、权利和义务，规定了相应的法律责任。它是教育法律体系中的母法，涉及教育改革和发展的全局，规范和调整各类教育的关系。要完整地领会其精神实质，动员全员学习：各级党政领导带头学，教育部门干部与学校校长到培训班集中学，教师联系《教育法》统一学，学生选择内容重点学，各行各业人员与普法教育活动结合学，新闻媒体大力动员公民好好学。通过学习，扫除“教育法盲”，形成一个良好的社会氛围。施行《教育法》不仅是教育部门的事，而且是各级政府，乃至全社会事关全局的大事，要全社会关注。政府有关部门要从法律高度切实履行各自的职责；教育部门要密切配合相关部门组织落实《教育法》，把过去主要依靠行政手段管理教育转移到主要依靠法律手段管理教育的轨道上来；学校要模范地履行《教育法》规定的义务，切实维护所赋予的权利；教师要按照《教师法》要求，恪尽职守，教书育人,并运用法律手段维护自身的权益;社会各界都要积极支持教育,形成一个社会关心教育、全民办教育的局面。施行《教育法》要全程落实,从学法、知法到守法、施法,从舆论监督到权力监督,从行政施法到司法执法,从教育纠纷的申诉到仲裁判决,都要建立健全一整套制度,使《教育法》层层面面落到实处,实现真正意义上的教育法制。

确保教育优先发展与坚持教育的社会主义方向,是施行《教育法》的两个重点。

邓小平早就从理论与实践结合上对教育优先发展的战略地位,作了精辟的论述。中国共产党的十二大、十三大、十四大又把优先发展教育作为党的战略方针。现在,《教育法》又用法律条文将其固定化,这就在法律上保证了教育优先发展地位。今后,各地区教育的摆位,不再因那里主要领导人的更换,或者因其思想观念与注意力的转移而发生变化。人治将为法治所代替。各地区在施行《教育法》时,要真正落实四个"优先":制订"9·5"规划和年度计划时,要把优先发展教育事业列进去;年度财政预算,要优先确保教育经费的"一个为主"、"三个增长",做到"单独列项",从计划、政策、物资上优先保证学校的基建项目(包括教师住房);在生产发展的条件下,优先提高教师的工资待遇与社会地位。

《教育法》把我国现阶段的教育方针,用法律形式固定下来,为坚持社会主义办学方向提供了法律保障,具有不可估量的现实意义和历史意义。教育方针是以中国特色社会主义理论和党的基本路线为指导,以马克思主义关于人的全面发展学说为依据,从教育的客观规律和青少年身心发展特点出发,总结新中国成立以来,特别是改革开放以来正反两方面的经验概括出来的,很科学、很全面。在贯彻执行中,要坚持四个观点,处理好四个关系:树立教育必须为社会主义建设服务的观点,正确处理好服务与依靠的关系,各级各类学校,根据自身特点在服务上做好文章;树立教育必须与生产劳动相结合的观点,正确处理好教育与生产劳动、理论与实践的关系,有计划、有目的、有选择地组织学生参加一定的社会实践活动,磨炼意志,锻炼才干;树立全面发展的观点,正确处理好德、智、体诸育的关系,持之以恒地脚踏实地对学生进行全面素质教育;树立培养接班人与建设者的观点,正确处理好培养目标与培养途径的关系,积极引导学生树大志、吃大苦、耐大劳。四个方面是有机整体,不能分割,必须全面贯彻。

施行《教育法》只要在"全"与"重"两个字上下功夫,一个依法治教的新局面,必将展现在全省人民面前。

(这是以《广东教育》评论员名义刊登在该刊1995年第9期上的。)

高瞻远瞩，脚踏实地

——学习邓小平同志教育思想体会之一

（1995 年 10 月）

邓小平同志不仅高屋建瓴地从教育与我国现代化建设的关系，而且从科技是第一生产力，教育与科技，特别与国际高科技发展的关系论述教育的战略地位。他面对中国高科技落后的现实，以无产阶级革命家的伟大气魄，雄视全球未来高科技发展的璀璨前景，高瞻人类历史的光辉前程，不失时机地提出：下个世纪是高科技发展的世纪，是亚洲太平洋世纪，作为形成亚洲太平洋世纪的主要国家的中国，在未来世纪的国际经济、科技、教育、政治、军事、社会生活等各个领域中将举足轻重，为世人所瞩目。因此，从现在起必须发展自己的高科技，在世界高科技领域中占有一席之地，必须制订高科技发展计划，一开始就参与国际高科技领域的发展。然而，科技人才的培养，基础在教育。教育不仅担负着培养数以亿计的高素质劳动者的任务，还担负着培养数以百万计的专业技术人才——特别是高科技人才的历史任务。为此，小平同志多次提醒全党同志，特别是一部分高级干部要把优先发展教育作为战略任务来抓。否则，就会误大事，就要祸国殃民，后果不堪设想，要负历史责任。根据小平同志的战略思想，党的十二大把教育列为国民经济发展的战略重点，党的十三大决定把经济建设转移到依靠科技进步和提高劳动者素质的轨道上来，党的十四大更明确地强调把教育放在优先发展的战略地位。至此，党中央对教育战略地位的认识达到空前一致。许多同志对邓小平同志这一光辉思想认识高、行动快、办实事、成效显，涌现了一批有远见卓识的领导干部。但也有极个别同志至今还对教育缺乏应有的热情，有的认识还不那么足，缺乏紧迫感；有的认识只挂在嘴上，到了解决实际问题又是另一般模样；有的认识只写在记录本上，议而不决，决而不行……总之，他们缺乏足够的认识，更缺乏实干精神。

小平同志既务虚，又务实；既是运筹帷幄，决胜千里的主帅，又是亲躬实践，真抓实干的战将。他把高瞻远瞩的战略思想与脚踏实地的务实精神高度统一起来，给全党同志，给各级党政领导干部树立了光辉典范。早在百废待兴、百业待举的17年前，他刚恢复工作就以革命家的胆识认准方向，自告奋勇抓当时破坏最严重、矛盾最突出的科技和教育。他毅然决然地否定“两个凡是”，推倒“两个估计”，把广大知识分子、广大教师从两个精神枷锁中解放出来，把广大教师教书育人的积极性从长期被压抑的氛围中呼唤出来，呼唤到人民的讲台。他果断地恢复高考制度，恢复了教师职称评定、寒暑假制度、升留级制度、重点学校、师范学校等等，迅速建立了正常教学秩序，在全国范围内掀起了学文化、学科学的热潮。他极力主张工宣队一律从学校撤出，把配备好学校领导班子作为教育调整的第一位工作，把一批党性强、业务熟悉的中老年教育工作者，重新推上教育行政部门和学校的领导岗位，恢复了党对学校的领导。他以惊人的速度廓清长期笼罩在科教战线上“左”的迷雾，使得科教战线在全国率先完成了拨乱反正任务。历史的经验昭示一条真理：实干兴邦，空谈误国。那些对教育的认识至今仍停留在嘴上、纸上的同志，难道不应该从重温这段历史中受到震惊，从而奋进吗？

17年前，小平同志不仅敢于抓当时问题成堆、积重难返的教育，而且也善于牵住教育的“牛鼻子”，用时少、收效快。他的主要措施是：一抓方针政策，解决方向问题。二抓干部、领导，解决方针政策贯彻的关键人物问题。三抓国民经济计划调整，增加教育投入，解决办学的物质基础问题。他尖锐地指出，我们过去长期搞计划，有个很大的缺点，就是没有安排好各种比例关系，经济发展和教育、科学的发展比例失调，教科文卫所占的比例太小。教育投资要改进，这也是改革的重要内容。四抓办实事，他要求各级领导转变观念，真正解决领导就是服务的问题，从具体实事做起，当好教育的后勤部长。五抓起点，他反复强调，从娃娃抓起，从中小学抓起，从基础教育抓起。六抓检查督促，他要求当时教育部找一些40岁左右的人，天天到学校里去跑，要像下连队当兵一样，下去当学生，到班里听听课，了解情况，督促计划、政策的执行，然后回来报告。

作为党和国家的主要领导人、社会主义现代化总设计师的小平同志，在中国伟大的历史转折时期不仅解决了马克思主义创始人及其继承人长期未解决的理论问题——教育在社会主义现代化建设中的战略地位，而且在实践中概括出了一整套落实战略地位的有效方法，特别是他本人身体力行，俯首甘为教育后勤兵，把光辉的思想与伟大的实践、巧妙的设计与精心的施工、伟大与平凡高度统一起来,真乃前所未有的创举。

且看,正在按总设计师的图纸施工的社会主义现代化的教育大厦已在华夏大地初展英姿!

(发表于《广东教育》1997年第4期。)

新时期教育方针的理论基础

——学习邓小平同志教育思想体会之二

（1995年11月）

邓小平的教育思想是他创立的建设有中国特色社会主义理论的重要组成部分，是构建有中国特色社会主义教育体系的强大思想武器，是制定新时期教育方针的理论基础。我国新时期的教育方针是：教育必须为社会主义建设服务，必须同生产劳动相结合，培养德育、智育、体育全面发展的社会主义建设者和接班人。

一

为谁培养人？培养什么样的人？怎样培养人？这是教育战线上带有方向性的重大原则问题，也是教育方针需要回答的问题。早在1978年，小平同志关于教育必须“更好地为社会主义建设服务”的论断就回答了“为谁培养人”的问题，为新时期教育指明了服务方向，它的深刻含义主要是四个方面。

1. 服务的范围。既包括为社会主义经济服务，又包括为社会主义政治服务；既包括为社会主义物质文明建设服务，又包括为社会主义精神文明建设服务；既包括为社会主义民主服务，又包括为社会主义法制服务；既包括为广阔的社会生活服务，又包括为人的全面发展服务。这比1958年提出的“教育必须为无产阶级政治服务”更全面、更科学，“为无产阶级政治服务”的提法没有错，但作为方针而言，不够全面，不够科学，只讲了一个方面。而且在实际工作贯彻中,由于受到“左”的干扰产生了偏差,“为无产阶级政治服务”被扭曲成“为政治运动服务”,最后更被扭曲成为“巩固无产阶级专政的工具”,实质上成为林彪、“四人帮”两个反党集团篡党夺权的工具,致使教育长期受到严重破坏,成为“重灾区”。

2.“服务”和“依靠”的关系。两者是互为条件、互相依存、互相促进的双向关系。1985 年《中共中央关于教育体制改革的决定》(以下简称《决定》)指出:“教育必须为社会主义建设服务,社会主义建设必须依靠教育。”社会主义建设必须依靠教育为其提供各个领域、各个行业、各个层次的劳动者和专门人才,提供科学技术成果,提供文明、高尚、和谐的人际关系和社会环境。教育必须找准自己位置,认准自己服务方向,改革教育思想、教育内容、教育方法以适应社会主义建设各个方面的需要,特别要适应当前社会主义市场经济的需要。因此,《决定》提出的这个指导方针是统一完整的,要全面理解,全面贯彻,不能割裂。那种只要教育为经济服务,不去积极扶持和努力发展教育的短期行为无异于杀鸡取蛋,结果鸡死蛋绝,两败俱伤。

3.“适应”是服务的前提。只有让教育同国民经济发展的要求相适应,同社会主义市场经济相适应,只有对计划经济体制下形成的教育模式进行改革,对传统的教育进行改革,才能更好地为社会主义建设服务。当前,教育不仅要从应试教育的轨道上转移到全民素质教育的轨道上来,而且要与社会主义建设接轨,与社会主义市场经济接轨,与国际经济、教育接轨。转移是改革,接轨更是改革。只有改革才能更好地适应,只有适应才能更好地服务。

4.各级各类学校为社会主义建设服务的重点不同。在统一的培养目标指导下,各级各类学校的具体培养任务不同。中小学是基础教育,担负着为社会主义建设所需要的劳动者和各级各类专门人才全面打基础的重任,它为社会主义建设服务的重点就集中体现在对受教育者全面打好素质基础上。中小学教育工作者要牢牢树立打好基础的观点,从学生思想道德素质、文化科学素质、劳动技能素质、身体心理素质等方面切实打好基础。中等专业教育和职业技术教育为社会主义建设服务的重点集中体现在培养各类初、中级技术人才和高素质的劳动者上。高等教育担负着直接为社会主义建设培养各类中、高级专门人才,并为之直接提供科学技术成果的重任,它为社会主义建设服务的重点就集中体现在出人才、出科研成果上。

二

教育与生产劳动相结合(以下简称“教劳结合”)是马克思主义关于人的全面发展学说的核心,是培养青少年全面发展的根本途径。在教劳结合的问题上,小平同志继承和发展了马克思、恩格斯和毛泽东的思想，并赋予它以时代的、科学的、中国化的内涵。早在一百多年前马克思就指出，生产劳动和教育的早期结合“是改造现代社会的最有力的手段之一”，“是造就全面发展的人的唯一方法”，他还极力主张生产劳动要和智育、体育、综合技术教育相结合。这对当时解决在资本家工厂做工的童工每日17小时的超负荷劳动问题，保护未成年人的身心健康，造就正在成长的工人阶级新生一代有着重大意义。但是马克思没有无产阶级夺取政权后建设社会主义的实践，不可能从理论和实践结合上对这个问题作深刻的、系统的论述。

毛泽东同志在延安时期就对抗大提出“一边学习，一边生产”的要求，五六十年代他又提出“教育与生产劳动相结合”，1958年党中央根据毛泽东同志这一思想制定了“教育必须为无产阶级政治服务，必须同生产劳动相结合”的教育方针。这个方针揭示了教育的本质属性和阶级属性，是正确的。在这个方针的指导下，全国对50年代初期和中期在中国盛行一时的苏联凯洛夫教育思想进行批判，各级各类学校相继建立了工厂、农场和商店，加强生产劳动实习基地的建设，引导学生走与工农相结合的道路，对教育进行了改革。所有这些，对建设有中国特色社会主义教育体系进行了有益的尝试。但是，当时对传统教育的批判过了头，合理的内涵也被否定了，连各级师范学校开设的教育学、心理学和各科教学法等专业课程也被批掉了，甚至后来，连培养教师的摇篮——师范院校也被迫停止招生。特别是作为方针在贯彻执行中出了偏差，教劳结合被扭曲为劳动多于教育，最后更被扭曲为“劳动代替教育”，以致教育秩序混乱，教育质量低劣，培养出大批有文凭无水平的中小学毕业生。小平同志一贯坚持教劳结合这个马克思主义基本原则，1958年他就提出“一般学校要给学生参加劳动的机会”。经过“十年浩劫”之后，他在总结历史经验教训的基础上又于1978年提出“认真研究在新的条件下，如何更好地贯彻教育与生产劳动相结合的方针”，在教育与生产劳动相结合的内容上、方法上不断有新的发展，采取直接招生的办法，并不是不要劳动。小平同志关于教劳结合的论述是在新的历史条件下对马克思主义、毛泽东思想的继承和发展，概括起来主要有四个要点。

1. 教劳结合是社会生产产生与发展的必然产物，生产水平发展的不同阶段，它所产生的作用也不同。教育产生于劳动，并随着生产发展而发展；同时，生产又向教育提出各级各类人才的需要，并不断丰富教育的内容，推动教育的改革和发展。教育与生产的辩证关系决定了一切社会教育活动必须把教劳紧密地结合起来，结合得愈好教育的功能就发挥得愈好，结合得不好教育的功能就不能很好发挥。不同时期，由于社会客观条件、社会主要矛盾和主要任务不同，教育功能的发挥也就不同。资本主义时期的主要矛盾是无产阶级和资产阶级矛盾，广大工人、农民的子女受教育权被剥夺，为了谋生，未成年就进工厂做工，马克思极力主张对这些童工实行教劳结合。一方面，教劳结合是提高社会生产水平的一种方法,所以资本家能够接受;另一方面,它又是造就全面发展的一代新型工人的途径,这又是资本家所不欢迎的,所以两者不能很好地结合。我国社会主义初级阶段的主要矛盾是人民日益增长的物质文化需要同落后的社会生产力之间的矛盾,主要任务是以经济建设为中心,坚持四项基本原则,坚持改革开放,大力发展社会生产力。这就需要数以亿计的全面发展的一代新人,教劳结合就成为"培养理论与实践结合,学用一致,全面发展新人的根本途径"。在未来的共产主义社会,教劳结合就成为消灭脑力劳动和体力劳动差别的重要措施,社会主义社会为教劳结合提供了广阔前景和有利条件,其关键在于端正教育指导思想。

2. 教劳结合在不同历史时期、不同教育阶段、不同类型学校,其结合的内容和方法不同。教劳结合在原始社会是自发的、个别的,形态是极其简单的。在资本主义社会是被迫的、集中的、比较系统的,但是畸形的。在社会主义社会则是自觉的、全面的、系统的,虽然有时也出偏差,但总体还是健康的。对于现阶段的教劳结合,小平同志指出,"可以在中小学就注意","主要是使娃娃们养成劳动习惯,加强集体观念",学习和熟悉最基本的工农业生产知识和技能。到大学以后,重点结合学习搞对口劳动,与科研结合,以适应现代经济和技术飞跃发展的需要。在劳动时间上,职业技术学校和中小学应该有明显的区别,前者可多些,后者可少些。小平同志要求"各级各类学校对学生参加什么样的劳动,怎样下厂下乡,花多少时间,怎样同教学密切结合,都要有恰当的安排"。

3. 学校办经济实体要把育人放在首位,正确处理好社会效益和经济效益的关系。学校既不同于生产物质产品的生产部门,也不同于交换物质产品和精神产品的流通领域,不应把经济效益放在突出地位,而应把育人效益放在首位。当然,学校负责人在正确教育思想指导下,在政策许可范围内抓经济创收,也是允许的。至于校办企业的负责人则应把主要精力放在提高经济效益上,也要注意育人的社会效益,在两者发生矛盾时,宁愿牺牲暂时的经济效益,也要保持长远的育人效益。早在10年前小平同志就尖锐地指出:思想文化教育卫生部门,都要以社会效益为一切活动的唯一准则,所属它们的企业也要以社会效益为最高准则。

4. 教劳结合作为教育方针的主要内容,在贯彻中既要遵循教劳规律,又要遵循青少年身心成长规律,警惕来自"左"的方面的干扰。1958年,小平同志就提出:"学生参加劳动,一是必须,二要适当,三看可能。"20世纪60年代初,他受党中央和国务院委托主持制定了高教六十条、中教五十条、小教四十条,及时纠正了学生劳动多、教育质量下降的倾向。"十年动乱",教育遭到毁灭性破坏,教育质量一落千丈,小平同志在粉碎"四人帮"以后亲自抓教育,大声疾呼:"要提高科学文化的教学水平","劳动两年以后,原来学的东西丢掉了一半,浪费了时间"。他果断地决定应届高中毕业生直接参加高考。

20 世纪 80 年代，我国教育成功地进行了体制改革和结构改革，各类教育事业得到空前的发展，但是学校劳动教育和社会实践一度削弱，学生珍惜劳动果实的感情淡漠了，艰苦奋斗的意识淡漠了，理论联系实际的学风淡漠了。1989 年，小平同志在总结十年改革经验时用明确的语言指出："十年最大的失误是教育，这里我主要是讲思想政治教育……对于艰苦创业……这种教育都很少，这是我们很大的失误。"应该汲取的历史教训是：学生参加劳动的时间多了不行，用劳动代替教学更不行；劳动少了不行，取消劳动也不行；不参加劳动不行，单纯的劳动或单纯的教学，不把两者结合起来更不行。总之，要在结合上做文章。必须指出，当前中小学的劳动教育依然是薄弱环节，思想重视不够，劳动课质量不高，有的学校劳动课只是纸上谈兵，课程表上排了，实际是改上他课。很多学校没有基地，有的学校虽然有基地，但只讲经济效益，不讲社会效益。这是当前贯彻教育方针值得重视的问题。

三

小平同志关于"四有"新人和红专关系的论述为新时期教育明确了培养目标。小平同志说："只讲四化，不讲社会主义。这就忘记了事物的本质，也就离开了中国的发展道路。"1989 年春夏之交的政治风波和东欧、苏联先后和平演变的血与火的事实给我们的深刻教训是：我国不仅面临国际技术革命的挑战，而且还面临国际反动势力推行的"和平演变"的挑战，这两个挑战决定着社会主义学校教育的培养目标只能是江泽民同志指出的"有理想、有道德、有文化、有纪律的献身有中国特色社会主义事业的建设者和接班人"。其中最重要的是有理想、有文化，"有理想"，就是社会主义现代化，就是"红"的要求；"有文化"，就是"专"的要求。"红"一定要专，一定要有"三老四严"的作风、从难从严的要求，通过严格的训练，从而极大地提高科学文化水平。

百花竞放春满园

——广东中小学校等级评估效果显著

（1995 年 11 月）

3 年前，广东省开始实行中小学等级评估制度，众说纷纭，莫衷一是。

"吹尽狂沙始见金"，实践是检验真理的唯一标准。1992 年，开展等级评估研究，制定方案，全面论证；1993 年在南海试点，拉开序幕，在总结试点经验的基础上，许任之厅长正式宣布在全省推开；1993—1994 学年度全省评估了首批省一级学校 102 所，并隆重举行授牌仪式；1994—1995 学年度又评估了第二批省一级学校 55 所，与此同时，市、县（区）也开始评估市、县一级学校。被评为省一级学校的 135 所中小学的办学水平以其超前 20 年左右的惊人速度"跃上葱茏四百旋"，进入了一个崭新的境界。这项活动旨在进一步启动学校内部活力，推动教育在"普九"的基础上再上新台阶，增强教育综合实力，尽快把广东建成教育强省。它以出人意料的显著效果获得国家教委、省政府负责同志的首肯，受到津、沪、湘、鄂等 10 余个省市的关注，为全省人民所注目，大家把它称为广东省 80 年代以来继"改危"、"普九"以后的第三次教育改革和发展的热潮。个中缘由何在？

一、教育"摆位"的新"支点"

教育的摆位问题，实质上是社会主义现代化建设过程中如何处理教育与建设的关系的问题,它是一个动态过程,今天处理好了,摆正了,明天又会失去平衡,又要再处理,再摆正。教育的战略重点地位,邓小平同志早已作了精辟的论述,党的十二大、十三大、十四大都作了相应的决定,关键的问题是不同时期选择好不同的突破口,进行全面落实。这个突破口好比杠杆原理中的“支点”,选好这个“支点”,就能花较小的力气作用于“力点”,把教育这个“重点”撬到与经济相平衡的位置。如果说,过去他们相继选择了“改危”、“普九”这两个“支点”,推动了教育不断地摆正位置,那么,在新的平衡被打破的20世纪90年代,广东省教育决策层又以高度的责任感、科学的预见性精心地选择了“等级评估”这个“支点”。正如许任之厅长所说,这是增强我省教育综合实力的一项基础工作,是建立与市场经济体制相适应的教育运行机制的一个新举措,是加强教育宏观管理、深化教育改革的一项重要制度,是全面贯彻教育方针、大面积提高教育质量的一项积极措施。广东省运用这个“支点”又把教育的战略地位从新的不平衡处撬到一个新的高度,又把各级党政和社会群众办学的积极性推向一个新的阶段,又有声有色地演奏了一曲高昂的普教凯歌。许多市、县(区)、镇(乡)三级党政主要负责人,评估前听取教育部门的汇报,深入学校了解情况,划拨专款改善办学条件;评估中,对照评估标准,审查学校自查报告,甚至有的分管领导还亲自参加评估;评估后,亲自参加挂牌仪式,向评上等级的学校颁发奖金,督促有关部门制定全面评估规划。据不完全统计,截至1995年5月,全省用于创等级学校的专款已达9.2亿元,平均每校投入近700万元,这又是一个奇迹!这不仅是一个不小的数字,更是一笔巨大的精神财富,它体现了各级党政领导和广大人民群众对等级评估这一新生事物的热情支持,标志着他们对教育的认识又升华到一个新的水平。

广州市不愧为广东省的首府,当全省推行等级评估的消息刚一传来,常务副市长伍亮同志在听取市教育局汇报后,立即批示拨650万元支持首批申报的学校。首批省一级学校评出后,市政府又拨400万元进行奖励。该市海珠区区委书记和区长接受评估组关于万松园小学等校要加强现代化教育设备建设的建议,当场表示,学校的硬件建设由区政府负责,立刻增拨100万元。

茂名市被评为省一级学校的5所中学,每校投资均在1000万元以上。特别是地处山区的高州中学,建校历史悠久,软件方面基础较扎实,但校舍、设备设施等硬件方面还存在较大差距,所需资金在正常情况下,20年都难以解决。但市委、市政府的领导伸出了援手,书记罗荫国说:“作为高州市领导,不把高州中学办好,就是历史的罪人。”市长邹继海说:“高州中学一定要评上省一级学校,否则,我们这届政府就对不起全市人民。钱,我们来想办法。”罗书记在市党代会带头并号召党员捐资,邹市长行施行政权力,要求大乡镇支持5万,小乡镇支持3万,市直各部门量力而行。两位党政一把手掷地有声的语言、率先垂范的行为拨动了全市130万人民的心弦,于是各乡镇、各部门纷纷划拨专款。年轻的企业家、学校的老校友、学生的家长、海外侨胞慷慨解囊，在很短时间内就筹集了1800多万元，完成了先进的综合大楼、高标准的学生饭堂和宿舍等18项工程。经济起步较晚的从化市，他们的父母官把从化中学争创省一级学校作为推动从化教育改革和发展的动力，列为1994年从化建设的重点项目之一。市委书记沈耀之专门召集市教育局、市建委、市财政等部门的领导到从化中学开现场会，当众宣布，1994年市财政除了保证106国道工程的资金之外，就是确保从化中学上等级所需资金，其余的能缓则缓。许多施工队主动带资施工，市供电局、供水公司等单位，也破例免收或减收该校的报装费等费用。

全省许多学校，不论是老校还是新校，不论是重点校还是一般校，里里外外，大兴土木，有的装修，有的更新，有的美化，用翻天覆地形容学校的变化一点也不过分。一所所高标准的现代化新型学校，体现了广东精神文明建设的风貌，代表了广东的新形象。

二、学校"三化"的催化剂

办学条件标准化，管理科学化，队伍优良化——这"三化"是学校现代化的基本要求。等级评估作为一种激励竞争机制，就像化学变化的催化剂一样，把它引入学校管理就能启动学校和办学单位的内在动力，催促学校"三化"的进程。林受之副厅长说得好，等级评估中要十分强调学校自评和整改，因为它是提高评估效益的重要环节，是决定评估效益大小的关键。各中小学为了上等级，认真对照评估方案，查漏补缺，自我整改，硬件、软件一齐上，一手抓办学条件的标准化，一手抓健全各项管理制度和档案资料，提高管理水平，深化教学改革，优化干部和教师队伍。

长期以来，有相当一部分中小学的办学条件因占地面积和建筑面积少，或因校内居民迁不出而不能达标，等级评估大大促进了这些老大难问题的解决，这也是始料不及的。潮阳一中校园面积不足，潮阳市委书记林桂清、市长许慈生、副市长连少如多次亲临学校视察，倾听学校意见，具体指导工作。林书记还亲自到潮阳一中主持召开国土局、城建局、财政局、教育局等有关部门负责人参加的现场办公会议，决定划拨19亩土地给学校。该校新建科技大楼一幢，全部更新实验室和教室的桌椅，装备了物理、化学、生物实验室以及电脑室、多功能电化教室、视听结合的语音室、地理室、音乐室、美术室等一批专用教室，还开辟了地理园、生物园。罗定市委书记陈汝福批示有关部门，按政策划拨27亩土地给罗定中学，作为扩建校舍、运动场和游泳池之用。这个市做到了认识到位，领导到位，资金、措施到位。从化市政府拨款80万元在从化中学附近建一幢楼，解决了长期居住在校内的9户居民问题。澄海市有1所小学，校内有100多户居民，市政府建一幢楼，妥善解决了居民的搬迁问题。潮州市城南小学校内几户居民住宅把学校分割成两部分，影响学校上等级，市政府发文，妥善解决居民搬迁问题。此外，东莞莞城一中、高明一中、汕头外马路三小、紫金城镇二小、梅县西阳中学等学校校内居民搬迁问题都是在这次等级评估过程中解决的，扩大了校园面积（高明一中扩大了28亩），改善了育人环境。

在学校管理方面，新会市一直比较重视学校档案资料规范化的建设。该市又借等级评估这一东风，认真总结推广新会一中、实验小学等校的建档工作经验，进一步提高全市中小学档案资料的管理水平，再造学校管理新优势。澄海中学认真对照评估的各项指标找差距，一丝不苟地进行整改：学校领导逐一检查科任教师的工作，针对问题完善教学管理；健全了册籍、资料档案各种管理制度；对本校办学的经验、特色和存在问题进行回顾总结，扬长避短，进一步提高办学水平。

全省的等级评估就是一个大考场，它对各校的办学指导思想、教育质量、办学效益、管理水平、内外环境和教师队伍建设等问题，对办学单位的教育摆位以及对教育的指导、关心、支持、监督，对人才的培养和使用等问题都要进行严格的"考试"，学校和办学单位对这些问题都要作出明确回答，写出满意的答案。它又是一个大学校，大批教育管理干部和教师都要在等级评估过程中接受考验，得到锻炼，增长才干。为了做出一份高质量的答卷，许多干部和教师积极钻研理论，深入教育教学实践，总结评估自己，学习外校外地经验。番禺市把等级评估推内促外的作用概括为"三促"：一促学校，他们在上等级的桥镇中心小学开全市现场会，引外促点，以点带面，发挥点上的示范、辐射作用。二促办学单位，他们要求管教育的镇、村领导参与等级评估，钟村镇镇政府组织各村村长、各校校长分5次对本镇18所小学进行评估性的复查。三促市教育局干部改变作风，树立"三服务"观点：为基层服务，为学校服务，为师生服务。等级评估成为深圳市罗湖区教育的热点、校长的兴奋点，他们在全区开展自评整改，全方位改善办学条件，全力提高管理水平，全面提高教学质量，使全区教育的整体水平早日进入先进区（县）行列。他们号召校长："增强紧迫感、责任感，抓住机遇，苦练内功，优化管理，提高水平，扎扎实实干它两三年，争取全区学校到1996年整体达标。"铿锵的语言，不凡的气度，标志着他们上等级、上质量、上效益、上水平的决心。

三、教育转轨的"扳道岔"

由应试教育向素质教育的"转轨"，就像列车由一组轨道转向另一组轨道，必须扳动道岔；否则，是不会自发地转移的。等级评估活动可以说是教育思想的"扳道岔"。这个扳道岔的"李玉和"就是各级督导人员。广东省根据"全面衡量，重点突出，加强导向，便于操作"的原则制定的评估方案和标准，具有科学性、先进性、全面性、导向性，是等级评估的根本依据。严格执行这个标准进行评估,就能引导学校全面贯彻教育方针,全面提高学生素质,使学生得到全面发展。广东省运用了这根“指挥棒”代替了“升学率”那根“指挥棒”,调整了教育的走向。在省一级学校的名单上,我们发现了一批学校,它们的升学率不为世人所瞩目,然而认真落实“两全”,学校有特色,学生有特长,为广大人民群众所赞誉。

新会市创新中学,是一所德育工作抓得比较早、比较好的学校。长期以来,该校切实做到寓德育于各科教学之中,探索出两个“三结合”的宝贵经验:一是在校内,德育与学科教学相结合,与活动课程相结合,与传统教育相结合;二是在校外,德育与“两史一情”教育相结合,与党的基本路线教育和社会主义建设成就教育相结合,与社会实践活动相结合。该校多次成为国家、省、市德育工作的试验点和示范点,并获得国家授予的多项德育科研成果奖。

广州市第65中学,是一所地处市郊、生源参差不齐的学校。改革开放以来,这所学校根据社会发展的需要和学校实际,提出了“五育并重、全面发展、多层次育人”的办学指导思想,广开门路,广出人才,开办“双证班”(即普高毕业证和职高毕业证),不求人人升学,只求个个成才,受到社会好评。

这些学校的升学率不是很高,但他们发挥了主观能动性,办出了特色,做出了显著成绩,因此也都被评上了省一级学校。

在评估工作中,评估组还及时纠正了个别学校办学中的“变形走样”行为,保证了教育方针的全面贯彻。如有的学校由于受片面追求升学率的影响,擅自砍掉体育、音乐、美术等升学不考试的科目,把课时加到升学考试的科目上。评估组发现后,立即严肃指出其错误,要求这些学校马上制定出整改措施,限期改正。学校震动很大,市长打电话给省教育厅厅长,表示立即改正。还有一所比较有名的学校,各方面的条件都不错,该校领导也认为学校上等级问题不大,但有人举报,该校教风、学风不正,学生考试作弊,经查属实,未予评估,直到改正后才准予申报。

建设一支会评善导的评估队伍是搞好等级评估的根本保证。广东省已有21个地级市和116个县(区)建立了督导室,配备了懂教育、有经验、有能力、有威望的同志为各级督导人员,形成了省、市、县(区)三级评估制度和督导网络。评估人员在评估中能够实事求是,认真负责,深入细致,秉公办事,受到被评估学校和市、县教育部门的好评。

在事实面前,原来对等级评估不理解的同志,现在不满情绪已经烟消云散。然而,在成绩面前却又产生了新的疑虑:等级评估,是否会引起学校“两极分化”,使基础好的学校“锦上添花”,基础差的学校“雪上加霜”? 不会的,事物发展的不平衡规律告诉我们,不平衡是绝对的,平衡是相对的,任何事物的发展都不可能像阅兵式那样肩并肩、整齐划一地前进。学校办学水平的不均衡是客观存在的,我们的方针是在普及基础上提高，在提高指导下普及。我们是穷国办大教育，必须集中人力、物力、财力在普及基础上，首先办好一批上等级的学校，并充分发挥它们的辐射作用，指导和带动一般学校前进，像滚雪球一样，上等级的学校越滚越多，最后达到共同提高的目的。广东省在等级评估中，还对薄弱学校进行扶植。如广州市制定了《关于薄弱中学的工作目标和评估标准》，采取了特殊政策和措施，对薄弱中学进行有计划的检查、督导、调控，使20多所薄弱中学改变了面貌。汕头市采取了等级学校和薄弱学校挂钩的办法，加强了校际间的交流，帮助了薄弱学校追赶先进。

实践证明，广东省试行的中小学等级评估标准是符合全省中小学实际的。为使等级评估进一步程序化和规范化，1994年7月，省教育厅又制定了《广东省中小学校等级评估管理办法（试行）》，1995年4月，又成立了省教育督导研究会，以加强督导评估的理论研究，不断提高评估水平，使等级评估发挥更大的效益。随着教育改革的深入发展，"评估"工作一定会谱写出更加激越的新篇章。

（发表于1995年第10期《广东教育》，收进广东教育出版社出版的《建设教育强省》一书，这篇是在时任《广东教育》编辑韦梅初稿的基础上，另起炉灶加以改写的。）

培养人才，教师关键

——学习邓小平同志教育思想体会之三

（1995 年 12 月）

当前，教育方针能否贯彻，有特色社会主义建设者和接班人的培养目标能否实现，最终取决于教师全部教育教学活动的优劣。教育的现代化首先取决于建设一支现代化的教师队伍。邓小平同志说："一个学校能不能为社会主义培养合格人才……关键在教师。"

一

小平同志一贯重视教师队伍建设。早在 20 世纪 70 年代末，他以磅礴气势摘掉了强加在教师头上的资产阶级"臭老九"的大帽子，对教师队伍作了科学的分析：绝大部分教职工热爱党，热爱社会主义，勤勤恳恳为社会主义服务，为民族、为国家、为无产阶级立下了很大功劳，"知识分子是工人阶级一部分"，把占全国知识分子 45% 的教师地位提高到领导阶级的地位，这给教师以极大的鼓舞，是对教师的又一次伟大的解放。小平同志对教师的劳动价值给予极高的赞誉："为人民服务的教育工作者"，不仅是劳动者，而且是"崇高的革命的劳动者"。教师的劳动是创造性的劳动，劳动成果既有精神的，也有物质的；既有人才，也有科技；劳动结晶既凝结在现实社会中，又凝结于过去和未来的人类文明史上。他们的劳动价值对国家、民族、人类的贡献是无可估量的。尽管有些新人在科学成就上超过老师，他们老师的功绩还是不可磨灭的。学生之所以能够超过老师是因为以老师为基石，并站在老师的肩上，所以，学生的辉煌折射了教师的光芒。“千里马”是人才，发现人才的“伯乐”自然也是人才。教师不仅是发现人才的伯乐，更是培养人才的园丁，是培养、发现人才的人才。尊重知识、尊重人才首先就要尊重教师。小平同志反复强调，不但学生应该尊重教师，整个社会都应该尊重教师，特别是各级党政领导更要带头尊重教师，更要牢固地树立“领导就是服务”的观点，为教师排忧解难，多做实事。尊重教师是社会文明的标志，反之，则是社会不文明的表现。

二

小平同志对提高教师经济地位提出了许多超越前人的真知灼见。

——优先的观点。教育社会功能的长效性及其在国民经济发展中的滞后性，决定了教育优先发展的战略地位；教育优先发展的战略地位又决定了教师工资待遇必须优先解决的策略。他在1988年振聋发聩地指出：“知识分子待遇问题要分几年解决，使他们感到有希望。……我们不论怎么困难，也要提高教师的待遇。这个事情，在国际上都有影响。”这段话告诉我们，各条战线知识分子待遇问题都要解决，但要分批分期逐步解决；教师待遇的解决已经迟了若干年，已经影响了国民经济和社会的发展；当前不论困难多么大，别的方面可以忍耐些，教师待遇的解决已是刻不容缓，到了非解决不可的时候了。

——高标准的观点。要把教师待遇提到什么高度呢？标准是什么？当今世界各国教师工资标准不尽相同，大约有三种类型：一是高于型，即高于同等资格的其他行业职工的工资，许多发达国家教师工资比公务员都高，日本教师工资高于公务员16%。二是相等型。三是低于型，以美国为例，中小学教师工资不仅低于政府的公务员，也低于工人。按照列宁的说法，应当把人民教师提高到从未有过的，在资产阶级社会里也不可能有的崇高地位。小平同志更明确地提出，要把昔日的“老九”提到“第一”，这个“第一”既是政治的含义，又是经济的含义。显然，小平同志是把教师待遇纳入高于型的范畴。小平同志这一战略思想体现在《教师法》中：“教师的平均工资水平应当不低于或者高于国家公务员的平均工资水平，并逐步提高。”

——重点的观点。高标准的目标已经明确，从哪里起步？小平同志历来主张“不能搞平均主义，不能吃大锅饭”，还在1954年就提出：那些贡献突出的，真正有本领的大学教授、副教授和中小学教师的工资应该高一些，而且可以高于校长，要先解决这些人的问题。20世纪70年代，他又提出，特别优秀的教师可以定为特级教师，工资可以评为特级。

——重基础的观点。当今世界各国重教思潮迭起，尤其重基础，重师资，重质量。小平同志环顾广宇，雄视千古，为北京景山学校挥毫而就“三个面向”。他重视中小学基础教育，重视中小学教师，多次谈及教育要从娃娃抓起，教师要从小学教员抓起：“一个小学教师，把全部精力放到教育事业上，就是很可贵的。要当好一个小学教师，付出的劳动并不比一个大学教师少，因此小学教师同大学教师一样光荣”，“现在小学教员的工资太低。一个好的小学教员，他付出的劳动是相当繁重的，要提高他们的工资”。

三

提高教师的经济地位和社会地位，为他们创造良好的工作条件和生活条件，根本目的在于调动他们的积极性，以便为社会主义现代化多出人才、快出人才、出好人才作更大的贡献。党和政府把教师地位提得愈高，对教师的要求也就愈高，教师愈要加强自身的思想道德修养和教学业务进修。1958 年，小平同志总结国内外办教育的经验时就告诫全党：“师资问题要注意，正规大学、中学现有教师质量不能降低”，“有的国家中小学教育质量差，吃了亏”。他深切地希望广大教师努力在政治上、业务上不断提高，沿着又红又专的道路前进。他重视教师师能师技的提高，他要求教师“要敢于教，还要善于教”；更重视教师的师魂师德修养，经师易遇，人师难得。他要求教师思想高清，行为方正，真正成为人类灵魂的工程师，用自己的教学和演讲去教育青年一代成为“四有”新人。

小平同志既重视教师地位的提高，又重视教师素质的提高，把两者统一起来。这正是他教师论的核心。《教师法》就是以小平同志关于教师的全面论述为理论根据，突出了两个重点：加强教师思想政治教育和业务培训；改善教师工作条件和生活条件，提高教师社会地位。据对一个县的调查，当前在实施《教师法》过程中还存在一些亟待解决的问题：教师工资水平低，拖欠现象较严重，旧的拖欠解决后，新的拖欠又出现；医疗费用少得可怜，难报销，公医制度名存实亡；住房奇缺，而且简陋；民师待遇低，民筹部分落实难；农村中学教师学历达标率低，教学业务水平亟须提高；教师与学科不配套，音体美学科教师缺乏；社会地位低，辱骂殴打教师的现象时有发生。究其原因：一是县、乡企业基础薄弱，财政收入少，经济实力小，这是根本的。二是教育的“三权”（人、财、物）下放到乡（镇）有利有弊，利在调动乡村政府办学积极性，弊在挪用教育经费严重。三是教育法制不健全，执法体系、监督体系未建立，有法不依、执法不严、违法不究现象比较严重。四是有相当一部分党政领导急功近利，对小平同志的战略思想口头上赞成，实际上不兑现。五是有些地方教育内部没有狠抓教师队伍建设，少数教师素质不高，社会影响不好，教育质量和办学效益提高缓慢，不能适应社会主义市场经济和广大人民群众日益增长的物质文化的需要。

全面贯彻教育方针，培养社会主义建设者和接班人是改革和发展教育的根本目的，建设一支又红又专的教师队伍是实现培养目标的关键。百年大计，教育为本；教育大计，教师为本。

从职校特点出发，提高德育实效性

——记深圳理工学校校长汪继威抓德育工作

（1997 年 2 月）

如何提高德育的实效性，已经成为当前困扰学校教育工作的一个突出问题，也是各级各类学校正在探求的热点。所有有识之士，在学校德育这块土地上，不仅要热心于辛勤耕耘，更要致力于开拓一条夺取丰收的有效途径。深圳理工学校校长汪继威认为，职业学校的德育，只有以爱国主义、社会主义、集体主义为主线，在遵循德育工作普遍规律的同时，根据职教的培养目标、任务、途径，从职教专业特点、受教育者的个性特征出发，有计划、有目的地开展系列活动，才能取得事半功倍的效应。

激发“三心”，培养“三能”

由于鄙薄职业教育的传统思想根深蒂固，人事制度改革滞后于经济体制改革，新旧体制碰撞等原因，现阶段，初中毕业生依据升学考试成绩，按照第一重点中学、第二中专、第三中技、第四职校的顺序录取的格局，仍要持续一段时间。职业学校四类苗的生源状况，在近期内难以改变。这些四类苗在初中甚至有些在小学，就被作为“双差生”而受到冷遇与歧视。他们“心灵中最敏感的一个角落——人的自尊心”（苏霍姆林斯基语）受到长期压抑，有的自暴自弃，有的发愤图强，大部分不服气。当他们憋着一股气迫不得已地来到职校后，这股气常常以“顶牛”形式表现于外，而内心却往往深藏着改变现状的积极因素,在一定条件下可转化为前进动力。“只有教师关心学生人的尊严感,才能使学生通过学习受到教育。”(苏霍姆林斯基语)职校要面对事实,正视现实,不怨天、不尤人,不扼杀学生的自尊心和自信心,抓住契机,为他们正确释放这股气创造条件,唤起他们心灵深处的良知,激发他们的自尊心、自信心、自强心。诱发他们孕育已久的良能,培养他们的自主、自立、自治的能力。只有把他们这种良知良能呼唤出来,学校一切施政施教措施才能奏效。理工学校1996年,首次招收502名新生,录取线380分以下的40人,399分以下的140人,占28%,是标准的四类苗。造成学习基础差有多种原因,而且学习差不等于思想道德品质也差,双差生毕竟是极少数;即使表现差的学生也可以转变。为此,汪校长主动承担了国家教委关于“学生主体性发展”的科研项目,要求教师正确对待学生,注意发现学生的优点,发掘学生的积极因素,吸收学生参与学校早晚自修、宿舍、校园环境卫生、课外活动、课堂等方面的全面管理。在学生处与班主任指导下,成立评比小组,每天坚持评比打分,既管别人又律己。在教师辅导下,学生自办《理工校报》,各班设小记者与评论员若干人,弘扬优良校风,曝光不文明行为。严冬季节,校长带领6名学生赴黑龙江漠河参加一次全国性的天文气象科技活动,其中4名是真正的“双差生”,而且犯过错误。他们深感,能代表学校几百名师生参加全国性的科技活动,能与一校之长平起平坐,能与全国知名科学家在一起观看天象,实是无上光荣。这就激活了他们的自尊心、自豪感、责任感。所以,在同深圳温差50度的严寒天气里,睡在火车上,吃着结冰的干粮,也毫无怨言,反而不顾自己的寒冷,帮助老教授、老科学家搬运行李,照顾他们的生活。整个会议期间,遵守纪律,认真参加活动,表现很突出。

劳力上劳心实践中育人

人的正确思想是从实践中来的,人的高尚品德、良好习惯是在不断的实践过程中逐步形成的。教育,实际上是教育者引领受教育者在不断实践中形成完整的完善的人格。“职业教育的培养目标应以培养社会大量需要的具有一定专业技能的熟练劳动者和各种实用人才为主”(《国务院关于〈中国教育改革和发展纲要〉的实施意见》)。由此可知,职业教育培养的人才规格,一是劳动者,二是各类初、中级实用人才。这些实用人才要有一定的专业知识,要有动手能力,操作能力,应用能力。任何教学都有教育性,都是既传授知识,培养智能,又进行思想品德教育。职业教育要实现上述培养目标,既要重“双基”教学,更要重实践能力培养,并把大量的德育渗入其中。陶行知说得好,“事事在劳力上劳心,便可得事物之真理”,“只有手到心到才是真正的做”。重实践是职校的特点,也是优点,真正的教育重在实际行动。职校大量的德育工作应该贯穿于工厂

(场)实验实习中,贯穿于各种校外社会活动中,贯穿于校内课外小组活动中。理工学校初创时就十分重视实践教育,配备了电脑室、语言室、制图室、汽车模型室、钳工车间、木工车间、模型、实验室、模拟驾驶室及冷制实验室。开学的第一课就把全体新生带到广州金盘岭进行为期 15 天的军训。快节奏的生活,一丝不苟的军事操练,严格的管理制度,使学生受到一次集体生活的锻炼和集体主义的教育,经受了一次艰苦生活的磨炼,为新学校树立新校风奠定了良好的思想基础。现在,这些"四类苗"在课堂上都能比较安静地听课,课后也能较好地完成作业,良好的学风正在形成。去年年底,财会专业班的学生无一人缺席地参加全市职校财会班学生联考,并取得良好成绩,出乎意料地在全市 14 所职校中居于中上游。

"两爱"有机结合,德育落在实处

别林斯基说过,道德教育在许多教育中应该首屈一指。《中华人民共和国职业教育法》把"思想政治教育与职业道德教育"作为职校教育的四项任务之首,而以爱国主义教育为主线的"思想政治教育"又是首中之首,因为"热爱祖国,这是一种最纯洁、最敏锐、最高尚、最强烈、最温柔、最有情、最温存、最严酷的感情"(苏霍姆林斯基语)。汪继威同志主编的《爱国主义教育导读》一书,开学伊始,就与同学们见面,作为爱国主义教育常态化的课本。爱家乡、爱学校、爱专业,又是爱祖国的具体体现,只有把热爱学校与热爱祖国的"两爱"教育结合起来,爱国主义教育才有雄厚的基础。校长的第一次国旗下讲话,就以"不畏艰险,顽强拼搏"的理工人精神和"高起点、高标准、高效率"的要求,激励学生热爱这个用"深圳速度"5 个月就建成的现代化的理工学校,热爱每人所学专业,把爱国主义教育落到实处。学校又制定了《可持续发展教育改革方案》,提出远景规划,以鼓舞全校师生。针对学校所设专业以服务行业(如酒店管理等)为主的特点,学校开展了文明礼貌的系列教育活动。学生守纪律,懂礼貌,受到加拿大朋友的赞扬。

主体精神与素质教育

——汪继威校长如何发挥学生主体性

（1997 年 4 月）

学生是学校教育诸要素中的主体。学生的主体性——自主性、自律性、能动性、创造性得到充分发挥，是学校全面实施素质教育的前提条件。这是深圳理工学校校长汪继威从教 30 余年，担任学校领导工作 20 余年的深切体会。他把发挥学生主体性作为着力追求的目标。

转轨——强化主体意识的肯綮

教育观念的转变是教育改革的根本。

应试教育以高升学率、高升重点率为目标，以重智育，轻德、体、美、劳四育；重知识传授，轻智能发展；重理论，轻实践；重学科课程，轻活动课程；重升学考试科目，轻非升学考试科目为其思想特征，是违背教育规律和青少年身心发展规律的畸形教育。它面向少数升学有望的学生，背离因招生名额有限而升学无望的多数学生；面向考纲，背离教纲；面向应试的书面内容，背离考查的实际知识。它采取死记硬背、加班加点、硬性灌输、题海战术等教学方法，扼杀学生的创造性，造就了小批“高分低能儿”，淘汰了大批“低分潜能者”。就在这些低分学生中，可能有诸多异能者，其日后在商海或其他领域中成为炙手可热的强者；而在那些高分学生中也可能有人在日后的社会大舞台上成为碌碌无为的庸者。

素质教育则是以充分发挥学生主体性,使其诸素质和谐地、个性充分地发展,使之学会做人,学会学习,学会健体,学会生活,学会创造;提高全民族素质,造就21世纪需要的各类新型人才打好坚实基础为宗旨,面向全体学生,全面贯彻教育方针,全面培育人的素质,全面提高教育质量的新型教育。它的指导思想是“三个面向”,理论基础是辩证唯物论。当然,由于人的先天素质有差异,后天所处环境不同,教育虽然能够使具有不同先天素质的学生在原有的基础上得到提升,缩小其间的差距;但又因各人主观能动性发挥的不同,不能从根本上消灭差异。教育不是万能的,在全面地有效地实施素质教育的学校也可能出几件“次品”。

学校教育要强化主体意识,必须由应试教育转到素质教育的轨道上来,否则,发挥主体性就是纸上谈兵。青少年富于想象力、创造力,最有生气,最少保守思想,他们正在成长的身心孕育着巨大的潜能。他们强烈要求自主、自立、自律。社会主义市场经济体制的确立,改革开放实验区的不断扩大,为他们开发潜能提供了广阔的天地。地处东西文化交汇处的深圳青年,视野更加开阔,思路更加清晰,社会适应能力更快;因而他们的主体精神也最易释放。

课堂——展示主体性的舞台

课堂教学是实施素质教育的主渠道。

应试教育把受教育者当成消极被动的客体,把学生的大脑当成储藏知识的容器,教师“呻其占毕”,拼命地向容器里填塞知识;学生“苦其难”而“疾其师”。师言谆谆,生听藐藐,何论主体精神?素质教育把受教育者看成是积极能动的有机主体,课堂是舞台,学生是演员,教师是导演,教师教给学生的是点石成金的指头,学生在各种导演的指导下演出一幕幕精彩的剧目。正如苏格拉底所说:“我不授人以知识,而是使知识产生的产婆。”汪君曾任深圳滨河中学校长,这是一所完全中学,学生入学考试成绩是所谓的“三类苗”。优生与差生在考试成绩上暂时是有差异的,他们的先天素质也有差异,但他们都具有主体能动性。时时处处发扬他们的主体精神,差生也能转为优生,否则,优生也能转差。课堂教学是发挥学生主体精神的大舞台。这所学校全面开展了一次为时两个月的别开生面的“四个一”活动:每个学科推出一名参赛教师,写好一篇教材分析报告,上好一堂公开课,学科组写出一篇评课文章。经过评议,评出红花奖、绿叶奖、最佳授课奖、最佳电教奖、最佳教材分析奖。全校教师八仙过海,各显神通,百花齐放,异彩纷呈。由动脑到动手,手脑双用,音乐教师精心设计了使学生主动参与的五项活动:找出问题唤起学生的注意力;听唱主题旋律;听辨乐曲的情绪、速度;诱导学生边听边分析曲式结构；让学生运用打击乐器参与伴奏，激发了学生的参与兴趣。教与学的双边活动很和谐，音乐教师获红花奖。英语教师从学生实际基础出发，严格遵循语言学习规律，用大量英语口语覆盖课堂，创设了课堂英语情境，一改传统的“学—思—练”的“中间大两头小”为“两头大中间小”，把教学重点放在学、练上，为差生面积大的中学提高英语教学质量探索了一条行之有效的途径。物理、生物教师通过周密准备的演示实验，地理教师通过认真选择的挂图，让学生先用视觉、听觉感知，再上升到理性思维，最后得出结论；语文教师教《荔枝蜜》，紧扣作者对蜜蜂的思想感情变化的主线，层层推进，使学生的思维得到逻辑性的升华，他们探索出了一条由形象到抽象，两种思维形式结合的教学之路。数学教师讲解平面解析几何，帮助学生总结出“巧建坐标系”的规律，使学生在脑海中建立起这方面的认知结构；化学教师将散见于各册书中的有关气体制备的原理收集归纳，通过演示实验使学生获得完整知识，他们探索出了一条由个别到一般，演绎与归纳结合的教学之路。体育教师将 25 米往返练跑，巧妙地改为分组接力赛，大大调动了学生练的积极性。语文教师学习陶行知“小先生制”，课前，老师帮助学生备课；课堂，小老师讲解时的语言、情感、思维方式贴近听课学生，课堂气氛很活跃，连平时调皮的孩子也能抢着发言，回答小老师的提问。

这次活动与以往单纯的听课、评课活动不同，内容上更加全面完整，对备课、讲课、练习、指导、实验等多个教学环节都进行了评议，各学科组的经验总结也都有一定的深度。在教法上，不论是思维导向法，情境设置法，还是疑问导练法，以赛代练法，其根本目的都是为了让学生在教学中充当主角，使之变被动学为主动学，变“要我学”为“我要学”。

实践——培养主体性的沃土

素质教育要求教育者必须打破应试教育的封闭状态，把受教育者带到广阔的社会中，使之参加各领域的实践活动，呼吸时代气息，领略五光十色的改革风景，培养热爱社会、热爱自然的崇高感情，磨炼意志，增长才干，开启智能。汪君在两校主政期间，始终坚持开放式的办学，狠抓六类实践活动。滨河中学是全国 100 所实践教育先进学校之一，也是深圳市唯一的一所。

一抓公益服务。凡是上级部门要求学校参加的各种社会公益活动，在不影响教学的前提下，他都积极组织学生参加。如双拥活动，到市老干部服务中心和海关幼儿园义务劳动，街头义卖，义务修理自行车等。

二抓奉献爱心活动。滨河中学成立青年志愿小组，开展“学雷锋，做奉献”活动，组织团员、青少年向希望工程及社会有关方面捐献，这培养了学生的社会责任感与团结友爱的精神。一次,学校校园挂出“同一片蓝天,共一个太阳,伸一双手臂,托一个希望”的巨幅标语,并同时贴出广东省丰顺县希望工程基金会列出的150名失学儿童名单。不到两天时间,这些失学儿童就被全校师生“承包”完了,一包5年。第一年共捐2万多元,校团委书记陈赛群同志一人就承包了6名儿童。捐款多少不是最重要的,最重要的是让孩子们了解国情,培养他们对社会的责任感,对人民的爱心。

三抓校园文化建设。校园文化是师生共同创造和接受其教育的学校的各种文化形态的总和,包括物质、制度、行为和精神四个层面。校园的绿化、净化、香化,各种课外活动小组都属于物质层面,校风、教风、学风属于精神层面,各种合理的规章制度与行为规范属于制度层面。这些都是实施素质教育的重要途径与载体,能增强学生的参与意识与竞争意识,也是学生展示自我、锻炼自我的平台。滨河中学建有荔花文学社、体育运动队、红十字会、集邮协会,以及美术、航模、书法、武术、数学、物理、化学等课外小组,定期开展丰富多彩的活动,学校每年开展几项大型校园文化活动。如支持北京申办奥运,举办校园文化节,参与广东省国情知识电视大赛,参与深圳市金色年华展才能的系列活动等。

四抓劳技教育。滨河中学制定了《实施国家教委劳动技术课教学大纲方案》,承办了国家教委关于“教劳结合”的科研实验,学生定期到市农科所中心实验基地上课与劳动。其课程内容有“植物无土栽培”等,学生们发明了“书中菜园”,培育成西红柿和黄瓜,市、区教育局先后在滨河中学召开了观摩现场会,推广此项实验。

五抓参观访问。请先进模范人物来校做报告;通过走出去,请进来,让学生感受到改革开放的好形势。

六抓军训。3年前,罗湖区教育局与香港教育署联合举办中学生夏令营,这给广大教育工作者以很大的震撼。深圳学生懂礼貌,敬师长,也很聪明,但独立能力差,自治、自理能力差,意志薄弱,社会活动能力薄弱。这向广大教育工作者昭示:学生急需通过军训等各种形式的实践活动进行磨炼,这是发展学生全面素质的需要。深圳理工学校第一届新生500余人,新生入学后不久,就到广州金盘岭进行为期半个月的封闭式军事训练。

在实践活动中,学校十分重视学生主体精神的发挥,激发他们参加活动的热情,让他们唱主角。一所被人们视为三类学校的滨河中学,居然在课堂这个大舞台上,在实践这块沃土上培养出许多具有个性特点的人才。他们中的佼佼者有演过1部电影、4部电视剧,获得深圳十大青年学生歌手称号,曾在《人到中年》中扮演佳佳的初三学生李雪;有深圳电视台《深圳风景线》节目主持人张娅和罗欣然;有被《广东少年文艺报》破格录取的,独闯第八届亚乒赛赛场,圆满完成采访任务的小记者,初三学生刘小玲;有拍过《深圳人》等6部电影、电视剧的高三学生曾天;有学习成绩优秀,创作了《深圳人才智力市场一瞥》一文的塔吉克族姑娘，初三学生杜江；有在全国初中应用物理知识竞赛中获一等奖的陈永庞；有在全国中学生作文竞赛中获一等奖的勇奈；有在全国物理竞赛中获一等奖的周建军、三等奖的冯开韵、曾海滨、任沛沛；有在全国车模比赛中获第一名的罗卫国。在1994年深圳市举办的“金色年华展才能”的活动中，滨河中学参加6个项目，获一等奖的4位，二等奖的8位，三等奖的14位。其竞赛对手有深圳大学、深圳教育学院的大学生和重点中学的中学生。但是，被人们视为三类学校的滨河中学，却成为这次竞赛中获奖最多的学校，这难道不是一个奇迹吗？

发展学生主体精神是实施素质教育内在的根本因素，实施素质教育又为发展学生的主体精神搭建了广阔的舞台；只有发展学生的主体精神，才能培养出不同类型，不同规格的人才。汪君现在又承担了国家教委交给的“学生主体性发展实验”的科研项目，为进一步探索如何发挥职业学校学生的主体精神继续努力。

罗湖春潮涌　花香满校园

——深圳市罗湖区中小学等级评估巡礼

（1997 年 5 月）

自深圳市教育局 1994 年 2 月发出《关于在普通中小学建立自评制度的通知》后的 3 年来，罗湖区中小学等级评估的自评工作由点到面全面展开，全区 62 所中小学做到三个 100%：100% 建立自评领导小组，100% 做到自评与整改相结合，100% 在自查基础上制定了申报等级评估的目标规划。这大大加速了该区中小学以法治校、依法办学的步伐，有力推动了由应试教育向素质教育的转变，对改善办学条件，强化科学管理，优化两个队伍，全面贯彻教育方针，全面提高教育质量与办学效益都产生了很大的促进作用。它已经成为该区教育的热点和校长的兴奋点，一个争上质量，争上效益，争上等级，争上水平的热潮犹如罗湖涌起的春潮，汹涌澎湃。校园内百花竞放，春意满园。现在，该区已有 24 所学校顺利通过省、市、区一级学校（省 4 所，市 6 所，区 14 所）的验收。全区教育综合实力与整体水平上了一个新台阶，这为建成教育强区奠定了坚实的基础。

一、摆位正确，达成共识

正确认识教育督导评估的重要意义，摆正自评在评估中的位置，是搞好自评工作的前提。该区通过层层评估，摆正 5 个层面的关系，在 5 个方面达成了共识。摆正教育与经济的关系，把教育的战略地位真正落到实处。摆正管理目标与管理手段的关系，教育管理目标确定之后,作为实现目标的手段之一的评估就起到了杠杆的作用。摆正自评与他评的关系,自评是主体,是基础,是内因;他评是主导,是提高,是外因,它们互促互动,构成了完整的评估体系。摆正学校领导与教职工的关系,校长是学校的龙头,对全校管理负总责,教师是学校的主导,具有管理者与被管理者的二重性;在自评中,两者互换角色,互相监督,互相评估,不断健全与完善校长负责制,促进学校管理民主化。摆正评估与整改的关系,评估是手段,整改是目的,评估的意义在制订整改计划,落实整改措施,提高学校的整体办学水平。

1994 年 9 月,该区召开教育工作会议,区委、区政府制定了全区教育事业发展的宏伟目标:本世纪末,进入全国先进县(区)行列。要实现这一目标,必须进一步加强对学校的督导评估工作,推动学校自评制度的建立,帮助学校选定发展的目标。为此,区教育局在当年 10 月 6 日召开了教育督导工作会议,对与会的校长进行了动员,提出了区教育督导的工作思路:以迎接等级评估为中心,以上等级为努力方向,深入开展教育教学改革,进一步优化学校管理,加速学校硬件与软件的标准化、现代化建设,促进全区中小学教育跃上新台阶。之后,区教育局相继举办了三期学校领导班子成员培训班,参加培训的有 149 人(小学 105 人,中学 44 人)。截至目前,对 46 所小学的行政管理人员的培训基本完毕,16 所中学也有三分之一参加了学习。区教育局领导与督学深入到各教办、各学校参加他们召开的自查自评动员大会,向全体教职工宣传评估的意义与评估的方案。在共识的基础上,该区督导评估工作形成了区政府领导带头抓,教育局领导经常抓,主管领导重点抓,政府督学全力抓,学校领导具体抓的新局面。

二、勤督善导,保驾护航

为保证学校自评工作质量,学校本身需要加倍努力外,还需要各位督学勤督善导,保驾护航。"勤"要勤在腿上、眼上、心上、嘴上、手上。"督"要督在要害处。该区督学室各位同志经常深入学校,深入课堂,听汇报、听课;查硬件,看材料,观校风、教风、学风;宣传自评意义,解释评估方案,强调评估程序以及每个环节应注意的事项,介绍先进典型;撰写评估材料,编写《罗湖教育督导之路》。"导"要导在方向上,该区督学室的同志善于思考,善于从学校的自评材料中找出关键,善于帮助校长掌握与调控自评过程,引导整改。他们在指导学校自评过程中重点抓三个方面:学校自评程序是否规范;学校自评尺度是否客观准确;学校自评效果是否明显突出。组织自评工作交流会,用典型推动全面,是督导室指导自评工作的重要方法。

三、分层推进，全面提升

针对全区学校多、分布广、档次不一、水平不齐、条件不同的状况，他们在指导学校自评时，着眼整体，分类要求，使不同类型、不同层次、不同水平的学校，在各个方面都能在原有的基础上有较大的提升，从而提高了全区教育的总体水平。

1. 紧抓硬件建设，全面改善上效益。衡量硬件建设的标尺有两个层面：标准化，现代化。标准化又有两个档次：普九标准，等级评估标准。按普九标准要求，全区学校硬件都比较硬；按省等级评估标准，尚有不少学校存在差距。1995 年，全区小学“办学标准”一项，自评总分为 115 分，与省标准分 150 分相比，差 35 分。1996 年自评总分为 122.4 分，还差 27.6 分。我们通过自评，找到硬件差距，促进政府对教育加大投入。学校广开财路，改造校舍，建设教育功能室，充实教学仪器、文体器材，改善生活设施，整修校道与场地，建立德育基地，优化校园环境，全方位改善办学条件。1996 年，区财政拨给翠华小学 188 万元，学校创收 24 万元，翠华小学用 16.20 万元添置仪器，8 万元修建德育长廊，还将 10 大功能室——自然实验室、语言室、电脑室、体育室、音乐室、美术室、舞蹈室、图书室、卫生室、队部室全都修建一新。1996 年，文锦中学争取到福田保税管委会 20 万元的捐款，文锦中学用这笔钱建造了一个象征学校展翅腾飞的大型宣传橱窗，购置了 50 套双人铁床，供教师午休使用，校园安装两部投币电话。1996 年，罗湖中学投资 35 万元，改建全校厕所，投资 25 万元整修校内道路，投资 5 万元建生物园。

2. 狠抓软件，苦练内功上质量。随着普九任务的完成，在抓硬件不放松的同时，区教育局狠抓软件建设，把主攻方向转到苦练内功，提高质量上。该区的教育思想由应试教育转向素质教育，学校管理由经验型转向科学型。在自评中，各校对照学校管理中各子项标准，重点苦练三个基本功：校长练治校治教基本功，教师练教书育人基本功，学生练进德修业基本功。一批思路清晰、方向明确、开拓进取、业务熟悉、能谋善断、公正廉洁、民主团结的专家型校长应运而生；一支敬业乐教、基础坚实、思想新颖、科学育人的科研型教师队伍初具规模；一代热爱祖国、勤奋好学、思想活跃、德智体全面发展的新型青少年正在茁壮成长。1996 年，全区自评学校管理一项，小学总评为 321.2 分，比 1995 年增加了 18.2 分，其中“五率”一项，总评为 37.6 分，比 1995 年增加了 7 分。学校领导一项，小学总评为 56 分，比 1995 年增加了 3 分。翠园中学 1995 年以来，建立 9 个德育基地，组织 100 名学生学习党课，在学生中发展 2 名党员；有 39 名教师在全国各级竞赛中获奖，获集体奖 24 次；1996 年，学生在各级奥林匹克竞赛中，9 名获全国奖，11 名获市级奖；1997 年，翠园中学高考、中考成绩斐然。

3. 发愤自强，薄弱学校上等级。薄弱学校硬软件都薄弱，但最主要的是软件。薄弱的原因有内外因,但根本是内因。扶持薄弱学校,政府与办学单位要舍得花钱,市委、市政府打算拨3个多亿扶持全市51所薄弱中小学。但是,这还要学校奋发有为,走自强之路,不要等靠要。盐田中学科研领先,开展了“薄弱学校自身转化与实验”的研究。他们的思路是:通过自评找到薄弱点,结合薄弱点,确立转化目标,根据目标,实现转化。他们在自评中找薄弱点不怕丑,不怕疼,从5个方面找了15条,制定了3年近期转化目标,10年长远转化目标。从4个方面提出了108条整改措施,制订了32个三级指标,作为自评依据。现在,该校正在沿着既定的目标阔步前进,初见成效。今年该校中考总平均成绩比去年提高50分,还新招高中生。莲塘小学地处市区边缘地带,条件较差,学校领导主动出击,在硬软件建设上都做了较大努力。现在,该校校容校貌焕然一新,学校管理步入科学化轨道,该校顺利通过区一级学校的验收,还成为本区后进变先进的典型。

4. 马不停蹄,等级学校上台阶。1994年前被评为省、市、区一级的9所学校,马不停蹄地向着更高目标奋进,争上新台阶,争创名校。翠竹小学开展“今天我以翠竹为荣,明天翠竹以我为荣”“争一流,创最佳”的系列活动,全面启动科研促教工程,开展了“双语教学”“现代小学教学”“注音提前读写”“汉语拼音直拼法”“语文学法指导”等项目的研究与实验,在全市小学中发挥了龙头作用。该校教师大专以上学历的已达70%,教师的好课率达到70%。翠园中学、水库小学、滨河小学等市一级学校正在争创省一级学校。

3年来,全区自评工作收效显著,但也存在一些问题:少数学校自我认识、诊断、教育、完善的能力亟待提高;个别学校对自评态度欠佳,自评分数偏高,问题找得不准,分析不透。今后应避免陷入3个误区:对建立自评制度缺乏深层次理解;对建立自评制度的严密性缺乏科学把握,对自评的实效性缺乏有效调控。各学校应在自评的实践中从理论上进一步探讨更深层次的问题,更加科学地指导自评工作,使之不断充实与完善,在建立教育强区中发挥更大的作用。

(这是蓝济仲同志在被深圳市罗湖区聘为督导室顾问时,写的一篇关于该区督导评估的总结。)

谈校长

（2000年4月5日）

金子放在哪里,都会熠熠生辉。一言可以兴邦,一人可以兴校。没有落后的学校,只有落后的校长。千军易得,一帅难求。帅才校长,演绎精彩教育;庸碌之辈,玩忽致校衰败。

校长素质,通专相济。是通才,方能协调上下内外,左右逢源,驾驭全局,游刃有余;是专才,始能深入教育"虎穴",获得"虎子",探囊取物,潜海得珠。

校长管理,四管兼容。思想管理,决定学校性质,把握发展方向;人事管理,规定教育内核,推动两轮(教师与干部)滚动;财务管理,力求设施设备精良,确保利用效率高长;四风(教风、学风、作风、校风)管理,贵在严、浓、实、正,护驾教学优质。

校长是学校的灵魂,但非旧式管家,不必事事躬亲,然须件件有数;样样倾注校长心血,桩桩附着校长灵魂。

学生是学校中轴。校长环轴而转,一切为他们,为他们的一切,焚膏继晷,兀兀穷年。

校长乃教师之师,而非"师爷"之师。唯其是"师",所以能教善育,唯其"非爷",所以能友善管。良师不一定是良长,良长首先是良师。

校长应是教育的内行,但从无永恒内行,也无永恒外行。昨为内行,今成外行;今是外行,明乃内行,内外互变,辩证不悖。内行校长易遇,永恒内行难得;时胜校长多多,常胜校长寥寥。求永保常,奉献箴言:学习,学习,再学习;实践,实践,再实践;虚心,虚心,再虚心!

(本世纪初,小住深圳,常与汪君继威谈论他之治校之方,有感而作此文。)

学校环境教育与素质教育的互动性

——深圳市笋岗中学环境教育调查

（2000年7月10日）

《21世纪议程》指出：努力实现从小学学龄儿童至成年人所有群体都接受与社会教育相联系的环境与发展教育。《中国21世纪议程》也明确规定“在小学《自然》课程，中学《地理》课程等课程中纳入资源、生态、环境和可持续发展内容”，“将可持续发展思想贯穿于从初等到高等的整个教育过程中”。并强调要“加强对受教育者可持续发展思想的灌输”。由此可知，学校进行环境教育不是权宜之计，而是长远的战略任务。那么，它与“深化教育改革，全面推进素质教育”的关系怎样呢？是不是互相矛盾呢？不是的，环境教育与素质教育是互动、互补、互促、互利的，它们都为实施科教兴国和可持续发展两大战略奠定了坚实的人才和知识基础。环境教育的深入开展，素质教育的全面推进，冲击了旧的教育思想、教育内容、教育方法、教育模式，给学校教育带来了勃勃生机。

一、教育目标的一致性——互动的基础

什么是可持续发展呢？尽管可从不同的角度给它下定义，但是不同的提法都应体现以人为中心。世界环境与发展委员会在其题为《我们共同的未来》的报告中指出：可持续发展就是在满足当代人需要的同时，不损害后代人满足自身需要能力的发展。所

以,可持续发展就是"人与自然和谐统一,人类之间和平共处"。因此,马克思把人类历史第一个前提,确定为个人的存在和他们与自然的关系。中国先哲们早就提出了"天人合一"的思想。根据可持续发展战略的要求,第比利斯国际环境教育大会把环境教育目标定为:1. 培养人们对城乡地区经济、社会政治和生态之间的相互依存关系的清晰意识和关注;2. 向每个人提供获得保护和改善环境所必需的知识、价值观念、态度、义务和技能的各种机会;3. 创造个人、群体和作为整体的社会对待环境的行为模式。因此,环境教育的目标应该是开发人们潜在的、处在心灵深处的理解能力和学习能力,从而促进人的素质不断提高,潜能得到不断发挥。

素质教育也是以人为本,就是以提高个体素质、群体素质、民族素质为目的的教育。它的根本任务就是在了解学生已有的发展水平和可能的发展潜力的前提下,促进学生内在的身心素质的发展和社会意识向个体心理品质的内化。它的培养目标就是,以提高国民素质为根本宗旨,以培养学生的创新能力和实践能力为重点,造就"有理想、有道德、有文化、有纪律"的德智体美等全面发展的社会主义的建设者和接班人。

人本主义的思想贯通于两个教育之中,这是它们互动的基础。万物并育而不相害,道并行而不相悖。环境教育与素质教育目标的一致性,决定了它们不仅"不相害"、"不相悖",而且相利、相促,给新时期教育注入了两股新鲜血液,带来了我国教育的又一个春天。

二、教育对象的二重性——互动的体现者

从一般意义上讲,作为素质教育的施教者——教师的主要任务就是教书育人;受教者——学生的主要任务就是敬德修业。但是,作为环境教育的施教者和受教者却兼有二重身份,教师在"以广泛的跨学科性为基础"的环境教育课面前是小学生,必须先做好学生,然后才能当先生。笋岗中学在创建绿色学校,进行环境教育时,通过到市里培训,请有关专业人员来校开讲座等途径,使教师从三方面学习取得环教资格:一学理论——可持续发展理论;二学法规——国家、特区制定的有关环保的法律、法规;三学专业——有关环保的一些基本知识、基本理论、基本技能。

《21 世纪议程》指出:"学校应该让学生参与当地和地区有关环境卫生,包括安全的饮用水,卫生设备,食品及生态系统等的学习,并参与有关活动","要以中小学的活动和地方问题为基础来促进多种类型的成人教育计划"。这就明确提出,学生不仅是受教育者,而且是教育者;学生不仅要学习环境知识,增强环境意识,树立正确的环境价值观和环境道德观,而且要掌握环保的劳动技能,参加一定的社会环保实践活动。近年来,笋岗中学致力于绿色文明,创建绿色学校,对学生进行环境教育。学校成立了由汪继威校长任会长、

团委书记任副会长的环保协会，制定了协会章程。年级成立环保分会，班组成立环保小组，协会建立了由学生组成的团委牵头的"先锋队——绿色卫士"。学校还成立了由物理、化学、生物、地理、历史、音乐、美术等学科组长组成的科技小组，负责环境教育的技术工作，教务、教研、总务等部门是环境教育的职能部门。课堂是环境教育的主阵地，学校把环境教育列入教学计划，物理、化学、生物、地理等学科的教师根据《宪法》有关条文和《环境教育读本》系统讲授环境科学知识。每逢植树节、世界地球日、世界环境日、世界人口日、世界粮食日等重大节日，学校集中开展专题讲座和环境知识竞赛，通过系统的讲授和多方位的渗透，学生增加了环境知识，提高了参与环保活动的自觉性。同时，学生们还通过创办的《环境报》《环境宣传专刊》和学校广播，以及重大节日走向街头等形式，向社会宣传环境知识和国家环保法律。他们还通过参观调查滨河、罗芳、上步的污水处理厂和市垃圾填埋场等实践活动，增长了环保才干，锻炼了实践能力。

环境教育与素质教育的互动性集中体现在具有二重身份的学生身上。

三、教育内容的包容性——互动的整效应

环境教育的内容很丰富，根据《第比利斯宣言》的精神，其主要有传授环境科学知识，强化环境意识，树立可持续发展观念，灌输环境价值观；开展法制教育，帮助受教育者知法、懂法、自觉地执法与护法；训练保护环境的技能；培养保护环境的品德，帮助受教育者在任何情况下都能像爱护自己的眼睛一样爱护一切环境建设和生态文明，并能主动积极地遏制一切消极因素，指导参与环境实践。

素质教育的内容更为丰富，根据《中国教育改革和发展纲要》的精神，可以概括为四大块：思想道德素质；文化科学素质；劳动技能素质；身体心理素质。素质教育所涵盖的内容包容了环境教育的内容；环境教育的内容又充实了素质教育的内容。一个综合素质比较高的人，当然也是环境素质比较高的人，把这两种教育融为一体，就可以大大提高学校教育的整体效应，这种融合不是冰糖溶于开水中的物理现象，而是氢与氧化合生成水那样的化学现象。

爱护地球，保护地球是环境教育的重大课题；爱国主义教育是素质教育中的永恒主题，是各科教学所要共同完成的任务。如果把地球比作一个村庄，那么，中国就是这个村庄的一个大户人家，深圳就是这个大户人家门前的花坛。爱国主义思想不是抽象的，它是爱学校、爱家乡思想感情的升华，是爱地球的具体体现。笋岗中学通过"四爱"（爱学校、爱家乡、爱祖国、爱地球）教育，把环境教育与素质教育有机地融为一体，取得了很好的整体效应。"爱我绿化区，护我绿化区"是学生爱校心声的表露，也是爱校行动的写照。该校有一个以2000平方米的楼顶花园、多物种的生物园、多功能的地理园为代表的立体绿

化群,这里处处洒有学生们的劳动汗水。学生们也是护卫绿色学校的哨兵,团委安排绿色卫士每天值班巡逻(与检查学生纪律结合)。一位学生在他的《我与笋中》的小诗中道出了广大学生爱校的深情:"我们,笋岗的莘莘学子/我们,21 世纪的希望/在这里,我们吸吮着知识的甘露/在这里,我们敲开清华的大门/在这里,'一课'改革创新/在这里,'二课'丰富多彩/这里是鹏城的一片乐土/我爱你,亲密无间的伙伴——笋岗中学。"他们爱深圳,赞美红树林(自然保护区)、罗湖桥、深圳河的佳句,在他们的习作中俯拾即是,他们为幸福生活在改革开放前沿的美丽城市而骄傲!爱之深、恨之切,他们对污染源疾恶如仇。深圳市长期以来坚持可持续发展战略,始终把环境保护作为关系深圳可持续发展的大事来抓,开展城市环境综合治理,全面改善和提高了城市环境质量,完成了工业污染源排放和环境功能区达标(简称"双达标")任务,通过了国家环保模范城市的复核,城市环境综合整治定量考核,继续保持在全国前列。但是,深圳市还存在一些比较突出的问题:一是水资源严重缺乏,地表水长期遭受污染;二是人口的快速增长,使生活污染源大幅度增加;三是水土流失问题未能得到根本解决。一位学生双休日骑自行车沿河游玩时,发现水上漂着、水边堆着白色污染物,第二天上学时就立即报告校环保协会,协会通过媒体向社会呼吁"还我绿水!"并组织学生通过自办的小报向社会宣传处污的科学方法。当该校绿色卫士们了解到梧桐山上的林场和深圳水库的山区分别有 15%、20% 的树木受到植物杀手——薇甘菊侵害时,心情万分焦急,他们向社会大声疾呼"还我青山!"并且积极查阅资料,学习处污知识,通过各种媒体宣传用物理的、化学的、生物的方法处污,化害为利。他们爱中华,在学校 100 多件环保艺术作品中有许多都是以爱祖国为主题,其中一件以《可爱的中国》为题,用 3 块泡沫和 365 个瓶盖制成的立体中国地图的艺术作品,渗透着他们热爱祖国的思想感情,这件作品中的"365"数字象征着中国人民一年 365 天天天向上,瓶盖上镶着的两根红线代表长江与黄河,红色意味着中华大地欣欣向荣,人民安居乐业。他们爱地球,笋岗中学全校师生集体宣誓:人类生存的地球只有一个,我们必须行动起来,保护这个唯一的家园。

这就是两个教育融合为一的整体效应。

四、教育改革的互促性——互动的显效应

环境教育显著的特点之一就是强调受教育者参与、实践,这必然促进学校生物、化学、物理、地理等自然学科的教学走出课堂,这些教学不仅不能再在黑板上做实验,而且也不能只是在实验室做实验,而是要到校内生物园、地理园做实验,更要到校外有关基地做实验。这就要突破应试教育模式,对旧的教育进行大刀阔斧的改革,使学生在实验实践中提高观察能力、分析能力、解决实际问题的能力。这就必然给素质教育带来明显

的效益。素质教育是适应中国特色社会主义现代化建设的现代教育，它是全新的教育体系和教育模式，要逐步实现信息化、现代化，这就必然将学校的环境教育也逐步推上信息化、现代化的轨道，给环境教育也带来了明显效益。以笋岗中学为例，广东省教育厅早在1996年就提出全省教育信息化、珠江三角洲教育现代化的战略措施。该校虽然建校较晚（1992年），底子较薄，但他们发扬艰苦奋斗，勤俭办学的精神，建成了“笋岗校园网”。目前，该校建有“笋岗教育之窗”网站，它包括奇迹2000办公管理体系、全国中学站点、各学科网上资源、科学交流、视频点播、学校聚焦、绿色卫士、绿色行动、教育新闻、校内新闻等。网站的建立，不仅推动了全校创造教学活动的深入发展，而且给环境教育带来了新的信息，提供了现代化的教育手段，使该校环境教育与素质教育双丰收。去年，该校集中一段时间开展“创新杯”教学活动，80%的参赛教师使用了现代化教学手段。当年，广东省举行计算机的教育论文、教案、课件比赛，该校送去27件（深圳市最多的学校之一），20件获奖（一等奖2个，二等奖8个），该校也是全市获奖最多的学校，环境教育也是硕果累累，今年，该校又被评为全市绿色学校。

五、教育环境的互补性——互动的隐效应

当代，全世界都在致力于绿色文明，简言之，绿色文明就是三大和谐：人与人的和谐，人与自然的和谐，人体内部的和谐。笋岗中学开展创建绿色学校活动，对学生进行系列的环境教育，创造了优美的校园环境。校园成为了师生陶冶心性的花园，开展各种校内活动的乐园，学艺求知的书院。这不仅改善了人与自然关系，也调节了人的内部机体。素质教育摒弃了应试教育的弊端（诸如题海战术，频繁考试，按成绩排行等）带来的师生之间、学生与学生之间、领导与师生之间的不协调的紧张状态，营造了一个宽松和谐的人际环境，使人们长期紧张的机体得到放松，使之张弛有序，劳逸结合，心情舒畅，体魄健壮。两个教育所创设的三个和谐的环境（自然，人与人，人的内部器官）互相补充，构成了学校育人的大环境，这个大环境就是隐性的大课堂。它对于育人起到无形的难以估量的作用。

（深圳市笋岗中学是广东省省级示范学校，时任校长汪继威思想开拓，观念新颖，性格敏毅，勇于创新。汪君曾任安徽省芜湖一中校长、深圳市理工学校校长。他为这篇文章提供了许多材料，提出一些新鲜观点。）

夯实初一基础是迈出全面推进素质教育的最关键一步

——初中素质教育实验方略

（2001 年元月）

前　　言

初中教育是“普九”工作的重要阶段，是初等教育和高中阶段教育的中间环节，抓好初中阶段教育，提高其教育教学质量，既可巩固和发展初等教育的成果，又能为高中阶段教育质量的提高打下坚实的基础，起到下带上促的重要作用。在全面推进素质教育，特别是在初中招生制度改革以后，夯实初中基础是全面推进素质教育最关键的一步，是我们教育工作者面临的重要课题。蓝济仲同志的这篇论文为抓好初中教育提出了很好的思路和办法，特推荐给各校。这篇论文有以下主要特点：一是理论性强，该论文在对传统教育理论分析、研究、比较的基础上，深入阐述了素质教育的原则、要求，有很强的理论指导性。二是实践性强，作者积 40 多年教育工作的实践经验，做了系统的总结、概括、提高，它源于实践，并对当前教育工作有很好的推动作用。三是新颖。该论文有许多新颖的观点，既体现了素质教育的思想，又符合初中阶段教育的实际情况，掌握了这些观点，有利于进一步推进初中阶段的素质教育。四是可操作性强，该论文在理论与实践的结合上达到了一定的高度，特别是“初一素质教育的五项工程”，具有很强的操作性。蓝济仲同志这篇论文表现了一位老教育工作者对教育改革和发展的关心，表达了一位共产党员对教育事业的责任感、使命感，也是对我们教育工作者的期望、鞭策。希望各校组织教职工认真学习、深入思考，并结合各校实际，推进初中素质教育深入发展和教育教学质量的提高。

蚌埠市教育委员会

2001年1月10日

长期以来，由于应试教育的影响，学校普遍存在把工作重心放在毕业年级，而置普通年级——特别是起始年级于次要地位的现象，这使学生过早分化。小学的差生进入中学后未能得到及时的补救和转化，一批新的差生又相继出现。一年级如果未打牢基本功，尽管三年级“集中优势兵力打歼灭战”，但对一部分差生已经为时晚矣！如果再予以淘汰，这不仅违反教育规律，而且违反《中华人民共和国义务教育法》。所以，学校要真正实现由应试教育向素质教育的转变，就必须首先把工作重心从毕业年级转移到起始年级。为此，推出《夯实初一基础是迈出全面推进素质教育的最关键一步——初中素质教育实验方略》。

第一部分　正确认识与处理素质教育的五个关系

一、素质教育与素质

按辞书解释，“素”是“本来”“本色”的意思；“质”是“性质”“本质”的意思；“素质”是指“事物本来的性质”。作为心理学、教育学上的“素质”概念有两层意思。一是指先天素质，即有机体天生具有某种解剖和生理的特性，主要是神经系统、脑的特性以及感官的特性。《辞海》认为素质：“在心理学上，指人的先天的解剖生理特点，主要是感觉器官和神经系统方面的特点。是人的心理发展的生理条件，但不能决定人的心理内容和发展水平。”二是指现实素质，即人在后天，通过自然、社会、家庭等各种环境的影响，形成的各种稳定的、长期发挥作用的基本品质结构，包括人的思想、道德、知识、能力、身体、心理品质等。先天素质与后天素质共处于有机个体之中，前者是后者的物质基础，后者是前者强化（或弱化）、发展（或倒退）的重要条件。但两者又有着质的差别，前者具有潜在性、可能性、本原性、朴素性、变异性，犹如未开采的矿藏，未煅烧的泥坯，未开垦的处女地。后者具有发展性、现实性、内化性、社会性、稳定性。辩证唯物主义者不仅承认事物内部诸因素是其发展的决定因素，而且更承认外部诸因素是其发展的重要因素，在一定条件下也能起决定作用，尤其教育对人的素质后期发展起着关键性的、决定性的作用。良好的教育能使先天素质中的良好因素得以巩固、发展、完善,有缺陷的因素得以矫正、补偿。早在2300多年前,古希腊唯物主义哲学家和进步的教育家德谟克里特就把先天素质说成“天性”,把后天素质说成“第二天性”,而且“第二天性”不是生而有之,是教育“创造”出来的。他肯定了教育对现实素质形成的重要作用。鲁迅在抨击旧教育时说得好:“施以狮虎式的教育,他们就能用爪牙;施以牛羊式的教育,他们到万分危急时,还会用一对可怜的角。然而我们所施的是什么式的教育呢,连小小的角也不能用,则大难临头,惟有兔子似的逃跑而已。”由此可见,教育对于全面提高个体素质、群体素质、整个民族素质是何等的重要啊!

顾名思义,素质教育就是以提高个体素质、群体素质、民族素质为目的的教育。《全面素质教育手册》为其下的定义是:“利用遗传、环境和教育的积极影响,在对学生的已有发展水平和可能发展潜能准确判断的基础上,充分发挥学生的主观能动性,使所有学生都在其发展水平上有所发展,都在可能范围内充分发展,从而促进社会意识向学生个体心理品质的内化。”素质教育的根本任务是在了解学生的已有发展水平和可能发展潜力的前提下,促进学生内在身心素质的发展和社会意识向个体心理品质的内化。

二、素质教育与教育方针

新中国成立后,我国教育方针经过几次变动,1995年3月18日公布的由第八届全国人民代表大会第三次会议通过的《中华人民共和国教育法》,对新时期教育方针做出了规定:“教育必须为社会主义现代化建设服务,必须与生产劳动相结合,培养德、智、体等方面全面发展的社会主义事业的建设者和接班人。”我们要从三个方面深刻理解和全面贯彻这个方针。

1.方针规定了我国教育工作的总方向:教育必须为社会主义现代化建设服务。这里所讲的“服务”是全面的,既包括为社会主义物质文明建设服务,又包括为社会主义精神文明建设服务;既包括为经济服务,又包括为政治服务;既包括为社会主义法制服务,又包括为社会主义民主服务。如果把教育为社会主义现代化建设服务仅仅理解为“教育为无产阶级政治服务”是远远不够的;同样,那种把教育为社会主义现代化服务单纯理解为“教育为经济建设服务”的观点也是错误的。

2.方针指出了培养人才的根本途径:教育必须与生产劳动相结合。教育与生产劳动相结合是马克思主义的重要教育原理之一。马克思主义认为,现代社会大工业生产客观上要求教育为其培养全面发展的人,而教育与生产劳动相结合是造就全面发展的人的根本途径;同时,教育与生产劳动相结合也是改造社会,实行脑力劳动与体力劳动相结合,培养社会新人才的重要途径。1958年,党中央规定的“教育与生产劳动相结合”的方针是正确的，问题在于贯彻这个方针时出现了偏差：劳动过多；劳动与教育没有结合；只搞单纯的劳动；劳动冲击了科学文化知识的教与学等。“文革”期间，“四人帮”肆意歪曲了中央的方针：以劳代教，以劳代学，取消教育，取消文化科学知识学习。历史的经验告诉我们：劳动多了不行，劳动少了或不劳动也不行，不与教育相结合的单纯劳动更不行；劳动要适度，劳动要与教育相结合；劳动的内容与“结合”的方式随着不同的时期和不同的学段而不同。

3. 方针把“培养德、智、体等方面全面发展的社会主义事业的建设者和接班人”作为各级各类学校教育总的培养目标。把青少年学生培养成什么样的人，是我国各级各类教育的一个根本性的大问题。目前，我们正面临着两大挑战：一个是世界新技术革命和国际竞争的挑战，一个是反对势力在政治上的挑战。在这样的形势下，我国教育培养目标必须突出两点：一是全面发展的人才；二是“建设者和接班人”双重任务的统一。只有这样，才能顺利实现我国现代化建设的宏伟目标，才能保证社会主义事业千秋万代永不变色。

教育方针是有机的整体，它规定了我国教育的总方向、总任务以及培养目标、培养途径，解决了教育培养什么样人、怎样培养人和为谁培养人的三大根本性问题。它是各级各类、各式各样教育的总的指导方针。当然，也是素质教育的指导方针。教育方针与素质教育两者的关系极为密切，主要表现在五个方面。教育方针为素质教育指明了“为社会主义现代化建设服务”的总方向。素质教育必须为中国特色社会主义的经济、政治、文化服务，为国家兴旺、民族振兴服务，为提高全民族素质服务。这是素质教育的灵魂。教育方针为素质教育的实施指明了基本途径。素质教育必须贯彻“教育与生产劳动相结合”的原则。江泽民在《关于教育问题的谈话》中提出：“要认真贯彻执行教育为社会主义事业服务、教育与社会实践相结合的教育方针”，这不是简单地将“生产劳动”四个字换用“社会实践”，而是对马克思主义关于“教育与生产劳动相结合”理论的发展。按照哲学解释，社会实践（或实践）就是人们改造自然和改造社会的一切有意识的活动。实践不仅包括生产劳动活动，还包括经济活动、政治活动、科研活动、文化活动等一切活动，这就把“结合”的面扩大了，“结合”的内容丰富了，“结合”的方式多样化了，“结合”的意义提升了。这就给全面实施素质教育开辟了广阔的道路。教育方针为素质教育明确了培养目标和培养任务。全面推进素质教育的目的就是要培养既能成为社会主义建设者，又能成为社会主义接班人；既能成为社会主义物质文明建设者，又能成为社会主义精神文明建设者；既能接各行各业的业务之班，又能接政权之班的人。这是素质教育最根本的任务。全面实施素质教育是对教育方针的全面落实。我国教育方针虽然几经变动，但培养全面发展人才的基本精神却贯穿始终，但是落实得并不尽如人意。全面推进素质教育就是从思想道德、文化科学、身体心理、劳动技能等许多方面提高受教育者的综合素质，这实质上就是全面贯彻教育方针，也是对教育方针的充实。教育方针与素质教育有着明显的区别。前者是从全国整体出发,依据党在现阶段的基本路线和总任务,科学地处理教育与社会主义建设、教育与生产劳动以及培养人才与社会主义事业等方面关系的大政方针;后者是从受教育者的群体(或个体)出发,遵循人的身心发展规律和教育自身规律,使其全面素质得到健康、和谐发展的教育理论与教育实践。它是实现教育方针必要的和正确的途径。

三、素质教育与现代教育

现代教育有两种不同的含义。一种是在西方教育史上,把20世纪的美国实用主义教育家杜威所标榜的与以德国教育家赫尔巴特所代表的教育思想相对应的教育,谓之现代教育。另一种是指适应现代社会、现代生产体系、现代经济体系、现代文化体系、现代科学技术、现代社会生活方式的教育观念、形态结构、内容、手段、方式、方法等的教育,谓之现代教育。按照第二种含义,现代教育的主要特点是:

1. 教育地位的战略化。中共十二大把教育科技列为社会主义现代化建设三大战略重点之一。十三大提出"把发展科学技术和教育事业放在首要位置,使经济建设转到依靠科技进步和提高劳动者素质的轨道上来"。十四大再次强调:"必须坚持把教育摆在优先发展的战略地位,努力提高全民族的思想道德和科学文化水平,这是实现我国现代化的根本大计"。十五大又把"科教兴国""可持续发展"作为我国社会主义现代化建设的两大战略。美国1958年通过的《国防教育法》和英国1959年提出的《克劳瑟报告》以及法国1959年提出的改革报告,也都把教育放在社会、经济发展的战略地位。由此可见,教育地位的战略化已成为全球的趋势。

2. 教育功能的多样化。随着社会、经济的发展,社会形态的更迭,教育功能由单一化走向多样化。原始社会,人们通过言传身教教会青少年使用原始工具进行生产,获取生活资料,教育促进人的发展的水平很低。在古代社会,教育主要为统治阶级的政治服务,古代社会轻视教育的经济功能,注意了教育对人的发展的促进功能。在现代社会,教育的功能日趋多样化,日益完善,现代社会不仅重视教育的政治功能,而且很重视教育的经济功能、科学技术功能、文化功能等,特别注重教育提高人的素质,培养人才的功能。我国现阶段的教育方针,把1958年提出的教育方针中的"必须为无产阶级政治服务"改为"必须为社会主义现代化建设服务",就充分体现了现代教育思想,充分体现了教育功能的多样化。因为"社会主义现代化建设"这个概念涵盖了社会主义政治、经济、文化、科技、卫生、法制、民主、思想道德等等。

3. 教育整体的现代化。作为教育实体,不仅教育者的思想要现代化,而且形态结构、管理体制、设备设施以及教育的内容、手段、方式、方法等都要现代化。目前,我国高校的撤并和专业调整,就是适应当代经济日趋全球化的需要而进行的教育结构改革,就是为了加速高校现代化的进程。中小学开展的教育信息化、多媒体教学、创新教育等,都是现代教育的具体体现。

4. 教育时间的终身化。新时代是科技飞速发展的时代,人类知识以几何级数增加。据科学家预测,人类知识 19 世纪大约 50 年增加 1 倍;20 世纪初为 30 年增加 1 倍,50 年代为 10 年增加 1 倍,70 年代为 5 年增加 1 倍,现在是 3 年增加 1 倍。然而,职前教育给予受教育者的知识非常有限,而且多数知识还没有被其实践。就业后,受教育者不仅要在实践中创造性地运用已学知识,更重要的还要不断摄取新知识。所以,要活到老,学到老,干到老。终身教育观念已逐渐为人们所接受。

5. 教育过程的人本化。所谓人本化就是教育者使受教育者用自我实现的方法,使自身先天潜能获得发展并得以完善。教育者在教育教学过程中起促进作用,向导作用,帮助学生开发自己的潜能,使潜在的素质变成现实的才能。正如 2400 多年前,希腊哲学家和教育家苏格拉底所说:"我不是授人以知识,而是使知识自己产生的产婆。"人们称之为"产婆术"。美国的卡尔·罗杰斯就是当代人本派的代表。他说:"一个人……是一条流动的变化之河,而不是一团固体材料;是不断变化着的一组巨大的潜能,而不是一群固定的特征。"因此,他主张教师要充分尊重学生的主体性,要理解、信任学生,要培养学生的自我能力,促进学生自我训练、自我评价、自我实现。崛起于世纪之交的我国素质教育是现代教育,而且是中国特色社会主义的现代教育,是本土化的现代教育,它既是科学的理论体系,又是伟大的教育实践。教育现代化也好,教育国际化也好,教育民主化也好,教育法制化也好,教育信息化也好,教育网络化也好,教育普及化也好,教育大众化也好,一切的"化"都要"化"在素质教育上。

四、素质教育与传统教育

传统教育也有两种含义。一种是西方教育史把以 17 世纪捷克教育家夸美纽斯和 18 世纪德国教育家赫尔巴特为代表的教育理论和教育实践称为传统教育。另一种是我国通常把以孔子为代表的两千多年来的中国教育称为传统教育。所谓传统教育,自然是指过去的教育,但是又传承下来。能够传承下来的必然是有生命力的,是优秀的。因此,素质教育对传统教育的否定是辩证的否定,是既否定,又肯定,既吸纳其精华,又弃其糟粕。一要肯定分班授课制,否定课堂中心。夸美纽斯在《大教学论》中第一个提出内容包括 12 项的分班授课制,而且一直被世界各国的各级各类学校沿用至今。今天,我们仍要加强课堂教学,并把它作为素质教育的主渠道。但是,传统教育的"课堂中心论"是错误的,班级活动不能仅限于教室内,还要形式多样,内容丰富,这有利于发挥学生的主体性。二要肯定分科教学法，否定书本中心。夸美纽斯也是第一个提出分科教学法，而且强调“在教学中，理论与实际应当携手并进”的人。然而，长期以来，传统教育却丢弃夸氏这一主张中的精华，逐步形成脱离实际的书本中心的情况。在全面推进素质教育的今天，要克服学科分得过细，学科之间联系不紧密，重书本、经实践等弊端。三要肯定教师的主导作用，否定教师中心。尊师重教是我国和西方教育的优良传统，今天仍要发扬光大，要充分发挥其在素质教育中的主导作用；但是，学校的中心不是校长，也不是教师，而是学生，学校的一切工作都要围绕学生这个中心转。美国现代教育的代表人物杜威的“儿童中心论”与传统教育的“教师中心论”针锋相对。我国人民教育家陶行知根据这一思想提出了六大解放：眼睛、耳朵、手、脑、时间、空间。四要肯定德育为首的思想，否定德育中的落后的内容。中国和西方的传统教育都十分重视德育。孔子给学生开设六门课程——礼、乐、射、御、书、数，其中“礼”就是奴隶社会的道德伦理，居于各科之首。西方传统教育代表人物赫尔巴特说得好：“教学的唯一工作与全部工作可以总结在这一概念之中——道德。”但是，他们所指“道德”的内容都是根据彼时彼地统治阶级的政治需要而进行规范的，其中虽然也有积极意义的，但很多是封建性的糟粕，应予否定。五要肯定长期积累的教学经验，特别是教学原则，否定应试教育的思想。长期以来，中国传统教育积累了丰富的教学经验，仅《论语》与《学记》中就总结了诸如“学思结合”“温故知新”“因材施教”“启发诱导”“好学乐学”“教学相长”“长善救失”“学不躐等”“禁于未发”“相观而善”“博习亲师”“正业居学”等20余条经验。特别值得称道的是宋元明时期的书院，其自由研习式的教学方法与当时盛行的科举应试教学是针锋相对的。宋代大儒、书院教学的代表人物朱熹，主张自学自得，他说：“读书是自己读书，为学是自己为学……好比饮食，不能只待别人理会，安放自家口里。”他主张教师“只做得个引路人”。在全国推进素质教育的今天，教育者如果能把这些经验融会贯通，再与现代化教学手段创造性地结合在一起，那么，在教学上就会如虎添翼，推陈出新，开辟出个新天地。然而，传统教育中一贯重视应试的观念应予否定。

五、素质教育与应试教育

素质教育与应试教育是一对矛盾体，既对立又统一。两者之间的对立主要表现在这两种截然不同的教育思想、教育体系之间的互相排斥。素质教育是从培养“四有”新人出发，以全面培养受教育者高尚的思想道德情操、丰富的文化科学知识、健康的体魄、健全的心理、较强的动手能力为宗旨，面向全体学生，使每个学生在原有的基础上都得到提高，为把他们培养成为跨世纪的人才全面打好素质基础，为提高全民族的素质打好基础。应试教育是单纯应试的教育，片面追求高分数、高升学率、高升重点率，重视智育，轻视德育；重视知识,轻视智能;重视少数尖子生,忽视大多数,放弃极少数。应试教育是以死记硬背、以考代教等为主要方法的淘汰式教育,是为升学有望的部分学生升入高一级学校服务的。这两种教育在培养目标、培养手段、培养方式上都是完全不同的。它们的统一性主要表现在下列三个方面。①两者同处于我国社会主义初级阶段的教育结构之中,互相依存,所谓“不是冤家不聚头”。这正如私有制经济与公有制经济同处于我国社会主义初级阶段经济结构中一样,将长期存在。纵观中华数千年历史,选拔人才不外乎推荐与考试两种形式。我国现阶段干部选拔主要是以中共推荐任命为主。为克服其弊端,近年来各级都在进行公务员考试的尝试。学生升学主要采取考试的形式。为弥补一考定终身的不足,近年来各级各类学校也在进行适当的推荐。只要考试这种选拔人才的形式存在,就有人要应考,应考就要准备,应试者总希望准备得越充分越好。因此,素质教育将与应试教育长期共存。②两种教育互相渗透、互相影响。素质教育不是从天空中掉下来的,而是从应试教育的土壤中产生出来的,并吸收应试教育中一些积极因素以营养自己。因此,应试教育是素质教育的生长点和营养点。考试是应试教育的主要着眼点,也是素质教育督促、检查、评价教学质量的不可或缺的重要手段,有这种手段与没有这种手段大不一样。当然,素质教育的考试相对于应试教育的考试是批判地继承,否定其烦琐、频繁、过难等有害于学生身心健康的一面,还要改革考试内容和方法。勤学苦练是应试教育一贯倡导的为学精神,对于素质教育来说这也是需要的。任何后天素质的形成,都必须要苦练基本功。所谓“愉快教学”主要是通过激发学生的兴趣,调动其主体积极性,通过苦学苦练,最终进入“乐学”境界。认为素质教育就是不要提倡学生的苦学精神了,那是一种误解。各级各类、各式各样的考试都要以素质教育为指导思想。③素质教育与应试教育在一定的条件下,各向自己的对立面转化。一所背离教育方针,热衷于应试教育的学校,可以转化为素质教育的典型;反之亦然。这其中的关键是转化的“条件”是否具备。转化的主要条件是什么呢?就是教育行政部门和学校领导的教育思想是否正确。学校领导,首先是教育思想的领导,然后才是教育教学行政方面的领导。如果指导思想正确,应试教育就会向素质教育转化;否则,就不能转化,甚至是素质教育向应试教育转化。当务之急,就是广大教育工作者应同心同德,一心一意创造条件促进应试教育向素质教育的转化。

第二部分　初一素质教育的思考

一、初中素质教育的地位和作用

1. 巩固发展九年义务教育的重点。普及九年义务教育(简称普九)是国家大政。

我省虽然已经通过国家的普九验收，但巩固提高普九，仍然是我省普教工作的“重中之重”。初中是普九的第二阶段，是普九最后冲刺的重难点，特别难的是普九的巩固率和提高率。影响巩固率的因素主要有：①一些家庭经济困难的农村学生，交不起学杂费和书籍费，于是辍学在家参加辅助性劳动，也有少数企业置《中华人民共和国义务教育法》于不顾，廉价接收初中辍学学生当童工。②或因社会上“黄赌毒”的毒害，或因家庭教育失常，或因学习基础过差、课堂坐晕车，致使部分学生厌学、逃学，最后退学。③学校教育思想不端正，应试教育作祟，初三时，有些学校对部分差生进行淘汰或变相淘汰，教师教育教学失当，致使极少数学生失去学习信心而自流。小学一般没有流失生。要使普九的巩固率真正巩固下来，最重要的是把好初中这一关，杜绝流失生，或者把辍学率降到最小限度。普及教育不仅有数量指标，还有质量要求，而且质量又是普九的核心。因此，要在普及基础上提高，提高指导下的普及。纵观全国普九现状，小学质量较高，初中较差，而且差面较大，因此，提高初中质量，既是普九的难点，又是普九的重点。

2. 基础教育的中间环节。重基础教育，重人才的素质，重教师，是当今世界教育的重要特点。基础教育是提高民族素质，建设社会主义现代化强国，振兴民族的奠基工程。初级中等教育是初等教育和高级中等教育的中间环节，是整个基础教育的中介点。提高初中的教育质量，一方面可以巩固和发展初等教育的成果，另一方面也为高级中等教育输送大量合格的新生，为高级中等教育质量的提高打下坚实的基础。抓住初中教育就抓住了基础教育这根链条的中间环节，就能下带上促，使整个链条动起来，这样，基础教育就活了。重视初中教育的领导才是清醒的领导，才是明智的领导。

3. 青少年心理发展变化的过渡期。人们通常把六七岁至十一二岁称为童年期，把十一二岁至十七八岁称为青春期。由童年期到青春期有个渐变的过程，有个过渡时期。初中阶段正是这个过渡期。这个时期，随着生理的急剧变化，学生心理也现出诸多特殊性，充满着诸多矛盾。他们产生了独立自主的意识，强烈要求摆脱父母（或监护人）的管教，尤其希望别人尊重自己，对家长和老师絮絮叨叨的说教方式，往往产生逆反心理。但是他们在生活上、学习上、思想上又要依靠父母与老师，特别在遇到困难的时候更是如此。这就形成了“断乳期”的独立性和依附性的矛盾。随着生理特殊的变化（如女性来潮，男性遗精），他们开始认识到自我世界的丰富多彩，采取记日记、杂记、笔记等手段倾诉自己的隐情，并将箱子和抽屉上锁，希望有独立卧室，和别人说话也不是那么坦率，往往出现“话到嘴边留半句”的情形，这是青少年闭锁性心理的具体反映。但是，他们又有强烈的自我表现欲，一有机会总想表露自己的心迹，展示自己的才华，这是心理的内隐性与外显性的矛盾。青春期正是花季的年龄，花季又是多“梦”的时期，他们憧憬灿烂的未来，往往发出许多奇思妙想，对未来无限向往，充满着信心和热情。但如何把理想与现实的学习挂钩，如何千里之行始于足下，如何沿着正确的途径，一步一个脚印地迈向理性彼岸，他们往往茫然无措；特别是遇到挫折时他们心灰意冷，像泄了气的皮球。至于鲜花遭到暴风雨摧残时，他们极易走向非理性化的极端，或自寻绝路，或铤而走险，或忍辱自残，或助纣为虐。这就是理想与现实的矛盾。青少年对生机勃勃、繁花似锦、千姿百态、光怪陆离的大千世界充满着新奇感、趣味感，他们对某物某事一旦产生兴趣，就能把全部精神世界融化到他们所喜爱的客体上，达到痴迷的程度。但从总体上来说，他们的兴趣还是比较广泛的，遇到什么都想看一看、尝一尝、摸一摸、做一做、问一问，坐在这山望那山。这是兴趣的专注性与易变性的矛盾。青少年朝气蓬勃，积极向上，崇尚正义，崇尚美好事物，崇拜英雄人物，崇拜偶像，各类的“追星族”就是其代表。他们思想敏锐、活跃、新颖，他们的思想脉搏总是与时代的脉搏天然合拍，他们虽然不能都成为“弄潮儿”，但都以新潮派自诩。他们是追新派，然而由于认识上、阅历上的局限性，缺乏对事物本质的认透力，以至分不清披着“新潮时装”的所谓新事物与真正新事物，盲目地赶新，盲目地崇拜偶像。这是美好的动机与盲目的行为之间的矛盾。总之，青春期是人生的妙龄时期，是人生的黄金时期，也是可塑性较大（幼年期和童年期可塑性最大）的时期，因而是塑造他们高尚灵魂，培养他们良好综合素质的最佳时期、关键时期。对于一个清醒的教育工作者来说，有什么理由不把初中放在“重中之重”的地位上呢？

二、初中全面推进素质教育的特殊意义

1. 身体发育的猛长期。人的身体和各部分器官的体积和重量的增加是一个渐变的过程，但在某些年龄段却出现突变。青春期是人生长的第二个高峰（第一个高峰是在胎内和两岁），其突出地表现在四个方面。身体迅速长高，平均每年增长 6—8 厘米，有的达到 10—11 厘米。体重明显增加，平均每年增加 5—6 公斤，有的达到 8—10 公斤。心脏猛长，人的心脏发育有两个猛长期，一个是出生后两周，一个是青春期。年龄越小，心脏跳动得越快，每分钟脉搏次数也就越多，心跳过快，容易疲劳，耐久力差。

2. 生理机能增强的转折期。生理机能增强最突出的，也最值得教育者高度重视的有两个方面。一是生殖器官初步成熟，第二性征逐渐出现。据有关资料表明，随着物质生活的提高，女性初潮年龄在十一二岁，男性遗精年龄在十三四岁。而月经和遗精是生殖机能的信号。胡须、阴毛和腋毛先后长出，声音低沉，喉结突出等男性第二性征随之出现。乳房隆起，骨盆增宽，皮下脂肪加厚，音调高而细等女性第二性征的出现略早于男性一二年。二是大脑发生了变化。青春期，人脑的重量和容量增长不大，但其却会发生质的变化，表现在兴奋感较强，抑制性较差，情绪容易激动，意志比较薄弱。人在青春期生理心理发展变化的起点一般是十一二岁或十二三岁，这个年龄正是初一阶段。因

此,初一既是初级中等教育的起点,又是人生由童年期进入青春期的转折点,抓好这个起点和转折点对提高初中整体教育质量,对健康地度过青春期是个至关重要的一步,不可不慎重啊!

3. 教学变化的关键期。与小学相比,初中教学发生了“六多一难”的变化。一是课程门类多,初一增加了历史、地理、生物三门起始课,对于在小学未学外语的学生来说,实际上是增加了四门起始课。代数自成体系,不同于小学算术。二是每周总课时多,初一学科课程每周总课时30节,小学六年级是26节,多了4节。三是每堂课时间多了,初中比小学多5分钟。四是作业门类和完成的时间比小学多。五是实验和实践活动多。六是讲授得多,小学老师普遍采取谈话法,问问答答,讲讲练练。初中教材涵盖的内容比较丰富,知识面比较广,而且具有一定的难度。教材难度大,教学方法不适应,管理突然放松,这是一部分学生成绩急剧下降,开始分化的主要原因。要避免过早过多的分化,从初一的第一课开始就要抓紧抓好,一抓到底。

4. 环境转换的适应期。从小学到中学,对于一个十一二岁的孩子来说,不能不说是一个重大的转折。学校规模大了,教学设备多了,老师与同学都是新面孔,教师的知识水平高了,教学风格也不同了,校风、教风、学风也都发生了较大的变化。所有这些将会使他们产生一种自豪感、新鲜感。这正是对他们进行爱校教育、理想前途教育的好时机,也是对他们进行《中学生守则》《中学生行为规范》教育训练的好时机。这符合我国传统教育所一贯倡导的“时”的原则。《学记》说:“当其可之谓时。”“时”就是教育的最佳时期,抓住这个“时”施教,就会达到事半功倍的效果,失时而教则事倍功半。由于应试教育的影响,在小学,他们是学校重点保护的毕业班学生,是教师的宠儿,是全校学生的大哥哥、大姐姐,其他年级的学生都是他们的小弟弟、小妹妹;到中学,他们是不被学校重视的普通年级,他们是全校学生的小弟弟、小妹妹,其他年级的学生都是他们的大哥哥、大姐姐。他们在小学昂首阔步,趾高气扬,到中学后感到比人矮一头。这种角色的重大转换可能会使他们中的一部分人产生自卑感,从而怀念小学生活。这就昭示人们:千万不能忽视起始年级,否则,将会坐失教育良机。在班级管理方面,小学老师管理得比较细,跑得比较勤,盯得比较紧,要求比较严。到中学,老师比较重视学生的自治、自律,比较注意发挥学生干部作用,比较开放,这可能导致一部分学生产生“松松气”思想。在教学语言方面,小学教师较多采用为儿童所能接受的口语化的语言,语调轻柔亲切,讲讲问问,气氛热烈;中学老师多采用书面化的语言,讲究课堂语言的严密性、逻辑性、形象性,多采用讲授法。一般地说,刚踏入中学门的初一学生有两方面不适应:管理方式和教学方法。因此,切实解决中小学衔接问题,还需要做大量细致的工作。

三、初一全面推行素质教育必须强化十个观念

1."六全"结合,以人为本。一是面向全体。教育工作者面向大多数学生不行,面向绝大多数学生也不行,一定要面向每一个学生,使每一个学生在经过一段时间教育后都有所提高。教育的根基是爱,没有爱就没有教育。陶行知主张"爱满天下"。教师对学生要博爱,博爱每生,特别还要偏爱差生。转化一名差生与培养一名优生具有同等重要的意义。苏联教育家马卡连柯把近3000名流浪儿和违法少年教育成有道德、有文化的公民,其中不少上了大学,成为教师、医生、工程师、先进工作者、卫国战争英雄。广东省教育家丁有宽任教40年中,共担任26个班的班主任,其中22个班是学校里的后进班,他所教的学生后来都成为了国家的有用之材。面向全体的关键是如何面向差生,这个问题解决了,就从根本上解决了面向全体的问题。二是全面打好基础。中学是教育的基础,小学是基础的基础。从某种意义上讲,中小学教育就是打基础,为高等教育打基础,为提高全民族素质打基础,为每个受教育者一生工作打基础。《中国教育改革和发展纲要》指出,"中小学要由'应试教育'转向全面提高国民素质的轨道,面向全体学生,全面提高学生的思想道德、文化科学、劳动技能和身体心理素质"。打基础就要从这四个方面全面打好基础,这四个方面是有机不可分割的整体。三是全面发展。中共中央、国务院《关于深化教育改革全面推进素质教育的决定》中明确指出:"学校教育不仅要抓好智育,更要重视德育,还要加强体育、美育、劳动技术教育和社会实践,使诸方面教育相互渗透、协调发展,促进学生的全面发展和健康成长。"这是对全面发展的最好诠释。四是健全人格。健全人格也就是完整人格,完整人格表现为个人需要、动机、欲望、理想、目标与行动协调一致,形成一个统一整体和环境发生相互作用。人格结构内在的协调,表现为认知能力、情绪反应和意识行为三方面协调,需要、欲望与目标的协调,动机与行为的协调,行为与环境的协调。五是全程负责。初一素质教育下要与小学衔接,上要与初二、初三乃至高中衔接,要对学生接受基础教育的全过程负责。初一素质教育要放在基础教育的整体中进行运筹和作为。六是全员育人。学校每一位教职员工都是教育者,当然,也在不同程度上接受教育,所谓"教学相长"。每位学生都是受教育者,同时,就某种意义讲也是教育者。学生之间相互切磋,相互观摩,互帮互学,可以收到良好的教育效果,这既是传统教育所倡导的"摩"(相观而善谓之摩)的原则,也是现代教育所主张的"自我实现"的方法。人本思想是人本主义在教育领域中的反映,是现代教育派所着力强调的思想,它突出了教育的育人功能(教育还有经济、政治、文化、科技等方面的功能)。"面向全体"是素质教育的方向,"全面打好素质基础""全面发展""健全人格""全程负责"是素质教育的目标和任务,"全员育人"是素质教育的基本

力量。“六全”是整体,它集中体现了以人为本的思想。

2.“五育”并举德为首。五育是有机整体,犹如人的身体,德育如头,智育如躯干,体育、美育、劳动技术教育如四肢。它们既互相联系,相互渗透,又相互区别,各司其事。其中德育为首,它渗透于其他各育之中,是各育的司令。任何国家,任何时期的教育都把德育放在首位。代表贵族奴隶主利益的古代希腊教育家柏拉图就第一个提出教育的政治意义,19 世纪俄国教育家乌申斯基认为“道德的影响是教育的主要任务”。新中国的教育一直坚持德育为首的原则。

3.“四素”贯通贵在行。知、情、意、行是心理学着力强调的四种素质。知就是知识,是“人们在改造客观世界的实践中所获得的认识和经验的总和”,它包括认知的动机、动力、能力、途径和方法等,其中认识能力是智力因素,其他为非智力因素。情就是情绪、情感,情绪是“从事某种活动时产生兴奋的心理状态”;情感是“对外界刺激肯定或否定的心理反应,如喜、怒、悲、恐、爱、恶等”,情是非智力因素。意就是意志,是“决定达到某种目的而产生的心理状态”,也是非智力因素。行,原意是“走在路上”,引申为行动、活动、行为、探索等意义,相当于哲学上实践的概念,其中包含智力与非智力因素。这四种素质包含心理学上的一对命题(智力与非智力)和哲学上的一对命题(知与行)。据美国心理学家彼得·塞拉维与琼·梅耶两人的长期研究,在成功的要素中,智商(IQ)只占 20%,而情商(EQ)更为重要。这是成功教育的理论依据。因此,要着重提高学生的情商,重视非智力因素的发展。中国古今哲学家大都主张行知统一,孔子提倡“学以致用”;墨子要求人们“言必信,行必果,使言行之合,犹合符节”;明朝王阳明提出“行知合一”,明清之际的王夫之认为知行是互相渗透、互相转化的。学生所接受的主要是间接知识,学校必须加强实践活动,加强动手能力的培养,使其所学知识与实际紧密结合。知行必须统一,两商必须结合,但最终都要落实到“行”上,并在“行”中发展,在“行”中学会学习,学会做人,学会做事,学会生存。

4.“三教”联手校为主。江泽民在《关于教育问题的谈话》中指出:“教育是一个系统工程”,“全社会都要来关心和支持”,“全党、全社会都要来做”。学校教育、家庭教育、社会教育联合起来组成教育合力,是完成这项工程的保证。但是,长期以来,“三教”并没有很好地联手,甚至社会中的消极因素和某些媒体的误导以及家庭教育中的失误,还给学校教育带来了负面影响,这与至今没有一个有权威的综合管理机构把分散的教育力量组合起来有很大的关系。在这种情况下,学校出于对培养下一代负责的态度,应该当仁不让,主动与社区、家庭建立密切联系,探索联系的最佳方式(如家长学校,警民共建),从而调动社会、家庭的积极因素,真正形成一个教育合力,使传统的学校德育变为大德育,逐步实现教育社会化,社会教育化。但是这些活动,还要依靠学校去组织、推动,学校教育在这里要起主要作用。

5. 初中三年始为基。根深枝繁，枝繁叶茂。习惯成自然，少成若天性。初中是基础教育，初一又是初中的基础，是人的早期教育，是为人的一生立身行事打基础的教育，教育的好坏将影响人的一生。历来有许多金玉良言：一年之计在于春，一日之计在于晨；五年看三年，三年看头年；一元复始，万象更新；千里之行，始于足下；良好的开端是成功的一半。学校应该把起始年级定位在治校的战略重点上。

6. "两育"兼顾普为重。初中教育是普及教育，是全民性的，普及性的，但决不排斥精英教育。建设社会主义现代化强国，不仅需要数以亿计的高素质的劳动者，还需要数以十万计、百万计的各级各类科技人才和管理人才。21 世纪将是高科技的世纪，亚洲太平洋世纪，中国世纪。邓小平早就告诫国人：中国必须在世界高科技领域中占有一席之地。因此，我们应当从初一开始，关注智力特异的学生，一经发现就要加以保护，并且要为其发展特异能力创造必要的条件。切不可把他们等同一般，更不允许把他们的才能扼杀在摇篮中。这与应试教育只抓少数尖子生，放弃大多数的做法有本质的区别。普及教育与精英教育相比，前者为重。

7. "两主"结合"生"为上。"两主"就是"教师为主导，学生为主体"。教学是师生双边共同活动的过程。从教的方面说，教什么内容，选择什么教具，采取什么教法，教的效果如何，主要取决于老师。因此，教师是内因，是矛盾主要方面。学生的正确评教也可以促进教师改进教学，但这是外因，是次要方面，只有通过教师这个内因才能起作用。从学的方面说，对学抱什么态度，以什么方式方法学，学习毅力如何，刻苦钻研精神如何，学习效果怎样，主要取决于学生。因此，学生是内因，是矛盾主要方面。教师的正确教育和引导，可以帮助学生明确学习目的，端正学习态度，增强学习信心，选择好的学习方法，从而提高学习效果，但这是外因，是次要方面，只有通过内因才能起作用。所以，苏联教育家赞科夫说："学生能力的发展过程是教学结构这个外因与学生自身这个内因复杂地相互作用的结果。"教学的主要任务是提高学生的道德水准和知识质量，发展学生的智力与能力，使其整体素质得到有效的提升。要实现这个目标，必须把教师施教这个外因与学生受教这个内因巧妙地结合起来，这就是"两主"结合的意义。教师必须强化主体意识，一切为学生，为学生的一切、为一切学生，这就是学生为上的意思。当然，学生也应该强化主体意识，主动地接受老师的教导，积极地参加老师组织的活动。

8. "两双"融合知为基。"两双"就是"双基"（基础知识、基本技能）与"双力"（智力、能力）。初中各学科的"双基"都是最基本的概念、定义、定理、定律、原理、原则及其运用，这既是深入学习研究本学科的基础，又是开发人的智力，提高能力的基础。有的学科（如语、数、外）还是学习研究其他学科、社会交际、从事劳动的工具，因而带有相对的稳定性、基础性和工具性，这要求学生准确地、牢固地掌握，熟练地、灵活地运用。智力开发、能力的培养又是学习好、运用好"双基"的重要条件。因此，既要把"双基"与"双力"融为一体，又必须把基础知识作为“两双”的基石，要求学生真正把它切实掌握住。

9.“两课”携手创为魂。“两课”是学科课程和活动课程，过去叫作第一课堂与第二课堂。活动课程应该包括校内外一切有目的、有组织、有内容的教育活动，它既要和学科课程密切配合，携手互补，又不能成为它的简单延伸和补充，而应有相对的独立性。这类课程目前无大纲、无教材、无固定教师、无固定场所，加之人们认识不统一，因而是学校教学中的薄弱环节。“两课”都要加强，都要改革，都要把创新作为改革的灵魂、改革的主题。

10. 学生提升基为准。学生读完初一，人人都应该在原有的基础上得到不同提高。赞科夫的新教学论的五项原则中就有一项是“使全班学生包括后进生都得到发展”。（其他四项是：以高难度进行教学，以高速度进行教学，理论知识起主导作用，使学生理解学习过程）。提高也好，发展也罢，都要有个基础，这个基础就是入学时的基础。发展是波浪式的，在一年之中，有时也可能倒退，要从总的发展趋势上去把握。发展又是不平衡的，提高的幅度不同，不可能强求一律。各人各个学科提升幅度也不同，有快有慢，甚至还有退步的，要从整体去衡量。要使人人都得到提高，才是完美的教育，如果有些学生得不到提高，那是很遗憾的事。

第三部分　初一素质教育的目标与要求

一、思想道德素质教育的目标要求

中国人民有自己的民族自尊心和自豪感，以热爱祖国、贡献全部力量建设社会主义祖国为最大光荣，以损害社会主义祖国利益、尊严和荣誉为最大耻辱。——邓小平

总的目标要求：

热爱中华，立志报国；提倡科学，破除迷信；审视自我，善待他人；遵纪守法，规范行为。

分项要求：

1. 热爱中华，立志报国。热爱学校要了解学校的历史和发展愿景，熟悉学校的现状，学习学校先进模范人物，继承和发扬学校的光荣传统，激发当一名新时代中学生的自豪感，力争做优秀的中学生。热爱家乡要了解家乡今日剧变，熟悉家乡的人文地理，追忆家乡水土养育之恩和父老乡亲怜爱之情，激发为建设更加美好的家园而勤奋学习的热情，以回报乡亲亲情。热爱祖国要概略了解中华五千年的文明史，熟悉近百年来帝国主义侵略中国的屈辱史和人民英勇反抗的光荣斗争史，重点了解新中国的伟大成就，

特别是改革开放以来的伟大成就。我们还要辩证地认识国情：地大、物博是长处，也能变成短处；人多、经济欠发达是短处，也能变成长处，事在人为。我们要尊重国旗、国徽、国歌，维护国家尊严、统一和民族团结，树立国家兴衰，匹夫有责的观念。我们要继承民族优良文化传统，具有民族自尊心、自豪感；拥护共产党，积极响应各级政府的号召；为民族振兴、国家昌盛，为实现建设中国特色社会主义强国立志成才；热爱地球，略知地球概貌，了解 21 世纪人类面临着越来越强烈和深刻的环境与生态危机：土地荒漠化，耕地缩减；淡水资源污染与缺乏；气候变暖，臭氧层破坏，酸雨污染；生物物种锐减；能源缺乏等。认识人与自然、人与社会、人与经济、人与人必须和谐协调地发展，初步树立可持续发展的战略观点，主动地参加学校绿色行动，共同保护人类这唯一的家园——地球。认识到爱国主义的情怀是爱学校、爱家乡思想感情的升华，也是爱地球的具体体现。

2. 提倡科学，破除迷信。渗透辩证唯物主义自然观的教育，使学生初步懂得世界是物质的，物质是运动发展的，运动发展是有规律的，人们只能发现和利用规律为人类服务，不能创造规律和改变规律。渗透辩证唯物主义的历史观，使学生初步认识到人类历史是人民群众创造的，人类历史是生产力与生产关系矛盾运动的历史；人是推动生产力发展的决定因素，科技是第一生产力；人民群众是推动历史前进的动力，个人对于历史发展的进程起着加速或推迟的作用。"两点论"教育使学生初步懂得事物都是一分为二的，优与劣、成功与失败、差生与优生都是相对而言的，也是可以转化的，转化的动力主要在内因；并初步学会用全面的、发展的、历史的观点看待人和事。无神论和宗教政策的教育使学生初步划清宗教与邪教、宗教信仰与邪教活动、保护宗教信仰与反对迷信活动的区别；使学生认识到人人有宗教信仰的自由，但不管是谁都不能在社会主义性质的学校进行任何宗教活动。

3. 审视自己，善待他人。帮助学生认识自己身体的发育成长状况，特别是那些微妙的变化，认识自己的小学生活，认识自己的优缺点，特别是特长，认识自己进中学后的心态和各方面的表现情况。帮助学生调适心态，调节行为。激励自我，在对自己一分为二正确认识的基础上，帮助学生树立自信、自尊、自律、自卫、自强的"五自"观点，从而激发学生的主体能动性。帮助学生学会一分为二待别人，而且主要发掘别人的长处，并从而学其所长，帮之去其所短；帮助学生学会识别那些披着人皮、操着人语、干着兽行的"狼外婆"；还要识别那些"群星"中的"北斗星"。善待好人，要帮助学生继续发扬中华民族的光荣传统，和善地、诚恳地对待亲朋、师友、邻居、路人等一切善良的人们，架起一座和谐的绿色人际关系的立交桥。要学习当代优秀模范人物，要择善而"崇"，不要盲目"追星"。智斗恶人，在认清坏人真面目的基础上，要帮助学生学会巧对恶人的方法：在孤立无援时，婉言与之周旋，力争尽快脱离险境；在有条件或创造条件可以争取外援时，则尽力争取外援；在濒临绝境，万般无奈的情况下，则与之正面交锋，力争获胜；在遭到强暴后,则拿起法律的武器,严惩恶人。远离"三害",教育学生真正认识"黄赌毒"的严重危害性,并使其一定要远离一切(包括坏人与好人、自觉与不自觉)散播"三害"的人,坚决杜绝"三害"。乐交益友,教育学生与品行和学习都比较好的同学交友,使其既善于向别人学习,又敢于向别人挑战。教育学生不要讲哥儿(姐儿)们"义气",不要"划圈圈",使其交之有道,交之有信,交之有益。诚交损友,对于学习成绩或品行比较后进的学生,教育学生不要嫌弃他们,不要藐视他们,不要冷淡他们,要与之交往,诚恳地帮助他们改正缺点,提高学业成绩。但是,千万不能与之随波逐流,沆瀣一气。慎交异性,对于正处于妙龄时期的少男少女,教师既要鼓励他(她)们打破授受不亲的男女界限,互相交往,在交往中相互帮助,互相鼓励,又要教育他(她)们不要过分的接触,过分的亲近,把交往的范围严格地局限在同窗友谊之内。既要暗示他(她)们不要早恋,又要把朦胧的两性意识与真正的早恋区别开来。即使有早恋现象出现,教师也要待之以诚,晓之以理,动之以情,导之以行,隐之以私,尊重他们的"隐私"权,切不可不负责任地把他(她)们的隐私张扬出去。

4. 遵纪守法,规范行为。要使学生熟悉《中华人民共和国义务教育法》《中华人民共和国未成年人保护法》以及《宪法》《中华人民共和国教育法》《中华人民共和国教师法》中有关青少年的条文,使其明确自己的义务和权利,从而自觉履行法律所赋予的权利与义务,并自觉地用法律武器保护自身的权利与义务的实现。还要使其粗知《中华人民共和国刑事诉讼法》等有关法律,使其初步弄清民主与法制,罪与非罪、过失犯罪与故意犯罪等方面的界限,让其具有初步的民主与法制的意识。使学生了解本地区特定的有关法律、法规。学生要熟背《中学生守则》《中学生日常行为规范》,熟记《中学生礼仪常规》《中学生安全守则》,并且严格遵守,养成习惯。教育学生了解并遵守教育行政部门和学校制定的有关条例、规定、规则、制度等。全校(尤其是初一)师生员工都要增强把初一作为养成教育重点的意识,使新生一进校就能养成良好的行为习惯。

二、文化科学素质的目标要求

在科学的入口处,正像在地狱的入口处一样,必须提出这样的要求:"这里必须根绝一切犹豫;这里任何怯懦都无济于事。"

——马克思

总的目标要求:

三基坚实,自我实现;学教创新,开启心智;因科施教,因材导学。

分项要求:

1. 三基坚实,自我实现。要让学生在理解的基础上,对重要的定理、定律、原理等牢牢记住，对经典课文（或段落）和名诗警句（包括思品、历史、地理等课本中引用的）要熟读背诵，对优美的歌曲，要能离开曲谱声情并茂地独唱或合唱。要让学生把所学的基本知识、基础理论运用到演算、写作、会话、操练、绘画、视唱、实验以及社会实践活动中，而且经过反复运用，培养其熟练的技能技巧。在教育学生明确学习目的、端正学习态度、坚定学习信心、培养学习兴趣的基础上，让学生学会读书、学会思考、学会提问、学会辨析、学会应用，从而达到教是为了不教的目的。

2. 学教创新，开启心智。教师要转变观念，树立新的教学观、质量观、人才观，走科研促教之路，采用启发式、讨论式的教学方法和现代化教学手段，让学生不仅了解知识的结果，更重要的是让学生了解知识的发展和过程，教师要在教学实践中不断创新。教师通过教学主要培养学生具有五种能力：创新思维与创新能力；收集新信息与获取新知识的能力；分析问题和解决问题的能力；一定的口头与书面的表达能力；参加实践活动的基本知识与开展实践活动的基本能力。

3. 因科施教，因材导学。教学（包括学科课程与活动课程的教学）是学校一切工作的中心，是全面推进素质教育的主渠道，是德育、智育、体育、美育的载体，只能加强、不能削弱，教书育人是教师的天职，教师切不可掉以轻心，要教出各科特色。

通过全年的《思想政治》教学，使学生初步具有积极的情绪、高雅的情趣、爱国的情操、坚强的意志、良好的性格等心理素质，使其增强自尊、自信以及自律能力，正确认识自己，正确处理人际关系，特别是正确处理同学之间、师生之间的关系。理论联系实际是思想政治课的灵魂，教师要密切地联系古今中外的优秀人物和典型事例，要适当而巧妙地联系学生的思想实际，要有机地联系在中国共产党领导下，全国各族人民建设中国特色社会主义现代化强国的火热社会生活，要有选择地联系当今国内外信息。采用归纳与演绎，分析与综合相结合的叙述方式，指导学生认真阅读教材，熟记课本中引用的名人诗词和警句，把这门课教活。

在《语文》一年的教学中，通过反映家庭、学校、社会、革命、文化、经济生活、自然景物、科学世界、想象世界等方面的92篇不同体裁作品的教与学，以及词与短语的教与学，通过扎实、活泼、有序地进行阅读、写作、听说的语文基本功训练，培养了学生正确理解和运用祖国语言文字的能力。在训练过程中，学生积累了一定数量的词汇，能熟练地使用《新华字典》《现代汉语词典》《汉语成语词典》等工具书，能熟练地背诵一部分课文，特别是一些传统的名篇、名诗和一些警句，初步掌握文章的遣词造句、语言运用、篇章结构、布局谋篇的基本知识和基本技巧，提高了阅读现代文的能力和记叙文的写作能力，具有阅读（借助工具书）浅短古文的初步能力，以及在集体场合下能比较完整地叙述一件事或介绍一个人物的口头表达的能力。讲练结合，文道统一是语文教学的两大特点。通过文情并茂的作品教学，培养学生爱家乡、爱学校、爱自然、爱科学、爱祖国、爱亲朋、爱师生、爱同志等纯洁高尚的感情,以及爱美的情趣和审美、创新的能力。

《代数》教学的突出特点就是使学生在一定的数学思想指导下将所学的数学知识运用到实际运算过程中,从而着力培养学生的五种能力:熟记基本法则、基本性质、基本概念、基本定律、基本公式的理解记忆力;运用数学概念进行推理、判断的严密的逻辑思维能力;通过一题多解或多题同解的反复训练,培养求异的发散思维能力;准确地熟练地演算各种类型题目的解题能力;将所学的数学思想、数学知识、数学解题技能运用到有关学科的学习和实际生活中的应用能力。要对学生初步进行唯物辩证法的教育:正数与负数、有理数与无理数、乘方与开方、已知数与未知数、方程的解与解方程等等都是对立统一的;即使"0"也是无意义与有意义的对立统一体。还要通过数学培养学生一丝不苟的科学精神和循序渐进的学习方法。

《英语》帮助学生熟练地准确地掌握国际音标和基本读音规则,用音标法和构词法拼读单音节词和多音节词。英语教师要帮助学生掌握词不离句、机械性记忆与理解性记忆相结合、反复拼读等方法,使其牢记教学大纲所要求掌握的词汇,并不断地同遗忘做斗争。帮助学生掌握教学大纲所要求的语法知识,并与母语进行适当的对比,对于一些在概念上、结构上、表达习惯上跟汉语一样的,教师可以用汉语的正确意义和作用对学生稍加指点,对于跟汉语不同之处要重点讲清,以免两语混淆。英语教师要尽可能多地采用现代化教学手段重点培养学生英语的听说读写能力。

《中国历史》是一部爱国主义教育的好教材,是试图把历史、文学、艺术、哲学结合起来的新课本。教师要把握该书的特点,让学生通过掌握重大历史事件、历史人物、历史年代以及不同历史时期的经济、文化、科技、教育等方面的重大成就,丰富历史知识,从而提高人文素质。帮助学生系统地概略地了解中华光辉灿烂的五千年历史,增强民族自信心和自豪感,从而激发其为振兴民族、强国富民而勤奋学习的热情。教师要把人民是历史的创造者、历史的主人,个人对历史的进程只能起加速或推迟作用的观点,渗透到整个历史教学中,使学生逐步形成历史唯物主义的观点。

通过《地理》学科的教学,要求学生牢固掌握世界自然地理、人文地理的有关基础知识和基本概念。如地球仪、地球自转与公转、地轴与两极,经线(度)、纬线(度)、赤道、子午线、地图(比例尺、方向)、海拔、大陆地形(山地、平原、高原、丘陵、盆地)、海底地形(大陆架、大陆坡、海底)、气温、气压、自然资源、人口(人种、语言、宗教、民族)、世界政区和分区等。这些都是学习地理科学必须具备的最基本的知识,学生一定要弄懂、牢记。培养学生具有阅读、使用、绘制地区以及各种地理图表的基本技能,这是地理教学区别于其他学科教学的主要特点。培养学生爱地球、爱祖国、爱家乡的思想感情,树立可持续发展的观点。让学生理解所学的各种知识对人类的生活和生产有什么影响,用什么方法处理好人类同地球环境的关系。例如,怎样合理利用各种资源发展生产,改善生活;怎样防御自然灾害,减少或免受损失;怎样清除各种污染,保持自然界的生态平衡,保护环境,保护人类唯一的家园——地球;怎样把我们的家乡、我们的祖国建设得更加美好。帮助学生树立辩证唯物主义的观点。地球是物质的,是一个两极部位略扁的不规则的球体,分布着陆地、海洋、山脉、河流、湖泊等。地球是不断运动着的,它围绕着地轴自转和围绕太阳公转,而且旋转是有规律的。地球是发展变化的,两亿年前,地球上各大洲是连接在一块的大陆,它的周围是一片大洋,后来分割成几块,经过漫长的岁月,形成今天的七大洲、四大洋。地球发展变化的主要原因是地壳运动、火山爆发、地震等,流水、海浪、冰川等外因是地球变化的次要原因。这就是辩证唯物主义的自然观。

生物工程将在21世纪的物质文明与精神文明建设中占有极重要的地位,初一生物课是学习研究生物科学的ABC,一定要克服不重视该学科的思想。该学科教学主要培养学生五方面的素质。要使学生切实掌握《植物》《细菌、真菌、病毒》《动物》《人体生理卫生》《生物的遗体、进化和生态》等五个部分的基本知识、基本理论、基本概念,培养学生学科学、爱科学、用科学的科学素质。实验实践是生物课教学的生命线,是改革生物教学的突破口。要培养学生对实验的兴趣,并使其具有实验知识、实验操作技能和写实验报告的能力。在实验中培养学生的观察能力、思维能力、分析能力、动手能力。生物实验包括实验室、校生物园、野外的实验以及在老师指导下的分组实验、个人或几个人合作利用课外时间的独立实验等。要培养学生利用所学的生物知识,来解释在日常生活和生产劳动中所遇到的生物现象,使其进一步加深对书本知识的理解;特别要鼓励他们走进生物世界,培养其探索大自然奥妙的兴趣。整个生物世界是由无数种类的生物构成的有机整体,它们既互相依赖、互相依存又互相排斥、互相斗争。在教学中,教师要有意识渗透辩证法的思想,帮助学生逐步树立唯物主义辩证法的观点。如在讲植物的"呼吸作用"时,教师可以复习已学过的"光合作用",将两者加以比较,指出光合作用与呼吸作用是既互相依存、互相转化又互相区别、互相对立的,同处于植物有机体的生命运动中。这就是唯物辩证法三大规律的根本规律——对立统一的规律在生物世界的反映。帮助学生树立可持续发展的战略观点。保护环境,爱护地球,人与自然、人与人和谐持续发展的观点,是当今世界每个人都应具备的最基本的观念。生物课教学义不容辞地要培养学生这方面的素质。

没有艺术教育的教育是残缺的教育,视音、体、美为"小三门"的观点早已被否定、被批判,我们应该把艺术教育融入学校教育的全过程。通过音乐、美术这两门课程要着重培养学生三方面的素质。要使学生掌握简谱、五线谱、视唱、常用乐器、绘画、书法、雕塑、工艺制作、舞蹈等方面的基础知识、基本理论,并具有这些方面(或几方面)的基本技能。陶冶学生高尚的情趣,增强学生的美感,培养学生的爱国情操和爱美、审美、创造美的能力。培养学生具有初步的艺术欣赏能力和艺术鉴别能力,从而积极参加健康的艺术活动,远离不健康的娱乐活动。发挥学生所长,教师要本着"学科课程打基础,活动课程育人才"的精神,发现、保护、扶植、培养在不同方面具有良好先天素质的学生,使其在后天获得正常的发展,为使他们将来成为专门人才打好坚实的基础。

三、身体心理素质教育的目标与要求

世界上没有比结实的肌肉和新鲜的皮肤更美丽的衣裳。

——马雅可夫斯基

健康不仅是指身体没有疾病,而且是指身体上、心理上的完好状态。

——世界卫生组织

总的目标与要求:

发育正常,生机勃勃;讲究卫生,科学防治;调适智商,强化情商;身心俱佳,人格健全。

分项要求:

1. 发育正常,生机勃勃。营养的食物是使十二三岁的学生身体长高,体重增加,大脑、骨骼、神经系统等身体各器官健康发育的物质基础。学生的饭菜要做到蛋白质、碳水化合物、微量元素等几个方面的科学搭配,要粗细搭配,荤素搭配。学生饮食要定时定量,不要过量过饱,学生不要随便吃零食,要全面摄入所需营养,不要偏食忌口,要细细咀嚼,不要狼吞虎咽,要注意营养,不要暴饮暴食,要科学地补钙补铁,不要盲目地进补药补品。学生的身高体重要匀称,不要出现豆芽型和肥胖型的体态。要重视左右两脑的开发,不要忽视左脑。要使骨骼逐步骨化,不要人为催化或者畸形化。要提高"两课、两操、两活动"的质量,每周两节体育课教学要对学生进行四个方面的素质培养:使学生掌握教学大纲所规定的体育基础知识和基本技能;使每位学生都能锻炼达标(《国家体育锻炼标准》所规定的标准),增强体质;培养学生的组织纪律性,磨炼学习的意志、毅力和耐力;渗透美育。每天的广播体操要做到集合快、静、齐,队形横竖一条线,着装统一整齐,学生思想集中,动作到位、前后连贯。每天的眼保健操要求学生思想专注,用力均匀。每周两节体育活动课要根据学生的爱好与意愿,按项目分组,发挥个人的体育特长,培养竞技人才。要切实减轻学生过重的学业负担,教师不要搞题海战术;要保证中学生每日 9 小时的睡眠时间,家长不要在晚间给孩子加码,或者从事影响孩子睡眠的其他活动;要保证学生节假日能够参加健康的文体活动和其他社会实践活动,严禁学生进营业性的舞厅、游戏厅、录像厅等不适合未成年人的娱乐场所;要保证学生的课间休息时间,严禁教师拖堂。总之,劳逸要结合,张弛要有度。学校的课桌椅、文体器材、实验室设备、教室采光、场地分布都要符合教育部规定的标准。

学生上课、做作业、看书都要坐得端正，符合三个“一”的要求，即眼睛离书本一尺远，胸与桌距一拳远，握笔处与簿本相距一寸远。脸和上身不得伏案，两腿不得乱伸他处。升旗仪式、上下课起立以及各种典礼仪式，都要按立正姿势要求。集体出队或几人行走在马路上都要按一定的速度行走，不准嬉戏打闹，或勾肩搭背，或搂头抱颈。睡觉要右侧卧（左侧压迫心脏），两胯、两股自然曲成弓形，不宜仰卧。

2. 讲究卫生，科学防治。学生要一日一冲凉，一日两刷牙，饭前便后、上街归来、看病之后洗手，常理头发，常剪指甲，常换衣被，常开门窗。不食不新鲜的鱼肉，焦煳的饭菜，不熟的饭菜，不洁的食品，变色的蔬菜，不知来历的食品，霉变的食品。不饮被污染的水，未经科学处理的生水，隔夜的茶，伪劣的“纯净水”，不洁容器里的水。女生经期和男生遗精的卫生知识，由校医或有经验的老师分别给他们开讲座，专门传授这方面的知识。学校创造条件开设青春期教育课。要把学生近视发病率降至最低限度，要保证教室采光达到标准，要坚持眼保健操，每学期测试一次视力，要采取措施矫正视力——特别是轻度近视或假性近视，要建立学生视力档案，要切实减轻学生过重的学习负担。要教育学生爱护眼睛：在强烈或暗淡的光线下、走在马路上、在行进的车船飞机上、躺在床上、吃饭时、大便时都不能看书；平时学习用眼的连续时间不能超过 50 分钟；看电视时，眼睛与荧屏至少保持 5 米的距离，连续看电视的时间不能超过一小时，看过后用湿毛巾擦脸；男女生的洗脸巾与洗脚巾都要分开，而且要常洗晒，要积极地防治沙眼；每天至少向蔚蓝的天空或绿色的植物世界眺望半小时。要积极预防病毒性感冒、病毒性肝炎、艾滋病等传染病，学生进校后要对其注射乙肝疫苗，还要预防常见病和多发病。

3. 调适智商，强化情商。要采取特殊办法对约占 3% 的智力有缺陷的学生进行个别教育，补其缺陷；要着力提升约占 80% 的智力一般的学生的智商，使其潜能得到发挥；要通过活动课程精心培养约占 20% 的智力优秀的学生，使其优秀的先天素质得到发展。要使学生懂得事业的成败、学习的优劣虽然与智商有关系，但其所占因素的比例不大，仅为 20%，而情商因素却占 80%，起决定作用，鼓励他们树立信心，强化情商。要通过解放学生的眼睛、耳朵、嘴巴、双手、大脑、空间、时间，让其感知更多的客观事物，使其在大脑中建立更多的信号。要通过有意记忆与无意记忆、理解记忆与机械记忆、抽象记忆与形象记忆相结合等办法，提高学生的记忆能力，争取达到记得快，记得牢的效果。针对少年富于幻想的特点，通过科幻小说、动画影视、童话寓言、文物工艺展览以及故事比赛会、21 世纪畅想主题会等，唤起他们丰富的联想，培养他们的想象力。针对少年形象思维比较强的特点，从开发右脑入手，唤起他们记忆中的形象事物，对这些形象事物进行联想，并使其条理化，逐步上升到抽象思维，从而促进右脑的开发，使两脑互动互补，两种思维互相交替、互相结合，逐步达到思维快捷的目的。少年是立志的最佳时期，教师要从民族的振兴，国家的强盛，家庭的幸福，个人的前途出发，结合无数先贤和革命先行者少年立志的范例,鼓励学生树立远大的理想,使之成为学习的巨大动力。兴趣是最好的老师,针对少年好奇心强的特点,各学科教师要各显神通,根据本学科的特点,采取有效措施,提高他们对本学科的兴趣,兴趣越浓学得越好。针对少年的兴趣易变、抗挫折力较差、意志比较薄弱的弱点,学校要采取军训、体育比赛、抗挫折专题教育等措施;教师要在日常的学习和各种活动中,有意识地为他们设置一些障碍,从而逐步培养他们坚强的意志。

4. 身心俱佳,人格健全。通过以上素质教育,学生定会身心俱佳,人格健全。

四、劳动技能素质教育的目标与要求

教育与生产劳动相结合是培养全面发展人才的重要途径。各级各类学校要从实际出发,加强和改进对学生的生产劳动和实践教育,使其接触自然、了解社会,培养热爱劳动的习惯和艰苦奋斗的精神。

——《中共中央国务院关于深化教育改革全面推进素质教育的决定》

总的目标要求:

端正态度,培养感情,积极参加,掌握技能;发扬传统,艰苦奋斗,致富思源,富而思进。

分项要求:

1. 务必使教育工作者和受教育者进一步明确,教育与生产劳动相结合,教育与社会实践相结合,既是实现学校培养目标的根本途径,又是素质教育的重要组成部分。各级各类学校在各个不同时期,"结合"的内容、重点与形式都各不相同,要求也不同。

2. 初一劳技课教育的主要目的是培养学生热爱劳动、热爱劳动成果、热爱劳动人民(体力与脑力)的思想感情;培养学生参加体力劳动的良好习惯和勤于动脑动手的为学精神,以及团结协作、勤俭节约、爱护公物的美德;使学生认识并学会使用一些简单的生产工具(工业、农业、运输业等),掌握教学大纲要求的基本的劳动技能。

3. 通过积极参加学校组织的工农业生产劳动、社区服务性劳动、社会实践活动以及手工工艺制作等,提高学生的创造能力和实践能力。

4. 劳技课和班会课都要对学生进行必要的家政教育,使他们都能自觉地参加一些力所能及的家务劳动,逐步养成劳动习惯。如打扫卫生,铺床叠被,洗碗刷锅,摘菜洗菜,学做饭菜等。初一的学生要做到生活完全自理,自己的衣被鞋袜自己洗,自己的用具(包括学习、生活用具等)自己保管,外出所需用品自己拿,纽扣掉了自己钉,衣服裂缝自己缝。

5. 要对学生进行"致富思源,富而思进"的教育,使他们懂得,任何时候都不能把艰苦奋斗的精神丢掉，有了它就可以由穷变富，富而再富；丢掉它，就可能由富变穷，穷而再穷。

第四部分　初一素质教育的五项工程

一、纵贯横联的整体教改工程

1. 中小衔接。管理方法上平稳过渡，开学前或开学初，请对口小学中有经验的校长来校介绍小学生的一般特点以及学校管理情况、管理方式、管理特点。开学后，把初一教师分到对口小学参加六年级的一日活动，并与小学老师对口座谈。同时，对学生和家长做些典型调查。这样，初一教师既了解了小学生和小学管理的情况，做到心中有数，又吸取了小学的一些管理经验，对新生抓得紧一些，跟得勤一些，培养干部，逐步放开，不致使学生入学后产生松一口气的思想。教学方法上自然衔接，课堂上，教师要以和蔼可亲的态度，轻柔舒缓的语调，鲜明的节奏，精炼形象的语言，现代化的教学手段进行启发式教学，讲讲问问，问问答答，寓严肃的课堂纪律于生动活泼的气氛之中，与小学教学通常采取的谈话法自然衔接。教学内容上有机联系，要把初一教材与小学六年级教材进行对比，哪些内容有联系，哪些内容有重复，哪些内容要讲，哪些属于拓宽知识范围，哪些属于加深理解的要整理清楚。这样，中小学的教学内容就形成了一个有机的整体。

2. 学科携手。初一各学科之间必须互相渗透、互相沟通、互相补充、互相比较。为此，需要对以下课题进行比较深入的研究，同时，进行必要的实验。①各个学科要把现代化教学手段与启发式教学方法有机地结合起来，引导学生认真读书、消化课本、掌握大纲所要求的“三基”。课本课本，教学之本。九年义务教育的教材编写得很有特色，堪称图文并茂，装帧精美，版面错落有致，突出重点，可读性强。教师一定要指导学生读好书，即使代数课，也要要求学生在理解的基础上熟记定理、定律、公式等，做习题前，一定要认真看书上的例题。掌握课本是目的，教学方法与教学手段都是为了实现这个目的服务的，都是为了教会学生会读书，会做练习，会实践。不要本末倒置，不要抛开课本大谈方法和手段。②语文、政治、历史、地理等四门学科如何挖掘教材中的思想性，如何运用教材中引用的诗词、典故、名言、警句、事例，如何通过历史人物、历史事件和自然地理、人文地理对学生进行爱国主义教育，培养学生的人文素质，是这几科教学的拓展难点。据不完全统计，《中国历史》引用的历史故事和成语就有50多处，涉及的作家、作品、引文就有40多处，这简直就是一部《中国文学史》提纲。《思想政治》引用的中外名家名句、名人故事达60余处，引用的中外历史故事达40余处。这些都是对学生进行爱国主义教育,培养学生人文素质的好材料。这四个学科的教师都要通读另外三科的教材,对以上问题进行比较深入的研究。③数学、生物、物理等三学科如何把辩证唯物主义与唯物辩证法思想渗透到教学中是教学的难点。④生物、地理两学科如何在教学中培养学生可持续发展的观点,增强环保意识,增加环保知识是教学的难点。⑤体育、音乐、美术三科如何从身体、心理两个方面提高学生的健康水平,培养学生爱美、审美、创美、鉴美的能力是教学的难点。⑥英语学科进行汉语与英语的比较研究,比较其异同是教学的难点。

3. 教管合一。年级组长、班主任要让各科教师了解全年级、班级的管理意图、管理措施,并向学科教师提出要求,还要定期向教师通报学生情况。各学科教师要通过教学贯彻年级组长和班主任的意图,帮助实现年级、班级的管理目标。年级组长、班主任通过有效的管理,给授课教师创造了一个良好的教学环境。

4. 团队更替。在小学,学生以佩戴红领巾为荣,到中学,这种感情就淡漠了,有些学生甚至不愿戴红领巾。因此,初一在加强少先队工作的同时,要建团;同时,还要把“与红领巾告别”作为一项有意义的教育活动,使其成为学生要求进步的新出发点。

二、知行合一的全面养成教育工程

1. 学法懂规,明章知度。学校领导向学生宣讲《中华人民共和国义务教育法》《中华人民共和国未成年人保护法》以及有关的教育法律、法规。请执法部门的有关同志来校做法制报告(最好结合青少年犯罪案例)。请交警部门的有关同志来校做交通安全的报告,使学生了解有关交通安全方面的法规。

2. 背诵守则,熟记条例。要使每位学生都能背诵《中学生守则》,都能熟记《中学生日常行为规范》《中学生礼仪常规》《课堂纪律评分标准》,要全年级考试,不及格的要补考,直至及格为止。

3. 集中训练,分别巩固。集中军训一周;上课后,每一周(或两周)利用一个体育活动课的时间进行巩固。开学初,集中学习两周《中学生守则》《中学生日常行为规范》,然后按月分解。9、10 月集中贯彻《中学生日常行为规范》1、3 部分;11、12 月集中贯彻《中学生日常行为规范》2、4 部分;1、2 月集中贯彻《中学生日常行为规范》第五部分。

4. 全面养成,突出重点。在对初一学生进行全面养成教育的基础上,重点放在“自尊自爱,注重仪表”和“遵规守纪,勤奋学习”两条上。

5. 反复训练,养成习惯。“习惯成自然,少成若天性。”“少成”才能“若天性”。在初一认真抓养成教育非常必要。要通过反复训练,反复考评,使学生各方面的规范行为稳定下来,逐步成为习惯。

三、分层推进“四爱”“三好”育人工程

四爱是爱学校、爱家乡、爱中华、爱地球。学生进校后就要对其进行校史教育，学校组织新生参观校史展览，介绍学校的概况以及发展远景，宣传学校的美好事物和先进人物，向新生提出希望与要求。班级要迅速建立新的集体，培养学生热爱新集体的思想感情。还要开展尊师爱生的教育活动，建立新型的师生关系。爱学校、爱家乡是爱祖国的基础，要培养学生在爱校的基础上爱家乡。向学生介绍本市的过去、现在和未来，让学生参观改革开放以来本市的建设成就。通过思想政治、语文、历史、地理等学科的教学，通过开展“读正气书，唱正气歌，行正气事，做正气人”的专题教育活动以及重大节日的纪念活动（如国庆节、“一二・九”运动等）和参观德育基地，对学生进行深入持久的爱国主义教育。建立绿色的校园环境、绿色的人际环境、绿色的教学环境、绿色的管理环境。地理、物理、历史等学科要对学生进行环保知识、环保意识的教育。三好是在校做好学生（思想品德好，学习好，身体好），在家做好孩子（孝敬长辈好，生活自理好，家务劳动好），在社会做好少年（社会公德好，社会实践好，社区服务好）。“三好”育人工程与长期以来开展的创“三好”活动是一致的，要同步进行。

四、偏爱差生的“长善救失”工程

实施这项工程，必须从以下七个方面精心组织实施。1. 偏爱。教师要博爱每个学生，更要偏爱差生。一切嫌弃差生的想法与做法都是与人民教师这个光荣称号不相符的。要做到这一点必须具有高度的社会责任感，坚持不懈的毅力，耐心细致的方法。2. 摸底。班主任要对新生各个方面的情况，课任教师要对学生的学习情况进行全面了解，排队摸底，分户立账。3. 补缺。对于差缺面较大的班级要集体补，差缺面小的班级要课外补，缺什么，补什么。4. 降难。教师要本着“面向全体，着眼多数”的原则，调整教学的难易程度，教学要求要有梯度（较低要求，一般要求，较高要求），教学内容要适度，作业和考题有选择度（如考试出 A、B 卷，任学生选择）。5. 激励。要从学生性格特点的实际出发，多角度、多方法地对后进生进行正面鼓励，帮助他们树立学习信心和改正缺点的决心。如晓之以理，勤学苦练的立志明理法；满腔热情，循循善诱的动情导引法；按其所长，委以职务的以长补短法；学有榜样，行有动力的典型引路法；学有提高，及时鼓励的单项奖励法；先走一步，多练几遍的笨鸟先飞法等。6. 结对。同学之间开展互帮互学活动，一帮一，一对红。7. 批评。对后进生的缺点与错误，也要采取不同的形式给予适当的批评，对错误严重且影响极坏的个别人，还要给予处分。

五、多管齐下的综合管理工程

1. 学校成立初一领导小组，由校长任组长，政教处、教务处、总务处、团委、艺体组、年级组各一名负责人为领导小组成员，把校内各种教育力量统一起来。

2. 成立社区教育领导小组，把校内外的各种教育力量统一起来。

3. 举办家长学校，举办教育学、心理学、教育方针政策等专题讲座，提高家长教育水平，把学校教育与家庭教育力量统一起来。

4. 对学生素质进行评估，采取综合评估与学科成绩评定相结合的方法。（五项工程在组织实施时还要制订具体计划，并与日常工作结合起来。）

［该方略形成前，作者在深圳市笋岗中学做了3个多月的调研，得到该校校长汪继威的大力支持与热情帮助；作者研究了初中各学科教学大纲，通读了除英语外的其他各学科的课本。该方略形成后，作者被蚌埠市第三实验小学（九年一贯制的改制学校）校长陶占东聘为顾问。作者深入到初中一年级的教育教学活动中，听了各学科老师的课，参加了一些班会和家长会，与校长及各学科老师广泛交流了意见，将该方略落到实处。该方略受到时任蚌埠市教委主任陈神州的重视，他为作者举办了一次中学校长与各区教委负责人参加的学术报告会；会后将该方略转发到各校，要求各校组织广大老师学习。］

全面发展，学会做人（上）

（2002 年 10 月）

家庭教育必须贯彻我国现阶段的教育方针，全面实施素质教育，使子女的德、智、体、美、劳在学前阶段和学龄阶段的不同时期都得到全面发展，使其成为人格健全、身心俱佳、能适应未来社会发展的一代新人。因此，家庭教育必须坚定不移地贯彻“全面发展，做人为本”的原则。

我国现阶段的教育方针是：教育必须为社会主义现代化建设服务，必须与生产劳动相结合，培养德、智、体等方面全面发展的社会主义建设者和接班人。教育方针规定了我国现阶段教育的总方向、总任务以及培养目标、培养途径，解决了教育培养什么样的人、怎样培养人和为谁培养人这三大根本性问题。它是各级各类、各种各样教育的总指导方针，当然也是家庭教育的指导方针。家长必须学习教育方针，理解、领会、贯彻教育方针，使家庭教育沿着正确的轨道前进。

在全面贯彻教育方针时，要把德育放在首位。家庭教育和学校教育不一样，不可能给孩子系统地传授文化科学知识，或对孩子的学习进行具体辅导。家庭教育的主要内容是德育，以家长的品德、人格修养去潜移默化地影响孩子的成长。

做人是孩子的立身之本，要使孩子成才，就要先教孩子做人。有德有才是贤人，有德缺才是好人，有才缺德是坏人。可怜天下父母心，谁都想把自己的孩子培养成德才兼备的贤人、哲人。21 世纪面临的是新技术革命的挑战，但联合国教科文组织却提出：21

世纪人们面临的首先是道德与伦理的挑战。学会做人比学会读书更重要,做人教育是家庭教育的核心。中科院心理研究所教授、博士生导师王极盛曾对北大和清华的60名高考状元做过调查。结果发现,几乎所有家长都首先要求他们的子女做一个正直、无私的人。家长的言传身教和人格对子女的影响很大。他们中许多人坦言,高考的成功来源于良好的家教带来的精神力量。因此,父母教子首先教做人,这是为孩子走向成功打下了坚实基础。我国现代教育家于漪说:"教育子女最最根本的是教育他们懂得做人的道理,学会做人,立身社会,做堂堂正正有益于社会的人。"她不仅特别指出做人教育的极端重要性(用了两个"最"),而且还提出做什么样的人。那么,家庭教育究竟要教育孩子做什么样的人呢? 简言之,就是要教育子女做个堂堂正正的现代中国人,具体地讲,要从五个方面对子女进行"做人"教育。

一、立志与笃行

志就是志向、志愿、理想的意思。《诗序》:"在心为志。"可见,志就是一种心理素质。立志就是立定志愿、确定志向、树立理想、选择人生坐标的心理活动。伟大的理想必然产生伟大的动力,伟大的动力又必然推动着人们去挑战重重困难,坚持不懈地为之奋斗。古今中外的一切伟人,无一例外的是从青少年时代就确定了远大的志向,并且百折不挠地终生为之献身。我国隋唐时期著名的医学家孙思邈,自幼体弱多病,家人为他请医治病,几乎耗尽家产。这使他深感疾病对人的危害之重,从少年时代就立志要把毕生的精力贡献给医药事业,决心为解除人们的疾病痛苦而读书。隋唐时代科举盛行,名门士族的子弟和寒门的儒生都看重科举功名,而以行医救人为贱。孙思邈天资聪明,7岁就能日诵千言,20岁已通晓诸子百家。但他为了献身医药事业,不仅拒不参加科举考试,而且三次拒授官:第一次是拒绝了隋文帝给他的国子博士的官职,第二次是拒绝了唐太宗授给他的爵位,第三次是拒绝了唐高宗拜他为谏议大夫。他博览群书,勤学苦练,行医采药,足迹遍四方,在医学上获得了前无古人的成就。他写的《千金要方》和《千金翼方》两部医学名著,在我国医药史上占有极重要的地位,他也被后人称为"医圣"。

闻名中外的现代大数学家华罗庚是个自学成才的典范,他自幼喜欢读书,酷爱数学,立志在数学领域攀登科学高峰。但他家境困难,初中毕业后就失学在家,替父亲摆小摊,站柜台。他借来《代数》《几何》和一本只有50页的《微积分》,白天在柜台上手不离书,晚上在小油灯下进行演算。不幸的是病魔还让他的一条腿残废了。为了生存,他不得不拖着残废的腿到一所中学当杂工。这期间,他一面做工,一面着手撰写数学论文。一篇论文寄出去,退回来,再写,再寄,他开始向赫赫有名的数学家挑战。后来数学家熊庆来发现了这个奇人,并把他请到清华园当数学助理员。他只用了一年半时间就攻下了清华大学数学专业的全部课程,并自修了英语和德语。1934 年,华罗庚终于登上了清华大学的讲台。后来,他又到国外深造。回国后,到西南联大任教。新中国成立后,他潜心研究,勤于教学,刻苦奋斗,精益求精,成为饮誉国内外的数学泰斗。他的一生验证了中国一句格言:有志者事竟成。

志向和理想在一个人的成长过程中,就像大海里航船的目标和航向,有了它就能冲破惊涛骇浪驰向成功的彼岸,失去它就会随波逐流,毫无声息地沉没海底。正因为如此,我国历代名人都十分重视对子女进行确定志向的教育。归结起来,主要经验有:立志宜早,志存高远;教子报国,济世安民;舍生取义,淡泊明志;不断进取,志在创新。为实现远大志向,要做到穷且益坚,矢志不移,贵在专一。家长要借鉴古今中外教子立志的经验,帮助孩子早立志,立长志,以此鼓励他们努力学习。在引导孩子立志时必须注意处理好几个关系。

全面发展与培养特长。家长要通过仔细观察,发现孩子的特长,进行有计划的引导,并加以重点培养,帮助孩子确立适当的志向,以达到教子成才的目的。整体素质的优化与特长的发挥是相辅相成的,整体素质的提高有利于特长的发挥。所以家长在重视孩子特长的培养时,千万不能忽视孩子的全面发展。对于一般孩子来说,主要是教育他们德、智、体、美、劳全面发展,打好坚实的基础,不要过早地对他们进行专业定向方面的培养。当然,让他们参加一些业余的专业小组活动也是非常必要的,这对开发他们的智力、培养他们的能力是很必要的,但不能由此确定孩子未来的专业。

远大抱负与近期目标。纵观当今世界,经济全球化,政治多极化,信息网络化,思想文化多元化,科技跨越式发展,知识以几何级数增长。在这个地球村中,各家各户的交往愈来愈频繁,既互相依存,互相帮助,又互相矛盾,互相斗争。保护、建设、发展这个人类唯一的地球村,人人有责。中国是这个地球村中的一个正在发展中的大户人家,正在由贫困户向富裕户转变,四化的宏伟蓝图正在一步步变成现实。国家兴亡,匹夫有责。家长要用革命先辈改天换地的英勇事迹和无数先贤先哲创造发明、造福人民的实例,教育子女"为中华崛起,为人类做贡献"而发愤读书,早立志,立大志。千里之行,始于足下,伟大的抱负必须落实在当前的学习行动中。因此,家长要根据学校教学的要求,帮助子女制订每个学段、每个学期、每个月、每个礼拜的计划,并帮助他们实施,在实施中指导、检查、评估。这就把远大理想与近期目标有机地结合起来了。

为国与为家。父母在引导孩子为祖国富强、民族振兴而努力学习的同时,也必须教育子女为发家致富、回报父母而奋发读书。"国"与"家"是个有机整体,"国"是就整体而言,"家"是就个体而言,"家"是融入整体中的个体,"国"是融合各个个体的整体。为国而学与为家而学是一致的。《大学》指出:"物格而后知至……身修而后家齐,家齐而后国治,国治而后天下平。”我国传统教育一直重视把“修身齐家”的教育与“治国平天下”的教育紧密地结合在一起。回避为国而学是鼠目寸光、胸无大志,终不能成大器;否定为家而学是不切实际,不合常情,人们也很难接受。

立与行。唐宋散文八大家之一的苏轼说:“古之成大事者,不唯有超世之才,亦必有坚忍不拔之志。”这就是说,一个事业取得巨大成功的人,必须具备三个条件:首先树立远大志向,并矢志不移地笃行,在笃行中培养才能。在立志、笃行、培能三者中,“笃行”是关键,无“行”的“志”只不过是受人鄙夷的言语巨人,行动矮子,终将一事无成;无“行”无以培“能”,仅有先天之“才”,也会像北宋时的方仲永那样昙花一现,很快泯灭。革命老人谢觉哉的儿子亚旭在1971年参军时,他的母亲鉴于他的哥哥姐姐都在外地工作,他的父亲又年老多病,长期住院,就建议他留在近处,可谢老说:“青年人志在四方,父母要支持孩子实现革命理想,还是让他到艰苦的地方去。”儿子临行前,谢老叮嘱他说:“光立志还不够,要坚其志。到社会中去冲、去闯,到部队里去学习锻炼。”后来,亚旭随部队驻扎在一个条件艰苦的山沟里,经受着艰苦环境的磨炼,坚定了为人民做贡献的志向。

伟大的科学家居里夫人为了提炼新元素,花了20多年时间,做了1000多次实验。仅实验废物就上千吨,最后终于提炼出镭。焦耳没有上过学,他的知识全靠自学获得,为了证明“热”是“能”的一种形式,他使用多种方法,做了100多种实验,经历了无数次失败,最后终于测定了热的功当量。

二、爱心与斗恶

苏联教育家苏霍姆林斯基说:“人类最大的精神快乐是从关心别人的精神世界、从善于体察他人的不幸中产生,没有这种感受,就不可能有道德美。”一切美好事物都源于爱,如果要让孩子成为真正的人,就必须教他学会爱。生活中人人需要爱。爱是一种感情的互动,正如一首流行歌曲的一段歌词所说的那样:“只要人人都献出一点爱,世界将变成美好的人间。”在家庭教育中,父母不仅要施爱于子女,而且更要教育他们爱父母、爱长辈、爱兄妹、爱老师、爱同学、爱亲友、爱革命导师、爱英雄模范人物、爱科学家(自然科学和社会科学)、爱先贤先哲、爱周围一切善良的人们以及爱家庭、爱学校、爱故乡、爱祖国、爱地球,使他们逐步学会尊重、尊敬、关心、帮助、理解、宽容他人,成为一个情感丰富、心地善良、善待他人、乐于助人的好孩子。在青少年时期,尤其要着重从以下四个方面培养爱的情感。

一是亲情。孝顺父母、夫妇互爱、尊敬长辈、友善兄妹(包括堂兄妹),既是我国的优良传统,又是我国现代公民应遵守的家庭美德,是维系幸福家庭的强大精神力量,是做人的最基本要求，也是孩子健康成长所必备的家庭环境，应该从小就加以培养。纵观当今社会现状，充满亲情的家庭固然为数不少，但是，有悖道德伦理现象的也是不乏其人。青、少、幼年杀母弑父者有之，父母年老无生活能力被子女遗弃者有之，娶了老婆忘掉爹娘者有之，子女成家立业后“依老”“刮老”“骗老”者有之，兄弟姐妹之间为蝇头小利、为分割家产而反目成仇直至对簿公堂者有之，不履行对子女监护义务而推给自己父母或他人者有之，把夫妻关系完全建立在金钱之上、不能同甘共苦者有之，攀有权有钱人为“至亲”、视无权无钱至亲为路人者有之。凡此种种，不一而足。这些现象在发达的资本主义国家司空见惯，在我国全面开放、全面革新的阵痛时期还没有结束之前，这些现象显得突出一些，也是不可避免的。产生这些现象的原因很复杂，但是，家庭教育中，忽视对孩子进行爱心教育也是很重要的原因。

《失误家教警世录》中收集了近70个失误家教的案例，其中学生杀人的就有34例，学生犯流氓罪的就有20人，犯抢劫罪的13人。在杀人者中，杀亲生父母致死的就有10人，自杀的8人，杀老师致残的1人，母杀子的1人。一个15岁男孩竟然杀死全家4口人，还有5岁女孩杀父的。其余的是奸后杀人或抢劫杀人致死的。且不说震惊全国的浙江省金华市四中高二学生徐力弑母案，单就贵州省安顺市一对孪生姐妹毒杀双亲一例而言，就足以令人扼腕叹息，发人深省了。安顺市某中学学生吕小璧、吕小双，是孪生姐妹，初中毕业后参加升高中考试，未达重点高中分数线，但可进当地的民族中学。两人拿到成绩单后，因怕回家被母亲责骂就到一位同学家玩，不料当天就被母亲找回。回到家中又被父亲罚跪20分钟，既未打又未骂。两人商量，只有弄死父母才能获得“人身自由”，于是先后用煤气、鼠药两次杀害父母，因故未达到目的。第三次，两人将六瓶“毒鼠强”放在稀饭里，终于将父母毒死。作案后，两人还在父母尸体旁玩耍、嬉笑，惊动父母单位的领导之后，拿走家中存款单、现金2000元、两部手机，逃到网友家躲藏，直至被抓获。她们的父母都毕业于安顺师范学校，父亲从教14年，其后任一家公司经理，母亲从教20年，后被调至市教委工作。父亲平时下班很晚，很少与她们说话，母亲动不动就责怪她们不好好学习，不给他们争气。父母不允许她们带同学、朋友来家里玩。她们住校，寝室里的女同学大多不理她们。她俩在校比在家听话，成绩中等，守纪律，积极参加学校各项活动。父母特别关心她们的学习，请了两位家庭教师，补习物理、化学。对她俩的管理也很严，放学一般不让离开家门。父母外出时，经常每隔半小时打一次电话回家“查岗”，了解她们在干什么。父母给她俩的物质条件很丰厚，零花钱经常是每次几十元，甚至上百元，还给她俩买传呼机，并且经常对她们说：“我们不在乎钱，只要你们爱学习。”酿成这场悲剧的原因是什么？是孪生姐妹心理畸形、情感变态吗？是的，她们还要为此负刑事责任。但也不完全是，她们正处于十四五岁妙龄的花季时代，心理与生理上处于急剧变化的“断乳期”，特别需要父爱和母爱的呵护，需要充满亲情温馨的家庭环境，需要亲人与之平等地沟通思想。然而，她们得不到在她们这个年龄段应该得到的“爱”，因而，被扭曲的心态促使她们走上杀人的道路，而且还有一而再，再而三，不杀死父母誓不罢休的决心。悲剧的产生能否归因于两姐妹的父母呢？答案当然是否定的。他们是悲剧的直接受害者，他们正处于年富力强的创业时期，事业上，他们攀登了一个又一个高峰，然而这致使他们无暇施爱给女儿。现实生活中，具有这种“工作狂”特点的大有人在。他们的死让人们很痛心，他们忘情工作的精神似乎也可以得到人们的理解，甚至于赞许，但是，他们在家教中犯了一个不可原谅的错误，那就是没有把教育女儿学会做人，特别是没有把培养女儿具有爱心的教育放在首位。他们太功利化了，“望女成凤”的心太急切了，只关心女儿的学习成绩，不关心女儿的全面成长，只对女儿进行不近人情的“严管”，没有给女儿营造一个宽松的环境。如果把他们的死因归于他们自己，那也太残酷了，似乎不近人情。然而，事物发展的本身就是这样残酷，这是不以人们意志为转移的。

类似弑父母者毕竟是极个别的。但是，可怜天下父母心得不到子女的理解，得不到子女“爱心”回报的现象却不能以“个别”而论。青海省乐都县马厂乡甘沟滩村是个地处黄土高原的穷山村。这里十年九旱，种啥啥不收，人们一天三餐吃洋芋，开水里放把盐就是接待客人的好饮料。然而，改革开放以来，这个村却培养了十五六个大学生，比全乡其他村的总数还多。他们靠什么供养孩子上学呢？主要靠卖血。陈邦顺有三个儿子，大儿子陈小良从小学到中学学习成绩都很优秀，高中阶段也没有落下过前三名，1997 年考取西安某学院电子自动化专业（最热门的专业，毕业后可以找到较好的工作）。陈老汉在儿子高中阶段卖血得 8600 元，大学四年卖血得 65000 余元。他手持 7 个献血证，到周围 9 个献血站卖过血，有时三个月一次，有时一个月一次，有时三天一次，多次晕倒过去。正如他本人所说，这些年卖的血可装两个汽油桶。他奉献给儿子的是满腔热血、人间真情，他付出的是高昂代价。然而，他得到儿子的回报是什么呢？儿子在高中阶段以优异成绩慰藉了他那拳拳爱子之心，但大学四年给他“爱子”之情的回报非但很小很小，而且很糟很糟。第一年儿子成绩勉强过关，以后三年则根本没有到校报到注册，更未交学费。第二、三年许多门功课空考，连续两年留级。第四年，各科均未考，成绩是一片空白。学校以长期擅自离校之故，予以除名。按照当时的生活水平，一个大学生四年花 25000 元就绰绰有余了，而陈小良的花费却是一般大学生的三倍。他用从家里骗来的父亲卖血的钱，带着网上结识的女友到北京等大城市过着花天酒地的生活。当事情暴露后，他的父亲来到学校，老泪纵横，无可奈何地说：“难道这就是我卖六万多块钱的血换来的？”即便如此，老汉还是通过央视《聊天》栏目泣血呼唤着儿子：“小良，你今天走到这步，爸爸绝对没有怪你……我就是想要你的毕业证。”多么无私宽容的父亲啊！可小良却对记者说：“我爸在电视台这么说我，他有病，我父亲是一个残酷无情的人。”难道这就是对卖血父亲的“回报”吗？

人们在谴责陈小良对父母忘恩负义的同时，不能不对陈邦顺的教子之道提出质疑：他只希望儿子学习成绩好，考取大学，拿到大学文凭，找到工作，走出黄土高原，脱贫致富，而没有教育儿子如何做人；他只知道尽父亲供养儿子上学的义务，而没有教育儿子如何孝顺父母、尊敬长辈；他只知道付出，而没有教育儿子如何以实际行动向养育他的父母、培养他的老师进行回报。陈小良沉迷于网吧，荒废学业，终被学校除名，这固然是咎由自取，但是学校疏于管理，学校教育未能与家庭教育很好地结合也是不容忽视的原因。学校在小良两次留级时，都未与其家长联系，在他第四年长期自动离校时，又未与其家长沟通，而是在决定让他退学时，才由班主任给他父亲发了封信，这时木已成舟，无可挽回了。如果学校早些时候和他的家长联系，也不至于造成现在的恶果，更不会让他骗了父亲四年的卖血钱。为人父者、为人师者都要从中吸取教训啊！

二是友情。人既是自然的人，更是社会的人。每个人都要在一定的空间、时间内生活、学习、工作，总要和周围的其他人结成各种关系，例如同学、同乡、同事、同行、同志、同族、同种等关系。维系这些关系的精神支柱就是友善之情、友爱之情、友好之情、友谊之情。青少年要想在道德品质上有所提高，学业上不断长进，身心上健康发展，都离不开同学之间的互相鼓励、互相支持、互相帮助。作为父母，应该让子女理解在人生的旅途中，自始至终都需要朋友。真正的友谊能给人以温暖、智慧和力量，激励人们去克服困难，攀登科学高峰，完成共同的事业，实现共同的理想。我国传统教育历来重视同学之间的“切磋琢磨”，《学记》把“论学取友”作为七年“小成”的考核内容，把“乐其友”作为学生“有成”的重要条件。现代人民教育家陶行知先生一贯倡导“小先生”，他在1934年给南京晓庄佘儿岗办的一所农村小学写了一篇赞美诗：

有个学校真奇怪，
大孩自动教小孩。
七十二行皆先生，
先生不在学生在。

学生教学生往往比老师教容易理解。有时老师给学生解答疑难问题，讲得舌干口燥，学生还未听懂，但让一位学习成绩优良的同学来解答，话还不多，大家很快就听懂了。现代教育很重视学生之间的相互启发、相互研讨、相互问难答疑。因此，家长要教给孩子交友之道。

乐交益友。父母要教育孩子与品行、学习都比较好的同学交友，既善于向别人学习，又敢于向别人挑战，既相互切磋，又相互竞争，以达到共同提高的目的。在切磋时坦诚相待，不要有所保留，在竞争时充满自信，不要嫉妒。

诫交损友。对于学习成绩或品行比较后进的学生，教育子女不要嫌弃她们，不要蔑视他们，不要冷淡他们，要主动与之交往，诚恳地帮助他们克服缺点，提高学习成绩，诚恳地帮助他们找出自己的闪光点，并学习他们身上的长处。任何人都是一分为二的，后进生也不例外。他们既有明显的缺点，也可能有尚待开发的超凡智能，今天是后进的，明天可能转化为先进。要学其所长，帮其所短。

慎交异性朋友。家长既要教育他们打破授受不亲的男女界限，允许他们互相交往，在交往中互相帮助，互相鼓励，又要提醒他们不要过分地接触，过分地亲近，把交往的范围严格局限在同窗友谊之内。既要适时地暗示他们不要早恋，并合情合理合法地采取一些防范措施，又要把朦胧的两性意识与真正的早恋区别开来。即使出现早恋现象，家长也要待之以诚，晓之以理，动之以情，隐之以私，切不可简单化，把她们的隐私张扬出去。电视剧《历史的承诺》中的高三学生王珊珊(校长女儿)爱上了班长马林，马林也对她有好感，而且两人有较多的接触。这一秘密被王珊珊的妈妈从她的日记本中发现了，并告诉了珊珊之父。珊珊爸爸俨然以家长兼校长的架势对她进行了教育，珊珊父母把她本来隐藏的少女情窦公开化了，这不仅未解决问题，反而引起她的逆反心理。后来，她的姑姑和她的班主任余老师(女)以现身说法教育她正确处理这份珍贵感情，使她既保持了与马林的同学之谊，又促进了他们的学习。16 岁的蕾蕾是南京某重点中学的品学兼优的女学生，一次参加同班女生小娅的生日晚会，整夜未归，与一位男同学偷尝了禁果。事后，她十余次想向母亲倾诉内心的惶恐，但粗心的母亲没能发现女儿的变化，没有及时伸出帮助之手。万般无奈之下，女儿私下找了一个不入流的医生做了人流，回家第二天早晨就因出血过多被送到医院抢救，最终却抢救无效而夭折。母亲听到噩耗后惨呼一声就昏过去了。母亲悲恸欲绝，悔恨交加：一悔当时没有问清生日晚会都有谁；二悔当孩子要留宿女友家时，她没有拒绝；三悔当孩子月经不来时，作为医生的她竟然没有发现，从而及早给孩子帮助；四悔当孩子发现怀孕，多次惊恐不安并偷偷流泪时，她还认为是因为小事不顺心；五悔当那晚女儿抱着枕头钻进她的怀抱想把一切向妈妈倾诉时，她只是一般性地鼓励孩子，使孩子把到嘴边的话又咽了回去；六悔当那天女儿等着她下班，像是下决心把怀孕的事跟妈妈讲时，她刚到家又去接医院的电话，随即又回到医院去了；七悔在女儿做手术后回家，她发现女儿脸色惨白，像生了一场大病，没有追问到底，也许这时到医院抢救还可以止血。然而，悔之晚矣！

蕾蕾母亲的“七悔”告诉为人父母者必须教育孩子慎交异性朋友，不能让孩子单独在外留宿，如发现留宿一定要详细追问。如有问题，立即采取补救措施，千万马虎不得。要做子女的亲密朋友，做子女的知心人，千万不能粗心大意。

不交社友。父母要教育在读的子女不要与社会上的青年频繁接触，更不要与他们交朋友。在校生时间宝贵，不可能抽出许多时间与人交往，也无这个必要。现在社会青年比较复杂，有流入城市打工的农民，有混入其中的流窜分子，有流落街头的待业青年，有辍学在家的中学生(有些是问题学生)。这是一个特殊的社会人群，目前国家对他们还缺乏一个有效的管理。他们中不乏素质好的青年，但由于缺乏良好的社会教育和没有一个权威组织对他们严格管理，他们中又有不少人沾染了不良习气，甚至有人因受"黄""赌""毒"影响而走上了犯罪道路。据有关资料显示：近年来，我国青少年犯罪总数已占全国刑事犯罪总数的70%以上。其中，十五六岁青少年犯罪案又占青少年犯罪案总数的70%以上，并呈逐年增长的势头。据合肥市西市区检察院的统计表明，2000年新收案总数的46.5%是青少年犯罪案件，这些犯罪的青少年多数是社会青年和辍学的问题学生。在读生犯罪往往与社会青年的犯罪密切相关。

少交笔友。近年来，在中小学生中兴起一股交笔友之风。他们通过报刊、电视台等媒体向从未谋面的外校学生征笔友，然后相互通信，互相介绍个人及其父母等家庭情况，互相报告一些愉快的事情，互相倾诉一些烦恼的事情，彼此分享着对方的喜悦，分担着对方的忧伤，从而互相安慰、互相鼓舞，共同前进。也有的互相讨论思想上、学习上、生活上的疑难问题，或交流一些学习心得。如果正确处理好交笔友的各种关系，必然会促进身心健康发展，提高学习成绩。《广东第二课堂》(2001年第1、2期)"身心密码"栏目推出了一篇《挚友》短文，作者是一位高一的学生，他在文章中回忆初中三年交笔友的体会。他说，当我们面对中考失利时，我们彼此真诚地安慰，互致美好的祝福。友情令我们重整旗鼓，向未来宣战。笔友在英语竞赛中取得优异成绩，我马上写信向他道喜；当笔友知道我在作文竞赛中取得第三名时，同样写来热情的贺信。我们有愁互慰，有喜共享。当然，如果交的笔友比较多，或者通信过于频繁，那就会影响学习了。如果笔友发展成恋友，那就不好了。因此，父母要教育子女不交或少交笔友，要端正交笔友的态度，掌握交笔友的分寸。

禁交网友。置身于信息时代的人们，谁能迅速地适时地掌握大量的信息，谁就可以较多地获得较好的发展机遇，从而尽快地先富起来，使经济地位和社会地位日益提高。反之，谁不能获得信息，两眼漆黑，谁的发展机遇就很少，甚至面对着大好发展机遇却与之擦肩而过，不能尽快致富。因此，对信息掌握的多少越来越多地决定了一个人的发展机遇，也日益明显地加大了贫富分化。这就是"数字鸿沟"问题。据有关统计资料表明，我国电脑普及率是2%，网民普及率是3%，两者相差一个百分点，说明许多买不起电脑的人照样可以上网，照样可以跨越"数字鸿沟"，他们主要是走网吧这条道路。所以，网吧的存在是客观的。然而，各地对网吧管理不善，使灰色网吧太多。据有关资料显示，北京市2400多家网吧，证照齐全的只有200家，仅占8%。广州市有上千家网吧"游戏厅化"的倾向很严重，经营者只考虑经济效益，不考虑育人的社会效益。因而，网吧中许多人都在玩游戏、聊天,甚至看黄色网页。由于家长和学校老师对学生上网缺乏正确的引导和指导,致使不少青少年学生沉溺其中,荒废了学业,身心受到了摧残。南昌一位17岁高中生余某猝死在网吧里。杭州一名大学生在网吧里沉迷14天而患上严重的精神分裂症。武汉市汉阳区钟家村一位21岁的待业青年黄某,被一位自称大学四年级学生的10岁小女孩娟娟牵着鼻子,卷进"网恋"游戏圈套之中达6个月之久。更有甚者,在网上结交坏网友而身陷囹圄。北京市某校初中生张某(13岁)同网友宋某(14岁)纵火烧了"蓝极速"网吧,致20多人丧命,这就是震动全国的北京"蓝极速"网吧纵火案。哈尔滨市某校高中毕业生毕某与湖南一名一年级女大学生"网恋"3个月后,把她诱骗到东北奸后杀死,夺取财物。在当前网吧管理混乱的情况下,家长要严禁孩子到网吧上网。家中如有电脑,家长要指导孩子上网,但千万不要交网友。

崇敬伟人。青少年思想纯洁,想象丰富,感情充沛,憧憬美好事物,崇拜名人。但他们理性思维不足,感情易于走上极端。例如追星族中有的人竟然在大庭广众之下突然跑到歌星身旁出其不意地吻一口就走,当歌星回过神来"蓦然回首"时,她已在"灯火阑珊处"了。家长要把孩子这种崇拜明星的情感引向崇敬革命导师、科学巨匠、艺术大师、文学泰斗、大成先师、孤胆英雄等古今中外的伟人,把伟人作为心中的偶像、做人的榜样,用他们献身社会、献身人民、献身事业的崇高精神来鞭策自己,用他们的人格魅力来激励自己。当然,那些德艺双馨的歌星、影星、体星等众多的明星也值得崇敬,但要择"善"而"崇",不能盲目"追星",更不能"追"得神魂颠倒,影响学习。

善待好人。父母在培养子女亲子之情时,还要教育他们发扬中华民族的"老吾老以及人之老,幼吾幼以及人之幼"的传统美德,和善地、有礼貌地对待亲友、邻里以及社会上每一个善良的人。在一切公共场所遵守社会道德,把爱心献给社会,献给一切善良的人们,大家共同架起一座和谐的绿色人际关系的立交桥,让这个世界更美好。

智斗恶人。父母在精心塑造子女爱的灵魂时,切不可忘记这个世界还有许多豺狼。在这些豺狼中还不乏披着人皮、操着人语的狼外婆。要帮助子女分辨真善美与假丑恶,分清好人与坏人,不断提高他们的识别能力。要培养子女疾恶如仇、爱憎分明的感情,不与坏人为伍,不参与"黄""赌""毒"等危害社会、危害人民的犯罪活动。要教育他们依靠公安部门、依靠学校与邪恶势力智斗,从而增长才干。平时要教给子女智斗恶人的方法:在孤立无援时,巧言与之周旋,以麻痹对方,力争尽快脱险;在有条件或创造条件可以争得外援时,力争外援;在濒临绝境、万般无奈时,则与之正面交锋,力争获胜;在遭到强暴后则拿起法律武器,严惩恶人。

三是爱国之情。爱国之情是亲情、友情升华了的最高尚、最纯洁的感情。爱国是做人的第一准则,是培养高尚人格的第一要义,是贯穿于家庭教育的一条主线。人无爱国之心,即使才能卓越,也不会被社会所接受,在"家"与"国"产生矛盾时很有可能出卖祖国。爱国将领冯玉祥写过一首爱国诗：

鸟爱巢，不爱树，
树一倒，没住处。
看你糊涂不糊涂？
人爱家，不爱国，
国如亡，家无着，
看你怎么去生活？

冯将军在这首诗里用通俗的比喻，深刻地阐明了“家”与“国”一荣俱荣、一损俱损的辩证关系。国运与家运相依为命，国强才能家保，国富才能民足。家长要从小培养孩子的爱国之情，鼓励他们树立报国之志，教育他们现在要学好将来报效祖国之本领。要用“两史一情”教育孩子，使他们了解中华五千年的文明史，熟悉近百年来帝国主义侵略中国的苦难史和人民英勇反抗的光荣斗争史，重点了解新中国成立以来的伟大成就，特别是改革开放以来的伟大成就和国际地位的空前提高。要教育孩子维护国家尊严、统一和民族团结，树立“国家兴亡，匹夫有责”的观念，激发孩子的民族自尊心、自信心和自豪感。要教育孩子热爱中国共产党，热爱人民，热爱社会主义，热爱祖国的锦绣河山。要教育孩子为民族振兴、国家昌盛，为实现建设有中国特色的社会主义强国而勤奋学习。

千里之行始于足下。爱国主义教育要从大处着眼，小处着手。要培养孩子热爱家庭、热爱家乡、热爱学校的感情，培养他们爱亲人、爱老师、爱同学、爱朋友的感情。我国儿童教育家陈鹤琴说：“小孩子今日能爱人，他年就能够爱国了。”所以，培养孩子的爱心，关键要从爱人教育着手。

全面发展，学会做人（下）

（2002年11月）

三、诚信与辨伪

诚信包括两层意思：诚是指对人、对事的态度要诚恳、诚实、诚真，曾子所言“为人谋而不忠乎”中的“忠”就是“诚”的意思；信是指人与人之间、单位与单位之间、国与国之间的交往要讲信用，要守信，要互相信任，曾子把“与朋友交而不信乎”作为人际交往的一条基本原则。诚信的核心内容就是“真”。人民教育家陶行知说得好：“千教万教教人求真，千学万学学做真人。”陶先生在把终生献给人民教育事业的同时，挤出一定时间过问自己的孩子。他在教育子女时最重视的是为人处世的道德品质修养，他教育子女要“追求真理做真人”，他勉励孩子“记得这七个字，终身受用无穷，望你必须努力朝这方面修养，方是真学问”。子女做了有益的事，他就鼓励；发现子女行为不妥时，他就立即予以纠正。1940年夏，次子陶晓光到成都一家无线电修造厂工作，需要学历资格证明书，而他没有正规学历，便背着父亲请时任育才学校副校长的马俊贤出具了一张晓庄学校的毕业证明书。陶先生知道后立即致电给晓光，要他马上追回证明书，并发快信训诫他：必须坚持“宁为真白丁，不做假秀才”的立场，没有证明，不能正式聘用，宁可自己出钱，不拿薪水，一边学习，一边工作；如果不行就干脆回重庆。

无产阶级革命家谢觉哉总是谆谆教导子女要老老实实地做人，实事求是地做事，要求他们时时处处说实话，不说假话。“文化大革命”初期，有一次谢老让孩子们都写一篇文章。谢飘看了一下小弟的文章，见上面写了许多时髦的话，认为有时代气息，就推荐给谢老看。当时，极“左”思潮严重，假、大、空的风气盛行，穿靴戴帽的文章随处可见。谢老对这种风气深恶痛绝，当他看完小儿子的文章后大为生气，语气很重地说：“这是什么东西？这是你心里的话吗？是真情实感吗？”一连串的反问，把大家问得目瞪口呆。尔后，谢老又语气和缓地说：“说真话不说假话，这不但是个文风问题，更重要的是做人的思想作风问题。一个青年更应学着说实话，办实事，踏踏实实地前进，这才有前途；说假话，图虚荣，搞浮夸，求形式，早晚是要跌跤子的。”

中央电视台《实话实说》栏目主持人崔永元在他的工作室里挂着这样一副对联：“说天说地莫若说真，话东话西不如话实。”他在和记者谈到家庭对他的教育时说：“我印象最深的，是父母对我的教育，就是诚实。他们认为是第一位的。不能说谎，不能占别人的便宜，要求非常严格，一直到现在。”因此，诚信是一个人最基本，也是最重要的品格，它不仅是中华民族的传统美德，也是当代公民应该履行的道德规范。家长要把培养孩子诚信的品德作为做人教育的起点，以身作则，言教身传，从小处着手，从小事做起，持之以恒，使之逐步形成习惯。

诚实不仅是做人应有的品质，也是一个人获取真知、攀登科学高峰所必备的重要条件。正如毛泽东所说：“科学是老老实实的学问，任何一点调皮都不行的，我们还是老实一点吧！”学习是艰苦的脑力劳动，它需要人们付出巨大的精力。“书山有路勤为径，学海无涯苦作舟。”学习如登山，只有抱着诚实的为学态度，并以勤奋、进取、自强不息的精神去战胜各种困难，才能取得优异的成绩。正如马克思那句名言所描绘的那样：“在科学的道路上，没有平坦的大道，只有不畏劳苦、沿着崎岖山路攀登的人，才有希望达到光辉的顶点。”一个人如果懒散贪玩，不图进取，或者自恃聪明，浅尝辄止，或者遇到困难畏缩不前，或者稍有成就就忘乎所以，或者平时不努力，考时抱佛脚，那么他就不能在学习上“到达光辉的顶点”。一个人即使具有超常的智力，如果抱着上述不老实的态度，终究也会变成庸人，落得北宋时期方仲永的下场。

在苏北老区盐城市有个普通家庭，把三个孩子培养成留美博士生。且不说老大曹辉东、老二曹辉宁刻苦为学的诚实态度，单就家长对老三曹辉宁教育的良苦用心，就足以给为人父母者以莫大的启示。三子辉宁应该属于高智商的孩子，从小就很机灵，尤其对数学更感兴趣。小学阶段，在他舅舅的辅导下就把初中代数、几何学完了。11 岁读初一，参加全县初中组教学竞赛获第一名。12 岁就被破格录取到市一中读高一，并参加全国中学生数学竞赛，获第三名，被中国科技大学少年班免试录取。后来留学美国，先后获耶鲁大学生化专业博士和加州大学国际金融专业博士学位。现任美国伯克利大学教授。他的父亲曹锡人是一位小学教师，母亲是商店营业员，两人文化程度都不高，但是他们对孩子要求很严,从小就着意培养他们吃苦精神。一次,夫妻两人带9岁的小辉宁步行到离城15华里的农村看望孩子的爷爷。途中,孩子脚上磨出血泡,连声叫喊吃不消。父母为了锻炼孩子的毅力,放弃了多次搭车机会,花了两个多小时到达爷爷家。辉宁在参加全国数学竞赛时,刚进考场,鼻子突然流血不止,被送进医院治疗,半个多小时后又回到考场,神色自若、不慌不忙地把试题做完。辉宁父亲深有感触地说:"如果从小不对他进行意志锻炼,不培养他对学习的诚实态度,这次考试是不会有那么大的毅力和勇气的。"辉宁的父亲对他学习态度的教育也是很重视的。一次,盐城师专一位教授给他们集训班辅导解析几何,老师讲完后,他举手发言:"我的方法比老师的还简洁。"当他被允许到黑板上演算结束,受到老师称赞后,他竟然忘乎所以举起双手高声喊道:"我胜利了! 我成功了!"父亲获悉后立即对他批评教育,并让他向老师赔礼道歉,把他第一次翘起的尾巴打下去。进科大少年班后,他对学习不再是那么诚实刻苦了,爱听的课就听,不爱听的课,上课就看自己的书。当他父亲得知这一情况后,立即写信教育他,在信中讲述了方仲永的故事,并附了一首自己写的教子诗:

虚怀若谷戒骄傲,
尊重他人为荣耀,
诚实为本勿轻狂,
千锤百炼方成钢。

儿子接信后,经过一番悔悟,给父亲复了信,承认了错误,表示了态度,这就把他第二次翘起的尾巴又打下去了。后来,当他当上了数学课代表,新闻媒体刊登了他和美籍华人科学家丁肇中合影照片时,他思想又发生了动摇,又是其父用我国教学家华罗庚对数学科学的执着追求的精神教育他,鼓励他老老实实做学问,使他经过一段努力,带着在美国一家著名杂志上发表的学术论文,登上国际科学交流会的殿堂。这位家长文化程度并不高,没有能力给孩子辅导科学知识的学习,但他抓住了诚实的学习态度的教育和刻苦学习精神的培养,并且和学校教育密切配合,所以,取得如此明显的家教效果。

家长在教育孩子说老实话、做老实人的同时,还要培养孩子识伪能力。说老实话不是对什么样人都说老实话,也不是什么话都要老实地说。对于身患绝症的病人,为了使其心态平衡,保持稳定情绪,可以不把(或暂时不把)病的真实情况告诉他,并向他讲些安慰的话,减轻其思想压力。对于需要保密的事或个人隐私不能实说。对于毫不了解的初次谋面(如在车船上的同座位)的人,无需全抛一片心。对于那些过分关心你的"狼先生",不要接受他们的"关心",特别还要存有戒心,警惕误入圈套。2002年9月上旬,中央电视台《今日说法》栏目推出一个民办教师强奸幼女的案例。张某担任了18

年民办教师，他以班主任和任课老师的身份，常以关心学习的面孔出现，放学后将学生留在教室或叫到房间谈话、补课，然后施暴，先后强奸幼女 9 人(最大的 12 岁，最小的 7 岁)。长期以来，受害学生及其家长不敢或不愿揭发，最后还是一名受害学生长大结婚 4 年后告知其夫，并得到其夫的谅解、同情和帮助，才将这条色狼告上法庭。在案件调查中又发现其他 7 人被强奸。事发后，这所小学的校长感到很意外，认为这位老师一贯表现很好，工作认真，与同事关系相处也很好。可见其伪装之巧、隐蔽之深，就连与其同事的校长和老师们都把他当成大好人。这类披着人皮、操着人语、施着兽行的败类，在教师队伍中实属罕见，但自新中国成立以来从未绝迹。至于社会上这种人就不能以“个别”而论。近年来，新闻媒体关于这方面的披露，可以说是屡见不鲜。2002 年 9 月 7 日，中央电视台《今日说法》栏目推出了上海一家企业职工李某(29 岁)因诈骗猥亵少女被判 3 年劳教的案例。他利用少数少女崇拜明星、想当模特的心理，手里拿着许多伪造的广告公司和新闻媒体的名片，以拍广告、当模特的名义，将很多少女骗至密室拍照。在他住处搜出的数百张照片都是 20 岁上下的青春少女的照片，其中有 100 多张是裸体照片。一名被诱骗的 17 岁中学生控诉他的罪行时说，“他许以我的照片做某公司的广告模特，将我引至密室拍照时，先要我脱外衣，再脱内衣，最后脱内裤，诱逼相加”。

家长要教育孩子正确对待荣誉，克服虚荣心，提高识别能力，不轻信他人的谎言，不要为表面假象所迷惑，学会从本质上看问题，看人的本质。在教育孩子尊敬老师、热爱老师的同时，不要忘记向孩子提醒：不要超越师生关系的界限，不要与异性老师过分接触，不要把自己的隐私之情向你过分殷勤的异性老师倾诉，不要接受对你过分殷勤的老师的任何馈赠。学校开设的青春期教育课应由道德高尚、作风正派、心理十分健康的老师担任，要男女生分小班上课。

在社会主义商品经济大格局下，我国经济遵循价值规律健康地运行，飞快地发展，取得举世瞩目的成就。但是，少数企业或个人为了牟取暴利，投机取巧，偷税漏税，制假造假，售假贩假，致使诸如假烟、假酒、假药等各类假产品、假商品充斥市场，无所不在，扰乱了市场经济，损害了国计民生，引起广大消费者的深恶痛绝。更为严重的是，这种做假之风已经渗透到思想政治、文化教育、体育卫生、组织人事、社会交往、家庭生活等各个领域。它败坏了社会道德，污染了社会风气，腐蚀了青少年一代，损害了党的形象。学生家长要和学校老师密切配合，对子女进行辨假、拒假、打假的教育。

所谓“辨假”就是要教育子女分清大千世界中真善美与假丑恶的事物，由表及里、由外到内、由此及彼、由近及远地分析事物的本质，从而决定自己的好恶态度。热爱和效仿一切真善美的事物，厌恶与远离一切假丑恶的事物，是非明辨，爱憎分明。透过各种假象的剖析，看出他们的最终目的无非是为了骗钱、骗官、骗色、骗感情、骗人民。说穿了，这些人就是人间的大骗子，经济骗子、政治骗子、色情骗子等各色各样的骗子。骗子只能骗人们一时，而不能骗人们一世，不能永远骗下去。骗术高明者可以在短时间内或较长时间内达到个人目的；然而，终究是要露出狐狸尾巴的，最终落得个人财两空。家长要善于捕捉生活中许多活生生的事例来提高孩子的分辨能力。

所谓“拒假”就是家长要教育孩子首先自己不说假话，不做假事，不欺骗别人，不占别人便宜，不取不义之财。学习上考试不作弊，做作业不抄袭。不懂不装懂，知之谓知之，不知谓不知，不要强不知以为知。还要教育孩子不信谣言和谎言，不跟随别人做那些骗人骗己的事情，即使偶一为之或一次小骗局也不能原谅。要教育孩子和一切邪教（如“法轮功”）以及一切骗人的歪理邪说划清界限。

所谓“打假”就是对不诚实的孩子，家长要示之以榜样，晓之以利益，严之以要求，持之以恒地教育他们打掉说谎话、隐瞒错误的坏习惯。孩子一旦养成不诚实的恶习，改正比较困难，往往在父母压力下，今天认错明天又犯，这就要家长既不要急于求成又不要丧失信心，要抓反复，反复抓，直至彻底改正。为防止孩子养成说谎的恶习，家长要从小事抓起，严于抓第一次。一个人做任何坏事，只要有了第一次，那就容易有第二次、第三次，这在心理学上称为首因效应。所以，家长对孩子第一次说谎话决不能姑息，不能搞“情有可原”“下不为例”，要狠抓初犯，严格限定其改正时间。我国大史学家、北宋宰相司马光幼年时，有一次玩弄青胡桃，姐姐想替他剥去桃皮，但剥不掉。姐姐离开后，一个佣人用开水把皮烫去了。姐姐再次走来时，问他是谁剥掉的，司马光毫不犹豫地说：“是我自己剥去的。”事情的原委都看在他们父亲的眼里，于是父亲就声色俱厉地批评司马光：“小子何得漫语！”并责成他今后不得再说谎。自此以后，司马光再也不敢说谎话了。他一生做人、做事、做学问都是如此。他把做学问的方法传授给他人时说：“要从不说谎话做起。”唐宋散文八大家之一的苏轼用“一是诚实，二是始终如一”两句话来评价司马光的为人之道。家长切不要认为孩子在小事方面说两句谎话，或者偶尔说一句谎话就掉以轻心，不放在心上，这样是很危险的。要像司马光的父亲那样，从小事抓起，从第一次抓起。现在，不论是学龄教育还是成人教育，作业抄袭、考试作弊、捉刀代笔之风盛行。家长要配合学校纠正孩子在学习上不老实的作风。20世纪50年代盛行的《卓娅和舒拉的故事》中，有一段感人至深的情节，一天晚间，姐弟两人在家做作业，聪明的弟弟很快完成，并把做好的作业放在姐姐面前，让姐姐不会做的题目抄他的。卓娅对弟弟的作业连一眼也未瞟，苦思冥想，花了很长时间终于把难题做完了，怀着成功的喜悦进入梦乡。这个故事教育了我们这代人，使我们至今记忆犹新。诚实和虚假这对矛盾，可以互相转化，本来不诚实的孩子可以转化为诚实的孩子，转化的条件就是家长和老师的正确教育。原来诚实的孩子，如果放松教育，在制假造假的环境中，在从众心理的驱使下也会转化为不诚实的孩子。在这里教育是何等重要呀！为人父母者不可不慎！！

四、勤俭与戒奢

勤是勤劳、勤苦、勤奋的意思，是指人们创造物质财富和精神财富时积极奋进的精神和执着追求的劳动态度，它是致富之源。俭是俭省、俭朴、俭约的意思，是指人们对已经创造出来的财富要珍惜、爱惜，合理消费，不能浪费，以便扩大再生产。

勤俭不仅是发家致富之源，也是攀登科学高峰之捷径，做人之基石，即使到了社会财富极大丰富的时候，人们仍然需要勤俭。所以，家长对子女要进行“三俭三戒”教育。

一要教子勤劳戒惰。劳动可以锻炼人的吃苦耐劳精神和克服困难的毅力，培养人的自理、自立能力以及实际操作的动手能力，从而促进人的手脑并用，开启智力，使身心健康和谐地发展。家长要按照《中小学生日常行为规范》的要求，根据各个学段的年龄特点，规定他们承担一定的家务劳动。例如：倒垃圾、扫地、拖地板、叠被、洗衣、做饭、洗涮餐具、买菜、浇花等。有条件的家庭可以在每年暑假中送孩子到农村亲戚家住一段时间，参加一些力所能及的农业劳动。

《家庭》(2002 年 6 月下)杂志发表了一篇署名为“谷童”的文章。文章介绍了作者如何教育儿子自立的。他儿子去年以高考文科第一名的优秀成绩考取北京大学。在去校前的晚上，儿子对父母说：“我已 18 岁了，按照你们的义务，只要给我支付学费就可以了，至于生活费由我自己承担。”他把早已写好的借条交给父母后又继续说：“我每月向家里借 500 元生活费，借期四年，到时只还本不付息。”临走时，还把他母亲塞在他包里的 1000 元丢在桌上。到校后，他打算利用双休日卖报纸，便向家里又借了 500 元作为本钱，而且言明借期一年，到时候按银行标准付息，因为这是用于经商的。文章称，儿子这种要求自立的思想不是偶尔的心血来潮，而是家长长期教育的结果。儿子每年暑期，都由家长送他到农村大伯家生活一个月，并参加地里的劳动，还给他明确指出：你的吃喝都要靠你的劳动挣出来，干不好可没饭吃，还要求大伯管严些，不给零花钱。美国巨富洛克菲勒教育子女的心血比他用在企业管理上的多。他的孙子哈里说：“在我们家，长到 18 岁以后，经济上自理，我父亲年轻时为了交付昂贵的学费，每到假期就到密西西比河上当水手，靠自己挣来的钱读完大学。我祖父虽然有钱，但我从不伸手，因为这是我们的家风，伸手是个人的耻辱。”他自己自幼就养成劳动习惯，上哈佛大学时，在纽约港的曼哈顿码头上做装卸工，用打工的钱付学费。懒惰是贫穷、无知、罪恶的源泉，而勤劳是治疗懒惰的良药。为人父母者要借鉴谷童和洛克菲勒的教子经验，教子勤劳戒惰。

二要教子勤学戒嬉。“业精于勤，荒于嬉。”“书山有路勤为径，学海无涯苦作舟。”“勤能补拙是良训，一分辛苦一分才。”“一分耕耘，一分收获。”“黑发不知勤学早，白首方悔读书迟。”“读书勤乃有，不勤腹中虚。”这些金玉良言都包含着一个真理：要想学业有成,只有勤苦,再勤苦。舍此,别无任何捷径。美国心理学家韦克斯勒对40名诺贝尔奖获得者进行调查,发现其中大部分人的智力在中等或中等偏上。他们(包括智力超群者)的成功主要是靠顽强的意志,勤学苦练的精神。19世纪末、20世纪初,诺贝尔物理学奖得主——彼得·塞曼(荷兰人),少年时代,整日嬉戏玩乐,学业荒废。母亲看着很差的成绩单,百感交集,于是对他耐心诱导,叙说自己如何在小木船上与奔腾呼啸的大海搏斗而生他的情景,并且流着泪悲切地对儿子说:“早知你是一个平庸之辈,我当初真不该在大海中挣扎。”母亲的话深深地拨动了儿子的心弦,从此,他改掉过去的恶习,如痴如狂地扎进知识的海洋。为了研究磁场的光谱,他三夜未眠,而且精力旺盛。我国东晋大书法家王羲之,在教育儿子习字方面就用了一个“勤”字。王献之求父亲传授书法的秘诀,父亲指着院中的18口水缸说:“秘诀就在这些水缸里面,你把18口水缸中的水写完就知道了。”于是儿子便仿照父亲的字体,从点、横、撇、捺开始练习基本功,练了4年。第五年,王献之开始练完整的字,又练了4年,把字拿给父亲看,父亲没说话,只在那个“大”字下面添了一点。王献之又把这个加一点的“大”字拿给母亲看,母亲感叹地说:“我儿练字8年,现在总算有一点儿像你父亲了。”王献之深感惭愧,就这一点儿还是父亲的亲笔。于是,出来散步,看见一个在烙饼的老太婆,只见她烙好一张就用竹筷挑起往背后一撂就撂在竹筐里,每张都叠得非常整齐。王献之叹问老太太:“你头也不回,怎么撂得这样准呢?叠得这样整齐呢?”老太太说:“这没有啥窍门,也不过像王羲之写字,勤练变熟而已。”王献之猛然醒悟,于是回家发愤勤练,在父亲指导下,终于写光了那18缸水,成为与父齐名的大书法家。李时珍所著的《本草纲目》整整用了27年工夫,他成年累月在深山野谷采药,做了成千上万次成功与失败的实验,为我国医学做出了极大的贡献。摘取哥德巴赫猜想这一数学皇冠上明珠的陈景润,不知在多少个不眠之夜耗尽了心血,就连走在马路上也在思考问题,因而撞上了电线杆。一切科学家、艺术家,一切学业有成者,无不是勤学苦钻的结果,那种认为轻轻松松地就可以把科学文化知识学到手的想法是片面的。至于把艰苦的学习过程看成是游山玩水那样的潇洒,那就更值得研究了。只有勤学苦学才能取得进入知识之宫的门票,只有取得知识之宫的门票才能进入知识的大门,只有入门才能登堂入室,尽情地吸吮着知识的营养,进入“游于艺”的“乐学”阶段。正如孔子那样,只有经过“发愤忘食”的苦学才能达到“乐以忘忧,不知老之将至”的乐学境界。抛开“苦学”而奢谈“乐学”,无异于缘木求鱼也。减轻学生过重的学业负担是必要的,因为过重的负担不仅影响孩子的健康,而且使孩子易患消化不良症。“减负”就是要减掉这个“过重”的负担,但不是负担越少越好,更不是不要负担,也不是不要苦学。

三要教子勤俭戒奢。纵观现在中小学生的表现,不爱劳动,追求享受,讲究吃穿玩乐,超前消费,铺张浪费,富门奢教,寒门富教,互相攀比,争艳斗奇,糟蹋粮食,不珍惜财物等不良风气正在滋长蔓延。今年暑假，深圳团市委将23所小学的50名青少年带到广东省最贫困的和平县安幼镇二六村进行特区与山区手拉手夏令营活动。特区孩子来到新认识的县区孩子家里共进午餐后，没有按原计划在各家体验生活，而是跑回空调车内。回来后，他们手中提满小伙伴送的礼物：土鸡蛋、米酒、花生。有的孩子把这些礼物丢弃在汽车上。当记者问及此事时，有的人噘着嘴说："我从来不吃鸡蛋，看着就恶心。"晚餐五个菜：红烧肉、炒鸡蛋、煮牛肉、烧冬瓜、烧豆角。记者发现，除了一桶绿豆汤外，桌上其他菜大多未见少，一整碗红烧肉更是原封未动。回市的当晚，孩子们被安排在两家最好的星级酒店休息。孩子们高兴地说："我还以为要在当地睡呢，吓死我了。"他们纷纷表示饿坏了。当记者问及为什么不吃那些菜，只喝绿豆汤呢？他们异口同声地说："不对味。"据《南京晨报》载，今年春天，日本"福中友好青少年使节团"40多名初二学生来到南京市，与该市第一中学20多名初二学生进行为期2天的零距离接触。中国学生将日本学生分别带到家里做客。张同学的妈妈包饺子款待他们，2个日本男孩将饺子捏成一个个面疙瘩。开饭时，他俩首先把自己包的饺子吃掉，然后才吃中国的正宗饺子。中国孩子说，吃不下可以不吃，没有必要都吃光。可日本孩子却连声说"好吃"，甚至脸上呈现痛苦的样子，他们硬是将每道菜都消灭光，连声说，浪费太可惜。也就是这个市，一所重点中学的一名初一学生在厕所大便，没有手纸便从皮夹中抽出四张100元面值的人民币擦屁股，然后头也不回地走出厕所。日本是发达国家，我国是发展中国家，他们比我们富得多，为什么他们的孩子是那样勤俭呢？这是他们教育的结果。原来，他们也走了一段弯路。日本在二战后，经济萧条，人民生活也不富裕。后来，他们经济腾飞了，很快跨入世界经济强国之列，人民生活提高很快，但对青少年教育没有抓紧。于是，许多青少年贪图安逸，追求享受，意志消沉，生活惰落，对社会缺乏应有的责任感，对国家漠不关心，患上精神"富贵病"。政府当局有鉴于此，把教育青少年作为复兴大和民族的头等大事，大力兴办"田间学校"、"森林学校"、"孤岛学校"，利用寒暑假和其他节假日，组织学生到田间地头、孤岛荒野、山冈森林等艰苦的地方去经受磨炼，培养艰苦朴素的作风，锻炼坚强不屈的意志，养成过艰苦生活的习惯。近年来，我国一些经济发达的地区，特别是一些开放时间较早的沿海城市和南方城市的学校，也在开展"磨难"教育，把学生带到艰苦的地方去体验生活。但这种教育活动还不普遍，时间也很短，像蜻蜓点水一样，没有起到教育的效果。我们内地欠发达地区的孩子，虽然没有特区孩子那么严重，但是，讲排场、比阔气、高消费、爱虚荣之风也在兴起。因此，家庭和学校都要抓紧这方面的教育。

首先，家长要树立爱孩子的正确观念。现在，生活水平提高了，让孩子穿得好一点，吃得好一点，玩得好一点，住得好一点，这是无可非议的，也是对孩子爱的体现，是非常必要的。但是，任何事都要有个"度"，超过这个"度"，事物就会走向反面，虽曰爱之，其实害之。武汉市某中学初一学生黄某,13岁,独子,家庭富裕,父母整天忙于挣钱,把他交给爷爷奶奶。爷爷奶奶非常娇惯,想吃什么就给买什么吃,想玩什么玩具就给买什么玩具,想穿什么好衣服就给买什么好衣服,成为家庭“一号人物”。他自恃家里有钱,总认为什么事都可以用钱摆平。他对同学说,我想做什么就做什么,谁挡我的路,我就摆平谁。在学校很少为集体做事,他从不打扫卫生,并且开口就是“我家花钱雇保姆,这些事根本不要我做。做这些事是浪费时间”。他经常旷课,带女同学成双成对地出入于游戏机室,请她们吃东西,买礼物送她们。由于他大把花钱,游戏机室老板对他百般奉承,说他“派头足,就像港台电视中的小老板”。他从小养成自私、偏激、傲慢、奢侈等习性,到了中学后有增无减。班主任刘老师多次苦口婆心地教育他,他不仅不改,反而把老师当成仇人。一次,他把刘老师骗到家里,先在老师未及提防的情况下,用厚重的洗衣板将她击倒,然后用一尺多长的腰刀朝着老师的头和腹连砍数刀。刘老师顿时血肉模糊,面容严重毁伤,仅脸上就缝上70多针。刘老师是优秀班主任,许多同学和家长都到医院看望她,一位家长深有感触地长叹道:“老师受害,家庭有责。溺爱孩子,害了孩子,害了老师,害了社会。”

唐代诗人李商隐说得好:“历览前贤国与家,成由勤俭败由奢。”国如此,家如此,人亦如此。自古“纨绔少伟男”,“寒门出良才”,我们再富也不能富孩子,再穷也不能穷志气。

其次,家长要指导孩子合理消费。要本着“勤俭节约,利于健康”的原则安排孩子的衣食住行,不要满足他们过高的要求。要向孩子介绍家庭的经济情况和父母创业的艰辛,使他们了解他们所花的钱都是父母的血汗钱,要珍惜财物,不要铺张浪费。孩子的零花钱要严格控制,规定用项,不得超支,帮助孩子养成花钱记账的习惯。今年,据对我市589名中等学校学生问卷调查,大部分人每月零花钱在100元以下,但也有5.3%的人在400—1000元之间,甚至还有4人在1000元以上。根据我市生活水准,每月100元是比较正常的,每月300元以上就不够正常了,每月500元以上,乃至千元以上那就很不正常了。请各位家长审核一下你的孩子每月零花钱的情况,按100元左右的标准予以调整。

最后,家长要给孩子提供磨炼的机会,设置能够逾越的障碍,培养抗挫折的毅力。奢侈与堕落是同胞兄弟,一个人物欲太强,求知欲就会下降,意志就会消沉,上进心就会减弱,以致最后走上堕落的深渊。俭朴与勤劳是一对孪生姐妹,一个人俭朴的作风只有在劳动实践中,在抗挫折的环境中,在克服困难的过程中才能逐渐养成。因此,家长除了积极支持孩子参加学校组织的一切社会实践活动和必要的劳动,还要有意识、有计划地给孩子安排一些力所能及的实践活动。如:暑假到农村亲友家参加一些体力许可的农业劳动,时间要长一些;寒暑假打工或帮助家人站柜台,双休日参加社区组织的便民活动;每天都要参加一定的家务劳动;等。

五、竞争与协作

经济全球化,政治多极化,文化多元化,信息网络化,知识经济化,人才国际化,思想复杂化,这是新世纪的主要特征。为了适应这个要求,21 世纪的人才既要具有竞争意识,开拓创新精神;又要具有整体意识,合作协调精神。这是对立统一的两个不可缺少的方面。为此,家长要从以下四个方面教育子女。

认清时代,敢于挑战。我们正处于一个知识经济、信息时代。在国民生产总值中,我国知识经济只占 24%,所以叫“初露端倪”,而美国却占到 70%。知识竞争已成为政治、经济与社会发展的竞争主题,而人才竞争又是知识竞争的焦点,智能型、技能型人才又是人才竞争的重点。人才分三种类型:智能型、技能型、体能型。我国加入 WTO 以后,这三种类型的人才按照市场规律重新整合。体能型劳动产品的生产受到冲击,劳动力需求减少,如农业、采矿业、建筑工程等部门对体力劳动的需求都在减少。就小麦而言,美国的小麦进入我国市场,扣除关税、运输等费用外,其价格只相当于我国小麦价格的 70%,将有 1200 多万农民失业。技能型生产的快速发展,对一般技术人员的需求数量将大大增加,熟练的高级技工就业比较容易。现在,一个熟练技工在上海、深圳等开放城市的年工资可达 10 万元左右。高层人才(即智能型)供不应求的状况将更加突出,尤其是高层次的创新人才。随着外企、中外合资企业在中国逐渐增多,并享受与中国企业的同等待遇,随着我国产业结构的进一步调整,国内还将有一批企业破产,还将有相当一部分职工下岗。跨国公司必然就地取“才”,吸纳我国人员,给我国公民提供了就业机遇。但他们吸纳的大都是一、二类型的人才,对体能型的人才需要极少。这就造成了劳动力的结构性失业,一类人才奇缺,二类人才不足,三类人才过剩。经济全球化促使劳动力市场更加国际化。面对人才竞争如此激烈的时代,面对就业愈来愈难的现实,家长从现在起就要培养孩子的竞争意识和开拓创新精神,鼓励他们敢于向自己不思进取的自甘落后的思想挑战,向不愿再提高的骄傲自满的思想挑战,向比自己强的人挑战,向一切困难挑战,向事物的极限挑战。山东省日照市一位中等学校的女教师郑成艾,帮助从小学习很差的儿子林春不断向新的起点挑战,不断攀登新的高峰,最终成为美国耶鲁大学的博士研究生。郑成艾在林春小时候就经常讲岳飞、保尔等英雄人物的故事,鼓励儿子凡事争先,敢作敢为。儿子上小学,第一次数学考试就得了个零分,她哄他说:“记得我小时候第一次考试也得了一个零蛋,但我很坦然,心想有蛋就好,要是蛋能变成小鸟就会飞上蓝天。”她鼓励儿子不要气馁,当儿子考了个倒数第三时,她又教育儿子不要服输。从小学四年级到六年级,儿子的学习成绩终于稳定在班级的一、二名之间。以后上中学,随着孩子父亲的升迁就转入济南,但他有些飘飘然了,认为只要有个好爸爸做靠山,将来什么也不愁,成绩落到十几名他也不在乎。于是,她利用暑假将儿子送到沂蒙老区与农民同吃、同住、同劳动,给他创造一个磨炼自我的艰苦环境,帮助他向错误思想挑战。高考前夕,儿子毅然决定放弃了保送的机会,谢绝了山东大学、南京理工大学等几所高校对他的免试录取,而向北京大学挑战。大一时,他又放弃北大决定提前保送他上"4+2"研究生的机会,向世界著名学府挑战,终于以优异成绩敲开了耶鲁大学的大门。

打好基础,善于取胜。作为父母不仅要鼓励孩子不断向新的领域挑战,而且更要帮助他们学会善于取胜的本领。当今,世界正处在人类第三次大变革的时期,即由资源经济到知识经济。第一次大变革是自然经济到农业经济,农业经济是建立在动物、植物生长的基础上,它的载体是土地。所以这个时期的一切战争都是围绕土地。第二次大变革是由农业经济到资源经济。资源经济就是把埋藏在地下的资源(如:煤、铁、石油、铜等)利用起来,谁控制了资源谁就控制一切。为了争夺资源,为了争夺市场,相互竞争,以致发生战争。两次世界大战的最根本原因就是为了争夺资源。知识经济时代,知识是财富的主要构成因素,信息是资源的载体。就以粮食为例,20世纪五六十年代,许多人担心我国不能解决人民的吃饭问题,国内外一切敌对势力也在看我们的笑话。现在不仅解决了,而且还过剩。这就是知识因素、科学因素。拿水稻来说,在合理施肥、适时灌溉、科学管理的情况下,亩产400公斤左右,但是湖南127亩示范田育成的超级杂交稻,平均亩产却达到817公斤。这里净增的417公斤不是靠施肥、灌溉、管理等外界因素获得的,而是靠杂交水稻之父袁隆平等水稻专家,在对不同品种的水稻研究的基础上进行杂交,然后培育成新品种,再进行繁殖而获得的,也就是靠科学知识获得的。按水稻5角钱一斤,417公斤价值417元钱。这417元钱就是知识经济。再以电脑的光盘为例,一个光盘的材料费和加工费不过5角钱到8角钱,但如果装上微软公司的软件,那么,价格就要提到1880元钱,扣除8角钱,剩下的1879.2元钱就是知识经济。所以,知识就是金钱,就是财富,就是力量,就是向一切挑战的本钱。当然,这里说的不是死的、旧的、不完全的知识,而是活的、新的、完全的知识。因此,只有用人类智慧的结晶来武装头脑,不断获取新知识,并运用于实践,在实践中有所创新,有所发明,才能在未来激烈竞争的社会中立于不败之地,才能面对各种挑战无往而不胜,才能选择到好的就业途径,才能踏上致富之道,才能问鼎百万富翁、亿万富翁。今天,中小学开设的各门功课都是最基础知识,然而也是最重要的知识,它是一个人立身处世、终身学习、攀登科学之峰的必不可少的根基。家长一定要帮助孩子学好各门功课,把他们的基础夯得牢牢的。本人曾写过一篇以《夯实初一基础是迈出全面推进素质教育的最关键一步——初中素质教育实验方略》为题的论文(30000字),论述了打基础和怎样打基础的问题,在今后的讲课中，我将适当结合其中的内容。

宽容大度，善待对手。宽容就是有容人的雅量和与人为善的博大胸怀，是中华民族的传统美德。早在2500多年前，孔子在回答他的学生子张关于“仁”的含义时就说：“能行五者于天下，为仁矣。”他又进一步解释“五者”的内容说：“恭、宽、信、敏、惠。恭则不侮，宽则得众，信则人任焉，敏则有功，惠则足以使人。”孔子所说的“宽”就是宽厚、宽容、宽让的意思，“宽则得众”就是宽厚对待人就能得到大家的拥护。这五个字实际上就是立身处世的五条原则。在2500多年前，秦国客卿李斯在他的《谏逐客书》一文中写道：“泰山不让土壤，故能成其大；河海不择细流，故能就其深。”近代民族英雄林则徐则说：“海纳百川，有容乃大。”每个人身上都有优缺点，这就需要我们在人际交往时，要学会宽容，要善于分辨哪些可以容忍，哪些可以学习。也就是学人所长，为我所用；容人所短，为我所戒。正如孔子所说：“三人行，必有我师，择其善者而从之，其不善者而改之。”明末，浙江进士温璜，其母陆氏，深明大义，学识渊博，她教子说：“汝与朋友相与，只取其长，弗计其短。”意思是与朋友相交，只吸取他们的长处和优点，不要计较他们的短处和缺点。她告诫儿子要宽容四种类型的人：对于非常固执的人要宽容他的暴烈脾气，对于才智过人的人要宽容他的傲气，对于朴实厚道的人，要宽容他的拘泥之气，对于轻佻薄义的人要宽容他的轻浮之气。中华宽容之风，古今一脉相承。宽容也是现代人所必须具备的品质。在充满竞争的时代，只有待人宽容大度的人，才能融入群体之中，才能为社会所接纳，才能正确对待竞争。在竞争中要从三个方面处理好与对手的关系。一是当对方以正当的手段获胜时，要耐得住失败的心理，要有不甘落后的精神，虚心学习对方的长处，并为对方的胜利祝贺，切不能心存嫉妒，更不能进行攻击，不能像摔跤之王泰森那样将对手的耳朵咬掉。二是当对方以不正当的手段获胜时，要在证据确凿的前提下予以揭露，如属经济活动领域的不当竞争，可依法起诉。三是当对方失利时，要耐得住因胜利可能滋生的骄气，不能以胜利者姿态傲视对手，而要用换位思考的方式去为失败者设身处地想想，要去鼓舞他、帮助他，以求他下一轮竞争中取得胜利，并鼓励别人超过自己。有这样一个事例。阮同学素以学习成绩出众闻名于上海某实验小学，但她进入初一后受到本班朱、黄两位同学的有力挑战，形成三足鼎立局面。虽然阮同学做了很大努力，想在学习成绩上保持班上的领先地位，但经常被朱、黄两人超过。她感到“这可太丢人了，以后不是要被小学时的同学取笑吗？”为此，她想了一个办法来压倒对方。期中考试前的一节体育课未上，她借故中途溜进教室，悄悄地拿走了朱、黄两同学的数学、外语课堂笔记及有关参考资料，把它们扔在校园一角的草丛里。两人发现丢失后急得直哭，阮同学还装着同情的样子帮助她们寻找，并且安慰她们。考完数学后，两人的失物被同学捡到。然而，由于两人情绪波动以及延误了复习，考试成绩远不如阮同学。期末考试前，阮同学又故技重演，但终被同学发现，激起全班公愤，受到学校的纪律处分。家长要正确引导孩子在学校开展各项竞赛活动时，在竞赛中端正态度，既要防止不敢挑战的怯懦心理，又要防止嫉妒心理，千万别出现阮同学这类事件。

合作协调，争取双赢。团结和平，共同发展是当今世界主题，也是人心之所向，大势之所趋，非人力所能逆转。国与国之间扩大联盟范围，行业之间的联系不断增加盟友，一项工程的完成、一个科研项目的开展、一次社会活动的组织无不需要群体的协作。现代人不仅需要有竞争意识，而且还要具有合作意识。只有合作、协调一致才能壮大竞争力量，保证竞争取胜；同时，也只有通过竞争才能锻炼与增强协作意识。欧元的诞生就增加与美元相抗争的力量，也严重地威胁着日元，从而壮大了欧盟的力量，使之敢于对美说“不”。我国现在既参加东南亚联盟，又参加亚欧联盟，还打算建立一国四方（大陆、香港、台湾、澳门）的经济贸易区，以增强我与西方相抗衡的力量。所以，联合是当今不可阻挡的潮流。家长从现在起就要注意培养孩子的协作精神，团队精神，协调能力，整合能力。现在独生子女的孩子占相当多比重。这种“一二四”的血缘结构和家庭环境，使得一部分孩子性格孤僻，不合群，缺乏合作精神，这就更应该重视这方面的教育。在学习上要提倡孩子们互相帮助，学习好的在帮助学习差的时候，既提高了别人，也锻炼了自己，提高了自己。这就是现在大力提倡的“双赢”。在学科竞赛、体育竞赛、文娱比赛中，得到名次的是赢家，没有得到名次的，由于在竞赛中锻炼了能力，增长了才干，获得了知识，就这个意义来讲，也是赢家，所以称为“双赢”。要督促、检查孩子参加学校所组织的一切社会活动，在活动中关心他人，帮助他人。节假日，父母带着孩子走亲串友，让他接触亲友家的孩子，改变独生子女的家庭环境。在这里介绍一下牛群的“望子成龙工程”。牛群的儿子叫牛童，属牛的。他的夫人叫刘肃。牛群从夫人怀胎两个月开始启动“望子成龙工程”。第一期工程是要把儿子培养成音乐家，未成功。第二期工程是要把儿子培养成未来的象棋国手，也未成功。第三期工程是学电脑。牛群吸取前两次的教训，他认为现在各家孩子都是独生子女，不娇也娇，不惯也惯。为了改变家庭环境，他把妹妹的儿子（大牛童一岁）接到家来和自己孩子一块养。他说：“俩孩子搁一块儿，既能淡化他们独生子女的优越感，又能把竞争机制引入家庭。”这次的主意还真管事。小哥哥语文好，作文经常在全校广播，因为他特别喜欢看课外书。牛童不爱看书，更怕写文章。小哥哥就笑话他。弟弟爱面子，不得不经常抱书本看。时间一长，也看上瘾了。弟弟数学好，尤其电脑打得好，第一次参加全国大赛就夺得了三等奖。哥哥没有获得名次，看着上台领奖的弟弟，小哥哥牙关紧咬，眼睛向上翻着，不让眼泪流出来。牛群趁机在一旁敲边鼓儿：“当哥哥的，看着弟弟上台领奖有什么感想？”小哥哥咬着牙关挤出一句话：“好好练呗！”为了让两个孩子真正竞赛起来，在孩子们参加计算机大赛前夕，他挑了一批黄白扣子，黄扣子当“金牌”，白扣子当“银牌”。又寻了两面小旗子，一面小旗上画牛头，另一面上画个鼠（小哥哥属鼠）。谁赢了升谁的旗，唱谁的歌。

哥哥一上劲,弟弟练得玩命。这一年,小哥俩都夺得了全国一等奖,一人抱回一台电脑回来。小哥俩在竞争中取得了“双赢”。在第三项工程取得阶段性胜利后,牛群又想:孩子“德”再好,“智”再好,身体不好也没用,于是在暑假中又隆重推出“铁孩子三项”计划,即每个孩子每天必须做到:跑步 1000 米,跳绳 500 下,实在吃不消,但不练又不行,两个人比着练。有一次,牛童跳着跳着,突然哇哇大哭起来,边哭边嚷:“这哪里是铁孩子三项啊,纯粹是‘死孩子三项’!”经过一个暑假的摔打,开学以后,牛童一口气跳了 1000 下,一举打破了他们学校的纪录。

(此篇与《整体提高,学会学习》、《以人为本,学会健身》、《积极休闲,学会生活》、《言身并教,率先垂范》、《纵横沟通,协调一致》等篇,是在蚌埠五中家长学校系列讲座的讲稿。)

整体提高，学会学习

（2002 年 11 月）

所谓整体提高有两层含义：一是从政治思想、道德品质、文化科学、身体心理、劳动技能等诸方面提高子女的综合素质；二是帮助孩子学好各门功课，即不但要学好语文、数学、外语、计算机四门工具学科，还要学好其他各门非工具学科（如物理、化学、生物、历史、地理、音乐、美术、体育等）。

本讲着重探讨家长如何帮助孩子学会学习，让他们自觉地、自主地、积极地学好各门课程。

一、转变观念

1. 终身教育的需要。21 世纪是科技飞速发展的新时代，人类知识以几何级数增加。据不完全统计，全世界每年发表的科学论文大约有 500 万篇，平均每天 13000 多篇；登记的发明制造项目每年超过 40 万件，平均每天有 13000 多件专利问世。自 20 世纪 20 年代以来，全世界每年出版图书 50 万种，平均每分钟就有一种新书出版。然而，人们在学龄阶段所学的知识是非常有限的，而且大都是未被本人实践的知识。结束学龄阶段学习后，不仅要在实践中创造性地运用所学知识，更重要的是要不断吸取新知识。所以，每个人都要接受终身教育。这就是说，要活到老，学到老，干到老。南京医科大学 2002 年招了一名 73 岁的学生，他叫汪侠，长期从事医务工作，深感有接受系统的医学专业知识教育的必要，连续两年参加高考，今年被该校录取为旁听生。当然，能够像汪侠这样再回到学校学习更好，但绝大部分人还是要靠自学。所以，我们的教育观念要从单一的学龄教育转向终身教育，当然，首先要有相对稳定的起着基础性作用的知识，如数理化等自然科学的基本定理、定律、法则，语言学科中的基本词汇、常用语汇。中小学生要学好这些基本知识，有了这个基础，将来学习其他新知识就会比较容易。

2. 自主择业的需要。在计划经济时期，人们就业主要靠组织安排，那是分配定终身，一次定终身。在社会主义市场经济条件下，人们就业的方式发生了根本性的变化，那就是自主择业，而且由于受到价值规律的制约、人才市场需求变化的影响以及个人意向的驱动，一个人一生可能会多次择业，多次换岗。然而，在学校所学专业知识有限，有时不能适应转岗的需要，这就必然迫使人们重新学习新的专业知识。接受上岗前的短期培训是必要的，但主要是靠自学。所以，我们的观念要从一次性的分配就业转变为多次性的自主择业。

3. 教育改革的需要。今年，小学、初中一年级使用的是实验教材，与以往教材相比，它具有实、新、活、用的特点。所谓“实”就是指与现实生活联系得比较紧密。如《数学》第一章《丰富多彩的图形世界》，就是引导学生去认识他们在现实生活中所接触到的形形色色的几何图形，然后加以分类，比较其异同点，进而使他们意识到生活中处处有数学。所谓“新”就是指吸收了许多反映当代科技成就和现实生活的新内容。如《语文》第八课《伟人细胞》，就是反映当前初中学生学习生活的，学生学习起来备感亲切，兴趣盎然。所谓“活”就是指有些内容和作业题能够引导学生展开想象去进行多面思维。如《语文》第十八课《事物正确答案不止一个》，让学生从不同角度对同一事物进行思考。所谓“用”就是指强调并设计了许多实践活动。如《语文》六个单元里就设计了 3 次综合实践活动和 3 次口语交际活动。新教材要求老师的教法与学生的学法都要改革、创新。学生是学习和发展的主体，在教学中要充分发挥学生的主体作用，大力倡导自主、合作、探究的学习方式。教师要从封闭式的教走向开放式的教，充分发挥引导、指导、主导的作用。教师要从单向的灌输变为师生双向交流、双向互动；学生要从单向的被动接受知识变为双向的主动吸纳知识。所以，学生只有学会学习才能适应新教材、新教法。

二、开发智力

1. 智力的差异。什么叫智力？它是指人们认识、理解客观事物并运用知识、经验解决问题的能力，它是记忆、想象、思维等能力的有机综合。简言之，就是人们认识世界、改造世界的能力。人与人之间的智力是有差异的,但差异并不大。国内外一些专家研究表明,在学生群体中,优等智力的占20%左右(其中智力超常的占1%—3%),智力有缺陷的占3%左右,其余77%左右都是相差无几的。世界上以华人为主的国家和地区比其他国家和地区的人群智商高出3—5个百分点,中国学生的许多智力指标都超过世界的平均水平。由此可见,97%的青少年在学校学习都可以取得好的或比较好的成绩,即使是3%有智力缺陷的人也能获得一定的知识。中国有句老话,"人皆可以为尧舜",这是有科学依据的。美国教育家布鲁姆曾对许多学生成绩老是平平,直至下降这一问题作过两项实验研究。研究结果表明,几乎所有的学生都能学好,而且几乎每个差生和中等生都有可能取得优秀生那样的好成绩,关键在于他们的智力是否被开发出来。孩子学习成绩差,或者不优秀,我们不要认定孩子"笨",不要埋怨孩子"不聪明",而要反思我们的家庭教育、学校教育在发挥他们的潜能方面做得够不够。美籍华裔物理学家钱致榕在读中学时,学校风气很坏,考试作弊成风,一位责任心很强的老师,为了改变这种状况,就从300名学生中挑选60人组成了一个"荣誉班",钱致榕也在其中。"荣誉班"的学生被告知,他们是因为有发展前途才被挑选上的。于是,这些学生个个对自己的前途充满信心,严于律己,踏实学习。其结果是这个班的绝大多数人后来都成为出类拔萃的人才。1982年钱教授回国遇到当年组织"荣誉班"的那位中学老师,一问才知道,原来这60名学生是随意抽签决定的,其中不少是"差生","差生"心灵的荒漠,经过"荣誉"激励,开垦成一片绿洲,令人刮目相看。我们从"荣誉班"中可以得到一个重要启示:所谓"差生",智力并不差,只要给他们创造一定的条件,他们就可以由"差"转为"优"。这个"转"的条件是什么呢?就是通过家庭教育、学校教育,把他们潜在的智力开发出来,使之智慧的火花迸发出来。

2. 潜能的挖掘。所谓潜能就是潜藏于人的心灵深处、尚未显露出来、没有被开发的智能。人本主义心理学家早就指出,每个人都有潜能,而实现潜能是人的最高要求。近年来,脑科学有研究表明,一般人只用了大脑智力潜能的10%,尚有90%没有得到开发。伟大的科学家爱因斯坦被认为是绝顶聪明的人,他死后,大脑被解剖分析,发现他的大脑潜能也只用了30%。可见,人的大脑具有巨大的挖掘和利用余地。挖掘潜能要抓住关键时期。心理学研究证明:孩子的智能发展有三个关键期,那就是3—4岁、7—8岁、10—12岁这三个时期。3—4岁是语言发展的关键期;10—12岁是智力发展的高峰期。如果以一般人17岁所达到的智力水平为100%,则儿童从出生到8岁智力已获得80%,最后的20%则在8—16岁获得。也有智力发展晚的特例,爱因斯坦5岁还不能说话,9岁时不能与他人自然地交谈,小学时成绩很差,直到中学时智力才得到较好的发展。男孩智力发展比女孩晚两三年。所以,家长要抓住孩子智力发展的最佳期和关键期。

挖掘潜能要使大脑得到良好发展。脑细胞和智力有着密切的关系。正常人的大脑约有140亿个脑细胞,或者叫神经元。新生儿脑重量为300克,一年后发育到950克,6岁时脑重量可达1200克,成人时脑重量1400克。脑的发展不是等速的,5—6岁和13—14岁是两个变化最迅速的时期。所以,初中阶段是大脑发展最迅速的最后一个时期,家长们要不失时机地从两个方面促进孩子大脑健康发展。一是给孩子以合理的丰富的健脑营养,确保大脑有坚实的物质基础,使之得到良性的发展。二是给孩子以丰富的信息刺激,因为外部刺激的信息越丰富,形成的神经网络就越复杂交错,大脑的功能也就越好,人也就越聪明。

挖掘潜能要找出孩子潜能的极限。在学习中,许多孩子往往感到,按照可以得到而又有一定难度的要求进行学习,与按照太浅显易懂的要求进行学习相比,前者反而不易感到疲劳。这是因为大脑工作量负荷不足时,不仅会造成大脑发育迟缓,还会养成思维的局限性与惰性,久而久之,人就会失去创造与开拓进取精神,变得根本不习惯于从事任何紧张工作,难以攀登成就的顶峰。所以,孩子既不应该超负荷学习,也不应该学习负荷太轻。对于孩子的学习负荷,学校与家庭都要掌握好"度"。

挖掘潜能要同时开发孩子大脑的两个半球。科学家经过长期探索,发现人脑两半球之间有不同功能区域:左脑用逻辑思维、线性思维方式反映客观事物,指挥右边动作,主要集中在显意识功能上;右脑用形象思维、面性思维方式反映客观事物,指挥左边动作,主要集中在潜意识功能上。同时,两半球还有协调活动和在一定条件下互补的功能。研究表明,左脑缺损,会导致右脑超常发育,人的创造能力是两半球整体功能的充分发挥和表现。依据这个理论,家长要注意同时开发两半球,特别要重视右脑的开发,发展孩子的特长。

3. 综合能力的培养。人的智力是感知能力、记忆能力、思维能力、想象能力、创造能力等各种能力的有机综合。家长要根据孩子的特点着重培养这五种能力,以达到全面开发智力的目的。

感知能力是开发智力的基础,它包括感觉和知觉两种心理活动。人民教育家陶行知提倡要解放儿童的眼、耳、口、手、时间、空间,就是要让孩子通过广泛接触社会、自然和各种信息媒体,开阔视野,获取丰富的感知材料,为发展智力奠定物质基础。

记忆能力是发展智力的宝库。初中生记忆目的性比小学生要强,有意记忆开始占主导地位,并且能够系统地记忆比较复杂的理论知识。家长要督促孩子在理解的基础上,牢牢记住重要的定理、定律、定义、原理等,对英语单词、经典课文(或段落)和名诗警句要熟读背诵,对重要的历史年代、历史人物、历史事件以及地点都要熟记。根据心理学研究,18—29岁是人的记忆高峰期。如果把这一时期的记忆效率比为100%的话,那么,10—17岁平均为95%,30—49岁平均为92%,50—69岁平均为83%,70—89岁平均为55%。所以要让孩子在记忆力黄金时期多记一些基本知识和基础理论,这将会受益终身。

思维能力是智力的核心。思维能力既要以记忆中的信息为基础进行分析归纳,又要推动想象能力和创造能力的发展,所以是智力的核心。小学四年级和初中二年级是儿童思维能力发育的两个高峰期。家长要抓住有利时机,主动和教师配合,鼓励孩子参加各种竞赛,多写观察日记,积极开展讨论,使之养成爱动脑筋、勤于思考的良好习惯。家长还要引导孩子既要学会单项的线性思维,又要善于多项的立体思维;既要学会正向思维,又要善于反向思维;既能根据现成材料作出判断,又善于根据现成材料,作出假设和逻辑推断,逐步形成灵活的思维习惯。

想象能力是智力的翅膀。人的大脑分成四个功能区:直觉功能区、判断功能区、记忆功能区、想象功能区。在一般情况下,人对想象功能区只使用了50%。这说明发展想象能力的潜力很大,青少年又是最富于想象力的。想象力在人类生活中起着极其重要的作用。科学理论的假设、设计蓝图、作家人物塑造、工艺技术革新等,都需要极其丰富的想象力,它是最有价值的创造因素。施耐庵写《水浒传》,请画师画出一百零八将的像,然后揣摩人物性格,组织故事情节。世界上第一架飞机的发明者莱特兄弟两人从小就是富有奇想的孩子,一次兄弟俩在大树底下玩,抬头只见一轮明月挂在树梢上,于是两人就产生了爬树摘月的"奇想",结果月亮未被摘下,反而把衣服给钩破了,他们的父亲不仅没有批评他们,反而开导他们:"你们想爬树梢摘月亮的想法是很有趣很新奇的,可你们想过没有,月亮那么高,怎么能在树梢摘到它呢?你们应创作一种神奇的大鸟,骑上去,到天空中去摘月亮。"在父亲的引导和帮助下,两兄弟日夜为制作"神奇的大鸟"而努力。他们查阅了大量有关飞行的材料,分析前人失败的原因,提出解决方法,经过多次试验,终于在1903年12月17日驾驶自己的飞机飞行了59秒,飞行距离260米,这一天标志着第一架飞机来到人间。莱特兄弟俩从摘月亮到想造神奇的大鸟,再到制成飞机,这无疑是创造性联想的结果。青少年富于幻想,有很强的好奇心,家长要保护他们的好奇心,并通过给孩子讲些科幻故事、神话、寓言等来激发他们的想象力。

创新能力是智力的最高表现。江泽民提出创新教育,这是因为没有创新就没有社会进步,尤其是激烈竞争的知识经济时代。创新是一个民族的灵魂,是立于不败之地的有力保证。对于孩子来说,创新是个人发展水平的重要标志。社会财富的增加主要靠创新,民族精神的提高靠创新,个人发展也要靠创新,创新能力的核心是创造性思维。家长要给孩子创设良好的环境,为之购买一定的器材和资料,像莱特兄弟的父亲那样,引导和鼓励他们克服困难。家长要鼓励孩子勇于提问题,勇于向书本现成的结论质疑,勇于向权威挑战。家长还要支持孩子在学校参加探究性课程学习。

三、提高情商

情商(Emotional Quotient),汉语的意思是情绪智慧或情绪智商,简称为情商。它包括五个方面:认识自己;自我管理;自我激励;认识他人的情绪;人际关系的管理。情商是非智力因素,智商是智力因素,它们是人的两大心理系统,就像小鸟的两个翅膀,缺一不可。学生的学习活动是两种心理活动互动的结果。传统教育只注意培养人的智力因素,认为学生智商高、聪明就能成才。其实不少成绩较差的学生,他不是天生的愚蠢,只是非智力因素的某些方面不足。例如:学习缺乏动力、遇到困难打退堂鼓、没有坚强的毅力、怕吃苦等等。现代教育实践结果表明,在一定条件下,非智力因素比智力因素对人的成长更为重要。美国有一位教育家曾经对500多名智力超常的学生进行30年的跟踪调查。这500名学生最后分化成三种人:一部分成为科学家、工程师、学者、艺术家;一部分成为普通劳动者,没有大的业绩;一部分甚至成为流浪汉、乞丐。在学校的成绩很好,为什么进入社会后会出现这种情况呢?因为他们在以后的生活、学习、工作中,有的对事业缺乏情感,有的意志薄弱,有的对继续探究缺乏热情,所以这部分人就成为庸人,甚至坏人。我国现代甲骨文专家罗振玉有两个学生,一个叫商承祚,一个叫柯昌泗。一天,罗振玉对柯昌泗说:“论聪明,承祚远不如你,但他知道自己的不足,事事兢兢业业,将来有成就的还是他。”后来的事实果然如罗振玉所言,商承祚成了中国一流的甲骨文专家,而柯昌泗无所成就。这就是说,商的智力因素远不如柯,但非智力因素却比柯强得多,所以,商取得很大成就,柯却一无所成。孩子学习的好坏取决于他们的智力因素与非智力因素这两个翅膀能否比翼齐飞。两者都好,学习效果一定好;智力因素好,非智力因素不好,学习效果一般或差;智力因素不好,非智力因素好,学习效果一般或好;两者都不好,学习效果一定不好。所以,家长对智力好的孩子要加强教育,培养他们的非智力因素,千万不能像柯昌泗那样;家长对智力一般的或较好的孩子更要加强非智力因素的培养,完全可以使其学习效果更好,像商承祚那样。对个别智力因素较差的孩子,只要抓紧非智力因素培养,也能使学习效果达到一般的水平。

非智力因素包括动机、兴趣、意志、性格等心理活动。这些心理活动是互相补充、互相促进的,要进行综合培养。

1. 兴趣。何谓兴趣?兴趣是在需要基础上产生和发展起来,积极探索事物或活动的、带有感情色彩的认识倾向。兴趣发展包括有趣、乐趣、志趣三个阶段。一个人在同一时空中会有多种兴趣,但其中应该有个中心兴趣。兴趣在孩子个性心理发展过程中起着动力、组织、促进、强化等重要作用。兴趣是孩子学习和从事其他活动的原动力,能够激发孩子内心潜在的热情,丰富他们的生活,使他们对世界、对明天抱有无限的希望,所以说,兴趣是最好的老师。许多人成才就是起源于对某些方面的兴趣。达尔文从小就对昆虫感兴趣,一旦发现一只陌生的小虫,就如获至宝,趴在地上一看就是一两个小时,简直入了迷。正是在这种兴趣的推动下,他历尽艰辛,周游世界,考察生物,经过数十年的努力,才写成巨著《物种起源》。诺贝尔物理学奖得主罗伯特·安德罗·米利肯,小时候看到一位伐木工人飞快跳上木排,把一条跃上水面的鱼轻巧地逮住,这引起了米利肯的极大兴趣,以后,每逢父亲把船停在河岸边时,他就在船头和系船的码头之间跳来跳去。一次,他纵身一跳,由于船后退了,结果摔到河里,父亲把他救起,他好奇地问父亲:"为什么我向前跳,船却向后退呢?"父亲告诉他这是惯性作用。他感到有趣:"惯性竟然能把人扔到河里去。"这个最初的兴趣竟然成为他终身从事物理学研究的起点。家长如何培养孩子的兴趣呢?首先,扩大孩子的见闻。知识是形成兴趣的必要条件,好奇是形成兴趣的直接导因。要让孩子多接触大千世界,使之"见多",然后"识广",然后"趣浓"。其次,为孩子创造成功的条件。成功会增加孩子的成就意识与自信心,从而表现出浓厚的学习兴趣。孩子只有尝到成功的滋味,才能提高学习积极性。最后,巩固和强化中心兴趣。家长应从孩子实际出发,因势利导,让孩子从众多的兴趣中选择一两项加以强化和巩固。

2. 意志。意志是指自觉确定目标,并根据目标来支配、调节自己的行动,克服种种困难,实现预定目的的心理过程。

在智力水平基本相同的孩子中,为什么有的学习成绩优秀,有的差呢?其根本原因在于非智力因素不同,而非智力因素中具有决定性的因素就是意志。比如,上课时,有的孩子对窗外声响置若罔闻,全神贯注地听讲;有的孩子却心神不定,或左顾右盼,或想入非非。做作业时,有的孩子遇到难题开动脑筋,冥思苦想,终于找出解题关键;有的孩子遇到难题不肯用脑,动辄问别人。回家后,有的孩子做好作业,完成当天复习、预习任务,时间有余时看看电视;有的孩子扔下书本,不是到外面玩耍,就是看电视,直到家人催促时才马马虎虎地做完作业,也不检查有无错误,也不复习、预习。孩子生活的每一瞬间,都在经历着意志的考验。坚强的意志铸造生活的强者,而薄弱的意志却断送一个个天才,家长要把培养孩子的意志作为家教的重要任务来抓。首先要教育孩子树立明确的学习目标,教育孩子立志。其次,给孩子创设困境,进行心理锻炼。逆境、困境能铸造一个人顽强不屈的意志品质。1999 年,18 岁的成都女孩刘亦婷同时被美国哈佛大学、哥伦比亚大学等四所世界一流高校录取,并获得全额奖学金,她成功的背后蕴藏着很多艰辛,包含着家长的无数心血。她在小学四年级时,父亲给她设计一个奇特的"耐力训练"——捏冰一刻钟。她手里拿着在冰箱里冻得结结实实的一大块冰,父亲在旁边计时间,第一分钟,感觉还可以;第二分钟,觉得刺骨的疼痛;第三分钟,钻心的疼痛;第四分钟,感到骨头都被冻僵了;第五分钟,手变青了,也不那么疼了;第六分钟,手就有一点疼了；第七分钟，手不痛了，有些麻木；第八分钟，手完全麻木了；当15分钟以后，她的手变成了紫红色，摸什么都觉得很烫。这是对感受极限的挑战，对意志品质的考验。再次，鼓励孩子“自我作对”。美籍华裔诺贝尔物理学奖获得者李政道，年轻时没有静心读书习惯，为了改变这种状况，他在茶馆一角苦读，天长日久，再吵闹的环境也不能把他的注意力从书本引开。家长要针对孩子意志薄弱点，选取一两个突破口，鼓励孩子自我作对。最后，要求孩子从小事做起。我国著名排球运动员周晓兰，素以在球场上“吃得了苦，忍得了痛”而出名，可她小时候自制能力却很差，常因看电视、电影而误了功课。她父亲就从“今日事，今日毕”这件小事做起，要求她功课不完成，再好的电影也不准看，久而久之，她的自制力就被培养出来了。希腊哲学家苏格拉底的学生问他怎样才能修到他那样博大精深的学问，他没有直接回答，只要求学生每天甩膀子300次。一个月以后，有9个人坚持下来，一年以后只有一个人坚持下来，这个人就是希腊另一个大哲学家柏拉图。反之，一个孩子连自己的学习用品都丢三落四的，怎么能保证演算习题时不粗枝大叶呢？家长要从小事抓起，一抓到底，绝不姑息迁就。

3. 情绪。情绪是指人们对客观事物或对象所持态度的体验。如有些事物使人喜悦、快乐；有些事物使人忧愁、悲伤；有些事物使人厌恶、愤怒；有些事物使人赞叹、热爱。这些都是人们对客观事物所持态度的体验，这就是情绪。家庭生活是孩子学习情绪的第一所学校，父母是孩子天生的情绪指导老师，父母的喜怒哀乐往往直接影响孩子的情绪，而孩子的情绪又直接影响着孩子的学习。孩子心境好，情绪好，学习就能专心，学习成绩就能稳步提高；孩子情绪不好，学习就分心，成绩就下降。家长除营造良好的家庭氛围，不让自己不良情绪在孩子面前暴露外，还要关注孩子的情绪，帮助其克服不良情绪。此外，动机、性格、习惯等非智力因素也直接影响孩子的学习，家长也要关注。

四、选择方法

培养孩子的自学习惯，提高其自学能力，方法很多，因人而异，现提供几种方法供选择。

1. 课内常规学习法。现在青少年学习还是以课内为主，随着教材、教学方法的深入改革，学生的学习方法也应相应改革。学习方法要抓住五个环节。

第一个环节是预习。预则立。只有对第二天所上新课进行预习，才能做到心中有数，带着不懂或似懂非懂的问题去听课。在听课中全神贯注地听老师讲解和同学发表意见，从而解惑消疑。对于已懂的问题，通过师生双向交流，理解得更加透彻。这比毫无心理准备、盲目地听课效果要好得多。预习也可以培养自学能力，能够起到习新温故的作用，它与温故知新相辅相成。

第二个环节是双向交流。课堂不再是老师向学生的单向灌输,而是在老师的指导、辅导、主导下,师生双向交流,互相探究,主体与主导有机地融合。教师发表意见时,学生要集中注意力,手脑双挥,一方面动脑思索,一方面将要点、重点、难点记下来。同学发表意见时,既要吸取人家之长,又要把自己摆进去,积极参与,敢于发表意见,勇于提出不同看法,这样才能锻炼自己的胆量,促使自己多动脑、多思考,使自己充分发挥主体作用。在双向交流中,如果自己的意见得到师生的赞许,还可以尝到成功的喜悦,从而提高学习兴趣;如果自己的意见得到老师与同学们的补充或纠正,还可以发现知识的缺陷,从而促进自己学习更多的知识。

第三个环节是复习当天课程。孔子说:“温故而知新,可以为师矣。”复习的作用,不仅能巩固当日所学知识,而且还能启发自己思考许多问题,促进自己进一步探求新知。复习时,数理学科要注意书上的例题和老师补充的例题的演算过程与书写格式,更要思考能否有其他的解题方法。对于表述定理、法则、定义、规律等文字,要在理解基础上熟记,并能以此为指导进行运算。文史学科要在通读全文的基础上把握中心内容、重点内容,理解关键问题和疑难问题,就像韩愈说的那样:“记事者必提其要,纂言者必钩其玄。”“提其要”“钩其玄”就是读书的秘诀。对重点段落要反复诵读,对名句警语(包括政治、历史)和要求背诵的段落一定要熟背,对一些重要的地点、人名、年代、动植物分类纲目以及英语单词要牢记。

第四个环节是做作业。做作业一定要在复习之后,不能在复习之前,这样可以使做作业时少走弯路,达到事半功倍之效。作业一般有三类,一是巩固所学知识;二是把所学知识运用到实际;三是将所学知识迁移到其他方面。不管哪种类型的作业都与已学知识有关。做作业要养成打草稿和检查的习惯。在现实生活中,一个错别字或者一个小数点错位都可能酿成大错,给经济或其他方面带来巨大损失。家长要用实例教育孩子认真做好作业,千万马虎不得。对于非书面作业(如口头的、实际操作的),家长也要严格要求孩子按照标准完成。要教育孩子独立完成作业,不懂的可以请教老师、同学,有条件的家长也可以进行辅导。作业切忌不可抄袭别人的,这是骗己骗人、害己害人的事,家长也不要给孩子乱买复习资料和习题册。

第五个环节就是应用。新教材既贴近生活,又注重将所学知识应用到实际生活中去。家长要有意识地从现实生活中提出一些问题让孩子用所学知识加以解决。例如,现在孩子学习代数,家长可以将家庭收支情况告诉他,让他编一道数学题,分别用算术、代数两种不同的方法解答;语文书中有一个单元是《民俗风情》,家长在过端午、中秋、元宵、春节等中国传统节日时,可向孩子介绍本地的风俗,让其模仿刘绍棠的《本命年的回想》写一篇文章等等。

2. 课外书刊阅读法。首先要做好选择。现在书籍报刊浩如烟海,良莠不齐。家长要根据孩子的阅读能力、兴趣爱好以及可能支付出的课外时间选择一些科普作品和健康的文艺作品，要像择良师那样择好书。高尔基说："书籍是青年人不可分离的生命侣伴和导师。"侣伴也好，导师也好，都要选最好的。

其次要指导孩子读书的方法。名家有很多读书法，如孔子的"学思法"，朱熹的"三到（心到、眼到、口到）法"，列宁的"乐趣法"，毛泽东的"学用法"，鲁迅的"精博法"，达尔文的"观察法"，培根的"区别法"（有的书只需尝一下，有的书可以吞下去，有的要咀嚼消化），狄慈根的"重复法"（重复是学习之母），陈毅的"劳逸法"（不要过分疲劳，劳逸结合才能事半功倍），赵树理的"开矿法"（沙里淘金），华罗庚的"厚薄法"。华罗庚是自学成才的，他的读书法对今天的青少年很有指导意义，他读书是先由厚到薄，一种是快速浏览全书，就是先读序言、结论、目录、后记以及本人最感兴趣的章节，这是先粗后细再到薄。另一种是自己最需要的最感兴趣的书刊则逐章逐节、逐节逐段地精读，然后挈其要领，求质于量中，这是先精后质再到薄。读薄以后，再由薄到厚，那就是抓住书中的精华结合本人所研究的问题加以发挥，写成专著，对孩子来说，就是掌握所读书刊文章要领以后写读书心得。

第三，巩固孩子的读书成果。每当孩子读完一本书或一篇重要文章，家长可与孩子讨论书中的内容以及学习体会，尽可能用文字表达出来。还可以采取剪报、贴报的办法，按内容分类。

3. 在社会大课堂中畅游。社会是人们终身学习的大课堂，随时随地都可以提供内容丰富生动、形式多样的活生生的教材。当你带着孩子逛大街、逛商场时，映入你眼帘的是五花八门的广告、商标、字号和琳琅满目的商品，你可以提醒孩子学习他感兴趣的内容。当你在节假日携全家旅游时，你不仅要和孩子一道呼吸大自然的新鲜空气，领略令人陶醉的湖光山色，扩大视野，陶冶性格，还要帮助孩子解读一些名胜古迹处的碑文、石刻和标语牌上的简介，以及亭台楼榭中的楹联、名人题词，从而帮助孩子学习人文地理知识。参观名人故居可以学到书本上学不到的知识，特别是从实物（包括族谱）中更多地了解伟人的家世和生活经历，从而加深对他们的感性了解。除了鼓励孩子在学校参加他感兴趣的课外小组活动、社会实践活动、春游和秋游活动外，还可以利用孩子课余时间，带领或指导其在城市或乡村搞些调查活动，以培养孩子的动手能力、观察能力、分析综合能力，从实践中学到更多知识。当你与亲友交往时，除交谈社会中共性问题外，更多的是根据你们不同的职业和身份，或谈生产之道，或谈经商之道，或谈教书之道，或谈为官之道，或谈医学之道，这时如果孩子在身边，那你们就在不经意之中向他"传道授业"了。社会大课堂是个庞然大物，其中鱼龙相容，好坏杂处，真伪相混，我们更要培养孩子的观察能力、分析能力、判断能力、分辨能力，使其学习积极的东西，摒弃消极的东西。

4. 在现代化的媒体中吸吮知识营养。电脑、电视、电影等现代高科技事物是一本内容丰富、形式生动形象、熔各门知识于一炉的无纸化的特殊教本。这个教本中包含的知识是取之不尽、用之不竭的,可供每个人终身受用。家长要给孩子一定时间看电视、电影,并推介一些好的栏目,如《千秋史话》《语林趣话》《环球之旅》《今日说法》等,还要帮助孩子学会用电脑,从电脑上下载有用的知识。电脑与人脑互补,但电脑不能代替人脑,人脑指挥电脑。

总之,转变观念是学会学习的前提,开发智力是学会学习的基础,提高情商是学会学习的动力,掌握一定的方式方法是学会学习的重要条件。只有四者统一起来,才能真正学会学习。

以人为本,学会健身

(2002 年 11 月)

人文主义是欧洲文艺复兴时期形成的一种思想体系。它把人作为衡量万事万物的标准,主张以人为本,所以又称人本主义。人文主义最初兴起于 14 世纪下半叶的意大利,16 至 17 世纪在欧洲各国由传播到充分发展。人文主义作为一种新的世界观和与封建主义进行斗争的思想武器,几百年来起到很大的进步作用,它是人类思想史上的宝贵遗产。

其实,以人为本的思想,在我国传统文化中就有比较深厚的积淀。早在公元前 500 多年,孔子就提出"仁"的思想,这就是以人为本思想的体现。有一次孔子外出,回来的时候,他家人告诉他,前天,家里的马厩被火烧了。孔子第一句话就问,养马人都安全吗? 他不是问烧死了多少马,而是问人有没有被烧死。这就体现了孔子的仁爱思想,也就是人本思想。这种思想对奴隶社会把奴隶与牛马等同起来的观念是严重的挑战。

学校教育与家庭教育都要以人为本。父母在家庭施教过程中要把孩子作为有独立人格的人,而不是作为自己的附属物看待。既要尊重、信任孩子,又要关心孩子身心的全面健康;既要关心孩子的身体成长,又要关心孩子的心理素质的提高。世界卫生组织给健康下的定义为:"健康不仅是指身体没有疾病,而且是指身体上、心理上的完好状态。"

家长要教育子女学会健身,就要使他们做到:发育正常,生机勃勃;讲究卫生,科学防治;调适智商,强化情商;身心俱佳,人格健全。

一、健康教育的误区

1. 重视身体成长,忽视心理健康

在健康教育中普遍存在十分重视孩子的身高体重、高矮胖瘦的现象,甚至有的父母唯恐孩子长不高、将来难找对象而整日发愁,于是到处问医求药,购买增高鞋,盲目追加营养。对于孩子在想什么,怎样想;在做什么,想做什么,怎样做等问题一概不关心,听之任之。对于孩子的情绪变化、感情波动、思想矛盾、行为异常等外在表现视而不见,漠不关心。久而久之,孩子在不能自我调控的情况下就会出现这样或那样的问题,损害了身心,影响了学习。现代青少年心理素质比较差,心理承受能力比较脆弱,心理存在一定障碍,他们最不满意的方面依次是学习、健康、性格、相貌、体型。据有关调查资料显示,有 22.3% 的学生感到学习有很大压力,有 49% 的学生感到有一定程度的压力,有 20% 的学生感到孤独,“没有知心朋友”。据《南京晨报》(2002 年 4 月 11 日)报道,根据对浦东 1000 名中学生调查,26.5% 的学生认为学习“有压抑感”,心情“紧张”的高于心情“开朗”的。广州市江南中学一位教师对 730 名中学生进行调查,有 60.32% 的基本适应学习,26.11% 的较好适应学习,42.6% 的有学习焦虑情绪。我市今年上半年对 589 名中专、中学生进行调查,对学习很感兴趣的只占 17%,不感兴趣的占 9%,非常厌烦的占 4%,65% 的学生学习兴趣一般化。内蒙古有位 13 岁的初二学生写了一本《上学真累》。我市郊区还有位小学生,父亲是一家米厂的经理,对儿子期望值很高,要求极为苛刻,盲目施压,孩子不敢抗争,造成心理压抑,精神失常,不能正常学习,只得休学。在学校的帮助下,家长逐渐认识到不能脱离孩子的心理、生理特点,不能违背学习客观规律,应该循序渐进。于是改变了过去的做法,在家里院子中安装了篮球架,经常陪孩子打篮球、谈心、逛公园,让孩子精神彻底放松,再辅之以药物治疗,经过一段恢复,这个孩子又重新走进了学校。市内某中学一名高一学生在下课后,无缘无故地一拳把教室玻璃捅烂,不仅受到批评,罚了款,而且手还被扎破。这表面上是一起破坏公共财物、违反纪律的事件,实质上是心理疾病的表现,是他压抑心情的宣泄。

2. 重视营养的摄入,忽视锻炼健体

在身体健康方面,随着人民生活水平的普遍提高,父母对孩子的营养也十分关注,舍得投入。但如何引导孩子参加各种有益的文体活动,把身体锻炼得结实和灵敏却被忽视了。在营养摄入方面也不科学:重荤轻素,重细轻粗,重多(指人体需要量多的,如:蛋白质、碳水化合物和脂肪)轻小(指人体需要量小的,如:维生素,微量元素等),重饱轻少,重量轻质,等等。因而造成孩子发育的不正常。《南京晨报》(2002 年 9 月 24

日）报道，调查发现，由于膳食结构不合理，引起缺血性贫血、佝偻病、缺锌等，成为影响我国中小学生健康发育的突出问题。许多孩子偏食、挑食、吃零食过多，营养不全面、不平衡，成了“豆芽菜”“小胖墩”。我国营养学家于若木说，中小学生正处在青春发育期，如果营养不足，会影响骨骼、红细胞、甲状腺乃至智力的正常发育。

世界卫生组织最新统计结果表明，导致各种慢性病的病因中，吸烟占9%，缺乏锻炼和不良饮食占9.7%。不利健康的饮食习惯导致的疾病主要是心脏病，其次是癌症。该组织的顾问爱琳·罗伯森博士说，有30%—40%的癌症可以通过改善饮食来防止。该组织还认为，“沙发上的土豆”（电视迷）的生活方式已经超越吸烟恶习，首次成为欧盟国家人口健康的罪魁祸首。

3. 重视治疗，忽视预防

孩子不论是身体有病，还是心理有病，家长都非常紧张，全力以赴地给予治疗；但是，平时如何预防却被忽视了。甚至不自觉地成为孩子身体或心理疾病的直接或间接的导因。成都市某重点中学一名学生，独生女，父母仅有小学文化程度，下决心要好好培养女儿，让她出人头地。这对文化不高的夫妇从小就为女儿小瑞列出了一张详细的课程表，每天晚上必须做完父母规定的练习题才能睡觉。父亲每天不惜提早下班接回女儿，不让她与同学玩耍，母亲包揽了家中一切事情，不让女儿沾手。女儿除了吃饭、睡觉外就是做功课。她也习惯了超负荷的学习，因而成绩一直名列前茅。因为交不起100元未参加班级春游，来家抱怨父母，母亲告诉她：“一定要读好书，打败其他人，将来出人头地赚大钱，才能有好的享受。”在父母这种不正常的教育下，小瑞不愿帮助成绩差的同学。母亲卧病在床不能烧饭给她吃，她连声抱怨母亲浪费她的时间，母亲就给她钱到外边买吃的后就上学。中考，她以优异成绩考取本校。然而，比她成绩差得多的学生却因交高价钱也进入本校，与她同班学习。她的思想承受不了，最后发展到坚决拒绝上课，不得不休学。休学后变得萎靡不振，脾气暴躁，动辄骂人。无奈，母亲每日上班带领着女儿，女儿只是目光呆滞地坐在一旁。小瑞父母的教育最终失败，就在于没能让孩子拥有健康的心理素质。小瑞的竞争目的是极端自私的，是要打倒别人；竞争方法是脱离群体的个人奋斗，不肯接纳任何人；竞争心理是阴暗的，甚至带有几分仇恨心理。而这些都是她父母误导的。小瑞的心理疾病一旦暴露，父母才感到问题的严重。

二、青春期的特点

（见本书《夯实初一基础是迈出全面推进素质教育的最关键一步——初中素质实验方略》）

三、主要对策

（同上）

积极休闲，学会生活

（2002 年 12 月）

1970 年 6 月，在欧洲娱乐委员会上通过的《休闲宪章》指出：休闲时间的使用极其重要。休闲为补偿当代生活中人们的许多要求创造了条件，为丰富生活提供了可能性，为人们提供激发基本才能的变化条件（意志、知识、责任感和创造力的自由发展）。许多国家指出：应给予儿童以充分的机会，使其从事玩乐休闲，并视此为教育目标。因此，教育、指导子女学会积极休闲，并在健康休闲中学会生活，提高生活质量，发展个性，是家庭教育的一项目标和重要内容。

一、最佳时空

（1）享受生活的最佳时空。革命与建设的根本目的就是让人们生活得更高尚、更美好、更理想。人们用智慧的大脑与勤劳的双手去创造生活就是为了去享受生活。有人做过统计，人的一生假设能活 80 岁，其中休闲时间约占 49%。随着科学技术的发展、生产力的提高和现代化过程的加快，人们劳动时间缩短，休闲时间将日益增多。将来人们每周工作的时间可由 5 天缩短到 4 天、3 天。那时，人们将由以工作为中心的生活方式，转到主要以休闲活动为中心的生活方式，人的一生休闲时间将超过 5 成。随着交通日益发达，人们经济水平日益提高，社会交往日益扩大，休闲生活的空间也是越来越扩大,由家庭走向社会,由中国走向世界。因此,学会休闲是现代人必备的素质。

然而,休闲生活质量有优劣之分。一种生活是健康活泼、情趣高洁,身心得到和谐匀称的发展,科学地享受物质生活,精神世界丰富多彩,劳动成为人生的第一需要,个人生活融入社会生活之中。在休闲中有所创造,在创造中享受劳动的愉快和成功的喜悦。这就是优质的休闲生活。一种生活是最大限度地追求物欲的满足,纵情无度,淫乐无时,生活腐化,精神空虚,颓废堕落。这是劣质的休闲生活。

家长要教育孩子珍惜休闲时间,提高休闲生活质量,帮助他们安排好休闲生活计划,检查督促计划的实施,在实施中给予指导,以培养他们生活能力。

(2)发展个性的最佳时空。现代教育的特点之一就是实现人的个性发展最优化。具体讲,就是在学校、家庭、社会教育下,使一代青少年在提高整体素质、全面发展的基础上,个性得到科学、全面、充分、最大限度地发展。近年来,许多中小学把"合格+特长"作为教育目标,就是这一思想的体现。然而,学校教育的对象是成百、成千、成万的群体,施教者与受教者的比例较小,以少数的教师在有限的时空中去教育众多的学生,因材施教原则的贯彻必然受到时空的限制,学生的个性特长也难以得到完全的张扬。但是,家庭教育的对象却是个体,施教者与受教者的比例是2:1(或4:1,或6:1),且有充足的时间和广袤的空间。中小学生每年实际在校时间为190天(扣除寒暑假和80天的双休日,10天的节假日),其余170天均为休闲时间。休闲时间占全年总日数的47.2%。如果按学生每日在校8小时计算,那么学生每年实际在校时间为1520小时,其余7120小时均为在家的休闲时间。休闲时间占全年总时数高达82.4%。在家休闲时间既有相对集中的时间(如寒暑假和每年三次长假),又有分散时间。因此,休闲时间是孩子施展才华,发展个性特点的最佳时间。

(3)"三教"结合的最佳时空。平时上课期间,家长与孩子的接触时间很少,施教机会不多;同时,教师与家长沟通也受到时空的限制,也不能够很好利用社会教育资源。休闲时间,既给家长提供了充足的教育时间,又给教师联系家长创造条件,从而共同地更好地开发社会教育资源,真正实现寓教于乐,寓教于闲。

二、多彩生活

家长要根据孩子年龄特征和个性特点,引导、指导、组织孩子在休闲时间中开展多姿多彩的活动,可选择的活动主要有6个方面。

(1)艺术休闲。艺术包括表演艺术(音乐、舞蹈)、造型艺术(绘画、雕塑、建筑)、语言艺术(文学)、综合艺术(影视、戏剧)。休闲时,畅游艺术之宫,可以增长知识、陶冶情操、培养感情、净化灵魂、开发右脑、提高情商。青少年需要艺术,需要诗,需要歌,需要美的享受。平时，家长要鼓励和支持孩子多读优秀书报杂志，有条件的家庭可为孩子订一两份优秀期刊。功课完毕后，家长放些名曲名歌与孩子共同欣赏。双休日，带领或让孩子自己去逛书店、参观展览（书展、画展、工艺产品展等）、参加音乐会、观看艺术表演。寒暑假，给孩子推荐一些古典名著和现当代优秀文学作品以及一批优秀的电影、电视、戏剧，让他们有计划地阅读或观看。打牌、下棋是我国传统的家庭娱乐活动，不仅可以愉悦身心，而且可以开发智力，父母在休闲时可与子女战两局，也可以让孩子邀请同学来家打牌、下棋，但不能赌博。要严禁子女进营业性舞厅、游戏机室等色情娱乐场所，在没有家长指导情况下，网吧也不能进。严禁孩子进行任何形式的赌博，严禁孩子玩不健康的游戏。

（2）体育休闲。毛泽东同志早在《体育之研究》一文中就指出：体育运动之效在于"强筋骨，增知识，调情感，强意志"。体育运动能增强孩子的神经系统、心脏工作能力、肺活量、肌肉力量，增加体重身高；能培养孩子勇敢顽强的意志，活泼愉快的心情，勇于胜利和不怕困难的品德，团结互助的集体主义精神；能促进孩子身心健康，促进孩子素质全面发展。家长要从积极意义上理解体育活动对孩子身心成长的作用，根据孩子身体发展的特点，从家庭具体情况和客观条件出发，积极指导孩子开展内容丰富、形式多样的体育休闲活动。如：羽毛球、乒乓球、篮球、排球等球类活动；眼保健操、徒手操、哑铃、健身操等体操；竞走、短跑、长跑等田径运动；日光浴、游泳、爬山、跳绳、踢毽子等运动。在体育休闲活动中，家长要进行安全教育，教会孩子自我保护方法，防止过度疲劳、摔伤、扭伤等事故发生。在经济条件许可下，家长可给孩子购置家庭体育用品。

（3）旅游休闲。我国旅游资源极为丰富，是一个人一生也读不完的无字《四库全书》。即以北京一个被八国联军焚毁的"万国之园"的圆明园而言，它集中外造园艺术的精华，在世界享有盛名。法国雨果曾这样评价它："即使把我国所有圣母院的全部宝物加在一起，也不能同这个规模宏大而富丽堂皇的东方博物馆媲美。"现在，我国有的旅游资源被开发；有的开发以后没有很好地保护，虽没有像圆明园那样被毁坏，但渐渐失去原貌；大部分则没有被开发，甚至没有被发现。随着我国经济飞速的发展，各地旅游资源逐渐被良性地开发出来，旅游休闲将成为现代人生活的重要部分。就旅游事业而言，目前，许多家长节假日中带领全家游览名山大川，参观名胜古迹，欣赏园林景观，领略田园风光，率领子女到境外旅游的也不乏其人。它拉动了我国内需，成为我国一个新的经济增长点。仅2002年这一年，我国旅游收入就达306亿元。但是，许多家长缺乏教育意识，没有结合旅游资源对孩子进行生动形象的教育。当然，游览本身就是对孩子的情感熏陶、灵魂净化；不过，这只是自发的，而不是自觉的。我们要自觉地自然而然地对孩子进行教育。1983年2月12日，邓小平带着女儿邓楠和外孙萌萌一起到杭州岳飞庙参观。走进正殿，在岳飞塑像前，邓小平与同行者合了影。合影后，邓小平在岳飞的《满江红》碑前笑着对大家说:“我小时候就会唱《满江红》。”说罢就吟诵歌词,陷入沉思,仿佛在追忆少年时代像岳飞那样立下了报效祖国的宏愿。然后,邓小平牵着萌萌的手,围绕着岳坟转了一圈,指着墓道阶下铁栅内四个奸臣——秦桧夫妇、张浚、万俟卨的跪像说:“英雄总为后人所纪念,坏人总为后人所唾弃。”并用手指着柱上的对联念道:“青山有幸埋忠骨,白铁无辜铸佞臣。”他对萌萌说:“这对联写得很好呀!你们要像岳飞一样精忠报国才是。”萌萌听了,连连点头。邓小平把子孙带到岳王庙,一边游览名胜古迹,一边结合自己的体验,教育他们要精忠报国,具体形象,生动自然,是一堂最好的爱国主义教育课。家长们要像邓小平一样,在旅游时做育子的有心人。

(4)电媒休闲。电视、电脑等电传媒体是一部包罗古今中外一切知识的无纸大百科全书,其中各类知识取之不尽,用之不竭。它声像协调,图文并茂,是青少年休闲时间的良师益友。家长要精心指导孩子去阅读这部奇书,使其休闲生活更加丰富多彩。

在家庭生活休闲过程中,家长要从内容、方法、时间等方面指导孩子看电视。要选择那些知识性、趣味性、思想性、艺术性比较强的栏目。如:《人与自然》《动物世界》《环球之旅》《三星智力快车》《文艺欣赏》《体育大观》《语林趣话》等栏目以及熔艺术性、思想性于一炉的电视剧、专题晚会、音乐会等。不要看那些生活镜头过多且过于裸露的电视剧,不要看那些充满恐怖气氛的武打内容,不要看那些骗人的虚假广告,平时功课完毕的晚间不要看连续剧,节假日不要看1小时以上,更不要整天泡在电视中。据世界卫生组织最新统计表明,“沙发上的土豆”(电视迷)的生活方式已经超越吸烟恶习,首次成为欧盟国家人们健康的罪魁祸首。家长在和孩子一起观看电视节目时,可以边观看边议论,这既是简单的影视评论,又增加家庭人员之间的思想交流,活跃家庭气氛。看完专题节目后,指导孩子写观后感。

电脑是中学生必修的工具学科,它对今后的学习与工作有着很大作用。家长要指导、督促孩子学会电脑。有电脑的家庭,并且已经联网,要精心指导孩子上网,让孩子畅游网上的知识海洋;但是,千万不要让孩子进网吧。现在网吧管理混乱,灰色网吧太多,老板只管赚钱,根本无视对青少年的坏影响。家长既不能因噎废食不让孩子上网,也不能让孩子上网后撒手不管,要慎重对待。

(5)服务休闲。服务休闲就是家长在孩子休闲时间指导他们适当参加力所能及的自我服务、家庭服务、社会服务劳动。这是一种家庭教育方法。其目的是帮助孩子树立劳动观点,养成劳动习惯,促进生活自理能力,培养与他人合作和为人民服务的思想,增强对家庭和社会的义务感。现在有的父母对独生子女过分宠爱,对孩子的生活过分照顾,造成孩子不能自己生活,独立生活能力很差。有一位母亲,独生子在小学和中学时,一切生活都由她包办代替,儿子考取大学后,她放弃工作,到孩子所在大学的城市租了房子,专为儿子服务。后来,儿子犯罪判刑,她悔之晚矣。现在有两种现象值得注意,一种现象是孩子在双休日、寒暑假、大休日整天钻进作业堆里，做不完的学校与家长布置的各种作业。另一种现象就是放任自流，该做的作业也不做，交前找同学抄一抄，整天不是看电视、玩游戏机，就是到处闲逛，结伙嬉戏，甚至于做出越轨的事情。这两种现象对孩子的成长都是不利的。现在学校减负了，但有些家长盲目地为孩子购买一些习题册、参考资料，干扰了学校的教学改革，无端地加重了孩子的负担。今后，家长除教科书和学校规定的教辅材料外，不要给孩子购买其他的辅导资料，切实减轻孩子过重的课业负担。同时，也不能让孩子在休闲时间游手好闲，必须从下面几个方面加强服务休闲。

第一，自我服务。孩子的衣被鞋袜自己洗叠放好，自己的生活用具和文具，每天都要放整齐，自己的卧室每天要打扫干净。每天的学习、休息、娱乐、睡眠的时间要科学地安排，疏密相间，劳逸结合，有张有弛，紧张活泼，富有节奏感，建立良好的生活规律，培养良好的生活习惯。要教会孩子做大众的饭菜，父母不在身边时，可以自炊自食。要教育孩子珍惜时间，提高单位时间的学习效率，学习时注意力高度集中，休息时痛快地玩耍，睡眠时香甜地熟睡。自我服务的主要目的在于帮助孩子树立自理、自立、自强的思想观念，培养自理、自立、自强的能力。陶行知在《自立立人歌》中第一段写道：

滴自己的汗，
吃自己的饭，
自己的事自己干。
靠人，靠天，靠祖上，
不算是好汉。

第二，家庭服务。我国历来把孩子参加家庭服务劳动作为家教重要内容。清朝朱柏庐的《朱子家训》提出："黎明即起，洒扫庭除，要内外整洁；既昏便息，关锁门户，必亲自检点。一粥一饭，当思来处不易；半丝半缕，恒念物力维艰。"教育子女要承担一定的家务劳动，如拖地板、擦桌椅门窗、倒垃圾、择菜洗菜、洗碗刷锅、烧饭炒菜、整理内务等。农村的孩子还要参加一些力所能及的辅助性劳动，如摘豆角、拾棉花、喂猪、放牛、养鸭、除草、种树等。十三四岁的孩子还可以跟随大人学做一些技术性的农活，如插秧、割麦、锄草、脱粒等。孩子学做家务要养成习惯，不能三天打鱼两天晒网。从不会到会，再从会到熟练；从不愿做到愿做，再从愿做到持之以恒。家长不要因其干得不如意就取而代之，也不要因怕耽误学习或怕累着孩子就越俎代庖，因为家庭服务劳动是孩子作为家庭一员应履行的义务。义务是别人代替不了的。

第三，社会服务。孩子在休闲时间参加一定的社会服务劳动，是了解、熟悉社会，接触、融入社会，与他人交往并建立感情，培养关心他人、关心人民疾苦的社会责任感的重要途径，是孩子四学会（做人、学习、健身、生活）的重要渠道。陶行知《自立立人歌》中第二、三段写道：

滴自己的汗，
吃自己的饭，
别人的事帮忙干。
不救苦来不救难，
可算是好汉?!

滴大众的汗，
吃大众的饭，
大众的事不肯干，
架子摆成老爷样，
可算是好汉？

"人人为我，我为人人。"就是社会生活的辩证法，是颠扑不破的真理。芸芸众生整日忙忙碌碌，既为自己，又为别人，不管你是否意识到，但都不能逃脱这个生活逻辑。所以，孩子参加社会服务劳动，不仅是自身成长的需要，也是人生的义务。参加社会服务的项目很多。如：建立宣传站，宣传交通秩序和社会治安，参加社会服务队，去孤老、残疾人、烈军属家和敬老院慰问，打扫街道卫生以及公共场所卫生；到农村学校，与农村学生开展手拉手活动；与农民同吃、同劳动等。有条件的家庭，可在暑假期间将孩子送到农村亲友家生活一段时间，让他们亲身体验农民的甘苦。家长还要积极支持孩子参加学校组织的一切实践活动。

（6）制作休闲。科技制作是一种创造性活动。这种创造性活动可以培养孩子的动手能力、想象能力、创新能力和创造发明的兴趣，激发孩子学科学、爱科学的热情，是家庭教育很重要的内容。美国哈佛大学女学生刘亦婷（1999 年考入），1998 年作为成都外国语学校学生被邀访美，在华盛顿特区的一流中学与美国学生一样学习和生活一个月。回国后，她就两国中学生的素质作了一番对比（共 8 条），其中有两项是：基础知识量，中国学生超过美国学生；动手能力，美国学生多数强于中国学生。她说，美国学生在课内和课外都有很多动手的机会。不仅有课内的许多实验和操作项目可做，甚至到博物馆、展览馆参观，不少展品是允许孩子去摸、去动、去操作的。美国人在家里也喜欢凡事自己动手干，于是孩子们从小习惯于自己动手，也就不足为怪了。由此可见，美国学生动手能力的培养，不仅学校教育重视，而且家庭教育也很重视。我们既要发扬我国教育的长处,如基础知识扎实等,又要克服我们的缺点——学生动手能力较差等。要鼓励、支持、帮助孩子在家制作小电机、小发动机、航空模型以及写小论文、小评论,发明小器械、小用具等。家长要放手让孩子创新,不要扼杀他的积极性,即使失败也要鼓励、支持,千万不能泼冷水。

此外,养花、植树,采制昆虫。制作植物标本、集邮、缝纫、编织、饲养小动物等都是很有意义的休闲活动。

三、基本原则

1."三教"统一协调的原则

孩子休闲活动的空间主要是家庭和社会,施教者主要是父母。家庭教育和社会教育与学校教育一样,都要以现阶段的教育方针为导向,以提高孩子的整体素质为目标,在教育内容上互相补充,在教育方法上互相效仿,在教育对象上完全一致。只有三者协调一致才能取得育人的最佳效果。

2. 寓教于生活的原则

什么是生活? 陶行知先生说:"有生命的东西,在一个环境里生生不已的就是生活。"他接着又说:"是生活就是教育,不是生活就不是教育;是好生活就是好教育,是坏生活就是坏教育;是认真的生活就是认真的教育,是马虎的生活就是马虎的教育。"休闲生活有积极的和消极的,有健康的和颓废的。积极的、健康的休闲生活就是积极的健康的教育;消极的、颓废的休闲生活就是消极的、颓废的教育。我们要提倡前者,反对后者。要把积极的、健康的教育贯穿于休闲生活始终,要寓积极的、健康的教育于休闲生活之中。

3. 强身健心增知的原则

休闲生活的本质是自由的。但这种自由不应当是随心所欲和不负责任的,而应当是一种在充满责任感的前提下拥有选择的自由。孩子可以按照自己的需要,根据自己的兴趣与爱好,在父母的正确指导下,选择一种或几种休闲活动。这样,可以为孩子的全面、充分、自由、和谐的发展,提供更多的机会,使他们的天资、兴趣、爱好、特长得以发挥,从而达到强身健心增知的目的。

4. 适龄适时适度的原则

休闲的目的之一在于休息,在于调节生活,以达到劳逸结合,提高自己和家庭的生活质量。因此,不能过于紧张,把人搞得疲惫不堪,从而影响休息,影响健康,影响学习。要按照小学、初中、高中三个学段及各个年级孩子的身心特点来安排休闲活动,以适应孩子的年龄特点。要按照平时、双休日、大休日、寒假、暑假五类休闲时间的长短来安排休闲活动的项目,以适应孩子能够使用的时间。要按照各项活动内容对孩子提出不同要求,以适应孩子的知识、能力的水平。内容既要有一定难度,也不能过难。

英国哲学家罗素说得好:“能聪明地充实闲暇时间是人类文明的最新成果。”家长要本着上述原则,很好地指导孩子充实自己的休闲时间,使孩子既得到休息,又受到教育。

辩证看人，科学育子

（2002年12月）

民间流传着这样一句话：知子莫若父。这句话反映了部分真理，那就是父母对子女的身高体重、生活习性、性格爱好等外在表现有着别人无可比拟的大量的感性认识。但是，人们因世界观、人生观、价值观、教育观、人才观的不同，往往对同一事物得出不同的结论，何况有些整日为生活而疲于奔命、无暇过问子女的家长呢？或者一心扑在事业上，连孩子生日都忘了的“工作狂”呢？

科学地认识和评价孩子是正确施教的前提和出发点。因此，家长对孩子既要有感性认识，又要有理性认识；既要认识他的整体素质，又要认识他的单项素质。

1. 从一滴水珠看整个太阳——整体观

俗话说，一滴水珠可以反映整个太阳。一个人的言行举止都是其整体素质的反映，都受其思想感情所制约，我们要从日常生活中了解并评价孩子的整体素质。“整体”是个相对的概念，孩子的思想、科学文化知识、身体发育、劳动表现、个性品质等方面的有机结合是整体，各个有机组成部分也有其自身的整体。通过评价，孩子的各方面素质得到和谐协调的发展。思想品德的整体素质要求是：五爱（爱祖国、爱人民、爱科学、爱劳动、爱社会主义），五自（自尊、自信、自强、自主、自护），树立三观（世界观、人生观、价值观），遵纪守法，文明诚信，孝敬父母，团结友爱。科学文化知识学习的整体素质要求是：目标明确，方法科学，情智开启，苦学乐学，双基（基础知识、基本技能）扎实，双能

（创新能力，实践能力）提高。身心健康的整体要求是：积极锻炼，讲究卫生，科学防治，发育正常，身心俱佳，人格健全。美育的整体素质要求是：美感丰富，情趣健康，初具两基（艺术的基础知识和基本技能），两能（艺术鉴赏能力和创造能力）提高。劳动技术方面的整体素质要求是：态度端正，积极参加，养成习惯，掌握技能，艰苦节约，勤于实践。

对孩子整体素质的要求，就是认识和评价孩子的标准。家长在掌握这个标准对孩子的素质进行评价时，要把终结性评价与形成性评价、综合评价与单项评价、孩子自评与家长评价结合起来。每年寒暑假开始，可让孩子对半年来整体情况写个自评性的小结。然后，家长根据学校对孩子的操行评语、各科成绩、奖惩情况、孩子的自评，以及家长的长期考查，给孩子一个公正的评价，充分肯定孩子的成绩与进步，严肃指出存在的主要问题，着重提出前进方向，帮孩子洗一个不冷不热的温水澡。适当的物质奖励也可以，但重在精神鼓励。平常要求孩子经常用陶行知的“每天四问”——一问我的身体有没有进步？二问我的学问有没有进步？三问我的工作有没有进步？四问我的道德有没有进步？——以自勉，家长不时地检查督促，随时引导，让孩子始终保持一个积极进取的精神状态。对矛盾突出的单项要引导孩子通过自评有所触动，但总体来说，应以综合素质评价为主。让孩子在自评中认识自己，在认识自己中自评，以催生其内在动力。不论自评还是他评，都要以辩证的全面观为导向，两面看看，两面想想，防止片面性。当前，重智轻德、重养轻教、重体轻心、重知轻能的现象就是家教中片面性的集中表现。

单项素质评价也要防止片面化。即以文化课学习而言，知识与能力就像孕育在母胎中的孪生兄妹，谁也离不开谁。杨利伟用了 5 年时间（是他在太空遨游时间的 2000 多倍），学习并倒背如流地背会了近百条公式，非常熟练地掌握了 200 多项操作技术，进行了近乎残酷的综合素质训练，知识、能力、心理等素质在他身上达到了异常完美的统一，熔化为一炉。

2. 从现在的稚嫩幼苗窥未来的繁茂枝叶——发展观

人们常说这样一句话：从小看大，三岁知老。这句话夸大了生物遗传的作用，否定了环境与教育对人成长的决定性因素，这是静止的形而上学观。十几岁的孩子在成长过程中变数很多，所谓“女（也指男）大十八变”，这种“变”不仅是形体上的变，而且是思想品德、心理素质等一系列的变。家庭教育发展观本质就是：以孩子为本，一切为了孩子，为孩子的一切，尊重孩子的个性发展，相信所有孩子在良好的教育下都可以成才。不要把孩子看“死”了，不要认为聪明的孩子是“生而知之”，不学也成才；智力低下的孩子天生的“愚笨”，学也不能成才。这些认识是与科学发展观背道而驰的。

对早慧的孩子要看到他的知识贫乏、阅历浅薄，要引导他去学习，去实践，充实大脑，扩大视野。钱学森的导师——美国科学家西尔多·冯·卡门，6 岁时能准确地心算多位数乘法，但他的父亲却反复地警告他：“你必须不断地充实自己的头脑，如果光用而不去充实，至多不过是半瓶醋，到头来一事无成。”父亲不仅让他学数学，还让他学历史、地理、文学、外语等学科知识，并经常带他旅游。

对智力发展滞后的孩子，要看到他蕴藏着巨大的潜能，相信他在良好的教育下是能够后来居上的。许多长期从教的中学老师多年来达成这样共识：不少小男孩在初中时成绩平平，到了高中像变了一个人似的，大脑豁然开朗，成绩直线上升，令人喜爱。家长对这样的孩子不要在他的智力还未很好开发时就失去信心，随便地给他一个“猪脑子”的定语。对孩子处于萌芽状态的创新意识或不起眼的小发明、小制作，家长都要给予积极地评价，热情地支持，精心地呵护，为将来成长为枝叶繁茂的参天大树而辛勤培育。

3. 从正反层面探反正因素——反正观

小齐从小就喜欢摆弄电动玩具，经常将新买的玩具拆得面目全非，中学学过物理后，兴趣更浓了。一次，乘爷爷不在家将其心爱的收音机拆卸开，研究内部结构，然后又装上，但是无论如何也不响了。爷爷回来后气得脸发白，举起巴掌就想给孙子一个耳光，但他毕竟是位知名的中学物理老师，突然想到：不如把坏事变成好事，借机指导他装收音机。于是转怒为笑，和蔼地对孙子说：“不响没关系，打开找找原因，爷爷和你一道来组装。”孙子紧张害怕的心情顿时冰消，手脚很麻利地就打开了，原来是线路接错了！祖孙两人未花半小时就修理好了，当他们重新收听节目时，俩人相视而笑。完好的收音机是肯定，弄坏的收音机是否定，修理好的收音机是否定的否定（再肯定）。客观事物总是处于发展变化之中，发展过程就是新事物不断否定旧事物的过程，而旧事物中又总是孕育着新事物的积极因素。小齐爷爷透过小齐把收音机拆坏这个消极表层探测到他热爱电学、勇于实践、敢于探索的积极因素，并用正确的方法帮助他把收音机装好，这就鼓励了他的实践精神，提高了他的动手动脑能力，培养了他更加喜爱物理课的兴趣。家庭教育中处处有哲学，我们做家长的要用辩证的观点看待孩子：要从正面看到反面，又要从反面看到正面；要从消极方面看到积极方面，又要从积极方面看到消极方面。对于品行上小有缺失的所谓“问题孩子”，不要从门缝里看人，把他看成“扁”的，更不能采用不当的方法逼他破罐破摔。15 岁的小胡已是亭亭玉立的大姑娘了，性格活泼，热爱文体活动，经常出现在学校的溜冰场、球场，偶尔也光顾一下社会上的舞厅、网吧，后来和一男孩网恋起来。家在农村到城市发迹的胡老板，整日“酣战”在商海，无暇过问在他身边读书的女儿。一次，女儿从家里拿走 500 元，在网吧两昼夜未归。这时，他慌了手脚，认为女儿已经堕落。找回后，把她关在家里，请了专人看着，并在报上刊登启事，愿以“万金”聘请一位高手救治女儿。胡老板只看到女儿上舞厅、泡网吧的消极层面，没有看到她活泼好动、热爱文体的积极层面；只看到金钱的作用、他人的作用，没有看到作为父亲的义务和责任，更没有采取科学的教育方法。

中学生可塑性很大，世界观正在形成，走点弯路、摔几次跤在所难免，不要大惊小怪,问题在于正确引导和教育。所有孩子都是可以教育好的,犯重大错误的孩子经过教育也会改过来,所谓“浪子回头金不换”。即使失足的孩子,经过特殊的教育形式也会踏上回归路。《市民防扒手册》的作者陈胜杰就是“五进宫”的扒手。他 15 岁的时候,在一次殴斗中用刀捅死了人,入狱坐牢,以后又因扒窃等原因四次判刑。在他父亲、姐姐与管教人员的密切配合教育下,终于认罪,痛改前非,立志做好人。2001 年最后一次出狱,带着一叠厚厚的狱中写的手搞,向朋友借了 2000 元印了 2500 册,为让更多的人知道如何防扒,他在街上一面免费散发小册子,一面当众演示防扒。有的市民拍着他的肩膀,竖起大拇指对他说:“你能从过去偷别人钱到现在写书告诉别人防止被偷,真了不起啊,我很感动。”2004 年 1 月该书正式出版,他第一次拿到了靠自己的双手劳动换来的一万元稿酬。不久,他又第六次回到监狱(不是服刑),把部分稿费捐助出来,在监狱里成立帮扶基金,让更多的犯错误的人在监狱中学会一技之长,将来出狱能够自食其力。

对孩子的成绩和进步,家长要及时地予以肯定,并恰如其分地表扬和奖励,而且重点应放在学习态度和学习成绩的提高以及做好事方面;但过分地表扬或不适当的物质奖励背后却可能滋生骄傲自满、不思前进的消极因素,我们常说的“把他惯坏了”,就是这个意思。

对于孩子的缺点和错误,家长要不时地给他点出来,有时要严肃批评,必要时给予小小的惩罚。但是,事无巨细,动辄训斥,甚至饱以老拳,这样往往会引起两种不良结果:要么就是养成孩子唯唯诺诺、逆来顺受的软弱性格;要么就是养成孩子以暴易暴的逆反行为。好打架斗殴的孩子,往往是家庭暴力的受害者。

总之,对孩子的评价以表扬奖励为主,批评为辅,在特殊情况下给予一定的惩罚。表扬或批评的火候都要掌握好,一切均以效益为归宿。

言身并教，率先垂范

（2003 年 9 月）

父母教育子女，无非是两个方面，一是讲道理，传授知识，进行说教；二是做示范，让孩子照着做。这就是我们通常讲的言传身教。

父母与子女有着血缘的亲情、养育的恩情、共同生活的深情，因而在施教中最具权威性，最有影响力，其教育效应（正面和反面）远高于他人（包括学校校长、老师）。北齐著名家庭教育家颜之推说："禁童子之暴谑，则师友之诫，不如傅婢之指挥；止凡人之斗阋，则尧舜之道，不如寡妻之诲谕。"这就是说，老师和圣人讲的道理，有时也不如父母在孩子面前讲的话灵验。言教的形式很多，我国古代和现代家教史上积累了很多经验，创造了各种形式。

——交谈勉子是最常见的方法。父母与子女交谈是思想和感情的双向交流，可以使双方心声相通，达成共识，取得理想的教育效果。但必须在"树之以新，据之以实，明之以理，动之以情，说之以艺，导之以行"的 24 个字上下功夫。"树之以新"就是树立现代教育观点，尊重子女的人格，以平等的态度，讨论的方式，作为孩子的良师益友进行交谈。不要以"老子"自居，动辄训斥。"据之以理"就是要充分了解孩子的思想、学业、生活等各方面的情况，遇到特殊事情也不要单凭道听途说的所谓"事实"，或想当然地妄加褒贬，批评或表扬都要以事实为依据，不要夸大或缩小。"明之以理"就是把大道理和小道理有机结合，娓娓道来，循循善诱，以理折服。"动之以情"就是要营造一个和谐宽松的谈话气氛,融入亲情与友情,解除孩子的心理压力。家长要搞一个心理换位,填平"代沟",缩小心理差距。"说之以艺"就是交谈时要讲究艺术,根据孩子成长的不同时期,不同情况,不同心理状态,或苦口婆心,诲之不倦;或一语中的,点到即止;或声色俱厉,唤起警觉;或示以体语,"无声胜有声";等等。"导之以行"就是让孩子付诸行动,按正确的导向去做。

明末清初杰出的思想家顾炎武是由婶婶王氏抚养成人的。顾炎武六岁时,王氏教他识字读书,其学习进步很快,受到亲朋的夸赞,有些飘飘然了。王氏发现这个苗头,没有批评他,给他一篇刘基作的《卖柑者言》,让顾炎武反复熟读,领会文章精髓。过了两天,王氏让顾炎武背诵该篇文章,并说出文章的深刻意思,然后问:"作者刘基的意思是讽刺那些达官贵人,但同时对世人不是也都有教育意义吗?"看到顾炎武专心谛听,就加重语气说:"如果我们做学问满足于一知半解,并没有真正的本事,那不就是'金玉其外,败絮其中'了吗?"顾炎武在与婶婶交谈中,渐渐明白了许多做人的道理。从此,更加扎实地努力读书了,成为一代著名的学者。

电视剧《大哥》中的主人公陈文海的儿子亮亮,学习成绩拔尖,为了帮助爸爸筹款给爷爷治病,背着家人给同班同学补习、辅导收费,学校要处分他。陈文海知道以后,回到家里不是大骂儿子一通,而是带儿子到外边饭馆吃饭,这是对亮亮的殊荣,已把父亲与儿子的感情拉到比饭桌还近的距离。当亮亮的眼神与父亲的眼神交会时,父子的情感已经融合在一起了。这时,父亲只是轻描淡写地点出了事情的真相,儿子顿时就露出内疚的神态。当父亲在肯定儿子孝顺的同时,否定收辅导费的做法,并且给儿子钱,要儿子还给同学时,儿子已止不住地流下了后悔的眼泪。

顾炎武的婶婶是古代很有学问的书香门第之女,亮亮的父亲是当代工人,他们和子女交谈都很注意方式。这可以帮助我们理解上述24个字的内涵。

——故事劝子。针对孩子富于形象思维的特点,家长用讲故事的办法激发他们的求知欲望,进行思想品德教育,提高语言表达能力,是一种非常好的形式。焚毁鸦片、坚决抵制帝国主义侵略的民族英雄——林则徐的成长,与其良好的家庭教育有很大的关系。早年,当他的父亲林宾日发现儿子有粗心、性急的毛病后,就给他讲了一个故事——《急性判官》。从前有个判官非常孝敬父母,最恨不孝顺的犯人,对这种人判罪也特别重。有一天,两个大汉扭来一个年轻人,要判官严惩。他们说:"这个人是不孝之子,他不仅骂他娘还动手打他娘。我们把他捆住后他还不停地骂,所以又把他的嘴用东西堵住了。"判官一听,火冒三丈,吩咐重打五十大板,打得皮开肉绽。这时,一个老太太拄个拐杖进来,边哭边诉说:"刚才有两个盗贼,溜进我家以后,偷了我家耕牛,我儿子要送他们到官府,可是盗贼反而把我儿子捆走了,不知下落,请老爷做主。"那判官愣了,心想:莫非我刚才打的就是她的儿子?忙叫人把那两个大汉找来,可他们早就逃之夭夭了。这时，被打昏死的儿子呻吟了一声，老太太一看是自己的儿子，痛苦不已。那判官太性急，打了好人，放走坏人。这个故事对林则徐教育很大，从此，时时注意克服性急易怒的毛病。后来，无论到哪里做官，总是在自己的书房里挂起亲笔书写的“制怒”二字。

——书信谕子。长期在外地做官的清代曾国藩教子可谓煞费苦心，一部《曾国藩家书》记录了他的家教思想。我国著名文学翻译家、艺术评论家傅雷，是当代书信教子的成功者。他的家庭教育杰作《傅雷家书》收集了100多封教子书信。

——家规劝子。包拯写了一则家训：后世子孙仕宦，有犯赃者，不得放归本家，死不得葬于大茔中，不从吾志，非我子孙也。

——遗嘱诫子。用遗嘱教育子女，使子女灵魂产生较大的震撼，从而铭记不忘，奉行不悖，可以收到强烈的教育效果。革命烈士赵一曼赴刑场的途中，在刑车上给儿子写了一封遗书，教导儿子：“希望你，宁儿啊！赶快成人，来安慰你地下的母亲！我最亲爱的孩子呀！母亲不用千言万语来教育你，就用实际来教育你。在你长大成人之后，希望不要忘记你的母亲是为国而牺牲的！”

——诗歌教子。陈毅元帅写了不少教子诗。如：“样样均放心，为何再叮咛？只为儿年幼，事理尚不明。应知天地宽，何处无风云？应知山水远，到处有不平。应知学问难，在乎点滴勤。尤其难上难，锻炼品德纯。”

——格言训子。格言含有劝诫意义，铿锵有力，富有启迪性，便于记诵。张治中先生把母亲给他的家乡一句格言——“咬口姜，喝口醋”作为他的座右铭，而且请于右任写了一块横匾挂起来，作为永久的纪念，并以此教育他的子孙。他说：“我愿我的子子孙孙，都永远记住这一句格言和遗教。”这句格言的意思是尝尽酸辛，历尽艰苦，才能成家立业。

言教很重要，但身教更重要，二者你中有我，我中有你，相辅相成，不可偏废。许慎《说文解字》在释“教”时说：“上所施，下所效也。”孔子说：“其身正，不令而行；其身不正，虽令不从。”家庭教育就是上行下效的过程。青少年的模仿性很强，父母是孩子天然的老师，是孩子的一面镜子，是孩子的一本永远读不完的书。父母是一个人最早、最直接、最经常模仿的对象。苏联教育家马卡连柯说：“父母是孩子的第一位老师。他们的每句话、每个举动、每个眼神，甚至看不见的精神世界，都会给孩子潜移默化的影响。”他们“生活的每一瞬间都在影响着孩子”，而且，“在教育上有决定意义”。

古今中外，有许多文化水平虽然不高的普通劳动者，但是，他们的高尚品质和做人的风范却给子女以“润物细无声”的终身教育。作家老舍说：“我的真正的教师，把性格传给我的，是我的母亲。母亲并不识字，她给我的是生命的教育。”

国际奥林匹克数学竞赛金奖获得者——天津一中学生安金鹏同学把金牌第一个挂

到他的仅有小学文化水平的母亲脖子上，并对记者深情地说："我的妈妈是我人生的最好的导师""她教给我的做人道理可以激励我一生"。

言身并教，两教结合，这是家庭教育最重要的一条原则。它要求家长必须以身作则，率先垂范，要求子女做到的自己要做到，而且尽可能做得好一些；禁止子女做的事情，自己千万不能做，即使偶一为之也不行。它要求家长尽可能地采用现身说服的方法，总结自己走过的历程（特别青少年时期），把切身感受以及经验教训讲给子女听，让他们从中受益。它要求家长平时的言谈举止、行为习惯都要成为子女的表率，在家中营造一个和谐、温馨的环境，形成良好的家风。只有这样，子女才能心悦诚服地接受父母的教诲，言教才能奏效。如果家长言行不一，行与言违，子女不仅不能接受你的教诲，而且还会学你言行不一的品质。俗话说："老子偷瓜盗果，儿子杀人放火。"近年媒体曝光的腐败大案，很多是夫妻、父子相互勾结，互相包庇。因此，只有把言传和身教紧密结合，才能得到积极的家教效果。

"中国名嘴"——中央电视台《实话实说》栏目主持人崔永元的成长，主要归功于他的父母对他的言传身教和有着纯正家风的良好环境。他的父亲是工程兵某部的政委，母亲是家属委员会主任，都是做政治思想工作的，为人既正直无私、严于律己，又善良宽容、乐于助人。崔永元说："我印象最深的，不能欺骗人，不能去占人家的便宜。要求非常严格，一直到现在。"崔永元小时候，家里养了一只小花猫。一天夜里，他发现小花猫在床下叼着两条黄花鱼，父母确定是从隔壁国营菜场叼来的后，就由妈妈带着小永元和定量本，到菜场付了钱，划了本。有一次，花猫突然失踪，全家到处寻找，小永元在隔壁一位老太太家门外听见猫叫声，便敲门去问，老太太说没有看见，也不肯开门。时隔几天，花猫突然归来了，又瘦又脏，一条腿上的毛掉了许多，孩子们都很心疼地说，一定是那老太太拴的，要去找她讲理。可是妈妈不让去，说事情已经过去了，猫也回来了，还和老太太为难什么。事后，永元妈妈见到老太太一字不提，照样帮她提菜搬煤。工程部队流动性大，崔永元的家经常搬。家在良乡时有个女邻居，脾气很坏，经常生事找茬。有一次，永元考试成绩比她儿子好，她就指桑骂槐说些难听的话，永元要和她论理，可妈妈不让去，坦然处之。过了几天，那位邻居来找永元妈妈办事，妈妈没事一样，照样帮她。时间久了，那位也自觉理亏，脾气也改了不少。崔永元就是在这样的家风中成长的。崔永元说，"父母言传身教的，大多是做人的道理"，"他们给了我一双硬实的腿，使我站得稳，走得不歪。这是我一生事业的基础"。他不无自豪地说："我的父亲像太阳，光明磊落，我的母亲像月亮，温柔无比，给我们幼小的心中注入了光和热，不给一丝阴暗的心理有存身之地。这是一种终身受用不完的财富。所以，我要说，这一生对我最有影响的人是我的父母。"

纵横沟通,协调一致

（2003 年 9 月）

教育是一个系统工程,各个系统之间以及每个子系统内部的各因素之间必须在培养目标、教育基本内容、管理要求和方式等方面取得共识,施教过程中步调一致,形成强大的教育合力,才能完成育人任务。根据我国现代家庭结构来看,施教者一般是受教育者的父辈和祖辈,受教育者一般是一个,有的是两个或两个以上(农村比较多)。因此,孩子的父母之间、祖父母之间、父辈与祖辈之间不仅在教育要求和管理方式上要步调一致,而且对每个孩子都要一视同仁。这样,在家庭教育中,才能形成一个整体合力,使教育的正效益变成“1 +1 大于 2”。

一代杰出人物郭沫若的家庭对他有很好的教育。他五岁时,有一次,他的母亲得了头晕病,医生说吃些芭蕉花就可以好的。可是芭蕉花很难买到,偶然有卖也很贵,卖两只母鸡的钱才能买一朵芭蕉花。有一天,他和哥哥发现附近福建人的会馆天后宫里有一棵正在开花的芭蕉。小哥俩就偷来芭蕉花送给母亲。谁知道母亲大为生气,说:“不争气的孩子,我病死了也不准你们去偷。”罚他们跪地。父亲听到母亲的怒斥声,赶来问明了原因,不仅没有替儿子求情,反而把他们带到祖宗灵位前,让他们跪下,狠狠地教训了一顿。这件事使郭沫若的心灵受到了很大的震动,从此,再也不干偷偷摸摸的事了。

在千年之交,北京大学传颂着来自河南省鲁山县山村农家的林氏三兄弟都成为博士的佳话。他们的父母都是农民,分别是高中、初中文化水平。但是,这位农家夫妇克服常人难以承受的困难,想尽一切办法,历尽无数艰辛,齐心协力硬是把三个孩子一个个从小学送到大学。他们教子的成功经验有一条,就是以身作则,步调一致,对孩子严格要求,全面关心。为了在家庭中营造读书气氛,培养孩子的读书兴趣,给孩子树立读书榜样,他们白天出工务农,晚上掌灯夜读。这种两代共读的场景,一直延续到三兄弟都上了大学。他们不仅注重孩子的学习,更重视孩子的品德培养。有一次,三个小兄弟晚上做完功课感到很饿,在家里又找不到吃的,于是背着父母出门到别人家的地里扒了几个红薯回来煮着吃。首先被母亲发现了,气得她把三个人都打了一顿。后来,父亲知道了,还让他们向物主认错,将红薯还给人家。他们还重视孩子的心理健康教育。老大考取县里的重点高中后,在学校住宿,吃得最差,穿得最破。一次,同学们乘他不备,把他的破鞋子扔掉了。他光着脚上了几天课,到周末又光着脚翻山越岭几十里跑回家。母亲看到他的脚磨得流血,心疼得直流泪。后来,父母看到他老是被同学欺负,怕影响孩子的心理健康,两人取得共识,就把老大转到一所普通中学了。

上述两个事例,一对夫妻文化教养比较高,一对夫妻文化层次比较低,而且处于不同时代不同类型的家庭。但是,他们教育子女都有共同之处,都能步调一致,严格要求,所以,成功地造就了两代人。然而,有些家庭在教育子女时,一方(或男性,或女性,或父辈,或祖辈)对孩子过于疼爱,放松要求,任其自流;而另一方却爱之有度,爱之有方,严格要求,严加管束。这就出现了家庭教育步调不一致的现象,这不仅会削弱正方积极的教育效应,而且还会产生不良的效果。例如:年龄偏低,独立思考能力弱,明辨是非能力差的孩子就会莫衷一是,无所适从,久而久之就会形成懦弱的性格。脑子比较灵活,性格比较随和,能察言观色的孩子,往往能随风转舵,接受两方面的不同教育,长此以往会逐渐养成表里不一的二重性格。对自己放松要求,思想意识不健康,小错误不断的孩子,往往会从溺爱他的长辈那里寻求保护伞,并把其作为避风港。孩子的缺点错误不仅得不到及时纠正,反而会由此而更加发展。虽曰爱之,其实害之。

对于有一个以上孩子的家庭,在教育中应该同等对待,感情上不能偏爱,生活上不能厚此薄彼,要求上不能宽严失度,观念上不能重男轻女。否则,除出现上述情况外,还会造成被偏爱的孩子容易产生优越感,唯我独尊,任性,固执,偏激,不合群,不能容人,将来步入社会,很难与人合作共事。受冷遇的孩子容易产生自卑感,对学习缺乏信心,懦弱的性格往往是在这种家教环境中形成的。

家庭教育要做到协调一致。首先,家庭施教者都要加强学习,学点教育学、心理学、人才学的知识,提高认识,更新观念,讲究育人技巧,学会科学育人,在育人的指导思想上取得一致。其次,独生子女的六个长辈(父母、祖父母、外祖父母)要经常地、不定期地在一起议论孩子的教育问题,以便取得一致意见。谁在施教中出现不当之处,应由孩子的父亲或母亲背着孩子的面与之协调，不要把施教中的不同意见暴露在孩子面前。最后，要明确家庭教育的主要责任人是孩子的父母。祖辈对孙辈特别疼爱，所谓“隔代亲”，又有丰富的人生经验和阅历，可以说是孩子的一部活的教科书，况且又有空余的时间，应该发挥他们在家庭教育中的重要作用。但是，他们只能处于指导、咨询、协助的地位。在家教中，他们应该做到指导而不指挥，参与而不代替，帮忙而不添乱。

现代学校是教育的专门机构。入园、入学的孩子，白天的时间大部分在学校。因此，家庭教育又必须与学校教育沟通，在教育上保持一致性，形成家庭、学校合力。因此，必须做到：

1. 指导思想，方向一致。家庭教育在培养目标和任务、教育内容和原则等方面都要与学校教育相同。家长要积极参加学校举办的家长学校活动和有关的教育教学活动，参加召开的家长会和家长委员会，接受家校教育和校长老师的指导。了解学校教育的目的、内容、步骤和方法，了解学校教育的重大改革（如：九年义务教育的课程改革）和活动（如：爱国主义教育活动），了解学校素质教育的基本内容和要求。树立科学的家教观念，在教育指导思想上与学校保持一致。

2. 思想品德教育，内容一致。爱国主义、集体主义、社会主义是学校对学生进行思想品德教育的一根主线，家长对孩子的思想品德教育也应该以“三个主义”教育为主线，与学校保持高度一致。比如，学校开展学雷锋活动，教育学生助人为乐，而家长对孩子说：“现在都各顾各的了，人不为己天诛地灭。学好文化课是自己的。”这就造成了孩子的思想混乱。因此，只讲家长们协调一致教育孩子还不全面，还必须家庭、学校教育一致，家庭、社会一致。家长要通过校访、书信、电话、电脑等形式，与学校老师（特别是孩子的班主任）保持经常的、不定期的联系。一方面了解孩子在校的种种表现，另一方面也把孩子在家庭的表现通报给老师，互相沟通，协调一致。很多革命前辈在这方面给我们树立了榜样。例如：罗荣桓元帅及妻子林月琴在对子女的教育方面，非常重视家庭与学校的配合。仅在孩子罗东进读高三的一年中，林月琴就五次和学校老师联系，仔细了解东进的情况，虚心听取老师的意见。后来，罗荣桓还专门请校长和班主任到自己家来，倾听他们的意见。校长和班主任由于家庭学校密切联系，教育效果特别好。所以，孩子在学校表现也特别好，关心集体，认真学习，没有丝毫优越感。在学校三年，除了校长和班主任，没有一人知道他是元帅的儿子。

3. 养成教育，要求一致。孔子说：“少成若天性，习惯成自然。”养成教育在中小学教育中占有特殊地位。家庭应与学校很好配合，从共产主义道德标准的高度，对青少年的待人接物、言行举止严格地提出要求，并在日常学习、生活中加以反复训练，以养成习惯。《中（小）学生守则》和《中（小）学生日常行为规范》，就是对中小学生行为的规范要求。要使这些要求变成青少年的实际行动，而且巩固稳定，形成习惯，光靠学校教育远远不行,必须与家庭教育密切配合,反复训练才能完成。被称为“中国的保尔”、《把一切献给党》一书的作者——吴运铎,他的几个孩子都是住校生。他经常与学校取得联系,了解孩子在学校的表现、思想状况和学校日常管理的各项要求。然后,有针对性地撰写稿件,发表在他主办的《家庭报》上。《家庭报》刊登在黑板上,内容丰富,图文并茂,孩子们回家以后都争着看,并以报上的文章来对照自己一周来的行为表现。通过《家庭报》,孩子们懂得了什么是真、善、美,什么是假、丑、恶,在孩子们之间形成了争取做好事的风气。吴运铎这种独特的家庭教育形式实在是一种创举。

4. 社会教育,指导一致。家庭教育不仅要和学校教育紧密结合,而且还要和社会教育紧密结合,使“三教”形成强大的合力。当前,我国社会对青少年起着教育作用的体系大致可以分为三大板块:一是媒体板块,它包括广播、电视、电影、电脑、图书、报刊、广告等音、像、图、文的形式;二是场所板块,它包括文化馆、图书馆、运动场、电影院、歌剧院、放映室、歌舞厅等文化娱乐场所;三是班队板块,它包括社会举办的各种类型的家教班、实习班、培训班、专业(文艺、体育等)培训班、咨询室等培尖补差的助学组织。由于现阶段我国社会教育体系还不完备,统一管理社会教育的机制以及统帅“三教”的权威组织还没有很好地形成。因此,青少年在接受正面教育的同时,也必然受到一些负面影响。这就要求家庭与学校保持高度一致,指导青少年有所选择地去接触上述三大板块,明辨是非,接受积极的东西,抛弃消极的因素。这是一个非常艰巨的任务,也是家长、老师必须面对的问题。就以“上网”为例。现在网吧遍布我国大小城市,就连一些稍大的集镇也出现了网吧。电脑的广泛使用,是我国信息化飞快发展的标志,也是我国现代化的前奏。它给教育带来的不仅是教育手段的改变,而且是教育思想、教育内容、教育管理、教育体制等一系列的深刻变革。应该对它给教育领域带来的这场深刻的变化高叫“好得很”。然而,它给青少年也带来一些负面影响。正如华南师大一位教育专家分析的那样,到网吧,学生追求的是一种精神上的放松和宣泄。在网上,他们接触到各种各样的信息,可以讲现实生活中不敢讲的事,可以虚拟见到现实中不能见到的人。一个生活在广州市的16岁的小孩,如果没有上过网是不可能想象的。网络对青少年的吸引力是正常的,学生沉迷于网吧,在心理上是有一定的合理性。但是,另一方面,网络相对于以前各种媒介,不仅信息量大,而且对使用者的个人约束力、信息选择能力以及法律意识等都比以往提出更高要求。问题的焦点是正处于成长期的中小学生往往不具有这样的自我约束力和辨别能力。这就需要我们的家长、老师、教育工作对使用电脑的孩子进行正确的引导。这位专家分析得很全面,很深刻,关键问题在于家庭与学校要联系,统一认识,统一步骤,对使用电脑的孩子进行正确引导。

家长学校系列讲座第一阶段小结

（2003 年 10 月）

2002 年 9 月 12 日，市教育局关工委碰头会决定，在蚌埠五中进行家长学校系列讲座，预计开十讲：《全面发展，学会做人》（上、下）、《整体提高，学会学习》《以人为本，学会健身》《积极休闲，学会生活》《辩证看人，科学育子》《言身并教，率先垂范》《纵横沟通，协调一致》《遵循规律，循序渐进》《民主平等、善于诱导》。由本人主讲，并承担编写讲稿任务。9 月 27 日，局老干科科长和局关工委有关同志一行四人到五中与李新义校长、孔琪书记、汪成主任商谈讲座的有关事宜，由他们负责全程组织工作和教材打印。从 10 月 19 日开讲到 12 月 7 日结束，共讲了前五讲（第五讲由学校同志主讲）。最后，由学校洪副校长主持召开了家长座谈会。部分家长还做了《蚌埠五中家长学校试题》。参加听课的有初一、初二、高一学生家长共计 360 人，收到《家长学校信息反馈卡》（简称《信息反馈卡》）共 139 张。现在讲座的第一阶段结束，取得了预期的效果。

一、开讲座的目的

1. 探究家校教学内容系列化。当前，我市家校教学开展情况很不平衡，少数学校家校开课比较正常，内容也比较科学。极少数学校的家校有名无实，长期不开课。多数学校的家校虽然开课，但教学内容不确定、不系统，随意性比较大：有的根据讲课人的兴趣选择内容,有的适应家长一时需要选择内容。当然,这些内容对家长教育子女也是有益的,但都没有系列化。现在,家校教材很多,但有的太繁杂,什么都讲,什么也讲不清、讲不透;有的仅仅提供成功或失败的范例,缺乏理性梳理;有的只谈父母育子的技巧与方法,舍本逐末。因此,家校如何帮助家长在很短的时间内,初步了解家庭教育的主要内容和育子的基本方法,就成为当前需要迫切解决的问题了。

2. 落实《蚌埠市中小学幼儿园家长学校规范建设基本要求》(简称《基本要求》)。《基本要求》共10条,既是对我市近几年家长学校管理经验的总结,也是对今后家长学校管理规范化的基本要求。如何抓点带面,进一步把《基本要求》落实到各个中小学,特别是落实省厅关工委的教学计划,确保每学年在起始年级上10课,从而推动全市学校的教学及其管理科学化,就成为了我市家校工作再上新台阶的关键。

3. 尝试把家庭教育现代化与继承优良传统结合起来。我国家庭教育内容十分丰富。今天,如何吸取其精华,摒弃其糟粕,是建立与完善中国特色社会主义教育体制的重要内容,解决好这个问题可以推进我市家庭教育现代化的进程,促进教育创新。

4. 以讲代培,推动全市家校教学工作。

二、第一阶段的收获

139位家长通过《信息反馈卡》,从不同角度表达了听过系列讲座后的收获与体会,其中用“收获很大”“深受启发”“颇有感触”“受益匪浅”“非常满意”“很大提高”“很大帮助”等词语表达收获程度的就达79位家长,用“收获不小”“有所感触”“比较满意”“还可以”等词语表达收获程度的有5位家长,用“没有多大收获”“没有什么收获”“没有收获”等词语表达收获程度的仅3位家长,其余42位家长虽然未用表示收获程度的词语,但都分别用了“提高了”“认识了”“了解了”“改变了”“增强了”等词语表达收获的内容。应该说,95.6%的家长都是有收获的,其中收获很大的占56.8%。家长通过讲座的主要收获是:

——增强了教育子女的责任感,表示以后一定要加强对子女的教育。初一(2)班范传惠的家长吕玲说:“通过家庭教育系列讲座的学习,我认识到家庭教育是整个教育中非常重要的一方面,它与学校教育相辅相成,缺一不可。我非常感谢学校给我们提供这样一次机会。今后,我要与学校共同努力,把孩子培养成对祖国、对社会有用的人。”初一(6)班吴潇骏的家长任利华说:“通过家长学校的学习,我深感家长教育的重要,作为家长要从自己的品格方面去潜移默化地影响孩子。但不是每位父母都会自动具备老师的资格,教育是门艺术,掌握这门艺术必须进行学习,提高自身素质,树立与现代生活相合拍的教育观。今后要积极配合学校,搞好家庭教育,使孩子德智体全面发展。”

——认识到科学教育子女的重要性,要求继续举办家长学校。139 位家长通过《信息反馈卡》提出 136 条意见和建议,其中 31 条关于学校的教学与管理,105 条关于家长学校的讲座。在 105 条中有 78 条明确提出要继续办下去,其余 27 条也是要求办下去,只不过对家校提出了改进意见。改进意见有六个方面:(1)要求增加青春期教育和安全教育内容的 5 条;(2)要求讲座扩大听众(甚至有人提出学生也来听)的 5 条;(3)要求每次讲座时间要缩短,或者中间休息一次的 5 条;(4)要求主讲人每次留点时间与家长对话的 6 条;(5)要求主讲人多讲现代例子,采用多媒体教学的 4 条;(6)要求分小班开讲座的 2 条。实际上,要求家校继续办下去的家长是 105 位,占 139 位家长的 75.5%。许多家长纷纷建议:"开展全体家长听课活动""贵校将学习活动深入继续下去""一贯坚持下去""十分主张学校开展这类活动""扩大培训面""永远办下去""多多开展这样活动""深入持久地开展下去,让大多数家长受益""多办,也让孩子参加""把听课场所弄大些""直接讲给学生听""以后讲座能放在自己班"……初一(3)班朱雪婧家长霍素林听过讲座后,把讲课内容讲给孩子听,并指出孩子身上的优缺点,孩子激动地说:"这个家长学校为什么不早办,要是早办了,你们做父母的在我小时候就可以帮助我改正缺点了。"这位家长说:"我深有体会的确是办迟了点。"

——认识到要教育子女全面发展,首先要教育子女学会做人,不能光抓学习。现在,家庭教育中普遍存在着重智育、轻德育,重身体健康、轻心理健康的不良倾向。正如初一(3)班吕梦华家长吕顺所说:"我原以为家长主要任务是帮助学生学习,通过听讲座,树立了家长首先要教育孩子立志做人的先进思想,这一点是最大的收获。这种教育理念远远没有深入到每个家庭,多数家庭还以辅导学习为主,很少意识到育人的重要性。很多家长对孩子如何做人的问题还是手足无措。建议开展全体家长听课活动。"初一(6)班易璐家长易正明也有类似的情况,他说:"在没有参加家长学校学习前,我们始终有个片面的认识:现在孩子学习条件好了,只要教育他们把文化科学知识学好了,其他方面就可以放松要求。因而,忽视了对孩子的德育、体育的培养,致使他们吃苦精神、自主能力偏弱。通过听课,我们做家长的深受教育与启发:首先,认识到孩子是祖国的未来,必须全面发展,做一个对社会、对国家有用的人;其次,把孩子培养成艰苦朴素、自强不息、奋发有为的人。"

——学到了育子的新观念与新方法,表示今后要与子女进行平等的思想沟通。高一(2)班王莹家长王虎说:"听课后我受益匪浅,从专家那里学到了不少教育子女的良方,并与不少家长交流了经验(注:指座谈会上)。回家后,与孩子进行了沟通,拉近了父女之间的距离。希望学校多组织这样的活动,可以让学生也参加这样的活动。"高一(5)班李凤家长李炳华说:"听了蓝主任的讲课后,感觉收获很大,因为他讲了几个很重要的话题:怎样教育子女,怎样挖掘孩子的潜能,怎样和孩子沟通……这正是我们家长关注的问题。听了这次讲座，我们表示非常感谢，使我们家长学到教育孩子的方法。”初一(6)班肖诗卉家长徐健说：“听了原教委蓝老师的两堂课后，收获很大，坚定了我们为国家的伟大复兴培养和教育好子女的信心，同时也深刻认识到教育是一项系统工程，需要家长不断学习新的教育观念和知识，与老师密切配合，培养出一代具有独立创新意识、德智体美全面发展的新人。”

——推动了部分学校的家校工作。四中、九中、二十七中等学校负责家教的部门负责人听过讲座后，在本校，按照五讲内容开课，收到一定效果。

三、启示

1. 家长学校的举办是得民心、顺民意，代表最广大家长的根本利益、深受家长欢迎的善举，是全面贯彻教育方针，坚持“两为”——“为社会主义现代化建设服务，为人民服务”的具体体现。学校领导只要思想重视，把它作为学校工作不可或缺的一部分，指派专人抓，经常不懈地抓，坚持抓到底，一定能抓出成效，一定能推动学校全局工作。这次讲座，五中书记和校长都很重视，亲自主持讲习班工作，指派得力的政教处主任具体抓校务和学员的组织工作，抓得有声有色，保证了讲座的顺利进行。

2. 家长学校要有相对稳定的、能够体现素质教育精神的、指导家长全面育子的系列内容。学会做人、学会学习、学会健身、学会生活的“四学会”集中体现了素质教育的要求和全面贯彻教育方针的要求，它们应该成为家庭教育相对稳定的主要内容；言传身教、协调一致、循序渐进、宽严相济、民主平等应该成为家庭教育的基本原则和方法。当然，除了主要内容和基本方法，还有许多教育内容和方法，可以根据不同年级的特点有选择地进行教学。

3. 家长学校的教学要遵循辩证唯物论的认识论——实践，认识，再实践。既要重实例，又要重理论，既要以典型事例教育人，又要以现代教育理论武装人，缺一不可。

4. 家长学校的教学形式应以课堂为主阵地，适当开展一些活动。组织新生家长参观学校设施设备和校史展览，组织家长进学生课堂听课，定期召开家长会，邀请家长参加学生活动，等等。开展这些活动都是很必要，但它们决不能代替家长学校的课堂教学。要改进家长学校的课堂教学，尽可能地使用多媒体，在家长每人都有课本的情况下，可采取“自学—讨论—总结”的三段教学法。有条件的可以建立咨询机构，为家长提供咨询服务。

5. 家长学校的教学应该处理好创新与继承、借鉴的关系。家长学校要进行工作创新、教学创新、理论创新，逐步构建家长教育的新体系。在创新中要继承和发扬我国家教的优良传统，借鉴世界各国的先进思想、先进知识、先进经验。家庭教育现代化是具有中国特色的社会主义教育现代化,不是“西化”或“东化”。每个民族、每个国家的教育都既有其精华,又有其糟粕,我们既要“吸纳”,又要“摒弃”。有人把我国过去的教育说成都是苏联的,把现在教育又说成都是西方的。这不是无知,就是偏见。我们所说的教育现代化既是“具有中国特色”的,又是“社会主义”的。在家庭教育中全面推进素质教育就是推进家庭教育现代化的集中体现,就是贯彻教育方针的具体体现。素质教育应该像一条红线贯穿家庭教育的始终。

系列讲座只进行一半,讲座中还存在一些问题。如:家长听课的面还不太大,听课的内容不连贯,家长手中无材料,每次讲的时间较长,没有留时间让家长提问……这些都要在下五讲中进行改进。

学习的金三角

（2004年4月）

现代的文盲不仅仅是指目不识丁的人，更主要的是指没有学会学习的人。科技飞速发展的信息时代，人类知识以几何级数增加。有关资料显示，人类知识在19世纪大约50年增加一倍，20世纪初为30年增加一倍、50年代为10年增加一倍、60年代为5年增加一倍、90年代为3年增加一倍。学会学习，不仅是孩子提高学习效率和学习成绩的重要前提，而且是今后终生学习的法宝。学会学习，既要求改进学法，更要求智力因素与非智力因素两个轮子一起转。

智力因素、非智力因素与方式方法构成了学会学习的金三角（直角），如下图所示：

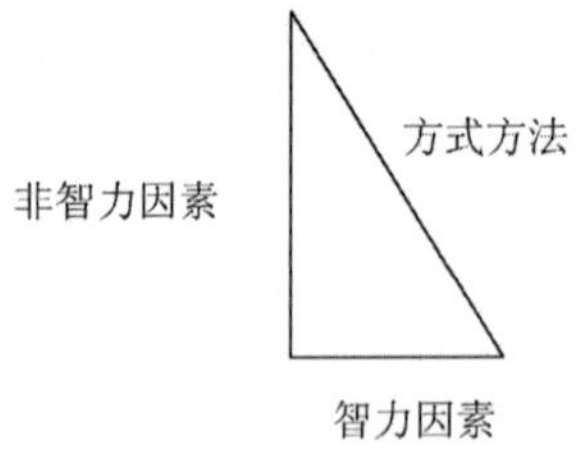

一、挖掘智力因素是底边

据报载，7岁小女孩邹束英经过严格测试，以优秀成绩跳级入湖南江永县新星学校初一(5)班读书。她的爷爷是退休教师,小束英刚满4岁时,他就用不到一年时间,教她认识了3000个生字。在身为教师的父母的教育下,她从小就立志当科学家。6岁时,在父母与老师的配合下,她仅用10个月时间就把小学12册课本的内容全部学完。小束英的英语特别好,上中学前的暑假,以第3名的成绩结业于广西工学院留美教师举办的英语短训班,获300元奖学金。7岁上中学,不仅是因她智力超群,而且更重要的是因为她的爷爷、父母的精心培育。玉不琢不成器,人不学不知义。如果没有后天的教育,即使像方仲永那样的神童,最后也只能成为庸人。

现代科学研究表明,人脑的潜能非常大,人的一生只能用去脑细胞能量的10%—12%,90%左右的脑细胞能量都处于休眠状态,随着一个人生命的结束而消亡。绝顶聪明的爱因斯坦死后,人们对他的大脑进行解剖,发现他的脑细胞能量也才用去30%,多么可惜!

所谓潜能就是潜藏于心灵深处没有被开发的智能,就像沉睡在地下的矿藏,未开垦的处女地,也就是通常所说的智力因素。它是指人们认识、理解客观事物并运用知识和经验解决问题的能力,它是感知、记忆、想象、思维、创新等能力的有机综合。它是金三角的底边,构成学习金三角的基础。家长可根据孩子的认知、年龄、个性等方面的特点,培养这几方面的能力。

1. 敞开求知的大门——感知

人的大脑就像装载各种信息的仓库,感觉与知觉就是仓库的大门,一切知识的摄取都必须跨入这道门槛。我们要认真学习人民教育家陶行知先生提出的"六大解放",切切实实地解放孩子的大脑、眼睛、双手、嘴巴、空间、时间,敞开求知的大门,让孩子能够眼观六路、耳听八方。课余时,常领孩子逛大街、逛商场(农村赶集),让孩子看到琳琅满目的商品和五花八门的广告、字号、商标。节假日,带领孩子作长途或短途旅游,饱览祖国大好河山,领略大自然的玄妙。寒暑假,住城市的可以送子女去农村探亲,熟悉五谷六畜,感受田园风光,领会稼穑艰辛;住农村的可以带子女进城,观光市容市貌,呼吸现代化气息,开阔眼界。鼓励孩子参加一些为青少年举办的演唱会、展览会、演讲会、故事会等,观看各种竞技比赛。家中可准备一个工具箱,箱里装钳工、木工、瓦工等工种的工具,指导孩子拆装旧的家电(如旧的收音机、旧电动玩具等),修理旧家具。农村孩子学开手扶机,学会插秧、锄草、犁田、耙地等农活。家庭学习时间不要安排太满,每天要给孩子留下个人活动的时间和空间,让他做时间的主人。

2. 充实求知的宝库——记忆

过去,一个喝得酩酊大醉的马车手,驾着一辆装满货物的马车(没有遮拦),酒性大作,扬鞭飞马,一路疯跑,一路颠簸,到达目的地时车上的货物所剩无几。不把获得的信息刻在脑中,无异于醉汉赶车,最后货物丢光;无异于小猴子掰玉米棒,一路掰一路扔;

无异于空山探宝，两手空空。青少年时期记忆力最强，要让孩子在记忆的黄金时期尽可能地多记一些知识，将来可以受用终身。电脑是人脑的产物，是人脑的好朋友和助手，但不能代替人脑。

在理解的基础上，准确地、牢牢地记住重要的定义、定理、定律、原理、公式等，一字不漏地熟背英语单词、汉语成语、名诗警句、经典课文、历史年代、人名地名、重要图表、关键数字等。有些内容虽然不需要熟背，但不能浮光掠影，浅尝辄止，而要提炼归纳，撮其要旨，烂熟于心。排除影响记忆的障碍。如：身体疲乏，睡眠不足，烦躁焦虑，情绪不佳。综合运用各种感觉器官，运用两种或两种以上的器官，比单用一种器官记忆的效果要好得多。例如央视《天天快乐》栏目，主持人刘云丹以她清脆的声调、始终微笑的表情、幽默诙谐的语言叙说着令人捧腹的一个个小故事；宋海东在旁边用漫画极快地表现所述的内容，俩人配合得天衣无缝；再加上音像画面作背景，给人以极深刻的印象，引人天天看，逗人天天乐。你要指导孩子记一条公式，可让他一面想着公式形成的过程，一面口中念念有词，一面在纸上书写。这样，效果比较好。在单元或总复习时，对所要记忆的知识，化面为线，截线为点，连点成线，串线为面，先分解后归纳地梳理，理线串点，知识归类，使知识在大脑中有个系统的完整的印象。利用汉语谐音的特点，变无意义的记忆为有意义的记忆。如：可以把化学元素编成押韵的五字歌：氟氯溴钠氢（福禄寿纳金），铜锂钾碘银（铜里夹点银）……还可以将一些枯燥的数字编成有意义的顺口溜，等等。选择记忆的最佳时间：早晨起床后，晚上睡觉前，上午9—11时，下午4—6时。不断地复习巩固，与遗忘作斗争。据心理学家研究表明，在记忆后的半小时、第二天、第一周的周末、第二周的周末、一个月后进行再记忆，可以收到事半功倍之效。对记忆对象进行全面观察，抓住记忆对象的特点和特征，以及和其他事物的关系。如初到一个城市，要记住一个街道，就得仔细观察这个街道标志性的建筑物以及与其他相邻街道各处于什么方位。要经常吃增强记忆力的食物。如：蛋黄，豆类，香蕉，葡萄等。

3. 舒展求知的双翼——想象

当人们阅读毛泽东的《蝶恋花·答李淑一》这阕脍炙人口的游仙词时，眼前会立即浮现出这样的月宫迎客情景：两位革命烈士的英灵像柳絮杨花一样轻盈地飘入月宫，热情好客的两位仙子——吴刚与嫦娥，一个将亲手酿造的桂花酒捧献给杨柳二人，一个舒展广袖为两人翩翩起舞。忽然传来人间发生了翻天覆地的变化，两位忠魂激动得泪如倾盆大雨。这就是想象。想象在人类生活中起着极其重要的作用，文学家塑造人物形象，音乐家塑造音乐形象，工程师设计宏伟蓝图，科学家提出科学假设，革命家酝酿改革方案，诗人构建诗的意境，等等，都需要丰富的想象力来完成。想象力犹如鸟的双翼，对于孩子获取信息、加工信息、输出信息极为重要，只有插上这对翅膀才能在知识的太空尽情翱翔。朋友！你平时在家注意培养孩子的想象力吗？你有什么招数？这里有4条建议，也许对你不无启示。(1)帮助孩子想象的翅膀飞得更有力。青少年正处于青春时期，朝气蓬勃，积极向上，思想敏锐，充满激情，憧憬未来，对大千世界充满新鲜感，往往会发出奇思妙想。朋友！您平时注意到你的孩子有过哪些想象吗？您鼓励孩子去畅想吗？他们在为实现自己的奇想而行动时，你是怕他们耽误学习而阻挠，还是积极引导和帮助呢？要知道，帮助他们想象的翅膀飞得更有力，实在比帮助他们考100分还重要，因为爱因斯坦说："想象比知识更重要。"(2)开发大脑中的想象功能区。人的大脑分成4个功能区：记忆功能区，想象功能区，知觉功能区，判断功能区。在一般情况下，人的想象功能区只用了50%，因此发展想象力的潜能很大。如何发掘大脑想象功能区的潜力呢？最主要的是通过语言艺术(诗歌、小说等)、造型艺术(绘画、雕塑等)、表演艺术(音乐、舞蹈等)、实用艺术(建筑、工艺、书法等)和综合艺术(电影、戏剧等)，生动形象地熏陶孩子的情感，净化孩子的灵魂，刺激孩子大脑的想象功能区，从而丰富孩子的想象力。家长要有计划地给孩子推荐一些神话传说、寓言故事、科幻小说、古典名著、现当代优秀文学作品和影视作品；带领孩子参观画展、书展、工艺美术展；参加音乐会、演唱会；教育孩子重视学校的音乐、美术、体育、劳动等学科的学习，积极参加学校文娱活动。(3)着力培养有意想象。想象分为有意想象和无意想象，有意想象又分为再造想象和创造想象。有意想象是培养孩子创造性思维的重要前提，是学好各门功课的重要条件。学生在校学习的知识绝大部分是没有亲身经验的间接知识，需要借助于想象来理解知识形成的过程。你如果辅导孩子的文科时，可以引导孩子想象作品中的意境、人物形象以及人物之间的关系。如果辅导数理化时，应该要求孩子想象一个公式、一条原理的来龙去脉和一个实验的操作流程，从而完整地深刻地理解其内容。(4)为提高想象力奠定坚实的基础。任何想象(即使是无意想象)都要以厚实的知识为基础。牛头马面、人首蛇尾的怪物，在现实生活中至今还没有发现，但在人的梦中，在神话传说的作品中屡见不鲜，这是因为"牛头""马面""人首""蛇身"都大量存在于现实生活中，人们通过想象将它们连接在一起，再加以艺术夸张，就被人们认可了。离开知识的积累，想象就成了无源之水、无本之木。家长们，要让孩子通过各种认知渠道获取丰富的感性知识和理性知识，认真学好各门功课，为发展想象力夯实基础。

4. 升华求知的灵魂——创新

抗战时期，陶行知先生在重庆办学。一天，他朋友的太太来到他家作客，和他谈及在家打孩子的事：因为孩子把她刚买的一块金表给拆坏了，她在盛怒之下，把孩子痛打一顿。陶先生很风趣地对她说："你恐怕枪毙了一个爱迪生。"然后耐心地向她说明了缘由，她悔恨不已，请求陶先生给他想个补救的办法。陶先生说，你可以把孩子和金表一块送到修表店，让师傅给你修好，他要多少钱就给多少钱，但你要向他提个条件，就是让你的儿子在旁边看他如何修理。这样，修表店成了课堂，修表师傅成了先生，令郎成了速成班的学生,修理费成了学费,你的孩子好奇心就可以得到满足,或者可以学会修理咧,或许将来可以有所发明创造呢！创新是民族的灵魂。国家的振兴,人民的富裕,个人的发展都要靠创新。培养孩子的创新精神是当代我国教育(包括家庭教育)的两大重点之一,家长们要和学校联手担负起培养创新人才的任务。

(1)在家庭中,要为孩子创造一个良好的精神条件和物质条件,对孩子萌发的创新意识要保护,不能像陶先生那位朋友的太太那样把儿子的创造意识一巴掌“打”掉。要鼓励和支持孩子在学校参加小发明、小创造、小论文的竞赛活动,力争取得成果,但也不要刻意追求奖励,重在参与,重在培养创新意识。也不要把创新神秘化,陶先生说得好,“处处是创造之地,天天是创造之时,人人是创造之人”,“点滴的创造固然不如整体的创造,但不要轻视点滴的创造而不为”。不要把孩子爱动脑筋批评为“胡思乱想”,也不要把孩子爱动手说成是“不务正业”、影响学习。创新是最好的学习,是“知识进化的源泉”,是将其所学的书本知识更好地运用于实际,并促进其更好地学。家长要像瑞典化学家诺贝尔的父亲那样,不因为诺贝尔在一次实验中将他炸伤致残,将他的小儿子炸死而不支持诺贝尔的实验。要像莱特父亲那样,帮助儿子查阅有关资料,分析前人失败原因,提出解决办法,提供实验条件。要像爱迪生的母亲那样,在爱迪生被学校开除回家时,她不仅没有责怪儿子,还把地下室让给儿子做实验。多么伟大的母亲啊！

(2)鼓励多疑多问。打开科学大门的钥匙是问号,陶行知先生有诗为证:“发明千千万,起点是一问。禽兽不如人,过在不会问。智者问得巧,愚者问得笨。人力胜天工,只在每事问。”孔子少年时代“入太庙,每事问”,问出了一个中国的圣人、世界的名人。鲁班一次上山伐木,手被丝茅草划出一道血口,带着这个问题深入研究,发明了锯子。瓦特从水开时为什么能把壶盖掀翻的现象入手探索,发明了蒸汽机。一切大大小小的发明创造都是源于一个问号。善于动脑筋的孩子总比一般孩子的问题多。朋友！当你的孩子在问你这个“为什么”、那个“怎么样”的时候,你是满腔热情地帮助他寻求答案,还是不耐烦地将他顶回去呢？如果你的孩子不喜欢提问题,你是否为他设问并启发他去思考问题呢？为人父母者不能不严肃地考虑这些在家教中带有根本性的问题。要教育孩子不迷信书本,不迷信前人的结论,不迷信名人。当然,也不能怀疑一切。

(3)培养创造性思维。一次,陶行知先生到南通去推广“小先生”制,作了一分钟的演讲,其中有一段话:“读了书,不教人,什么人？不是人。”讲完后,有位小朋友立即向先生提出不同意见:“陶先生,你最好把‘不是人’改为‘木头人’,它比‘不是人’好,因为‘不是人’3个字不具体,桌子不是人,椅子也不是人,而‘木头人’给我们具体印象。”陶先生欣然同意,并高度赞扬这位小朋友敢于向名人挑战、勇于创新的精神。思维能力是智力的核心,创造性思维又是创新的核心。敢于向名人挑战的那位小朋友之所以受到陶先生的赞扬是因为他具有创造性的思维,能够突破崇拜偶像的思维模式,从多角度多方位提出问题,这就是发散思维。这个小朋友后来成为我国著名的教育家。最近,有人提出"三个臭皮匠还是三个臭皮匠",对"三个臭皮匠顶个诸葛亮"的传统观念进行否定;还有人提出"为富未必不仁",与传统的"为富不仁"的思维定式进行抗衡。这都是逆向思维。家长们既要培养孩子的线性思维,又要培养发散思维;既要培养他们的正向思维,又要培养逆向思维;既要培养抽象思维,又要培养形象思维。

(4)运用爱迪生关于天才的公式。爱迪生说:"天才 = 1% 的灵感 + 99% 的汗水。"阿基米德在浴缸洗澡时忽然领悟了水的比重。巴甫洛夫在看到狗见到肉(或听见拿肉人的脚步声)就垂涎三尺,发现了条件反射规律,建立了第一信号、第二信号系统。牛顿偶然见到苹果从树上掉到地下,顿时领悟了地球引力。这些就是灵感在起作用。许多科学家的发明与艺术家的成名都是与灵感分不开的。孩子也有灵感到来的时候,家长要注意并告诉孩子善于捕捉那些稍纵即逝的灵感。但是,更重要的还是汗水,它是创新的基础和动力。我国从 1971 年人造卫星上天,花了 32 年时间,航天人发扬"特别能吃苦,特别能战斗,特别能攻关,特别能奉献"的精神,于 2003 年把"神五"送上太空,这里凝结了多少人的汗水与心血啊! 歌德花了 60 年的时间才写出《浮士德》;齐白石画虾 10 年,才画出虾的神韵;诺贝尔做了 100 多次实验才发现安全的固体性炸药。这就是"天道酬勤"。我国的基础教育在认知教育方面是世界公认的;不过,我们也要有自知之明,我国青少年的动手能力比较差,创新能力也比较差。

二、培养非智力因素是高

获诺贝尔奖的苏联物理学家兰道,通过对 20 世纪世界物理学家成长道路的研究,创造性地编制了一个人才分类图:一是正三角形,底边表示知识基础坚实,非智力因素很好,上面锐角象征脑袋尖锐,睿智过人,智力因素很好;二是菱形,头脑虽然睿智,但是,非智力因素不好,知识基础非常单薄;三是哑铃形,头脑虽然不十分聪慧,但是,非智力因素很好,知识基础夯得很厚实;四是倒三角形,头脑既不尖锐,非智力因素又不好,知识基础非常单薄。正三角形人才人数最少,成就最大;菱形人才人数不多,成就也不大;哑铃形人才人数较多,成就较大;倒三角形人才一无所成。大多数科学家属于哑铃形人才。美国心理学家韦克斯勒对 40 余名诺贝尔奖得主进行调查,大部分的智力是中等或中等偏上。心理学家认为,人的成功,智力因素约占 20%,非智力因素约占 80%。

什么是非智力因素呢? 就是指那些不直接参加认知行为,但对认知行为起着重要影响的心理因素。如:动机、意志、兴趣、情绪、性格、习惯等。它是金三角的高。传统教育只注意培养人的智力因素,认为孩子聪明就能成才。其实,不少成绩暂时差的孩子,不是因为天生的愚笨,只是非智力因素发挥得不够,如缺乏学习动力、毅力,遇到困难就打退堂鼓,怕吃苦,等等。家庭教育在挖掘孩子智力因素的同时,应该把培养孩子的非智力因素放在突出地位。

1. **开足马力——动机**

什么是学习动机?它是激发一个人进行学习活动,以达到一定学习目标的内部心理状态,常以志向、理想、信念、需求、兴趣、愿望等形式表现出来。学习动机就像带动机器转动的马达,“在生活中,没有任何东西比人的行为动机更重要、更珍贵了”(高尔基)。没有目标的努力,就像在黑暗中远征。家长如何去诱发孩子的学习动机呢?

(1)教育孩子树立为祖国而学的志向。北宋范仲淹两岁丧父,随改嫁的母亲到养父家中生活,在母亲的教育下,在贫困交加的经历中体会到人民的疾苦,从小就将“先天下之忧而忧,后天下之乐而乐”作为座右铭,以激励自己的学习。明代地理学家徐霞客的母亲教育儿子要“志在四方”,“不要像圈在篱笆里的小鸡,套在车辕上的小马”。烈士夏明翰的母亲教育儿子要“爱中华”。人们最崇敬的周恩来,少年时代在伯父和养母的熏陶下,就立下了“为中华崛起而读书”的宏伟志向。饮誉中外的数学泰斗华罗庚,少年时代就立下了攀登数学科学高峰之志,战胜家贫、学历低(初中毕业)、身残等困难,以突出的学术成就验证了“有志者事竟成”的中华格言。这些教子为国而学的优良传统,今天是否要继承呢?当前,不仅要继承,还要加强。对孩子进行为祖国而学、为人民而学的思想教育是家庭教育中的一个永恒主题,永远也不会“过时”。家长们,要用先辈们教子报国的经典事例和浅显的道理教育孩子为全面建设小康社会,为中华全面复兴而勤奋学习,为报效祖国、济世安民而志存高远,使他们明白“天下兴亡,匹夫有责”的道理,并作为主线贯穿于家庭教育的始终。当然,家长还要善于把孩子的远大抱负化解为各个时期的分目标,根据学校教育教学要求,帮助孩子制定每个学段、每个学年、每个学期、每个月的具体目标,在实施过程中给予切实的指导,并定期进行检查与评估。

(2)引导孩子为发家致富而读书。现实生活中,有许多做父母的到了中老年大享子女之福:或出国旅欧美,游南洋,饱览异国风光;或在国内住高楼,坐轿车,度晚年。他们的子女都是学业优秀,事业有成的。要用身边鲜活的事例,引导孩子为发家致富、回报父母、建立幸福美满的家庭而发愤读书,把为“大家”而学与为“小家”而学统一起来,把“修身齐家”的教育与“治国平天下”的教育结合起来。回避为国而学是鼠目寸光,胸无大志,终不成大器;否定为家而学是不切实际,不合常情,为多数人所难接受。

(3)帮助孩子进行专业定向。家长们希望孩子早日成才,早日进行专业定向。这种愿望是好的,但不能过早,不能违背素质教育的客观规律。整体素质的提高与发挥专长是相辅相成的,整体的优化有利于特长的发挥,特长的发挥能够促进整体素质的优化。中学阶段一定要督促孩子学好各门功课,特别是学好语文、数学、外语、电脑这4门工具学科,不能偏科。要全面打好基础,基础打得越宽厚越好。家长可以通过长期而细致的观察,发现孩子的喜好与特长,有计划地引导,重点地培养。初中阶段要做到心中有数,可以鼓励孩子参加一些与其特长有关的课外兴趣小组和竞赛活动,但不要多。高中阶段,特别到高二,可以在充分尊重孩子意见的基础上,帮助他们初步选择专业。专业定向对孩子的终身将起到深刻的影响,家长可根据社会发展的需要,孩子的特长与兴趣爱好,通过充分民主协商最后确定。既不能任其自流,也不能越俎代庖。

(4)调适学习动机的强度。在正常情况下,学习动机的强度与其学习效率成正比:学习动机愈强烈,学习效率愈高;反之,则愈低。但在特殊情况下,学习动机过强,学习效率反而不高。例如:有些孩子,家长对他的考分要求过高,或者对他考取重点学校、名牌学校要求过强,在考场上遇到一两道难题,顿时大脑发胀,心荡神驰,思维紊乱,脉搏加快,精神紧张,产生了突然遗忘的心理现象,连平时最熟悉的公式、定律也记不清了,于是张冠李戴,看错考题,丢三落四,结果考不出应有的水平。希望家长朋友们,既要鼓励孩子刻苦学习,将来考入理想的学校,又不能对孩子提出不切实际的过高过急的要求,更不能施加过重的压力,要把孩子学习动机的强度调到最佳状态。这就是家庭教育的艺术,要在教育过程中细心地领悟。

(5)促进外部动机与内部动机相互转化。被外部客观因素(如:表扬、奖励、批评、惩罚等)唤起的学习动机叫外部动机。由内部主观心理因素(如:信念、需求、兴趣、责任感等)激发出来的学习动机叫内部动机。两者互相转化、互相补充。家长要为孩子创造外部条件,激发他们的外部动机。比如,在孩子的卧室挂两幅勉学的名人字画,在书桌玻璃下,放一张励志的哲人语录,在书架上(或案头)放些青少年喜爱的读物。父母要带头读好书,并与子女交流心得,从而营造一个浓浓的读书氛围。还比如:家长要经常检查督促孩子的学习,发现知识上的差缺,及时补救(或请家庭老师或自己动手),有了进步就给予恰如其分的表扬和适当的奖励,对于态度不端正的孩子还要给予必要的教育批评。家长要不失时机地把孩子被激发出来的外部动机转化为内部动机,变“要我学”为“我要学”,这是至关重要的。如何才能实现这个转变呢?长期以来的教育(包括家庭教育与学校教育)实践给我们提供了许多良好的经验。其一,为孩子创造成功条件。一个心理学家说过,没有什么东西比成功更能增加一个人的满足感了,没有什么东西比成功更能增加一个人更进一步追求成功的努力了。成功能增强孩子的成就感、责任感、自信心、自尊心,从而表现出强烈的学习愿望。对于十几岁的孩子来说,不要把“成功”神秘化,参加省市奥林匹克学科竞赛过程中获得许多知识,经受了锻炼是成功;在学习中,即使一次微小的进步也是成功。家长要善于引导孩子用自己的现在与过去比,而不要让孩子与其差距较大的孩子比。有人调查,中国科学技术大学少年班许多学生的经验是:不允许自己下一次比这一次糟糕,我只同自己竞争。其二,利用迁移规律,用优势学科带动较弱的学科。对于学习较差的孩子来说,不是各门功课都差,可能有一两科比较好;即使全差,差的程度也有区别。家长要帮助他总结学得较好的学科经验,并把这些经验运用到薄弱的学科中去。学习活动是复杂的脑力劳动,受各种因素制约,比如孩子在小学(或初中)时基础打得如何,学习动力、毅力、方法、习惯如何,教师的教法以及师生关系怎样,等等。但是,起关键作用的还是孩子学习的自信心。即使智力超群的孩子,缺乏信心和意志也会影响成才的。中国科学技术大学少年班的"第一人",25 年前,被媒体炒成全国少年学习的榜样,父母们教育子女成才的新模式。但是,20 年后,不比他"更聪明"的张亚勤的名字却同事业有成联结在一起而风靡全球,这是为什么呢? 亚勤说得好,那位同学失去了"神童"身上最神奇的一个东西——自信,他 3 次考研都因缺乏自信而放弃。第三,培养学习兴趣。兴趣是最好的老师,是孩子学习和从事其他活动的原动力,能激发孩子内心潜在的热情,调动他们内部学习动机。杨振宁说:"只要我对物理学有了兴趣,它那种吸引力是不可抗拒的。"许多人成才最初就是源于对某些方面的浓厚兴趣。

家长如何培养孩子的兴趣呢? 首先,要扩大孩子的见闻。知识是形成兴趣的主要源泉和必要条件,好奇是形成兴趣的直接导因,要使孩子多接触大千世界,只有见多识广才能兴趣浓厚。其次,要为孩子创造学习进步的条件,鼓励孩子学习的自信心,使之尝到学习获得提高的甜头,从而促进其学习的浓厚兴趣。第三,要巩固和强化中心兴趣。有的孩子兴趣很广泛,家长须从实际出发,因势利导,在保持孩子众多兴趣的同时,从中选择一两项加以提高。

2. 保障能源——意志

如果说,学习动机是推动孩子学习的马达,那么,意志就是提高孩子学习效率的能源了。远大目标和坚强的意志是一个人获得成功的两大心理支柱。据专家抽样测试,超常智和弱智孩子各占 2% 左右,其余 95% 的孩子的智力相差无几。为什么他们的学习成绩悬殊却那么大呢? 这完全取决于非智力因素,而非智力因素中具有决定性的因素就是意志。孩子学习生活的每一瞬间,都经历着意志的考验,坚强的意志铸造学习的强者,而薄弱的意志却断送了一个个天才。美国心理学家韦克斯勒对 1000 多名超常儿童进行了 50 年的跟踪调查,发现有成就的绝大部分是因为有坚强的意志,无成就的绝大多数都因为意志薄弱。

家长们要把培养孩子的学习毅力作为家教中的重要任务持之以恒地抓下去,切不能一曝十寒,三天打鱼两天晒网。(1)小处着手,持之以恒。列宁说,要成就一件大事,必须从小事做起。贝多芬说:"涓流滴水终可磨损大石,不是由于它力量强大,而是由于其昼夜不舍的结果。"认知的过程就是一个滴水穿石的过程,铁杵磨针的过程。央视著名女主持人周涛,她的奶奶在周涛童年时就注意通过日常小事来锻炼她的意志。她家住在4楼,每天上学时要她把自行车从4楼扛到1楼,放学回家后又从1楼扛到4楼,常年如此,风雨无阻。冬天,奶奶又让她用凉水洗衣服。一年冬天,周涛正在水池里洗衣服,手冻得通红,两只棉袄袖子也弄湿了半截,妈妈进屋看见了,一把夺下女儿手中的衣服就要自己洗,奶奶慢条斯理地说:“让她自己洗,袖子湿了我会替她烘,孩子吃点苦对她今后有好处。”奶奶的苦心给周涛的学习和以后的事业奠定了良好的心理基础。(2)选择逆境,挑战极限。生长在石缝中的竹子生命力量强,正如郑板桥为《竹石》画题诗里描绘的那样:“咬定青山不放松,立根原在破岩中,千磨万击还坚劲,任尔东西南北风。”困境、逆境、险境能铸造一个人顽强不屈的意志品质,正如巴尔扎克所说,逆境对于能干的人是一笔财富,对于弱者是一个万丈深渊。杨振宁在2003年国际大专辩论会上总结评点时说,从我的历练看,逆境对我意义更大。(3)创设“静”境,集中注意。相当一部分家长为孩子不能集中注意学习而烦恼,甚至有的家长怀疑孩子有多动症。影响孩子注意力稳定性的因素很多,但主要是两点:一是孩子自控力比较差,意志比较薄弱;二是客观环境的干扰因素没能很好地排除。诸葛亮教育儿子说:“非淡泊无以明志,非宁静无以致远”“夫学,须静也”。这里所说“静”包括主观环境静与客观环境静两个方面。怎样才能使孩子做到“两静”呢?家长们不妨作如下尝试:

——排除心理障碍。处于青春期的孩子,随着生理的急剧变化,心理也发生许多变化,而且心理承受能力比较差,心理存在一定的障碍。据有关调查显示,他们最不满意的方面依次是学习、健康、性格、相貌、体形。有22.3%的孩子感到学习有很大压力,49%的孩子感到有一定程度的压力。家长要做教育孩子的有心人,善于察言观色,从细枝末节的变化中,捕捉孩子的内心世界,从孩子的情绪变化、感情波动、思想矛盾、行为异常等外部表现,了解他们在想什么,怎样想,想做什么,准备怎样做等问题,不失时机地帮助其排除,以便把注意力完全集中到学习上来。

——明确学习任务。根据心理学家的研究,孩子对学习任务理解得越深刻,对学习要求越明确,就越能产生集中注意的要求与决心,注意力也就越能集中和稳定。因此,家长要和老师密切联系,了解孩子所学各科以及参加的各项活动的目的要求,指导孩子在家庭学习过程一一落实。

——动脑与动手结合。手脑双挥能使注意集中稳定。家长要求孩子在学校上课时尽量做课堂笔记,并经常检查,给以指导。在家学习,要求他把偏重操作性的学习项目和偏重阅读性的学习项目适时地交替,做作业前要读书,读书中要做笔记。

——优化家庭环境。家庭环境包括人文环境和自然环境两个方面。家长除了给孩子提供必要的学习物质条件外,更重要的是营造一个学习气息浓厚的家庭氛围。孩子在家中学习时,家长千万不要在孩子身边时而来回走动,伸头探脑,时而问东问西,时而让其做这做那。这样,分散了孩子的注意,打乱了孩子的思路,久而久之,形成注意力易转移的坏习惯。当然,家长更不能在孩子学习时间将电视、收音机的声音开得过大,或者大声喧哗,更不能请朋友来家打牌。太强或太暗的光线,过高或过矮的桌凳,也是影响注意力集中的因素,家长也要排除这些。“两静”以心静最重要,家长要培养孩子拿得起放得下的作风,学习时专心致志,休息时玩得痛痛快快。学习时不要乱想与学习无关的事情,一旦发现思想开小差,要采取多种方法将注意力集中到学习对象上:或注视玻璃板下的名人语录,或瞥一下墙上挂着的最尊敬的人的照片,或暗念“逃兵可耻!逃兵可耻!”的警语,或开音量很小的轻音乐。疲劳也是导致注意分散的因素。身体不适,学习时间过长,环境绝对安静,没有一点点声音,都能引起人的疲劳,甚至昏昏欲睡。父母不要让孩子打疲劳战,要关心孩子的身心健康,注意孩子的劳逸结合。

3. 调适心境——情绪

面对不同事物,不同的人在不同的时间里、不同的背景下会产生喜怒哀惧爱恶欲等不同的感情,这就是情绪。积极情绪使人奋进,消极情绪让人颓废。孩子的情绪直接影响他们的学习:心境好,情绪好,学习就专心,学习成绩就能稳步提高;情绪不好,学习就分心,学习成绩就下降。青少年在对待学习上也有积极情绪和消极情绪之分:有的孩子见到好书如获至宝,读书如“吃书”,有的孩子见到书就心烦,让他读书头脑就发胀;有的孩子做题目,解好一道难题后像盛夏吃冰淇淋那样舒服;有的孩子就怕写作文,提笔如千斤重;有的孩子喜欢参加学科竞赛,人称“竞赛专业户”;有的孩子怕考试,上考场就像赴刑场。据世界卫生组织估计,全球大约有五分之一的儿童和青少年存在或多或少的消极情绪。当前,中学生的学习存在着4种较为普遍的消极情绪。(1)过度焦虑。面对繁重的学习任务和激烈的考试竞争,有的孩子常常会紧张、担忧、焦躁、害怕、恐惧,并形成习惯,这就是学习焦虑。据有关专家抽样调查,南方某大城市42.6%的中学生有学习焦虑情绪,北方某大城市小学生约有十分之一有这方面的心理障碍。学习焦虑因程度不同可分为低度、正常、过度。正常焦虑能够把压力变成动力,使学生把全部精力集中在学习对象上,促使其为既定的学习目标而顽强拼搏,有利于学习成绩的提高。过度的焦虑则对学习产生畏惧、恐慌的消极情绪,干扰正常的思维、记忆等心理活动,导致学习下降。对学习抱着无所谓的态度,没有焦虑之感,或者焦虑程度很低,也不利于调动求知的积极性。(2)抑郁情绪。由于学习压力过大,屡遭挫折,内心的苦恼得不到及时地、有效地排解,长此以往就产生了抑郁症。据报载,13%—18%的中学生患有抑郁症,而患者中以性格内向的为多。有些抑郁的中学生往往表现出无缘无故的疲倦、头痛,而且伴有失眠、多梦现象;有的独来独往,不与同学交往,下课后,往往留在教室,趴在桌子上昏昏欲睡;有的无意中以砸窗户玻璃、踩踏校园花草等破坏公物的形式宣泄内心的郁闷;有的因食欲不振导致体质下降;有的在家里,拿着东西摔摔掼掼,自言自语地唠叨:“烦死人了!烦死人了!”(3)嫉妒心理。只许自己最好,不许别人超过自己的妒忌心理在中学生中有许多表现形式。例如:封锁有价值的学习资料,不借给别人;自己已解答好的难题,别人问了说是不会做;老师给别人多辅导两次,自己心里不是滋味;比自己学习差的学生偶尔一次比自己考得好,心里就嫉恨,恨他超过自己;比自己学习好的同学偶尔考得比自己差,就喜在眉梢乐在心;等等。(4)厌学思想。我市对 589 名中学生进行问卷调查,对学习不感兴趣的和非常厌烦的占 13%,学习兴趣一般的占 65%,很感兴趣的占 17%。近年来,农村中学生厌学的人有所增加,辍学率比较高,新的"读书无用论"有所抬头。

家长同志们,你平时关注孩子学习情绪的变化吗?你了解变化的原因以及采取了解决的办法吗?那么,就让我们来共同探讨一下调节情绪的方法吧!

——调整家长对孩子的期望值:过高则降低,过低则提升;过强则减弱,过弱则加强;过急则放缓,过慢则放快,零值要增加。

——切实减轻孩子的学业负担。现今,围绕教材,瞄准考试的学习资料五花八门,泛滥成灾,不仅增加了孩子的学习负担和家庭的经济负担,而且严重地干扰了正常教学,不利于课程改革,影响创新思维、创新人才的培养。家长可在老师的指导下,精选一点高质量的资料,供孩子学有余力时参考,但不要给孩子硬性规定完成的任务。时下,在城市中,面向中小学生的诸如超前班、奥赛班、冲刺班、强化班、火箭班、素质班等各种繁多的课外校外学习班,多如牛毛,这还不包括家庭教师的辅导班。据某市中小学心理信息分析中心调查,中学生每天要完成的作业量,学校教师布置的占 48.9%,校外教师和家长布置的占 51.1%,学生真是不堪重负。2003 年,东北某市第 53 中学,14 岁的十佳少年,因患脑出血这种罕见的疾病,经抢救无效而死亡。她各方面都非常优秀,学习非常突出,除出色地完成学校的学习任务,家长还帮她安排校外语、数、外超前学习班以及绘画班、摄影班,每天早晨 4 点多起床,晚上睡得很晚,每天疲于奔命,双休日也从不休息。长期以来,学习压力过大,疲劳过度,情绪激动等因素影响,促使脑血管畸形,进而破裂。希望家长不要轻信校外学习班的广告宣传,不要轻易送孩子去学习,要量孩子之体力,要慎之又慎,要保持孩子每天 9 小时的睡眠时间,家庭学习时间严格控制在每天 2 小时以内,不要加压。

对孩子进行抗挫折教育。俗话说得好,人生不如意十之八九。孩子在长期的学习生活中遇到考试失利、实验未做好、竞赛未获名次等不如意的事情是屡见不鲜的。根据心理学研究表明,同样的挫折,第二次比第一次对个体情绪的影响,不论是深度还是广度都弱得多。所以,家长除积极支持孩子参加学校组织的抗挫折教育活动外,还要针对孩子的心理特点,在家庭设置一些困境让他去经受磨炼。

——教育孩子正确对待竞争。21 世纪的人才既要具有整体意识、团队精神,又要具有竞争意识、开拓创新精神。家长要教育孩子认清时代,敢于挑战;打好基础,善于取胜；宽容大度，善待对手；合作协调，争取双赢。要教育孩子既能经得住失败，又不甘心失败；既不嫉妒胜者，又虚心学习胜者；既能耐得住胜利而获得的荣誉，又能以正态的心理去关爱暂时失利者。这样，就能使孩子胜不骄、败不馁，精神上永远立于不败之地，胜败双方都是赢家。

——不要把自己的不良情绪传染给孩子。家庭生活是孩子学习情绪的第一所学校，父母是孩子无形的情绪指导老师，父母的喜怒哀乐往往直接影响孩子的情绪。据报载，有位中学生，性格原来很开朗，学习成绩也比较好。后来，父母双方下岗，两人经常当着儿子的面发牢骚。他俩的心里怒气发泄了，心理压力缓解了，可是儿子的心理压力增加了，孩子总因自己不能为父母解决问题而痛苦，整日闷闷不乐，久而久之形成抑郁症，学习成绩下滑。奉劝做父母的不仅不能把自己的消极情绪传染给孩子，而且也不能把夫妻之间的矛盾暴露在孩子面前，更不能在孩子面前吵嘴打架。

4. 打造宝盆——习惯

俗话说："好习惯是聚宝盆，坏习惯让人坐吃山空。"孩子养成好的学习习惯就是一个聚集知识的宝盆，家长要帮助孩子精心地打造这个宝盆。良好学习习惯的形成是一个长期教育养成的结果，决非一蹴而就，而且形成后还会有多次反复。印度谚语说得好："播种行为，收获习惯；播种习惯，收获性格；播种性格，收获人生。"孩子的习惯（好的，坏的）一旦形成，就成为人的性格，难以改变，所谓"少成若天性，习惯成自然。"叶圣陶说："什么是教育？简单一句话，就是要养成良好习惯。"家长们！你的孩子有哪些良好的学习习惯？还有哪些不良的学习习惯？这些习惯是否都成为"天性"？你打算如何帮助孩子养成好习惯，改正坏习惯呢？这里仅提供参考意见。

(1)当天功课当天完成。我国排坛老将周晓兰小时候自控能力比较差，常因为看电视、电影耽误了功课。他父亲发现之后对她严格要求，功课不完成，再好的电影、电视也不准看，买了票宁可作废，而且不准"下不为例"。经过长期训练，她养成了"今日事，今日毕"的良好习惯。有些孩子，父母催做功课时，常以"等等再做""晚上再做""明天周末再做"等口头禅来回避。殊不知，许多宝贵的时光就在这些"等等"中溜过去了。家长要教育孩子珍惜时间，合理安排时间，严格执行计划，抓住今天，把握明天。

(2)课前预习，课后复习。古语说得好，预则立，不预则废。孩子只有对第二天所上课程进行预习，才能做到心中有数，带着不懂或似懂非懂的问题在课堂上全神贯注地听老师讲解和同学发表意见，从而解惑消疑。预习也可以培养自学能力，起到习新温故的作用。及时复习，不仅能巩固当日所学新知，而且能促进探求新知，所谓温故而知新。预习和复习是孩子在家庭完成的两个重要学习环节，家长每天都要检查督促，有条件的家长可以抽查预习和复习的内容，质量不高要进行第二次。

(3)做前看书，做后检查。不管哪种类型的作业都与已学知识有关，所以家长一定要求孩子做作业之前看书，这样可以达到少走弯路、事半功倍之效。要督促孩子做作业时打草稿，完成后检查。现实生活中，一个错别字或一个小数点错位都可以酿成经济上、政治上、军事上的巨大损失。据报载，沿海某大城市有关部门对近400名中学生调查显示，近9成学生认为自己写的字难看。该市把学生的写字习惯、写字技能，作为评价教师教学水平、学校办学水平的一个方面。今后，小学毕业生必须通过写字一级，初中毕业生必须通过二级。家长要用实例教育孩子认真做作业，书写工整，一丝不苟，款式正确，马虎不得。口头的、实际操作的非书面作业，往往被孩子忽视，家长也要严格要求孩子按标准完成。要教育孩子独立完成作业，不懂的要问别人，千万不能抄袭。家长要经常检查孩子作业完成情况，有条件的还要检查作业的正确与否。

(4)学思结合，勤于应用。爱因斯坦说："学习知识要善于思考、思考、再思考，我就是靠这个方法成为科学家的。"学习的核心是学会思考，目的是学会应用。既要鼓励孩子发现问题、提出问题；又要引导孩子思考问题、解决问题。对孩子的提问要提供思路和解决的方法，不要轻易地告诉答案。要有意识地从现实生活中提出一些实际问题让孩子运用新学知识加以解决。例如：让学过物理的高中孩子，根据家电说明书正确使用家电，并能排除一些障碍，逐步养成动手的习惯；让学过《养成良好的写作习惯》（人教版）这一单元的初一孩子，逐步养成善于观察和思考、积累写作材料、构思和修改的习惯。

(5)坐姿端正，学具整洁。要求孩子不论在学校上课，还是在家做作业、看书都要坐得端正，头和上体不得趴在桌上，两腿自然下垂，两脚自然平放。书籍、簿本以及各种文具用品要整齐地摆放在一定位置，书桌上不要乱放杂物。用过的课本和写完的作业本要妥善保管，以便及时查阅。这些看似小事，实则反映孩子的为学态度和治学精神，不能以"小事"视之。要在这些小事上养成良好习惯（或者克服已经养成的不良习惯），家长非得下一番功夫不可，持之以恒，反复训练。改掉一个不良习惯往往比养成一个良好习惯所花的功夫要大得多。

三、选择有效的方式方法是斜边

近期，报载的两则消息，令人深思。一则是：一篇600字左右的学生作文，其中使用了72个"死了"，如"热死了""烦死了"……整篇文章都是十分简单的词语，毫无文采可言。郑州一位语文老师曾对30篇《我爱我家》学生作文进行统计分析，学生用的词不超过200个，成语、俗语很少见，更不用说自己个性化语言。另一则是：一种能在电脑内自动生成作文的软件，大受中学生的"青睐"。任何人只要通过邮寄汇款或网上刷卡，花上35元就能下载该软件。输入作文题目和关键词后，就可以从范文库选择开头、结尾和细节,“拼凑”成一篇颇有文采的文章。有一个初三学生用该软件花4分钟就写了一篇名为《面对压力》的作文。这篇作文,居然蒙住老师的眼,得了90分。

正如语言学家们指出的那样,孩子语言贫乏,主要是因为他们的父母忙于工作,丧失了与孩子交谈、游玩、体验生活的机会,而把孩子整日留在电视机前,很少去翻阅书籍;同时,快餐文化也让孩子迷失了自己,他们跟着时尚流转而懒得去创造。这样,语言就失去了发展源泉。因此,孩子既要读无纸之书,又要读有纸之书;既要读无字之书,又要读有字之书;既要读课内之书,又要读课外之书:要把几种书结合起来读。

1. 改造学法适应新课程

我国基础教育课程改革是全面实施素质教育的中心环节。从2001年秋季开始实验到2003年秋季,参加新课程实验的学生已达到同年级学生的40%—50%。2004年,在17个国家实验区将有首批初中毕业生。这表明,课程改革进入到由点到面的关键时期。高中新课程方案和高中15个学科的课程标准已研制完成,义务教育22个课程标准的修订工作也取得阶段性的成果,具有中国特色的课程体系基本形成。崭新的课程体系和3年的实验初步显现出前所未有的特点。

(1)课程门类减少。这次课程改革设置3门综合课程:《科学》课程综合了以往的物理、化学、生物3科;《历史与社会》综合了过去的历史、地理两科;《艺术》综合了原来的美术、音乐两科。3门综合课程共减少了4门课程,改革长期以来中小学课程分类过早、过细、门类过多、缺乏整合的弊端,提高了学生综合掌握并运用知识分析问题、解决问题的能力,以及对人与自然、社会协调发展的整体认识。

(2)三级课程管理。基础教育管理的责任在地方,课程改革和发展的责任同样也在地方。课程改革要充分调动地方的积极性。多年来,高度集中的课程管理政策,使地方的管理能力削弱,很不利于课程的改革和发展。为了调动地方的积极性,提高地方课程管理和建设的能力,新课程规定三级,即国家课程、地方课程、校本课程,分别由国家、省、校三级管理。同时,国家课程采取“一标多本”,改变过去全国划一统编教材。截至2003年年底,已有120余种、680余册新教材经过审查,供各实验区选用。这就打破了过去编写教材的“只此一家,别无分店”的一统天下,开创了繁荣教材学术研究,提高教材质量的新局面。这是新中国成立以来教材建设的一次重大突破。

(3)教材内容创新。打开新教材,一阵阵和煦的春风扑面而来,沁人心脾。针对过去教材存在“繁、难、偏、旧”的弊端,新教材突出了“实、新、活、用”的特点。所谓“实”就是与社会现实、学生实际密切联系。如:初一语文(苏教版)增加的《民俗风情》这个单元,必读课文和3首古诗词、6副对联的欣赏课文,都反映了我国民间风俗和传统节日,非常贴近人们生活,孩子读后倍感亲切。所谓“新”就是编写思路新、教材内容新、版面设计新。不论文科还是理科教材,都是以日常生活的情景或案例的描述为基础,引出概论、定理、定律、原理,并进行分析讨论,然后运用于实际,这种思路既是唯物的,又是辩证的。新教材中增加了以往教材中所没有的新内容,吸收了反映当代自然科学、社会科学、文学艺术等领域中的新成就。如:为了培养孩子想象能力和创造能力,在语文课中学科学,在科学内容中学语文,初一语文新教材中增加了《奇思妙想》和《关注科学》等单元;在《叫三声夸克》一文中,系统地介绍了物质最小单位从原子到电子、质子、中子,再到光子、介子、中微子,以及用字母命名的K子的发现,直到1994年4月6日,在费米实验室发现的顶夸克。所谓"活"就是给学习的孩子留下了自我活动,张扬个性的时间、空间和内容。如《事物的正确答案不止一个》一文,设计了4个图形,由于看图形的角度不同,4个答案都是正确的。初中《数学》有这样一道作业题,从不同角度对一组几何图形进行分类,由于分类的依据不同,产生不同答案。这些答案都是正确的。这就打破了"正确答案只有一个"的模式,有利于创造性思维的培养。所谓"用"就是新教材根据课文内容设计了许多"动脑""动手"的活动。这些活动,注重为启迪学生思维提供路径,注意为学生思维的拓展留有空间。新教材对过去教材"繁、难、偏、旧"的内容都进行了删减。

(4)学习方式改革。学习方式方法构成金三角的斜边。新教材不仅要求教师的教法要改,而且要求学生的学习方法也要进行改革。

——变被动消极接受知识为独立自主地获取信息。教师与学生是教学过程的两个方面。从学的方面来说,学生是主要方面(主体)。独立自主的学习方式,要求学习主体具有明确的学习目的,强烈的学习愿望,富有活力的创新精神。通过多种形式的课堂(学校的、家庭的、社会的),根据自己的特点,在教师、家长的引导、指导下,有效地获取信息、加工处理信息、储存信息、输出信息。从教的方面来说,教师是主要方面(主体),担负着教学总体设计,各环节的安排,教材的处理,教法的选择,并参与、组织、调控学生的全程学习。因此,教与学的全程体现了人性化、主体化、合作化、多样化的特点。自主学习对教师、家长的要求更高了,教师、家长的责任也就更大了。

——变单向灌输为双向交流。所谓"双向交流"就是师生之间、学生之间以及学习主体与家长、亲友等人之间的交流。这就是合作学习。有位哲人说,两个人各有一个苹果,互相交换后,每人还是只有一个苹果;如果两个人的思想互相交换,每人至少拥有两种思想,或者更多种思想。这段话用来说明合作学习的效用是再恰当不过了。当今的学校课堂不再是教师向学生单向灌输知识的场所,而是师生之间、同学之间双向交流、互相探究的书院。当老师或其他同学发表意见时,每个学习个体都应该集中注意地听,一面动脑思索,一面把他人意见的要点、难点、疑点记下来,然后充分发表自己的意见。在双向交流中,如果自己的意见得到他人的认同或赞许,可以尝到成功的喜悦,从而提高学习的兴趣;如果自己的意见得到他人的纠正或补充,可以发现本人知识的缺失,从而促进自己学习更多的知识。陶行知先生提倡的"小先生"制就是本土化的合作学习形式。1930年,晓庄师范被迫停办,晓庄师范的教师和学生不能回晓庄小学任教和学习。小学生自己组织起来,推举同学当校长,做教员,自己教、自己学、自己办,自称自办学校。陶先生认为,这是中国破天荒的创造,满怀激情地写了一首诗去恭贺他们:"有个学校真奇怪,大孩自动教小孩,七十二行皆先生,先生不在学如在。"

当信交给几个大的学生,请他们指教后的第三天,陶先生接到了回信,除对先生表示感谢外,还对这首诗提出改正意见:大孩教小孩,难道小孩不能教大孩吗?大孩能够"自动",难道小孩就不能"自动"吗?而且大孩教小孩有什么奇怪呢?陶先生马上把"大孩自动教小孩"改成"小孩自动教小孩",并高度评价"农村小孩改留学生的诗"是中国又一个"破天荒的创造"。中国人民大学附中肖远骑老师在《中国教育报》上介绍一堂美国老师的数学课《面积的计算》。上课后,老师把孩子们带到一块不规则的草坪上,然后分成4个小组,每个小组发给一卷皮尺,要求学生们想想看,用什么方法算出这块草坪的面积。孩子们兴高采烈,有的用拼凑法,将不规则的草坪切成若干个长方形;有的用填补法,加加减减。不一会,孩子们都算出了草坪的面积。在这堂课中,同学之间合作得非常好,师生之间也合作得很好。合作学习重在每一个学习个体都能处于积极状态,充分展示自己的才智,互通见解,互补优长;不能有一个滥竽充数,更不能扩大学习上的两极分化。要防止表面上的热热闹闹,形式上的生动活泼。在合作学习中,教师既要扮演好"助产士"的角色,更要扮演好导演的角色,不能降低自己的作用。

——变机械训练为探索研究。何谓研究性学习?就是在教师和家长的指导下,用科学工作者研究科学的方法研究现实社会生活中感兴趣的问题,在研究中获取知识,在研究中学会学习。它主要包括4个环节:

(1)选定课题:从自然、社会和孩子自身生活选择和确定研究课题;(2)搜集材料:调查现实情况,获取活知识,搜集书面材料,获取间接经验,然后加以梳理;(3)分析论证:通过对材料的分析,找出答案;(4)实践验证:将研究成果应用于实践,并验证其正确程度,再作进一步研究。

高中开设的研究性学习课程可以按4个环节进行研究。作为新的学习方式,也可以渗透到基础教育其他学科的学习中,这也是研究性学习。变被动接受、单向灌输、机械训练的学习为自主、合作、研究性学习,不仅是学习方式的变革,也是一次教育思想的变革,对家庭教育的一次洗礼。希望家长们:

——进一步认识基础教育课程改革的形势,了解课改的精神,熟悉课改内容,在家庭教育中成为实施新课程的参与者、组织者、指导者。

——创设良好的学习环境,造就学习型家庭。全面建设小康社会,要求形成"全民学习、终身学习"的学习型社会,每个家庭都要构建终身学习体系,成为学习型家庭。

父母在家庭中应该成为自主学习的榜样,用行动去影响孩子;同时,也要培养孩子独立自主的学习意识和主动学习的习惯。在学习上不要包办孩子的一切,要留给孩子自主学习的空间,以利于孩子学会自主学习。

——培养孩子的合作精神。知识经济时代对人才的要求既要有竞争意识,又要有合作精神。成功的合作学习,是建立在合作者每个人良好的合作愿望和积极的合作行动基础上的。家长要教育孩子,在合作学习中,要毫无保留地将自己搜集的材料拿出来让大家共享,踊跃发表个人意见,虚心听取别人意见,既敢于坚持意见,又勇于修正错误。学习较好的孩子要乐于助人,不要怕耽误学习,不要怕别人超过自己。学习较差的孩子要积极开动脑筋,消除顾虑,大胆发言,不怕说错,不做南郭先生。家长还要通过家庭生活和社会交往等活动,注意培养孩子的合作精神。

——参与孩子的研究性学习。家长要积极支持孩子的研究性学习,帮助他们选择课题,制订研究计划,选择研究方法,搜集材料,提供物质条件。有条件的家长可以和孩子共同探讨问题,引而不发,导而有方。这是巩固扩大课内学习成果的需要,也是学会自主学习的需要,更是发挥孩子个性特长的需要。如果说课程学习的时间大部分在学校,那么,课外读物的阅读时间大部分就在家庭。因此,家长对孩子课外读物的学习指导更为直接。

2. 阅读书刊扩大新视野

养成阅读课外读物的良好习惯,不仅是孩子巩固扩大课内学习成果的需要,也是学会自主学习的需要。

首先是培养孩子的读书兴趣。犹太民族有个传统的仪式,当孩子懂事时,母亲拿部《圣经》,在上面滴两滴蜂蜜,让孩子吻圣经上的蜜。这个仪式的意思是:让孩子感受书是甜的、香的。家长们能让孩子感觉到书是甜的、香的,像蜜一样吸引他们去吻书,去啃书吗? 其次是慎重选择。现在书籍报刊浩如烟海,良莠不齐,孩子难辨优劣。家长要根据孩子的阅读能力、兴趣、爱好,以及可支出的课外时间,从寓言故事、文学艺术、科普科幻、历史文化、社会政治等5类书籍中选择适量的作品。中外名著也要有所选择,对于暴力和性描写得比较露骨的名著不能选为青少年的课外读物。高尔基说:“书籍是青年人不可分离的生命伴侣和导师。”家长要像给孩子选择良师那样选择好书,帮助孩子把好课外阅读的第一关。此外,还要给孩子订一两份中学生刊物。对孩子课外阅读也要有数量要求,根据全日制义务教育《课程标准》的规定,学生 9 年课外阅读总量要达到 400 万字以上,平均每年要达到 22 万字以上。对多数的中学生来讲,要完成这样的任务,没有家长的督促检查是困难的。最后是指导孩子的读书方法。中外许多名家积累了丰富的读书经验,综合各家经验,结合中学生实际,家长要指导孩子主要掌握 4 种读书方法。

——精粗互补法。对于古今中外优秀的短篇诗文要精读，家长要督促检查孩子在理解基础上背诵。《课程标准》中要求1—6年级学生背诵160篇(段)，7—9年级(初中)学生背诵80篇(段)，合计240篇(段)，根据孩子的实际情况可以加减(高中参照)。对于较长的优秀诗文可以反复地阅读，感悟体味其中的意义，不要背诵。对于长篇的文章和整部书，整篇整部粗读，重点段落和章节精读，甚至对个别精彩的段背诵，把粗读与精读结合。

——厚薄交错法。华罗庚自学成才，他的由厚到薄，再由薄到厚的读书方法，对今天的青少年很有指导意义。由厚到薄两种方法：一种是快速浏览全书，先读序言、目录、结论、后记，以及本人最感兴趣的章节和关键词，这是先粗后细；另一种是对自己最需要最感兴趣的书则逐字逐节、逐段逐句地细读，然后挈其要领，求质于量中，这是先细后质再到薄。读薄以后，再由薄到厚，就是抓住书中的精髓，结合本人研究的课题加以发挥，写成专文或者专著。对于孩子来说，主要是掌握所读书刊文章的要领后写读书心得。

——四步流水法。第一步是阅读，阅读最重要的是理解，理解有深刻与肤浅之分，对不同年级的孩子，理解的深度就有所不同。不同类型的书和不同体裁的文章理解的着眼点也不同：对于文学艺术类读物，重在领悟其意境，感悟其形象，提炼其主题；对于社会科学类读物，要把握其思路，领会其要领，掌握其论述的方法；对于自然科学类读物，要了解其科学成果的内容，把握其创新过程中的研究方法，理会其社会价值。第二步是做笔记，可以摘抄其要点、范例以及精彩的关键词语，也可点评其章节或艺术形象。第三步是记忆，将主要论点、重要情节以及精彩的句段储存在记忆宝库之中。第四步是应用。

——海绵挤时法。孩子的课外阅读不是软任务，与课内学习有同等重要意义，甚至是造就人才的主要渠道。所谓"课内打基础，课外育人才"就是这个意思。然而，当前孩子的课业负担比较重，如何合理安排孩子的课外阅读时间，就成为摆在家长面前的难题。朋友！别犯愁，你可以像挤压海绵一样，从孩子一天生活中挤出时间，帮助他安排课外阅读时间。在每周5个工作日的时间，每天挤出30分钟，可挤出6525分钟；每周双休日时间，每天挤出60分钟，可挤出5820分钟；寒假暑假分别按60天计算，每天内挤出90分钟，可挤出10800分钟：3项共挤出23145分钟。按每分钟阅读100—200字的速度，一年挤出的时间可阅读231万字至462万字，非常可观。平时每天阅读短文和诗词，双休日阅读长文章，寒暑假读大部头作品。这个海绵阅读计划能否落实，关键在于毅力，能否持之以恒。这个阅读习惯一旦养成，终生受用无穷。

3. 研读无字书吸取活知识

周恩来青少年时期就有远大抱负和高尚的情操，他在天津南开中学读书时就写一了一副自勉联："与有肝胆人共事，从无字句处读书。"社会是人们终生学习的大课堂，随时随地都可以给你提供内容生动丰富、形式多种多样的活生生的教材。家长除了鼓励孩子在学校参加他感兴趣的课外小组活动、社会实践活动、春游和秋游活动，还可以在大休息期间，带领孩子到农村（或城市）搞些社会调查，以培养孩子的动手能力、观察能力、分析综合能力，从实践中学到更多更好的知识。家住农村的父母可以带领孩子逛城市。社会大课堂是个庞然大物，其中鱼龙相容，好坏杂处，真伪相混，要引导孩子学习积极的东西，摒弃消极的东西；学习真知活知，摒弃伪知死知。提倡“读活书，活读书，读书活”；反对“读死书，死读书，读书死”。

4. 选读无纸书接受新信息

当代，电脑、电视、电影、广播等媒体是一本内容丰富、形式生动形象、熔各类知识于一炉的无纸化的特殊教本，是一部庞大无比的百科全书。这部百科全书中包含的知识取之不尽、用之不竭，可供每个人终生受用。家长要给孩子一定时间看电视、电影，并推介一些适合于青少年的栏目。如《奇思妙想》《环球之旅》《动物世界》《千秋史话》《今日说法》《语林趣话》等。还要帮助孩子学会电脑，有条件家庭可以联网，和孩子一起上网，从网上下载有用知识。同时，要采取疏堵结合、家校沟通的方式，趋利避害，防止污染。

综上所述，智力因素、非智力因素、方式方法构成了学会学习、造就人才的金三角（直角），其中挖掘智力潜能是底边，培养非智力因素是高，选择有效的方式方法是斜边。三者构成一个封闭的直角三角形，缺了任何一边都不能成为三角形，只有三边有机地组合，才能达到学会学习的最高境界。这就是学会学习的要义所在。

［2004 年，安徽省教育厅关工委主任柏守逊（原省教委副主任）主编《现代家庭教育教材》共 4 卷。蓝济仲任编委副主任，中学生家长卷主编，并撰写本文与《勉励深造，指导择业》。］

勉励深造，指导择业

（2004 年 6 月）

人生能有几回搏，一个人单是在中学的 6 年就经历了中考、高考两次拼搏。拼搏的结果，有些人“过五关，斩六将”，金榜题名；有的人“失荆州，走麦城”，名落孙山；还有个别人酿成血案。贵州省安顺市某中学吕小双、吕小璧（化名）孪生姐妹俩，2001 年初中毕业升高中考试总分分别为 480 分和 460 分，未达该市重点中学最低录取分数线，但可以上民族学校。两人查清分数后未敢回家，到同学家躲藏起来了。妈妈将两人找回后，爸爸罚两人跪了 20 分钟，虽然没有打骂，但那种不声不响的气氛比打骂还让姐妹俩害怕。在考试失利的懊恼情绪和畏惧父母的恐惧心理双重压力下，两个人商量给父母一点颜色看看：第一次打开煤气罐被父母及时发现；第二次投老鼠药，母亲中毒住院吊了三天水，父亲也气得旧病复发；第三次将 6 瓶“毒鼠强”放进稀饭里，终于将父母双双毒死。

酿成这场悲剧的原因是什么？是心理畸形、情感变态的孪生姐妹吗？是的，她们要负刑事责任；但也不完全是，她们正处于十五六岁的花季时期，渴望着自由欢乐以及与同龄人交往，然而这些本应属于她们作为人的最基本的要求与权利几乎被父母剥夺了，甚至人身的自由权和人格的尊严也被剥夺了。悲剧的产生能归因于她们的父母吗？当然是否定的，因为他们是悲剧的受害者。然而，他们在家教中又确实有诸多的失误，他们“望女成凤”的心太切，他们只关心女儿的学习，不关心她们的全面成长，只对女儿进行不近人情的“严管”，没有尊重孩子，没有营造一个让孩子天性自由发展的家庭环境。他们太功利化了，如果把他们的死因归咎于他们自己，似乎不近人情。然而，是中考把他们送上不归之路吗？

1. 不公平的公平

华东师范大学基础教育改革与发展研究所与华东师范大学出版社联合进行一项题为“普通高中课程满意度”的调查，调查范围覆盖了16个省、市，调查对象集中在高中生、高中教师和校长、大学生、未上大学的高中毕业生以及相关的社会各界人士，共计12000人次，其中有两项涉及高考。在“高考招生制度”一项中，不满意或很不满意的占37.2%（高中生不满意比例最高，达43.8%），一般的占36.5%，满意或很满意的占23.6%。在“对学生的考试评价方式”一项中，不满意或很不满意的占39%（46.6%的高中生持否定态度），一般的占38.5%，满意或很满意的占20.2%。许多被调查者认为，学了12年，结果以一次考试进行评定，很不合理，能力、道德、修养等往往难以得到科学的、合理的评价。四成多的高中生对高考表示不满意，对高考评价方式持否定态度，孪生姐妹又因中考失利而毒死父母。“两考”作为国家选拔人才的手段是否应该否定？如果不否定要不要改革？怎样改革？纵观各国历史，选拔人才不外乎考试与推荐两种方法，或者两种办法相结合，以一种为主。考试有两种性质：一是水平考试，这是考核、督促、评价教师的教与学生的学的重要手段与依据；二是选拔考试，非义务教育的各级各类学校的招生考试就是属于这种性质的考试。近年来，国家招聘公务员、企事业招聘职工也采用考试办法。对考试结果的评价，不论是用百分制计分还是用等级制计分，都要显示出差别。前者层次多，区分度可以精确到小数点后2位；后者层次少，区分度一般在5—10之间：两者各有优劣。

“两考”的分数基本上能反映参加考试人的知识水平、分析问题和解决问题的能力，随着命题指导思想的转变，试题中主观题的比例不断增加，更加有利于考查考生的能力。自恢复高考以来，尽管在“两考”这片绿色草原上偶尔被牛羊留下几堆粪便，但还不失为人们所称道的“绿洲”，参加考试的人基本上做到在分数面前人人平等。这就是它的客观性、公正性、公平性。然而，它毕竟还存在许多不尽如人意之处，它还不能反映考生的实际操作能力以及思品、心理等综合素质中的其他要素，而且统得过多，有些政策也不能适应变化的现实。这就是它的不全面性、不科学性、不公平性。这就是“两考”不公平的公平。权衡利弊，利大于弊，在未来相当长的时间里还不能取消“两考”。如果取消“两考”，给整个社会和教育事业带来的负面影响将是不堪设想的。30年前，取消高考的10年，给国家和人民带来了“史无前例”的灾难，人们至今还记忆犹新。

当前，关键在于：与时俱进，改革“两考”，趋利避害，自我完善。2004年，17个国家级的新课程实验区的初中与普通高中招生制度进行了改革，改变了以升学科目分数简单相加为唯一录取标准的做法，在初中毕业生学业考试、综合素质评定、高中招生录取等三个方面进行了重大突破；同时，实行单列计划、单独命题、单独招生。高中招生坚持综合评价、择优录取的原则。学业考试成绩和综合评定结果成为普通高中招生的重要依据。普通高中学校经地方教育行政部门批准，可以组织加试，加试内容主要考查学生的创新精神和实践能力，以及综合运用所学知识分析问题和解决问题的能力。这次改革将为2005年在更大范围内进行改革奠定基础。

从上个世纪末以来，高等学校招生制度改革的力度比较大。一是减少考试科目，以减轻学生的负担，将原来文科考的语文、数学、外语、政治、历史、地理改为“3＋文科综合”，将理科的语文、数学、外语、政治、物理、化学、生物改为“3＋理科综合”。二是高考试题命制权逐步下放给省、市，先是下放到北京、上海、广东、湖北等四省市，2004年又增加天津、重庆、江苏、浙江、辽宁、福建，现在共11省市。2004年，艺术专业招生，高考文化考试最低控制分数线由艺术院校自行划定的有31所，打破了过去由艺术院校所在地的省、市划分数线的模式。三是高考招生人数发生了历史性的突破。至2003年底，全国各类高等教育在校人数已达1900万人，其中普通本科生约1100万人，研究生约65万人，高等教育毛入学率已达17%，我国已进入高教大众化了。北京、上海高等教育毛入学率已达50%以上，实现了高等教育普及化。四是招生政策随着形势的发展变化也增加许多新内容，比如报考的年龄、婚否、考试次数都不受限制。2001年，出现了72岁的古稀老人考取大学的新鲜事。

家长是否了解新世纪“两考”改革的形势？是否具有高教大众化的意识？对我国高等教育发展的“巩固、深化、提高、发展”的方针是否理解？这些问题如果在思想认识上得到很好解决，对于指导孩子参加“两考”是非常必要的。

2. 善待考试争高分

读高一的洋澄（化名）期中考试各科总平均分为77分，受到在机关当科长的爸爸训斥，因为没有达到80分以上的既定指标。作为优秀教师的妈妈不以为然，为儿子开脱，说：“不能单看分数，重在能力，考95分的孩子能力不一定比考100分的孩子能力弱。不要唯分论。”爸爸立即反驳：“别唱高调了，你姐的孩子去年考高中，离重点高中分数线只差两分，我这个当姨父的科长也没用，到头来还不是花了6000元吗？一分3000元呀！”洋澄“若有所悟”地撂出一句话：“别吵了！你们都对，只有我错。”然后阴沉着脸走进自己的卧室，砰的一声把门关上。洋澄是这场家庭争论的焦点，心情当然不会愉快，然而他说的两句话倒有几分道理。爸爸是从分数在现实生活中体现的价值来说的，妈妈是就分数与能力的辩证关系这个本质属性而言的，两人说话的角度不同，表面上是对立的，实质上是统一的。家长在引导孩子学习时，在与孩子共同协商的前提下，提出“跳一跳能够摘到桃子”的分数指标是可以的，但不要把分数看得太重，重在让孩子学会学习。

在“两考”前夕，家长如何帮助孩子学会考试去夺取高分呢？要孩子掌握哪些方法呢？让我们共同探讨下面几个问题吧！

(1)调适心态

孩子们考前的心理很复杂，心态多样：有的胸有成竹，胜券在握；有的惊慌失措，手忙脚乱；有的心情沉重，唯恐考“砸”；有的丧失信心，被动应付；有的自暴自弃，临阵脱逃……朋友！你的孩子属于哪种？如果是胸有成竹，那是考试取胜的前提，但还必须提醒他，要做应对难题的思想准备，历年来试题都有出人意料的内容，也有学习优秀者“失马”的先例。而且考场上强手如云，比你优秀的学生比比皆是，不要坐井观天。如果你的孩子信心不足，你要鼓励他去迎接困难，在考试前三天，让他关在房间里，每天早晚各喊三遍：“我能成功，我一定能成功！”并且开导他：“如果试题难，大家都难，水涨船高嘛！”不妨来点“阿Q精神”，自我安慰。当然，最重要的还是帮助他复习好。如果你的孩子过分焦虑，你要对他切实地“减压”，考名校、考重点学校的热望要降温，家长在孩子临战前千万不要以此期望他。还要教育孩子正确对待考试与个人前途的关系，考试成功，固然有利于个人的未来发展，考试不成功还有下次，况且条条道路通罗马。如果你的孩子萌发不愿考的念头，你要及时地教育引导，使其彻底放下“弃考”的念头。近年来，中专毕业生不包分配，名牌高中录取分数又高，下岗职工和农民的孩子家庭经济状况又不好，所以有相当一部分初中毕业生(特别是在农村)不愿参加中考，甚至报过名的也不参加。要教育孩子认识到，社会人生是个大考场，每个人的一生都要迎接无数次不同形式的考试，“两考”就是一个好机会，即使考不到理想的学校，甚至考不取，也是一次学习锻炼的好机会，不能放弃。

(2)临阵磨刀

——战前训练。百米冲刺的最后一刹那间往往决定胜负，考前5—7日的在家自由复习时间，如果家长帮助孩子安排好、利用好，也能起到“冲刺”的效用。要打破“定局论”，抓好战前复习。这几天的复习可以遵照下面的原则：全科兼顾，突出第一志愿的学科；基能结合，突出基础知识和基本技能；统览全书，突出重点章节和难点内容。在这个原则指导下，不同的孩子复习的侧重点也有所不同。如果你的孩子基础很扎实，平时成绩很优秀，你就引导他把基础知识、基本理论在头脑中系统地过一下电影，然后集中主要力量攻综合应用题，这是夺取高分、与众考生拉大距离的关键所在，也是为考名校创造条件。如果你的孩子基础不扎实，成绩平平；或者耍小聪明，不踏实，成绩时高时低，那你就要他把主要精力放在基础知识、基础理论和基本技能的训练上，如有余力可以涉猎综合应用题。如果你的孩子基础不牢，甚至有些缺失，那么，你就要引导他在这短短的时间内，把基础知识、基础理论系统地复习一两遍，选择一些比较浅显的综合应用题练一练,这是进入最低录取控制线的有效途径。

——体能储存。炎热夏日,两三天的紧张考试,真是够考(“烤”)人的啦。所以,家长要安排好孩子的生活、休息、锻炼,让孩子储存充足的能量。要制订一个自由复习的计划,上下午中间各休息1小时左右,要把消极休息(比如躺一躺)与积极休息(比如陪孩子打打羽毛球、跑跑步)结合起来,确保孩子每天9小时睡眠,不要打疲劳战,不要透支体能,要放松身心,养精蓄锐。复习考试阶段,孩子需要对各学科内容进行理解、记忆、联想、分析、综合等脑力活动,要消耗大量细胞和氧,这就要及时地给予有效的补给,把大脑这把“刀”磨得更加锋利。因此,家长合理安排好孩子的饮食实在是取胜的物质条件。要从人体需要的六大营养素出发,结合时令和孩子的饮食习惯,制订一个十天食谱。成长发育期的青少年所需的蛋白质本来就比成年人高,更何况在特殊时期呢?夏日应以鸡蛋、奶类、鲜鱼、豆制品为主,要保证孩子每天至少一袋鲜牛奶。碳水化合物需要量较大,人体所需的能量70%是由它提供的,其主要来源于粮食。五谷杂粮含糖量最高,所以主食要粗细搭配,米、麦面、高粱米、玉米面、小米等合理组合,每天能吃一根老玉米棒最好。脂类,特别是磷脂是细胞结构中不可缺少的组成部分,要适当补充。夏日要吃适当的蔬菜、水果,以保证各类维生素和微量元素的供应,而且不同颜色(绿色、白色、橙黄色)的蔬菜和不同种类的水果(橘子、苹果、香蕉)要交替食用,夏季要常吃西瓜、黄瓜。成年人体内水分占体重的60%,青少年体内含水量还要高,要使孩子每天摄入2500—3000毫升的水(含食物类的水分),要饮洁净的水、煮沸的水、新鲜的水。要注意孩子的饮食卫生,防止疾病传染;注意孩子的消化功能,防止肠胃感染;注意适量,防止过量不适。

——考具备齐。家长在考试期间,每天晚上,在孩子就寝前要检查第二天考试学科所用的文具准备情况,并且督促孩子要放在小袋中装好,特别要检查准考证放妥没有,以防止万一丢失。

考试不仅是知识与能力的较量,也是对孩子品性的一次考核,家长要教育孩子正确对待考试,遵守考纪,不作弊,不存侥幸心理,不仅要向家长交一份高分的答卷,还要交一份诚信的答卷。

(3)临场发挥

为使孩子能够在考场上充分发挥他的水平,做父母的应该指导孩子做到“六要”。一要镇定。入场后,立即进入角色,以平常心态对待考试,情绪镇定,心静神清。二要有数。试卷拿到手后,一定要在听完监考老师简短讲话后将试卷浏览一遍,对于题量和难易程度做到心中有数,以便科学地掌握时间,避免前松后紧,虎头蛇尾。三要审题。对每道题要逐字逐句地默读一二遍,有的题还要默读数遍,抓住关键词语,弄清求解什么、已知条件是什么、已知和未知关系如何。特别是判断题,往往是差之一字,谬之千里。

要真正理解题意，切忌慌里慌张想当然地审错题，那样后果不堪设想，不是南辕北辙，就是张冠李戴，到头来一分也得不到。四要有序。要按照题目的顺序先易后难，先简后繁地做题，首先将有把握的题目做全、做对，然后集中精力攻难题。这样的好处是，不仅不会把时间花在难题上而放跑了容易的题，而且在做其他题目时对难题可能有所启发，有利于解难题。不要因题目容易高兴得丢三落四，失去不该丢失的分，也不要因题目难而愁眉不展。俗话说，思之思之，鬼神通之。在“山重水复疑无路”时，经过“思考、思考、再思考”，往往能出现“柳暗花明又一村”的境地。总之，要做到不因题易而喜，不为题难而忧。五要整洁。阅卷中，老师的感情分是不可避免的，而且有的学科就明确规定有卷面分。这种卷面分虽然不多，但在关键时刻，0.5 分也起大作用。因此，要字迹工整，卷面整洁。六要检查。如果试题总量不多，那就在全部做完以后检查；如果总量很大，检查就要放在做难题之前；也有人做好一题检查一题，但总体时间不易把握，要慎重。

3. 量体裁衣定好位

考试结束后，家长还要帮助孩子做好三件事。

(1)彻底“松绑”，恢复体能

孩子走出考场，有的说，几个月的复习考试把我考(“烤”)掉十几斤肉；有的说，差点把我考(“烤”)煳了；还有的说，哪是考(“烤”)煳了，是考(“烤”)焦了。罩在他们头上的那条紧箍被如来佛收回去了，他们在精神上获得了暂时的解放。家长朋友们，你打算怎样让他们精神得到彻底松绑、体能得到足够的补充呢？你怎么让孩子吃得好一些、玩得痛快一些呢？大家都各有招数，毋庸饶舌。但要提醒的是，在这段时间里，在个别孩子身上，往往出现越轨的事，比如没日没夜地泡网吧、进游艺厅，甚至光顾营业性的舞厅，以及和社会上不三不四的人频繁地接触，等等。这是人生重大的转折时期，以此为起点，有的可能逐步走向辉煌，有的可能在平凡道路上走完几十年人生，甚至有个别人可能误入歧途。我们要时刻关注孩子的成长啊！

(2)充分协商，填好志愿

填写高校招生考生志愿表非常重要，填写恰当与否，直接关系到录取到什么样的学校和专业，间接关系到未来职业定位和个人事业发展的方向，甚至有时关系到能否录取。家长要花一定精力，查索资料，咨询有关人士(特别是老师和招生机构人员)，以招生院校及其所设专业的简介、招生计划、社会需要、考试成绩、体检结果、特长爱好等综合因素为依据，与孩子反复讨论，在正确处理好以下四个关系时确定志愿。

——国家需要与个人志趣。招生计划中所列各类专业都是国家建设和社会民生所需要的，填哪个院校、哪个专业都是服从国计民生的需要，问题是需要量的大小不同。例如：农林院校所设各专业是服务于 9 亿农民、广大农村、农林事业的，需要量很大。各类技术院校所设各类专业是培养各类技术人员，需要量也很大。但许多考生志趣不在此,填报第一志愿的人数相对地少些。这就产生了矛盾。如何解决矛盾呢?如果你的孩子考分高又有志于献身“三农”,那你就毫不犹豫地支持他填报农林类专业,将来像袁隆平那样在广阔天地里大展才华。如果你的孩子对农林院校志趣一般,且考分又不理想,那你就动员他填这类院校和专业,将来为农村全面建设小康社会而献身。这类专业社会需要量大,将来就业的机遇也就多。

——“热门”与“冷门”。历来热门专业报考的人数多,录取分数线高,竞争激烈,录取的可能性小;冷门专业报名人数相对少些,分数线低些,竞争也缓和一些,录取的概率就大些。如果你的孩子分数不太高,你就劝说他不要冒风险,还是现实一些。况且“冷”与“热”是在不断变化的,昔日被人们视为“冷门”的师范类专业不是开始“热”起来了吗?

——第一志愿与第二志愿。中国高等学院实行“学校负责,招办监督”的招生体制,采取“根据考生志愿,按比例投档”和分批次录取的办法。共分五批次:提前录取的学校;第一批本科院校(重点院校及参加该批次录取院校);第二批本科院校(一般本科院校);第三批本科院校(本科院校二级学院及民办本科院校);高职(专科)学校。后四个批次都各有志愿,第一、二志愿可填4个院校,每个院校可填6个专业,第三志愿只填院校不填专业。由此可见,第一、二志愿是关键。如果你的孩子是高分,就可以在第一批次志愿表内的第一志愿栏内填上清华大学的代号,在第二志愿栏内写上次于清华的其他重点大学的代号。第一、二志愿的院校之间要有一定的梯度,否则第二志愿就浪费了。

——孩子与家长。填志愿和复习考试一样,孩子是主角,家长是参谋。家长给孩子提供可靠信息,指导操作技巧,检查志愿表填得是否有误,对于填什么学校和专业,要尊重孩子的选择,如果发现有不切实际之处,可以耐心引导;如果孩子不改初衷,也不能强令改变,更不能背着孩子将志愿改掉。孩子要尊重父母的意见,因为他们毕竟年龄大,阅历深,见识广,看得远,他们是监护人,这也是他们的责任和义务。学校管理部门以及校长与老师对本校以及本地区的考生情况了解比较全面,填志愿时他们也可能收集了其他学校填写的情况,为了避免高分集中填某个名牌大学的情况,家长一定要向他们咨询。

(3)全面衡量,选择学校

对于中考分未达优质普通高中分数线的孩子,有不少家长节衣缩食、东借西凑付出高择校费使之进入理想学校。这种对孩子极端负责的精神和爱子之心是非常好的。不过,这里要提醒的是,你们不妨对各类高中进行一番调查,多一些理性思考,比较比较你的孩子进各类高中的利弊,是利大于弊,还是弊大于利,然后作出慎重的抉择。

——优质普通高中“优”在教育教学设备设施比较先进,师资质量比较高,校风正,学风浓，囊括了本地区初中毕业的精英，竞争激烈，教学起点比较高。同志！如果你的孩子中考分数接近这类学校的分数线，而且心理承受能力比较强，非智力因素也比较好，那可以不惜以重金择校。

——一般普通高中（主要指城市）的教育教学设备设施、师资质量都为一般水平，但完全能满足教育教学的需要，还有部分知名度较高的教师和小量的现代化设备设施。它集中了优质学校分数线以下的初中毕业生，因此，竞争比较缓和，教学起点比较低。如果你的孩子中考分较低，或者考分虽然接近优质学校分数线，但心理承受能力和积极进取精神不很强，那你最好不要花那个冤枉钱吧！如果你的孩子考分高出优质学校最低录取线，而他不愿上这样的学校，你要尊重孩子的意见。央视著名主持人水均益初中毕业后以优异成绩考入甘肃省重点中学，3 个月后，他转学到市重点中学。原因是省重点学校都是清一色优等生，竞争非常激烈，他不适应。没到一年水均益还是感到孤独，学习跟不上，第二次转学到他读初中的那所非重点中学，家长两次都被他说服了。出人意料的是，从此，他的学习成绩直线上升，成为兰州市全市尖子，高二统考时，名列全市第一。那些不对孩子全面情况作具体分析而盲目择校的家长朋友，应从水均益转学的事实中获得启示。

——职业高中也有优质与一般之分，其特点在于既开设与普通高中相平行的文化课，又开设自己所特有的专业课。进，有利于报考高等职业技术学院（也可考普通高校）；退，有一技之长，有利于就业。技术人才是现代化建设需要量最大的一支队伍，而职高是通向中级、高级技术人才的一座金桥。如果你的孩子有志于此，你要为他鼓掌。

此外，近年来，中学生留学热正在大中城市升温，“热”到什么程度，且看下面的数字就能使人真切体会到“低龄留学”到底有多热：在我国一些大城市，办理出国留学的中学生已占所有出国人员的 70% 到 80%。深圳大学的一次问卷调查显示，86% 的中学生希望出国，比大学生高 10%。2003 年 1 月至 6 月，仅英国驻广州总领事馆就发出了 3400 多份留学签证，其中超过一半是给中学生的。近四年来，我国少年出国留学人数每年以 40% 的速度递增。低龄化留学之风正在由沿海刮向内地，从大城市刮向中等城市。它的弊大于利：

①娇惯的孩子到异国他乡生活，更难以自理，可能做出出格的事。一位四川籍的高中毕业生到德国柏林留学，因住不惯集体宿舍，花了双倍于集体宿舍的（原交的费不退）高价租了单间，购买了家具和家电，日用电器应有尽有，还拉来一名中国女留学生同居。当他为官的爸爸知道后来电兴师问罪时，他蛮有理地说：“你们从小对我娇生惯养，我又不会做饭洗衣，一个人怎么生存？我现在等于是花钱请保姆，有啥子不可以的呢？我免费让其住房、吃饭，她帮我洗衣做饭，这是各得安逸。”

②花销过大。低龄留学没有奖学金，就以到新西兰或澳大利亚留学价格比较便宜的

国家来说，一年也要10万至15万元人民币，四年大学加上一年预科，总共六七十万元。

③如果中介人不可靠，容易上当受骗。2003年，南非披露两起中国留学生被骗的事实，其中一次是南非的“南极星英语学校”，盗用本国当地某学院的名义与中国三家中介公司合伙欺骗了中国120名学生到南非留学。这是一所“三无”学校：没有在当地教育部门注册，没有合格师资，没有足够办学条件。学生的最初入境签证又是以伪造证件获得的，所以是非法入境，要受到罚款的处置，随时有被驱逐的可能。

④如果孩子素质不高，难以学成，有的还沾染上吸毒、赌博、斗殴等恶习。据有关资料显示，具有合法资格的初高中毕业生出国留学，有30%左右的人通不过语言关（一年预料），有20%左右不能毕业，真正拿到文凭的也只有半数。家长朋友们，如果你的孩子素质比较好，家庭经济也可以，中介人又非常可靠，把孩子送往国外学习，既避免了在国内参加万人挤“独木桥”，又能获得洋文凭，也是回国择业的优势，这也不失为一种明智的选择。但一定要慎重，还要防止孩子成为《围城》中拿了“假洋文凭”的方鸿渐。

定做服装，要量体裁衣，填写志愿和选择学校要衡量自己的实力，恰如其分地有所选择，过高或过低就像衣服裁得过大或过小一样都不适合。

落榜学生路在何方？路在脚下。脚下有无数条路，但主要有三条：复习再考，自主择业，独立创业。你只要有唐僧取经的虔诚，孙悟空降妖捉怪的本领，选定一条，不管是九九八十一劫，还是十磨九难，一直走下去，一定能到达罗马，走向成功。

1. 登立交桥，四通八达

现阶段，我国亟待就业的主要有四大人群，他们各有优势：下岗职工经验丰富，技术熟练；高等学校毕业生，有专业知识和专业技能，有文凭；职业高中毕业生懂技术，会操作；初高中毕业生，既无经验，又无专业知识和技能，但有文化科学知识，对初高中的课程内容记忆犹新。为了扬长避短，通过重新复习，参加“两考”，许多人是可以录取的。

1998年，党中央、国务院作出大幅度扩大高等教育招生规模的决定。2000年，部分地区又增加了春季招生，参加考试的人数持续增加。2003年参加普通高校、成人高校、研究生招生考试总人数约1100万，与1998年的500万相比翻了一番。预计未来几年高考报名人数将持续大幅度增长，2004年的普通高校计划招生400万，比2003年增加了20万，2007年普通高校报名人数将达到千万人。1998年至2003年，全国高等职业教育招生人数从43万人增长到200万人，在校生从117万人增长到480万人。短短5年时间，高等职业教育招生数和学生数分别增长3.7倍和3.1倍。未来的5年将兴建一批起示范作用的国家级职业教育实训基地，培养100万名具备较强职业教育能力的高技能人才。全国中职学校招生人数也在逐年增加，仅2003年就比2002年增加40万人，增幅为8.5%；2004年招生规模还要进一步扩大，使其在高中阶段两类教育中的比例达到50%以上，保持中职与普高协调发展。教育部还启动了“职业教育与培训创新工程”,实施国家“农村劳动力转移培训计划”与“制造业和现代服务业技能型紧缺人才培养培训计划”,2004 年中职将面向农村招生 300 万人,并将其作为招生重点。

家长朋友们,当你看到这一串串的数字时,难道不为之动心吗?如果你的孩子登上了“两考”这个四通八达的立交桥,那就可以通向名牌大学,通向本科院校,更可以通向高等职业技术院校,特别是农村的初中毕业生还可以通向为城镇输送技能型人才的中职学校。那时,你孩子择业的优势将远远超过今天了。

2. 自主择业,道路宽广

(1)转变观念

近年来,我国毕业生就业和下岗职工再就业率虽然逐年有所增长,但总体上还是求大于供,一部分仍然“无业可就”。同时,又出现了“有业不就”和“有业不能就”的现象,原因较为复杂,但其中不正确的择业观就需要转变。有业不能就的有:制造业、数控技术、汽车维修等专业所需的技能型人才紧缺,许多人想就而不能。这反映我国学校专业结构不合理,人才结构不合理。有业不就的有:环卫、搬运、建筑等脏重的工程;农村和基层单位等条件差的地区;砸背、修脚、擦皮鞋、家政等为世俗所鄙薄的行业;小型的、作坊式的私营企业……现在许多大中小城市的建筑工、搬运工、翻沙工几乎都是来自农村,有的号称国际级的大都市在本市招不到环卫工人,只得从本地农村和外地招聘。北方浴池里砸背的、修脚的也大都来自农村。现在,全国有 1 亿农民进城打工,他们干着最肮最重最累最险的活儿。这种现象既反映农村剩余劳动力向城市转移,加速农村城市化的进程,是好事;也暴露了城市毕业生不正确的择业观。家长朋友们,我们要高奏艰苦创业的主旋律,教育孩子不怕脏不怕累,到艰苦环境中去创业,克服“重仕轻劳”“重工轻农”“重金饭碗轻泥饭碗”等不正确的择业观。

(2)了解政策

政策是导向,政策是保障,政策是力量。党中央、国务院历来重视大学、职高、高初中毕业生的就业问题。2003 年是近几年国家出台毕业生就业政策最多的一年,从而使我国毕业生就业政策体系框架初步形成。《国务院办公厅关于做好 2003 年普通高等学校毕业生就业工作的通知》中明确了 11 项政策措施,确定了毕业生就业工作政策的基本框架。中央和国务院相关部门出台了 14 个配套文件,明确了 107 项具体政策。在此基础上,各地相继出台了一系列配套措施,进一步打破了限制毕业生跨地区、跨行业就业的障碍,拓宽了毕业生就业渠道。这些政策均适应职业高中和初高中毕业生的就业。家长要帮助孩子学习政策,吃透政策精神,把政策作为就业的指南。

《中华人民共和国劳动法》《中华人民共和国合同法》以及《中华人民共和国妇女权益保障法》是孩子就业的法律保证,家长要和孩子共同学法,用法保护自身劳动的合法权益。

(3)熟悉市场

与社会主义市场经济相适应的中国劳务市场、人才市场也正在培育之中,且初步形成四大板块:一是各级教育、劳动、人事部门联合举办的主要面向毕业生的大型招聘会,给毕业生提供了规模较大、招聘单位密集、选择余地较大的市场;二是各级组织人事部门举办的公务员招聘;三是社会力量成立的中介所,开辟劳务市场,常年组织人才交流和劳务输出;四是企事业单位独立自主地向社会招聘各类人才。

通过文件以及各类媒体登载广告,向社会输送招聘信息。教育部门办的"中国高校毕业生就业服务信息网"已经开通,并与21家省级网站、62家直属高校网站、130家人才招聘网站做了链接,向全国高校毕业生提供全方位服务,发布全国毕业生求职信息,收集、发布各类用人单位招聘信息,开展网上招聘、远程视频面试、用人单位需求职位信息查询检索等多种形式服务,发布各类毕业生相关的政策法规。这个网站虽然主要是针对高校毕业生的,但它提供的招聘信息和宣传介绍政策法规对初高中毕业生还是有很大价值的。

教育部建立的"升学与就业指导测验"网站专门以高中生和大学生为主要服务对象。网站通过对学生兴趣和能力倾向的测查,帮助学生了解自己,同时给出与学生特点相匹配的职业和专业信息。学生参考详尽的专业资料和其他信息,基本上对自己的选择有数了。家长朋友们,你的孩子要谋求一个理想的职位,那你就得很好指导孩子走入各类人才市场,让孩子从游泳中学会游泳;同时,你要帮助孩子收集招聘信息,和孩子一道分析信息,选择最适合的职位,特别要帮助识别那些虚假广告和玩弄欺骗手段的中介人,切勿上当。

农村初高中毕业生有人已经加入到农民工的大军之中,今后仍然会有许多人选择这条道路。这也不失为一条就业的光明道路。但要提醒的是:要有畅通的渠道,避免盲目性;中介人要十分可靠,防止受骗;要与用人单位签订合同,防止被克扣和拖欠工资;要注意安全,防止事故发生。农村初高中毕业生外出打工,应该把立足点放在筹措资金,学习技能,然后回乡创业的基点上,这是上策。

(4)掌握技术

这里所指的技术包括就业岗位所需的技术和应聘技术。

根据国务院颁发的六部委《关于积极推进劳动预备制度加快提高劳动者素质的意见》要求,初、高中毕业生必须在就业前进行职业培训和职业教育,取得相应的职业资格和掌握一定的职业技能,取得相应证书,然后才能就业。如果不打算让你的孩子继续升学,那就要督促他参加本地区的职业培训,首先取得就业资格。取得就业资格的方可进入人才市场进行择业。择业是一种双向选择,也是一种社交活动,要讲究方式方法,讲究技巧,要做到:

——备好求职教材。求职信是求职材料中的龙头，它给考评人员以第一感觉（如果面试在后），要着力写好。据报载，北京高校毕业生就业中心 2003 年底举办了 4 场毕业生与用人单位就业招聘双选会。他们在参加的 4 万名学生中征集到 6239 份学生求职信，约有 80% 的求职信写得不到位，主要是材料的构成不完整，个人履历的撰写有待提高。求职信大约包括个人概况（年龄、文化程度、婚否、民族、特长等），个人简历，德能、特长、爱好，要求、希望、态度等四部分内容，最后对家庭现状稍加交代，以二、三部分为主。语言要准确、精确、精练、明快；叙述要突出重点，言简意赅；德能要讲透，实事求是，不浮夸；缺点也要交代两句，不要把自己描写成完人；提要求要讲明原因，提希望要恳切，态度要谦和。此外，还要附以学历证明、奖励证书、发表文章等复印件。1500 字左右，家长审查，改错补缺，然后打印装订。

——应对面试。面试是招聘考核中关键的一环，它给考评人员以第一印象，要谨慎应对。面试的内容不外乎是考查求职人员的德能以及应变素质，但所提问题往往很具体，让你对这些具体问题进行分析综合。面试要做好准备。参加面试时，语言、着装、姿态、表情都要自然，给人以亲和感，矜持和倨傲都是招人厌烦的。

——选择单位。对于被两个以上单位录用的孩子，要指导他从中选择一个最合适的单位，选择时要考虑到：哪个岗位更能胜任，更符合自己的知识能力、身体状况和个性特点；哪个岗位对自己更感兴趣；哪个岗位对自己今后的发展前景更有利。对单位的经济效益和社会效益，不仅要看现在，而且要看长远。

3. 独立创业，前途光明

对于中学毕业生能不能独立创业的问题，有人认为，十几岁的毛孩子，乳臭未干，出了家门就不辨东西南北，谈何创业？更免谈“独立”了。有人则立即反驳：“未必，称雄全球的微软老板的事业不是在他读中学时就开始了吗？有志不在年高。”

陶行知先生曾经把旧式学校比作鸟笼，孩子是笼中之鸟。如今，有的孩子被关在家庭这个鸟笼中，受到长辈们的百般呵护和精心调养，这种饱食终日的鸟笼似的生活怎能去创业呢？要知道比尔·盖茨在开始创业时就得到母亲的鼓励、帮助和支持呀！不放飞“笼鸟”，怎么能让其创业呢？不给予一定压力哪来动力呢？

（1）放飞笼鸟

不给予一定压力，放飞的笼鸟不愿飞，或者飞不了多远就飞回来了，正如鲁迅先生所说，“暂出樊笼的小禽，它决不会飞鸣，也不会跳跃”。有个人在高山之顶的鹰巢中抓回一只幼鹰，放在鸡群中喂养。幼鹰和鸡群相处得很和谐，一同啄食，一同玩耍，一同住鸡笼，久而久之，生活习性完全和鸡相同。主人打算把它训成猎鹰，可它就是不愿离开鸡群，不愿飞。一天，主人又把它带到山顶上，像扔石头一样把它抛向山下，开始时一动不动，到了半山腰时，它的两翼忽然一动一扇，竟然飞起来了。一切飞禽走兽都是本能地爱惜自己生命的。这位主人给他的幼鹰最大的压力就是想活还是不想活，在这样生命攸关的时刻它被逼得飞起来了。据几家媒体报道，天津一位郝教授为了让高中毕业的儿子能够独立创业，煞费苦心地使出了一个绝招，与独生子郝丁签订《父子协议》。协议条款共76个字，主要精神是父子之间互相“四不管”。其中有父亲不管儿子的工作、婚姻大事，儿子不管父亲的养老送终的规定。赡养父母是子女的义务，郝教授为了培养儿子独立创业的能力，竟然放弃了法律保护，可谓用心良苦，难怪人称这个协议是无情协议，有情帮助。这就是压力——特殊形式的压力。压力的形式有很多，不一定都用协议的方式。朋友，根据你的具体情况，你给自己的孩子施加什么压力？又怎样让这种压力变成动力呢？实在值得深思啊！

(2)起步要小

俗语说，做任何事情都不要一口吃个胖子。如今连续多年跻身全国民企500强前10名的正泰集团老总南存辉，是从街头为人补鞋开始创业的。有些拥有千万余元资产的民营企业家不都是从摆地摊做小生意开始的吗？成为跨国公司的海尔集团是从亏损147万元的小厂发展到现在资产过亿。海尔集团董事长张瑞敏说：“什么叫不简单？把简单的小事情干好就是不简单。”喜马拉雅山之所以高就是因为它不辞让每一小块土石，江河湖海之所以深就是因为它不辞让无数涓涓细流，许多巨商首富就是积无数小利而致大富的。指导孩子独立创业，要让他善于从平常处找到商机，从不起眼的小处着手，企图一步登天是不能实现的。现在城镇存在许多有待开发或刚刚开发的行业，例如城镇为少儿和老人服务的第三产业大有文章可做。随着人口的老龄化和长寿时代的来临，老龄夫妇身边没有子女的家庭越来越多。据有关资料显示，目前我国城镇有三分之一的老年户是空巢家庭。空巢家庭增多是社会进步、经济发展的表现，但现在相应的措施没有跟上，致使许多空巢老人拥在公园、街头、巷尾打牌、下棋、聊天，甚至偶尔可以见到几位高级知识分子和退休的厅级干部。同志，你的孩子如有兴趣，你可帮他创立为老年人服务的第三产业。现在这么多独生子女，花去父母大量心血，还给孩子养成许多不良习惯，而高质量的保姆奇缺。女孩当保姆，父母缺乏安全感，男孩子当保姆又被世人所鄙视。如果你的孩子(不分男女)勇于创新，可以首先学习教育学、心理学、人才学、家政学，把自己培养成既能做家务，又能科学教育孩子的高级保姆，然后走入市场，一定有许多人竞相聘用。两三年后，既积累了经验，又积累了一定资金，然后创办教师型的保姆培训班，招生对象以初高中毕业生为主，这类保姆走入市场，肯定会求大于供。再就农村而言，为农业生产服务的行业奇缺。据统计，我国百亩耕地平均拥有科技人员是0.0491名，农业从业人口中受过高等教育的只占0.037%。而在发达国家，每百亩耕地平均拥有1个农业科技人员，农业从业人口中受过正规高等教育的达45%—65%。我国农村的“三站”(农技站、兽医站、植保站)现在正面临“网破、线断、人散”的困难局面。

农村初高中毕业生可以参加农学院函授学习，自己钻研某一农业专业，一边实践，一边研究，在为“三农”服务上创业，这是一条通向农村小康社会的绿色通道。

起步小，投资少，风险小，花费的“学费”也少，在创业中学得的知识、积累的经验教训却不少。这是非常划得来的。

（3）积累资金

这是创业中遇到的首要问题。如何解决呢？一是孩子自己筹措，走先打工后创业的道路；二是家长鼎力相助；三是向亲友借贷；四是用国家优惠政策。其中，家长的支持是最重要的。

创业难，守业更难。不管是创业还是守业，都要经历无数次挫折和失败，成功者就是失败的战胜者。朋友们，希望你能与创业的孩子共享成功的喜悦，共度艰难的岁月吧！

针对“三新”，突出“三会”，实施“三全”

——解读《现代家庭教育》系列教材

由安徽省教育厅关心下一代工作委员会组织编写的《现代家庭教育》系列教材，由人民日报出版社出版了。这次编写采取教师、教管人员、理论研究工作者“三结合”的体制。这套教材可用“全、新、重、特”4个字与4句话加以概括。

一、为了“三全”，确定编写目的

全程育人。教材分幼儿家长卷、小学生家长卷、中学生家长卷、研修卷，共4册；分别由芜湖市教育局副局长何蔚，合肥师范学校附小原校长、特级教师袁德伟，蚌埠市原教委副主任蓝济仲，安徽师大教育系家教理论研究组组长、教授余永祥主编，省教育厅关工委主任、原省教委副主任柏守逊任总编。这套教材是幼儿家长、中小学生家长的课本，是家校教师的教本，也是家教研究工作者的读本。家校老师，以此对基础教育各学段学生的家长进行系统的全程教育，家教研究工作者可以从中获得翔实的资料与理论的借鉴。这套教材，充分体现了理论与实践的融合，现代家教理念与我国家教优良传统的结合，超前的家教意识与辩证的家教思维的统一。

全面育人。要提高学生的整体素质，必先提高家长与教师的整体素质。素质教育不仅要在各级各类学校、各个教育方面占主导地位，而且要渗透到家教的各个领域，要实现素质教育进家庭。系列教材，不仅仅给家长提供了大量的一人一事一法的教育范例，而且着眼于提高家长的教育理论水平，提高家长教育子女的整体素质。

全方位育人。教材的服务重点对象是学生家长；同时，对学校、社会如何与家长携手合作，形成教育合力，也提出一些建设性意见，体现了全方位育人的精神。

现时，家长教育子女，固然不乏成功的范例，然而给人以警示的失败教训也是屡见不鲜，甚至震惊全国的血案也偶有所发。继2000年金华四中高二学生徐力弑母案，今年又发生了云南大学马加爵杀死四名同窗好友的惨案。当事人固然受到法律的严惩，这是咎由自取。但是，这些血案又像一面反光镜，折射出犯罪青少年人性中的弱点、黑点，以及学校、家庭、社会教育中的盲点、暗点。马加爵大学毕业，研究生考试也很顺利，不能说是不知法不懂法吧！中小学阶段都是三好生，学习成绩总是名列前茅，不能说是“问题少年”吧！大学毕业前夕，他打电话给父母说：“你们很辛苦，我说过要报答你们，一定会的。你们要保重身体，等着我。”不能说不知礼不懂事吧！他似乎是完美无缺的一代青年之一了。然而，16年学习生涯中的闪光点把他人性中的弱点给掩盖了，无人去触动，以至逐渐强化成黑点，最后发展到手刃学友。他人性中的弱点是什么呢？就是冷漠无情，残酷不仁，缺乏爱心。小学五年级时，他酷爱自制的小弹弓和泥制的子弹。一天，他正坐在家门口，将射下的麻雀毛一根一根往下拔，麻雀在他手中，一边惨叫，一边挣扎，他却以此寻乐。多么残忍啊！他父亲马建夫从地里回来，见此情景，不当一回事就跨进室内做家务事了。上中学时，他身体长得特别快，一条裤子没穿多久就短了。父亲不声不响地把儿子裤腿加长后，熨得很平整，放回原处。没想到儿子不仅未向父亲表示谢意，反而把裤子狠狠地摔到地下，大声呵斥父亲，要他父亲今后不许动他的东西。多么冷淡啊！马建夫又是一声不响，反觉得儿子长大了，更加不去过问他的事了。“泛爱众，而亲人”，这是中华民族的传统美德。陶行知的“爱满天下”，就是对这种传统美德的继承和发扬。热爱生命，热爱大众是做人的底线。马加爵学习中的亮点照花了他父亲的眼睛，也照暗了他老师的眼睛。和泥土打半辈子交道的父亲，单知道忍辱负重，起早贪黑，多攒点钱，供儿子好好念书，将来考取大学，走出这座祖居的老屋。他白天干农活，夜里就为生产裤子的服装厂熨裤子，十年如一日(1993年至2004年)。当年每熨一条裤子0.15元，夫妻二人一夜100条，可挣15元。第二天，东方发白就给儿子烧饭，等他吃过早饭上学后，夫妻俩稍微打个盹，又到地里干活去了。累得妻子腰骨增生，自己患上心脏病，弯腰困难就坐着干活。为了不影响孩子的学习情绪，他们把病历与药藏起来，强作欢笑，忙里忙外。多么真纯而高尚的爱子之情啊！儿子犯罪后，为父的还向法院恳求将房屋卖掉给儿子赎罪，爱子之心达到痴迷程度！谁还忍心去对他们的家庭教育说三道四呢？然而，理智告诉我们，他们在家教中存在许多盲点：一门心思想着儿子考上大学，脱贫致富，没有着眼于培养和提升儿子的整体素质；一个劲地盯着儿子的优异学习成绩这个亮点,没有关注儿子人性上的冷酷而残忍的弱点;一味用宽厚、容忍、放纵的姿态回应儿子对自己的无理与对生命的捉弄。正是这些家教中的盲点,使儿子人性中的弱点一天天扩大,最后走上断头台。教训多么深刻啊!

现实生活中的"马建夫"不乏其人,表现于家教中存在"五重五轻":重养轻教,重智轻德,重体轻心,重知轻能,重基轻高。这些都是与家教中的"三全"背道而驰的。要克服这些片面性,帮助家长提高育子的整体素质与育人的科学水平。

二、力求"三新",组织教材内容

新理念。系列教材紧扣"现代"二字,力求创新。中学生家长卷中的"学会学习"一章,提出了学会学习的金三角理论:挖掘智力因素是底边,是基础,要挖深夯实;培养非智力因素是高,是关键,要着力打造;学习方式方法是斜边,是过桥,要精心选取。三者构成一个封闭的直角三角形,缺了任何一边都不能成形;只有三个边有机组合,才能达到学会学习的最佳境界。这就是学会学习的要义所在。传统教育重视智力因素,现代教育青睐非智力因素,都有其合理性,也都有其片面性,都是与金三角理论相悖的。

新材料。系列教材在举例方面,既注意广泛性,又注重典型性;既具有优秀的传统性,又充满时代的现实性。古代的有:"长太息以掩涕兮,哀民生之多艰"的爱国诗人屈原,教子"志存高远"的诸葛孔明,为子背刺"精忠报国"的岳母。近现代的有:民主革命烈士鉴湖女侠秋瑾,为中华崛起而读书的周恩来,抛弃国外优裕条件而毅然回国的地质学家李四光,"两弹一星"之父的钱学森,"神五"总设计师王永志,航天英雄杨利伟。运用的数据,既有权威性,又有现实性。在分析青少年身心健康、家庭作业负担过重、未成年人犯罪心理、网络犯罪的现状与原因时,都采用了国家相关部门和地区的调查材料。

新包装。语言是思想内容的物质外壳。新理念、新材料需要鲜活的语言表现出来,需要用含义深远的封面设计和精美的装帧包装起来。系列教材的撰稿人虽然各有其语言文字的风格,但基本上做到平实、准确、鲜明、生动,有较强的可读性。有的章节结合典型事例边叙述边剖析,环环相扣,层层深入,耐人寻味,引人入胜。封面设计力求款式新颖,寓意深远。

三、针对"三特",设计章节结构

针对不同学习阶段的特点设计章节。学龄儿童从跨入小学门槛的第一天开始,就迈开学龄期教育的第一步,孩子的生活、学习、思想各个方面都将发生重大变化。家长应该了解孩子和学习环境等各方面的变化,在教育过程中扮演好各种不同的角色,以适应新情况。所以,小学生家长卷的第一课就是《开学了》。由小学进入中学,新老师、新同学、新课程、新班级、新校园,给孩子带来了新情绪。进入示范初中的大喜过望,进入一般初中的大失所望。入校后,他们仍然眷恋小学的老师和同学,怀念母校的6年生活,一时难以融入新集体。课程门类增多,课本深度加大,教师教法比较灵活,班主任管理比较开放,学生一时难以适应。家长如何配合老师有效地调适孩子情绪,改变学习方法,尽快适应新情况,这是初一家长必修的第一课。因此,做好中小学衔接工作,使之平稳地过渡,至关重要。所以,中学生家长卷的第一章就是"平稳过渡,有机衔接"。

针对中学生年龄特点,中学生家长卷设计了"正确防范中学生失足犯罪"一章。据全国青少年犯罪研究所调查研究会调查表明,青少年犯罪人数约占青少年刑事犯罪人数的70%,十五六岁的犯罪人数又约占全国刑事犯罪人数的70%。它已与环境污染、吸毒贩毒构成当代三大社会公害。当前,中学生犯罪呈现出新特点:犯罪低龄化,中学生初次违法的高发年龄段为12—15岁,初次犯罪的高发年龄段是14—17岁。犯罪手段智能化,案前精心设计,作案后伪造现场,从报刊影视上学些反侦察手段。犯罪方式团伙化,60%的中学生犯罪案件属团伙作案。犯罪类型多元化,主要是盗窃、抢劫、伤害、敲诈、强奸等。犯罪的客观原因,除社会大环境中负面因素影响外,家庭教育不当,或放任自流,或家长教唆,是其重要原因。本章对未成年人失足犯罪的诱因、内因进行了科学分析,就预防失足犯罪的对策与方法提出了许多建设性意见。学校与家庭就像生产人才的工厂,要互相配合,打造精品,多出正品,减少次品,不出废品,杜绝危险品。

针对学生心理生理特点,中学生家长卷设计了"青春期教育"一章。中学生正处于人生的青春期,是身体猛长期,生理转折期,心理断乳期。最近,我国有关部门调查,儿童心理与行为问题的发生率约占13%,小学生中20%左右有心理障碍,中学生中40%左右有心理障碍。家长要认真研读本章,了解孩子青春期心理生理的特点,理解孩子因心理生理变化引发出的种种情绪与思想,遵循他们身心发展变化的规律,预防、发现、矫治不良的心理因素,引导孩子健康地发育与发展,做孩子的心理生理保健员、医护员、辅导员。这比辅导孩子数学考个一百分还重要。

四、突出"三会",贯彻家教始终

教育孩子"学会做人,学会求知,学会健体"是各级各类教育的重点,尤其"学会做人"更是家庭教育的重中之重。家长要把主要精力放在教会孩子如何做人上面,并把爱的教育与养成教育作为对孩子进行道德品质教育的两个重点。家长要教育孩子热爱地球、热爱祖国、热爱家乡、热爱大自然、热爱人类创造的一切物质财富与精神财富;热爱父母、热爱长辈、热爱兄妹、热爱老师、热爱同学、热爱人间一切善良的人们;热爱生命、热爱真理、热爱事业、热爱世界上一切美好的事物。要教育孩子正确处理好爱人与爱物、爱义与爱财、爱国家与爱家庭、施爱者与受爱者之间的关系。

爱国将领冯玉祥写过一首诗："鸟爱巢不爱树，树一倒没处住，你看糊涂不糊涂！人爱家不爱国，国如亡家无着，你看怎么去生活？"将军用通俗而恰当的比喻，深刻表现了"家""国"一荣俱荣、一损俱损的辩证关系。国运与家运相依为命，国强才能家保，国富才能民裕。以伊拉克战争为例，美英等多国联军，凭借着当代最先进的武器、最雄厚的经济实力，对伊拉克进行狂轰滥炸。你看，那黑压压一阵阵的"乌龟壳"，碾平了人类文明发祥地之一的幼发拉底河与底格里斯河两岸富饶的大地；数不清的精确制导导弹，命中了一排排圣洁的清真寺，一群群穿着阿拉伯民族服装正在虔诚祈祷的穆斯林信徒，还未回过神来就相继倒在血泊之中，成为世界上最民主国家制造的最先进武器的试验品；饱含甜蜜温情，憧憬美好未来的人生，手牵手地走在红地毯上，还未来得及欢度新婚第一夜的青年男女，就被武装到牙齿的穿着迷彩服的"文明大兵"，集体屠杀在婚礼上；一幅幅惨不忍睹的虐囚画面，令一切善良的人们都毛骨悚然、义愤填膺。人类四大文明古国之一的巴比伦文明被亵渎了，438000 平方公里的山河顿时被撕得支离破碎，2000 多万勤劳人民的尊严与权益被剥夺了，数以千万计的无辜生命顷刻化为一缕缕青烟，变成一个个冤魂笼罩在世界上"最文明之师""最民主之师"的头上。这就是一个主权国家被摧毁的惨景，就是血淋淋的国际现实。

什么"大中东计划"，这与当年日本的"大东亚共荣圈"的本质有什么两样？什么"帮伊民解放"呀，给"伊民以民主"呀，这与当年日本法西斯高唱的"共体共荣"有什么区别？这统统都是掠夺中东石油资源的遮羞布，是霸权主义者侵略他国的同义语。且不说德日意法西斯发动的吞噬人类 5100 万条生命的第二次世界大战，也不说二战以后，由那个超级大国发动、指挥、操纵的朝鲜战争、越南战争、巴以战争、两伊战争、波黑战争等一幕幕的惨象，单说从 1840 年至 1945 年帝国主义百年侵华战争吧，在那"百年魔怪舞翩跹"的年代，千万人的生命被夺走了，数亿百姓被奴役了，完美的秋海棠叶被蚕食与瓜分了，丰富的物产被掠夺到异国他乡了，960 万平方公里的大好河山被东西方魔怪轮番践踏得满目疮痍，致使贫穷、落后、愚昧、疾病、水旱五个"小鬼"肆虐城乡。

每个有良心的中国人，谁也不会忘记日寇肆无忌惮地在中华大地上烧杀抢掠、奸淫暴戾的滔天罪行。64 年前的早春二月，一个春寒料峭的清晨，东方还未现出鱼肚白，正酣睡在父亲温暖怀抱中 6 岁的我，忽然被惊醒。我父亲已被两个凶神恶煞的假洋鬼子（汪伪汉奸）拖向门外，类似模样的另一个家伙又把我拖下床，准备与父亲一同带走。这时，我的舅父飞快地跑来，紧紧地抱住我，并动情地说："他还是个孩子，就放了他吧！"正在拉扯之中，忽然传来两声枪响，这个家伙慌得丢下我就往外跑，误认为新四军来了。原来我父亲被他们枪杀在村东的水塘埂上。我父亲是农村一位正直的小知识分子，种田、教书、做生意，对汉奸助纣为虐鱼肉百姓的种种罪行深恶痛绝，不仅拒绝为伪政权服务，还多次为人民仗义执言，面斥他们的劣迹。这就惹怒了他们，必欲除之而后已。祸不单行，当年秋天，母亲也因过度悲痛横遭飞祸而撒手人寰。一家未成年的姐妹五人，最大的哥哥 15 岁，最小的妹妹才 1 岁，相依为命，在日、伪、我三方四股力量拉锯地带过着战战兢兢、颠沛流离的苦难生活。为了躲避日寇的多次扫荡，全村人往往在吃过晚饭后老老少少跑到河湾、地坎里睡觉。第二年秋天的一个黄昏，我从私塾放学，刚到家门口，就被两个身穿长衫的便衣日特绑架到日伪宪兵队，和许多从未谋面的叔叔、阿姨关在一间大屋里，过了 20 余天的囚徒生活。舅父与叔父们倾家荡产，才将我从虎口救出。据后来老祖母对我说："你回家一个多月都不说不笑，就像丢掉魂一样。"为此，家人还请一个女巫为我招魂。

我们要用鲜活的血与火的历史事实和现实事件做教材，指导家长对孩子进行爱国主义教育与弘扬民族精神的教育，要教育孩子把爱小家与爱大家（国家）融合为一，把"修身齐家"的教育与"治国平天下"的教育统一起来。爱国是做人的底线、家教的主线，永远不会过时。家长要教育孩子树立国家兴亡，匹夫有责的观念，教育他们热爱我们具有五千年文明史的大中华，热爱我们的 13 亿骨肉同胞，热爱我们蒸蒸日上、如日中天的中国特色社会主义祖国，为共建小康社会而勤奋读书。

要告诉我们的子孙后代：弱国无外交，落后要挨打。人权重要，国家的主权更重要。一旦丧失主权，人命如草芥，哪来什么人权啊！我们不能再贫穷，再挨打，再落后，再当亡国奴。如果当亡国奴，连两三百元的最低生活保障金也拿不到了，连生存权都得不到保障，哪里还谈什么人权啊！家长学校要请老干部、老战士、老专家、老教师、老模范给家长讲课。

在爱的教育中，要变父母单向施爱、子女单向受爱的传统观念为施受双向互动的观点。父母一味地单向施爱带来的后果是不堪设想的，它助长孩子的骄娇二气，养成孩子唯我独尊的不良习气，培养孩子只享受权利不尽义务的思想，滋长孩子们冷淡寡情，以致不孝顺父母，不尊敬长辈，不关心他人，不团结同学，不热爱国家。有幅漫画给我们启迪很大，一边是爷爷过生日，一个人冷清地坐在小凳子上，趴在小方桌子上，从满碗的面汤中好不容易捞出几根面条，百无聊赖地往嘴里送去。另一边是孙子过生日，新式饭桌上摆满菜肴，热气腾腾，中间一个大蛋糕，红烛闪闪。满脸兴奋的父母，一人手提高档服装袋，一人手捧喜字的大红包，儿子神气活现、悠然自得地躺坐在单人沙发上，理所当然地接受父母给自己的生日祝贺。报载，一位丧偶的老翁，3 个孩子争着让老人到自己家生活。老人问他们，你们怎样对待我，老大、老二都说怎样以好衣好食相待，老人都摇摇头。老三说，我要像对待我的孩子那样对待你。老人这才开口说："我只要你像对待你儿子的一半那样对待我，我就知足了。"这位老人晚年也许有所感悟：当年，他不是像今天儿女们对待自己孩子那样对待他们吗？这种单向施爱，到头来只能自食恶果，那就是儿女们不能像对自己儿女那样对待他。请问天下父母们：要不要触动一下那种只图向子女无私奉献，不求子女回报的观念呢？要不要重新审视一下"父爱""母爱"的真谛呢？要不要剖析一下"虽曰爱之，其实害之"的内涵呢？要不要调整一下施爱者与受爱者的关系呢？家校教师们要引导家长回答这些问题。

家长对孩子进行思想品德教育的第二个重点，就是以今年9月1日开始施行的修订后的中小学生守则和行为规范为准则，反复训练孩子良好的道德行为，逐步养成习惯。修订稿增加了一些符合时代特征的内容。比如《中学生行为规范》，在诚实守信、加强实践、合作意识、创新意识、网络文明、安全自护、远离毒品、心理健康等方面都提出了具体要求。《守则》从大处着眼，对中小学生的思想品德的形成和行为习惯的养成提出了基本要求；《规范》则从小处着手，从行为养成方面提出具体的、操作性较强的要求：二者互为表里。要使这些基本要求与具体要求化为孩子的行为习惯，需要家庭与学校步调一致，反复训练，养成习惯。俗话说得好："好习惯是聚宝盆，坏习惯让人坐吃山空。"让孩子养成良好习惯就是教他们学会做人，聚集知识之宝，健身益智。印度有句谚语："播种行为，收获习惯；播种习惯，收获性格；播种性格，收获人生。"孩子的行为一旦形成习惯（好的，坏的），成为性格，就难以改变。所以，孔子说："习惯成自然，少成若天性。"叶圣陶说："什么是教育？简单一句话，就是要养成良好习惯。"家长要与老师配合，以《守则》《规范》为准则，着力打造这个聚宝盆。父母对孩子习惯（好的，坏的）的养成起着无可替代的特殊作用，在孩子面前，家长不可不谨言慎行啊！

概括言之，编写这套系列教材的目的是促进"三全"，围绕"三新"取材，针对"三特"设计章节，突出"三会"，使之贯穿教材始终。

（这是在安徽省教育厅关工委举办的全省家长学校教师培训会上的讲稿；以后略加修改，结合蚌埠市实情，又在市家长教师培训会上讲过一次。）

学习沈浩，推进新一轮教育改革

（2010年2月6日）

两任村官沥血呕心带领一方求发展；

六载离家鞠躬尽瘁引导万民奔小康。

小岗人写的这副挽联，不仅是六年来沈浩同志在小岗亲民、爱民、为民的真实写照，也是对他公仆情怀、创新精神、务实作风、清廉品质的高度概括。

2006年末，沈浩在小岗任期将满。32年前，不怕坐牢、不怕杀头的小岗人在“包产到户”契约上摁下18颗红手印，如今他们却害怕沈浩离任回合肥，于是又在给省委写的挽留信上摁下98颗红手印。无独有偶，在他第二任期将满的2009年9月24日，他们又第二次在挽留信上摁下186颗红手印。他们为什么用这种传统的，用以表明死且不足惧的特殊方式，一而再地来表达他们挽留沈浩的决心呢？其根本原因有两条。第一，沈浩自觉地践行科学发展观，发扬了锐意改革、勇于开拓的创新精神，推动了大包干经营权的流转，引领农民成立各种专业合作社和专业研究会，实行农业产业化、集约化、专业化、现代化；同时，成立教育基金会，重视人才培养与引进，走科教兴农的道路，从而使小岗的人均收入在短短三年内就增加了2.78倍。第二，沈浩39岁到小岗后，把这个实现人生价值的黄金年龄段中的2000个日日夜夜毫无保留地全部交给了小岗村，直至在第一线献出宝贵生命。他心系全村的每个人、每一寸土地。他的生命融入到民众之中，刚到小岗不久，就用30多天时间，对108户进行了两遍访问。他住房的大门日夜向群众敞开，随时接待每一位来访者。他为群众办了那么多实事，仅就住房而言，为122户翻盖了新房，48户搬进了住宅新区，26户住进了两层四幢新楼（每户160平方米）。难怪“有困难，找沈浩”成了小岗人的口头禅。如果说第一次摁手印是小岗村以生产关系为主轴的第一轮改革的标志，那么，第二、三次摁手印就是小岗人对新一轮改革成果的充分肯定与再创佳绩的坚定信心。

教育系统学习沈浩，最主要的就是学习他的改革创新精神，推进教育新一轮的改革；学习他大爱无垠的高尚情怀，办人民最满意的教育。

32年来，我市教育在管理体制、办学体制、教育结构、招生制度、课程设置、教材教法、督导评价体系、毕业生分配制度等许多方面进行了卓有成效的改革，实现了“两基”和高教大众化，初步建立并正在逐步完善具有中国特色社会主义教育体系。然而，旧矛盾解决了，新矛盾又产生了。当前，教育的主要矛盾是广大人民群众对教育资源优、教育质量高日益增长的需要同优质教育资源（包括人、财、物等）不足、总体教育质量偏低的矛盾，集中表现在两个方面的不协调：教育资源的配置不协调（特别是城乡），教育内涵的德育、智育、美育、劳动技术教育之间的不协调。

近年来，我深深感到：经常提教育方针的人少了，素质教育这本经念的人少了，爱国主义教育活动开展得少了；学生适量地参加劳动锻炼的少了，青少年在公交车上主动让座的人少了，师生路遇时互道“您好”的人少了，学校团队活动开展得少了，学校的歌声少了，学生的睡眠时间少了；教师保质保量按时亲自批改作业的少了，教师课后无偿对学生抓差补缺的少了，班主任老师对学生进行家访的少了，学校一、二把手兼课与听课的少了，各级教育行政部门及其所属的教研部门的行管人员与教研人员深入学校、班级搞调研的人少了；教辅材料太多了，学生作业量太大了，书包太重了，学生参加校外有偿补课的太多了，考试太频繁了，试题越来越难了；学生近视眼发病率太高了，“豆芽形”“胖墩形”的学生越来越多了，周课时增多了（多达每天9节课）……总之，套在广大师生头上“应试教育”这个紧箍越来越紧了。这种现象，在全国具有普遍性。

上述种种表象反映一个实质问题，那就是受教育者的全面、协调、可持续发展的科学理念受到严重挑战，“五育”失去平衡，“为首”的德育几乎被“斩首”了，“中心”的教学几乎被“唯一”化了，“智育”也几乎被异化为“知育”了，体育被削弱了，美育被边缘化了，普通中小学的劳动教育几乎被取消了，新一轮的教育改革已经刻不容缓了。为改革计，退耕者献出些许余智，为在耕者参考。

首先，念好两部“经”，紧紧牵住全面发展这个牛鼻子。尽管不同历史时期，党与国家对教育方针的文字表述有差异，但全面发展的精神实质是一致的。一切教育工作者要把这本经铭刻在脑海中，落实在各项教育教学活动中，并以此督导、检验、评估这些活动。与此同时，还要念好素质教育这部经。我们所谈的素质是综合素质，包括：先天的，后天的；生理的，心理的；思想道德，文化科学；知识技能，智力能力；等。

其次，融通中外，在改革的土壤上培育新教育体系。要从两方面继承弘扬我国传统教育：从公元前531年至公元1919年，以孔孟为代表的2450年的传统；从1919年“五四”新文化运动到1966年“文革”开始，以新中国成立后17年为代表的近47年的传统，其中包括新中国成立前30年的解放区与国统区以及新中国成立后的大陆与港澳台的教育。这两个传统是无数先贤终生教育实践与探究的结晶，是无价之宝。教坛要像诗坛继承弘扬我国古典诗词那样有气魄，继承弘扬这两个优良的传统教育，对它不能采取虚无主义。要引进现当代国际崭新的教育理念、教育内容与教育方法，为我所用，但不能食洋不化，生搬硬套，更不能月亮还是外国的圆。要实事求是地从理论上总结改革开放以来的教育。要把三方面熔为一炉，使之发生化学（非物理）变化，从而产生中国特色社会主义教育体系（包括教育理论、教育制度、教育内容与方法等）。这是一个长期浩大的系统工程，需要几代人去努力，不可一蹴而就。但是，千里之行，始于足下，现在已经有并将一定有大批志士仁人去参与这项工程。

再次，有效解决两个“不协调”，使教育在科学的轨道上正常运行。要解决教育资源配置不协调，各级政府必须加大对教育的投入，加强教师与行管人员的培养与培训，提高他们的综合素质。在配置资源时要保强扶弱，要正确理解与对待名牌效应，学校（特别是中小学）不同于企业，规模过大不利于管理与教育，对于优质学校的发展规模要适当控制，要确保它们的优质资源的配置，要把重点放在扶植两类弱势学校——农村学校与初级中学上。要缩短城市与乡村学校之间实际上的重点与非重点学校之间的差距。要采取有效措施使强势、城市学校去扶持弱势、农村学校，经过较长时间，使强弱逐步达到相对平衡。

教育内涵的“五育”犹如人体不可分割的各个有机部位，其中智育是人的躯干，德育是依托在躯干上的头部，体育、美育、劳动技术教育是生长在躯干上的四肢，没有智育就是取消教育，没有德育就是没有灵魂的教育，没有体育、美育、劳动技术教育就是残废的教育。“五育”的定位是为教育客观规律所制约的，违背了它就会出现畸形教育。要弘扬德育、智育并重的传统教育。德育要以“仁爱”（爱社会主义祖国、爱家乡、爱地球、爱人类、爱生命、爱科学等）教育为主线，对学生进行人生观、价值观、道德品质、法制等教育。长假期间，适当组织学生参加一些社会活动和体力劳动，使休闲、娱乐与意志磨炼相结合。班主任要采取多种方式（包括家访）与家长沟通，使学校教育与家庭教育密切结合。要加强学校少先队、共青团活动。智育要以传授科学文化知识为基础，着重开发智力，培养能力，训练技能，要把夯实基础、提高能力、实践运用统一起来；要充分利用教科书，精选教辅内容，倡导毛泽东一贯主张的启发式、讨论式教学，并与现代化教学手段相结合;要严格按新课标规定的科目、课时开课,不得擅自增加课时和随意削减科目;要切实解决当前教学中存在的拼时间、拼题海、拼考试、拼课外等违反教学规律的不良做法,让教学真正沿着正确的轨道健康运行。要切实解决在职教师校外有偿家教的问题,把他们的精力吸引到校内的本职工作上。要确保小学生每天 9 小时至 10 小时、中学生每天 8 小时至 9 小时的睡眠时间。九年义务教育的体育课(包括高中体育课)、美术课、音乐课要开足课时。要确保学生每周至少有三个下午第四节课的活动时间。

最后,推好两个"轮子",做受教育者的公仆。教育事业整体好像一辆绿色的人力大车,全靠教育教学与行政管理这两个轮子有效地运转。运转的动力来自于教学、教研、行管三大员的合力,既无脱离管理的教学,也无脱离教学的管理,更无脱离教学、管理的教研,三者相互渗透,你中有我。作为推手的教育系统三大员必须通力合作,齐心协力地推动这两个轮子沿着改革的轨道不停地运行。为此,一切教育工作者要学习沈浩同志心系群众的公仆情怀,牢固树立"一切为学生,为学生一切,为一切学生"的观念,胸中装着蚌埠几十万名学生及其家长,心甘情愿地做他们的公仆,为他们的全面发展殚精竭虑,鞠躬尽瘁。要学习沈浩与群众融为一体,为民做实事的务实精神,对照他的先进事迹,行管人员要反躬自问:"每学期,我深入到几所学校、几个班级进行几次调研?写了几篇调研报告?与多少位基层领导以及群众单独交谈?我的办公室大门是否终年向广大群众敞开?我是否接听群众来电和接待他们的来访?我为群众办了多少实事?为他们解决了多少难题?"教学人员要反躬自问:"我是否履行了教书育人的神圣职责?是否有只教书不教人的现象?是否聚精会神抓教学?是否在课余时投身到商海(包括有偿家教)学游泳?是否热爱每一位学生?教学是否面向全体、对每一位学生负责?有无歧视差生的现象?"

教育工作者要像沈浩那样重视科学与教育,坚持走科研兴教的道路。近年来,要从宏观到微观,研究一些教育的热点、难点、重点问题。例如:中国特色社会主义教育体系的内涵是什么?如何建立与完善这个体系?怎样解决教育发展中的两个"不协调"?在完成"两基"与高教"大众化"任务后,如何处理数量与质量关系?如何提高质量?如何进一步提高教师的道德水准?如何对学生进行经常性的大爱教育?如何改革课堂教学?如何提高教学效益?如何把提高教育质量建立在提高单位时间的教学效率上,而不是放在单纯增加时间、加大教学内容上?等等。要建立健全三级教育科研组织,培养高质量的科研人才,制订中长期科研计划,要把发挥专门科研机构与各种教育学会、研究会的作用结合起来,要调动新老教科人员的积极性。我在退休后的 13 年中,编审了三百多万字的书刊,撰写了近 20 万字的论文,今后,如果健康条件许可,我将笔耕不辍,充当教育三大员推进两个轮子运转的助手。

正当沈浩同志驾着"中国第一村"新一轮改革大车在快车道上奔驰时,"彼苍者天,歼我良人”。噩耗传来，赋古绝一首：

跪别高堂奔小岗，村官六载业辉煌；
天夺俊秀神州怨，吾与斯民哭沈郎。

（本文应中共蚌埠市直机关党委“学习沈浩同志”的征文而作，获优秀奖，市局老干部科科长余泽玲提供了许多资料。）

《国家中长期教育改革和发展规划纲要（2010—2020年）》修改的意见与建议

（2010年3月26日）

今年全国两会期间，国务院将《国家中长期教育改革和发展规划纲要（2010—2020年）》（简称《纲要》）公诸媒体，教育部袁贵仁部长在回答中央电视台记者鲁健提问时说："我现在是多听，多想。"这就开了中央广泛问教于民的民主风气之先河，仅此一点就应大书特书。我们这些退耕的老园丁听到、看到这些信息，拱手相贺，相聚热议，因为我们的心永远紧贴在我们终生为之耕耘的这块园地。现将我们就基础教育改革和发展提出的意见和建议捧献给决策者，供修订《纲要》时参考。

一、传统教育

1. 古代传统教育是指从公元前531年至公元1919年，以儒家为代表的2450年的传统，杰出人物有孔子、孟子、荀子、朱子、程子等。他们教育思想的核心是以人为本的仁爱教育，他们倡导并实践的德智并重、因材施教、知行合一、学思结合、启发诱导、循序渐进等教学原则和方法，今天都要发扬光大。

2. 现代教育传统是指从1919年到1978年，以新中国成立后17年教育为代表的六十年传统，其中包括新中国成立前的国统区与解放区以及新中国成立后的大陆与港澳台的教育。杰出人物有蔡元培、陶行知、毛泽东等。17 年的素质教育卓有成效，培养出大批高素质(包括胡锦涛、朱镕基、温家宝等党和国家领导人)的人才。毛泽东教育思想就是这个时期教育的主导思想。他的教育思想很丰富，其中很大部分是符合中国国情和教育规律的，比如：人的全面发展、面向工农、与生产劳动相结合、多种形式办学、学用一致的观点，启发式、讨论式的教学方法，减轻学生负担的主张，等。今天，要对他的教育思想进行科学分析，去误取正。

3. 优秀的传统教育是中华 5000 年文明的重要组成部分，是民族精神的结晶。弘扬民族精神，复兴中华文化，首先要弘扬与复兴传统教育。《纲要》通篇无一处提及传统教育，很遗憾。建议要增添专章。

4. 引进现当代国际崭新的教育理念、教育内容、教育手段与教育方法，要像陶行知先生那样，留美归国后，创办学校，亲自编教材、上讲台，从我国当时实际出发，将他的老师杜威的现代教育思想加以改造，为我所用；而不能食洋不化，更不能月亮还是外国的圆。应该承认中小学教材改革基本上是不成功的，其主要原因恐怕是摒弃我国传统的科学的教材体系，生吞活剥地引进境外模式。

5. 反映客观规律的真理，不会因发现时间长而失去光辉；相反地，时间越长，越能得到更多实践检验，越能显现其光辉。《学记》提出“教学相长”的观念，不因距今 2000 多年而“落后”；“五四”时期，一位海归学子，不因晚于前者 2000 多年提出的“全盘西化”(后来自我否定)而“先进”。检验观念正确与否的标准只能是实践，而不是这个观念产生时间的长短。“观念”这个东西只有正确与否之分，而无先进落后之别。《纲要》在论及我国教育不足之处时说：“教育观念相对落后，内容与方法比较陈旧。”前句话是错误的，后句话也是不科学的，因为中小学生学的基础知识、基本理论绝大部分都是“陈旧”知识，而这些知识对他们打牢文化基础是非常必要的。好的学法与教法是不受时间限制的，不会因用得时间长了而失去效应。这两句话会误导人们背离优秀的传统教育，多年来的教育现实不正证明了这点吗？这两句话，可改为：“新观念、新内容、新方法补充不够。”

二、教育方针

1. 德智体美劳“五育”的定位。教育方针内涵的五育犹如人体不可分割的有机部位，其中智育是人的躯干，德育是依托在躯干上的头部，体育、美育、劳动教育是生长在躯干上的四肢。没有智育这个躯干就是取消教育，没有德育这个头就是没有灵魂的教育，没有其他三育的四肢，就是残废的教育。“五育”是互相渗透的，它们在教育全过程中互相依存，共处于同一体。

2. 德育为首。德育是教育的灵魂、教育的精神支柱，在其他四育中处于领头羊地位，故称“德育为首”。《纲要》提“德育为先”不甚妥当，因为德育渗透并贯穿于其他四育的始终，无先后之分。如硬分先后，就是将它们撕开，就是肢解教育。《纲要》突出了对学生的政治思想教育，这是必要的，但立身做人的教育比较薄弱，比较抽象。我们认为，对青少年要持之以恒地进行以爱国主义教育为主线的大爱教育，包括爱地球、爱国家、爱人类、爱人民、爱生命、爱组织、爱劳动、爱亲友、孝父母、尊师长等教育。这是立身做人之大本，要从幼儿园开始，以中小学为重点，贯穿于国民序列教育的各阶段。要修改中小学德育大纲，重新规定各学段的德育标准，编写相应的教材（包括班会、晨会内容），对学校施教主体提出新要求。中学建立每天 10 分钟读报制度。

3. 智育为体。智育是学校的中心工作，是学校教育的主体，故称“智育为体”。《纲要》没有强调智育，这是很大的缺憾。知识（书面的和实践的）与能力（读写能力、实践能力、创新能力、演算能力等）是共处于教育这个同一体中的另一对矛盾，知识是培养提升能力的基础与载体，能力是知识将其物化为成品的器具与手段，它们相互依存，不可分割，在不同的学段有所侧重。义务教育阶段要特别着重于夯实基础知识、基本理论，同时也要重视能力的培养与智力开发；大学生则着重于综合能力的培养，但一、二年级也要打好专业基础。《纲要》只笼统地讲“能力为重”，不讲“知识为基”，理论上是违反辩证法，实践上是误导中、小学放松“双基”教育，使教育教学质量滑坡。这是严重的教训。德智并重、智能结合是传统教育的优点，也是中国教育的特点，为国外所称道与学习，而我们有些人把自己国家“智能结合”的特色丢弃，把“能力”片面地强调到不适当的地位，其结果不仅影响了学生获取系统知识，而且导致学生的各种能力也下降了。

4.《纲要》只提“四育”，未提劳动教育，我们认为不妥。只要人类存在，体劳与脑劳就存在，学校对学生进行劳动教育，也是人生观教育的主要内容。培养他们的劳动观点、劳动习惯、劳动感情、劳动技能。现在城市的独生子女中，四体不勤、五谷不分的人越来越多了。加强劳动教育不仅有深远意义，而且有现实意义。我们认为，学生除平时参加一些大扫除服务性劳动外，每学期，中学生劳动 5 天（两次集中），小学生劳动 3 天（分散）。长假期间，适当组织他们参加一些社会活动或工农业生产劳动，把磨炼意志与休闲、娱乐结合起来。

5. 素质教育与教育方针的精神是一致的，都体现要培养全面发展的人才；所不同的是，教育方针是一切教育工作者的工作方针，是理论指导，必须贯彻执行，把它落实在各项教育教学活动中，并以此督导、检查、评估这些活动。有个时期强调素质教育，却淡化了教育方针；近几年，念这两部经的人似乎都少了。这两部经要经常地同时念，还要常念常新。《纲要》要把国家教育方针明确地写进去。

三、公平教育

1.《纲要》把促进公平作为国家基本教育政策,把义务教育的均衡发展作为公平教育的重点,并把义务教育标准化建设和教师队伍建设列入十大改革工程的第一、二位。这体现了国务院对义务教育的公平性高度重视,我们非常高兴。

2. 取消实际上的重点学校,切实解决“择校热”。各地“择校热”已达到白热化程度,引发了社会诸多碰撞,老百姓十分不满,已到了必须解决的时候了。首先,要制定政策,招生时削弱重点校的优生比例,增加普通校优生比例。其次,要降低或取消择校费,从而缩短它们之间的差距。重点校是在特定历史条件下形成并发挥了特殊作用,时至今日,已成为教育协调发展、学生享受教育公平的障碍。《纲要》对此未提一字,希望能作些政策性规定。

3. 逐步缩短农村教师与城市教师物质待遇的差距。我们提议,可建立农村学校教师特殊津贴制度,使他们的实际经济收入达到或略高于城市教师。要采取有效政策鼓励大学生到农村和老少边山穷地区的学校就业,要选派优秀校长、教师定期(3 年为宜)轮换到农村学校任职(工资关系不变)。在不降低待遇的前提下,城市的强势与弱势学校校长、教师定期对流(组织关系变动)。要彻底改变“地方越小,待遇越低”的现状。

4. 刹住教师待遇新出现的差距。这次义务教育教师绩效工资,不仅省内的市与市之间不同,一个市的市区与县区之间也有差距。就以 2010 年中学高级职称退休教师每人每月增加的工资为例,芜湖市 1500 元、蚌埠市 757 元、淮北市 640 元、合肥市 1200 元,蚌埠市的怀远县 50 元、五河县 30 元、固镇县 45 元,这是制造新的不均衡。对此,教师议论纷纷。如何做到相对均衡,请教育部拿出解决办法。

5. 义务教育要面向全体学生,树立“为一切学生,为学生一切,一切为学生”的观念,使学生在不同学年段都能在原有基础上有所提高。农村中小学要用五六年时间,在巩固入学率的基础上,花大力气抓教育质量的全面提高,不要急于普及 12 年教育。这个阶段的教育还要把通才教育与英才教育结合起来,要善于发现超常智力与特殊素质的孩子,并给他们创造一定的发展空间。例如在一个市(县)的一所优质学校办超常班或特长班。这种班过去有的地方办了,而且办得很好,可惜进入新世纪都停办了。

6. 正确理解与对待规模效益与名校效应。中小学不同于企业,也不同于高校,规模过大,不利于管理,往往导致重点校与普通校之间差距越来越大。有的县一所实验小学学生多达四五千人,如果不加控制,还有上升的趋势。市、县教育局要通过学校布局调整,使优质小学在校生不超过 2 千人,优质中学在校生不超过 3 千人。名校是在长期办学中逐步形成的,政府不应让它“吃小灶”。

7. 教育资源的配置宜施行“维强保弱”的方针，即维持优质学校的现有水平，不能削弱，重点保证弱势学校（特别是农村学校与初中）较快地提升，但也要防止削强济弱。

8. 学前教育与学龄教育之间不协调。学前以民办为主，每个县、市只有一两所公办学校，民办学校除极少数办得好，大多数办得不规范。教育行政部门对它们的管理也基本上是粗放式的，对有些民办的幼儿园就是放羊。社会反映，进公办幼儿园比进清华园还难，进精英民办的幼儿园费用又很高，广大民众的孩子是望好园而兴叹。《纲要》第三章“学前教育”对基本普及学前教育的年限、办园体制、管理都作了规定，但对学校幼童如何接受均衡教育、如何解决合格师资奇缺、如何建立有效管理机制等三个问题没有作出很好的规划，有待修订时弥补。国家教委教计厅（1993）9 号文件转发《福州市保护城市中学小学幼儿园建设用地若干规定》，现在有许多地方不按规定，没有把原学校“产权移交区教育行政主管部门”。希望教育部会同建设部加以干预。

四、课程改革

1. 现行中小学教科书，除内容“繁难偏旧”外，还存在三个不容忽视的问题。第一，编写体系混乱。例如，初中六册《数学》，是将《代数》《几何》《三角》三门学科的体系打乱，融合在一起，交叉编排，给教学带来很大困难，授课教师意见很大。第二，活动课脱离实际。例如：八年级《中国历史》（下册）共 21 课，就设计了 28 项活动，其中调查 11 项，收集资料和实物 13 次，专题讨论 4 次。要求学生调查土改、农业合作化等历次运动后家乡的变化，在小组会交流；收集王进喜、焦裕禄、周恩来、邓小平等的业绩，写文章，出墙报；收集我国空军各个时期各种飞机图片，加上说明，办展览会。更令人啼笑皆非的是：一次活动课的设计，竟然要求全班各小组收集各个历史时期的歌曲和视听资料，撰写各首歌曲的背景介绍和连接词，背景介绍要包括时代背景、歌曲表达的中心内容、歌曲在我国音乐发展史上的历史地位和影响，然后召开演示演唱主题班会，并介绍歌曲时代背景和历史价值。这哪里是历史活动课，简直就是音乐学校筹办的一次演唱会。这样只凭主观空想出来的活动课，不仅太多，无时间完成，而且让学生难以“活动”，因为远远超出他们的生活经历和知识范围，结果只得由家长代劳，从网上查资料下载，复印多份，大家共享。这种弄虚作假，不仅无益于学生学业，而且败坏了学风，是教学腐败。有的活动课内容也超出家长的认知范围和生活经历。第三，个别地方观点有待商榷。例如：七年级《中国历史》（下册）对金国向北宋与南宋发动的多次战争，不谈侵略，只说“金先灭了辽，又于 1127 年灭亡北宋”，“金军几次南下”。这就掩盖了战争的性质。书中把后金对明朝发动的战争说成是“反抗明朝民族压迫”的正义战争。四本《中国历史》，对从陈胜、吴广到太平天国的所有农民起义都一字未提。改革现行的教科书已势在必行了。

2. 成立以教育专家、有丰富教学经验的教师、学科专家三结合为主的编写教材班子，充分尊重教师的意见。编写者要贯彻科学性、系统性、先进性、可接受性、实践性、循序性的原则。教材内容要以基础知识、基础理论、基本技能训练为主(17年的成功经验)，以利于培养学生的各种能力，开发各类型学生的多方面智力，适当充实当代最新科学文化成果。要保持各学科内在的完整体系，适当安排与之相适应的实践活动，不宜按人类认识的辩证过程(即实践—理论—再实践)的顺序编写，因为中小学生是以接受间接经验为主，只需要他们通过一定的实践活动进一步验证、理解、巩固、升华这些知识。对于学术界争而未定的问题，如岳飞是不是民族英雄，要客观一些，不要轻易肯定一方而否定另一方。教科书的语言要准确、简练、鲜明、生动、流畅，朗朗上口，学生爱读，尽量少用专业术语。每册书的页数要比现行教材少三分之一。编好后要经过征求意见。对实验结果的评估，只准讲好、不准讲坏的教训已经很深刻了。配套的教辅材料也要按上述精神编写，要有学科特色，内容比现行的教辅减少三分之二，有的学科无须编。《纲要》对改革现行教材讲得很少，没有力度，也不具体，希望加强，最好作为一项重点工程。

3. 对于现行教科书及其配套的教辅材料，有关教育行政部门要尽快组织得力人员进行全面评估，对其中"繁难偏旧"的章节以及脱离实际的活动课内容要大刀阔斧地删去，以供新编教材及其教辅材料普遍实施前使用。对于未开课的教材(如初三《信息技术》)应砍掉，立即停止印刷与发行。

五、减轻课业负担

1. 教辅材料泛滥成灾，学生与家长怨声载道。以今年初三下学期为例，教科书10种(语文、数学、英语、物理、化学、历史、音乐、美术、思品、信息技术)，定价共59.87元，而与之配套的教辅材料(还不包括教师指定在市场上购买的大量材料)就达14种，定价共236.24元，是教科书的3.95倍，除音乐、美术、信息技术三科无辅导书，其余七科，平均每科2种。如果加上市场购买的，平均每科约有4种。历史教科书的辅导书竟有6种之多，它们是《基础训练》《初中毕业综合训练》《世界历史地图册》《世界历史填充图册》《导学精练》《中考开卷》，定价计109.5元，是该科教科书的14.2倍。是可忍，孰不可忍！然而，我们有些人却视而不见，任其泛滥成灾。倒霉的是学生及其家长，得利的是编写者、销售者以及中介人。最大的危害是扭曲了教改方向，冲击了正常教学，摧残了孩子的身心健康，降低了教育质量，影响了人才的全面成长。很多人反映，现在教辅材料太多了，学生作业量太大了，书包太重了，睡眠时间太少了，考试次数太频繁了，试题太多太难了，学生近视眼发病率太高了，参加校外有偿补课以及“豆芽形”与“胖墩形”的孩子越来越多了……总之，套在广大师生头上“应试教育”的紧箍越来越紧了。我们呼吁：救救孩子！

2. 下决心，用狠力整顿教辅材料。教辅材料的恶性膨胀，已经严重损害了基础教育，妨碍了青少年的全面发展，成为制约教育质量提高的瓶颈，必须从战略上认识整顿教辅材料的重要性与急迫性；同时，又要认识到这项工作的艰巨性，因为它涉及有关部门（包括出版部门、教科研部门）的一笔巨额经济收入，必然会遇到很大阻力，改革将相当艰难，要拿出十二万分的决心，采取十分的行政手段。首先，将与教科书搭配的由教科所（院）统一编写的教辅材料砍掉一半；同时，明文规定，学校或教师不得接受发行部门（包括私营）的回扣，不得放着统一搭配的资料不用，又要求学生向书店统一购买自己指定的资料。还要会同宣传、文化、物价等部门整顿教辅材料市场。要组织专人加强督察力度，违者给予纪律处分。对于这样一个积重难返的问题，不采取铁腕手段是难以奏效的。

3. 加强对部颁教学计划执行情况的检查与督促。学生负担过重的一个重要原因就是有不少学校为了片面追求升学率，随意减少科目，增加课时。为纠正教学上这些混乱现象，学校必须开齐科目，初高中毕业班不得停开不考试的科目（如初中的音乐、美术，高中的体育等），不得任意增加日课时与周课时，不得任意延长早晚自习，不得在双休日及其他假期上课，要确保学生每日早操与课间眼保健操，以及每周 3 个下午的一节课文体活动与 1 个下午一节课的团队活动。学生作业量要适当，要精选；教师要亲自批改，精心讲评，不得不改或让学生改。要加强平时课堂检查，取消名目繁多的考试，每学期只考一次或二次（期中、期末）。要确保每天小学生 9—10 小时、中学生 8—9 小时的睡眠时间。要组织力量定期与不定期对学校教育教学工作进行全面督察与评估，然后召开会议，交流经验，表彰先进，对严重违纪者要批评教育，直至给予行政处分。

4. 改革招生考试制度。在巩固小学入初中免试的基础上，逐步实行高中入学免试。高校招生考试可分为两个阶段：第一阶段，部属高校与军事院校独立自主招生，也可以几校联考，允许考生参加两次考试；第二阶段，各省、市、自治区统一招生考试，前次落榜的考生可以再参加一次考试。多年实践表明，中学推荐优秀生免试入高校，对高考弊端触动不大，积极意义不显著，是否继续下去要评估。

5. 加强师德教育，提高教师社会责任感，提高单位时间教学效率。减轻学生过重的课业负担，教师负有不可推卸的责任。一个时期以来，因部分在职教师备课不认真，上课留一手，题目不精选，作业不批改，课后不辅导，校外搞家教，导致课堂教学质量下降，校外家教成风，很少有人过问。我们建议：一是正面教育，对那些把精力集中在校内教学上，花时少、作业轻、质量高的教师进行鼓励与奖励；二是教育行政部门制定政策，并认真执行，对那些热衷于有偿家教的教师进行约束，直至惩罚。《纲要》把减负作为推进素质教育改革试点的重要内容，并且准备建立减负的有效机制，我们举双手赞成。

六、专家办教育

1. 我们非常赞赏《纲要》“提倡教育家办学”的主张，但要补充指出的是：教师应是一门学科的教学专家和善于育人的德育专家；校长应是学科教学专家和教育教学管理专家；教育教学科研人员应是学科教学专家和学科专家。两者缺一不可，我们称之为“双专”型的教育家。

2. 中小学校长应从“双专”型的教师中培养与选拔，没有教学实践或教学平庸者，或虽是教学专家，但不是德育专家者，都不能当校长。校长的专业职称应列入教师序列，职务级别应与公务员职务级别脱钩，由教育部会同人事部制定方案，确定职级，单立序列，定期组织评审机构进行评审。特别优秀的校长可授予终身校长的称号，终身校长的退休不受国家法定退休年龄限制，享受离休人员待遇，不担任实职后，称号不变。10年之内，在全国造就一批“双专”型的校长。

3. 各级教科所（院）的研究人员，必须从“双专”型教师中选拔，虽是学科专家，但未从事教学或教学无特长者，不能担任教科研工作。要施行轮研轮教制度，每五年到学校兼课一年。对于从未教过书的现任教研员，应到学校至少教一年书。要改变近几年多坐办公室研究，少到教学第一线检查督导的倾向。

4. 省、市、县（市）各级教育厅局长也应该是教育专家，除符合国家公务员的条件外，还必须是有丰富教育教学管理实践经验与较高的教育理论水平，要从优秀的校长或下一级优秀的局长中选拔，那种不考虑教育特殊性，从政府官员中选拔的现象不能再继续下去了。

5. 坚定走师范院校培养培训教育三员（教学人员、教科研人员、教管人员）的道路。以省、市、自治区为单位，根据中长期教育改革与发展规划，预测本省各级各类学校所需教师的数量，调整现有的高校专业，将师范专业集中到几所师范院校。调整后的师范院校，要突出师范性，不设其他专业，招收优秀的高中毕业生，并一律享受全额助学金，配备优秀的校长与教师。一个省还要办好几所中等幼儿师范学校，一个市（或县）要兴办一所幼师，逐步改变学前教育师资奇缺的现状。各市、县（市）要办好一所教育培训基地，分别承担中小学各类行管人员和教学人员继续教育的任务，高中教师与行管人员的继续教育任务，由省高等师范院校分片承担。

6. 发挥离退休教学人员、教研人员、行管人员余热，不定期地召开座谈会，向他们介绍教育的现状，虚心听取他们意见。根据少数人的身体状况和本人意愿，适当吸收其参加群众性的学会、研究会、咨询机构。俗话说,旁观者清。退下来的同志往往能听到真话,看到真情,能讲真话。不要小瞧这些“剩余价值”!

(这是寄给国家教育部部长袁贵仁同志的,初稿形成后,邀请了王天喜、王同、方先进、孙尚权、孙志祥、许家玲、李性之、杨明清、戚国骏、傅晓爱、鲍弘用、蒋家环等12位老教育工作者举行座谈,吸收大家意见,进行修改。)

《学记》:现代教育的宝鉴

(2011 年 10 月)

《学记》是我国古代和世界最早、系统相当严整的教育专著,文字不长,内涵丰盈,与《礼记》中的《大学》《中庸》成为先秦教育论的姐妹篇。三篇所论皆为大学之教,不同的是,《大学》侧重于对思想道德的论述,概括为"三纲领,八条目",是"教学入德之门"(程颐)。《中庸》从哲学上阐释人性,所谓"天命之谓性,率性之谓道,修道之谓教";总结认知过程——"博学之,审问之,慎思之,明辨之,笃行之";勉励勤学——"人一能之,己百之,人百能之,己千之"。《学记》突出贡献在于:既论述了教育与经济、政治、社会以及德育与智育、师与生等方面的关系,又描述了古代教育体制、教育管理、学校课程设置,更详尽地阐发了教育原则、教育方法,是我国丰富文化宝库中的一颗璀璨的明珠,至今仍然熠熠生辉。

一、熠熠生辉的伟大教育思想

《学记》思想体系属于儒家思想范畴,但不属于春秋之儒,而是战国之儒,通篇充满朴素的辩证法与唯物论,较少保守性与片面性。

战国时期是封建制代替奴隶制的社会大转型时期,新兴地主阶级着力于建立并千方百计巩固新的生产关系,从而发展新的生产力。为此,他们一要制定并发布经过深思熟虑的典章法令,从上层建筑领域维护其新的生产关系,所谓“发虑宪”。二要招募人才,使远近贤能之士皆入我“彀中”,所谓“就贤体远”。三要教化人民,使广大民众能够恪守其所制定的法规而不“犯上作乱”,并化为行动,所谓“化民成俗”。所有这些,只有通过教育才能实现。有鉴于此,《学记》以“建国君民,教学(即教育)为先”这一光照千古的命题,在我国教育史上破天荒地提出了教育先行的观念,揭示了教育全面育人与构建社会的客观规律。“建国”就是建设符合新兴地主阶级利益的国家;“君民”就是新兴地主阶级治理国家、管理人民。在变革生产关系上,“废井田”,打破“普天之下,莫非王土”的土地为最高奴隶主一己所有的奴隶制,代之以“开阡陌”,土地为地主阶级所私有的封建制。

在发展生产力上,冶金业的发展促进了铁器的广泛应用,农业生产工具得到改进,土地能够深耕细作,粮食丰收有了保障。在实行变法的诸侯国中,不仅采取了“重农抑商,奖励耕织”的政策,而且重视水利兴修。魏用李悝变法,实行“尽地力”、“平籴法”,调动农民生产积极性;同时,派西门豹治邺(今河北临漳),开凿12条水渠,引漳河水灌溉良田,受益的土地亩产高于原来的十倍。秦国实行商鞅变法,完成了泽被千秋的两项水利工程:蜀郡太守李冰治理岷江的都江堰工程;用韩国水工郑国引泾水东向,开凿了300多里的郑国渠,使广大关中成为沃野。秦国的崛起,国力的强盛,百姓的殷富,最后“吞二周而亡诸侯,履至尊而制六合”(贾谊)。其因固然在于变法,但更在于变法者。秦自穆公起,犹如“泰山不让土壤,河海不择细流”(李斯),向山东六国招纳大批“建国君民”之良材:楚之百里奚、李斯,宋之蹇叔,卫之商鞅,魏之张仪、范雎等。这些人才的成长,皆归功于教育的培养与实践的磨炼。《学记》把培养“为师”“为长”“为君”的教育比作鼓之于五音,水之于五色,学之于五官,师之于五服,这是根本,是造就“大德”、传授“大道”、树立“大信”、认识“大时”的根本,在中华光辉史上赫然写上“务本”两个意义深邃的大字,是“百年大计,教育为本”的思想源头。“先行”是因教育的长效性功能,“务本”是从教育所处地位而言,都充分体现了教育在人才成长,以及经济、社会发展中的突出地位。当今,教育在国民经济、社会发展中的战略地位已成全民共识,并写进执政党与共和国政府的文件中,然而,真正落实尚须长期做艰苦细致的工作。

德智体美四育并重是传统教育的突出特点。《大学》的三纲领——“明明德,亲民,止于至善”,八条目中的“诚意、正心、修身”都是德育,“至善”是“三纲”之纲,与《中庸》中的“至诚”是道德最高、最美的境界,就是德育与美育。八条目中的“格物”“致知”是智育。孔子是我国提出并亲身实践“四育”的第一人,他开设的“礼、乐、射、御、书、数”六门课程中“礼”“乐”是德育,“射”“御”是体育,“书”“数”是智育,而“礼”“乐”“射”“御”又以智育为载体,渗透智育,智育居于中心地位。孔子“文、行、忠、信”教育内容中的“文”是智育与美育,“行、忠、信”是德育与体育。《学记》继承了孔子四育并举的教育思想，体现在大学教学与考核内容中。大学生生源有已仕之士和未仕之士，他们学习重点各有不同，前者是学做官之事，后者先树为官之志。做官之事就是管理百姓之事，即今所说的管理学，涵盖四育内容，仕与士皆要学。古今“四育”内涵各异，但“四育”并举的原则相同。

尊师重道是中国传统教育的又一鲜明特色。“率土之滨，莫非王臣”，在奴隶制、封建制社会里，所有臣民（包括帝王的父兄）都要向君主北面跪拜，君臣之礼森严，不可逾越。然而，帝王之师可例外。这种“大学之礼”反映了师道之尊。尊师目的在于尊道，因为师是“传道、授业、解惑”的，“道之所存，师之所存”，尊师即尊道，尊道必尊师。当然，这个“道”是维护封建社会的“至道”。今天，“道”的含义虽然发生了量和质的变化，但“传道、授业”的作用未变，而且意义更为深刻，要“传”社会科学、自然科学、直接经验、间接经验，域内域外等所有之“道”。

在“传道、授业”中，如何处理师与生、教与学的关系，《学记》独具慧眼地提出“教学相长”的辩证观点。师与生、教与学是既对立又统一、既相成又相反的一对矛盾统一体。就教而言，教师是矛盾的主要方面，他的思想、道德、气质、知能、经验、教艺、体能是教得好与否的决定因素，是内因。如果学生能与教师配合默契，教师高超教艺得以充分发挥，得心应手，左右逢源，两个正效应相加，产生一加一大于二的最佳效益。就学而言，学生是矛盾的主要方面，他们的学习动机、态度、意志、方法及其知识基础、理解记忆能力、分析综合能力、动手动脑能力、身心承受能力等，是他们学得好与否的决定因素，是内因。教师的教态、教艺、辅导、检查、校正、评绩等又是学生学得好与否的外因。外因在一定条件下也能起决定作用，可使差生转化为优生。从某种意义上讲，教师整天就是在做转化工作，让学生由不知转化为知，由知之少转化为知之多，由差转化为优。这样的事例多得不胜枚举。但是转化必须通过学生内因起作用，如果没有这个内因，即使“至圣先师”也不能让盗跖转化为柳下惠，尽管他俩有共同的基因。孔子弟子三千，也才培养出七十二贤，约占四十分之一，还有被他骂作“朽木不可雕也”的学生。无能之辈不去寻找教败的内因，从而改进教学，往往责怪学生不配合，这是没有正视教的矛盾主要方面。但是，那种“没有教不好的学生，只有不会教的老师”的说法，也是违反教学辩证法的；领导如果用这样的观点去责怪教师，更是不理智的；教师如果反唇相讥领导，领导又将如何自处呢？

一位潜心于神圣教育事业的教者，在施教实践中会感到愈教愈能发现问题，从而促进其寻求解决问题的途径，愈加虚心地向书本学，向实践学，一面诲人不倦，一面学而不厌。只有诲人不倦，才有动力去学而不厌；只有学而不厌，才有资质去诲人不倦。这大概就是“教学半”的深意所在吧！实践有异同，闻道有先后，素质有高下，兴趣有偏废，“弟子不必不如师，师不必贤于弟子”，教师要以众生为师，取生之长，补己之短，把“教”

与“学”贯穿在备、讲、导、评的全过程。一个畅游于知识海洋的学子，愈游愈感到知识之海的广阔无垠，愈感到自己的渺小，小到沧海一粟，因而愈益勤奋，以“苦”为舟，驶向大洋彼岸。所以，《学记》把“教学相长”浓缩为两句经典：“学，然后知不足；教，然后知困。知不足，然后能自反也；知困，然后能自强也。”

二、因时制宜的教育制度

《学记》比较完整地记载了先秦时期的教育制度，从中可以窥见我国教育体制演化的轨迹。

教育制度自古以来就力求和政治、经济制度相适应，并随其变化而变化。据《周礼》记载，春秋战国实行六乡六遂的行政管理体制，王城（天子和诸侯国的首都）近郊实行六乡制：五家为比，五比为闾，五闾为族，五族为党，五党为州，五州为乡。远郊实行六遂制：五家为邻，五邻为里，五里为酂，五酂为鄙，五鄙为县，五县为遂。奴隶制的西周实行分封制，将土地分封给皇亲国戚与有功之臣，任何私人不得买卖土地，“学在官府”的教育制度就与这个土地制相适应，六乡六遂的教育管理机制也就应运而生。25 家聚居的比（或邻）设立施教单位叫“塾”，500 家的党（或鄙）施教单位叫“庠”，12500 家的乡（或遂）施教单位叫“序”，国都的施教单位叫“学”，即《学记》所说的“大学”。公元前 403 年，周威烈王承认韩、赵、魏三家为诸侯，晋名存实亡，战国时期开始，土地制度发生变化，私田逐渐出现，奴隶社会“礼崩乐坏”。在奴隶主土地私有制由渐变到质变为封建地主阶级私有制的过程中，以孔子为代表的儒家私学也随之而产生，打破了“学在官府”的单一格局，官学与私学并存，直到今日。《学记》对“家有塾，党有庠，术（古通‘遂’）有序，国有学”虽未详述，但它是先秦教育体制的雏形，反映了教育与政治、经济的辩证规律。

《学记》对我国古代大学考核学生的内容、时间、方法作了较为详尽的描述。每隔一年考核一次，考核内容分为德育与智育。品德方面，一年级考核“辨志”。传统教育把立志教育放在首位。孔子说：“三军可夺帅也，匹夫不可夺志也。”孟子认为，士首先应“尚志”，“志，气之帅也”，“气，体之立也”，“志一则动气，气一则动志”。南宋朱熹说：“问为学功夫，以何为先？曰：‘亦不过如前所说，专在人自立志。’”《学记》的“士先志”之说，前承孔孟，后开朱子。三年级考核“乐群”。这实际上是考核个人与群体、个人与社会的关系，要求学生具有较高的社会责任感和关爱他人的责任心，乐于为他人、为群体、为社会献力。五年级考核“亲师”，这是学成的保证，也是“乐群”的重心。七年级考核“取友”。传统教育很重视交友，把学生之间的“切磋琢磨”作为学成的起点。子贡在与孔子议论贫富时引用了《诗经》“如切如磋，如琢如磨”，孔子赞扬他“始可与言

《诗》已矣！”“独学无友”的结果是自我封闭，《学记》将之归结为教育荒废的六因之一。九年级考核毅力的坚定性，对正义之事是否能一往无前，视死如归。智育方面，一年级考核“离经”。“离经”是夯实辨音、认字、断句、析义、谋篇等基础，是智力因素，也是发展能力的基本功。三年级考核“敬业”，基础打牢了，能否学成，关键在于态度与毅力，也就是敬业精神，这是非智力因素。五年级考核“博习”，即探求知识的广度与理解的深度，是再打基础。七年级考核“论学”，是考核学生理解、分析、综合能力以及解决实际问题的能力。九年级考核“知类通达”，是考核学生举一反三、触类旁通的创造能力。成绩评品分为“小成”与“大成”两级。由此观之，传统教育重基础（离经、博习），重能力（论学、知类通达），重立志（辨志、强力不反），重敬业，重群体（乐群、亲师、取友）。四言以括之：德智兼试，基能并举，时距较长，等级简约。

大学开学伊始，周天子或诸侯国君委派主管教育的官员，穿朝服，带祭品，到学校主持隆重的开学典礼，带领师生朗读标志君臣和睦、相互慰藉的《小雅》三章，进行“为长”“为君”的立志教育。典礼完毕，在一片钟鼓声中，师生步入课堂，打开书箧，开始上课。开学典礼庄严隆重，既体现了统治者重教敬道的精神，又突出了“学为官”的培养目标教育；既重形式，又重内容。形式为内容服务，庄严隆重的仪式强化了教育内容。上好第一课，对全年教育都会产生深刻影响，所谓“良好的开端就是成功的一半”。

学校进入正常教学后，实行“正业”与“居学”制度。所谓“正业”，就是在校时的必学课程，“居业”就是在家庭的辅学课程。两种课程构成全部教育内容，同处于学校教育这个矛盾体中。两种课程在内容要求、方法上各有不同，前者是系统的乐、诗、礼“三教”，以教师讲授为主；后者是分散的“操缦”“博依”“杂服”等习练，主要以自学为主。但在内容上，它们又是相互联系、相互补充的，前者是后者的基础与源头，后者是前者的巩固与延伸。在学习形式上，“正业”虽以教师讲为主，但也离不开学生课堂上的手脑并用，积极思考，离不开学生之间的“切磋”；“居学”虽以自学为主，但离开教师辅导也难达到预期效果。“正业”与“居学”体现了学校教育中教师主导作用与学生主体意识的统一，理论知识与熟练技巧的统一，独学与取友的统一，温故与知新的统一。

三、历久弥新的教学原则

《学记》的最大贡献在于全面总结了先秦时期教育教学原则与方法，为建立中国科学的教育体系奠定了坚实基础。

豫时孙摩的原则。月晕而风，础润而雨，事物在发生前都有征兆。教者，在“传道”中要有科学的预见性、深邃的分析力、解决矛盾的机变力，把可能出现的消极因素化解在萌芽状态，“禁于未发”之时。如果“发然后禁”，则受到消极力量抵制，付出数倍力量也难取得理想效应。这就是“豫”的原则。“豫”古通“预”,即事先有所准备。“备豫不虞,善之大者也。”(《左传》)“事豫则立,必有教以先之。”(张载)在“授业”中贯彻这一原则时,要求充分备课。备好课的前提是熟知学生不断变化的学习实际:哪些是掌握的“已知”,哪些是“半解”的“一知”,哪些是尚未占有的“未知”。从浩如烟海的教参中游上岸,备出个性与独创性。施教中,对“已知”要在“温故”的基础上“知新”;对“一知”要罕喻晓理,使之达到“透彻之悟”(严羽);对易于理解的“未知”,要画龙点睛,一语中的;对难掌握的“未知”,要深入浅出,重槌敲鼓;对暂时无须了解的,要避而不语。“豫”的灵魂不是消极的“防”,而是积极的“备”。

孟子将“有如时雨化之”归入君子“五教”之首,《学记》说:“当其可之谓时。”教育如雨化万物,贵在“时”字。就人的生理而言,两千多年的实践证明,六至二十六周岁是人学习的最佳时间段。“少壮不努力,老大徒伤悲”的古训在民间流传甚广,至今不衰。超前或过期施教固然也可,但收效不显。北宋神童方仲永之父为追求名利,断送了儿子求学的黄金年龄,使其终成庸人,教训殊深。而《学记》早在两千多年前就从反面强调:“时过然后学,则勤苦而难成。”今天有人高唱“不能让孩子输在教育的起跑线上”,其心可嘉,但有人把“起跑线”任意提早到二三周岁,甚至大炒胎教。这种盲论早该休矣,因为它无视孩子天然成长的机遇,违背人的生理、心理成长规律,无异于拔苗助长,而且把孕期合理的物质精神营养引向歧途。从人的心理状态来说,在求知欲最旺的时间点施教,必然收到事半功倍之效。朱熹在解释孔子“不愤不启,不悱不发”两句话时说:“愤者,心求通而未得之意;悱者,口欲言而未能之貌。”善教者,要调动多种教学手段,把学生引进“心求通”与“口欲言”的最佳状态,及时捕捉这个时间点。从青少年承受能量来说,善教者,要选取学习负荷最合适的时间量,“或失则多”不可,“或失则寡”也不可。十年“文革”,“兼学”大大超过“主学”时间,给教育酿成重灾,耽误一代人的成长,“失”之太大。如今,由于升学率的重压,中小学辅导材料数倍于教本,学生学习时间远远超过部颁课标规定的总量,学业负担过重,已经成为教育改革的瓶颈、师生发挥教与学创造性的桎梏。当务之急,教育部门、校长、教师、家长必须下最大决心,联手共治顽症,尽快将孩子从题海、考海中解放出来,还他们独立自主的学习自由权,给他们营造一个能够彰显独创性与个性的良性环境。

《学记》说,“学不躐等”“不陵节而施之之谓孙”。“躐等”是不按次序,超越等级的意思。“陵,越也;节,教育之浅深次第。”(王夫之)孙,古通“训”“驯”,义均同“顺”,即顺次之义,也就是循序渐进。朱熹说:“教人有序而不可躐等。”他为教育编了一部《四书》教材,并规定教学顺序:“先读《大学》,以定其规模;次读《论语》,以立其根本;次读《孟子》,以致其发越;次读《中庸》,以求古人之微妙处。”苏联著名心理学家巴甫洛夫说:“循序渐进,循序渐进,再循序渐进。”事物是由低级到高级螺旋式发展的,人的认识也是由浅入深地不断提高，教学必须遵循这个规律；如果“杂施而不孙，则坏乱而不修”。现行通用中学教材，个别学科为了突出实践性，有打乱本学科体系的倾向，给教学带来一些麻烦。《学记》提出“孙”的原则较捷克教育家夸美纽斯提出的“循序渐进”原则早一千八百多年。

《学记》说：“相观而善之谓摩。”两物相研谓之磨，两人相研谓之摩。“摩”的原则要求生生、师师、师生之间相研摩。孔孟教育学生多用“摩”，从北宋到清代的书院式教学继承了这个传统，研摩的民主学风很浓，而且写进《学规》中。吕祖谦告诫学生：“凡有所疑，专置册记录，同志异时相会各出所习所疑，互相商榷。”明代书院讲会活动频繁，大家会聚一堂，共同讲辩难题，互相交流读书心得。今世勃兴的研究性学习，是发挥学生主体性、造就创新人才的舞台，不要“一阵风”，防止成为花瓶。

豫时孙摩的原则是有机整体，“豫”“时”是处理人与时间的关系，“孙”是处理人与教学内容的关系，“摩”是处理人与人的关系。《学记》把全面贯彻四项原则归因为“教之所由兴”；否则，“教之所由废”。

善喻继志的原则。《学记》说：“君子之教，喻（诱导）也：道（古通‘导’）而弗牵，强而弗抑，开而弗达。”这就是启发诱导原则。这个原则要求：教师要善于引导，不要牵着学生鼻子走；要严格要求，不要压制学生的主体性；要开启端倪，不要求全嚼烂。在直观教具奇缺的古代，语言直观对贯彻这条原则起决定作用，因此，教学语言必须是：“约而达，微而臧，罕譬而喻。”唐孔颖达对三句话作了精当的注释：“出言寡约，而显得易解；义理微妙，而说之精善；其譬罕少，而听者皆晓。”一位优秀教师，能用简约微妙而又形象化的语言，将学生吸引到他所导入的书径，从而愉快地步入知识殿堂，韦编三绝，达到“继志”之妙。就像迷人的歌手，让听众随着他的歌声不约而同地也齐唱起来，余音袅袅，绕梁三日。

为了反衬启发式的优越性，《学记》入木三分地刻画了当时就存在的注入式教学的病态：手捧简书，照本宣科，不加任何解释，所谓“多其讯言”；为了赶进度，语速快如连珠炮，不给学生以任何回味余地，所谓“呻其占毕”；满堂灌，唱独角戏，不给学生以任何时间，所谓“及于数进”。又揭批其原因与本质：教学不从实际出发，教者不能因材施教，施教过程违反“善喻”“继志”的常规，教学要求背离“亲师”“取友”的常情。最后痛斥其本质：学生厌学怨师，怕苦畏难，虽终其业，却无收获，导致教学的失败。

基本功为先的原则。重视基础知识、基础理论、基本技能的习练是传统教育的一大优点。乐教、诗教、礼教是传统教育三大要素，而《乐记》《诗经》《礼记》又是“三教”的主要教材。为学好三部经典，《学记》强调必先打好基础，练好基本功。《乐记》是有关音乐与文艺理论的专著，必须与音乐实践结合，学练声与器乐，而练习发音与指法是其基本功，故曰：“不学操缦，不能安弦。”“诗要用形象思维”，“比、兴两法是不能不用的”(毛泽东语);诗教中既要读诗,又要写诗,而练好比兴手法就是前提,故曰“不学博依,不能安诗”。《礼记》论述的吉礼、凶礼、军礼、宾礼、嘉礼等五类礼节,内容复杂,仪式烦琐,必先习练洒扫、应对、投壶、沃盥等细碎的常规礼节,所谓“不学杂服,不能安礼”。《学记》又以匠人传艺先从基本功教习开始为例,进一步阐明基功的要义。优秀铸造师在向儿子传授冶炼技术前,先教其缝制皮衣,从易于操作的细活开始。出色弓箭师在教儿子制箭前,让其用柳条制簸箕,因为“屈柳为箕”是“屈木为弓”的基础。善驾者,教小马拉车前,先让其跟在老马驾车后,按老马驾辕的步伐走。练是为了提高,提高必须练好基本功。今天,“三教”内容应该有扬有弃,但《学记》所揭示的辩证关系却光彩照人。中小学处于国民教育序列这个金字塔的底部。广大青少年德智体美劳“五育”的基础能否全面打牢,关系到这个金字塔能否巩固并扩大提高的根本,应该是教育的“根中之根”。中小学各学科教学也应该立足打牢基础,为他们将来提高深造做好准备。

长善救失的原则。《学记》认为“学者有四失”,主要指学生在学习爱好与学习态度方面存在四个缺点:有的兴趣广泛,见异思学,博而不精,多而杂乱;有的兴趣狭窄,偏爱所好,孤陋寡闻,少而不全;有的轻学,面对书海,涉足浅滩,浮光掠影,蜻蜓点水;有的视学习为畏途,面对丰美的知识大餐,浅尝辄止。学生之所以出现“四失”,是因为他们的心理素质不同。教师只有具备心理学知识,才能“知其心”,采取不同方式方法救其“失”。“多”与“寡”中都含积极因子,并能互相转化。就学科而言,各学科之间都是相互联系的,只有学好各门课,才能在少数学科上“专”。学生的广泛兴趣是学好各门课程的条件,也就是“多”中之“善”,要鼓励其博学之,以长其“善”;再将其注意力引向他最感兴趣的学科,深入钻研,以救其“失”,从而达到博中有“专”。有的学生只对少数学科有兴趣,这种兴趣是在少数学科上求“专”的积极因子,予以肯定,就是“长善”;但要救其偏科之“失”,使其“专”中有“博”。“长善”与“救夫”是教学过程中一对密不可分的矛盾,“长善”才能“救失”,“救失”是为了“长善”,不“救失”难以“长善”。这个原则运用于德育,就是“正面激励为主,批评教育为辅”。要防止两种片面性,对优生只表扬,不能洞察其潜在的“失”,或者对已露端倪的“失”视而不见,还在那里高唱“好孩子是夸出来”的老调,其结果不仅不能长其善,而且原有的“善”也会转化为“失”。对后进生只见其“失”,更不能长其“善”。这都是过犹不及的表现,走向两个极端,违反了教育教学的辩证法。

问答互善的原则。教学是由师生高级神经系统参与的,以语言、教材、教具为媒介,进行双向交流的整体活动,缺乏任何一方的主动性都将事倍功半,甚至事倍功无。“善问”与“善待问”、教与学的统一,是先秦教育的创举。只有双双兼善,教学才能步入最佳境界。如何善问?要像木工用刀斧砍硬木,先顺木纹之序攻其易,再攻其纹理紊乱的枝干交接处之“节目”。教师按知识体系精心设计一套具有启发性的问题，由易到难，环环扣紧，将学生导入书山，饱览美景。当然，学生在攀越中必然会遇到许多障碍，必然会提出种种疑问。善待问者如撞钟，学生轻撞，提出较易问题，教师便简明扼要，稍加点拨，不要把简单问题复杂化。学生重撞，提出较难问题，老师要抓住要领，深入浅出，回答得事明理透，既不打马过桥，也不随意拔高。要讲究问的技艺：态度诚恳，静听其问，即“语之”；对那些有能力解决或暂不需要掌握的问题，可以不答，即“弃之”。“弃之”不是弃教，而是给学生以动脑动手的机会，培养其自学精神。正如孟子所说：“予不屑之教诲者也，是亦教诲之而已矣。”教师应是百科全书，具有广博知识与实践经验，但必须“博”中有“专”，否则，与工匠的一技之长无异。《学记》称那些只靠课前强记教材内容以待问的知识为“记问之学”，称这样的教师“不足以为人师”。要做称职的人师，必须把终身教与终身学合而为一。

谈话式教学比注入式教学无比优越，非常灵活，非常开放，非常民主。孔子教育学生多用此法。一日，子路、曾皙、冉有、公西华侍坐，孔子问四人志向如何，大家回答后，孔子对子路的出语不逊答以“哂之”——冷冷地微笑。对点、赤两人的谦虚答话未表态，所谓“舍之”，这种不表态实际上是肯定，因为两人是紧接子路回答后说的，自然形成截然不同的两种语境，对彼否定，即对此肯定，是不言之教。对曾点所答则“语之”：“吾与点也”——我赞许点啊，且辅之以表情：“喟然叹曰”——长声赞叹。这是一堂少而精的师问生答式谈话教学。此外，还有生问师答式，《论语》记述也很多。如：子路问政，子夏问孝，颜渊问仁，子张问善人之道，子贡问士，樊迟问知等，孔子都能各因其材而一一回答之。

当今，电化教学普及，如将豫时孙摩、善喻继志、基功为先、长善救失、问答互善的原则与之联姻，那将如虎添翼，相得益彰。

日本学者谷口武高度评价《学记》，说它“是中国的古典名著”，“其本身具有永远性的存在，即使由于时代潮流的推移，也丝毫不至于磨灭，而是永葆万古长青的精神”。

（发表于《安徽教育论坛》2012 年第 5 期。2011 年 10 月，在蚌埠市国学研究会上发言稿。）

尹国强先生赠诗

入泮松筠学致高，劳师无价奉佳肴。
滔滔曾撼六方士，馥馥又荣千岁桃。
圭臬持之明化育，斗山仰者领风骚。
往来奚计鄉環远，得饫仙葩延鹤朝。

文史篇

熟读唐人《封建论》

1974 年 5 月

一、作者简介

柳宗元(公元 773—819 年),字子厚,河东(今山西永济)人,故称柳河东,是唐代著名的具有唯物主义思想的政治家、思想家、文学家。20 岁中进士,32 岁(公元 805 年)参加以王叔文为首的革新派。这个集团在执政的 140 多天时间内,实行了一些革新措施,但不久就遭到保守派的攻击而失败。失败后,王叔文被杀,柳宗元等 8 人(所谓"八司马")被贬。柳宗元先被贬谪为永州(今湖南境内)司马,历经 10 年,815 年改为柳州刺史,4 年以后死于柳州任上,年仅 46 岁。

柳宗元不顾政治上受迫害,不怕保守派围攻,在被贬谪之后,写了很多文章,阐述古代唯物主义无神论观点,如《天说》《天对》等,提出了比较进步的政治思想,《封建论》就是其中杰出的一篇。

柳宗元是唐代古文运动的积极支持者,他在文学史上很有影响,是唐宋八大家之一。他的人物传记、讽刺寓言和山水游记都很有特色。文学史主要介绍他的文学作品,因而给人们留下印象的柳宗元只是一个文学家,其实柳宗元首先是一位政治家。

二、《封建论》产生的背景

这里所讲的“封建”，是封诸侯建土地的意思，是奴隶社会实行的分封制度。马克思主义关于经济基础和上层建筑辩证关系的原理告诉我们，任何一部伟大著作或一篇光辉的作品，都是一定经济基础和政治制度的产物，又为其一定的经济基础和政治制度服务。《封建论》就是自秦始皇至唐朝中叶的一段时间，在实行郡县制，还是复辟分封制的问题上，两种思想长期斗争的产物。这场斗争的实质就是，坚持进步还是主张倒退，坚持统一还是主张分裂的斗争。秦始皇统一中国后，丞相王绾代表贵族势力，提出恢复周朝的分封制，廷尉（管刑法的）李斯坚决反对，他指出如果恢复分封制，诸侯“相攻击如仇雠”，必然恢复到过去奴隶社会的分裂和混乱局面。秦始皇赞同李斯意见，坚持实行郡县制。“分天下以为三十六郡”，后又征服百越，增设4郡，全国共40郡。郡下设县，郡守、县令由朝廷任命，随时可以调动，建立了我国历史上第一个中央集权的封建帝国，所谓“千古一帝”。不久，博士淳于越再次挑起了复辟分封制与实行郡县制的大辩论，他说：“事不师古而能长久者，非所闻也。”就是说，你秦朝不以夏、商、周三代为师实行分封制，如果能长久的话，那我是没有听说过的。就是要秦朝复辟分封制。这时，担任丞相的李斯予以坚决驳斥，他强调指出：“五帝不相复，三代不相袭。”就是说，只能“师今”，不能“法古”。秦始皇批准了李斯的建议，没收诗书百家之语，不准道古以害今，坑了460多位儒生，维护和巩固了中央集权的郡县制。然而，这场大辩论并没有因秦始皇采取这样坚决的措施而结束。秦朝灭亡以后，那些残存的奴隶主贵族和闹分裂的封建割据势力，妄图世世代代割据一方称王称霸，为复辟分封制制造理由，将秦的灭亡归因于秦始皇废除分封制，实行郡县制。汉朝班固就说，周朝由于分封诸侯，800多年“尚犹枝叶相持”，秦“子弟为匹夫，内无骨肉根本之辅，外无尺土藩翼之卫。陈吴奋其白挺，刘项随而毙之”。三国时期魏帝室曹冏也说：“秦王独制其民，故倾危而莫救。”一直到唐初的颜师古还建议唐太宗李世民“分王宗子”，唐太宗也曾想实行分封制，但终因不合历史潮流而废止。直到唐朝中叶，也就是柳宗元处的时代，这股思潮仍然潜在。特别是安史之乱以后，中央集权的唐王朝日益衰落，分裂割据势力日益扩展，藩镇据有重兵，恣意要挟唐王朝。他们有时联合起来反对天子，有时彼此间混战不休，把他们管辖下的土地、人民当作私产传给子孙后代，强行将原来的郡县制改为子孙世袭的分封制。原来各镇节度使都是由朝廷任命的，这时不少节度使强迫朝廷承认他们的子孙世袭。然而，这些藩镇子孙不是被悍将所废杀，就是为强臣所左右，安禄山就是被他的儿子安庆绪杀死的，父子相继自称大燕皇帝。以后，安禄山的部属史思明又把安庆绪杀掉，也自称大燕皇帝。不久，史思明的儿子史朝义又把史思明杀掉。他们争权夺利，搞得天下没有一日安宁，真是“万里无人收白骨，家家城下招魂葬”，“夫死战场子在腹，妾身虽存如昼烛”（张籍《征妇怨》）。柳宗元强烈地反对藩镇分裂割据和宦官专权，对当时的现实极为不满，虽然被贬，但是没有放弃自己的政治主张，写出战斗檄文——《封建论》。因此，《封建论》既是对一千多年来这场大辩论的总结，又是对当时藩镇割据现实的有力冲击。对于这篇战斗性很强的史论，我们要像毛主席说的那样：“熟读唐人《封建论》，莫从子厚返文王。”

三、《封建论》的主要内容

柳宗元运用朴素的唯物主义观点，阐明了郡县制的进步性，指出了分封制的反动性，肯定了秦始皇的中央集权制，批驳了“法先王”“称三代”的复古倒退思想，鲜明地表达了作者要求进步、反对倒退、要求统一、反对分裂的进步的政治思想。柳宗元从三个方面来阐述这个中心内容。

一是“势”。历代拥护分封制的人都说，分封制的产生是出于“圣人”之意，而圣人之意又是受命于天，因此，圣人制定的分封制就是最理想的制度，应该永恒不变，用之于千秋万代。这是“君权神授”的唯心史观，柳宗元在《封建论》中针锋相对地提出“封建非圣人之意也，势也”的唯物主义命题。他所讲的“势”，实际上就是指事物本身的发展趋向，这个发展趋向是不以人们意志为转移的客观存在。他从两个方面对他提出的命题进行论证：①在远古时代，就是“生人之初”，人们与野兽、草木生活在一起，所谓“草木榛榛，鹿豕狉狉”，人类既不能像野兽那样有爪牙抓扑和咬人，又无羽毛以自卫，因此，“莫克自奉自卫”，就是说不能养活自己，不能保护自己。人类为了生存，如荀子所讲的那样，“必将假物以为用者也”，意思就是借外物为自己所用。这里所讲的外物包括生产工具和生活资料。人类在借外物为自己所用的时候，必然产生冲突，发生斗争。相争不息，必然会去找那些能评判是非的人进行裁决，这个裁决的人就成了一群人的首领。群与群之间相争不休，各群群长又去找威望大的人来裁决，这个裁决的人就是诸侯国的国王。国王之间相争不休，就去找威望更大的人来裁决，并听从他的命令，于是就产生了天子。从天子到乡里之长，凡是有恩德于人民的，他们死后，人们一定要继续尊奉他们的后代为首领，因而就形成了世袭相承的分封制。所以分封制是社会客观发展的必然结果，不是圣人的主观臆造，“非圣人意也，势也”。②从夏、商、周三代的实际情况看，这三代都实行分封制，为什么呢？柳宗元认为殷周之不革者，不是他们主观意图而是不得已也。也就是说，他们实行分封制是形势所迫，不得不这样做。为什么呢？因为殷在灭夏时，归附殷朝的诸侯有3000多个，殷朝凭借他们的力量灭了夏朝，故不能不裂土封他们为诸侯。周武王灭殷时，归附周朝的诸侯有800多个，武王在他们支持下战胜了殷朝,所以武王也不能不实行分封制。由此看来,“封建非圣人意也,势也”。

柳宗元在论证这个命题时,实际上涉及阶级的产生和国家的起源问题。马克思主义的基本原理告诉我们,人类社会生产发展到一定历史阶段,出现了生产资料私有制和财产不平等的现象,由此也就出现了剥削,产生了阶级。国家是阶级统治的工具,是在阶级出现之后才产生的。列宁说:“国家是阶级矛盾不可调和的产物和表现。在阶级矛盾客观上不能调和的地方、时候和条件下,便产生国家。”国家的实质是维护一个阶级对另一个阶级的统治的机器。国家究竟掌握在哪个阶级手中,为哪个阶级服务,用来压迫哪个阶级,这是国体。至于掌权阶级采取何种形式进行统治,这是政体。国体决定政体。分封制是一种统治形式,是属于政体。奴隶社会采取分封制是奴隶社会的国体所决定的。奴隶社会掌握国家机器的是奴隶主,它是建立在宗法血缘关系基础之上的,这点很重要,这就决定了它非实行分封制不可。柳宗元由于时代和阶级的局限,不可能,我们也不应该要求他超越时代、超越阶级,用国家起源的学说和国体、政体的关系来说明分封制的起源。但是,他能冲破一千多年来传统思想的束缚,破天荒地提出分封制的产生是历史发展的必然结果,不是圣人的主观臆造,尽管他没有找到这条历史发展的客观规律,而且错误地把诸侯和天子说成是人民层层推选出来的,但是,他已经猜测到历史发展本身是有其客观规律可循的,这是非常难能可贵的。这是朴素的唯物史观,这是历史进化论,比那些“君权神授”的唯心史论,不知要高明多少倍。

任何一种制度都有其产生、灭亡的过程,没有一种万古不变的制度。随着奴隶社会的灭亡,封建社会的兴起,分封制应该寿终正寝;如果谁还捧着这具僵尸不放,那就是倒退。秦始皇统一中国后,用郡县制代替了分封制,这是顺乎历史潮流的,也可以说是“势也”,非秦始皇之意也;因此,是进步的,前进的。

二是“史”。柳宗元在《封建论》中引用了大量的历史事实,非常具有说服力地论证了郡县制的进步性,批判了分封制的反动性。秦朝灭亡以后,一些人好像捞到一根救命稻草,闹闹嚷嚷地说什么“夏、商、周、汉封建而延,秦郡邑而促”,事实果真是这样吗?答曰否。事实是这样,远的不讲,就从周朝谈起。不错,周朝是八百多年,但是对这八百多年要作具体分析。就以奴隶社会全盛时期的西周而言,到了周夷王的时候,周天子的威信已经下降,本来奴隶社会的规矩,诸侯朝贺天子,天子不下堂,但是夷王亲自下堂去迎接朝见的诸侯,这是违背周礼的。就以“挟中兴复古之德,雄南征北伐之威”的周宣王来说,连鲁国之君的继承人都决定不了。公元前817年,鲁武公带领他的两个儿子括和戏去朝见周宣王,宣王立戏为鲁君的继承人,后来鲁武公死了,鲁人把戏杀掉,立括为鲁君。历史上号称中兴之主的周宣王的话,诸侯都不放在眼里,其他周王的话就更不用说了。至于平王东迁之后,周天子更是徒有其名而无其实了。柳宗元举了三件事加以说明:①周宣王时,楚庄王伐陆浑之戎,顺道在东周的边境上举行军事演习,向周王示威。一个诸侯国敢这样做,实在不把周天子放在眼里。周天子不仅不敢斥责楚庄王这种无理行为,反而派大臣王孙满去慰劳楚军。楚庄王不仅对天子之臣不以礼相待,反而挑衅地问藏在周庙的九鼎轻重,公开表示要取而代之。②周桓王时,桓王率领诸侯军攻伐郑国,郑庄公出兵抵抗,桓王大败,郑军射伤了桓王的肩膀。③周敬王时,晋国大臣赵鞅和范吉射相争斗,周大臣苌弘帮助范氏,以后范氏失败,赵鞅责问周天子,周天子不得不把苌弘杀掉。一个诸侯臣(所谓陪臣),尽敢当面斥责周天子,而周天子不仅不敢说个"不"字,只得把自己的大臣杀掉,以满足陪臣的要求。由此可知,东周时代,周天子已经是名存实亡。所以,柳宗元说:"余以为周之丧久矣,徒建空名于公侯之上耳!"诸侯割据,连年混战,互相火并,这是什么原因呢?柳宗元认为这是实行分封制的结果,他说:"周之败端,其在乎此矣!"

秦朝统治时间固然很短,二世而亡。但是,灭亡的原因是什么呢,是不是实行郡县制呢?柳宗元给以否定的回答。他认为,秦朝灭亡的根本原因是"亟役万人,暴其威刑,竭其货贿"而引起农民起义,所谓"失在于政,不在于制",是"咎在人怨,非郡邑之制失也"。相反地,秦王朝正因为实行郡县制,才建立了一个历史上第一个中央集权的封建帝国,车同轨,书同文,行同伦,真是"摄制四海,运于掌握之内"。柳宗元突破了传统观念,肯定了秦始皇统一中国,建立中央集权制的功勋,这确实是远远超过了他的前人。

汉朝没有完全实行分封制,汉朝初年,刘邦为了争取力量,集中打击项羽,分封了6个异姓王。以后,9个同姓王(1个侄子,1个弟弟,7个儿子)分封地占全国一半,另外一半是郡县制(郡县居半)。实行的结果怎样呢?正如柳宗元所说,"有叛国而无叛郡"。就是说,分封的王国都相继背叛中央,年年有叛乱,年年平叛乱。刘邦和吕后花了7年时间才把异姓王的叛乱平定。刘邦本人因此"困平城,病流矢,陵迟不救者三代"。刘邦死后,同姓王都成为分裂割据势力;后来"谋臣献画",文帝采取贾谊的建议,把一个诸侯王国分成若干小国,分化削弱诸侯王的势力。景帝采取晁错的"削藩策",削减吴、楚之封地,就在这时,以吴王刘濞为首的"七国之乱"爆发了。但是,郡县中没有一个叛乱的。由此可见,郡县制优越于分封制,故柳宗元说:"秦制之得,亦以明矣!"

魏、晋两朝都是实行分封制的,"魏之承汉也,封爵犹建;晋之承魏也,因循不革"。但是曹氏和司马氏的统治都很短,司马氏在"八王之乱"中失势。从此,中国处于长时期的分裂割据局面,将近300年,这是复辟分封制的结果。

唐代实行郡县制,不过把郡改为州,所谓"制州邑,立守宰",州称守,县称宰。既然实行郡县制,为什么后来形成藩镇割据的分裂局面呢?这不是郡县制本身的问题,而是因为藩镇掌握了兵权,他们自恃兵权,向中央闹独立,搞叛乱,至于州县却没有叛乱的。所以,柳宗元说:"有叛将而无叛州""失不在于州,而在于兵"。

从周、秦、汉、魏、晋、唐六个朝代来看,哪个朝代、哪个时期复辟分封制,必然破坏中央集权制，导致分裂割据的局面；哪个朝代、哪个时期实行郡县制，就能够建立一个比较巩固的中央集权制，出现一个统一的局面。因此，分封制是反动的，郡县制是进步的。

三是用人。柳宗元在《封建论》中又从用人问题上进行论证。众所周知，一定的政治路线决定一定的组织路线，而一定的组织路线又服务于一定的政治路线。用人的问题就是组织路线问题，就是任人唯贤，还是任人唯亲的问题。当然，不同的阶级有不同的贤的标准，只有贯彻“任人唯贤”的路线，才能保证正确政治路线的贯彻。正如柳宗元在《封建论》中所说，“使贤者居上，不肖者居下，而后可以理安”。意思就是说，只有使贤能的人掌握政权，才能把国家治理好，也才能得到人民的拥护，即所谓“理安，斯得人者也”。纵观历史上秦始皇、刘邦、曹操、武则天等大有作为的人物都特别重视识人和用人，而分封制是建立在血缘关系基础之上的，是世卿世禄，继世而理。就是说，各诸侯国国君的子孙，不管他贤还是不贤，都要继承王位，治理他的国家，其他人不管有多大的治世之才，也不得参与政事，治理国家，发挥他的特长。正如柳宗元之所说：“圣贤生于其时，亦无以立于天下。”这是什么原因呢？封建者为之也。如果实行郡县制就大不相同了，郡守和县令都是由朝廷随时委派贤能的人去担任，不是郡守、县令的子孙世袭，有罪的可以罢免（“有罪得以黜”），有功的可以奖赏（“有能得以赏”），早上委派的官吏，如果发现他不行正道，晚上就可以撤换掉（“朝拜而不道，夕斥之矣”）；晚上委派的官吏，发现他有不法的行为，第二天早上就可以撤换掉（“夕受而不法，朝斥之矣”）。因此，郡县制有利于贯彻任人唯贤的用人路线。不过柳宗元在分析这个问题时，只强调郡县制对贯彻“任人唯贤”的用人路线的作用，没有进一步指出，郡县制只能从客观上提供条件，至于能不能使贤者居上，不肖者居下，关键在于掌权者执行什么政治路线，能不能识人。

以上从“势”、“史”、“用人”三个方面论证郡县制的优越性，分封制的反动性。论点精辟，论据确凿，逻辑性很强，难怪宋人苏轼在评价这篇文章时说：“宗元之论出，而诸子之论废矣。”

四、读后启示

是实行郡县制还是复辟分封制的辩论，到柳宗元时代为止，一直持续了一千多年。柳宗元这篇史论问世以后，这场辩论还没有结束，直到辛亥革命前后，还有人写了许多文章继续与柳宗元辩论。分封制在它赖以存在的基础——奴隶社会经济和宗法血缘关系——消亡之后，关于其优劣的争论还多次出现。直到20世纪的今天，林彪还梦想篡权复辟，实现“父位子传”的世袭制，阴谋搞分国裂土的封建割据。历史上一切搞分裂、闹独立的阴谋家，尽管他们施尽了反动策略，虽然得势一时，但是历史的辩证法也是无情的，最终都落得一个可耻的下场。汉朝“七国之乱”的首领吴王刘濞，他惨淡经营了45 年，经济上开山采铜铸钱，煮海水为盐，与汉帝比富；政治上招降纳叛，专门收罗“亡命”之徒，长期称病不朝。他认为准备好了的时候，就树起“清君侧”的旗帜，“请诛晁错以清君侧”，勾结其他六国国王，发兵 20 万，发动叛乱，气焰十分嚣张。他对汉朝的使者说：“我已为东帝。”但 3 个月以后，他只身逃到丹徒被斩首了。胶西王想保住一条小命，赤着膊，一边叩头一边爬行，来到汉军军营求饶，丑态毕露；汉将拿出景帝诏书，揭露他们“清君侧”的阴谋，他只好畏罪自杀，叛乱很快地被平定了。毛主席说：“自从汉朝的吴王刘濞发明的请诛晁错（汉景帝的主要谋划人物）以清君侧的著名策略以来，不少的野心家奉为至宝。”林彪不就是奉为至宝吗？但是，他的下场没有比刘濞下场更好，正如毛主席所指出的那样：“凡属倒退行为，结果都和主持者的原来的愿望相反。古今中外，没有例外。”相反地，历史上一切反对分裂、反对倒退、主张统一、坚持进步者，虽然暂时遭到迫害（如柳宗元被贬），甚至被杀害（如晁错），但是，他们不畏强暴，坚持真理，坚持斗争，坚持自己的事业，一定能胜利。今天，我们每个革命者在为共产主义做斗争时，特别是遇到困难、受到打击时，要坚信正义事业一定能胜利。

集中统一是历史发展的趋向，是符合广大人民意愿的。毛主席说：“国家的统一，人民的团结，国内各民族的团结，这是我们的事业必定要胜利的基本保证。”主张郡县制，反对分封制；主张统一，反对分裂，这是符合历史发展的趋势的，是革命的，进步的。今天，我们要自觉维护国家的统一、民族的团结，要善于识别并敢于同那些当面说得好听，背后又在捣鬼的林彪一类阴谋家、两面派和分裂主义者做斗争。

（这是在蚌埠二中教师学习会上的专题发言。）

千古绝唱《长恨歌》

（1978年5月）

伟大的古典现实主义诗人白居易，给人们留下了千余首诗歌。这些作品思想深刻，题材广泛，艺术卓绝，像一面多棱镜，反映了中唐社会的风貌。《长恨歌》就是在唐明皇李隆基与贵妃杨玉环真实恋情基础上加以艺术创造，成功塑造了两个性格饱满的悲剧形象，从而反映"安史之乱"前后社会矛盾的长篇叙事诗。

一、产生背景

公元618年，李渊、李世民父子借助隋末农民起义力量建立唐王朝以后，鉴于前朝覆灭的教训，政治上进行一些改革，对人民作了许多让步，平定了反唐势力，稳定了社会，发展了经济。经过"贞观之治"到"开元盛世"将近百年时间，在我国封建社会历史上出现了一个空前繁荣和兴盛的时代，即盛唐时期。可是，唐玄宗后期，由于整个王朝上层腐化堕落，挥霍无度，加紧对人民的残酷掠夺，动摇了唐王朝的经济基础，加剧了国内阶级矛盾、民族矛盾，爆发了"安史之乱"。从此，藩镇割据，土地兼并，人民陷于空前的灾难。《长恨歌》就反映了唐王朝由盛到衰转变时期的社会矛盾。

《长恨歌》是白居易在元和年间做周至县尉时写的，时年35岁。元和元年（公元806年）经过"才识兼茂，明于体用"的对策科考，他虽然被录取，但被认为出言太直，不宜做京官，便被派做地方县尉。这是一个协助县令维持地方治安的小官，相当于今之县公安局局长。周至县在长安西，与悲剧发生的地点——马嵬坡只斜隔着一条黄河。白居易写作《长恨歌》时距杨贵妃被赐死的时间只有50年左右。一日，白居易与家住本县之友陈鸿、王质夫同游仙游寺，陈、王二友鼓励他用其所擅长的歌行体，创作这篇抒情叙事长诗，白慨然应允。诗成后，陈鸿作《长恨歌传》。陈说他写《传》的动机是：不仅为这件动人之事所感，而且为使后人从中接受教训。他说："意者不但感其事，亦欲惩尤物，窒乱阶，垂于将来者也。"

诗成后，很快地在民间广泛流传。据诗人自己说，有个节度使叫高崇文的，其部将高霞寓要买歌伎，有个歌伎说，我能唱白居易的《长恨歌》，与别人不同，由此身价抬高。白居易一次途经某地，客居友人家，主人召集歌舞乐伎招待客人。歌伎们看到白居易，非常高兴，齐声说："这是《秦中吟》《长恨歌》的作者啊！"白居易仙逝后，唐宣宗李忱的挽诗写道："童子能解长恨曲，胡儿能唱琵琶篇。"白居易的好友元稹所作的挽幛是："禁省、观寺、邮侯、墙壁之上无不书；王公、妾妇、牛童、马走之口无不道。"

二、句义析评

1. 汉皇重色，专宠杨妃

◎汉皇重色思倾国，御宇多年求不得。

汉皇，既非实指汉武帝，也非实指唐明皇，而是以唐明皇为原型塑造的艺术形象，或名文学故事人物，是长诗的男主人公，犹如《三国演义》中的曹操，而非《三国志》中之曹操也。重色：重，敬重，尊重，重视；色，女子的美好容貌，用女子的容貌代指女子，这是以部分代整体的借代修辞。"重色"是动宾词组，意谓敬重女子。倾国，西汉大音乐家李延年为汉武帝作歌，歌曰："北方有佳人，绝世而独立，一顾倾人城，再顾倾人国。宁不知倾城与倾国，佳人难再得。"武帝听后娶其妹为妃，即李夫人。后以"倾国"代指美色。

御宇：御，驾驭，喻统治者的统治；宇，即宇宙。"四方上下曰宇，古往今来曰宙，以喻天下。"(《淮南子》)；"御宇"指驾驭宇宙，这里指统治全国，以整体代部分的修辞格。

食与色皆天赋予人的本能，帝王与平民、男人与女人皆如是。汉皇敬重女性，朝思暮想得一倾国倾城的绝色美女为妃，乃人之常情，人之本性，不能以女祸误国的观点来扭曲诗句的真义。一、二两句写明皇爱美、求美而不得的焦灼心境，为全诗作铺垫。

◎杨家有女初长成，养在深闺人未识。

杨家女，以唐明皇的贵妃杨玉环为原型塑造的艺术形象，是长诗的女主人公。真实的杨玉环，蒲州永乐(今山西芮城)人，父杨玄琰，曾任蜀州司户。环早孤，寄养于叔父杨玄珪家。深闺：闺，指未嫁处女所居之绣房，因深居简出，故称深闺。三、四两句，交代玉环的身份。历史的真实是嫁给唐明皇的杨玉环不是处女，而是李隆基第十八子寿王李瑁之妃。开元二十五年（公元737年），唐玄宗的武惠妃死，后宫佳丽没有中玄宗之意的人，或言寿王妃姿美，遂召纳宫中，先度为女道士，法号太真。玄宗另为寿王聘韦昭训之女。不久，玄宗纳太真为妃。历史文学的创作原则，在不违背历史的基本事实前提下，为了塑造人物形象，凸现主题思想，允许虚构情节。例如，《三国演义》为了表现曹操"宁教我负天下人，休教天下人负我"的极端个人主义，在第四章虚构曹操拔剑杀死他义叔一家9口人的情节。诗人虚构"处女"之说，是服务于长诗的主题，不是为尊者讳。

◎天生丽质难自弃，一朝选在君王侧。

丽质：体态丰艳，天资颖慧。丽，丰艳；质，资质。《旧唐书》曰："太真资质丰艳，善歌舞，通音律，智算过人。"难自弃：不能自暴自弃；难，不能；自弃，自暴自弃。这反映女主人公不甘心埋没民间，不愿自暴自弃，而是抱着积极进取以实现自我价值的人生态度。一朝：一旦，这句是上句意义的延伸。所谓一旦遇知音，就把才貌展。李三郎"亦谙音律，喜戏剧，陆船载乐，教坊鼓吹，自作《霓裳羽衣》，亲驯马象犀牛舞，弟子班头，梨园鼻祖。"五、六两句写李杨匹配，实乃天设一双。

◎回眸一笑百媚生，六宫粉黛无颜色。

回眸：转动眼球；回，旋转；眸，即眼珠子。百媚：百，表示很多或多种多样；媚，妩媚，可爱；百媚，非常妩媚可爱。与骆宾王描写武则天"狐媚偏能惑主"的"狐媚"大相径庭，白诗为褒义，骆赋为贬义。六宫：古者天子后宫为六宫，皇后正寝一，燕寝五，夫人以下分居之。粉黛：黛，青黑色的颜料，古代女子用以画眉；粉，妇女擦脸的粉；粉黛，修饰容貌的化妆品，指代宫中的嫔妃。无颜色：黯然失色，毫无姿色；颜色，姿色，容貌。

眼睛是心灵的窗户，面容是情感的银屏，诗人通过"回眸"一动，"百媚"一笑，运用夸张与比兴艺术手法，将玉环的心灵美与形态美的融合表现得淋漓尽致。

◎春寒赐浴华清池，温泉水滑洗凝脂。

赐浴：恩赐沐浴；赐，古代长辈赠送东西给晚辈叫赐，后来，皇帝叫臣民干什么事都叫赐，有"赐坐""赐食""赐浴"，甚至"赐死"；浴，名词作动词用，名动化。一个"赐"字，表达了明皇对杨妃的初宠。华清池：陕西骊山脚下华清宫中的华清池，温泉。凝脂：形容皮肤的嫩白。《诗经》曰："肤如凝脂。"

◎侍儿扶起娇无力，始是新承恩泽时。

侍儿：侍奉的宫女。娇无力：形容杨妃浴后妩媚动人、娇弱乏力的体态。承：承受，接受。恩泽：沐浴在恩爱的温泉中。此两句承接上两句，一"赐"一"承"，一"洗"一"起"：两情胶合，以水为媒。

◎云鬓花颜金步摇，芙蓉帐暖度春宵。

春宵苦短日高起，从此君王不早朝。

云鬓：乌云般的鬓发；云，形容鬓发黑而浓，像乌云一样；鬓，耳朵前的头发，以部分指代全体。花颜，如花似玉的美容。金步摇，女子首饰的名称（金质），步摇上有垂珠，步行则摇摆动人。芙蓉帐，以芙蓉为图案的帐子，芙蓉是荷花的别称。女性异于男性的外在特征，首先表现于头部。第一句通过发容与步摇的描写，表现杨妃的形体美与妆饰美，会同"天生丽质"的内在美，构成一个完满的美人形象。第二句表达了李、杨二人的恩爱，如夏日的芙蓉，如春天的温暖。这是汉皇对杨妃宠爱之始。凡事皆有度，过度则乱生。后两句写明皇专宠杨妃，日夜沉湎于酒色游乐之中，罢朝弃政，误国殃民。物极必反，此处为马嵬坡事变埋下伏笔。

◎承欢侍宴无闲暇，春从春游夜专夜。

后宫佳丽三千人，三千宠爱在一身。

金屋妆成娇侍夜，玉楼宴罢醉和春。

金屋之典出于汉刘彻与陈阿娇的故事，刘彻数岁，长公主抱彻问曰："儿欲得妇否？"彻曰："欲得。"长公主指其女阿娇问曰："好否？"彻笑曰："若得阿娇，当以金屋贮之。"后，刘彻即帝位娶阿娇为皇后。但是，汉武帝不爱陈皇后，这不仅是因为他们的结合主要是由其姑母长公主等人的撮合，并非感情深厚，更因为他们的志趣、性格迥异。汉、杨的结合不仅是因为杨的美姿，更因为他们的志趣相同，气味相投。所以，汉皇置三千佳丽于不顾，专宠杨妃；杨妃也忘记与寿王的初始之情，对于汉皇，夜夜侍寝，春从春游。世之情专者多如繁星，然而，身处美女如云之中的帝王能够情专者却寥若晨星。汉皇之于杨玉环不仅超过汉武帝之于卫子夫，也超过唐太宗之于长孙皇后，从而演绎出惊天动地的悲剧。诗人冲破世俗之见，把李、杨的情专凝结为"后宫佳丽三千人，三千宠爱在一身"的诗句，世人广为传诵。但是，一家欢乐千家愁，专于一人却冷落了千人。这是谁之过？是最戕贼人性、最遏制人权、最残酷腐朽的"三宫六院七十二妃"的帝王多妻制的罪恶。始作俑者，其无后乎！两千多年的封建社会，有多少良家女性的青春、自由与幸福被埋葬了，又酿成了多少次宫廷冤案！

◎姊妹兄弟皆列土，可怜光彩生门户。

遂令天下父母心，不重生男重生女。

俗话说，一人得道，鸡犬升天。它道出了中国古代官场中盛行的裙带风。杨妃得宠，杨门生彩。《新唐书·列传第一》说："天宝初，进册贵妃。追赠父玄琰太尉、齐国公。擢叔玄珪光禄卿，宗兄铦鸿胪卿，锜侍御史，尚太华公主。……而钊亦浸显。钊，国忠也。三姊皆美劭，帝呼为姨，封韩、虢、秦三国，为夫人，出入宫掖，恩宠声焰震天下。"君王每年十月幸华清宫，国忠姐妹全家扈从，每家为一队，穿一色衣服，五家合队，照耀如百花焕发，真乃"炙手可热势绝伦"。杨门受宠改变了传统的重男轻女的观念，当时民谣说:“生男勿喜女勿悲,君今看女作门楣。”

2. 马嵬赐死,汉皇幸蜀

◎骊宫高处入青云,仙乐风飘处处闻。

缓歌慢舞凝丝竹,尽日君王看不足。

骊山,在今陕西临潼东南,开元十一年筑温泉宫,天宝六载改为华清宫,又造长生殿,均在骊山上,故称骊宫。君王在宫中建温泉浴室数十间,供他与杨妃以及亲贵宠臣沐浴。仙乐,非同凡响的天上之乐。丝,指代弦乐;竹,指代管乐。因为骊宫高,所以仙乐飘散得又广又远,使得处处都能听到,就连杜甫天宝十四载10月路过骊山时都听得很真切,还激起他“咏怀五百字”的创作冲动。这两句,句法上前后因果呼应;寓意上,骊宫之高,仙乐飞飘,表现汉皇已不再像他即位后的前20年那样励精图治了,已经忘记了唐太宗“水能载舟,亦能覆舟”的箴训,将黎民置诸脑后,高居深宫,纵情声色,寻欢作乐,不理政事。凝,集结;凝丝竹,管弦乐合奏出结而不散、情意缠绵、余音不绝如缕的轻快乐章。这种轻音乐显然适应老年人身心的需要,但听得久了也会让人疲倦。然而,天宝十四载已经古稀的君王仍然是终日看不足,听不够,这就乐之过度。他之专宠杨妃,兼宠杨门兄姐,激起了朝廷内外的强烈不满,为马嵬事变播下了祸种。

◎渔阳鼙鼓动地来,惊破霓裳羽衣曲。

九重城阙烟尘生,千乘万骑西南行。

渔阳,郡名,郡治在今天津蓟县,唐时为范阳节度使所辖八郡之一。鼙,军中用的小鼓;鼓,军中用的大鼓。古代战争,击鼓进军,鸣锣收军,以鼙鼓指代进军。唐天宝十四载(公元755年)10月,身任平卢、范阳、河东三镇节度使的安禄山,拥有18.3万余人,以“讨杨国忠”为名,从范阳起兵反唐,大举南下,所过州县,望风瓦解。12月,攻占洛阳,次年1月,安禄山在洛阳称帝,6月,潼关失陷,叛军直逼长安。叛军攻势之猛,进军速度之快,可谓“动地来”。文天祥诗云:“一朝渔阳动鼙鼓,大江以北无坚城。”霓裳羽衣曲,唐代大型舞曲名,是从西域引进的,据说经汉皇加工润色,杨妃进宫时奏该曲以导之。李隆基做了40多年的太平天子,天下承平日久,人不知战。安禄山起兵的前一个月,君王与杨妃还率领内外命妇、贵族大臣幸驾华清宫,“君臣留欢娱,乐动殷胶葛,赐浴皆长缨,与宴非短褐(杜甫)。”“惊破”前承“动地”,其义深邃,鼙鼓惊破的不仅是霓裳羽衣曲,还有欣赏歌舞的君王。他为歌舞宴游的生活被打破而惊异,为宠臣安儿守土的信念遭破灭而惊奇,为久无战事的太平社会受破坏而惊恐,更为破碎的江山而惊魂。九重,《楚辞》有“君之门兮九重”诗句,天有九重,泛指帝王所居之处。古代宫殿、祠庙和陵寝前的高大建筑物左右各一高台名曰阙,后为宫门的代称。烟尘,是用战争时的硝烟与车马扬起的尘埃指代战争。乘,古代四匹马架一车谓一乘,诸侯大国地方百里,出车千乘,谓千乘之国。这里泛指车马之多。潼关失陷后,长安岌岌可危,杨国忠首倡弃都幸蜀之策，君王允准。于是，君王命龙武大将军陈元礼整顿羽林军，厚赏将士钱帛，从闲置已久的马厩中挑选9万余匹战马，黎明时刻，独与贵妃及其兄姐、幸亲宠臣、宦官宫女出延秋门，由便桥渡渭水，向西南方出发。四句写叛军兵临城下，汉皇被迫弃都幸蜀。

◎翠华摇摇行复止，西出都门百余里。

六军不发无奈何，宛转蛾眉马前死。

以翠鸟羽毛装饰的旗子叫"翠华之旗"，是皇帝仪仗队中的旗子。马嵬驿在长安西百余里，今陕西兴平境内。按《周礼》规定，古代2500人为军，天子六军，诸侯大国三军，次国两军，小国一军。六军，泛指皇帝军队，这里指羽林军，以全体代部分。《楚辞》有"愁修夜雨宛转兮"诗句，其中"宛转"犹"展转"，是心忧而辗转反侧夜不成寐的意思。女子眉毛细而弯谓蛾眉，代指美女，这里指代贵妃。这四句写马嵬兵变，贵妃被逼自缢。《资治通鉴》详细记载了兵变的过程："丙申，至马嵬驿，将士饥疲，皆愤怒。陈玄礼以祸由杨国忠，欲诛之，因东宫宦者李辅国以告太子，太子未决。会吐蕃使者二十余人遮国忠马，诉以无食。国忠未及对，军士呼曰：'国忠与胡虏谋反！'或射之，中鞍。国忠走至西门内，军士追杀之……上杖履出驿门，慰劳军士，令收队，军士不应。上使高力士问之，玄礼对曰：'国忠谋反，贵妃不宜供奉，愿陛下割恩正法。'……上曰：'贵妃常居深宫，安知国忠反谋？'高力士曰：'贵妃诚无罪，然将士已杀国忠，而贵妃在陛下左右，岂敢自安？愿陛下审思之……'上乃命力士引贵妃于佛堂，缢杀之。舆尸置驿庭，召玄礼等入视之……于是始整部伍为行计。"

汉皇晚年，不理国事，整日沉湎于歌舞升平之中，委军政大权于奸宰悍将，宴安鸩毒，致使政治腐败，经济崩溃，土地高度集中，贫富悬殊过大，"朱门酒肉臭，路有冻死骨"，民怨沸腾，这是马嵬兵变的总根，贵妃只不过是一只替罪羔羊。但是替罪也要有缘由，其一是传统史学家所津津乐道的"女色祸国"之论。妲己之于商纣王，褒姒之于周幽王，赵飞燕姐妹之于汉成帝，冯淑妃之于齐后主，杨贵妃之于唐玄宗，小周后之于李后主等，都被作为祸国殃民之由而载入史册。然而，平心而论，姑不论及他人，仅就杨妃而言，她的"丽质"受之于父母，非其自塑，一非罪也；才艺出众，源于己之艰苦自练，二非罪也；入宫乃帝王之命，非其自愿，三非罪也；贵妃称号，朝廷册封，非其自诩，四非罪也；宠爱尤加，乃汉皇情笃，非其阴谋所致，五非罪也；汉皇晚年失节，实乃本性使然，非她能够掌控，六非罪也。缘由之二是封建社会的"连坐"，一人有罪，株连九族。两千多年来，它造成难以数计的冤魂，杨妃就是其中之一。对君王最忠诚，也是君王最信任的高力士，对君王关于杨妃与杨国忠谋反毫无关系的证词，明知属实也不执行，执意将其勒死。由此可见，这种不成文的铁律影响太深远了。

◎花钿委地无人收，翠翘金雀玉搔头。

君王掩面救不得，回看血泪相和流。

花钿，是用金翠珠宝等制成的花朵形首饰；翠翘，是形状像翠鸟尾上长羽的首饰；金雀，是以翠鸟之羽为饰的首饰；玉搔头即玉簪，因汉武帝过李夫人处，取夫人玉簪搔头，故名。这四种名贵首饰原本插在杨妃发髻上，为其“天生丽质”增色，现在竟然丢弃满地，无人收拾，这是为什么呢？是慑于军威而不敢收拾，还是恨透杨门不愿收拾，或者兼而有之呢？全诗写杨妃首饰三处，前呼“金步摇”，后应“金钗”。前次写“金步摇”与“云鬓花颜”相应衬，表现贵妃的动态美，此处铺写四种首饰与主人发髻分离，散落满地，突出悲剧人物的不幸结局，虽系白描，但读之令人唏嘘不已，不禁为其冤魂叫屈。人到伤心处，谁能不流泪？有的很悲痛，泪雨滂沱；有的极悲痛，泪干泣血。汉皇丧妃之痛达于极限，故而“血泪相和流”。悲之极，爱之深，谁言帝王无爱情？在这里，香山先生给予否定回答。然而，曾经叱咤风云、开创“开元盛世”的一代君主，为什么眼睁睁地望着爱妃伸向绞索套而“救不得”呢？军队是皇权的钢铁支柱，现在边军反叛，由于军务长期废弛，中原将士临阵逃脱，羽林军又生哗变。深谙宫廷政变并由此登上大宝的君王，对马嵬之变的严重性洞若观火，这不仅关系到帝位的保与失，而且更关系到个人生命的存与亡。在江山与美人不能兼顾的关键时刻，只有选择江山与一己之活命。这不仅暴露了帝王爱情的局限性，也显示了人性的弱点。一般地说，每个普通人都非常珍惜生命的自我价值，在只有牺牲他人才能保全一己之生命时，往往只能牺牲他人（杀身成仁者除外），位居九五之尊的汉皇也回避不了人性自私中的这个阴暗面。

◎黄埃散漫风萧索，云栈萦纡登剑阁。

峨嵋山下少人行，旌旗无光日色薄。

云栈，是高入云端的，在峭岩陡壁上凿孔架木铺板而成的架空通道。三国时期，诸葛亮相蜀，在剑门（即大小剑山）筑栈道以通行路。兵变平息后，君王入蜀，经剑门而至峨眉，此四句概括了汉皇在途中的悲思。弥漫山野的黄尘，萧条冷落的山风，曲折高危的栈道，人迹罕至的峨眉，黯淡无光的旌旗，迫近黄昏的微弱日色，构成一幅悲秋图。一支皇家卫队，簇拥着一位丧妃的古稀老人，行进在这幅自然图画之中。诗人将主人公的悲思移置于上述六种事物上面，将原本一幅秋高气爽、天朗明澈的清秋图变成一幅色彩灰暗、萧条冷落的悲秋图；悲秋图中的六种事物又寄寓了主人公的悲思而使之更悲。意与象达到高度统一。

◎蜀江水碧蜀山青，圣主朝朝暮暮情。

行宫见月伤心色，夜雨闻铃断肠声。

“朝朝暮暮情”出自古代神话传说巫山神女兴云降雨之事。语出战国楚宋玉《高唐赋并序》：“昔者先王尝游高唐，怠而昼寝，梦见一妇人曰：‘妾巫山之女也，为高唐之客。闻君游高唐，愿荐枕席。’王因幸之。去而辞曰：‘妾在巫山之阳，高丘之阻，旦为朝云，暮为行雨，朝朝暮暮，阳台之下。’”“夜雨闻铃”出自《明皇杂录补遗》：“明皇既幸蜀，西南行。初入斜谷，属霖雨涉旬，于栈道雨中闻铃音与山相应。上既悼念贵妃，采其声，为《雨霖铃曲》，以寄恨焉！”这四句概括写君王幸蜀岁月中的“痛定思痛”。前两句比喻句，首句是喻体，次句是喻义，主人公朝朝暮暮思念爱妃之真情犹如蜀中水，绿水长流；恰似蜀中山，青山常在。以行宫所在地的山水做喻体，既真切，又准确；以神话故事表达喻义，既引人入胜，又富浪漫色彩。痛之深，思之甚，君王在蜀的500个日日夜夜，无时无刻不在思念爱妃，诗人只选择了两个夜——月夜与雨夜，将圣主朝朝暮暮之情凝结在伤心月色上与断肠听铃中，其典型的艺术概括力何等了得！

3. **龙驭回都，西宫忧思**

◎天旋日转回龙驭，到此踌躇不能去。

马嵬坡下泥土中，不见玉颜空死处。

君臣相顾尽沾衣，东望都门信马归。

天宝十五载(756年)七月，太子李亨采取先斩后奏的办法，在灵武(在今宁夏)即皇帝位，史称肃宗。八月，派使者入蜀报告玄宗，封玄宗为上皇，这是典型的和平政变。“唐肃宗至德二载九月，广平王俶、郭子仪收复西京，十二月，上皇还西京。”这段话为首句作了准确的诠释。为什么龙车在马嵬坡踌躇良久而不忍离开呢？同年六、七两个月中发生了两起惊天动地的大事：一是马嵬兵变，夺去了他的爱妃，精神支柱顷刻折断；一是灵武政变，夺去他的皇位，苦心经营45年的政治大厦轰然倒塌。这两件事又是相关联的，前为因后为果，现在路经伤心地怎能不留恋呢？在一朝天子一朝臣的古代，近随上皇的老臣们，政治生涯也就此结束。此情此景，君臣同病相怜，怎能不相视而“泪沾襟”呢？君臣既珍重回京以结束一年多的流亡生活，又惧怕回京后遭遇不测，在这种矛盾心理的支配下，只有寒风失意信马归了，哪来“春风得意马蹄疾”的心绪呢？

◎归来池苑皆依旧，太液芙蓉未央柳。

芙蓉如面柳如眉，对此如何不泪垂？

上皇回京后，先是住在南宫，即兴庆宫，是他当亲王时的故居，故言“归来池苑皆依旧”。太液，又名仓池，面积约10顷，是汉代宫中较大的池；未央是汉代宫名，丞相萧何所建，均代指唐代宫殿池苑。满地荷花映日红，宛如美人的玉颜；沿岸垂柳依依，其叶似美人的秀眉。睹物思爱妃，物在伊人去，能不泪垂？这四句写宫中自然环境，由物境引发出思妃之情。

◎春风桃李花开日，秋雨梧桐落叶时。

西宫南内多秋草，落叶满阶红不扫。

梨园弟子白发新，椒房阿监青娥老。

上皇被软禁于宫中，直至死去，达五年之久。“春风”、“秋雨”两句概括了他1800多个日日夜夜。春风句与第一段“春宵苦短日高起”，“春从春游夜专夜”两句相呼应，令人油然而生春去人去之伤感。秋雨句与第二段“夜雨闻铃断肠声”相应照,雨声、风声、铃声、梧桐叶落声,声声进入耳中,滴滴流进心头,怎生奈得过这等凄苦呢?第三、四两句写上皇居住环境的荒凉。西宫即太极宫,肃宗听信宦官李辅国的谗言,说什么南内(即兴庆宫)邻近大街,常有外人来访,恐有复辟之心,故将上皇迁至太极宫的甘露殿,并将其心腹高力士、陈玄礼流放到边陲。这实际上是软禁。西宫门前一片凄冷的枯草,无人铲除,满阶落叶,谁来清扫?离开高力士就无法生活的上皇,室外如此,室内狼藉不堪,可以想见。五、六两句写上皇人文环境的荒漠。“梨园”是当年上皇教练数百名艺人的场所,堪称今日的中央音乐戏剧学院,院长兼教授就是上皇。“梨园弟子”就是学院的学生。“椒房”是用花椒与泥涂抹墙壁的后妃居住的宫殿,“阿监”就是宫中女官(有的四品),掌管宫务。当年,能歌善舞的绝代佳人伴着风流倜傥的天子,与全国一流的艺人同创作,同歌舞,同研习,宫内“缓歌慢舞凝丝竹”,宫外“仙乐风飘处处闻”。如今怎样呢?贵妃驾鹤一去不复返了,梨园弟子大都远走高飞了,剩下的只有几位满头银发的老妪了,更听不到仙乐了,上皇的精神家园变成了一片沙漠。

◎夕殿萤飞思悄然,孤灯挑尽未成眠。

迟迟钟鼓初长夜,耿耿星河欲曙天。

萤即萤火虫,能发出微弱的光,像是夜间坟墓中的磷火(俗称鬼火)。古代皇家不点油灯,点蜡烛,而且多束(每束数支至十数支)齐明,犹如白昼。“迟迟”是舒缓悠长之意,《诗经》有“暮日迟迟”之诗句。“钟鼓”即暮鼓晨钟,击鼓以示夜临,敲钟以报天晓。“耿耿”是形容银河在破晓前发出的淡淡银光,天色微明。夜幕降临了,殿外群萤乱舞,宫内一支孤零烛灯,宫内外都发出忽闪忽闪的微光。一位老人,悄然深思,蜡烛换了一支又一支,灯花挑了又挑,终难成眠。从舒缓的暮鼓声到悠长的晨钟音,相隔是那么久长。银河虽然已经发出淡淡的光点,但就是迟迟不愿退出蓝天。冬夜之长,使难以入睡的孤独老人备受思妃的煎熬。这四句写上皇苦思,彻夜难眠。

◎鸳鸯瓦冷霜华重,翡翠衾寒谁与共?

悠悠生死别经年,魂魄不曾来入梦。

魏文帝曹丕梦见殿屋两瓦坠地,化为鸳鸯,后人遂将两片镶嵌的瓦名之曰“鸳鸯瓦”。“霜华”即霜花。悠悠,是长远的意思。屋上霜花虽然厚重,但瓦也有鸳鸯合沓,相互契合而倍觉温暖,上皇虽有翡翠图案的柔软被子,但因无人共枕而更感寒冷。物且成双,人独孤寒,能不悲思?前两句写地冻天寒,无人共衾,上皇与贵妃生离死别已经悠悠六载——年年思卿卿不见,魂魄也未来相见。后两句写思而弗得,悲痛欲绝。

4. 方士觅魂,太真致意

◎临邛道士鸿都客,能以精诚致魂魄。

为感君王展转思,遂教方士殷勤觅。

临邛，县名，今四川邛崃。鸿都，后汉首都洛阳宫门名，当时藏书之所。汉灵帝光和元年始置鸿都门博士。这里借指长安，意谓临邛县的道士，来到长安做客。展（即辗）转思，反复思念。《诗经》有“辗转反侧”句，意谓道士为上皇反复思念爱妃的真情所感动。方士，古代讲神仙方术之人，起源于战国燕齐一带近海地区，以修炼成仙和不死之药等方术骗取统治者的信任。汉代著作中将方士与道士通用。

◎排云驭气奔如电，升天入地求之遍。

上穷碧落下黄泉，两处茫茫皆不见。

碧落，道家称天空为碧落。《度人经》：“昔于始青天中碧落高歌。”注：“始青天乃东方第一天，有碧霞遍满，是云碧落。”黄泉，本义为地下的泉水，或埋葬死人的墓穴；引申义谓民间迷信所说的阴间。《左传》：“不及黄泉，无相见也。”临邛句以下 8 句，写方士尽管施尽法术，但碧落与黄泉两处皆未觅到。这是虚中有实，虚是“排云驭气”，实是未见贵妃。

◎忽闻海上有仙山，山在虚无缥缈间。

楼阁玲珑五云起，其中绰约多仙子。

中有一人字太真，雪肤花貌参差是。

玲珑，小巧明彻。五云，五彩瑞云。意谓小巧玲珑的楼阁耸立在五彩祥云之中。绰约，亦作淖约、弱约，姿态柔顺秀美。《庄子》：“肌肤若冰雪，绰约若处子。”意思是楼中有许多柔美的仙女。太真，杨玉环被剃度为女道士后住内太真宫，法号太真，故这里用作她的仙号。参差，作仿佛解。前四句写仙境中的众仙女，预示着贵妃得道成仙；后两句引出太真仙女。

◎金阙西厢叩玉扃，转教小玉报双成。

闻道汉家天子使，九华帐里梦魂惊。

金阙，金碧辉煌的神仙宫阙。玉扃，以玉镶饰的门户。小玉，传说是吴王夫差的小女，殉情而死。双成即董双成，传说是西王母的侍女。《汉武内传》：“西王母命侍女董双成吹云和之笙。”此两仙女借指太真仙女的侍女。转教，意谓仙府深重，须经过辗转通报的手续。汉家天子指汉武帝，代指唐上皇。九华帐是九华殿中的床帐，代指太真所居仙宫的床帐。《博物志》：“汉武帝好仙道，祭祀名山大泽，以求神仙之道。时西王母遣使乘白鹿告帝当来，乃供帐九华殿以待之。”前两句写太真居所的华丽与使女的特殊身份，衬托其在仙界的高贵地位。后两句写她的意外惊喜，一个“惊”字活画出她异常兴奋的神态，透露出她对上皇久思的深情。

◎揽衣推枕起徘徊，珠箔银屏迤逦开。

云髻半偏新睡觉，花冠不整下堂来。

揽，用手（或其他）将分散的东西聚拢；揽衣，将脱下后放得无序的衣裤聚拢在面前。

箔,本义是用苇子或秫杆编成的帘子,这里代指帘子;珠箔,用珍珠串成的帘子。银屏,以银为饰的屏风。迤逦,曲折连绵。云髻,女子梳拢在头上的发结黑得如乌云。睡觉,不是单词,而是词组,觉,醒。这四句写太真起床后下堂见使者的急切心情。平时穿衣很从容,由侍女拿一件穿好一件再拿另一件,现在自己动手,将所穿的衣服一股脑儿揽在面前,自己穿,并随手将枕头推在一边;也未让侍女梳头,自己戴上的花冠,也不整齐,就匆匆忙忙地走到厅堂。由于侍女仍像平常一样按部就班地缓缓地拉帘开屏,急得她穿好衣服后在床前徘徊片刻。这种急切心情集中体现在揽、推、半偏、不整四个词语上。

◎风吹仙袂飘摇举,犹似霓裳羽衣舞。

玉容寂寞泪阑干,梨花一枝春带雨。

袂,衣袖。《晏子春秋》:“张袂成阴,挥汗成雨。”飘摇,飘荡。曹植有“转蓬离本根,飘摇随长风”的诗句。阑干,本义用竹木、金属或石头等制成的遮拦物,引申义谓纵横散乱。这四句写太真由卧室去客厅,在途中的体态与神态。飘荡着宽舒的衣袖,依然是当年翩翩起舞的贵妃。然而,遥隔两重天,人仙两世界。昔日“无闲暇”的人间承欢,换得今日孤卧仙楼的寂寞难耐,怎能不叫她的玉容泪纵横呢?前两句比喻对比,后两句比拟象征,极富感染力。

◎含情凝睇谢君王:一别音容两渺茫,

昭阳殿里恩爱绝,蓬莱宫中日月长。

回头下望人寰处,不见长安见尘雾。

睇,流转目光观看。《楚辞》:“既含睇兮又宜笑,子慕予兮善窈窕。”凝,端庄,凝重。谢,致意转告。昭阳殿,汉宫殿名,成帝时建,供宠妃赵飞燕姐妹居住。这里代指贵妃生前的寝宫。蓬莱宫,唐高宗时宫名,本名大明宫,在今陕西西安市北。蓬莱,传说为渤海中三仙山之一(另两山谓方丈、瀛洲),为仙人所居,这里的蓬莱宫非实指唐宫,而是指蓬莱山上的仙宫。人寰,人世。鲍照赋句:“去帝乡之岑寂,归人寰之喧卑。”太真泪水满面,步入厅堂,饱含深情地凝重地看着“天子使”,请他致意上皇。这三句是致意的第一个内容——诉别传情。苦诉死别之痛,传递相思之情,既无音讯,又未谋面;人间恩断爱绝,仙宫孤苦悠长;回望人寰,茫茫尘雾。

◎唯将旧物表深情,钿合金钗寄将去。

钗留一股合一扇,钗擘黄金合分钿。

但教心似金钿坚,天上人间会相见。

旧物,太真生前与玄宗的定情信物。钿合,用珠宝镶嵌的一种首饰,分两片合成。金钗,金质首饰,由两股合成。擘,拇指,这里名动化,意谓用手将物体分开。这六句是致意的第二个内容——寄物寓情。钿合与金钗是君王当年赠给她的定情之物,她始终珍藏在身边,随其灵魂的登仙而带至仙山。现在,她自留一半,寄给他一半,以示对上皇爱情如金子般的坚贞与高贵,可谓生死不渝。

◎临别殷勤重寄词,词中有誓两心知。

七月七日长生殿,夜半无人私语时:

“在天愿作比翼鸟,在地愿为连理枝。”

长生殿,《唐会要》:“天宝元年(742 年)十月造长生殿,名为集灵台,以祀神。”唐代后妃所居寝宫通称长生殿。这里借指杨贵妃华清宫内的寝殿。比翼鸟,《尔雅·释地》:“南方有比翼鸟焉,不比不飞,其名谓之鹣鹣。”传说:此鸟一目一翼,不比不飞,常以比喻恩爱夫妇。曹植有“愿为比翼鸟,施翮起高飞”诗句。连理枝,不同根而枝干连生在一起的两棵树。这六句是致意的第三个内容——寄词誓情。誓词是表达决心与意志的最高形式。当年,君王与贵妃在七夕之夜,于长生殿对两人的爱情立下了忠贞不渝的誓言,愿世世为夫妻,像比翼鸟、连理枝那样永不分离。现在,人仙相隔万重山,但两心相印,永不分离。故太真将昔日誓言托请使者带回去,再次表达对上皇的忠贞,并约定“天上人间会相见”,以慰应孤灯下彻夜不眠的白发老人。

◎天长地久有时尽,此恨绵绵无绝期!

老子有“天长地久”之说,今人也无法给地球尽期提出科学论据,然而,早在一千余年前的香山先生却以“尽期”的假设,用一幅反义工对,给这幕悲剧主题“恨”画上句号,让当时以及后世人竞相传颂,可谓家喻户晓,实乃超人妙笔,千古绝作!

三、典型化的创作艺术

1. 空前绝后地塑造了两位皇家爱情悲剧的不朽典型

阴阳交会,雌雄匹配,乃一切动物之本性,宇宙生命之本源。这种自然属性,人类概莫能外。孟子曰:“食,色,性也。”汉皇重色无可厚非。人为万灵之长,具有区别于其他动物的思想感情等方面的特殊需求,有按个人好恶择偶的权利,而帝王独享其最大自由。后宫佳丽三千人,虽不乏绝色美人,但能中汉皇意者却了无一人。在民间也“多年求不得”,一旦获得意中人,怎能不叫他“三千宠爱在一身”呢?又怎能不让她“春从春游夜专夜”呢?三千佳丽被冷落,是帝王婚姻制度的无辜殉葬者,是封建皇权极权制的牺牲品,而这个背离人性的残酷制度不是自汉皇始,要求汉皇对她们一视同仁,平均施爱,既不合情,也不合理。夫妻之爱贵在专,不能博爱,博爱则淫,淫则无爱。“真”是专之源,“深”是专之流。天宝十载的七夕,汉皇与杨妃这对恩爱夫妻,夜半无人私语时,以“在天愿作比翼鸟,在地愿为连理枝”的誓句互相宣誓,用“比翼鸟”“连理枝”表达他们世世代代永结同心之意,多么真挚!多么动人!多么浪漫!天上一对牛郎、织女,地上一对刘郎、杨女,天高地迥遥相瞩目,四情浓浓,日月交辉。

在爱情面临生死考验的时刻,东方民族自古以来有三种抉择方式:一是夫妻本是同林鸟,大难临头各东西的离情;一是焦仲卿"自挂东南枝"的殉情;一是终身不再嫁娶的守情。马嵬哗变中,汉皇力保贵妃,但是昔日一言九鼎的帝王此时已经是孤家寡人了,连他最信任的两个人也把他的话当成耳边风了,竟敢当着他的面处死杨妃,他只落得个"掩面救不得"。面对满地零乱的遗物,汉皇撕肝裂肺,号啕大哭,继之以血。人到了"血泪相和流"的程度,其悲痛之极可以想见。这是一哭杨妃。曾经叱咤风云的一代有为之君,值此国破之际,肩负讨逆之重任,岂可置万民安危于不顾而为杨妃殉情呢?他只有选择第三种方式,此后不近女色于终老。

人到罹难地,谁能不痛心?何况多情的汉皇呢?当"天旋日转回龙驭"时,他路过马嵬坡,只见"玉颜空死处",当时爱妃遇难的惨状历历在目,不由自主地放声大哭,哭得龙衣都湿了,这是二哭杨妃。回宫后,物是人非,睹物思人,"云鬓花颜金步摇,芙蓉帐暖度春宵"的美好时光一去不复返了,抚今思昔,"对此如何不泪垂"?人到泪流将尽时,欲哭哭不成声,欲止止不住真情,只能掉下几滴泪水,这种痛苦之情已到了何等境地啊!这是三哭杨妃。在她生前,他向她"赐浴",邀她侍宴,让她专夜,宠爱得那么专一;死后三哭杨妃。痛得那么深情。表达了他对她爱之深,爱之专,爱之真。他对她的真情贯穿在她的生前死后,在历代帝王家史中实属罕见。

女主人公杨太真,原是寻常百姓家的一块无瑕碧玉,入宫前待字闺中。她"天生丽质",肤如凝脂,有一对灵动的秋波。"回眸一笑",笑出她的内秀与外媚,笑出她的智慧与才气,笑出她的坦真与纯洁,笑出她的温柔与善良。她才貌倾国,能歌善舞,当她与汉皇比肩在太液池岸,满头的乌云,娇嫩的花容,丰润的体态,流金的步摇,宽舒的绣裙,在春风吹拂下,没在跳舞,更似霓裳羽衣舞。她理所当然地得到汉皇的宠爱,从"新承恩泽"的始宠到"春从春游夜专夜"的专宠,再到"可怜光彩生门户"的兼宠。然而,祸从天降,美满姻缘仅 11 年,她就成了冤鬼。她带着血海深冤飞升天国,但对未能拯救她生命的汉皇却非常理解,毫无怨言,反而更加怀念,爱的基础更是坚如磐石。她独居蓬莱仙宫,日日夜夜地把自己锁在玲珑楼阁中,常从敞开的窗户望断两都人寰处,可是一次又一次回应她的是"不见长安见尘雾"。她希图从梦中重温七夕之欢,她的精诚感动了丘比特,汉皇果然派来了使者。她在九华帐中被唤醒,惊喜万状,头不梳,脸不洗,衣不整,揽衣推枕,翻身下床,泪水满面,急匆匆来到会客厅。她饱含深情地凝视着使者,请他代她向汉皇三致意:诉别传情,寄物寓情,寄词誓情,表达她对君王爱之切,爱之坚,爱之恒。她对汉皇的三爱(切、坚、恒)与汉皇对她的三爱(专、深、真)汇成天上人间的长恨曲:天长地久有时尽,此恨绵绵无绝期。

2. 在典型环境中凸现典型人物的典型心理

诗人用几近四分之三的篇幅,细致入微地描写两位主人公相互思念的情怀,以渲染悲剧色彩，歌颂忠贞爱情。为此，精心营造了途中、皇宫、仙宫三个典型环境。汉皇逃蜀途中，萧索的秋风吹散车马人群扬起的黄尘，弥漫天空，笼罩在大小剑阁上空的日光为之暗淡。人烟原本稀少的峨眉山下，天子卫队的旌旗蒙上一层薄雾，顿失光辉。这种凄凉的氛围，烘托着汉皇丧妃之痛的典型心理，为失去爱妃而悲，为安禄山谋反而恨，为御林军哗变而怨，为身居帝王之位尚不能保全一位弱女子的生命而悔。在行宫中，这种悲恨怨悔之情又融进月色中，使之成为伤心色，融进雨声、铃声中，使之成为断肠声。

回宫后，门前满阶经霜的梧桐落叶，遍地凄冷的枯草。入暮，宫殿前后群飞如磷火的萤火虫，舒缓的声声暮鼓；夜间，鸳鸯冷瓦上覆盖的冰霜，室内一支如豆的烛光，散发寒气的锦被；拂晓，暗淡稀疏的星河，悠长连绵的晨钟。终日相伴的几位新添白发的梨园弟子和脸上堆满皱纹的阿监，在如此荒凉的自然环境、生活环境、人文环境中，一位孤独的老人，“孤灯挑尽未成眠”，他又在悲恨怨悔什么呢？痛定思痛，痛何如哉！他既为失去政权而悲，更为失去爱妃而悲；既恨奸臣李林甫、杨国忠之流，更恨悍将安禄山、史思明之辈；既怨儿子李亨夺老子的皇权，更怨儿子将自己软禁于西宫；他既悔自己用人失察，委政于奸佞之徒，更悔晚年荒政，未将“开元盛世”光大。

太真所居的蓬莱，宫门重重深似海，小玉双成严把守，出入不自由。虽曰仙山，但无管弦之音，不似人间的华清宫，仙乐风飘处处闻。终年幽居于碧海青天中的太真，倍增思念汉皇之情。当她“闻道汉家天子使”时，激动得“玉容寂寞泪阑干”，恰似“梨花一枝春带雨”。诗人把“蓬莱宫中日月长”的冷宫仙境与“回头下望人寰处”的思君情怀交融一体。

3. 把屈原的浪漫主义与杜甫的现实主义熔为一炉而百炼成金

《长恨歌》通过对汉皇与杨妃爱情悲剧的生动形象的描叙，真实地反映了安史之乱前后，唐朝由盛而衰的历史转折期的社会现实，是继杜甫“三吏”“三别”等诗章后的又一篇伟大的现实主义诗史。唐由盛而衰的关键人物是唐玄宗，他在位45年，前30年，以少年天子的锐气，励精图治，任用姚崇、张九龄等贤相，开创了“开元盛世”。杜甫的“小邑犹藏万家粮”“公私仓廪俱丰实”的诗句就是真实写照。从开元二十四载始，他任用口蜜腹剑的李林甫为相达19年之久，后又搞裙带关系，委相位于杨国忠。他荒废朝政，“春宵苦短日高起，从此君王不早朝”；宴安鸩毒，“缓歌慢舞凝丝竹，尽日君王看不足”，由于奸宰擅政，悍将乱军，致使综合国力江河日下，越发不可收拾，终至酿成大祸。从“九重”句到“魂魄”句的二、三两段，真实地反映了长安陷落、玄宗逃蜀、马嵬哗变、贵妃冤死、上皇回京、幽居西宫等8年中发生的重大事件。这8年正是安史之乱的始末，故《长恨歌》可谓安史之乱的诗史。尽管杜甫反映安史之乱前后的诗篇比较多，涉及内容比较广，时间跨度比较大，但《长恨歌》所反映的内容更具体、更集中、更本质。

汉皇是一位才艺双全的风流天子，钟情于与之志趣相同、才艺相媲美的女性。他先是钟情武贵妃,武妃死后的8年,他终日郁郁寡欢,三千佳丽无一人中其意。得杨妃后,宠爱有加。诗人排除一切世俗之见,通过刻画一对悲剧典型,将诗的主题定格于"爱""恨",比翼相爱于天长地久之永世,绵绵共恨断其姻缘之法海。为突现人物的正面意义,诗人运用典型化的创作原则,隐去男主人公原型夺媳为妻与杨妃并非处子的真实,隐去原型的姓名、庙号、谥号,代之以汉皇、汉家天子、圣主、君王等泛化性的称谓。活用了有关汉武帝的三个典故:倾国倾城,金屋藏娇,九华帐;引进了汉朝的三个池殿:太液池、未央宫、昭阳殿。这不是为尊者讳,也不是惧怕当朝帝王,而是艺术创造原则所决定的。正如鲁迅在论典型的创造时说:"人物的模特儿也一样,没有专用过一个人,往往嘴在浙江,脸在北京,衣服在山西,是一个拼凑起来的角色。"汉皇就是以唐玄宗为主要模特儿,将汉武帝、汉成帝等帝王拼凑起来的角色。第四段,浓墨重彩铺陈描叙临邛道人"上穷碧落下黄泉",遍觅妃魂,以及太真在仙宫会见汉使的场景,将神话人世化,仙女人性化,人间、仙境合一,人仙一体。诗人还独具匠心地把赠送信物与二人盟誓的两个极重要细节,安排在杨妃羽化登仙后,由其仙口吐出,更能突出她虽遭大劫,但对汉皇不仅毫无怨言,反而更加坚贞,可谓生死不渝。这比《离骚》中屈原"驾八龙"、"载云旗"、"周游乎天"的浪漫情怀更具鲜明性、典型性,更具现实基础。

(这是1978年在全市中学语文教师业务学习会上的专题讲演,后作修改。)

屈原的爱国主义思想永照千古

（1983 年 4 月）

今年农历五月初五，是我国历史上第一个伟大的爱国主义诗人屈原逝世 2260 周年纪念，全国人民都用传统的民族形式来悼念这位民族的英灵。

屈原，名平，战国时期的楚国贵族，他才华出众，思想激进，知识渊博，记忆力强，明于治国，善于辞令。青年时代深得楚怀王信任，官至仅次于令尹（即宰相）的左徒，参与国家内政外交一切大事的决策，负责起草各种法令。后因奸宰佞臣的谗陷，被楚王两次放逐。

关心人民疾苦，坚持进步的政治主张是屈原爱国主义思想的精髓。春秋以后的 500 多年间，国家长期分裂，诸侯之间，相互攻伐，杀人如麻。时至战国末年，七国争雄，烽火连年，人民渴望弥兵。面对着弃尸遍野、生灵涂炭的现实，屈原常常忧伤长叹，掩面挥泪。为拯救艰难的民生，屈原主张对内举贤授能，修明法度；对外联齐抗秦，统一中国。当时，秦强、楚大、齐富，皆有统一中国的条件和可能。屈原的政治主张完全符合历史发展规律和人民愿望，是进步的。起初，楚怀王采纳他的主张，并委之以内政外交的重任，楚国威震诸侯，怀王被推为六国纵约长。

但是，楚国统治阶级内部矛盾尖锐复杂，以上官大夫靳尚、司马子椒，怀王宠妃郑袖和怀王稚子子兰四人为代表的保守势力，对内结党营私，陷害忠贞；对外媚秦绝齐，卖国求荣。屈原革新政治的主张，严重地损害了以这些“党人”为代表的没落阶级的利益，引起了他们的嫉恨。于是,他们利用特殊身份,在楚王面前一次又一次地诬陷屈原。屈原在他的爱国主义光辉诗篇中,运用了大量象征、比喻的艺术手法,把这批"党人"贪婪无厌、嫉贤妒能、钩心斗角的丑恶嘴脸刻画得入木三分。把这批祸国殃民的"群小"比作毒草臭椿,并表示与之决绝的态度,宁愿流放而死,也不愿放弃理想,随波逐流,与俗浮沉。表现了诗人疾恶如仇、坚贞不屈的爱国主义精神。

眷恋故土,不愿离开祖国,是屈原爱国主义思想的集中体现。由于春秋战国复杂的政治形势,士的阶层发生了激烈的分化,统治阶级重视士的作用,养士之风盛行。以屈原的才智,不用于楚,必用于齐,不用于齐,必用于秦。然而屈原在两次被放逐之后,都没有离开自己的父母之邦。他热爱受苦受难的人民,热爱楚国的一山一水、一草一木,他把自己的命运始终与楚国的命运结合在一起。秦将白起攻破楚国郢都之后,楚国人民流离失所,楚国君臣仓皇逃亡,诗人的祖国已到了不堪收拾的地步。理想的破灭,国家的希望,人民的苦难,萃于一身,使诗人完全陷入绝望的境地。最后,只有怀着没有实现的理想和无限的悲愤,自沉汨罗,结束他悲剧的然而是光辉的一生!这与当时寡廉鲜耻,朝秦暮楚,朝为布衣、夕为卿相的苏秦、张仪之流相比是大相径庭的。

两千多年过去了,屈原爱国主义思想光芒与日月齐辉,永照神州大地,沐浴着世世代代的炎黄子孙。

(载于1983年《蚌埠日报》。)

《卖柑者言》试析

（1984 年元月）

作者刘基，诗文兼擅，与宋濂并为一代文宗，由于他出仕元明两朝，思想复杂，作品深奥，“文昌而奇”。但在他前期作品中也不乏如《卖柑者言》之类较为浅显的杂文。

《卖柑者言》通过卖柑者与作者的辩论，揭露封建帝国文臣武将“金玉其外，败絮其中”的腐朽本质。全文共分三段。

第一段（开始至“干若败絮”）写柑的外观与内容，由“藏柑”“卖柑”“剖柑”三个情节组成。在“藏柑”一节中，作者饱含浓墨，极力渲染卖柑者善于藏柑的本领。他不仅善于使所藏之柑“寒暑而不溃”，更善于使所藏之柑比鲜柑具有更加诱人的色泽——“玉质而金色”。藏柑目的在于加工后能以高价出售，作者又通过人们以 10 倍之价争相抢购的情节描述，进一步突现卖柑者精湛的藏柑技艺。以上是写柑的外观。在“剖柑”一节中，作者着笔于“干”字。柑的内瓤不是清香四溢，而是干烟刺鼻；不是蜜汁四溅，而是干如败絮。这与柑的外观形成了鲜明对比，构成表里不一的矛盾，这是卖柑者与作者争论的出发点。

第二段（从“予怪而问之曰”至“予默然无以应”）写卖柑者与作者的辩论，辩论的中心是“为欺”与否。作者以惊异的神情、质问的口气、反诘的语调指斥卖柑者“为欺”态度。卖柑者面对作者的怒容，坦然自若，含笑答辩。“笑”字意深，既是卖柑者对作者的嘲讽，又是卖柑者安于是业自得心理的表露，从而达到精神上制胜于对方的目的。辩驳的内容有三层意思。第一层是卖柑者先不从正面回答关于自己是“为欺”态度的问题，而是强调世人不以我“为欺”，一卖一买，年年如是，一来一往，“未尝有言”，习以为常。然后，以退为进，反问作者：“为什么独独不能满足你的需要呢？”这里给读者留下一个悬念，为什么众人见怪不怪，见欺而不以为欺呢？扣人心弦，引人遐想。第二层意思是卖柑者把话题一转，由议论卖柑的具体小事，转向讽喻国家大事。整个社会是尔虞我诈，欺世盗名，麻木不仁，“为欺者不寡”，真所谓众人皆醉。这既进一步交代了众人不以我“为欺”的原因，又把辩论的问题引向深化，把笔锋刺向元帝国庞大的国家官僚机构的心脏，把辩论推向高峰。作者元至顺间进士，曾任高安县丞、江浙儒学副提举、江浙行省元帅府都事，左丞相帖里帖木儿招抚方国珍，刘基力阻。方国珍先赂基，基不受，后又有重弊遣人至大都，“贿有事者，遂诏”。基愤而弃职，归隐于乡。因此，刘基对元朝上层社会的腐败深有了解。元朝阶级矛盾和民族矛盾极其尖锐，统治阶级以蒙古族为核心，联合汉族的地主阶级和其他民族的上层分子对各族劳动人民进行残酷压迫和统治。广大农民，特别是佃农经济上受到繁重租税和高利贷的盘剥，政治上受到非人的压迫，甚至人身自由也被剥夺。地主犯法，佃农顶死，佃农男女婚姻由地主做主，生男便成为地主奴隶，生女便成为地主婢妾。元代的法律把奴、婢、佃归为一类，奴隶的命运更惨，同马、牛、财货一样，可由主人任意买卖馈赠。当时的大都就有买卖奴隶的市场，人市和马、牛市并列一处。统治者过着荒淫无耻的生活，宫廷中经常大修佛事，每年宰羊多至万头。各汗即位，往往大宴七日，日食马牛羊以千计，珍珠撒至地上就像天上的星星，供饮的酒乳就像银河繁星之广。真是“官吏都欢天喜地，百姓都啼天哭地”。元朝各级官吏贪污成风，元成宗大法七年，一次处理贪官18000余人。作者运用了多种修辞手法：“洸洸”“昂昂”“巍巍”“赫赫”的叠字格；以朝冠宦服代文臣武将，以“醇醴”代美酒，以“肥鲜”代鱼肉的借代格；以孙吴比名将，以伊皋喻良相的比喻格；特别是运用了一连串的排比和设问修辞格。变抽象为具体，化腐朽为神奇，生动深刻地揭露了封建统治者“金玉”的外表：腰里佩着皇帝赐予他们调兵遣将的虎形符牌，端正地坐在虎皮交椅上，威武的样子，真像捍卫国家的栋梁之材；头上戴着高高的朝帽，腰间系着长长的玉带，高傲的神情，真像朝廷的重臣。文章紧接着又用了两个反问句和五个结构相同的排比句，一针见血地指出这些达官贵人不能“授孙吴之略”和“建伊皋之业”的根本原因，从而揭出了他们“败絮”的本质：盗贼蜂起而不知抵御，人民穷困到极点而不知救济，贪官污吏草菅人命而不知禁止，国家纲纪败坏而不知整理，整天淫欲无度消耗国库的粮食而不知耻。前四个排比句是就四个主要方面而言，全面地鞭挞了他们尸位素餐的无耻行径，第五个排比句是前四个排比句内容的概括，集中地控诉了他们文恬武嬉的腐朽生活。最后，用“又何往而不金玉其外，败絮其中”这个极概括的语句抨击元朝整个社会。第三层是卖柑者变被动为主动，责备作者：你为什么只责备为民者，而不责备为官者；只责任备小不仁,只责备我个人,而不责备整个社会呢? 卖柑者一席辩词,铮铮有声,虎虎生气,由此及彼,层层推进,最后制胜对方,使对方只能“默然无以应”。

第三段(从“退而思其言”至结束)是作者借卖柑者之口,点出托柑讽世的主旨,有点睛之妙。

第一人称的问答体,不仅形式活泼,语言明快,且给人以真切感,易于达到“讽一劝百”效果。刘勰把这种文体归于杂文类,它始于战国时期宋玉。刘勰说:宋玉“始造对问,以申其志”,两汉东方朔“效而广之,名为客难”。魏晋以后,效者尤多。

全文叙议结合,以论为主。第一段叙柑为主,议论寓于其中,柑的外观与内瓤矛盾暴露。第二段辩论为主,叙事寓于其中,卖柑者与作者的矛盾因柑的表里不一而产生,又因对社会取得一致认识而解决。

(发表于《安徽教育》1984 年第 1 期。)

立志做大事

（1994年12月）

人生天地间，各人有禀赋，为一大事来，做一大事去。

生命对于每个人只有一次。让生命的火花迸发出灿烂的光芒，照亮五洲四海。人要活得潇洒，甜美；更要充实，高尚。

人的生命最长不过百年，相对于无限的历史长河是很短，相对于有限的人生又是很长；一生要做的事很多，要做的大事又很少。27岁的孙中山立下“驱除鞑虏，恢复中华”的大志；终至废除专制，建立民国。少年毛泽东立下为人民“主沉浮”的宏愿，最后推翻“三山”，缔造共和。两位伟人都做了一件意义重大、功垂千秋的大事。

大中有小，小中见大，工农商学兵，七十二行业，行行有学问，行行出状元。“民族魂”的鲁迅立志改造国民劣根性，为扫除旧中国的魑魅魍魉，为净化民族心灵呐喊到最后时刻。侨魂陈嘉庚倾其所有，呕尽心血，为兴学育英、优化民族素质而奔走海内外。时传祥为美化环境而淘粪终身。雷锋把短暂的一生投到无限为人民服务之中。他们一生所做的都是大事。

探求是成功的阶梯，拼搏是成功的条件，智慧是成功的基石，体质是成功的保证。“史家之绝唱，无韵之《离骚》”的《史记》，是司马迁“读万卷书，行万里路”的产物，是他饮吞宫刑的奇耻大辱笔耕十余个春秋的结晶。“中国博物学中的无冕之王”《本草纲目》，三易其稿，消耗了李时珍27年的心血。成功的愉快是脱胎于艰苦的劳动，苦中有乐，乐从苦来。

四化大业是亘古未有的大事，新世纪的曙光依稀可见，跨世纪人才任重道远。悠悠万事，唯此为大。为此大事来，成此大事去。

（发表于《广东教育·第二课堂·励志篇》1995年第3期。）

四个月的转变

（1995 年 1 月 8 日）

饮茶粤海，走笔羊城；流光易逝，四月有盈；感触颇多，收获非少；四个转变，基本实现。

从教育到审编（审查编辑后的稿件）——工作的转变

我对编辑工作虽不生疏，但从未专攻。实践是最好的老师，求索是成功的阶梯，称职的编辑在知识、能力、思想、政策、理论等方面应基本具备如下条件：

具有采编、校对、语言、文学、教育、政治、经济、史地、自然、乡土等方面比较丰富的知识；

具有文字、鉴赏、调研、运筹等方面的较强能力；

具有修德敬业的精神和甘为人梯的气度；

具有熟悉党的总路线、总方针、总政策，熟悉教育、新闻、出版、文艺等领域的方针政策，熟悉国内外时事的水平；

具有马克思主义教育教学、文艺、新闻、出版等方面的理论修养。

对照五个方面，已经具备的还要再提高，基本具备的还要再充实，尚未具备的还要再学习。活到老，学到老，干到老，努力使自己成为称职的优秀的审编工作者。

从领导到群众——地位的转变

在人生大舞台上，在精彩的“四化”这幕剧中，人人都是演员，个个都在演戏。一生只演一个角色未免单调，多演几个角色，味在其中。领导和群众是一对有机统一体，当领导是暂时的，相对的；当群众是长远的，绝对的：它们之间没有不可逾越的鸿沟。实现这个转变并不难，先由观念转变入手，在人际关系上落实，从每件小事做起。

从家庭族居到个人独居——生活的转变

由于杂志社领导同志真正尊重知识，尊重知识分子，全面落实知识分子政策，由于领导和广大同人无微不至的关怀，这个转变很快地实现了。这里虽然没有朝夕承欢的儿女，却有亲密无间的文友；这里虽然没有温馨的亲情，却有纯真的友情；这里虽然没有乡土风味的小吃，却有“别有一番滋味在心头”的自炊美味；这里虽然没有“桃李春宴”的天伦之乐，却有“承恩伟饯”的节日欢愉。天涯何处无芳草，尔独何故怀故土？960 万平方公里的神州大地，哪里没有和煦春风？哪里没有知音流水？哪里不是用武的场所？哪里不是党的事业？

从淮水之滨到珠江之岸——地域的转变

物理运动的惯性，现在尚无力改变，人们生活上的惯性却可以通过努力加以改变。常住淮水边，乍饮珠江水，暂时不适应固然难免，但时间是无形的力量，它不仅能改变人们的生活习惯，形成新的生活方式，而且能把新的生活方式固定化，使之成为新的习惯。我的生活适应能力比较强，旧的生活习惯已被新的生活习惯所替代。

我的事业新起点也许自此始，也许就在这里。

但愿长相宜，千里铸同心！

（从市教委领导岗位上退下来之后，1994 年 9 月，应广东教育厅之聘，担任《广东教育》审编 4 个月后的感言。）

黄山归来不看岳

（1995年6月）

我虽然不曾遍历祖国名山大川，但峨眉之秀，匡庐之凉，普陀之净，青城之幽，三峡之险，桂林之美，却都有幸饱览。被明人徐霞客誉为“五岳归来不看山，黄山归来不看岳”的黄山，至少也三次登临。相比之下，黄山之奇，却是无与伦比的。

三峰鼎峙

延绵起伏于安徽太平、休宁、歙、黟四县之间的黄山，在1200余平方公里的面积上峰峦叠翠，巍峨峻峭，明显可计的就有72峰。其中鼎立于“五海”之间的莲花、天都、光明顶是其三大主峰。莲花峰海拔1864米，主峰突兀，高冠群山，犹如盛开的莲花，与偎依身旁、含苞待放的莲蕊峰相映成趣。光明顶气势磅礴，直插云霄，前山与后山于此分界。天都之高虽略逊莲花、光明二峰，但其峻峭奇险却为诸峰之最。其上“鲫鱼背”尤险，极狭，无土，无草，唯石，下临不测深渊。20世纪70年代末的一年初夏，我参加在屯溪召开的省古典文学研究会，随与会文友首登黄山。时值不惑之年，堪称年富力强，一个下午连攀天都、莲花两大主峰，尚有余力。黄山人凿盘山石阶颇多，约百公里；但天都峰的石阶与众不同，又狭又小，仅容半截脚。上山时，脚掌着地，脚后跟悬空；下山时，脚后跟着地，脚掌悬空，稍微走神就会失足。曾有一位教授在拾级而上时，因忙于观景而摔入谷底。我岂敢左顾右盼！神净心定，全神贯注，全部视线投入脚下，如履平地，不知不觉到达顶峰。极目太空，蓝天白云，寥廓苍茫；放眼群峰，青松绿竹，万木葱茏。此时大有登峰造极、羽化登仙之感，始信诗圣“会当凌绝顶，一览众山小”之绝唱。

四绝天工

黄山四绝——奇松，怪石，云海，温泉，绝在天工。遍布全山的苍松翠柏，多从石缝中钻出，傲然挺拔，千姿百态，其形态就像一位巧匠手持历史风雨的剪刀，把一棵棵都修剪得各具神韵，蒲团松、黑虎松、龙爪松、连理松、扇子松……无不形态逼真。玉屏楼前的千年迎客松，苍劲古朴的身躯，舒展出遒劲的龙枝，就像好客的黄山人伸开的双臂，热情地拥抱四方来客。改革开放以后，黄山平均每年迎来 40 余万人次的游客，最高年份达百万人次之多。20 世纪 70 年代末，黄山迎来了世纪伟人邓小平。他健步登上光明顶，俯瞰赤县大地，雄视中华千古，遥观五洲风云，胸怀特色宏图。矗立在笔架峰前的那根笔形的石柱，顶上一棵奇松酷似笔毛，一位画仙挥起这支如椽大笔，一山奇伟尽出笔底，真乃“妙笔生花”。黄山之石，不分巨微，皆被神奇的“雕塑家”精雕细刻得玲珑剔透，莲花峰上的“姐妹放羊”，耕耘峰下的“姜太公钓鱼”，鳌鱼峰头的“鳌鱼驮金龟”，丹霞峰旁的“猴子观海”，还有始信峰前的“十八罗汉观海”，等等，令人目不暇接。黄山简直就是一个天然的陈列馆，一幅幅流光溢彩的自然画卷，一件件惟妙惟肖的雕塑精品，星罗棋布于各个展室，琳琅满目，令人流连忘返。黄山泉水质纯性温，清洌甘甜，宜饮宜浴。我二上黄山时，偕两位老友下山后，先至黄山温泉“洗凝脂”，再到观鱼亭上饮“毛峰”。一面品茗，回味“海”光山色，味在其中；一面舒神，天南地北纵横谈，其乐无穷。

五海神幻

云与海是二物，在黄山却为一物。它是云，又似海，故谓云海。山上与山下温差约有 20℃，气象瞬息万变：忽晴空万里，金光、绿叶、白瀑相辉映；忽一声霹雳，浓云、暴雨、雷电交加；忽雾海茫茫，隐现几多孤“岛”；忽人在云端走，泉从脚下流。黄山最让人心驰神往的是“海”上日出的壮丽奇观。我三上黄山是在一个暮春时节，夜宿北海宾馆，翌晨 4 点光景，披上租来的棉大衣，随人流直奔清凉台。此时，东方泛出鱼肚白，一望无际的“后海”，一簇簇滚动的白云如大海中汹涌澎湃的波浪。顷刻，鱼肚白逐渐化为一片淡红，再由淡红而大红；霎时，月牙似的金边露出“海”面，冉冉上升，变成半圆；瞬间，一轮大火球蹦出“海”面。大地一片光明，云海泛起万道金光，群山披上彩霞，人们也都是“满面桃花别样红”。赞美声、欢呼声、歌唱声此起彼伏，都随着清凉的晨风飘散到群山万壑。

黄山五海,以玉屏楼观前海,清凉台观后海,排云亭观西海,白鹅岭观东海,光明顶观天海为最佳。这次清凉台上观日出的壮丽画面一直铭刻在我的记忆中,每当练气功杂念丛生,难以入静时,这幅画面就在我的脑海中浮现,此乃以"一念"驱"万念"之法也。

黄山神奇,与光明顶上从天而降的飞来石一样神奇。此景只应天上有,飞入神州第一家。

(发表于《广东教育·第二课堂》1995年第6期。)

一个版面的报纸竟有18个病句

（1995年7月2日）

G报1995年7月18日第一版竟有18个病句，特为诊断。

1. 小作文评卷小组组长邝邦洪指出，今后语文教学应加强学生对标点符号运用的掌握，还要注意培养学生学会描写对话的神态。（引自《高考评卷第5天作文抽查，语文不错，政治欠佳》。）

这是复杂单句，主语是“邝邦洪”，谓语动词是“指出”，宾语是“今后……掌握”和“还要……神态”两个分句（双宾语）。毛病就出在做宾语的两个句子中，在“今后……掌握”句中，谓语“加强”和宾语“掌握”搭配不当，应将“掌握”改为“训练”；在“还要……神态”句子中，谓语“培养”与宾语“神态”搭配不当，同时“对话”前缺修饰语“人物”，“学会”又是多余的动词，故此句应改为“还要注意培养学生描写人物对话神态的能力”。

2. 越秀区大南街利用暑假期间加强对学生进行国防教育。（引自该版下方照片说明。）

这句话毛病出在“加强”和“进行”两个动词重复上，应将“进行”去掉，把“加强”移至“对学生”这个介宾结构后面，使这个介宾结构成为“加强”的状语。

3. 黄花街经常用休息日组织党员开展奉献日活动，他们开展为孤寡老人服务和搞公共卫生。（引自该版上方照片说明。）

这是由两个分句组成的复句，第二个分句有错，错在谓语部分动词“开展”与宾语“为孤寡老人服务和搞公共卫生”搭配不当；同时，连词“和”也用得不当。“和”用于连接两个名词或两个名词性成分，而“为孤寡老人服务”和“搞公共卫生”是两个动词性成分，故不能用“和”，应该改用连词“并”，因为“并”是用于连接两个动词性成分的连词。这句应改为：“他们开展为孤寡老人服务活动，并搞公共卫生。”

4. 图为党员们在街道属下的孤寡老人家里搞清洁和谈心。（引自该版上方照片说明。）

动词“搞”与宾语“清洁”“谈心”都搭配不当。“清洁”是形容词，是没有尘土、油垢的意思，无需再搞了。“搞清洁”应改为习惯的说法“搞卫生”。连词“和”也用得不当。

5. 在候机楼大厅的询问台上，记者看到“无陪伴儿童交接处”8 个大字非常醒目。（引自《心肝宝贝放单飞，无人陪伴也成行》。）

这句话的主语是“记者”，谓语动词是“看到”，宾语是“大字”。宾语前有 3 个修饰语。按语言规律，排列的次序应是：“表属性关系的在最前，表数量关系的在其次，表状态的在最后”。这句话应改为：“……记者看到‘无陪伴儿童交接处’8 个非常醒目的大字。”

6. 广州人民机器厂却在“军转民”后走出了一个朝气蓬勃的新天地。（引自《排头兵是怎样当的》编者按。）

从语法上讲，动词“走出”与宾语“新天地”是不能搭配的，因为“新天地”是走不出来的，应将“走出”改为“开辟”，即“开辟一个朝气蓬勃的新天地”。当然，不改“走出”，而将“新天地”改为“新路子”也可以，不过“朝气蓬勃”不能修饰“新路子”，可将其改为“洒满阳光”。可改为“走出一条洒满阳光的新路子”。

7. 湛江、茂名等广泛发动回乡大学生开展志愿者扫盲助教，扶贫帮困等一对一服务……（引自《六百支志愿队伍出征》。）

这句是连动式的单句，谓语部分有两个相继发出动作的动词——“发动”与“开展”，“开展”与宾语“服务”搭配不当，应在“服务”后加“活动”，同时，“湛江”“茂名等”后也要添“地”，这就比较正确了。

8. 边疆地区某些地方，经济发展依然缓慢，原因是不少游牧民文化教育事业发展未跟上，难以接受外界的信息。（引自《“相结合”依然有意义》。）

这句话的错误是修饰语“游牧民”与中心语“文化教育事业发展”搭配不当，应把“游牧民”改为“游牧区”。差一字，谬千里。

9. 去年市政府把塘鱼生产作为水产“菜篮子”工程的重点之一，实行市长与主管部门签订责任制……（引自《鲩鳙鲮鲈鲳鳊鳗，家家河鲜满菜篮》。）

动词“签订”与宾语“责任制”搭配不当，应把“责任制”改为“责任书”，但改后又与

“实行”搭配不当。因此，要做较大的改动：“实行责任制，市长与主管部门签订责任书。”

10. 大南湖乡被淹的共有11个农业林和7个渔场。我们来到这儿见到的却是烟波浩渺，无边无际的水面……（引自《汪洋只见树梢，堤上守望家园》。）

这里副词“却”用错了，应改为“只”。因为“却”是表示转折语气的，而“只”是表示“仅仅、唯一”等限制性的副词。

11. 银行实行“计时服务，超时赔款”，这可说是一件新鲜事，中国银行广州分行水荫路办事处日前率先在全国推出这项服务……（引自《市中行东山支行有新招服务超时罚自己》。）

这个句子有3处错误：(1)动词“实行”后缺宾语，应加“制度”。(2)动词“推出”与宾语“服务”搭配不当，“推出”的宾语应该是存在于现实的客体（物质的或精神的），而“服务”是一种行为，不可以“推出”。应将“服务”改为“改革”。(3)“在全国”和“率先”两个状语颠倒了，应改为“在全国率先……”

12. 这次介绍会推出的项目包括生产36万吨转窑水泥厂、温泉旅游度假疗养风景区、从化市金银首饰加工中心等，引起了到会客商代表的兴趣，表示有意合作开发。（引自《从化市敞开“山门”，邀请广州外企业落户》。）

这是由3个分句组成的联合复句，第3个分句缺主语，应改为“他们表示有意合作开发”。

（这个版面有18个病句，手稿的后面几页丢失了，只保留了12个病句。）

一篇差错率高得惊人的千字文

（1995年11月）

G报1995年11月9日第10版，刊登了一篇题为《成人教育多元化，江高朗朗读书声》的通讯报道，仅900多字却出现了11处硬伤，差错率高达万分之一百二十二。

一、刺眼的别字

翻开第10版，在全版最大黑体字标题“江高朗朗读书声”中，引人注目而且非常扎眼的别字就是“朗朗”。朗，明也，从月，良声（《说文》）。朗朗，形容词，形容声音清晰响亮。（《现代汉语词典》）琅，琅玕，“似珠者，从玉，良声”（《说文》）。琅琅，拟声词，“形容金石相击声、响亮的读书声等”（《现代汉语词典》）。本句应该用拟声词“琅琅”。

二、混乱的逻辑

“1987年办起了一间成人文化技术学校。”（二段顺2—3行）

“成人学校的课堂由4间增加到18间。”（二段顺15—16行）

在同一篇文章、同一段的两处使用了两个含义不同的同一个量词“间”，一个指学校的数量，即普通话的“所”，一个指教室（课堂）的数量，即普通话的“口”或“个”，这违反了形式逻辑的同一律。作为量词“间”，姑不论其在广东方言与普通话中的不同含义，即使以方言而论，两个“间”的含义也应相同。

三、错误的观点

1.“在办好基础教育的同时，把成人教育提到优先发展的位置。”（二段顺 10—11 行）

这种提法与中央精神不符，中央精神是：国民经济内部，在处理教育事业发展与其他各项事业发展的关系时，应把教育放在优先地位。教育内部，在处理基础教育与其他教育关系时，应把九年义务教育放在优先发展地位，即“重中之重”。《中国教育改革和发展纲要》（简称《纲要》）指出：“以九年义务教育为基础，大力加强基础教育，积极发展职业技术教育、成人教育和高等教育。”本文对基础教育只提“办好”，未提“大力加强”，更未提“重中之重”，还把它排除在优先发展范围之外。这句话把“积极发展成人教育”调换成“优先发展成人教育”，这显然不符合中央精神。

2.“对学生则严格考勤制度，全勤的学生平时分加 2 分，学生成绩考试分占 60%，平时分占 40%。”（3 段倒 3—5 行）

这是把属于德育范畴的纪律分加到属于智育范畴的学习成绩分上，混淆了两育的界限。学校教育中，德育、智育、体育是相互依存、相互渗透、不可分割的，但它们之间也有区别。教师在施教中既要把三者有机地统一起来，又要各有分工，各有侧重。学生“三育”成绩的考核都可量化为分数，但不能把反映学生遵守纪律的德育分加到反映学生学习成绩的学业分上。这是“三育”评估中的逻辑混乱。

四、多得出奇的病句

1.“大胆探索发展成人教育，走出一条多元化办学的新路子。”（一段顺 1—2 行）

这句话的毛病在于用了“探索”与“走出”两个动语，却只有一个宾语“新路了”，就像一个女儿许了两个婆家。应将“走出一条”删去；或者保留，将其放在“发展”前面，把“大胆探索”删去，二者必居其一。

2.“近几年来，全镇办起了成人文化技术学校、职工培训学校、白云职业培训学院、省冶金中专教学点等 4 家成人教育单位。”（二段）

这句话的错误是动语“办起”与宾语“单位”搭配不当。“单位”是指机关、团体等或属于一个机关、团体等的各个部门（《现代汉语词典》）。可以用“成立”充当它的动词，但不能用“办起”。如果保留“办起”应将“4 家”改为“4 所”，“教育单位”改为“学校”。

3.“开展农村实用人才培训，为‘燎原计划’输送了一批农业技术人员。”（二段3—4行）

“燎原计划”是已经写在纸上的书面材料，制订好的计划，本身不需要“人才”，实施计划才需要各类人才；因此，“为燎原计划输送一批农业技术人员”不通。应在“燎原计划”前加“实施”。

4.“更加坚定了镇政府实施科教兴镇，办好成人教育的决心。”（二段8—10行）

动语“实施”与宾语“科教兴镇”搭配不当。“实施”是实际施行（法令、政策、计划、规划、工程等）的意思。“科教兴镇”的具体内容体现在它的规划之中，应改为“实施科教兴镇的规划”，使短语“科教兴镇”成为“规划”的定语。

5.“建校用地给予优惠，将地价由每亩28万元降到10万元。”（二段倒7—8行）

这句话错在用种概念代替属概念。“用地优惠”是种概念，包括无偿划拨，以次换好，以少换多，降低地价等方面，这些方面的优惠是“用地优惠”的属概念。该句所言优惠是地价优惠的属概念，故应改为“建校用地的征地价格给予优惠，将每亩28万元降到10万元。”

6.“长期聘用的教师队伍有30多人”（二段顺5行）

动语“聘用”与宾语“教师队伍”不能搭配。教师队伍是泛指教师的集合体，不是指具体教师，而聘请的是具体教师；而且“教师队伍”不能用量词“人”表示，只能用“支”来表示，应把“队伍”删去。

报刊上每篇文章的质量（包括文字）主要取决于作者，但文章中硬伤的诊断与治疗的责任却在编辑。这样一篇千字文出现这么多未治的硬伤，当然应由该版版面编辑与总编负责。

（本篇与另一篇关于病句的“诊治”都寄给该报编辑部了，他们表示欢迎，并希望今后多给他们的报纸审读。只可惜，他们未敢在报上公开发表。）

编辑的责任在把好质量关

（1995年11月）

编辑工作主要是把好所编刊物的思想内容及其载体文字等方面的质量关。怎样才能把好呢？根据我一年多来的审编实践，谈谈粗浅的体会。

一、认识重要性

当前，新闻出版事业正处于由以规模数量扩大为主要特征向以优质高效为主要特征转变的关键阶段。优质与高效是辩证统一的，高质量的刊物才能收到宣传、经济两个高效益；两个高效益不仅为期刊发展提供了社会、物质基础，而且对刊物的质量也提出了更高的要求。这个转变包括新闻出版主管部门对刊物的管理体制和管理方式的转变，即由事业型向产业型转变，由行业管理向社会管理转变。期刊不仅具有政治属性、信息属性、文化属性，而且具有商业属性。因此，国家新闻出版总署提出："以政治为导向，以市场经济规律为依据，以质量为目标"的管理体系，以及"围绕质量，定量管理，评比分等，优胜劣汰"的管理方针。可以预料，在市场经济的大背景下，报刊事业的竞争将会更加激烈。各类报刊只能走以质保生存，以质求发展，以质争读者，以质取辉煌的路子；否则，就将被淘汰。

在喜人与逼人的形势下，我们对广东教育杂志社所办的3个刊物应有清醒的估量。

中宣部负责人与省内外一些专家对《广东教育》都作了充分的肯定。不比不知道，一比就开窍。我对G报今年7月18日第一版整版的文章和11月9日第十版的文章《成人教育多元化，江高朗朗读书声》(900字左右的通讯报道)分别进行了审读，前者有病句18个，后者差错11处(别字1，逻辑错2，观点错2，病句6)。我们3个刊物比市委机关报的差错率小得多，但与《新华日报》等全国优秀刊物相比，差错率还是比较高的。从三刊的思想内容与表现形式看，其与培养跨世纪人才的要求，与广大读者的要求，还有相当大的距离。这就要求我们必须树立质量是期刊生命线的观点，强化人人把质量关、天天把质量关、篇篇把质量关、层层把质量关、环环把质量观的意识。

二、把握导向性

方向是期刊的灵魂，失去方向就失去了生命。衡量期刊质量高低的第一把标尺就是政治方向，任何时代、任何国家对任何期刊都不例外。我在审编中，用中国特色社会主义理论，党的总路线、总方针、总政策，教育方针政策、教育法规、教育规律为标尺。修改文章的过程一般是走三步看三遍：第一步通读全文，看文章的倾向是什么，是否正确，是否鲜明；第二步分段细读，看内容的深广度，看文字表述怎样；第三步修改完毕后再通读全文，看主题是否突出，文气是否通畅，语言是否通顺。如果发现方向性问题，应采取3种办法处理。

一是自断。文稿中，有的对中学两方面的任务只讲“为高一级学校输送合格的新生”，不讲“为社会输送合格的劳动者”，对教育方针理解片面。有的在论教育与经济关系时，只讲教育为经济服务，不讲经济依靠教育，不符合教育的总指导方针。有的在讲学校教导处任务时，只讲“教”，不讲“导”，淡化了教学的教育性。有的在讲中国近代史时，只讲国耻，不讲人民的反抗与斗争，忽视了中华民族与外敌抗争的光荣传统。有的在谈矛盾时，只讲矛盾的特殊性，不讲矛盾的普遍性。特区有一篇教育科研文章就是这样的，我给它加上一段。

“特区教育与全国教育一样，都要以特色理论和党的基本路线为指导，以‘三个面向’为指针，全面贯彻教育方针，遵循教育规律，培养‘四有’新人。但特区教育也有自身的特点，与内地相比，特区教育的摆位更加优先，教育改革意识更加强烈，教育事业的发展更加迅速，教育开放的程度更加扩大，教育的有关政策更加宽松，教育的管理更加科学，教育现代化的进程更加超前，教育效益更加突出，培养的人才更加适应特区经济、社会发展的需要。”

二是共研。对编辑修改处持异议时就与之切磋。如《武侠小说迷》的主题思想偏重于肯定武侠小说对学生的正面影响。我与该文的编辑商量，尽量吸取其合理意见，最后达成共识:中国武侠小说中的积极因素对青少年产生过正面影响,但其中的消极因素对学生产生过并将继续产生负面影响;一般不提倡中小学生读武侠小说,如果发现有的学生读了,老师要加以指导。

三是他裁。对省委、省政府、省教育厅等领导的报告或讲话中的个别处有异议,既不能擅自改动,也非共研所能解决,只能如实反映,请有关领导决定。例如:我对省政府领导人在全省学校德育工作会议上提出的思想政治工作要"软功硬做"的观点持有疑义。德育工作固然要解决经济、基地等硬件问题,但学校思想政治工作本身应以正面引导为主,以主渠道的潜移默化教育为主,以教育者的言传身教为主。这些都是所谓的"软功",怎么能"硬做"呢? 如果在小范围内即席讲话,要求各级党政领导采取政府行为,限期解决德育工作所需的经费、基地等硬件问题时,偶尔使用"软功硬做"一词未尝不可;但作为代表省委、省政府在全省大会上的工作报告,这样的提法就值得商榷。反映后未置可否,只得保留。不久,《中国教育报》的一篇文章对这种提法作了否定。

把握方向性不仅要纠正有偏差的内容,更重要的是要通过各种编辑手段使符合方向性的内容更加突现,以达到最佳的宣传效果。为此,我采取了 4 种做法。

一是换题。标题是文眼,有画龙点睛之效。好的标题不仅能吸引读者,而且能体现导向性。例如广州市长黎子流在省教会上的发言很好,他讲了认识、钱财、人才三个问题,击中教育的要害,具有导向性。为了更加突现导向性,我将标题改为《紧牵教育的"牛鼻子"》,引导各级领导都像黎市长那样紧抓教育的关键问题。又如我从《文昌路第一小学课程改革实验报告》一文看出,该校改革的成功经验集中到一点,就是为学生整体素质的全面提高奠定了坚实的基础,这对当前引导学校由"升学教育"向"素质教育"转变有很大的导向性。我就用它的校名做文章,把原标题改为《文兴德昌话改革》,这既显现了改革的成果,又体现了学校培养的目标。

二是升华。对于材料比较丰富,论述不透的论文,就将其升华到一定的理论高度。例如深圳市教育局教科所的一篇文章,内容很充实,但基本上是工作汇报性的,缺乏理论色彩。我根据原文,结合多年来分管教科所工作的经验,将该市教科所工作的经验概括为 3 条:教育的普遍性与特区教育的特殊性相结合,以"特"为主;教育基础理论研究与应用学科研究相结合,以"用"为主;教育宏观与中观相结合,以"中观"为主。这 3 条对市、县级教科所工作具有导向性作用。

三是调整。对于主题好,内容实,但结构散的通讯,就要花大力气调整结构,使其主题更鲜明、更集中。例如《教坛女杰》(6000 余字)是写珠海市香洲区第一小学副校长林淑珍的,事迹比较感人。我将原来的 5 个小标题改为 3 个:珠海教改弄潮巾帼;香洲弟子良师益友;三代师表一脉相承。这把她的教改成绩从第三个问题提到第一个,从而突出其最亮点。把写她在读小学时受教师影响而立志从教的第一个问题,与她如何培养青年教师的第五个问题合并,作为第三个问题,突出了“珠江后浪推前浪,一代更比一代强”的思想。

四是提炼。对于内容好,材料没有精加工的文章,进行一番去粗取精的制作。例如《东莞教育与经济互动关系》一文,试图用辩证关系论述两者“依靠”与“服务”的关系,该文对教育服务于经济方面讲得比较好,但对经济发展对教育发展的推动作用却论述得不深不透。然而,文章提供了15年来每年的数据(4个统计表),非常珍贵。我对这些“死”的数据进行了纵横对比,从中找出规律,从而把经济发展推动教育发展归纳为四个问题,把两者的互动关系讲清楚了。

三、确保科学性

期刊内容的科学性是正确方向性的载体,只有科学的内容才能体现正确的方向。国家新闻出版总署的《期刊质量评估标准》把期刊科学性概括为10项内容:基础知识、基本观点、史实、公式、数字、图片、语法、修辞、逻辑、计量单位。我现将10项内容归纳为3个方面。

1. 概念准确。稿件中涉及自然科学、社会科学以及哲学等许多学科领域里的基本概念,其中较多的是教育学、心理学、语言文字学、历史学、地理学、哲学等学科领域里的概念。教育学方面,稿件中易错的有:表述教育方针时,往往把“德、智、体等几方面”中的“等几方面”中含美育、劳动教育等的内容漏掉;讲教育经费增长时,往往把“国拨教育经费‘三个增长’”中的“国拨”这个关键性的主语漏掉;讲普及教育时,往往把“普及高中阶段教育”中的“阶段”二字漏掉(排除了中等职业教育);讲教育制度时,往往把学校教育制度与教育制度并列(前者是属概念,后者是种概念);讲劳动课时,往往把小学劳动课、初中劳动技术课、高中职业技术课统称为劳动课(3个学段劳动课的内容与要求不同);讲课程改革时,仍然把活动课程说成课外活动。哲学方面,稿件中易错的有:讲事物矛盾时,只讲矛盾对立性,不讲统一性;或者只讲统一性,不讲对立性;或者只笼统地讲两个方面之间的对立统一,不讲一对矛盾同处于统一体中;或者只讲双方的转化,不讲一定条件。对于上述类似不准确的概念,编辑人员都要细心琢磨,力求准确。这就要求编者是个小百科全书,具有多方面的系统知识。

2. 事实准确。对《第二课堂》中的《历史长河》《故事星座》《奔月话当年》等栏目以及《广东教育》中的各类通讯报道,务必把有关的事情发生的地点、时间、背景和经过弄清楚,不能含糊,细节描写虽然可以虚构,但要合情合理。例如《三通鼓曹刿胜齐》这篇故事新编是根据《左传·曹刿论战》改写的,历史事实是齐鲁在进行长勺之战,时间是鲁庄公十年(公元前684年),地点是鲁国的长勺,历史背景是春秋时期各诸侯国混战,齐国经常侵犯鲁国,鲁国屡败,主要人物是曹刿与鲁庄公。曹刿是有识之士,出身贫民,主动请见鲁庄公,要求参战做庄公的军事参谋。庄公一一答应,虚心接受曹刿意见,战而胜之。我在审编此稿时,对上述历史事实加以核对。为了弄清鲁庄公十年是公元前多少年,利用午休时间到北京路的古籍书店查阅《左传》。《三通鼓薯刿胜齐》的作者把"三鼓"理论放在了庆功宴上,以回答庄公的提问而表述出来,这显然是虚构的,但不违背史实,而且合情合理,具有戏剧性,增加可读性。

3. 文字规范。主要包括规范使用标点符号、简化汉字、语法、修辞等。吕叔湘先生说:"在编辑要把的关之中,首先是文字关,在需要的时候要理顺原稿的文句(包括标点),要改正原稿的错字(笔误或非笔误)。怎样把好文字关,主要在于编辑自己的语文修养。"我在大学学的《现代汉语》是著名教授张滌华先生亲自所授,我学得比较扎实,两学期的成绩都是"优"。但由于我长期行政工作缠身,无暇钻研日益发展的语言科学。过去所学一部分荒废了,新的理论又未系统学习。所以,到了杂志社后,我重温了《现代汉语》、《逻辑学》、国家语委与国家新闻出版总署公布的《标点符号用法》(1990年)、《简化字总表》。又挤出时间对20世纪80年代后期语法界兴起的"三个平面理论"和改革以来新产生的汉语词汇作了初步研究,对有关报刊作了5次审读,写成材料;对20多个近义词作了比较。所有这些对提高文字修养,把好文字关都产生了积极的作用。

一年来,从我接触的稿件看,经常用错的标点符号是顿号、冒号、引号。

顿号表示句子内部并列词语之间的停顿,用来隔开并列词或并列的短语。当并列词或短语有两个以上时,往往把两个层次的并列混为一个层次的并列。例如在"有规模、有特色、达到标准化、现代化的教学楼、体育馆、艺术楼、400米标准跑道的运动场、游泳池、饭堂、男女宿舍"中,"有规模、有特色"是第一层次并列,"达到标准化、现代化"是第二层次并列,"教学楼、体育馆、艺术楼、400米标准跑道的运动场、游泳池、饭堂"是第3层次并列,男女宿舍是第4层次并列。4个层次之间应该用3个逗号隔开,全用顿号造成了"有规模"与"体育馆"、"现代化"与"教学楼"、"饭堂"与"男女"并列的笑话。另外,还有一种现象,在并列词语之间用了"和""或"以及"等"连词时,还用顿号,这就是画蛇添足了。

冒号表示提示性话语之后的停顿,用来提起下文;或用在总结性话语之前,用来总结上文。冒号提示的范围一般只到句号为止。但稿件中往往扩大了冒号的提示范围。例如"从研究它的性质实验表明:苯的分子中,原子的排列应该是对称的。它的结合是相对牢固的。"句中用了两个句号,按照冒号的职能,第二句的内容就不是苯的性质了,这显然是不对的。应将第一个句号改为分号。有的文章把冒号的职能扩大到几段,甚至全篇,这要尽量避免。冒号之中套冒号也是常见错误。例如"战争把世界分为两大阵线，参加反法西斯同盟国家方面的有：中、苏、美、英、法等50个国家，参加轴心国集团的有：德、日、意等国。”这句话的第一个冒号可以管到“轴心国集团”，这就酿成了把两个敌对的集团混为一个阵线的政治性错误。文中两个“：”都是多余的，应该删去。冒号后面提示的如果是一段话，而且用引号，那么可将引号内的多句话视为一个整体，不受句号的限制。

引号表示文中直接引用的话，或者表明需要着重论述的对象或具有特殊意义的词语。但是在不少文稿中，既非引用的话，也非特别强调的对象，却用了许多引号，令人啼笑皆非。引号是标号，标号使用宜简不宜繁，能不用尽量不用，可用可不用尽量不用，文中的成语、偈语、熟语等就尽量不用引号。引号用多了增加读者的视角负担，影响其对内容的理解，同时也降低了文章外观的美感。引号内标点使用易错的有：引用的部分只作为一句话中的一个成分，往往把所引内容的末尾标点放在引号内。如“实，就是‘真实、求实、忠诚老实。’”本句中的“真实、求实、忠诚老实”这个并列短语是“是”的宾语，是全句的一个成分，句末的句号应放在单引号外、双引号内。

语法方面常出现的错误有5个方面。

1. 句子相关成分之间搭配不当，特别是一个主语和两个或以上并列成分的谓语，一个动语和两个或以上并列成分的宾语，一个中心语与两个或以上并列成分的定语、状语、补语之间的搭配，往往出现顾此失彼的现象，即有的搭配合法，有的搭配不妥。编辑最要当心。如“学校成立合唱团、舞蹈队、朗诵、广播站、缝纫、刺绣小组、男女篮球队等。”这个句子充当宾语的7个并列成分中，“朗诵”与“缝纫”两个成分与动语“成立”搭配不当，其余5个并列成分与“成立”可以搭配。

2. “对、对于、向、在、于、关于”等介词使用不当，致使完整的句子变成无主语的病句。如“对中小学德育工作评估应是各级督导工作的重要内容。”句中介词“对”与原主语“中小学德育工作评估”短语构成介词结构，成为动语“是”的状语，结果这个句子没有主语了。应将“对”字删去或者在“评估”前加“地”字，使介词结构变成“评估”的状语。编辑对这些细枝末节处最应留意。

3. 复句的关联词用错或将不同类型复句的关联词混用。例如：“我的学习之所以取得好成绩，还在于刻苦，善于动脑筋。”这个句子把因果复句的关联词“之所以……是因为……”的前半部分与递进复句的关联词“不仅……还……”的后半部分凑在一起，不伦不类。又如：“哥伦布发现新大陆靠的是理想，而不仅是航海图和罗盘。”该句把选择复句关联词“是……不是……”的前半部分与递进复句关联词“不仅……还……”的前半部分合用，非驴非马。

4. 否定词用法不当。例如：“地处亚热带湿润气候的广东，享有海洋湿润气候带来的充沛雨水，却怎么也扔不掉‘缺粮’的帽子，非要调湖南、江西大米南下，这是为什么?”这是反问句。在行文中,为了加强语气以突出所要表述的内容,往往用反问句表示肯定或否定的意思。使用反问句最重要的是用好否定词,表示肯定意思用两个否定词,表示否定意思用一个否定词。本句错在只用一个否定词,变成不要“调湖南、江西大米南下”了,与原意正相反。应改为“非要调湖南、江西大米南下不可”。

5. 语法结构无误,逻辑有错。例如:“金星里的坏人荡然无存,死的死,伤的伤。”谓语是固定词组“荡然无存”,“死的死,伤的伤”是补语。语法结构无疵瑕,但从“三个平面”的语义平面看,“荡然无存”与“死的死,伤的伤”违反了形式逻辑的不矛盾律。既然是“荡然无存”,就没有一个活着的,为什么还有“伤”的呢?

四、力争可读性

一篇受读者欢迎的文稿必然方向正、立意高、思想新、素材真、结构巧、文字精、语言美。辞藻华丽,内容干瘪,金玉其外,败絮其中的文章,固然令人生厌;废话连篇、套话不断的高大全的文章,也不能吊起读者的胃口;只有那些像秀外慧中的二八佳人的文章才能引人入胜,让人百读不厌。文章是否具有可读性主要取决于作者。编辑只能作“锦上添花”或“雪中送炭”式的修改,强化其可读性。在这方面,我有 4 个体会。

1. 事要提其要。对于那些冗长的或者限于篇幅需要压缩的文稿,编辑要像淘金工人那样,从一堆堆的金沙中淘出一颗颗黄金,要做到一段段地推敲,一句句地斟酌,最后择其精要的词句。正如韩愈所说:“记事者必提其要。”别小看《粤教新声》栏目中的那些“豆腐块”,它们多从大块文章浓缩而来,堪称精品压缩饼干。修改它们颇费工夫,稍微不慎,精华就被朱笔抹杀了。

2. 文要通其气。编辑在把长文删削成短文时,既要下笔有情,不要将其中的真金撒落;又要下笔有意,注意前后照应,上下文贯通,千万不能拦腰砍断。要理其脉,顺其气。孟子说:“气,体之充也。”古人作文很讲文气,文气阻滞,文采不张。我在编审《退休前感慨深》一文时,总觉得它像断了气似的,于是就把原稿通读一遍,原来编辑只保留了作者退休前备的最后一节课的课题——《植物体光合作用的过程》,而把将教师教育过程比作植物光合作用过程的那段精彩文字腰斩了。这不仅削弱了文章的主题思想,而且使文章前后两部分游离了。我把这段文字稍加修改后补上,使文章浑然一体,主题鲜明,比喻贴切,语言生动。这段文字是:“植物的光合作用是自然界巨大能力的转换过程,光合作用能把太阳能转化为植物体内的生物能,把无机物转化为有机物。教师好比太阳,他的道德修养与知识技能就像太阳能,通过教育教学活动这个‘叶绿素’,转化成受体——学生大脑里的能量。”

3. 言要钩其玄。对于材料比较典型,主题不甚鲜明的作品,编辑要在充分消化材料的基础上，用准确而精练的语言加以概括，熔材料与观点为一炉。这就是韩愈所说的“纂言者必钩其玄”。例如广东省中小学开展等级评估活动已近4年，它以出人意料的成效获得国家教委与省政府的首肯，受到10多个省、市的关注，是“普教”继1980年“改危”、1990年“双基”后的第3次改革热潮。经验何在？许任之厅长要求认真总结。我听了省厅督导室负责人的介绍，看了一位编辑写的初稿，结合本人多年分管督导工作的经验，经过充分酝酿，把原文改写成题为《南粤校园竞朝晖》的报告文学，用比喻修辞法将全文概括为3个标题：教育“摆位”的新支点；学校“三化”的催化剂；教育“转轨”的扳道岔。

4. 词要得其体。语言是思想的物质外壳，词汇是语言的建筑材料，一篇好文章必然由好的建筑材料构成。不同人、不同类型的文章有其不同的语言风格，编辑要细心体会，充分尊重。在语言风格方面，不管是淡泊晓畅，如行云流水，平中见奇，还是典雅华丽，如盛开牡丹，流彩四溢；不管是若隐若现，如薄雾中杜鹃，朦胧含蓄，还是文白相糅，如一幢渗透古典建筑思想的现代大厦，错落有致，其用词都要与所描绘的情境、所刻画的人物形象、所论述的事物相吻贴，也就是得其体。我在修改词语时，一看其是否与词义相称。例如“疲于奔命”中的奔命原指受命到处奔走的意思，可有篇文稿将其改为“急于奔命”，以表达忙着逃命的意思，这不仅篡改了成语，而且扭曲了“奔命”的原意。二看其是否与人物身份相称。例如有篇文稿用“博览群书”形容一位初一的学生学习好，用“过人胆识”形容他工作好。这显然不符合人物身份。三看其是否与文体相称。文学作品可以适当用方言词汇，以显示地方特色。一般的言论、特写、通讯等文体就不宜用群众不懂的方言词汇，特别是不能用与普通话相左的方言词汇。朦胧体的诗文可以用些含意模糊的词，以显示其朦胧美，但论文的用词一定要准确。四看其与读者的年龄特征是否相称。《第二课堂》面向中小学生，语言应力求规范化、口语化、通俗化。有篇写武夷山的文章，内容尚好，但用了许多哲理性的、含蓄性的词语，使读者难以理解。

为提高本社3份期刊的质量，提出3点建议。

1. 在指导思想上，树立杂志社的一切工作都要为编辑工作这个中心服务、为编辑服务、为读者服务的观点，强化质量是期刊生命线的意识，人人把质量关、天天把质量关、篇篇把质量关、层层把质量关、环环把质量关。

2. 在管理制度上，建立岗位责任制（包括监督、检查、奖惩等方面），逐步实现责、权、利三结合。

3. 在素质提高上，编辑要吃透两头，扩大视野，开展科研，编研结合。所谓“吃透两头”一是吃透教育、新闻两部门的方针政策，吃透本专业的理论，吃透时代精神；二是吃透全国全省四化建设的实际，吃透全国全省的教育现状，吃透教育者与受教育者的教与学的实际。这样就可以扩大视野，是当好编辑的前提。所谓“编研结合”就是每位编辑结合本职工作与所学专业，开展科研活动，每年写一两篇有质量的论文，以提高自身素质。这是确保期刊质量的根本途径。

（这是在广东教育杂志社工作的第一个年终总结。）

编辑应是治疗病句的良医

（1996 年 3 月）

吕叔湘先生说:“编辑工作主要是把关……在编辑要把的关之中,首先是文字关,在需要的时候要理顺原稿的文句(包括标点),要改正原稿的错字(笔误或非笔误)。怎样把好文字关? 主要在于编辑自己的语文修养。”从吕先生这段话中,我们理解把好文字关主要有 3 个方面的内容:字词、语句、标点符号。两年来,我从大量稿件和 9 次审读的报刊来看,错别字当然是不可忽视的。去年审读 1 期刊物发现 4 个错字,今年审读 4 期刊物中有 3 期发现错字(其中一期 2 个)。标点符号用错的也不少。但这不是我今天要谈的问题。今天,要和大家谈的是消灭病句的问题。因为这个问题比较复杂,比较严重(上半年审读一期刊物,其差错中病句占 62.7%),消灭它也比较困难。正因为难,所以要正视它。

一、病句类型分析

1. 动宾搭配不当

在一句话中,动语与其所带的宾语要搭配得当。在一个动语带有两个或两个以上并列成分构成的宾语的情况下,要注意动语与并列成分中的每一个词语都要搭配得当,不能顾此失彼。如:“由于山区不断开垦水果、药材等商品基地,野生芒鼠越来越少。”

这是因果复句,第一分句的动语“开垦”是“开辟荒地”的意思,它所带的宾语一定要与山地或荒地有关,不应该是“商品基地”。本句可改为“由于山区荒地被不断开垦为生产水果、药材等的商品基地,所以,野生芒鼠越来越少”。改为“被”字句后,宾语“山区荒地”前置,“商品基地”就成为“为”的宾语了,不再是“开垦”的宾语了。又如,“学校要提高教学资源的合理配置和利用率”。这句动语是“要提高”,宾语是并列短语“合理配置和利用率”,其中“利用率”是可以“提高”的,也就是说可以同动语搭配;但“合理配置”不能“提高”,也就是说它不能同动语搭配。原句中,动语“提高”和作宾语的两个并列成分中的一个词语能搭配,另一个不能搭配,即顾此失彼。

1995 年全国报纸评比,一家地级市的报纸上有一篇题为《为了太湖不再被污染》的文章,初评为一等,终评为二等,原因是两处有错:一处是错用词语(“一家大中型企业”),一处是动宾搭配不当(“深化治理太湖的战略”)。

2. 修饰不当

中心语与定语、中心语与状语、中心语与补语都是修饰与被修饰、说明与被说明、描写与被描写的关系,都有一定规律可循,如果两者搭配不当就会成为病句。如,“当时的海军舰船,只是些被俘或起义投诚的国民党舰艇”。这是由动词“是”构成的判断句。“是”所带的宾语是定中短语“被俘或起义投诚的国民党舰艇”。这个定中短语的修饰语是“被俘或起义投诚”,被修饰的中心语应该是“国民党”,但因“国民党”后面缺结构助词“的”,被修饰的中心语就变成了“国民党舰艇”了。这显然是错误的。又如,“从尤云山北望,不远处有个高耸的土山,这便是被项羽尊称为亚父的范增墓”(《1983 年高考语文试题》)。由于“范增”后缺“的”,结果被项羽尊称为亚父的不是“范增”,而是“范增墓”了。再如,“目前,人类在化学能源正在逐步用尽的危机中积极探索开发利用原子能光明的未来”。由于“的”字位置放错了,“原子能光明”成了“开发利用”的宾语,这显然是不通的。应将“的”放至“光明”前,使“开发利用原子能”这个动宾短语成为“光明未来”的定语。

“的”字在各类文章中出现的频率都很高,有的地方可用可不用,有的地方非用不可,有的地方不能用,要根据文体和语言环境细心揣摩,切不可草率从事。在文言文中,“之”有多种用法,其中有可当“的”字讲,作为结构助词的用法,“之”字如果用得不好也会出笑话。如有人写文章讲到中年人负担过重时说:“他们上有父母之赡养,下有子女之抚育。”这正好将关系搞颠倒了,变成了父母赡养他们,子女抚育他们了,真是天大的笑话。应将两个“之”字换成两个“要”。真是一字之差,谬之千里,遣词造句不可不慎。

3. 误用关联词

在复句中,关联词虽然不是句子成分,但很重要,是连接各分句的纽带,是重要的语法手段。该用的不用,不该用的用了,或者错用、滥用、误用关联词都会影响句义的表达,使句子残缺不全。如,“那刺骨的寒风使我们蜷作一团,却依然筛米般地发抖”。这个单句主语是“寒风”,动语是“使”,宾语是“我们蜷作一团”,“筛米般地发抖”是补语,说明冷得“蜷作一团”的状态。这句话毫无转折意味,所以不应该用转折连词“却”,“依然”也是多余的,应删去。又如,“实现这个转变,必须排除来自教育内部和社会上的各种干扰,始终不渝地沿着小平同志指引的方向,经过不断努力,才能完成”。这是条件复句,它的关联词应该是“只有……才能”。该句缺前半个关联词,应将“必须”改为“只有”。关联词有单有双,双的意味浓些,语气强些。双的既不能拆开,也不能与其他关联词乱配鸳鸯谱。再如,“他学习成绩优异靠的是崇高的理想和坚忍不拔的意志,而不仅是小聪明”。这句话把选择复句的关联词“是……不是”与递进复句的关联词“不仅……而”的两对关联词的前半部拼凑在一起,不伦不类,影响正确思想的表达。应把这句改为“他学习成绩优异靠的是崇高的理想和坚忍不拔的意志,而不是小聪明”。再如,“无论干部和群众,毫无例外,都必须遵守社会主义法制”。“无论”一词是用在选择复句的并列成分之前,但是这句话中的“干部”与“群众”之间却用了一个不是表示选择关系的连词“和”,所以“和”应改为表示选择关系的“或”。

4. 介词用法不当

在来稿中,有不少句子误用了“对、对于、关于、向、在”等介词,致使句子不通,不能正确表达意思。介词“在”与方位名词“上、中、下、前、后、内”等构成“在……上(中、下、前、后、内)”等形式,中间插入名词或名词性短语以表示方位、处所,这种结构也比较紧密,不能拆开。如,“这种风扇,只要人与风扇距离30厘米之内,风扇内的红外线感应器就会启动通风”。很显然,这句话光有“在……内”句式的后半部方位词“内”,没有前半部介词“在”,因而是残缺的句子。应在“与”前加“在”。

5. 结构混乱

这里说的是把用两种方式表达一个意思的句子杂糅在一起。如,“我觉得向青年学生时期的毛泽东最值得学习的还是灵魂的修炼”。这显然是把“我觉得向青年学生时期的毛泽东学习的还是灵魂的修炼”与“青年学生时期的毛泽东最值得我们学习的还是灵魂的修炼”两个句式杂糅在一起,成了病句。又如,“为了防止这类事故不再发生,我们加强了交通安全教育和管理”。第一个分句就是把“为了防止这类事故的发生”与“为了这类事故不再发生”两种句式杂糅在了一起,结果产生了歧义。

6. 语序颠倒

汉语的语序很重要,一般人不大重视,往往酿成错误。如,“使学校的校园、设备、管理、师资、质量达到‘五个一流’,并建立起德育、外语、设备、计算机、文艺、体育六大特色”。从该句所在文章的全文看,“五个一流”是指“校园、设备、管理、师资、质量”五个方面都达到一流水平,但由于动词“达到”的位置放错了,结果就变成这五个方面的每个方面都要达到“五个一流”水平，意思完全变了。应将“学校”后“的”字改为“达到”，“质量”后的“达到”删去。

7. 指代不清

代词所指代的事物要清楚，否则，也会引起歧义。如“它最突出的特点在于它能只根据一段劣弧便能测出它和它所在的半径”。这句话用了4个指示代词“它”，根据上下文意思看，前两个“它”指代“圆弧半径测量尺”，后两个“它”可能指代所要测量的劣弧。一句话里出现4个相同代词却指代两种事物，语义含糊不清，指代不明，令人费解。可将后两个“它”改为“其”，全句可改为“它最突出的特点在于它能只根据一段劣弧便能测量其长度及其所在的半径”。这样，用“其”指代劣弧就较为妥帖。

8. 否定句错用否定词

否定句分单重否定句和双重否定句两种，前者表示否定意思，只用一个否定词，后者表示肯定意思，用两个否定词，即否定之否定。肯定意思用否定句表示是为了强化肯定的意味，如果只用一个否定词不仅达不到强化的作用，反而表示了相反的意思。

9. 判断有误

句中有判断动词“是”的句式最常见，“是”放在主语与宾语之间，往往表示事物等于什么或属于什么。如果主语或者宾语误用就会判断失误。如“当今社会是科技时代”。主语“当今社会”与宾语“科技时代”既非两个相等事物，又非种属关系，所以判断不当，该句可改为“当今社会所处的时代是科技飞速发展的时代”。

有时，“是”前的主语与后面的宾语是种属关系，如果表达不当，也会出现判断不准的情况。如“国鸟是象征某一个国家的鸟类”。“国鸟”是鸟类的一种，这两个概念是种属关系（前为“属”，后为“种”），不能相等。“鸟类”是鸟的群体总称，“国鸟”是一种具体的鸟，两者有区别。犹如不能说“张三是人类”，只能说“张三是人”一样，不能说“国鸟是鸟类”，只能说“国鸟是鸟”（鸟是说明它的性质，说明它是鸟不是兽）。再如，“他的本职工作是位大学教师”。本职工作与大学教师是两个不同的概念，也非种属关系。可将该句改为“他是大学教师，本职工作是教书育人”。

10. 逻辑（形式逻辑）错误

有些句子从语法成分看，虽然完整无误，但所表达的意思却违反形式逻辑。如“以摄自然景观及蝴蝶、昆虫为对象”。“昆虫”包括蝴蝶、蜜蜂、蝗虫、苍蝇等，它与“蝴蝶”是种属关系，不能并列，不能平起平坐。该句应改为“以摄自然景观及蝴蝶、蜜蜂等昆虫为对象”。再如，有一篇文章的标题为《百闻不如一见，一见才能如故》。前后两句话的意思不搭界，逻辑混乱。“幸福的孩子是相似的，不幸的孩子有爱才能成才。”这个句子是根据托尔斯泰的“幸福的家庭总是相似的，不幸的家庭各有各的不幸”两句改写的。托翁的两句话是偏正关系，前偏后正，内在联系紧密，着重说明后面的意思，而“不幸的孩子有爱才能成才”与前面那一句没有联系。

11. **用词不当**

遣词造句如果不注意词义、词性、词的感情色彩就会造成错误。如,“简明的数字勾画出一幅心旷神怡的风景画”。“心旷神怡”是指人的心情开朗,精神愉快,不能作“风景画”的修饰语。“心旷神怡的风景画”可改为“令人心旷神怡的风景画”。又如,“清洁羊城,整洁市容,建设国家卫生城市”。这样内容的标语在广州市随处可见。“清洁”“整洁”都是形容词,不能带宾语,这是汉语的一条规律;可是,在这里却分别带了“羊城”和“市容”这样的宾语,所以是错误的。又如,“把贫困生的学费或杂费减免到最低程度”。“减”与“免”是两个含义不同的词,“减”到最低程度是可以说的,但“免”到最低程度就不正确了,可把该句改为“把贫困生的学费或杂费减到最低程度,有的可以免”。

12. **自问不答(设问句)**

在疑问句中,一种是有疑而问,自问自答,以引起读者的注意和思考的句子,这是设问句;另一种是无疑而问,只问不答的句子,这是反问句。设问句不答不行,反问句答了不行。如,“眼睛看见的事情是否就是事实?在一些人的心目中,这些似乎是理所当然的事情”。这个设问句应该有问有答,因此,句中“这些”这个代词是指代谁的呢?指代“是”还是指代“不是”的呢?作者的意思没有表达出来,从上下文看,“这些”应该指代“是”。此句应改为“眼睛看见的事情是否就是事实?在一些人心目中就是事实,这些似乎是理所当然的事情”。

13. **食古不化**

在文章中恰当地用典,或夹杂两句文言词语,使文白相间,疏密有致,可以使文章增色。如东莞市委书记在一篇文章中引用了孔子说的“富之”“教之”,这样不仅把人们富裕之后更要重视教育的道理谈透了,而且使人读来趣味盎然,有耳目一新之感。但有的文章却食古不化,弄巧成拙,结果画虎不成反类犬。如有一篇文章在讲到要破除陈旧的教学观时,竟然要破除“师者,传道授业解惑也”的传统观点,这就错了。韩愈这句话把教师的职责高度概括为3个方面,实际上就是我们今天所说的“教书育人”。作为“文起八代之衰,道济天下之溺”的韩文正公,是正统的儒家继承人,儒家教育的重要特点之一就是德智并重,全面发展。无论是孔子的“四教”,还是《学记》中所谈的大学所学课程和考试内容,均体现这种精神。这个优良传统不能破,只能继承和发展。但是,我们也不是全盘继承,而是有批判地继承,对于儒家所传的封建主义之道,特别是鄙视劳动的观点,我们要破除。况且我们今天所传的道与当时所传的道有着本质的区别,今天广大教师所授的“业”比当年韩愈所授的“业”不知广泛深刻了多少倍。

李白有篇文章叫《春夜宴诸从弟桃李园序》,讲的是春夜在桃李园宴请诸位兄弟,畅叙天伦之乐的盛况。去年,有一家部委级的报纸的副刊登了一幅图画,标题为《李白春夜宴桃》,这把李白设宴的地点变成了他宴请的对象——桃树,岂不是笑话。

14. 窜改成语

成语是长期形成的、结构稳定的、表达特殊意义的短语,不能随意拆换。如"每晚熄灯前,同宿舍的同学在逗趣中总是互相攻击,室长先下口为强,他说'……'"。"先下手为强,后下手遭殃"是长期形成的习惯用语,有特殊的含义,不能随意将其中的"手"改为"口"。

二、医治病句的对策

语言不规范,特别是病句泛滥,错别字迭出,标点符号错用的情况,报刊上比比皆是。究其原因,主观上是由于认识不足。有人认为语言变化发展快,灵活性大,一句话可以这样说,也可以那样说,多一个字(词)或少一个字(词)都无关大雅。况且"无错不成书""无错不成刊"的论调谬种流传,使本来对语言不重视的人就更加不重视了,其对文章中出现的语言方面的问题也就心安理得了。客观上,从改革开放以来,经济飞速发展,新事物层出不穷,新词大量产生,少数旧词又增加了新义,外来词不断引进,广告文化异军突起……所有这些都给现代汉语带来了生机和活力。但不可否认的是这也给语言带来了负面的影响,致使在语言使用上出现了一些混乱。为使我国语言纯洁而健康,提几点想法,供参考。

1. 统一认识

语言是门科学,国家新闻出版署发布的《社会科学期刊质量标准及质量评估办法》把期刊科学性概括为 10 个方面:"期刊内容中的基础知识、基本观点、史实、公式、数据、图表等无科学性错误,语法、修辞、逻辑应规范,计量单位应符合国家标准。"如果这 10 个方面中的任何一个方面出现错误都应该说是科学性错误。比如,有一篇关于在教学中如何渗透辩证唯物主义教育的文章,主题很好,内容也比较充实,但由于作者对辩证唯物主义的基本理论未吃透,出现了 5 处基本知识方面的错误。(1)辩证唯物主义的定义下错了。文章说:"辩证唯物主义认为世界是物质的,物质第一性,意识第二性,物质决定意识。"这是机械唯物主义的定义。辩证唯物主义与其根本的不同处就在于承认意识的反作用,这是要害,文章恰恰把这个要害丢掉了。(2)概念模糊。文章提出了"彻底的辩证唯物主义"的错误命题,彻底的唯物主义就是辩证唯物主义,难道辩证唯物主义还分"彻底"与"不彻底"吗?当然不能。(3)把唯物辩证法的 3 个基本规律说成两个。(4)把对立统一的规律与一分为二的规律作为两个命题提出,这是不对的。实际上两者是一回事。(5)把哲学上的物质概念与物理学上的物质概念混同起来,哲学是自然科学和社会科学的概括和总结。这5个方面都是哲学基本知识、基本观点的错误,当然是科学性的错误。作为社会科学的语言科学具有自身的规律,如果违反了语言自身的规律也会犯科学性的错误。前文讲的14种类型的病句都是违背语言规律的句子,都犯了科学性的错误。别小视一个字,一个词,如果用得不妥,或用错了,也会带来不良的后果。成都一家土特产公司的经理与广州一家贸易公司签订了一个金额达400万元的关于木材购销的合同,并交了200万元定金。后因缺乏货源,广州方面表示抱歉,退还了成都方面所交的200万元定金。成都方面说,按《中华人民共和国经济合同法》规定,接收定金的一方如果不履行合同应双倍退还定金。广州方面说,你只交了订金,未交定金。翻开合同书一看,成都方面的经理在合同书上误将"定"写成"订",一字之差,损失了200万元。1996年4月21日晚,某电台晚间体育新闻播出全国足球甲A联赛第二轮战况,报告北京队对延边现代队的比赛时称:"延边现代队在上半时以0:2落后,下半时发起了疯狂的反扑。"吉林的球迷听了之后,又是查《现代汉语词典》,又是查《辞海》,认为"疯狂"二字原指狗发疯的样子,也指人精神失常,神智错乱,电台使用"疯狂的反扑"这样的语言是对延边现代队的污辱,是站在北京队的立场上说话,倾向性太明显。于是吉林的球迷到处投诉,引起了一场轩然大波。有时用错一个字、词,不仅使这句话成为病句,而且影响全篇中心思想的表达。因此,我们要从思想上高度重视它,力争把这方面的差错减少到万分之零点一,直到最后消灭差错,消灭病句。

语言有自身的特点。它具有社会性,因为语言是人们思想的物质外壳,是人与人之间交流、交际的工具,而人是具有社会性的。语言具有民族性,我国56个民族大都有自己的语言,其中大部分有自己的文字,有的民族还有2种以上的语言文字。我国有7个方言区:北方方言区、吴方言区、湘方言区、赣方言区、闽方言区、粤方言区、客家方言区。语言具有历史性,每个民族的语言在历史的长河中随着本民族的兴衰而不断变化、发展、丰富、创新或减少、蜕变、消亡,而且各民族语言之间相互吸纳、相互补充,同化与异化并存。语言具有稳定性,如汉语中的主谓句式从古至今几千年不变,汉语的基本成分(主、谓、宾、补、定、状)不变,就以变化程度最大、发展速度最快的词语来说,许多基本词语也是千古不易。语言现象虽然纷繁复杂,变化多端,但万变不离其宗,它的基本规律是相对稳定的,是可知的,是与非是有客观标准的。至于语法研究界尚在争论的问题,一般的语言文字工作者是很少涉及的。

2. 重视"双推"(推广普通话,推广汉语拼音方案)

普通话以北京语音为标准音,以北方方言为基础方言,以典范的现代白话文著作为语法规范。普通话即现代标准汉语,也是我国各民族的通用语。世界每个民族的共同语的语音标准一般都是以一个地点方言的语音系统作标准的。北京是首都,也是七八百年来中国政治、经济、文化的中心,过去的官话、国语都是根据北京音制定的。"北京语音”主要指北京话的语音系统，不包括北京话中的土音部分。

“以北方方言为基础方言”中“基础”的含义是说普通话在北方方言的基础上形成并逐渐发展起来。北方方言的词汇是普通话的基础和主要来源，其中过于土俗的词汇被普通话舍弃。普通话词汇比北方话词汇丰富得多。第一，普通话还从其他方言中吸收许多有特殊表现力的词语。例如，改革开放以来从港澳台（主要是闽、粤方言）语言中吸收了诸如“层面、架构、构想、心态、氛围、传媒、共识、认知、涵盖、拓宽、反思、整合、互动、资源、加盟”等大量富有表现力的词语。第二，从外国语中借用了许多外来词。借用的方式有几种。一是音译，如“迪斯科、三明治、巴士、迷你”等。二是意译，如“代沟、寻根、热狗”等。三是中洋结合，如“B 超、BP 机、T 型人才、X 型人才、卡拉 OK”等。四是拉丁字母直接组合，如“CT（计算机层析成像仪）、RMB（人民币）、ATM 机（银行自动柜员机）”等。第三，从古汉语中继承了许多有生命的词语，甚至将古汉语中的词赋以新义，如“小皇帝”的“皇帝”，“小公主”的“公主”，以及“小姐”“城”“先生”等。

北方话语法大体相同，但也存在一定的差异，而且以口语而论，语法不够充实，不够完善。所以普通话的语法不以北方话或北京话的口语为标准，而是以经过提炼加工的书面语为标准。“典范著作”是指具有广泛代表性的著作，如国家的法律条文、报刊的社论以及现代著名作家的作品等。“现代白话文著作”是相对于早期白话文（如五四时期的白话文，宋元时期的白话文）著作来讲的。

综观三个方面，方言与普通话在语法上分歧不大，分歧最大的是语音，其次是词汇。

3. 净化语言环境

在汉语言文字发展的过程中，也出现了一些不良的倾向，诸如语言的奢靡化、洋化、商品化、庸俗化。

语言的奢靡化主要表现为“高大全”，如“大气候、大环境、大农业、大文化、大流通、大市场、大酬宾、大跨度、大透视、大扫荡、大写意、大手笔、大宏图、大减价、大全、大系、大潮”等用“大”做词素构成的词随处可见。我们认为，在恰当的地方用“大”以区别旧的观点、旧的事物是必要的，如用“大教育”以区别单纯的学校教育是合适的，但一味去追求“大”，没有达到大的程度的事物也冠以“大”，这就无实事求是之心，而有哗众取宠之嫌了。况且有人对“大”字还嫌不够刺激，不过瘾，于是又以“超”字做词素组成一系列的词语。如“超豪华、超一流、超短裙、超自然、超精品、超大、超小”等。商品减价出售已属经营者不得已而为之的事了，又要“大减价”出售，再缺乏商业头脑的消费者对此恐怕也会产生疑虑的，更何况又在“大”字前冠以“疯狂”一词呢？有谁会相信“疯狂地减价”呢？即使愚蠢的经营者也不会失去理智地胡乱减价呀！虚浮如此，怎么能收到较好的经济效益呢？

各民族、各国的语言相互吸收是语言发展的必然现象。改革开放以来，汉语借用了许多外来语(见前),但我们不能一味追求洋化,不能脱离我们民族的实际,更不能欣赏并宣扬封建主义、帝国主义、殖民主义的文化。最近一段时期,从长沙、北京、天津开始的清除反映这方面内容的商标、招牌的行动受到了广大人民的拥护。但是以“地王之王、天皇之皇、王中之王,皇上皇、王者风范”等词命名的酒楼、商品在全国大中城市中仍然随处可见。小小的芳村竟然有个“天皇保龄球俱乐部”,黄岐这个小镇竟然有一家“地王之王房地产开发公司”。现在,我国在国际上的政治地位、经济地位大大提高,汉语的地位也随之提高了,有60多个国家的各类学校开设了汉语课,不少大学开设了中文系。世界汉语教学学会拥有36个国家和地区的600名会员。8月8日在北京举行的第5届国际汉语教学讨论会有27个国家和地区的347名代表参加。从1993年第4届国际汉语教学讨论会以来,来华学习汉语的外国留学生达3.7万人,是1991年的两倍。中国汉语水平考试自实施起至今年的7月,已在中、韩、美、加、英、法等16个国家和地区举行过汉语水平考试,仅今年上半年参考的就达17406人。

广告文化的产生和发展对于经济、社会的发展无疑具有重要的意义。这几年也出现了许多好的广告,文字简练,含义深远,耐人寻味。但是,广告语言商业化的倾向太严重,人们为了追求效益,不惜窜改成语。如“坐享其乘(成)、无械(懈)可击、饮(引)以为荣、一明(鸣)惊人、默默无蚊(闻)、天尝(长)地酒(久)、爱不湿(释)手、咳(刻)不容缓、保胃(卫)健康、百衣(依)百顺、一戴(代)添(天)娇(骄)、酱(将)出名门、骑(其)乐无穷、喝喝(赫)有名、有口皆杯(碑)、随心所浴(欲)”等。更有甚者把原为贬义的成语改为褒义,如“口蜜腹健(剑)”。有人说,现在这样弄得贬义不贬,脏话不脏,黑话不黑,臭话不臭,褒义不褒,香的不香,香臭不分,香臭颠倒。在窜改成语上还有的竟然连谐音都不顾了,把义与音全都改了,如将“尽善尽美”改成“尽膳尽补”,“名不见经传”改为“名传经不见”等。还有把两个成语合而为一的,如将“入木三分”和“一针见血”合为“入木见血”,这已经到了不能容忍的地步。新华社8月15日的评论文章指其为文字的浊流。

语言庸俗化的倾向更为普通,只要稍加留意,就会发现口语中的脏话,街头巷尾私人书摊上出售的书报中的秽语,比比皆是,不一而足。如“丰硕乳臀”“趟过男人河的女人”等,甚至有人要将《水浒传》改为《孙二娘与100个男人》,将《西游记》改为《和尚与女妖》。

语言中的不良倾向严重地影响着青少年的发展,影响着语言的正常交流,影响着各类出版物的质量。总体来讲,现在青少年的语言文字水平下降了,华中理工大学1995年录取的3511名专科、本科、硕士、博士新生的中国语文水平测试,总平均分为63.7,其中硕士、博士的平均分竟然不及格。现在,祖国的语言已经到了非要规范不可的地步了。1951年,《人民日报》发表了《为祖国语言健康纯洁而斗争》的社论;紧接着,《人民日报》从6月至12月又连载了吕叔湘、朱德熙两位先生的《语法修辞讲话》，推动了我国语言文字规范化的进程。近几年，全国人大代表和政协委员中的语言、新闻、教育工作者大声疾呼，要规范使用现代汉语。

4. 从我做起

《广东教育》是服务于全省广大教育工作者的刊物，两个《第二课堂》的读者是1000多万的中小学生。对这3个教育期刊的文字要求尤应严格。《中国教育报》指出："要坚决反对语言文字应用中的洋化、封建化、痞化、庸俗化倾向。"这3个刊物的编辑责任重大，要响应出版部门的号召，支持专家的呼吁，从我做起，从现在做起，从每篇文章的写、编、校、印做起，真正把质量作为刊物的生命线，作为我们一切工作的"重中之重"。在把好方向关的前提下，在科学性方面，把好上述10个方面的关。为此我建议，要温故知新，结合工作实际，将国家语委1986年重新公布的《简化字总表》、1996年修订发布的《标点符号用法》以及《现代汉语语法》重新学习一下。要科研兴刊，每位编辑每年结合本专业和公共学科（新闻、文艺理论、语言文字）进行一两个专题研究。要通过多种形式培养业余记者与通讯员，不断提高他们的语言文字水平。要"引火烧身"，建立审读评讲制度，在3份刊物上开辟专栏，对易错易混的字词，对常见的病句进行分析。要健全编辑、主任、总编三审逐级负责制，以及采、编、校三方负责制。

（这是在广东教育杂志社业务学习会上的交流论文。）

意义相近词的比较

（2002 年 5 月）

1. 过度与过渡

度，法制也；过，超过。过度就是超过常度。如：长期用脑过度会引起神经衰弱。

渡，济也；过，经也。过渡就是过江河。如：他从珠江南岸乘船过渡到北岸。所以，“过渡”是由此岸到彼岸的意思，引申为事物由一个阶段或一种状态逐步发展变化而转入另一个阶段或另一种状态。如：党在过渡时期的总路线是“一化三改造”。

2. 度过与渡过

这两个词中的“过”都有经过的意思，但“过”的处所不同。

度过是时间上的“过”。如：“度过假期、度过节日、度过一年又一年”等，渡过是水面上的“过”。如“渡过长江、渡过太平洋”等。（有人将“度假村”误写为“渡假村”。）

度过没有引申义，而渡过则由“渡过水面”引申为由此达彼之义。如渡过难关，渡过困难，渡过阶段等，“难关”“困难”“阶段”等词都不是由自然形式形成的时间性词语，所以前面应该用“渡过”。

3. 国事与国是

国事是国家的政事。国是的最初意义为“立国、治国的准则、法度”，后引申为“方针、国策”之义，近代以来，是指正确的、符合国情的大政方针、方向的决策。在古代，国是由统治者上层决定，故称“定国是”；国事则多用于“议国事”“图国事”。新中国民主决策，所以也用“商国是”“议国是”。

4. 诞辰与诞生

两者都有“诞（出生）”的意思，不同之处有三：

（1）词义：辰，日子；诞辰，出生的日子。生，出生；诞生，同义复词，是出生的意思。

（2）构词方式：诞辰的结构是偏正式，其侧重于表示时日，是名词；诞生的结构是联合式，它由两个同义词组成，是动词。

（3）语法功能：诞辰只能在它的前边加数量词组构成偏正结构，如：今天是他60周年诞辰；诞生可与数量词组构成后补结构，如：今天是他诞生60周年纪念日。

5. 违反与违犯

两者都有违背的意思，但在违背的程度上、性质上却有区别。违反是不符合法制、规程的意思。如：违反社会发展规律，违反劳动纪律，违反《教育法》的基本精神等。违犯是违背和触犯国法的意思，如：违犯《宪法》第X条、违犯《教育法》第X条等。不构成犯罪时用违反，构成犯罪时用违犯。违犯与违反在实际运用时有罪与非罪之别。

6. 收益与受益

两者都有“得到利益”的意思。

不同的是，“收益”是指生产上或商业上的收入，如：小岗庄实行联产责任制后，每户收益显著增加；受益是泛指得到好处，受到利益，如：我看了这部小说以后受益匪浅。

7. 工夫与功夫

功是形声字，从造字的时间看，“工”在前，“功”在后。“工夫”的原义，一是表时间（指占用的时间），如：我的工作很忙，没有工夫写文章。二是表空闲时间，如：我没有工夫同你闲聊。三是表时候，如“1950年，我们当学生那工夫经常参加社会活动”。四是表本领、造诣，如“他的国画工夫很深”。当“功”出现后，作为词素与“夫”组成“功夫”一词时就代替了“工夫”的第四个意义。因此，现在两者的区别是：“工夫”是指时间，“功夫”是指人们经过实践而获得的本领。

8. 交代与交待

两者都有“嘱咐、吩咐”的意思，如：班主任每天都要交代（待）学生关好门窗。不同的是“交代”还有移交、交付、交递、说明、解释的意思，而“交待”另有“交际”“接待”的意思。

9. 制定与制订

两者都有定出的意思，但“制定”是指定出法律、规程等，是经过一定的法律手续和组织手续决定下来的；而“制订”是创制、拟定的意思，订出的规划、规程是初步的，是拟稿。

10. 反映与反应

“反映”的本义是光线的反射、反照。如“一颗水珠可以反映太阳”。它还有引申义,一是比喻把客观事物的实质或某些方面表现出来,如:我国“九五”规划和2010年纲要反映了广大人民的愿望。二是指把某种情况和别人的意见转达给领导或上级机关。如:我们一定要把教师的合理要求向上级领导反映。

“反应”的本义是指有机体受到体内或体外的刺激而引起的相应的活动或变化。如:他的皮肤过敏,一遇到凉水就有起鸡皮疙瘩的反应。它也有引申义,一是指由某事物引起的意见、态度或行动。如:他对这个问题反应很冷淡。二是指化学反应。三是指原子核受到外力作用而发生变化。

11. **考查与考察**

考查是表示考核、检查或用一定的标准来衡量某种行为或活动。如:每学期要对学生的操行情况进行认真的考查。

考察是实地调查和仔细观察的意思。如:人民代表和政协委员定期到工厂、农村、学校进行实地考察。

12. **必需与必须**

两者在词义上都有“一定要”的意思,都表示肯定的语气;读音相同。

两者在词义上不同。必需是指一定要有的,不可缺少的东西(物质的或精神的),既有主观的要求,又有客观的要求。如:必需的教学设备是提高教育质量的重要保证。必须是表示事理上和情理上的“必要”和“一定要”,是指一定要这样或那样,多指人的活动(包括思想活动和行为)。如:学生必须刻苦学习,农民必须种好地。必须还用于加强命令的语气,如:你每天必须按时上班,不能迟到。两者在语法功能上也不同。“必需”多作定语,也可作谓语,但不能作状语;“必须”只能作状语,用在动词前,不能作定语或谓语。

13. **宏大与洪大**

两者读音相同,词义相近,都有“大”的意思。“洪”的本义是指洪水,是形声字,所以“洪大”是指声音的洪大。宏是广博、宏大、宏伟的意思,一般用以形容规模、才学、志向等。

14. **才与材**

两者都有资质的意思,读音相同。

“材”是形声字,造字在“才”后。在语法功能上,“才”可以作副词用,表示“仅仅,方才、刚才”等意思;也可作名词用,表示“知识、能力、智力”的意思,如将才、帅才、真才、奇才、全才、天才、干才、良才、庸才、怪才、歪才等。“材”的本义是指木材,由此引申为材料的意思,只能作名词用,不能作副词用。“材”按其引申义虽然也可作词素组成复合词,但多表示不同资质的物,如器材、钢材、石材、教材、木材等。

15. **交与缴**

两者都是及物动词,后面能带宾语,都有“交出、交付”的意思,但两者也有明显的差异。一是读音不同,交读 jiāo,缴读 jiǎo,二是基本义不同。“交”是把事物转移给有关方面的意思,它所涉及的对象、范围相当广,许多东西都可以用“交”,如交白卷、交作业、交任务、交货、交班、交费、交底等。“缴”的词义较窄,它专指为履行义务而向公家交出或在敌对势力迫使下,不得不交出某种东西。前者如“缴党费、缴公粮、缴税”等,后者如“缴枪、缴械”等。三是“交”能与很多单音节动词组合成一个新的动词,表示双方相互之意。如交换、交流、交配、交割、交易等,“缴”与单音节动词组合能力差,经常使用的只有“缴获,缴纳”。四是“交”能构成4音节成语,表示两种事物一齐、同时发生的意思,如饥寒交迫、惊喜交加、水乳交融等。“缴”没有这种语法功能。五是由于“交”的词义较广,有些该用“缴”的可用“交”替换,如“缴党费、缴公粮、缴税”中的“缴”都可换成“交”,但在一般情况下,用“交”的地方不能用“缴”替换。

16. 象与像

两者都读 xiàng,同音,在词义上都与“形”有关,但它们有很多不同之处。

(1)构字方法不同。“象”是象形字,先于“像”产生,“像”是形声字,后于“象”出现。

(2)词义不同。“象”表示形于外的事物,如现象、印象、形象、景象、意象、假象、想象、气象、表象等,“象”还可以当“模拟”讲,如象声词、象形字等。“像”表示人物形象的摹写或雕塑,如人像、肖像、画像、石像、绣像、塑像、录像等,由此引申,还可以当“相似、如同”讲,如草儿(人名)很像雪儿(人名);天阴得这样沉重,好像要下雨;像他这样的人很难得等。

(3)语法功能不同。“象”除作为大象的“象”可以独立成词,独立运用外,在其他情况下都不能独立成词,只能作为构词的词素。“像”既可独立成词,也可作词素构成新词。

17. 作与做

两者在意义上非常相近,有时可以互换。它们的区别有的不明显,有的很明显。

(1)读音。“作”原是入声字,普通话读去声;做,古今都读去声。现在两字读音相同,都读 zuò(去声)。

(2)词义。“作”有“写作、作品、振作”之义;“做”有“制造,举行家庭的庆祝或纪念活动”之义。前者如著作、佳作、杰作、一鼓作气、日出而作等,后者如做衣服、做家具、做寿、做生日等。这些词中的作和做不能互换,区别非常严格。

(3)构词能力。“做”的构词能力强,“作”的构词能力弱,因此,有些词中的“作”可以改为“做”,但有些词中的“做”却不能换为“作”,如“成功之作”中的“作”不能换成“做”。

18. 帐与账

两者读音相同(zhàng),又都是形声字,都可以单独成词,作名词用,但它们的意思迥然有别。“帐”是指用布、纱或绸子等做成的遮蔽用的东西。如“蚊帐、帐篷、营帐”

等。“账”是关于货币、货物出入的记载。如“账本、账房、账簿、账目、账户、账单、记账、欠账、还账”等。

19. **分与份**

同:(1)两者都是多音字,其中有一种读音是相同的,即都可读 fèn,(2)都有表示整体中一部分的意思。(3)两者都可作量词用。“分”可作为旧制长度单位(10 分为 1 寸,10 厘为 1 分),重量单位(10 厘为 1 分,10 分为 1 钱),地积单位(10 厘为 1 分,10 分为 1 亩),时间单位。“份”可作为分配计量单位,如一份饭菜、一份礼物、一份文件等。

异:(1)分在许多场合下还是读 fēn,而份除读 fèn,还可读 bīn。(2)分造字在先,份在后。分,从刀从八,用力分物为二,会意字;份,从人,分声,形声字。(3)“分”的词义较广,“份”的词义窄。“分”在读平声时,表示“分开、分出、分离、分散、分辩”等义,也可作度量衡单位;在读去声时,表示某种成分(如水分、盐分、糖分)以及名位、职责、权利的限度(如名分、过分、本分、情分、职分、缘分、福分、天分、分量、分内)等意思。“份”虽然有表示“整体中的一部分”的意思,但与“分”表示的内容与方法不同。凡用分数形式表示的用“分”,用已知的特定数目作划分单位的,直接用“分”(如“三分人才,七分打扮”)。用在某些数词后,表示强调而不表示具体量的用“分”(如十分感谢),表示某种成分的用“分”(如血浆中含水分 91%—92%)。“份”只能表示由整体分成的各个部分的意思,如:把一个西瓜切成 4 份,每人一份。(4)“份”在古汉语中同彬。

20. **复与覆**

两者读音相同(fù),都有“回去,回答”之义,都可以单独成词,构词能力都比较强。

两者不同之处:一是“复”为“復”与“覆”的简化字,“覆”在 1986 年以后不作“复”的繁体字了。二是“复”有“繁复、重复、恢复、报复”之义,“覆”有“覆盖”之义。三是“复”可作副词用,当“又、再”讲,如旧病复发,死而复苏,一去不复返等,“覆”没有这种语法功能。

21. **叠与迭**

两者读音相同,都读 dié,词义相近,都含有多次的意思。

不同:(1)“叠”是“疊”的简化字,原来也作“迭”的简化字。1986 年《简化字总表》重新公布以后,“叠”不再作为“迭”的简化字了。(2)“叠”是指物的重叠(如铺床叠被)、折叠(如叠衣服),乐曲的叠奏(如“阳关三叠”);“迭”是指事的轮流(如“日本首相更迭频繁”)、屡次(如新潮迭起)以及不停(叫苦不迭)的意思。(3)“叠”可单独作动词用,如“叠纸”,也可作量词用,如“一叠钞票”。“迭”在通“轶”的古汉语中可单独作动词用,但在现代汉语中不能作动词单独使用,必须同其他词组成复合词才能使用。

22. **着和著**

两者共同处:一是都读 zhuó 音时,“著”是“着”的本字。二是都可以作动词、形容词用。三是都可以独立成词。

两者不同处：一是都是多音字（“着”读四种音，“著”读三种音），除两种读音相同（zhuó/zhe）外，其余读音都不相同，如“着”另有 zhāo/zháo 两种读音；“著”另有 zhù 一种读音。二是“着”可以作时态助词，如他在马路上走着。“著”无这种功能。“著”可以作名词，如“土著”，“着”无这种功能。三是“着”词义较宽，使用的频率高，“著”词义较窄，使用频率较低。

23. **树立与竖立**

“树”与“竖”读音相同，都可单独成词，都可兼作名词和动词，都可作词素构成复合词。

两者也有显著的不同。(1)词义。作名词用时，“树”只有一种含义，就是“木本植物的通称”，不管是杨树、槐树还是松树、枣树，只要是木本植物通称树。而“竖”“表示跟地面垂直的（如竖琴、竖井等），从上到下的、从前到后的（如画一条竖线、竖着再挖一条沟等），汉字的笔画”等三种含义。作动词用时，“树”表示“种植、栽培”和“树立、建立”两种意思，前者如“十年树木，百年树人”，后者如“建树、独树一帜、树雄心”等。作动词用时，“竖”只表示“使物体跟地面垂直”一种意思，如把柱子竖起来。(2)构词能力。“树”构词能力较强，“竖”较弱。(3)两者都能与“立”构成合成词，但构成的两个合成词——“树立”与“竖立”的词义却有明显的区别。“竖立”是指“物体垂直，一端向上，一端接触地面或埋在地里”，所竖立的是有形的看得见的具体的物体。如门前竖立一根旗杆。“树立”是“建立”的意思，而“树立”的基本上是抽象的、无形的、好的事情。如树立美好的教师形象，在全省树立素质教育的典型。

24. **坐与座**

两者读音相同（zuò），都可以单独成词[如让坐（座）]。

两者的区别：(1)“坐”是会意字，“座”是形声字。(2)“坐”词意较宽，“座”词义较窄。(3)“坐”主要作动词用，如“坐下、坐船、坐车、坐北面南、坐锅、这只手枪坐劲大、这幢楼往下坐、反坐、连坐”等；“座”不能作动词用，主要作名词用，如“座位、钟座、星座”等。“坐”在书面语中可作副词用，如“孤蓬自振，惊砂坐飞”。“座”不能作副词用，但可作量词用，如“一座山、一座楼”等。

25. **具与俱**

两者读音相同，都可以独立成词。“具”作动词时，表示“具有”的意思，如“具备、初具规模”等；在书面语中表示“备、办，陈述、写出”的意思，前者如“具呈、具结、敬具菲酌”等，后者如“具名、条具时弊”等。“俱”作副词用，表示“全、都”的意思，如“百废俱兴、面面俱到”等。

两者的区别：(1)“具”是会意字，造字在先；“俱”是形声字，造字在后。(2)“具”词意较宽,构词能力强;“俱”词意较窄,构词能力弱。(3)“具”可作名词,表示“用具”的意思,如工具、农具、文具、玩具、雨具、模具等;“具”作书面语时,有“才干、才能”的意思,如“干城之具、才具”等。“俱”不能作名词用。(4)在书面语中,“具”可作量词用,如“一具棺材、一具尸体、一具座钟”等。“俱”不能作量词用。

26. 窜改和篡改

两者都是合成词,都是可带宾语的动词,都有“改动原来的东西”的意思。

在词义上两者的区别是:“窜改”是“改动(成语、文件、古书等)”的意思,改动的对象常常是具体的书面材料,如“窜改成语,窜改原文、窜改名人的诗句”等;“篡改”是“用作伪的手段改动或曲解(经典、理论、政策等)”的意思,常指假的、错的取代真的、正确的东西,更动的对象常常是抽象的事物,是精神的东西,如日本发动的侵略战争的性质不容篡改。

27. 化妆与化装

两者都是动宾结构的合成词,都作动词用,都有“修饰容貌使之发生变化”的意思,但由于“妆”与“装”的含义不同,因而由它们各自组成的词的意义也不同。(1)“妆”是“修饰、打扮”的意思,特别是指妇女的装饰。《说文解字》载:“妆,饰也,从女,爿声。”“妆”作名词用时是指“演员的衣装服饰”或“出嫁女子的陪送衣物”。“装”的本义是“穿着的衣服”。《说文解字》载:“装,裹也,从衣,壮声。”“装”作动词用时,有“修饰、打扮、化装、假装、装配、安装、装箱”等意思。(2)“化妆”是“用脂粉等使容貌美丽”的意思,如她每天上班前都要对着镜子化妆一番。“化装”是“演员为了适合所扮演的角色的形象而修饰容貌”的意思,如刘晓庆不管化装成什么身份,什么年龄的女性都很逼真。“化装”也有“为了某种需要而改变装束、容貌,扮成另外身份”的意思。例如,他化装成敌人军官通过了敌人的封锁线。

28. 启事与启示

“启”是“开”的意思,会意字,《说文解字》载:“启,开也,从户从口。”它的引申义是“开启、启发、启动、启示”等。所以“启事”和“启示”都有“开”的意思,它们的区别是:(1)“启事”是为了说明某事而登在媒体上或贴在墙壁上的文字。如征稿启事、招聘启事、招生启事等。“启示”是“启发提示,使有所领悟”的意思。如:《孔繁森》这部电影启示每位共产党员如何全心全意为人民服务。(2)“启示”是动词,可以带宾语;“启事”是名词,不能带宾语。

29. 内涵与内含

两者读音相同,都有“里面包含”的意思。它们的区别:(1)“内含”是动词,可以带宾语;“内涵”是逻辑学上的术语(与外延相对),是名词。(2)“内含”是“里面含有”的意思,如广东水果内含水分很多,因此好吃。“内涵”特指“一个概念所反映的事物的本质属性的总和”,也就是概念的内容。如学校这个概念的内涵是教育者在一定的教育思想指导下,通过一定的组织形式和教学手段对受教育者施教的场所。

（我在任《广东教育》审编与审读员期间积累了素材,参考了辞书和有关报刊而编写。文稿形成后,印发给了蚌埠实验学校的语文教师。）

蓝玉评传

（2004 年 9 月）

蓝玉，安徽定远人，明开平王常遇春妻弟。元末，在遇春帐下随朱元璋农民起义军转战南北，为明朝建立立下汗马功劳。明洪武年间，战功显赫，被封为永昌侯，后为凉国公。官至太子太傅、大将军，后以“谋叛”罪遭诛。

一、训公徙濠，开基立业

元代，定远隶属河南省安丰路濠州，濠州治所在现凤阳县临淮镇。

唐后期，皇室贵族奢侈腐败，藩镇割据，相互攻伐，土地更加集中，水利长期失修，自然灾害频繁，赋税劳役加重，社会矛盾异常突出，人民不堪重负，他们被迫逃亡。有的县人口逃亡过半，有的甚至超过三分之二。

值此大动乱的历史年代，蓝玉先祖（上溯第十五代）宗训公（即光晋或宗顺）举家徙濠，于皖东大地开基立业，成为皖东蓝姓始祖。

闽系《蓝氏宗谱》载：

宗训约生于 863 年，898 年徙定远东山洞，殁葬失考。生子昭、穆。昭（即昌见）约生于 902 年，947 年徙河南嵩山石室，生二子：一俊，一秀。穆公情况无记载。一俊生殁不详，961 年，笑出山林，临淮处避世。

广东阳春《蓝氏（四万公）宗谱》记载："115 世祖宗顺（即宗训）公，生于唐懿宗咸通四年（863 年），癸未岁；唐昭宗光化元年（898 年），黄巢起义兵直入长安时，群雄窃据，纷扰不宁，公度其势，携眷渡江，迁濠州定远东山洞。"又载："117 世祖一俊公迁临淮县（现江苏省盱眙县洪泽湖之南，应为凤阳县临淮镇）。"湖南城步扶城《蓝氏宗谱》载："晋公（即宗训）生于 864 年，殁于 931 年，葬濠州。""见公长子一俊，生于 926 年，殁于 1022 年，葬于临淮县（江苏盱眙县，应为现凤阳县临淮镇）。"

综上可知，闽粤两地族谱都记载玉公先祖训公迁濠州定远东山洞，城步扶城宗谱还记载训公殁葬于濠州，三谱完全一致。对于宗训长孙——俊公（即玉公上溯第十三世祖），三谱记载也都一致，只不过语言表述方式不同：迁临淮县；临淮处避世；葬于临淮。

据此推断，自宗训公携妻与子（昭、穆）迁居濠州定远东山洞至蓝玉公的十五世，大部分定居于此。穆公随父宗训公迁定远后，其后裔基本上未他徙，所以，三地宗谱均未记载。

昭公（昌见）之迁徙说法不一，粤地阳春宗谱未记载，湘地城步宗谱载其"徙南楚城步扶城，生七子分居湘西各地"。《城步县志》又言，"再思据诚州，而令昌见世居扶城"。闽系宗谱则记载，"公元 947 年徙河南嵩山石室"。如何认定呢？首先，"徙扶城"不可能。昭是长子，随父徙濠是人之常情，岂有抛开老父，与之背道独迁湘西的呢？况且自训公至玉公遗腹子昌见公迁扶城的六百多年间，扶城无一蓝姓，何言"世居"此地呢？因"蓝党"案而一律改姓的说法是不能成立的。明朝户籍管理比较严格，据记载，洪武十四年（1381 年），经过普遍的户籍调查，编制了黄册，详细登记了各地的丁口和户业情况。平时人口的增减都要呈报政府登入黄册备案，每年政府审定一次，聚居的玉公族人怎么改一下姓就能逃过屠杀呢？当然，极少数逃往他乡，改名换姓，或者刚生下的婴儿改姓，则是可以幸免的。世居扶城是杨再思意向的表达，不是事实的陈述，是一个令，令字含义深远，再思发令，昌见是否执行令呢？闽谱告诉我们，从光晋公至蓝玉公的十五世均无人居城步扶城，扶城谱也告诉我们，除昌见公后徙南楚城步扶城一世外，其余十四世也均未有人居扶城。可见，昌见公没有执行再思要他世居扶城的令。正如湖南山田《蓝氏宗谱》所言，"自昌见之子一俊就离开了城步"，与墨谱所载世居扶城不符。其次，徙"河南嵩山"也不可能，这与当时的大背景不吻合。10 世纪前半期，中国出现了五代十国分裂割据的局面，从公元 907 年 4 月至公元 960 年元月的 53 年中，北方经历了后梁、后唐、后晋、后汉、后周五代，共八帝、十三姓的频繁更替。与此并存的还有十国，除北汉外，其余吴、南唐、吴越、楚、闽、南汉、前蜀、后蜀、南平（荆南）等九国都在南方，相继更换了 41 主，时间最长的吴越达 72 年之久，最短的前蜀也有 23 年。公元 946 年 9 月，契丹人再次大举南犯，攻陷开封。公元

947年,契丹皇帝耶律德光改国号为辽,对华北与中原人民进行残暴的统治与掠夺。一是派人四处抢掠物资,开封及其四周几百里内财物和牲畜几被抢劫一空。二是派人在开封及各州县搜刮钱帛,砍伐树木。三是华北和中原地方的州县官吏尽量换用契丹人,让他们到各州县横征暴敛。五代时期,南方九国战争较少,处于相对和平环境中,北方人民大量南迁。隶属于吴国(后为南唐所灭)的江淮大地兴修了一些较大的水利工程,如寿州(今安徽寿县,与定远接近)兴修的安丰塘可灌溉万顷良田。公元947年,正是契丹人在北方横征暴敛和军阀混战最为严重的一年,在大批中原人南逃之时,昌见(昭)公怎么可能抛开父子离开相对稳定的江淮大地而独自迁居河南嵩山呢?除非他是超脱红尘、遁入空门,或者是为大义所趋,北上参加中原人民的反暴斗争,不然,难以解释。结论只有一个,即随父宗训公徙濠州定远。

昭公之子一俊公,是从哪个"山林""笑出"于"临淮处避世"的呢?临淮县与定远县又是什么关系呢?宗训公迁定远东山洞时,一俊公只有九岁,理所当然地随父来到定远。昭公徙河南嵩山如属上述两种情况的话,此时他本人40岁,一俊公21岁,岂有父子两人路远迢迢同时遁入嵩山空门?岂能到山林中去与北方人民共同反暴呢?由此可知,一俊公是在定远长到35岁,然后笑出东山洞之山林,携妻儿迁居到临淮的。临淮县是明洪武三年(1370年)由原中立县改设的,临淮县城北临淮河,县治在今之凤阳县临淮镇(离县城约8公里)。临淮镇,春秋时,建钟离子国,筑钟离城;西汉设钟离县;东晋时,设钟离郡;隋末,改钟离郡为豪州;唐改豪州为濠州;元朝,濠州辖钟离县、定远县;明洪武二年(1369年)将钟离县改为中立县,翌年又改为临淮县。临淮县北与定远县接壤,两县县城相距30余公里,宋朝时,曾一度将濠州治所迁往定远。自古以来,两县人民往来密切,每当淮河泛滥成灾,临淮县大批灾民逃水荒至定远;每当淮河沿岸丰收之年,定远人民在秋冬之际到淮河沿岸经商。一俊公在成年之后携全家来到临淮落户,大水之年又返回定远谋生,那是非常自然的。

一秀公,三地族谱均未记载其迁移情况,本人及其后裔在定远东山洞一片土地上定居了,这是不言而喻的。

湖南省城步县有人著文说:"元至正六年(1346年)至九年(1349年)有城步的吴天保领导的瑶民起义,元廷苟尔提兵镇压。起义失败后,湘西南有15万人少数民族被举家谪戍濠州。"(见《定远县志》)又说:"蓝玉、沐英的父兄辈均参加了。蓝、沐两家随15万少数民族被举家谪戍(充军)濠州。"

查遍新老《定远县志》和《凤阳县志》均未见这两段引文,当时,濠州所属的定远县全县总人口也只有4.5万余人。1964年、1982年两次人口普查,定远县、凤阳县均无一个苗、瑶族人。元末,濠州农民起义最盛的地方,也是元廷统治最薄弱的地方,如果将15万起义失败的农民军谪戍该地,岂不是放虎归山吗?而且,元廷正忙于镇压北方红巾军和组织 15 万人治理黄河，也无力组织这样大规模的谪戍（历史上也罕见）。故这段引文是不真实的。

二、定远二龙，玉公故里

蓝玉公的籍贯，国史、方志、谱牒以及权威辞书早已记述得清清楚楚。《明史》载："蓝玉，定远人。"《辞源》载："蓝玉（公元？—1393 年）。明，定远（今属安徽）人。"《定远县志》载："定远人杰地灵，群英荟萃，文韬武略，各领风骚。……朱元璋起兵于定远而建明王朝，定远籍王公侯爵者三百余人，形成众星拱月之势。著名的元勋有：左丞相李善长、胡惟庸，大将军冯胜、兰（蓝）玉，黔宁王沐英，东川侯胡海等。"又载："仓镇系古集镇，原名'老人仓'。据传说，该地明初为蓝玉粮仓，差有老人看护，故名'老人仓'。"肥东梁园《蓝氏宗谱》载："我蓝氏原系定远，旧属凤阳府籍，有明洪武季年，朝纾公兄弟始迁于肥之东乡，与定远蓝氏皆尊凉国公为始祖。"

1. 东山余脉之岗

定远县东部有一条狭长的山峦地带，主要有石牛山、羊大山、岱山、磨盘山、锥子山、背风山、豁鼻山等，民间习惯统称之为东山。东山洞就在背风山。背风山向西延十余华里的余脉形成了两道岗峦，像两条相戏的龙，就是蓝大岗（今二龙回族自治乡）。从宗训公 898 年徙东山洞至蓝玉公 1393 年遇难的 495 年间，宗训公的后裔，除少数外迁外，大部分生息繁衍在这块肥沃的土地上。

2. 蓝姓聚居之地

定远自古以来，以聚居的人数最多、时间最早的姓氏为所在地命名的现象普遍存在。如吴圩镇以驻地吴圩集命名，吴圩原名吴家圩，古集镇，因吴姓始居，建有圩池，故名。朱家湾，古集镇，因有朱姓始居于沛河上游东岸，故名。严桥乡驻地严桥，昔有严姓始居此，故名。此外，范岗、刘铺、江巷、郭集、胡村、蒋集、卜店、耿巷、孙集、年家岗等乡镇所在地，分别是范、刘、江、郭、胡、蒋、卜、耿、孙、年等姓始居地。古之蓝大岗这片土地，当然是蓝姓始居和聚居之地。

当时，居住在蓝大岗的蓝姓有多少呢？由于王瑛血洗蓝大岗，大部分人被杀，少数人逃走，无任何史料保存下来以供今日查对，但可以估算。据 1995 年统计，二龙民族乡有 97 个自然村，2653 户，12242 人，其中回民 7752 人。从王瑛 1393 年定居二龙至 1995 年的 602 年间，王姓回民发展到 7000 余人。依此类推，宗训公的后裔在近 600 年间的繁衍人数也会有六七千人。

3. 玉公诞生之府

《定远县志》载："二龙乡以驻地二龙命名，二龙原为明代蓝玉祖籍，称蓝府城。"又载：蓝玉墓(蓝府城)，"位于县城南偏东30公里二龙乡街上，现府址已平，附近生长丛丛斑竹，尚存无头石狮一对，表柱石础一个，凉国公井一口，井壁为三棱形砖砌成，原深33米，现深16米，石柱绳印较深。有说兰(蓝)玉伏诛后……兰(蓝)府亦毁，其遗体葬于原卒址。以上均无从考证"。蓝大岗是蓝姓聚居的一片起伏的岗峦，是蓝玉的故里，蓝府城是蓝玉家人居住之处，是蓝玉的诞生之地，是蓝玉的故居。蓝玉伏诛后，蓝大岗无一蓝姓，玉公祖茔无人祭扫，经过600年的风雨剥蚀，早就夷为平地。所幸者，玉公故里——蓝府城遗址尚存，它向世人宣告：这是玉公父母之乡。一口原深33米的水井，经过六百年的废弃，现在依然有16米深，而且石柱绳印较深，这是玉公先祖使用的一口老井。蓝府城是一幢老宅，而且是在玉公封侯后经过整修的老宅，大门两侧有一对石狮子，宅后有长满竹子的花园，宅周围有围墙，不像是洪武年间新建的公侯宅第。

按明制，公侯宅第的建立，首先，要皇帝下诏，例如：洪武五年(1372年)十一月癸亥，诏建公侯宅第的是：韩国公李善长、魏国公徐达、郑国公常茂、曹国公李文忠、卫国公邓愈、宋国公冯胜，"凡六公"；中山侯汤和(十一年正月进封信国公)、南雄侯赵庸等，"凡二十七侯"。陆续诏建的还有：黔宁王沐英、东川侯胡海、定远侯王弼、东胜伯刘谦等。其次，规定建宅第地点。一般都在京城，其次是原籍。如：第一批33位公侯宅第都建在中都城(即今凤阳)，作为中都城十三项配套工程之一，因为朱元璋打算建都于中都。第三，建宅第经费由朝廷拨给。例如：洪武十九年(1386年)赐汤和钞一万锭，供营府于凤阳，二十一年(1388年)六月第成。第四，宅第的规模因爵位的等级而异。

第一批建宅诏中无蓝玉，那是因为他还未封侯；陆续建宅中，既有晚他六年封侯的定远籍胡海，又有低于他爵位的刘谦，就是没有他，这是为什么呢？有两种可能：一是诏建了，有关史料因蓝玉"谋反"罪而没有列举；二是没有诏建，对老宅进行改建。如属第一种情况，蓝玉的公侯府第很有可能建立在京城，对家乡的老宅只作一番整修。

4. 族诛万五之处

据《明史·蓝玉传》载，因蓝玉党案而被杀的有两个数字，一是"列侯以下坐党夷灭者不可胜数"。仅名列《逆臣录》者就有"一公、十三侯、二伯"以及吏部尚书詹徽、户部侍郎傅友文。左丞相李善长因坐"胡党"，其妻女弟侄家口七十余人被诛。坐"蓝党"的上述18位公侯和高官每人被诛的"家口"也决不会少于"七十余人"。加之未列入《逆臣录》的胡玉等诸小侯的家口被诛者就难以计算了。故云不可胜数。二是"族诛者万五千人"。这里的"族诛"显然指玉公的家族，不包括上述的"坐党夷灭者"。朱元璋遣武将王瑛率兵至定远蓝大岗，对聚居此处的蓝姓族人进行惨绝人寰的大屠杀。顿时，二龙岗上两条飞龙哭泣了，乌云密布，天昏地暗，血雨腥风，碧血横飞，尸横遍野，户户被斩尽，家家被抄掠。"族诛"人数之多，规模之大，实属罕见。除去京城蓝府家人和散居他地的蓝姓族人被诛人数之外，蓝大岗被诛的蓝姓族人至少有五千人之多。

据《王氏家谱》载:王瑛籍直隶(今河北省)顺天府大兴县(今属北京市),明初授武德威指挥使,因二龙出征以功得封。将军身乘黑马,成祖常以黑马将军呼之。蓝党案平息后,王瑛受旨定居蓝大岗。王瑛信仰伊斯兰教,定居后建立清真寺,改蓝大岗为王回岗。抗战时期,新四军二师政委谭震林、县长魏文伯、区长罗平到该地视察,看这里地形像两条龙,谭震林就诙谐地说:“王回岗就叫二龙吧!”从此,就改叫二龙。1949 年设二龙回族乡,是定远最大的回族聚居地。

玉公遇难前已有预感,对其家人有所暗示,有所准备。王瑛是玉公的旧部,对玉公不幸隐痛在心,但皇帝之命不可违,故一面对其族人诛杀残忍,以取悦于朝廷;一面对其家人暗予方便,以报故情。故有孕在身的玉公常夫人得以逃脱虎口,藏身他处,生下一男,这就是今日青氏的由来,是玉公的血脉,嫡系后裔,这也是玉公之子——朝纾、礼纾、哲纾、有纾、唐纾五兄弟得以逃脱虎口的重要原因。

古代官吏因罪而被族诛的有三种情况:灭三族(父辈、本人、子),灭九族(高祖、曾祖、祖父、父、本人、子、曾孙、玄孙),灭全族(一个地区相对聚居的族人)。《明史》记载,蓝玉是获族诛之罪,即全族被诛。故蓝大岗的蓝姓除个别逃脱者外,其余一律被杀尽,至今仍无一蓝姓人家,改为王回岗也就很自然了。

有人说,古之蓝大岗是蓝玉的封地,不对。朱元璋为了在北方抵御蒙古,在各地监督地方官吏,他把 24 个儿子和一个重孙分封到全国各地。但他吸取历史教训,又怕诸王权势过大,重蹈东周“尾大不掉”和西汉“七国之乱”等历史的覆辙,就规定“列爵而不临民,分藩而不锡土”。对同姓王尚且“不临民”、“不锡土”,对异姓王和公侯更不会赐土,使之临民。封地之说既不符合明制,也不符合当时事实,正如开平(今内蒙古正蓝旗闪电河东北岸)不是开平王常遇春的封地,淮阴(今属江苏)不是淮阴侯吴良的封地一样,蓝大岗也不是蓝玉的封地,只能是其祖居之地。

三、千秋伟业,玉柱擎天

玉公身材高大,勇略双全,戎马一生,驰骋沙场,战无不胜,屡建奇勋,犹如擎天玉柱,撑起大明王朝的新天地。

1. 隶常帐下,转战东南

常遇春,怀远(今属安徽省)人,元顺帝至正十五年(1355 年)率弟遇贤、从弟常聚、堂叔惟德、德胜以及妻弟蓝玉等人,投身朱元璋起义军,助其定天下,与徐达齐名,位居第二,善于将兵,号称“常十万”。明洪武二年(1369 年)七月,从开平班师回朝,途中突然病死,年仅四十岁,官至太保,右丞相,封鄂国公,追封开平王。

蓝玉最初在遇春部下,以一名“临敌勇敢,所向皆捷”的勇士随朱元璋起义后,拔采石,取太平,守溧阳,攻集庆(今南京),下婺州,战池州,后助遇春大破陈友谅于龙湾,又大败陈于湖口;旋又从遇春与张士诚战北濠,破阊门,平吴。元末,玉公于遇春军中,转战东南皖、浙、苏等地,在统一东南的多次战斗中屡露锋芒,遇春多次在元璋前称玉公之智勇,于是,玉公便由管军镇扶升迁至大都督佥事,进入统帅部供职。

2. 从徐傅部,伐蜀征北

傅友德,先祖宿州(今安徽宿州市),后迁砀山(今安徽砀山县),官至太师、大将军,封颍川侯。洪武四年(1371 年),汤和与傅友德军伐蜀,玉公从傅友德自陕西南下进逼成都,汤和西进至重庆,夏主明升(明玉珍子)降。明军继续攻克成都等地,遂平定全蜀。

洪武五年(1372 年),朱元璋遣徐达率大军深入漠北征讨扩廓。扩廓帖木儿是元顺帝的赐名,他本姓王,小名保保,官至太傅、中书左丞相。明军破大都(今北京),元顺帝北逃。“元臣皆入明,唯扩廓拥兵塞上,西北边苦之。”洪武三年、四年两次征伐扩廓都以失利而归。这次分三路大军:徐达以征虏大将军出中道,左副将军李文忠出东道;征西将军冯胜出西道,各将五万骑兵。玉公从徐达中路军。徐达,字天德,濠州(今凤阳县)人,官至右丞相,大将军,封魏国公,追封中山王,名列功臣第一。徐达派都督蓝玉先出雁门,败元兵于乱山,再败元兵于土刺河。东路军不利,徐达其他部也不利,唯玉公部和西路军获胜。

3. 同西平侯,共讨西番

西平侯沐英,字文英,定远人,少年父母双亡,朱元璋与马氏收为养子,48 岁卒,归葬于京师,追封黔宁王。子沐春袭爵位,镇守云南。洪武十一年(1378 年),太祖令蓝玉偕同西平侯沐英共伐西番,获西番部酋 3 名副使,斩获番兵千余人,翌年还师,蓝玉被封为永昌侯,食禄 2500 石,予世券。

4. 辅助傅冯,平滇降虏

洪武十四年(1381 年),蓝玉以征南左副将军从傅友德征云南,于曲靖擒获元平章达里麻,梁王(元,云南为梁国)败走而死。云南平息,玉公功劳最大,增加俸禄 500 石,其女被封为蜀王妃(朱椿,朱元璋第十一子,洪武十一年被封为蜀王)。

洪武二十年(1387 年),蓝玉以征虏左副将军从大将军冯胜征纳哈出。冯胜,定远人,元末,胜与兄国用结寨自保,朱元璋起兵定远,兄弟俩投奔朱部。用早卒,被追封为郢国公,胜官至太子太师、大将军,封宋国公。明代为患最甚者乃“南倭北虏”,“南倭”即东南沿海的日本海盗,“北虏”即以残元为主的北方反明力量。扩廓被平息后,北方为患者主要就是纳哈出。纳哈出是成吉思汗爱将木华黎(四杰之一)的嫡孙,朱元璋攻陷太平时被俘,获释后逃至北方,又归附于元嗣主,官至太尉。大都陷落后,他随元嗣主率 15 万之众,出没于辽河、松江一带,为患北域。

此次北征，玉公先是率轻骑于大雪天袭庆州，杀元平章果来，活捉其子不兰奚，获大批人马而还。纳哈出迫于形势，欲为缓兵之计，派使者至大将军营，表面上是纳款求降，实际上是窥探虚实。大将军冯胜立即派蓝玉前往受降，纳哈出率数百骑至玉部，玉设宴相待。席间，纳哈出敬酒谢玉，玉随即脱下上衣让纳穿上，有“与子同袍”之意，情深意诚。纳一贯诡诈，不愿穿玉所赠之衣，玉亦不饮其所敬之酒，正在两相推让之际，纳突然将杯中之酒倾倒于地，口中念念有词。在座的郑国公常茂（常遇春之子，蓝玉之甥，冯胜之婿）部属赵指挥懂胡语，立告常茂说，他对部属讲，要逃跑。茂当即挥刀砍伤其臂膀，都督耿忠遂将其拿送至冯胜处，纳部降者四万余人，其羊、马、驴、辎重等无数被获。不久，闻纳哈出受伤而纷纷溃败之余部也都陆续归降。

是年秋，太祖因故收冯胜大将军印，召胜还京，授蓝玉大将军印。自此，蓝玉统率全军。

5. 统帅大军，讨元平叛

自洪武元年（1368 年）元顺帝逃往塞外至洪武二十二年（1389 年）古思帖木尔（顺帝孙）被部属杀死的 20 年间，史称北元。此间，北元不断骚扰塞外，继平纳哈出后，洪武二十一年（1388 年）三月，太祖命大将军蓝玉统率 15 万大军再次出征。蓝玉乘敌不备，出其不意，昼夜兼程，以迅雷不及掩耳之势，大败残元于捕鱼儿海（今贝尔湖），杀北元太尉蛮子等，获北元主次子地保奴、妃、公主以下百余人，追获吴王、代王及平章以下官属三千人，男女七万七千人，以及宝、玺、符、敕、金牌、金银印等贵重物品和马、羊十五万余头。捷报传至京城，太祖大喜，以汉武帝时卫青大将军喻玉，班师回朝后被封为凉国公。

洪武二十三年（1390 年），西番蛮人又背叛朝廷，蓝玉奉命率师至大渡河边，平定都习安扶（官属名，辖几个州府军）、散毛诸洞以及施南、忠建二宣扶司的番人叛乱。

洪武二十五年（1392 年），蓝玉命令兰州、庄浪等七卫兵（明军队实行卫所制，一卫 5600 人，共 39200 人），追捕逃敌祁者孙，并夺取西番罕东之地，番人叛乱得以平息。

玉公自 1355 年随常遇春参加朱元璋起义军至 1398 年遇难的 38 年间，南征北战，东讨西征，铁骑所至，遍及中华，戎马倥偬，终其一生，为明朝的建立与巩固、为国家的统一与壮大、为民族的和睦与团结、为中国版图的形成与疆界的稳定作出了特殊的贡献。不愧为明朝的开国元勋，不愧为中华的英杰，不愧为民族的脊梁，不愧为擎天的玉柱。

然而，功高震主，正当他事业辉煌之时，一个个罪名便在暗地里编织起来，等待他的是一场灭顶之灾。

四、千古奇冤，玉碎龙盘

洪武二十六年（1393 年）二月，太祖以谋反罪对蓝玉施以酷刑，磔（分裂肢体）于市。并对其族人及所谓同党者实行大屠杀，这是继胡惟庸案后的又一个大冤案。于是一根擎天玉柱，折断于有虎踞龙盘之称的京师（今南京），一颗无瑕的玉珠，打碎在朱家王朝的龙盘之中，真乃千古奇冤，遗恨万年！

1. 罗织罪名，伪造罪证

蓝玉被罗织的罪名是勾结景川侯曹震等人为党，乘太祖朱元璋出宫参加籍田（统治者设置的由皇帝亲自耕种的田地）仪式时准备叛乱，以夺取明朝的江山。

为掩人耳目，又精心伪造了证据。证据之一是，一个名叫蒋富的打鱼人招承说，蓝玉出征回来，请他到家吃饭，酒席间，蓝玉对他说："老蒋，你是我的旧人，我有句话和你说知，你千万休要走漏消息，如今我要谋大事，已与众头目都商定了，你回家打听着，如果下手时你就来投奔我，日后也能抬举你。""罪证"之二是，一个本乡的染匠，名叫张仁孙，他在招供时说："蓝玉出征后回家，我去拜访他，他对我说，我要成就大事，你回去准备武器弹药，听候接应，日后事成封你做大官。"

明人一看便知，这纯属伪造，蓝玉如果真的想谋反，自然应当十分谨慎，这样杀头灭族的事哪里能见人就说呢？何况还是两位无足轻重的小人物呢？更何况又无物证。

2. 锦衣办案，特务手段

洪武十五年（1382 年）设立锦衣卫，其任务是监视官吏，镇压人民，由皇帝直接指挥，不隶属于国家三法司和五军都督府，可以直接逮捕，秘密审判任何官民。实际上是专对皇帝负责的特务机构，"蓝党"案就是由锦衣卫蒋指挥秉承太祖意志而诬其谋反的，所谓罪证都由其炮制，审判也由其执行。

3. 开国功臣，一网打尽

通过胡、蓝两党案，朱元璋向开国功臣撒下天罗地网，以图将他们一网打尽。不论是对他存有二心的，还是对他忠心不二的都在劫难逃。挂不上两党号的就拐弯抹角地予以赐死。如开国第一位左丞相（明尚左），帮朱元璋打天下的第一勋臣，他的儿女亲家，已经七十七岁的李善长，因坐"胡党"，全家七十多人被杀，钦赐的免死券也未能让他免死。又如：与朱元璋无话不说，被其视为汉张良的刘基，因惧祸而归隐，也没有被放过，朱元璋阴令胡惟庸将其毒死，被诛后又推说是胡毒死的。再如：开国第一功臣徐达，因一贯反对胡，故无法牵连到胡党，他死时，"蓝党"案还未爆发，当然与"蓝党"无关，然而他也没有幸免。洪武十八年（1385 年），徐达患极为凶险的背疽，据中医说忌吃蒸鹅，朱元璋抓住时机，偏偏让人送了一只蒸鹅给徐达吃，徐达心知肚明，这哪里是赐食，明明是赐死，于是当着送鹅人的面，流着眼泪吃下蒸鹅，不几天就一命呜呼了。仅此三例，可窥一斑。正如汉开国功臣韩信所言："狡兔死，走狗烹；高鸟尽，良弓藏；敌国破，谋臣亡。"

4. 皇权专制，意在永固

作为一代开国之君，一名平民皇帝，朱元璋的历史功绩及其雄才伟略已经载入史册，永照汗青。但是，综观历史王朝最高统治者的权欲与专制、狡猾与狠毒，朱元璋比刘邦等人有过之而无不及，他们在他面前都是小巫见大巫。朱元璋为了巩固其至高无上的皇权地位，抓住两大矛盾的解决，大杀功臣，以达到除恶务尽的目的。

第一对矛盾是皇权与相权的矛盾。开国第一位左丞相李善长，既是淮西集团的首领，又是皇亲国戚，实权在握，权势显赫，朱元璋感到皇权受到威胁。但此公小心谨慎，皇权与相权矛盾不太明朗，可朱元璋还是不放心，于是另换胡惟庸为相。胡狡猾阴险，善于逢迎，开始时，甚得太祖宠幸，得以独相数年，但是时间稍久，胡生杀黜陟，或不奏径行，皇权受到相权的严重挑战。为了夺回被相权分割去的皇权，朱元璋于洪武十三年（1380 年）宣布以擅权植党的罪名处死胡惟庸，株连一大批功臣宿将，并废除中书省和丞相，取消大都督府，五军都督府和六部直隶皇帝。十年后，又将"胡党"升级为谋反，把开国第一位丞相也除掉了。

第二对矛盾是皇权和将权的矛盾。继大将军徐达、冯胜被赐死后，大将军蓝玉的将权就严重威胁到了皇权。为了夺回被将权分割去的皇权，蓝玉必死无疑，"蓝党案"就必然爆发，借此将开国的文臣武将捕杀殆尽。经过两党案，朱元璋集政权、军权于一身，认为江山可以永固；然而，机关算尽太聪明，到头来反而丢掉他孙子（建文帝）的生命。

5. 诛灭功臣，流毒深远

历代王朝最高统治者，出于自身利益的需要，对前朝诛杀功臣的案件，不是讳莫如深，避而不谈，就是公开张扬，以诫当朝权臣。持有正统观念的史家，自然就遵命写史。这就是玉公冤案沉沦数百年得不到昭雪的根本原因。作为朱明王朝的对立面满清王朝，在组织人员编撰《明史》时，对蓝玉的历史功绩虽然作了客观的陈述，但对其过错有些夸大了，更甚者，仍然给蓝玉冠以"谋反""逆臣""贼"等罪名，而且为朱元璋屠杀无辜的暴行辩解："人主不能废法而屈全之，亦出乎不得已，而非以剪除为私计也。亮祖以下诸人（指蓝玉被诛等人）既昧明哲保身之机，又违制节谨度之道，骈首就戮，亦其自取尔。"这段辩词实质上是告诫当朝文臣武将，不要犯上作乱；否则，要"骈首就戮"，那就是"咎由自取"，"蓝党案"就这样被封尘在历史的暗箱中达五六百年之久，流毒深远。

然而，像春秋时期鲁国董狐这样直写是非不转变的史官还是不乏其人，特别是时间进入 20 世纪后，随着马克思主义传入中国，一部分先进的史学家突破封建正统观念的束缚，开始用历史唯物主义和辩证唯物主义审视历史事件。如把千百年来戴在农民起义军头上的那顶"暴徒""盗寇"的帽子摘掉，还它应有的历史地位。对被一概否定的暴君的功过也进行了客观的评价，对诛杀功臣的话题也开始突破禁区。例如：明史专家吴晗1934年在《燕京学报》上发表的《胡惟庸党案考》中说，明太祖“一方面深虑身后子懦孙弱，生怕和他自己并肩起事的一般功臣宿将不受制驭，因示意廷臣，有主张地施行一系列的大屠杀，胡案先起，继以李案（实际上李是坐‘胡党’），晚年太子死复继以蓝案。胡惟庸的被诛，不过是这一大屠杀案的开端”。这就揭露了朱元璋以两党案为由头，对功臣宿将进行一系列大屠杀是有计划有目的的，实际上就是开始为胡、蓝等一大批功臣平反。又如：著名历史学家翦伯赞主编的《中国史纲要》（1963年初版）中说：“为了扫除君主集权的障碍，明太祖对功臣曾大肆杀戮，洪武十三年丞相胡惟庸一案，牵连被杀的功臣达三万多人。洪武二十六年（1393年）蓝玉一案，牵连被杀的也有一万五千多人。”翦老观点鲜明地指出：所谓胡、蓝两党不是谋反，而是明太祖为了巩固君主集权所采取的措施，把两党案的性质完全推倒。

但是，20世纪60年代，极“左”思潮笼罩着整个学术界，特别是《海瑞罢官》《海瑞骂皇帝》等历史剧被批判后，诛杀功臣这个敏感话题又被束之高阁了。直到70年代末，随着改革开放不断深入，学术界网禁大开，一些史学专家著文为胡、蓝党案彻底平反。

作为蓝玉公的后裔要发扬光大玉公为新政权建立、国家统一、民族团结、社会安定而终身征战沙场，不畏艰险，不辞辛劳的献身精神。同时，也要看到在那个久远的年代，那个复杂的环境中，给他留下一些不良印迹，如晚年居功自傲，注重名位，生活不够检点。

诗云：

擎天玉柱龙盘折，血洗蓝岗蔡水红。
万五冤灵冥国聚，状告洪武磔凉公。

（分别载于安徽省、全国《蓝氏族谱》。）

质疑《蓝玉·沐英考辩》

（2005 年 2 月）

蓝玉，安徽定远人。《明史》《定远县志》，《辞源》《辞海》《文史哲百科辞典》等权威辞书，大中学校《中国通史》教材，著名历史学家吴晗、翦伯赞等人的专著和论著都作了上述的记载，长期以来，为史学界所公认。然而，2001 年 12 月 1 日，湖南省城步苗族自治县民族委员会文史办刘先生所著《蓝玉·沐英考辩》（以下简称《考辩》）却予以否定，认为蓝玉是湖南城步人。

经过调查论证，笔者认为该文论点不能成立。

一、论据不真实，论点站不住脚

《考辩》的作者为了给其论点寻找论据，编造了十大谎言。

1. 十五万人谪戍濠州

《考辩》（35 页）：“元至正六年（1346 年）—九年（1349 年），城步有吴三保领导的瑶民起义，元廷苟尔提兵镇压，起义失败后，湘西南有 15 万少数民族被举家谪戍濠州（见《定远县志》）。”

查遍所有《定远县志》《凤阳县志》均无这段引文。

《考辩》关于湖广右丞沙斑和平章政事苟尔率兵镇压杨留总、吴天保起义之事，引用了《元史》12 段、《宝庆府志》7 段、《武冈州志》6 段，没有一处提到 15 万人戍濠之事，反而两处提到“余寇悉平”，一处提到“余贼悉平”。《元史》就连吴天保率六万人攻打全州的时间都记载得一清二楚，时在至正八年(1348 年)十一月辛亥，如果 15 万人戍濠是事实的话，《元史》对这样大的事决不会不记载的。

据《定远县志》(127 页)记载：“明景泰三年(1452 年)，定远全县 3670 户，45746 人。”上推到元至正十年(1350 年)的 103 年前，定远全县人口总数决不会多于这个数。

又据《凤阳县志》载：“明成化六年(1470 年)，凤阳县 6398 户，33076 人；临淮县 7681 户，42020 人。”两县共 14079 户，75096 人。上推至元至正十年的 121 年前，两县总人口数也决不会超过这个数。如果将当时濠州所辖的上述三个县人口加起来，也只有 12 万余人，如果 15 万人戍濠是事实的话，那么，在此之前三县没有一个人；之后，15 万人还减少 3 万人，这岂不荒谬？

定远、凤阳两县县志还记载，1964 年全国第二次人口普查，定远县只有四个少数民族：回、满、僮、蒙古。1982 年全国第三次人口普查，凤阳县只有回、壮、蒙古、朝鲜、土家、黎等七个少数民族，两县均无苗族和瑶族。在长期的历史演变中，少数民族汉化的现象是存在的，但不能全都汉化了。如果 15 万人戍濠是事实的话，为什么新中国成立后两县均无苗族、瑶族呢？

15 万人不是一个小数字，而且包括男女老幼。组织这样一支庞大人马横跨数省，在交通不发达的当时，需要花很大力量(包括军队的监督)。至正十一年(1351 年)，元廷征发 15 万民工修黄河，还从安徽调 2 万军队监督，对这样一支造反失败的队伍不能没有军队监督。这些都不是湖广行省所能胜任的，一定要有朝廷尚书以上的大员组织领导(15 万民工即是由工部尚书贾鲁率领的)，而当时有两件事(镇压北方红巾军和修黄河)已把元顺帝搞得焦头烂额，哪里还有力量来组织这次行动呢？如果谪戍到安徽，为什么还从安徽调 2 万军队去监督修河民工而不去监督 15 万流放人员呢？

当时，濠州是全国农民起义声势最大的地区之一，也是元廷统治力量最薄弱的地方。如果 15 万人戍濠是事实的话，那岂不是放虎归山，让两支义军合流吗？出于策略考虑，元顺帝也不会作出如此下策。

综上所述，结论只有一个：15 万人戍濠是个弥天大谎，编造谎言的目的就是让土生土长在安徽定远蓝大岗的蓝玉变成在城步出生，然后与家人随这支“戍军”来到定远，从而为蓝玉是城步人的论点提供论据。

2. 蓝玉父兄随 15 万人戍濠

《考辩》(14 页)：“在这次少数民族大起义中，蓝玉、沐英的父兄辈均参加了，起义失败后……蓝、沐两家随 15 万少数民族战俘被举家谪戍(充军)濠州。”

该文引用《元史》《宝庆府志》《武冈县志》25 段文字中，只提到起义首领吴天保、杨留总的名字,其他起义人员的名字均未提及。当然,对蓝玉、沐英父兄参加起义和随军戍濠这两件事也只字未提,不知该文作者是怎么知道的?是见于哪个文献记载的?为什么不引用呢?如果没有史料记载,那就是作者虚构的。

3. 蓝玉 11 岁随戍军来濠州

《考辩》(43 页):"蓝玉随家人被充军安徽定远(濠州)时,其年龄已经十一岁。"15 万人戍濠之事既然纯系子虚乌有,那么,蓝玉随家人徙濠之说也就自然不存在。

假如戍濠是事实,时间当在至正十年到十一年,因为《元史》记载,"至正九年十一月丁未,瑶贼吴天保陷辰州"。那就是说,起义失败的时间最早也在至正十年。

据常法秀近著《常遇春传》记载,常遇春大蓝云(玉姐)一岁,大蓝玉三岁,至正十二年(1352 年),22 岁的常遇春、19 岁的蓝玉因不堪残酷的民族压迫和阶级压迫,先后投奔明落山(怀远县西南)上的刘聚造反。翌年,由蓝玉牵线,将 22 岁的姐姐送至怀远贾村(今常坟镇)与常遇春成亲。

由此可知,至正十年,蓝玉已经是十八岁的成年小伙子,而不是十一岁。

4. 常遇春是桂西北人

山田《蓝氏宗谱》:"至正五年,湘桂黔边界一带爆发了苗瑶民大起义,常遇春父亲参加了这次起义。至正九年起义失败,被俘人员连同眷属 15 万人被放逐到安徽省,常遇春随父徙怀远县。"(《六修总谱》增补本 54 页)这种虚构太离奇了,太出格了。

怀远县城西南二十余公里,有个集镇叫常家坟,现为常坟镇。《怀远县志》(510 页)载:常坟镇东北 300 米淮河大堤之下,系明代开平王常遇春之曾祖父母、祖父母、父母墓葬,即"三王墓"(常遇春的三代祖先都被追封为开平王),墓前修有神道,两侧有石羊、石狮、石马、石人等石雕。1954 年修筑淮河大堤时,被压于堤下,现仅存几个土冢。

常遇春父亲常六六,祖籍山东,先辈为逃避战乱,迁徙至安徽怀远,到遇春父已是六代了。那时,穷人很少起名,常以"一、二、三、四、五……"加辈数行次为名,常六六,即从到怀远的祖先算起已经六辈了,再加上在兄弟中排行老六。常遇春的祖父名常重五,即第五辈排行老五之意,父亲叫常四三。遇春死后,葬于钟山之原,封为开平王。

2001 年,怀远县财政拨款对"三王墓"进行了整修,建立了遇春园和遇春纪念馆,成立了常遇春历史研究会。笔者在任时曾因检查工作多次到过常坟,2004 年,还专程前往常坟拜谒陵园。现在,常姓是怀远县望族,人才辈出。我的学生常天台曾担任怀远县长,现在的县教育局局长、常坟镇中学校长都是姓常。常遇春的父亲什么时候到桂西北的?什么时候参加苗瑶民大起义的?如何随 15 万失败义军到安徽的?又怎么定居在怀远的?这些都是哪个文献记载的?未到怀远实地考察,就主观编造,实在令人不可理喻。

5. 城步蓝姓尽改秦氏

《考辩》(22 页):“案凉国之族也,城步诸蓝惧祸尽改姓为秦氏,故景泰五年普和寺新铸之钟编列居民姓名而蓝姓独无一人。”

据湘、粤、闽等地蓝氏宗谱关于蓝姓迁徙情况的记载来看,自十世纪末,蓝光晋(宗训)离开城步迁徙定远东山洞,至十五世纪六十年代蓝玉遗腹子蓝昌建到扶城落户的五六百年间,扶城无蓝姓。据《考辩》记载:“原来有,后因‘蓝党’案都改为姓秦了。”这是不可能的,不知出自哪个史料?即使有史料记载也是不可信的。

朱洪武推行“以猛治国”的方针,对全国户口管理很严格。洪武十四年(1381 年),经过全国人口普查,编制了黄册,详细登记了各地的丁口和户主情况,平时人口的增减都要呈报政府登入黄册备案,每年政府审定一次。全国户籍由户部及地方各级政府管理,高级将领的户籍在兵部。洪武二十六年(1393 年),明王朝统治已经稳固。如果城步扶城是蓝玉的故里,是蓝姓聚居之地,朱洪武对这位跟随他几十年的大将军和儿女亲家的籍贯不能不知道吧?如果当时城步扶城有众多蓝姓居住,那么,他派遣的王瑛将军率领的部队不是出征定远蓝大岗(现二龙)了,而是出征湖南扶城去执行“族诛”的命令了,被族诛的一万五千人的绝大部分不是在定远蓝大岗而是在城步扶城了。然而事实是,蓝大岗被血洗一空,数千名无辜的蓝姓族人惨遭屠杀,连地名都改成王回岗,而扶城没有一个蓝姓被诛,这能用都改姓来解释吗?当然不能。在当时全国统一、政令畅通的形势下,整村整村的蓝姓族人都改姓秦而免遭杀戮,那是决不可能的。这是起码的常识,当然,个别人潜逃他处改名换姓而保全下来是完全可能的。

今天,为了否定蓝玉是定远人的历史事实,不惜将这段血淋淋的历史惨案一笔抹杀了,我们这些号称玉公后裔的人如何告慰玉公的英灵?如何告慰蓝大岗上无数死难者的在天之灵啊!

6. 定远县蓝姓都改姓青

《考辩》(35 页):“洪武二十六年二月己酉,明开国功臣凉国公蓝玉被诬以谋反罪族诛时,安徽定远的蓝氏全部改姓青。”(见《定远县志》)

又是一个假托《定远县志》的弥天大谎!新老定远县志根本无这段文字记载,与事实不符。事实是当时定远的蓝大岗聚居的蓝姓族人 600 余户,3000 余人,绝大部分被王瑛的部队杀掉了。由于王瑛是蓝玉的旧部,同情蓝玉,但是又不敢违抗朱元璋的圣旨,所以在执行任务时,对蓝玉族人极严,对蓝玉家人暗予方便,致使身怀六甲的蓝夫人得以逃脱虎口,在附近的农民家隐藏下来。后生下一男改为青姓,现已繁衍数百人。蓝玉的五个儿子没有改姓逃至肥东梁园落户,现已繁衍数千人(包括现在定远张桥镇中户蓝的蓝姓),根本没有全部改姓青。如果全部改姓青,那么,怎么解释蓝大岗数千人被惨杀呢?如何解释蓝大岗改为王回岗的历史事实呢?

《考辩》虚构这段情节的目的有二:一是抹杀蓝大岗聚居的数千名蓝姓被诛的血淋淋的史实,为其蓝玉不是定远人的论点服务;二是为其城步扶城诸蓝惧祸尽改姓为秦氏找旁证,从而为其"蓝玉是城步扶城人"的论点服务。

一切造假者都不能自圆其说,总是要露出马脚的。既然安徽定远的蓝姓和湖南城步的蓝姓都改姓而免遭杀戮了,那么,史载族诛万五千人于何处呢?当然,被族诛的首当其冲是居住在南京的蓝玉亲属,但这个数字很小,玉公的族人绝大部分还是居住在蓝大岗。定远、扶城两地的蓝姓都因改姓而免遭祸殃,那么,族诛的15000人的数字在什么地方落实呢?

7. 蓝玉长子由皖亡湘

《考辩》:"蓝玉长子蓝大鹏一家三代六口(妻、子、媳、孙)人,由蓝府城逃至湖南山田。"(山田《蓝氏宗谱》)类似说法至少有两处。这些说法前后矛盾,无任何依据。

其一,违背历史。蓝玉被诛是在洪武二十六年二月,同年九月,朱元璋便下诏说:"蓝贼为乱,谋泄,族诛者万五千人,自今胡党、蓝党概赦不问。"(《明史》3866页)

山田《蓝氏宗谱》称:"约于1395年,朱元璋派钦差大臣将德鸿公杀害于这里(西冲蓝家塘)。"朱元璋制造蓝党案,是为了借此诛杀功臣,既然目的已经达到,哪有在赦免诏书下达后的第一年还派人到湘西把蓝玉长子杀掉之理?而且只杀德鸿一人,一家其他五口人都幸免。看来编造者用心良苦,德鸿儿孙都被杀掉,哪能传宗接代呢?其二,出逃路线前后矛盾。2000年印发的山田《蓝氏宗谱》总论说,"有可能是从水路乘船",这是估计、揣测的语气。2001年增补本却说,"从长江乘船而逃"。这是肯定的语气。时隔不到一年,从水路逃亡的路线就由主观的揣测变成客观的事实了,不知这一年发现了什么证据。不然,前后变化为何如此之大?其三,歪曲梁园宗谱,梁园《蓝氏宗谱》说:"玉公,字永富,妣常氏,生五子,朝纾、礼纾、哲纾、有纾、唐纾。"未言生六子。然而,山田《蓝氏宗谱》(《六修总谱》增补本28页)却说:"据梁园《蓝氏宗谱》载,玉公原配常氏,现已知生一女六子,女(其名佚考)被封为蜀王妃,长子德鸿,字大鹏……"这不是明目张胆地篡改梁园的宗谱吗?篡改后还自封老大,硬要凌驾于别人之上,这是不是有些霸气呢?所以,玉公夫人常氏生六子,长子名德鸿,德鸿由蓝大岗逃到湖南山田,在山田被朱洪武派人杀死等说法都无任何依据,梁园宗谱从未记载。

8.《明史》编修者无湖南人

《考辩》(33页):"《明史》修纂的参与者中,当时的湖广没有人参加。因而招致这段史实无人提供,从而招致此错误的产生。"

该文的作者武断地说,《明史》之所以把蓝玉写成定远人,是因为湖广无人参加《明史》的编写。如果湖广有人参与《明史》的修撰,这段重要的史实定会有人提供。(这段重要史实指的是蓝玉11岁与父兄随湘西南15万人徙濠的事。)

果真如此吗？答曰："非也。"据《毛泽东读诗批文鉴赏》(352 页)一书介绍："参加《明史》编修的人员中又有许多著名的历史学家，如黄宗羲、顾炎武、王夫之、万斯同、全祖望等。"王夫之就是湖南衡阳人，离宝庆(今邵阳)较近，离武岗也不远。据《文史哲百科辞典》(91—92 页)介绍："王夫之(1619—1692)明清之际思想家。字而农，号薑斋。衡阳人。晚年隐居于湘西蒸左石船山，学者称船山先生……是一位广学多才的学者。精于经学、史学、文学，对天文、历法、数学、地理学都有所研究。哲学上达到了中国古代朴素唯物主义和辩证法的高峰。"

蓝玉是洪武年间屡建奇功的大将军，又是皇亲国戚，特别是"蓝党"震惊全国，影响极大。作为"达到中国古代朴素唯物主义和辩证法的高峰"的史学家王夫之，对于这样的人物不能不了解，不能不研究，不能不慎重，不能不实事求是吧！如果蓝玉真的是湖南人，我们有百分之百的理由相信他决不会违背事实，不会违背史学家的良心，不会无根据地、草率地把一个同乡的历史人物硬写成不是湖南人；如果蓝玉不是湖南人，他也决不会从狭隘的地方观点出发，违背哲学家的德性，硬把他写成湖南人。否则，他就称不上"中国古代朴素唯物主义和辩证法的高峰"了。

不知《考辩》作者在行文前查清有关资料没有？如果没有查，那就是信口乱说；如果查清了，那就是明知故错：二者必居其一。不管怎样，都无法向先贤交代。

9.《明史》依据的资料极不全面

《考辩》(33 页)："《明史》对蓝玉、沐英祖籍、籍贯的原始资料的采撷是草率的、极不全面的。"事实真的是这样吗?《毛泽东读诗批文鉴赏》(351 页)一书介绍："《明史》的修撰，从顺治到乾隆，历时 95 年，前后共修撰了三次，参与修撰的人员累计约二三百人，可以说是中国古代设史馆修史的历史上规模最大，历时最长的一次。《明史》主要取材于明朝的实录、典志、传记、杂史等。明朝尽管连一部国史也没有修成，但实录却有 3094 卷，私家所撰的各类明史著作总计有 3282 卷，各类典志(包括州、路、府、县志——引者注)总计 2064 卷，各类专论总计 1001 卷，各类杂史约有 1000 多种，史料极为丰富。"上述各种资料累计为 10440 种，这些资料中当然包括各地地方志，甚至包括有些族谱。这样极为丰富的资料供《明史》撰修者采撷，难道还"极不全面"吗?

《毛泽东读诗批文鉴赏》(352—353 页)一书还介绍："《明史》的编修，从一开始就有一个良好的规划，分类也比较妥当。在编修过程中，《明史》又经过了多次大修大改和订正，长期反复考证推敲，因而在《二十四史》中，应该说是写得较好的一部史书，体例比较严谨，文字精炼，内容充实，矛盾之处也较少。"

《明史》这样多次的大修改和订正，难道还不严肃吗？怎么能说是"草率"呢?《明史》列传中，除后妃、宗室王、公主列传外，其他个人列传有 390 余名(200 名是主要的)。《明史》对每个人的出生地以及祖籍的认定都非常认真，表述的方式有三种。(1)对出生地与祖籍一致的作"某某某，某某某人"的表述。如"蓝玉，定远人"，"常遇春，字伯仁，怀远人"，"徐达，字天行，濠人"。(2)对出生地与祖籍不一致的，作"某某某，其先某某人，后徙某某地"的表述。如"傅友德，其先宿州人，后徙砀山"，"王弼，其先定远人，后徙临淮"，"陈遇，字中行，先世曹人，徙居建康"。(3)对祖籍不详者实说。如"张温，不详何许人"，"朱寿，未详何许人"，"孙虎，不知何许人"，"蔡迁，不详其乡里"，"余兴明，不知所始"，"王本，不详其籍"。按明制，蓝玉的文字档案不在吏部，而在兵部，属于国家级文物，理应保存于清设立的明史馆中。修史者对这样一位重要人物籍贯、祖籍的确定，一定会根据大量材料的，决不会草率，"草率"之说似无根据。

各个时代的统治阶级思想就是其统治思想，在清朝民族歧视和文化专制的重压下，《明史》在内容上也存在不少缺陷。如《明史》对延续十八年之久的南明政权只有寥寥数语，使南明史事湮没几尽。又如对蓝玉的评价很不公，打上封建统治者的正统观点烙印，仍然被斥为"贼""逆臣""谋反"，为朱元璋滥杀功臣辩解，说什么蓝玉之死"非以剪除为私计"，是他触犯明法，"人主不能废法而屈之，亦出于不得已，是其自取焉尔"。这分明是在告诫当朝文臣武将不要犯上作乱，否则，就要像明朝蓝玉们一样"骈首就戮"，"咎由自取"。这是蓝玉冤案得不到彻底平反的根本原因所在。

10. 蓝姓始祖出仕汝南郡

《考辩》(2 页)："蓝氏之祖，始于昌奇出仕妆南郡，子孙世袭其爵，汝南堂之称，即由此来也。"

这违背了中华民族的发展史！中国，自黄帝(约公元前 30 世纪初)至夏禹(约公元前 2070 年)的时期，史称传说时期。这个时期的社会组织为部族、部落，首领的更迭多为禅让(如:尧让位于舜，舜让位于禹)。周代(约公元前 11 世纪)实行分封制，春秋末期(约公元前 480 年)较大的诸侯国开始设郡。秦统一中国后(公元前 211 年)，实行郡县制，分中国为 36 郡，汉高帝四年(公元前 203 年)设汝南郡。(见《竹书纪年》)《考辩》让公元前四千多年的昌奇活到公元前二千多年的汉朝去出仕汝南郡，实在是天方夜谭。

二、论证不科学，逻辑混乱

《考辩》作者在论证论点时，不是采取唯物辩证的科学方法，而是玩弄了一些文字游戏，提出一些片面历史观，现归纳为十条。

1. 以假乱真

《考辩》作者虽然提出"治史人的德性，唯史实是从"，但其在实际论证中恰恰违背了自己的诺言，违背了史家最基本的原则:实事求是。《考辩》作者采取了艺术虚构的手法，抓住了史料中的只言片语，演绎出一个个相互连接的故事情节，冒充史实，作为论据。该文虚构的十条谎言中,前九条都是作为蓝玉不是定远人论点的论据,其中第一条是根,由此而衍生出后八条。把虚构的谎言作为论据,犹如建立在幻想中的空中楼阁,毫无根据,当然站不住脚。

2. 冒名假托

该文作者为使读者对其编造的谎言信以为真,居然不惜违反《中华人民共和国著作权法》,将其编造的谎言冒充是引自《定远县志》,如第一条和第六条,都在引文后的括号内注以"见《定远县志》"。山田《蓝氏宗谱》步其后尘,将其编造的蓝玉长子率一家三代六口人由蓝大岗逃往湖南的故事嫁接在安徽肥东的《蓝氏家谱》上,说什么据梁园《蓝氏宗谱》载。还把桂阳山田蓝氏于雍正五年(1727 年)撰写的族谱冠以安徽、桂阳蓝氏合写,真是滑天下之大稽,安徽蓝氏的先辈什么时候与桂阳山田蓝氏的先辈共同撰写这段序言呢?

一切精神产品的创造者的权益都是受到国家法律保护的,不容他人冒名假托。假冒别人的商标是侵犯别人的知识产权,要负法律责任,假冒别人的著作是不是也是侵犯别人的著作权而要负法律责任呢? 这是不言而喻的。《定远县志》是由定远县委、县政府主持编写的地方志,梁园《蓝氏宗谱》是由蓝氏先人撰修的,他们都拥有合法的著作权,不允许任何人侵犯。

3. 史论相悖

引用史料是为了论证论点,史料和论点应该吻合。《考辩》引用《元史 · 顺帝本纪》《宝庆府志 · 大政纪》《武冈州志 · 大政志》中记载的都是吴天保、杨留总率湘西南少数民族起义军攻城略地以及湖广行省派兵镇压的情况,未有蓝玉、沐英、常遇春父兄参加义军及其随军被放逐到濠州的任何内容。但《考辩》在作结论时却说:"从……的史料可以看出……在这次少数民族的大起义中,蓝玉、沐英父兄都参加了,起义失败后,蓝、沐两家随 15 万少数民族战俘被举家谪戍濠州。"结论与史料毫不相干,就像小学生做作文走题一样,写的内容和题目背道而驰。

4. 物论不符

该文用宗祠和祖坟作为论证蓝玉籍贯的物证。但是,物证与论点之间相距甚远,不足为据。

《考辩》(28、30 页)称,坐落在城步苗族自治县丹口镇太平村的蓝氏宗祠,为蓝玉籍贯、祖籍是城步提供了绝好的物证,即铁的实证。

一个人的籍贯是由其"祖居(世代居住)或本人出生的地方"决定的,祖籍是由其"祖父或祖父前的先人居住地"决定的,而不是由本族宗祠所在地决定的。(《现代汉语规范词典》)如:江氏宗祠在安徽旌德县,但江泽民的籍贯却是江苏扬州,因为扬州是他出生的地方。诸葛武侯祠建在四川成都郊区,但诸葛亮却是琅琊阳都(今山东沂南)

人，因为那是他的出生地。有的族祠虽然不是出生地，但是其父辈以上祖居之地。如：胡氏宗祠在安徽绩溪县，胡锦涛虽然不出生在这里，但他的父亲及其上辈世代居住在这里，所以，胡锦涛的籍贯是安徽绩溪。

据该文提供的资料表明，城步蓝氏宗祠始建于1571年，距蓝玉出生230余年，距其遇难178年，距其遗腹子蓝昌见到城步落户114年。聚居在城步的昌建公后裔，为了纪念蓝玉公、昌建公而建祠，正如当年从蓝大岗逃出虎口到肥东落户的蓝玉后裔一样，为了纪念玉公，在梁园建祠，都是很自然的。如果说在蓝玉出生后两三百年，扶城建立了蓝氏宗祠是蓝玉的出生地在扶城的铁的实证，那么，蓝玉出生后三四百年，肥东梁园建立的蓝氏宗祠就是蓝玉出生地在肥东的“绝好的物证”了。这样，蓝玉岂不是有两个出生地吗？这是绝对不可能的。由于一个人的籍贯与其家族宗祠所在地没有必然的因果关系，因此，绝对不能把建祠地点作为一个人籍贯的物证。李善长、冯胜、胡惟庸都是明朝开国的文臣武将，定远却没有他们家族的宗祠，难道能否认他们是定远人吗？当然不能。定远蓝姓没有建立宗祠，但定远蓝大岗却是蓝玉的父母之乡，是他出生的地方，所以，《明史》说他是定远人。按中国传统的习俗，人死后都要葬于出生地（即籍贯所在地），即使客死他乡，其子孙后代也要设法将其归葬原籍。如：抗日战争时期，陈独秀死于四川，后归葬于他的故乡——安徽省怀宁县。因此，一个人的祖坟所在地如果真实确凿，可作为一个人祖籍的物证，但是，一定要是他的父、祖父、曾祖父及以前先人世居之地。《考辩》提出已找到的葬于扶城的玉公遗腹子蓝昌建、祖母杨氏，远祖蓝光晋、蓝昌见等四人的坟茔作为物证。蓝昌建的坟茔即使真实也不能作证，因为他是玉公之子，在玉公出生130多年后才到扶城的。

蓝玉是蓝昌见十四世孙，蓝光晋（宗训）十五世孙。湖南城步扶城《蓝氏宗谱》载：晋公（宗训）生于864年，殁于931年，葬濠州。（转引自山田《蓝氏宗谱》增补本8—9页）福建《蓝氏宗谱》载：昭（昌见），约生于902年，945年徙河南嵩石室。（同上）葬于濠州的蓝光晋，是谁从濠州将其尸骨迁到扶城的？什么时候迁的？蓝昌见徙河南以后是否又回城步扶城？死在何处？葬在何处？均无考证。不知扶城是怎么找到的。既然没有碑碣，一抔黄土堆，凭什么认定的？因此，蓝光晋、蓝昌见坟茔的认定毫无依据，不足为证，况且是玉公的远祖，不是他上三代的祖先。

唯一可以作物证的蓝玉祖母杨氏墓葬地，虽然已经“找到”且有“坟茔碑碣，斑斑可考”，但疑点仍然很多。其一是找到的时间：是玉公遇难后的74年，蓝昌建到城步落户后找到的，还是玉公遇难后178年建祠时找到的？扶城在找到前长期无蓝姓，是谁祭扫而保全的？其二是古代同族祖先的坟茔相对集中于一处，称祖茔，为什么玉公的祖母与其父母、祖父、曾祖父母的祖坟没有葬在一处呢？假设玉公父母和祖父都被充军到濠州是事实的话，那么，他的曾祖父母坟墓应在扶城，他的祖母的墓葬应与他的曾祖父母的墓葬在一起,既然,他的祖母坟茔"找到"了,为什么他的曾祖父母的坟茔未找到呢?其三是按明制,公侯的祖坟在重修后,神道两边都有石人、石马、石羊等石雕,如:安徽定远胡村胡海(东川侯)的祖坟和怀远常遇春的祖坟就是这样。扶城蓝姓没有遭到族诛,蓝氏祖坟没有遭到破坏,为什么这样一些标志性石雕都没有呢?其四是玉公祖母杨氏坟茔前的石碑是什么时候立的?何人立的?内容是什么?如果是"找到"后立的,那就不足为凭了。

更重要的是,15 万人戍濠是虚假的,玉公父母、祖父母都在定远,他的祖母什么时候一个人到扶城的?总之,该文用以作物证的两件事都与论点不相符。

5. 人论矛盾

该文用了较长的篇幅描写蓝玉与沐英两家的深厚友谊,作为认定蓝玉籍贯的唯一人证。《考辩》(28 页)称:"上文中所提到的同乡和原籍二词,是蓝、沐两氏二百多年交往的基础,是深厚情谊的基础,同时也为我们论证一代名将出身、家世提供了重要论据。"

该文论证的逻辑是:因为蓝、沐两人同乡,所以感情深厚;由于两人感情深厚,所以两人是同乡。(前半句能成立,后半句不能成立)。一个人一生关系亲密的朋友中,有的是同乡,有的是同学或同事,因为友谊是在长时间的相处中形成的,而同乡、同学、同事为长时间交往提供了客观条件。但与所有的同乡、同学、同事的关系不一定都非常亲密,不一定都能成为至交。这符合正常的规律。某人与某人因为是同乡,所以关系密切,成为朋友的命题能成立,但某人与某人因为是关系密切的好朋友,所以是同乡的逆命题就不能成立了。蓝玉与常遇春不仅是亲戚,而且首先是挚友,但不是同乡;蓝玉与胡惟庸虽然是同乡,但不是朋友。蓝玉与沐英虽然是同乡(都是定远人),但不是由他们两人关系密切决定的,而是由他们的出生地相同决定的。

6. 史从志

该文为了否定《明史》对蓝玉籍贯的结论,提出了"先志后史"论和"史从志"论,而从志也只能从湖南《城步县志》,而不能从其他地方志。《考辩》(33 页)称:"从《明史》的定稿雍正十三年(1735 年)计算,《明史》比康熙《城步县志》成书晚五十年,若,《明史》从乾隆四年(1739 年)刊印计算,则《明史》成书晚《城步县志》成书 54 年。一般的规律,是史从志,即先有志,后才有史。"

首先,概念模糊,史志并列。史是"记载历史的书籍","它包括各种体裁(书、表、志、传等——引者注)的历史著作",是我国古代图书分类中的一大类。(《现代汉语规范词典》)清乾隆年间编写的《四库全书》就是按经、史、子、集四大类分的。志是"记事的书或文章"(同上),是历史书籍中的一种体裁。从逻辑学上讲,史与志是种属关系,前者是种概念,后者是属概念。该文把种属两个层次的概念并列起来,就像把父子关系说成兄弟关系,这是概念上的混乱。其次,逻辑混乱,制造规律。成书的先后与谁从谁之间没有必然的规律,成书在后的各类历史书(包括地方志、谱牒等)要参看成书在先的有关的各种文献,从中吸取营养。修国史的要汲取地方志中的精华,剔除其糟粕;撰地方志的要以国史为总领,把地方志放在全国的大背景下运筹,突出地方特色,互相取长补短,决不存在谁从谁的问题,哪个正确就从哪个。如果硬要说谁从谁,那么,局部应该服从整体,地方应该服从全国,该文仅用《城步县志》成书早于《明史》成书的个别事例就得出志先史后、史从志的结论,还自诩为规律,岂不谬哉?规律都是客观存在不以人的意志为转移的,不是个人制造的。最后,主观臆测,妄加指责。编撰人员阵容强大,资料依据丰富,经过多次大修改和订正的《明史》,在写《蓝玉传》时,广采博览各地有关蓝玉的资料(包括湖南、安徽的地方志),然后经过去粗取精、去伪存真的筛选,择其善者而用之,其不善者而去之。结论可能与某个地方志相同(所谓史从志)而与另外的地方志不同。因此,不能武断地说,与某个地方志观点不同就是史不从志,就是不合规律,就是不正确,那岂不是从我者正确,不从我者错误的论调吗?岂不是顺我者昌,逆我者亡的强权论调的翻版吗?以此否定《明史》中对蓝玉籍贯认定的结论,那纯粹是主观臆测,妄加指责。

7. 歪曲原意

该文不仅伪造《定远县志》的某些内容,还歪曲《定远县志》的有关内容。《考辩》(37 页):"新修《定远县志》,入专传者一共 28 人,除鲁肃、董槐、李善长三人以外,沐英、蓝玉的官爵、业绩并不亚于其余的 25 人。"为什么蓝玉没有被入专传呢?该文认为,"那是因为明史尽管将蓝玉列为定远人,但史实并非如此,既然正史已成定论,又何必将其从定远推出呢?"(《考辩》39 页)俗话说,锣鼓听声,说话听音,这句话的弦外之音就是《定远县志》对《明史》的结论持怀疑态度,将其列为定远人是不得已而为之,显然这是歪曲。

首先,歪曲《定远县志》写专传的意图。县志为历史人物写专传至少有三条原则:(1)详今略古。在被立为专传的 28 人中,封建社会 5 人(17.9%),民国期间 15 人,新中国成立后 8 人。5 人中明朝 2 人,就占 40%,是封建社会历代中最多的。(2)选择典型。县志从不同时期选择不同方面(包括反面)的代表人物,明朝 2 人中,一个代表明初文臣(李善长),一个代表明中后期抗倭名将(戚继光)。明朝两大忧患:一是边界的内患;二是沿海的倭寇外患。这两个人被列入专传是很有典型性的。如果将蓝玉列入专传,那么比他官位爵位高的冯胜、沐英、胡惟庸三人也都要被列入。这样,仅明初就有 5 人,那岂不是详古略今了吗?此外,县志还选择一位反面人物(反革命分子牛登峰)为之立传,官职是国民党的县自卫队大队长,业绩是手上沾满镇压人民的鲜血,其官爵、业绩与蓝玉不能相比,如按照该文立专传的标准,牛登峰根本不该入专传。(3)生不立传。新中国成立后被立为专传的人物少于民国期的 25 个百分点，这不是违背详今略古的原则，而是许多可以立专传的人物还健在。由此可知，县志未将蓝玉列入专传，决不是因为他官爵、业绩都亚于其余 25 人（除鲁肃、董槐、李善长三人）。其次，歪曲县志对蓝玉的评价。该文对县志第三十八章（人物）开篇总叙中没有列举蓝玉愤愤不平。县志《人物》章分人物志、人物表、英烈名录三节，总叙中列举了十二位各个历史时期的代表人物，明朝就有郭子兴、李善长、戚继光三人，占四分之一。蓝玉挂不上号是因为明初定远籍的英雄人物较多，只能举两三人，因而不是贬低蓝玉地位。相反地，县志在概述中却作了如下精彩的描述："定远人杰地灵，群英荟萃，文韬武略，各领风骚……朱元璋起兵于定远而建明王朝，定远籍王公侯爵者三百余人，形成众星拱月之势。著名的元勋有：左丞相李善长、胡惟庸，大将军冯胜、兰（蓝）玉，黔宁王沐英，东川侯胡海等。"（3 页）一部文献的概述比某个章节的开头语的分量要重得多吧！作者不引用这段文字而引用另一段文字，是谁在贬低蓝玉的业绩呢？明眼人一看便知，这种片面地引文是史家最忌的。

该文为什么这样鸡蛋里挑骨头呢？醉翁之意不在酒，而在否定蓝玉是定远人。《考辩》对此作了回答："致于新志人物章未将沐英、蓝玉做定远人物专条编写，就可想而知了。它不正是沐英、蓝玉安徽定远人的史实不足，不足以立人物专传的绝妙之笔吗?"（39 页）

8. 偷换概念

逻辑学告诉我们，在论证中必须保持概念的始终一致性，不能偷换概念。《考辩》中多次采取了这种非科学的论证方法。

例一：将墓葬地待考偷换成出生地待考。

蓝玉被磔于市后葬于何处，至今没有定论，梁园《蓝氏宗谱》说是"葬金陵之原"，《定远县志》说："有说兰（蓝）玉伏诛后，其全家悉投此井中死。也有说，兰（蓝）玉伏诛后，兰（蓝）府亦毁，其遗体葬于原卒址。以上均无从考证。"（691 页）县志对蓝玉葬地的认定，从语气上看，虽然倾向于原卒地，但无证据，故言"以上均无从考证"。很显然，以上是指蓝玉葬地的两种说法，概念非常清楚。然而，《考辩》却说："新志作者之所以取如此妙笔，显然是告知阅者，不仅蓝玉葬地待考，而且蓝玉的祖籍及蓝玉的出生地均有待进一步考证。"（39 页）在这里，葬地的概念被置换成祖籍与出生地的概念了。

例二：将个别改姓偷换成全部改姓。

据《青氏宗谱》（挂谱）载，青氏的始祖是蓝玉夫人，蓝大岗蓝姓遭"族诛"时，蓝玉夫人身怀六甲，在好心人的帮助下逃至附近农家藏身，生下一男改姓青。而《考辩》却偷梁换柱地说："安徽定远的蓝氏全部改姓青。"（35 页）而且假冒是《定远县志》记载的。

9. 谬误重复

民间有句戏言：谬误重复一百次就成为真理。该文对其所编造的谎言在作品中多次重复,对阅者的脑神经进行强刺激,从而使之深深打上烙印,信以为真。如蓝玉父兄随15万人成濠的谎言,在文中至少重复九次。

10. **以讹传讹**

《考辩》将山田《蓝氏宗谱》中关于蓝玉长子由皖亡湘的谬误引为史实。山田《蓝氏宗谱》又将《考辩》中关于15万人成濠的谎言引用来,并演绎出常遇春父兄随15万人成濠的情节。这样,互相之间将谎言作史实引用,以讹传讹,俨然成了论据。像这样的方志、族谱也要国史去"从"吗?

三、语言不规范,语义含糊

长达五万字的论文,结构松散,前后重复,语义含混,用词不当,甚至出现错误,现列举几例。

例一:"15万少数民族被举家谪戍濠州。"

15万数词后应该有量词"人"或"名",构成数量词15万名(或人),否则,少数民族就成了量词。中国除汉族外,只有55个少数民族,哪来15万少数民族呢?这是海外奇谈。"谪"是指"封建时代把高级官吏降职并调到边远地方做官"(《现代汉语词典》)的意思:"戍"是"(军队)防守"的意思。这是一个农民起义失败的群体,无元朝的高官,何言"谪"?当时濠州属河南省安丰路,中原地带,失败的义军是反元的,何言"谪戍"?

例二:把《明史》当成"文本"。

该文在解释"文本"一词时说:"顾名思义,是对某一事物形成的东西,或文章或书籍,而这种文章和书籍,自然要取得当时时政的认可,拿今世之话来说,即公开出版物或登载或专版。"(31页)

《现代汉语规范词典》(2004年版)对"文本"是这样解释的:"用某一种语言写成的文件;也指某种文件。"该文却将文件当成文章或书籍,尽管文件也可以称为文章,也可以汇集成书,但毕竟与一般意思的文章与书籍有严格的区别。《明史》既不是清廷文件,也不是雍正、乾隆两朝的诏书,而是一部优秀的历史巨著,是中华民族的优秀文化遗产,怎么能将之斥为"官样文本"呢?把一部长篇历史巨著写成"文本"真是驴唇不对马嘴!

例三:"湖南桂阳山田蓝氏,仍('乃'字之误)'蓝党'之祸发生后……"

"'蓝党'之祸"是贬义词,意思是蓝玉结党谋反的祸乱,这岂不是承认蓝玉结党谋反吗?当然,作者本意不是这样,但错得太惊人了。

例四:反问句将意思搞反了。

如"除了蓝氏宗祠以外,还有什么物证能证明蓝玉、沐英祖籍不是湖南城步扶城而是安徽定远呢?”这个反诘句有两层意义,一是蓝玉、沐英祖籍是安徽定远而不是湖南扶城,二是蓝氏宗祠是最有力的唯一物证。前者与本文的论点正相反,显然不是作者本意;后者把不能作物证的宗祠说成是唯一的物证,是逻辑的混乱。

例五:“引发一场旷日持久的世界级的蓝玉、沐英祖籍、籍贯的论战。”

这是故作惊人之语的耸人听闻的夸大不实之词。试问:这场所指论战起自何时?是始于清朝、民国,还是始于新中国成立后?论战的范围有多大?是区域性的,还是全国性的,世界性的?论战双方是谁?主将是谁?在全国性、世界性报纸杂志上发表多少篇观点对立的文章?笔者孤陋寡闻,虽然年已古稀,但至今在正式出版物上还没有读到一篇双方论战的文章,访问一些史学朋友,也作如是说。个别地方志的记载与《明史》的记载有不同,在浩如烟海的史书中是很自然的,怎么能把这种分歧夸大成是“世界级的论战”呢?太荒谬了!

四、态度不冷静,情绪偏激

《考辩》对《明史》将蓝玉写成定远人大为光火,它认为“大概由于明朝开国皇帝乃安徽凤阳人,而明朝开国元勋及绝大部分主要将领均系安徽人,而沐英又系朱元璋养子,故常遇春、沐英、蓝玉均写成安徽籍。用以说明安徽不但出王,而且将相辈出,比比皆是”(34 页)。参加《明史》编撰的二三百人中,固然不乏如王夫之、黄宗羲这样一些秉笔直书的德才双馨的史学家,当然,也不可否认夹杂着个别御用文人。但是,作者忘记了《明史》是由清朝主持编写的,编撰者连延续 18 年的南明政权都不敢如实详写,哪能去有意歌颂当权者的对立面——明朝呢?那岂不是拍马屁拍到马蹄上吗?该文把《明史》中“蓝玉,定远人”这样纯客观的纪实文字牵强附会地说成是为朱元璋歌功颂德,为朱元璋的出生地歌功颂德,实在是毫无道理,令人啼笑皆非。

对《定远县志》除了假冒、篡改、歪曲外,对许多内容的分析也是缺乏理智的,情绪偏激。对《明史》《定远县志》中的观点可以否定,但要拿出过硬的证据,心平气和地进行科学的论证,以理服人,以情动人;靠虚构,靠发火,那不是马克思主义史学家应有的态度。但愿这次所谓的世界级的论战能在正确思想指导下,在和谐的气氛中进行下去。

试论中国共产党的宗旨

——全心全意为人民服务

（2005 年 7 月）

在新的历史条件下，共产党员要继续保持先进性，最重要的是要做到两个坚持：坚持共产主义的远大理想，坚持有中国特色社会主义的信念；一个牢记，牢记党的全心全意为人民服务的宗旨。如果说第一个坚持是共产党员参加革命与建设的巨大动力，第二个坚持是方向，那么，一个牢记则是最终目的。因此，是不是树立民本思想，全心全意为人民服务，是衡量一个共产党员能否保持先进性的最重要的标尺。

一、先贤先哲，以民为本

马克思主义既是 19 世纪工人运动的经验总结和理论概括，又是对人类所创造的优秀精神成果，特别是对德国古典哲学、英国古典政治经济学、法国空想社会主义学说的批判继承。中国共产党人全心全意为人民服务的思想的形成，既是中国共产党领导的革命与建设实践经验的总结和概括，又是中华民族的优秀精神遗产，特别是“民为邦本，本固邦宁”思想的继承。

中华民族五千年光辉灿烂的历史文化，闪烁着民本的博大精深的思想光辉。

从春秋时期的孔子到现代的陶行知，历代伟大的思想家、教育家，他们的思想核心就是一个“民”字。

孔子提倡仁,仁的核心内容,正如他自己所说:“泛爱众而亲仁”,“节用而爱人,使民以时”。“宽则得众,信则民任焉!”“众恶之,必察焉;众好之,必察焉!”

《论语》一书多次记录孔子与弟子谈论民、百姓的对话。樊迟问仁,子曰:“爱人。”子贡问政,子曰:“足食,足兵,民信之矣!”子张问从政,子曰:“因民之所利而利之。”季路问事鬼神,孔子很不高兴地说:“未能事人,焉能事鬼?”子路问君子,子曰:“修己以安百姓,尧舜其犹病诸?”鲁哀公问政于孔子弟子有若,有若说:“百姓足,君孰与不足?百姓不足,君孰与足?”有若的长相与言行很像孔子,孔子死后,弟子们很怀念孔子,要把有若当成孔子一样来尊重他,欲以师礼事之,有若坚决不同意。孔子有次外出游说诸侯,回家时,家里人首先告诉他一件不幸的事,几天前,家里的马厩被大火烧掉了。孔子很惊恐地问:“养马人都安全吗?”家人回答他都安全后,他才平静下来。孔子第一句话不是问马烧死了多少,而是问人有没有被烧死。这就是他爱人思想的具体体现,也就是民本思想的具体体现。这种民本思想对当时奴隶社会把奴隶与牛马等同起来的贱民观念是极大的挑战,也是水火不容的。

战国时期的孟子破天荒地提出:“民为重,社稷次之,君为轻。”他继承孔子思想,主张国君行仁政,反对霸道。他在游说梁惠王时,要梁惠王“与民同乐”,周文王因为“与民同乐,故能乐也”。一个君主要关心百姓的疾苦,“乐民之乐者,民亦乐其乐;忧民之忧者,民亦忧其忧”。孟子游说到滕国,他在回答滕文公问为政之道时说:“是故贤君者,必恭俭礼下,取于民有制。”孟子所到之国,都劝说国君要“省刑罚,薄赋税”,对百姓施仁政。

孔子弟子曾子所作《大学》一书,开宗明义地说:“大学之道,在明明德,在亲民,在止于至善。”

宋代范仲淹的“先天下之忧而忧,后天下之乐而乐”的伟大思想已深深扎根于历代中华儿女的心中,成为他们创造惊天动地业绩的强大精神动力。

伟大的人民教育家陶行知先生用诗句形象地表达了他的民本思想,他说:“中国好比一个大公司,老百姓都是老板,老板要有老板样,天大事情自己管。文武百官是伙计,伙计要忠实,伙计要和气,伙计要努力。还要四万万五千万老板,坐上第一把交椅。”作为党外布尔什维克的陶先生,民本思想在他的脑海中扎得很深很深,他感情鲜明地提出:“民之所好好之,民之所恶恶之。为人民进步者,拜人民为师。为人民服务者,亲民庶几无疵。为人民奋斗者,血写人民史诗。”

从屈原的“长太息以掩涕兮,哀民生之多艰”的咏叹,到鲁迅的“万家墨面没蒿莱,敢有歌吟动地哀”的沉吟,抒发了一切伟大爱国者、文学家、艺术家对苦难的人民大众忧心如焚的情怀。他们甘为人民的疾苦披荆斩棘,他们甘做人民事业的“孺子牛”。

从秦末的陈胜、吴广到太平天国的洪秀全、杨秀清,一切农民起义的首领,在起义开始的一段时间内，都能代表广大农民的利益，为了拯民于水火，解民于倒悬，浴血奋战，所向披靡。但后来，往往都是因为腐化堕落，背离人民利益而成为自己的掘墓人。

从远古的尧舜到清代的康乾，历代英明有为的君主，在不同程度上都体现了民意，他们的文治武功在客观上都是有利于百姓的。唐尧、虞舜、夏禹是三位造福黎民、为黎民所爱戴的君主。尧品德高尚，以身作则，“亲九族”、“章百姓”、“和万邦”、“众功皆兴”。尧者，不传位于子丹朱，而禅位于舜。舜行仁政，远离佞人，令后稷教民稼穑，使“民无阻饥”。舜者，不传位于子商均，而禅位于禹。禹为民治水，“三过家门而不入”，“疏九河，排淮泗，而注之江”，治服了滔滔洪水，人民安居乐业。唐太宗李世民以水与舟的关系比喻君与民的关系，并以此教育他的皇子皇孙。他说：“水所以载舟，亦所以覆舟。民犹水也，君犹舟也。”尽管他爱民的动机是为了李家王朝的永固，但客观上却产生了利民的效果。近年来，《汉武大帝》《康熙王朝》等影视剧表现了一代明主惩治腐败、为民兴利的主题，虽然多系戏说，但基本史实还是见诸国史的。

民主革命先行者孙中山先生，将同盟会的十六字纲要概括为“三民主义”，即民族主义、民权主义、民生主义。民族主义的主要内容是“驱除鞑虏，恢复中华”，反对一切压迫人民、压迫民族的反动势力。民权主义的主要内容是推翻君主专制政体，建立资产阶级共和国。民生主义的主要内容是平均地权、节制资本，耕者有其田，使人民享有生存权。孙中山提倡的“博爱”与孔子“泛爱众”的思想是一脉相承的。

总之，民本思想纵贯于一部中华发展史之中，成为中华民族最优秀的精神遗产。我们共产党人要从这笔丰厚的遗产中吸收有益的营养，并使之发扬光大。

二、马恩毛邓，为民谋利

尊重群众，相信群众，关心群众，依靠群众，全心全意为人民谋利益，这是马克思主义、毛泽东思想、邓小平理论的精髓，三者一线贯穿、一脉相承。主要概括为三个方面。

1. 人民群众创造历史

一切历史都是人民群众创造的，这是历史唯物主义的根本观点。马克思和恩格斯合著的《神圣家族》批判了青年黑格尔派的主观唯心主义哲学，阐明了人民群众是历史的创造者这一历史唯物主义基本原理，为科学社会主义奠定了坚实的唯物主义基础。马克思说：“历史活动是群众的活动，随着历史活动的深入，必将是群众队伍的扩大。”列宁说：“把千百万劳动群众组织起来，这是革命最有利的条件，这是革命取得胜利的最深的泉源。”

毛泽东同志在他的《矛盾论》《实践论》《人的正确思想是从哪里来的?》《论联合政府》等中，站在辩证唯物主义和历史唯物主义的高度论述人民创造历史的伟大力量。

他说:“人民,只有人民,才是创造世界历史的动力。”他站在天安门的城楼上,面对天安门广场上人海似的群众,高呼:“人民万岁!”这声“万岁”喊出了人民永远是推动历史前进的伟大力量这一铁的事实。

邓小平在党的十二大开幕词中说:“我们党提出的各项重大任务,没有一项不是依靠广大人民的艰苦努力来完成的。”邓小平在他的许多著作中,对人民群众中的主要阶级、阶层的历史作用分别予以论述。他说:“工人阶级最重要的特点之一就是同社会化的大生产相联系,因此它的觉悟最高,纪律性最强,能在现时代的经济进步和社会政治进步中起领导作用。”他十分重视和尊重农民的自主权和创造性。他多次指出,联产承包、乡镇企业都是农民的创造。他还说,要提高广大农民的科学文化素质,培养造就一代新型农民,推动农村实现现代化。他对知识分子在改革开放和现代化建设中承担的历史责任给予高度重视,他一贯强调要“尊重知识,尊重人才”,“把尽快地培养出一批具有世界第一流水平的科学技术专家,作为我们科学、教育战线的重要任务”。

2. 依靠群众,自我解放

马克思号召全世界无产者联合起来,全世界被压迫民族、被压迫人民联合起来,全世界饥寒交迫的奴隶们联合起来,把旧世界打得落花流水。世界上从来就没有什么救世主,全靠自己救自己。1871 年,法国巴黎工人起义,建立了世界上第一个无产阶级政权——巴黎公社,第一次显示了无产阶级自己救自己的伟大力量。但是,由于当时无产阶级在政治上还未成熟,没有马克思主义政党的领导,没有建立工农联盟,没能坚决镇压反革命,致使反对派在普鲁士军队协助下,推翻了公社,200 名公社战士全部壮烈牺牲。巴黎公社仅存 72 天。由于上述原因,马克思在开始时是不主张起义的,但当工人起义后,他没有指手画脚地去责难工人们,而是热情地支持他们,对于他们自己解放自己的首创精神给予高度的赞扬。他说:“我们英勇的巴黎同志们的尝试正是这样。这些巴黎人,具有何等的灵活性,何等的历史主动性,何等的自我牺牲精神!”“工人的巴黎及其公社将永远作为新社会的光辉先驱而为人所称颂。它的英烈们已永远铭记在工人阶级的伟大心坎里。”

列宁对于巴黎公社的历史功绩也给予充分的肯定。他说:“没有千百万觉悟群众的革命行动,没有群众汹涌澎湃的英勇气概,没有马克思在谈到巴黎工人在公社时期的表现时所说的那种‘冲天’的决心和本领,是不可能消灭专制制度的。”列宁对俄国无产阶级自己解放自己的伟大创举更是热情地讴歌,天才地领导,具体地引导。他说:“群众生气勃勃的创造力正是新的社会生活的基本因素。……生气勃勃的创造性的社会主义是由人民群众自己创立的。”“千百万创造者的智慧却会创造出一种比最伟大的天才预见还要高明得多的东西。”

在中国革命和建设实践中,毛泽东同志经常说:“人民群众是真正伟大的,群众的创造力是无穷无尽的,我们只有依靠了人民群众,才是不可战胜的。”

邓小平最善于发现人民群众的创造性,并给予热情的支持、正确的引导和大胆的领导,让广大人民群众自己救自己。当人民公社这种“一大二公”的生产关系束缚农村生产力发展,给农业生产带来极大破坏,致使农民生活极度贫困时,凤阳县小岗村农民创造了联产责任制,被邓小平发现后,他冲破“两个凡是”的禁区,在全国农村加以推广,并逐步完善,使得农村生产力得到解放,农民生活迅速发生变化。邓小平著名的“猫论”(即:白猫黑猫,抓到耗子就是好猫),就是充分肯定人民群众“抓耗子”“自己救自己”的本领。

3. 完全彻底为人民服务

马克思把他不太长的一生完全献给了无产阶级解放事业和十分巨大的理论研究工作。为了革命事业,他不辞辛劳,不顾身体健康,拼命地工作到最后死在安乐椅上。他长期流亡于法国、比利时、荷兰、英国等西欧国家,受尽反动派的迫害。1845 年 1 月,被逐出法国,迁居比利时首都布鲁塞尔。1848 年欧洲革命失败后,他于 1849 年 5 月又被逐出普鲁士,移居英国伦敦。马克思是遭人嫉恨和受人污蔑最多的人,不论是保守的资产者,还是极端民主的资产者,都争先恐后地诽谤他、诅咒他。马克思的一生是在贫病交加中度过的,他没有固定的工资收入,主要靠稿费和朋友(如恩格斯)的接济。当时,许多杂志社和出版社对采用他的稿子都很苛刻,往往寄去五六篇,只刊登一篇,而且稿酬也压得很低。恩格斯有段时间经济也不宽裕,自顾不暇。有一次马克思试图在一家英国铁路公司谋一个文职工作,但由于他的字迹难认而失败。又有一次,他因无钱交房租被房东告到法庭,只得卖掉全部家具以偿还房租,并向其他债主宣告破产。有时,他穷得三个女儿上学没有鞋和衣服穿,他的儿子 9 岁时夭折了。一次,他的学生拉萨尔到伦敦来回访他,为了对拉萨尔保持一定礼节的接待,他让妻子把家中所有能够拿出来的东西都拿出来送进了当铺。马克思身患肝炎、支气管炎、肺炎、胸腺炎等多种慢性疾病。由于过度劳累,加之反动派的迫害和营养不良,慢性肝炎时常急性发作。马克思的夫人先是患天花,后因患癌症而先他十五个月仙逝。马克思身患多种疾病长期得不到有效治疗,欧洲大陆拒他于门外,不让他到温泉去疗养。1883 年 3 月 14 日午后,他坐在安乐椅上与世长辞了。他生前生活在工人群众、劳苦大众之中;死后他的墓号是 24748,也就是说,他与千万个平凡的劳动者在一起长眠于地下。

1935 年,陶行知与吴玉章到伦敦参加全世界反侵略大会时,专程到墓地瞻仰马克思墓。陶行知还写了一首诗:“光明照万世,宏论醒天下。二四七四八,小坟葬伟大。”吴玉章回忆说:“我们在一片荒冢里,找寻了几遍,才发现恩格斯所题的墓志,而惊叹这一旷世伟人之墓,竟这样平凡。这象征着生要和大众打成一片,死也要和大众打成一片,这才是真正的伟大。这和陶先生要知识分子在人民大众之中,为人民大众服务,做人民大众的'人中人'的思想，是相符合的。"

毛泽东同志说："我们应该谦虚，谨慎，戒骄，戒躁，全心全意地为中国人民服务。"又说："我们这个队伍完全是为着解放人民的，是彻底地为人民的利益工作的。"还说："我们一切工作干部，不论职位高低，都是人民的勤务员，我们所做的一切，都是为人民服务。"

毛泽东同志最大的功绩就是统率千军万马，推翻压在人民头上的三座大山，解放了全国人民。为了中国人民的解放事业，他献出六位亲人的宝贵生命：夫人杨开慧，二弟毛泽民，三弟毛泽覃，堂妹毛泽健，侄儿毛楚雄，长子毛岸英。三子毛岸龙、四子毛毛，也在革命战争中丢失了。二子毛岸青也因从小流落街头遭人凌辱而致残。毛泽东一生是完全彻底为人民服务的表率。死后，除保存在中央办公厅的一点稿费与留给子孙万代一大笔价值难以估量的精神遗产外，没有给他的子女们留下一分钱、一间房屋。现在他的两女一子，凭着自己的劳动，过着平常人的生活。这就是人民领袖的风范。

邓小平说他是"人民的儿子"，为了人民翻身解放、过上幸福美满的生活，他以巨大的毅力忍受着残酷的政治迫害和妻离子残的苦痛，韬光养晦，三落三起，终将中国人民引向中国特色社会主义的康庄大道，被广大人民群众亲切地呼为"小平"。死后，按照他生前的遗言，部分器官献给医院，骨灰撒向养育着人民的大地和海洋，两袖清风回归大自然。

三、"三个代表"，代表民利

1."三个代表"，要义在民

"三个代表"重要思想的思想精髓，概括为两句话就是富民强国，使民至善。江泽民在庆祝中国共产党成立八十周年大会上的讲话中指出："我们党要始终代表中国先进生产力的发展要求，就是党的理论、路线、纲领、方针、政策和各项工作，必须努力符合生产力发展的规律，体现不断推动社会生产力的解放和发展的要求，尤其要体现推动先进生产力发展的要求，通过发展生产力不断提高人民群众的生活水平。"生产力是最活跃、最革命的因素，人是生产力中最具有决定性的力量，科技是第一生产力。

我们党只有代表中国先进生产力发展要求，才能推动先进生产力不断发展；只有推动先进生产力不断发展，才能不断提高人民生活水平；只有不断提高人民生活水平，才能使为人民服务的宗旨得到切实的落实。否则，为人民服务就是一句空话。

江泽民说："我们党要始终代表中国先进文化的前进方向，就是党的理论、路线、纲领、方针、政策和各项工作，必须努力体现发展面向现代化、面向世界、面向未来的，民族的科学的大众的社会主义文化的要求，促进全民族思想道德素质和科学文化素质的不断提高，为我国经济发展和社会进步提供精神动力和智力支持。”

江泽民又说：“我们党要始终代表中国最广大人民的根本利益，就是党的理论、路线、纲领、方针、政策和各项工作，必须坚持把人民的根本利益作为出发点和归宿，充分发挥人民群众的积极性、主动性、创造性，在社会不断发展进步的基础上，使人民群众不断获得切实的经济、政治、文化利益。”

这里所说的广大人民既包括占总人口90%以上的工人、农民、知识分子、公务员等，也包括极少数的各类民营企业主、无职业的成年人以及宗教界人士等；既包括广大的在岗人员，也包括占总人口少数的无岗人员和退休离休人员；既包括东南沿海发达地区的人民，也包括西北、西南欠发达地区的人民；既包括成年人，也包括未成年人；既包括健康人，也包括残疾人；既包括汉族人民，也包括各少数民族人民；既包括大陆人民，也包括港澳台及海外华侨。

总之，中国共产党是代表全中国各族各地域各类人民的根本利益，代表他们政治、经济、文化教育上日益增长的要求，并千方百计地满足他们的这些要求。只有这样，才能永保两个“先锋队”的光荣称号，永保党的先进性。

2. 三、四两代，为民执政

以江泽民为核心的党的第三代领导人和以胡锦涛为总书记的党的第四代领导人，代表中国共产党在长期执政中，在带领全党全国各族人民为实现国家富强、民族振兴、社会和谐、人民幸福而奋斗中，作出了杰出贡献。用铁一般的事实，证明了我们党是“立党为公，执政为民的执政党”，“是科学执政、民主执政、依法执政的执政党”，“是求真务实、开拓创新、勤政高效、清正廉洁的执政党”。总之，是经得起各种风浪考验的马克思主义执政党。主要表现在六个方面。

(1)经受考验，坚定方向。在东欧剧变、苏联解体、国际共产主义运动受到极大挫折，马克思列宁主义受到严峻挑战的国际大背景下，国内资产阶级自由化一度泛滥，出现了理想危机。我们党经受了锻炼与考验，在以邓小平为核心的第二代领导集体领导下，全党始终坚持共产主义远大理想不动摇，并根据我国国情创造性地提出了中国特色社会主义的完整理论。第三、四两代领导人又能与时俱进，在改革开放的实验中，又丰富和发展了中国特色社会主义理论，这就是三个代表的理论体系。

(2)与时俱进，深化改革。第三、四两代党的领导集体，与时俱进，在经济、政治、文化、教育等各领域中进一步深化改革，在不断深化物质文明建设改革与精神文明建设改革的同时，又提出政治文明建设，把改革触角伸到政治体制的改革中，由两个文明建设发展到三个文明建设。在调控国民经济科学运营过程中，提出了科学发展观，建设和谐社会。这些，都为中国特色社会主义理论注入了新的内涵。

(3)战略目标，分步实施。在邓小平提出的现代化必须分三步走的战略目标与步骤的基础上,第三、四两代党的领导集体又进一步提出了近期和长远的三个奋斗目标。即:在 20 世纪 90 年代,初步建立起新的经济体制,实现达到小康水平的第二步战略目标。再经过 20 年的努力,到建党一百周年(2021 年)的时候,在各方面形成一整套更加成熟更加定型的制度,实现全面小康。到本世纪中叶,建国一百周年(2049 年)的时候,达到世界上中等发达国家的水平,基本实现现代化。三个奋斗目标集中体现了广大人民最根本的利益。

(4)利民政策,多次出台。为了尽快逐步实现三个奋斗目标,第三、四两代党的领导集体,审时度势,提出了一系列利民的重大政策和措施,给广大人民带来实惠。如:全部取消农业税,调整农药化肥价格,保护耕地,保护一亿进城农民工的合法权益等一系列惠农政策。对贫困中学生实行"两免一补"(即免学杂费和书费,困难生活补助),对贫困大学生实行贷学金制和困难补助制等。在区域经济发展上采取发展东部、开发西部、崛起中部、振兴东北的策略,互动互助,最后达到共同富裕的目的。又如南水北调,西气东输,农网改造,普及家电(电视、电话、电冰箱等),医疗保险,最低生活保障,长江三峡、黄河小浪底等水利工程等。所有这些,都给广大人民带来了很大利益,泽庇子孙。

(5)反腐倡廉,常抓不懈。纵观中国五千年历史,放眼全球各国,没有哪个朝代、哪个国家不存在腐败问题,只要人们在经济、政治、文化上存在着差距,只要还存在阶级、阶级斗争,只要世界上还存在霸权主义和强权政治,只要世界上还存在反动势力,腐败和反腐败的斗争就将存在。现在,我国正处于社会主义初级阶段,社会体制处于转型时期,给腐败分子以可乘之机。腐败现象既不是个别的,也不是洪洞县里无好人,天下乌鸦一般黑,而是很严重。如权权交易、钱钱交易、权钱交易、权物交易、权色交易、权地交易、权名交易、权教交易等等。从十年来揭示的腐败案例来看,涉及经济、政治、生活等各个领域,小到一名村官,大到党和国家高官,一批批纷纷落马。问题的关键不在于存在腐败,问题的关键在于执政党对腐败采取什么态度,采取什么措施,问题的关键在于党的中枢领导是否廉洁奉公,反腐的措施是否得力有效,是否到位。值得庆幸的是,党的第三、四两代领导集体,为了保障国家和人民的利益,提高拒腐防变抵御风险的能力,始终把党风建设作为关系党的生死存亡的大事狠抓不放,常抓不懈,既抓治标又抓治本,这是党的光明所在,希望所在。全国幸甚,全党幸甚!

(6)勤政廉洁,关心群众。第三、四两代党的领导集体(中央常委班子),以身作则,勤政廉洁,关心群众疾苦,心系人民冷暖,尊重群众,依靠群众。他们忧民之所忧,频频出现在抗洪的堤坝,抗非典的医院,空难、矿难、海难、火灾的现场,零下二三十摄氏度的边防哨所,人迹罕至的山区荒滩。他们乐民之所乐,在中国的传统佳节中,他们不是和自己的儿女们欢聚,而是出现在老区农民家中,一起包饺子,一道话丰收;他们出现在老一辈的科学家的书房,话科技、问寒暖、祝长寿;他们不时地出现在车间、田头、研究室、街头、军营，和坚守岗位的工人、农民、科研人员、值班民警、军营战士话亲情、庆佳节。胡锦涛“情为民所系，权为民所用，利为民所谋”的经典语句，被人们喻为“新三民主义”而广泛传颂。

四、共产党员，为民服务（提纲）

共产党员不论官职高低，不论职业种类，不论在岗下岗（包括退离休者），不论年龄大小，不论财产多少，不论居住处所，都要牢记党的宗旨，全心全意为人民服务，直至停止呼吸。怎样为人民服务呢？我认为应该做到以下几点。

1. 牢记入党誓词，坚定共产主义远大理想。
2. 与时俱进，坚持中国特色社会主义方向。
3. 关心群众，永远生活在群众之中。
4. 学而不厌，永远做好学勤学的小学生。
5. 坚定科学的人生观、世界观，在思想上筑起防腐长城。
6. 终生慎独，在多方面起模范带头作用。

（在教育局机关退离休党支部大会上的发言。）

朱占学先生赠诗

伏案读书书成箱，呕心沥血出华章。
七十有六趣没减，心系民生热心肠。
张三李四各有好，文化光芒千万丈。
纵有财富三千万，不及华章一字香。

朝纾公雕像园志

（2007年4月）

一世祖玉，明兴元勋，封爵国公，大哉将军！洪武元璋，谋杀功臣，罗织罪名，编造伪证，锦衣专断，炮制冤案：磔玉于市，族诛万五。定远二龙，三千蓝姓，惨遭屠戮，血雨腥风。大公朝纾，携弟四人，王瑛暗助，逃离火坑。避难梁园，世代农耕，子孙繁衍，已达千人。清朝年间，建祠于兹，毁坏殆尽，非常时期。改革开放，民富国强；振兴家掌，谋划共商；家胜木平，指挥运营；族人鼎助，捐钱献力；同心同德，历时两年。丙戌清明，陵园落成；丁亥寒食，整治全新。陵园面积，半亩余田；砖墙四周，水泥地面。长形排列，花坛八座；雕像居中，正襟危坐：面朝明都，思绪万千；双目炯炯，眉宇轩昂；英姿俊发，神才飞扬。

记之以文，铭之以歌：
晴空朗朗，碧野苍茫；
玉纾功德，天高地长。

《心路诗稿》引言

（2007 年 8 月 2 日）

本诗稿共收集 287 首诗词，其中自作的 248 首，他作的 39 首。按内容分为六部分，“情感”像一根红线贯穿始终。就体裁而言，古风、古绝、律绝、律诗、词、新体诗交互为伍，不再细分。

毛泽东早年的创作体会是“文以理胜，诗以情胜”。诗稿充满着作者的爱国主义豪情，流淌着血浓于水的亲情，洋溢着烽火岁月的友情，渗透着故里的滴滴乡情，涌动着畅游艺海的诗情，飘逸着壮美河山的风情。诗稿刻印着作者几十年来的风雨艳阳、晦明互动的生活轨迹，记录着作者大半生的艰难抉择、自强不息的心路历程，堪称作者个人的诗史。

（为蚌山小学教师、市老年大学诗词研究班高龄学员蔡德英女士的《心路诗稿》编完后写的引言。）

读《开创诗词新纪元》

——与孙先生商榷

（2007年8月28日）

孙先生所著《开创诗词新纪元》（以下简称《开创》），收集了他从1991年5月至2005年11月之间有关诗词改革创新的言论、讲话和开展中华诗词学会各项工作的创议。正如张锲同志在《不待扬鞭自奋蹄——序孙轶青同志著〈开创诗词新纪元〉》中所说："凝聚了他很多心血，也凝聚着和他同时代的众多诗词工作者、爱好者的集体智慧。从中可以看出中华诗词在近些年来走过的轨迹，不乏真知灼见。"《开创》中的真知灼见，《中华诗词》报道得很多，毋庸赘述。孙先生在《自序》中说："书中言论，将经受实践的严格检验。我愿诚恳接受一切有益的批评，并认真研究各种不同意见。"为响应孙先生号召，现就《开创》中几个突出问题，提出不同意见，仅供"认真研究"。

一、是谁否定一切

《开创》说："五四当时，新文化运动的一些先驱人物，在批判传统诗词某些弊端的同时，陷入形而上学和民族虚无主义，否定一切，打倒传统诗词，致使传统诗词丧失了应有的地位和作用。"（24页）类似的言论，全书近三十处之多，不仅《中华诗词发刊词》、《21世纪初期中华诗词发展纲要》这些作为中华诗词学会的重要文献中有，先生作为中华诗词学会会长在全国第五、十一、十二、十三、十四、十九次等中华诗词研讨会上的发言中有，在三次全国政协会议上的发言中有，在中华诗词学会第二次全国会员代表大会上的工作报告中更有。《开创》的作者为什么不厌其烦地在长达十几年时间里的文章中重复着这个言论呢？作者在2005年写的《自序》中作了很好的回答。他说："振兴诗词面临两大难题：一是如何消除五四新文化运动中打倒诗词的消极影响，让诗词走出低谷，趋向繁荣；二是如何继承优良传统……"原来作者认为只有接过"左"的路线大批判开路的大棒，抓住对消极影响的批判，才能使诗词走出低谷，趋向繁荣，才能使诗词在21世纪振兴。因而，他不仅自己带头写文章在大会小会上发言批判，而且号召大家"有计划地写点理论分析文章，拿到有影响的报刊上去发表，以澄清某些糊涂思想和错误认识"。不仅如此，他还极力主张运用行政行为，像"反右派、反右倾、'文化大革命'，后来都做了大量纠偏工作"那样，对"五四新文化运动对于传统诗词的偏差"加以"纠正"。然而，他不无遗憾地感叹，这种"纠正"，"据我看，没有"。历史事实果真如此吗？答曰："非也。"《开创》撒了一个弥天大谎。

什么是传统诗词？《开创》说："以诗、词、曲为主要载体的传统诗词，是世界独一无二的语言艺术奇迹。"这就给传统诗词作了界定，那就是传统诗（包括古体诗、近体诗）、词、曲的文学形式及用这种形式表达思想内容的作品。发轫于《新青年》1917年1月号刊登的胡适《文学改良刍议》和2月号刊登的陈独秀《文学革命论》的新文学运动，是五四新文化运动的重要组成部分。新文学运动是由陈独秀、胡适最初倡导与发起的，得到李大钊、蔡元培、周作人、周树人、钱玄同、刘半农、沈尹默等人的积极支持、策应与参加，以北京大学、《新青年》为阵地，竖起德莫克拉西（民主）与赛因斯（科学）两面鲜亮的旗帜，打出了"反对旧道德，提倡新道德；反对旧文学，提倡新文学"两个口号，以"反对文言文，提倡白话文"为主要内容的民主启蒙运动。

新文化运动的先驱者，对我国传统诗词采取了科学分析的态度，旗帜鲜明地提出了保护什么，废除什么，反对什么。

在文学革命内容上，陈独秀在《文学革命论》一文中提出，"革命军三大主义：曰，'推倒雕琢的阿谀的贵族文学，建设平民的抒情的国民文学'；曰，'推倒陈腐的铺张的古典文学，建设新鲜的立诚的写实文学'；曰，'推倒迂晦的艰涩的山林文学，建设明了的通俗的社会文学'"。在六种文学称谓之前，各以两个定语对其内涵加以限制，一目了然。文章紧接着，从文学史角度，对"雕琢的阿谀的铺张的空泛的贵族古典文学"作了令人信服的诠释："两汉赋家，颂声大作，雕琢阿谀，词多意寡"，是"贵族之文古典之文之始作俑者"；"齐梁以来，风尚对偶，演至有唐，遂成律体"，"遂成骈体"，"更进而为排律，为四六"。此等与"八股试帖"皆为文学之末运。陈文把《国风》《楚辞》赞为"斐然可观"，对"魏晋以下之五言"诗，则誉为"一变前代板滞堆砌之风，在当时可谓文学一大革命"。对韩（愈）、柳（宗元）、元（稹）、白（居易）之诗文，则褒为"一洗前人纤巧堆朵之习”,是由“南北朝贵族古典文学,变而为宋元国民通俗文学之过渡时代的中枢”。陈独秀能“背诵杜诗全集而不漏一字”,他在给胡适论文学革命的信中说:“诗中之杜,文中之韩,均为变古开今之大枢纽。”对“元明剧本,明清小说”,则称之为“文学之粲然可观者”。

陈文充分肯定了《国风》《楚辞》,魏晋以来的五、七言古体诗与近体诗(包括两汉魏晋南北朝的乐府民间诗和文人之作),以及宋词元曲,否定的是两汉大赋(不包括抒情小赋和文赋)和齐梁以来的骈体(特别是四六句)和律体(特别是排律)。然而《开创》却说:“五四期间,传统诗词被加上‘封建文学、贵族文学、山林文学’诸多恶谥,被认为是陈旧僵化的文学体式。”在这里,该书作者使用了变戏法,不仅给陈文外加一个“封建文学”,还将陈文中所反对的三种文学的称谓前的“雕琢的阿谀的”“陈腐的铺陈的”“迂晦的艰涩的”六个表明内容性质的附加语统统删掉,换成传统诗词了。事实再明白不过了,是《开创》给“传统诗词”加上“‘封建文学、贵族文学、山林文学’诸多恶谥”,而不是陈文,更不是五四新文化运动。如此公然篡改陈文,这大概不是一时疏忽所致吧!

胡适在《文学改良刍议》中,提出了文学改良的“八不主义”:(1)不用典;(2)不用陈套语;(3)不讲对仗;(4)不避俗;(5)须讲究文法;(6)不作无病之呻吟;(7)不模仿古人;(8)须言之有物。八条中的前五条侧重于文学形式,后三条侧重于文学内容。八条无一为非,不仅切中当时文坛之弊,对21世纪今天的诗坛也有现实意义。1916年8月19日,胡适在美国写给陈独秀的信中于“不讲对仗”后加括号,注“文当废骈,诗当废律”八字。正像他极力主张废除女人缠小脚,不废除缠小脚的女人,而且与小脚太太白头到老(构成民国史上七大奇事之一)一样,他主张废除骈、律这种文体与诗体,不仅不主张废除用这种体裁写的文与诗,反而十分喜爱。他启蒙时读的第一、二本书,就是他父亲写的四言韵文,第三本书是《律诗六钞》,是律诗。他推崇杜甫、白居易、黄庭坚等诗人用朴实无华的白描功夫写的诗,认为这些诗的“诗味在骨子里”。他在《白话文学史》中,独将杜甫辟为专章,并将李、杜两人加以比较:“他(李白)在云雾里嘲笑那瘦诗人杜甫,然而我们终觉得杜甫能了解我们,我们也能了解杜甫。杜甫是我们的诗人,而李白则终于是‘天上谪仙人’而已。”胡适特别看重汉魏六朝的乐府。他说:“如今且说那些自然产生的民歌,流传在民间,采集在‘乐府’,他(它)们的魔力是无法抵抗的,他(它)们的影响是无法躲避的。”胡适对《诗经》情有独钟,1917年当北大校长蔡元培看到胡适在17岁时写的《诗三百字言解》后,在陈的推荐下,聘请了这位尚在美国留学的(接聘以后回国)从未谋面的26岁“海归”者为北大教授。他的博士论文——《中国哲学史大纲》后改为《中国古代哲学史》,对先秦诸子的哲学思想分别作了论述,得到当时英国著名哲学家罗素等人的赞许。这本具有开创性的中国哲学史著作多次引用了《诗经》的诗句作为论据。蔡元培说:“胡君家世汉学,其旧作古文,虽不多见,然即其所作

《中国哲学史大纲》言之,其了解古书之眼光,不让清代乾嘉学者。”胡适在1921年编写的《白话文学史》讲义中,用历史进化论的发展观破天荒地概括了我国诗歌发展史上的五次大革命,有力地批驳了对文学革命的诋毁。他说:“文学革命,在吾国史上非创见也。即以韵文而言,三百篇变为骚,一大革命也。又变为五言七言,二大革命也。赋变为无韵之骈文,古诗变为律诗,三大革命也。诗之变为词,四大革命也。词之变为曲,为剧本,五大革命也。何独于吾所持文学革命论而疑之?”胡适把格律诗的产生看作是对古体诗的革命,是顺应历史潮流而动的进步事物,这就充分肯定了格律诗在文学史上的地位,并没有一概否定它。但历史总是发展的,新陈代谢是客观规律,封建社会对奴隶社会是革命的、先进的,但对资本主义却是反动的、落后的。随着历史的推移,到了宋、元、明、清,诗(包括古体诗和近体诗)的正宗地位相继被词、曲所代替,格律诗本身的弱点也日益暴露,一种新的诗体必然起而代之,这是不以人的意志为转移的客观规律。希图一种诗体永为诗坛正宗,那才是静止不变的形而上学。

鲁迅在与友人谈论中国传统诗词时,认为中古时期陶渊明、李白、杜甫皆第一流诗人,并对此三人作具体分析:“我总觉得陶潜站得稍稍远一点,李白站得稍稍高一点,这也是时代使然。杜甫似乎不是古人,就好像今天还活在我们堆里似的。”郭沫若虽然一贯褒扬李白,但对杜甫也给予极高评价,说他是“诗中圣哲”。被鲁迅先生称为《新青年》里一个战士、很打了几次大仗的,与胡适同岁的刘半农,是法国巴黎大学博士、音韵学专家。他在1917年5月号《新青年》上发表的《我的文学改良观》,对诗歌改良提出三点意见:“第一曰破坏旧韵,重造新韵。”他以《平水韵》中的“东冬”二部所收之字为例说,无论以何处方言读之,决不能异韵,而谱中乃分之为二,又以“规眉危悲”与“支之诗时”为例,他说无论以何处方言读之,此两组字决不能同韵,而谱中合之为一。就此,他断言:“虽造谱之时,读音决不与今音相同,造谱者亦绝无能力为吾辈20世纪读音设想。”所以,他极力主张:“以京音为标准,由长于京音者造一新谱,使不解京音者有所遵依。”这岂不与现行的《新声韵》制定精神相一致吗?“第二曰增多诗体。”他认为,现有之诗体,除律诗、排律当然废除外,其余绝句(引者:包括古绝、律绝)、古风、乐府(曲、令、歌、行、篇、叹、骚等,均乐府之分支,名虽异,体格互相类似)等诗体,不能满足“新文学上之诗之发挥之地”的需要,必须“添出无数门径”,而且非常自信地说:“彼汉人既有自造五言诗之本领,唐人既有自造七言之本领,吾辈岂无五言七言之外,更造他种新诗体之本领耶?”他主张诗体的多样性,不是正符合今天党的文艺“双百”方针吗?“第三曰提高戏曲对于文学上的位置。”这是他“生平主张最力的问题”。他针对过去诗为正宗的观点,不仅肯定了宋词元曲,而且还要提高它们在文学史上的地位,他主张用白话填词写曲。他说:“无论南词北曲,皆须用当代方言之白描笔墨为之。”

总之,陈、胡、鲁、郭、刘五人都能对传统诗词进行全面的、具体的、历史的分析,有褒有贬,而且褒中有贬。如陈在赞扬《国风》“斐然可观”时,却未提《雅》、《颂》,含有贬义;在褒杜诗韩文为“开今变古之大枢纽”时,对韩文却提出批评。同时,在否定中又有肯定,如在否定两汉大赋时,却肯定抒情小赋和文赋,在否定律诗排律时,又肯定律绝。他们在否定律诗这种体裁时,却肯定李、杜、元、白用这种体裁写下的光辉诗篇,特别是肯定律诗的历史地位和曾起过的革命作用。在五四新文化运动的先驱者中,论及传统诗词的以陈、胡、刘最多,并能代表其他人的观点。《开创》抛开他们谈诗的基本精神,给五四新文化运动戴上“否定一切”“形而上学”“民族虚无主义”三顶帽子,难道是实事求是的态度吗?难道是唯物的辩证的吗?《开创》对新文化运动先驱者关于传统诗词主张的精髓,对他们有关文章的精神实质,对历史大背景,不作全面的分析,甚至肢解他们的作品内容,从中摘用几句加上自己的意见,移花接木,加以曲解,为己所用,反复地不厌其烦地重复着“打倒一切”“否定一切”“形而上学”“民族虚无主义”等极端口号,这到底是谁在否定一切呢?又是谁背离了实事求是的原则呢?

振兴中华诗词,不把主要精力用在端正方向、真正贯彻“双百”方针上,不去科学地研究诗词发展的客观规律,而把批新文化运动的消极影响放在首位,尽管能在不明历史真相人中产生一定效应,但最终会南辕北辙,因为这种批判是建立在“子虚乌有”之上的。如果五四新文化运动对传统诗词真有很多消极影响,也可以写批判文章,消除影响,但要重事实,重证据,不能空洞无物尽扣帽子。至于要像“反右派、反右倾、文化大革命”后那样进行“纠偏”,更是不妥。

“文化大革命”是方向路线完全错了,整个社会经济文化受到前所未有的破坏,大批大批干部与群众惨遭迫害。反右倾也是路线错误,也有一批干部与群众受到迫害。反右派扩大化是惊人的。对在这三次运动中受迫害的同志进行纠偏是完全必要的。五四新文化运动与上述三次运动的性质完全不同,它由 1917 年文学革命开始,至 1919 年 5 月 4 日北京爱国学生运动,发展到全国工人、商人、学生以及各界人民参加的政治运动。五四新文化运动是中国近代史变化的枢纽,它开辟了中国革命的新时期,是中国新民主主义革命的开端,它具有划时代的意义。正如毛泽东同志所指出:“五四运动的杰出的历史意义,在于它带着为辛亥革命还不曾有的姿态,这就是彻底地不妥协地反帝国主义和彻底地不妥协地反封建主义。”作为新文化运动的重要组成部分的文学革命,它的伟大意义在于:(1)高举民主与科学的两面大旗,以前所未有的姿态向封建专制主义文化和封建迷信、愚昧、落后展开猛烈进攻,影响所及达于今日;(2)确立了白话文为书面语言的正宗地位,废止了文言作为书面语言的正宗地位,实行了语与文的统一,影响极为深广;(3)提倡“人的文学”,尊重人,尊重个性,冲破封建文化道德观念体系,弘扬人性;(4)突破了封建主义闭关自守的文化藩篱,发扬“拿来主义”精神,融我国文化于世界文化洪流之中;(5)以鲁迅白话小说,胡适、郭沫若等人的新诗为代表,一大批白话文学作品的诞生，确立了新文学在中国文学史上的统治地位，标志着旧文学结束。“文化大革命”是大革文化之“命”，阻碍历史前进；新文化运动是革旧道德、旧文化之“命”，推动历史前进：两种性质截然不同的运动，怎么可以同日而语呢？

反右派、反右倾、“文化大革命”是党和国家最高领导人亲自发动的，是由强大的执政党领导的，有目的、有计划、有组织、有步骤地在全国范围开展的规模巨大的政治运动，伤害的人太多太多，如果不纠正，天理不容。新文化运动是由具有初步共产主义思想的和激进民主主义思想的几位中青年教授、学者发起的，其中骨干人物胡适、刘半农当时只有 28 岁，陈独秀、钱玄同也才 30 多岁。他们没有任何政治背景，没有先进政党的领导，没有任何方面的经济援助，没有坚实的广阔阵地，仅靠自己办的杂志，发表围攻旧道德、旧文化的批判言论。他们没有也无权迫害别人，反而遭受北洋政府的迫害和复古势力的辱骂与围攻。如果说纠偏，应该首先给他们纠偏，可是谁给他们纠偏呢？

在反右派、反右倾、“文化大革命”三次政治运动中，受到不同方式、不同程度迫害的数以千计，受株连的不计其数。对这三次政治运动，不仅要从思想理论上将被其颠倒的是非重新颠倒过来，从而正本清源，肃清影响，而且要通过党和政府为受迫害的人彻底平反。纵观新文化运动的整个过程，复古派中不仅没有一个人受到当局的政治迫害，反而受其庇护，有的就是北洋政府管文化教育的部长。相反地，《新青年》派的几个秀才受到不同程度的迫害：有的被绞杀；有的被捕，被判刑，有的被批判几十年，现在还在被批判；有的因公殉职于荒漠，英年早逝。他们凭着一个脑袋、一支笔、一张嘴，在向旧道德、旧文化发起猛攻时，表现得那么勇敢、犀利、睿智，像一潭死水的旧世界被他们搅得浪花翻涌，像一座漆黑的铁屋子的旧中国，被他们砸得稀里哗啦，他们的功绩将永载史册，彪炳千秋。不可否认，他们在论战中，有时也有过头语言和偏激思想，前者如“桐城谬种”“选学妖孽”，后者如“全盘西化”。但在对待传统诗词方面却未曾有过这种情况，在对待格律诗方面，他们的意见也不一致，即使一个人，前后、私下谈话与公开发表文章的意见也不一致。胡适 1916 年在给陈独秀的私人信中，提出“文当废骈，诗当废律”，后来公开发表《文学改良刍议》就未提“废”了，改口说：“即不能废此两者，亦当视为末技而已，非讲究之急务也。”这实际上是取消“废”，陈独秀从未提过废律，只是把律诗、骈文视为“文学之末远”，只有刘半农公开提出律诗、排律应当废除。这是他个人的一家之言，百家中之一家，不存在所谓“偏”，更谈不上“纠偏”。如果把已仙逝 73 年的语言学专家的一句话拿来进行大张旗鼓的“纠偏”，哪还有什么言论自由、学术自由呢？哪还奢谈什么“双百”方针呢？哪还妄谈什么“共存共荣”呢？那岂不是只此一家，别无分店吗？后来，许多现代著名作家在谈诗时，都主张以内容为主，不要拘泥于格律。鲁迅说：“诗须有形式，要易记、易懂、易唱、易听，但格式不要太严。要有韵，但不必依旧诗韵，只要顺口就好。”茅盾说：“诗贵真情，格律未足拘也。”臧克家说：“讲格律，不能太拘泥，不可成为形式主义，因为格律是为内容服务的。”对于这些意见，你可以不同意，甚至反对，但你不能或企图用行政力量去“纠偏”，去批判。

二、是谁去打压谁

《开创》说：“五四新文化运动……对传统诗词一律加以否定、打倒，使传统诗词长期处于被排斥、被歧视、被冷落地位。”（69 页）“长期处于被歧视被压抑地位。”（45 页）事实果真如此吗？历史事实是最好的回答。文学革命对象是“旧道德、旧文化”，矛头指向的是几千年来庞大的封建制度以及近百年来与帝国主义、官僚资本主义结合的半殖民地、半封建社会及其赖以生存的道德文化思想体系，必然要遭受到各种反动势力以及顽固的旧思想、旧意识、旧道德的反对。而几位先驱者既无枪杆子，又未掌握印把子，仅凭笔杆子向旧世界宣战，所受围攻可想而知。事实说明在已过去的近 90 年中，先驱者们一直受到打压。

1. 在运动开始的头八年中，受到复古派的三次围攻

1917 年至 1919 年，以桐城派林纾（琴南）为代表的复古派，向运动的先驱者射来第一支箭。他接连发表《论古文之不当废》《论古文白话文相消长》《致蔡鹤卿太史书》三篇文章，诬陷先驱者们是“覆孔孟、铲伦常”、谩骂白话是“引车卖浆”之徒所操之语，不能用以写文写诗。作为北大校长、前清翰林、留学英国的学贯中西的蔡元培公开答书指出，“北大并无‘覆孔孟，铲伦常’之话，《新青年》偶有对孔子之批评，然亦对于孔教会、孔学会等托孔子学说以攻击新学而发”。而提倡白话的人均“博及群书”，“能作古文”，“文笔之古奥非浅学者所能解”。他重申北大“对于学说，仿世界各大学之通例，循思想自由原则，取兼容并包主义”。北大保守派刘师培、黄侃等教授于 1919 年 3 月创办《国故》月刊，打出“保存国粹”旗号，歪曲先驱者们是“破坏国粹”。鲁迅一针见血地指出，他们要保存的，实际上是落后中国的“无名肿瘤，现在之屠杀者”，“要我们保存国粹，也须国粹能保存我们”。更为险恶的是，林纾被批得哑口无言后，就用文言写《荆生》《妖梦》两篇小说（发表于上海《新申报》），用影射手法对陈独秀、胡适、钱玄同进行讽刺、漫骂和攻击，并寄希望于皖系军阀（林纾依附于段祺瑞）用武力将他们攫取而食；骂北大为“阴曹地府”的“白话学堂”，说他们的言论是“禽兽之言”；把他们妖魔化：“田其美（影射陈独秀）尚欲抗辩，伟丈夫骈二指按其首，脑痛如被椎刺。更足践狄莫（影射胡适），狄腰痛欲断。金心异（影射钱玄同）短视，丈夫取其眼镜掷之，则怕死如猬，泥首不已。……金光浓处，见王身长十余丈，张口圆径可八尺，齿巉巉如林，直扑白话学堂攫人而食。食而大下，积物如丘，臭不可近。”（这里的“伟丈夫”暗指安福系军阀段祺瑞的亲信徐树铮，“王”指阎罗王。）

1923年，以东南大学胡先骕、梅光迪、吴宓等教授为代表的学衡派（因办《学衡》杂志而得名），向新文化运动射来第二支箭。他们是西装革履，戴着洋博士（留美学生）帽子，打着“昌明国粹，融化新知”的复古派，具有很大的煽动性。他们反对文学进化论，认为文学无历史进化之需求，而只有时代发展之可能。他们反对书面语言和口头语言合一，认为诗人必不能用白话，无论何人，必不能以俗语填词，竭力维护文言的书面语言的约定性、正宗性地位。在反击学衡派的论战中，鲁迅一语中的，真所谓嬉笑怒骂皆成文章。他说：“可惜的是，于旧学并无门径，并主张也还不配。倘使字句未通的人也算是国粹的知己，则国粹更要惭愧煞人！‘衡’了一顿，仅仅‘衡’出了自己的铢两来，于新文化无伤，于国粹也差得远。”

向新文化运动射来第三支箭的就是以时任北洋政府司法总长、教育总长章士钊为首的甲寅派。章氏汉学根基深厚，又留学英国，号称知识界的班头。他于1914年在日本东京创办《甲寅周刊》，出版十期即停刊。1925年又在北京重刊，改为《甲寅》，封面印有黄斑老虎的标志，寓意明显，甲寅派因此得名。五四运动时，该刊发表评论，诬陷爱国运动为野心家所利用，由公争反为私争，支持段祺瑞政府武装镇压。“三一八”惨案与北京女师大事件前后，该刊又登了段政府的许多文件，诬蔑爱国运动为越轨。该杂志还提倡读经救国、恢复科考。章本人以孤桐的笔名，打着新旧调和的幌子，于该刊1925年号先后发表《评新文化运动》（1923年已发表，又重新发表）、《又评新文学运动》。咒骂“新文化者，亡文化也”。诽谤白话文是短命鬼：“盖作白话文欲其长，其事之难，难于上青天。”他更利用职权下令：中学国文教科书禁用白话文，全用文言文。致使部分地区复古思潮抬头，新思想逆转。为了击退这次反扑，新文学阵营组织了一次打虎运动。在打虎运动中，还是鲁迅冲锋陷阵，连续写了《评心雕龙》《十四年的“读经”》《古书与白话》等观点鲜明、语言犀利、解剖深刻的投枪匕首似的杂文，针对章的论点一一予以驳斥。1926年4月，章的复古思潮的影响随着他的政治后台段政府的倒台和先驱们的反击而消退。

2. 在运动发生后的四十年中，受到三种反动势力的残酷迫害

新文化运动的领军人之一、中国共产党创始人之一的李大钊，于1927年4月28日，在奉系军阀张作霖反动政府与北伐中途叛变革命的蒋介石、外国在华公使团三方的阴谋勾结下，因“迷信共产”，遭受极刑。他是1927年4月5日被奉军逮捕的，在受审讯期间，信仰坚定，大义凛然，身体备受酷刑，遭到严重摧残。4月28日，由张作霖的安国军总司令部与司法部门急急忙忙组织了一个特别法庭，对李大钊和他的战友们进行所谓的军法会审，上午10时在京师警察处秘密审判，当天下午就在西交民巷地方看守所后院，用从西方进口的、中国从来也没有的绞架杀害了李大钊和他的19位青年战友。李大钊是第一个走上绞刑架的，并发表简短的演说。他说：“不能因为今天你们杀死了我，就杀死了共产主义！我们已经培养了很多同志，如同红花的种子，撒遍各地！我们相信，共产主义在世界、在中国必然得到光荣的胜利。”李大钊牺牲后，他的灵柩停放在宣武门外的浙寺里，无法安葬。1933 年，在党的安排下，经过北京大学朋友们的帮助，才将他葬在西山万安公墓。出殡时举行了群众游行示威和公祭，国民政府派出大批军警，打散了游行队伍，捣毁了祭坛，逮捕了许多革命青年。万安公墓的老板原来不愿意接受李大钊来此安葬，理由是他死于非命。后经反复交涉，仍然不卖给正穴，只允许在公墓的一个偏僻角落安葬。党组织给李大钊送来一块石碑，碑上刻有党旗上的镰刀斧头和碑文，只能放在大卡车上用旧棉衣和花圈覆盖着，而且不能竖在墓前，只能埋在墓中。

新文化运动另一位领军人，中国共产党创始人之一陈独秀，从 1919 年至 1940 年 5 次被捕，被抄家。1919 年夏，陈独秀在北京新世界(类似当时上海的大世界，是一个五花八门的游艺场所)屋顶花园平台上，向下面人群散发他起草的《北京市民宣言》，被北洋政府警察厅的暗探抓住，绑架到警察厅，关押起来。三个月后，几个在京的安徽籍政界人物联名具保，警察厅长也就卖个人情，放了陈独秀，可是寓所的四周布有便衣暗探，他被昼夜监视，失去了自由。后来，李大钊扮成商人模样，将陈独秀送至天津，乘轮船到上海。1921 年冬，陈独秀与夫人高君梅以及当时适在其寓所的包惠僧、杨明斋、柯庆施等人，在上海法租界环龙路渔阳里二号被法国巡捕带到法捕房拘押，家中被查抄，理由是《新青年》有过激言论，妨碍租界治安。后来，共产国际代表马林请了一位外国律师为陈辩护，以“姑念初犯”为由，并罚款五千元以示警诫为条件，取保释放。此前的二月，承印《新青年》的印刷所已被法捕房侦探查封，没收《新青年》八卷六号的全部稿件。1932 年 10 月 15 日，陈独秀在上海又被国民党逮捕，判刑 13 年。1937 年卢沟桥事变后，胡适上书汪精卫要求国民党当局释放陈独秀，在征得蒋介石同意后，改判 8 年，刑满获释。出狱后，辗转寓居四川津江的安徽老乡家中，颇受主妇的白眼，晚年客死异乡，生活凄惨。

陈独秀在第一次大革命失败后，因执行右倾主义路线，1927 年 7 月 12 日，在党中央政治局进行改组时，被停止了党中央的领导工作，从此离开了党的总书记岗位，后又因参加托派被开除出党。长期以来，一直作为党内的反面教员受到批判。然而，陈独秀在入狱前，既未向日本法西斯投降卖国，又未在国民党的酷刑前自首变节。出狱后，既未应胡适(时任驻美大使)到美国治病的邀请，又未在戴笠等国民党要员前卑躬屈膝。陈独秀虽然被开除党籍，长期身处逆境，但是他的共产主义信念，他的革命意志始终坚定不移。他的长子延年、次子乔年都是中共中央委员，为革命壮烈牺牲。延年在就义时刽子手将他几次按倒在地，他就是不跪，几次倔强地站起来，最后是站着被砍头的。至于陈独秀的托派问题，不管当时事实如何，即使是托派，而托洛茨基已经被平反，托洛斯基在共产国际、在当时苏联所坚持的观念、所做之事已被实践证明是正确的，那么，陈独秀所谓的托派问题也应重新审定。然而，谁来为他审定呢？鲁迅在上世纪30年代，被国民党浙江省党部通缉为“堕落文人”，被诬为“拿苏联鲁布津贴”，被国民党特务机构暗地监视。郭沫若在1927年大革命失败后，被国民党反动派通缉，在党的安排下，逃到日本避难，达十年之久。在日本期间，郭沫若住宅周围终日有暗探，失去自由。

3. 新中国成立后，长期受到声势浩大的批判

从政治上看，胡适始终是不信仰马克思主义、共产主义的，虽然他曾任国民党政府的驻美大使，但从他终身的实践来看，毕竟是一位教授、学者。他在新文化运动中，在教育（特别是高教）、思想、学术等领域里取得了许多具有开创性的成绩，有人把他的贡献概括为七个第一：第一个提出用白话文取代文言文，推动了白话文运动的开展；第一个以白话写诗文，出版《尝试集》推动了新诗的诞生；第一个比较系统、全面地把自由、民主、独立、平等等英美文化传统中的现代法权与法治思想介绍到中国；第一个起来非难留学理念中存在的谬误，为中国现代大学的发展和再造文明进行了呐喊和推动；第一个以现代科学的方法编写《中国哲学史大纲》，得到了包括英国罗素等人的承认与赞扬，“中国哲学史”从此成为一门学科；第一个用现代观念考证《红楼梦》，研究时间达十多年，创立了新红学；第一个把白话小说作为学术项目进行研究，而且在中国第一个写了《白话小说史》。然而，新中国成立以后，对于胡适，从政治思想到教育科学，从文学艺术到学术研究，进行全面否定，一概打倒。他的著作被长期封杀，他的作品被从中学语文课本、大学中文系现代文学课程中删去，他的名字与作品中的语句只见诸批判他的文章中，他的学术观念、科研方法、政治思想一直被作为学术思想界、知识界批判的靶子、反面教材。即使他在新文学运动中的正确主张也基本上被否定。他的“八不主义”被斥为“大多仅拘限于形式主义方面的改良主义”，而且仅仅是“刍议”，“态度十分软懦”。其中涉及内容的“不言之无物”、“不无病呻吟”和“不摹仿古人”三条，被批为抽去文学阶级的、社会的内容，标榜文学的趣味性，是“资产阶级惯于玩弄的一种鬼把戏”。他在改良文学形式上的主张，也被说成是“前后自相矛盾，不能自圆其说”。他公开修正他私下废律主张时说：“即不能废此两者，亦当视为文学末技而已，非讲究之急务也。”有人指责他：“轻轻地取消了自己的主张。”他的“国语的文学，文学的国语”主张，被曲解成“完全是一种讳言文学思想内容的形式主义论调”。他的文学进化论被谴责为“歪曲历史”。他被戴上“无耻的买办文人和民族败类”两顶大帽子。

对胡适进行全面否定，最典型的表现是1954年毛泽东亲自发动的对胡适派资产阶级唯心论的斗争，并形成了全国性的运动。运动始于“两个小人物”（蓝翎、李希凡）对胡适学生俞平伯所著《红楼梦研究》《红楼梦简论》的批评，并在学术领域里引发了一场对俞平伯研究《红楼梦》的唯心主义批判。但当毛泽东《关于红楼梦的信》发表之后，这个反对在古典文学领域毒害青年三十余年的胡适派资产阶级唯心论的斗争，就由学术领域提升到政治领域。1954 年 10 月 31 日起，全国文联和作家协会主席团联合召开了八次扩大会议，对俞平伯研究《红楼梦》的错误观点进行了系统批判。哲学界、历史界以及整个学术界，都开展了对胡适唯心论的批判，而且很快地在各个领域迅猛地开展起来。这场批判如果限制在学术领域，让不同的学术观点各抒己见，真正贯彻“百花齐放，百家争鸣”的方针，那么，对于繁荣学术是大有裨益的。然而，这场运动出现了偏差。(1)把胡适的学术观点、研究方法与其政治思想、政治态度绑在一起，把学术问题上升为政治问题，胡适尽管不信仰马克思主义、共产主义，但他在古代哲学史研究、《红楼梦》研究方面是有成绩的，而且是开创性的，不能因前者而全盘否定后者，不能在“唯心论”前冠以“反动”的政治概念。(2)把胡适在学术研究中的成果都冠以“反动唯心论”，加以全盘否定。胡适在《红楼梦》研究中，认为旧红学的索隐派以“红”隐“朱”，“事事去吊明之亡，揭清之失”的说法，是“牵强附会”。经过十余年的考证，胡适提出《红楼梦》是曹雪芹的“自叙传”，他的积极意义在于开创了“新红学”。“自叙传”论也有合理内涵，即任何作品都凝结着作者的思想感情、实践体验，仅就这点而言可谓自叙传。但文艺创作不是历史著作中的传记体文学，它遵循艺术创作规律进行艺术形象的塑造，艺术的真实不等于生活的真实，因此，不能说《红楼梦》就是作者的自叙传，应该对胡适研究成果进行实事求是的分析，不能一概否定，更不能一概斥之为“反动的唯心论”。(3)舆论一边倒。只准批判胡适，不准代胡适反批判；只准说胡适错误，不准说胡适成绩；只准与毛主席的意见保持一致，不准有相反意见。这种思想学术界的不良之风，影响很深很深。

4. 受到“四人帮”颠倒是非的诬陷

1975 年 7 月，“四人帮”炮制的以“上海复旦大学”名义出版的《中国共产党历史讲义》(以下简称《讲义》)，把五四新文化运动诬蔑为“旧的新文化运动”，借以提高“文化大革命”的历史地位。其实，五四新文化运动是作为近现代史上一场具有划时代意义的伟大革命运动而永载史册，而“文化大革命”却是以一场大革文化命的浩劫，给历史涂上一笔浓浓的污点。“四人帮”为了提高他们在“文化大革命”中的地位，《讲义》一方面将江青大吹特吹为社会主义时期“领导意识形态领域的伟大斗争”的“文艺革命旗手”；另一方面对五四新文化运动领军人之一的李大钊进行政治上的诬陷。一是将李大钊打成走资派。按照他们炮制与推行的“老干部是民主派，民主派就是走资派”的反动政治纲领，李大钊就成为“走资派”。二是将李大钊打成“叛徒”，“四人帮”妄图在北洋军阀审讯李大钊的记录中找到“叛徒”的依据，然而枉费心机。在李大钊被捕的第二天，《北京晨报》报道他在敌人法庭上的态度时说：“彼自述其信仰共产主义之由来，莫说党之工作，但否认最近对北方有阴谋。”同时，《世界日报》报道他受审时的情况说：

“自称为马克思学说崇信者,对于其他之一切行为,则谓概不知晓云云。”三是抹掉李大钊在第一次国共合作中忠诚执行党的统一战线的史实。众所周知,1924 年 1 月,李大钊出席了国民党第一次全国代表大会,并被选为国民党中央执行委员。在这次国共合作中,他是我党的首席代表,一张李大钊与孙中山先生步出国民党第一次全国代表大会会场的照片,标明了历史的真实。然而,《讲义》中,连李大钊出席国民党第一次全国代表大会的名字都被勾掉了,“四人帮”一刀砍掉了国共合作中共产党一方的首席代表——李大钊。

5. 受到《开创》的百般非难

《开创》从 1991 年到 2005 年的长达 15 年之中,通过四个渠道实行:全国政协委员会;中华诗词全国会员代表大会,中华诗词各届研讨会以及中华诗词赛诗会、颁奖会、现场会、纪念会、专场首发式;中华诗词学会主要文献(《21 世纪初期中华诗词发展纲要》《中华诗词发刊词》);《中华诗词》。有领导地向全国 14000 余名会员,对五四新文化运动(或曰“新文化运动的几个先驱者”,或点陈独秀、胡适之名,或曰有人)发表批判的言论,进行百般非难,主要有以下几个方面。(1)给新文学运动戴上“否定一切”“民族虚无主义”“形而上学”三顶大帽子。(2)把传统诗词长期处于被歧视、被冷落、被压抑、被打倒的地位归因为新文化运动的冲击。(3)把七十多年来传统诗词发展的“中断”归因于“一律打倒”。《开创》说:“五四新文化运动中……把传统诗词一律打倒……以致造成七十多年来传统诗词发展中断……。”(59 页)如前所述,一律打倒之说是违背历史事实的,发展中断之说与事实也有出入,从 1917 年以后的七十余年中,鲁迅、郭沫若、臧克家等顶级的文学家、诗人和陈毅元帅既写新体诗,又写旧体诗,毛泽东、朱德、叶剑英、董必武等无产阶级革命家和柳亚子、赵朴初等知名人士专写旧体诗,至于广大干部与群众也有一部分人写旧体诗。“文革”十年掀起了学习、诵唱毛主席诗词的热潮,可谓一花独放。新中国成立后,大中小学的教材中,上述诸家的旧体诗占有相当的分量。因此,不能说中断,只能说传统诗词不是诗坛的主旋律罢了。中华诗词学会内部,传统诗词的写作处于绝对优势,但就全国十三亿人民的文学交往来说,就全国诗坛来说,仍不属于正宗地位。世界是物质(包括诗体)的,物质的发展变化是绝对的,静止不变是相对的,而变化发展的根本是内因,外因只是变化发展的条件。诗坛上在一定时代有一定的体裁作为主旋律,居于正宗地位。骚体代替四言为主的《诗经》,成为战国时期主旋律;五言、七言、古绝、古风代替骚体成为秦汉魏晋主旋律;五七言律绝、律诗代替古体诗成为南北朝、隋唐主旋律;词代替近体诗成为宋代主旋律;曲(包括散曲、杂剧、戏曲)代替词成为明清的主旋律;新体诗代替曲成为“五四”以后的主旋律:这就是辩证法。尽管元明清的科考以格律诗和八股文为内容,但格律仍不能成为这三个朝代诗坛的主旋律,这就叫不以人们的意志为转移。事物发展变化的根本原因(或根本依据)是其内部因素决定的,客观环境的影响有时虽然很重要,但只是外在条件。宋词代替格律诗是由于宋词在字律、句律、声律、韵律上都比格律诗宽松。格律诗只限于每句五言或七言,词每句少者一字,多者13字。格律诗每首只限于四句或八句,排律不限(但由于声韵的严格,长者不多,纵然偶有二百韵以上者,也纯属文字游戏,无多大文学价值)。词每首句数长短不等,不同的词调句数各不相同,同一词调不同体的句数也不同,少者四句,多者二十余句。格律诗要求句内平仄相间、句间平仄相对、联间(上联对句与下联出句)相黏,而且孤平和三仄尾、三平尾都很忌讳,律诗中间两联的对仗要求很严,不仅平仄相对,而且词义、词性、构词方法都要求相对,同字、同义词不可对。词中律句虽多,但拗句比比皆是,三平调、三仄调也屡见不鲜,有的一首词就出现三个三仄尾,句间、联间基本上不讲对、黏;对仗句,在平仄、词性、词义上也不作严格要求,基本上属于修辞学上的对偶句。格律诗的第一句可押韵,也可不押,如果押可以押邻韵;除首句外,限偶数句押,奇数句不押;一首诗一般只能用同一韵目的字为韵。一首诗用韵的字不能重复;用韵的字一般限于平声,既不能用仄声,也不能平仄相混。词的押韵,既可押平声,也可押仄声,既可平仄间押,也可平仄混押;既可句句押韵,也可隔句(隔一句、二句,直至四句)押韵,一切文学体裁(诗歌、散文、戏剧、小说)都有一定的规格,俗话说,没有规矩不成方圆。各种诗体也是如此,都有一定的规格。有人以自称为诗的所谓新诗为例,说明新诗没有规格可循,这是一种误解。如将郭沫若的《女神》很好地研究一番,你就会发现新诗的内在规律是多么的奥妙!中国文学史与许多国家文学史都证明,文学体裁规格愈严,框框愈多,作者借以表达自己情感的空间就愈窄;反之,作者思想感情驰骋的天地就愈广阔,表达的程度就愈充分。杜甫的诗之所以被称为"诗史",不仅是他把七言律诗锤炼到炉火纯青的境地,而且更重要的是他运用了古体诗,多角度地反映了"安史之乱"的始末(如"三吏""三别"等)。李白终生所写的律诗极少,尤其五言律更为罕见,他纯熟地创造性地运用了乐府体、杂言体、歌行体等各类古体诗体裁,继承与发展了屈原的浪漫主义创作方法,铸成了中华诗歌丰碑。白居易之所以被人称为"伟大的人民诗人",主要是他运用新乐府和歌行体等体裁反映了中唐人民的疾苦与要求,抨击了社会上种种丑恶,为广大人民鼓与吹。至于杜甫与白居易的排律则缺乏真实的社会内容。英国诗体极多,而且很多诗不限音节、不限押韵,有长篇叙事诗,长达十几万字;有咏物小诗,短到数十字。法国的诗原来戒律极严,没有一个诗人敢变化规定的音节,没有一个人敢作无韵之诗。但是,英国诗人的成绩远远超过法国诗人的成绩,这不是前者智商高、魄力大,而是后者被极严的格律束缚了手脚,他们的聪明才智发挥的领域太小。宋词代替格律诗成为正宗,元曲代替宋词成为元明清三朝的正宗,现代诗代替传统诗词成为"五四"以后的正宗,后起者比其前者的格律宽松,是其重要原因。这都是诗体本身内在因素决定的,绝非外力冲击所致,这就是辩证法。人民群众是历史的火车头,很多诗体最初产生于民间。词就是西域音乐与民间音乐交融结合而成的一种新音乐。我国最早的一部词集——《敦煌曲子词》,它所收集的160余首词中,除五首经过考证为温庭筠、欧阳炯等文人所作外,其中绝大部分都是民间无名氏所作。这些民间作品有的经过文人润色,但大部分仍保留着朴素、清新、率直的民间风格,保留着词的初期自然形态的特征:有衬字,字数不定,平仄不拘,押韵不定,咏调名本义者多。民间曲子词就是词发展的第一阶段——依声填词。南北朝以后,特别入唐以后,格律诗由于统治阶级的提倡和科举考试的推动,凡是读书人都在写格律诗,并把诗的格律用于词,这就产生了词的第二阶段——脱乐律词。律词产生以后,就出现了按谱填词的第三阶段。词到文人之手以后就逐渐律化,而且愈来愈严:晚唐温庭筠严分平仄;160多年以后,到了北宋晏殊就渐辨去声,谨于结构;再过十余年,到柳永时,就分上去声,尤谨于入声;到北宋末年,周邦彦用四声,四声用法逐渐精密,但也仅限于警句和结拍;到了南宋,对周邦彦词的四声亦步亦趋,不肯越雷池一步;南宋末年,更有人提倡辨五音(唇、齿、舌、喉、鼻),分阴阳。这样过于严格的声律,不仅广大普通文人无法接受,即使专业词家能够遵守者也实在太少。律词发展到了这个程度,完全脱离群众,群众理所当然地把它抛弃,另创一种新的诗体取而代之为主旋律,于是元曲应运而生。如果把一种诗体淡出主旋律的位置称为"被冷漠",那么,格律诗自词成为宋代正宗时,它就开始"被冷漠"了,元明时代更"被冷漠",清代稍微升点温,"五四"以后又开始降温。这是由诗歌发展内部规律所决定的,不是几个人花大力气能够逆转的,这就是历史唯物论。新文学运动的先驱者对传统诗词进行了充分的热情的肯定,只对律诗提出变革的看法。对律诗(特别是排律),陈言"末运",胡言"末技",均未言"废",只有刘言"当废(而且排除律绝)",胡只在私下议论时提到。这种意见属于百家争鸣的范畴,至今还是允许的。当时,他们只是几个文人,手中既无军权,也无政权;既无领导他们的强大政党,又无可以依靠的坚强的群众团体,况且陈、胡二位长期以来被党内外批得体无完肤,作为党内外的两个反面教员,他们的作品都被长期封杀。现在七十岁以下的人,在改革开放前,很少有人接触到他们的作品,除了读过中文系或从事文学研究的人,很少有人详细了解这段历史。他们九十年前的一两句话能有那么大威力,能造成七十多年来传统诗词发展中断(59页)吗?何况这一两句话还是可讨论的呢!这究竟是历史唯物论还是历史唯心论?不是泾渭分明吗?

把七十多年来传统诗词发展中出现"中断"还归因于新诗"另起炉灶""全盘西化"。《开创》把传统诗词"中断"的原因归结于三点:一律打倒,另起炉灶,全盘西化。新事物代替旧事物的趋向是遵循否定之否定的规律。一种新诗体代替一种旧诗体就是新诗体否定旧诗体,但这种否定不是形而上学的否定,而是辩证的否定。也就是在否定之中有肯定,在肯定之中有否定。新诗体(或称现代诗、自由诗、白话诗)对旧诗体的否定就是辩证否定,它扬弃了旧诗体中极严的声韵规则,吸纳了其中声韵宽松等许多优长,以东西方国家诗歌为借鉴,根据白话书面语的特质,熔铸成一种崭新的诗体。如郭沫若1921年出版的《女神》,在继承传统诗词优长方面突出表现在五个方面:①继承并发扬了屈原的"长太息以掩涕泣,哀民生之多艰",李白的"君看石芒砀,掩泪悲千古",杜甫的"戎马关山北,凭轩涕泗流",白居易的"可怜身上衣正单,心忧炭贱愿天寒",陆游的"僵卧孤村不自哀,尚思为国戍轮台"等忧国忧民的爱国主义精神。《女神》中《凤凰涅槃》是一首历久难忘的火之歌,诗人以悲壮旋律诅咒阴秽的旧中国:"你脓血污秽着的屠场呀!/你悲哀充塞着的囚车呀!/你群鬼叫号着的坟墓呀!/你群魔跳梁着的地狱呀!/你到底为什么存在?"诗人又以欢快的格调赞扬新中国的更新:"我们欢唱,我们翱翔。/我们翱翔,我们欢唱。/一切的一,常在欢唱。/一的一切,常在欢唱。/是你在欢唱?是我在欢唱?/是他在欢唱?是火在欢唱?/欢唱在欢唱!/欢唱在欢唱!/只有欢唱!只有欢唱!/欢唱!/欢唱!/欢唱!"在《炉中煤——眷念祖国的情感》中,诗人把祖国比作青年的女郎:"我常常思念我的故乡,我为我心爱的人儿,燃到了这般模样!"②继承并提升了屈原、李白的浪漫主义创作方法,在我国诗歌发展史上竖起了第三个浪漫主义诗歌的丰碑。神话传说是人类丰富想象力创造的结晶,充满浪漫主义精神。屈原、李白诗歌中的神话传说都是取自中国的,而郭沫若却采取中西合璧的方法,将中国的凤凰传说与阿拉伯神鸟菲尼克司满五百岁自焚更生的神话巧妙地融合在一起,进行艺术创造,塑造了一个火中再生的优美形象,这就是对屈原浪漫主义的升华。《女神》不仅继承了屈原《离骚》《九歌》所代表的悲壮、委婉、豪放的格调和李白诗歌中表现出的思想奔放驰骋、想象奇特丰富、格调高昂激越、语言热情夸张的特点,还体现了德国歌德诗剧中的庄严、海涅诗歌中的细致委婉,以及美国惠特曼抒情诗中的雄放。这是中外交融。③在字、词、句、章的结构上,继承了《诗经》《乐府》等传统诗词常用的叠字、叠词、叠句、叠章,以及对偶、排比、象征、比喻和同句重复的修辞法与章法,这些在《凤凰涅槃》中随处可见。诗题就具有象征与比喻意义,用凤凰的更生象征着旧世界、旧中国、旧事物、旧我经过涅槃而消亡,比喻着新世界、新中国、新事物、新我而更生。叠字如六个"啊啊",六个"那么",六个"怎么"。叠词如十四个"欢唱",叠句如六个"涨潮了……",四个"更生了……"。叠章如《凤凰和鸣》三节结尾处都是"火便是你。火便是我。火便是他,火便是火"。"翱翔!翱翔"!"欢唱!欢唱"。类似"我们新鲜,我们净朗,我们华美,我们芬芳"的排比句式多得很。④继承并发展了古体诗与词大致押韵的传统。如《凤凰涅槃》有全段不押韵(很少),有隔句或隔数句押韵,有全段句句押韵,有押仄韵,有押平韵,有平仄混押。这是效仿词的多种押韵方法。但是本诗最后一章的开头,共押了十三个同字韵"了"字,结尾共押了十七个同字韵"唱"字,这是古体诗与词所未曾见过的,这是本诗由于要表达激越感情的需要,也是新体诗用韵宽松的特点。郭沫若的《女神》虽然不是第一部新诗集(胡适《尝试集》在先),但它在文学史上的价值很高,影响很大,对于新体诗来说,具有开创性与奠基性。郭沫若的新体诗在把传统诗词优长、国外诗歌精粹、白话书面语特点放在大火炉中进行加热,使之发生化学变化,产生新质,形成新体系,这就是所谓的“另起炉灶”。这种“另起炉灶”并不排斥旧诗体的存在与发展,他们更无权下令让当时全国四亿五千万人不准写传统诗词,怎么新文化运动就能成为传统诗词“中断”七十年的原因呢?一个新诗体的产生必须另起炉灶,从而建立自己的新体系,如果不让另起炉灶,只准在旧诗体的框架内进行修修补补的改良,不准突破这个旧框架,那么新的诗体永远也不会产生,那岂不是奢谈诗体多样性吗?对胡适提出的“全盘西化”也要进行具体分析。当时,它对于冲破闭关自守的封建旧文化的牢笼,吸纳世界各民族的优秀文化起了推动作用。当然,在少数知识分子中也产生了忽视传统文化、崇拜西方文化的消极影响,但大部分诗人还是像郭沫若那样,在他们的作品中并无生硬地模仿西方艺术。即使胡适的《尝试集》,虽然艺术性不高,但基本上还是民族的内容与形式,也没有全盘西化,后来胡适对自己提倡的全盘西化也作了修正:“西洋文化确有不少的历史因袭成分,我们不但理智上不愿采取,事实上也决不会全盘采取。”《延安文艺座谈会讲话》发表至“文革”前,涌现出了郭小川、何其芳、田间、艾青、柯仲平、闻捷、李季、阮章竞、魏巍、贺敬之、张志民(原在解放区)、臧克家、冯至(原在国统区)等大批写新诗的著名诗人,他们的作品基本上是民族化的、大众化的,为广大工农兵所喜闻乐见。这个时期是新诗繁荣发展的鼎盛时期,他们奏出了时代的最强音,为新民主主义革命的胜利,为社会主义建设谱写了众若繁星的篇章。李季1945年发表的《王贵与李香香》新型的长篇叙事诗,就是其中的典型代表。它创造性地继承了《国风》《乐府》的优良传统,成功地运用了民歌《信天游》两句一首的形式,吸取了民歌中比兴手法的养料,运用了民间语言,是面向工农兵,具有民族风格的长诗,是新诗发展史上的一块里程碑。“文革”十年,这批有成绩的新诗人基本上被打倒,诗坛一片荒漠。改革开放以后,他们被压抑了十年、二十年(反右以来)的思想感情的闸门被打开,孕育已久的诗情犹如黄河之水一泻千里。贺敬之的《中国的十月》,柯岩的《周总理,你在哪里?》,白桦的《阳光,谁也不能垄断》,艾青《党的赞歌》,在诗坛上光芒四射,同时,也涌现出一些新手。但是,由于种种原因,近十几年来,新诗坛处于探索之中,但决不能把新诗所处的现状归因于新文化运动对传统诗词“一律打倒(不存在)”,更不能无根据地说这种“一律打倒”给新诗体自身造成了先天不足的严重弱点。先天不足的含义是什么?是没有继承格律诗的对黏规则呢,还是没有继承格律诗的优长呢?如果是后者,不符合事实;如果是前者,那岂不是不准革命吗?⑤把新文化运动说成是无政府主义,说成是中止诗词传统,割裂诗词与人民大众密切联系的原因。《开创》中说:“遗憾的是,五四新文化运动中的无政府主义倾向中止了中国文化的诗教传统,割断了传统诗词与人民大众,尤其与青年的密切联系。”(69页)这段话有两层意思:第一,新文化运动有无政府主义倾向。1921年,中国共产党成立前的三四年,胡适虽然是文学革命首倡者,但实际领军人物却是具有初步共产主义思想的陈独秀、李大钊。1921年以后,新文化运动的领导者理所当然地落在中国共产党身上。在全国、在南方(以上海为中心)党的代表人物是时任党的总书记的陈独秀,在北方(以北京为中心)党的代表人物是北京共产主义小组负责人李大钊。鲁迅从1918年5月《狂人日记》、1921年12月《阿Q正传》相继问世后,实际上成为新文学运动的伟大旗手。郭沫若自1921年白话诗集《女神》出版后,成为新文化运动的大师。以他们两人的作品为代表的一批白话小说、白话诗的创作实绩,巩固了新文化运动成果,批驳了复古派的一切歪理邪说,昭示了新文化运动的大方向无比正确,对运动的深入发展起了引导作用。在面向形形色色复古派的围攻前,鲁迅先生总是冲锋在前,写了大量高质量的杂文给予最有力的反击,保卫了新文化运动的成果。胡适于1919年因陈独秀被捕代理编辑《每周评论》(陈独秀与李大钊创办),乘此机会,于1919年7月20日出版的该刊上发表了《多研究些问题,少谈些主义》一文,挑起了同早期马克思主义者陈独秀和李大钊的论战。1921年11月,胡适又提出“整理国故”的行动口号,从此,他就逐渐退出了新文化运动阵营,去专心研究国故,专心当教授,专心治学了。陈独秀、李大钊也把主要精力放到党的政治工作方面,鲁迅、郭沫若实际上成了新文化运动深入发展的领军人物。党在建立前后和夺取政权(包括在部分地区)后,对运动的领导方式是各不相同的:建立前,是具有共产主义思想的先进人来领导的;建立后,党的路线、方针、政策是通过党的负责人或代表人物去实现的;取得政权后,是有目的、有计划、有步骤地通过党组织、政府来领导的。党领导历次政治运动(包括意识形态领域)的经验教训告诉我们:哪次运动方向正确,由于党权、政权发挥正向效应,哪次运动取得的成绩就大(如土改运动);反之,哪次运动方向错了,由于党权、政权发挥反向效应,哪次运动使党和国家受到的损失也就更大(如“文化大革命”)。新文化运动是党在建立前发起的,运动初期(指1917年至1919年五四运动)虽然有偏激之处,但也是可以理解和谅解的。它面对的革命对象是建立二千多年的封建主义,近百年来的帝国主义、官僚资本主义经济政治制度基础上的强大顽固的道德思想体系。正如鲁迅所说,它像一座无门窗的铁屋子,要救出铁屋子里沉睡已久的人们,必须彻底毁坏它,砸烂它,和他们重建一所崭新的精神大厦。在毁坏它的过程中,由于炮火过猛,必然伤害一些人和屋内的有用之物。正如一个身患癌症的人在化疗过程中,杀死癌细胞的同时也杀死一部分健康细胞,这是不可避免的。新文化运动这样一次具有划时代意义的伟大运动,两三个人说了一两句过头话(没有也不可能有任何过头行动),也是完全不可避免的,况且他们在对待传统诗词方面是正确的,仅一两个人说“文当废骈,诗当废律”这样至今尚可以讨论的话。在二十一世纪的今天,如果还斥之为无政府主义,这哪里还有什么言论自由可言？如果以党取得政权后领导运动的模式来看，即使是方向路线正确的一次运动，掌握重权者，说过头话的人远不止两三个，也不止两三句话，更不止是过头话，恐怕过头行动也是在所难免的，难道能因此就说某次运动是无政府主义吗？《开创》所言无政府主义的内涵不知是什么。当时的政府是北洋军阀控制的，难道新文化运动听从段祺瑞政府的指挥才不叫无政府主义吗？第二，中断了“诗教传统”。“三教”（礼教、诗教、乐教）是我国传统教育的精髓，孔子在论述“学诗”（主要指《诗经》）的意义时提出四条：可以提高人们语言驾驭能力（“不学诗无以言”）；可以帮助人们兴观群怨（“诗可以兴，可以观，可以群，可以怨”）；可以指导人们事父事君（“迩之事父，远之事君”）；可以增长自然知识（“多识于鸟兽草木之名”）。其中二、三两条属于德育范畴，一、四两条属于智育范畴。今天学校的诗教与两千多年前孔子时代的诗教，在内容和方式方法上虽然有所不同，但在诗教的目的与意义上仍然是一致的，不外乎德育与智育两个方面。今天的诗教就是教育者用内容健康的现代的古代的域外的诗歌教育受教育者，使受教育者的思想道德水准得到升华，情感操守受到净化，文学知识与驾驭语言文字能力得到提高。新中国成立58年来，各级各类学校一直把诗歌作为全面贯彻教育方针的重要内容，没有哪一个学校、哪一个年级、哪一个学期不在进行诗教。诗教的主要途径是两个课堂，第一课堂是主阵地，教师通过语文课中的诗词，在课堂上系统地讲授具体的诗词篇章以及诗词知识，有兴趣的学生也可以写诗（绝大多数写现代诗）。中等学校（包括普通中学、中专、中技、师范）的语文课本每册都选有一定数量的新体诗和旧体诗以及外国诗。特别是在1956年教材改革时，语言与文学分家，文学课本按文学史体系从先秦的《诗经》《楚辞》到现当代毛泽东、鲁迅、郭沫若、赵朴初的旧体诗，从初一到高二的五年中十册书选了大量的传统诗词。即使在“阶级斗争为纲”的年代，除毛泽东、鲁迅的旧体诗作为首选外，反映社会矛盾、民族矛盾的如《国风》中的《伐檀》《硕鼠》，《楚辞》中的《国殇》，杜甫的“三吏”“三别”，李绅的《悯农二首》，白居易的《新乐府》中的《卖炭翁》《观刈麦》，陆游的《示儿》，龚自珍的《己亥杂诗》等名篇也都必然入选，至于大学中文系的教材就自不待说了，除“中国古代文学”外，还有“古汉语”“词学通论”等专论课。小学语文课本也适量选些古典诗词。第二课堂主要通过诗歌朗诵会、文学小组、记者站、诗词研究小组等各种形式进行诗教。对于这些铁的事实，为什么视而不见，反而说什么“中止了中国文化的诗教传统”呢？而且为什么把“中止”的罪魁祸首定为五四新文化运动的无政府主义呢？学校是否开展诗教取决于课堂教学这个主阵地，而课堂教学取决于教材与教师，教材又取决于教学大纲（现称《课程标准》），教学大纲是由国务院及其办事部门——国家教育部制定的，假设诗教传统真的被“中止”，那么，责任应是国务院、教育部，而不是“新文化运动中的无政府主义倾向”，如果说国务院、教育部在制定《教学大纲》时受到新文化运动的无政府主义倾向的影响，那只有去问新中国成立后历任的总理和教育部长了。

中华诗词学会为了将中止的诗教传统再续上来，提出了诗教进大中小学的口号，并付诸实践，相继召开了专题研讨会、现场会、赛诗会，培养教师，扶植并宣传典型（学校、个人），大大改善了学校诗教的外部环境，应予肯定。然而，这个口号是不科学的，首先，它完全否定了新中国成立后大中小学开展诗教活动的成绩，更否认诗教长期存在的事实。其次，它以救世主的姿态抹杀了作为诗教主体的广大教育工作者的存在，给自己定错了角色和位置。最后，在实践活动中，使诗教变了味；将现代诗与域外诗排除在外；将传统诗词中的格律诗强调到不适当的地位；将学诗变为读诗、写诗并举；将写诗变为写格律诗；将诗教德智并重的方针变为培养写格律诗的接班人。这样，得不到广大教育工作者的热情支持，是理所当然的。

曲解了"话怎么说，就怎么写"。《开创》说："五四新文化运动主张：'有什么话，说什么话，话怎么说，就怎么写。'这对作文来说，是可以的，对作诗来说，则不可以，或不尽可以。"（19 页）又说："我们不能要求诗词像散文那样，'想怎么说，便怎么说'。'想怎么说，便怎么说'，也许会成为一篇文章，但永远不会是诗，至少不会是好诗。"（73 页）还说："胡适先生曾主张过：'话怎么说，诗就怎么写。'这是针对以白话为特点的新体诗创作说的。……传统诗词创作更断然不能采用这样的观点。"（133 页）这三段话包括两层意思：（1）作诗的特殊性。"话怎么说，就怎么写"的原则，对作文可，对作诗不可。（2）作传统诗词的特殊性。"话怎么说，诗就怎么写"的原则，对新诗创作可以，对传统诗词创作断然不可。两个"特殊论"是对胡适先生所说内容的曲解。"有什么话，说什么话"中的第一个"话"是指要表达的思想内容，即埋藏在心底的话语；第二个"话"是指表达出来的口头语言。"说"是"表达"的意思，两个"什么"是指代两个相同事物（即话）的内涵。两句话的意思是：有什么要表达的思想，就用口头语言将它表达出来，也就是心语与口语的一致性。"话怎么说，就怎么写"中的"话"是指口头语言，"写"是指书面语言，两句话的意思是：用白话说出来，就用白话写出来，也就是口头语言与书面语言的一致性。四句话的意思是心语、口语、书面语必须统一。新文化运动先驱者们从 1918 年至 1925 年间与复古派三次论战的中心就是围绕白话文问题，复古派主张书面语言用文言，口头语言用白话，即言文分离；先驱者们主张言文一致，坚持反对言文分离，这就是争论的焦点，也是这两句话的真实含义。至于口讲的白话与书写的白话有无区别呢？1918 年，胡适在《新青年》第四卷第四号上发表的《建设的文学革命论》作了明确的回答，并进一步提出了建设"国语的文学，文学的国语"。胡文对这两句话作了重点阐述："我们所提倡的文学革命，只是要替中国创造一种国语的文学。有了国语的文学，方才可有文学的国语。有了文学的国语，我们的国语才可算得真正的国语。国语没有文学，便没有生命，便没有价值，便不能成立，便不能发达。"在这里，"国语"的含义是以北京话为代表的白话，类似现在普通话，"文学的国语"中的"文学"就是经过加工锤炼的具有准确性、鲜明性、生动性的文学化的语言。这种书面白话语言与平时自由交谈时的口头白话语言是有很大区别的，千万不能将两者混为一谈。胡适尝试用文学的国语写了大量诗（包括现代诗、格律诗、古体诗）词和散文，还写了剧本。其中不乏高质量的作品，如《差不多先生传》等散文，在解放前曾被作为优秀篇目选进中学国文课本。《开创》没有认真研究胡适提倡白话文的精神实质，没有认真研究引文所在文章的主旨，没有认真研究引文所处的语言环境，而把"话怎么说，就怎么写"断章取义地理解为用不经加工的平时自由交谈的白话写文写诗。文学是语言艺术，不论是诗歌、散文，还是戏剧、小说；诗歌中也不论是旧体诗还是新体诗，都要根据自身的艺术形式特点，毫无例外地在语言上进行创造性的劳动，也就是胡适所说的创造文学的国语，否则散文也写不好，诗词也写不好。对于各种文学体裁来说，在语言的锤炼上都无例外，如果说诗（新诗、旧诗）词特殊的话，那就是语言比散文更精练，如果说传统诗词特殊的话，那就是比白话诗较多地使用文言词汇。曲解胡适的话也很可笑，难道胡适这样驰名中外的学者、教授，连文学是语言艺术这样的常识性问题都不知道吗？

《开创》对几位先驱者的打压展示出前所未有的特点，第一，有领导、有组织、有计划、有目的、有阵地地在全国范围开展。组织就是中华诗词学会，领导就是学会某些领导，阵地就是《中华诗词》杂志，目的就是为传统诗词的振兴扫清障碍。第二，几位先驱者早已归天，不能为自己辩白，任由他人随意非难。第三，在学会内部及其所办刊物上，批判的言论基本上是一边倒，所谓舆论一律。第四，凭借合法的组织和少数人过去的政治资源，在很多人不了解真相的情况下进行非议。第五，非难时间之长实为罕见，从中华诗词学会成立至今，批判之声不绝于耳，批判之文不绝于学会所办之刊物。这还远未了结，2006 年，《开创》还将如何清除五四新文化运动中打倒诗词的消极影响作为繁荣诗词的第一个大难题提到全体会员面前，号召大家继续清除。看来，传统诗词不到在全国繁荣之时，这种"清除"就不会停止！

可悲的是，一种事物的发展，不把不断发现内部矛盾、不断解决内部矛盾摆在首位，而把外因当成第一个大难题来解决，这究竟是辩证法呢，还是形而上学？难道不是一目了然吗？

三、怎样理解毛泽东的诗论

《开创》中引用了许多毛泽东公开发表的或传抄的关于诗词的论述，有的作为正面意见反复引用，有的作为不同意见进行批驳。究竟怎么来理解呢？这个问题仁者见仁，智者见智。

毛泽东关于诗词的论述,都是在一定时期、一定历史背景下,有一定指向的。必须把它放在特定的条件下,从总体上把握其精神实质,也就是全面地、完整地、准确地、正确地去理解,去掌握。切不可戴着有色眼镜,将其断章取义,误入实用主义歧途:符合自己观点的就反复引用,大加褒扬,欲以"一句顶一万句";不符合自己观点的,对在人们中没有影响的就避而不谈;对在人们心目中很有影响的就当作靶子着重批判。

毛泽东说:"诗当然应以新诗为主体,旧诗可以写一些,但是不宜在青年中提倡,因为这种体裁束缚思想,又不易学。""这些东西(引者:指《诗刊》1957 年创刊号上发表的 18 首诗词),我历来不愿意正式发表,因为是旧体,怕谬种流传,贻误青年。"(《关于诗的一封信》1957 年 1 月 17 日)"要作今诗,则要用形象思维方法,反映阶级斗争与生产斗争,古典绝不能要。但用白话写诗,几十年来,迄无成功。""李白只有很少几首律诗,李贺除有很少几首五言律外,七言律他一首也不写。李贺诗很值得一读,不知你有兴趣否?"(《毛泽东给陈毅同志谈诗的一封信》1965 年 7 月 21 日)。毛泽东 1963 年又说:"旧体诗词要发展,要改革,一万年也打不倒,因为这种东西(引者:指旧体诗词),最能反映中华民族的特性和中国人民的风尚,可以兴、观、群、怨嘛;哀而不伤,温柔敦厚嘛!"(季世昌《毛泽东诗词鉴赏大全》)。综合以上,毛泽东论旧体诗可概括为三个论点:第一,"旧诗可以写一些"。这里的"旧诗"即《开创》中所说的"传统诗词"(其中包括格律诗)。"一些"是数量词,用在某些动词、形容词等之后,含"稍微"意(《现代汉语规范词典》)。这里用在动词"写"之后,含义便是"稍微写点旧体诗"。第二,"不宜在青年中提倡"中"不宜"是"不适合"(《现代汉语规范词典》)的意思,语气肯定,"提倡"是"宣传事物的优点、好处,鼓励大家实行或使用"(《现代汉语规范词典》)的意思。全句的意思是,不适合在青年中宣传旧体诗的优点和好处,不应当鼓励他们去写近体诗。为什么?毛泽东提出了两条理由:首先,旧体诗这种体裁束缚思想。内容与形式是对立统一的,内容决定形式,形式服务内容。一种诗的体裁,当其影响思想内容充分表达,不能很好地为内容服务时,它对作者的思想就是一种束缚。毛泽东一生酷爱中国古典作品(包括古典诗词),酷爱写古典诗词,他在长期读、写古典诗词的实践中深深体会到"诗难,不易学,经历者如鱼饮水,冷暖自知"。尤其他认为格律诗难学,他说自己从未写过五言律,偶尔写几首七言律,没有一首是自己满意的。他又说,诗仙李白一生也只有很少几首律诗。毛泽东很推崇的李贺,一生除有很少几首五言律外,七言律他一首也不写。为什么难学呢?还不是因为格律诗的格律过严,束缚人们的思想吗?这是他一生读诗、写诗的经验之谈,是他长期经历的结果,是他深入虎穴,获得虎子的长期亲自实践的结晶。为什么号称"实践第一论者"的本书作者,不去尊重毛泽东的亲身实践,而把他"如鱼饮水,冷暖自知"的切身感受妄加为"本本主义",自己却标榜为不应该是"本主义者"呢?即使作者读诗、写诗的实践超过毛泽东,然而毛泽东的实践先于作者,本书作者是站在前人的两肩之上的，怎么现在能把先辈一脚踢开呢？这种“束缚思想”的实践经验，岂止毛泽东这样当代传统诗词大师有呢？广大传统诗词爱好者姑且不说，就连把自己喜欢写旧诗比成吸鸦片烟上了瘾似的，曾与毛泽东多次和诗的柳亚子，也在《新诗与旧诗》(1942 年 8 月)一文中说：“平仄是旧诗的生命线，但据文学上的趋势看起来，平仄是非废不可的。”中国自公元 587 年隋文帝用科举方法选拔人才至 1905 年清末废除的 1318 年中，各朝科举考试的内容虽有不同重点(唐以诗赋为主，宋以经义为主，明清以八股文为主)，但格律诗是缺不了的。科举作为选拔人才的措施，在历史上起过进步作用，但考试中的骈赋、律诗、八股文重形式的科目，却给中国 1300 多年的历史投下了一道浓浓的黑影，不仅给自然科学领域造成一片荒漠，而且给广大读书人思想上捆上了绳索，使他们的聪明才智得不到自由发展，也影响了文学的发展。五律成熟于初唐，七律成熟于盛唐，然而标志着唐诗高峰的却不是格律诗，而是李白、杜甫、白居易、李贺等伟大诗人的古体诗，代表宋元时期文学成就的也不是律诗和骈赋，而是韵律比较宽松的词、曲，代表明清文学实绩的更不是格律诗和八股文，而是小说与传奇。《开创》在论述内容与形式的关系时，以匠人加工器物为例，对内容与形式这一辩证唯物论的命题作了形式决定内容的形而上学的论证。《开创》说：“规矩越严越高，则所制作的器物越合标准，越有质量。”(73 页)这是形式决定内容。被加工成器物的质量是由其被加工的原材料(即内容)所决定的。如果用同一“规矩”对不同质量的金、银、铜、铁、锡的原材料进行加工，结果加工成的器物造型(形式)虽然相同，但质量(内容)却不因同出一个模子而相同，它们的质量分别为金质、银质、铜质、铁质、锡质，这是由其原材料质量(内容)决定的。如果用不同规矩加工同一原材料，加工成的器物，造型(形式)虽然因不同规矩而各不相同，但质量(内容)仍然相同，不因“规矩”不同而不同。因此，《开创》中所说的规矩，是造型上的规矩，只能决定被加工的造型(形式)，不能决定其质量(内容)；所说的质量，只能是造型上的质量，即是否合于(或很合于)“规矩”所要求的标准，对器物的质量丝毫不发生作用。

人们在创作诗词的过程中，如果把作者比作匠人，诗体比作规矩，那么，思想情感就是被加工器物的原材料了。但人们的思想情感这个原材料最活跃，最积极，总是处于主动进取的动态；而匠人加工器物的原材料是静止的，消极的，始终处于任人摆布的地位。这是两者的根本区别。诗体的规矩愈严，思想情感翱翔的天地就愈小，受束缚的程度就愈大，表达效果就愈受影响。即使能纯熟驾驭传统诗词格律的如毛泽东、柳亚子等名家高手也有“束缚”之感，况且芸芸众生呢？他们的伟大之处，不仅仅是经过长期刻苦磨炼，在驾驭格律上由“必然王国”进入“自由王国”，更在于不以个人喜爱和感情代替原则，而是从青年一代的全面发展出发，提倡青年“不宜写(不是读)”格律诗的主张。我们应从国家、民族的利益来理解伟人的良苦用心，而不应随意妄加解释。其次，怕“因为是旧体,谬种流传,贻害青年"。《开创》把"谬种"曲解为毛泽东发表的18首诗的内容,谁都看得出来,"谬种"是指旧体,即格律诗和词的体裁,毛泽东从未将自己的作品"谦虚"而"幽默"地称过"谬种"。在这里,毛泽东从国家与民族的前途,从青年的未来出发,发出了这种警世之语,哪里是什么谦虚和幽默呢?真正的谦虚之语——"仅供你们参考"——却成了《开创》否定毛泽东观点的证据,这不是很可笑吗?

第三,旧体诗"绝不能用"以"反映阶段斗争和生产斗争"。这句话倒是值得商讨,许多伟大的人民诗人的作品中,反映阶级斗争和生产斗争的内容不胜枚举,只不过没有使用这两个概念罢了。在毛泽东发表的诗词中,特别是晚年反修的诗词也不乏其例。

二十一世纪中国的教育要把培养学生的创造能力和实践能力放在突出地位。为此,校内外要给他们创造各种有利条件,使他们的智力得到更好的开发,想象能力和创造思维得到更好的发展,再不能一厢情愿地向他们头上乱套这样或那样的枷锁了。要培养格律诗的接班人,可以像常香玉培养梆剧接班人那样办学校、办培训班,还可以在大学中文系鼓励学生写格律诗,举办各种研讨会,但不能在中小学中,借诗教进学校之名,行推广写格律诗之实;因为这与中小学的语文教学目的背道而驰。如不信,可把中小学的语文课程标准进行一番研究。

要完整地理解毛泽东于1963年夏说的这段话。这段话可概括为一个中心,两个前提,三个原因。一个中心就是"一万年打不倒",为什么打不倒呢?毛泽东是从继承遗产、学习遗产的角度回答这个问题的,因为从丰厚的古典诗词中可以学习中华民族的伟大精神和高尚的风格,继承发扬民族的优良传统,从而振兴中华。还可以使当政者从中"兴观群怨"。毛泽东在这里引用了《论语·阳货》中一段关于孔子教育学生学诗的话:"小子,何莫学夫诗?诗,可以兴,可以观,可以群,可以怨。迩之事父,远之事君,多识于鸟兽草木之名。"这里的诗当然指《诗经》。毛泽东从孔子论诗的三方面意义中选取了"兴观群怨",意思很明显,要干部像学《红楼梦》那样学古典诗词。1962年,党中央召开七千人大会,刘少奇在会上把1960年以后三年非常时期产生的困难原因归于三分天灾,七分人祸,广大干部群众理所当然地产生了一股怨气。为了平息怨气,中央借助于孔子"不怨天,不尤人"的名言以降解众怨。毛泽东又提出孔子的"乐而不淫,哀而不伤"以及子贡表彰老师"温良恭俭让"的品质,以缓和当时紧张的政治气氛。"打不倒"的三点原因完全是指学诗而言,而学诗的目的又被《开创》曲解为写传统诗词了。这里丝毫也看不到格律诗一万年也打不倒的影子,更看不到格律诗成为二十一世纪诗坛的主旋律。

"打不倒"的两个前提:一是要发展,二是要改革。两个前提中,改革是根本,而改革不是不触动格律诗的铁律,只在声韵上作些改良,而是要动大手术。正如毛泽东所言,"从民歌中吸引养料和形式,发展成为一套吸引广大读者的新体诗歌"。

毛泽东关于传统诗词的论点可归纳为：一要发展，二要改革，三要写一些，四不要在青年中提倡，五不能成为诗坛的主体。

毛泽东在谈新体诗时，一方面明确指出诗当然以新诗为主体，另一方面又严肃地批评"用白话写诗，几十年来，迄无成功"。"迄无成功"与主体地位很不相称，显然是对立的。但人之常情，往往是希之切，责之严，严肃的批评，严格的要求又成为推动新体诗改变现状进一步发展的动力。故这两方面的意见正是毛泽东对立统一规律的哲学思想的具体体现。不能以彼否定此，由此得出既然无成效，也就不是主体的结论。说句公道话，毛泽东对新诗的批评有失公允，新诗诞生后所取得的成绩世人瞩目，难道毛泽东没有看到吗？这要密切联系 1964 年下半年和 1965 年全年国内思想政治形势来理解。1964 年 6 月 27 日，毛泽东在文艺整风报告的批语中指出：文艺界各协会和它们所掌握的刊物的大多数，十五年来，基本上不执行党的政策，"最近几年，竟然跌到了修正主义的边缘"。在这种不切实际的估计下，对一些文艺作品和文艺界的一些代表人物进行错误的、过火的政治批判。在 1965 年 1 月 14 日中共中央制定的《农村社会主义教育运动中目前提出的一些问题》（简称《二十三条》）中，提出了"这次运动的重点，是整党内那些走资本主义道路的当权派"和"抓住阶级斗争这个纲，抓住社会主义和资本主义两条道路斗争这个纲"。《二十三条》公布后不久，江青窜到上海，在上海市委第一书记柯庆施的支持下，与张春桥、姚文元密谋实施其所谓的借用上海攻打北京的计划。经过大半年的酝酿、起草、修改，经毛泽东批准后，姚文元的《评新编历史剧〈海瑞罢官〉》于是年 11 月 10 日在上海《文汇报》出笼了，从而拉开了"文化大革命"的序幕。毛泽东给陈毅的信就是写在 1965 年的 7 月底。既然文艺界"十五年来基本上不执行党的政策……跌到了修正主义的边缘"，那么，作为文艺范畴的新体诗也就自然"迄无成功"了。毛泽东关于文化工作的批示，实际上成为"文革"中把解放后十七年的文化、教育打成基本上不执行无产阶级革命路线定了调子。今天，如果根据毛泽东这几句话来否定新体诗的成绩，否定新体诗的主体地位，那岂不是"文革"路线的继续？这样的消极影响才真正应该消除呢！当前，新体诗虽然出现一些徘徊不前的状态，但总的趋势还是按照事物发展的否定之否定的规律螺旋式上升的。格律诗从南朝沈约著《四声谱》，提出"四声八病"说，并与谢朓等人共同创立讲究四声、平仄、对仗的永明体，至唐初宋之问、沈佺期将粘律固定下来，使格律诗更加完备，从而定型化，大约经过了 180 年。而宋、沈是用继承南北朝时期靡艳之风的宫廷诗、应制诗内容定型化的。新体诗从胡适 1918 年发表的《人力车夫》至今，头尾九十年，正好是格律诗定型化过程的二分之一时间。而新诗最早的两部集子——《尝试集》《女神》以内容激越、风格清新、语言明快的特点震撼诗坛，一登上历史舞台，就成为时代的主旋律，成为"五四"狂飙时代的鼓角，与宋、沈的应制诗内容可谓霄壤之别。让我们以百倍的信心，十万分的热情去迎接九十年后的定型化的新体诗吧！

新体诗的主体地位是不容置疑的，这是九十年来的历史事实，是我国诗歌发展史上的必然结果，白话诗与白话文是我国书面语言发生翻天覆地变革的孪生兄弟。近年来，著名诗人贺敬之说得好："艺术是不能重复的，正如历史是不会重复的一样，只有创造的，革新的艺术，才是真正意义上的艺术，真正意义上的诗。"俗话说，一花独放不算春，万紫千红才是春。新体诗与旧体诗犹如两匹骏马，驾着一辆车子在诗坛上并驾齐驱，双轮同转。

参考书：

1. 孙轶青：《开创诗词新纪元》，中国文史出版社 2006 年版。

2. 开封师范学院语文系现代文学教研室：《中国现代文学论文选集》，河南人民出版社 1958 年版。

3. 林志浩、王庆生：《中国现当代文学作品选读》（上），高等教育出版社 2012 年版。

4. 冯刚等：《中国当代文学史初稿》（上），人民文学出版社 1980 年版。

5. 刘绶松：《中国新文学史初稿》，人民文学出版社 1979 年版。

6. 桑逢康：《胡适在北大》，文化艺术出版社 2007 年版。

7. 沈卫威：《胡适》，中国华侨出版社 1999 年版。

8. 人民文学出版社《新文学史料》丛刊编辑组：《新文学史料》，人民文学出版社 1979 年版。

9. 朱德发：《中国现代文学史实用教程》，齐鲁书社 1999 年版。

（这是在双龙文苑首次活动时的交流论文。）

冯克杰先生赞双龙文苑：

诗翁围坐一排排，谈笑风生畅吐怀。
学问探求穷底里，释疑解惑豁然开。
座谈讨论内容丰，踊跃发言常辩争。
更有标新立异语，振耳发聩金玉声。
蓝公学富贯西中，似海胸襟广纳容。
结社揽贤扬国粹，双龙戏水日升东。

屈原与《离骚》

（2007年10月10日）

1921年，"五四"新文学运动的首倡者胡适先生，在他的《白话文学史》中，用历史进化论的发展观概括了我国古典诗词在其发展过程中的五大革命，他说：三百篇变为骚，一大革命也。又变为五言七言，二大革命也。赋变为无韵的骈文，古诗变为律诗，三大革命也。诗之变为词，四大革命也。词之变为曲，为剧本，五大革命也。他把以屈原《离骚》为代表的骚体赋看作对《诗经》的一大革命，这是很有创见的。

我国古典诗词发展史上铸造了五座丰碑：《诗经》和杜甫诗歌是两座现实主义诗歌的丰碑；屈原的辞赋和李白的诗词是浪漫主义诗歌的两座丰碑；现实主义与浪漫主义完美结合的第五座丰碑，理所当然的是毛泽东诗词。屈原既是我国第一位伟大的爱国主义诗人，又是第一位浪漫主义诗歌大师，1953年被联合国教科文组织评为世界文化名人。

屈原作品流传下来的，按班固《汉书·艺文志》所录为25篇，但无篇目。后汉王逸《楚辞章句》标明为26篇：《离骚》《天问》《九歌》（11篇）、《九章》（9篇）、《远游》《卜居》《渔父》《大招》。游国恩认为，《招魂》的著作也应属于屈原，而《大招》却是汉初有人模仿《招魂》而作。26篇中《离骚》是代表。

《离骚》是一篇今古绝卓，宏伟壮丽，带有自传性质的长篇政治抒情诗。全诗373句，2490个字，作于屈原第二次放逐后。司马迁说："离骚者，犹离忧也。""离"通"罹"；

骚,忧愁。离骚,即遭遇忧愁之意。文怀沙认为,离骚,是被离间后的痛苦。古今另有许多解释,皆仁者见仁,智者见智。《离骚》全篇贯穿"美政"二字,即诗人抒发因群小诬陷,"美政"未能实现的忧愤之情,以及坚持"美政"理想并最后为之殉难的悲愤之情。在艺术表现上,《离骚》句式以六言(不包括虚词"兮")为主,突破了《诗经》以四言为主,创造性地发展了《诗经》的比兴手法;具有浓郁的楚地特色,"书楚语,作楚声,纪楚地,名楚物",运用了大量的神话传说和历史故事,充满浪漫主义气息;按上古人语感,大致押韵;以抒情为主,与叙事结合。

现结合《离骚》内容,对屈原的生平作简要介绍。

一、高阳苗裔,敬德修能

根据郭沫若的考证,屈原生于公元前340年(楚宣王三十年)正月初七日,卒于公元前278年(楚顷襄王二十一年)五月初五日,战国末期,湖北秭归人,与楚王同姓。《离骚》开宗明义地述说了自己的身世。

帝高阳之苗裔兮,朕皇考曰伯庸。
摄提贞于孟陬兮,惟庚寅吾以降。
皇览揆余初度兮,肇锡余以嘉名。
各余曰正则兮,字余曰灵均。

"高阳",古颛顼帝的称号,颛顼乃传说中五帝之一,他的后裔有六支,其中一支生活于汉水流域,芈姓。周成王时,芈熊被封于楚赐子爵,芈熊的后代就以名为姓,改姓熊,对周天子赐四等爵位不满,便自称为王。楚武王熊通有子名瑕,封于屈地,熊瑕的后代又以地名为姓氏,故芈、熊、屈三姓同宗。"朕"在秦始皇以前,人人皆可用,即"我"的意思。父死后曰考,母死后称妣。伯庸,是屈原父名字;摄提,是"摄提格"的简缩,即太岁在寅。贞,正当;孟,始;陬,正月。夏历正月为寅月,屈原生于寅年寅月寅日,古人以人生在寅为吉祥。初度,即初生之时。正则,是"平正而可以法则"的意思,是天的象征,"平"的隐语。"灵均"中的"灵"是"美"的意思,"均"是"均调"的意思,因地善于均调万物,故灵均为地的象征,"原"的隐语。《尔雅》说:"广平曰原。"屈原的生辰与名字构成"三才者天、地、人"。屈原从小就非常勤奋,非常珍惜光阴,以只争朝夕的精神敬德修业。他说:

纷吾既有此内美兮,又重之以修能。

扈江离于辟芷兮，纫秋兰以为佩。
汩余若将不及兮，恐年岁之不吾与。
朝搴阰之木兰兮，夕揽洲之宿莽。

内美，指内在美好的禀赋，即先天素质。修能，指道德品质的修养和知识能力的培养，即后天素质。纷，是繁茂盛多，是修饰“内美”的定语，前置主语“吾”。离、芷、兰、木四种香草、香花、香树和经冬不死的宿莽，比喻美好的品德和优秀的智能。扈、纫、搴、揽四个动词象征修业。“汩余若将不及兮，恐年岁之不吾与”两句表达了只争朝夕的刻苦学习精神。

诗人并不满足于先天素质的美好，而是把重点放在后天素质的培养上。在后天素质培养上，又把修德与培能统一起来，因而德高材茂。他知识渊博，记忆能力、思辨能力、判断能力、表达（口头书面）能力、组织能力都很强，善于理政与外交。司马迁说他“博闻强志，明于治乱，娴于辞令”。

二、内政外交，王甚任之

年轻的屈原，最初担任楚国管理屈、景、昭三大宗族事务的三闾大夫。不久，担任仅次于令尹（宰相）的左徒，经常与楚怀王讨论军国大事，起草各种文件，发布各种法令，对外接待各诸侯国的使节，处理各种外事。司马迁说：“入则与王图议国事，以出号令，出则接遇宾客，应对诸侯，王甚任之。”

战国末期，齐、楚、燕、赵、韩、魏、秦的七雄争霸局面发生了很大变化，燕、赵、魏、韩力量大大削弱，唯楚最大，秦最强，齐最富。经过春秋以来的四百多年的战乱，中华统一既是历史发展的必然，又是广大人民的企盼。最有条件统一的是楚、秦两国，究竟最后鹿死谁手，取决于两国对内对外的政策与策略以及掌权者所依靠的力量。屈原顺应历史发展的客观规律，针对国内旧贵族保守势力的强大，提出了正确的政治纲领：对内修明法度，举贤授能；对外联齐抗秦，统一中华。围绕这一政治主张，他做了三件事。

第一，争取楚王下决心，接受他的纲领，这是关键。他说：“不抚壮而弃秽兮，何不改乎此度？乘骐骥以驰骋兮，来吾导夫先路。”他希望楚怀王抛弃一切阻止历史前进的旧制度，趁壮盛之年进行彻底改革。他愿意乘一匹骏马在祖国改革大道上迅猛前进，做怀王的先导和先锋。开始一段时间，怀王有过图强的要求，接受了屈原的政治纲领，重用屈原。第二，培养人才，为贯彻其政治纲领组织一支生力军。他说：“余既滋兰之九畹兮，又树蕙之百亩。畦留夷与揭车兮，杂杜衡与芳芷。冀枝叶之峻茂兮，愿俟时乎吾将刈。”屈原用兰、蕙、留夷、揭车、杜衡、芷六种香草比喻所培养的人才，用畹、百亩、畦三个数量词表明培养人才之多,用“枝叶之峻茂”象征人才之质量,最后一句表明对人才的适时任用。第三,推动了合纵联盟,为统一中华迈出关键的一步。公元前318年(怀王十一年),公孙衍约山东五国(韩、魏、燕、赵、楚)抗秦,屈原在五国之间进行穿梭外交,使得怀王被推为纵约长。横则秦帝,纵从楚王。正当屈原的政治纲领一步步地实施时,却受到小人的暗算。

三、靳尚诬陷,王怒疏之

司马迁在《屈原列传》中记载了这样一件事。一次,怀王命屈原草拟法令,稿子还未完成,被一位素来嫉恨他的同僚上官大夫靳尚看见了,就想夺过去瞧个究竟。这是一份尚未定稿的机密文件,待写成经怀王审批后才能公之于世。在此之前,即使靳尚这样高官也不能先看。屈原理所当然地不让他看。靳尚怀恨在心,就在怀王面前编造谎言,搬弄是非地说屈原不守秘密,这份法令大王还没有审阅批准他就在很多人面前说了,弄得大家都知道。还对怀王说,过去国家每次法令公布出来后,他总是在人前人后夸耀自己,说这些法令的制定除了他谁也写不好。怀王偏听偏信,不作任何调查就罢了屈原的官,将其撵出宫廷,放逐汉北(汉水上游,今湖北郧、襄一带)。

屈原被放逐的原因恐非司马迁说得那样简单,靳尚的诬陷仅仅是个爆发点,旧贵族保守势力的围攻才是根本原因。楚悼王任用吴起进行改革,使楚国迅速强大,引起诸侯震惊,国内旧贵族的保守势力受到遏制。但不到两年就因悼王的逝世而夭折,吴起被武装叛乱的宗室贵族乱箭射死。此后,宗室贵族的保守势力从宫廷内寻找代理人,结成神圣同盟,形成四人团(上官大夫靳尚、司马子椒、怀王幼子子兰、宠妃郑袖),对怀王施加政治影响,必欲将屈原逐出宫廷而后快。

屈原被放逐后,怀着满腔的冤屈与忧愤。司马迁说:“屈平疾王听之不聪也,谗谄之蔽明也,邪曲之害公也,方正之不容也。”当时,诗人的思想感情可谓“三恨一坚”。首先,怨恨怀王耳不聪,他说:“荃不察余之中情兮,反信谗而齌怒。”他埋怨怀王“初既与余成言兮,后悔遁而有他。余既不难夫离别兮,伤灵修之数化”。其次,痛恨群小谗言诬陷。他说:“众女嫉余之娥眉兮,谣诼谓余以善淫。”他揭露群小贪婪嫉妒的丑态:“众皆竞进以贪婪兮,凭不厌乎求索。羌内恕己以量人兮,各兴心而嫉妒。”第三,惜恨众芳芜秽。他说:“兰芷变而不芳兮,荃蕙化而为茅,何昔日之芳草兮,今值为此萧艾也。”群小的诬陷、怀王的昏聩、众芳的芜秽,丝毫没有动摇他“美政”的理想信念。他说:“亦余心之所善兮,虽九死其犹未悔。”“宁溘死以流亡兮,余不忍为此态也。”“虽体解吾犹未变兮,岂余心之可惩。”第一次放逐,四五年后又被怀王复用。为什么呢?血的教训使怀王认识到屈原政治主张的正确,群小的误国。针对山东六国合纵之策,秦用张仪连横之计，公元前313年（怀王十六年），秦惠文派张仪入楚成功地进行了一次金钱外交。张仪至楚后先以重金献怀王，然后一一打点怀王周围的宠臣重臣。当楚国君臣在感情上做了张仪的俘虏后，他便向怀王说："秦甚憎齐，齐与楚纵亲，楚诚能绝齐，秦愿献商于之地六百里。"贪婪的楚怀王认为，不兴师发兵，轻而易举地得到六百里土地，岂不快哉！于是"大悦而许之"，立即宣布与齐绝交，并派人到秦国受地。楚使到秦后，张仪佯装从车上摔下来受重伤，三月不见楚使。怀王说："大概是秦王怪我没诚意同齐绝交吧！"马上派一名勇士到齐国痛骂了齐王一通。张仪方出来见楚使，指着地图说："从这儿到这儿，一共六里地，送给你们。"楚使大惊道："不是六百里吗？"张仪故作疑惑神态说："我与楚王约定的是六里，从未听说过六百里呀！"一副流氓无赖的政治骗子嘴脸暴露无遗。楚怀王又气又恨，两次派兵攻秦，都以失败告终。楚军被斩首八万，屈匄等七十余名将领丧生，还失去丹阳（今湖北枝江）、汉中等地。楚两次对秦作战，齐坐视不救，赵从旁袭击，楚军孤立无援。

两次战败后，"怀王悔不用屈原之策，以至于此，于是复用屈原，屈原使齐"（刘向《新序》）。这大概发生在楚怀王十九年，屈原已进入而立之年了。

四、子兰进谗，王怒迁之

由于屈原出使齐国，改善了两国关系，这是秦国所不愿看到的，秦又以汉中之地为条件，要求重修两国之好。怀王说："不愿得地，愿得张仪而甘心焉！"张仪谓秦王说："以一仪而当汉中地，臣请往如楚。"张仪到楚后又厚币先贿赂靳尚与郑袖，郑袖枕头风一吹，把怀王吹得晕头转向，失去了理智，忘记了敌我，对张仪待之以礼，又与秦交好。适逢屈原回国述职，听说此事后便对楚王说："何不杀张仪？"怀王悔，派人追张仪，已经来不及了。

为了表示与楚交好的诚意，公元前305年（怀王二十四年），秦昭王即位的第二年，又派使者赴楚求婚。秦昭王母亲宣太后，楚人，姓芈，又娶楚女为妃，约楚王于蓝田会盟。怀王打算赴会，屈原进谏："秦虎狼之国，不可信，不如无行。"公子子兰却力劝楚王成行，他说："奈何绝秦欢？"在怀王的感情天平上，当然向爱子这头倾斜。公元前299年（怀王三十年），怀王赴秦，刚入武关，秦国的伏兵就断绝了怀王卫队的后路，逼其割地。怀王怒而不听，逃亡赵国，赵拒而不纳，复返秦，竟客死于秦。是年，怀王长子熊横立为王，是谓顷襄王，任命其弟子兰为令尹，楚国朝政完全落入旧贵族保守势力之手。楚国人民把怀王入秦被扣客死的责任归咎于子兰，赞赏屈原，这就更增加了子兰对屈原的仇恨。于是，他唆使靳尚在顷襄王面前大进谗言，顷襄王怒而迁之，将屈原流放到江南（湖北南部以及湖南北部）。

第二次流放与第一次流放的政治形势大不相同，尚能了解屈原之一二的怀王已死，年轻的顷襄王哪里能够理解一位知命之年老人的崇高理想与博大胸怀呢？子兰代表旧贵族保守力量控制了朝政，屈原再无复用的机会，楚国退出了纵约长的地位，国力江河日下。齐、楚之间关系时离时合，合纵联盟时成时散。广大人民长期陷于战乱饥馑之中，苦不堪言。面对处于风雨飘摇之中的祖国，面对灾难深重的人民，诗人怎能不痛心疾首呢？怎能不从心灵深处迸发出“长太息以掩涕兮，哀民生之多艰”，“揽茹蕙以掩涕兮，沾余襟之浪浪”这样血泪相和的诗句呢？

第二次流放的时间也比较长，将近10年。在这长夜难明的岁月中，他忧愤，他思索，他探求。“路漫漫其修远兮，吾将上下而求索。”

在《离骚》的后半部分中，诗人张开想象的翅膀，使用了浪漫主义创作手法，绘声绘色地展现了两次神游天国的壮阔画面，寄托了诗人追求真理的崇高品质。

在诗人到苍梧山（舜葬地）向大舜陈辞，否定亲人女媭劝他随波逐流的意见后，开始第一次神游。“朝发轫于苍梧兮，夕吾至乎县圃。”诗人早晨从苍梧山出发，晚上就到了昆仑山的第二级——县圃（据说一级人居，二级人神同居，三级神居）。他饮马于太阳沐浴的咸池，把马拴在太阳初升之处的扶桑，然后做了两件事。第一件事扣帝门见玉帝，然而不仅无缘见玉帝，就连玉帝的守门人（帝阍）也不理他。“吾令帝阍开关兮，依阊阖而望余。”帝阍一副鄙夷的眼色，不屑与之言的神态，实是无礼。第二件事是托媒人，寻美女。然而，宓妃（伏羲之女，溺洛水而死，化为洛神）恃美自傲；简狄（帝喾之妻）虽好，但“高辛先我”，有虞二姚虽然未嫁，然而“理弱媒拙”。两件事都碰了壁，原来天上与人间一样黑暗，“闺中既已邃远兮，哲王又不悟”。

诗人回到人间，先请灵氛占卦，灵氛告诉他，九州广博，到处有美女，有芳草，不必固守一地。“何处独无芳草兮，尔何怀乎故宇？”本欲从灵氛之吉占，但“心犹豫而狐疑”，又去请巫咸降神，听听神的意旨，神告诉他，现在“何必用夫行媒”，可以直接自荐，“和调度以自娱兮，聊浮游而求女”。于是，“历吉日乎吾将行”，开始了诗人的第二次神游。

“朝发轫于天津兮，夕余至乎西极。”凤凰在诗人的车后高举龙旗，蛟龙横在水上当作桥梁，古帝少皞氏将他渡过赤水，最终到达西海。到达目的地，稍事休息，便鸣乐歌舞，“奏九歌而舞韶兮，聊假日以媮乐”。然而诗人总是心神不定，正当“陟升皇之赫戏”时，“忽临睨夫旧乡”，“仆夫悲余马怀兮，蜷局顾而不行”。最终还是不愿离开故土。

五、行吟泽畔，怀沙自沉

公元前278年（顷襄王二十一年），秦将白起攻破楚都郢城（今江陵），楚王逃至陈。长期被放逐的63岁的老人，面对残酷的现实，既无回天之术又不愿意离开祖国的热土，只能抱着无限的忧愤和最大的遗恨作绝命诗《怀沙》后，抱石自沉于汨罗。《离骚》结尾说“乱曰：已矣哉！国无人莫我知兮，又何怀乎故都？既莫足与为美政兮，吾将从彭咸之所居！”司马迁对屈原自沉前的情况与精神状态是这样描述的：“屈原至于江滨，被发行吟泽畔，颜色憔悴，形容枯槁，渔父见而问之曰：‘子非三闾大夫欤？何故而至此？’屈原曰：‘举世混浊而我独清，众人皆醉而我独醒，是以见放……’。”这就道出了诗人两次被放逐的原因。

今天，我们要从四个方面继承发扬屈原的精神：

1. 与国家、人民同命运共存亡的深厚的爱国主义思想；

2. 坚持真理，坚持理想，百折不挠，为真理和理想而献身的崇高品质；

3. 诗歌体裁上勇于创新的变革精神；

4. 积极的浪漫主义创作方法。

最后，用郭沫若历史剧《屈原》中的两句人物（屈原）台词为结束语：“我是忠心耿耿，我是视死如归，屈直忠贤自有千秋判断。”

（在市诗词学会会员大会上的发言。）

王汉斌先生赠诗

屈子行吟匡大楚，陶门问圣乐寻津。
天催人老心难老，作罢文章数落英。

赋的演化与发展

（2009年8月28日）

赋，《说文解字》解：“赋者，敛也，从贝，武声。”又：“敛，收也，从文，佥声。”据此，赋的本义是收拢、聚敛。赋是形声字，义符“贝”，其壳在古代作为货币，故引申为赋税、赋予等义；又因敛的义符为文，又可引申出与文相关的意思：赋诗（作诗）；《诗经》的表现手法之一；文体。

先秦不分文体，熔文史哲于一炉；南北朝时期，将不包括经、史、子的文学作品粗分为有韵之文与无韵之笔两大类；南朝齐、梁间的刘勰将文体细分为35类；以后又有人将有韵之文分为诗、词、歌、赋四类。赋是与诗、词齐名的我国古典文学宝库中一颗晶莹的珍珠，今天依然熠熠生辉。赋是怎样产生与演变的呢？各类赋又有什么不同特点呢？现就这两个问题就教于蚌埠诗词界的诸位贤达。

一、从《诗经》《楚辞》到荀宋之赋

刘勰在《文心雕龙 · 铨赋》中说：“赋也者，受命于诗人，拓宇于《楚辞》。”“赋自诗出，分歧异派。”东汉班固在《两都赋 · 序言》中说：“赋者，古诗之流也。”他又在《汉书 · 艺文志》中说：“不歌而诵谓之赋。”班、刘二人之论可大致概括为三点。

（1）文体的赋来源于《诗经》中作为表现手法之一的赋，但又有不同，不能将《诗经》

中用赋的表现手法的篇章作为早期的赋体。《诗经》"六义"中的"风""雅""颂"是按音乐的不同特点而分的,是诗的分类法;"赋、比、兴"是按诗的表现手法分的,是诗的方法论。作为方法论的"赋"是"敷陈其事而直言之",也就是用铺叙的方法直接描述事物的全貌或过程。而"比"是"以彼物比此物",即比喻。"兴"是"先言他物以引起所咏之辞",用于一首诗和一章诗的开头,以发端起韵。赋的手法既不同于赋体,也不同于比、兴。赋体在继承了《诗经》"赋"的方法的同时,还采用了比喻,也沿袭了《雅》《颂》对统治者歌颂的传统。

(2)赋,是在《楚辞》这块肥沃土地上开垦拓展,吸收《楚辞》优美的神话传说、意蕴深邃的历史典故、艳丽的文采、浓郁的地方气息等丰富养分而酿造成新的体制。但不能把屈原的《离骚》等作品当成赋,辞与赋是有区别的。

(3)"诗三百"皆可入乐,可歌,可弦,可舞。《楚辞》中的很多作品,是在民间祭祀歌曲基础上,经文人加工而成的,也可歌。例如:《九歌》十一首就是祭祀十一位神时,巫觋边舞边唱,并伴以乐器。赋是不能入乐的,只诵不歌,这是与诗、辞最根本的区别。

1. 客主赋

战国时期的荀况传承了《诗经》赋的表现于法、四言为主的句法、大致谐和的韵律,扬弃了复沓的章法,第一个创制了赋体文学。据《艺文志》载,荀子赋十篇,但流传下来的只有《礼》《知》《云》《蚕》《箴》五篇,均采用君臣问答形式,故刘勰把荀赋命名为"客主赋",他说"遂客主以首引"。

客主赋的形式就像猜谜语一样,臣先提出"谜面",然后君王揭示谜底。如《箴》篇分两部分,第一部分是臣问:"有物于此,生于山阜,处于室堂;无知无巧,善制衣裳;不盗不窃,穿窬而行;日夜离合,以成文章;以能合纵,又善连横。下覆百姓,上饰帝王;功业甚博,不见贤良;时用则存,不用则亡。臣愚不识,敢请之王!"臣将一种东西的产地、功能、智慧、功绩、品德向君王作了形象的描述,然后很谦虚地表明自己不识此物,请王赐教。第二部分是王的回答:"此夫始生钜其成功小者邪?长其尾而锐其剽者邪?头铦达而尾赵缭者邪?一往一来,结尾以为事;无羽无翼,反覆甚极;尾生而事起,尾邅而事已;簪以为父,管以为母;既以缝表,又以连里;大是之谓箴——理箴。"

王先用三个反问句说明了此物的形状,然后对其来源、作业过程及其能力向臣作了肯定的回答,揭开了"谜底":"箴理。"这里的"箴理"具有比喻意义,表面上写用针缝过的地方,既有线索,又有条理;既缝表里,又连纵横;既细致入微,又全面无漏。实际上写人们做人做事的真理:做事时,要有条有理,有板有眼,埋头苦干,默默无闻;做人时,要善处各方关系,团结和谐,不计私利,造福大众。全篇140字,《诗经·七月》的字数是它的1.7倍,真可谓短小精悍。共34句,其中四言26句,占总句数的76.5%,堪称四言为主。第一部分的"堂、裳、行、章、王、亡"六字押韵。第二部分,前三句句脚中的三个

“邪”，押的同字韵，后十一句的“事、起、已、里、理”五个字押韵。全篇两次转韵，基本上是隔一句押韵，比较密。语言通俗，形式活泼，兼用《诗经》的赋、比二法，一语双关，篇末明旨。

2. 骚体赋

晚于荀子的宋玉，师承屈原《离骚》词语绚丽、文字优美、抒情浓郁以及用“兮”字等特点，吸取了荀赋四言为主的句法以及对话形式，摒弃了《楚辞》多用虚词和杂言体，创制了骚体赋。从战国末期到汉武帝即位时的大约二百年间，骚体赋盛行。主要作家有宋玉、唐勒、景差、贾谊、淮南小山、枚乘等。

《艺文志》著录宋玉赋16篇，篇目不可考，有的是后人伪作。宋玉的《登徒子好色赋》，内容是楚王与宋玉、秦章华大夫三人，以宋玉是否好色为题展开的一场滑稽可笑的讨论。楚国大夫登徒子在楚王面前告宋玉的状：“玉为人体貌闲丽，口多微词，又性好色，愿王勿与出入后宫。”有一天，楚王直面宋玉：登徒子说你好色，你是不是好色？“有说则止，无说则退”。宋玉对曰：“体貌闲丽，所受于天也；口多微词，所学于师也；至于好色，臣无有也。”为了给楚王一个说法，他编造“邻人之女”长期追求他而他不为所动的故事作为佐证，说明他不好色。篇中塑造了这位“邻人之女”倾国倾城之美的形象。

“天下之佳人莫若楚国，楚国之丽者莫若臣里，臣里之美者莫若邻人之女。邻人之女，增之一分则太长，减之一分则太短；著粉则太白，施朱则太赤；眉如翠羽，肌如白雪；腰如束素，齿如含贝；嫣然一笑，惑阳城，迷下蔡。”接着，宋玉对楚王说：“这样美艳绝伦的女子，从我家墙头上窥视我三年之久，我从未正眼瞟她一下，敢问大王，我是好色之人吗？真正好色的是登徒子，他的老婆蓬头垢面，两耳内卷，双唇外翻，龇牙咧嘴，浑身上下都是癞皮疮，还患内外痔，弯腰驼背，走起路来歪歪斜斜，没有正形。这样奇丑无比的女人，登徒子深爱不移，还生了五个儿子。由此看来，真正好色的是登徒子而非臣也。”楚王竟然深信宋玉的花言巧语，照旧让他跟随自己出入后宫。此后的两千多年，登徒子就成了好色之徒的代名词。直到现代，才被毛泽东平反。毛泽东读了这篇赋作了批语：“宋玉攻击登徒子这段话，完全属于颠倒是非的诡辩，是采用‘攻击一点，不及其余，尽量夸大’的手法。从本质看，应当承认登徒子是好人，娶了这样丑的女人，还能和他相亲相爱，和睦相处。照我们的看法，登徒子是一个爱情专一的遵守《婚姻法》的模范丈夫，怎么能说他是‘好色之徒’呢？”应为这段批语补充的是：宋玉在这里将“美色”换成“女人”，玩弄了形式逻辑所说的偷换概念的把戏。

汉初，最典型的骚体赋当推贾谊的赋。据《艺文志》记载，贾谊赋七篇，现存《鵩鸟赋》《吊屈原赋》两篇。贾谊是汉文帝时洛阳的少年才子，20岁就被荐为博士，掌管国家文物典籍，不到一年又被擢为太中大夫，因才高遭嫉，被贬为长沙王太傅。赴任时，路过屈原投江之所，自伤与屈原遭遇相同，遂作《吊屈原赋》。赋的开头叙述了作赋的缘由："恭承嘉惠兮，俟罪长沙；侧闻屈原兮，自沉汨罗。造托湘流兮，敬吊先生；遭世罔极兮，乃殒厥身。"赋用了许多比喻，对被谗害者表示沉痛的悼念，对谗害屈原的人表示极大的愤慨："呜呼哀哉！逢时不祥。鸾凤伏窜兮，鸱枭翱翔。阘茸尊显兮，谗谀得志；贤圣逆曳兮，方正倒植。世谓伯夷贪兮，谓盗跖廉；莫邪为钝兮，铅刀为铦。"屈原所处的时代是谗谀之人当道、善恶颠倒、是非混淆的黑暗时代。操守高洁，才能超凡，不为社会所容，是造成屈原悲剧的原因。作者在哀悼屈原的同时也是在哀悼自己。

二、从状物的散体大赋到咏物的抒情小赋

1. 散体大赋（骋辞赋）

从刘邦建国至"文景之治"的66年，为统一集中的强大的两汉帝国奠定了雄厚的基础。雄才大略的汉武帝对外采取"和、战"交替的两手策略，开疆拓土；对内实行改革，在政治、经济、思想文化等各个领域呈现异常繁荣的景象，出现了一些国际性商业大都市。这就使这个可与当时罗马帝国相媲美的东方第一大帝国进入全盛时期，成为当时世界文明的中心。为了适应"润色鸿业"的需要，在汉武帝大力提倡与鼓励下，散体大赋应运而生，直至东汉中叶的二百年间，成为鼎盛时期，居于文坛的主体，赋的正宗。据《艺文志》记载，汉赋九百余篇中，武帝时期就占四百余篇，作者多达六十余人。刘勰所推崇的赋家十杰，除荀子、宋玉外，其余贾谊、枚乘、司马相如、王褒、班固、张衡、扬雄、王逸等八杰都是两汉人，其中最具影响力的是西汉的枚、马和东汉的班、张，而四人中最突出的又是司马相如。"司马相如"这个专有名词几乎成了汉赋的象征。

枚乘生活于文景之时，死于汉武帝征召途中。《艺文志》著录枚乘赋九篇，今存《七发》《梁王菟园赋》《柳赋》。《七发》是骚体赋向散体大赋过渡的标志。1959年庐山会议期间，毛泽东把《七发》作为会议材料印发给参加会议的所有人，而且写了长达1300余字的《关于枚乘〈七发〉》，并在8月16日的会议上逐一宣讲。他说这篇作品是"骚体流裔，而有所创发"。他明确指出，这篇赋是骚体的后代，但有创新，有发展。

司马相如，字长卿，蜀郡成都（今属四川）人。汉景帝时为"武骑常侍"（侍从皇帝的卫士），后辞官游梁，为梁孝王门客，参加枚乘等人的文学团体，作《子虚赋》。孝王死后归蜀，与临邛巨富卓王孙之女文君结为连理，演绎出一曲"凤求凰""文君当垆"的爱情乐章，成为千古流传的文人佳话。当汉武帝读过《子虚赋》后，大加赞赏而又惋惜地说："朕独不得与此人同时哉！"旁侍的宫中狗监杨得意乘机推荐说："臣邑人司马相如自言为此赋。"司马相如应武帝召见后，又写《上林赋》（与《子虚赋》合称《子虚上林赋》），帝读后大喜，任相如为郎，后又奉旨出使"通西南夷"，对沟通西汉与西南少数民族的关系

起了积极作用。晚年以病被免官,家居而卒。《艺文志》著录司马相如赋 29 篇,除散体大赋外,尚有《大人赋》《长门赋》《哀秦二世赋》《美人赋》等骚体赋。

东汉班固的代表作是《东都赋》《西都赋》(合称《两都赋》)。张衡作《两京赋》,十年乃成,他的《归田赋》开咏物抒情小赋之先河。

状物散体大赋的主要特点如下。

——对话的架构。全篇由两个或两个以上的虚拟人物对话编织而成,与荀赋不同的是,客主赋是臣问君答,形式较为简单,而大赋却是彼此辩论,有声有色。《子虚上林赋》假托楚使子虚、齐人乌有、天子钦差亡是公三人评论诸侯国君与皇帝打猎之事。子虚出使齐国,被齐王邀请观礼田猎,事毕后回到住处,面对乌有、亡是公两人,采取"抑齐扬楚"的手法,夸耀云梦泽广大富饶,楚王田猎的壮阔场面,而且楚有七泽,云梦只是其中"小小者耳"。乌有先生毫不让步,更夸张地说,我们齐国的渤懈、孟诸两个地方就可"吞若云梦者八九于其胸中曾不蒂芥",以更大气势压倒子虚先生。亡是公又以天子上林苑的巨丽、天子游猎的壮观压倒了齐、楚。舌锋之锐利,气势之宏伟,宛如汹涌的波涛,一浪高过一浪,形成了波澜壮阔的文势。

《两都赋》是以东都主人与西都客人之间的对话为主线,以东汉迁都洛阳后,人们"盛称长安旧制,有陋洛阳之议"为主题展开的一场论战。《两京赋》是以"凭虚公子"与"安处先生"的对话为基本结构的。

优秀作品集《蚌埠赋》中,鲍弘用先生那篇力作,就是假托作者与客人在同游东山、同宿宾馆时的有趣对话与友善辩论。文中有人物、有情节、有故事,有地理位置与自然景色的铺写,有神话传说与人文掌故的活用,生动活泼,富于变化,亲切逼真,具有表现力,文学意味浓,可读性强。

——铺摛的手法。《诠赋》说:"赋者,铺也,铺采摛文,体物写志也。""赋""敷""铺"三字在古代是同音,可以互借,都是"铺开"的意思。"摛"是"铺展""展开"的意思。"铺采摛文"互文,即"铺摛文采",也就是"铺叙"。大赋采取了排比(排词、排句、排句群)、夸张等修辞法和章法。例如《子虚赋》铺写云梦泽之广大,先以"云梦者,方九百里,其中有山焉"总起,然后分叙"其土""其石";接着又分叙"其东、其南、其西、其北";在其北中,还分叙其上、其下,层层分叙丝毫不乱;同时,又注重对称的和谐美。句法上,突破四言为主,而以三言、四言、六言为多的杂言体;偶有韵句,但散句多;奇偶相间,但奇句多:故称散体。文字上,散而长,如《子虚上林赋》3000 余字,《两京赋》7696 字,故曰大赋。

——艳绚的文采。刘勰说:"相如上林,繁类以成艳""孟坚两都,明绚以雅赡"。一个"艳",一个"绚",皆言马、班之赋艳美而绚丽。大赋继承了骚体赋用词华美的传统,层层渲染,增加文章词采的富丽。大赋还摆脱了《楚辞》多用虚词,句末多用"兮"字的现象,改用连词将段与段之间连接起来,使之浑然一体。如《上林赋》用一个"且夫"、三个"于是"、九个"于是乎"将全篇 14 个段落连接起来,天衣无缝。当然大赋中堆砌辞藻,使用奇字僻词之弊,不应提倡。

——都苑的题材。《诠赋》所谓的"状物"就是陈述或描摹客观事物。西汉大赋所"状"之"物"以宫廷建筑、宫殿苑囿、田猎巡狩、声色犬马等为主。东汉大赋所"状"之"物"以都市建设、城市生活、社会风貌为主,如《两京赋》写都市的街道、市场,商人、富民、游侠、辩士,杂技、歌舞、马戏、魔术等。

——写志的结尾。《诠赋》所谓的"写志","写"的是什么"志"呢?两汉大赋的内容以铺张扬厉、歌功颂德为主,借以烘托汉帝国强大声威。同时,在结尾处加上讽喻劝诫的议论,拖着一条"劝百讽一"的尾巴。例如《子虚上林赋》的结尾,亡是公大肆渲染天子上林苑的广大和天子出猎的壮观后,舌锋一转地说,天子对"大奢侈"幡然省悟,已下令"解酒罢猎"、"颓墙填堑",并规定"地可垦辟,悉为农郊,以赡萌隶",而且要以礼治国。最后批评齐楚说:"若夫终日驰骋,劳神苦形,罢车马之用,抏士卒之精,费府库之财,而无德厚之恩;务在独乐,不顾众庶,忘国家之政,贪雉兔之获,则仁者不由也。从此观之,齐、楚二事,岂不哀哉!地方不过千里,而囿居八百,是草木不得垦辟而人无所食也。夫以诸侯之细,而乐万乘之侈,仆恐百姓被其尤也。"这就是大赋"写志"的结尾,"讽一"的特色。"讽一"也有积极意义,不宜贬之。

2. 抒情小赋

东汉中叶以后的大约一百年间,政治腐败,外戚宦官交相弄权,军阀割据称雄,社会矛盾日益尖锐,黄巾起义烽火燃遍中原大地。魏、晋两百多年间,除西晋的 36 年短暂统一外,其余 160 年,先是三国鼎立,后是偏安东南的东晋与北方割据的 16 国对峙,战争频繁,经济凋敝,民不聊生,社会混乱。在这样的大背景下,以歌功颂德为主的散体大赋失去存在的社会政治经济基础;同时,人们也逐渐厌恶大赋堆砌辞藻之弊。于是,借一事一物之吟咏,抒个人一己之情怀的小赋,就成为从东汉中叶到晋亡的三百年间赋的主体了。赋实现了三个转变:内容上,从对国家与帝王的歌功颂德转变为对黑暗社会的讽刺与抨击;写作手法上,从状物铺叙转变为咏物抒情;文字篇幅上,从长达六七千字的鸿篇巨制转变为数百字的短小精悍。

抒情小赋内容充实,感情丰富:或抒对黑暗现实的憎恶之情,如东汉赵壹的《刺世疾邪赋》;或抒个人怀才不遇之情,如魏王粲的《登楼赋》;或抒对政治厌倦、思归故里之情,如东汉张衡的《归田赋》;或抒悼念亡友之情,如向秀的《思旧赋》。

赵壹在《刺世疾邪赋》中对东汉末年社会的人情世态作了入木三分的刻画:"于兹迄今,情伪万方。佞谄日炽,刚克消亡。舐痔结驷,正色徒行。妪偊名势,抚拍豪强。偃蹇反俗,立致咎殃。"接着,深刻揭示了病态社会的根源,把谴责的笔锋直指统治者:"原斯瘼之悠兴，实执政之匪贤。女谒掩其视听兮，近习秉其威权。所好则钻皮出其毛羽，所恶则洗垢求其瘢痕。”并且向当政者敲起了末路的警钟：“安危亡于旦夕！”“奚异涉海之失柁，坐积薪而待燃？”最后，表示自己坚持真理，与黑暗势力决绝的高岸之态：“宁饥寒于尧舜之荒岁兮，不饱暖于当今之丰年。乘理虽死而非亡，违义虽生而匪存。”

向秀在《思旧赋》中，对亡友嵇康表示高度的赞扬与怀念，隐晦含蓄地揭露了司马氏统治集团的无耻与残暴。他说：“昔李斯之受罪兮，叹黄犬而长吟。悼嵇生之永辞兮，顾日影而弹琴。托运遇于领会兮，寄余命于寸阴。听鸣笛之慷慨兮，妙声绝而复寻。停驾言其将迈兮，遂援翰而写心。”在司马氏专权的魏末，竹林七贤中除山涛、王戎两人外，其余五人均与司马氏政权持不合作态度，嵇康尤甚。嵇康曾与向秀在家中大柳树下打铁，司马昭的党羽钟会带着随从去察看。嵇康扬锤不止，向秀拉风箱不停，以示轻蔑。钟会回去后向主子献计：嵇康、吕安等言论放荡，“宜因衅除之”。意即找个由头将他们除掉。不久之后，发生了一件事，吕安的哥哥霸占了吕安妻子，反而诬告吕安不孝。嵇康为吕安辩护，司马昭借机将吕安、嵇康一并杀掉。临刑前，嵇康看看日影，刑时将至，便索琴一把，弹了一曲只有他自己会弹的《广陵散》，且慨叹地说：“《广陵散》于今绝矣！”嵇康死后，向秀慑于司马氏的权势，不得不赴洛阳应郡举，归程中绕到山阳嵇康的旧居凭吊。夜晚，听到邻人吹笛，勾起嵇康临刑前弹琴的一幕，故有“顾日影而弹琴”的句子。作者迫于当时黑暗恐怖的现实，赋中既没有激昂慷慨的言辞，也无呼天抢地的哭诉，只有隐晦含蓄的揭露。所以，鲁迅在《为了忘却的纪念》中写道：“要写下去，在中国的现在，还是没有写处的。年青时读向子期《思旧赋》，很怪他为什么只有寥寥的几行，刚开头却又煞了尾。然而，现在我懂得了。”鲁迅与向秀的思想是相通的。

且不说马祖培先生夺魁的《蚌埠赋》，单就他为蚌埠一中老三届上山下乡 40 周年纪念而作的《老三届赋》而言，堪称情茂意邃的抒情小赋。全篇 292 字，85 句。前半部分，抒发了当年下放在农村时，“忧国无力报效”“空有红心炼肝胆”的那种报国无门的无可奈何的情愫；后半部分，表达了经过十年磨炼，“敢擎魁星斗柄”“争为百业良贤”的一代特殊人才的壮阔胸襟。全是从血管流淌出来的殷殷鲜血。

三、从律化的骈体赋到律散交融的文体赋

1. 骈体赋

骈体赋又名骈俪赋，简称骈赋。两马并驾曰骈，引申为对偶；成双成对谓俪，也是对偶的意思。顾名思义，骈赋就是以对偶句为主的赋体。对偶之句，自古有之，最早散见于上古典籍之中。《易经》爻辞有“水流湿，火就燥，云从龙，风从虎”之句。《尚书》说：“满招损，谦受益。”《大学》说：“物有本末，事有终始。”“富润屋，德润身。”《论语》中对

偶句较多,如“君子周而不比,小人比而不周”和“学而不思则罔,思而不学则殆”。从荀子第一篇赋问世后,各类赋都有对偶句,只不过数量与律化程度不同而已。一般地说,西汉之赋,偶有对句,且对偶之法不严。如司马相如《上林赋》中说:“忘国家之政,贪雉兔之获。”东汉之赋,奇偶相生,渐尚对偶。如张衡《归田赋》:“仰飞纤缴,俯钓长流。触矢而毙,贪饵吞钩。落云间之逸禽,悬渊沉之鲂鰡。”魏晋之赋,对偶渐趋工整,音韵亦趋谐和。如王粲《登楼赋》中“钟仪幽而楚奏兮,庄舄显而越吟”句,比较工整,但全篇对偶句不占主体,不能称骈赋。东晋末,陶渊明的赋对句占主体,音韵谐和,声随自然。南北朝之赋,以四、六言为代表的对偶句为主体,并与音韵、声调相结合,正如刘勰所云,“丽句与声采并流,偶意共逸韵俱发”。于是,骈赋大盛,直到唐初。中唐以后,骈赋渐衰。

赋家之所以在作品中自觉或不自觉地使用对偶句,是因为“造化赋形,支体必双”。人体不仅外形各部位(手、脚、眉、眼、耳、鼻、唇、齿、乳等)皆左右(或上下)对称,而且内部各器官(心、肺、肝、肾、脑等)也都两两相对。生理与心理相通,身体和精神交融,诗赋中对偶句之美是人体器官对称之巧的复写。这就是人们在生活中,艺术家在作品中追求对称美的心理基础,也是骈赋能够兴盛的内在必然规律。

骈赋最基本的特点是句、声、韵的律化程度比较高。所谓“律”就是法则,就是人们常说的游戏规则。“律化”标志着由自发地自然流露到自觉地刻意追求。

△句律。据五篇骈赋的抽样统计,对偶句占 90% 以上。古人将对偶句归纳为正名对、双拟对、双声对、叠韵对、借义对、借音对、互文对、互成对、合掌对、连绵对、当句对、隔句对、回文对、流水对、单句对、双句对等许多类,甚至有人总结为 29 类。《文心雕龙》归纳为四类:言对,事对,正对,反对。骈赋的对偶句要做到“三对称”:

字数对称。上半联与下半联的字数要相等(楹联可有不等者),四言六言句式要占 85% 以上。四六句有六种句式:四四四四,六六六六,四六四六,六四六四,四四六六,六六四四。如陶渊明《归去来兮辞》,全篇 336 字,60 句,对句 54 句,占 90%,四六对句 51 句,占 85%。骆宾王《为徐敬业讨武曌檄》,全篇 450 字,88 句,对偶句 85 句,占96.6%,四六对句 75 句,占 85.23%。意思对称。即刘勰所说的事对,他认为事对难,言对易。事对分正对、反对。他认为,正对劣,反对优。正对是事义一致。如“南昌故郡,洪都新府”:“南昌”与“洪都”同指一地;“故郡”与“新府”同释一义。反对是事异义一。如“杨意不逢,抚凌云而自惜;钟期既遇,奏流水以何惭。”杨意即杨得意,任狗监,管理汉武帝的游猎等事,是近臣。司马相如是杨的同乡,杨将他推荐给汉武帝。汉武帝读到司马相如的《大人赋》时惬意得飘飘然有凌云之志。然而,相如在未被推荐前,只得手捧佳作而自叹。钟期,即钟子期,春秋楚国人,精于音律。伯牙,善鼓琴,荀子《劝学》:“伯牙鼓琴,而六马仰秣。”伯牙鼓琴,只有知友钟子期能够完全理解他的琴意。《列子·汤问》

载:“伯牙鼓琴……志在流水。”钟子期曰:“善哉!洋洋乎若江河。”子期死,伯牙谓世无知音者,乃绝弦破琴,终身不复鼓琴。上半联写相如未遇知音,下半联叙伯牙已遇知音,两事相异。然而,全联集中表达一义:作者未获知音之痛。词语对称。首先,要求词性对称,古人将词性分为实词与虚词两大部分。实词即现代汉语中的名词(不包括抽象名词),虚词包括现代汉语的动词、形容词、代词、介词、连词、副词、助词、数词、量词、叹词、拟声词以及抽象名词。实词中又细分为天文、地理、时令、宫室、服饰、器物、文具、饮食、动物、植物、人伦、人事、形体、方位、颜色、数目等十余类。古人要求实词对实词,虚词对虚词,今人要求按现代汉语十二词类分别相对称。其次,要求构词方式相同的词相对称。按语法结构,构词方式可粗分为并列式、主谓式、动宾式、偏正式四种。偏正式又可分为定中式、动补式、形补式、词头式、词尾式等。按语音结构,构词方式可粗分为单音节词与多音节词。按词义,构词方式可粗分为单纯词与合成词。这里要特别强调的是,由两个或两个以上汉字构成的单纯词与由两个或两个以上词素构成的合成词虽然字数相等,但不能相对。例如:“蝙蝠”是由两个汉字构成的单纯词,两个字不能拆开单独使用,如果拆开,无独立字义,不是构成合成词的词素。“禽兽”是由两个单音词作词素构成的合成词,拆开后有独立词义,可以单独使用。因此,“蝙蝠”不能与“禽兽”相对,可以与“螳螂”“蜘蛛”等相同结构的单纯词相对。

△韵律。可一韵到底,可中间换韵;可押平声韵,可押仄声韵,也可平仄互押;可句句押韵,可隔一句或数句押韵,但不要太疏。东晋尚无四声之说,故陶赋押韵不分平仄。如《归去来兮辞》共四段。第一段,前八句的“归”“悲”“追”“非”四个句脚字均隔一句相押,第十二句句脚“微”字隔三句相押。第二段,前四言八句中的“奔”“迎”“存”“樽”四字隔一句相押,第一次转韵;后六言十二句中的“颜”“安”“关”“观”“还”“桓”六字隔一句相押,第二次转韵。第三段,十六句中的“游”“求”“忧”“畴”“舟”“丘”“流”“休”八字均隔一句相押,第三次转韵。第四段,前四句中的“时”“之”隔一句相押,与后面的“诗”隔五句相押,第四次转韵。本段第五、六、七、八句的“期、耔”隔一句相押,与最后一句句脚字“疑”隔四句相押,第五次转韵,而且与第四次所换之韵相交叉,两韵平均隔一句相押。全篇基本上是隔一句押韵,换五次韵,而且有两韵交叉分别相押的现象。

深谙声韵的杨其昌先生、周剑痕先生的《蚌埠赋》,在押韵方面有四个特点:(1)自我限韵,所限“珠、城、新、谋、利、民”六个字,分属虞、庚、真、尤、置五个韵部;(2)平仄互押,全篇九段中有八段押平声韵,并与第八段仄声韵“真”互押;(3)邻韵通押,下平八庚与九青、上平十一真与十三元、下平十一尤与十二侵通押,去声四真不仅与五未通押,而且与上声四纸、五尾以及十一陌、十三职、十四缉三个入声韵通押;(4)疏密相宜,隔一、三句押韵的句子居多,隔四句以上押韵的极少。

△声律。以音节为单位，以节点为准绳，句内平仄交替，句间平仄相反。如：落霞|与|孤鹜|齐飞，秋水|共|长天|一色。“与”同“共”是连词，可以不管。上下联各三节，上半联节点“霞”“鹜”“飞”是“平仄平”，下半联节点“水”“天”“色”是“仄平仄”，句内平仄交替，句间平仄相反。

无韵骈赋句脚的平仄必须遵循“仄顶仄”“平顶平”的法则，即把各联句脚互相颠倒，一联句脚平仄，一联句脚仄平，也就是联内两句句脚平仄相反；联间，前联下半联句脚与后联上半联句脚平仄相同，像“甲乙乙甲甲乙乙甲……”的形式反复排列下去。这样便没有那种连平或连仄以及一甲一乙却都无韵的毛病了。这就是顶律。遵循顶律，虽不押韵，但由于句脚平仄有规律地交替，既可避免句脚一律皆平（或仄）的平淡，又可打破“甲乙甲乙”排下去的单调，读时抑扬顿挫，铿锵有致，无韵胜有韵。

《为徐敬业讨武曌檄》的第一段共36句，除首句总述与“呜呼”短句以及“加以、犹复”两个递进性的连词外，其余34句都是对偶句，句脚的“顺、微、陈、侍、节、宫、私、嬖、嫉、人、谗、主、翟、麀、心、性、僻、良、兄、母、疾（嫉）、容、心、器、子、宫、盟、任、作、亡、孙、尽、后、衰”等34个字的平仄排列顺序是：“仄平平仄仄平平仄仄平平仄仄平平仄仄平平仄仄平平仄仄平平仄仄平平仄仄平”，完全符合顶律要求。

△用典。重视用典是骈赋的显著特色。用典可以加大信息量，增强赋的可读性；可以借古喻今，加深赋的说理性；可以迁移情感，加重赋的感染力；可以避免平淡直白，凸现赋的典雅性。但用典要恰当、适量、易解，不要牵强附会、贪多求僻。向秀《思旧赋》用了“黍离”、“麦秀”、“李斯叹黄犬”三个典，平均88个字用一个典，比较少。陶渊明《归去来兮辞》用了六个典。比较适宜，而且用得恰到好处。例如“悟已往之不谏，知来者之可追”，出自《论语》“往者不可谏，来者犹可追”，用以表达他挂冠归隐的思想，甚为贴切。“三径就荒，松菊犹存”出自汉代蒋诩隐居故事。蒋诩隐居后，在住宅前的竹林中开辟了三条小路，只与隐士求仲、羊仲二人游息。陶渊明用以比喻自家庭院里的小路不是很合适吗？而且极易理解。王勃《滕王阁序》用了三十多个典，平均23个字用一个典，虽然都很确切，但太多了，而且为了句子字数的对称，故意错用人名。例如：在“物华天宝，龙光射牛斗之墟；人杰地灵，徐孺下陈蕃之榻”的对句中，为了与上半联的“龙光”对称，将下半联的“徐孺子”错改成“徐孺”。为了保持四言的字数，将杨得意和钟子期两人的名字分别腰斩了。这是以律害义，很不妥的。

骈赋是综合性艺术，以四六句为主的对偶句，具有建筑学上的对称美；色彩斑斓的华美辞藻很像水彩画，具有绘画美；抑扬顿挫的声律，朗朗上口的韵律，具有音乐美；精当的用典，具有典雅美。这些美的艺术形式，如果载以健康的内容和真挚的情感，那就具有灵魂美，正如柳宗元所云：“锦心绣口。”这四字蕴意丰富，从对仗讲，是当句对；从修辞讲，是互文，即“锦绣心口”，思想内容和口中诵出的词语及其声韵都像锦绣般的美丽,文思俱佳。

南北朝期间,特别是齐、梁、陈三朝的110年间,产生了大量文思俱佳的骈赋。如:鲍照的《芜城赋》《舞鹤赋》,江淹《别赋》,孔稚珪的《北山移文》,庾信的《哀江南赋》《小园赋》等。庾信是这个时期骈赋成就最高的作家。为什么南北朝时期骈赋最盛呢?除赋本身发展的内在规律起决定作用外,还有三个对其影响较大的客观因素。

(1)声韵发展的推动。一种文体的产生与演化同其载体——语言有着最直接的关系。语言三要素中,首先是词汇最活跃,每个时代都会有大量的新词诞生,部分的词退出历史舞台。其次是语音。古汉语的语音发展经历三个时期。第一是上古音时期(周、秦、汉),这时无韵书,它的语音系统以《诗经》《楚辞》用韵及许慎《说文解字》谐声为代表。第二是中古音时期(魏、晋、南北朝、隋、唐、五代、宋),也称韵书时期,因为这时出现了韵书。魏李辉的《声类》是中国最早的一部韵书,晋吕静的《韵集》是中国第一部有韵母的韵书,按宫、商、角、徵、羽五音分五卷,设了韵部,立了韵目。但这两部韵书都亡佚了。南北朝时期韵书勃兴,计有十七部,如周颙的《四声切韵》、沈约的《四声谱》等。沈约、谢朓、王融等人将"四声八病"说运用到诗的创作实践,创立了初期格律诗——永明体。他们又将平、上、去、入四声理论运用到赋的创作实践,使得东晋末年的初期骈赋在句、韵、声三方面更加律化。这个时期的语音系统以影响深广的唐《广韵》为代表。第三是近古音时期(元、明、清),也叫北音时期,将平声分为阴平、阳平,将入声分派到其他声韵中,就是现代汉语普通话的四声。它是适应北曲创作而产生的。

(2)文学理论和文艺批评的导向。文艺创作的繁荣离不开文学理论的导向及文艺批评,南北朝骈赋的兴盛与此时文学理论的巨大成就密不可分。继魏文帝曹丕《典论·论文》与晋陆机《文赋》两篇专论之后,齐、梁刘勰的《文心雕龙》和钟嵘《诗品》两部文学理论巨著先后问世。刘勰是个奇人,早孤,笃志好学,家贫无钱娶妻,依靠沙门僧人,与之居住十余年,也曾任过小官,最后遁隐空门。他用毕生精力致力于文学理论与佛学的研究。他这部巨著得到当时大家沈约的高度赞赏,沈把它放在案头随时翻阅。这部巨著体系完整,结构缜密,共50篇,包括总论、文体论、创作论、批评论四个主要部分。《铨赋》是赋的专论,《丽句》《声律》两篇兼论诗赋。这部巨著标志着我国古典文论发展的高峰,是我国古代文论史上前无古人、后来者也难以媲美的极品,是一切古典文学研究者和古典诗赋创作者不可不读的教科书,对现代文学的创作与研究也有一定的指导意义。《诗品》是专论诗歌的,共评品两汉至梁朝122名诗人,分上、中、下三品,上品11人,中品39人,下品72人。它将内容比较平淡寡味,形式讲究对偶辞采的潘岳、陆机的作品列为上品,将内容充实、感情真实、语言朴实的陶渊明的诗列为中品,把语言刚健质朴、气势苍劲雄浑,反映人民疾苦,具有强烈现实主义精神的曹操的诗列为下品。这显然有失公允。这种评品作品的标准,在当时,对诗赋创作就是导向。

(3)帝王侯相亲力亲为的引领。齐、梁、陈三朝共有四个半皇帝和三个王侯酷爱诗赋,创作诗赋,并将一批诗赋高手集结在身边,形成了文学团体,创立了新的诗体与赋体,提出了新的文学主张与新的声韵理论,并利用他们巨大的政治资源引领着全国诗赋发展的走向。三个王侯是萧子良、萧子显、沈约。萧子良是齐武帝萧颐二子,被封为竟陵王,曾任宰相,他腾出"西邸"招募文人学士,当时著名的萧衍(雍州刺史)、沈约、谢朓、王融、萧琛、范云、任昉、陆倕等八人,号称竟陵八友。萧子显是齐高帝孙、被封为宁都县侯。沈约曾助梁武帝萧衍建国,官至权同宰相的尚书令,被封为建昌县侯,既是诗人、赋家,又是声韵新论的创立者;既是权倾朝野的重臣,又是引领诗赋家的班头。四位皇帝是梁武帝及其第三子萧纲(梁简文帝)、第七子萧绎(梁元帝)和陈后主叔宝。半个皇帝是武帝长子萧统,即昭明太子。武帝是梁朝开国之君,博学多才,精通音乐、诗赋,善书法,前朝也是"竟陵八友"之一,即位后,兴学校,置五经博士,选用良才,在位48年,影响两朝的文学。储君萧统在东宫引纳贤士,编辑我国现存最早的一部诗文总集——《昭明文选》。他编选的原则是"能文为本",所谓"能文"就是指辞藻、典故、声律、对偶的运用,将经、史、子三类书排除在外。他的编选原则体现并影响了一代文风。简文帝萧纲在做太子时(萧统31岁死后,萧纲被立为太子),诗赋大家徐摛、徐陵父子和庾肩吾、庾信父子四人就经常出入东宫,深得太子信任,并与萧纲共同创立了宫体诗。宫体诗的主要内容是以宫廷生活为描写对象,多写闺房思怨和闺房生活,有时直接描写酥体横陈的女人,或写女人所用物品如绣领履袜以至枕席卧具等,表现贵族的纵欲生活。在形式上崇尚声韵和丽词,风格上轻艳柔靡。"老更成"的庾开府前期也写过不少风格轻艳的宫体诗和骈体文。萧纲反对文与行一致的观点,主张"立身先须慎重,文章且需放荡"。梁元帝萧绎,好文学,善书画,创作上热衷于淫辞艳语的宫体诗。亡国之君的陈叔宝也是宫体诗的爱好者和创作者。

一个时代,统治者的思想往往是这个时代的统治思想。由于最高统治者的文学主张及其作品风格的引领,加之文坛领军人(如徐、庾父子)的追随,轻内容、重形式的唯美主义、形式主义成为一时的文风。这种文风加速了骈体赋的律化过程,提高了律化程度,使之达到了完美境地。

始于隋代的科举制度,到了唐代以诗赋作为必考科目。为适应试卷评品标准的需要,对骈赋的"三律一典"作了严格的规定:格式严格,对仗工整,平仄和谐,考官限韵,不超过400字,这就是试体赋。试体赋把赋的律化程度推向极端,使形式主义达到了顶峰,它摧残了鲜活的骈赋生命。

2. 文体赋

过犹不及，物极必反。中唐韩愈、柳宗元为首倡导古文运动，对过分追求形式美而忽视灵魂美的骈体文进行了冲击，对骈赋加以改造，产生了韵散交融的文体赋。北宋欧阳修又掀起一次古文运动，以他和他的学生苏轼为代表的文体赋更加成熟。

文体赋扬各类赋体之长而弃其短，一般采用对话形式，奇偶相糅，律散交融，用典贴切，文思并重。韩愈的《进学解》是初期文体赋的典型。这篇赋写于公元813年（唐宪宗元和八年），是年，他46岁。韩愈一生三次被贬，公元803年（唐德宗二十四年），京畿天旱无收，他上疏朝廷，请求减免徭役赋税，但以"指斥朝廷"罪，由监察御史贬为阳山令（今属广东省）。806年（元和元年）被召回京师，任国子博士，达三年之久。812年（元和七年），因替贬官柳涧（原华阴令）鸣屈，由职方员外郎降为国子博士。《新唐书》说："既才高数黜，官又下迁，乃作《进学解》以自谕。"同年8月，"执政者览之，奇其才，改比部郎中、史馆修撰"。819年（元和十四年）又因迎佛骨事上书皇上，触怒宪宗，贬为潮州刺史（今属广东省）。这篇赋就是写于前两次被贬后再任国子博士时，这篇赋虽具"三律一典"特色，但对骈赋进行了革新，凸显了文学意味。

（1）师生辩论，贯彻始终

它继承了客主赋与散体大赋问答的架构，但又不尽相同。通篇围绕"进学"主旨展开了师（韩愈）与生（太学生）之间的辩论，共三大段。第一段是先生在晨训中要求学生做到"业精于勤""行成于思"，不要"荒于嬉""毁于随"，不要担心"有司""不明"与"不公"。第二段是学生以先生四个方面的成就与其受到不公正的待遇相对比，否定先生关于"有司""明"与"公"的论断。第三段是先生反驳反驳者的论点与论据，再次肯定"有司"的"明"与"公"，进一步勉励学生"学"要"精"、"行"要"成"。辩论中，双方一来二往，引经据实，言之凿凿。先生对学生谆谆教诲，殷殷厚望；学生对先生的饱学盛德倍加礼赞，对其不幸遭遇愤愤不平：洋溢着尊师爱生的浓浓深情。"笑于列者"的学生，表达了善意的反唇相讥；"吁！子来前"的呼叫，体现了先生贴近学生的关爱。这种辩论，动机友善化，内容真实化，形式戏剧化，目的趋同化，对话的人物性格也个性化了。它既不同于君臣间猜谜似的一问一答，也不同于子虚、乌有、亡是公之间必欲压倒对方而称快的虚夸式论战，而是很像现代小说中的人物对话，有情节，有冲突，有细节描写，文学意味很浓。

（2）篇中对句，异于骈赋

奇偶相糅，偶句为主。全篇770字，150句，其中偶句114句，占76%，四六对句106句，占70.7%，均小于骈赋中所占比例。奇句36句，占24%，奇句的字数不等，少者三言，多者十二言。骈赋中除表示称谓、连接、递进、语气的一字句、二字句外，偶尔只出现一两处奇句。文赋中的奇句不仅数量加大，而且成为全篇不可或缺的较为重要的组成部分。它寓于偶句、排句之中，参差有致，整饬中显现错落。

突破六种句式，对句叠而成排句。将几个同言对句叠成排句，或将几个句群顺次排列，突破四六对句的六种句式，是文赋常用的表现手法。本篇第二段用“可谓勤矣”“可谓劳矣”“可谓闳其中而肆其外矣”“可谓成矣”为尾句，组成了四个句群，全面而真实地铺陈了先生在敬业、弘儒、作文、做人四个方面的盖世殊勋。第三组句群将八幅对句叠成十六个排比句：“沉浸醲郁，含英咀华，作为文章，其书满家；上规姚姒，浑浑无涯；周诰殷盘，佶屈聱牙；《春秋》谨严，左氏浮夸；《易》奇而法，《诗》正而葩；下逮《庄》、《骚》，太史所录；子云相如，同工异曲：先生之于文，可谓闳其中而肆其外矣。”上述后十二个排比句，对先秦两汉时期的《尚书》《春秋》《易经》《诗经》《庄子》《离骚》《史记》等典籍和马、杨两位大家的赋，各用了一两个词语，就将它们厚重的思想内容和写作特色进行了高度的提炼。《易经》的八卦，相传为伏羲氏所画，他用八种符号表示八卦的名称：乾、坤、震、艮、离、坎、兑、巽。周文王根据八卦又演成六十四卦，每卦有六爻（乾卦增加“用九”，坤卦增加“用六”），共有 386 爻。卦有卦辞，爻有爻辞。这种表现手法在古代典籍中是极为罕见的，故称“奇”。八卦分别代表天、地、雷、山、火、水、泽、风八种自然界物质，这是朴素的唯物观。每卦的爻辞，反映事物发展变化的不同阶段，而事物变化的原因是其相互“交感”的结果，这里又透露了朴素的辩证思想，尽管有许多是主观的猜想（如龙的变化），但它在一定程度上体现了客观法则，故曰“法”。孔子说：“诗三百，一言以蔽之，曰：‘思无邪。’”，“无邪”即“正”。《诗经》是广大“劳力者”和“劳心者”共同创作的，内容丰富，感情真挚，语言优美，音韵和谐，每首诗都像一朵艳丽的鲜花，故曰“《诗》正而葩”。

以精粹之语，“载”深邃之“道”。唐宋八大家之首的韩愈，他以非凡的驾驭文字能力，经过千锤百炼，把他的“文以载道”的思想凝聚于对偶句之中。像“业精于勤荒于嬉，行成于思毁于随”“障百川而东之，回狂澜于既倒”“沉浸醲郁，含英咀华”、“绝类离伦，优入圣域”等对句，已成为流传千古的警策句。四言对句（包括六言浓缩的四言）中，如“焚膏继晷、爬罗剔抉、同工异曲、投闲置散、俱收并蓄、贪多务得、动辄得咎”等，已成为至今仍有强大生命力的成语。

粗精交融，粗对为多。骈赋提倡精对，要求句、声、韵皆要合律。这篇赋中也有精对，如“上规姚姒，浑浑无涯”，上半联节点“规、姒”是“平仄”，下半联节点“浑”“涯”是“仄平”；“《易》奇而法，《诗》正而葩”，上、下两个半联的节点分别是“平仄”与“仄平”。但是多数都是粗对，如“沉浸醲郁，含英咀华”，上、下半联的节点分别是“仄仄”与“平平”。“作为文章，其书满家”，上、下半联的节点分别是“平平”与“平平”。类似这样的粗对较多,这是文赋在声律上从宽的表现。

(3)押韵宽松,韵随意转

全篇转韵频繁,多达13次,有五处仅押一韵就转为他韵了,只有一处一韵十八句。四句一韵的三处,六句一韵的五处。押韵的疏密交错,以疏为多,密者如"学虽勤而不由其统,言虽多而不要其中,文虽奇而不济于用,行虽成而不显于众"四句,句句押韵。较密者如铺叙"先生之于文"的一组句群,"华""家""涯""牙""夸""法""葩"等七个字隔句押韵。最疏的如篇末的十二句均不押韵,多数隔四五句押韵,而且平仄通押。

4. 用典极精,体现主旨

在720字的文赋中只用了两个历史典故:孟子的"卒老于行",荀子的"废死兰陵"。孟子名轲,字子舆,鲁国邹人,是孔子孙子思的再传弟子。他在孔子"仁"的核心思想基础上提出了"民为贵,社稷次之,君为轻"的民本思想。他主张"省刑罚,薄赋敛",使民有"恒产"。他主张"仁政",反对"暴政";宣扬"王道",申斥"霸道"。他提出"性善"论,肯定人性生来是善的,但也重视环境和教育对人的影响。他像当年孔子一样带领学生周游各诸侯国,传播他的政治主张和哲学思想,终不为所用,退而与学生万章、公孙丑等著书立说。他善于辩论,有雄辩家的气概,在辩论中张扬了儒学。他善于用比喻,据统计,《孟子》一书共用了160多条比喻,用生动活泼的比喻,准确地阐发了孔孟之道。荀子名况,号卿,汉代为避皇帝刘询讳,改称孙卿。赵人,晚孟子59年出生,曾游学于齐,被尊为当时学术界领袖,也到过秦。齐襄王时,任稷下祭酒,后来为逃避齐人的谗言到了楚国。楚春申君器重他,任他为兰陵令,春申君死后被废为平民,居兰陵著书到死。战国末期,儒学分为八派,荀子之儒和思孟之儒各为其中的一派。他扬儒学积极因素,弃其消极成分。政治上,主张"礼""法"并治,"王道""霸道"兼施,但以"礼治""王道"为主。哲学上,主张"人性恶",强调后天环境与教育的作用。韩愈在高度评价两位儒学大师"吐辞为经,举足为法,绝类离伦,优入圣域"的同时,与他们"卒老于行""废死兰陵"的极不幸的遭遇进行对比,说明"有司"对自己还是公正的,这与全篇的立意完全一致。

苏轼的《前赤壁赋》也是采用"抑客申主"的对话形式,全篇537字,98句,偶句71句,占72.4%,其中四六对句62句,占62.3%,奇句27句,占27.6%。奇偶交错,偶句为主。如:"月明星稀,乌鹊南飞,此非曹孟德之诗乎?"一副四言对句配以一个八言奇句,富于变化。"西望夏口,东望武昌,山川相缪,郁乎苍苍,此非孟德之困于周郎者乎?"两副四言对句与一个十二言奇句结合,很有气势。这篇赋还将骚体赋句尾的"兮"字用于句中间,这是活用。如:"桂棹兮兰桨,击空明兮溯流光。渺渺兮予怀,望美人兮天一方。"

从战国中后期到南宋灭亡的1600多年中,赋体的演变发展经历了散体赋(又称古赋)、律体赋、文体赋三个阶段,从战国中后期到东汉末年的客主赋、骚体赋、散体大赋(骋辞赋)、抒情小赋,散化程度比较大,律化程度比较小,故统称散体赋。从魏、晋、南北朝到中唐,赋的律化程度很高(渐进),散化程度极低(渐进),甚至科考中不允许有个别散句,故称之为律体赋,它包括骈体赋和试体赋。从中唐到宋亡,律赋的"三律"逐渐淡化,散化程度逐渐提高,律散交融,文学性增强,故称文体赋。赋体演进的三个阶段反映了事物发展的客观规律——否定之否定,由散化到律化的律体赋,是对散体赋的否定,是第一次否定,由律化到律散交融的文体赋是对律体赋的否定,是第二次否定,哲学上称之为否定之否定,即再肯定。但每次否定都是辩证的否定,即是肯定基础上的否定,传承中的否定,既扬又弃,既革新又继承。

主要参考资料

1. 刘勰:《文心雕龙》,范文澜注,人民文学出版社 1958 年版。

2. 启功:《诗文声律论稿》,中华书局 2002 年版。

3. 上海辞书出版社文学鉴赏辞典编纂中心:《古文鉴赏辞典》,上海辞书出版社 2012 年版。

4. 宁波地区教师进修学院:《古典作品选》。

5. 朱熹:《楚辞集注》,上海古籍出版社 1979 年版。

6. 游国恩等:《中国文学史》,人民文学出版社 1964 年版。

7. 郭丹等:《中国古代文学史专题》,海峡文艺出版社 2008 年版。

8. 赵则诚等:《中国古代文学理论辞典》,吉林文史出版社 1985 年版。

9. 朱光潜:《朱光潜美学文集》(二),上海文艺出版社 1982 年版。

10. 董荣正:《毛泽东读诗批文鉴赏》,内蒙古人民出版社 1999 年版。

11. 洪迈:《容斋随笔》,上海古籍出版社 1978 年版。

12. 王力:《古代汉语》,中华书局 1999 年版。

13. 中共蚌埠市委宣传部:《蚌埠赋》(优秀作品集)。

(在蚌埠市诗词楹联学会会员大会上的两次发言稿。)

方先进先生赠诗

一篇辞赋忆江川,腹有诗书霞满天。
脚下崎岖成坦道,胸中策马自扬鞭。
修身饱富辞经学,立地彩辉桃李园。
岁暮明晖斜照好,文章蕴韵送流年。

早年剪练舞天云，运笔书山绿有痕。
骚赋妙章藏满腹，涛头惊语动群身。
春风春雨杏坛路，新岁新潮翰墨春。
故友朋侪同一乐，浑成高韵众频珍。

玉洁根情韵树新

——序《姑溪浅吟》

（2009 年 10 月）

对蚌埠市诗词楹联学会副会长、秘书长傅晓爱同志，我是先闻其名，后见其人。我在职时，只听说她是出色的中学数学高级教师，还是干练的政教处主任，但从未谋面。退休数年后，一个偶然的原因，我意外地登上市老年大学诗词研究班的讲台，才目睹其贤淑端庄的风姿与文质彬彬的气度。近年，在以诗会友的各种形式活动中，尤其拜读过《姑溪浅吟》诗集后，那一首首形象饱满、声韵清幽、情感诚挚、意邃旨远的华章，让我情不自禁地拍案惊呼：好一个当代蚌埠的李清照！

这部诗集是株根深叶茂、果实累累的韵树，在蚌埠诗林中，幽香四溢，沁人心脾，醒人耳目，振人精神。

一

真正的诗往往是心底的诗，而"感人心者，莫先乎情"（白居易语）。情是诗之根，傅君之诗可谓根清纯真。她基本上是与新中国同步成长的，伴随着开国礼炮声跨入小学大门，从唱着"我们是共产主义接班人"的少年先锋队队歌开始，在长达 16 年的学校生活中，完成了初等、中等、高等的国民序列教育，全面地、系统地接受了社会主义、爱国主义、集体主义以及优秀的传统教育，中国龙、中国共产党的伟大形象深深地烙印在她的脑海中。她在《江城梅花引·我的家》(新声韵)中,深情地把可爱的大中华浓缩为温馨的小家庭:"我家门对太平洋,紫荆香,澳莲芳。青藏作窗,后院牧牛羊。中室鱼肥粮满库,人丁旺,兄弟亲,满华堂……"

多么亲切!何等自豪!心胸又是那样的宽广!

这个家的每一件或大或小或喜或忧的事都牵动着她的每根神经,她用浪漫主义的创作方法,热情地讴歌"遨游天外乐飘仙"的"神七"和"藏汉情牵圆夙梦"的青藏铁路通车,她为中国运动员在雅典奥运会获得32块金牌而激动得泪双行,听到"国歌亮"就立即联想到"昭历史","振家邦"。最令她心驰神往的是北京奥运会,诗集有近十分之一的篇幅反映这次震撼全球的世运会,其中竟然有16首律绝绘声绘色地表现了12位中国运动员在夺魁拼搏中的勃勃英姿。这个家如果偶发天灾,她的大爱之情便涌入笔端倾泻而下:"战雪灾,军民携手暖冰路""举世同悲天地泣,此时我是汶川人"。她把缕缕的情愫撒向"两手泥沙,一脸黄沙"的农民工,对他们"餐风露宿"的生活和"晨接朝露,夕送晚霞"的劳动时间深表关注。她对"问题奶粉"的制造者咬牙切齿,要对"黑心商贩""重拳敲"。生在旧中国,长在红旗下的这一代新人,对开天辟地的共和国缔造者们有着天然的感情,由衷地敬爱。在悼念毛泽东、周恩来、邓小平以及七位元帅的祭诗中,在纪念党的生日和国庆节的诗篇中,无不充溢着浓情,脱离了这类诗作的程式化、概念化的窠臼,纵然偶有一两句口号,"用进去还是好诗"(鲁迅语)。她的爱国情结还体现在即景抒情的24首小诗与纪念屈原、李清照等历史文化名人的篇章中,她携爱女游故宫时,不仅光顾金銮殿、御花园等历史古迹,更忘不了"天安门广场国旗红",在金水桥边流连忘返。在过洞庭遇洪水时,抢险军车驶不休,她顿时记起历史伟人的名句:"当想范公传世句,先忧后乐在心头。"她为忧国忧民而横遭"奇冤千古"的屈子而"仰首天问",盛赞词坛女杰李清照"国破家亡志未沦"的爱国之志。

傅君在情凝粉笔四十个春秋中,最崇高的感情是"最爱平生数学缘";最执着的精神是为了"桃李展风流"而"岁岁寻幽,月月探幽";最佳的教育理念是"养心种德燃情智"——两育并举,双商共启;最希望看到的是"满园花发春如海";最崇高的愿望是"净化精神好树人":一个"爱满天下"的师表形象耀然矗立在眼前。

在多少个中秋之夜和绵绵细雨的清明节,在多少个断肠日,她与"魂归荒草丘"的阿妹"相逢在梦游"中,又为天路遥隔的慈母而"泪珠枕上抛",更为不归"雁"献上"一炷心香祭逝魂",在"哭无声,唤无音"时,无可奈何地"孤鸿问夕阳"。读了这些血泪浇铸的篇章,无不为之潸然泪下。

她把五彩斑斓的晚霞播撒在诗苑的南北东西,将深挚的感情凝结在学会工作中,凝结在老年大学诗词班教学中,凝结在省、市内外诗会中,凝结在诗友互相切磋与酬答唱和中,更凝结在诗词创作中。正是这种诗苑情、园丁情与家国情的圆融,谱写了一支人性至善的交响乐，演奏了一曲人间和谐的最强音，从而形成了《姑溪浅吟》的主旋律。

二

高尔基在论及语言对文学创作的重要意义时说："文学的第一要素是语言。"民间更是形象地说，"语言不是蜜，但可以黏住一切"。语言通常是由语音、词汇按一定法则构成的。词汇之于语言犹砖瓦钢筋水泥之于楼房之建造，缺乏前者，后者无以立。古人论诗尚炼词，而炼词又以"炼字为秀"。《姑溪浅吟》的语言特点，一言以蔽之，曰："'苗言'灵秀。"它如行云流水，天然昭畅；似清水芙蓉，天香飘逸；有匠心之警句，无雕琢之艳词，有融情活用之成语，无远旨滥用之典故，诗人尤擅运用多种修辞格，以达"辞以情发"之效。仅略举十格。

双关。"授人规矩立方圆"是双关格，其显义是在数学教学中，向学生传授方形、圆形等几何知识，属智育；隐义是教育学生遵纪守法，在社会主义道德面前循规蹈矩，不逾矩，属德育。寓德育于智育之中，体现诗人德智并重的教育观。

拟人。在寄物咏志的系列小诗中，诗人赋予事物以人的形神："亭亭玉立"的"绿衣仙子"——一个楚楚动人的仙女形象；蒲公英笑请春风做伴娘，与晚霞结为秦晋之好的由衷喜悦；严霜中秋菊"不向春神媚"的傲岸精神，高原羚羊眯着眼欢迎铁龙的惊喜神态……所有这些事物都被人格化了，融入人们的精神世界。

拟物。在盛赞北京奥运会的诗中，赋予双人跳水夺冠的郭晶晶、吴敏霞以"合璧美玉"的特质，让人对其产生稀世珍宝般的惜爱与自豪；美称获金的双人跳水运动员王鑫、陈若琳是"雏燕双飞"，给人以轻盈优美身姿的悦目与前程无量的遐想。在《浣溪沙·赠熊品莲吟姐》里，把熊姐物化为"一朵莲"，笑出于湘江碧波间，飞进塞外白云边，一个品德高尚、献身边疆的塞外吟姐形象活脱脱地站起来了。

顶真。在"百岁迎春春浩荡，丑年贺岁岁平安"与"霜雪染情情似火，沙风励志志犹坚"的两联四句中，第二个音节节点的"春""岁""情""志"四字，分别与第三个音节节首的四个同字相顶，这种顶真修辞格，在音韵上有抑扬顿挫之妙。

警策。寓哲理于意象之中的警策句，是诗眼、诗魂，是画龙点睛之术。如《自题联》：

品人生，如几何曲线；
求学问，似极限无穷。

人生总是崎岖不平，有红日高照的阳春三月，有千里冰封的数九寒天，俗话说："人的一生不愉快的事十有八九。”用几何学中的曲线比人生之路，太贴切了。人从呱呱坠地到寿终正寝的全程，都在本能地或自觉地模拟着、学习着、探索着，所谓“生也有涯，知也无涯”（庄子语），用极限这个数学术语比喻学无止境，鞭策人们活到老，学到老。

镶嵌。在《珠园》三副联中，将十个自然数的数字分别镶在清波、繁花、夕照等景色描写中，嵌在唱吟、垂钓、品茶、赏月、笛奏等游乐活动的铺叙中，物境生机勃勃，情境趣味横生。此时，珠园俨然是一派祥和欢乐的人间天堂。

拈连。在《初游濠城》的一组七绝中，将盖世英雄项羽与千古美人虞姬生离死别的忠贞爱情，移植到“迎风泣”的“榆桑相抱”中，拈连到“水盈盈”的浣发池中，情景交融，能不令人睹物怀古吗？

比拟。毛泽东在《致陈毅》信中说：“比、兴两法是不能不用的。”《姑溪浅吟》运用比兴之处俯拾即是，如《感怀》：

默默耕耘数十秋，笑添华发上层楼。
一腔热血勤为径，两袖清风爱作舟。
蜡炬成灰明万户，春蚕结茧暖神州。
黄昏拭目回眸望，桃李春风岁月稠。

这是一首响彻云天的教师赞歌，也是诗人终生献身教育事业的生动写照，句句皆比兴。如“径”“舟”分别隐喻“勤”“爱”，“蜡炬成灰”与“春蚕结茧”借喻教师自我牺牲的品质与崇高的献身精神。

借代。在《缅怀共和国元帅·彭德怀》的七律中，用“纱帽”代官位，“红花”代荣誉，使抽象的事物具体化。用毛泽东评价彭德怀的诗句——“谁敢横刀立马？唯我彭大将军”代彭帅，人物的英武形象因领袖的美誉而更加突出。

复叠。诗人在巧用复叠格时，千变万化，不断翻新。有双叠词连用，如“挣挣扎扎松枷”；有一联中叠词对称，如“娓娓玉音盈杏圃，莘莘学子步国风”；有词组中词头相叠，如“篱傍青青草”；有词组词尾相叠，如“雾蒙蒙，雨淡淡”；有一句中两词词尾相叠，如“万种风景千种情”；有一句中三词词头相叠，如“春风春雨春花放”；更有全首句句有叠词，如《菩萨蛮·采莲》：

纷纷点点湖塘雨，双双对对鸳鸯诉。楚楚藕花凉，亭亭生妙香。皎皎湖上女，翠翠盘间舞。漾漾碧波茫，悠悠新曲扬。

诗中叠词的运用，早在《诗经》中就屡见不鲜，汉末《古诗·迢迢牵牛星》十句有六组叠词,李清照《声声慢》的22句有9组叠词,本阕词的8句就有10组叠词,可谓前无古人,其驾驭语言之娴熟,由此可见一斑。

三

《姑溪浅吟》中还运用了夸张、倒装、呼告等格。尽管陈望道先生在《修辞学发凡》中列举了38格,但常用的也不过十几格,而《姑溪浅吟》都涵盖了。从精选修辞例句的角度而言,简直可以把这本诗集作为教授"修辞学"的不可多得的参考书了。

《姑溪浅吟》共收绝(95)、律(83)、词(67)、曲(4)、联(54)、新体(9)六类313首(副)、240题。一位涉足诗坛仅五年之久的理科教师,很快地就由入门而登堂入室,用她那灵巧的双手,以秀言为纬,以真情为经,编织了一匹精美的锦绣,可谓实义丰盈,实属罕见。她的诗继承了白居易美刺比兴的现实主义传统,但又有不同。香山先生的《新乐府》《秦中吟》等作品刺多美少,是中唐由盛到衰的一面镜子。《姑溪浅吟》则美多刺少,是对共和国的吟诵,是中华盛世的赞歌。时代给诗人提供了在诗国中展翅翱翔的广阔天地,她的根情深扎在三十年改革的沃土中。她的词师承易安女杰:既师清丽其词的诗格,又师端庄其品的人格。她在《吟清照》中写道:"漱玉情深才女杰,品高气正励今人。"这里的今人不言而喻地首先包括她自己。她的词有清照前期温婉清丽之神韵,而无后期悲怆凄楚之格调,此乃时代使然。易安是处于两宋交替之时,国破家亡,颠沛流离之苦给其丧夫之痛雪上加霜。《姑溪浅吟》中虽有少量饱含隐痛之篇,但诗人对民富国强之豪情,儿女孝敬之亲情,弟子爱戴之友情,诗朋关爱之盛情,为诗会服务之热情,以及对人生达观之性情,汇聚成她感情世界的主流,这就决定了和谐欢畅是其诗词的基调。

《姑溪浅吟》中大部分篇章都是构思精巧,物、情、意熔为一炉,留给人们以丰富想象的空间;同时,语序顺达,结构缜密,不枝不蔓,不杂不芜。这是将严密的逻辑思维与鲜明的形象思维有机结合的结果,大概与她终生所从事的专业不无关系。因为数学专业的教学或研究过程,既要运用逻辑思维,又要使用形象思维,二者缺一不可。这种两结合的思维结构模式突出地表现在她的九首新体诗的创作中。在《你是……》中,诗人想象的翅膀遨游在海阔天空,从大千世界中精选了"柳上的鹂鸣""荷上的琼珠""枫叶上的火苗""梅梢上的雪花"四种最常见的事物,分别象征春天、酷夏、金秋、严冬,既有典型性,又具形象性,形、声、音、味相糅,冷、热、动、静兼备,就像四幅四季水彩画。在《夕阳》这首抒情小诗中,作品中的主人公面对即将沉沦的夕阳,情思涌动,既仿佛因某种精神失落而遗恨,又似乎被一种力量的升腾而欣慰,这种人生长河中的愁与喜的交替,又包孕在冷与热相互转化的哲理中。篇幅虽短,读之令人神驰,嚼之余味无穷。

晓爱同志文化底蕴比较丰厚，又善学习，勤于笔耕，兴趣广泛，虽年逾花甲，但处在诗坛老龄化比较严重的今天，应有舍我其谁的魄力，发挥承前启后的中流砥柱作用，与诗友们携手合作，让蚌埠这片诗林更加郁郁葱葱！

依白居易诗树理论的"根情、苗言、华声、实义"八字精神，赋小诗一首，作为结语。

玉洁根情韵树新，苗言蓊郁喜逢春；
金风又送重阳艳，实义丰盈拜甫均。

一幅生机盎然的涡河春景画

——读曹丕《涡河赋》

（2010年6月22日）

荫高树兮临曲涡[1]，微风起兮水增波。

鱼颉颃[2]兮鸟逶迤[3]，雌雄鸣兮声相和。

萍藻生兮散茎柯[4]，春水繁兮发丹华[5]。

——曹丕

东汉末年，王室衰颓，徒有其表。军阀割据，混战频仍，社会丧乱，生产破坏，生灵涂炭，饿殍遍野，真乃“铠甲生虮虱，万姓以死亡，白骨露于野，千里无鸡鸣，生民百遗一，念之断人肠。[6]”公元202年（建安七年），曹操回谯，目睹“旧土人民，死丧略尽”，为之“凄怆伤怀”[7]，乃发布命令：为死去无嗣的义士立后，分给土地、耕牛，办学使其受教；为幸存者立家庙，供其祭祀。同时，遣人以太宰之礼祭奠故太尉桥玄。翌年春[8]，曹操又亲率丕、植、彰诸子回乡祭祖墓。是年，曹丕16岁，作此赋，显现其不凡才华。

暮春之日，一位翩翩少年骑着一匹骏马，随父携弟回到故里。一条蜿蜒似龙，静静地躺在乡土的美丽涡河，像磁石般地吸住了他的眼球。于是，将马缰拴在浓荫密布的大树枝干上，摊开竹帛，顷刻之间，挥写自如，把一幅涡河美景图展现在面前，犹如嗅到浓郁的乡土气息。

河水清清，清澈明净。萍藻丰茂，丹华辉映碧水；春光明艳，翠波亲吻茎柯。微风徐徐，荡起些许涟漪；游鱼阵阵，泛起几多浪花。长空朗朗，朗爽气清。渺渺兮美耶，几片白云镶嵌蓝天；浩浩乎壮哉，一轮丽日悬挂苍穹。众鸟翱翔，下下上上逍遥游；雌雄和唱，对对双双比翼飞。

与乃父《蒿里行》勾勒的那幅悲惨人生的社会缩影图相比，曹丕这幅生机盎然的自然风景画有天壤之别。这是一首万物勃发的生命之歌，造物主创造力的奇伟之歌，也是自然之神用博大仁厚的音符演奏的一曲和谐之歌。我们歌唱生命！我们歌唱创造！我们歌唱和谐！和谐！和谐！永世和谐！我们诅咒不义之战，主张真正和平！和平！和平！持久和平！我们企盼，企盼天人圆融！圆融！圆融！永远圆融！

注释：

①曲涡：曲，曲折；涡，涡河。涡河发源于河南省通许县，东南流至安徽亳州纳惠济河，再东南流至怀远县涂山与荆山之间入淮河，全长382公里，是淮河较大支流，河道宽阔，亳州以下可以通航。

②颉颃：原指鸟上下自由飞翔，这里比喻鱼在水里自由自在地游动。

③逶迤：原形容山路蜿蜒曲折，这里形容鸟儿在空中任意飞翔的样子。

④茎柯：柯，原谓树枝，这里指萍藻的茎。

⑤丹华：华，古同花，丹华即红花。

⑥曹操：《蒿里行》。

⑦陈寿：《三国志·魏书·武帝纪》。

⑧曹丕：《涡河赋·序》。

（此篇与《一曲水师演练的颂歌》《一场惨绝人寰的灾祸》，是应蚌埠市诗词楹联学会会长胡争之约而写，相继发表于《涂山集韵》2010年第2期，2011年第一、二期。）

附《涂山集韵》编者按：蚌埠地区，地灵人杰，文化底蕴深厚，历史上留下四篇文赋，一篇铭记，即王粲的《浮淮赋》，曹丕的《临涡赋》《浮淮赋》，秦观的《梁堰赋》，柳宗元的《涂山铭》。为了普及中国传统诗词楹联和文赋的基本知识，提高广大爱好者阅读和欣赏水平，希望我们会员能从中得到启发，更加热爱传统诗联文赋，使祖国优秀传统文化代代相传，发扬光大。今请学会顾问蓝济仲先生逐一进行解读、诠释和品译。

憨牛夕照种诗田

——《履痕集》序

（2010年8月10日）

《诗经·伐木》篇说得好，“出自幽谷，迁于乔木”的鸟儿尚能通过嘤鸣“求其友声”，况且人们就能够“不求友声”吗？夕阳无限美，倘有万道彩霞辉映，岂不是锦上添花？五年前，我意外地忝列于市老年大学诗词研究班教师队伍之中，重操旧业，结识了一批老年诗友，无不以同怀视之，实乃人生一大快事。该班班长、市诗词楹联学会副会长张登远同志，我与他的友谊就是其中一道绚丽的晚霞。他八十华诞时，我贺以“道德登临五岳，仁者艮寿；诗文远继三苏，智哉坎明”的寿联，既是对兄台发自肺腑的祝福，又是对诗友德文的推崇。

登远公生于“多慷慨悲歌之士”的古燕赵大地——今山西省临汾市曲沃县一个普通农民家庭。1946年，16岁的中学生的他伸开双臂迎接家乡的解放。1948年参加革命，就读于校址在河北省石家庄的白求恩医科大学。1949年底加入中国共产党。1950年10月，当“硝烟漫国门”时，他怀着“生死一条心”的信念，入朝参战。1957年回国。在朝七年的前三年，主要负责最艰险、最繁重的收转伤兵员工作，常常冒着敌机的狂轰滥炸，顶着呼啸的北风，在零下30摄氏度的恶劣天气里，不分昼夜，组织带领担架队（后期是汽车队），往返于前线阵地与当地医院之间。三年共收转十万余名伤病员，使他们得到及时的救治，连续三年立三等功。回国后，转至中国人民解放军南京军区，先在军区卫生部医疗处任助理员，分管医院管理工作，以后调至123医院医务处。1979年转业至蚌埠市,1990 年从蚌埠市卫生防疫站中共支部书记(副主任医师)的职务上离休。离休后,他“酒徒不做做诗囚”,“着意炼诗句”,醉心于“诗田作铁牛”,创作了数百首体裁多样、形象饱满、特色鲜明、文情并茂的诗、词。《履痕集》精选其中的 224 首。这部诗集,不仅“飘香满小楼”,随着她的出版,必将飘香满诗苑,对于当今诗坛的诗歌创作,至少在写什么、怎样写、如何改革等问题上给予人们以有益的启迪。

一

生活是一切艺术——包括诗歌——创作的唯一源泉。俄国文学家冈察洛夫深有体会地说:“我只能写我体验过的东西,我思考过和感觉过的东西,我爱过的东西,我清楚看过和知道的东西。总而言之,我写我自己生活和与之常在一起的东西。”什么是张公“体验过”“思考过”“感觉过”“爱过”,并“与之常在一起的东西”呢? 那就是“抵寇边关三十秋”的部队生活。

上个世纪五十年代初,爆发了朝鲜战争,美国出动了 41 万军队,英、法等 15 国出兵 4 万余人,加上朝鲜的 21 万多人,共 70 多万军队,并进行了灭绝人性的细菌战。把战火烧到鸭绿江,还扬言“在历史上,鸭绿江并不是把两国(中、朝)截然分开的、不可逾越的障碍”。在这朝鲜人民生存和我国安全受到严重威胁的紧急关头,我英勇的中国人民志愿军高举“抗美援朝,保家卫国”的旗帜跨过鸭绿江,与朝鲜人民军并肩作战。张公参加了战争全过程,每次战役对他都有刻骨铭心的记忆,都给他的心灵以极大的震撼,迸发出仇恨的怒火。离休后,他把当年在朝的所见所闻、所历所感、所爱所恨作为创作素材,坚守在“诗园沥血绘边关”。

半个多世纪了,诗人的余恨未平,通过回忆,控诉了那场残酷的、野蛮的侵略战争:

城破山河碎,云山血泪流。
铁蹄横四野,狼嚎百姓愁。

——《战云山》

油挑子,声威慑,“灰寡妇”,亦狡谲。夜来挑灯战,日栖待月。

——《满江红·忆朝鲜战争》

日日昏鸦封白昼,狂炸如禽兽。半岛变成灰,愤怒江河,草木烧焦透。

——《醉花阴·抗美朝鲜战地》

战旗岭上戈高举，山涧谷底尸半川。

——《决战上甘岭》

面对强敌，我军巧用战略战术，迅速扭转战局，变不利形势为有利，最后夺取胜利。诗人以乐观情趣、诙谐语调描绘我军在极度艰苦条件下是怎样智胜敌人的。在过关隘时，“冰结霜眉过险隘，雪和炒面闯迷津。征尘策马士威震，沙场枪林壕护身”。在渡临江津时，“敌挂天灯光似昼，我泅江水阵从容。头擎衣裤如飞燕，臂挽相连若巨龙”。在云山战斗中，“我军贵神速，巧夺数山丘。拦截敌遁逃，迂回到敌后”。为了破坏我军运输线，敌人凭借空中优势，在公路线上，“狂撒铁蒺藜，戳我轮胎圈”，然而，“我军早预料，扫路班轮班”；在“冬至山川白，辎重荫蔽难”时，我军就采取“车尾带树枝”的办法，使得“车过辙印埋”，从而取得“后勤有保障，前线传捷报”的胜利。

经过三年的浴血奋战，我军共歼敌109万人（包括美军39万人），赢得了具有世界意义的伟大胜利，迫使美国于1953年7月27日在停战协定上签字。诗人在《闻板门店和谈签字生效》七律中，绘声绘色地描写了当时官兵们听到这个消息后五种非同凡响的特异表现：如狂如醉吼花腔，且将白水权当酒，更举钢枪慰热肠，相看泪花情激荡，共翻坑道湿戎装。诗人善于从战争的典型环境中选取将士们的典型语言与神情，表达他们战胜敌人、赢得和平的狂喜的典型心理。

在这场惨烈的战争中，中国人民付出了巨大代价，许多志愿军血洒疆场，马革裹尸，长眠异国。诗人以沉痛的心情缅怀烈士：“谱写青春诗百篇，高歌英烈唱千番”；“战罢归来几人回，血洒边疆战旗飞；墓碑曾见无名氏，梦里爹娘盼儿归”。同时，诗人又以大量诗篇对现已“鹤发银丝”幸存的战友奉献了浓浓的心香：

论战纷争抒敌忾，打情骂俏系心香。
千杯畅叙凤溪里，万曲萦怀鸭绿江。

——《抗美援朝战友相聚》

依依杨柳拂柔条，二十年前似玉娇；
遥看戎装伴笑靥，思君日日到今朝。

——《寄征人》

喃喃细语过清夜，娓娓回声伴绿茶。
战地友情深几许，朝霞缕缕透窗纱。

——《投宿》

在生死战斗中结下的爱情最珍贵。《蝶恋花·苦恋》《忆江南·防空洞情结》两首词中,真实地表达了诗人当年的恋情:"遥想当年,漫步松林间。同沐江中水引线,星星作伴窥羞面";"壮士豪情连蝶梦,戎裘夜半盼荆钗"。同时,还追忆了"战后巧安排"的婚礼:"炒面雪霜开便宴,硝烟弥漫当婚幔。"多么特殊而浪漫的婚礼啊!

通过战争血与火的洗礼,诗人的精神境界飞跃到一个新的高度:"我懂得了没有经过战争风霜的脸是苍白的,没有经过战火锤炼的肌肤是无弹力的;血管里流淌的不只是血还有愤怒,战士的使命是献出生命。"

诗人在以历史题材为主的同时,又从现实生活中"捕捉一种跟他心灵十分接近而又亲切的东西"(杜勃罗留波夫语),诸如"三战"(洪水、SARS、地震)、"两归"(香港、澳门)、北奥、神五等华夏儿女最关切的大事及祖国的锦绣山川,从"最可爱的人"的角度,"摄住其中有什么东西特别打动他的一瞬间"(同上),生发开去,创作了一批系心于事、寓情于景的抒情诗篇。《满江红·战萨斯》《长相思·战洪魔》《回家了》《五河竹枝词》《雾游九华山》等就是其中的代表。

二

"诗的本质就在于给不具形的思想以生动的、感性的、美丽的形象。"(别林斯基语)形象是区别理论家与艺术家的分水岭,前者是"借了理论的推理的助力发表自己的思想";后者是"以形象来表现自己的思想"。(普列汉诺夫语)塑造艺术形象是一切艺术家——其中包括诗人的天职,离开形象就是阉割艺术的精髓,就是取消诗的本质。形象是现代美学原理的 ABC,也是中国古典诗论的肯綮。登远先生遵循了这一创作规律,在《履痕集》中塑造了众多不同类型的艺术形象。

在《黄土高原的黄土娃》《三十年啊三十年》《忆江南·防空洞情结》《告别军旅》《劳动曲》《花甲图》等众多诗篇中,我们看到一位血肉丰满的军旅诗人的艺术形象。他来自黄土高原的黄土地,是黄橙橙的小米、高原的野果、母亲河的乳汁把他养大,是农家苦涩的生活炼成他一双铁脚丫,是高原粗犷的天地培育他"憨和傻"的气质。青少年时代,他就怀有报国之志,"愿将轻躯酬九州",并以飞将军李广自勉:"誓宣飞将志,何惧野狼横!"32 年的军旅生活更铸造了他一副铁骨柔肠!他刚正廉洁,"两袖清风疏蠹户,一身正气近朋俦";胸襟宽广,心中的海,永远"伫立在它的浪尖";人格高尚,"一生何必炎凉附,浪迹天涯走四方";气度坦荡,乌纱了却后,"不问屋前车马去,何疑背后指划稠";以德润身,"人生德润愁肠少,岁月怀添笔意情";螺丝钉精神,甘当一粒沙、一根小草、一只萤火虫、一条小溪、一棵小树、一支钢枪、一首小诗,谦称自己的诗作是瓜果蔬菜；宽以待人，他住在一楼，经常是“他扔果皮我来扫，身板弯弯少磨牙”。他仁厚博爱，爱的小溪，源源不断地流向双亲，“遥思故土三千路，每忆双亲泪湿衣”；流向乡亲，“心怀乡土梦，笔底艳阳天”；流向战友，“无限感怀无限恋，思故旧，岁悠悠”。晚年，他傻劲常在，“仍有当年傻劲在，岂能惆怅品清茶”；狂爱诗画，“老当犹似少年狂，画圃诗园情未了”；皓首穷经，“我爱唐诗醉似痴”，“五更梦犹啃《离骚》”；推敲诗句，“纸上挥毫摹右军，案头索句学贾岛”；苦耕精耘，“不吝汗珠任挥洒，喜看蔬果吐新牙”；以诗自娱，“日日消磨锄下趣，年年苦乐润心田”。诗人在以诗写史时，又将笔触深入到社会各个角落，以诗颂盛世，庆回归，歌神五，贺诗友，扬廉官，刺贪官，讽恶习，在建设先进文化的洪流中激起几朵浪花。

诗集中还绽放了两朵惹眼的军花。一朵是德艺双馨的文化花，歌唱一曲《二郎山》，就能“惊破东方一片天”，她嘹亮的歌喉唤起英雄们奋勇杀敌，她始终挂满面容的微笑，像春风一样吹遍凤溪河两岸，滋润着每个战士的心田，给战争的严冬增添了几许人性的温暖。另一朵是卫生花，对她，“原知功力在针头，哪晓得、才华八斗”；后来，居然成了“挥戈商战”“深谋盈袖”的现代企业家。

《颂奥运冠军》的23首七绝，就是由36名奥运夺魁健儿组合的群英图。他（她）们各具神韵、各运匠心、各显雄姿：“勇往直前”，争夺奥运第一金的仲满；“气定神闲”的珠江女儿陈燮霞；“气势如虹”的庞伟；两年拼搏夺金魁，当过打工妹的郭文珺；平和心态不恐慌，“双燕齐飞”的郭晶晶、吴敏霞；退役多年，两次夺金的冼东妹；“虎头虎脑”的湘西小子龙清泉；“芙蓉一朵”的乖乖女刘子歌；“三姿卧射”，技压群芳的杜丽；“三朝元老全能王”，凯旋故里做新郎的杨威；“含悲忍痛上赛场”，夺金慰亡母的曹磊；倜家好儿郎陆永；等等。英雄们的神、形、气、艺集中而完美地体现在他们冲刺的一刹那，被诗人及时捕捉到了，通过个性化的语言，使他们栩栩如生，跃然诗行。此外，“三抗”中人民子弟兵的英雄群体，抗震小英雄林浩，好官焦裕禄，太空之子杨利伟等艺术形象，也都给读者留下不可磨灭的印象。

在以山水、花木、城镇、乡村、楼堂、墓塔等客观物体为题材的诗篇中，也都是穷形尽态，物象鲜明。或赋物以人情，如写昙花，“雪蕊荷衣夜半升，盈盈笑口醉心怀”。或以物拟人，在《观西湖》中，将西湖拟为朝思暮想的美丽、妩媚、多情、醇香、迷人、醉人的情人。或象征人格，如写竹，“扶摇天下风和雨，磊落光明高节垂”。或赋物以人形，“山岙榴花红胜火，酡颜醉面闹关河”。或物我为友，“我爱黄山多妩媚，黄山笑我好痴迷”。或睹物怀古，“雄风垓下今犹在，咏遍神州不老情”。或触景思人，看到茶树，立即想到“缕缕幽香飘海外，功归茶女指尖勤”。或异物相比，“山浮水面长河驮，像是嵯峨一黛螺”。或两物相搏，如写石榴，“搅得淮河红灿灿，互相争艳展娇容”。

臧克家在谈诗歌创作体会时说：“形象化是一切文学创作的特点，而它对于诗歌的关系更加密切。一个诗人的思想感情,不通过形象具体、真实、生动地表达出来,就容易流于抽象化、概念化,不能对读者起感动作用。诗,比起小说散文,更多地需要形容、比喻、象征、衬托,这全得借助于形象。”读一读《履痕集》,就会更深刻地体会臧老这段话的真谛。

三

登远先生虽是离休干部,但他的诗作却跳出了所谓“老干体”的怪圈,根本原因在于塑造艺术形象(人与物);向民歌学习。他很重视收集整理、学习研究民歌。四年前,我就从他那里借了三本《当代民谣选》(一本手抄)。《履痕集》不仅体现了民歌的现实主义精神,而且也从谋篇、修辞等方面汲取了民歌的丰富营养。

回环复沓的章法。从《诗三百》到历代各地民歌,都以内容、结构、语句大致相同的二章以上为一篇,反复吟诵,加强效果。诗集中36首新体诗,就有29首是复沓的章法。一首诗最少的是两章,如《诗是……》《致大海》;最多的是八章,如《三十年啊三十年》;一般都在三到五章。

偶数为主的句法。诗集中,少则二句为一章,共四首:《蚯蚓》《看〈巴黎圣母院〉》《不要……》《伽耶琴的弹唱》。陕北民歌《信天游》就是以两句为一章的,每句以七言为基础,大致三个音节,每章表达了一个独立的意思。诗集中,多则八句为一章,共两首:《那年,我二十岁》《初夏的雨》。四句、六句为一章的较多。李季的《王贵与李香香》就是从《信天游》中吸取营养,采用两句为一章的。中国诗祖屈原被放逐到沅湘时,吸收当地祭神歌曲的营养,创作了《九歌》。诗豪刘禹锡被贬郎州(今湖南常德),深爱那里民歌,吸收乡里的儿童联歌《竹枝》的营养,创作了九首七绝形式的《竹枝词》。《履痕集》中有15首《竹枝词》,读之,五河新风拂面;闻之,新马桥梨花清香扑鼻;吟之,小区和谐之音悦耳。这是诗人学习民歌、学习刘禹锡的结果。

比兴排比的词法。比兴排比是我国古典诗词与民歌中常用的表现手法,历来为诗词大家所倡导。白居易在新乐府运动中就以比兴为标准,批评齐梁以来绮靡的形式主义文风。且不说《履痕集》中随处可见的比兴用词,单就通篇比兴而言也是屡见不鲜。在《初夏的雨》中,以雨中伞下的天地为经,一对男女爱情为纬,编织了一幅怀春锦。将伞比成恋人幽会的流动长亭,将纷纷而下的雨丝比成“飘扬的五线谱”,像是听到恋人的心声,谱写着醉人的心曲,从而达到了情景交融。这种奇妙的构思与表达手法,反映诗人精湛的艺术才能。在几首哲理诗中,摒弃了格言式的“以议论为诗”,运用了大量比喻,变抽象为具体,化概念为形象。如在《诗是……》中,用“踏着带血的荆棘”,比喻诗人的创作过程是呕心沥血的创造性劳动;用“远去的白浪花”,比喻诗人要善于在大千世界中捕捉那些稍纵即逝的闪光点；用“火山奔腾的岩浆”，比喻诗人的理想；用“心底的呐喊”，比喻诗人是人民忠实的代言人，诗是发自肺腑的心声。全诗16句，没有一句是三段式的论说。还是别林斯基说得好：“如果不是这样（引者：指用比兴法塑造形象），作为一个诗人真是再容易也没有的事情；只要你懂得作诗的格律，祈祷一番，就可以开始把一篇论文分成附有韵脚的短行写出来了。”诗集中，排比用法也是层出不穷。有排词，如《寻觅》中用了20个动词“寻觅”，非常集中地表达了主人公一生中20个最有意义的追求。有排句，如《那一日》中，将36个“那一日”的短语，按六类进行排列，将主人公储存在记忆仓库里最深刻的一次欢聚、一件小事、一次谈话、一次行踪等等，通过短暂的一天时间，集中呈现在读者面前，这简直是前无古人的排比法。有排段，即复沓的章法。

纯真清新的语言风格。诗人汲取了民歌中纯朴、真切、流畅通俗而富有浓郁生活气息的语言风格，逐渐形成了自己独特的纯真清新的风格。《黄土高原的黄土娃》和15首《竹枝词》，集中体现了这种语言风格。诗人还不时地使用富有时代感的新词汇。如“今日农家也会牛”中的“牛”，是当代兴起的名词形动化；“爱唱当今养蟹哥”中的“蟹哥”是“蟹歌”的谐音；“卡拉OK来登台”中的“卡拉OK”是日本舶来品。诗中也偶用常见的典故，如“才华八斗”“再擂三通鼓”“寄想吴钩”等，但绝大部分诗章不用典，不用古奥晦涩的文言词汇，也不用浓词艳句，更不用除自己之外无人知晓的“新词”。

在中国文学史上，由于作家们向民歌学习，常常形成一个时代的革新，形成一个时代的文学高潮。由五言诗到七言诗，由诗到词，由词到曲都是如此。四年前，我曾与登远公讨论过诗歌改革问题，一致认为，改革势在必行，不改革没有出路，不改革不能前进，再不能把自己长期封闭在象牙之塔中了！但改革也实在难行，学习民歌，面向大众，闯一条崭新的路子，不失为一剂良药，相信登远公一定会坚持下去。谨以为序，最后作《憨牛颂》赠之：

卅载兵戎飞将志，憨牛夕照种诗田。
欣逢故事三春唱，自然瓜蔬绿满园。

一曲水师演练的颂歌

——解读《浮淮赋》

（2012年10月）

溯淮水而南迈兮，泛洪涛之湟波。
仰岩冈之崇阻兮，经东山之曲阿。
浮飞舟之万艘兮，建干将之铦戈。
扬云旗之缤纷兮，聆榜人之欢哗。
乃撞金钟，爰伐雷鼓。
白旄冲天，黄钺扈扈。
武将奋发，骁骑赫怒。
于是，惊风泛，涌波骇。
众帆张，群棹起。
争先逐进，莫适相待。

——曹丕

从王师以南征兮，浮淮水而遐逝。
背涡浦之曲流兮，望马邱之高澨。
泛洪橹于中潮兮，飞轻舟乎滨济。
建众樯以成林兮，譬无山之树艺。

于是泛流潭隈，涛波动长濑。
钲鼓若雷，旌旄翳日。
飞云天回，若苍鹰飘逸。
滂沛汹溶，递相竞轶。
飞惊波以高骛，驰骇浪而赴质。
嘉舟徒之巧极，美榜人之闲疾。
白日未移，前驱已届。
群师按部，左右就队。
舳舻千里，名卒亿计。
运慈威以赫怒，清海隅之蒂芥。
济元勋于大举，垂休绩乎来裔。

——王粲

一、改写

溯淮水而南行兮，泛洪涛之急湍。
望荆上之冈岩兮，过涂下之河湾。
万艘舳舻千里兮[①]，战旗缤纷招展。
士卒披坚执锐兮，榜人[②]手快技娴。
将校奋志英发兮，骁勇怒发冲冠。
撞鸣金钟兮，擂鼓震天。
白旄冲天兮，黄钺灿灿。
风惊愕而骤起兮，波骇然以涌翻。
众棹竞发兮，你追我赶。
争先恐后兮，齐扬风帆。
谁与匹敌兮，闻风丧胆。

——改写曹丕的《浮淮赋》

随王师南征兮，泛淮水远逝。
背曲流之涡水兮，望涂邱于津澨[③]。
飞船驰于中流兮，轻舟泊于滨济。
众樯桅林立兮，无山而树艺[④]。

港船起航兮，浪花溅起。
雷动钲[⑤]鼓兮，蔽日旌旗。
飞云回环碧空兮，宛如苍鹰飘逸。
群帆涌涛兮，竞相超轶[⑥]。
波惊鹜翔南天兮，浪骇水急赴敌。
舟子技高艺巧兮，榜人手娴眼疾。
红日未坠兮，先锋已洎[⑦]。
军阵按部就班兮，船队左右整肃。
船连逶迤千里兮，籍卒计数以亿。
将士扬威震怒兮，清除海角微细。
建殊勋在此一举兮，垂千古铸就伟绩。

——改写王粲的《浮淮赋》

二、背景

公元三世纪初，曹操统一了北方后，于公元208年（建安十三年）亲率83万大军南征荆州（今湖北省荆州市）的刘表和建业（今江苏省南京市）的孙权，试图统一全国。孙权与暂时依附刘表的刘备结盟，迎战于赤壁（今属湖北省），获得大胜，曹操几乎全军覆没。此后，曹操再也无力大规模南征了，从而逐步形成三国鼎立之势。合肥是曹操的东南大门，孙权垂涎已久。赤壁之战前夕，孙权乘曹操重兵压鄂之机，围攻合肥。正在江陵（今湖北省江陵县）征伐刘备的曹操，闻讯后直奔巴丘，令张惠救肥。孙从肥撤军后，派部将贺齐破黟（今安徽黟县），并在此设置新都郡（今安徽省原徽州一带）。赤壁之战后，曹操军事战略重点转移到巩固北方，把好三个大门。他在华容道（今湖南省华容县）被关公义释后，谆谆告诫曹仁说："荆州托汝管理，襄阳吾已拔夏侯惇守把，合肥最为紧要之地，吾令张辽为主将，乐进、李典为副将，保守此地，但有缓急，飞报将来。"[⑧]在安排好荆、襄南大门与合肥东南大门的防务后不久，又亲率大军西征汉中（今陕西省汉中市），解决西南大门问题。公元209年（建安十四年），孙权又率吕蒙、甘宁、凌统等将领先取皖城（今安徽省安庆市），第二次围攻合肥，与张、乐、李大战逍遥津，结果一败涂地，险些丧生。孙退至濡须（今安徽省裕溪），整顿水师，准备水陆并进，第三次围攻合肥。张辽差人报知曹操，请求增兵。公元209年，曹操做了三件事：为了医治赤壁之战水师的严重创伤，"春三月，军至谯，作轻舟，治水军"[⑨]；为强化合肥防务，应张辽之求，"秋七月，自涡入淮，出淝水，军合肥"[⑩]；"开芍陂屯田"[⑪]。早年就常随乃父出入军中的曹丕，又参加了这次声势浩大的水军演练。是年，他20岁，作《浮淮赋》[⑫]，并嘱建安七子之一的王粲作同题赋。

三、解析

丕、粲二人同题《浮淮赋》，是两篇孪生姐妹篇，是一曲水师演练的合奏曲。战船从谯郡出发，沿涡河至怀远荆、涂二山脚下，驰入淮河，停泊一夜。翌日晨，逆水南行，至淮南入淝河，日落之际，先遣船队到达合肥。两日之内，由谯至肥，纵驶三河，舳舻千里。

两赋发挥了西汉散体大赋“铺采摛文”与“颂百讽一”的传统，吸纳了骚体赋用词绚丽、多用“兮”字的特点，通过夸张、排比、比喻等修辞手法，高度赞颂了这次演练。

一颂阵容盛大，军纪整肃。

“浮飞舟之万艘兮”中的“万艘”，极言战船之多；“浮飞舟”，盛赞船速之疾，让人对偌大船队产生浮于水面飞快游动之感。“建众樯以成林兮”，用一望无际的森林比喻直插云霄的无数桅杆。“旌旗翳日”，如云的战旗缤纷招展，将太阳都遮蔽了。“钲鼓若雷”，用声震如雷的军钟、军鼓声，衬托水师气吞山河之势。“名卒亿计”，何等庞大的军队！仅在册的战士就多到以亿计数。1942 年，第二次世界大战中，最著名的斯大林格勒保卫战，苏德双方的兵力也未超过 400 万人，更何况一千多年前的东汉末年，中国全国总人口还不及 1000 万，曹操从哪里征招“亿卒”呢？这与“万艘”一样都是修辞上的夸饰。“建干将之镭戈”中的“干将”是名贵的宝剑，“铦戈”是锋利的戈矛，全句概述部队装备精良，武器锐不可当。“群师按部，左右就队”，意谓全军队列，按部就班，有条不紊；左右船队，整肃划一，首尾相顾。通过战船、战旗、将士、武器、队列等方面的铺陈描叙，表现军容的盛大，军威的整肃。

二颂武艺超群，士气高昂。

“嘉舟徒之巧极兮”中的“舟徒”，指水兵；“巧极”指水兵作战的技能精巧无比，已达到登峰造极的地步，博得人们广泛称许。“美榜人之闲疾”中的“榜人”，指专事橹桨之事的水手，他们眼尖手快，驾驶战船的技艺异常娴熟，赢得民众普遍的赞美。“嘉”与“美”是形容词动词化，放在句首位置，凸现歌颂的主旨。《离骚》中这样的句式很多，如“畦留夷与揭车兮，杂杜衡与芳芷”中的“畦”是名词动词化，“杂”是形容词动词化，均放在句首，强调屈原精心培养人才的苦心孤诣。“白旄冲天，黄钺扈扈”两句源于《尚书·牧誓》。这篇是周武王伐纣，在牧野宣誓的誓词，首节描写武王的威仪：“王左仗黄钺，右秉白旄以麾。”意思是武王左手紧握以黄金装饰的斧钺，右手高擎以牦牛尾置杆首用以指挥全军的军旗，巍然屹立在将士之前，指挥若定。后世，天子仪仗常用黄钺，有时重臣宠将出征，皇帝赐黄钺以示威重。曹操以汉朝的丞相之尊，代天子南征北战，建安帝理所当然地授之以黄钺。丕赋引用这两句，既显示主帅威重如山，又表达了这次出征的正义性。“武将奋发，骁骑赫怒”两句，通过对将领奋志英发，勇士勃然震怒的描写，表达了将士们的英雄气概与克敌制胜的坚定信心。

三颂无与匹敌，建立殊勋。

“惊风泛，涌波骇”，意即：风为将士们正义之怒所震惊，因而骤然兴起；波为将士们正义之怒所惊愕，故而骇然涌翻。“惊”“骇”二词皆拟人，以衬托军演的合理性。“众帆张，群棹起”中的“帆”“棹”是船的两个重要部件，一为助速的风帆，一为划船工具，都是以部分代整体的借代修辞。“众”与“群”是同义形容词，皆指船的数量之多。“张”与“起”是同义动词，都是启动之义。这两句是同义复沓句，意谓战船启动。“争先逐进”形容战船在航行中，你追我赶，争先恐后的气势。“莫适相待”中的“适”，其繁体“適”古通“敵”，这里指“对手”“敌人”；“待”即“御”，是“抵御”之义。全句是：没有任何敌人能够阻挡得住，简言之，就是无与匹敌。

“运兹威以赫怒”中的“兹威”，指水师的军威；“赫怒”即勃然震怒，是“兹威”状语的后置。由于曹军准备迎战的是将要来犯的孙权，是正义之师，故将士们义愤填膺，正气高昂，从而构成军威的要件，成为水师的军魄。全句意思是：运调这支军威大震、士气高昂的水师。“清海隅之蒂芥”中的“蒂”原意是花或瓜果与枝茎相连之处，很小。“芥”是泛指小草；“蒂芥”引申为细微的梗塞物体。孙权据有江东6郡81州的广袤富饶之地，此处却以“细物”相喻，是夸张与比喻兼有的修辞，以此表示战略上对其藐视。与后来毛泽东把乌蒙山比喻为泥丸相比，其夸张程度更大。“清”是清除，全句之意是清除这个海内一角的细小梗塞物。“济元勋于大举”中的“元勋”，指统一全国的功勋；“大举”之意是：这次南征对于巩固北方统治，进而统一全国的重大战略意义；“济”即成就。全句之意是：成就大业在此一举。“垂休绩乎来裔”中的“休绩”，是美好业绩的意思；“来裔”，是指未来的子孙后代；“垂”指留下来。全句要义是：留下美好业绩给子孙后代。以上四句中的“运、清、济、垂”四个动词皆前置于句首，显然是传承了骚体赋的句法。

孙权获悉这支声势浩大的南征水师，取消了围攻合肥的计划。12月份，这支水师的一部分留在芍陂屯田，一部分返回许昌。这次军演在军事史上写下了有效威慑敌人的光辉一页。

注释：

①舳舻千里：《汉书·武帝纪》：“舳舻千里，薄枞阳而出。”颜师古注引李斐曰：“舳，船后持拖（舵）处也；舻，船前头刺棹处也。言其船多，前后相衔，千里不绝也。”

②榜人：榜，摇船的工具；榜人，摇船的人，即水手。

③澨：水涯，即水边。

④树艺:树,名词动词化,即种树的种;艺,种植。树艺是同义复词,即种植。

⑤钲:即金钲,军中乐器,形似钟而无舌,有长柄,用时口朝上,以槌敲击。古代作战,击鼓鸣金。

⑥超轶:轶,本义谓后车超越前车,引申为超越;超轶,同义复词,即超越。

⑦洎:到,及。

⑧引自《三国演义》。

⑨⑩⑪均引自《三国志·武帝纪》。

⑫两篇赋的作者介绍与注释均见《蚌埠市诗词楹联集》。

一场惨绝人寰的灾祸

——解读《梁堰赋》

（2011年5月）

翳四渎之并酾兮[①②]，实脉络于坤灵[③]。
惟长淮之泼漫兮[④]，自桐柏而发源。
贯三河以下骛兮[⑤]，拉泗沂而左奔。
走狩雷以赴海兮，驾扶摇而薄山[⑥]。
固元气之宣节兮[⑦]，息众兆之灾患[⑧]。
粤萧梁之眼命兮[⑨⑩]，抗北魏以争衡。
信降寇之诡计兮，阻汤汤而倒征。
依两岩之柔土兮，高合春于中央。
捷竹畚石之不足兮[⑪⑫]，又沉铁以厌不详。
袤九里以中峙兮[⑬]截万派之奔茫。
大堤屹乎如墉兮[⑭]，杞柳薨其成行。
展源深而支永兮，虽蜓否而必通[⑮⑯]
六马怒而虚蹀兮[⑰⑱]，虎蛟咆而相纠[⑲]
哀死者之数万兮，孤魂逝其焉游。
背自然之开凿兮，固神禹之所恶。
世苟近以远远兮，或不改其此度。

螳螂怒臂以当车兮，精卫衔石而填海。
惨梁人之不思兮，卒取非于异代。
岂方迫于寻引兮[20][21][22]，不遑议夫无穷[23]。
将幸臣取容以幸人兮，公相援而期蒙[24]。
抑五材因壮之有数兮，特假手于憧憧[25][26]，
系曰[27]：
敦阜寇冥大川屯[28]，精气扶舆变乾文，[29][30]。
运徒力顿漂无根，潮波复故弥亿年[31]。

——秦观

一、翻译

像伏地的帝王车盖，江河淮济分流入海啊！
实是山岳河渎之神的筋络血管。
长流不息的淮水汹涌澎湃啊！
发源于河南桐柏山麓。
贯穿中原大地，像一群争食的鸭子顺流而下啊！
牵着泗、沂二水之手，在它们左边奔腾。
以雷霆万钧之势奔入大海啊！
像驾着上击九万里的旋风迫近海上仙山。
天地凝聚的精气适时地疏泄啊！
熄灭兆民的祸害灾难。
南朝梁武帝萧衍的紧要圣旨啊！
抵抗北魏宣武帝以争强斗胜。
轻信北魏降将的阴谋诡计啊！
阻拦浩荡的淮水，使之倒流数百里。
利用两岸岩石细土啊！
高高填入河中用椿树做成的木框中。
运来的竹木土石不够啊！
又抛下千万斤铁器，以镇压不祥之物。
南北长约九里的河坝耸立在河中啊！
截汇集无数支流而奔腾咆哮的淮河。

大堤像一堵城墙屹立啊！
原来两岸绿荫成行的杞柳荡然无存。
由源头伸展开去的淮河，永向东流啊！
虽暂时受阻回流，终究必将贯通。
在太空六马车驾上的玉帝，跺脚发怒啊！
水蛟陆虎集结咆叫，震天动地。
为几十万无辜死者哀伤啊！
孤魂野鬼随着洪水漂泊异国他乡。
违背自然法则拦截流水啊！
本来就是大禹最憎恶的做法。
世人只顾眼前需要而远离天道啊！
昏愦至极，不改他们荒谬的法度。
螳螂愤怒以臂挡车啊！
精卫日夜衔石以填海。
悲梁人不能深思熟虑啊！
没有充分议论从而追根求源。
宠臣取悦于宠人而奉行不悖啊！
公卿宰辅相互攀缘而长期受蒙蔽。
土石木铁与服役壮士不足啊！
仅靠频繁传递圣旨催促。

总结：

为抵御顽敌，将岗陵的土石抛到河中。
大地精气扶摇直上，天空陡然变得五彩斑斓。
搬运役众顿足呼号，尸骨漂得无影无踪。
波涛潮水恢复原状，东流入海亿万年不变。

二、析义

全篇除《序》《系》外，主体分三个层次，脉络清楚，内容递进。

第一层次：固元气，熄灾患。

一、二两句，点明水与土是密不可分的整体，水像覆盖于大地之上的华盖；分流入海的长江、黄河、淮河、济水（四渎）就是土地之神的筋骨血管。古代往往将神人格化、人神话化，以至人神一体化。本句中的“坤灵”就被人格化了。

三至八句，描叙淮河的发源地、流域、支流以及水势。第三句首字“惟”，排除其他三渎，突出淮河，统领全赋。淮河发源于河南省桐柏山（“自桐柏而发源”），横贯中原大地（“贯三河以下骛兮”），流经安徽、江苏，至洪泽湖分流，大部分通过三河闸、高邮湖在江都（今江苏江都市）三江营入长江；另一路向东经苏北灌溉总渠，在扁担港入黄海，全长约1000公里，流域面积18.9万平方公里。“拉泗沂而左奔”，淮河支流众多，泗、沂二水是其代表。淮水总的流向大体是由西向东，各支流都是由北面流入的，故言“左奔”。“走狞雷以赴海兮，驾扶摇而薄山”两句，写水势浩渺，浪高水急。前句用雷声、兽哮作比，以水声巨响表现水势之凶猛，给人以惊心动魄之感，是实写，为后文作铺垫。后句通过寓言神话的象征手法，极度夸大水浪之高与水势之急：大鹏搏击旋风直上青天九万里，奔向海上的蓬莱、瀛洲、方丈三座仙山。但是，淮水流入的是黄海与东海，而三岛位于其北的渤海，故言“薄海”。可见古人用词之精确，即使传说也不含糊，这是虚写。一虚一实，虚实互渗，笔力奇劲。

“固元气之宣节兮，息众兆之灾患。”古称人之精血为“元气”，它是一切生命的本源。淮河是其流域区土神的精血之气，它在体内宣散畅达，循环不已，生生不息，产生丰鲜的奶汁，育养这里世世代代的人民，保佑他们健康平安，消弭一切灾祸。这两句与首两句相呼应，揭示本段主旨：固元气，熄灾患。

第二层次：筑大堤，祸苍生。

从“粤萧梁之眼命兮”至“孤魂逝其焉游”是第二层次，凸写筑堰的原因、工程的浩大与反复、堰溃及酿成的灾祸。

公元514年（梁武帝天监十三年）冬，梁武帝萧衍采纳北魏降将王足的建议（“信降寇之诡计兮”），特授符节给太子右卫康绚，命其征调20万民工，在钟离浮山（今属安徽明光市，与蚌埠五河接壤）淮河段筑堰，阻挡东流的淮水，使之向西倒流（“阻汤汤而倒征”），希图淹死寿阳（今安徽寿县）的北魏驻军。大堤将成，忽被激流冲溃。这是违背水流规律的最好警示，可是，康绚听信民间传说，认为这是隐居淮河能发洪水的蛟龙所为，而蛟龙最忌铁器。于是，他命令民工，伐尽两岸百里内的树木，做成许多方框，置于水中，先填以土石（“揵竹畚石之不足兮”），再抛下数千万斤的铁器（“又沉铁以厌不详”）。516年4月竣工，南起浮山，北至蜾石山（今属江苏省泗洪县），长约九里（“袤九里以中峙兮”），下宽140丈（约336米），上宽45丈（约108米），高20丈（约48米），堰成时，水深19.5丈，堰顶在水面上仅5尺（1.2米），回水淹没上游数百里（“截万派之奔茫”）。北魏重兵迁八公山上，毫毛未损，受害的却是泛区的广大人民。是年八、九月间，大堰崩溃，水声如雷，一泻千里，闻三百里。“漂其缘淮城居民村落10余万口，流入于海”（《魏书·萧衍传》）；加之死于寒冻、瘟疫的10余万民工，约30万，酿成一场惨绝人寰的大祸（“哀死者之数万兮，孤魂逝其焉游”）。

第三层次：析祸因，诟梁人。

这段自“背自然之开凿兮”至“特假手于憧憧”，主要剖析这场灾祸的原因以及应从中吸取的教训。

我国地形是西北高，东南低，水就下的自然特性决定淮河的基本流向是由西向东。在流域区内，可以因地制宜，于某些特殊河段筑堤蓄洪，发电灌溉，造福人民。但是，蓄洪是有条件的，不能改变总的流向，而且要配有泄洪设施。人们只能遵循规律，改造客观，不能逆规律而妄动。梁堰就是违背淮水流向的规律（“背自然之开凿兮”），犹如螳臂当车（“螳螂怒臂以当车兮”），碰得头破血流；精卫填海，最终葬身鱼腹（“精卫衔石而填海”）。萧衍不以大禹为榜样（“固神禹之所恶”），不接受前人的经验（“卒取非于异代”），不让群臣作寻根追源的科学论证（“不遑议夫无穷”），不遵循自然规律，不以百姓的生命财产为重，为了巩固萧家皇权之私利，轻信宠人之妄言，在时间紧迫之际作出荒谬的决策（“岂方迫于寻引兮”）。这是祸生的主因。少数宠臣为了博得帝王的欢心，竟然不论是非取悦于宠人（“将幸臣取容以幸人兮”）。其他公卿宰辅相互攀比，随波逐流，无人提出异议（“公相援而期蒙”）。这是祸生的重要因素。

一言可兴邦，也可殃民，皆决于人主之一念。明君纳善言而兴，庸主信谗言而亡。萧衍是梁朝开国之君，在位40余年，文治武功虽不能与唐宗宋祖相比，然在南北朝九朝53君中尚可称有为之君，且是竟陵八友之一，与沈约领军齐梁文坛，开一代之诗风，然而也会有一念之差，造成了万人丧生。这对笃信佛教，三次削发为僧，以慈悲为怀的梁武帝是个辛辣的讽刺。后世握有重权者，难道不应该从中思考一些什么吗？

作者秦观，祖居淮河下游的高邮（今江苏高邮），自幼丧父，居家侍母达20余年，对淮河怀有特殊情感，故自号“淮海居士”，早年诗文集取名《淮海闲居集》。他目睹五百年前梁堰遗址，耳听民间有关传说，对梁人筑堰之举十分恨怨，故作赋以诫后人。

注释：

①翳：用羽毛做的华盖；帝王的车盖称华盖。

②釃（shī）：分流。

③坤灵：即地祇，古代对于山岳河流之神的总称。

④湠（tàn）：漫：大水貌。

⑤三河：汉代人称河东、河内、河南三郡为三河。《史记·货殖列传》：“夫河在天下之中，若鼎足，王者所居也。”淮河发源于河南西南桐柏山，横贯该省东西。

⑥扶摇：急剧盘旋而上的暴风。《庄子·逍遥游》：“搏扶摇而上者九万里。”

⑦元气：古称天地未分前的混一之气，指人的精神，生命的本源。

⑧息：通“熄”，熄灭。

⑨粤:发语词。

⑩眼命:眼,关节,如腰眼,引申为文章的紧要处(文眼),这里指皇帝的重要命令(圣旨)。

⑪揵(qián):用肩扛,搬运。

⑫甾(zī),同缁,黑色。这里形容石头的颜色。

⑬袤(mào):南北距离的长度。

⑭墉(yōng):城墙,垣墙。

⑮踅(xué):中途折回,盘旋。

⑯否(pǐ):天地之交为泰,不交为否。泰,亨通;否,不通。

⑰六马:古代帝王车驾用六马。这里用“六马”借指玉帝。

⑱虚蹀:虚,指太空;蹀,顿足。

⑲纠:三股的绳索,引申为缠绕、集结、联合。

⑳岂:其,用于祈使句。

㉑方:方略,谋略,计谋。

㉒寻引:八尺为一寻,十丈为一引,偏义复词,偏于“寻”,用以喻时间之短。

㉓无穷:穷,寻根究源;无,没有。无穷,没有寻根究源。

㉔期蒙:期,一整日或一昼夜;蒙,欺骗。期蒙,一时受到欺骗。

㉕假手:臣子为帝王写诏令。

㉖憧憧(chōng):往来不绝貌。白居易《长庆集》:“驿路使憧憧,关防兵草草。”

㉗系:辞赋末尾总结全文之词。

㉘敦阜:敦,即敦丘,江东呼地高堆者为敦丘;阜,丘陵。敦阜,同义复词。

㉙扶舆:犹扶摇,是“徜徉”之音转。

㉚乾文:乾,天也;文,彩色交措。乾文,天空五彩缤纷。

㉛弥亿年:弥,终,极尽;亿,喻数之多;弥亿,同义复词。弥亿年,即终年。

㉜关于梁堰的具体材料(包括数据)均引自淮河水利委员会、《淮河志》编纂委员会编《淮河大事记》。

为民薪火代代传

（2011 年 6 月）

明天就是伟大光荣正确的中国共产党九十华诞。回顾九十年来，党在组织上，从一个仅有 57 名党员的秘密组织，发展到今天拥有 8000 余万名党员的大国执政党，开创了中国特色社会主义新局面。思想理论上，从不熟悉马克思主义，发展到把马克思主义与中国实际相结合，开创马克思主义新境界。政治上，从作为共产国际一个支部，发展到今天世界共产党中最大的党，开创了人类文明发展的新道路。中国共产党所领导的国家，经济上，在百年贫穷落后的半殖民地、半封建社会基础上，仅用西方国家五分之一的时间就进入了工业现代化，开创了建设速度的新奇迹；国际地位上，从只能容纳 15 人（包括共产国际两个代表）的南湖游艇，发展到今天的万吨巨轮，扬帆五洲四海，对国际重大问题起着举足轻重的作用，对世界经济发展和人类文明作出了重要贡献。

今年，也是苏联亡党亡国 20 周年。这艘黑海舰队，曾经是马克思主义首先在一国胜利的旗帜，曾经是各国共产党的领头羊，其所领导的国家曾作为世界能与现存的一个超级大国相抗衡的另一个超级大国，竟然在建党 94 年、建国 70 年之际，忽然沉沦到海底。拥有 2000 余万名党员的大党，从 2240 余万平方公里的土地上蒸发了，镰刀斧头的旗帜从克里姆林宫的上空黯然落下了。

两者反差如此巨大，这是为什么呢？人们可多角度地去探索其中的原因，给出多种（包括外力渗透）答案。但最根本的有两条：一是是否坚持马克思主义并把它与本国实际相结合，二是是否真心实意地依靠人民、全心全意为人民服务。这两条又取决于中央领导集体，特别是一号人物的综合素质。

“民为邦本，本固邦宁”的民本思想是中华优秀思想文化传统。中国共产党把马克思主义与中国实际相结合，吸取了民本思想精髓，在党纲中把“全心全意为人民服务”定为党的宗旨。中央几代领导集体为实现这个根本宗旨作出巨大贡献，率领各族人民战胜无数次艰难险阻，取得一个又一个胜利，赢得今天翻天覆地的变化。

第一代领导集体中的毛泽东，把马克思主义与中国新民主主义革命、社会主义建设相结合，形成了毛泽东思想体系。这是点燃在“长夜难明赤县天”的一盏明灯，指引四亿五千万人民从黑暗走向光明，使之成为国家主人。这是第一次理论飞跃。英元帅蒙哥马利在1960年访华时说：“毛泽东哲学非常简单，就是人民起决定作用。”毛泽东关于人民群众伟大作用的论述，我们这代人能倒背如流。他的亲民、爱民、为民的许多事迹，我们记忆犹新。他在天安门城楼上面对如潮的人群高呼“人民万岁”！他的最大功绩就是统率千军万马推翻三座大山，拯民于水火，解民于倒悬。为革命，他一家献出了六位亲人。他一生廉洁，死后，除保存在中央办公厅的稿费外，没有给子女留下一分钱、一间房屋，他的两女一子，凭着自己的劳动，过着寻常百姓家的生活。这就是人民领袖的风范。

第二代领导集体的核心邓小平，把马克思主义与中国改革开放相结合，形成了中国特色社会主义理论体系，这个体系包括邓小平理论，第三代领导集体提出来的“三个代表”重要思想和第四代领导集体提出来的“科学发展观”“和谐社会”等理论。这是点燃在“十年浩劫”后的又一盏明灯，指引十亿人民由贫困走向富裕，全面奔小康。这是理论上的第二次飞跃。这两盏灯都是“为民”点燃的：一个“救民”，一个“富民”。邓小平善于发现、热情支持、坚决依靠人民群众的创造性，一贯主张人民群众“自己救自己”（如支持小岗村大包干）。他称自己是“人民的儿子”。这位特殊意义的“儿子”，为了爷爷爹爹能过上美满幸福的生活，忍受着多次对他的残酷的政治迫害，韬光养晦，三起三落。死后，根据他的遗嘱，部分器官献给医院，骨灰撒到养育人民的大地与海洋，两袖清风回归大自然。

江泽民确立社会主义市场经济地位，引领全国人民高举旗帜，跨进新时代，人民脱贫，部分致富。胡锦涛的“情为民所系，权为民所用，利为民所谋”三句名言，被誉为“新三民主义”。这一代领导集体，让亿万人民称颂最多的是他们推出一系列的惠民政策：在农村，实行“一免（农业税），一补（种地粮补）”，农村电网，农村普及家电，建设新农村；在城镇与乡村实行“三保（养老、医疗、低线），一补（高龄）”；在城镇推行廉价房、经济房、小型房，棚区改造；在教育方面，实行“两免一补一贷”；等等。由于这些政策的落实，使得“幼有所育，少有所学，壮有所为，老有所养，众有所居，病有所医，人有所食，行有所安,穿有所选”。

苏共领导人如何?从赫鲁晓夫1953年当选为中央总书记,到上世纪80年代后期戈尔巴乔夫任总书记,相继推出“全民党”,取消“无产阶级专政”;推出“新思维”,放弃苏共在苏联政治体制中的核心地位。从勃列日涅夫1964年上台后,推行干部终身制,形成新贵族集团,从中央到地方,纵横交错,竭力维护其既得利益,从而走到人民的对立面。1991年,当副总统亚纳耶夫发动“8·19”政变,软禁戈氏三天,未有得到人民的响应。当叶利钦宣布苏共为非法组织,停止党组织在俄罗斯土地上活动时,竟然没有一个党员出来抗争。这就说明这个新贵族集团失去了民心,失去了党心。他们背叛了马克思主义,背弃了人民,人民理所当然地抛弃他们。俄罗斯科学院一位院士说:“把苏联送到停尸间的不是别人,而是苏联人自己。”击中要害,一针见血。

党的根基在人民,血脉在人民,力量在人民,“人民”是党最核心的价值观念,“以人为本”是党最核心的治国理念,党把“民生”视为最大的政治,把“为民”作为根本宗旨。“老百姓是山,老百姓是水,老百姓是共产党的生命源泉。”中共与苏共一兴一亡,就取决于这个“民”字。最后,让我以民字为主题,赋诗一首作为结语:

南湖赤舫扬瀛海,苏舸沉沦震五洲。
泰否从来非命定,水能载舰也翻舟。

(在市委副书记方志宏主持召开的“七一”座谈会上的发言。)

台湾之行

（2012 年 4 月）

壬辰仲春，予偕老伴；随团赴台，环岛八日。三月十六，晚上八时，飞抵台中，下榻博奇。国泰大巴，少帅导游[①]；中入中出，游经六市：南投嘉义高雄，台东花莲台北。饱览秀色春光，领略名胜古迹；怡心愉神，健体益智；媪翁圆梦，快何如哉！

环岛碧海蓝空，水天一色；沿途茂林修竹，山原双秀。足踩南角，鹅銮鼻岬；状如帆船，形态逼真：两峡一海，于此分野。身临巴士之滨，远眺岛国之岸；心潮跌宕，思绪万千：挟洋自矜，搅局东盟；见利忘义，争我南海；转身变脸，背祖忘恩。天人之所共嫉，法理之所不容。中央山蜿蜒陡峭，太平洋浩瀚无边；中道蛇曲，东行其间；恍若人坐云端，又似车行洋面；欣欣然心旷神怡，飘飘乎羽化登仙。北登野柳岬角，东海碧波濯手；细品"台湾石"，拍照"女王头"；羡造物主之神工鬼斧，叹蜂窝岩之海蚀奇观。大巴稳驰西海岸，丽日当空乾坤朗；沃野千里，台西平原；飞思台湾海峡，拥抱莆厦漳泉。

湖出高峡日月潭[②]，玉山阿里一珠悬；
春波荡漾山楼动，茶蛋飞香诱口涎。

潭中有岛，薄雾如纱；名曰珠仔，分潭为二：南似弓月，故称月潭；北如轮日，是谓日潭。电站建成，面积变化：岛面缩小，潭面扩大。改坐美王一号，泛潭莺歌；潭水春波荡漾，摇曳婆娑；岸上秀峰叠翠，山楼巍峨。停泊登岸，趣味横生：茶蛋异香，阿婆技精；两潭碑前，长龙留影。玄光佛寺，香火缭绕；神龛穆穆，供奉玄奘；西天取经，功业辉煌。武庙前殿，关公鄂王；两像并列，神威煌煌。文庙后殿，众星堂堂：大成至圣先师，端坐中央；复宗述亚四圣，分侍两旁。传承民族经典，熔铸儒释道洋：崇文尚武精神，全面光大发扬。

三大奇观阿里山，海云日出我无缘[③]；
林涛深处游人织，神木前头叹古源。

大巴进入景区，换成八人小巴。路边昂首槟榔，映入眼帘，迅即消烟；山坳盛开樱花，未及品尝，抛诸后边。下车步行，身临幽静；时而拾级而上，上到山坡丛林处；时而稳健而下，下至谷底姐妹湖。谷低林深，古桧参天；扁柏茂密，蔽日遮天；杂树相间，偎依攀缘。如无游客喧嚷，几疑远古森林。目睹三千岁之红桧，无不惊叹谓神木：民族沧桑之活史，中华古国之籀文。莽莽古林异象生，伐后树桩又成林；每桩再生三五株，树为兄弟姐妹名；我和老伴与志祥，兄妹树前合影忙。桩桩镌刻侵华史，株株录载中华志；再生古树高如云，象征御侮民族魂。

花莲西北太鲁阁，雄伟壮丽峡谷客。
悬崖陡峭直如削，断壁凌空虚欲绝。

昂首不见天日，低眉难寻溪涧。人人紧戴安全帽，个个慢步岂敢跑？既想贪婪观景，又恐脚底失灵；既愿更多留影，又怕顾此失彼。《诗经》有言，战战兢兢，如临深渊，如履薄冰。而今顿悟，二句真谛：特定环境，特殊心理。天色将晚，烟雾渐生；几分神秘，笼罩谷顶；由淡而浓，由近及远。少帅介绍，景区开发，付出代价，建馆纪念；放眼山麓，依稀可见。经国先生，关怀备至，亲临现场，鼓励慰问。

美丽之自然景观，令人流连忘返；纷纭之社会万象，让人眼花缭乱。

花莲大理石优质，工艺精美驰赤州；
神采飞扬杨总裁[④]，语惊四座算他牛。

“国共合作，两岸统一；携手联合，打倒美日。”——经理陈词，激越高昂。“百花齐放，推陈出新”“吸取精华，剔除糟粕”——主席语录，闪耀厅堂。打开电视，绿色大虫；高氏志朋，直面陈冲，连珠炮轰：“马赦扁否？”喷雾八十八缕，创吉尼斯纪录。名嘴热议，舌锋锐利；各执己见，互不服气。崇尚自由平等，官民不分贵贱；厌恶称职衔，鄙视官本位。呼马“小马哥”，称胡为“涛哥”；可以直面批英，不可侮其人格。人民币直接购物，畅通于大小商号。孙、毛二像，两种纸币；交易领域，并行互济。城市高楼，鳞次栉比；101 塔，拔地而起。乡野别墅，错落有致；士林官邸，外秀内素。广告标语，商号品牌；琳琅满目，街道两旁；悉用繁体，古色古香。书写款式，竖主横次；横式双写，左右两起。街道命名，彰古显今：仁孝义礼忠信，民族民权民生。一扫污言秽语，厕所文化健康；“个人向前一小步，环境跃进一大步”：务实可行，不要花腔。宗教自由，多元信仰；中台山寺，四大金刚；巨大高伟，一首四面；堪称一绝，大陆罕见。络绎不绝，白日进香；每晚电视，法师主讲。信佛众多，济困施善；卖菜树菊，捐款百万。交通管理，科学有章；亲见“三少”，文明昭彰：汽车鸣笛，八天未闻一响；马路交警，一周只见一双；街道行人，所遇稀稀朗朗。

社会多元，历史渊源。十七世纪，载至眼前：荷兰强占，三十八载；日本豪夺，五十有年；美国涉足，始自二战；蓝营主政，六十余春；绿营把持，也有八稔。外国干预骚扰，尤以美日为最：物质精神双占领，大棒糖果两手擎；强推奴化教育，遍设华人牢狱。“台独”反统排共，绿党以假惑众。蓝党好事三桩，永载史册华章：维权反独促统，捍卫“一个中国”；弘扬中华文化，汇渠主流意识；飞架海峡金桥，笑迎骨肉同胞。

导游幽默风趣，品位较高；认识有误，三次强调：“台湾历史短，只有四百年。”台湾古称夷州，根据历史记载，少则两千余年；秦皇统一六国，改置三十六郡，台湾时称闽中；汉隶闽越侯国，南宋为福建路，元置澎湖巡检司；康熙年间，改制称府，光绪时期，去府设省。

台湾自古属中华，两岸人民是一家。
少帅听毕无理应，东西顾盼妄言他。

再见！美丽富饶的台湾宝岛；统一，骨肉相连的两岸同胞。

注释：

①台湾国泰旅游公司导游张少戎自称“少帅”。

②日月潭是由阿里山与玉山断裂带积水形成，高 700 余米。

③云海、日出、林涛是阿里山三大奇观，因为我们参观的时间是天气晴朗的上午，故错过观“云海、日出”的最佳时间。

④指莲花郊区大理石工艺展示中心的杨总裁（兼经理）。

江淮诗苑一奇葩

——《守拙轩诗联稿》序

（2010年12月）

好个“守拙”，岂非与林则徐的“养拙”异曲同工吗？我与守拙轩主人，早年，先后立雪于师大张、祖二名师之门；中年，并乘骐骥驰骋于江淮之教坛；晚年，又携手畅游于涂淮之文山诗海。人生得一知己足矣，斯世当以同怀视之。人之相知，贵相知心，我们之间的心桥始终是畅达无碍，读罢《守拙轩诗联稿》（以下简称《诗稿》），心贴得更紧了。十年来，方公“杏坛功满主吟坛”（周剑痕诗语），“采得满筐夕照红”。《诗稿》从诗人800余首（副）佳作中精选了500余首（副），计4篇（教育、哲理、吟人、赋物）12章。

一

方先进同志经过四年高等师范教育的洗礼，四十年中学教学、教育、校管实践的历练，十年诗山的探宝，特别是在相继担任蚌埠一、二、三中副校长、校长期间，融汇并激活了三所名牌学校的优良传统，从而铸就了一位双优的教育专家和诗词行家。《校园絮语》等篇章中的50余首，就塑造了这样一位双星型诗人的艺术形象。

从《教师节抒怀》《教坛心曲》的五首绝句中，我们看到一位“霜侵两鬓青丝少”的老教育家，如数家珍地回忆他的育人历程。这位以三尺讲台为心爱家园的老园丁，在他行将告别这块让他叱咤风云数十载的圣地时，不无自豪地念起育人“脊梁经”：“爱”是育人的前提,要把无限大爱倾注到育人全过程,“扬鞭一骥情尤笃,人生有限情无限”;业精于勤,“勤”是育人的根本,“教山琢玉更应勤,旰食宵衣化雨情”;能勤则精,“精”是育人的关键,“无声细雨心香爇,有声好风才俊萌”;言教身教结合,身教甚于言教,“菁莪垂范率先行”;甘为人梯是园丁的最高境界,“老树新花不占春”,“愿效春蚕到白头”;“乐”是园丁的最佳心态,“笑对群娃说晚露”,“经年岁月春常存”。

课堂教学是育人的主渠道,不深入课堂教学的校长是不称职的校长。方公在担任行政职务的三十余年中,不仅常听课,参加评课,还多次成功地组织了全市性教学观摩活动和承办全市高中毕业班工作会议,给当时主管教育教学的我以极大的支持与帮助。更难能可贵的是他一直兼教高中语文课,是一位出类拔萃的高级教师。他的专业根基雄厚,教艺精湛,赢得了同行的赞誉。他在《为鲍公弘用严谨的课堂教学结构而赋》中写道:“如蜂筑室密层层,不倦飞旋吐蜜精。起承转开工用语,山溪十里听琴声。”诗人用精当的比喻——蜂酿蜜赞鲍老师高超独特的课堂艺术:教学内容——蜜精,教学架构——密层层,教学过程——起承转开,教学语言——琴声,教学方法——饱含科学知识的语言,像十里山溪汩汩地流进学生大脑,滋润着他们的心田。这首晶莹剔透的小诗,不仅是对他人的礼赞,也是诗人多年来构筑教学蜂房的诗意化总结,不潜海探骊,焉能得珠?

作为黉门班头的方公,对全校工作能够谋篇布局、“提要钩玄”、“深红浅紫胸中策”;能够“兼德业崇、虚实兼赅”,始终坚持四育并举的教育理念;能够“友直友诚”,从善如流,“纳言常具吕端明”。

一位出色的教育家,一定是尊师重教的楷模,《诗稿》约有 20 首深情怀念当年在水乡村学以及小中大等 8 所学校学习生活的诗词,尤其怀念恩师的教诲。“浩荡英风是我师,大弦急雨正春时。成翁学子知恩重,明月临窗岁岁思”(《巢湖年会遇恩师凌先鹏先生》)“非恩重深情者,绝写不出”(愚翁评语),非爱教、敬教、勤教、精教、乐教的双星型诗人,难能有岁岁思的情怀。

教师在学校教育中始终处于主导地位。一位成功的校长必然视教师为上帝,尊教师为上宾。行伍出身的方校长与教师的情感水乳交融。他为推广中老年教师的经验多次布阵扬播;为年轻教师成长多次铺设坦途,擢拔助长;又多次为困难教师伸出援助之手。《诗稿》中与五六位老师贺答的诗篇,就体现了他与教师的友情。

二

先进同志乘大鹏遨游教育蓝天四十载后,安然着陆,可谓功成名就,理应颐养天年。但他在人生征途上却完满地实现了一次人生战略转移,转到“岁岁匆匆唱大风”上来,成了“敲声酌句一痴翁”，而且敢向“海天拿云露一鳞”，这是为什么呢？《人生顿悟》《清吟》等篇章中近百首哲理诗作了完美的回答。在《心思林则徐》中，诗人以陶渊明“归去”之消极出世思想的渺小，衬托林则徐积极入世思想的伟大，又在《也说陶渊明》中指出，之所以“南山种豆无须学”，是因为归去依谁战逆流。把为民造福惩恶作为人生的唯一坐标，是一切圣贤明哲的共同心声，也是诗人从学生时代就孜孜以求的人生价值观。唯有如此，从一甲子到古稀的人生第二个黄金时期，诗人雄风再振，“休言两鬓如霜白，起步何妨六十遒”；心系亿民，“风花雪月非吾好，民乐民忧出雅声”；情注中华，“红霞满地东方白，华夏鳌头不让欧”；一身正气，“平生不爱唱桃源，正气一歌日月悬”；刚正不阿，“心有魏征终不悔，刚肠一副织天章”；疾恶如仇，“直面疮痍诛腐恶，拨弹忧民入民弦”；蚕烛精神，“宏图傻醉华颠染，尽吐春蚕未尽丝”；惜时嗜学，“涂鸦老至惜阴珍，一醉书城意倍殷”；清和心态，“悠悠万事和为贵，奔涌千江清作魂”；探究天人，“世事玄茫思欲冷，道通天籁自悠然”。

诗人晚年，思想更加缜密而深邃，由“不逾矩”腾入“随心所欲”的自由王国，像诗祖屈原那样提出关于宇宙万物、古今中外的许多问题，所不同的是屈原在《天问》中提出的疑问虽然多至 170 余个，但限于历史条件，未能解答，诗人提出的疑问虽只有几十个，但或明或暗地都给出了答案。在《清吟》37 首绝句中，诗人悟出了二十余对事物之间相生相克、相反相成的矛盾体。如“立根田畴”与“碧草春花”，“天上涛”与“今断流”，“冲九州”与“曲回流”，“闭门觅句”与“陶谢之帆”，“落叶”与“青山”，“村溪旧时波”与“机声上山坡”，“圣火山侵”与“绿水重合”等。

盛气拿云气不平，落霞孤鹜万山行。
胸中四海天空阔，浪涌逆帆总得春。
——胸中有春

这首诗揭示了“胸中四海”与“逆帆总得春”的矛盾。一位胸怀四海的弄潮人，必然要在惊涛骇浪、逆水扬帆的不断拼搏中，才能到达春的彼岸。这个“知”与“行”的哲学命题，历来为王阳明、孙中山等先哲们所阐发；然而，最终还是人民教育家陶行知以“行—知—行”的辩证论做了天才的结语。其精髓与毛泽东的实践—理论—实践的认识论是相通的。诗寓辩证法，辩证法诗化，成为《诗稿》之魂。

三

《人物品咏》《咏史抒怀》《亲朋赠答》等近百首咏人诗篇中，咏及的人物近 70 名

（古代约二十人），有革命领袖、古今圣哲、军政巨子、文教名流、倾心挚友、至亲骨肉。以评品为主线，褒贬审慎，善恶泾渭分明。

"民为邦本，本固邦宁。"民本是中国优秀思想文化传统的核心价值观，也是《诗稿》评品人物的唯一标尺。西汉太史公司马迁为撰写一部被鲁迅称为"无韵之离骚"的《史记》，忍受宫刑的奇耻大辱。诗人饱蘸浓墨赞道："一世安危浑不顾，鸿文万古益奇芳。"对鞠躬尽瘁做孺子牛的周恩来，由衷地讴歌："驱豹缚鲸显大勇"，"亿民心曲总向公"。对彭德怀在多首诗中，既高扬其"铁马金戈百战雄"的赫赫功勋，以及心系万民为民请命的大爱胸怀，又为他的"残骨无名掷火中"的人间悲剧而挥泪长叹，还以一缕心香告慰"为民心曲入民扉"的驾鹤人。

诗与史都要唯实是从，不能屈于权势，也不能为尊者讳。在《敢立潮头的邓小平》三首七律中，诗人以切身感受，对扭转乾坤的世纪伟人高奏雅曲：海纳的胸襟，"胸涵华夏春常在"；钢铁的意志，"柳绿三迁松骨遒"；达观的英姿，"冰悬百丈梅英俏"；非凡的智慧，"盖世同歌两制功"，巨大的能量，"鲲鹏善引八方风"；穷且兼善的品质，"困居犹念岳阳楼"；卓著的功勋，"彩霞万朵家家日"；人心的归向，"肝胆昆仑一邓公"。然而，太阳也有黑子，诗人以过人胆识，在《心中的伟人》两首七绝中，吐露微词："书生无罪多言路，笔舌无须再设防。"防民之口甚于防川，大禹治水，疏而不堵。

对于传统观念要承优剔劣，魏晋"竹林七贤"之一的阮籍，历来为文人墨客所称颂。然而，诗人在《读阮籍狂言》中对书生醉酒的狂骂，发出了终何用的质疑，能够唱《大风歌》的人还是刘邦。诗人在盛赞"才掣鲸鱼"、诗"势超然"、语秀清迈、"诗峰大观"的李白时，对其"管晏之志"的抱负与"醉卧长安戏犬奸"的狂傲之间的矛盾，发出了"儒冠总误国"的警世之语。

中国的文艺复兴——1917 年开始的新文化运动，如日高悬，照亮中华复兴之路。对胡适、郭沫若两位大师的《尝试》《女神》两部新诗集，诗人满怀激情地誉之为"新韵高"，"清音八域各堪豪"，"雄风万里开宏宇，朝晖一点映天红"，对于现时为否定大师们功绩而放出的冷语，也是一个当头棒喝。新文化运动旗手、民族魂的鲁迅先生，从他发表显示新文化运动实绩的《阿 Q 正传》起，到现在的近百年里，不断受到亵渎，时至今日，仍有几位先生拾起当年梁实秋的牙慧，像蚊子一样在那里哼哼唧唧。诗人拍案而起，作《嘲妄贬鲁迅者》等五首七绝，予以回敬。诗人在《梁实秋与鲁迅》两首中，重温那场梁鲁之战："卢布浪潮卷地来，天风弹雨发三开，丧家一匕崩云裂，论战孰非公自裁。"末句含蓄有力，论战的是非早有定论，如属无知，请读旧文；如尚有知，请公慎择，不要为非张目。在《时代奇峰鲁迅》等诗中，以《呐喊》《彷徨》卷巨涛的实写句，充分肯定新文学奠基石的两部巨著，以"昆仑莽莽接云霄"的比喻句，赞大师是时代奇峰，以"独立漩流对逆凶"的形象句，颂大师坚韧的战斗精神；以"长江万里自成潮"的意象句，象征大师的思想已汇聚到灿烂的中华文化长河中而“自成潮”了，纵使如来施法也斩不断这股洪流，这就捍卫了新文化运动。在《诗评毛、鲁论诗》中，诗人以直抒胸臆的白描手法，将唐宋诗与毛、鲁诗对比，否定了好诗止于唐的静止观，褒扬并肯定了“毛、鲁诗词多妙章”的发展观，批评了今不如昔的颓废观。

方公少年时代，生活在耕读为本的家庭，沐浴着儒学的阳光，祖父饱读经史，擅诗能词，刚正激进，造福乡梓，塾业有方，庭训有道。慈母把锄缝衫，勤俭持家，窗前伴读，灯下夜话。待至年长自立，传承忠正家风，与爱妻同室受业，同校传经，同砚磨墨，同持家务，同育子女，更是同甘共苦。儿孙们或而立凌云，或雏燕出巢，或巧思文采，或成绩优秀。读着为亲属们所赋的系列篇章，你会感到阵阵慈孝悌恭的韵风，习习迎面；一个融融和乐之家，历历在目。与友朋赠答之章，致意殷厚，情思浓郁，评品精当，彰显个性，与一般浮词泛语的应酬篇不可同日而语。

四

诗人独具匠心，“窥意象而运斤”（刘勰语），在170多篇赋物篇章中，从大千世界精选大量具体物象，与其深邃思想、真纯情感、鲜活语言、和谐韵律融合，创生出许多意象群。

由日、月、风、云、雨等意象组成的气象意象群。《诗稿》中出现日意象40余次，月意象20余次，风意象80余次，雨意象30余次。朝阳象征青春的勃勃生机，诗人把横波沧海朝晖出的具象与自有来人频弄潮的意向交合，寄寓了一位老园丁对年轻一代的殷殷重托。夕阳具有时间上悲怆、空间上愉悦的双重意象，《诗稿》中多达七八次，这是从古稀诗人特有的心田流淌出来的韵律。

十里山重远客来，空蒙浓雾笼楼台。
千枝万朵青蓝紫，珍重斜晖情满怀。
——重游西湖之二

空蒙浓雾中的亭台楼榭，映照在金光万道的斜晖里，大地一片金碧辉煌，恬静纯美，诗人由衷地发出珍重斜晖的感慨。晚霞的自然美景与胸中充满斜晖的内在美景，浑然契合。“依依最是西湖柳，系得游人忘夕晖。”诗句中的夕晖具有双重性：沉醉于西湖湖边柳的美景中，忘却天色黄昏（外象）；游兴正浓，忘却不能过劳的黄昏年龄（象外之象）：两象胶合，一个神与物游的意象，令人陶醉。风意象有：“雄风”“飙风”“狂风”“轻风”“细风”“柔风”等表示风力强弱，“春风”“秋风”“西风”“朔风”“斜风”“东西南北风”“八面来风”等表示风的方向；“寒风”“冷风”“冻风”“霜风”等表示风的温度；“好风”“清风”“薰风”“金风”等表示人对风的感受；“松风”“云风”“风帆”“满船风”“一宵风”“一颦风”等表示风与其他意象的叠合。所有这些，构成《诗稿》中五彩缤纷的风意象群，其中春风意象出现最多，达十五六次。

笑踏飞花静看云，闲听百鸟啭娇音。
春风不媚桃千树，却染田畴四野青。
——春日闲趣

春风催化万物生长一视同仁，她给千棵桃树戴上朵朵红花，给万顷良田铺上块块绿装，把乌云驱散迎来蓝天，吹开百鸟歌喉，吹暖人们心房。春风与千桃万物叠加的意象群，寄托了诗人的博爱胸怀、刚正品质和傲岸骨气。诗眼“不媚”就是既不偏爱一己之私好，又不献媚于众恶之权势。

水与其天然容器——江、湖、河、海、洋组成水意象群。水意象在《诗稿》中出现80余次，多角度地反映了诗人丰厚的情思。八九次之多的“击水中流”意象，反映诗人不畏艰险，迎难而上的积极人生。如果说，宋词近2万次水意象是词乃南方文学的有力印证，那么，《诗稿》中40余次巢湖水意象就是诗人爱故乡的最好诠释。诗人将浓浓乡情倾注在巢湖水浪中；蒙塾书声伴浪，“白浪涛声伴我读”；稳坐船中观浪，“迷望峰涛千万叠”；苍茫夕阳听浪，“听涛邀友说浪声”；船中赏浪，“归来悠赏满帆湖”；归来梦浪，“水阔银帆频入梦”；玉龙船上击浪，“击水中流战逆风”；清明还乡心驻浪，“心燕偏巢万顷湖”；晨雾引舟心中浪，“心底波澜漾水波”。巢湖浪与舟、鸥、鹭、凫、鱼、渔火、风、烟、雾、露以及岸上树、山、塔的倒影组成的意象群，凸现了家乡的水美、山美、人美、物美，情更美。

15种花卉、树、竹等组成了植物意象群，渗透诗人美刺现实之意：美菊花“花中品最芳”，梅花“不向逆风让半分”，松树“生来不羡折腰官”，刺轻薄桃花“日暮剩残红”，诫青春得意的杜鹃花，不要“忘却林间有冷风”。

在山、川、城、池、楼、亭、墓、碑等胜地意象群中，或唱新老版的《春天之歌》，或奏《我们的祖国》之优美旋律，或抒范公忧乐之凌云壮志，或发思古鉴今之幽情。垓下，秦俑、庐山、巢湖、西湖、龙湖、怀远石榴等组诗是其代表。

五

孔子“雅言”，谢杜“清丽”，钩玄吸精，方诗雅丽：典雅而不古奥，鲜丽而不浓艳。

《诗稿》的诗语有着鲜明的特色。

修辞立诚妙语多。诗人精通修辞学,对各种修辞格驾轻就熟,视需要而信手拈来,寓哲理于形象,化理语为诗语,拟无情之物为有情之人。

白头默默献殷勤,呼风唤雨孕锦茵。
粉身碎骨浑不顾,墨田耕作尽飞春。
——咏粉笔

一支极普通的粉笔,被赋予人的白发年龄、勤奋作风、牺牲精神、轩昂气度、育人事业,这简直就是一位“甘为孺子牛”的老园丁。构思奇特,意蕴幽远,实乃化腐朽为神奇的妙笔。

在《咏物寄怀》篇章中,所咏之物几乎都被人格化了;梨花是能羞宋玉的“绰约丰姿”女郎,枫树是“独对飞寒笑冷空”的伟丈夫,就连曾被误判为“四害”之一的麻雀,也是有结巢从不攀高枝的高尚品质,人物合一,情景交融。

引而不发耐寻味。在《秦兵马俑》中,诗人对秦始皇统一六国,筑长城,焚书等事进行褒贬后,意味深长地发出幽叹:“孰功孰过问西风。”用陈述性的设问句,将对秦始皇的总评价留给西风,极富情趣而又意味深长。在《观岳庙》中,由岳飞功高被害的悲剧联想到历史上类似遭遇的英雄们,不由自主地质疑道:“功臣正寝数何人?”用明知故问的反诘句,语重情真,最具感召力。

超常搭配趣横生。“险巅鸟语老翁立,采得满筐夕照红。”“光”是流动的,无法纳入容器。按逻辑要求,数量词“满筐”,不能与主谓词组“夕照红”搭配,然而诗人却巧妙地将其搭配,借以抒发老翁在诗国中满载而归的豪情,令人耳目一新。类似构词法较多,如“满船风,一船月,一船欢,满湖风,一船露,一橹风。秋风扫客愁,满川烟雾入予怀,满载欢歌”等等。

活用典故出新意。《诗稿》恰如其分地用了不少典故,灵活多变,翻出新意。或用其形,变其意,“青萍、结绿靓淮旁”;或用其形,增其意,“一笑相逢常结好”;或用其形,寓其意,“知时好雨润苗忙”;或变其形,反其意,“玉门关外关墙拆,丝路雨花迎故人”;或变其形,用其意,“困居犹念岳阳楼”;或用其形,反其意,“是木当争秀出林”;或双典并用,近义加重,“头悬旰食增神韵”。正因为这些典故的活用,增加了《诗稿》的知识性、趣味性、感染性、典雅性。

对仗工整三律严。全书所收绝、律、词、联四类,皆须遵守句律、声律、韵律。方公在创作实践中一贯秉承诗词章法,从不草率。律诗中的工对比比皆是,刘勰所首赞的反义对也屡见不鲜。在“论高高万仞,议朽朽全糠”(《论孔子引起的困惑》)对句中,平仄合律自不待言，词性、词义、词的结构也都对得极工，“论高”与“议朽”都是动词加形容词的动宾结构，“万仞”与“全糠”都是数词加名词的偏正结构。两组对称词组的词性、结构相同，分别相对；词义相反，分别相对。这是对联中的上品——反义对。作为市诗词学会副会长、《涂山集韵》主编，方公在严遵诗律的同时，也注意容变，他要求编辑们处理诗稿时，对某些作品中个别出律现象要妥善处理，不宜以点概全。

综观全书，思维辩证，主旨洞邃，形象典型，语言雅丽，风格清新，独树一帜，乃江淮诗苑一奇葩。《学记》说：“九年知类通达，强立而不反，谓之大成。”方公家学渊源，科班出身，退休十年，笔耕更勤，果实丰盈，可谓大成，未来，诗人将会以更新的成果，与学会同人携手并进，引领蚌埠市诗词创作登攀更新高峰。现将读后所得草此，谨为序，请斧正。

最后赠之以联：

一杆狼毫雨露交挥，黄橙赤绿青蓝紫，语典诗词雅；
半圆讲桌风云际会，屈马曹韩杜苏周，桃丰杏李盈。

藕翁五乐

——析《胡争诗联选·自勉联》

（2011 年 8 月 10 日）

仁者乐山，智者乐水。藕思斋主人岂止乐山、乐水哉！读藕翁《自勉联》，如醍醐灌顶，始悟其乐者，五也。

老骥驮完千里债，新莺唱乐一楼香。

骐骥驰骋之乐。藕翁英年，乃千里骐骥，半个世纪，驰骋于沱淮两岸，名誉宿蚌。“胡者驭雄风，洪水安澜，铁牛唱晚，赢来稻香十里；贤哉竞扶摇，佳木丰茂，群羊吻云，争得民颂四方。”这副嵌名联，就是对其诗意的写照。负债必还，父债子还，这是东方民族自古以来人际交往中的一条人格底线。诗人将其对革命的赤胆忠诚，对工作的高度责任心，对人民的历史使命感，在联中聚化为一个“债”字，充分表达了对事业的坚贞与必胜的信念。一旦驭完千里债，快何如哉！

离退休闲非世弃，幽居阅读是天怜。

幽居读书之乐。春秋时，楚国叶县县尹沈诸梁，一次问子路：“孔子是什么样的人?”子路未答，退而告之孔子。孔子说：“汝奚不曰：‘其为人也，发愤忘食，乐以忘忧，不知老之将至云尔。’”诗人“离退休闲非世弃”，幽居书斋，读史明智，读诗灵秀，读哲辨理，读杂广识。读书似交友，书读得越多，朋友交得越广。读书能健脑益智，延年益寿。陈独秀晚年说得好：“除却读书无嗜好，世无朋友更凄凉。”藕翁读书已进入“乐以忘忧”的境地。

人闲韵雅，春去春来欣盛世，但愿延年益寿；
心静神怡，自斟自饮品余香，何妨寄兴挥毫。

寄兴挥毫之乐。藕翁在“老来觅趣曲和联”的韵坛生涯中，寄兴挥毫，既有“艺海寻珠险浪阻”的苦中寓乐，又有“寻芳揽胜觅千姿”的一得之欢，还有两卷诗集的成功之喜，更有市诗词楹联学会主办，由其主持（或主编）的四部大型诗词楹联书画集的丰收之乐。当然，也常常分享着诗朋联友们的丰硕成果之乐。

观山观水真乐事，听风听雨正关情。

观山听雨之乐。八大行星之一的地球，是一部正在被人类继续解读的无字天书。中国作为地球村的一户人家，960 万平方公里的陆地，无比广阔的海疆，十三亿人口，这些就是一部无字的《二十四史》。藕翁从南半球的旧金山大桥到北半球的黄河三门峡大桥，从海南的天涯海角到山海关的老龙头，在观山观水、听风听雨中，酣畅淋漓地吸吮着两部无字之书的精粹。这里，既非谢灵运的“白云抱幽石，绿筱媚清涟”的雕章琢句，又非陶渊明的“采菊东篱下，悠然见南山”的出世恬淡，而是怀抱共产党人的坦荡胸襟，纵观五洲风云，透视千古幽邃，既赏心悦目，更升华意境，其乐无穷。

一片丹心，育李培桃迎旭日；
数根傲骨，抚麟抱犊护花人。

抚麟育英之乐。麒麟，古代传说中的动物，古人视其为祥瑞的象征，有“麟凤龟龙，谓之四灵”之说，常借麟以喻杰出人才。藕翁有个非常美满的四代同堂的幸福之家，不仅享受着含饴弄孙的天伦之乐，更有“抚麟抱犊”“育李培桃”的育英之任，岂非“得天下英才而教育之”之乐耶？

孟子谓君子有三乐，而藕翁竟有五乐，乐到期颐复奚疑！

《苍洱子诗稿》(5)序论

(2012年5月)

我与杨其昌同志相识于20世纪60年代初,当时,他供职于蚌埠市委讲师团,分管全市中学政治课教学,我是蚌埠一中的政治教师,多次聆听他的理论报告。我与我的同行都为他的翔实论据、透辟析理、逻辑辩才、抑扬顿挫的语势所折服,改革开放以后,他任市委宣传部长,教育局隶属于宣传口,我们又成了上下级。他坦荡的胸怀、率诚的态度、求实的作风,给我留下了深刻的印象。近年,我们曾就古典诗词的继承与革新等问题作过促膝长谈,共识多多。捧读杨翁《苍洱子诗稿》(第5集)(以下简称"《稿五》"),感受深深,共鸣嘤嘤,不揣冒昧,恭奉陋见,不吝指正。

刺"左"的玫瑰

20世纪30年代,人民教育家陶行知先生写诗赠给他做官的同学(包括胡适、孙科),劝他们当心董狐复活,因为"董狐有笔刚于铁,只写是非不转弯"。今天,董狐真的复活了,不同的是,杨狐不是用史笔,而是用诗语暴露"左"祸不转弯。新中国成立后,"左"祸孕育于1951年批判《武训传》,萌动于1954年批判俞平伯、胡适的《红楼梦》研究,形成于1955年批判"胡风反革命集团"(判刑78人),扩大于1957年的"反右斗争"(右派分子55万,右倾分子不少于右派数),狂热于1958年的"总路线、大跃进、人民公社”(所谓三面红旗),深入于1959年庐山会议批判右倾机会主义(彭黄张周的反党集团);十年“文革”达到登峰造极,1977年至1981年的“两个凡是”,两年洋冒进是“左”祸的延伸。《稿五》中许多篇章,形象鲜明地、全面本质地反映了30年“左”史的祸国殃民:“曲折虽经老尚康,回眸共咒‘左’风狂。”它软刀杀人,哀鸿遍野,“饿殍填沟跃进难”,“人相食日良知丧”。1959年至1961年,全国饿死3000余万人,“人中兽性多膨胀,地狱文明现世间”,“文革”期间死于非命的有1000余万人。它掏空国库,工企停产停业,“当知国难家无寄,未知民穷水覆舟”,“濒临崩溃生民怨,谁识顶峰入九霄?!”它革中华文化经典与精英之命,善恶易位,“黄钟唱谏遭身毁,瓦釜歌功炸耳鸣”。它践踏人权,是非颠倒,“半国华人当赌注”,“宪法人权值几何”。它戕贼人性,亵渎自由,“文攻赶走自由神”,“禹域何堪喑万马”。

30年“左”祸有个演化过程,“文革”时期,人民民主政权异化为个人专断的新皇权,这是“左”风愈刮愈烈的总根;“狱底常冤千鬼坐,峰顶只准一人行。更比山高崇暴帝,还将人杰变冤魂”。总根派生4条支根:政治领域里,无产阶级专政下的斗争哲学,“哲学鸣锣挑酷斗,危言开道促烦冤”,“斗争理论将情毁,破碎心肠用忍缝”;经济领域里,空想的共产主义社会,“邪风共产吹平调,大地荒芜死遮黎”;文化领域里,大批名古洋,大树样板戏的破立论,“样板三高只独尊,百花踏尽肃园林”,“欣欣锦野成荒漠,浩浩冰心变石田”;思想领域里,真龙天子显现救世的图腾观,“崇神大地何迷昧,万岁憨呼夹泪欢”。广东省委书记汪洋说:“追求幸福是人民的权利;造福人民,是党和政府的责任,我们必须破除人民幸福是党和政府恩赐的认识。”“党和政府恩赐”观都必须破除,难道领袖恩赐观还能继续存在吗?

“谁擒‘左’虎止洪流,老辈功高是智谋。”诗人在欢呼华国锋、叶剑英等老一辈革命家擒拿“左”虎之功时,以睿智的眼力洞察现实:“幽魂数载尚浮游”“旧耆犹怀驶‘左船’”。“左”的幽灵依然徘徊在华夏上空,还将伺机兴风作浪。诗人急切地翘盼“继旧雄才”,光大“开新伟力”,“再除迷信撤神坛”。

斩腐的龙泉

我国正处于社会主义初级阶段的转型时期,腐败分子乘机猖獗,反腐之剑高悬,从乡村小吏到中枢政要,一批贪官纷纷落马。贪腐之风既非一个指头,也非洪洞县里无好人,而是很严重,大有愈反愈烈之势,已经到了“过别趋多泛化成”的地步。诗人疾恶如仇,挥动如椽大笔,从经济、检察、组织、学术、文宣等众多领域,刺向形形色色的贪腐分子。官结商,先贵后富,“官员经理一肩挑,政府商场双分利”。商勾官,非法获利,“垄断资源后台硃”,“暴利何时能有够”?商买官,先富后贵,“拿钱买位要人尊”,“代表人民天下尊”。商买脑,新闻误导,“房商购买专家脑,谬论难遮百姓瞳”。假选干,忽悠百姓,“选拔公开逗你玩”,“圈中落第自心寒”。真卖官,毁我吏治,“官升每定投钱后,事妥多凭请酒先”。雇枪手,官多博士,“官场博士何其多”,“权掏学术变空窝”。谁买单,公权异化,“嫖娼赌博谁买单”,“三公特色何时了”?官从宽,象征补款,“国资任尔猛鲸吞,补款寥寥何惩戒”?今后改,下不为例,“如斯恶习机关病,负责托词今后改”。“假”泛滥,道德沦丧,“何多教授文章假”,“寻常药贪难防假”。假象丛生,扰乱市场经济,破坏价值规律,败坏优良道德,污染社会风气,腐蚀青年一代,假风无孔不入,无处不在。见怪不怪,这是最大危害。

“不挖深深腐败根,依然硕鼠却难擒。”贪腐之根是什么?2010 年 3 月 14 日,温家宝答记者问时作了回答,他说:“当前我以为最大危险在于腐败,而要消除腐败的土壤还在于改革体制。”支撑旧体制这个总根有两大精神支柱:从两千多年封建皇权思想到解放后 30 年“左”祸横行的新皇权意识,“皇权观念实根深,纳税人翻谢上恩”。从古代官贵民贱观念到现代的官本位思想,“到处贪官不倒翁,融通上下自从容”,“利益相连腐败连,官场互纵何时了”?还有一根制度支柱,干部选拔,“从来上级授乌纱,下属屡添锦上花”。

荀子说:“君者,舟也;庶人者,水也。水则载舟,水则覆舟。”温家宝说:“国之命,在人心。”诗人在《稿五》中多次表达了民心向背主浮沉的哲理。苏联那艘黑海舰队,在建党 94 周年、建国 70 周年之际沉没了,消失了。根本原因就在于从斯大林时代开始,逐渐形成了一个特权阶层,高层官员与低层职员工资相差 100 多倍,高官们腐化堕落,“高高在上做官僚”,抛弃了人民,人民理所当然地也就抛弃了他们。诗人长期从事理论工作,深通历史,在多篇诗章中谆谆告诫人们:“官民待遇悬殊深,水载之舟惕易翻”,“当从历史知殷鉴”。然而,“兹题症结如何解”呢?诗人高屋建瓴地提出稳健体改的思路,“宪政开张宜渐进”,因为“宪政能教贼胆寒”。当务之急,一要让民选官,“若问邪风何日靖,由民择吏最清明”;二要依民督官,“但得官由庶民督,钟馗必定胜邪魔”;三要以法治官,“培养严明执法官,急遣佳猫止鼠馋”。

今版的风骚

从屈原的“揽茹蕙以掩涕兮,沾余襟之浪浪”到鲁迅的“万家墨面没蒿莱,敢有歌吟动地哀”,古往今来的志士仁人,用血泪书写了一轴爱国忧民的长卷,成为中华文化的灵魂。《稿五》的思想主轴——“兹生但为庶民忧”,与屈原的“哀民多艰”、孟轲的“民贵君轻”、范仲淹的“先忧后乐”、鲁迅的“甘为孺子牛”精神一脉相承。诗人从孩提之童始,就沐浴在诗、书、易、礼、春秋、骚、史的庭训之中,使之“幼爱《离骚》曾击节”。启蒙时，又得到两位年轻的王姓女教师之“偏怜”，从而“揭我蒙童薄翳纱”。云南大学时，聆听政委宋任穷的参军动员报告，受到一次人生观的启蒙教育，在“消边烽火援朝急”的1950年，毅然决然地“为国早当兵”，立下“愿死疆场书血誓”“宁包马革报苍生”的凌云壮志。入伍后，在“昔日风流显干才”的王万冰等老师的教诲下，系统地接受了马克思主义，共产党人为劳动大众谋福祉的宗旨深扎于心，为他亲民、为民的人生观以及40年的理论宣传工作奠定了坚实的基础。解放后的60多年，最大的祸害就是横行无忌的“左”虎，它驱赶4千多万名的黎民走上黄泉不归路。诗人在那个“左”风劲吹的年代，背负“思想老虎”之冤，“右倾家属”之罪，还在为“虫草丧命”而“雨打黄花频洒泪”。以后回思“左”源时，为“迷今但颂一人红”的“迟始悟”而自愧，“良知责已泪滂沱”，并由“常从党报抄批判，咋顾民生悯苦寒”的教训中，“吟成警世篇”。贪腐又是一条吃人不吐骨的景阳冈大虫，诗人紧握斩腐龙泉，随时随地指向它：在歌颂大禹功德的诗篇中，以先圣的“廉风炳炳警贪官”；观日全食时，比附贪虎野心，“硕鼠吞全日”；淮堤观水时，即兴发出讨腐令，“须将反腐剑横磨”；祭奠亡妻时，褒扬“君若寒梅栖霜雪”，自比“吾犹劲竹刺贪贼”；自敲平仄时，不忘“猛志常存战腐魔”，直至耄耋之年，还在与民“同挖贪腐窟”。居安思危，当我国经济总量跃居全球第二，国际地位空前提高，构建和谐社会的善策由国内推向全球时，诗人目睹我之“鸽志殷殷期减患”，他之“狼心咄咄喊强兵”的现实，敲起警世钟：“紧握长缨御武凌。”

情感的辩证法总是忧之深，爱之切，而忧乐又是爱的一对孪生姐妹。诗人既忧民之忧，又乐民之乐。他赞改革开放，“改革于今三十秋，钱财理论两丰收”。他颂农村新貌，“补助加钱尚免捐”，“喜看乡村生市镇”。他庆北京奥运会成功：“环球赞誉应无憾，盖世金牌已有酬。”他乐和谐社会：“和谐可肇千家福，老朽闲身亦快哉！”他扬救灾精神：“人间集结真与美，媒体传扬善与刚。”他吟宫舟对接：“国盛科隆催起舞，情豪意傲促吟诗。”他夸在利比亚撤侨：“越海凌空跨欧亚，挥仁洒德著春秋。”

杨翁诞生于滇西的钟灵毓秀地，胸中矗立着19峰比秀的苍山，脑海翻腾着18溪汇聚的洱海，血液融化着“没以心亏辱祖宗”的白族良知箴言。他高歌家乡普洱茶是“国色红瑙”，家乡大理石是“天工绘彩虹”，他恋桑梓“意万重”，炽爱荆淮“醉颜酡”，还为锦绣中华“醉鸿儒”，更为龙的子孙“壮龙腾”。《稿五》是现代版的风骚，当代版的雅颂。

交融的文质

《稿五》共收集约700首诗词，同题材的就有84组，470多首，占全书的近三分之二以上。其中每组10首以上的有16组，最多的一组有23首律诗。由此可见，诗人感情丰富，心潮如涌，思维敏捷，一气呵成。往往因一事一物而赋，越发不可收拾。这就形成了杨诗雄浑的风格:气势磅礴,掣鲸碧海;文质并茂,笔意纵横;雄健遒劲,浑然天成。君不见刺左篇状如火山爆发,岩浆喷射,不可遏制;征腐章势如黄淮之水,闸门一旦打开,一泻千里,不可逆还;悼妻百首雅韵,翘首遥望天宫琼楼玉宇,望尽天涯路;送孙留美的12首七律,犹似绵柔春雨,"随风潜入夜,润物细无声"。

杨翁深谙音韵,尤擅律诗,更工对仗。自初唐沈、宋以降,历代诗家在创作律诗实践中形成一个起承转合的套路:首联高起突兀,峭然挺拔,尾联言尽意远。诗人深得此妙。《香港回归十周年庆》(之三):"目标认准不徘徊,砥柱中流骇浪排。飓暴金融歼黑客,萨斯怪病抑飞灾。施行两制孚民意,折服群雄慰霸才。借问南陬何壮丽,青春恍似又重来。"首联以中流砥柱之姿,力排惊涛骇浪之势,表现邓公恢复香港的铁腕钢志,可谓"高起突兀"。颔联描述回归后战胜两魔,写事,写实,可谓"沉稳平和"。颈联把战胜两魔归因为邓公的"一国两制"及其非凡的才气,写意,写虚。一事一意,一实一虚,跌宕起伏,可谓"峭然挺拔"。尾联用设问句赞美香港迎来壮丽的第二春,余音袅袅,绕梁三日,可谓"言尽意远"。作诗有法,但无定法。诗人思路开拓,常常是兴致所至,一挥而就。如《丙戌岁尾怀内》(十五):"钦卿决做民之子,查子宫垂呈谏纸。震得高层暴怒生,批焉下面净言止。随将压迫加黎庶,以致浮夸遮垢滓。域内吹嘘跃进多,闻君义举应羞死。"这是追忆爱妻陈楚玉因下乡调查妇女健康状况如实反映情况被迫害之事,首联直叙爱卿在调查报告中指出妇女子宫下垂乃营养奇缺,长期挨饿所致;颔联描述高层为此震怒,将其打成右倾分子;颈联铺写高层愚弄群众,浮夸风盛行;尾联将吹嘘之辈同求实的楚玉对比,凸显"义举",结语点睛。全诗按事物变化的因果顺序,以叙事为主线,夹叙夹议,情寓其中,不拘章法,一以贯之。

律诗以中间两联为主干,且须对仗,对仗又以"反对为优"(刘勰语)。杨翁律诗的颔颈两联多为"反对"。如:"谀佞三呼常得宠,精英九等屡蒙羞。"出句贬斥三呼万岁而得宠升官的谀佞之徒,对句赞扬被打成"臭老九"而挨批斗的精英分子,句义相反。"谀佞"与"精英"两词的词义相反,平仄相反,词性相同(形容词),结构相同(联合式),句法功能相同(主语)。"得宠"与"蒙羞"两个词组结构相同(动加形)、语法功能相同(谓语)、平仄相反、语义相反。由此可将"反对"的特点归纳为"四同三反"。因为"四同"符合对仗规则,堪称精,因为"三反",形成句义、词义、音韵的鲜明对照,增加艺术感染力,增强可读性,故谓"工",实乃"对"中之优。其他如"三分宿憾成遗憾,一代功臣变罪臣""万籁沉沉悲落寞,三魂渺渺叹孤妻""烦吹颂管青云路,惯写锥心赤胆篇""藐古频催千载黑,迷今但颂一人红"等"反对",在诗集中比比皆是。

《稿五》的语言特色概括为四言:文白互济,唯语境是从;典创交融,乃情志所需。诗中多用文言词语,然口语化的白话层出不穷。如"管他妈、要到家、随他宰、逗你玩、仰八叉、睁大眼、把腰叉、扭断腰、歪诗、摆定、忽悠、有种、火坑、外快、揩油、笨牛、起哄"

等，运用这些为人民大众所喜闻乐道的词语，都为一定的语境所决定。《部分公权异化》这首七律的首、颔两联："公权匪化没商量，海吃胡拿似有章。管卡爷们诳纳税，认输孙子实遭殃。"句中"没商量""海吃胡拿""管卡爷们""认输孙子"等词组，都是老百姓在街头巷尾、公园市井谈论公务员的惯用词语，表达他们对利用公权、巧立名目、吃喝玩拿的秽行的厌恶，反映了他们既憎恶又无可奈何的心理，非常逼真。如果改用文言词语，就脱离大众的语境，既不真实，又不生动，更遑论艺术效果了。诗中引用一些典故，如"司马余刑、董狐笔下"等。"春蚕到死丝方尽，蜡炬成灰泪始收"两句，仅改动一字，就翻成对受传统道德熏陶的楚玉君的赞美，很贴切。为增强情志表达的特殊效应，诗人独创了一批新词。以"左"为词素，组成"左祸、左风、左氏、左难、左史、左劫、左鞭、左神、左虎、左船"等主谓结构词组，以及"排左、弃左、斥左、鞭左、刺左、擒左"等动宾词组，从不同方位、不同时间、不同层面、不同意象，表达诗人刺"左"的意志与仇"左"的心态。再如"鸽志、龙翔、国壮、善帜、匪化、夙憾"等词，也都饱含鲜明的爱憎情感。

关于诗的本质，迄今为止，文论史上有 3 种主张："诗言志"（《尚书·尧典》）；"诗缘情"（《礼记·乐记》）；情志并重——"在心为志，发言为诗，情动于中，而形于外"（《毛诗序》）。第三种为刘勰、钟荣、孔颖达、白居易、王夫之诸大家所传承，形成主流。纵观《稿五》有三大主题思想：反"左"的诗史，讨腐的檄词，亲民的乐章；三大艺术特色：风格雄浑，律工对优，文融质彰。刺丑篇重在言志，情寓志中；为民章缘情为主，志蕴情中：情志璧合，汇进主流。

《鲍弘用诗集》序

（2013 年 2 月）

20 世纪 50 年代末，荆淮上空升起一颗流光四溢的教星，他就是尚不足 20 岁的蚌埠五中语文教师鲍弘用，他与另一位年轻教师李树深齐名，被业内人士亲切地呼为具有特定含义的李鲍。鲍公系统地接受初等、中等、高等师范教育后，从教达 50 个春秋，把人生的金色年华毫无保留地献给人民教育事业。他以高尚的师德、高超的教艺、亲和的教态、清新的教风、流畅的教语、纯正的语音，载誉江淮。有人说，听鲍老师一堂课，就是一次艺术享受。这不是溢美之词，而是真情实感。粉碎“四人帮”以后，市教育局在蚌埠三中举办大型语文教学观摩活动，鲍老师愉快接受讲课任务并且非常成功。这对当时学校冲破“两个估计”的藩篱，消除广大语文教育工作者心头的余悸，拨乱反正，正本清源，把学校工作转移到以教学为中心的轨道上来，产生了积极而深远的影响，应该在蚌埠教育史上留下一笔。改革开放以后，鲍老师在教学、教改以及担任蚌埠三中政教处主任期间，在全面推进素质教育方面成绩卓著，被评为中学特级教师。他积极学习并实践陶行知的教育思想，曾任蚌埠市陶研会副会长。他在职时就是业余创作的爱好者，见诸报刊的就不乏其诗文。退休后，专心致力于诗词创作，成绩斐然，今选七八百首付梓成集，嘱余为序，欣然从命。诗集共四章：《放歌》《心曲》《履痕》《昔烟》；有四特：导向鲜明、境界高格、平中蕴珠、语淡旨远。他在任市诗词楹联学会常务副会长期间，显现出总览全局的运筹能力、组织能力与协调能力。

以民为题，导向鲜明

文学即人学，莫言将其全部创作概括为“写人”二字。中华诗词这颗文学王冠上的明珠，绘人之像，传人之神，缘人之情，言人之志，在大写“人”字上谱出响彻华夏大地的五声八音，成为中国文学的主流。鲍公诗集出现150多位不同时期不同类型的人物，这是诸多诗集所罕见。所写人物，有“爱民大树万年青”的胡锦涛，他一边搀扶一边鼓励“震中失腿假肢装”的刘春燕；有抗震前线“深情喊话爱民心”的温家宝，他“胸膛紧贴幼儿脸”；有山乡教师李桂林、陆秀芬夫妇，他们“坚守深山十九载，善心一片上天梯”；有鲍公从教的慈母，他11岁时，由校不假而归，“哪知慈母高声训，百里来回跑两天”；有“不为攀登不踩肩”的程荣铎（鲍的学兄），1957年“整风鸣放”时任会议记录，反右开始，暗中将记录本烧掉，以缺乏警惕，不慎遗失为由向领导检查，保护了一批同学。特别是诗人将阵阵颂歌献给社会最底层、最纯朴，然而也是最伟大的工人、菜农、市民等最广大人群。高歌山东招远县九十高龄的刘圣兰：“老人本是清贫汉，无亲无靠实孤单”“拾捡废品无早晚，点点滴滴积攒钱”“十五年来帮学子，多达百人创奇观”。那些年薪百万千万而不肯拔一毛而利民的富豪，面对刘前辈，难道还能那样心安理得吗？在《黄石郭老太颂》两首中，颂扬年已古稀，靠拾旧为生的郭冬容：捡得700元，“蹒跚到警所，毅然全上交。无钱买早饭，肚子受煎熬”。面对“位卑胸襟阔，年迈品格高”的郭老太，那些形形色色的隐鼠，你们的人性能否回到良心的轨道上来，把非分所得还给人民；那些手握实权的头头脑脑，你们能否“深思老太事”，“不长贪欲苗”呢？在《邵帅尽孝救母》诗中，旌表邵帅捐髓救母，“年龄十二惊天举，尽孝今人胜古人”。面对少年的“水晶心”，那些抛父弃母的不孝之辈，难道不感到良心的谴责吗？学校难道不应该把孝道纳入德育范畴而加以强化吗？在《刘开瑾赞》中，诗人以极其沉痛的心情为救人而牺牲的大学生唱挽歌：“短短二十年，事变震山川，荆涂（牺牲地点）齐歌颂，声音上云端。万人来相送，白花飘天山（籍贯新疆），英雄魂归去，丰碑天地间。”还有“六九高龄战水中”的最美奶奶柴小女，“舍身奋力救儿童”；最美妈妈吴菊萍，徒手接住“十楼跌下小妞妞”；好媳妇韦小琴，“哑聋婆母勤调理，伤病丈夫细照看”；“祖孙三代守江边”的建始县万家，“义务撑船达百年”……诗集中多若繁星的普通劳动者形象，充分体现了文学“以人民为中心的创作导向”（胡锦涛语），发挥了“引领风尚，教育人民”（同上）的诗教作用，对于“建设优秀传统文化传承体系”（同上）很有启示。

神与物游,境界高格

近代大学者王国维是中国古代诗学中"境界"说的集大成者,他说:"词以境界为最上。有境界自成高格,自有名句。"诗同此理。鲍公在小学三年级"首次作文谈志愿"时,就"挥毫写出旅行家"。然而,只有在改革开放"臭老九"帽子被扔到太平洋之后,才得以圆其梦。他踏遍祖国崇山大川,饱览中华名胜古迹,"履痕"岂止"点点",仅入诗的景点就达百余处之多。南临"海角天涯真胜地"的海南;西南到达"大河天外降"的贵州黄果树瀑布,拍照于"云间飘下阿诗玛"的云南石林,拜谒"治水奇功泽万世"的都江堰岸边的二王庙;西登新疆天山,"清风伴我游天池";"为寻奇观"西北行,夏日欣赏青海湖;东北漫步冰城哈尔滨,街头见奇景,"楼墙让树变弧形"。至于东南沿海的通都大邑,大河上下的古都名城,江淮两岸的秀色风光,都在诗人笔下生花:揽六合于诗怀,塑三境以寓情。

一曰两景辉映之境。诗集中,单纯写景的较少,大都是自然景观与人文景观水乳交融,相得益彰。前为肌肤,后为筋络,贯穿于两景之中的情志却是诗之血脉。

座座峰峦竖翠屏,树高擎,鸟争鸣。吊脚楼边,街树赤砖平。坐看沱江飘玉带,明似镜,映山城。

沈氏房中旧屋呈,主相迎,客多情。小城人物,四海大名声。《自传》捎回孜细读,朱印在,梦长萦。

——《江城子·游湘西凤凰城》

山峦叠翠,沱江玉带,古树高擎,百鸟争鸣,乃山城自然景色,犹如肌肤;吊脚小楼,石板街道,沈氏故居,主人多情,乃古代建筑文化的标志与现代文化的符号,犹如筋骨;贯穿其中的却是流淌着中华文化的精髓。诗人得其所以,引为自豪:购回《沈从文自传》,"朱印在,梦长萦"。

二曰双画珠联之境。王维"诗中有画",但多风景画;鲁迅小说多有风俗画。鲍公深得两位今古大师之真谛,将风景画与风俗画合璧,相映成趣。在《忆江南·仿白居易词》四阕中,山地杜鹃,家园竹笋,西河桥边,五里栏杆,就是一幅极富徽州色彩的风景画。闹市馄饨,山村米酒,大姐洗衣,群朋赛皮球,又是一幅民风淳厚,乡土气息浓郁的民俗画。双画珠联,飞散着家乡文化的芳香。此外,《乌镇印象》组诗、《江南小巷》等篇,也都是两画联袂,古韵悠扬。

三曰着我色彩之境。王国维说:"有我之境,以我观物,则物皆著我之色彩。"举凡两景、双画中之物，皆附着诗人情志，所谓“神与物游”也。20 首《十六字令》中，对所吟之竹、兰、梅、松、荷、玫瑰、木棉、苍蝇、蟑等 18 种无情之物，诗人各因其形态、性质、颜色、生长习性、生活环境，使其具有人的某种思想感情与意志品质，绘成一幅色彩斑斓的精神境界。柔条细叶的雪兰，以“迎风傲雪”的精神，在严寒的冬季给人们送来阵阵清香。插到哪里就活到哪里的杨柳，具有极强的生命力，即使长在贫瘠地，也是“挺拔尤坚”。作茧自缚的蚕，牺牲自我，给他人“专送好衣衫”。“最爱是田家”的青蛙，乃堪称“真仁义”的君子。“小小身躯”的蚂蚁，极富“同心干”的团队精神，以及“巨物亦能移”的神奇力量。刁狠成性的蚊子，喝血用吸针。众多事物都渗透着诗人的情愫。

平中孕珠，见微知著

诗无魂不立，魂无形不显，形无文不彰；文美则形彰，形彰则魂显，魂显则诗立。鲍公善于从生活的广阔海洋，捕捉一件小事、一个场景、一个人物、一个细节、一句话，作为创作原料，酿成醇厚美酒。徽州盛产茶叶，诗人在追忆童年生活时，摘取了采茶、制茶、派饭三件小事，对解放后有了自己茶山的茶农，描写了他们白天采茶的欢乐场景：“欢声笑语满山香”；抒发了他们夜间制茶的愉快心境；“炒茶炉火带芬芳”；表现了他们尊师重教的浓浓乡情：“派饭家家鱼肉待。”最让人陶醉的是《随村民采茶》一首：“童年曾作采茶郎，竹篓背肩围树忙。霞染西天归百鸟，山歌一路满身香。”一位满脸稚气的孩童，驮着一个与身材极不相称的大竹篓，夹在一群采茶姑娘的归途之中。她们披着多彩的晚霞，沐浴着明媚的春光，唱着甜蜜的山歌，伴着清脆的鹂鸣，绕着潺潺的溪水，踏着松软的小路，带着浑身的茶香，一路欢笑，一路歌。优美芳香的茶山夕阳景色与纯真欢愉的采茶姑娘天合地成，达到“不知什么是物，什么是我”的忘我境界。

细节的真实是现实主义文学的应有之义。鲍公旅游夜宿黑龙江五大连池时，3 点钟天明，在《夜醒惊疑》中，围绕手表写了四个细节：看表存疑，“显示 3 时才挂零，心中疑惑不相信”；听表证疑，“嘀嗒之声鸣在耳，再看秒针照常行”；问表共疑，“忙叫叶君急相问，他亦看表睁人眼”；对表释疑，“个个陪笑自疑惊”，“我疑手表夜里停”。通过四个细节生动描述了南北时差过大的地理现象，表达了祖国幅员辽阔的主题，很风趣，有诗味。举手投足，一言一笑都是构成细节的要件。著名教育家、原安徽省教育厅副厅长王世杰，是弘用中师校长。近年，他拜读老校长的诗文，为“等死不如干到底”一句话所感，遂赋一绝：“徽城授我近三年，也付平生桃李园。拜读诗文心底热，恩师要我再加鞭。”对师长，没有抽象的感恩之言，却有对事业的赞美之词；没有炽热的祝福，却有纯真的自勉。这就是一句话的力量。

语平意远，言淡情茂

宋梅尧臣说："作诗无古今，唯造平淡难。"所谓平淡非平常浅淡，而是以平易鲜活的语言，表达丰富深刻的思想。鲍公诗语平淡雅致，天然流畅，比对贴切，字句点金。《1960年李楼乡支农所见》是首短篇叙事诗，追忆了当年村民抠遗豆被驻村工作队驱赶的真人真事。夕阳西下，农村应该是炊烟四起，然而实际上却是四周"少炊烟"，家中无粮，谁能做无米之炊呢？肚饿难忍，无可奈何，只得二三村民结伴，到已收割完毕的豆地里寻。"回首频频望，匆匆迈入田"。入木三分地刻画出村民唯恐被什么人发现似的惊惧心理。土地是农民集体所有，豆子是农民辛勤耕耘的结晶，而且是收完的豆地，抠几粒被踩入土中的豆粒充饥，完全是天经地义的，为什么如此惊恐呢？给读者以广阔的思考空间。"土中抠遗豆，张嘴带泥填。"连洗净都来不及，更何况带回家煮熟呢？就这样连泥带土地生吞肚中，这是怎样一幅令人心酸的惨景啊！怎能不让站在旁边的鲍公"双眼已涩然"呢？忽然有人喊叫，工作队老秦来了，村民"逃走一溜烟"。这与来时"行到地边"的慢镜头形成鲜明对照，把百姓畏官如虎的心理推到极致。民主革命年代那种军民鱼水情的关系到哪里去了？老秦来到现场，"怒颜"大发，"叉腰"吼叫，连巢中的归鸟都被"惊飞天"。读到这里，使人不禁想起柳宗元在《捕蛇者说》中对悍吏到农村张牙舞爪的描写："叫嚣乎东西，隳突呼南北，哗然而骇声，虽鸡狗不得宁焉！"然而痛心的是，今天仍然不乏这种悍吏。

五元费用起争端，局长三人砸铁拳。
小子该知官驾到，熊心豹胆敢收钱。
——《三局长狂殴收费者》

比起这三位局长，当年的老秦如果还健在的话，应当"自愧不如"。因为他们不仅"继承"而且"发展"了老秦的风格，由"叉腰"到"砸拳"，由"吼叫"到骂脏话，由言到行较之当年尤甚。两首诗都是鞭笞号称为人民服务的勤务员，但前者重在讽人民公社，它不是被当时颂唱为通向幸福的"金桥"，而是通向死亡的奈何桥；后者是刺向那些仗权欺民的悍吏。两首诗的语言都平淡直白，朴实无华，却反映重大主题，表达了诗人对人民大爱的真情。诚如王安石所言，"看似寻常最奇崛，诚如容易却艰辛"。这就是鲍诗的独有风格。

诗集中比喻修辞运用得炉火纯青，且有创意。诗人工于以习见而又寻常的此物喻彼物，给人以鲜明的美感。《树下喜看梨花》是吟梨花的，但四句不见"梨花"二字，"喜见枝头”高挂的“尽玉杯”,“举首凝杯看”,全是“红宝石”。这就把比喻的词法升华到章法,而“灿如梅”又是喻中之喻的叠加。

对比是介于对仗与比兴之间的句法。诗集中有不同类型的对比,人与人之间,“宫里众花拥帝笑,严家孤凤泪长流”,辛辣讽刺朱洪武称帝后的忘恩负义与喜新厌旧;物与物之间,“天海红云衬曙光,淮滨绿柳捧初阳”,远天红云与近淮绿柳遥相映,实乃一支幽美的淮上晨曲;今与昔,“当年崮上神鬼嚎,今朝闲云绕树飘”,孟良崮上两个世界、两重天;不同颜色之间,“苍山绿岭戴银饰,赤马白羊戏草滩”,青海湖上五色交辉,五物相戏,好一派雪原风光;时间之间,“才出隧道亮一秒,又进洞中黑半天”,“一秒”与“半天”的夸张对比,凸显了湘西隧道既长且多。

诗集多有末句点睛之笔,“赵帅原来改姓公”,点出“三公”的腐败;“人居皖北未蹉跎”,点出诗人老当益壮,以报学姐赠笋之“绿意”;“为求赞语乱开屏”,点出孔雀也有要人恭维之痼疾;“心中且看有无人”,点出蝉的哗众取宠之癖习;“原来俱是有线牵”,点出风筝与木偶皆无独立人格之傀儡本性。

诗集尚有许多一字点睛之笔,“青岭,青岭,捧出一方宝镜”中的“捧”,“邀回黄鹤驻高楼”中的“驻”,“楼墙让树变弧形”中的“变”,“恰似银钱串白珠”中的串,“猛一抬头够到天”中的“够”。这些一字之睛,往往点出全句或全诗之意境。点睛之笔非一日之寒,乃长期锤炼之功。

六十载的焚膏继晷,系统的师范教育,严而有方的鲍家庭训,徽州文化的底蕴,黄山奇秀之灵的孕育,加之先天赋予的聪慧,铸就了一位德艺双馨、教诗并优的现代人师。作为痴长鲍公几岁的学友、教友、文友、诗友,凝视万里长空,怎能不为这颗明星而放声歌唱呢?特以联赠之,联曰:

吸收百代宗师陶子育才精髓培桃李;
饱蘸五魁先觉胡公启智新毫赋雅骚。

鲍弘用先生赠诗

行前席上见蓝公,共道曾经遇梦中。
交往多年情树茂,灵犀一点自然通。

岳飞争议之三题

(2008年6月7日)

一、《满江红·怒发冲冠》的作者不是岳飞吗?

1. 争议的缘由

现代学者余嘉锡在其《四库提要辩证》一书中对《满江红》作者是岳飞提出怀疑:可能是明人伪托。28年前,由此引起一场关于《满江红》作者是否是岳飞的争议。1980年下半年,台湾《中国时报》,香港《明报月刊》,广州《羊城晚报》《中山大学学报》相继刊登了一些讨论文章。孙述宇、梁志成等人认为《满江红》非岳飞所作,李安、黄国声等人认为《满江红》是岳飞所作。

2. 争议的焦点

(1)文献收载的时期。岳飞的词共三首:《满江红·怒发冲冠》《满江红·遥望中原》《小重山·昨夜》。否定者认为,《满江红》最早见于明人徐阶所编《岳武穆遗文》中。也有人认为,最早见于明弘治十五年(1502年)竖立在岳坟旁的碑石上。南宋岳珂(岳飞孙)的《金佗粹编·鄂王家集》和陈振孙的《直斋书录解题·岳鄂王集》都只收《小重山》,未收《满江红》。该词不仅未见于南宋诸文献,也未见于元代各文本。据此,他们认为是明人伪托,甚至有人肯定是明代名将王越于弘治十五年,平定鞑靼人扰边贺兰山后,伪托岳飞而作。肯定者认为,岳飞遇难时,家中被抄,所存文档全部被查封没收，这样抗金激烈的辞章理所当然地被销毁。此后，投降派秦桧把持朝政达十四年之久，南宋一朝八主中的大多数都秉承了高宗的苟安投降路线。元代民族矛盾尖锐，朝廷把全国人民分为四等：蒙古人、色目人、汉人（包括北方的汉人、契丹人、女真人）、南人（包括南方的汉人及苗人、羌人等）。从法律规定、政治制度、军事编制、税收政策等方面，对汉族及其他民族进行残酷的压迫剥削，采取许多限制、歧视其他民族的政策。在这样的社会环境中，怎么可能让《满江红》到处传诵呢？况且南宋时代的作品不见于宋、元而见于明代典籍的比比皆是。即以岳飞作品而言，他的《书简尺牍三章》也未收进岳珂所编的《鄂王家集》中。岳珂在该集序言中说："散佚不知几何。"陈振孙在《直斋书录解题》中也说："岳鄂王集十卷，久佚不传。"

（2）词中句义的理解

双方对"三十功名尘与土，八千里路云和月"的理解不同。否定者认为，这样"自矜功伐，自吹自擂"的句子，不符合岳飞这样英雄人物的口气。肯定者认为，第一句表达了岳飞视个人功名利禄为尘土，以及为还我河山而重建功业的壮志胸怀，第二句是对过去战斗经历的回顾，展望未来的胜利，表达了从头收拾旧山河的决心。这两句正符合英雄人物的性格。

（3）词中有关地名的理解

对词中的"贺兰山"有不同理解。

否定者认为，贺兰山在今甘肃宁夏一带，在我国西北，宋时属西夏国领土，而金朝的上京会宁（今阿城）在今哈尔滨东南，地处我国东北。岳飞文武双全，绝不会把地点的方向和归属的国家弄错。肯定者认为，这是用"贺兰山"借指金朝，不是实指，正如南宋张元干"要斩楼兰三尺剑，遗恨琵琶旧语"的词句中"楼兰"借指金国一样。楼兰是在古代西域，在汉代狭义的西域是指玉门关、阳关以西，哈萨克的巴尔喀什湖以南及以东，昆仑山以北的36个小国家（如大宛、乌孙等）。这比贺兰山离金朝的上都还远，允许张元干借指，为什么不允许岳飞借指呢？

这是修辞上的借代格，在古汉语、现代汉语中常见。如白居易的《长恨歌》，明明说唐明皇"重色思倾国"，却偏偏写的是汉皇。杜甫在《兵车行》中，明明讽刺唐明皇频繁用兵边疆，却改口说"边庭流血成海水，武皇开边意未已"；明明描写的是唐朝山东二百州的荒凉景象，却写成"汉家山东二百州，千村万落生荆杞"。即以《满江红》而言，词人对金朝侵略者愤恨到食肉寝皮的程度，却说"饥餐胡虏肉，渴饮匈奴血"，未说餐女真肉、饮女真血。胡与匈奴同属一个民族，不同朝代的称呼不同，居大漠南北（即今内蒙古自治区与蒙古国）。辽国为契丹族所统治，而契丹是属东胡族，北宋末年为金国所灭，故胡、匈奴也不是实指，是借指女真族。

(4)词的风格

否定者认为,《满江红》与《小重山》两词的风格不同,岳珂收集了《小重山》,没有收集《满江红》,说明岳飞没有写这首词。肯定者认为,两词写作时间不同,作者所处环境与心情不同,故风格不同,不能作否定的依据。

3. 争议的结果

这场争论的范围比较小,时间比较短,一家权威报纸在综述争论情况后写道:“今天如无确凿的证据,不应该轻易剥夺岳飞的著作权。”此后,一切媒体(平面的、立体的)在收载《满江红》词或评论该词的文章时,都没有剥夺岳飞的著作权,有的诗文集在注释或作者介绍时还批判了否定者的观点。

4. 毛泽东对岳飞及《满江红》情有独钟

1950年秋,毛泽东借外出视察之机,特于河南汤阴车站下车,参观岳飞故里。据《汤阴县志》记载,毛泽东刚下车就直奔月台上那个“岳鄂王故里”的碑座,详细端详了石碑的镌文,向本地干部问起岳飞故乡程岗村以及岳坟、岳庙的情况,还叮嘱干部不要在岳庙开会,以保持古庙的静穆。1975年5月,毛泽东把北京大学中文系讲师芦荻调到身边,专为他读古典诗词。他还让文化部调集一批京剧、昆剧演员和歌唱家、民乐演奏家,为他录制配乐演唱的古诗词。录制的目录由他圈定,大致分两类:一类如岳飞的《满江红》、辛弃疾的《南乡子·登京口北固亭》等悲壮的风格;一类是蔡文姬的《胡笳十八拍》、白居易的《琵琶行》等缠绵悱恻的情调。每天不时地听朗诵或听演唱。当年7月,他在接受摘除白内障手术时,特意让工作人员播放岳美缇演唱的岳飞的《满江红》,在“仰天长啸,壮怀激烈”的歌声中被送上手术台,又在歌声中被推下手术台。一位伟大的政治家、革命家在生命的最后一年,在视力极端低下的情况下,还要凭听觉去领略古诗词的绝妙意境,回归诗人、文人的本色,耐人寻思。

二、制造岳飞冤案的元凶是秦桧吗?

宋高宗绍兴十年(1140年)五月,金朝又撕毁和约,发动全国精锐部队,以完颜宗弼(兀术)为统帅,分四路大军南侵。高宗为避免覆灭的危险,诏示各路宋军抵抗。岳飞指挥岳家军奋力当先,七月,在取得郾城、颍昌两次大捷后,一举夺回朱仙镇(离汴京45里),岳飞兴奋地鼓励将士说:“直抵黄龙府,当与诸君痛饮耳!”韩世忠、刘奇、张俊诸路军也捷报频传。如果朝廷下定决心,一鼓作气,乘胜追击,收复中原是完全可能的。然而,秦桧按高宗意旨,下令各路撤军,唯恐岳飞“君命有所不受”,特在一天之内连下十二道金牌,令其班师南下。面对着留不住岳飞而放声大哭的老百姓,岳飞也泪流满面气愤地说:“十年之功,毁于一旦。”

绍兴十一年(1141年)四月,高宗委任岳飞以副枢密使之职,实则明升暗降,夺其兵权。七月,秦桧唆使其奸党万俟卨弹劾岳飞"阻挠国事"。九月,秦桧又串通张俊,收买岳飞的部属王俊、王贵,令其诬告岳云给岳飞爱将张宪写谋反信,要张宪帮助岳飞夺回兵权,发动兵变。张宪与岳飞父子先后下狱,受尽酷刑,无人妄招。御史中丞何铸初审此案,目睹岳飞背刺"精忠报国"四字和"天日昭昭,天日昭昭"八字供词,翻阅全部档案,找不到任何谋反的根据,面呈秦桧,不能定案。秦桧对何说:"此上意也!"秦桧便另换同党万俟卨御史中丞再审,万俟卨一口咬定谋反信被张宪烧了。绍兴十二年(1142年)十二月的一天夜间,岳飞喝了秦桧派人送到牢房中的毒酒而死,年仅39岁。紧接着岳云、张宪也被处死,一个千古奇冤就这样铸成了。当老将军韩世忠质问秦桧时,秦桧说:"此事体莫须有(也许有)。"韩世忠说:"'莫须有'三字,何以服天下人!"愤然辞去枢密使之职,告老还乡。

千百年来,人们都说秦桧是谋害岳飞的罪魁祸首,没有看到或者虽然看到但不愿明说的另一个人,那就是站在秦桧背后的拥有至高无上权力的皇帝。宋高宗才是谋害岳飞的元凶,为什么呢?

首先,岳飞坚决抗金的爱国精神与岳家军收复失地的英雄壮举,是宋高宗推行苟安投降路线的最大障碍,必欲除之而后已。这是岳飞被害的根本原因。

宋高宗赵构是宋徽宗赵佶的第九子,其母韦氏乃一般嫔妃,未曾受宠于乃父,赵构可谓非长非嫡。按照赵家"父死嫡继,兄终弟及"的规矩,他做梦也想不到能当上皇帝。然而,特殊的历史条件,使他在靖康二年(1127年)五月于商丘即帝位,成了南宋第一代君主。建炎三年(1129年)三月,他在一次宫廷政变中被迫退位一个多月,这就使得他对皇位更加珍惜,因而也就不择手段地巩固皇权,保住皇位。

赵构身患"嗜逸"和"恐金"两大顽症。他从乃父赵佶那里不仅接受了风流天子的基因,而且耳闻目睹了宫廷内外许多荒唐绝伦的帝王生活。于是,他在家破国亡奇耻大辱的环境中苟且偷生,忘痛寻欢。他忘却了被金人掳去的正在遭受惨无人道蹂躏的皇父、皇母、皇兄、皇族以及百官、工匠等3000多名同胞,他忘却了正在饱尝金人烧杀抢掠之苦的广大沦陷区老百姓,他忘却了满目疮痍的中州大地。在他即位的第5个月,就不顾主战派的文臣武将的强烈反对,放弃中原,迁都扬州。1129年2月,金兀术大军兵临城下,他还在后宫寻欢作乐,一片喊杀声才惊破他的"霓裳羽衣曲"。他定都临安,是出于这个"山外青山楼外楼""暖风吹得游人醉"的风景名胜地。他在56岁时就禅位于太子,在德寿宫度过他25年的悠闲安逸、专心享乐的太上皇生活。

赵构的"恐金"病是1126年到金营做人质时染上的,在20多天中,他目睹金人的强悍与凶残,望而生畏,不寒而栗,他从扬州逃跑时,被惊吓得丧失了生育能力。从建炎三年十二月到建炎四年(1130年)四月的五个多月中,他被金兵从临安追至越州(绍兴),

再从越州追到明州(宁波),最后从明州追到温州,其中在海上漂泊了40余天,时常上岸乞食。高宗被追得屁滚尿流,毫无喘息之机,怎能不使他谈金色变呢?

“嗜逸“症决定他非死保帝位不可,而帝位的最大威胁者在外部莫大于金朝,于是他对金朝采取了屈膝投降的国策。在金、宋交战中,不论是胜败,他总是先提出议和要求,在签订和约时,不论胜败,都要割地赔款。在上书求和时,不惜把自己痛骂一通,说什么未得到金朝允许就登极做皇帝,这是最大错误,愿意去帝号,向金称臣。他甘愿做金朝的附属国,跪接金朝的诏谕,容忍金朝称南宋为江南。帝位威胁者,在内部,他认为莫大于拥兵自重的武将。因而,他一方面深惧武将的抗金会触怒金朝,使金像灭辽一样灭掉南宋;另一方面又唯恐武将们在抗金中壮大力量,提高威望,形成尾大不掉的态势,削弱乃至夺取他的皇位。岳飞是南宋抗金名将中最年轻、最坚决,在军民中最具影响力的将领,自然成为他执行苟安投降路线首先必除的最大障碍。

其次,屡次触犯赵构的龙颜和皇家家规,是岳飞被害的直接原因。

岳飞出身农民,从小受到良好的家庭教育。岳母在岳飞背上刺字,教育他以民族大义为重,忠心报效国家。他苦学文,勤练武,文武兼备。入伍后,受到宗泽、韩世忠等爱国将领的培养与熏陶,在长期的反侵略战争中,铸就一副对民族、对国家的铁骨赤胆。还我河山,光复中原是他一生和他的全家为之奋斗的目标。岳飞为官清正廉洁,他说:“文官不贪财,武官不惜死,天下太平矣!”朝廷为他建造一座住宅,他坚辞不受,他说:“敌人还未消灭,哪里顾得上家呢?”他常常用自己的俸禄去补充军费之不足,每有赏赐必分给部属。他生活简朴,规定家人不穿丝绸,只穿麻布。他终生不纳妾,不聚财,他兼有优秀文官武官的双重品质。他治军有方,岳家军被金人称为“撼山易,撼岳家军难”的铁军。岳家军与老百姓打成一片,从不扰民,真正做到“冻死不拆屋,饿死不掳掠”。无私才能无畏,正因为岳飞以国家统一、民族解放为己任,所以敢于直谏,勇于抗敌,善于取胜。这就必然要触犯高宗的龙颜,给他埋下了祸根。

高宗即位后就决定迁都,岳飞以一名普通军官身份越级上表给皇帝,反对迁都,被高宗革职。1137年3月,宋廷解除刘光世的兵权,高宗事先许诺将刘部拨给岳飞指挥,岳飞信以为真,立即上书,要求率10万大军北伐。高宗没有兑现,他一气之下,以为母亲守孝之名,离开部队,到庐山住了两个月。这时,高宗还需要他,于是下诏书劝其归队。回朝廷面见高宗时,高宗一面表示欢迎,一面警告他说:“犯吾法者,唯有剑耳!”刀光剑影,隐约可见。1138年8月,岳飞上书朝廷,建议高宗立太子。高宗唯一的儿子在八年前夭折,此时无子可立,如要立太子,需从赵氏家族中挑选,但高宗不甘心于自己不能生育,还寄希望于治疗。这就揭示了高宗的难言之隐,违逆了高宗待生子后立太子的意愿,也触犯了“武将不干政”的赵氏家规。1138年8月,高宗宣召韩世忠、张俊、岳飞三位大将入朝,说服他们同意与金朝议和,张俊表示同意,韩世忠表示反对,言辞和缓;

岳飞反对，言辞激烈。1139 年 5 月，宋金和议成，高宗给文武大臣加官晋爵，岳飞接到升官表后，当即上书朝廷，拒绝接受，而且又呈述了抗金到底、收复失地的宏图大志，又给高宗一记响亮的耳光。1140 年，北伐前，高宗给岳飞下了一道别于其他将领的诏书，要求他只准收复伪齐所占之地，不准触犯金人占的尺寸之土，否则即使立功，不但不能受奖，反要治罪。然而岳家军未执行诏书，在收复朱仙镇后，直逼当时金兵统帅兀术坐镇指挥的汴京，还要直捣金朝的老巢。这就是高宗一天之内下十二道金牌令的真正原因。

宋高宗对岳飞既有旧怨，又有新恨；岳飞既屡次触犯高宗的龙颜，又频频挑战赵氏的家规。宋朝自赵匡胤"杯酒释兵权"后，对武将采取"重俸限权"的政策，而且成为家规，岳飞抗金的英雄形象在广大老百姓心目中愈益高大，岳家军的战斗力越战越强，这不仅引起岳飞老上司张俊等人的妒忌，更令宋高宗坐卧不宁，已到非除不可的时候了。这就是岳飞被害的直接原因。

最后，南宋政权相对稳定，南北对峙形势基本形成，是岳飞被害的历史因素。1115 年，女真族完颜部首领阿骨打统一女真各部落，建立了金国，从以游牧为主的氏族社会进入了以农耕为主的奴隶社会，摆脱了辽国的统治，实现了女真民族的大解放，堪称民族英雄。金国建立后的十年，1125 年，阿骨打的弟弟金太宗发动了侵略战争，灭掉辽国，占有原来辽国的广大土地。紧接着，从 1125 年到 1127 年，对北宋发动了两次南侵，仅用两年多的时间就灭掉北宋，疆土又扩张到中原大地。从 1129 年到 1140 年，金朝又对南宋发动了两次大规模的南侵。然而，由于金朝在短时间内占领的地域太广，西南至川陕，东南至明（浙江宁波）、温（浙江温州），十多倍于原国土，战线太长，孤军深入，兵源不足，无法巩固，只得北撤，在中原建立其傀儡政权。南方江河湖泊密布，道路崎岖曲折，天气潮湿多雨，北方人很不适应，难以久留，致使金兵占而又弃。在长期的反侵略战火中，南宋涌现出许多支以岳家军为代表的武装队伍，锻炼出以韩世忠、岳飞、吴介、吴璘为代表的一批爱国将领，巩固了南宋的广大地区，使南宋政权得到相对的稳定。自 1141 年，绍兴和议签订后，出现了南北对峙局面。

宋高宗虽然对岳飞早存杀机，但需要他守卫国土，保障他安然过着淫乐的帝王生活；同时，增加他与金朝谈判的筹码，不仅不处死岳飞，还鼓励和奖赏岳飞。等到和议签成，形势基本稳定，可以不再需要岳飞了，岳飞必死无疑。

高宗剪除岳飞决心已定，为掩人耳目而罗织罪名的事情就自然而然地落到总管全国政务的宰相秦桧头上了。秦桧原是北宋末年的大臣，1127 年，与徽钦二宗一道被金人掳到北方，受到金太宗的赏识，遂投大将军完颜昌门下，任军事高级参谋。1130 年被放回南宋，高宗立即召见秦桧，秦桧劝以降和，并代为朝廷拟了一份求和信作为见面礼，甚合高宗之意。秦桧在八个月之中就连升三级，由礼部尚书升到副宰进而宰相。除五年多中断相位外，到他死前一天的近二十年中独居相位，并被官加太师，晋封魏国公。连同子秦熺、孙秦埙都位居朝廷要职。在科考中，十六七岁的秦埙还顶替了陆游的头名状元。

秦桧在任宰相期间，与高宗是处于同一体中的一对矛盾，他们既统一又对立，而统一是主要的。高宗始终是矛盾的主要方面，对朝廷的内政外交起着主导的决定的作用，而秦桧则处于建议、献策与执行的次要地位。高宗需要秦桧这样既有才能帮他治理国家，又能沟通金朝的关系，帮他实现投降苟安的国策；还需要秦桧走在幕前，替他背负卖国的骂名。秦桧则需要高宗确保他个人和全家的荣禄，并能迎合金对宋的"和""战"两手策略。他们的对立，主要表现为秦桧在朝野上下广结党羽，权力膨胀，相权严重威胁着、削弱着皇权，甚至有取而代之的危险。高宗不得不防范秦桧，每次接见时都要内藏暗器护身。秦桧也尝过罢相的苦头，复相后，一面依靠金朝向高宗施加压力，绍兴和议就有一个附加条款，那就是不得罢相；一面攀亲戚，走门路，将孙女嫁给吴皇后之弟，并指使其妻王氏与高宗宠信的御医结为兄妹。谋害岳飞正是他们统一性的体现，但高宗是矛盾的主要方面，是元凶，秦桧是矛盾的次要方面，是帮凶。

三、岳飞还是民族英雄吗？

历史进入新世纪，岳飞还是民族英雄吗？以《中国通史》（大学教材）和《上下五千年》（青少年读物）为代表的一批史学、文学著作中都高赞岳飞伟大的民族精神，称其为民族英雄。

以《中国历史》（中学教材）为代表的一些著作，对岳飞则回避民族英雄的传统说法，称之为抗金名将。

评价历史人物不能脱离人物所处的历史时期，即彼时彼地的大环境，要把历史人物放在具体的历史条件下进行全面衡量，不能把他们放在今天的历史条件下，用今天的政策，今天的标尺去衡量他们，这就是历史唯物主义。岳飞所处的历史时代的社会大背景是怎样的呢？

从十世纪中叶到十三世纪末，在这 323 年中，中华大地出现五个王朝先后并存的局面。从 956 年到 1127 年，出现了北宋与辽、西夏、金三个王朝的对峙。从 1127 年到 1279 年，南宋与金、西夏、蒙古并存。辽国历九帝，共 209 年，契丹族。西夏 10 帝，182 年，党项族。金 9 帝，120 年，女真族。蒙古国于 1206 年建立，蒙古族。辽、金、夏、蒙古四族的阿保机、阿骨打、元昊、成吉思汗四位领袖，在统一本民族各部落后建立国家。他们在解放、统一、发展本民族的事业中都作出了不朽的贡献，堪称这些民族的民族英雄。但是他们（或他们的继承人）在建国后就向外扩张，发动侵略战争，辽侵略北宋，金侵略辽灭辽、侵略北宋灭北宋。蒙古侵略西域各国和西夏，所谓“灭国四十”，遂平西夏，最后相继灭掉金和南宋。他们在前期进行的解放本民族的战争是正义的，进步的，但在后期发动的扩张战争却是侵略的，非正义的。北宋自赵匡胤以后，一直处于被打对象，处于被四国轮流侵略的地位，处于积贫积弱的境地。

公元1125年始，金朝侵略南宋，与806年后，日本侵略中国有着许多相似之处。

1. 从战争性质看，都是一个民族对一个民族，一个国家对一个国家发动的侵略战争。八百年前，是金国对宋国，女真族对汉族以及居住在黄河、长江流域的其他各民族的侵略；日本则是大和民族对中华民族的侵略。所不同的是金人以相对落后的奴隶社会国家侵略相对先进的封建社会国家，日本则以相对先进的资本主义国家侵略相对落后的半殖民地半封建国家。

2. 从侵略目的看，都是为了扩张疆土，掠夺资源与财富。金人建国时，国土仅限于大兴安岭以北，黑龙江、松花江下游一带，不及今天黑龙江、吉林两省面积。灭了辽国和北宋后，侵占了东起淮河、西至陕西宝鸡的北方大片土地，日本也占领了半个中国。金、宋三次和约中都明确规定割地赔款。1126年，金与北宋签订的和约规定：宋输金500万两，银5000万两，绢帛百万匹，牛马万头，割中山（今河北定县）、太原、河间（今河北河间）三镇，凡在燕云十六州的汉人皆归金。1141年，南宋与金签订的绍兴和议规定：年纳贡银25万两，绢25万匹，割陕西、河南四个州的一半。汴京城破后，宫中及民间大量的金银珠宝、古玩器皿、祭天礼器、图书典籍、大成乐器以至百戏所用服装道具都被搜刮一空，连人带物装满860多牛车运回金都。如果说与日本不同的话，那就是日本除了掠夺金银以外，还贪婪地掠夺我国丰富的矿山、森林等资源。

3. 从侵略暴行看，都是采取烧杀抢掠，奸淫羞辱的灭绝人性的手段。金朝四次南侵，许多繁华的城市（如太原、扬州、镇江等）受到严重破坏。汴京被围困、占领五个多月。太原被围困八个多月，城中军民无以为食，树叶、树皮、猫狗、老鼠吃尽后，就割饿殍为食；金兵入城后大肆烧杀，病疫流行，城中杀死、战死、饿死、病死者不计其数。临安沦陷后，火烧三昼夜，烟焰不绝。这些与日本的南京大屠杀又有什么两样呢？金朝向宋朝索要1500名少女进兵营，皇帝派大臣到处抢拉民女，最后连宫中的嫔妃都要用来充数。少女不堪忍受，死者甚多。有四位大臣因搜抢金银、强征少女不力，被钦宗处死。这与日本侵华时抢拉民女作慰安妇又有什么不同呢？被掳去北方的公主、嫔妃以及朝臣女眷们在军营被金兵奸污者不计其数。侵略军的将领还让宋朝向金朝称臣，呼金为伯父，并令徽钦二宗穿上孝服，跪拜金太祖的灵位，让宋高宗跪接金朝的诏谕。这是对一个国家，一个民族的极大羞辱，实非人性所为。

4. 从侵略的方式方法看，都是“战”“和”交替使用。金朝在消灭北宋后，成立伪楚，扶植投降派张邦昌为帝，仅一年。南宋初年，金朝又成立伪齐，让刘豫为帝，达七年之久。此外,派秦桧钻进南宋核心权力中,怂恿、支持、帮助高宗执行投降路线。这与日本1934年扶持溥仪做伪满皇帝,1940年扶持汪精卫在南京成立伪国民政府不是如出一辙吗?

5. 从侵略的时间看,侵略时间都很长。金朝从1125年到1141年的四次大规模南侵,长达15年;日本从1931年"九一八"事变到1945年无条件投降,长达14年,侵略时间何其惊人相似!?

金国在十二世纪中叶正由奴隶社会向封建社会过渡,文明程度低于中原各民族,故女真族上层统治者发动的侵略战争,带有很大的凶残性、野蛮性、疯狂性,给人民带来的灾难更加深重。岳飞为了保卫国家领土的完整、民族的尊严,拯民于侵略者的魔爪之中,置全家性命于不顾,不怕死、不敛财,光明磊落,率领岳家军转战南北,身先士卒,在抗金的第一线,收复了广大地区,战功卓著,赢得了人民由衷的钦佩与拥护。如果说,戚继光平倭有功,郑成功收复台湾有功,可谓民族英雄,那么,岳飞收复金人侵占的失地有功,为什么不能称为民族英雄呢?成吉思汗是蒙古族的民族英雄,努尔哈赤是满族的民族英雄,为什么岳飞不能称为两宋所辖地区被侵略的汉族及其他民族的民族英雄?各民族的英雄人物绘成中华民族的英雄谱,他们抗敌卫国的英雄气概,他们振兴民族、发展民族的创造力,汇集成中华民族的民族精神,构成了一个庞大的英雄群体。这种精神,这类英雄,不仅过去需要,今天需要,将来还需要。

参考资料:

[1]孙述宇:《岳飞满江红?——一个文学的质疑》,台湾《中国时报》1980年9月10日。

[2]李安:《潇满雨未歇》,台湾《中国时报》1980年9月21日。

[3]徐著新:《不是岳飞的满江红》,香港《明报月刊》1980年10月11日。

[4]《中国古代文学》(教材),高等教育出版社2000年版。

[5]彭玉平:《唐宋名家词导读》,中山大学出版社2006年版。

[6]周汝昌等:《宋词三百首鉴赏辞典》,上海辞书出版社2006年版。

[7]黄昭寅、张士献:《唐宋词史论稿》,山东大学出版社2006年版。

[8]张涤云:《中国诗歌通论》,浙江大学出版社2006年版。

[9]张海鹏等:《中国通史》,安徽人民出版社1991年版。

[10]林汉达等:《上下五千年》,上海人民出版社2002年版。

[11]游彪:《正说宋朝十八帝》,中华书局2005年版。

(在双龙文苑研讨会上的发言。)

后记

本文集分教育和文史两类，以前者为主。除首篇与终篇外，其余各篇基本上按两类写作年代顺序编排，时间跨度为40年，从不同层面反映蚌埠教育的发展脉络与我的教育生涯。教育篇以总结工作为主，皆为退休前所写；部分专论，多是退休后之作。文史篇多为论文，其他体裁甚少，且大部分写于退休后。为了尊重历史，给重大转折时期的蚌埠教育留下一点真实资料，文中的思想观念概不改动（包括后来对个别问题的认识有变化），涉及的人与事也不增删，只作某些文字上的修改。为保持每篇的完整性，少数篇章之间的重复内容，一般未作处理。篇后括号内的说明，给我的教育实践与学术活动留下些许片断，有助于对作品的理解。

在教育局工作期间，我先后受到余了迅、崔承兰、金云飞、孔昭良、钱步银、马建华、李康民、王天熹、丁锦柱、黄义昌、陈神州、黄长春、战秋萍等领导们的指导与机关广大同人的支持。如果说，我曾为蚌埠教育这座大厦添过几块砖、加过几片瓦而老来无愧的话，与他们的帮助密不可分；当然，那时市委、市政府的沈立中、刘萍、王佩、崔承兰、胡德新、李福祥与省教育厅的明克诚、王世杰、朱仇美、沈培新、鹿世金、金汉杰、金辉、柏守逊等领导们的帮助就更不用说了。我由衷地感谢他们！经过"文革"浩劫后的教育疮痍满目，他们那种筚路蓝缕的拓荒牛精神，那种哪里荆棘丛生就奔赴哪里的敢担当、沉底层的作风，在我整理文稿时，常常闪现在我的眼前。我深深地怀念他们：愿仙逝者天国安息！健在者健康长寿！

中共蚌埠市教育局党委十分重视文集的出版：书记、局长刘玉泽赠序言；分管离退休工作的程燕副局长以及其他领导同志都从不同角度给予热情关注；市离退休教育工作者协会理事长孙志祥任执行主编，写序言；老干部科副科长王志华和曹龙梅两人操办之事多多。

十二位老教育工作者为文稿的付梓耗费心血：原蚌埠一中校长、现《涂山集韵》主编方先进，原教育科学研究所书记蒋家环，原《蚌埠教研》副主编陈章甫，中学特级教师张济渠（原市政协常委）、鲍弘用、辛怀勤，市诗词楹联学会常务副会长傅晓爱，原怀远师范副校长王同等诸公，冒着酷暑审稿，严把文字关，张老师还为本书写序言；蚌埠二中高级教师朱宏义、陆翠英耐心细致地校对全稿；合肥师范学院教授唐承卓欣然应请，为之题写书名。蓝青、蓝静、刘蓝朋三人在电脑上细心订正，陆玉玲、万红认真誊写初稿。

市委党校副校长诸宗缘与广东开放大学传媒系主任、教授蓝天二人，全面策划，并分别负责联系打字、出版等全部事务，黑龙江大学出版社韩健、罗艺、魏翕然、李卉、高媛、刘岩、曲丹丹、佟馨、王剑慧、王选宇等编辑对书稿进行认真、细致、专业的编加工作，为书稿增色不少。

谨以个人及全家名义向蚌埠市教育局、黑龙江大学出版社和为文集审阅、校对、出版付出辛勤劳动的各位同志致以崇高的敬意！恳请广大读者批评指正！